스포츠
경영관리사

필기+실기

한권으로 끝내기

끝까지 책임진다! 시대에듀!
QR코드를 통해 도서 출간 이후 발견된 오류나 개정법령, 변경된 시험 정보, 최신기출문제, 도서 업데이트 자료 등이 있는지 확인해 보세요!
시대에듀 합격 스마트 앱을 통해서도 알려 드리고 있으니 구글 플레이나 앱 스토어에서 다운받아 사용하세요.
또한, 파본 도서인 경우에는 구입하신 곳에서 교환해 드립니다.

편집진행 윤승일 · 장민영 | **표지디자인** 하연주 | **본문디자인** 김예슬 · 임창규

Always with you

사람의 인연은 길에서 우연하게 만나거나 함께 살아가는 것만을 의미하지는 않습니다.
책을 펴내는 출판사와 그 책을 읽는 독자의 만남도 소중한 인연입니다.
시대에듀는 항상 독자의 마음을 헤아리기 위해 노력하고 있습니다.
늘 독자와 함께하겠습니다.

저 자

박상윤
성균관대학교 일반대학원 체육학 석사/체육학 박사(스포츠경영학 전공)
現 위덕대학교 체육학부 교수
現 한국스포츠산업경영학회 이사 | (사)한국대학경기연맹 이사
前 성균관대학교 체력과학연구소 Post-Doc | 체육과학연구원(現 한국스포츠정책과학원) 공동연구원

임기태
성균관대학교 체육학 박사(스포츠경영학 전공)
現 대진대학교 자율전공학부 교수/학부장
前 국민대학교 스포츠과학연구소 Post-Doc | 강남대학교 교수/입학부처장/입학사정관팀장
前 성균관대학교 체력과학연구소 선임연구원 | 국민체육진흥공단 스포츠산업전문위원
　한국대학입학사정관협의회 홍보위원

전찬수
한국체육대학교 사회체육대학원 체육학 석사(스포츠산업경영 전공)
국민대학교 일반대학원 이학박사(스포츠경영학 전공)
現 신안산대학교 스포츠지도과 조교수
現 한국사회체육학회지 심사위원 | SMR(Sport Marketing Research) 시샵(온라인 스포츠마케팅 커뮤니티 사이트)
前 한국스포츠학회 상임이사 | 한국골프학회 상임이사 및 편집위원
前 국민대, 세종대, 서울여대, 덕성여대, 상명대, 한양대 미래인재교육원 등 다수 대학 출강
前 한국스포츠산업경영학회 이사 | 체육과학연구원(現 한국스포츠정책과학원) 객원연구원
前 강원대학교 Post-Doc

자격증 · 공무원 · 금융/보험 · 면허증 · 언어/외국어 · 검정고시/독학사 · 기업체/취업
이 시대의 모든 합격! 시대에듀에서 합격하세요!
www.youtube.com ➡ 시대에듀 ➡ 구독

머리말 PREFACE

최근 한국의 프로스포츠 및 스포츠산업시장에서는 다양한 리그와 팀이 활동하고 있고, 그에 따라 스포츠용품·의류 관련 서비스 등 다양한 부가 산업이 활성화되고 있어 다채로운 모습을 볼 수 있다. 그 결과 스포츠 마케팅 및 스포츠 기반 산업도 발전하면서 경제적인 측면에서도 중요한 역할을 하고 있다.

이렇게 스포츠산업은 빠르게 성장하고 있지만, 전문인력의 양성은 이를 따라가지 못하고 있는 상황이다. 이에 따라 문화체육관광부와 한국산업인력공단은 2005년부터 '스포츠경영관리사' 자격제도를 도입하여 이러한 요구에 부응하려 노력해 왔다. 그러나 다양한 교재와 강의가 시중에 나와 있어도, 수험에 더욱 효과적인 교육 환경과 교재는 부족한 실정이다. 스포츠경영관리사는 스포츠 현장에서 발생할 수 있는 다양한 문제를 해결하는 핵심 인력으로서 전문성을 발휘해야 하므로 수험생들에게는 이전보다 더 나은 교재와 효과적인 학습방법이 필요하다.

이 책은 이러한 난점을 해결하고자 스포츠경영관리사 자격증 취득을 위해 필요한 내용을 함축적이면서도 이해하기 쉽도록 구성하여, 자격증 취득에 한 걸음 더 가까이 다가갈 수 있도록 하는 데 중점을 두었다. 필기시험 파트는 출제 범위 내의 내용을 정리한 핵심이론과 핵심을 찌르는 상세한 해설이 포함된 출제예상문제로 구성하였다. 그리고 실기시험 파트는 필기시험과 출제범위가 대동소이하기 때문에 이 부분을 감안하여 필기시험을 공부할 때 중복하여 볼 수 있도록 설계한 모범답안을 탑재해 효율적으로 학습하게 구성하였다.

이번 개정판에서는 개정된 「스포츠산업진흥법」, 「체육시설의 설치·이용에 관한 법률」의 내용을 꼼꼼하게 반영하였고, 체육백서를 참고하여 변화된 정부 정책을 수록하였다. 또한 2025년 시험 기출문제를 복원, 수록하였으며 시험에서 새롭게 등장한 유형의 문제를 출제예상문제로 만들어 교재에 수록하였다.

교재의 완성도를 높이기 위해 최선의 노력을 기울였지만 많은 부분에서 수험생들은 교재의 부족함을 느낄수도 있을 것이다. 추후 이보다 완벽하게 교재의 내용을 개정하여 수험생들이 스포츠경영관리사 자격증을 취득하는 데 많은 도움이 되었으면 한다.

편저자 일동

자격시험 안내
INFORMATION

스포츠경영관리사란?
스포츠 이론·산업·시설·이벤트 등에 대한 지식을 바탕으로 관련기관·산업체·시설·단체 등에서 행정·기획·마케팅·홍보 등 제반업무를 담당하는 자를 말한다.

도입배경
스포츠에 대한 관심과 참여의 증대에 따른 스포츠 시장의 다양화와 스포츠산업의 다변화는 다양한 직업 유형과 함께 고용기회를 제공하고 있다. 국내도 이미 아마추어 및 프로스포츠의 발전으로 인해 스포츠경영 전문가의 필요성이 대두되고 있다. 스포츠경영관리사는 특히 젊은 층에서 선택할 만한 유망한 직업으로 인식되고 있기 때문에, 전문적인 교육이 요구된다. 따라서 스포츠경영 분야에서의 적응과 올바른 직무활동을 위하여 보다 체계적이고 다양한 학문의 교류와 전문가 양성이 필요하다.

수행직무
스포츠이벤트의 기획 및 운영, 스포츠스폰서 및 광고주 유치, 프로 및 아마추어 스포츠 구단 스포츠마케팅 기획 및 운영, 스포츠콘텐츠의 확보 및 상품화, 스포츠선수대리인 사업의 시행, 스포츠시설 회원 모집·관리 등 회원서비스, 스포츠시설 설치 및 경영 컨설팅, 공공 및 민간체육시설 관리 운영 등을 수행한다.

필기시험 개요
❶ 시행처 : 한국산업인력공단(q-net.or.kr)
❷ 시험 수수료 : 필기 – 19,400원, 실기 – 20,800원
❸ 응시자격 : 제한없음
❹ 학점인정 : 20학점(학사 : 체육학, 태권도학 / 전문학사 : 레저스포츠)

2025년 시험일정

구분	필기			실기		
	원서접수	시험일	합격자발표	원서접수	시험일	합격자발표
제1회	01.13~01.16	02.07~03.04	03.12	03.24~03.27	04.19~05.09	06.13
제2회	04.14~04.17	05.10~05.30	06.11	06.23~06.26	07.19~08.06	09.12
제3회	07.21~07.24	08.09~09.01	09.10	09.22~09.25	11.01~11.21	12.24

※ 2026년 시험일정이 아직 발표되지 않아 2025년 일정을 수록하였습니다. 정확한 시험일정은 시행처 홈페이지(q-net.or.kr)에서 확인하시기 바랍니다.

시험과목

구 분	시험과목	문항 수	시험방법	시험시간
1차 필기	• 스포츠산업론 • 스포츠경영론 • 스포츠마케팅론 • 스포츠시설론	100문항 (각 25문항)	객관식	2시간 30분
2차 실기	스포츠마케팅 및 스포츠시설 경영 실무	시험별 상이	주관식	3시간

시험과목

구 분	합격기준
1차 필기	100점을 만점으로 하여 각 과목 40점 이상 / 전 과목 평균 60점 이상
2차 실기	100점을 만점으로 하여 60점 이상

연도별 응시현황(2020년~2024년)

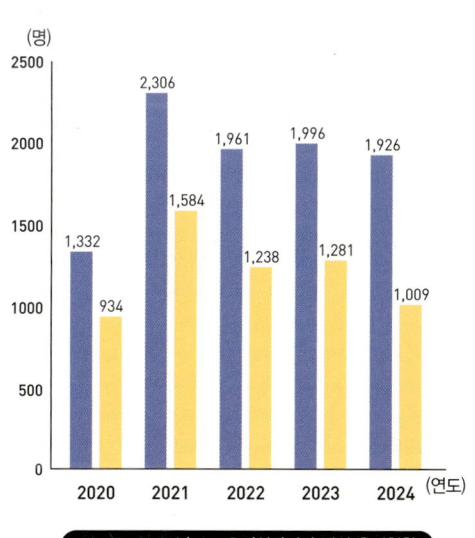

2020~2024년 스포츠경영관리사 필기 응시현황

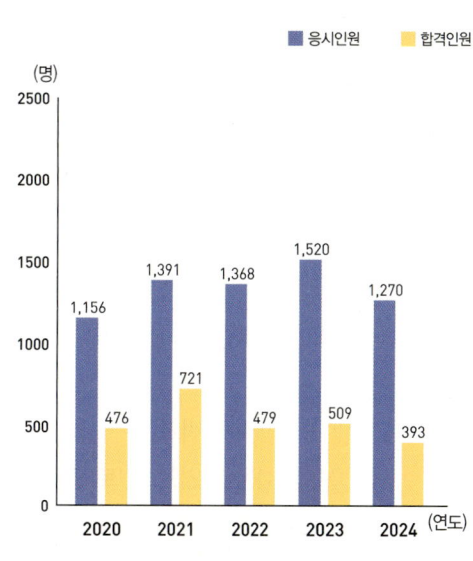

2020~2024년 스포츠경영관리사 실기 응시현황

※ 출처 : 한국산업인력공단 홈페이지(q-net.or.kr)

출제경향 분석
ANALYSIS

제1과목 스포츠산업론

2025년 출제경향

이번 스포츠산업론은 경제학적 사고와 법령 이해를 동시에 요구했다. 가격탄력성, 수요요인, 소비자 행동 등 미시경제학 개념이 체계적으로 출제되었으며, 스포츠비즈니스 구조(라이선싱·인도스먼트·스폰서십)와 티켓 유통 같은 실제 사례 기반 문제가 많았다. 또한 「스포츠산업진흥법」의 세부 조항(지원센터, 해외시장 진출 지원, 공유재산 사용료) 등이 자주 등장해 법령 암기의 깊이를 확인했다. 과거에는 단순 암기형 문제가 많았으나 2025년 시험에서는 다양한 영역이 융합된 문제 비중이 커져, 산업 전체를 보는 분석적 시각이 필수적으로 요구되었다.

학습전략

❶ 법령 세부 조항 집중 학습
- 「스포츠산업진흥법」의 지원센터, 해외시장 진출 지원, 공유재산 규정 등 세부 조항까지 꼼꼼히 정리
- 단순 암기보다 법령을 사례로 연결해서 이해

❷ 경제학적 개념 심화
- 수요·공급, 가격탄력성, 필수재·사치재 구분 등 경제 개념을 계산 문제와 함께 연습
- 스포츠시장에 직접 대입하는 훈련이 필요

❸ 산업 구조와 제도 비교
- 골프장 회원권, 인도스먼트, 프랜차이즈 등 사례별로 생산자·소비자 구분 연습
- 한국표준산업분류(KSIC)·KISS 인증 등 제도 관련 내용은 표로 정리하면 효과적

| 제2과목 | 스포츠경영론 |

2025년 출제경향

2025년 스포츠경영론에서는 조직·전략이론과 제도 응용 문제가 강화되었다. 파킨슨 법칙, 연봉상한제, FA제도, 신인드래프트 등 실제 스포츠 리그 운영에 적용되는 제도를 묻는 문항이 많았다. 또한 BCG 매트릭스, 벤치마킹, 포지셔닝전략 등 경영학 기본 이론을 스포츠 기업 맥락에서 풀어내는 문제가 출제되었다. 이는 단순 개념 암기를 넘어, 스포츠 조직 운영에 이론을 어떻게 적용할지 사고하는 능력을 검증하려는 경향으로 볼 수 있다. 과거에는 개념 위주의 문항이 중심이었지만, 2025년에는 제도와 경영이론을 결합한 실천적 이해를 중시하는 방향으로 전개되었다.

학습전략

❶ 경영이론 – 스포츠 사례 매칭
  포터의 경쟁전략, BCG 매트릭스, 파킨슨 법칙 등 경영학 기본 개념을 프로리그 운영사례와 연결

❷ 리그 제도 심층 이해
  - FA 제도, 신인 드래프트, 연봉상한제 등 프로스포츠 제도를 구조와 목적까지 파악
  - 기출문제와 실제 스포츠 뉴스 사례를 병행하면 효과적

❸ 재무·정보 시스템 연습
  - 유동비율, 손익분기점, EIS 같은 계산형·용어형 문제 대비
  - 공식을 단순 암기하지 말고 숫자 적용 문제를 꾸준히 풀어야 함

출제경향 분석
ANALYSIS

제3과목 스포츠마케팅론

2025년 출제경향

스포츠마케팅론은 STP 전략, 소비자행동, 스폰서십 구조를 축으로 출제되었다. IOC TOP 프로그램, 공식 스폰서·공급업체·상품화권자의 구분 등 글로벌 마케팅 제도를 묻는 문제가 이어졌다. 또한 소비자 구매 의사결정 과정, 습관적 구매와 다양성 추구 구매 등 소비자행동이론이 스포츠 맥락에서 빈번히 다뤄졌다. STP 전략(세분화 – 타깃팅 – 포지셔닝), 시장점유율전략 등은 과거와 일관되게 중요성을 유지했으며, 스폰서십 유형과 효과를 묻는 문제도 비중이 컸다. 이번 스포츠마케팅론은 이론+실무 사례가 적절히 결합된 형태로, 이론의 틀을 실제 스포츠 시장에 적용할 수 있는 응용력을 요구했다.

학습전략

❶ STP 전략 활용 연습
　세분화 → 타깃팅 → 포지셔닝 흐름을 스포츠 브랜드·리그 사례로 분석

❷ 소비자행동이론 체계화
　구매의사결정 과정, 습관적 구매·다양성 추구 구매 등을 도식화해 빠르게 떠올릴 수 있도록 정리

❸ 스폰서십·글로벌 제도 암기
　• IOC TOP 프로그램, 공식 스폰서·공급업체·상품화권자 구분을 표나 그림으로 정리
　• 국내외 주요 스포츠 스폰서십 사례를 함께 공부하면 실전 응용에 강해짐

제4과목 스포츠시설론

🎯 2025년 출제경향

스포츠시설론은 법령·안전 기준·가격전략이 출제의 핵심이었다. 체육시설 설치·이용에 관한 법령(보험, 위생·안전 기준, 과태료 부과 사유 등) 문제가 다수 등장했고 수영장·골프장 등 개별 시설 기준이 세세하게 출제되었다. 또한 시장침투가격정책, 경쟁기반 가격결정 등 가격전략 문제가 꾸준히 출제되며, 시설 경영에 직접 연결되는 지식을 요구했다. 과거에는 시설 유형·특성을 단순 구분하는 문제 비중이 컸다면, 2025년에는 법적 준수사항과 경영적 의사결정을 함께 묻는 방향으로 발전했다. 안전 관리와 경영 전략을 동시에 이해해야 하는 종합적인 접근이 필요했다.

🎯 학습전략

❶ 체육시설 관련 법령 숙지
- 「체육시설 설치·이용에 관한 법률」의 안전·위생·보험·과태료 규정을 조항별로 정리
- 기출문제와 직접 대조해 출제 포인트 확인

❷ 시설별 기준 비교 학습
수영장, 골프장, 체력단련장 등 시설별 설치·운영 기준을 차트화해서 비교

❸ 경영 전략과 연결
- 가격전략(시장침투, 경쟁기반)과 시설 운영 사례를 매칭
- 이론 + 실무를 동시에 학습해야 응용형 문제에 대비 가능

이 책의 구성

FEATURES

과목별 핵심이론

▶ 스포츠 전문가 저자의 핵심이론을 모두 담았습니다.

▶ 학습목표를 바탕으로 학습계획을 수립하고, 혼자서 학습할 수 있습니다.

▶ 개념 PLUS를 통해 심화개념까지 학습할 수 있습니다.

출제예상문제

▶ 저자가 직접 출제한 필기와 실기 출제예상문제를 실었습니다.

▶ 이론에서 학습한 내용을 바로 복습할 수 있도록 구성하였습니다.

2026 시대에듀 스포츠경영관리사 필기+실기 한권으로 끝내기

합격의 공식 Formula of pass | 시대에듀 www.sdedu.co.kr

과년도 & 최신기출문제

▶ 총 5개년(2021~2025년) 기출문제를 수록하였습니다.

▶ 기출문제를 통해 이론을 자신의 것으로 만들 수 있습니다.

실기 기출복원문제

▶ 실기 기출문제를 복원, 수록하였습니다.

▶ 답변을 직접 쓸 수 있는 공간을 마련하였습니다. 문제 푸는 연습을 통해 실제 시험을 대비할 수 있습니다.

이 책의 목차
CONTENTS

제1과목 스포츠산업론
- CHAPTER 01 스포츠산업의 이해 · · · · · · · · · · 003
- CHAPTER 02 스포츠산업의 정책 및 법령 · · · · · · · · · · 016
- CHAPTER 03 스포츠시장과 소비, 그리고 소비자행동 · · · · · · · · · · 035
- 출제예상문제 필기/실기 · · · · · · · · · · 042

제2과목 스포츠경영론
- CHAPTER 01 스포츠경영의 이해 · · · · · · · · · · 075
- CHAPTER 02 스포츠경영전략 · · · · · · · · · · 084
- CHAPTER 03 스포츠경영관리 · · · · · · · · · · 094
- CHAPTER 04 스포츠재무관리 · · · · · · · · · · 116
- CHAPTER 05 스포츠생산관리 · · · · · · · · · · 126
- 출제예상문제 필기/실기 · · · · · · · · · · 135

제3과목 스포츠마케팅론
- CHAPTER 01 스포츠마케팅의 이해 · · · · · · · · · · 173
- CHAPTER 02 스포츠마케팅의 실제 · · · · · · · · · · 204
- CHAPTER 03 스포츠에이전시 · · · · · · · · · · 229
- 출제예상문제 필기/실기 · · · · · · · · · · 239

제4과목 스포츠시설론
- CHAPTER 01 스포츠시설의 이해 · · · · · · · · · · 275
- CHAPTER 02 스포츠시설 공간효율화 · · · · · · · · · · 281
- CHAPTER 03 스포츠시설 경영 · · · · · · · · · · 310
- 출제예상문제 필기/실기 · · · · · · · · · · 317

5개년 필기 기출문제
- CHAPTER 01 2021년 1, 2, 3회 필기 기출문제 · · · · · · · · · · 347
- CHAPTER 02 2022년 1, 2회 필기 기출문제 · · · · · · · · · · 450
- CHAPTER 03 2023년 4회 필기 기출문제 · · · · · · · · · · 521
- CHAPTER 04 2024년 1, 2, 3회 필기 기출복원문제 · · · · · · · · · · 555
- CHAPTER 05 2025년 1, 3회 필기 기출복원문제 · · · · · · · · · · 659

실기 기출복원문제
- 실기 기출복원문제 · · · · · · · · · · 733

제1과목

스포츠산업론

CHAPTER 01 스포츠산업의 이해
CHAPTER 02 스포츠산업의 정책 및 법령
CHAPTER 03 스포츠시장과 소비, 그리고 소비자행동
출제예상문제 필기/실기

끝까지 책임진다! 시대에듀!
QR코드를 통해 도서 출간 이후 발견된 오류나 개정법령, 변경된 시험 정보, 최신기출문제, 도서 업데이트 자료 등이 있는지 확인해 보세요! **시대에듀 합격 스마트 앱**을 통해서도 알려 드리고 있으니 구글 플레이나 앱 스토어에서 다운받아 사용하세요. 또한, 파본 도서인 경우에는 구입하신 곳에서 교환해 드립니다.

CHAPTER 01 스포츠산업의 이해

■ 학습목표
본 장에서는 스포츠산업의 정확한 이해를 위해 먼저 스포츠의 개념, 스포츠의 특성을 먼저 알아보고, 스포츠산업의 개념·특성 및 분류에 대해 살펴볼 것이다. 스포츠산업의 이해 부분은 스포츠경영관리사의 스포츠산업 파트에서 매회 약 5문제 정도 출제되고 있으므로 다음의 내용을 반드시 숙지하여야 한다.

■ Check
☐ 스포츠의 개념과 스포츠의 가치를 숙지한다.
☐ 스포츠의 특성에 대해 숙지한다.
☐ 스포츠산업의 개념과 스포츠정책에 의한 스포츠산업 분류 및 내용을 숙지한다.
☐ 스포츠산업의 특징·중요성 및 성장배경에 대해 숙지한다.

01 스포츠

1. 스포츠의 개념

(1) 의의

스포츠(Sport)는 Deporture(라틴어), Desporter(프랑스어), Disport(영어)의 어원에서 유래하여 기본적으로 기분전환이라는 의미를 내포하고 있다. 이러한 스포츠는 과거 신체적 활동(Physical activity)에 국한되어 사용되었다. 그러나 현대에는 신체적 활동과 더불어 즐거움(Enjoy)의 의미가 추가되어 신체활동뿐 아니라 사람들의 생활을 보다 풍부하게 할 수 있는 정신적·감성적·사회적 요구를 충족하기 위한 놀이까지 포함하는 광범위한 개념이 되었다.

즉, 스포츠는 '놀이와 일의 연속선상에 있는 경쟁적인 신체적 활동이 제도화한 형태'로서, 경쟁과 오락성을 가진 육체활동이나 훈련의 요소를 포함하는 모든 운동경기의 총칭이라 할 수 있다. 아울러 「스포츠산업 진흥법」에서는 스포츠를 건강한 신체를 기르고 건전한 정신을 함양하여 질 높은 삶을 위해 자발적으로 행하는 신체활동을 기반으로 하는 사회문화적 행태로 설명하고 있다. 이상과 같은 스포츠의 의의를 토대로 스포츠는 다음과 같이 개념화할 수 있다.

◆ 스포츠는 신체활동을 기반으로 한다.
◆ 스포츠는 신체활동과 더불어 경쟁요소를 포함한다.
◆ 스포츠는 놀이와 게임의 개념을 포함한다.

(2) 스포츠의 가치

스포츠가 창출할 수 있는 가치는 개인적·사회적·국가적인 관점에서 생각해 볼 수 있다.

① 개인적 가치
   ㉠ 스포츠가 창출할 수 있는 첫 번째 가치는 스포츠가 개인에게 제공하는 개인적 가치이다.
   ㉡ 개인적 가치는 사람들이 스포츠활동을 통해 개인적으로 획득할 수 있는 가치로, 스포츠활동의 목적에 따라 건강, 오락, 사교, 성취감 등이 있다.
   ㉢ 즉, 사람들은 다양한 스포츠활동에 자발적으로 참여함으로써 즐거움, 기쁨, 기분전환 등을 토대로 개인의 욕구를 충족하게 되는데, 이러한 측면에서 스포츠는 사람들에게 다양한 가치와 혜택을 제공하고 있다.

② 사회적 가치
   ㉠ 스포츠의 사회적 가치는 사회통합과 일체감의 형성 등이 있다.
   ㉡ 현대의 사회는 다양한 사람들이 모여 사회조직을 구성하게 되는데, 스포츠를 통해 공통적인 감정을 유발함으로써 사회조직의 구성 시 발생할 수 있는 이질적인 부분들을 동질화할 수 있다.
   ㉢ 즉, 스포츠는 사회구성원 공통의 관심사로 작용함으로써 사회조직 혹은 지역사회를 하나로 엮을 수 있는 수단이 된다.

③ 국가적 가치
   ㉠ Sports for All. 스포츠에 대한 참여는 모든 국민의 권리이다. 국가는 국민에게 스포츠활동을 적극 장려함으로써 신체·사회·정신적으로 건강한 국민을 육성할 수 있으며, 이는 생산성 향상 등의 기제로 작용하여 국가의 대내·외 경쟁력을 강화할 수 있게 된다.
   ㉡ 아울러 올림픽, 월드컵 등과 같은 스포츠이벤트의 개최를 통해 국가브랜드파워 향상, 국가이미지 향상, 국가경제활성화, 국가의 국제적 홍보 등의 실현이 가능하므로, 스포츠는 국가의 가치를 높이는 데 커다란 기여를 한다.

> **개념 PLUS** 스포츠 자산(Properties) 가치
> - 마케팅 기회나 권리를 통합할 경우 가치가 올라갈 수 있다.
> - 선수 평균 연봉과 리그 참가 구단의 숫자와는 직접적인 관련성이 없다.
> - 구단가치를 결정하는 요인으로는 팀 관련 요인, 조직 관련 요인, 시장 관련 요인 등이 있다.
> - 수요과점시장에서 방송중계권의 가치는 종목의 인기도에 따라 가격결정주도권이 달라진다.

(3) 스포츠 자산 가치 형성 요인

① 팀 : 팀 성적, 스타 선수, 팀 역사·전통, 팬덤의 질
② 조직 : 경영진 역량, 브랜드 관리, 미디어 전략, 소속 리그, 재무구조, 스폰서
③ 시장 : 팀의 연고 도시, 팬 지지도, 언론 보도의 범위

2. 스포츠의 특성

(1) 스포츠의 본질적 특성

스포츠가 가지고 있는 스포츠 자체의 고유한 특성을 의미하는데, 이러한 스포츠의 본질적 특성은 다음과 같이 요약할 수 있다.

① 스포츠는 놀이와 게임의 개념을 포함한다(놀이 – 게임 – 스포츠).
② 스포츠는 규칙(제도화된 규칙)이 존재한다.
③ 스포츠는 기술과 장비를 활용한다.
④ 스포츠는 공간과 시설이 필요하다.

(2) 스포츠의 서비스적 특성

① 스포츠는 상품과 서비스의 특성이 공존한다.
② 스포츠의 서비스적 특성은 스포츠 상품을 서비스의 측면에서 해석하는 것으로, 스포츠가 사람들에게 참여의 기회나 관람의 기회 등을 제공하고 있다는 것이다. 이는 서비스의 일반적인 정의에 부합한다는 관점이다.
③ 미국 마케팅학회(American Marketing Association)에서는 서비스를 '판매 목적으로 제공되거나 또는 상품 판매와 연계해 제공되는 모든 활동, 편익, 만족'이라고 정의한다.
④ 스포츠의 서비스적 특성과 스포츠상품의 특성은 반대이며, 스포츠의 서비스적 특성은 다음의 유형으로 설명할 수 있다.

   ㉠ 무형성(Intangibility)
- 스포츠서비스는 무형적이며 주관적으로 경험하게 된다.
- 편익을 강조, 강력한 기업 이미지 창출, 유형적 단서 강조, 상표명 사용의 특성을 반영한다.
- 객관적으로 누구에게나 보이는 형태로 제시할 수 없으며, 물체처럼 만지거나 볼 수 없다.
- 가치를 파악하거나 평가하는 것이 어렵다.

   ㉡ 비분리성(Inseparability)
- 서비스는 생산과 소비가 동시에 일어난다.
- 즉, 서비스 제공자에 의해 제공되는 것과 동시에 고객에 의해 소비되는 특성이 있다.
- 제품의 경우는 생산과 소비가 분리되어 일단 생산한 후 판매되고 나중에 소비되지만, 서비스의 경우에는 생산과 동시에 소비되기 때문에 소비자가 서비스 공급에 참여해야 하는 경우가 많다.
- 다른 소비자도 서비스 생산과정에 참여하므로 고객들이 형성하는 분위기가 하나의 서비스 내용이 될 수 있다.
- 고객들이 참여하기 때문에 집중화한 대량생산체계를 구축하기 어려우며 품질을 통제하기 어렵다.

   ㉢ 이질성(Heterogeneity)
- 서비스의 생산 및 인도 과정에는 여러 가변적 요소가 많기 때문에, 한 고객에 대한 서비스가 다음 고객에 대한 서비스와 다를 가능성이 있다.
- 서비스를 제공하는 사람에 따라 서비스의 내용이나 질이 달라지므로, 서비스는 동질적 · 고정적이기보다는 이질적 · 변동적이라고 할 수 있다. 그 때문에 규격화 · 표준화하기 어렵다.

- 서비스 표준이 감시됨을 확산하거나, 사전패키지 서비스, 품질관리를 위한 기계화 및 산업화, 주문적인 특징 강조, 서비스의 고객적응 등은 이질성을 반영한다.
    ㉣ 소멸성(Perishability)
    - 스포츠서비스는 생산과 동시에 소멸된다.
    - 판매되지 않은 제품은 재고로 보관할 수 있으나, 판매되지 않은 서비스는 사라지고 만다. 즉 서비스는 재고로 보관할 수 없으며, 서비스의 생산은 재고의 저장이 불가능하므로 재고 조절이 어렵다.

3. 스포츠이벤트

(1) 스포츠이벤트에서 생성되는 권리
① 선수 유니폼 공간 활용
② 경기장 내 광고 권리
③ 경기장 명칭 사용 권리

(2) 스포츠이벤트의 개최 효과
① 국가의 대외경쟁력 및 국가 브랜드와 인지도 향상에 효과가 있다.
② 지역이벤트의 외지인 방문 관람은 지역경제 활성화를 유발한다.
③ 글로벌 기업의 투자유발로 도시 및 국가 경제 활성화에 기여한다.
④ 유비쿼터스 경기장은 IT산업의 발전을 촉진하는 계기가 된다.
⑤ 개최도시 홍보를 위한 도시 인지도 제고에 효과가 있다.
⑥ 국민 및 지역주민에게 자긍심을 고취시킨다.

(3) 스포츠이벤트의 장단점

장 점	단 점
• 개최국의 이미지, 인지도 향상 • 개최국의 경제적 파급효과 향상 • 개최국의 브랜드 경쟁력 강화 • 사회간접자본의 투입으로 인한 개최 지역의 발전 등	• 스포츠이벤트 개최를 위한 정부 및 지방자치단체의 재정적 부담 • 사회계층 간의 갈등 유발 • 스포츠이벤트 개최 준비를 위한 무분별한 건설 및 환경문제 • 기회비용의 고려보다는 가시적인 효과만 강조

(4) 관람형과 참여형 스포츠이벤트
① 관람형 스포츠이벤트
    ㉠ '직접관전'과 '간접관전'으로 구분할 수 있으며, 간접적인 관전 방식이 우선된다.
    ㉡ 간접관전의 경우 직접관전보다 규모가 크기 때문에 노출효과 및 수익창출 등 더 큰 효과를 기대할 수 있다.
    ㉢ 기업 이익의 사회 환원, 이미지 향상, 판매촉진 등을 목적으로 매스미디어를 이용하여 대중에게 관전의 즐거움을 제공한다.

㉣ 주로 기업을 중심으로 매스미디어, 스포츠단체, 광고회사, 프로덕션이 유기적으로 연결되어 만들어진다.
㉤ 스포츠선수나 참여자가 경기에 직접 참여하는 것을 일반 소비자가 직접 관람 또는 대중매체를 통해 관람한다.

② 참여형 스포츠이벤트
㉠ 지방자치단체 또는 공공단체가 주최하여 경기에 주민이 직접 참여한다.
㉡ 대중들이 직접 경기장에서 승부를 가리고 직접 참여하는 이벤트를 말한다.

(5) 스포츠이벤트의 수입
① 직접수입 : 경기장 입장수입, 방송중계권 수입, 경기장 광고수입
② 간접수입 : 구단가치의 상승분

(6) 스포츠이벤트의 브랜드가치
① 스포츠이벤트의 방송중계권 가격 차이는 이벤트의 브랜드가치 차이에서 온다.
② 스포츠이벤트의 브랜드가치를 형성하는 요인으로는 조직 관련 요인, 팀 관련 요인, 시장 관련 요인이 있다.
③ 스포츠이벤트에서 파생되는 동일한 유형의 사업권이라도 이름이 잘 알려진 이벤트와 덜 알려진 이벤트의 권리 구매가격에 차이가 있는 것도 브랜드가치 때문이다.
④ 스포츠이벤트에 참가하는 선수나 감독, 리그의 전통은 브랜드가치를 높일 수 있는 기폭제가 된다는 점에서 매우 중요한 자원이다.

(7) 기업 스폰서십 투자이유 및 이벤트 선정과정
① 기업이 스포츠 스폰서십에 투자하는 가장 중요한 이유는 매출 증대에 있다.
② 투자기업 중에는 이미지 개선을 목적으로 하는 기업도 있다.
③ 기업이 스포츠이미지를 자사의 이미지로 전이시키고자 하므로, 제품과 종목의 이미지 부합 여부도 매우 중요하다.
④ 스포츠이벤트가 보유한 팬 집단과 기업이 표적으로 삼는 집단의 일치 여부가 중요하다.

> **개념 PLUS** 스포츠이벤트의 승수분석
> - 매출승수, 소득승수, 고용승수가 분야별로 다르게 나타난다.
> - 고용승수는 외부지역 관람객들의 지출이 스포츠이벤트 개최 지역의 고용에 미치는 영향을 측정한다.
> - 효과 분석에 있어 지리적 경계가 분명해야 한다.

02 스포츠산업

1. 스포츠산업의 개념

(1) 스포츠산업의 의의

현대의 스포츠는 '필요'의 개념보다는 '재미' 즉, 엔터테인먼트(Entertainment)적 요소가 포함된 개념으로 인식되고 있다. 이러한 의미로 스포츠의 사회적 수요가 증가되고 여가활동의 필수적 요소로 인식되어 기업들의 스포츠에 대한 참여가 급증하였고, 이 과정에서 스포츠가 상품화하면서 스포츠산업의 초석이 다져지게 되었다.

스포츠산업은 포괄적으로 스포츠와 관련된 모든 스포츠 비즈니스(Sport Business)를 총칭하는 것으로, 스포츠와 관련된 모든 산업을 뜻한다. 즉, 스포츠산업이란 스포츠와 관련하여 직·간접적으로 관련되는 재화나 서비스의 생산 및 제공을 바탕으로 하는 산업을 뜻한다.

국내의 스포츠산업은 「스포츠산업 진흥법」, 「국민체육진흥법」, 「체육시설의 설치·이용에 관한 법률」에 의해 법률적 근거로 규정되고 있다. 「스포츠산업 진흥법」 제2조에 의하면 스포츠활동에서 요구되는 용품과 장비, 스포츠시설과 서비스, 스포츠경기, 이벤트, 스포츠강습 등과 같이 유·무형의 재화나 서비스를 생산·유통시켜 부가가치를 창출하는 산업이라 정의하고 있다. 다시 말하면, 스포츠와 관련된 경제활동을 총칭하여 이를 스포츠산업이라 한다.

(2) 스포츠산업의 중요성

스포츠산업은 스포츠비즈니스의 집합체로서, 국민건강, 국민복지, 사회통합, 고용창출, 고부가가치 창출 등 그 파급효과가 상당한 산업으로 성장하고 있다. 이러한 스포츠산업이 중요한 이유는 다음과 같이 요약할 수 있다.

① 고부가가치를 창출할 수 있는 성장산업

스포츠산업은 부가가치가 높은 성장산업으로 인정받고 있다. 특히 스포츠패러다임의 변화는 스포츠를 소비 지향적 문화·오락 활동으로 간주하는 일상적이고 편협한 시각에서 탈피하여, 고부가가치를 창출하는 생산 지향적 산업 활동으로 탈바꿈하는 계기를 마련해 주고 있다.

② 높은 성장잠재력

스포츠산업은 기존 산업과 연계된 복합 산업으로 성장잠재력이 무한한 산업이다. 특히 오늘날에는 IT분야의 급속한 성장으로 인해 스포츠가 중요한 비즈니스 콘텐츠로 부각되고 있으며 관광, 문화 등 스포츠 연관 산업과 함께 빠르게 발전하고 있다.

③ 미디어적 가치

㉠ 스포츠경기나 스포츠스타의 활약상은 각종 미디어에서 중요한 콘텐츠로 다루어지고 있다. 스포츠이벤트, 국제 스포츠스타는 그 자체가 하나의 미디어 콘텐츠로서, 기업의 중요한 마케팅 수단으로 활용되고 있다.

㉡ 미디어의 가장 큰 특징은 커뮤니케이션 혹은 메시지의 전달방법으로 과거 전통적인 미디어의 메시지 전달은 일방향(One-way)이었으나, 뉴미디어는 발신자와 수신자 간 양방향성으로 상호 협력하는 형태로 변화하고 있다.

④ 국민건강과 국민복지에 기여

스포츠는 그 자체로 개인의 신체활동을 기반으로 수행되고, 이를 통해 건강을 유지하고 증진할 수 있는 가치가 있다. 따라서 스포츠산업은 국민복지 혹은 국민 삶의 질과 관련성이 높다.

(3) 스포츠산업의 일반적 특성

① 한국표준산업분류의 관점에서 보면 스포츠산업은 각기 다른 산업분류를 복합적으로 통합한 형태를 갖는다.
② 스포츠산업 분야의 여러 가지 서비스는 입지조건이나 시설에 대한 의존도가 높다.
③ 관람 스포츠와 참여 스포츠가 활성화되는 것은 여가를 중시하는 생활 패턴의 변화를 중심으로 관람 스포츠가 하나의 문화 형태로 자리 잡았기 때문이다.
④ 스포츠산업이 다른 산업과 비교해서 가장 다른 특성은 감동과 건강을 준다는 점이다.
⑤ 스포츠산업은 건강산업의 속성과 동시에 오락산업의 속성을 갖는 산업이다.
⑥ 스포츠산업은 시간소비형, 문화성, 공익성 산업이다.

(4) 스포츠산업의 브랜드가치 형성요인

① 팀 성적 및 우수 선수 등의 팀 관련 요인
② 프로구단의 연고 도시 및 팬 지지도
③ 스포츠이벤트가 열리는 시설
④ 수준 높은 리그 수준

(5) 스포츠산업의 성장배경(스포츠산업환경)

스포츠산업의 성장배경은 스포츠산업의 대내·외적 환경변화에서 그 의미를 찾아볼 수 있다.

① 대외적 환경변화

㉠ 주 40시간 근무제와 주 5일제 수업 : 주 40시간 근무제는 2003년 「근로기준법」이 개정되어 법정 근로시간을 기존 44시간에서 40시간으로 단축하여 운영하는 것을 의미한다.

2003년 이후 근무제 적용범위의 변화는 다음과 같다.

- 2004년 7월 : 공기업과 금융·보험 및 1,000인 이상의 사업장에 적용되어 실시
- 2005년 7월 : 300인 이상의 사업장으로 확대 적용
- 2006년 7월 : 100인 이상의 사업장으로 확대 적용
- 2007년 7월 : 50인 이상의 사업장으로 확대 적용
- 2008년 7월 : 20인 이상의 사업장으로 확대 적용
- 2011년 7월 : 20인 미만의 사업장으로 확대 적용

이에 주 40시간 근무제는 중소기업까지 확대되어 정착하고 있으며, 이러한 추세는 서비스산업의 발전을 촉진할 것으로 예측된다. 아울러 주 5일제 수업은 2012년부터 초·중·고등학교에서 실시되고 있으며, 주 40시간 근무제 및 주 5일제 수업으로 인해 주 2일간의 휴일이 발생함으로써 여가활동이 종전에 비해 다양해지고 있다. 따라서 이는 각종 서비스산업에 영향을 미쳤고, 스포츠산업의 발전에도 큰 영향을 미치게 되었다.

ⓒ IT산업 발전과 스포츠산업 일자리 증가
- 우리나라 IT산업의 가장 두드러진 형태는 인터넷에 대한 급속한 수요 확대로 인해 관련 장비 및 서비스산업이 확산되고 있다는 점이다. 이러한 상황으로 IT산업의 발전, 여타 산업의 IT화 가속, 인터넷의 확산 등으로 인해 스포츠산업의 e-business화가 전개되고 있다.
- 기존 산업의 e-business화 : 스포츠용품 산업, 참여스포츠 관련 업체 및 프로스포츠 구단들의 인터넷과 SNS 활용이 대표적인 형태이다.
- 신규 산업의 e-business화 : 스마트폰, SNS, 공동구매방식의 소셜커머스, 태블릿 PC와 같이 IT기술을 융합한 e-business를 통한 스포츠산업의 수익 모델 또한 새롭게 개발될 것으로 예측되며 이는 스포츠산업 발전에 긍정적인 요인으로 작용할 것으로 예측된다.
- 스포츠산업의 고용창출 : 4차 산업혁명으로 인해 스포츠 분야에서도 인공지능(AI), ICT 등의 급속한 발전이 이루어지고 있으며 스포츠산업 융·복합화는 스포츠산업 분야의 고용창출을 확대하고 있다.

ⓒ 스포츠의 세계화와 경쟁의 심화 : 스포츠 세계화란 스포츠영역에서 일어난 세계화를 뜻하며, 스포츠의 세계에서 각국이 보여준 동질화가 심화되는 것이자 각국의 스포츠 간에 상호의존성이 증대되는 것을 의미한다. 이러한 스포츠 세계화가 진전될수록 스포츠의 부가가치가 더욱 높아지고, 특정 스포츠 이벤트나 스타 선수의 미디어가치가 확대된다. 스포츠에 대한 다국적 기업의 지원 외에도 높아진 관심 때문에 개인 소비자가 지출하게 될 소비도 증가할 것으로 예측된다. 또한 스포츠 세계화로 세계 스포츠산업 시장에서의 경쟁이 심화됨에 따라 우리나라의 스포츠산업은 다른 나라의 스포츠산업과 경쟁해야 하고 국제적인 경쟁력을 갖추기 위해 부단히 노력해야 하는 상황이다.

② 대내적 환경변화
㉠ 참여 및 레저스포츠와 건강에 대한 관심증대 : 가계소득 증가, 주 40시간 근무제 및 주 5일제 수업에 따른 여가의 증가에 따라 참여 및 레저스포츠에 대한 관심과 참여는 매우 빠른 속도로 증가하고 있다. 이러한 현상은 스포츠용품 및 스포츠시설 등과 같은 참여 및 레저스포츠분야와 연관된 다양한 산업분야의 발전을 촉진하는 계기가 되고 있다. 이에 유아스포츠, 실버스포츠 등이 새롭게 생겨날 것이며, 신세대를 위한 익스트림 스포츠, 장년층을 위한 시니어 게임, 암벽 등반 등 모험스포츠 및 자연친화적 스포츠, 그리고 이러한 분야가 융합된 스포츠 등에 대한 수요가 크게 늘어날 것으로 예측된다.

㉡ 스포츠용품업 관련 과학기술개발 경쟁심화 : 여가의 증대로 스포츠가 활성화함에 따라 스포츠용품의 소비가 촉진되고 있다. 그러나 국내 스포츠용품 시장은 내수시장이 확대됨에도 불구하고 선진국과 개도국 사이에서 극심한 경쟁 및 영세성으로 고전을 면치 못하고 있는 실정이다. 상대적으로 부가가치가 낮은 생산 공정 부문에서는 아시아 국가의 저임금에 기초한 노동 경쟁력에, 그리고 상대적으로 부가가치가 높은 부문에서는 선진국의 기술·디자인 경쟁력에 크게 뒤처지고 있다. 따라서 국내 스포츠산업의 발전을 위해서는 국내 스포츠용품업계는 '소재의 첨단화' 및 '새로운 디자인 개발' 등 새로운 활로를 모색하여야 할 것이다.

㉢ 프로스포츠의 활성화 : 프로스포츠의 활성화는 관람 스포츠에 대한 사람들의 참여를 촉진하고, 이를 통한 관심의 증대는 결국 참여 스포츠의 증대로 연결된다. 즉, 프로스포츠의 활성화를 통해 참여 스포츠시장도 동반 성장하고 있으며, 이는 결국 관람 및 참여 스포츠와 연관된 산업분야를 성장시키는

계기가 되고 있다.
ⓔ 스포츠패러다임의 변화 : 스포츠분야에서의 패러다임은 엘리트 체육 중심의 스포츠에서 생활체육 확대와 스포츠산업을 육성하는 방향으로 변화하고 있다. 이를 통해 스포츠 참여인구의 증가 및 다양화와 건강 및 여가 문화로서의 스포츠활동이 확산되면서 새로운 스포츠시장이 형성되고 있으므로, 스포츠패러다임의 변화는 스포츠산업의 발전과 밀접한 관련이 있다.
ⓗ SNS 확산으로 스포츠이벤트에 대한 관심이 증가하고 있다.

2. 스포츠산업의 분류

우리나라의 스포츠산업은 통계청의 한국표준산업분류에 의거하여 분류하는 방법과 스포츠 정책에 의거하여 스포츠산업을 분류하는 방법으로 구분되고 있다.

(1) 통계청의 한국표준산업분류

2018년 「스포츠산업 특수분류 V.3」 개편을 통해 3개의 대분류, 20개의 세분류, 66개의 세세분류로 구성되었다.

[한국표준산업분류(11차)]

대분류	중분류	소분류	세분류	세세분류
예술, 스포츠 및 여가 관련 서비스업	스포츠 및 오락 관련 서비스업 (91)	스포츠서비스업 (911)	경기장운영업(9111)	• 실내 경기장 운영업(91111) • 실외 경기장 운영업(91112) • 경주장 및 동물 경기장 운영업(91113)
			골프장 및 스키장 운영업 (9112)	• 골프장 운영업(91121) • 스키장 운영업(91122)
			기타 스포츠 시설 운영업 (9113)	• 종합 스포츠 시설 운영업(91131) • 체력단련시설 운영업(91132) • 수영장 운영업(91133) • 볼링장 운영업(91134) • 당구장 운영업(91135) • 골프 연습장 운영업(91136) • 그 외 기타 스포츠 시설 운영업(91139)
			기타 스포츠서비스업 (9119)	• 스포츠 클럽 운영업(91191) • 그 외 기타 스포츠서비스업(91199)

※ 출처 : 한국표준산업분류(2024, 통계청 782쪽 참고)

(2) 스포츠산업 특수분류 3.0

국내 스포츠산업 특수분류 3.0은 스포츠 시설업(중분류 2, 소분류 6, 세세분류 19), 스포츠용품업(중분류 2, 소분류 6, 세세분류 26), 스포츠서비스업(중분류 4, 소분류 8, 세세분류 21)로 구분하고 있다.

(3) 참여 스포츠산업과 관람 스포츠산업

① 참여 스포츠산업과 관람 스포츠산업의 특징
  ㉠ 경쟁시장은 수많은 공급자와 수요자가 존재하며, 공급하는 재화가 거의 동일하고 시장에 자유롭게 진입하고 퇴출할 수 있는 특징이 있으므로 참여 스포츠산업은 경쟁시장, 관람 스포츠산업은 비경쟁시장에 해당된다.
  ㉡ 참여 스포츠산업은 최대보다 최적 서비스 제공 수준에서 고객들의 만족도가 높다.
  ㉢ 참여 스포츠산업 시장과 관람 스포츠산업 시장은 상황이나 대상에 따라 복잡할 수도 있고 단순할 수도 있다.

(4) 관람 스포츠산업에서 경기장사업 가치사슬

① 팬 및 관중 규모는 경기장사업 가치사슬의 핵심이다.
② 미디어의 관심은 경기장사업의 가치를 높일 수 있다.
③ 인기구단의 장기 입주는 경기장사업의 가치를 높이는 역할을 한다.
④ 다용도 시설은 경기 외적으로도 외부자금 유입이 가능하기 때문에 경기장사업의 가치와는 밀접한 관련성을 갖는다.

(5) 관람 스포츠 수요변화에 영향을 미치는 요인

① 스포츠소비자의 소득과 여가시간은 수요변화를 야기하는 중요한 요인이다.
② 스포츠이벤트의 수준은 관람수요의 변화에 영향을 미친다.
③ 스타 플레이어의 유무는 관람수요 변화에 큰 영향을 미친다.
④ 프로리그 팀 간의 전력 차는 스포츠팬의 관람 동기에 영향을 미칠 수 있는 주요 변수가 될 수 있다.

[스포츠산업 특수분류 3.0]

스포츠시설업		스포츠용품업		스포츠서비스업			
스포츠시설 운영업	스포츠시설 건설업	운동 및 경기용품업	운동 및 경기용품 유통 및 임대업	스포츠경기 서비스업	스포츠정보 서비스업	스포츠 교육기관	기타 스포츠 서비스업
경기장 운영업 • 실내 경기장 운영업 • 실외 경기장 운영업 • 경주장운영업 **참여 스포츠 시설 운영업** • 종합스포츠 시설 운영업 • 체력단련시설 운영업 • 수영장운영업 • 볼링장운영업 • 당구장운영업 • 골프 연습장 운영업 • 스포츠 무도장 운영업 • 체육공원 운영업 • 기원 운영업 **골프장 및 스키장 운영업** • 골프장운영업 • 스키장운영업 **수상스포츠 시설 운영업** • 낚시장운영업 • 기타 수상스포츠시설 운영업 **기타 스포츠 시설 운영업** • 기타 스포츠 시설 운영업	**스포츠시설 건설업** • 스포츠시설 조경 건설업 • 스포츠 토목 시설물 건설업	**운동 및 경기 용품 제조업** • 운동 및 경기용 장비 제조업 • 체력단련용 장비 제조업 • 자전거제조업 • 낚시 및 수렵용 장비 제조업 • 놀이터용 기구 제조업 • 스포츠용 보트 건조업 • 기타 운동 및 경기용품 제조업 **스포츠 의류 및 관련 섬유제품 제조업** • 스포츠 의류 제조업 • 캠핑용 직물 제품 제조업 • 스포츠 관련 직물제품 제조업 • 스포츠 관련 의류부분품 제조업 **스포츠 가방 및 신발 제조업** • 스포츠 가방 제조업 • 스포츠 신발 제조업 • 스포츠 관련 신발 부분품 제조업	**운동 및 경기 용품 도매업** • 운동 및 경기 용구 도매업 • 자전거도매업 • 스포츠 의류 도매업 • 스포츠 가방 도매업 • 스포츠 신발 도매업 **운동 및 경기 용품 소매업** • 운동 및 경기 용구 소매업 • 자전거소매업 • 스포츠 의류 소매업 • 스포츠 가방 소매업 • 스포츠 신발 소매업 • 스포츠 관련 무점포소매업 **운동 및 경기 용품 임대업** • 운동 및 경기 용품 임대업	**스포츠 경기업** • 스포츠 경기업 **스포츠 베팅업** • 스포츠 복권 발행 및 판매업 • 기타 스포츠 사행시설 관리 및 운영업 **스포츠 마케팅업** • 스포츠 에이전트업 • 회원권 대행 판매업 • 스포츠마케팅 대행업 • 기타 스포츠 마케팅업	**스포츠 미디어업** • 스포츠 신문 발행업 • 스포츠 잡지 및 정기간행물 발행업 • 스포츠 관련 라디오 방송업 • 스포츠 관련 지상파 방송업 • 스포츠 관련 프로그램 공급업 • 스포츠 관련 유선 방송업 • 스포츠 관련 위성 및 기타 방송업 **기타 스포츠 정보서비스업** • 기타 스포츠 정보 서비스업	**스포츠 교육기관** • 태권도 교육 기관 • 무술 교육기관 • 기타 스포츠 교육기관	**스포츠 게임 개발 및 공급업** • 온라인·모바일 스포츠 게임 개발 및 공급업 • 기타 스포츠 게임 개발 및 공급업 **스포츠 여행업** • 스포츠 여행업

※ 출처 : 통계분류포털

3. 국내 스포츠산업의 규모

(1) 국내 스포츠산업의 사업체 수

① 2023년 기준 스포츠산업을 영위하고 있는 사업체는 총 126,186개로 나타났다.

② 업종별로는 스포츠 시설업이 47,349개로 전체 산업의 37.5%로 가장 높은 비중을 차지하고 있으며, 스포츠서비스업이 39,455개(31.3%), 스포츠용품업이 총 39,382개(31.2%) 순으로 나타났다.

구분	2021년		2022년		2023년	
	사업체 수	비중	사업체 수	비중	사업체 수	비중
스포츠시설업	44,168	38.0	45,192	37.5	47,349	37.5
스포츠용품업	36,939	31.8	39,078	32.4	39,382	31.2
스포츠서비스업	34,988	30.1	34,988	30.2	39,455	31.3
합 계	116,095	100.0	120,652	100.0	126,186	100.0

※ 출처 : 문화체육관광부(2025.1). 2023 스포츠산업조사 결과 보고서

(2) 스포츠산업 산업분류별 매출액 규모

① 2023년 기준 매출액은 81조 320억 원으로 전년 대비 3.7% 증가하였다.
② 업종별로는 스포츠용품업이 전년 대비 4.7% 증가하며 가장 큰 폭의 증가를 보였다.
③ 업종별 매출액 비중은 스포츠용품업이 전체 매출액의 42.5%로 절반 수준을 차지하고 있는 것으로 나타났고, 다음으로 스포츠서비스업 30.6%, 스포츠 시설업 26.8% 순으로 나타났다.

(단위 : 십억 원 %)

구분		2021년		2022년		2023년		증감률 (2022년 대비)
		매출액	비중	매출액	비중	매출액	비중	
스포츠시설업		16,469	25.8	21,324	27.3	21,756	26.8	2.0
스포츠용품업		30,624	47.9	32,916	42.1	34,475	42.5	4.7
스포츠 서비스업	체육진흥 투표권 포함	16,790	26.3	23,867	30.6	24,801	30.6	3.9
	체육진흥 투표권 제외	11,254	–	18,058	–	18,664	–	–
합 계	체육진흥 투표권 포함	63,882	100.0	78,107	100.0	81,032	100	3.7
	체육진흥 투표권 제외	58,346	–	72,298	–	74,895	–	–

※ 출처 : 문화체육관광부(2025.1). 2023 스포츠산업조사 결과 보고서

4. 스포츠산업의 특성

스포츠산업을 구성하는 각각의 분야는 서로 다른 산업분류에 속하는 업종의 집합체로서, 다음과 같은 공통적인 특성이 있다.

(1) 스포츠산업은 복합적인 산업분류 구조를 보인다.

(2) 스포츠산업은 공간 및 입지중시형 산업이다.

(3) 스포츠산업은 시간소비형 산업이다.

(4) 스포츠산업은 오락성이 중심 개념인 산업이다.

(5) 스포츠산업은 감동과 건강을 제공하는 산업이다.

(6) 스포츠산업은 다른 분야와의 연계성이 강한 산업이다.

5. 스포츠 관련 소비이론

(1) 기대불일치모델

소비자의 구매 후 행동을 가장 일반적으로 설명할 수 있는 이론으로 소비자의 만족과 불만족은 소비자의 주관적 판단에 의해 결정된다.

(2) 기업의 공급사슬관리(SCM ; Supply Chain Management)

① 공급사슬관리의 정의 : 기업이 원자재 조달부터 생산, 유통, 최종 소비 제품을 고객에게 전달하기까지 전 과정을 효율적으로 관리하는 것이다.
② 공급사슬관리 수행의 필요성 : 글로벌화의 진전, 전자상거래 도입 증가, 아웃소싱 증가에 따른 포장, 운송, 선적, 하역 및 분류 등의 운송비용이 증가한다.

(3) 파레토 법칙(Pareto Principle)

20%의 소비자가 전체매출의 80%를 차지함을 의미하므로, 스포츠 소비집단은 20%의 소비자가 전체 매출의 80%를 차지함을 의미한다.

6. 스포츠산업 발전의 위협요인 및 활성화 방안

(1) 스포츠산업 발전의 위협요인

① 내부요인
  ㉠ 프로축구의 선수 부족은 선수 공급 측면에서 리그의 정상적인 운영에 큰 어려움을 줄 수 있다.
  ㉡ 헬스클럽의 우수한 프로그램 부족은 스포츠 참여 인구의 제약을 발생할 수 있다.
  ㉢ 라이벌 프로야구팀의 FA선수 전원 흡수는 구단 간 전력 평준화를 저해하여 리그 흥행에 큰 영향을 미칠 수 있다.
② 외부요인 : 온라인 게임 시장의 폭발적 인기는 참여 및 관람스포츠에 대한 관심과 참여에 영향을 미칠 수 있다.

(2) 스포츠산업의 활성화 방안

① 스포츠산업의 내수기반을 강화한다.
② 스포츠산업의 관광화를 유도한다.
③ 스포츠산업과 전략사업의 연계 육성을 마련한다.
④ 스포츠산업 관련 법적·제도적 규제책을 완화한다.

CHAPTER 02 스포츠산업의 정책 및 법령

■ 학습목표

본 장에서는 스포츠산업의 정책, 정책의 변화 및 수단 그리고 스포츠산업 진흥법령에 대해 살펴볼 것이다. 스포츠산업의 정책 및 법령 부분은 스포츠경영관리사의 스포츠산업파트에서 매회 약 3~5문제 출제되고 있으므로 다음의 내용을 반드시 숙지하여야 한다.

■ Check
- ☐ 스포츠정책과 정책이 변화에 대해 숙지한다.
- ☐ 스포츠정책의 수단, 특히 인증제도에 대해 숙지한다.
- ☐ 스포츠산업 진흥법령의 전반적인 내용을 파악하고, 특히 스포츠산업 진흥법 시행령의 키워드를 숙지한다.

01 스포츠산업의 정책

1. 스포츠산업 정책

(1) 스포츠산업 정책의 제도적 기반

① 스포츠산업 정책 수립

국내의 스포츠산업은 1980년대에서 1990년 초반까지 체육산업이라는 용어로 불렸고, 체육시설업체와 용품제조업체 그리고 체육관련 각종 서비스업체가 대부분 소규모 영세업체로 운영되어 정부로부터의 정책적 지원은 미미하였다. 그러나 1990년대 후반부터 정부가 스포츠산업을 정책대상으로 파악하기 시작하였으며, 스포츠산업을 더욱 과학적으로 육성하기 위한 인력·기술·정보 및 제도적 기반마련 등의 정책을 수립하게 되었다.

② 스포츠산업 정책 기반 조성

현재 정부는 스포츠산업 부문을 적극적이고 직접적인 정책대상으로 삼고 있으며, 2004년 문화체육관광부의 직제개편을 통해 스포츠여가산업과를 체육국 내에 신설하고, 스포츠산업 진흥의 정책적 기반조성을 위한 토대를 마련하였다.

(2) 스포츠산업 정책의 변천

① 1990년대 이전의 체육정책

㉠ 1963년 이전 : 대한체육회 중심, 주로 엘리트 체육진흥을 위한 경기기술 향상, 국제경기대회 참가로 국위선양, 다른 국가와의 스포츠 교류 등

- ⓒ 1963년~1972년 : 정부 주도의 체육진흥정책으로 추진, 「국민체육진흥법(1962)」, 국민체육심의위원회(1970), 국민체육진흥재단(1972) 등의 법과 제도적 장치를 마련
- ⓓ 1980년~1988년 : 체육정책의 양적 발전, 프로축구(1981), 프로야구(1982) 출범, 서울하계아시아경기대회(1986), 서울하계올림픽대회(1988) 개최 등으로 정부의 국민 생활체육 진흥정책의 필요성을 인지

② 1990년대 이후 정부별 체육정책
- ㉠ 국민생활체육진흥종합계획 : 노태우 정부(1988~1992)
  - 국민생활체육진흥종합계획(호돌이계획, 1990) 수립 : 국가 차원의 최초의 체육 종합계획
  - 국민생활체육협의회(1991) 설립 : 생활체육 발전의 기반이 형성
  - 국민체육진흥정책 수립의 기초자료 축적 : 생활체육참여실태조사(現 국민생활체육조사)
- ㉡ 제1차 국민체육진흥5개년계획 : 김영삼 문민정부(1993~1997)
  - 정책과제 : 생활체육의 범국민적 확산, 엘리트체육의 지속적 육성, 국제체육협력의 증진, 체육과학의 진흥, 체육행정체제의 보강
  - 정책 목표 : 국민체력증진과 여가선용 도모, 세계 10위권 내의 경기력 유지, 국제체육 협력 증진 및 민족화합 도모
- ㉢ 제2차 국민체육진흥 5개년 계획 : 김대중 국민의 정부(1998~2002)
  - IMF경제 위기로 체육조직 축소 : 문화체육부→문화관광부 내 1개국으로 축소
  - 6대 주요사업 : 국민의 체육활동 참여기회 확대, 체육지도자 양성, 다양한 여가생활을 위한 복합체육시설 확충, 경기단체 재정자립 기금지원 및 법인화, 체육 용·기구 품질 향상 지원, 2002년 FIFA한일월드컵대회 준비
  - 추진전략 : 생활체육 참여 환경 구축, 세계 상위권 경기력 유지, 국제체육교류 강화, 2002월드컵 성공적 개최, 체육 산업 경쟁력 강화, 체육부문 선진화
- ㉣ 제3차 국민체육진흥 5개년 계획 : 노무현 참여정부(2003~2007)
  - 6대 목표 제시 : 생활체육 활성화를 통한 국민의 삶의 질 향상, 과학적 훈련지원을 통한 전문체육의 경기력 향상, 스포츠산업을 새로운 국가전략산업으로 육성, 국제체육교류 협력을 통한 국가이미지 제고, 체육과학의 진흥 및 정보화, 체육행정시스템의 혁신과 체육진흥재원 확충
  - 「국민체육진흥법」 개정(2005), 대한장애인체육회 설립
- ㉤ 문화비전 : 이명박 정부(2008~2012)
  체육활동 참여여건 개선, 체육 친화적 교육환경 및 교육 친화적 체육환경, 함께 누리는 체육활동, 세계 속의 스포츠한국, 스포츠산업의 경쟁력 강화, 전문체육 및 국제경쟁력 강화, 체육행정 시스템의 선진화
- ㉥ 스포츠비전 2018 : 박근혜 정부(2013~2017)
  - 3대 주요 전략 : 손에 닿는 스포츠(생활체육으로의 접근성 제고), 뿌리가 튼튼한 스포츠(스포츠 저변 확대), 경제를 살리는 스포츠(스포츠산업 활성화)
  - 구체적 목표 : 2017년까지 생활체육 참여율을 60%로 늘리고, 국제스포츠계 입지 강화, 스포츠 산업규모 53조 달성 및 일자리 증대 지향

- ⓐ 2030 스포츠비전 : 문재인 정부(2017~2021)
  - 목표 : 모든 국민이 스포츠를 즐기며 건강한 삶을 누리고 스포츠 가치의 사회적 확산으로 행복한 공동체를 형성
  - 4대 추진 전략 : 신나는 스포츠, 함께 하는 스포츠, 자랑스러운 스포츠, 풀뿌리 스포츠
  - 「스포츠 기본법」을 포함한 미래지향적 법령체계 개편
- ⓑ 제1차 스포츠 진흥 기본계획 : 윤석열 정부(2022~2024)
  - 5대 추진전략 : 스포츠로 국민건강·지역활력 제고, 최강의 경기력, 안정된 삶, 함께 성장하는 생활-전문스포츠, 국가 신성장 동력 K-스포츠, 스포츠 정신의 글로벌 리더 대한민국
  - 비전 제시 : 국민 일상스포츠 참여율 70% 도달, 스포츠강국 G7 달성, 국내 스포츠시장 105조 원 돌파

2. 스포츠산업 정책의 수단

(1) 스포츠용품 인증제도

① 인증제의 의의
  - ㉠ 국내 스포츠용품의 품질향상과 국가경쟁력 강화를 위해 도입
  - ㉡ 체육활동에 사용되는 스포츠용품의 품질과 운동기능을 과학적으로 평가하여 우수 제품을 공인하는 제도

② 인증제도의 목적 및 필요성
  - ㉠ 스포츠용품의 품질향상과 기능향상을 도모
  - ㉡ 스포츠용품의 기술력 향상을 통한 국가경쟁력 강화
  - ㉢ 인증제도와 기술·무역의 연계를 통한 내수진작 및 수출증대
  - ㉣ 스포츠산업 특성에 알맞은 표준·인증제도의 전문화

③ 스포츠용품 인증제도 사업의 구성
  - ㉠ 스포츠용품 인증제도의 도입 : 스포츠용품의 품질과 운동기능을 과학적으로 평가하여 우수제품을 공인하는 제도
  - ㉡ 국가공인 시험소(KOLAS)의 설치 및 운영 : 스포츠용품의 인증을 위한 시험 및 스포츠용품의 연구개발을 위해 각종 시험장비를 갖춘 시험소를 구축
  - ㉢ ISO인증기관 지정 운영 : 국내 스포츠용품제조업의 특성에 적합한 인증을 부여할 수 있는 ISO(국제표준기구)인증기관을 지정
  - ㉣ 인증자료센터의 설립 및 운영 : 스포츠용품 표준인증 및 연구개발 자료의 수집·분석으로 스포츠산업체에 정보를 제공하여 인증을 획득하고, 제품개발을 지원하기 위한 인증자료센터 구축

④ 스포츠용품 인증제도 사업의 내용
  - ㉠ 우수 품질의 스포츠용품에 인증을 부여하여 품질 및 홍보효과 제고를 위한 스포츠용품 품질인증제(KISS마크) 시행
  - ㉡ 스포츠용품을 구성하는 재료 또는 완제품의 역학 시험 수행을 위한 스포츠용품시험소 운영

ⓒ 스포츠산업체에 국내외 인증 지원 및 자문, 기술 지원하는 스포츠산업 지원 및 자문 사업
ⓔ 해외인증획득지원을 통한 해외경쟁력 제고 및 국산 스포츠용품의 해외 브랜드 육성 등

[스포츠용품 인증제도 사업의 구성]

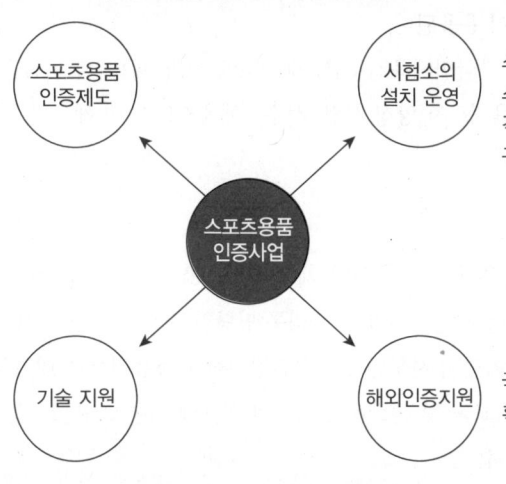

[스포츠인증제도를 위한 투자현황]

(단위 : 백만 원)

구 분	2012	2013	2014	2015	2016	2017	2018	2019	2020	2021	2022	계
품질인증	1,015	759	759	729	729	729	729	729	729	729	729	8,365
해외인증	460	460	460	490	490	490	490	490	490	490	490	5,300
합 계	1,574	1,219	1,219	1,219	1,219	1,219	1,219	1,219	1,219	1,219	1,219	13,764

※ 12년은 시험소 이전 비용 포함
※ 출처 : 문화체육관광부(2024). 2022 스포츠산업백서

(2) 스포츠레저산업전 개최

① 개최 목적

ⓐ 21세기 고부가가치산업인 스포츠산업의 발전을 도모한다.
ⓑ 국내 스포츠용품의 브랜드 인지도를 제고하여 해외진출의 기반을 조성한다.

② 개최 현황

ⓐ 2001년 서울국제올림픽(스포츠산업) 박람회(International Olympic Fair Seoul 2001) 개최 이후 코로나19의 영향으로 인해 취소된 2020년 행사를 제외하면 매년 1회 서울에서 정기적으로 개최되고 있다.
ⓑ 2025 서울국제스포츠레저산업전(Seoul International Sports & Leisure Industry Show 2025)은 2025년 3월 개최되었으며 320여 개 회사가 참가하였다.

(3) 국민체육진흥기금

① 사업개요

국민체육진흥기금은 체육진흥 여건을 조성하는 데 필요한 재원을 마련하고자 「국민체육진흥법」 제19조부터 제32조에 의거하여 운용된다.

② 국민체육진흥기금 지원 : 「국민체육진흥법」 제22조에 따라 체육진흥기금은 국민체육진흥사업, 체육시설 확충 사업, 선수 및 체육지도자 양성 사업, 선수ㆍ체육지도자 및 체육인 복지 사업에 지원되고 있다.

(4) 스포츠산업전문인력 양성

① 전문인력양성의 필요성

㉠ 체육 분야가 공공체육시설 등 다양한 체육시설의 효율적 운영과 스포츠산업체에서의 경영활동까지 확대되면서, 체육활동 전반의 운영과 관리를 담당할 전문가 양성이 시급해지고 있다.

㉡ 스포츠산업체 및 체육단체 사무인력들이 환경변화에 능동적으로 대처할 수 있도록 이에 적합한 직무능력 구비를 위한 재교육 및 새로운 창업기회 확대에 따른 스포츠산업 관련 창업희망자에 대한 지원교육이 요구되고 있다.

② 양성사업계획 및 교육과정

㉠ 스포츠산업 전문인력 양성사업은 스포츠마케터, 스포츠시설업 경영관리자과정 등의 교육과정을 체육과학연구원(현 한국스포츠정책과학원)을 통해 추진하고 있다.

㉡ 지속적인 교육 및 전문인력을 양성하기 위해 스포츠경영관리사 국가기술자격증제도를 시행 중에 있다.

㉢ 해외연수과정, 스포츠경영관리사 자격증 취득자들의 전문교육을 위한 과정 도입, 그리고 프로스포츠마케팅현장체험학습 및 체육단체 임직원 스포츠비즈니스 교육 등 교육과정을 다양화하고 있다.

㉣ 스포츠산업 전문인력은 산업계의 수요와 현장중심의 교육과정으로 창의적이고 수준 높은 전문인력을 양성함으로써 전문인력 부족을 해소하고, 산업의 자생력과 국제경쟁력을 강화하기 위해 인력을 확대하는 등 지속적인 증가추세를 보일 것으로 전망된다.

㉤ 한편, 2021년부터는 실제 현장에서 적용가능한 실무 교육을 위하여 실무맞춤형 교육을 스포츠 실무맞춤 취업과정과 스포츠 실무맞춤 창업과정으로 구분하여 운영하였다.

(5) 스포츠산업 정보망 및 연구활성화

① 스포츠산업 정보망 사업의 추진방향 및 목적

㉠ 정부는 한국스포츠정책과학원을 통해 스포츠마케팅 기법ㆍ첨단기술ㆍ특허 등 산업정보 DB 구축 및 콘텐츠를 개발하고 다양한 국내외 첨단정보의 체계적 수집, 가공 및 서비스 제공에 필요한 포털사이트 개발을 추진하고 있다.

㉡ 민간 스포츠정보 제공업의 전문성 향상을 지원하고 경기기록 조사ㆍ가공업, 선수기량 등의 평가업, 스포츠팬 성향조사업 등을 활성화하며, 스포츠에이전트 활동을 양성화할 수 있는 제도적 기반을 마련하기 위한 것이다.

㉢ 개별 산업체 홈페이지 구축 및 운영 대행, 전자상거래 활성화 등을 지원하게 된다.

② 연구활성화 사업의 추진
  ㉠ 스포츠산업 관련 연구 활성화를 위하여 한국 한국스포츠정책과학원의 스포츠산업연구실을 확대하여 운영하고 있다.
  ㉡ 스포츠산업연구실은 현재 스포츠서비스업, 스포츠시설업, 스포츠마케팅 등 스포츠산업관련 핵심과제의 중점연구를 수행하고 지원하고 있다.
  ㉢ 한국스포츠정책과학원 내 연구심의위원회에서 연도별 스포츠산업관련 중점 연구방향 설정 및 연구사업을 평가하고 있다.

(6) 청소년기의 국민체력 100 체력측정 항목

건강 체력	운동 체력
• 근력 : 상대악력 • 근지구력 : 윗몸말아올리기 및 반복점프 • 심폐지구력 : 왕복오래달리기(20m), 트레드밀, 스텝검사 • 유연성 : 앉아윗몸앞으로굽히기	• 민첩성 : 일리노이 • 순발력 : 체공시간 • 협응력 : 눈—손 협응력

02 스포츠산업 진흥법령

1. 스포츠산업 법령 제정 목적 및 순서

(1) 스포츠산업 관련 법령의 제정 목적
① **국민체육진흥법** : 국민체육을 진흥하여 국민의 체력을 증진시키고 건전한 정신을 함양하여 명랑한 국민생활을 영위하려 한다.
② **스포츠산업 진흥법** : 스포츠산업의 진흥을 촉진하고, 나아가 국민의 문화적인 삶의 향상과 국민경제의 발전에 이바지한다.
③ **생활체육진흥법** : 생활체육과 전문체육의 연계를 강화하여 체육정책의 통일성 향상에 기여한다.
④ **바둑진흥법** : 바둑을 통해 국민의 여가선용 기회를 확대하고 건강한 정신을 함양함과 아울러 바둑의 세계화에 이바지한다.

(2) 스포츠산업 관련 법령의 제정 순서
국민체육진흥법(1962. 9. 17.) → 스포츠산업 진흥법(2007. 4. 6.) → 생활체육진흥법(2015. 3. 15.) → 바둑진흥법(2018. 4 .17.)

2. 「스포츠산업 진흥법」 [시행 2024. 5. 1.] [법률 제19799호, 2023. 10. 31., 일부개정]

※ 다음은 「스포츠산업 진흥법」이며, 제1조부터 제23조까지 box의 내용은 각 조별에 해당되는 「스포츠산업 진흥법」 시행령과 시행규칙을 기술한 것이다.

제1조(목적)
이 법은 스포츠산업의 진흥에 필요한 사항을 규정함으로써 스포츠산업의 기반조성 및 경쟁력 강화를 도모하고, 스포츠를 통한 국민의 여가선용 기회의 확대와 국민경제의 건전한 발전에 이바지함을 목적으로 한다.

제2조(정의)
이 법에서 사용하는 용어의 뜻은 다음과 같다.
1. "스포츠"란 건강한 신체를 기르고 건전한 정신을 함양하며 질 높은 삶을 위하여 자발적으로 행하는 신체활동을 기반으로 하는 사회문화적 행태를 말한다.
2. "스포츠산업"이란 스포츠와 관련된 재화와 서비스를 통하여 부가가치를 창출하는 산업을 말한다.
3. "스포츠산업진흥시설"이란 스포츠산업 관련 사업자와 그 지원시설 등을 집단적으로 유치하기 위하여 제11조 제1항에 따라 지정된 시설물을 말한다.

제3조(다른 법률과의 관계)
스포츠산업의 진흥에 관하여 다른 법률에 특별한 규정이 있는 경우를 제외하고는 이 법에서 정하는 바에 따른다.

제4조(국가와 지방자치단체의 책임)
① 국가 및 지방자치단체는 스포츠산업의 진흥을 위하여 필요한 시책을 수립·시행하여야 한다.
② 국가 및 지방자치단체는 스포츠산업의 진흥을 위하여 기술의 개발과 조사, 연구사업의 지원, 외국 및 스포츠산업 관련 국제기구와의 협력체제 구축 등을 위하여 필요한 노력을 하여야 한다.
③ 국가와 지방자치단체는 스포츠산업의 진흥을 위한 각종 시책을 수립·시행할 때 장애인이 관련 활동에 참여할 수 있도록 「장애인차별금지 및 권리구제 등에 관한 법률」 제4조 제2항에 따른 정당한 편의를 제공하기 위하여 노력하여야 한다.

제5조(기본계획 수립 등)
① 문화체육관광부장관은 스포츠산업 진흥에 관한 기본적이고 종합적인 중장기 진흥기본계획(이하 "기본계획"이라 한다)을 5년마다 수립·시행하고, 기본계획에 따라 스포츠산업의 각 분야별·기간별 세부시행계획(이하 "세부시행계획"이라 한다)을 수립·시행하여야 한다.
② 기본계획에는 다음 각 호의 사항이 포함되어야 한다.
  1. 스포츠산업 진흥의 기본방향에 관한 사항
  2. 스포츠산업 활성화를 위한 기반 조성에 관한 사항
  3. 스포츠산업 전문인력 양성에 관한 사항
  4. 스포츠산업의 경쟁력 강화에 관한 사항

5. 스포츠산업 진흥을 위한 재원 확보에 관한 사항
6. 국가 간 스포츠산업 협력에 관한 사항
7. 프로스포츠의 육성 · 지원에 관한 사항
8. 스포츠산업 관련 시설의 감염병 등에 대한 안전 · 위생 · 방역 관리에 관한 사항
9. 「장애인차별금지 및 권리구제 등에 관한 법률」 제4조 제2항에 따른 정당한 편의 제공에 관한 사항
10. 그 밖에 스포츠산업 진흥을 위하여 필요한 사항으로서 대통령령으로 정하는 사항

③ 문화체육관광부장관은 기본계획과 세부시행계획을 수립 · 시행하려는 때에는 관계 행정기관의장과 협의하여야 한다.

④ 문화체육관광부장관은 기본계획 및 세부시행계획의 수립 · 시행을 위하여 필요한 때에는 관계 행정기관, 지방자치단체, 공공기관, 연구소, 대학, 민간기업 및 개인 등에게 필요한 협조를 요청할 수 있다.

⑤ 문화체육관광부장관은 매년 전년도 세부시행계획에 따른 추진실적을 평가하여야 한다.

⑥ 그 밖에 기본계획과 세부시행계획의 수립 · 시행 및 추진실적의 평가 등에 필요한 사항은 대통령령으로 정한다.

> **영 제2조(기본계획 수립 등)**
> ① 문화체육관광부장관은 「스포츠산업 진흥법」(이하 "법"이라 한다) 제5조 제1항에 따른 중 · 장기 진흥기본계획(이하 "기본계획"이라 한다)을 5년마다 수립하여 시행하여야 한다.
> ② 문화체육관광부장관은 법 제5조 제1항에 따른 분야별 · 기간별 세부시행계획을 매년 수립하여야한다.
> ③ 세부시행계획에는 다음 각 호의 사항이 포함되어야 한다.
>   1. 해당 연도의 사업추진방향
>   2. 주요 사업별 세부수행계획
> ④ 문화체육관광부장관은 기본계획과 세부시행계획을 수립하면 관계 행정기관의 장과 지방자치단체의 장에게 그 내용을 통보하여야 한다.
> ⑤ 법 제5조 제2항 제10호에서 "대통령령으로 정하는 사항"이란 다음 각 호의 사항을 말한다.
>   1. 스포츠산업 관련 연구개발의 추진에 관한 사항
>   2. 스포츠산업 관련 창업의 지원에 관한 사항
>   3. 그 밖에 문화체육부장관이 스포츠산업 진흥을 위하여 필요하다고 인정하는 사항
> ⑥ 문화체육관광부장관은 기본계획과 세부시행계획을 수립하기 위하여 필요한 경우 관계 행정기관의 장과 지방자치단체의 장에게 관련 자료의 제출을 요청할 수 있다. 이 경우 요청받은 행정기관의 장과 지방자치단체의 장은 특별한 사정이 없으면 협조하여야 한다.

제6조(경쟁력 강화 조치 · 지원 등)

① 문화체육관광부장관은 기본계획 및 세부시행계획에 따라 공공기관, 단체 및 스포츠산업 사업자가 스포츠산업의 경쟁력 강화를 위한 조치를 취하고자 할 때에는 예산의 범위에서 지원할 수 있다.

② 문화체육관광부장관은 제1항에 따라 자금 등을 지원하고자 하는 때에는 관계 행정기관의 장과 협의하여야 한다.

제7조(실태조사)

① 문화체육관광부장관은 기본계획과 세부시행계획을 효율적으로 수립 · 시행하기 위하여 정기적으로 스포츠산업 실태조사를 실시하여야 한다.

② 제1항에 따른 실태조사의 범위와 방법 등에 필요한 사항은 대통령령으로 정한다.

> 영 제3조(실태조사의 범위와 방법)
> ① 문화체육관광부장관은 법 제7조 1항에 따라 매년 다음 각 호의 사항에 관하여 실태조사를 실시하여야 한다.
>   1. 스포츠산업 관련 사업체 수 및 종사자 수
>   2. 스포츠산업의 매출액
>   3. 스포츠산업의 사업 실적 및 경영 전망
>   4. 스포츠산업의 인력 수급
>   5. 그 밖에 스포츠산업 진흥을 위한 정책을 수립·시행하는 데 필요한 사항
> ② 문화체육관광부장관은 제1항에 따른 실태조사를 스포츠산업 관련 전문성을 갖춘 기관 또는 단체에 의뢰하여 실시할 수 있다.
> ③ 문화체육관광부장관은 제1항에 따른 실태조사를 위하여 필요한 경우 스포츠산업과 관련된 기관, 법인, 단체 또는 사업자에게 관련 자료의 제출을 요청할 수 있다.

제8조(연구개발의 추진)

① 문화체육관광부장관은 스포츠산업과 관련된 연구개발을 추진하기 위한 정책을 수립·시행하고, 연구개발을 수행하는 데 드는 자금을 예산의 범위에서 지원하거나 출연할 수 있다.

② 문화체육관광부장관은 연구개발사업의 효율적인 추진을 위하여 연구개발사업에 관한 업무의 전부 또는 일부를 대행하는 기관을 「국가연구개발혁신법」 제22조 제2항에 따른 전문기관으로 지정할 수 있다.

> 「국가연구개발혁신법」 제22조(전문기관의 지정 등)
> ② 전문기관은 다음 각 호의 어느 하나에 해당하는 기관 중에서 지정한다.
>   1. 다른 법률에 따라 설립된 기관 중 국가연구개발사업의 기획·관리·평가 등을 지원하는 기관으로서 대통령령으로 정하는 기관
>   2. 「공공기관의 운영에 관한 법률」에 따른 공공기관
>   3. 그 밖에 「민법」 등 다른 법률에 따라 설립된 비영리법인 중 대통령령으로 정하는 기준에 부합하는 기관

③ 제1항에 따른 연구개발의 추진 등에 필요한 사항은 대통령령으로 정한다.

> 영 제4조(연구개발의 지원·출연 대상과 사업)
> ① 문화체육관광부장관이 법 제8조 제1항에 따라 지원하거나 출연할 수 있는 대상은 다음 각 호의 어느 하나에 해당하는 기관, 법인, 단체 또는 사업자로 한다.
>   1. 「특정연구기관 육성법」에 따른 특정연구기관
>   2. 「정부출연연구기관 등의 설립·운영 및 육성에 관한 법률」에 따른 정부출연연구기관(이하 "정부출연연구기관"이라 한다)
>   3. 「고등교육법」에 따른 대학, 산업대학, 전문대학 또는 기술대학
>   4. 그 밖에 문화체육관광부장관이 스포츠산업 관련 연구개발을 추진하기 위하여 필요하다고 인정하는 기관, 법인, 단체 또는 사업자
> ② 문화체육관광부장관은 제1항 각 호에 따른 기관, 법인, 단체 또는 사업자가 다음 각 호의 어느 하나에 해당하는 사업을 하는 경우에는 법 제8조 제1항에 따라 연구개발을 수행하는 데 드는 자금을 지원하거나 출연할 수 있다.
>   1. 스포츠산업 관련 연구개발 사업
>   2. 스포츠산업 관련 기술의 조사·연구를 위한 사업
>   3. 스포츠산업 관련 기술의 평가, 이전 및 활용에 관한 사업
>   4. 그 밖에 문화체육관광부장관이 연구개발의 추진을 위하여 필요하다고 인정하는 사업

제9조(스포츠산업 전문인력의 양성)

① 국가 및 지방자치단체는 스포츠산업 진흥에 필요한 전문인력을 양성하기 위하여 노력하여야 한다.

② 문화체육관광부장관은 제1항에 따른 전문인력의 양성을 위하여 대통령령으로 정하는 바에 따라 스포츠산업 전문인력 양성기관을 지정하여 운영할 수 있다.

영 제5조(스포츠산업 전문인력의 양성기관 지정 등)

① 문화체육관광부장관은 법 제9조 제2항에 따라 다음 각 호의 어느 하나에 해당하는 기관 또는 단체를 스포츠산업 전문인력 양성기관(이하 "전문인력 양성기관"이라 한다)으로 지정할 수 있다
  1. 「고등교육법」 제2조 제1호에 따른 대학 중 스포츠산업 관련 학과 또는 전공이 설치된 대학
  2. 정부출연연구기관
  3. 「국민체육진흥법」 제36조에 따른 서울올림픽기념국민체육진흥공단(이하 "국민체육진흥공단"이라 한다)
  4. 스포츠산업 진흥을 목적으로 설립된 기관 또는 단체
  5. 그 밖에 문화체육관광부장관이 전문인력의 양성을 위하여 필요하다고 인정하는 기관 또는 단체
② 전문인력 양성기관의 지정 기준은 다음의 각 호와 같다.
  1. 전문 교수요원을 확보하고 있을 것
  2. 교육시설 및 교육장비를 적절하게 보유하고 있을 것
  3. 운영경비 조달계획 및 지원금 사용계획이 타당할 것
  4. 교육 대상별 교육과정 및 교육내용이 적절할 것
③ 전문인력 양성기관으로 지정받으려는 기관 또는 단체는 문화체육관광부령으로 정하는 신청서를 문화체육관광부장관에게 제출하여야 한다.
④ 문화체육관광부장관은 제1항에 따라 전문인력 양성기관을 지정한 경우 문화체육관광부 인터넷 홈페이지에 그 사실을 공고하여야 한다.

---

③ 국가 및 지방자치단체는 제2항에 따라 지정된 스포츠산업 전문인력 양성기관에 대하여 대통령령으로 정하는 바에 따라 그 양성에 필요한 경비를 예산의 범위에서 보조할 수 있다.

영 제6조(경비의 보조)

문화체육관광부장관과 지방자치단체의 장은 법 제9조 제3항에 따라 전문인력 양성기관에 다음 각 호의 경비의 전부 또는 일부를 보조할 수 있다.
1. 전문인력 양성교육 프로그램 운영에 필요한 비용
2. 전문인력 양성교육에 대한 조사 · 연구 비용
3. 교육자료의 개발 및 보급에 필요한 비용
4. 교육장소 임대비 및 장비 구입비

---

④ 그 밖에 스포츠산업 전문인력의 양성에 필요한 사항은 대통령령으로 정한다.

영 제7조(스포츠산업 전문인력의 양성을 위한 지원 등)

문화체육관광부장관과 지방자치단체의 장은 법 제9조 제1항에 따른 스포츠산업 전문인력의 양성을 위하여 다음 각 호의 지원 등을 할 수 있다.
1. 스포츠산업 전문인력 관련 정보의 수집 및 조사 · 연구
2. 제5조 제1항에 따라 지정된 전문인력 양성기관이 실시하는 스포츠산업 전문인력 연수과정을 수료한 사람 및 「국가기술자격법」에 따른 스포츠경영관리사의 현장실무 지원
3. 스포츠산업 현장 종사자의 전문성 강화를 위한 국내외 연수 지원

제10조(창업 지원 등)

문화체육관광부장관은 스포츠산업과 관련된 창업을 촉진하고, 일자리를 창출하기 위하여 필요한 시책을 마련하며, 사업추진에 필요한 자금을 예산의 범위에서 지원할 수 있다.

제11조(스포츠산업진흥시설의 지정 등)

① 문화체육관광부장관은 스포츠산업의 진흥을 위하여 지방자치단체의 장과 협의하여 다음 각 호의 지정요건을 갖춘 해당 지방자치단체 소유의 공공체육시설을 스포츠산업진흥시설로 지정할 수 있다. 이 경우 시설 설치 및 보수 등에 필요한 자금의 전부 또는 일부를 지원할 수 있다.
  1. 문화체육관광부령으로 정하는 수(5) 이상의 스포츠산업 사업자가 입주할 것

> **규칙 제3조(스포츠산업진흥시설의 지정 요건 등)**
> ① 법 제11조 제1항 제1호에서 문화체육관광부령으로 정하는 수란 5를 말한다.
> ② 제8조 제1항에서 문화체육관광부령으로 정하는 지정신청서란 별지 제2호 서식의 스포츠산업진흥시설 지정 신청서(전자문서로 된 신청서를 포함한다)를 말한다.

  2. 입주하는 스포츠산업 사업자의 100분의 30 이상이「중소기업기본법」제2조에 따른 중소기업자일 것

> **「중소기업기본법」제2조(중소기업자의 범위)**
> ① 중소기업을 육성하기 위한 시책(이하 "중소기업시책"이라 한다)의 대상이 되는 중소기업자는 다음 각 호의 어느 하나에 해당하는 기업 또는 조합 등(이하 "중소기업"이라 한다)을 영위하는 자로 한다. 다만 독점규제 및 공정거래에 관한 법률 제31조 제1항에 따른 공시대상기업집단에 속하는 회사 또는 같은 법 제33조에 따라 공시대상기업집단의 소속회사로 편입·통지된 것으로 보는 회사는 제외한다.
>   1. 다음 각 목의 요건을 모두 갖추고 영리를 목적으로 사업을 하는 기업
>   가. 업종별로 매출액 또는 자산총액 등이 대통령령으로 정하는 기준에 맞을 것
>   나. 지분 소유나 출자 관계 등 소유와 경영의 실질적인 독립성이 대통령령으로 정하는 기준에 맞을 것
>   2.「사회적기업 육성법」제2조 제1호에 따른 사회적기업 중에서 대통령령으로 정하는 사회적기업
>   3.「협동조합 기본법」제2조에 따른 협동조합, 협동조합연합회, 사회적협동조합, 사회적협동조합연합회, 이종협동조합연합회 중 대통령령으로 정하는 자
>   4.「소비자생활협동조합법」제2조에 따른 조합, 연합회, 전국연합회 중 대통령령으로 정하는 자
>   5.「중소기업협동조합법」제3조에 따른 협동조합, 사업협동조합, 협동조합연합회 중 대통령령으로 정하는 자
> ② 중소기업은 대통령령으로 정하는 구분기준에 따라 소기업(小企業)과 중기업(中企業)으로 구분한다.
> ③ 제1항을 적용할 때 중소기업이 그 규모의 확대 등으로 중소기업에 해당하지 아니하게 된 경우 그 사유가 발생한 연도의 다음 연도부터 3년간은 중소기업으로 본다. 다만, 중소기업 외의 기업과 합병하거나 그 밖에 대통령령으로 정하는 사유로 중소기업에 해당하지 아니하게 된 경우에는 그러하지 아니하다.
> ④ 중소기업시책별 특성에 따라 특히 필요하다고 인정하면 해당 법률에서 정하는 바에 따라 법인·단체 등을 중소기업자로 할 수 있다.

  3. 입주하는 스포츠산업 사업자가 공동으로 이용할 수 있는 공용 회의실 및 공용 장비실 등의 공용이용시설을 설치할 것

② 제1항에 따른 스포츠산업진흥시설로 지정을 받고자 하는 지방자치단체의 장은 대통령령으로 정하는 바에 따라 문화체육관광부장관에게 지정을 신청하여야 한다.

> **제8조(스포츠산업진흥시설의 지정 절차)**
> ① 법 제11조 제1항 각 호 외의 부분 전단에 따라 해당 지방자치단체 소유의 공공체육시설을 스포츠산업진흥시설(이하 "진흥시설"이라 한다)로 지정받으려는 지방자치단체의 장은 문화체육관광부령으로 정하는 지정신청서에 같은 항 각 호의 지정요건을 갖추었음을 증명하는 서류를 첨부하여 문화체육관광부장관에게 제출하여야 한다.
> ② 문화체육관광부장관은 진흥시설을 지정한 경우 문화체육관광부 인터넷 홈페이지에 그 사실을 공고하여야 한다.
> ③ 제1항과 제2항에서 규정한 사항 외에 진흥시설의 지정에 필요한 사항은 문화체육관광부장관이 정하여 고시한다.

③ 제2항에도 불구하고 문화체육관광부장관은 프로스포츠의 육성을 위하여 필요하다고 인정하는 경우 지방자치단체의 장과 협의하여 해당 지방자치단체 내의 프로스포츠단 연고 경기장을 스포츠산업진흥시설로 우선 지정할 수 있다.

④ 그 밖에 스포츠산업진흥시설의 지정 및 지원 등에 필요한 사항은 대통령령으로 정한다.

> **제9조(진흥시설의 지원)**
> ① 문화체육관광부장관은 법 제11조 제1항 각 호 외의 부분 후단에 따라 진흥시설에 다음 각 호의 지원을 할 수 있다.
>   1. 진흥시설의 운영에 필요한 자금의 지원
>   2. 공동이용시설의 설치비 · 운영비의 지원
> ② 제1항에서 규정한 사항 외에 진흥시설의 지원에 필요한 사항은 문화체육관광부장관이 정하여 고시한다.

제12조(스포츠산업진흥시설의 지정해제)

문화체육관광부장관은 제11조 제1항에 따라 지정된 스포츠산업진흥시설이 지정요건에 미달하는 때에는 대통령령으로 정하는 바에 따라 그 지정을 해제할 수 있다.

> **영 제10조(진흥시설의 지정해제)**
> ① 문화체육관광부장관은 법 제12조에 따라 진흥시설의 지정을 해제하려면 미리 해당 지방자치단체의 장의 의견을 들어야 한다.
> ② 문화체육관광부장관은 법 제12조에 따라 진흥시설의 지정을 해제한 경우에는 문화체육관광부 인터넷 홈페이지에 그 사실을 공고하여야 한다.

제13조(국유 · 공유 재산의 대부 · 사용 등)

① 국가 또는 지방자치단체는 제11조 제1항에 따른 스포츠산업진흥시설의 지정 및 운영을 위하여 필요하다고 인정하는 경우에는 「국유재산법」 또는 「공유재산 및 물품 관리법」에도 불구하고 국유 · 공유 재산을 수의계약으로 대부 · 사용 · 수익하게 하거나 매각할 수 있다.

② 제1항에 따른 국유 · 공유 재산의 대부 · 사용 · 수익 · 매각 등의 내용 및 조건에 관하여는 「국유재산법」 또는 「공유재산 및 물품 관리법」에서 정하는 바에 따른다.

제14조(스포츠산업지원센터의 지정 등)

① 문화체육관광부장관은 스포츠산업의 발전을 위하여 다음 각 호의 어느 하나에 해당하는 기관을 스포츠산업지원센터(이하 "지원센터"라 한다)로 지정할 수 있다.
  1. 국공립 연구기관
  2. 「고등교육법」에 따른 대학 또는 전문대학
  3. 「특정연구기관 육성법」에 따른 특정연구기관
  4. 그 밖에 문화체육관광부령으로 정하는 기관

> **규칙 제4조(스포츠산업지원센터의 지정 신청)**
> ① 법 제14조 제1항에 따른 스포츠산업지원센터로 지정을 받으려는 기관은 영 제11조 제1항에 따라 별지 제3호 서식의 스포츠산업지원센터 지정 신청서(전자문서로 된 신청서를 포함한다)에 다음 각 호의 서류를 첨부하여 문화체육관광부장관에게 제출하여야 한다. 이 경우 문화체육관광부장관은 「전자정부법」 제36조 제1항에 따른 행정정보의 공동이용을 통하여 법인 등기사항증명서(법인만 해당한다)를 확인하여야 한다.
>   1. 정관(법인만 해당한다)
>   2. 지원 인력에 관한 사항
>   3. 지원 시설과 장비에 관한 사항
>   4. 운영경비의 조달 계획
> ② 법 제14조 제1항 제4호에서 "문화체육관광부령으로 정하는 기관"이란 다음 각 호의 어느 하나에 해당하는 기관을 말한다.
>   1. 「국민체육진흥법」 제36조에 따른 서울올림픽기념국민체육진흥공단
>   2. 「민법」 또는 다른 법률에 따라 설립된 스포츠 분야의 법인

② 지원센터는 다음 각 호의 기능을 행한다.
  1. 스포츠산업 발전을 위한 지방자치단체와의 협조에 관한 사항
  2. 스포츠산업체 발전을 위한 상담 등 지원에 관한 사항
③ 문화체육관광부장관은 지원센터가 제2항의 기능을 충실하게 이행하지 아니하는 때에는 그 지정을 해제할 수 있다.
④ 지원센터의 지정 및 해제 절차 등에 필요한 사항은 대통령령으로 정한다.

> **영 제11조(스포츠산업지원센터의 지정 등)**
> ① 법 제14조 제1항에 따라 스포츠산업지원센터(이하 "지원센터"라 한다)로 지정받으려는 기관은 문화체육관광부령으로 정하는 바에 따라 문화체육관광부장관에게 지정을 신청하여야 한다.
> ② 문화체육관광부장관은 법 제14조 제1항 또는 제3항에 따라 지원센터를 지정하거나 지원센터의 지정을 해제하려면 미리 해당 지방자치단체의 장의 의견을 들어야 한다. 다만, 법 제14조 제1항 제4호에 따른 기관을 지원센터로 지정하거나 그 지정을 해제하는 경우에는 해당 지방자치단체의 장의 의견을 듣지 아니할 수 있다.
> ③ 문화체육관광부장관은 지원센터를 지정하거나 지원센터의 지정을 해제한 경우에는 문화체육관광부 인터넷 홈페이지에 그 사실을 공고하여야 한다.

제15조(품질 향상 지원)

① 문화체육관광부장관은 스포츠산업의 육성과 기술개발을 위하여 스포츠산업 관련 상품의 품질향상에 필요한 지원을 할 수 있다.
② 문화체육관광부장관은 제1항에 따른 품질 향상 지원에 소요되는 장비, 인력, 비용 등 운용에 필요한 예산을 지원할 수 있다.

제16조(스포츠산업에 대한 출자)
정부는 스포츠산업에 대한 투자 활성화를 위하여 대통령령으로 정하는 바에 따라 예산의 범위에서 다음 각 호의 조합이나 회사에 출자할 수 있다.

> 영 제12조(스포츠산업에 대한 출자)
> 문화체육관광부장관은 법 제16조 각 호 외의 부분에 따른 출자를 하는 경우에는 국민체육진흥공단의 의견을 들을 수 있다.

1. 「벤처투자 촉진에 관한 법률」 제2조 제11호에 따른 벤처투자조합과 같은 법 제70조 제1항에 따른 벤처투자모태조합
2. 삭 제
3. 그 밖에 스포츠산업체에 투자하거나 스포츠산업에 대한 투자를 목적으로 설립된 조합 또는 회사

제17조(프로스포츠의 육성)
① 국가 및 지방자치단체는 스포츠산업의 발전을 도모하고, 국민의 건전한 여가활동을 북돋우기 위하여 프로스포츠 육성에 필요한 시책을 강구할 수 있다.
② 지방자치단체 또는 「공공기관의 운영에 관한 법률」 제4조에 따른 공공기관은 프로스포츠 육성을 위하여 대통령령으로 정하는 바에 따라 프로스포츠단 창단에 출자 또는 출연할 수 있으며, 프로스포츠 활성화를 위하여 필요한 경우 프로스포츠단 사업 추진에 필요한 경비를 지원할 수 있다.

> 영 제13조(프로스포츠단 창단에의 출자·출연 등)
> ① 지방자치단체 또는 「공공기관의 운영에 관한 법률」 제4조에 따른 공공기관(이하 "공공기관"이라 한다)은 법 제17조 제2항에 따라 프로스포츠단 창단을 위한 자본금 또는 재산의 전부나 일부를 단독으로 또는 공동으로 출자하거나 출연할 수 있다.
> ② 지방자치단체 또는 공공기관이 법 제17조 제2항에 따라 프로스포츠단 사업 추진에 지원할 수 있는 경비의 범위는 다음 각 호와 같다.
>   1. 프로스포츠단의 운영비(인건비를 포함한다)
>   2. 프로스포츠단의 부대시설 구축을 위한 비용
>   3. 각종 국내·국제 운동경기대회의 개최비와 참가비
>   4. 유소년 클럽 및 스포츠교실의 운영비
>   5. 그 밖에 프로스포츠단의 활성화를 위하여 필요한 경비

③ 지방자치단체는 공공체육시설의 효율적 활용과 프로스포츠의 활성화를 위하여 필요하다고 인정하는 경우에는 「공유재산 및 물품 관리법」 제21조 제1항, 제27조 제1항 및 제31조에도 불구하고 공유재산을 25년 이내의 기간을 정하여 그 목적 또는 용도에 장애가 되지 아니하는 범위에서 사용·수익을 허가하거나 관리위탁 또는 대부할 수 있다.
④ 지방자치단체의 장은 제3항에 따라 공유재산을 사용·수익하게 하거나 대부하는 경우에는 「공유재산 및 물품 관리법」 제22조 및 제32조에도 불구하고 대통령령으로 정하는 바에 따라 해당 공유재산의 사용료 및 대부료와 납부 방법 등을 정할 수 있다. 이 경우 다음 각 호의 어느 하나에 해당하는 경우에는 지방자치단체의 조례로 정하는 바에 따라 사용료를 감경하거나 면제할 수 있다.
1. 공유재산 중 체육시설(민간자본을 유치하여 건설 또는 수리·보수된 시설을 포함한다. 이하 제2호, 제3호 및 제6항에서 같다)을 프로스포츠단의 연고 경기장으로 사용·수익하는 것을 허가하는 경우

2. 공유재산 중 체육시설을 국제 운동경기대회 개최를 위하여 사용·수익하는 것을 허가하는 경우
3. 프로스포츠단이 해당 체육시설을 직접 수리 또는 보수하는 경우
4. 「재난 및 안전관리 기본법」 제3조 제1호에 따른 재난이 발생하여 프로스포츠단이 정상적인 경기를 개최할 수 없는 경우
5. 그 밖에 지방자치단체의 장이 프로스포츠의 활성화를 위하여 필요하다고 인정하는 경우

> **영 제14조(공유재산의 사용료와 납부 방법 등)**
> ① 지방자치단체의 장은 법 제17조 제4항에 따른 공유재산의 연간 사용료를 매년 징수한다. 다만, 프로스포츠단과 협의한 경우에는 사용·수익 허가 기간 동안의 사용료 전부를 한꺼번에 징수할 수 있다.
> ② 제1항 본문에 따른 연간 사용료는 시가(時價)를 반영한 해당 재산 평가액의 연 1만분의 10 이상의 범위에서 지방자치단체의 조례로 정하되, 월 단위, 일 단위, 시간별 또는 횟수별 등으로 계산할 수 있다.
> ③ 제1항 본문에 따른 연간 사용료는 매년 납부기한까지 한꺼번에 내야 한다. 다만, 지방자치단체의 장은 연간 사용료가 100만 원을 초과하는 경우에는 지방자치단체의 조례로 정하는 바에 따라 「공유재산 및 물품관리법」 제22조 제2항 단서에 따른 이자를 붙여 연 4회의 범위에서 분할납부하게 할 수 있다.
> ④ 지방자치단체의 장은 다음 각 호의 어느 하나에 해당하는 경우에는 지방자치단체의 조례로 정하는 바에 따라 제1항 본문 및 단서에 따른 사용료를 감경하거나 면제할 수 있다.
>   1. 공유재산 중 체육시설(민간자본을 유치하여 건설 또는 수리·보수된 시설을 포함한다. 이하 제2호 및 제3호에서 같다)을 프로스포츠단의 연고 경기장으로 사용·수익하는 것을 허가하는 경우
>   2. 공유재산 중 체육시설을 국제 운동경기대회 개최를 위하여 사용·수익하는 것을 허가하는 경우
>   3. 프로스포츠단이 해당 체육시설을 직접 수리 또는 보수하는 경우
>   4. 그 밖에 지방자치단체의 장이 프로스포츠의 활성화를 위하여 필요하다고 인정하는 경우

⑤ 제3항에 따라 공유재산을 사용·수익하게 하거나 대부하는 경우에는 해당 공유재산의 목적 또는 용도에 장애가 되지 아니하도록 대통령령으로 정하는 바에 따라 사용·수익과 대부의 내용 및 조건을 부과하여야 한다.

> **영 제15조(공유재산의 사용·수익의 내용 및 조건의 부과)**
> ① 지방자치단체는 법 제17조 제5항에 따라 공유재산을 사용·수익하게 하는 경우에는 다음 각 호의 사용·수익의 내용 및 조건을 모두 부과하여야 한다.
>   1. 해당 지방자치단체에서 개최되는 연례적인 경기 또는 공식적인 체육 관련 행사에 해당 공유재산을 이용할 수 있도록 할 것
>   2. 지방자치단체의 주민 또는 단체가 해당 공유재산을 이용하는 경우 이용료가 적정하게 부과될 수 있도록 해당 지방자치단체의 조례로 정하는 이용료 상한의 범위에서 이용료를 정할 것
>   3. 공유재산의 시설물 중 경기장의 면적·규격, 관람석의 수 또는 공유재산의 주차장을 개조하거나 변경하려는 경우에는 해당 지방자치단체의 장의 승인을 받을 것
>   4. 공유재산의 시설 또는 주차장에 가설 건축물 등의 시설물을 축조하지 말 것
>   5. 그 밖에 공유재산의 목적 또는 용도에 장애가 되지 아니하도록 하기 위하여 지방자치단체의 조례로 정하는 사항을 준수할 것
> ② 지방자치단체는 제1항에도 불구하고 공유재산에서의 시설물의 축조가 다음 각 호의 어느 하나에 해당하는 경우에는 제1항 제4호에 따른 사용·수익의 내용 및 조건을 부과하지 아니한다.
>   1. 시설물의 준공과 동시에 그 시설물을 해당 지방자치단체에 기부하는 조건으로 시설물을 축조하는 경우
>   2. 해당 공유재산을 사용·수익하려는 자가 사용·수익할 수 있도록 허가받은 기간 동안 사용하기 위하여 자진철거 및 철거비용의 예치 등을 조건으로 해당 지방자치단체의 장의 승인을 받아 시설물을 축조하는 경우
>   3. 해당 공유재산의 사용 및 이용에 지장을 주지 아니하는 범위에서 해당 공유재산의 공중(空中)·지상·지하에 시설물을 축조하는 경우

⑥ 지방자치단체의 장은 공유재산 중 체육시설을 프로스포츠단의 연고 경기장으로 사용·수익을 허가하거나 관리위탁 또는 대부하는 경우 「공유재산 및 물품 관리법」 제20조, 제27조 및 제29조에도 불구하고 해당 체육시설과 그에 딸린 부대시설에 대하여 대통령령으로 정하는 바에 따라 해당 프로스포츠단(민간자본을 유치하여 건설하고 투자자가 해당 시설을 프로스포츠단의 연고 경기장으로 제공하는 경우 민간투자자를 포함한다)과 우선하여 수의계약할 수 있다. 건설 중인 경우에도 또한 같다.

> **영 제16조(수의계약)**
> 지방자치단체의 장은 법 제17조 제6항에 따라 프로스포츠단과 우선하여 체결하는 수의계약의 내용에 다음 각 호의 사항을 포함할 수 있다.
> 1. 공유재산의 연간 사용료 및 위탁료에 관한 사항
> 2. 공유재산의 사용·수익 허가 또는 관리 위탁의 조건에 관한 사항
> 3. 그 밖에 공유재산의 사용·수익 허가 또는 관리 위탁에 필요한 사항

⑦ 제6항에 따라 공유재산의 사용·수익 허가를 받은 프로스포츠단은 「공유재산 및 물품 관리법」 제20조 제3항에도 불구하고 사용·수익의 내용 및 조건에 위반되지 아니하는 범위에서 지방자치단체의 장의 승인을 받아 다른 자에게 사용·수익하게 할 수 있다.

⑧ 제6항에 따라 공유재산의 사용·수익을 허가받거나 관리를 위탁받은 프로스포츠단은 필요한 경우 해당 체육시설을 직접 수리 또는 보수할 수 있다. 다만, 그 수리 또는 보수가 공유재산의 원상이 변경되는 대통령령으로 정하는 대규모의 수리 또는 보수에 해당할 경우에는 지방자치단체의 장의 승인을 받아야 한다.

> **영 제17조(대규모의 수리 또는 보수)**
> 법 제17조 제8항 단서에서 "대통령령으로 정하는 대규모의 수리 또는 보수"란 총공사비가 10억 원 이상인 수리 또는 보수를 말한다.

⑨ 지방자치단체는 제8항에 따른 수리 또는 보수에 필요한 비용의 전부 또는 일부를 지원할 수 있다.

제18조(선수 및 감독·코치 등의 권익 보호 등)

① 문화체육관광부장관은 선수 및 감독·코치 등 대통령령으로 정하는 자의 권한과 권익을 보호하고, 스포츠산업의 건전한 발전을 위하여 공정한 영업질서의 조성 등 필요한 시책을 강구하여야 한다.

② 문화체육관광부장관은 「대기환경보전법」 제7조의2의 대기오염도 예측결과 및 「재난 및 안전관리 기본법」 제38조의 위기경보 발령 등을 고려하여 프로스포츠 경기의 일정 등을 조정할 수 있는 지침을 마련하여야 한다.

> **영 제18조(선수 및 감독·코치 등의 권익 보호 등)**
> ① 법 제18조 제1항에서 "감독·코치 등 대통령령으로 정하는 자"란 프로스포츠단에 소속된 사람으로서 다음 각 호의 어느 하나에 해당하는 사람을 말한다.
>   1. 감독
>   2. 코치·트레이너 등 선수를 지도하거나 훈련시키는 사람
>   3. 그 밖에 소속 선수의 의료 및 건강관리 등 선수의 관리나 프로스포츠단의 운영에 필요한 서비스를 제공하는 사람으로서 그 권한과 권익의 보호가 필요하다고 문화체육관광부장관이 인정하는 사람
> ② 문화체육관광부장관은 법 제18조에 따라 선수 및 감독·코치 등의 권익 보호와 스포츠산업의 건전한 발전을 위하여 다음 각 호의 시책을 강구하여야 한다.
>   1. 스포츠산업의 공정한 영업질서 조성
>   2. 건전한 프로스포츠 정착을 위한 교육·홍보
>   3. 승부 조작, 폭력 및 도핑 등의 예방
>   4. 선수의 부상 예방과 은퇴 후 진로 지원
>   5. 선수의 권익 향상을 위한 대리인제도의 정착
>   6. 선수의 경력관리를 위한 관리시스템의 구축
>   7. 그 밖에 문화체육관광부장관이 선수 및 감독·코치 등의 권익 보호 및 스포츠산업의 건전한 발전을 위하여 필요하다고 인정하는 사항
> ③ 문화체육관광부장관은 필요하다고 인정되는 경우에는 「국민체육진흥법」 제2조 제9호의 체육단체와 같은 조 제11호의 경기단체에 제2항 각 호에 따른 시책을 시행하는 데 필요한 조치를 요청할 수 있다.

제18조의2(표준계약서의 제정·보급)

① 문화체육관광부장관은 선수의 권익을 보호하고 스포츠산업의 공정한 영업질서를 확립하기 위하여 프로스포츠 관련 표준계약서를 마련하여 프로스포츠단에 이를 보급하여야 한다.
② 문화체육관광부장관은 제1항에 따른 표준계약서를 제정 또는 개정하고자 할 때에는 공정거래위원회와 협의하여야 하고, 이해관계자와 전문가의 의견을 들어야 한다.
③ 문화체육관광부장관은 프로스포츠단에 제1항에 따른 표준계약서의 사용을 권장할 수 있다.

제18조의3(장애인의 스포츠관람권 보장을 위한 특별지원)

문화체육관광부장관은 스포츠산업의 진흥에 필요한 시책을 마련할 때에는 장애인의 스포츠관람권(장애인이 장애인이 아닌 사람과 동등하게 스포츠를 관람할 수 있는 권리를 말한다)을 보장하기 위한 사업이 원활하게 수행될 수 있도록 행정적·재정적으로 특별한 지원을 하기 위하여 노력하여야 한다.

제19조(국제교류 및 해외시장 진출지원)

① 문화체육관광부장관은 국내 스포츠산업의 경쟁력 강화와 스포츠산업 관련 상품의 해외시장 진출을 활성화하기 위하여 다음 각 호의 사업을 지원할 수 있다.
  1. 외국과의 공동제작
  2. 방송·인터넷 등을 통한 해외 마케팅·홍보활동
  3. 외국자본의 투자유치
  4. 수출 관련 협력체계의 구축
  5. 그 밖에 스포츠산업의 경쟁력 강화 및 해외시장 진출을 위한 사업

② 문화체육관광부장관은 제1항에 따른 사업을 효율적으로 지원하기 위하여 대통령령으로 정하는 관련 기관이나 단체에 대하여 이를 위탁 또는 대행하게 할 수 있으며, 이에 필요한 비용을 보조할 수 있다.

> 영 제19조(국제교류 및 해외시장 진출지원)
> ① 문화체육관광부장관은 법 제19조 제2항에 따라 다음 각 호의 기관이나 단체에 같은 조 제1항 각 호에 따른 사업을 위탁하거나 대행하게 할 수 있다.
>   1. 국민체육진흥공단
>   2. 「대한무역투자진흥공사법」에 따른 대한무역투자진흥공사
>   3. 지원센터
>   4. 법 제20조에 따른 사업자단체
> ② 문화체육관광부장관은 제1항에 따라 사업을 위탁하거나 대행하게 한 때에는 사업을 위탁하거나 대행하게 한 기관과 그 사업의 내용을 고시하여야 한다.

제20조(사업자단체의 설립)

스포츠산업 사업자는 스포츠산업의 진흥과 상호 협력증진 등을 위하여 대통령령으로 정하는 바에 따라 문화체육관광부장관의 인가를 받아 업종별로 사업자단체를 설립할 수 있다.

> 제20조(사업자단체의 설립 인가)
> ① 법 제20조에 따라 사업자단체의 설립 인가를 받으려는 자는 문화체육관광부령으로 정하는 바에 따라 문화체육관광부장관에게 설립 인가를 신청하여야 한다.
> ② 제1항에 따른 신청을 받은 문화체육관광부장관은 신청 내용이 다음 각 호의 요건을 모두 갖춘 경우에 그 설립을 인가한다.
>   1. 사업계획서가 스포츠산업 진흥의 목적에 부합할 것
>   2. 사업 수행을 위한 자금 조달 방안이 있을 것
>   3. 업종별 사업자가 100분의 50 이상 참여할 것
> ③ 제1항에 따른 신청을 받은 문화체육관광부장관은 신청을 접수한 날부터 30일 이내에 인가 여부를 결정하여 신청인에게 통보하여야 한다.
> ④ 문화체육관광부장관은 제2항에 따라 사업자단체의 설립을 인가한 경우에는 문화체육관광부 인터넷 홈페이지에 그 사실을 공고하여야 한다.

제21조(청문)

문화체육관광부장관은 제12조에 따라 스포츠산업진흥시설의 지정을 해제하거나 제14조 제3항에 따라 지원센터의 지정을 해제할 때에는 미리 청문을 하여야 한다.

제22조(권한의 위임·위탁)

문화체육관광부장관은 이 법에 따른 권한의 일부를 대통령령으로 정하는 바에 따라 특별시장·광역시장·특별자치시장·도지사·특별자치도지사에게 위임하거나 스포츠산업의 진흥을 목적으로 설립된 기관이나 법인 또는 단체에 위탁할 수 있다.

> **영 제21조(권한의 위임)**
> 문화체육관광부장관은 법 제22조에 따라 다음 각 호의 권한을 특별시장·광역시장·특별자치시장·도지사·특별자치도지사에게 위임한다.
> 1. 법 제11조에 따른 진흥시설의 지정에 관한 권한
> 2. 법 제12조에 따른 진흥시설의 지정해제에 관한 권한
> 3. 법 제21조에 따른 청문에 관한 권한(법 제12조에 따른 진흥시설의 지정해제의 경우만 해당한다)

제23조(포상)

① 문화체육관광부장관은 스포츠산업의 발전에 기여한 공로가 현저한 개인·단체 및 기업 등을 선정하여 포상할 수 있다.

② 그 밖에 제1항의 포상에 필요한 사항은 대통령령으로 정한다.

> **영 제22조(포상)**
> ① 문화체육관광부장관은 법 제23조 제1항에 따라 포상하려는 경우에는 포상 내용, 수상자의 선정 방법 및 절차, 포상 기준 등을 정하여 문화체육관광부 인터넷 홈페이지에 그 사실을 공고하여야 한다.
> ② 문화체육관광부장관은 수상 개인·단체 및 기업 등에 스포츠산업진흥과 관련한 상금 등을 지원할 수 있다.

CHAPTER 03 스포츠시장과 소비, 그리고 소비자행동

■ 학습목표
본 장에서는 스포츠시장과 소비, 스포츠소비자의 개념, 그리고 스포츠소비자행동에 대해 살펴볼 것이다. 스포츠시장 소비와 소비자행동 부분은 스포츠경영관리사의 스포츠산업파트에서 매회 약 5~6문제 출제되고 있으므로 반드시 내용을 숙지하여야 한다.

■ Check
☐ 스포츠시장과 소비에 대한 개념에 대해 숙지한다.
☐ 스포츠소비자의 유형에 대해 숙지한다.
☐ 스포츠소비자행동의 단계와 단계별 특징에 대해 숙지한다.

01 스포츠시장 및 소비

1. 스포츠시장 및 소비의 개념

(1) 스포츠시장과 경제

① 시장의 개념

시장(Market)은 특정한 재화나 서비스를 사고 파는 장소 혹은 공간을 일컫는다. 일반적으로 시장은 크게 상품을 생산한 기업과 소비자(가계)가 만나는 시장인 생산물 시장(Output Market)과 기업이 생산요소(노동, 자본, 토지 등)를 가계로부터 사는 시장인 생산요소 시장(Input Market)으로 나누어진다. 즉, 가계는 생산물 시장에서 수요자의 입장에 있지만, 생산요소 시장에서는 공급자의 입장에 서게 된다. 반대로 기업은 생산물시장에서 공급자의 입장에 있지만, 생산요소 시장에서는 수요자의 입장에 서게 된다.

> **개념 PLUS**
>
> - 수요 : 소비자가 제품을 구매하고자 하는 욕구
> - 수요량 : 주어진 가격 조건에서 소비자가 일정 기간에 구입하고자 하는 구체적인 최대 수량
> - 수요의 변화 : 가격 이외의 요인에 의한 변화, 수요곡선 자체의 이동
> - 수요량의 변화 : 가격의 변화에 의한 변화, 수요곡선상 점의 이동
> - 수요의 가격탄력성 : 소비자가 가격 변화에 반응하는지를 확인하는 지표(대체품 가격을 쉽게 비교할 수 있는 경우가 가장 높음)
> 수요의 가격탄력성 = 수요량 변화율 ÷ 가격 변화율
> 예 재화 가격 4% 인상, 수요의 가격탄력성 2.0일 때 그 재화의 수요량 변화는 8% 감소한다. 수요의 가격탄력성(2.0) = 수요량 변화율(x) ÷ 가격변화율(4%) = 8%
> - 수요의 결정요인 : 활동 소요 비용, 소득수준, 소비자의 취미·선호·관심, 연관 상품 가격

② 스포츠시장의 개념
　㉠ 일반적인 시장의 개념을 기초로 하면, 스포츠시장이란 스포츠와 관련된 재화나 서비스를 사고 팔거나, 스포츠라는 상품의 수요와 공급이 이루어지는 장소 혹은 공간이라 할 수 있다.
　㉡ 스포츠시장은 1차 시장과 2차 시장으로 구분할 수 있는데, 1차 시장은 경기인과 관람객, 자원봉사자들로 구성되며, 2차시장은 스포츠 관련 상품, 스폰서십, 광고시장 등으로 구성된다.
　㉢ 스포츠시장을 일반시장에 적용하여 본다면, 프로스포츠경기는 선수들의 스포츠서비스를 관중에게 판매하는 것이므로, 생산물 시장(3차 산업)에 속하며, 스포츠용품 거래는 생산물 시장(2차 산업)에서 일어나고 있는 것으로 생각할 수 있다.
　㉣ 스포츠시장은 제조업과 서비스업이 혼재되어 있고, 선수를 스카우트하거나 트레이드하는 행위는 생산요소 시장에서 벌어진다. 스포츠시장은 아마추어시장 혹은 프로시장, 참여 스포츠시장 혹은 관람스포츠시장, 개인스포츠 혹은 단체스포츠에 따라 다른 특징을 보이나, 기본적으로는 수요와 공급 법칙의 시장이론을 크게 벗어나지는 않는다.

(2) 스포츠소비의 의의
① 스포츠소비는 스포츠와 관련된 욕구를 충족하기 위해서 스포츠와 관련된 재화를 소비하는 것을 의미한다.
② 스포츠소비는 일반적으로 상업적 시장에서 조달되는 스포츠재화와 서비스의 구입비용을 말하며, 스포츠소비의 유형에는 강습비 지출, 스포츠용품 구입비, 스포츠시설 이용료, 스포츠경기 관람료, 스포츠정보 이용료 등이 있다.
③ 동호인회 회비, 스포츠교실 참가비 등 비상업적 스포츠활동에 소요된 비용도 포함하는 것이 바람직하다.
④ 공공부문에 의해서 제공되는 스포츠참여 기회도 수익자부담 원칙에 의해서 사용자 혹은 참여자 개인의 부담을 전제하고 있다는 점에서 스포츠소비라 할 수 있다.

(3) 스포츠시장의 참여방법
① 소비자 : 직접 스포츠에 참여, 경기장에서 스포츠 관람, 스포츠이벤트를 텔레비전이나 라디오 등의 매체로 접하는 방법
② 생산자(제조업자) : 스포츠용품회사 직접 경영

(4) 스포츠서비스 품질
① 정 의
　㉠ 현재의 스포츠상황을 볼 때, 스포츠조직이 소비자에게 소구할 수 있는 가장 확실한 방법은 확장제품을 제공하는 것이며, 이는 서비스적 측면이 매우 강하다.
　㉡ 기업의 제품 및 서비스를 구매한 소비자가 판단하는 서비스 품질의 수준이라 할 수 있으며, 이를 토대로 스포츠서비스 품질은 스포츠와 관련된 제품과 서비스를 구매한 경험이 있는 스포츠소비자의 주관적인 서비스에 대한 판단이라 할 수 있다.
　㉢ 서비스에 대한 사전 기대와 서비스를 경험(구매)한 후의 평가와의 관계에 의해 나타날 수 있다.

② 스포츠서비스 품질의 5가지 구성요인
  ㉠ 신뢰성(Reliability) : 약속한 서비스를 정확하고 믿음직하게 전달할 수 있는 능력
  ㉡ 확실성(Assurance) : 종업원의 공손함과 지식, 그리고 소비자에게 신뢰와 확신을 심어줄 수 있는 능력
  ㉢ 공감성(Empathy) : 기업이 자상하고 개별적인 관심을 소비자에게 보여주는 것
  ㉣ 반응성(Responsiveness) : 고객을 도와주려는 의지를 가지고 즉각적인 서비스를 제공하는 것
  ㉤ 유형성(Tangibles) : 물리적인 시설과 장비 및 종업원의 외모에 관한 것

2. 스포츠소비자

(1) 스포츠소비자의 개념
① 소비자의 정의 : 개인적 소비를 위해 재화와 용역을 구매하고 획득하는 모든 개인이나 단체
② 스포츠소비자의 정의 : 스포츠라는 제품 혹은 재화와 용역을 구매하고 획득하는 모든 개인이나 단체
③ 스포츠소비자의 중요성
  ㉠ 스포츠소비자가 만들어 내는 경제활동은 엄청난 부분을 차지한다.
  ㉡ 스포츠 관련 기업은 과연 스포츠소비자가 어떠한 점을 요구하고 흥미로워하는지, 어느 미디어에 가장 잘 노출되는지, 스포츠이벤트 관람 후의 행동은 과연 무엇인지를 정확히 파악할 필요가 있다.

(2) 스포츠소비자의 유형
① 스포츠소비자의 종류

관람형 스포츠소비자	• 스포츠경기를 관람하기 위해 티켓을 구매하여 경기장을 찾는 소비자 • 스포츠관중 : 개인관중, 기업관중 등
참여형 스포츠소비자	• 스포츠를 직접 하기 위해 수영장, 골프장, 피트니스클럽 등 스포츠시설을 이용하는 소비자를 의미 • 스포츠시설이용자, 조직/비조직 소비자 등
스포츠용품 소비자	• 스포츠활동을 하는 데 필요한 용품을 구매하는 소비자 • 용품구매소비자

② 스포츠소비자의 등급
  ㉠ 다량 소비자 : 시즌티켓 소유자, 클럽회원, 계약직 소비자
  ㉡ 중간 소비자 : 정기적 단일경기 티켓 구매자
  ㉢ 소량 소비자 : 부정기적인 게임 티켓 구매자
  ㉣ 이탈자 : 스포츠행사에 최소 한 번은 참여하였으나, 지난 12개월 동안 다시 찾지 않은 소비자
  ㉤ 미디어 소비자 : 경기장을 찾지 않고, 매스컴을 통해 경기를 보는 소비자
  ㉥ 무관심한 소비자 : 스포츠상품이나 그 효용성에 무관심한 소비자
  ㉦ 흥미 없는 소비자 : 스포츠상품을 알고 있으나 접근 노력을 하지 않는 소비자

(3) 스포츠소비자의 정보처리과정
① 소비자는 자극에 노출되어 주의를 기울이며, 그 자료를 해석하여 기억하는 과정을 거친다.
② 기억은 감각기억, 단기기억, 장기기억으로 정보를 저장한다.

> **개념 PLUS** 소비자의 지각과정 순서
>
> 노출 → 주의 → 해석 → 수용

02 스포츠소비자행동론

1. 스포츠소비자행동

(1) 스포츠소비자행동의 개념
① 스포츠소비자들이 자신들의 욕구를 충족할 수 있는 스포츠를 탐색하고, 구매(참여 or 관람)하고 평가하는 일련의 과정을 말한다.
② 현대는 소비시대로서, 일반 소비자의 욕구, 기대, 현실에 대한 지각 등의 심리적 요인이 소비자 동향에 영향을 미치고 있다. 따라서 스포츠소비자가 스포츠상품(이벤트 포함)의 구입결정에 이르기까지의 모든 과정에서 어떠한 내용에 더 큰 영향을 받는지를 조사하는 것은 필수적이다.

(2) 스포츠소비자행동의 중요성
① 스포츠소비자 시장에 대한 이해는 소비자들의 구매행동에 대한 이해를 의미한다.
② 시장지향경영에 충실하기 위해서는 소비자들의 1차적 욕구와 2차적 욕구를 이해하고, 충족되지 않은 욕구를 발견함으로써 이의 충족을 통한 기업목표의 실현을 추구해야 할 것이다.
  ㉠ 소비자의 구매행동은 목표지향적인 행동
  ㉡ 소비자는 주체적인 정보처리를 함
  ㉢ 소비자의 구매동기와 구매행동은 사려 깊은 조사를 통해 이해할 수 있음
  ㉣ 소비자의 구매동기와 구매행동은 기업의 마케팅활동에 영향을 받음
  ㉤ 소비자의 구매동기와 구매행동은 시간의 흐름에 따라 변화함

(3) 스포츠소비자행동 분석을 통해 얻어야 하는 정보
① 소비자는 누구인가?
② 소비자들은 무엇을 사는가? (구매량, 상표, 제품의 특성, 사용상황)
③ 소비자들은 어디서 구입하는가? (백화점, 할인점, 전문매장)
④ 소비자들은 언제 구매하는가? (일 년, 한 달, 일주일에 한 번 혹은 매일)
⑤ 소비자들은 어떻게 선택하는가? (의사결정과정, 사용하는 정보 원천)
⑥ 소비자들이 특정 제품을 선호하는 이유? (상표, 기능적 특성, 서비스, 이미지)

(4) 소비자 행동에 영향을 미치는 일반적인 요인(Kotler & Armstrong)

① 심리적 요인 : 욕구, 인식, 학습, 태도와 신념 등
② 사회적 요인 : 공동체 의식, 가족, 역할 및 상태 등
③ 문화적 요인 : 문화, 하위문화, 사회계층 등
④ 개인적 요인 : 연령, 생활방식, 개성, 직업, 라이프스타일, 경제적 수준 등

2. 스포츠소비자 구매의사결정과정

> Ⅰ. 문제인식 → Ⅱ. 정보탐색 → Ⅲ. 대안평가 → Ⅳ. 구매 → Ⅴ. 구매 후 행동(부조화)

(1) 문제인식(Problem Recognition)

① 개념 : 소비자들로 하여금 소비자의 의사결정과정을 유발하고 촉발하기에 충분한 현실과 이상의 차이를 느끼는 단계를 말하며, 생리적 반응처럼 내적인 측면에서도 발생하기는 하지만 타인의 충고나 조언 등과 같은 외적인 요인에서도 발생한다.
② 자극(Stimulus) : 문제인식을 발생하게 하는 요인이 되며 상업적 단서, 사회적 단서, 물리적 단서에 의해 자극이 발생하게 된다.
③ 문제인식
  ㉠ 자신의 현재 상태와 그에 상응하는 바람직한 상태 간에 상당한 차이를 느낀다면, 그 차이를 해소할 수 있는 수단에 대한 욕구를 품게 된다.
  ㉡ 욕구의 환기 : 소비자가 어느 시점에서 불충족된 욕구를 인식하는 것을 의미하는데, 구매행동은 욕구를 충족하고자 하는 행위이며 구매 의사결정 과정은 환기된 욕구를 어떻게 충족할 것인가의 문제해결 과정이므로, 욕구의 환기는 문제의 인식이라 일컬어진다.
  ㉢ 소비자가 바람직하다고 생각하는 상태(Ideal State)와 실제로 느끼는 상태(Actual State) 사이의 차이가 일정한 수준(Threshold Level)보다 커져서 구매동기(Buying Motives)로 활성화된 상태를 뜻한다.

(2) 정보탐색(Information Search)

① 개념 : 문제인식을 하게 되면 소비자는 이를 해결할 대안을 필요로 하게 되는데, 이를 잠재적인 구매라고 한다. 소비자들은 구매 전 단계의 정보탐색단계 동안 여러 가지 대안을 찾게 되는데, 이때 발생하는 것이 정보탐색단계이다. 정보탐색단계는 내적 탐색과 외적 탐색으로 구분된다.
② 정보탐색
  ㉠ 내적 탐색 : 소비자의 기억에 내재된 자신의 직접경험이나 능동적 혹은 수동적으로 획득된 정보를 문제인식에 따라 자연스럽게 회상하는 것이다.
  ㉡ 외적 탐색 : 경험이 충분하지 않아 더 많은 정보를 획득하기 위하여 의도적인 노력을 하고 외부로부터 정보를 찾는 것이다. 즉, 새로운 정보를 획득하는 것으로, 자신을 스스로 정보에 노출하는 것을 의미한다.

(3) 대안평가(Alternative Evaluation)
① 개념 : 내부 및 외부탐색의 결과 적절한 정보가 일단 확보되면, 소비자는 인지된 문제를 해결해 낼 수 있는 대안들을 찾게 된다.
② 대안평가
　㉠ 다속성 모형(Multi-attribute Model) : 제품평가의 과정에서 가장 광범위하게 이용되는 모형으로, 스포츠소비자는 대안을 평가할 때 기본이 되는 판단기준으로 스포츠상품의 두드러진 측면이나 속성을 이용하게 된다.
　㉡ 보완적(Linear Compensatory) 접근법 : 개별 속성에 대한 점수와 중요도 점수를 곱하고, 전체 속성별로 합해서 각 대안에 대한 전체 점수를 계산하는 방법이다.
　㉢ 사전편집식(Lexicographic) 접근법 : 가장 중요한 것에서부터 차례로 모든 대안을 살피며 결정하는 방법이다.

(4) 구매(Purchase)
① 개념 : 대안평가 후 선택된 대안을 실제로 구매하는 행동을 말한다.
② 구 매
　㉠ 대안의 평가가 이뤄지고 특정 대안을 구매하기로 결정하게 되면, 스포츠마케터들의 입장에서 가장 중요하게 고려되어야 하는 직접적인 구매단계로 넘어가게 된다.
　㉡ 구매단계에서는 소비자와 공급자 사이의 실질적 상호작용이 일어나게 되는데, 이를 서비스 조우(Service Encounter)라고 한다.

(5) 구매 후 행동(Post Purchase Behavior)
① 개념 : 실제 구매 후 기대와 만족 사이에서 구매 후 부조화 현상이 발생한다.
② 구매 후 행동
　㉠ 만족/불만족 : 기대와 제품구매, 사용 이후에 소비자가 지각하는 제품성과의 차이에서 발생한다.
　㉡ 구매 후 부조화 : 만족/불만족과는 다른, 자신의 의사결정에 대한 일종의 불안감을 말한다. 의사결정은 두 가지 이상의 대안들 중에서 한 가지를 선택하는 행위이므로, 소비자가 자신이 선택한 대안이 과연 선택하지 않은 대안보다 더 나은 것인가에 대한 심리적 불안감을 느끼는 것을 말한다.
　㉢ 소비자는 구매 후 부조화를 느끼게 되면 자연히 부조화 감소를 위한 노력을 하게 된다. 구매 후 부조화가 긍정적인 방향으로 감소되면 만족으로 이어질 것이고, 그렇지 못한 경우에는 불만족으로 이어진다.

03 마케팅과 유통

(1) 수직적 마케팅시스템(VMS ; Vertical Marketing System)
  ① 개 요
    ㉠ 중앙에서 계획된 프로그램에 의해 경로구성원들을 전문적으로 관리·통제하는 경로조직 형태이다.
    ㉡ 수직적 마케팅시스템은 유통조직의 생산시점과 소비시점을 하나의 고리형태로 유통계열화하는 것이다.
    ㉢ 유통경로 구성원들의 행동이 시스템 전체의 이익을 극대화하는 방향으로 조정된다.
    ㉣ 프랜차이즈 시스템은 계약에 의해 통합된 수직적 마케팅시스템이다
    ㉤ 경로구성원들의 구속력 정도에 따라 기업형, 계약형, 관리형 VMS로 나누어진다.
    ㉥ 계약형 VMS는 경로구성원들이 수행해야 할 기능들을 계약에 의하여 합의함으로 공식적인 경로관계를 형성하는 시스템이다.
  ② 유통경로
    ㉠ 독립적 유통경로 : 제조업자와 중간상인들이 별개의 독립된 상인인 경우이다.
    ㉡ 통합적 유통경로
      • 유통경로를 제조업자 혹은 중간상인이 소유하고 있는 경우
      • 유통경로의 통제가 가능하지만 많은 투자비가 소모되고 대체 경로가 효율적이어도 이용할 수 없는 유연성 결여 문제가 있음
  ③ 유 형
    ㉠ 기업형 : 한 기업이 다른 채널들을 법적으로 소유하고 통합적으로 관리하는 유형
    ㉡ 관리형 : 채널의 지도자가 다른 채널에 영향을 미쳐서 마케팅 활동을 통제하는 유형
    ㉢ 계약형 : 공식적인 계약을 근거로 채널들을 결합하는 형태로 각 채널은 저마다의 독립적인 기관으로서 계약을 맺는 유형

(2) 프랜차이즈 가맹점
  ① 프랜차이즈 계약은 가맹점 사업자가 프랜차이즈 본부의 영업표지를 사용하여 일정한 품질기준에 따른 상품 및 서비스를 판매하도록 약정하고, 그 대가로 가맹금을 지급하는 형태이다.
  ② 가맹점 운영과 관련하여 본부의 통제를 받아야 한다.
  ③ 가맹점은 프랜차이즈 본부의 유명세로 광고·마케팅 비용을 절감할 수 있다.
  ④ 가맹점은 프랜차이즈 본부에 로열티 및 각종 비용을 지불하고 본부가 가지고 있는 특권을 이용한다.
  ⑤ 가맹점과 가맹점은 서로 다른 독립적인 점포이므로 상호 간의 통제하지 않는다.
  ⑥ 가맹점은 특정 지역 내에서는 독점영업권이 부여되는 이점이 있다.

필기 출제예상문제

01 2차 티켓시장의 특성에 대한 설명과 가장 거리가 먼 것은?

① 2차 티켓시장은 암표시장을 억제할 수 있는 유력한 대안으로 부각되고 있다.
② 2차 티켓시장은 사업자가 티켓보유자의 티켓을 수집해 티켓구매를 원하는 팬에게 소개해 주고 수수료를 수입으로 받는 구조로 형성되어 있다.
③ 2차 티켓시장에서 거래되는 모든 티켓가격은 최초 발매가격과 동일하게 책정되어야 한다.
④ 2차 티켓시장은 주로 시즌티켓을 포함한 고가티켓이 주요 상품이다.

> 해설 2차 티켓은 입장권 재판매 시스템을 말하며, 이미 구매된 예매티켓을 재판매하는 것을 의미한다. 이는 프로스포츠경기에서 빈번히 활동하는 암표상의 활동을 제어하고자 하는 것과 팬들이 여분의 입장권을 합법적으로 판매할 수 있는 기회를 허용하고자 하는 데 의의가 있으며, 티켓의 가격은 탄력적으로 책정된다.

02 다음 빈칸 안에 들어갈 가장 알맞은 것은?

> 스포츠 선수의 자유로운 이적을 제한하는 제도의 문제점을 밝혀주는 보스만 판결은 ( )를(을) 인정한 대표적 사례이다.

① 직업선택의 자유
② 트레이드의 자유
③ 계약의 자유
④ 샐러리 캡

> 해설 보스만 판결은 스포츠 선수의 자유이적 권리를 선언한 것으로 계약이 끝난 선수는 구단의 동의와 이적료에 관계없이 자유롭게 팀을 옮길 수 있으므로, 이는 선수의 직업선택의 자유를 보장하는 판결이라 할 수 있다.

03 스포츠산업 진흥법령상 스포츠산업지원센터의 지정 및 해제에 관한 설명으로 옳지 않은 것은?

① 스포츠산업지원센터의 소재지를 변경하면 변경지정을 받아야 한다.
② 문화체육관광부장관은 스포츠산업지원센터를 지정하거나 지정을 해제하려면 미리 해당 지방자치단체장의 의견을 들어야 한다.
③ 문화체육관광부장관은 스포츠산업지원센터를 지정하거나 지정을 해제한 경우에는 이를 문화체육관광부의 인터넷 홈페이지에 공고하여야 한다.
④ 스포츠산업지원센터로 지정받으려는 기관은 문화체육관광부장관에게 신청서와 기금을 제출하여야 한다.

> **해설** 스포츠산업 진흥법 시행령 제11조에는 "스포츠산업지원센터로 지정받으려는 기관은 문화체육관광부령으로 정하는 바에 따라 문화체육관광부장관에게 지정을 신청하여야 한다"라고 명시되어 있으므로 신청서와 기금을 제출하여야 한다는 건 옳지 않다.

04 다음 (   )에 들어갈 알맞은 것은?

> 스포츠산업 진흥법상 지방자치단체는 공공체육시설의 효율적 활용과 프로스포츠의 활성화를 위하여 필요하다고 인정하는 경우에는 「공유재산 및 물품 관리법」에도 불구하고 공유재산을 (   ) 이내의 기간을 정하여 그 목적 또는 용도에 장애가 되지 아니하는 범위에서 사용·수익을 허가하거나 관리를 위탁할 수 있다.

① 25년
② 30년
③ 35년
④ 40년

> **해설** 프로스포츠의 육성(스포츠산업 진흥법 제17조 제3항)
> 지방자치단체는 공공체육시설의 효율적 활용과 프로스포츠의 활성화를 위하여 필요하다고 인정하는 경우에는 「공유재산 및 물품 관리법」 제21조 제1항 및 제27조 제1항에도 불구하고 공유재산을 25년 이내의 기간을 정하여 그 목적 또는 용도에 장애가 되지 아니하는 범위에서 사용·수익을 허가하거나 관리 위탁 또는 대부할 수 있다.

05 프로리그에 출범하려는 신생팀에 가입비를 부담시켜 진입장벽을 높이는 이유가 아닌 것은?

① 기존구단들의 독점적인 기득권과 희소가치를 높게 유지하기 위함이다.
② 자기 구단에 유리한 지역을 독점하기 위함이다.
③ 경쟁이 적을수록 기량이 뛰어난 선수들의 확보가 용이하기 때문이다.
④ 리그소속 구단들이 많아지면 리그의 효율적인 운영이 어렵고, 팀 간의 전력 차가 확대되어 관중의 흥미도가 떨어지기 때문이다.

> 해설 프로리그에 신생팀이 진입하면 기존의 프로구단은 리그에서 지급하는 수입을 배분하는 몫이 줄어들게 되고, 신생팀으로 인해 발생 가능한 입장수입 감소의 보전을 요구하게 된다. 또한 신생팀이 창단되면 리그 활성화 및 전력 차이의 최소화 차원에서 보호선수를 제외하고 신생팀이 지명하는 선수를 넘겨주게 되는 것이 통상적인데 이때 발생되는 비용도 보상받게 되며, 리그에 참여하는 팀이 많아질수록 지방자치단체 협상에서 입지가 낮아지므로 이에 대한 보상도 받아야 한다. 이러한 이유 등으로 신생팀은 프로리그 참여 시 리그 참여비를 요구받게 된다.

06 다음 중 전통적인 미디어와 차별되는 뉴미디어의 가장 큰 특징은?

① 양방향성
② 다양성
③ 신속성
④ 전문성

> 해설 전통적인 미디어와 뉴미디어의 가장 큰 특징은 커뮤니케이션 혹은 메시지의 전달방법에서 찾아볼 수 있으며, 과거 전통적인 미디어의 메시지 전달은 발신자가 주가 되는 일방향(One-way)이었으나, 뉴미디어는 발신자와 수신자 간 쌍방향(Two-way)으로 상호 협력하는 형태로 변화하였다.

07 스포츠시장에서 거래되는 X재에 대한 시장균형 가격보다 낮은 수준에서 가격상한제를 실시하였다. 이로 인해 나타날 수 있는 일반적인 현상으로 옳은 것을 모두 고른 것은? (단, 스포츠시장은 완전경쟁시장이고, X재는 수요와 공급의 법칙을 따른다)

> ㄱ. X재의 품귀현상이 일어난다.
> ㄴ. X재의 암시장이 발생할 수 있다.
> ㄷ. X재의 공급과잉이 발생한다.
> ㄹ. X재의 품질이 좋아진다.

① ㄱ, ㄴ
② ㄴ, ㄷ
③ ㄷ, ㄹ
④ ㄱ, ㄴ, ㄷ, ㄹ

해설 X재에 대한 수요가 공급보다 큰 상황이므로 품귀현상이 나타나게 된다. 수요가 공급보다 크므로 암시장에서 균형가격보다 높게 판매하고자 하는 유인이 생긴다. 공급과잉이 아니라 수요과잉이 나타난다고 보는 게 맞다. 생산자 입장에서 자신이 팔고자 하는 가격에 판매할 수 없다 보니 품질 저하의 유인이 생긴다.

08 스포츠 소비자의 구매의사결정과정을 바르게 나열한 것은?

> ㉠ 문제인식
> ㉡ 정보탐색
> ㉢ 구매 후 행동
> ㉣ 선택대안에 대한 평가와 선택
> ㉤ 구 매

① ㉡ → ㉠ → ㉤ → ㉢ → ㉣
② ㉠ → ㉡ → ㉣ → ㉤ → ㉢
③ ㉤ → ㉢ → ㉠ → ㉡ → ㉣
④ ㉠ → ㉡ → ㉤ → ㉢ → ㉣

해설 스포츠소비자의 구매의사 결정과정은 '문제인식 → 정보탐색 → 대안평가 → 구매 → 구매 후 행동'의 단계를 거친다.

정답 07 ① 08 ②

09 휴대폰과 축구경기를 생산하는 과정을 비교하는 다음 표의 내용 중 옳지 않은 것은?

구 분		스마트폰	축구경기
노 동		근로자	선수, 심판
자 본	중간재	칩셋, LCD	경기장
	자본재	공장, 조립기계	축구공
생산주체		제조회사	축구연맹, 구단
생산동기		이윤극대화	

① 노 동
② 자본재
③ 생산주체
④ 생산동기

해설 자본재는 다른 재화를 생산하기 위해 사용되는 재화를 의미하므로, 축구경기의 자본재는 경기를 생산하기 위해 사용될 수 있는 축구장 등 경기와 관련된 시설이 해당한다고 볼 수 있다.

10 다음 중 일반적으로 스포츠제품 유통경로의 단계 수가 증가하는 경우는?

① 고객의 최소판매단위에 대한 유통서비스 요구가 높을수록
② 고객이 대형유통업체를 선호할수록
③ 고객의 공간적 편의성에 대한 유통서비스 요구가 낮을수록
④ 고객의 배달기간에 대한 유통서비스 요구가 낮을수록

해설 유통경로를 설계할 시 고려해야 하는 요인 중 하나는 고객의 최소구매단위의 크기이다. 일반적으로 고객들은 소량으로 제품을 구매하기 원하기 때문에 제조업자와 고객 사이에 다수의 소·도매상이 개입되어 고객이 원하는 수준의 구매 단계로 제품을 분류 및 조달하여야 한다. 이에 스포츠제품에 대한 고객의 최소판매단위에 대한 유통서비스 요구가 높다는 것은 스포츠제품의 대량구매보다는 소량구매를 원하는 것이며, 이때 스포츠제품의 분류 및 조달을 위해 다수의 소·도매상의 개입이 필요하므로 유통경로의 단계는 증가하게 된다.

11 스포츠 소비 집단에 적용한 파레토의 법칙(Parato Principle)에 관한 설명으로 가장 적합한 것은?

① 30%의 소비자가 70%의 매출을 구성한다.
② 40%의 열성 팬이 전체 티켓 판매량의 70%를 구성한다.
③ 20%의 열성 팬이 전체 티켓 판매량의 70%를 구성한다.
④ 20%의 열성 소비자가 전체 매출의 80%를 구성한다.

해설 파레토의 법칙(Parato Principle)은 20%의 소비자가 전체매출의 80%를 차지함을 의미하므로, 스포츠 소비 집단은 20%의 소비자가 전체 매출의 80%를 차지함을 의미한다.

12 다음 중 스포츠리그의 팀 간 전력균형을 유지하는 제도와 가장 거리가 먼 것은?

① 신인 드래프트(Draft) 제도
② 샐러리 캡(Salary Cap) 제도
③ 자유계약선수(Free Agency) 제도
④ 웨이버(Waiver)공시 제도

> **해설** FA제도는 신인드래프트에 의해 구단에 입단한 선수가 정해진 기간이 지난 후 연봉조건 등의 협상을 통해 기존 팀에 잔류하거나 다른 팀으로 이적이 가능한 제도를 말한다. 즉, FA대상 선수가 되면 모든 구단과 자유롭게 계약을 맺을 수 있는 권리를 획득하게 된다.

13 다음 중 관람 스포츠 비즈니스와 연관된 집단으로 성격이 다른 하나는?

① 매점사업자
② 타이틀 스폰서
③ A-보드 광고주
④ 경기장명칭 사용권자

> **해설** 타이틀 스폰서, A-보드 광고주, 경기장명칭 사용권자는 모두 스포츠조직과 일반기업 사이에서 일어나는 스폰서십으로 볼 수 있고, 매점사업자는 관람 스포츠가 열리는 경기장의 위탁운영자로 볼 수 있으므로 그 성격이 다르다.

14 다음 중 국내 스포츠산업 발전과 가장 거리가 먼 것은?

① 프로스포츠의 발전
② 스포츠시설 확대
③ 유동자산의 증가
④ 국내외 스포츠이벤트의 성공적 개최

> **해설** 유동자산은 1년 이내에 현금으로 바꿀 수 있는 자산이다. 이는 스포츠 관련 기업의 재무상태(자산상태)와 연관된 것으로, 스포츠산업의 발전요인과는 상관이 없다.

정답 12 ③ 13 ① 14 ③

15 연고지 변경을 원하는 프로구단과 프로구단 유치를 원하는 자치단체 간의 밀고 당기기를 프랜차이즈 게임이라고 한다. 프랜차이즈 게임이 발생하는 원인에 관한 설명으로 옳지 않은 것은?

① 프로구단은 지역경제 활성화에 기여하기 때문이다.
② 프로연맹이 리그 소속구단 숫자를 제한했기 때문에 발생한다.
③ 자치단체 간의 경쟁은 주로 시설임대조건을 걸고 전개된다.
④ 프로경기를 할 수 있는 경기장 수와 리그소속 구단 수는 프랜차이즈 게임과 상관이 없다.

> 해설 프랜차이즈 게임이란 프로스포츠구단과 지방자치단체의 관계에서 파생한 말로 연고지 변경 등을 이유로 프로스포츠구단이 지방자치단체의 더 많은 지원을 이끌어 내기 위한 협상방법이다. 따라서 프로경기를 할 수 있는 경기장 수가 적다면 지방자치단체가 협상에서 유리하며, 리그소속 구단 수가 적으면 구단이 협상에서 유리하므로 경기장 수와 리그소속 구단 수는 프랜차이즈 게임에서 매우 중요한 요인이 될 수 있다.

16 제품으로서 스포츠서비스 이용의 수요탄력성에 관한 설명으로 옳지 않은 것은?

① 필수재 성격을 갖는 스포츠제품의 수요는 사치재 성격을 갖는 스포츠제품의 수요보다 비탄력적이다.
② 밀접한 대체재가 존재하는 스포츠제품의 수요는 가격에 대해 비탄력적이다.
③ A와 B라는 제품의 입장료가 동시에 내렸을 때, A제품보다 B제품의 수요가 더 늘어난 경우 B는 A에 비해 탄력적이라는 의미이다.
④ 기간에 따른 수요의 가격탄력성은 가격인상에 대하여 시간이 장기적으로 흐를수록 이탈하는 경우가 많아지므로 이는 단기에 비해 장기가 더 탄력적임을 의미한다.

> 해설 일반적으로 일상생활에서 필요한 필수재는 비탄력적이고 그렇지 않은 사치재는 탄력적이므로, 대체재가 존재하는 스포츠제품의 수요는 가격에 대해 탄력적이다.

17 스포츠 선수가 특정 구단과 계약을 맺고 나면 그 선수가 은퇴할 때까지 선수에 대한 모든 권리를 구단이 독점적으로 행사할 수 있다는 내용을 포함한 것은?

① 보류조항(Player Reserve Clause)
② 자유계약제(Free Agent)
③ 연봉상한제(Salary Caps)
④ 드래프트(Draft)

> 해설 ② 자유계약제(Free Agent) : 구단이 선수의 보유권을 상실하거나 포기해 다른 어떤 구단과도 자유롭게 계약을 맺을 수 있는 제도이다.
> ③ 연봉상한제(Salary Caps) : 소속선수 연봉합계가 일정액을 초과할 수 없도록 되어있는 제도를 말한다.
> ④ 드래프트(Draft) : 일정 자격 요건의 갖춘 선수를 프로연맹 등 스포츠 단체의 주관 아래 성적 역순 등의 다양한 방법으로 구단에게 지명권을 부여하고, 선수를 지명·선발하는 제도이다.

18 미디어와 관련하여 스포츠제품의 유통경로 관리 시 유의할 사항과 가장 거리가 먼 것은?

① 스포츠제품 소유자(스포츠단체)와 구매자(미디어) 간 권리 매매의 범위의 명확한 제시
② 스포츠제품 생산자 간의 카르텔 구조 유지
③ 신기술 동향에 대한 파악
④ 유통 경로의 주도자로서의 위치 인식과 전문지식에 의한 관리

해설 카르텔은 담합이나 짬짜미를 의미하는 것으로 동일 업종의 기업이 경쟁의 제한 또는 완화를 목적으로 가격이나 생산량 또는 판매경로에 대한 협정을 맺음으로 형성되는 독점 형태를 말한다. 이에 스포츠제품 생산자 간의 카르텔 구조를 유지하는 것은 올바르지 않다.

19 스포츠산업 진흥법령상 스포츠산업 전문인력 양성기관에 보조할 수 있는 경비가 아닌 것은?

① 전문인력 양성교육 프로그램 운영에 필요한 비용
② 전문인력 양성교육에 대한 조사 및 연구에 필요한 비용
③ 전문인력 양성교육에 대한 교육 자료의 개발 및 보급에 필요한 비용
④ 전문인력 양성교육의 시행에 필요한 교육장소 매입 및 장비 구입비

해설 "문화체육관광부장관과 지방자치단체의 장은 전문인력 양성기관에 다음의 경비의 전부 또는 일부를 보조할 수 있다."고 명시하고 있다(스포츠산업 진흥법 시행령 제6조 참고).
- 전문인력 양성교육 프로그램 운영에 필요한 비용
- 전문인력 양성교육에 대한 조사·연구 비용
- 교육자료의 개발 및 보급에 필요한 비용
- 교육장소 임대비 및 장비 구입비
- 그 밖에 지방자치단체가 지원하는 경우로서 스포츠산업 전문인력 양성에 관하여 해당 지방자치단체의 조례로 정하는 비용(2026. 3. 26. 시행)

20 프로스포츠 시장에서 선수의 역할에 대한 설명으로 가장 적합한 것은?

① 선수가 근로자의 역할을 담당할 때는 초상권과 연계하여 설명된다.
② 선수가 기계 등과 같은 자본재의 역할을 담당할 때는 선수 노조와 연계하여 설명된다.
③ 선수가 기업의 역할을 담당할 때는 연봉과 연계하여 설명된다.
④ 선수가 상품의 역할을 담당할 때는 트레이드와 연계하여 설명된다.

해설 스포츠시장에서 선수를 스카우트하거나 트레이드하는 것은 생산요소시장에서 이루어진다. 이때 생산요소시장은 기업이 노동, 자본, 토지 등의 생산요소를 사들이는 것을 의미하게 되는데, 선수가 상품적 역할을 담당한다는 의미는 선수가 프로구단에 노동력을 제공한다는 의미로 해석 가능하므로 선수가 상품의 역할을 담당할 때는 트레이드와 연계하여 설명될 수 있다.

정답 18 ② 19 ④ 20 ④

21 스포츠조직의 자산(Properties) 가치형성요인 중 시장관련요인에 해당하는 것은?

① 감 독
② 성 적
③ 선 수
④ 언론보도범위

해설 연고도시, 팬, 언론보도는 스포츠조직의 자산가치에 영향력을 발휘할 수 있는 시장관련요인이 되며 감독, 선수, 팀 성적은 구단(팀)관련요인에 해당된다.

22 스포츠소비에 관한 설명으로 옳지 않은 것은?

① 소비는 욕구를 채우기 위해서 재화를 소모하는 것이다.
② 스포츠소비는 상업적 시장에서 조달되는 스포츠재화와 서비스의 구입비용을 말하며, 비상업적 스포츠 활동에 소요된 비용은 포함시키지 않는다.
③ 공공부문에 의해 제공되는 스포츠참여기회도 수익자부담 원칙에 의해 스포츠소비에 해당한다.
④ 스포츠교실 참가비나 동호인회 회비의 경우도 스포츠소비에 해당한다.

해설 스포츠소비는 상업적인 스포츠 활동과 비상업적인 스포츠 활동 모두 소비에 포함하게 된다. 즉, 스포츠교실 참가비나 동호인회 회비는 비상업적인 스포츠 활동의 한 사례가 되며, 이는 스포츠소비에 포함된다.

23 다음 중 가장 일반적인 소비자의 반응 순서는?

① 흥미유발(I) → 주목(A) → 욕구(D) → 행동(A)
② 욕구(D) → 흥미유발(I) → 주목(A) → 행동(A)
③ 주목(A) → 흥미유발(I) → 욕구(D) → 행동(A)
④ 주목(A) → 욕구(D) → 흥미유발(I) → 행동(A)

해설 소비자가 구매를 결정하기까지의 과정인 AIDA이론은 '주목(Attention) - 흥미유발(Interest) - 욕구(Desire) - 행동(Action)'을 말한다.

24 프로리그에서 신생 팀이 리그에 새로 가입할 경우 창단가입금을 받는 이유와 가장 거리가 먼 것은?

① 기존 팀의 입장수입 감소를 초래할 수 있기 때문이다.
② 방송중계권수입의 분배금액이 줄어들기 때문이다.
③ 구단 수가 늘어나면 경기장수요가 늘어 자치단체와의 임재조건협상에서 불리해지기 때문이다.
④ 리그의 가치 훼손 위험에 대한 대가이다.

> **해설** 창단가입금은 이미 만들어진 프로시장에 진출하기 위한 일종의 회비라고 볼 수 있으며, 신생 팀의 리그 가입은 리그를 운영하는 주체의 승인에 의해 이루어지므로 리그의 가치를 훼손한다는 것과는 관련성이 없다.

25 스포츠산업 진흥법상 스포츠산업지원센터로 지정할 수 있는 기관이 아닌 것은?

① 국공립 연구기관
② 보건복지부령으로 정하는 기관
③ 「고등교육법」에 따른 대학 또는 전문대학
④ 「특정연구기관 육성법」에 따른 특정연구기관

> **해설** 스포츠산업 진흥법 제14조(스포츠산업지원센터의 지정)에 "문화체육관광부장관은 스포츠산업의 발전을 위하여 다음의 어느 하나에 해당하는 기관을 스포츠산업지원센터로 지정할 수 있다."라고 명시하고 있다.
> • 국공립 연구기관
> • 「고등교육법」에 따른 대학 또는 전문대학
> • 「특정연구기관 육성법」에 따른 특정연구기관
> • 그 밖에 문화체육관광부령으로 정하는 기관

26 다음 중 스포츠제품 수요의 가격탄력성이 가장 높은 경우는?

① 대체품이 거의 없을 때
② 구매자들이 구매습관을 바꾸기 어려울 때
③ 구매자들이 대체품의 가격을 쉽게 알 수 있을 때
④ 구매자들이 높은 가격이 그만한 이유가 있다고 생각할 때

> **해설** 가격탄력성은 소비자가 가격변화에 얼마나 민감하게 반응하는지 둔감하게 반응하는지를 확인하는 지표이다. 이에 경쟁자가 없거나 구매습관을 바꾸기 어려운 경우, 높은 가격이 그만한 이유가 있다고 인식하는 경우는 가격변화에 둔감하므로 가격탄력성이 낮으나, 소비자가 대체품의 가격을 쉽게 비교할 수 있는 경우는 가격변화에 민감하므로 가격탄력성이 높다고 볼 수 있다.

정답 24 ④ 25 ② 26 ③

27 스포츠산업 진흥법령상 중장기 진흥기본계획의 수립기간은?

① 1년
② 3년
③ 5년
④ 10년

해설 　스포츠산업 진흥법 시행령 제2조(기본계획의 수립 등)에 "문화체육관광부장관은 중장기 진흥기본계획을 5년마다 수립하여 시행하여야 한다."라고 명시되어 있다.

28 생산공정이나 기업 업무의 프로세스를 근본적으로 재설계하기 위한 경영혁신 기법은?

① 다운사이징(Downsizing)
② 리엔지니어링(Reengineering)
③ 컨커런트 엔지니어링(Concurrent Engineering)
④ 리스트럭처링(Restructuring)

해설 　① 다운사이징 : 기업이 비용을 절감하고 효율성을 증대하기 위해 조직 규모를 축소하는 기법
　　③ 컨커런트 엔지니어링 : 제품의 디자인부터 생산의 각 과정을 동시에 수행하여 제품의 출하시간을 단축하고 비용을 절감하는 기법
　　④ 리스트럭처링 : 구조조정 혹은 사업 재구축이란 명칭으로도 사용되며, 경영 상태를 개선하기 위해 사업의 종류와 내용을 의도적이고 계획적으로 선택하는 기법

29 스포츠산업 정책 수단 중 경쟁을 촉진하기 위한 방법이 아닌 것은?

① 경제력집중 억제
② 불공정거래 규제
③ 독과점 규제
④ 기술력 억제

해설 　경제력집중 억제, 불공정거래 규제, 독과점 규제 등은 경쟁을 촉진하기 위한 정책에 해당되나 기술력 억제는 오히려 스포츠산업의 발전을 저해할 수 있는 요인으로 작용한다.

30 스포츠산업에서 벌어지는 사업 중 경기장 내·외부 광고로 수익을 창출하는 사업은?

① 좌석 라이선스 사업
② 경기장 광고사업
③ 인도스먼트(Endorsement) 사업
④ 프로리그 방송중계권 사업

해설 ② 경기장 광고사업 : 경기장 내·외부에 다양한 형태의 광고를 집행하여 수익을 창출하는 사업
① 좌석 라이선스 사업 : 스포츠 등에서 특정한 좌석에 대한 사용권을 판매하거나 임대하는 사업
③ 인도스먼트 사업 : 스타 등 유명인을 통해 제품이나 서비스를 홍보하는 마케팅 활동으로, 스포츠에서는 선수가 사업의 주체가 되어 선수보증광고 등으로 선수의 이미지나 명성을 토대로 진행하는 사업
④ 프로리그 방송중계권 사업 : 리그 운영 재원 확보 혹은 리그 홍보 수단으로 방송사 등과 계약으로 진행되는 사업

31 제품이나 활동에 대한 개인적 관련성이 높은 경우에 발생하며, 구매와 상관없이 평상시에도 발생하는 소비자 관여도 유형은?

① 행동적 관여도
② 정서적 관여도
③ 지속적 관여도
④ 상황적 관여도

해설 평상시에도 제품이나 활동에 대해 지속적인 관심을 가지고 있는 것이므로 지속적 관여도에 해당되며, 이와 반대되는 개념은 상황적 관여도로 볼 수 있다.

32 스포츠는 본연의 특성상 개인적·사회적·경제적 가치를 가지고 있다. 스포츠 및 스포츠이벤트의 경제적 가치에 관한 설명으로 그 성격이 다른 하나는?

① 건강 유지 및 증진으로 의료비 절감효과를 가져온다.
② 지역이벤트의 외지인 방문 관람은 지역경제 활성화를 유발한다.
③ 글로벌 기업의 투자유발로 도시 및 국가 경제 활성화에 기여한다.
④ 유비쿼터스 경기장은 IT산업의 발전을 촉진하는 계기가 된다.

해설 스포츠이벤트의 경제적 가치는 스포츠이벤트의 개최가 경제에 영향을 미칠 수 있다는 것을 의미하며 건강유지를 통한 의료비 절감은 개인적 가치에 해당된다.

정답 30 ② 31 ③ 32 ①

33. 스포츠산업 진흥법상 스포츠산업진흥시설의 지정요건에 대한 (　)에 알맞은 것은?

- 문화체육관광부령으로 정하는 수 이상의 스포츠산업 사업자가 입주할 것
- 입주하는 스포츠산업 사업자의 (　) 이상이 중소기업기본법에 따른 중소기업자일 것

① 100분의 10
② 100분의 20
③ 100분의 30
④ 100분의 50

해설 스포츠산업 진흥법 제11조(스포츠산업진흥시설의 지정 등) 제1항 제2호에 "입주하는 스포츠산업 사업자의 100분의 30 이상이 중소기업기본법 제2조에 따른 중소기업자일 것"으로 명시되어 있다.

34. 다음 사례에서 사업자가 연맹에 지불해야 하는 금액 및 시기에 관한 설명으로 옳은 것은?

A스포츠 연맹이 B상품화 사업자에게 독점유통 권리를 부여하는 조건으로 체결한 계약서에 '독점권의 대가로 총 매출의 10%를 러닝 로열티로 지불하기로 하며, 예상 매출액의 10%는 미리 보장'하는 조항이 있다. 연맹과 유통업체가 동의한 예상 매출은 50억 원이었고, 계약기간 중 실제 발생한 매출은 80억 원이었다.

① 5억 원은 미리 지불하고 계약기간 종료와 함께 8억 원을 추가로 지불한다.
② 5억 원은 미리 지불하고 계약기간 종료와 함께 3억 원을 되돌려 받는다.
③ 8억 원은 미리 지불하고 계약기간 종료와 함께 3억 원을 추가로 지불한다.
④ 5억 원은 미리 지불하고 계약기간 종료와 함께 3억 원을 추가로 지불한다.

해설 예상매출액의 10%는 미리 보장해야 하므로 예상매출액 50억 원의 10%인 5억 원은 미리 지불해야 하며, 총 매출의 10%가 러닝 로열티이므로 실제 매출 80억 원의 10%로 총 8억 원을 지불해야 한다. 이때 총 매출 80억 원 중 예상 매출 50억 원의 10%를 선지급하였으므로 차액 30억에 대한 10% 3억을 추후에 지불해야 한다.

35. 스포츠시장 중 2차 시장에 해당하지 않는 것은?

① 스포츠 관련 상품 시장
② 자원봉사자시장
③ 스폰서십
④ 광고시장

해설 스포츠 1차 시장은 스포츠 경기나 이벤트를 직접적으로 구성하고 참여하는 주체들로 이루어지므로 경기 참여자인 선수, 경기 운영을 돕는 자원봉사자, 경기를 관람하는 관람객 등이 포함된다.

36 스포츠소비자행동에 대한 설명으로 옳은 것은?

① 소비자의 구매행동은 목표지향적인 행동이다.
② 소비자는 수동적인 정보처리를 한다.
③ 소비자의 구매동기와 구매행동은 개인의 성향에 따라 결정되며, 기업의 마케팅 활동에 영향을 받지 않는다.
④ 소비자의 구매동기와 구매행동은 시간의 흐름에 따라 변화하지 않는다.

> **해설** 소비자의 구매행동은 목표지향적인 행동이며, 소비자는 자신이 가지고 있는 관여도 및 상황 등에 따라 정보처리를 수행한다. 또한 소비자의 구매동기와 행동은 개인의 성향에 따라 결정되고 소비행동 시 첫 단계인 문제인식에 여러 가지의 자극을 받아 발생하게 되는데, 이때 기업의 마케팅 활동에도 자극을 받으며 이는 상업적 자극에 해당되게 된다. 아울러 소비자의 구매동기는 환경에 따라 변화하게 된다.

37 스포츠산업 진흥법에서 국제교류 및 해외시장 진출을 위탁·대행하는 기관에 해당되지 않는 것은?

① 문화체육관광부
② 대한무역투자진흥공사
③ 스포츠산업지원센터
④ 국민체육진흥공단

> **해설** 스포츠산업 진흥법 시행령 제19조(국제교류 및 해외시장 진출지원)에 "문화체육관광부장관은 법 제19조 제2항에 따라 다음의 기관이나 단체에 같은 조 제1항 각 호에 따른 사업을 위탁하거나 대행하게 할 수 있다."라고 명시되어 있다.
> • 국민체육진흥공단
> • 대한무역투자진흥공사
> • 지원센터
> • 업종별 사업자단체

38 참여 스포츠의 수요에 영향을 미치는 요인에 대한 설명으로 옳지 않은 것은?

① 국민소득은 참여 스포츠의 수요에 영향을 미친다.
② 강습비 등의 가격은 참여 스포츠 수요에 영향을 미친다.
③ 참여 스포츠는 비경쟁시장, 관람 스포츠는 경쟁시장에 가깝다.
④ 연관 상품의 가격은 참여 스포츠의 수요에 영향을 미친다.

> **해설** 경쟁시장은 동일한 상품을 취급하는 수많은 공급자와 수요자로 구성되며, 어느 개별적인 공급자나 수요자도 가격에 영향을 미칠 수 없는 것을 의미한다. 이러한 경쟁시장의 주요 특징으로는 수많은 공급자와 수요자가 존재한다는 점, 공급하는 재화가 거의 동일하다는 점, 시장에 자유롭게 진입하고 퇴출할 수 있는 점 등이 있다. 이에 참여 스포츠는 경쟁시장에 해당되며, 관람 스포츠는 비경쟁시장에 해당된다고 볼 수 있다.

정답 36 ① 37 ① 38 ③

39 다음 ( )에 들어갈 알맞은 자격을 모두 고른 것은?

국민체육진흥법상 체육지도자란 학교 · 직장 · 지역사회 또는 체육단체 등에서 체육을 지도할 수 있도록 ( ) 을 취득한 사람을 말한다.

ㄱ. 스포츠지도사 ㄴ. 건강운동관리사
ㄷ. 장애인스포츠지도사 ㄹ. 유소년스포츠지도사
ㅁ. 노인스포츠지도사

① ㄱ, ㄴ, ㄷ, ㄹ
② ㄱ, ㄷ, ㄹ, ㅁ
③ ㄱ, ㄴ, ㄷ, ㅁ
④ ㄱ, ㄴ, ㄷ, ㄹ, ㅁ

해설 국민체육진흥법상 체육지도자는 스포츠지도사, 건강운동관리사, 장애인스포츠지도사, 유소년스포츠지도사, 노인스포츠지도사의 자격을 취득한 사람을 말한다.

40 스포츠산업의 특성이 아닌 것은?

① 스포츠산업은 공간 · 입지 중시형 산업이다.
② 스포츠산업은 시간 소비형 산업이다.
③ 스포츠산업은 최종 소비재 · 서비스를 다루는 산업으로 직접 접촉하는 산업이다.
④ 스포츠산업은 단순한 산업분류 구조를 가진 산업이다.

해설 스포츠산업은 산업분류가 복잡하며, 공간과 입지중심형 산업, 시간 소비형 산업, 다른 분야와의 연계성 산업, 감동과 건강을 제공하는 산업, 오락성이 중심개념인 산업적 특성을 띤다.

41 구매 후 부조화를 발생시키는 상황과 가장 거리가 먼 것은?

① 구매결정을 취소할 수 없을 때
② 선택하지 않은 대안이 단종되었을 때
③ 선택하고 싶은 대안들이 여러 개 있을 때
④ 구매자가 심리적 중요성을 가지고 그 결정에 개입했을 때

해설 구매 후 부조화는 실제 구매 후 기대-만족 불일치에 의해 발생되는 것이므로 대안의 단종과는 거리가 멀다. 구매 후 부조화의 발생 상황은 ① · ③ · ④ 외에 선택한 대안에 없는 장점이 선택하지 않은 대안에 있는 경우, 소비관여도가 높은 경우 등이 있다.

42 국내 스포츠제조업의 육성방안으로 거리가 먼 것은?

① 조세감면 및 금융지원
② 사회 인프라 및 협력체제 구축
③ 스포츠용품 독과점 체제 구축
④ 수요창출 및 비전 제시

해설 스포츠용품 독과점 체제 구축과는 관련이 없으며, 오히려 스포츠제조업을 육성하기 위해 정해진 법률적 근거 내에서 자유롭게 경쟁을 촉진하는 정책이 사용된다.

43 소비자로서 스포츠시장에 참여할 수 있는 방법과 가장 거리가 먼 것은?

① 직접 스포츠를 하는 방법
② 경기장에 가서 스포츠를 관람하는 방법
③ 스포츠이벤트를 인터넷이나 SNS 등의 매체를 통해 접하는 방법
④ 스포츠용품회사를 직접 설립하는 방법

해설 스포츠용품회사를 직접 설립하는 것은 생산자 또는 제조업자로서 스포츠시장에 참여하는 방법이다.

44 스포츠서비스품질 평가요소 중 기업이 고객을 도와주려는 의지를 가지고 즉각적인 서비스를 제공하고자 하는 것은 어떤 유형인가?

① 신뢰성
② 확실성
③ 반응성
④ 공감성

해설
- 신뢰성(Reliability) : 약속한 서비스를 정확하고 믿음직하게 전달할 수 있는 능력을 말한다.
- 확실성(Assurance) : 종업원의 공손함과 지식, 그리고 소비자에게 신뢰와 확신을 심어 줄 수 있는 능력을 말한다.
- 공감성(Empathy) : 기업이 자상하고 개별적인 관심을 소비자에게 보여 주는 것을 말한다.
- 반응성(Responsiveness) : 고객을 도와 주려는 의지를 가지고 즉각적인 서비스를 제공하는 것을 말한다.
- 유형성(Tangibles) : 물리적인 시설과 장비 및 종업원의 외모에 관한 것을 말한다.

정답 42 ③ 43 ④ 44 ③

45 스포츠이벤트에서 생성되는 권리 중 성격이 다른 하나는?

① 선수 유니폼 공간 활용
② 팀 로고 사용 권리
③ 경기장 내 광고 권리
④ 경기장 명칭 사용 권리

해설 팀 로고 사용 권리는 스포츠이벤트와는 연관이 없고, 스포츠조직과 라이선서 사이에서 발생한다.

46 스포츠용품의 특정 판매지역이나 판매처를 한정하여 독점판매권을 부여하는 대신 다른 회사 제품의 취급을 제한하는 유통정책은?

① 개방적 유통정책
② 선택적 유통정책
③ 배타적 유통정책
④ 직판 정책

해설 개방적 유통정책은 자사의 제품을 누구나 취급할 수 있도록 개방하여 취급점포수의 숫자를 늘려 시장 노출도를 높이는 정책이고, 선택적 유통정책은 시장을 몇 개의 선택된 유통업체에 제한하여 판매시키는 정책이며, 직판 정책은 다른 판매처에 판매권을 주지 않고 생산(제조)업체가 직접 소비자에게 판매하는 정책을 의미한다.

47 스포츠 조직이 재원을 확보하기 위한 좌석 라이선스(PSL)에 관한 설명으로 옳은 것은?

① 경기장건설 사업체가 좌석 사업권을 취득하기 위해 부담하는 비용이다.
② 개인이나 사업체가 좌석에 이름을 각인하는 대가로 부담하는 비용이다.
③ 특정좌석의 시즌티켓을 구매할 수 있는 권리를 취득하는 대가로 지불하는 비용이다.
④ 경기장의 모든 좌석을 구매할 때 할인을 받을 수 있는 권리를 취득하는 대가로 지불하는 비용이다.

해설 PSL(Permanent Seat Licence)을 활용하면 상당한 재원확보가 용이하다. PSL은 특정좌석의 시즌티켓을 영구적으로 구입할 수 있는 권리로서 스포츠 선진국인 미국에서는 경기장 총 건설비용의 약 30%를 PSL사업으로 조달하고 있다.

48 스포츠이벤트의 수입 중 직접수입에 해당하지 않는 것은?

① 경기장 입장수입
② 구단가치 상승분
③ 방송중계권 수입
④ 경기장 광고수입

해설 구단가치 상승분은 간접수입에 해당한다.

49 관람 스포츠 수요변화에 영향을 미치는 요인으로 옳은 것을 모두 고른 것은?

> ㄱ. 스포츠소비자의 소득과 여가시간
> ㄴ. 스포츠이벤트의 수준
> ㄷ. 스타 플레이어의 유무

① ㄱ, ㄴ
② ㄱ, ㄷ
③ ㄴ, ㄷ
④ ㄱ, ㄴ, ㄷ

해설 관람 스포츠 수요변화에 영향을 미치는 요인
• 스포츠소비자의 소득과 여가시간
• 스포츠이벤트의 수준
• 스타 플레이어의 유무
• 프로리그 팀 간의 전력 차

정답 48 ② 49 ④

실기 출제예상문제

01 스포츠산업의 특성을 6가지 제시하시오.

모범답안

스포츠산업은 다음과 같은 특성을 가지고 있다.
- 스포츠산업은 복합적인 산업분류 구조를 갖는다.
- 스포츠산업은 공간 및 입지중시형 산업이다.
- 스포츠산업은 시간소비형 산업이다.
- 스포츠산업은 오락성이 중심 개념인 산업이다.
- 스포츠산업은 감동과 건강을 제공하는 산업이다.
- 스포츠산업은 다른 분야와의 연계성이 있는 산업이다.

02 스포츠산업의 환경변화를 발생시킨 요인에는 무엇이 있는지 제시하시오.

모범답안
스포츠산업의 환경변화를 발생시킨 요인에는 여러 가지가 있을 수 있으며, 크게 대외적인 환경변화와 대내적인 환경변화로 나누어 생각해 볼 수 있다. 대외적인 환경변화 요인으로는 가계의 소득 증가 및 건강스포츠에 대한 관심, 산업의 IT화를 통한 뉴미디어 시대의 도래, 스포츠의 세계화 및 경쟁 심화 등이 있으며, 대내적인 환경변화 요인으로는 참여 및 레저스포츠에 대한 관심 증대, 스포츠용품업의 경쟁심화, 프로스포츠의 활성화, 스포츠패러다임의 변화 등이 있다.

03 스포츠의 특성을 본질적 특성과 서비스적 특성으로 나누어 설명하시오.

모범답안
스포츠의 본질적 특성은 스포츠의 형태에 상관없이 모든 스포츠가 가지고 있는 스포츠 자체의 고유한 특성을 의미한다. 스포츠의 본질적 특성에는 게임, 규칙, 놀이, 장비, 시설, 기술로 요약하여 설명할 수 있다. 그리고 스포츠의 서비스적 특성은 스포츠는 사람들에게 스포츠에 참여할 수 있는 기회나 경기를 관람할 수 있는 기회를 제공하기 때문에 활동적인 측면에서 서비스적 특성이 강하다는 관점에서의 특성이다. 스포츠의 서비스적 특성은 무형성, 비분리성, 이질성, 소멸성으로 요약하여 설명할 수 있다.

04 국제스포츠이벤트의 개최를 통해 스포츠가 개최 국가에게 파생할 수 있는 가치에 대해 서술하시오.

모범답안

국제스포츠이벤트를 개최하는 국가는 국제스포츠이벤트의 개최를 통해 국가를 전 세계에 홍보함으로써 국가의 인지도를 높일 수 있고, 국가의 이미지를 향상할 수 있다. 그리고 국제스포츠이벤트의 성공적 개최를 통해 국가의 대외경쟁력과 국가 브랜드를 강화할 수 있으며, 국제스포츠이벤트에 참가하고자 하는 해외 선수단 및 관광객, 그리고 국가 국민들의 소비가 증가하므로 국가경제 활성화 등의 효과도 볼 수 있다.

05 스포츠소비자의 고관여 구매행동과 저관여 구매행동이 어떻게 다른지 설명하시오.

모범답안

관여도란 특정한 상황에 있어 자극에 의해 유발되어 지각되는 개인적인 중요성이나 관심의 수준을 의미하며, 고관여 상황과 저관여 상황에 따라 구매행동은 다르게 나타난다.

- 스포츠소비자의 고관여 구매행동은 스포츠소비자가 스포츠관련 제품과 서비스를 구매하려는 의사결정에 대해 중요하다고 생각하거나 개인적인 관심을 가지고 있는 경우이므로, 복잡한 구매행동(스포츠소비자가 구매에 높은 관여도를 보이고 각 상표 간 뚜렷한 차이점이 있는 제품을 구매할 경우)과 부조화감소 구매행동(스포츠소비자가 구매하는 제품에 대해 비교적 관여도가 높고 비싸며 제품이 자주 구매하는 제품이 아니면서 각 상표 간 차이가 크지 않은 경우)을 보이게 된다.
- 스포츠소비자의 저관여 구매행동은 스포츠소비자가 스포츠관련 제품과 서비스에 대해 관심이 적고 별로 중요한 구매의사결정이라 생각하지 않거나 제품의 구매가 급하지 않은 경우이므로, 습관적 구매행동(낮은 관여도를 보이며 상표 간 차이가 미미한 경우)과 다양성 추구 구매행동(구매하는 제품에 대해 비교적 저관여 상태이며 제품의 상표 간 차이가 뚜렷한 경우)을 보이게 된다.

06 소비자의 상황적 관여도와 지속적 관여도에 대해 설명하시오.

모범답안
상황적 관여도는 개인이 처한 상황에 따라 관심도가 달라짐을 의미하는 것이므로 일시적인 특정 상황에 따라 관여도가 발생하는 것이다. 지속적 관여도는 상황적 관여도의 반대되는 것으로 지속적 관여도는 개인의 욕구, 동기, 자아이미지 개발 등과 같은 개인의 특성에 영향을 받아 제품에 꾸준한 관심을 갖는 것을 의미한다.

07 스포츠용품인증제도의 정의와 스포츠용품인증제도의 기대효과에 대해 서술하시오.

모범답안
스포츠용품인증제도는 국내 스포츠용품의 품질 향상과 경쟁력 강화를 위해 도입된 것으로, 각종 스포츠활동에 사용되는 스포츠용품의 품질과 운동기능을 과학적으로 평가하여 우수제품을 공인하는 제도이다. 이러한 스포츠용품인증제도를 통해 기대할 수 있는 효과는 다음과 같다.
- 스포츠용품의 품질향상과 기능향상 도모
- 스포츠용품의 기술력 향상을 통한 국가경쟁력 강화
- 인증제도와 기술·무역의 연계를 통한 내수진작 및 수출증대
- 스포츠산업 특성에 알맞은 표준·인증제도의 전문화

08 소비재 유형에 대해 설명하시오.

모범답안

소비재는 우리가 일상적으로 소비하고 사용하는 재화(음식, 의류, 가전제품, 화장품 등)로, 우리의 삶을 향상하기 위한 목적으로 구매하고 사용하는 것이다. 소비재는 개인적인 소비를 위해 최종소비자가 구매하는 제품이며, 구매동기에 따라 편의품, 선매품, 전문품의 유형으로 분류될 수 있다.

- 편의품 : 소비자가 손쉽게 구매하는 제품으로, 편의품은 일반적으로 저관여의 특성이 있어 소비자는 제품 구매를 위해 큰 노력을 기울이지 않으며, 가격이 비교적 저렴하다는 특징이 있다.
- 선매품 : 소비자들이 제품을 구매하기 위해 가격, 품질, 디자인 등을 비교하여 구매하는 제품으로, 선매품은 편의품에 비해 유통경로가 짧고 소매상이 상당한 광고, 진열 및 판매비를 부담하기 때문에 상표 요소보다 점포 요소가 더 중요하다.
- 전문품 : 소비자가 상품을 쉽게 식별할 수 있는 독특한 특성이 있어 대체품이 거의 없는 제품으로, 전문품은 일반적으로 고관여의 특성을 보이므로 소비자는 구매를 위해 상당한 노력을 기울이고 구매하기까지 오랜 시간이 소요된다.

09 스포츠시장의 1차 시장과 2차 시장의 구성요인을 제시하시오.

모범답안

스포츠시장은 1차 시장과 2차 시장으로 구분될 수 있는데, 1차 시장은 경기인과 관람객, 자원봉사자들로 구성되며, 2차 시장은 스포츠관련 상품, 스폰서십, 광고시장, 미디어 중계권 등으로 구성된다.

10 스포츠서비스품질의 5가지 구성요인에 대해 설명하시오.

> **모범답안**
> - 신뢰성(Reliability) : 약속한 서비스를 정확하고 믿음직하게 전달할 수 있는 능력을 말한다.
> - 확실성(Assurance) : 종업원의 공손함과 지식, 그리고 소비자에게 신뢰와 서비스를 제공할 수 있는 능력을 말한다.
> - 공감성(Empathy) : 기업이 자상하고 개별적인 관심을 소비자에게 보여 주는 것을 말한다.
> - 반응성(Responsiveness) : 고객을 도와 주려는 의지를 가지고 즉각적인 서비스를 제공하는 것을 말한다.
> - 유형성(Tangibles) : 물리적인 시설과 장비 및 종업원의 복장 등 외적인 것에 관한 것을 말한다.

11 스포츠소비자의 구매의사결정 단계에 대해 설명하시오.

> **모범답안**
> - 문제인식 : 상업적 혹은 물리적 자극을 받아 개인이 생각하는 이상적 자아와 현재의 자아의 비교를 통해 문제를 인식하게 된다.
> - 정보탐색 : 문제인식을 해결하기 위해 선택할 상품 혹은 서비스를 내적 탐색과 외적 탐색에 근거하여 정보를 탐색한다.
> - 대안평가 : 내적 탐색과 외적 탐색의 정보탐색을 거쳐 선정된 여러 가지 대안들을 기준에 따라 그 속성들을 평가한다.
> - 구매 : 대안평가를 통해 선택된 상품이나 서비스를 실제 구매한다.
> - 구매 후 평가(부조화) : 구매한 상품에 대한 기대와 사용 경험의 만족 사이에서 만족과 불만족 혹은 구매 후 부조화 현상이 발생한다.

12 프로스포츠구단의 팀 간 전력평준화를 위해 실시되고 있는 제도를 3가지 제시하시오.

모범답안
- 자유계약제도 : 구단이 선수의 보유권을 상실하거나 포기해 다른 어떤 구단과도 자유롭게 계약을 맺을 수 있는 제도이다.
- 샐러리 캡 : 구단 연봉상한제로, 소속선수의 연봉합계가 일정액을 초과할 수 없도록 규정한 제도이다.
- 드래프트제도 : 일정 자격요건을 갖춘 선수를 프로연맹 등 스포츠단체의 주관 아래 다양한 방법으로 구단에 지명권을 부여하고, 선수를 지명·선발한다.
- 팜 시스템 : 하위리그를 통해 다양한 자체선수를 선발하는 시스템이다.
- 용병제도 : 리그에서 규정한 제도에 따라 일정 수의 외국인 선수를 게임에 참여시키는 제도이다.

13 스포츠산업의 환경 분석에 대해 말해보시오.

모범답안
- 외부 환경 분석 : 거시적 요인으로는 경제적·사회문화적·기술적·정치법률적 요인이 있고, 미시적 요인에는 경쟁환경, 고객분석, 공급자 분석, 유통채널 분석 등이 있다.
- 내부 환경 분석(SWOT 분석)
  - 강점(S) : 참여 및 레저스포츠에 대한 관심증대, 스포츠마케팅에 대한 인식 제고, 메가스포츠이벤트를 통한 스포츠서비스업 투자 촉진, 스포츠산업의 중요성 인식 등
  - 약점(W) : 스포츠용품업의 경쟁 심화로 시장경쟁력 약화, 프로스포츠 노사 문제의 대두, 스포츠산업 전문인력 부족 등
  - 기회(O) : 스포츠소비의 지속적 증가, IT산업의 발달, 주 5일제 확산, 뉴미디어시대의 도래, 정부의 스포츠산업 육성정책 강화
  - 위협(T) : 스포츠의 글로벌화 및 경쟁 심화, 타 산업의 발달, 스포츠윤리 문제 대두 등

14 국제스포츠이벤트로 인해 창출될 수 있는 직접효과, 간접효과에 대해 간략히 설명하시오.

> 모범답안
- 직접효과 : 경기장 건설·관련 시설 투자, 외국인 관광객으로 인한 소비 지출 증가, 교통·통신 등 기반 시설 개선으로 인한 편의 증진 등
- 간접효과 : 국가(도시) 이미지 제고 및 브랜드가치 상승, 관광객 증가로 인한 지역 경제 활성화, 사회적 자부심 증대, 스포츠 산업 발전 및 기술 이전 등

15 스포츠이벤트 개최의 긍정적인 효과와 부정적인 효과를 제시하시오.

> 모범답안
- 스포츠이벤트 개최의 긍정적인 효과
  - 개최국의 이미지, 인지도 향상
  - 개최국의 경제적 파급효과 향상
  - 개최국의 브랜드 경쟁력 강화
  - 사회간접자본의 투입으로 인한 개최지역의 발전 등
- 스포츠이벤트 개최의 부정적인 효과
  - 스포츠이벤트 개최를 위한 정부 및 지방자치단체의 재정적 부담
  - 사회계층 간의 갈등 유발
  - 스포츠이벤트 개최 준비를 위한 무분별한 건설 및 환경문제
  - 기회비용의 고려보다는 가시적인 효과만을 강조

16 경기장명칭사용권(Naming Right)이 무엇인지 설명하시오.

모범답안
경기장명칭사용권(Naming Rights)은 스포츠경기가 열리는 경기장의 이름을 일반기업이 구매하여 기업의 이름(명칭)을 노출함과 동시에 광고 권리를 획득하는 것을 의미한다. 이는 경기장의 시설을 관리하는 조직과 일반기업 간에 행해지는 것으로, 기업은 자사의 이름(명칭)을 자연스럽게 노출함으로써 광고효과를 가져올 수 있으며, 경기장 시설을 관리하는 조직에게는 매우 중요한 재정적 수입원천이 된다고 볼 수 있다. 이미 해외에서는 에미레이츠 스테이디움, 혼다센터, 씨티필드, 미닛메이드파크 등과 같이 일반화되어 있으며, 우리나라에서도 최근 구단의 모기업이라는 한계점은 있으나 한화생명이글스파크, KT위즈파크 등으로 경기장에 기업명이 붙는 경기장명칭사용권의 사례가 증가하고 있다.

17 직·간접적 프로스포츠 수입원에는 무엇이 있는지 각각 제시하시오.

모범답안
직접수입원은 방송중계권료, 입장료판매수입, 상금 및 배당금, 선수이적료, 스폰서 수익 등이 있고, 간접수입원은 라이선싱, 연맹가입 및 지역연고권 등의 자산 가치, 지원금 등이 있다.

18 스포츠용품의 유통경로 4가지를 제시하고 간략히 설명하시오.

> **모범답안**
> 스포츠용품의 유통경로는 일반적으로 4가지가 제시될 수 있다.
> - 생산자 → 소비자 : 가장 단순한 유형으로 생산자가 소비자에게 직접 판매하는 것이다.
> - 생산자 → 소매상 → 소비자 : 소비재의 경우 대부분 소매상이 개입되며, 생산자로부터 직접 제품을 구매하여 소비자에게 판매하는 것이다.
> - 생산자 → 도매상 → 소매상 → 소비자 : 도매상이 생산자로부터 구입한 제품을 소매상이 재구매하여 소비자에게 판매하는 것이다.
> - 생산자 → 도매상(대리상) → 2차 도매상 → 소매상 → 소비자 : 생산자가 도매상에게 제품을 판매하는 대리상을 이용하여 제품을 유통하는 것으로, 이때 대리상은 제품에 대한 소유권보다는 생산자와 도매상을 연결해 주고 수수료를 받으며 활동하게 된다.

19 참여형 스포츠상품의 유통경로의 특징을 간략히 설명하시오.

> **모범답안**
> 참여형 스포츠상품의 유통경로는 생산과 소비가 동시에 일어나는 서비스적인 특성으로 인해 스포츠상품의 생산자와 소비자로만 구성되며 이때 중간상은 존재하지 않는 경우가 많다. 즉, 생산자가 중간상을 통하지 않고 소비자에게 직접 서비스를 제공하는 형태가 된다는 것이다.

20 입장권 재판매 시스템(2차 티켓)에 대해 설명하시오.

모범답안

입장권 재판매 시스템은 이미 구매된 예매티켓을 재판매하는 것이다. 이는 프로스포츠경기에서 빈번히 활동하는 암표상의 활동을 제어하고자 하는 것과 팬들이 여분의 입장권을 합법적으로 판매할 수 있는 기회를 허용하고자 하는 데 의의가 있다. 티켓의 거래방법으로는 일반적으로 2차 판매 전문회사를 통해 거래하는 방법과 1차 구매자가 직접 경매사이트를 이용하여 거래하는 것이 통상적이며, 티켓 공급 규모 혹은 에이전트와의 협상에 따라 가격은 매우 탄력적으로 변할 수 있다는 특징이 있다.

21 PSL(Permanent Seat License)에 대해 자세히 설명하시오.

모범답안

PSL(Permanent or Personal Seat License)은 시즌티켓 구매자에게 특정 좌석을 지정해 정규시즌 동안 같은 자리에서 홈경기를 관람할 수 있게 해주는 티켓판매 방법이다. 한국어로 해석하면 개인좌석인증이라 할 수 있으며, 다음과 같은 개념을 가지고 있다.
- 개인좌석인증은 일반석과는 차별화하여 소비자에게 콘도미니엄처럼 임대하는 '개인좌석분양' 형태의 관중석이다.
- 소유자에게 이를 타인에게 양도하는 것은 물론, 영구적으로 주어지는 시즌티켓 구입 권리를 제공받는 대가로 일시불로 지급하는 수수료라고 정의한다.
- 영구좌석인증이라고도 부르며, 일반 좌석과 구별된 고급화된 사적 좌석이다. 이 방법은 개인이나 기업에게 임대하여 단기적으로 건설 투자비를 회수할 목적으로 시행하는 것이 일반적이다.
- 개인좌석인증은 경기장 건설 주체와 객체가 상호 만족해야만 효과를 볼 수 있다. 다시 말해서 경기장 건설 주체는 좌석을 임대해 주는 대신 경기장 건설을 위한 단기자금을 확보할 수 있고, 관중은 비용을 지불하는 대신 각종 편익을 제공받을 수 있으므로 상호 교환형태이다.

22 승강제에 대해 설명하고 사례를 2가지만 제시하시오.

> 모범답안
>
> 승강제란 1부 리그와 2부 리그 등 팀의 등급에 따른 여러 리그가 운용되는 리그에서 하위리그 상위팀과 상위리그 하위팀을 맞바꾸는 제도이다. 특징으로는 시즌 막바지에 관중의 관심이 이완되는 현상을 방지한다는 것과 하위 팀에게 마지막까지 최선을 다하도록 강구하는 역할 등이 있다. 스포츠와 관련된 사례로는 프리미어리그(EPL)의 승강제와 우리나라의 K-리그의 승강제가 있다.

23 다음은 소비자의 정보처리에 대한 효과의 위계모형(Hierarchy of Effect Model)의 종류를 나타낸 것이다. 각 모형에 대한 단계를 제시하시오.

AIDA 모형 – AIDMA 모형 – DAGMAR 모형 – 래비지와 스타이너의 모형 – 수용 · 혁신 모델

> 모범답안
>
> - AIDA : 주의(Attention) – 관심(Interest) – 욕망(Desire) – 행위(Action)
> - AIDMA : 주의(Attention) – 관심(Interest) – 욕망(Desire) – 기억(Memory) – 행위(Action)
> - DAGMAR : 인식(Awareness) – 이해와 이미지(Comprehension & Image) – 태도(Attitude) – 행동(Action)
> - 래비지와 스타이너의 모형 : 인식(Awareness) – 지식형성(Knowledge) – 좋아함(Liking) – 선호(Preference) – 확신(Conviction) – 구매(Purchase)
> - 수용 · 혁신 모델 : 인식(Awareness) – 관심(Interest) – 평가(Evaluation) – 구매시도(Trail) – 수용(Adoption)

24 소비자의 지각된 위험에 대해 Zikmund가 제시한 7가지를 제시하고 설명하시오.

> **모범답안**
> - 경제적 위험 : 구매한 제품이 제 구실을 못할 때 그 수선과 대체의 비용이 발생하거나 구매에 소요된 금액의 손실이 발생할 가능성에 따라 소비자가 지각하는 위험을 말한다.
> - 신체적 위험 : 구매한 제품이 안정성이 낮아 신체적 위해를 야기할 가능성에 따라 소비자가 지각하는 위험을 말한다.
> - 심리적 위험 : 구매한 제품이 자아 이미지와 어울리지 않을 가능성에 따라 소비자가 지각하는 위험을 말한다.
> - 사회적 위험 : 어떤 제품이나 특정한 상표를 구매한 자신에 대하여 다른 사람들이 내릴 평가에 관하여 소비자가 지각하는 위험을 말한다.
> - 성능 위험 : 구매한 제품이 기대된 기능을 제대로 수행하지 못할 가능성에 따라 소비자가 지각하는 위험을 말한다.
> - 시간손실 위험 : 구매한 제품이 제 구실을 못할 때 그 수선이나 대체에 시간이 소요되거나 정보탐색과 평가활동에 소요된 시간이 가치를 잃게 될 가능성에 따라 소비자가 지각하는 위험을 말한다.
> - 미래기회의 상실 : 앞으로 보다 향상되고 저렴한 대안이 판매될 가능성에 대하여 소비자가 지각하는 위험을 말한다.

25 신생 프로스포츠구단이 기존구단에 가입비를 내는 이유를 제시하시오.

> **모범답안**
> 프로리그에 신생구단이 진입하면 기존의 프로구단은 리그에서 지급하는 수입을 배분하는 몫이 줄어들게 되고, 신생팀으로 인해 발생가능한 입장수입 감소의 보전을 요구하게 된다. 또한 신생팀이 창단되면 리그 활성화 및 전력차이의 최소화 차원에서 보호선수를 제외하고 신생팀이 지명하는 선수를 넘겨주게 되는 것이 통상적인데 이때 발생되는 비용도 보상받게 되며, 리그에 참여하는 팀이 많아질수록 지방자치단체 협상에서 입지가 낮아지므로 이에 대한 보상도 받아야 한다. 이러한 이유 등으로 신생 프로스포츠구단은 프로리그 참여 시 리그 가입비를 내게 된다.

제2과목
스포츠경영론

CHAPTER 01 스포츠경영의 이해
CHAPTER 02 스포츠경영전략
CHAPTER 03 스포츠경영관리
CHAPTER 04 스포츠재무관리
CHAPTER 05 스포츠생산관리
출제예상문제 필기/실기

끝까지 책임진다! 시대에듀!

QR코드를 통해 도서 출간 이후 발견된 오류나 개정법령, 변경된 시험 정보, 최신기출문제, 도서 업데이트 자료 등이 있는지 확인해 보세요! 시대에듀 합격 스마트 앱을 통해서도 알려 드리고 있으니 구글 플레이나 앱 스토어에서 다운받아 사용하세요. 또한, 파본 도서인 경우에는 구입하신 곳에서 교환해 드립니다.

CHAPTER 01 스포츠경영의 이해

■ 학습목표
본 장에서는 스포츠경영에 대한 전반적인 이해, 스포츠경영의 접근방법, 스포츠경영의 구성요소, 스포츠경영자의 역할 및 스포츠경영환경에 대해 살펴볼 것이다. 스포츠경영의 이해 부분은 스포츠경영관리사의 스포츠경영파트에서 매회 약 5문제 정도 출제되고 있으므로 내용을 반드시 숙지하여야 한다.

■ Check
☐ 스포츠경영의 정의와 특징에 대해 숙지한다.
☐ 스포츠경영의 과정측면에서의 관점에 대해 숙지한다.
☐ 스포츠경영자의 의사결정과 기술에 대해 숙지한다.
☐ 스포츠경영환경의 구성요소에 대해 숙지한다.

01 스포츠경영의 이해

1. 경영의 개념

(1) 경영

① 정의

㉠ 기업의 경영시스템은 투입(Input) - 전환(Throughput) - 산출(Output)로 구성된다.
- 투입 : 기업이 소유하고 있는 인적 · 지적 · 물적 자원을 투입하는 과정
- 전환 : 투입된 자원을 처리하는 과정
- 산출 : 전환된 자원이 최종적으로 상품이나 서비스로 생산되는 과정

㉡ 페이욜의 경영의 5가지 관리기능
- 경영(Management)이란 경영시스템이 효과적이고 효율적으로 상호작용할 수 있도록 계획(Planning) - 조직(Organizing) - 지휘(Commanding) - 조정(Coordinating) - 통제(Controlling)하는 것을 의미한다.
  - 계획 : 기업의 경영목표를 세우고, 투입될 자원들을 활용해 이를 달성하기 위한 최선의 방안을 찾는 활동
  - 조직 : 수립된 계획에 알맞게 자원을 배분하는 활동
  - 지휘 : 기업의 목표를 달성하기 위해 요구되는 업무를 잘 수행하도록 이끄는 활동
  - 조정 : 서로 협조가 잘되도록 조정과 연결을 수행하는 활동

- 통제 : 수행된 활동이 계획 혹은 설정한 목표달성에 부합하고 있는지를 감독 및 조사하는 활동
ⓒ 현대 경영의 4가지 요소
- 기업은 계획한 목표의 달성을 위해 기획, 인사, 재무, 생산, 마케팅 등의 다양한 기능을 수행하여야 한다.
- 경영 : 다양한 기능이 효율적으로 이루어질 수 있도록 계획(Planning) – 조직(Organizing) – 지휘(Leading) – 통제(Controlling)하는 연속적인 과정이다.
ⓔ 즉, 경영은 조직이 계획한 목표를 달성하기 위하여 인적·물적·지적자원을 효율적으로 계획 – 조직 – 지휘 – 통제하는 연속적인 과정으로 정의할 수 있다.

개념 PLUS

경영을 정의할 때, 통제(Controlling)는 평가(Evaluating)와 혼용되고 있다.
[경영 ⇒ 계획 – 조직 – 지휘 – 통제 = 계획 – 조직 – 지휘 – 평가]

② 특 징
㉠ 경영은 경영자가 주체가 되어 수행하는 활동이다.
- 계획 – 조직 – 지휘 – 통제하는 연속적인 활동의 주체는 경영자(Manager)이다.
- 경영자는 권한이나 의사결정권 혹은 경영권에 따라 다음의 3가지로 구분된다.

최고경영자(층)	• 기업에서 최고의 권한과 의사결정 및 경영권을 가지고 기업경영의 전반적인 책임을 가지고 있는 경영자(층)를 말한다. • CEO, 회장, 사장, 전무, 이사 등이 해당된다. • 외부환경의 변화 등과 같은 상황을 판단하는 능력이 중요시된다.
중간경영자(층)	• 최고경영자(층)가 결정한 기업의 목표와 계획을 일선경영자에게 전달하고 지휘하는 경영자(층)를 말한다. • 팀장, 부장, 과장 등이 해당된다. • 최고경영자(층)와 일선경영자(층)를 조율할 수 있는 대인관계 능력이 중요시된다.
일선경영자(층)	• 실무 담당자의 작업을 감독하고 조정하는 경영자(층)를 말한다. • 감독자, 대리 등이 해당된다. • 작업의 원활한 수행을 위한 전문적인 지식 등과 같은 현장실무 능력이 중요시된다.

㉡ 경영은 계획에서 수립된 조직의 목표달성을 위해 수행되는 활동이다.
- 기업의 경영목표는 크게 재무성과 중심의 경제적 목표와 비재무적 성과 중심의 사회적 목표가 있다. 물론 최근의 기업경영은 재무성과와 비재무적 성과를 동시에 추구하는 경영활동을 수행하고 있기는 하지만, 기업이 처한 상황에 따라 목표는 각각 다르며 매우 다양하게 나타난다.
- 따라서 경영은 기업이 상황에 따라 설정한 목표를 달성하기 위해 수행된다.
㉢ 경영의 구성요소들은 피드백(Feedback)이 작용하는 연속적인 활동이다.
- 경영의 구성요소들은 각각 독립되어 움직이지 않고 유기적으로 순환하는 구조이다.
- 경영시스템은 일반적으로 다음과 같이 구성된다.
  - 계획 → 조직 → 지휘 → 조정 → 통제
  - 계획 → 조직 → 지휘 → 통제(평가)
  - 계획(Plan) → 실행(Do) → 검토(See)

② 경영은 조직목표 달성을 위해 자원을 효율적으로 활용하는 활동이다.
- 기업의 자원에는 인적·지적·물적 자원이 있으며, 기업이 설정한 목표달성을 위해서는 자원을 효과적이고 효율적으로 분배하고 활용하여야 하는데, 경영은 자원이 목표달성을 위해 알맞게 사용될 수 있도록 하기 위해 수행된다.
  - 효과 : 목표를 달성했는지의 여부(성과)
  - 효율 : 목표를 달성하기 위해 투입된 자원의 양(투입 대비 산출)

(2) 경영활동

① 과정 측면에서의 경영활동 : 경영은 '계획 – 조직 – 지휘 – 통제(평가)'로 구성되는 것이 일반적이며, 각각 서로 다른 기능을 가지고 피드백 작용을 하며 순환되는 구조를 갖는다.

㉠ 계 획
- 경영의 첫 번째 기능이며, 기업목표의 선정과 달성 방법에 대한 방향성을 결정하게 되므로 가장 핵심적인 역할을 한다.
- 계획은 기업의 경영목표를 선정하고, 목표를 달성하기 위해 어떠한 방법 및 전략 등으로 수행할 것인지를 결정하는 기능을 한다.
- 계획을 명확히 수립하면 기업경영의 집중력과 신축성이 향상하게 된다.
  - 집중력 : 기업이 계획을 명확히 수립하여 집중력을 갖게 된다면 기업의 경영 시 무엇이 최선인지, 고객의 요구가 무엇인지, 요구를 만족시킬 수 있는 최선의 방안이 무엇인지에 대해 정확히 접근할 수 있다.
  - 신축성 : 기업이 계획을 명확히 수립하여 신축성을 갖게 된다면 빠르게 변화하는 경영환경에 빠르게 대처할 수 있고, 이를 통해 행동지향적이고 미래지향적인 경영을 수행할 수 있다.

> **개념 PLUS** 계획 설정을 위한 방법
> - 예측(Forecasting) : 변화하는 환경에 적시성 높게 대처하기 위해 미래에 어떠한 상황이 올 것인가에 대한 가정을 세워 실행하는 것
> - 상황 적합적 계획(Contingency Planning) : 특정 상황을 주시하는 것으로 기업이 처한 상황에 따라 가능하고 적절한 대안을 확인하는 것
> - 시나리오 계획(Scenario Planning) : 변화하는 환경에 대처하며 대안적인 시나리오를 설계하여 대응하는 것
> - 벤치마킹(Benchmarking) : 기업의 경쟁력 제고를 위해 다른 회사의 방식을 배워오는 것으로, 모방이 아닌 다른 기업의 경영사례를 분석하여 기업에 알맞게 적용하는 경영혁신방법

㉡ 조 직
- 경영의 두 번째 기능으로 계획화 단계에서 선정된 기업목표와 달성방법에 대한 방향성을 토대로 조직을 구성하고, 자원을 배분하는 활동을 한다.
- 계획에서 수립된 기업목표를 효과적이고 효율적으로 달성하기 위하여 어떻게 조직을 설계하고 어떠한 조직구조의 유형을 추구할 것인지 결정하며, 기업의 자원들을 어떻게 배분하고 조정할 것인지 선택하게 되는 기능을 수행한다.

    ⓒ 지 휘
        - 기업의 목표를 달성하기 위해 요구되는 업무를 구성원들이 잘 수행할 수 있도록 영향력을 행사하는 활동을 한다.
        - 구성원들의 원활한 업무수행을 위해 적절한 리더십을 발휘하고, 그들에게 어떻게 동기를 부여할 것인가를 결정하는 기능을 수행한다.
    ⓔ 통제(평가)
        - 성과를 측정하고, 실제적인 성과가 기업이 설정한 목표에 부합하고 있는가를 확인하는 활동이다.
        - 통제(평가)는 과업이 진행되는 기간 중에도 수행되며, 평가결과에 따라 바로 시정되거나 아니면 다음 계획수립을 위한 대책을 강구하기도 하는 기능을 수행한다.
② 업무측면에서의 경영활동
    ㉠ 인적자원관리 : 인적자원을 확보·개발·배치·유지·평가하는 것으로, 전반적인 인적자원의 관리에 관한 업무를 수행한다.
    ㉡ 재무관리 : 기업의 자본조달과 운용 및 자산과 부채를 관리하여 기업의 재무건전성을 확보하는 업무를 수행한다.
    ㉢ 생산관리 : 기업이 확보하고 있는 자원을 활용하여 고객이 만족할 수 있는 상품과 서비스를 창출하는 업무를 수행한다.
    ㉣ 마케팅관리 : 제품계획, 가격설정, 판매촉진, 광고 등과 관련된 업무 및 더 나아가 고객에게 기업이 제공하고자 하는 가치를 효율적으로 전달하고, 만족을 주기 위한 다양한 업무를 수행한다.
    ㉤ 품질관리 : 기업이 고객의 요구에 부응하는 품질의 제품을 생산하기 위해 총체적 업무를 수행한다.
③ 의사결정 측면에서의 경영활동
    ㉠ 전략적 의사결정
        - 최고경영자(층)의 의사결정
        - 기업 전체에 영향을 미칠 수 있는 의사결정
        - 기업의 장기목표 및 자원배분과 관련된 의사결정
    ㉡ 관리적 의사결정
        - 중간경영자(층)의 의사결정
        - 기업의 목표달성을 위한 자원의 획득과 연관된 의사결정
        - 기업의 목표달성을 위한 자원의 효과 및 효율적인 사용과 관련된 의사결정
    ㉢ 기능적 의사결정
        - 일선경영자(층)의 의사결정
        - 업무의 효과 및 효율적 수행을 위한 의사결정
④ 민츠버그(H. Mintzberg)의 경영자의 역할
    ㉠ 민츠버그는 경영자가 수행하는 역할을 살펴봄으로써 경영을 가장 잘 설명할 수 있다고 하였다.
    ㉡ 민츠버그가 정의한 경영자가 수행하는 세 가지 역할은 다음과 같다.
        - 대인관계 역할 : 대표자, 리더, 연락자
        - 정보관리 역할 : 청취자(정보 탐색자), 전파자(정보 보급자), 대변자

- 의사결정 역할 : 기업가, 분쟁조정자, 자원분배자, 교섭자
⑤ 의사결정 기법과 지원 시스템
  ㉠ 의사결정 기법
    - 대안분석표 : 대안이 너무 많아 우위를 가리기 힘든 경우 비교할 요소들과 가중치들을 나열해 놓고 예상되는 상황의 확률을 곱하여 기대치를 구한 후 합산한 총점을 계산해서 총괄표를 작성해 비교하는 방법
    - 의사결정나무 : 의사결정이 여러 단계를 거쳐 결정되어야 할 경우 각각의 단계에서 어떻게 결정되는가에 따라 다음 결정이 달라질 수 있기 때문에, 모든 결론별로 기대치를 계산 후 합산하여 의사결정에 반영하는 방법
    - 게임이론 : 경쟁 상태에 있는 기업이나 사람의 반응을 고려하여 의사결정에 반영하는 방법
    - 시뮬레이션 : 상황에 따른 가상 모형을 만들어 놓고 여러 경우의 수를 대입하여 사실과 유사한 결과를 얻음으로써 미래를 예측하여 의사결정을 하는 방법
    - 의사결정 매트릭스
      - 여러 대안을 평가할 때 각 대안이 다양한 평가 요소에서 어떤 점수를 받는지 시각적으로 보여주어 각 대안의 총점을 비교하여 최적의 결정을 내릴 수 있게 도와주는 평가도구
      - 격자 구조로, 세로축에 가능한 대안이나 해결책이 제시되고 가로축은 의사결정을 위한 카테고리, 매트릭스의 각 셀에는 대안이나 해결책에 대한 카테고리별 평가 결과가 기록됨
  ㉡ 의사결정 지원 시스템
    - 중역정보시스템(EIS ; Executive Information System) : 최고경영층의 전략적 기획과 각종 의사결정을 지원하기 위하여 경영활동의 필요한 정보를 제공하는 시스템으로, 주요 성공요인과 관련된 내·외부 정보를 사용하기 쉬운 화면으로 제공
    - 데이터 웨어하우스(Data Warehouse) : 정보(Data)와 창고(Warehouse)의 합성어로 조직 내 서로 다른 다양한 정보를 집계하고 통합하는 저장 시스템을 의미하며, 방대한 조직 내에서 분산·운영되는 수많은 데이터베이스를 통합한 보다 큰 데이터베이스로 효율적 의사결정 시스템을 위한 정보를 제공하는 역할을 함

2. 스포츠경영의 개념

(1) 스포츠경영

① 정 의

스포츠경영(Sport Management)을 학자마다 매우 다양하게 정의한다.

  ㉠ Parks & Zanger(1990) : 스포츠와 피트니스에 관련된 직업에서의 전문적인 노력
  ㉡ Mullin(1980) : 스포츠 또는 건강과 관련된 활동이나 관련 제품 및 서비스 제공을 주목적으로 하는 조직이 보유하고 있는 인적·물적 자원을 효율적으로 계획·조직·지휘·통제하는 일련의 과정
  ㉢ Chelladurai(1994) : 스포츠서비스의 생산과 마케팅을 위한 여러 가지 요소들의 협조적 결합

② 여러 학자들의 정의를 종합하면, 스포츠경영이란 스포츠와 연관된 재화 및 서비스를 생산·유통하는 조직이 목표를 효과적으로 달성하기 위하여, 스포츠경영자(층)가 인적·물적·지적자원을 효율적으로 계획·조직·지휘·조정·통제(평가)하는 일련의 연속적인 활동으로 정의할 수 있다.

(2) 구성요소
스포츠경영은 스포츠와 관련된 조직이 설정한 경영목표의 달성을 위해 다음과 같은 4가지의 구성요소가 존재한다.

① 전략(Strategy)
  ㉠ 스포츠조직이 설정한 목표달성을 위해 경영의 방향성을 제고한다.
  ㉡ 지속적인 경쟁우위를 창출하기 위해 전략경영은 반드시 필요하다.

② 사람(Human)
  ㉠ 기업경영은 사람에 의해 이루어지므로, 스포츠조직이 설정한 목표달성을 위해 반드시 사람이 필요하다.
  ㉡ 인적 자원은 자금·물자와 같은 물적 자원과 함께 경영활동의 중요 요소로, 물적 자원을 이용하여 경영활동을 이끌어가는 경영주체로서의 성격을 가진다.
  ㉢ 사람의 생산성은 조직의 목표달성 및 성과창출에 직접적인 영향을 미치므로, 이들을 채용하고 교육하거나 배치하는 등의 인적자원관리는 매우 중요하다.

③ 자본(Capital)
  ㉠ 기업경영에서 자본은 필수적 생산요소이므로, 스포츠조직의 경영에도 자본은 필수적인 요소가 된다.
  ㉡ 이에 스포츠조직의 자본조달은 스포츠조직의 지속가능한 경영에 영향을 미친다.

④ 정보(Information)
  ㉠ 스포츠조직의 경영환경은 매우 빠르게 변화하고 있으므로, 조직운영의 안정화를 위해서는 경영 및 환경과 관련된 정보를 지속적으로 탐색하고 그에 알맞은 대응책을 강구해야 한다.
  ㉡ 정보를 지속적으로 탐색하는 것은 스포츠조직이 다른 조직보다 경쟁우위를 확보하기 위한 중요한 수단이 된다.

(3) 스포츠경영자(층)

① 스포츠경영자(층)
  ㉠ 정의 : 스포츠경영의 주체로 스포츠경영을 실행하고 책임지는 사람을 의미한다.
  ㉡ 분류 : 스포츠경영자도 일반경영자와 마찬가지로 최고경영자(층), 중간경영자(층), 일선경영자(층)로 분류된다.

② 스포츠경영자의 자질
스포츠경영자의 자질에는 개념적, 인간관계적, 기술적 자질이 있으며 이 3가지의 자질은 모든 경영자에게 필요하나 각 계층별로 요구되는 경영자 자질의 중요성은 상대적으로 달라진다.
  ㉠ 최고경영자 : 개념적 자질(Conceptual Skill)이 중요
    • 추상적인 상황에 대해 생각하고 개념화할 수 있는 능력
    • 최고경영자라면 조직을 전체적으로 파악하면서 조직 내의 각 부문이 서로 어떤 연관이 있으며 한 부문에서의 변화가 조직전체에 어떤 영향을 미칠 것인가를 예측할 수 있어야 한다.

- 주어진 정보를 분석할 때에는 장기적이고 모든 분야를 동시에 고려하는 능력이 필요한데, 이러한 능력들은 최고경영자일수록 더 필요하다.
  ⓒ 중간경영자 : 인간관계적 자질(Human Skill)이 중요
  - 다른 사람을 이해하고, 동기를 부여하며, 함께 일하는 능력
  - 중간경영자는 최고경영자와 일선경영자를 연결하는 역할을 수행하므로, 구성원들과 원만한 관계를 유지하면서 그들의 사기를 북돋아 주고 서로 조정하며, 협조를 이끌어 내는 탁월한 인간관계능력이 가장 필수적이라 할 수 있다.
  ⓒ 일선경영자 : 기술적 자질(Technical Skill)이 중요
  - 특정분야에서 활동을 수행하는 데 필요한 기술과 지식을 활용하는 능력
  - 일선경영자가 과업 담당자에게 지시하고 충고, 감독하기 위해서는 실무기술이나 자기가 맡고 있는 전문분야의 업무에 능통해야 하므로, 일선경영자는 기술적 자질이 가장 필수적이다.

> **개념 PLUS** 스포츠경영자(층)의 자질과 의사결정
>
> - 최고경영자(층) : 전략적 의사결정 & 개념적 자질
> - 중간경영자(층) : 관리적 의사결정 & 인간관계적 자질
> - 일선경영자(층) : 기능적 의사결정 & 기술적 자질

02 스포츠경영환경

1. 스포츠경영환경

(1) 의의

① 개념
  ㉠ 경영환경 : 기업 활동과 직·간접적으로 관계를 맺고 있는 기업의 외부상황
  ㉡ 스포츠경영환경 : 스포츠와 관련된 재화나 서비스를 제공하는 조직의 경영활동에 직·간접적으로 영향을 미치는 모든 상황요인

② 스포츠경영환경의 유형
  ㉠ 일반환경(거시적 환경)
    - 사회 전체 모든 기업에 간접적·공통적으로 영향을 미치는 요인으로, 기업이 통제할 수 없음

- 일반환경 요인

정치·법률적 환경	정부의 규제 및 지원, 기업이 따라야 할 규범·규제·법, 각종 인허가 등
기술적 환경	• 정보기술(IT)의 발전(산업 전반의 업무 효율화 및 현대화) • 디지털, 네트워크, 인공지능, 자율주행기술 등
경제적 환경	• 재화·서비스의 생산 및 분배 관련한 지역·국가·국제적 상태 • 자본주의, 사회주의 같은 경제체제
사회·문화적 환경	• 사회 구성원에게 영향을 끼치는 집단, 문화·가치관, 전통, 관습 등 • 인구통계학적 특성(인구분포, 연령, 출생률, 사망률, 노년층의 비율, 직업, 소득 수준 등)

ⓒ 과업환경(미시적·구체적 환경)
- 경영활동에 직접적으로 영향을 미치는 산업환경(산업구조)
- 과업환경 요인

내부환경 요소	• 기업 내부에 존재하는 환경으로 기업의 전략적 환경 • 비전, 목표, 정책, 기업 자신의 핵심역량(인력, 자본, 기술력, 생산능력, 유통 등) 등
외부환경 요소	• 기업을 둘러싼 외부환경으로 기업 성장·생존에 직접적 영향을 미치는 환경 • 시장의 경쟁환경, 경쟁기업, 원료공급자, 마케팅 중간상, 고객, 협력업자, 정부규제(규제기관) 등

(2) 스포츠경영환경의 변화

스포츠의 경영환경은 매우 복잡하고 빠르게 변화하고 있으며, 스포츠경영환경의 빠른 변화를 주도하는 요인은 다음과 같다.

① 주 5일 근무제의 도입 및 확산
② 도시화 및 삶의 질 추구
③ 스포츠이벤트의 확산 및 발전
④ 스포츠산업의 발전
⑤ 프로스포츠의 발전
⑥ 생활체육의 확산
⑦ 스포츠경영의 글로벌화
⑧ 스포츠조직의 경쟁 심화
⑨ 월드컵, 올림픽 등 국제대회의 개최

2. 스포츠경영환경의 분석 : SWOT분석

(1) 의 의

① 경영자가 경영환경 분석을 분석 및 조사하기 위해서 사용할 수 있는 분석방법으로 기업의 강점(Strength), 약점(Weekness), 기회(Opportunity), 위협(Threat) 요인을 파악하고 이를 기초로 전략을 세우는 분석방법이다.
② 강점(S)과 기회(O)는 강화하고, 약점(W)과 위협(T)은 최소화하고자 하는 데 그 의의가 있다.
③ 분석 시 주의하여야 할 점은 강점(S)과 약점(W)은 조직내부의 상황에서 분석되어야 하고, 기회(O)와 위협(T)은 조직외부의 상황에서 분석되어야 한다는 점이다. 또한 상황을 예측하여 분석하면 안 된다.

(2) 스포츠경영환경 분석을 통한 전략

[SWOT 분석을 통한 전략]

구 분		기업 내부 환경	
		강점(Strength)	약점(Weakness)
기업 외부(시장) 환경	기회(Opportunity)	SO 전략 : Maxi-Maxi 전략	WO 전략 : Mini-Maxi 전략
	위협(Threat)	ST 전략 : Maxi-Mini 전략	WT 전략 : Mini-Mini 전략

강점(S), 약점(W), 기회(O), 위협(T) 요인을 분석한 후, 이들을 각각 하나씩 연결하면 다음과 같은 4가지의 전략이 도출될 수 있다.

① SO전략 : Maxi-Maxi 전략
  ㉠ 우리의 강점을 가지고 시장의 기회를 최대로 활용하려면 어떻게 해야 하는가?
  ㉡ 시장의 기회를 활용하기 위해 강점을 사용하는 전략을 선택
  ㉢ 공격적 전략(사업구조 · 사업영역 · 사업포트폴리오 · 시장 확대)

② ST전략 : Maxi-Mini 전략
  ㉠ 우리의 강점을 가지고 시장의 위협을 어떻게 최소화하여야 하는가?
  ㉡ 시장의 위협을 회피하기 위해 강점을 사용하는 전략을 선택
  ㉢ 다각화 전략(신사업진출, 신제품 및 신기술 개발, 신고객 창출)

③ WO전략 : Mini-Maxi 전략
  ㉠ 시장이 주는 기회에도 불구하고 우리가 하기 힘든 것과 하지 말아야 할 것은 무엇인가?
  ㉡ 약점을 극복함으로써 시장의 기회를 활용하는 전략 선택
  ㉢ 전략적 제휴전략(혁신, 구조조정)

④ WT전략 : Mini-Mini 전략
  ㉠ 위협요소가 우리에게 미치는 영향을 막으려면 어떤 약점을 시급히 개선해야 하는가?
  ㉡ 시장의 위협을 회피하고 약점을 최소화하는 전략을 선택
  ㉢ 방어전략(원가절감, 사업 축소 · 철수전략)

CHAPTER 02 스포츠경영전략

■ 학습목표
본 장에서는 스포츠경영전략을 이해하기 위한 전략과 전술, 비전 및 사업구조분석, 성장 및 경쟁전략, 산업구조분석에 대해 살펴볼 것이다. 스포츠경영전략 부분은 스포츠경영관리사의 스포츠경영파트에서 매회 약 5~10문제 정도 출제되고 있고, 특히 실기문제로도 다수 출제되고 있으므로 내용을 반드시 숙지해야 한다.

■ Check
☐ 스포츠경영의 전략에 대해 숙지한다.
☐ 사업구조분석에 대한 내용과 전략에 대한 내용을 숙지한다.
☐ 산업구조를 결정하는 다섯 가지 결정요인과 본원적 경쟁전략에 대한 내용을 숙지한다.

01 전략과 경영전략

1. 전략과 전술, 그리고 비전의 개념

(1) 전략(Strategy) : 장기적이고 근본적인 계획

① 미래에 대한 큰 그림을 그리고, 현재의 상황보다 나은 상태로 이끄는 방향이 무엇인지를 제시하는 일련의 계획으로 볼 수 있다.
② 전략의 핵심은 방향을 정해 놓고, 그 방향에 따라 활동의 초점을 맞추는 것이다. 즉, 전략은 전술의 방향성을 알려주는 나침반의 역할을 한다.
③ 전략은 기업이 달성하려는 목표와 기업 활동의 기본방침을 연결해주는 역할을 한다.

(2) 전술(Tactic) : 단기적이고 일상적인 활동

① 전술에는 행위, 목적, 일정, 결과의 구성요소가 있다.
② 전술은 전략을 추구해야 한다.

(3) 비전(Vision)

전략과 전술을 합한 것으로, 전략과 전술을 통해 달성하려는 미래의 어떤 상태를 의미한다. 즉, 전략하에 전술을 수행하여 도달하고자 하는 것이다.

2. 전략수립 시 고려하여야 하는 요소

(1) 비전과 목표의 명확화
① 전략수립의 목표가 되는 것은 다양할 수 있는데, 기업의 입장에서는 기업의 사명과 비전으로 볼 수 있고, 부서별로는 할당 목표가 될 수 있다.
② 전략을 세우기 전에 추구해야 할 궁극적인 목표를 명확히 해야 전략수립이 쉽고 효율적일 수 있다.

(2) 외부 환경분석
기업의 경우 수요·공급의 전망, 경쟁사의 위치, 자원의 공급상황, 법적 규제 등 기업이 설정한 목표를 추진해 나가는 데 영향을 미칠 수 있는 모든 요소들의 상태와 전망을 미리 살펴봐야 한다.

(3) 기회와 위협분석
어떤 방법으로 기회를 활용하고 위협을 최소화할 것인지를 파악하는 것은 위험의 요소를 최소화하는 데 효과적이다.

(4) 내부 자원분석
기업이 가지고 있는 핵심 역량은 무엇이며, 강점은 무엇이고 보완해야 할 단점은 무엇인가를 파악하여, 전략이 추구하여야 하는 실천방안을 제시할 수 있으므로 중요하다.

3. 경영전략

(1) 정 의
① 설정한 장기적인 목표를 달성하기 위해 자원을 전략적으로 배분하는 활동을 말한다.
② 기업을 경영할 때 무조건 시작하는 것이 아니라 장기적인 목표를 세우고 그것을 달성하기 위해 각종 정책들을 수립하며, 이를 통해 자원을 효율적으로 배분하고 추진하여 경쟁적 우위를 선점하기 위한 경영활동을 의미한다.

(2) 경영전략의 수준
① 기업 전략(Corporate Strategy)
  ㉠ 기업 전체 수준에서 이루어지는 전사적 전략으로, 일반적으로 최고경영자 계층에서 수립한다.
  ㉡ 기업의 사명 정의, 사업·기능 수준에서 제시되는 제안 검토, 관련 사업과의 연계성 발견, 전략적 우선순위에 의한 자원할당 등을 결정한다.
② 사업부 전략(Business Strategy)
  ㉠ 사업부 수준에서 이루어지는 전략으로, 일반적으로 중간경영자 계층에서 수립한다.
  ㉡ 개별사업단위 목표 달성을 위해 사업의 장기적 경쟁우위를 구축하는 과정으로, 각 사업단위 내에서 경쟁우위를 확고히 하는 데 필요한 모든 활동을 다룬다.
③ 기능별 전략(Functional Strategy)
  ㉠ 기능 수준에서 이루어지는 전략으로, 일반적으로 일선경영자 계층에서 수립한다.

ⓒ 경쟁우위를 유지하고 사업부 전략을 실행하기 쉽도록 각 기능조직단위로 실행할 전략을 규정하고 구체화하는 핵심적인 작업을 다룬다.
ⓒ 인사, R&D, 재무관리, 생산, 마케팅 등 기능별 조직에서 제품기획, 영업활동, 자금조달 등 세부적 수행방법을 결정한다.

02 경영전략의 실제

1. 사업구조분석 : BCG 매트릭스

(1) 사업구조분석
① 사업구조는 기업이나 조직이 전개하고 있는 다양한 사업들의 구성형태를 의미한다.
② 일반적으로 기업이나 조직이 전개하는 사업은 단일 사업의 형태가 아니므로 각각의 사업부별 환경을 분석하여 전략을 개발하거나 최적의 투자방법을 결정하게 되는데, 이때 사용하는 분석기법이 사업구조분석이다.
③ 즉, 각 사업부들의 성과를 중심으로 위치를 파악함으로써, 어떠한 사업부를 유지하고 철수할 것인지 혹은 새로운 사업을 구축할 것인지 결정하는 데 사용되는 분석기법이다.

(2) BCG 매트릭스
① BCG 매트릭스는 Boston Consulting Group에서 개발한 포트폴리오(Portfolio) 전략 모형으로, 사업의 조합이 적절한지에 대한 의문을 해소하기 위한 것이다. 한 기업이 취급하는 여러 개의 제품 혹은 사업들의 상황이 모두 다르기 때문에, 모든 제품 혹은 사업에 대하여 여러 전략을 고루 분산하기 위해 사용한다.
② BCG 매트릭스는 사업의 경쟁력을 평가하거나 사업의 구조조정을 모색할 때 사용된다. 이 전략은 핵심적인 두 요소인 시장성장률로 나타나는 시장매력도와 상대적 시장점유율로 나타나는 경쟁능력을 통해 각 사업단위가 포트폴리오에서 차지하는 위치를 파악하고, 기업의 현금흐름을 균형화하는 데 그 의의가 있다.

> **개념 PLUS**
>
> **시장성장률**
> - 특정 시장에서 상품이나 서비스 등의 판매 증가율
> - 1년을 기준으로 시장에서 발생한 전년도의 전체 판매액과 기준 연도의 판매액을 비교하여 그 차이를 비율(%)로 나타내는 것
>
> **시장점유율**
> - 전체 시장 규모에서 특정 기업 혹은 브랜드가 차지하는 비율
> - 기업 혹은 브랜드의 판매액을 특정 시장에서의 전체 판매액으로 나눈 값

③ BCG 매트릭스의 4가지 영역

[BCG의 포트폴리오 전략]

㉠ 별(Star) 사업부
- 높은 시장점유율과 높은 시장성장률을 갖는다.
- 현금을 많이 소비할 뿐 아니라 많이 창출하기도 한다.
- 기업의 향후 주력 사업부문으로 성장한다.
- 기업이 집중 투자하는 사업부에 해당한다.
- 경쟁이 점차 심해지므로 경쟁력 있는 전략을 만들어 궁극적으로 Cash Cow의 상황으로 이끌어 가는 전략이 필요하다.
- 유지전략, 증대전략

㉡ 현금젖소(Cash Cow) 사업부
- 낮은 시장성장률과 높은 시장점유율을 갖는다.
- 견고한 시장 기반을 바탕으로 많은 현금을 창출하여 다른 사업부에게 여유자금을 제공한다.
- 저성장 시장에서는 판매나 시장점유율을 더 이상 증진하기 어렵기 때문에 이 사업에는 더 이상 투자를 하지 말아야 한다.
- 기업의 전략상 가장 유리한 위치이다.
- 유지전략

㉢ 물음표(Question Mark) 사업부
- 낮은 시장점유율과 높은 시장성장률을 갖는다.
- 시장잠재력은 높은 편이나 시장점유율을 높이기 위해서는 많은 자원이 필요하다.
- 기존의 포트폴리오로부터 철수하거나 아니면 여기서의 판매나 시장점유율을 증진하기 위한 노력을 강화해야 한다.
- 증대전략, 수확전략, 철수전략

㉣ 개(Dog) 사업부
- 낮은 시장점유율과 낮은 시장성장률을 갖는다.
- 약한 시장위치로 인해 현금창출과 시장점유율 증진이 어렵다.
- 마이너스의 현금흐름을 가져오므로 기업의 포트폴리오에서 제거하는 것이 바람직하다.

• 철수전략, 수확전략

④ BCG 매트릭스에서 적용될 수 있는 4가지 전략

　㉠ 유지전략 : 현재 시장 점유율을 유지하는 전략(투자 유지)

　㉡ 증대전략 : 시장점유율을 높이는 전략(투자 확대)

　㉢ 수확전략 : 추가 투자 없이 수확을 통해 점차 비중을 낮추는 전략(사업단위의 단기 현금흐름 확대)

　㉣ 철수전략 : 경쟁력이 없거나 전망이 어두운 사업체의 매각, 처분

(3) GE 매트릭스

① GE 매트릭스는 BCG 매트릭스의 한계(사업구조에 영향을 줄 수 있는 다양한 요인을 배제한 채 시장점유율과 시장성장률의 단 2가지만을 고려하여 평가하고 있다는 것)를 보완한 것이다.

② GE 매트릭스는 시장매력도(산업매력도)와 개별산업단위의 강점(사업경쟁력)의 2가지 차원에서 전략사업단위를 평가하는 방법이다.

③ 이때 이 2가지 차원은 여러 영향 요인들을 종합적으로 고려하여 평가하기 때문에, BCG 매트릭스의 한계점을 보완한 더욱 발전된 기법이라 할 수 있다.

④ 2가지 차원의 영향요인은 다음과 같다.

　㉠ 시장매력도(산업매력도)

　　→ 시장규모, 성장률, 수익률, 경기변동에 대한 민감성, 해외시장의 중요성 및 인플레이션의 가능성, 자본소요, 정부정책 등에 의해 결정

　㉡ 개별산업단위의 강점(사업경쟁력)

　　→ 품질, 기술, 비용측면에서의 경쟁우위, 상대적 수익률, 유통망, 경영·관리능력 등에 의해 결정

⑤ GE 매트릭스의 전략은 다음과 같다.

시장매력도	고	중	저
고	A	A	B
중	A	B	C
저	B	C	C

　　　　　　　　　　고　　중　　저　　개별산업단위의 강점

[GE 매트릭스]

　㉠ A영역 : 바람직한 영역으로 투자(Invest) 전략이 필요

　㉡ B영역 : 불확실한 영역으로 유지(Hold) 전략이 필요

　㉢ C영역 : 바람직하지 못한 영역으로 수확(Harvest) 및 철수(Divest) 전략이 필요

2. 기업 성장전략

(1) 앤소프(Ansoff)의 성장벡터 모델

① 새로운 시장기회를 포착하기 위해 시장을 기존의 시장과 새로운 시장, 제품을 기존의 제품과 새로운 제품으로 분류해 놓고 전략을 수립하는 방법이다.
② 제품·시장 매트릭스 전략이라고도 한다.
③ 앤소프의 성장벡터 분류

구분		시장	
		기존시장	신시장
제품	기존제품	시장침투전략	시장개발전략
	신제품	제품개발전략	다각화전략

㉠ 시장침투전략(Market Penetration Strategy) : 기존의 시장에 자사의 제품을 가지고 접근하여 점유율을 증대하고자 하는 전략
㉡ 제품개발전략(Product Development Strategy) : 기존의 시장에 신제품을 개발하고 출시함으로써 점유율을 증대하고자 하는 전략
㉢ 시장개발전략(Market Development Strategy) : 자사의 기존제품을 가지고 새로운 시장을 개척하고자 하는 전략
㉣ 다각화 전략(Diversification Strategy) : 현재의 사업과 직접적인 관련이 없는 다른 분야로 진출하여 새로운 성장기회를 발견하는 전략

(2) 본원적 경쟁전략

① 포터의 본원적 경쟁전략은 기업이 경쟁지위를 향상함으로써 경쟁사와 비교하여 우수한 사업성과를 지속적으로 유지하기 위한 추진 전략이다.
② 본원적 경쟁전략에는 비용우위전략, 차별화전략, 집중화전략이 있다.
  ㉠ 비용우위전략
   • 원가우위전략이라고도 하며, 경쟁사 제품과 품질이나 인지도가 비슷하다면 판매가격을 최대한 낮추는 전략이다.
   • 비용우위전략의 원천에는 경험효과, 규모의 경제, 생산시설 활용도, 경비에 대한 통제 등이 있다.
  ㉡ 차별화전략
   • 제품가격은 다소 비싸도 경쟁사의 제품이나 서비스보다 우위에 있을 수 있도록 차별화하는 전략이다.
   • 상표 충성도가 낮고 가격에 비탄력적인 경우 차별화전략이 유리하다.
   • 차별화 전략(차별화 우위)의 원천으로는 제품의 독특한 특성 및 가치, 특별한 포지셔닝, 사회적·심리적 특성, 인터넷을 통한 독특한 소비자 경험제공 등이 있다.
  ㉢ 집중화전략
   • 가격이나 품질을 높이는 전략을 세우되, 산업 전체나 고객 전체를 상대로 하는 것이 아니라 한정된 산업의 특정 부분(특수 시장, 특수 지역, 특수 고객 등)에 집중하는 것이다.

- 원가(비용) 우위를 추구하는 원가집중화 혹은 목표로 하는 세분화된 산업에서 차별화를 추구하는 차별적 집중화를 수행한다.
③ 산업 전체를 대상으로 하였을 때는 비용우위전략, 차별화 전략 2가지 전략이 존재하고, 산업의 특정 부분을 경쟁 범위로 제한하였을 경우 비용 우위 집중화전략과 차별적 집중화전략이 존재한다.

3. 내·외부 환경요소분석

(1) 산업구조분석

① 산업구조분석은 포터의 다섯 가지 경쟁요인 분석(Five Force Analysis)이 대표적으로 알려져 있다. 다섯 가지 경쟁요인 분석은 다섯 가지의 경쟁세력들이 그 산업의 경쟁정도를 결정하며, 이러한 세력들의 총체적인 힘이 그 산업에서 기대할 수 있는 궁극적인 이윤잠재력을 결정한다는 모형이다.
② 다섯 가지 경쟁요인 분석은 신규 진입의 위협, 기존 기업 간 경쟁관계의 강도, 대체재의 위협, 구매자의 교섭력, 공급자의 교섭력으로 구성되어 있다.

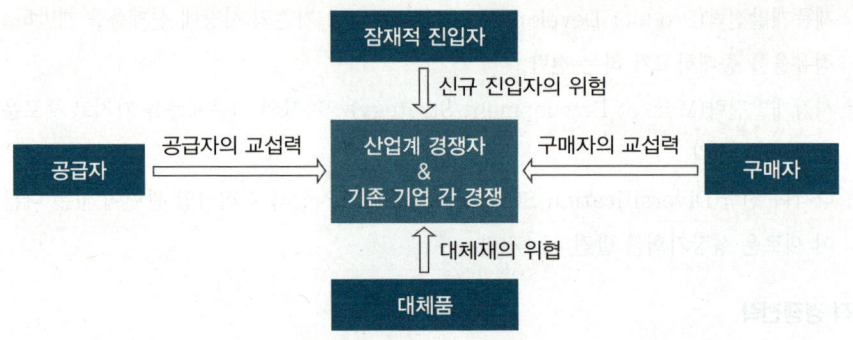

[포터의 다섯 가지 경쟁요인]

㉠ 신규 진입자의 위협
- 신규 진입자가 있을 가능성이 어느 정도냐에 따라서 경쟁상태가 결정된다는 것으로, 진입장벽이 낮을수록 기존 기업에 대한 위협이 커지고 진입장벽이 높을수록 후발주자가 산업에 진출하기 힘들어진다.
- 진입장벽의 종류
  - 규모의 경제 장벽 : 기존업체가 생산규모에 의한 원가우위를 점유하고 있는 경우, 후발업체의 진입이 어려워진다.
  - 제품차별화 장벽 : 기존에 진출한 제품이 높은 인지도를 가지고 있는 경우, 후발업체의 진입이 어려워진다.
  - 자본 장벽 : 자본의 규모가 너무 큰 경우, 후발업체의 진입이 어려워진다.
  - 정부정책 장벽 : 규모 경제의 실현을 위해 정부가 경쟁업체의 숫자를 제한하는 경우, 후발업체의 진입이 어려워진다.

ⓛ 구매자의 교섭력
- 구매자의 교섭력이 강해질 경우 가격을 낮추고 공급자로부터 이익을 빼앗을 수 있어 산업의 매력은 하락한다.
- 구매자의 교섭력이 강해지는 경우
  - 구매자의 구매량이 많은 경우
  - 부가가치가 낮은 제품을 구매하는 경우
  - 구매자의 부가가치가 높은 경우
ⓒ 공급자의 교섭력
- 공급자의 교섭력이 강해질 경우 기업의 원가부담이 증가하여 이윤이 감소하므로 산업의 매력은 하락한다.
- 공급자의 교섭력이 강해지는 경우
  - 제품을 취급하는 경쟁사의 숫자가 적은 경우
  - 공급자의 제품 수요가 높은 경우
  - 타 제품으로 대체가 되지 않는 경우
ⓔ 대체제의 위협 : 현 상품보다 경쟁력이 좋아 대체할 수 있는 제품이 많을수록 산업의 매력은 하락한다.
ⓜ 기존 기업 간 경쟁관계의 강도
- 진출하고자 하는 산업 내 경쟁이 높을수록 산업의 매력도는 하락한다.
- 앞서 제시한 4가지의 경쟁요인이 산업 내 경쟁관계의 강도에 영향을 미친다.

(2) 본원적 경쟁전략

> **개념 PLUS** 빅리그에서 스타 플레이어에게 고액 연봉을 지불하는 이유
> - 스타 플레이어의 대체제가 없다.
> - 스타 플레이어로 인해 규모의 경제가 실현된다.
> - 스타 플레이어가 팀 수입에 기여하는 한계수입생산(생산요소 1단위 추가 시 총수입의 증가분)이 높다.

(2) 내부적 환경요소 분석 : 가치사슬분석

① 개념
  ㉠ 포터(M. Porter)가 제시한 가치사슬분석(Value Chain Model)은 기업의 업무 프로세스 관점에서 내부자원을 분석하는 기법이다.
  ㉡ 기업의 강점·약점을 파악하여 경쟁기업에 대해 차별화를 이루는 것이 목적이다.
  ㉢ 기업의 가치는 주활동과 보조활동의 가치창출 활동에 의해 결정된다고 본다.
② 가치사슬분석의 가치창출활동 구분
  ㉠ 주활동(Primary Activities ; 본원적 활동)
    - 부가가치를 직접 창출하는 부분
    - 제품의 생산·제조, 운송, 마케팅·영업, 운영, 판매, 물류, 입출고, 서비스 등과 같은 현장 업무 활동

- 마이클 포터가 제시한 주활동
  - 입고(Inbound Logistics) : 접수, 보관, 재고관리, 수송계획 포함
  - 운영(Operations) : 가공, 포장, 조립, 장비유지, 검사와 같은 생산 및 처리 과정
  - 출고(Outbound Logistics) : 창고관리, 주문실행, 배송, 유통관리 등
  - 마케팅(Marketing & Sales) : 가격 결정, 광고, 프로모션, 채널 선택, 판매, 소매 관리 등
  - 서비스(Service) : 고객지원, 수리, 설치, 부품관리 등 제품 가치 유지·강화 활동
- ⓒ 보조활동(Support Activities ; 지원활동)
  - 부가가치가 창출될 수 있도록 간접적인 역할을 하는 부분
  - 구매, 기술개발, 경영혁신, 인사(인적자원관리), 조달활동, 기업하부구조(재무·기획), 전산정보, 회계 등 현장 활동을 지원하는 제반업무
  - 마이클 포터가 제시한 지원활동
    - 인프라(Firm Infrastructure) : 일반관리, 기획관리, 법, 재무, 회계, 공무, 품질관리 등
    - 인적자원관리(Human Resource Management) : 직원 및 관리자의 보충, 자기계발(교육), 보유 및 보상 등
    - 기술개발(Technology Development) : 연구개발, 프로세스 자동화, 설계, 재설계 등
    - 조달 프로세스(Procurement) : 원료, 서비스, 예비부품, 건물, 기계 등

> **개념 PLUS** 경기장 사업의 가치사슬분석
> - 관람객과 초대손님의 수가 경기장 광고의 가격을 결정한다.
> - 경기장의 장기 입주자인 프로구단의 명성은 경기장사업의 가치를 결정하는 주요 요인이 될 수 있다.
> - 매점사업자가 사업권의 구매가격을 결정할 때 가장 중요시하는 요인은 경기장을 찾는 스포츠팬의 규모이다.

4. 시장대응을 위한 기업 전략

(1) 마일즈(R. Miles)와 스노우(C. Snow)의 환경적합적 대응전략

① 공격형 전략
  ㉠ 신제품 및 새로운 시장기회를 적극적으로 포착·개척하는 전략이다.
  ㉡ 새로운 고객의 욕구를 파악함으로써 고객이 원하는 바를 신속하게 충족하는 전략이다.
② 방어형 전략
  ㉠ 기존 시장에서 구축된 포지션 유지를 위해 환경변화에 신중한 태도로 대응하는 전략이다.
  ㉡ 기존에 존재하는 제품의 저가 혹은 고품질로 고객을 충족하는 전략이다.
③ 분석형 전략
  ㉠ 공격형 전략과 방어형 전략을 결합한 전략이다.
  ㉡ 관찰을 통해 성공 가능성이 보일 경우 신속하게 진입하고 마케팅상 이점을 살려서 경쟁하는 전략이다.

④ 반응형 전략
  ㉠ 제품 및 시장에 대한 일관된 시각이 없고 명확한 전략이 부재하며, 즉흥적으로 경쟁전략을 수립하는 것이다.
  ㉡ 환경 변화의 압박이 높을 때만 대응한다.

> **개념 PLUS** 단일사업 기업
> - 기업의 매출액 구성이 하나의 제품으로 구성된 기업으로 하나의 사업에 집중함으로써 하나의 영역에서 성공적으로 경쟁할 수 있는 장점이 있는 경영형태이다.
> - 장점 : 경쟁우위 축적과 자원과 에너지를 집중하는 데 용이하다.
> - 단점 : 하나의 사업 선택으로 인해 포기해야 하는 기회비용이 높으며, 산업 성장 둔화 시 높은 위험을 수반한다.

(2) 스포츠 비즈니스 전략
① 전략적 제휴 : 경쟁관계에 있는 기업들이 각자 독립성을 가지고 특정 분야에 대한 지속적인 협력관계를 위한 제휴를 맺어 기업 간의 상호 보완적인 제품, 시설, 기능, 기술을 공유하는 전략이다.
② 아웃소싱 : 자사의 핵심역량에 집중하면서 비핵심적이고 반복적인 프로세스를 분사 또는 외주 등의 방법을 통해 기업가치를 제고하는 전략이다.
③ 기업계열화 : 시장지배력 강화나 비용 절감, 생산성 향상 등을 목적으로 한 기업이 다른 기업과의 결합을 통해 사업을 협력하거나 지배하는 전략이다.
④ 기업전문화 : 기업이 자신의 핵심 역량에 집중하여 경쟁력을 확보하는 전략이다.

(3) 기업경쟁력 강화를 위한 경영혁신 기법
① 리스트럭처링(Restructuring) : 경영 상태 개선을 위해 구조조정 혹은 사업을 재구축하여 기업의 존속과 발전을 도모하기 위한 경영 기법이다.
② 리엔지니어링(Reengineering) : 기업의 체질 및 구조와 경영방식을 근본적으로 재설계하여 경쟁력을 확보하는 것이다.
③ 다운사이징(Downsizing) 기업 효율성 향상을 위해 의도적으로 기업 내 인력, 계층, 작업, 직무, 부서 등의 규모를 축소하는 일종의 구조조정이다.
④ 6시그마(6-Sigma) : 100만 개의 제품 중 3~4개의 불량만을 허용하는 품질혁신 기법이다.
⑤ 벤치마킹(Benchmarking) : 경쟁력 제고를 위해 타사의 장·단점을 분석하여 배우는 경영혁신 기법이다.
⑥ 컨커런트 엔지니어링(Concurrent Engineering) : 제품 디자인에서 생산에 이르기까지의 각 과정 설계 작업을 동시에 수행하여 생산 리드 타임을 획기적으로 단축하는 기법이다.

CHAPTER 03 스포츠경영관리

■ **학습목표**
본 장에서는 스포츠경영관리를 이해하기 위한 스포츠조직설계 및 인적자원관리에 대해 살펴볼 것이다. 스포츠경영관리 부분은 스포츠경영관리사의 스포츠경영파트에서 매회 약 5문제 이상 출제되며, 특히 실기문제로도 다수 출제되고 있으므로 내용을 반드시 숙지해야 한다.

■ **Check**
☐ 스포츠조직설계의 구성요소에 대한 내용을 숙지한다.
☐ 스포츠조직구조의 종류와 특성을 숙지한다.
☐ 스포츠조직의 인적자원관리 요소에 대해 숙지한다.
☐ 리더십에 관한 이론을 숙지한다.

01 스포츠조직설계 및 구조

1. 스포츠조직에 대한 이해

(1) 조직의 개념
① 정 의
  ㉠ Robbins(1990) : 조직이란 공동의 목표와 목표수립을 완수하기 위해 비교적 지속적으로 기능하는, 비교적 명확한 경계를 가지고 있는 의도적으로 조정된 사회적 집합체이다.
  ㉡ Robbins(1997) : 조직이란 공동의 목표를 실행하고 공식적인 역할을 수행하는 두 사람 이상의 시스템적인 장치이다.
  ㉢ Rue & Byars(1992) : 목표달성을 위해 일련의 계획적 혹은 조정적 노력에서 협력하는 사람들의 집단이다.
② 조직에 필요한 필수적인 4가지 요소
  ㉠ 두 명 이상의 인원
  ㉡ 구성원들의 전문적인 기여
  ㉢ 전문적인 기능들 간의 조정
  ㉣ 공동의 목표

(2) 스포츠조직의 개념

① 정 의

Daft(1989)와 Robbins(1990)은 스포츠조직은 스포츠산업에 관련되며, 의도적으로 구성된 활동시스템과 비교적 파악이 가능한 경계를 갖추고 있는 목표지향적 사회기관으로 정의하였다.

② 스포츠조직에 필요한 필수적인 5가지 요소

  ㉠ 사회기관(사회적 존재)
  ㉡ 스포츠산업에 관여
  ㉢ 목표지향
  ㉣ 의도적으로 구성된 활동시스템(구조적 활동체계)
  ㉤ 명확한 경계(구분가능)

(3) 스포츠조직을 바라보는 시각

① 기계장치로서의 스포츠조직

  ㉠ 조직을 기계장치로 보는 가장 보편적인 시각이다.
  ㉡ 즉, 조직을 상호 협력하는 여러 부분들로 구성된 기계장치로 보는 것이다.

② 유기체로서의 스포츠조직

  ㉠ 조직을 살아있는 유기체로 간주하는 시각으로, 개방체계적인 접근방식이다.
  ㉡ 조직의 욕구와 환경과의 상호관계를 이해하고 관리하는 방식에 초점을 둔다.

③ 두뇌로서의 스포츠조직

  ㉠ 조직을 인간의 두뇌처럼 간주하는 시각으로, 조직은 지속적으로 학습하는 능력이 있다는 것을 강조한다.
  ㉡ 스포츠조직은 조직내부와 외부, 그리고 과업 환경과 일반 환경으로부터 끊임없이 방대한 정보를 습득하므로, 스포츠조직은 정보시스템의 향상을 통해 습득한 정보의 처리와 통제가 필요하다.

④ 문화로서의 스포츠조직

  ㉠ 조직을 하나의 문화현상으로 바라보는 시각이다.
  ㉡ 조직은 특유의 신념과 행동양식을 가지고 있으며, 조직에게 공유된 문화적 체계에 근거하여 운영된다.

⑤ 정치체계로서의 스포츠조직

  ㉠ 조직을 정치적 관점에서 평가하는 시각이다.
  ㉡ 조직 내 이해관계·갈등 조정·권력행사의 과정에 주목한다.
  ㉢ 이 관점은 스포츠조직이 일반적인 조직보다 정치적 성향을 더 강하게 띤다고 본다.

⑥ 지배도구로서의 스포츠조직

  ㉠ 조직생활에 잠재되어 있는 착취적인 측면에 초점을 두는 시각이다.
  ㉡ 조직이 수행하는 합리적 행위가 지니고 있는 이중적 속성에 주목한다.

(4) 스포츠조직 이론 유형

구 분		조직에 대한 관점	
		폐쇄적	개방적
인간에 대한 관점	합리적	폐쇄합리적 조직이론	개방합리적 조직이론
	사회적	폐쇄사회적 조직이론	개방사회적 조직이론

① 폐쇄합리적 조직이론
  ㉠ 조직을 외부 환경과 관계없는 폐쇄체계로 파악하며, 조직 구성원이 합리적으로 사고하고 행동하는 것으로 파악한다.
  ㉡ 조직구조의 복잡성, 조직구성원의 참여 등을 강조하여 공식적 구조에 관심을 가진다.
② 폐쇄사회적 조직이론
  ㉠ 조직을 외부 환경과 관계없는 폐쇄체계로 파악하나 조직원들의 인간적인 측면을 수용한다.
  ㉡ 인간관계, 리더십, 커뮤니케이션 등 비공식적 구조에 관심을 가지고 조직 구성원들의 사기를 생산성과 연결한다.
③ 개방합리적 조직이론
  ㉠ 조직을 외부 환경과 연결된 개방체계로 파악하며, 조직 구성원이 합리적으로 사고·행동한다고 판단한다.
  ㉡ 조직은 환경에 개방적인 존재이므로 생존을 위해 환경과 관계를 유지해야 한다는 시스템적 조직이론 접근법이다.
  ㉢ 챈들러는 '구조는 전략을 따른다'는 명제를 제시하였다.
④ 개방사회적 조직이론 : 조직을 외부 환경과 연결된 개방체계로 판단하며, 조직 구성원의 비합리성·비공식성 등이 수용된다.

2. 스포츠조직의 조직설계

(1) 스포츠조직설계

① 정 의
  ㉠ 스포츠조직의 목표를 달성하기 위해 스포츠조직구조를 구축하는 일련의 활동을 말한다.
  ㉡ 조직구성요소들 간의 상호관계를 의식적이고 의도적으로 형성 및 확립하는 것이다.
② 조직설계의 기본 원칙
  ㉠ 과업 : 조직의 목표달성을 위해 수행해야 하는 일의 집합을 의미한다.
  ㉡ 분화 : 전체과업을 더 작은 과업단위로 세분화하는 것을 의미한다.
  ㉢ 부문화 : 경영수행의 효율성을 위해 업무의 성격이 유사한 것끼리 하나의 단위로 묶는 것을 의미하며, 이때 과업과 관련하여 형성된 사람들의 집단을 '부' 또는 '과'라 한다.

(2) 스포츠조직구조

① 정의 : 스포츠조직을 구성하는 구성체들 간에 확립된 관계를 의미한다.

② 스포츠조직구조의 형성과 관련된 기초요인

㉠ 직위(Position) : 조직의 구성원이 조직 내에서 수행하여야 하는 직무와 책임이 관련된 자리

㉡ 지위(Status) : 조직 내에서 차지하는 직위의 위치, 즉 서열에 대한 가치를 부여한 것

㉢ 역할(Role) : 조직 내에서 일정한 직위와 지위를 가진 구성원이 수행하여야 하는 일 혹은 내용

㉣ 권력(Power) : 조직 내 구성원이 타인을 자신의 뜻대로 움직이거나 지배할 수 있는 힘 혹은 능력

㉤ 권위(Authority) : 정당한 권력을 행사할 수 있는 힘 혹은 능력

③ 스포츠조직구조의 구성요소

㉠ 복잡성(Complexity)
- 조직 내에 존재하는 분화의 정도
- 수평적 분화 : 조직이 수행하는 업무를 구성원들이 수평적으로 나누어 수행하는 양태를 의미하며, 부문화와 직무의 전문화로 구분된다.
- 수직적 분화 : 과업의 분화가 상하관계를 토대로 이루어지는 것으로 위계 또는 계층이라고 하며, 과업이 수직적으로 분화할수록 조직의 계층 수가 증가하므로 조직이 더욱 복잡해진다.
- 지역적 분화 : 조직의 인력, 시설 등과 같은 자원이 지역적으로 분산되어 있는 정도를 말한다.

㉡ 공식화(Formalization) : 조직 내의 직무가 표준화되어 있는 정도로, 조직구성원들에게 주어진 직무를 언제, 무엇을 어떻게 해야 하는지를 규정 혹은 명시하는 것을 의미한다.
- 명시적 공식화 : 조직구성원들의 업무수행방식이나 행위를 표준화된 규정 및 절차로 명시해 놓는 것을 말한다.
- 암묵적 공식화 : 규정 및 절차가 문서로 명시되어 있지 않아서, 조직구성원들이 업무수행 및 행위 시 조직 내 불문율을 따르는 것을 말한다.
- 공식화 정도가 높으면 조직구성원이 명시된 규정에 따라 업무를 수행하므로 재량권이 낮으며, 반대로 공식화 정도가 낮으면 명시된 규정보다는 암묵적으로 약속된 업무를 수행하므로 재량권이 높다고 볼 수 있다.

㉢ 집권화(Centralization)
- 의사결정권이 조직 내의 어떤 위치에 집중되는가에 대한 정도를 의미한다.
- 집권화 : 조직의 주요업무에 대한 의사결정권이 중앙에 집중되는 경우를 의미한다.
- 분권화 : 조직의 주요업무에 대한 의사결정권이 하위에 위임되는 경우를 의미한다.

㉣ 통합(Integration)
- 조직이 과업을 수행할 때, 여러 다른 하위체계 사이의 노력을 통일하는 과정을 의미한다.
- 조직의 규모가 커지고 과업이 복잡해지면 분화가 심화되는데, 복잡한 과업의 능률도모를 위해 조정과 통합이 필요하게 된다.

④ 스포츠조직설계의 6가지 요소

㉠ 업무 전문화 : 조직 내 활동이 독립된 작업으로 세분화된 정도

㉡ 부서화 : 공통 업무를 근거에 따라 그룹화하여 직무를 부서화하는 것

ⓒ 명령체계 : 권한체계, 누가 누구에게 보고하는가
ⓔ 통제범위
- 한 관리자가 효율적·효과적으로 관리할 수 있는 직원의 수
- 과업이 복잡하고 관리자·작업자의 상호작용이 많을수록 통제범위는 좁아짐
- 관리자가 권한을 위임하거나 작업자의 기술수준과 작업동기가 높을수록 통제범위가 넓어짐
ⓜ 집권화, 분권화 : 의사결정 권한이 조직 내 어느 한 지점에 집중된 정도
ⓗ 공식화 : 조직 내 업무의 표준화 정도

(3) 조직의 라이프사이클

① 조직을 하나의 유기체에 비유하여, 조직이 형성기 → 성장기 → 중년기 → 장년기의 단계를 거치는 일종의 라이프사이클을 가진다고 이해하는 것이다.
② 라이프사이클과 조직구조의 관계

형성기	지원부서 없음, 규칙(규정) 적음, 소유주에 의한 의사결정, 과업특화 미약
성장기	종업원 증가, 노동분화 시작, 규칙(규정) 신설, 중앙집권적 의사결정
중년기	기업번창, 규모 확장, 통제시스템, 업무 전문화, 지원부서 신설, 권한 위양, 유연성 감소, 혁신성 감퇴
장년기	대규모, 기계적 조직, 통제시스템 일반화, 작업의 세분화 가속, 조직구조의 병폐 발생, 변신을 위한 혁신 노력 발생

(4) 민츠버그의 조직유형론

① 민츠버그(Mintzberg)의 조직을 이루는 다섯 가지 기본부문 : 5가지의 기본부문이 어떠한 조합을 이루는가에 따라 다섯 가지의 조직유형이 가능하다.
  ㉠ 업무핵심층 : 최종 생산물을 만드는 근로자들(일선경영자)
  ㉡ 전략상층부 : 조직의 주요 경영층(최고경영자)
  ㉢ 중간라인 : 중간경영층(중간경영자)
  ㉣ 테크노스트럭처 : 제품의 표준화 및 연구개발과 관련된 기술자
  ㉤ 지원스태프 : 조직운영을 위한 지원부서
② 다섯 가지 조직 구조
  ㉠ 단순구조
    - 단순하고 정교하지 않은 조직구조
    - 소규모의 기업(중소기업)이나 신생기업에서 나타나는 조직 유형
    - 집권화 : 유기적 조직
    - 공식화·표준화·전문화되지 않음
    - 역동적 환경에 유연하고 빠르게 대응
    - 유지비용이 적음
  ㉡ 기계적 관료제 구조
    - 대규모 조직에서 흔히 볼 수 있음
    - 표준화 : 기계적 조직

- 전문화 · 공식화가 잘되어 있음
- 대량생산에 적합
- 기술합리성 추구가 용이함
- 비인간적이며 유연성이 낮음
- 중앙집권적 의사결정구조, 공식적 상하 간 의사소통
- 많은 규칙과 규정, 고정적인 업무

ⓒ 전문적 관료제 구조
- 전문화된 조직에서 흔히 볼 수 있음
- 전문화 : 기계적 조직
- 전문가들이 조직의 대부분을 차지함
- 전문가들로 구성된 핵심운영부서가 주요부문이므로 이들의 표준화된 기술로 과업을 조정하나, 주요 과업은 쉽게 공식화할 수 없음
- 전문가집단이므로 기술지원이 작고 관리지원이 상대적으로 큼

ⓔ 사업부제 구조
- 조직이 제품이나 고객 또는 지역별로 분할되어 운영
- 분권화 : 기계적 조직
- 중간관리자가 조직의 주요부문으로 작용해 권한이 강함
- 자원의 효율적 배분이 가능하고 사업부를 통한 위험의 분산과 환경변화에 대한 전략적 대응이 가능함

ⓜ 애드호크라시
- 다양한 전문적 기술을 가진 사람들이 일정 프로젝트의 수행을 위해 일시적으로 조직되어 업무를 수행한 후 프로젝트 종료 시 바로 해체되는 조직 유형
- 협력화 : 유기적 조직
- 고도의 수평적 직무 전문화
- 변화요구에 지속적으로 대응하는 혁신조직

(5) 기타 조직구조의 유형

① 현대적인 조직구조

㉠ 기능별 조직 : 기업이 조직을 나눌 때 사용하는 가장 일반적인 방법으로, 생산, 판매, 회계, 인사, 총무 등 업무 기능에 따라 조직을 구분하고 관련 과업을 할당하는 조직구조이다.

㉡ 매트릭스 조직 : 서로 다른 부서에 속한 전문 인력들이 함께 일하는 조직으로 동태적이고 복잡한 환경에 적합한 조직구조이다. 명령통일의 원칙이 무시되며 개인이 두 상급자의 지시를 받고 보고하는 조직으로, 신속한 의사소통, 창조성 개발, 효율적 자원 사용 등이 이루어진다.

㉢ 네트워크 조직 : 서로 독립성을 유지하는 조직들이 전문 분야를 각각 추구하면서 다른 부서가 보유하고 있는 자원을 활용하기 위해 수직적, 수평적, 공간적 신뢰 관계로 연결된 형태이다.

㉣ 프로젝트 조직 : 특정한 사업 목표를 달성하기 위해 해산을 전제로 임시적으로 조직 내의 인적 · 물적 자원을 결합하는 조직 형태이다.

② 유기적 조직과 기계적 조직
　㉠ 유기적 조직
　　• 규칙과 규정의 최소화, 광범위한 직무, 분권화, 넓은 통솔범위, 높은 팀워크가 특징
　　• 상호 의존적, 수평적 관계, 만족 및 능력개발
　　• 환경이 역동적일 때 적합 – 유연성 추구
　㉡ 기계적 조직
　　• 많은 규칙과 규정, 명확하게 규정된 직무, 집권화, 좁은 통솔범위, 낮은 팀워크가 특징
　　• 높은 수준의 복잡성, 경직된 계층적 관계
　　• 환경이 안정적이고 단순할 때 적합 – 효율성 추구

개념 PLUS 조직시민행동

• 조직구성원이 조직이 제공하는 공식적인 보상과는 상관없이 조직의 효율성을 증진하고자 행하는 자발적 행동이다.
• 공식적으로 주어진 임무 외 업무를 자발적으로 수행하는 것이다.

02 스포츠조직활성화

1. 리더십

(1) 리더십의 의의

① 리더십의 정의
　㉠ Barrow(1997) : 목표설정을 위해 구성원들이나 집단에 영향을 미치는 행동적 과정이다.
　㉡ Yuki & Van Fleet(1992) : 집단이나 조직의 업무목표나 전략에 영향을 미치고, 그러한 전략을 수행하고 달성하기 위해 조직의 구성원들에게 영향을 미치고, 집단의 유지·존속과 정체성에 영향을 미치며, 그리고 조직문화에 영향을 미치는 것을 포함하는 과정이다.
　㉢ Johns(1988) : 효과적인 리더십은 전체 종업원들의 생산성과 만족을 향상함으로써 조직의 목표를 달성하는 데 영향을 미치는 것들을 포함한다.

② 리더십의 중요한 3요소
　㉠ 행동적 과정이다.
　㉡ 본질적으로 대인관계에서 존재한다.
　㉢ 그룹이나 조직의 목표를 달성하기 위해 구성원들에게 영향을 미치고 동기를 유발하는 데 그 목표를 두고 있다.

③ 리더십의 일반적인 역할
　㉠ 개인의 역량을 결집하여 시너지 효과 창출
　㉡ 집단의 성과와 더불어 조직전체의 성과를 좌우

ⓒ 조직구성원에 대한 동기부여

② 조직구성원의 개인 역량 배양의 촉진제 역할

⑩ 조직과 조직구성원의 발전을 위한 새로운 아이디어나 방법 및 변화를 촉진

(2) 리더십의 이론 I

① **특성이론(Trait Theories)**

㉠ 개념 : 능력 있는 리더의 특성을 파악하는 리더십 관련 초기이론

㉡ 가정 : 유능한 리더와 그렇지 않은 리더 간에 개인적 특성이 존재

㉢ 연구된 특성
- 신체적 특성 : 신장, 체중, 연령, 외모 등
- 정신적 특성 : 총명함 등
- 개인적 특성 : 공격성, 지배성, 외향성, 자부심, 성취동기, 업무지향성 등
- 사회적 특성 : 교육, 사회경제적 지위 등

㉣ 특성이론은 연구 결과가 일관되지 않아 많은 관심을 받지 못했으며, 리더의 효과성보다는 리더의 출현에 관심이 있었다고 볼 수 있다.

② **행동이론(Behavioral Theories)**

㉠ 개념 : 리더의 행동유형을 파악하는 것으로, 조직 내에서 리더의 역할 수행에 따라 리더십의 효과가 달라진다는 이론

㉡ 가정 : 유능한 리더와 그렇지 않은 리더 간에 어떤 행동유형의 차이가 존재

㉢ 블레이크와 무튼의 연구 : 인간에 대한 관심과 과업에 대한 관심의 두 가지 차원에서 1~9까지 등급을 세분화하여 81개의 리더십 유형으로 구분

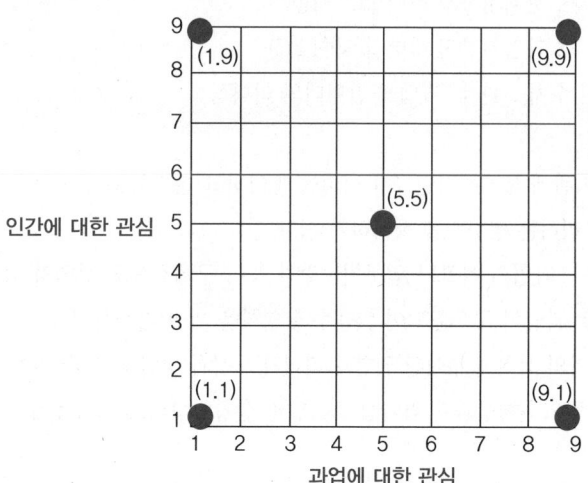

[블레이크 & 무튼의 리더십 모형]

ⓔ 대표적인 리더십 유형

무관심형(1·1)	• 인간(조직원)에 대한 관심, 과업에 대한 관심 모두 낮음 • 리더는 업무 지시만 하고 어려운 문제 발생 시 회피하는 무사안일형
과업형(9·1)	• 과업에 대한 관심은 높고 인간에 대한 배려는 거의 없음 • 리더 혼자 의사결정, 관리 방향도 생산성 제고에 초점
친목형(1·9)	• 과업에 대한 관심은 낮고 인간에 대한 관심은 매우 높음 • 조직을 우호적인 분위기로 유지하기 위해 모든 노력을 기울임
타협(중도)형(5·5)	과업과 인간 두 요소에 적당한 관심을 갖고 균형을 이루려고 노력
팀형(9·9)	• 과업에 대한 관심뿐 아니라 인간에 대한 관심도 높음 • 조직원들의 사기와 성장을 중요시하며, 팀 제도에 가장 바람직한 유형

③ 상황이론(Situational Theories)
  ㉠ 개념 : 리더의 행동유형과 상황 간의 관계를 규명하는 것으로, 상황이 리더에게 유리한 정도에 따라 다른 효과를 나타낼 수 있다는 이론
  ㉡ 가정 : 모든 상황에 적합한 리더십 특성이나 행동유형은 존재하지 않음
  ㉢ 피들러의 상황적합성 이론
    • 피들러는 리더십을 과업지향적인 리더십과 관계지향적인 리더십으로 분류하였다.
    • 리더십 유형을 평가하기 위해 최소선호동료(LPC ; Least Preferred Coworker) 척도를 개발하였다.
    • LPC 척도는 응답자가 과거에 함께 일하는 데 가장 어려움을 느꼈던 사람을 기억하도록 요구되었으며, 1~8까지의 구간별 척도에 응답하여 항목전체의 수치를 합산한 값에 따라 리더십 유형을 분류하였다.
    • 리더십 유형
      - 64 이상의 수치 : 관계지향적 리더십(고-LPC)
      - 57 이하의 수치 : 과업지향적 리더십(저-LPC)
      - 58~63 사이의 수치 : 관계-과업 중간형태의 리더십
    • 상황변수
      - 리더와 부하의 관계 : 부하직원들이 리더를 좋아하고 존경하는 정도를 의미하며, 부하직원들이 호의적일수록 리더는 영향력을 행사하기 쉽다.
      - 과업구조 여부 : 과업의 목표나 업무처리절차 등이 구체적으로 정해져 있을수록 구조화되어 있다는 의미인데, 과업이 구조화되어 있을수록 영향을 미칠 가능성이 높다.
      - 직위권력 : 리더의 직위에 부여된 권한과 리더가 보상과 처벌을 관리할 수 있는 수준을 의미한다.
    • 피들러는 집단의 작업수행성과가 리더십 스타일과 상황변수의 상호작용에 의해 결정된다고 가정하였다.

④ 경로목표이론(Path-goal Theory)
  ㉠ 개념 : 하우스와 에반스(House & Evans)가 발표한 이론으로, 목표에 이르는 다양한 진로(수단)의 상대적 유용성에 따라 효율성이 달라짐
  ㉡ 가정 : 상황적 특성에 적합한 행동 유형을 선택하여 부하에게 동기를 부여하고 리더십의 효율성을 향상할 수 있음

ⓒ 특성 : 리더의 특성보다 상황과 행동에 초점
ⓔ 리더십의 유형
- 지시적 리더십(Directive Leadership) : 구체적 지침과 표준을 제공하며 규정을 마련하여 조직구성원에게 해야 할 일과 따라야 할 일을 지시하는 유형
- 지원적 리더십(Supportive Leadership) : 조직구성원의 복지나 개인적 욕구에 역점을 두며 구성원들 간에 상호 만족스러운 인간관계 발전을 강조하는 유형
- 참여적 리더십(Participative Leadership) : 조직구성원과 상의하고 정보를 공유하며, 의사결정에 조직구성원을 참여시키려는 유형
- 성취지향적 리더십(Achievement Oriented Leadership) : 도전적인 작업 목표 설정과 성과를 강조하며, 조직구성원들이 목표를 달성할 수 있으리라 믿는 유형

(3) 리더십의 이론 II

① 거래적 리더십(Transactional Leadership)
 ㉠ 교섭적 리더십이라고도 하며 지도자와 부하들 간에 각기 필요로 하는 것의 거래를 통해 효과적인 리더십을 이끌어 낼 수 있다는 이론이다.
 ㉡ 지도자는 조직의 목표를 달성하기 위해 부하들로부터 노력을 얻어내는 대가로 그들에게 보상이나 지식 및 아이디어 등을 제공하여 부하의 욕구를 충족하는 거래 관계로 파악하는 리더십 이론이다.

② 변혁적 리더십(Transformational Leadership)
 ㉠ 구성원들에게 분명한 비전을 제시함으로써 동기를 부여하여 목표를 달성하는 리더십이다.
 ㉡ 과업의 중요성과 가치증대를 통해 조직을 위해 개인의 이익을 초월케 하고, 이를 통해 자아실현이라는 고차원의 욕구를 충족함으로써 기대 이상의 성과를 낼 수 있도록 동기를 부여하는 리더십이다.

(4) 프렌치와 레이븐이 제시한 다섯 가지 권력의 원천(Power Source)

① 합법적(정통적) 권력(Legitimate Power) : 권력행사자의 공식적 지위에서 나오는 영향력 행사권을 추종해야 할 의무가 있다는 사고를 바탕으로 하는 권력이다.
② 보상적 권력(Reward Power) : 상대방이 가치 있다고 생각하는 보상(급여인상, 승진 등)을 줄 수 있는 능력에 근거한 권력이다.
③ 강압적(강요적) 권력(Coercive Power) : 공포에 기반을 둔 권력으로 권력행사자가 상대방을 처벌할 수 있을 때 생기는 권력이다.
④ 준거적 권력(Referent Power) : 리더의 개인적인 성격특성에 기반을 둔 권력으로, 부하가 자기 행동의 모형을 권력 행사자로부터 찾으려고 할 때 성립한다(일체감 추구).
⑤ 전문적(전문가적) 권력(Expert Power) : 리더가 가진 전문적인 기술 및 지식에 기반을 둔 권력으로, 부하가 리더의 전문성·능력을 인정할 때 수용된다.

2. 동기부여

(1) 동기부여의 의의

① 동기부여(Motivation)는 '움직이게 하다(Movere)'에서 유래된 말로, 개인이나 조직이 목표로 하는 행동을 이끌어 내기 위한 심리적 과정을 의미한다.
② 조직구성원이 높은 열망과 흥미 및 자발적인 의욕을 가지고 업무를 진행한다면 보다 높은 성과를 창출할 수 있는데, 이러한 조직구성원의 자발적인 행동을 이끌어 내기 위해 필수적으로 고려되어야 하는 것이 바로 동기부여라 할 수 있다.

(2) 동기부여 이론

① 내용이론 : 행동의 원동력이 되는 욕구에 초점
  ㉠ 욕구계층이론 : 매슬로우(Maslow)가 발표한 것으로 인간은 모두 5가지의 욕구계층을 가지고 있으며, 최하위 욕구에서부터 최상위 욕구까지 상향적으로 욕구가 발생한다는 이론이다.
   • 생리적 욕구(Physiological Needs)
     – 인간의 가장 기본적이고 생물학적인 필요에 관련된 것으로, 생존을 위한 의·식·주 욕구와 호흡 등의 신체적 욕구를 원하는 단계이다.
     – 최저임금, 연봉, 보너스 등이 해당될 수 있다.
   • 안전과 보호(안정)의 욕구(Safety & security Needs)
     – 미래에 대한 보장을 의미하는 것으로 물질적인 안정과 물리적 위협 및 재해로부터의 안전을 원하는 단계이다.
     – 고용보장, 정년보장, 의료보험, 연금제도, 안전한 작업조건 등이 해당될 수 있다.
   • 소속에 대한 욕구(Belonging Needs)
     – 사회의 대인관계에서 충족될 수 있는 욕구로 사랑, 우정, 우호적인 인간적 관계 등을 원하는 단계이다.
     – 인간적 리더, 우호적 친목 및 작업 분위기 등이 해당될 수 있다.
   • 존경에 대한 욕구(Esteem Needs)
     – 다른 사람들에게 인정받고자 하는 상위계층의 욕구로 타인으로부터의 존경, 자아존중 등을 원하는 단계이다.
     – 승진, 포상, 타인의 인정, 책임감 부여 등이 해당될 수 있다.
   • 자아실현 욕구(Self Actualization Needs)
     – 가장 상위에 있는 욕구로 자아발전과 이상적 자아의 실현을 원하는 단계이다.
     – 도전적 과업, 창의성 개발, 잠재능력 발휘 등이 해당될 수 있다.
  ㉡ 2요인 이론 : 동기-위생이론
    허츠버그(Herzberg)가 발표한 것으로 동기요인(Motivators)과 위생요인(Hygiene)으로 분류하였으며, 동기부여를 위해서는 동기요인을 집중적으로 충족해 주어야 함을 강조하였다.
   • 동기요인
     – 내재적(Intrinsic) 요인으로 일 자체와 관련된 것이며, 불만족보다는 만족에 관련이 있는 것으로

나타났다.
- 도전감, 성취감, 인정감, 성장가능성, 책임감, 승진기대 등
- 위생요인
  - 외재적(Extrinsic) 요인으로 일과 관련된 여러 가지 환경에서 발견할 수 있으며, 만족보다는 불만족에 관련이 있는 것으로 나타났다.
  - 연봉, 직무환경, 회사제도(정책), 고용안정, 작업감독, 인간관계 등

ⓒ 직무특성이론 : 해크만과 올담(Hechman & Oldham)이 발표한 것으로, 직무특성이 직무 수행자의 성장욕구에 부합될 때 긍정적인 동기유발효과를 초래한다는 동기부여 이론이다.
- 개인의 심리 상태에 영향을 미쳐 직무 성과를 결정짓는 요인으로 다섯 가지 핵심직무차원을 강조하였다.
  - 기능의 다양성(Skill Variety) : 조직 구성원이 직무를 수행함에 있어 다양한 기능과 능력을 발휘할 수 있는 정도
  - 과업 정체성(Task Identity) : 직무가 요구하는 전체로서의 완결 정도이자, 직무의 전체 작업 중에서 차지하고 있는 범위의 정도
  - 과업 중요도(Task Significance) : 직무 자체가 관련 조직이나 일반사회의 다른 사람들의 삶에 영향을 미치는 정도
  - 자율성(Autonomy) : 작업자들이 작업 일정과 방법을 채택하는 데 부여된 자유, 독립성, 재량권 등
  - 피드백(Feedback) : 작업자가 행한 일이 얼마나 유효하게 수행되었는가(작업자의 실적)에 대해 정확하고 직접적으로 정보를 습득하는 정도

ⓔ ERG이론 : 알더퍼(C. Alderfer)가 발표한 것으로, 매슬로우의 욕구계층 5단계 이론을 존재욕구(E), 관계욕구(R), 성장욕구(G) 세 단계로 축소 분류하였다.
- 존재욕구(Existence) : 배고픔, 갈증, 임금, 작업조건 등과 같은 기본적·물리적 욕구로, 매슬로우의 생리적 욕구와 안전욕구에 해당한다.
- 관계욕구(Relatedness) : 직장에서 타인과의 대인관계, 가족, 친구 등과의 관계와 관련되는 모든 욕구로, 매슬로우의 안전욕구와 사회적 욕구, 존경에 대한 욕구 일부를 포함한다.
- 성장욕구(Growth) : 개인의 창조적 성장, 잠재력의 극대화 등과 관련된 모든 욕구로, 매슬로우의 자아실현 욕구와 존경에 대한 욕구에 해당한다.

② 과정이론 : 행동이 어떻게 유도되고 어떠한 단계를 거쳐 행동이 촉발되는지에 초점
  ㉠ 기대이론 : 브룸(Vroom)이 발표한 것으로 개인이 어떤 행동을 할 때, 자신의 노력에 따른 결과를 기대하고, 그 기대를 실현하기 위해서 어떤 행동을 결정한다는 이론이다. 행동을 유발할 수 있는 동기로 다음과 같은 3가지를 제시하였다.
    - 기대(Expectancy)
      - 자신이 노력하면 성과를 얻어낼 수 있을 것이라고 믿는 주관적 확률이다.
      - 과업을 수행하기 위한 노력은 실제로 성과가 나타날 것이라는 기대에 의해 좌우된다는 가능성에 대한 개인의 인식을 말한다.

- 수단성(Instrumentality)
  - 어떤 일의 성취가 가져올 보상에 대한 확률이다.
  - 과업을 수행한다는 것은 보상을 획득하기 위한 수단임을 말한다.
- 유인가(Valence)
  - 결과 및 보상에 대한 개인이 평가하는 중요성 정도를 말한다.
  - 개인의 과업에 대한 욕구에 따라 그 중요성과 가치는 다르게 나타나게 된다.

> **개념 PLUS** 3가지 변인의 상호작용
>
> 동기유발 = 기대 × 수단성 × 유인가
> 개인이 동기유발되려면 양의 값이어야 하며, 이를 위해 기대, 수단성, 유인가는 모두 양의 값이어야 한다(상호작용하여야 하므로 동기유발을 위해서는 모두 0 혹은 음의 값이어서는 안 된다).

  ⓒ 공정성이론 : 아담스(Adams)가 발표한 것으로, 조직구성원은 자신의 노력과 보상을 다른 사람의 노력과 보상과 비교하여 공정성이 유지될 수 있을 때 동기가 부여된다는 이론이다. 조직의 공정성은 다음과 같은 3가지의 측면에서 접근할 수 있다.
- 분배 공정성(Distributive Justice) : 기업 자원의 분배에 관련된 것으로, 자원을 조직구성원들에게 공평하게 분배했는지에 관한 문제이다.
- 절차 공정성(Procedure Justice) : 기업 자원의 분배량과 관련된 것으로, 자원을 조직구성원들에게 분배할 때 분배량을 결정하는 절차가 공정했는지에 관한 문제이다.
- 상호작용 공정성(Interactional Justice) : 자원분배가 아닌 인간관계에서 공정한 관계를 맺고 있는지에 대한 문제이다.

3. 스포츠조직의 커뮤니케이션

(1) 커뮤니케이션 개념

① 정의
  ㉠ 커뮤니케이션은 두 사람 또는 두 집단 이상 간에 이루어지는 정보의 교환을 의미하는 것으로 발신자와 수신자 간의 상호작용 즉, 쌍방향으로 이루어지는 의사소통을 말한다.
  ⓒ 조직 내 커뮤니케이션 강화와 정보교환을 통해 조직분위기 개선, 조직몰입 증대, 불확실성의 감소 효과를 볼 수 있다.

② 커뮤니케이션 구성요소
  ㉠ 메시지화 : 아이디어나 사고를 수신자가 이해할 수 있는 단어, 그림, 기호 등으로 전환하는 것이다.
  ⓒ 커뮤니케이션 경로 선택 : 발신자가 수신자에게 메시지를 효율적으로 전달하기 위해 사용되는 매개체를 선택하는 과정이다.
  ⓒ 메시지 해석과 창출 : 커뮤니케이션 경로를 통해 전달된 메시지를 수신자의 경험, 지적 수준 등에 따라 해석하고 메시지의 의미를 결정하는 것으로, 모호한 표현보다 명료한 표현을 사용해야 소통장애가 발생하지 않는다.

② 피드백 : 제공자가 전달하고자 한 정보를 수신자가 어떻게 받아들였는지를 알려주는 반응으로, 피드백을 통해 정확한 메시지가 전달되었는지 확인할 수 있다.

③ 커뮤니케이션을 방해하는 요소
   ㉠ 왜곡 : 전달자의 원래 뜻이 제대로 전해지지 않고 왜곡되는 경우이다.
   ㉡ 생략 : 수신자가 판단에 필요로 하는 정보를 전달자가 제대로 전달하지 않는 경우이다.
   ㉢ 정보의 과부하 : 전달하고자 하는 정보가 너무 많은 경우이다.
   ㉣ 타이밍 : 중요한 정보가 필요한 때에 전달되지 못하는 경우이다.
   ㉤ 수용성 : 수신자가 정보를 수용하지 않는 경우이다.

④ 커뮤니케이션 장애 발생 원인
   ㉠ 개인 간 장애 원인 : 감정, 태도, 성격
   ㉡ 조직 내 장애 발생 원인 : 계층 간 거리, 복잡한 조직구조, 커뮤니케이션 구조 부족

(2) 커뮤니케이션 전략

① 조직 커뮤니케이션 전략이 필요한 경우
   ㉠ 조직 내 커뮤니케이션 장애 현상이 현저하게 발생한 경우
   ㉡ 조직 목표 달성을 위해 조직구성원들을 설득할 커뮤니케이션 활동을 시행해야 할 경우

② 커뮤니케이션 전략의 수립과정

   인식수준 분석 → 커뮤니케이션 장애 요인 파악 → 대응방안 개발 → 대응방안 실행 → 결과 평가 → 피드백

③ 커뮤니케이션 장애 현상 발생 시 대처 방안
   ㉠ 추적조사 : 수신자의 입장에서 전달자가 의도했던 의미를 정확히 이해하기 위해 커뮤니케이션 과정을 추적한다.
   ㉡ 정보충족의 원칙 : 정보가 방대한 경우 커뮤니케이션에 장애가 생길 가능성이 있으므로 불필요하거나 중복되는 정보를 제거하여 정보의 양적·질적 수준을 조절한다.
   ㉢ 감정이입 : 전달자 자신이 수신자의 입장에서 수신자가 어떻게 메시지를 해독할지 생각한다.
   ㉣ 상호신뢰의 조성 : 전달자와 수신자 상호 간에 공감적인 관계를 형성하도록 노력한다.
   ㉤ 효과적인 시기 선정 : 적절한 타이밍을 택하여 커뮤니케이션한다.
   ㉥ 언어의 단순화 : 상대방이 이해할 수 있도록 언어를 단순화한다.
   ㉦ 피드백 활용 : 수신자에게 메시지 전달 후 의도한 반응이 나타났는지 파악한다.
   ㉧ 적극적인 청취 : 상대방이 전달하고자 하는 메시지를 정확히 기억할 수 있도록 적극적으로 청취한다.
   ㉨ 그레이프바인 활용 : 그레이프바인은 조직 내에 존재하는 비공식적 커뮤니케이션 채널로, 공식 커뮤니케이션보다 훨씬 신속하거나 정확할 수 있으므로 이를 잘 이용한다.

4. 스포츠조직의 의사결정

(1) 의사결정 개념과 특징
① 의사결정은 목표 달성을 위해 하나 혹은 그 이상의 대안 중 최적이라고 판단되는 대안을 선택하는 일련의 과정을 말한다.
② 어떤 문제에 대한 여러 대안 중 하나를 의식적으로 선택하고, 이를 통해 문제점을 개선하려는 것이다.

(2) 개인의사결정과 집단의사결정
① 개인의사결정
  ㉠ 조직의 문제 인식 및 이를 해결하기 위한 대안을 탐색하고 결정하는 과정을 개인(경영자)이 전담하는 것이다.
  ㉡ 장점 : 짧은 시간에 신속한 의사결정이 가능하며, 집단의사결정에 비해 책임소재가 명확하다.
  ㉢ 단점 : 충분한 정보를 확보할 수 없으며, 의사결정의 정확도가 낮을 수 있다.
② 집단의사결정
  ㉠ 조직의 의사결정이 집단적 상호작용을 통해 이루어지는 것이다.
  ㉡ 장점 : 개인의사결정보다 정확한 경향이 있으며, 다양한 경험과 관점을 반영할 수 있어 더 많은 대안을 생성할 수 있다.
  ㉢ 단점 : 의사결정 결과에 대한 책임이 모호하다.

03 스포츠조직의 인적자원관리

1. 인적자원관리(Human Resources Management)의 개념

(1) 정 의
① 인력의 충원과 유지·활용·개발에 관한 관리활동 체계를 말한다.
② 조직의 목표달성을 위해 미래의 인적자원 수요 예측을 바탕으로 인적자원을 확보하고, 이들을 교육하거나 배치 및 평가하는 일련의 계획된 활동이다.
③ 조직목표의 핵심요인인 인력자원을 확보하고 활용하는 것뿐 아니라 인력의 능력개발 및 유지관리를 포함하는 총체적인 시스템이다.
④ 인적자원관리의 궁극적인 목표는 개인과 조직의 목표가 동시에 달성되는 방향으로 나아가는 목표의 통합이다.
⑤ 조직에 있어 사람을 반드시 관리하여야 하는 비용요소로 판단하지 않고 가치 있는 투자자산으로 인식한다.

(2) 목표

① 조직의 목표
  ㉠ 비용절감
  ㉡ 생산성 향상
  ㉢ 고용 유연성 확보
  ㉣ 유능한 인력 확보
  ㉤ 조직몰입과 충성심의 확보

② 개인의 목표
  ㉠ 성취와 자아실현의 욕구 충족
  ㉡ 직무만족
  ㉢ 공정성의 유지
  ㉣ 경력개발

(3) 인적자원관리 이론

① 페이욜(H. Fayol)의 관리원칙
  페이욜은 경영자의 위치에서 공장 혹은 조직 전체를 효율적으로 운영하기 위한 14가지의 관리 원칙을 제시하였다.
  ㉠ 분업의 원칙 : 모든 작업은 분업화·전문화한다.
  ㉡ 권한과 책임의 원칙 : 상급자는 명령권을 가지되 책임도 따라야 한다.
  ㉢ 규율의 원칙 : 조직원들은 정해진 규율을 지켜야 한다.
  ㉣ 명령일원화의 원칙 : 업무 지시는 한 사람의 상사로부터 받아야 한다.
  ㉤ 지휘일원화의 원칙 : 하나의 목표를 완수하기 위해 한 명의 상급자에 의해 하나의 계획으로 작성되고 지휘되어야 한다.
  ㉥ 개인의 이익은 전체의 이익에 종속 : 개인목표보다 조직목표, 단체목표가 우선되어야 한다.
  ㉦ 종업원 보상의 원칙 : 보상은 조직원 전부를 만족시키는 수준으로 적절하게 정해져야 한다.
  ㉧ 집권화의 원칙 : 집권화와 분권화는 상황에 따라 적절하게 유지되어야 한다.
  ㉨ 계층적 연쇄(계층화)의 원칙 : 조직 내 지시나 커뮤니케이션은 계층의 상하연결망을 통해 이루어져야 한다.
  ㉩ 질서의 원칙 : 조직 내의 모든 인적·물적 자원은 순서에 따라 질서정연하게 배치·배분되어야 한다.
  ㉪ 공정성의 원칙 : 상급자는 모든 하급자를 공정하게 대해야 한다.
  ㉫ 고용안정의 원칙 : 사원들의 고용안정을 이루도록 해야 한다.
  ㉬ 창의력 개발의 원칙 : 조직원들에게 자율적인 결정권을 부여하여 창의력 개발을 유도한다.
  ㉭ 단결의 원칙 : 조직원들의 단결과 협동심을 유지하여 시너지 효과를 가져온다.

② 테일러(F. Taylor)의 과학적 관리법
  ㉠ 개념 : 과학적 조직관리를 통해 인간의 생산성을 증대시키고자 하는 합리적인 작업방식과 관리방법에 초점을 둔다.

ⓒ 4가지 기본원리 : 작업방식의 과학적 연구, 근로자의 과학적 선발 및 훈련, 경영자와 근로자 간 균등한 업무분담, 경영자와 근로자 간 친밀한 협동체제 확립
　　ⓒ 특징
　　　• 과업관리 : 과업(표준적인 1일 작업량)의 과학적 설정으로 노동자의 조직적 태업 방지
　　　• 차별적 성과급제 : 동일 작업에 대한 과업 달성 여부에 따른 임금 결정
　　　• 시간연구와 동작연구(작업의 표준화) : 일일 적정 생산량 산출을 위해 동작 최소시간 측정
　　　• 직능식 직장제도 : 작업 전문화 및 전문화된 작업마다 작업반장으로 관리
　　　• 작업지도표 제도 : 작업을 분담하여 감독하는 작업반장에게 작업지도표에 따라 작업을 지도하게 함
③ 시스템 이론
　　㉠ 개념 : 현대적 관리 이론으로, 경영자들이 기업 외부환경에 관심을 기울임과 동시에 내부 경영 및 의사결정을 하기 위해 시스템적 접근방법이 필요하다고 보았다.
　　ⓒ 시스템 : 공동의 목적을 위해 상호작용하는 부분들의 집합을 말한다.
　　ⓒ 개방시스템(Open System) : 조직은 유연한 시스템 경계를 통해 외부 환경과 끊임없이 상호작용을 하는 개방시스템으로, 계속적 피드백을 통해 외부환경과 균형을 유지한다.
　　㉢ 폐쇄시스템(Closed System) : 전통적 조직관으로, 시스템이 환경으로부터 격리되어 내부 활동만이 존재하는 것으로 본다. 내부 구성원에 초점을 둔 방식이다.
④ 메이요의 호손실험(Hawthorne Experiment)
　　㉠ 개념 : 하버드의 메이요 교수가 미국의 호손 공장에서 행한 실험으로, 이 실험을 통해 생산성 향상은 권한체계나 규정준수가 아니라 상사, 동료와의 관계, 집단 내의 분위기, 비공식집단 등 인간관계라는 사실을 발견했다.
　　ⓒ 실험의 주요 결과
　　　• 개인은 경제적 요인뿐 아니라 사회 · 심리적 요인에 의해 동기화될 수 있다.
　　　• 조직의 유효성을 높이기 위해 종업원을 만족시켜야 하며, 경제적 욕구 충족에서 벗어나 사회적 욕구를 충족해 주어야 한다.
　　　• 권위적 리더십보다 민주적 리더십이 효과적으로, 직무만족과 자율권 부여, 개인의 능력을 인정해 주는 인간중심의 경영이 필요하다.

2. 인적자원관리의 구성요소

인적자원관리는 포괄적 관점에서 '인적자원의 확보-인적자원의 개발-평가 및 보상-인적자원의 유지'의 4단계로 볼 수 있으며, 세부적으로는 '인적자원계획의 수립-직무에 대한 분석 및 평가-선발과 채용-훈련과 개발-평가와 보상-교체와 이직관리'로 세분할 수 있다.

```
            직무분석, 인력계획, 모집&선발
                  인적자원 확보
                       ▲
                       │
   인적자원 유지 ◀── HRM ──▶ 인적자원 개발
   이직&퇴직관리, 노사관계      교육훈련, 경력개발
                       │
                       ▼
                  평가 및 보상
            보수관리, 승급&승진, 복리후생
```

[인적자원관리의 구성요소]

(1) 인적자원계획의 수립

① 인적자원관리의 첫 단계로서 조직에서 미래에 필요한 인력의 수요를 파악하고, 이를 토대로 인력의 확보계획을 수립하는 단계이다.

② 인적자원계획 수립의 3단계

> 현재의 인적자원 평가 → 미래의 인적자원 수요 예측 → 인적자원프로그램 개발

(2) 직무에 대한 분석 및 평가

① 직무분석
  ㉠ 직무의 내용 또는 요건을 체계적으로 분석하는 과정이다.
  ㉡ 직무분석의 방법
    • 면접법 : 면접을 통해 직무정보 획득
    • 관찰법 : 관찰을 통해 직무정보 획득
    • 중요사건화법(결정적 사건법) : 직무 수행 중에 발생하는 중요한 일(결정적으로 잘한 일이나 실수를 범한 일)을 사건화하여 정보 수집
    • 워크샘플링법 : 전체적인 작업과정 동안 무작위적인 간격으로 많은 관찰을 행하여 업무에 관한 정보 수집
    • 질문지법 : 설문지를 통해 직무에 관한 정보 수집

② 직무기술서와 직무명세서
  ㉠ 직무분석을 통해 도출된 정보를 바탕으로 직무기술서와 직무명세서가 작성된다.

ⓒ 직무기술서
- 직무분석의 결과를 토대로 직무의 성격, 구체적인 내용, 직무 수행 절차와 방법, 직무 수행 환경 등 특정 직무에 대해 수집한 데이터 및 정보를 일정한 형식에 맞게 작성한 문서이다.
- 과업 요건을 중심으로 작성된다.

ⓒ 직무명세서
- 직무분석의 결과를 토대로 직무를 만족스럽게 수행하는 데 필요한 종업원의 행동·기능·능력·지식·자격증 등을 일정한 형식에 맞게 기술한 문서이다.
- 인적 요건을 중심으로 작성된다.

③ **직무설계**
㉠ 직무의 내용과 기능, 관계를 결정하는 것이다.
㉡ 직무설계의 방법
- 직무 순환 : 직원들에게 직무 전문화의 결과인 단일 과업만을 수행하도록 하는 것이 아니라, 다양성 경험을 위해 다른 직무를 순환하여 수행하는 직무설계 방법이다.
- 직무 전문화 : 조직 전반의 합리적인 인사관리와 임금의 공정성을 위해 직무를 평가하고, 평가를 통해 도출된 정보를 바탕으로 직무기술서와 직무명세서를 기준으로 실시되는 전통적인 직무설계 방법이다.
- 직무 충실화 : 직무 성과는 경제적 보상보다 개인의 심리적 만족에 달려 있다는 전제하에 직무수행 내용 및 환경을 재설계하는 것으로, 종업원에게 많은 자율성과 책임을 부여하여 직무경험의 기회를 제공한다.
- 직무 특성화 : 작업을 수행하는 구성원이 직무 자체로부터 만족감을 얻도록 하는 직무설계방법이다.

④ **직무평가**
㉠ 각 직무를 평가한 후 타 직무와의 비교를 통해 직무의 상대적 가치를 결정한다.
㉡ 직무평가 방법
- 서열법 : 각 직무의 중요도, 책임도 등을 종합적으로 판단하여 직무의 가치 평가
- 분류법 : 직무의 가치를 구분하는 등급표를 만들고 평가 직무를 그에 맞는 등급으로 분류
- 요인비교법 : 가장 핵심이 되는 몇 개의 기준 직무를 선정하고, 각 직무의 평가요소를 기준 직무의 평가요소에 결부하여 비교함으로써 모든 직무의 상대적 가치 결정
- 점수법 : 직무의 가치를 점수로 나타내어 평가하는 것으로, 직무를 평가요소에 따라 분해하고 각 요소에 그 중요도에 따라 점수를 부여한 후 그 점수 합계에 따라 직무 가치 결정

(3) 선발과 채용

① **인력계획방법** : Zero-base, Bottom-up, Delphi 등
② 모집 방법
㉠ 내부채용(사내모집)
- 사내게시판이나 사보를 이용한 공개모집

- 장점 : 능력이 검증된 사람 채용 가능, 직무 훈련기간 단축, 신속한 충원 가능, 채용비용 절감, 장기 근속 유도, 종업원의 자기계발 유도
- 단점 : 조직 내부 이동의 연쇄효과로 인한 혼란 야기, 관료제로 인한 비효율, 종업원들 간 과다 경쟁, 교육비 추가 지출, 모집범위 제한

ⓒ 외부채용(사외모집)
- 광고활동, 헤드헌터, 교육훈련기관, 현직 종업원의 추천, 채용박람회, 인턴제도 등
- 장점 : 특수한 인재채용 가능, 교육비용 감소, 회사 분위기 전환
- 단점 : 적응기간 소요, 높은 채용비용, 기존 사원과 갈등, 평가의 부정확성

③ 선발 방법
ⓐ 종합평가제도 : 복수의 평가자가 적성검사, 심층면접, 시뮬레이션, 사례연구, 역할 연기 등 다양한 평가방법을 활용하여 지원자를 관찰하여 평가한 후 이를 바탕으로 선발하는 방법
ⓑ 패널면접법 : 다수의 지원자와 다수의 면접관이 대화를 나누는 면접 방법

(4) 훈련과 개발

① 인적자원의 선발 후 자신의 환경과 할당받은 직무에서 능력을 최대한 발휘할 수 있도록 교육훈련을 하게 된다.

② 인적자원의 교육훈련 목표
ⓐ 인적자원의 개발을 통해 조직구성원들이 업무를 효율적으로 수행할 수 있게 한다.
ⓑ 구성원과 업무를 적합하게 결합한다.
ⓒ 조직의 업무특성에 적합하도록 구성원들의 유기적인 업무협조체계를 구축한다.
ⓓ 조직과 자신의 업무에 호의적인 태도를 갖게 함으로써 바람직한 조직구성원을 양성한다.

(5) 인사평가

① 인적자원 평가의 목표
ⓐ 인적자원의 질적 향상 및 인적자원의 효과적 활용
ⓑ 경력개발 촉진
ⓒ 자기계발 및 인적자원의 효과적 관리
ⓓ 구성원 간의 인간관계 개선
ⓔ 조직행위를 바람직하게 개발할 수 있는 기초

② 인적자원 평가 방법
ⓐ 상대평가와 절대평가
- 상대평가 : 직원들 간의 성과를 비교하여 순위를 매기는 방식
  - 단순서열법(Simple Ranking Method) : 종업원의 능력과 업적에 대하여 순위를 매기는 방법
  - 강제할당법(Forced Distribution Method) : 종업원의 성과 평가 시 미리 정해 놓은 비율에 맞추어 피고과자를 강제로 할당하는 방법
  - 쌍대비교법(Paired Comparison Method) : 일일이 임의로 두 사람씩 짝을 지은 다음 서로 비교하는 것을 되풀이하여 전체의 비교결과를 통해 직무 가치를 평가하는 방법

- 절대평가 : 직원 개개인의 성과를 사전에 정한 기준과 비교하여 평가하는 방식
  - 평정척도법(Rating Scale Method) : 피고과자의 능력·업적을 특정 척도에 따라 평가함
ⓒ 인적자원 평가 기법
- 목표에 의한 관리(MBO ; Management By Objectives)
  - 참여의 과정을 통해 조직 목표를 설정하여 관리 효율화를 기하려는 경영 시스템
  - 구체적인 성과목표를 부하와 상사가 함께 결정하고 목표를 향한 진척이 정기적으로 점검되며 보상은 이러한 진척을 기준으로 배분
  - 결과에 의한 평가가 이루어지므로 단기목표를 강조하며, 종업원들이 역량에 비해 더 쉬운 목표를 설정하려는 경향이 있음
- 행위기준고과법(BARS ; Behaviorally Anchored Rating Scales)
  - 경영성과가 어떻게 달성되었으며 어떤 직무수행이 더 나은 경영성과를 초래하는지 동기유발의 행동과학적 입장에서 평가하는 방법
  - 평가대상자의 능력이나 성과를 구체적으로 나타내는 중요사건의 결정 과정에 평가 대상자를 참여시킴
- 인적평정센터법 : 피고과자들을 2~3일간 합숙시키면서 상황에 따른 의사결정, 토의, 심리검사를 실시하여 피고과자들의 잠재적 능력과 자질을 평가하는 방법

③ 인사평가 시 평가자의 대표적 평가 오류
  ㉠ 유형화의 오류 : 고정관념으로 인해 사람이나 사물을 오인하게 되는 지각 오류 혹은 집단화의 오류
  ㉡ 유사오류 : 여러 명의 평가 시 자신이 좋아하는 사람을 더 호의적으로 평가하는 경향
  ㉢ 대조효과 : 평가자가 자신이 지닌 특성과 비교하여 피평가자를 평가하려는 경향
  ㉣ 후광효과(현혹효과) : 평가자가 대상자의 어느 한 면을 기준으로 다른 것까지 함께 평가해버리는 경향(예 성실성을 높게 평가받은 사람이 책임감도 높게 평가받는 것)
  ㉤ 중심화 경향 : 평가 시 극단을 피하고 평균 근처로 평가하려는 경향
  ㉥ 성급한 일반화의 오류 : 일부의 사례만을 제시하거나 대표성이 없는 불확실한 자료만을 가지고 바로 어떤 결론을 도출하여 발생하는 논리적 오류
  ㉦ 평가자 태만 : 평가를 대충 하는 것

(6) 보 상

① 보상 방식
  ㉠ 금전적 보상 : 임금, 상여금, 복리후생 등
  ㉡ 비금전적 보상 : 도전감, 책임, 인정, 성취감 등
  ㉢ 성과중심 보상 : 인센티브, 보너스, 장려금 등
  ㉣ 종업원중심 보상 : 성과와 관련없이 모든 조직구성원에게 적용하는 임금체계
  ㉤ 승 진

② 승진제도
  ㉠ 직계승진 : 경험, 능력, 기능 등의 향상으로 상위 직책으로 변경되는 승진

ⓒ 자격승진 : 연령·학력·근속연수와 같은 연공주의에 따른 신분 자격 요건이나 지식·기능·능력과 같은 능력 자격 요건에 따른 승진
　　ⓒ 역직승진 : 대리-과장-차장-부장 등 라인직위 관리체계상 직위의 승진
　　ⓔ 대용승진 : 심한 인사적체로 구성원의 사기 저하 발생 시 직무 내용에 실질적인 변화 없이 명칭이나 자격호칭을 격상해주는 형식적인 승진
　③ 조직원의 경영 참여 제도
　　㉠ 종업원 지주제도 : 특별한 조건으로 조직원들에게 자사 주식 일부분을 분배하는 집단성과급 유형으로, 종업원들이 조직 의사결정에 어느 정도 참여 가능
　　ⓒ 성과배분제도 : 물자, 노동 낭비 근절 및 더 나은 제품·서비스 개발로 원가 절감이 가능하다는 가정에 근거하여, 일정기간 동안 발생한 기업 이익을 분배공식에 따라 종업원에게 배분하는 제도
　　ⓒ 제안제도 : 조직원으로부터 조직운영이나 업무개선 관련 의견을 제안받고, 이를 심사하여 채택하는 경우 보상하는 제도

(6) 교체와 이직관리

① 교체 : 인적자원의 배치 및 충원 시 인력의 교체는 필수불가결한 것이다.
② 이직 : 인력을 기업 내에 보유하지 않는 것이다.
③ 교체와 이직은 인적자원관리 활동에서 조직의 유효성과 공정성을 진단하는 차원에서 매우 중요한 요소이다.

> **개념 PLUS** 　파킨슨 법칙(Parkinson's Law)
>
> 시간이 지남에 따라 업무의 경중이나 업무량과 무관하게 조직의 구성원 수가 지속 증가하여 조직이 점차 비대해지는 것을 말한다.

CHAPTER 04 스포츠재무관리

■ **학습목표**
본 장에서는 스포츠재무관리를 이해하기 위한 스포츠재무관리의 의의, 스포츠조직의 재무 분석, 스포츠조직의 손익분기점 분석, 스포츠조직의 자본조달, 스포츠조직의 투자 결정 방법에 대해 살펴볼 것이다. 스포츠재무관리 부분은 스포츠경영관리사의 스포츠경영파트에서 매회 약 8문제 이상 출제되며, 실기문제로도 다수 출제되고 있다. 특히 계산과 관련한 문제가 다수 출제되므로, 내용을 반드시 숙지하여야 한다.

■ **Check**
☐ 스포츠조직의 재무분석방법에 대해 숙지한다.
☐ 스포츠조직의 손익분기점 분석 방법에 대해 숙지한다.
☐ 스포츠조직의 자본조달 유형에 대해 숙지한다.
☐ 스포츠조직의 투자결정방법 유형에 대해 숙지한다.

01 스포츠재무관리의 의의

1. 스포츠재무관리의 개념

(1) 정 의

스포츠조직에 재무관리의 이론과 방법을 적용하여 자본을 합리적으로 조달하고, 조달된 자본을 효율적으로 운영하는 활동이다.

(2) 스포츠재무관리 목표

스포츠재무관리는 스포츠조직의 가치를 극대화하는 것에 그 목표가 있다.

(3) 스포츠재무관리의 기능

① 투자결정 기능
  ㉠ 자본운영에 관한 것으로 스포츠조직이 조달한 자본을 수익성과 성장성을 고려하여 어떤 자산에 투자할 것인가를 결정
  ㉡ 유동자산, 비유동자산
② 자본조달결정 기능
  ㉠ 자본조달에 관한 것으로 필요한 자금을 어떻게 조달할 것인가를 결정
  ㉡ 유동부채, 비유동부채, 자본

02 화폐의 시간적 가치

1. 화폐의 시간적 가치 개념

(1) 정 의

같은 금액이라도 어느 시점에 따라 가치가 달라진다는 것을 말한다.

(2) 방 법

화폐의 현재와 미래가치를 어느 일정한 시점에서 계산하여 화폐의 가치를 비교한다.

2. 화폐의 미래가치

(1) 정 의

현재의 화폐가치가 일정 시간이 흐른 뒤 어떻게 변화할지 계산하여 평가하는 것이다.

(2) 공 식

$$P_n = P_0(1+R)^n$$
$[P_0 = 원금,\ n = 기간,\ R = 이자율]$

3. 화폐의 현재가치

(1) 정 의

미래의 화폐가치를 현재시점에서 평가한 값을 말한다.

(2) 공 식

$$P_0 = \frac{P_n}{(1+R)^n} = P_n(1+R)^{-n}$$
$[R = 할인율]$

> **개념 PLUS** 연금의 현재가치를 구하는 방법
>
> - 지급 기간이 정해진 경우
>
>   연금의 현재가치 $= 연금 \times \dfrac{(1+i)^n - 1}{i(1+i)^n}$
>
>   [i = 연이율, n = 연수(기간)]
>
> - 영원히 지급 받는 경우(영구채)
>
>   영구연금의 현재가치 $= \dfrac{연금}{i}$

03 스포츠조직의 재무분석

1. 개념

(1) 스포츠조직의 재무활동에 대해 분석하는 것으로 자본과 관련된 조직의 경영활동을 평가하고, 향후 조직운영에 필요한 의사결정에 도움을 주기 위한 분석이다.

(2) 재무분석의 방법은 재무제표에 의한 비율분석이 일반적이다.

(3) 재무제표

① 스포츠조직의 경영성과나 재무상태 등을 정리한 표라 할 수 있다.
② 재무상태표와 포괄손익계산서가 있다.
  ㉠ 재무상태표
    - 일정 시점에서의 재무상태를 나타내기 위해 작성하는 기본 재무제표이다.
    - 재무상태표상 재무상태 : 기업이 보유하고 있는 자산(자기자본), 부채, 자본의 구성 및 금액 등이 있음
    - 자본조달결정 기능 관련 항목 : 자본조달결정은 필요한 자금을 어떻게 조달할 것인지 결정하는 것으로, 재무상태표상 해당 항목으로는 자기자본, 유동부채, 고정부채 등이 있다.
    - 자본총계 : 타인에게 빌린 자본이 아닌 스스로 납입한 자본으로, 자기자본 혹은 순자산이라고도 한다. 기업의 전체 자산에서 총 부채를 뺀 금액이다.
    - 재무상태표에서의 자산 : 크게 유동자산과 비유동자산으로 나뉜다.
      - 유동자산 : 단기간에 현금화할 수 있는 자산으로 현금, 현금성 자산, 단기금융상품, 유가증권, 단기대여금, 재고자산 등이 있다.
      - 비유동자산 : 단기간에 현금화하기 어려운 자산으로 투자자산, 유·무형 자산 등이 있다.
  ㉡ 포괄손익계산서 : 특정 시점이 아닌 일정 기간 동안 영업성적을 나타내는 표이다.

(4) 재무정보의 질적 특성

재무제표를 통해 제공되는 재무정보가 유용하기 위해 갖추어야 할 주요 속성을 말한다.
① 근본적 질적 특성 : 재무정보가 유용성을 갖추고 의사결정에 도움을 주기 위해 반드시 충족해야 할 필수 요소이다.
  - 목적 적합성 : 의사결정에 영향을 줄 수 있는 정보여야 한다.
  - 표현 충실성 : 정보가 유용하기 위해 충실하게 표현되어야 한다.
② 보강적 질적 특성 : 근본적 질적 특성을 갖춘 재무정보가 더욱 유용하게 사용되기 위해 정보의 유용성을 보강하는 부수적인 특성이다.
  - 비교 가능성 : 정보의 유용성 제고를 위해 항목 간 유사점과 차이점, 기업 간 정보 등을 비교하고 이해할 수 있게 일관된 기준으로 작성해야 한다.
  - 검증 가능성 : 경제적 현상이 충실히 표현되었는지 검증 가능해야 한다.

- 적시성 : 의사결정자가 제때 이용 가능하도록 정보를 제공해야 한다.
- 이해 가능성 : 이해하기 쉽게 명확하게 간결하게 작성하여 유용성을 높인다.

2. 재무비율분석

재무제표 항목들 사이의 비율을 산출하여 다른 기업과 비교하거나 평균적인 비율과 비교하여 기업의 재무상태나 경영성과를 분석하는 방법이다.

(1) 유동성 비율

유동성 비율은 단기채무(1년 이내)를 처리할 수 있는 능력을 측정하기 위한 비율이며, 유동비율과 당좌비율로 구분된다.

① 유동비율 : 높을수록 단기채무를 지급할 수 있는 능력이 좋은 조직으로 평가된다.

$$유동비율(\%) = \frac{유동자산}{유동부채} \times 100$$

② 당좌비율 : 유동비율과 마찬가지로 높을수록 기업의 단기채무능력이 좋은 것으로 평가된다.

$$당좌비율(\%) = \frac{유동자산 - 재고자산}{유동부채} \times 100$$

(2) 레버리지 비율

레버리지 비율은 기업이 타인자본에 의존하고 있는 정도를 나타내는 비율이며 부채비율과 이자보상비율로 구분된다.

① 부채비율 : 기업 자산 중 부채가 차지하는 비율로 낮으면 채권을 구입한 사람의 입장에서는 유리하다.

$$부채비율(\%) = \frac{타인자본(부채)}{자기자본} \times 100$$

② 이자보상비율 : 1보다 작을 경우 영업이익(세전이자 및 감가상각비 전 이익)이 이자비용도 감당하지 못하고 있음을 의미한다.

$$이자보상비율(배) = \frac{영업이익}{이자}$$

(3) 활동성비율

기업이 소유한 자산들의 활용 정도를 평가하는 비율로, 주로 기업의 자산 회전율을 통해 측정된다. 재고자산회전율, 매출채권회전율, 비유동자산회전율, 총자산회전율로 구분된다.

① 재고자산회전율 : 재고자산이 특정 기간 동안 몇 번이나 매출액으로 전환되었는가 하는 비율을 말한다.

$$재고자산회전율(회) = \frac{매출액}{재고자산}$$

② 매출채권회전율 : 매출액이 동일하다면 매출채권이 적은 조직이 매출채권회전율이 높다.

$$매출채권회전율(회) = \frac{매출액}{매출채권}$$

③ 고정자산회전율 : 고정자산회전율이 높을수록 고정자산이 활발하게 이용되고 있음을 말한다.

$$고정자산회전율(회) = \frac{매출액}{고정자산}$$

④ 총자산회전율 : 조직이 총자산을 얼마나 효율적으로 이용하고 있는지를 의미한다.

$$총자산회전율(회) = \frac{매출액}{총자산}$$

(4) 수익성비율

조직이 투자한 금액 혹은 매출액 대비 얼마만큼의 이익을 달성했는가를 측정하는 비율이며, 총자본순이익률, 매출액순이익률, 자기자본순이익률로 구분된다.

① 총자본순이익률(ROI) : 수익성을 대표하는 비율이다.

$$총자본순이익률(\%) = \frac{당기순이익}{총자본} \times 100$$

② 매출액순이익률 : 조직성과를 총괄적으로 파악하는 비율이다.

$$매출액순이익률(\%) = \frac{당기순이익}{매출액} \times 100$$

③ 자기자본순이익률 : 자기자본이익률(ROE)이라고도 한다.

$$자기자본순이익률(\%) = \frac{당기순이익}{자기자본} \times 100$$

(5) 생산성 비율

조직의 투입 대비 산출 정도를 나타내는 비율로 보통 부가가치생산성으로 파악하며, 노동생산성과 자본생산성으로 구분된다.

① **노동생산성** : 종업원 1인당 부가가치생산액을 의미하며, 노동생산성이 높다는 것은 그만큼 노동력이 효율적으로 이용되어 보다 많은 부가가치를 창출하고 있다는 것을 의미한다.

$$노동생산성(원) = \frac{부가가치}{종업원 \ 수}$$

② **자본생산성** : 조직의 총자본 대비 부가가치 창출 비율을 나타낸다.

$$자본생산성(\%) = \frac{부가가치}{총자본} \times 100$$

04 스포츠조직의 손익분기점 분석

1. 손익분기점의 의의

(1) 손익분기점(BEP ; Break Even Point) 개념
① 일정 기간 수익과 비용이 똑같아 이익도 손실도 생기지 않는 경우의 매출액이다.
② 매출액과 그 매출을 위해 소요된 모든 비용이 일치하는 점이다(총수익=총비용).
③ 손익분기점 분석은 비용, 이익 등의 상호관계를 분석하므로 CVP(Cost Volume Profit) 분석이라고도 한다.

(2) 손익분기점 분석
① 모든 비용은 고정비용과 변동비용으로 구분한다.
② 고정비용과 변동비용은 일정하다는 가정을 전제한다.
③ 총영업비용은 고정비용과 변동비용으로 구분한다.
  ㉠ 고정비용 : 일정하게 발생하는 비용
  ㉡ 변동비용 : 변동하는 비용
    • 변동비용(VC) = 제품단위당 변동비 × 매출량 = V · C
    • 총영업비용(TC) = 변동비용(VC) + 고정비용(FC)
  ㉢ 총수익(TR) = 단위당 제품가격(P) × 매출량(Q)

2. 매출량의 손익분기점

영업이익이 0이 되는 생산량 혹은 투입된 비용을 회수할 수 있는 판매량

$$P \cdot Q^* = FC + V \cdot Q^*$$
[P : 단위당 판매가격, Q^* : 손익분기점의 매출량, FC : 총고정비, V : 단위당 변동비]

손익분기점의 매출량의 공식은 $Q^* = \dfrac{FC}{P-V}$ 이며, 여기서 $(P-V)$를 단위당 공헌이익이라 부르는데, 이 부분이 고정영업비용을 회수하고 이익에 공헌한다.

3. 매출액의 손익분기점

영업이익이 0 되는 매출액

$$Q^* \cdot P = \dfrac{FC}{P-V} \cdot P$$

손익분기점의 매출액$(Q^* \cdot P) = \dfrac{FC}{1-\dfrac{V}{P}}$ 이며, $1-\dfrac{V}{P}$를 공헌이익률이라 부른다. 매출액 1원 중에서 고정영업비용을 회수하고 영업이익에 공헌하는 비율을 나타낸다.

> **개념 PLUS** 스포츠서비스업 영업비용의 특징
> - 고정비가 차지하는 비중이 극히 적음
> - 변동비가 대부분을 차지함

4. 목표(영업)이익과 손익분기점

목표로 설정한 (영업)이익을 달성하기 위한 매출량과 매출액

$$\text{목표(영업)이익(매출량)} = \dfrac{\text{고정(영업)비용} + \text{목표(영업)이익}}{\text{공헌이익}} = \dfrac{FC + TP}{P - V}$$

$$\text{목표(영업)이익(매출액)} = \dfrac{\text{고정(영업)비용} + \text{목표(영업)이익}}{\text{공헌이익률}} = \dfrac{FC + TP}{1 - \dfrac{V}{P}}$$

5. 다종품목의 손익분기점

대체로 한 가지 제품만을 생산·판매하는 경우보다는 여러 가지 제품을 생산하여 판매하게 되는데, 이 경우

손익분기점을 찾기란 쉽지 않다. 이럴 때 손익분기점을 구하는 방법으로 가중평균공헌이익률법이 있다.

$$\text{다중품목의 손익분기점(매출액)} = \frac{FC}{W}$$

$[FC : \text{고정비}, \ W : \text{가중평균공헌이익률}]$

05 스포츠조직의 자본조달

1. 자본

(1) 정의
스포츠의 재화와 서비스를 생산하기 위해 필요한 스포츠조직의 자산을 말한다.

(2) 자본비용
① 스포츠조직 입장에서는 자본비용은 자본사용에 대한 비용으로 해석한다.
② 자본제공자 입장에서는 투자한 자금에 대한 대가인 수익률로 해석한다.
③ **자본비용의 분류** : 타인자본비용과 자기자본비용으로 구분된다.
　㉠ 타인자본비용 : 기업이 타인으로부터 자금을 빌리면 적절한 이자를 지급해야 함을 의미
　㉡ 자기자본비용 : 자기자본을 자신의 사업에 투자했다면 그 기회비용만큼 수익을 올려야 함을 의미
④ 자본비용은 보통 가중평균자본비용을 의미한다.
　㉠ 가중평균자본비용 : 자본의 원천별로 자본비용을 구하고 이를 각 자본의 구성비율로 가중평균한 것
　㉡ 자본비용의 중요성
　　• 조직의 자본구조를 분석하여 현재 조직의 가치를 파악하기 위함
　　• 새로운 투자를 할 때 투자로부터 기대되는 현금흐름의 현재가치를 파악하기 위함

2. 자본조달의 원천

(1) **자본조달의 분류** : 내부에 의한 자본조달, 외부에 의한 자본조달로 분류된다.

(2) **내부에 의한 자본조달** : 스포츠조직 자체 내에서 미래에 대한 불확실성에 대비하거나, 사업을 위한 재투자를 위해 사용 가능한 사내보유액을 말한다.

(3) **외부에 의한 자본조달** : 직접금융과 간접금융의 조달 방법이 있다.
① 직접금융 : 주식발행, 채권발행, 기타 조달 방법(민자 유치, 기금, 회원권, 스폰서십)
② 간접금융 : 은행차입, 매입채무, 기업어음

06 스포츠조직의 투자결정

스포츠관련 조직의 원활한 운영을 위해서는 목적에 알맞은 현금흐름을 유지해야 한다. 부적절한 현금흐름은 이윤을 감소시키고, 재정적인 어려움을 야기하며, 부도로 이어질 수 있다.

1. 투자결정과정

(1) 조직의 위험수준과 수익성을 정하는 투자결정은 조직의 가치를 결정하는 가장 중요한 요인이므로, 합리적인 의사결정과정을 따라야 한다.

(2) 일반적인 투자결정과정

> 대상 탐색 → 대상의 현금흐름 측정 → 투자안의 경제성 평가 → 투자안의 선택 → 실행 → 통제

가장 중요한 단계는 현금흐름 측정 및 투자안의 경제성 평가이며, 그 이유는 각 개별적 투자안에 따라 기대되는 현금흐름을 특정하여 경제성 있는 투자안의 선택 여부를 결정해야 하기 때문이다.

2. 투자결정기법

투자안의 경제성 분석에는 화폐의 시간적 가치를 고려하지 않는 방법과 화폐의 시간적 가치를 고려하는 두 가지의 방법이 있다.

(1) 화폐의 시간적 가치를 고려하지 않는 방법 : 회수기간법, 회계적 이익률법

(2) 화폐의 시간적 가치를 고려하는 방법 : 순현가법, 내부수익률법

(3) 이상적인 투자결정기법의 4가지 조건
 ① 측정된 모든 현금흐름이 고려되어야 한다.
 ② 적절한 할인율을 사용하여 화폐의 시간가치를 반영하여야 한다.
 ③ 가치의 가산원칙을 따라야 한다.
 ④ 조직의 가치를 극대화할 수 있는 투자안을 선택할 수 있어야 한다.

(4) 확실성하의 투자결정기법
 ① 화폐의 시간적 가치를 고려하지 않는 방법
  ㉠ 회수기간법(PP ; Payback Period)
   • 투자한 비용을 회수하는 데 걸리는 시간을 구하여 투자의사결정을 한다.
   • 회수기간이 짧을수록 안전한 투자안이므로, 투자안의 회수기간이 목표회수기간보다 짧으면 투자안을 채택하고, 길면 채택하지 않는다.

ⓒ 회계적 이익률법
- 평균이익률법이라고도 한다.
- 연평균순이익 대비 연평균투자액의 비율(연평균순이익/연평균투자액)이다.
- 투자안의 회계 이익률이 목표회계 이익률보다 크면 투자안을 채택하고, 작으면 채택하지 않는다.

② 화폐의 시간적 가치를 고려한 방법
㉠ 순현재가치법(순현가법, NPV ; Net Present Value)
- 투자로 발생할 미래의 모든 현금흐름을 적절한 할인율로 할인하여 산출한 현금유입액의 현재가치에서 현금유출액의 현재가치(= 투자비용)를 차감한 값을 말한다.
- 화폐의 시간적 가치를 고려하며, 순이익이 아닌 현금흐름으로 투자안을 평가한다.
- 가치의 가산 원칙이 적용된다.
- 내부수익률법보다 계산이 쉽다.
- NPV이 0이거나 0보다 크면 투자가치가 있는 것으로 보아 투자안을 채택하고, NPV가 0보다 작으면 투자안을 기각한다.

㉡ 내부수익률법(IRR ; Internal Rate of Return)
- IRR(내부수익률)은 투자로 인해 발생하는 현금 유입의 현재가치와 현금유출의 현재가치(투자비용)를 일치시켜 투자안의 순현재가치(NPV)를 0이 되게 하는 할인율이다.
- IRR이 자본비용이나 요구수익률보다 높으면 투자안을 채택하고, 낮으면 기각한다.

㉢ 수익성지수법(PI ; Profit Index)
- 미래의 현금흐름(미래에 회수할 수 있는 금액의 현재가치)을 투자액(초기 투자금액의 현재가치)으로 나눈 것이다(미래현금흐름의 현재가치/투자액).
- 화폐의 시간가치를 고려한 것이다.
- 순현재가치(NPV)가 같은 둘 이상의 사업 비교 시 유효한 지표이다.
- PI가 1보다 크면(즉, 미래 현금흐름의 현재가치 합이 투자액보다 크면) 투자안을 채택하고, PI가 1보다 작으면 투자안을 기각한다.

(5) 불확실성하의 투자결정기법

① 위험조정할인율법
미래에 예상되는 불확실한 현금흐름에 부합하는 할인율을 사용하여 투자안의 경제성을 평가하는 방법이다.

② 확실성등가법
불확실성, 위험이 있는 미래현금흐름을 확실한 현금흐름으로 조정한 후, 무위험이자율을 사용하여 투자안의 경제성을 평가하는 방법이다.

CHAPTER 05 스포츠생산관리

■ 학습목표
본 장에서는 스포츠생산관리를 이해하기 위해서 스포츠생산관리의 개념, 스포츠생산과정설계, 스포츠시설의 입지와 배치, 그리고 스포츠품질에 대해 살펴볼 것이다. 스포츠생산관리 부분은 스포츠경영관리사의 스포츠경영파트에서 매회 약 5문제 정도 출제되고 있으므로, 내용을 반드시 숙지해야 한다.

■ Check
□ 스포츠생산관리에 대한 개념을 숙지한다.
□ 스포츠생산과정설계에 대한 내용을 숙지한다.
□ 스포츠시설의 입지와 배치에 관한 내용을 숙지한다.
□ 스포츠서비스품질의 구성요소를 숙지한다.

01 스포츠생산관리

1. 생산관리의 의의

(1) 정 의

① 생산(Production)은 생활에 직·간접적으로 필요한 상품이나 서비스를 만들어 내는 일을 말한다.
② 생산과정(Production Process)은 기업이 소유하고 있는 인적·물적·지적자원 투입-전환-산출의 과정을 통해 상품이나 서비스로 창출하는 과정을 말한다.
③ 생산관리(Production Management)는 생산과 관련된 일련의 활동을 계획하고 조직하고 통제하는 일련의 활동을 말한다.

(2) 스포츠서비스업의 생산관리

① 구성요소 : 스포츠서비스업의 생산관리 과정은 고객 상호작용과정과 후방지원과정으로 구분할 수 있다.
② 고객 상호작용과정 : 스포츠서비스를 제공하는 조직과 스포츠서비스를 구입하는 고객 사이의 직접적인 상호작용 관계를 뜻하는 것으로, 고객이 스포츠조직이 제공하는 서비스를 경험한 후 서비스품질에 대한 평가를 결정하므로 스포츠서비스조직에 매우 중요한 과정이다. 각종 운영시스템, 종업원, 스포츠시설 등이 포함된다.
③ 후방지원과정 : 고객 앞이 아닌 후방에서 지원하는 활동을 뜻한다. 각종 운영시스템 지원, 경영지원, 스포츠시설의 유지 및 관리 등이 포함된다.

(3) 스포츠용품 제조업의 생산관리

① 스포츠기업이 보유하고 있는 자원을 바탕으로 스포츠상품을 생산하여 소비자에게 제공하는 생산활동을 말한다.

② 생산시스템의 관리요소 : 총괄생산계획, 주생산계획, 자재소요계획, 일정계획 등이 있다.

  ㉠ 총괄생산계획 : 중기계획으로 기업이 보유한 생산능력의 범위 내에서 생산량, 재고수준, 고용수준, 잔업수준, 하청수준 등을 결정하는 총괄적인 계획을 말한다.

  ㉡ 주생산계획 : 총괄생산계획에 따른 분기별, 월별 또는 주별 단위로 생산량 및 생산시기를 구체적으로 계획하는 것이다.

  ㉢ 자재소요계획 : 제품생산에 따른 자재의 소요량을 계획하는 것으로 기업의 재고를 줄일 수 있고, 노동력과 설비의 효율성을 높일 수 있다.

  ㉣ 일정계획 : 작은 단위로 작업계획을 구체화한 것으로, 전통적인 수작업 일정계획 방식과 프로젝트의 대표적 일정관리기법인 PERT/CPM 등이 있다.
    • 간트도표 : 생산작업 순서를 결정하고 이에 대한 진행상황을 가로로 나타내어 기업의 생산활동 진행상황을 한눈에 볼 수 있게 하는 막대그래프
    • PERT/CPM : 규모가 큰 프로젝트의 일정계획과 통제를 위해 개발된 대표적인 기법. PERT는 전체 프로젝트를 구성하고 있는 활동과 그 선후관계를 네트워크로 표현하는 것이고, CPM은 전체 프로젝트상 여러 공정 중에서 가장 시간이 많이 걸릴 것으로 판단되는 애로공정을 뜻하므로 설립하고자 하는 시설이 복잡할 때 사용하는 일정계획방법을 말한다.

③ 생산시스템의 종류

  ㉠ 자재소요계획(MRP) : 원재료·부품·반제품 등과 같은 종속적 수요의 재고 주문 및 생산계획을 처리하도록 만들어진 정보시스템으로, 재고관리 및 일정계획과 통제 두 가지 기능을 동시에 수행한다.

  ㉡ 적시생산시스템(JIT) : 제품생산에 요구되는 부품 등 자재를 필요한 시기에 필요한 수량만큼 조달하여 재고를 최소화하고 공간절약을 통해 비용을 절감하는 등 낭비적 요소를 근본적으로 제거하려는 생산시스템으로, 대량의 반복생산체제에 적합하다. JIT시스템은 일본 도요타 자동차의 초대 사장인 도요타 기이치로가 창안하였다.

  ㉢ 공급사슬관리(SCM) : 공급자로부터 기업 내 변환과정, 유통망을 거쳐 최종 고객에 이르기까지 자재, 서비스 및 정보의 흐름을 전체 시스템의 관점에서 관리하는 것을 말한다.

  ㉣ 동시공학(Concurrent Engineering) : 설계, 기술, 제조, 구매, 마케팅, 서비스 등 제품 개발의 모든 부서 담당자가 하나의 팀을 구성하고 통합된 정보 통신망 및 전산 시스템을 활용하여 정보를 교환하면서 제품개발 과정을 단축하고 성공 가능성을 높이는 방법이다.

  ㉤ 컴퓨터통합생산(CIM) : 각 업무기능의 낭비와 정체를 제거하고 업무 자체의 단순화·표준화를 위해 제조, 개발, 판매, 물류 등 일련의 과정을 컴퓨터 네트워크로 통합하는 생산관리시스템이다.

  ㉥ 모듈화(Modularization) 생산 : 대규모 작업을 여러 개의 작은 구성 요소로 나누어 표준화하는 것으로 각각의 모듈은 상호 연결되어 있으며 다양하게 구성할 수 있다. 모듈화 생산은 제품 개발 기간과 조립시간 단축을 통해 복잡성과 고비용 문제를 해결하고, 소비시장의 표준 제품을 보다 빠르고 효율적으로 맞춤 제작할 수 있어 생산성 향상이 가능하다.

> **개념 PLUS** 채찍효과(Bullwhip Effect)
>
> - 제품에 대한 최종소비자의 수요변동 폭은 크지 않지만, 소매상, 도매상, 제조업자, 원재료 공급업자 등 공급사슬을 거슬러 올라갈수록 수요변동 폭이 크게 확대되어 수요 예측치와 실제 판매량 사이의 차이가 커지는 현상이다.
> - 공급사슬 내에서 하류의 고객주문 정보가 상류로 전달되면서 정보가 왜곡되고 확대되는 현상을 의미한다.

④ 전사적자원관리(ERP ; Enterprise Resource Planning)
  ㉠ 기업 내 독립적으로 운영되어 온 생산, 물류·유통, 재무, 회계, 인사 등 영역별 경영활동 프로세스를 연계하여 시스템을 구축하고 단일 플랫폼으로 통합하여 관리하는 것이다.
  ㉡ 기능영역 정보시스템들 사이의 커뮤니케이션 결여를 바로잡고자 하는 것이다.
  ㉢ 기업 활동에 필요한 모든 자원을 통합·관리하고 정보를 공유하여 관리자의 빠른 의사결정을 도와주며, 효율적인 업무처리가 가능하다.
  ㉣ 구축·실행을 위한 개발비용 및 기간이 많이 소요되는 편이다.
  ㉤ 도입 효과 : 신기술 수용 및 활용, 사업장 및 업무 통합, 정보 적시 제공, 비즈니스 프로세스 통합을 통한 고객서비스 개선 등

2. 스포츠 생산과정 설계

스포츠산업의 생산활동은 일반적으로 수요예측, 제품설계, 입지선정, 시설배치, 운영 및 품질관리로 이루어지며, 이를 잘 관리하기 위한 과정설계가 필요하다.

(1) 생산과정 분석

① 개 념
  ㉠ 제품, 서비스 생산과정 활동 및 흐름을 개선하기 위한 체계적인 방법이다.
  ㉡ 각 과정에 따른 도표를 기초로 분석하여 효율적인 과정의 틀을 마련하기 위한 것이다.
② 생산과정 분석의 구분
  ㉠ 내부적 기업지원 활동
    - 지속적인 기술개발이 가능하도록 환경, 시스템 최신화 및 업무의 원활한 흐름 등 체계적으로 시스템 구축을 위한 투자가 요구된다.
    - 아울러 경영자의 높은 관심과 적극적인 지원 및 적절한 통제가 없으면 제품 및 서비스에 한계가 올 수 있으므로, 경영진들의 지원이 필요하다.
    - 또한 기업 내부에서 이루어지는 물적 지원도 비록 소비자에게 직접적으로 보이는 부분은 아니나 소비자의 스포츠 관람, 참여 및 스포츠용품을 원활하게 구매할 수 있도록 지원하는 분야에 해당한다.
  ㉡ 소비자 대응활동
    - 소비자와의 직접적인 상호작용을 의미한다.
    - 소비자가 성공적으로 스포츠상품을 구매하게 하기 위해서는 일관되고 사용되기 편리한 시스템을 구축하여야 한다.

- 특히, 가장 중요한 부문은 판매직원, 안내원, 선수 등으로 볼 수 있는데, 이들은 실제 소비자들을 직접 응대한다고 볼 수 있으므로 소비자에 대한 서비스 마인드를 향상하고자 하는 노력이 필요하다.

(2) 생산과정 설계 시 고려사항

① 서비스 전략
  ㉠ 전반적인 서비스 콘셉트(Concept)는 최고경영자가 주도적으로 결정한다.
  ㉡ 목표를 명확히 하고 경쟁기업과 차별되는 실행전략을 수립한다.
② 소비자 접촉
  ㉠ 소비자가 생산과정에 참여(관여)한다는 의미로 정보나 화폐교환, 신체적 접촉, 팀과 선수들의 팬서비스, 최종제품 제공과정 참여 등이 포함된다.
  ㉡ 소비자와 만남의 시간이 길어질수록 소비자 통제에 대한 어려움이 증대하고, 서비스 과정을 합리적으로 관리하기 어려워지므로 이에 대한 적절한 대응이 필요하다.

02 스포츠시설의 입지와 배치

1. 스포츠시설의 입지

(1) 입지의 이해
① 경기를 원활하게 운영할 수 있는 경기장 시설이나 체력 단련을 위한 스포츠 센터 등의 위치를 말한다.
② 스포츠시설의 입지는 사업 진출 결정 시 가장 먼저 결정해야 하고 막대한 초기투자를 유발하므로, 시장환경, 소비자의 욕구, 부대시설뿐만 아니라 교통, 통신 등도 고려해야 한다.

(2) 입지의 고려요인
① 소비자의 접근용이성
  ㉠ 자가용, 대중교통을 이용하여 편하게 장소를 방문할 수 있다면 소비자가 쉽게 시설을 찾을 수 있기 때문에, 접근용이성이 매우 중요하다.
  ㉡ 상업성을 고려한다면 유동인구가 많은 곳이 유리하며, 편리한 주차시설 등을 갖춘 곳이라면 더욱 효율적이다.
② 경쟁자의 위치와 수
  ㉠ 경쟁시설과 일정한 거리를 유지하는 것이 중요하다. 기존의 시설이 잘 운영되고 있다면 가급적 피하고, 새로운 시장을 획득할 수 있는 장소가 좋다.
  ㉡ 시간이 지남에 따라 한 도시 내에 많은 경쟁시설이 공존할 수 있으므로 지속적으로 주변 환경을 탐색해야 한다.
③ 인력수급 방법 : 전문 인력에서 현장인력까지 다양한 인력이 필요하기에 인력을 공급할 수 있는 지역사회의 규모와 발달 정도가 중요하다.

④ **지역사회의 인구통계학적 특성** : 인구 구성, 소득 수준, 연령대, 소비 등 인구 구조와 특성 분석을 통해 지역사회의 소비자 특성을 파악해야 한다.

(3) 수요예측

수요예측은 수요분석을 기초로 장래 수요를 예측하는 것으로, 크게 질적 방법과 양적 방법으로 구분된다.

① **질적 방법** : 정성적인 방법으로 주관적 의견·판단을 중시하며 중·장기적 예측에 활용한다.
  ㉠ 델파이법 : 전문가그룹 선정 후 반복적인 설문조사를 통해 수요 예측치를 추정하는 것이다(전문가 의견통합법).
  ㉡ 시장조사법 : 인터뷰, 설문지, 면접법 등으로 소비자의 의견을 직접 확인하고 시장 상황 관련 자료를 수집하여 예측하는 방법이다.
  ㉢ 명목집단법 : 전문가들이 각자 최적의 아이디어를 생각한 후 한 곳에 모여 익명으로 서면 형식의 아이디어를 내고 토론과 투표를 통하여 의견을 수렴하는 것이다.
  ㉣ 패널동의법 : 경영자, 판매원, 소비자 등으로 패널을 구성하여 자유롭게 의견을 제시하게 하고 이를 모아 예측치를 구하는 방법이다.
  ㉤ 시나리오기법 : 전문가 집단의 브레인스토밍과 예측을 전담하는 프로젝트 조직에 의해 환경변화 등에 대한 분석을 통해 미래의 인력수요변동을 예측하는 방법이다.

② **양적 방법** : 정량적 기법으로, 객관적인 데이터를 중시하여 주로 단기적 예측에 활용된다.
  ㉠ 시계열(Time Series) 분석
   • 시계열 : 일정한 시간 간격으로 본 일련의 과거자료이다.
   • 시계열 분석 : 시계열을 따라 제시된 과거자료로부터 그 추세나 경향을 파악하여 장래 수요를 예측하는 방법이다.
   • 시계열 분석의 종류

이동평균법	단순이동평균법	최근 몇 기간 동안의 시계열 관측치 평균을 내고, 이 평균치를 다음 기간 예측치로 사용하는 방법이다.
	가중이동평균법	직전 N 기간의 자료치에 합이 1이 되는 가중치를 부여한 다음 가중 합계치를 예측치로 사용하는 방법으로, 최근의 값에 가중치를 좀 더 준다.
지수평활법		지수적으로 감소하는 가중치를 이용하여 최근 자료일수록 더 큰 비중, 오래된 자료일수록 더 작은 비중을 두어 미래수요를 예측한다.

  ㉡ 인과형 분석
   • 수요를 종속변수(결과변수)로, 수요에 영향을 미치는 요인들을 독립변수(원인변수)로 하여 양자의 관계를 파악하는 수요예측기법이다.
   • 인과형 분석의 종류
    – 회귀분석모형 : 한 변수 혹은 여러 변수가 다른 변수에 미치는 영향력의 크기를 회귀방정식이라고 불리는 수학적 관계식으로 추정하고 분석하는 통계적 분석방법이다.
    – 계량경제모형 : 각 경제변수에 수치를 주어 정량화하고 변수 간에 관계를 설정한 후 경기예측모형을 만들어 경기를 예측하는 방법이다.

– 투입/산출모형 : 산업부문 간의 상호의존관계를 파악하여 투입변수와 산출변수 간의 관계를 분석하는 방법이다.

(4) 스포츠 시설의 입지 결정 모델

스포츠 시설 입지를 결정하기 위해 여러 요인을 수치화하여 평가하는 계량적인 모델을 사용하며, 대표적인 기법으로 가중치이용법과 중력모델법이 있다.

① 가중치이용법

㉠ 가장 간단하고 이해하기 쉬운 기법이며, 요인평가법이라고도 불린다.

㉡ 요인들을 선별하여 열거한 후, 중요도에 따라서 가중치(모든 가중치의 합은 1이 되어야 함)를 부여하여 계산하는 방법이다.

② 중력모델법

주로 거리와 운반물량을 기준으로 하여 각각의 목적지에 상품을 운반할 때 비용을 최소화할 수 있는 특정 지역을 찾아내는 방법이며, 거리가 증가함에 따라 비용이 증가한다고 가정한다.

$$A_{\alpha\beta} = \frac{S_\beta}{T_{\alpha\beta}^\lambda} \times 100$$

$A_{\alpha\beta}$: 고객 α의 시설물 β에 대한 매력도
S_β : 시설물 β의 규모
$T_{\alpha\beta}$: 고객 α가 시설물 β로 이동한 시간
λ : 이동시간이 고객의 관람이나 참여에 미치는 영향 정도(조사에 의해 알맞은 값이 주어짐)

(5) 스포츠 시설의 규모 결정

① 시설 규모의 결정은 수요 예측과 밀접한 관계가 있다.

② 소비자 수요에 비해 규모가 크면 초기 투자비용뿐 아니라 향후 수익보다 지출이 더 클 것이며, 반면 시설물이 협소하다면 방문하는 소비자들을 모두 수용하지 못하기에 수익창출의 기회를 잃게 된다.

③ 시설 규모에 따른 여러 대안을 평가하는 방법 중 대표적인 방법으로 의사결정나무 분석이 있다.

④ 의사결정나무 분석법

㉠ 가능한 대안들이 의사결정자에게 미치는 결과를 그림으로 표현한 것이다.

㉡ 몇 개의 마디와 마디에서 나온 가지들로 구성되며, 왼쪽에서 오른쪽으로 해석한다.

㉢ 사각형 마디는 의사결정마디라 부르고, 여기에서 갈라져 나온 많은 가지들은 대안이 되며 이를 기회마디라 부른다.

㉣ 가능한 한 여러 대안 중 최적의 대안을 발견하는 것이다.

2. 스포츠시설의 배치

스포츠시설의 입지가 결정되면 다음으로 수행하여야 하는 일은 스포츠시설물 내에 설비를 배치하는 것이다. 배치란 스포츠시설물 내 물리적 공간을 시간, 비용, 기술의 제약하에 최적으로 배열하는 것을 말한다. 설비의 배치는 최소의 비용으로 최적의 배열을 통해 스포츠시설물을 효과적으로 운영하고 이용자의 편리성을 증대할 수 있으므로 매우 중요한 요소이다.

(1) 시설배치의 고려요인

① 자본투자 : 무조건 시설배치를 최소한의 비용으로 하는 것이 아니라 경제적이고 효과적인 투자가 필요하다.
② 업무처리의 능률화 : 이용자가 편리하게 스포츠시설을 사용할 수 있고, 운영요원들이 상호접촉이 많은 사람들과 원활히 상호교류를 할 수 있도록 시설을 배치한다.
③ 시설물의 유연성 : 다양한 목적으로 시설물을 활용할 수 있도록 유연성을 확보해야 한다. 다양한 경기를 치를 수 있도록 수정이 용이하게 이루어질 수 있는 시설물을 배치한다.
④ 소비자의 편의성 : 이동 및 편의시설 등의 이용 시 어려움이 없어야 한다.
⑤ 심미성 : 시설물 배치가 효율적으로 되었다고 해도 미관상 아름답지 않으면 재배치에 대해 고려해야 하며, 사회·경제적 지위가 상승할수록 미적인 요소가 강조된다.

(2) 종합 스포츠 센터의 시설배치

① 운영관리 시설의 집중 : 출입문에서 중앙 홀까지를 운영관리축으로 하여, 각 활동군(정보자료실, 관리사무실)의 접근을 용이하게 한다.
② 기능별 시설의 분리
  ㉠ 활동의 규모와 성격을 고려하여 수직적으로 기능을 분리하는데, 동적활동과 수중 활동군을 저층에 배치하며, 정적그룹인 문화 활동공간을 고층에 배치한다.
  ㉡ 포스코 스포츠센터의 경우는 수중 활동군을 상층에 배치한 예외적 사례이다.
  ㉢ 소비자들이 시설물을 이용하는 데 동선, 소음 및 정적활동이 방해가 되지 않아야 한다.
③ 대기행렬이론
  ㉠ 시설을 이용하기 위해서 기다리는 줄을 대기행렬이라 하고, 이것을 체계적으로 분석하는 틀을 대기행렬이론이라고 한다.
  ㉡ 대기에 따른 비용(기회손실)과 서비스 시설 확충 시의 비용이라는 상충적인 관계에서 총비용(대기비용 + 시설확충비용)을 최소화하는 데 목표를 둔다.
  ㉢ 대기행렬이론은 확률적 분석이 필요하며, 도착율과 서비스율이 푸아송 분포를 띠고, 도착간격과 서비스시간이 지수분포를 이룬다는 가정을 전제로, 다음과 같은 성과지표를 활용하여 예측할 수 있다.

① 시스템에 도착하여 서비스를 받기 위해 대기하는 평균시간 → $T_w = \dfrac{\lambda}{\mu(\mu-\lambda)}$

② 시스템에 도착하여 떠날 때까지의 평균 소요시간 → $T_s = \dfrac{1}{\mu-\lambda}$

③ 시설이용률 → $\rho = \dfrac{\lambda}{\mu}$

④ 시스템 내에 있는 평균 고객 수 → $N_s = \dfrac{\lambda}{\mu-\lambda}$

⑤ 시스템 내에서 기다리고 있는 평균대기 고객 수 → $N_w = \dfrac{\lambda^2}{\mu(\mu-\lambda)}$

(μ : 단위시간당 평균서비스 처리능력, λ : 단위시간당 도착하는 평균 고객수)

> **개념 PLUS** 스포츠 시설의 매력성 관리
>
> - 스포츠 시설은 이용하는 데 불편함이 없도록 관리되어야 함
> - 스포츠 시설은 시설 규모에 근거한 수용인원을 준수하여 관리되어야 함
> - 스포츠 시설은 접근이 용이하도록 관리되어야 함
> - 스포츠 시설은 보기 좋고 아름답게 관리되어야 함

03 스포츠서비스

1. 스포츠서비스 품질 관리

스포츠서비스 품질은 무형성이 있고, 사용자 중심의 평가가 이루어지므로 고객의 요구에 부합하게 관리해야 한다. 대표적 측정기준으로는 파라슈라만 등이 제시한 서비스 품질의 5가지 구성요인이 있다.

(1) 스포츠서비스 품질의 정의

① 현재의 스포츠상황을 볼 때, 스포츠조직이 소비자에게 소구할 수 있는 가장 확실한 방법은 확장제품을 제공하는 것이며 이는 서비스적 측면이 매우 강하다.

② 기업의 제품 및 서비스를 구매한 소비자가 판단하는 서비스품질의 수준이라 할 수 있으며, 스포츠서비스 품질은 스포츠와 관련된 제품과 서비스를 구매한 경험이 있는 서비스에 대한 스포츠소비자의 주관적인 판단이라 할 수 있다.

③ 서비스에 대한 사전 기대와 서비스를 경험(구매)한 후의 평가와의 관계에 의해 나타날 수 있다.

(2) 스포츠서비스 품질의 5가지 구성요인

① 신뢰성(Reliability) : 약속한 서비스를 정확하고 믿음직하게 전달할 수 있는 능력을 말한다.

② 확실성(Assurance) : 종업원의 공손함과 지식, 그리고 소비자에게 신뢰와 확신을 심어 줄 수 있는 능력을 말한다.

③ 공감성(Empathy) : 기업이 자상하고 개별적인 관심을 소비자에게 보여 주는 것을 말한다.
④ 반응성(Responsiveness) : 고객을 도와 주려는 의지를 가지고 즉각적인 서비스를 제공하는 것을 말한다.
⑤ 유형성(Tangibles) : 물리적인 시설과 장비 및 종업원의 외모에 관한 것을 말한다.

2. 스포츠이벤트

(1) 개요

① 특성 : 현장성, 진실성, 체험성(체험을 통한 감각적 자극 획득), 통합성(사회, 문화 등 다양한 영역을 넘어서는 주제로 통합), 상호교류성(커뮤니케이션을 통한 신뢰·교류 형성), 감정적 호소, 대중성 등
② 스포츠이벤트 매력도 결정요소
  ㉠ 통제 가능한 요소 : 이벤트 규모, 입장티켓 가격, 특별행사 유무 등
  ㉡ 통제 불가능한 요소 : 관람객의 인구통계적 특성
③ 대형 스포츠이벤트 개최 시의 긍정적 효과 : 지역경제 활성화, 관광객 유입 증가, 이미지 제고, 스포츠 인프라 개성
④ 스포츠이벤트에서 스포츠마케팅 대행사의 역할 : 스포츠단체와 스폰서 조사 및 평가 대행, 스포츠이벤트 중계권 판매 및 협상 대행, 기업 스포츠 스폰서십 프로그램 대행 등

(2) 전략 기획

① 스포츠이벤트 기획 시 고려사항 : 화제성, 감동성, 오락성
② 스포츠이벤트 설계 시 고려요소
  ㉠ 중요 요소 : 운동선수와 경기장, 소비자 선호도, 후원업체의 존재 여부 등
  ㉡ 중요성이 떨어지는 요소 : 스포츠용품 제조업체
③ 스포츠이벤트 전략 기획
  ㉠ 스포츠이벤트 기획 단계 : 도입 → 실행계획 수립 → 실행 → 평가
  ㉡ 도입 : 스포츠이벤트 기획서 작성 시 상황을 분석하여 해결해야 할 임무 또는 과제를 발견하여 과제와 목적 및 콘셉트, 즉 기획 방향성이나 목표 설정
  ㉢ 실행단계 고려사항 : 스포츠이벤트의 목적, 프로그램 및 스케줄, 참가자 특징, 시설물 사용규칙, 시간제약(소요시간 파악), 예산 한계(이벤트 실행을 위한 예산 및 지출계획), 이벤트 지연 시 대책, 이벤트 규정 등 광범위한 요소 고려 필요

> **개념 PLUS** 스포츠를 이용한 상품의 형태
>
> • 직접상품 : 경기, 시설, 선수, 감독, 이벤트 분위기 등 스포츠이벤트 그 자체
>   예 FC서울-Manchester United의 경기 입장권
> • 간접상품(확장상품) : 기존 스포츠상품을 기반으로 새로운 가치를 창출한 부가상품
>   예 대한축구협회 스폰서십 프로그램, MLB 라이선싱 제품, 나이키 Air Jordan 시리즈

필기 출제예상문제

01 야구공을 생산하는 회사의 월별 생산량 자료 중 최근 3개월 자료를 활용, 가중이동평균법을 적용하여 구한 6월의 예측생산량으로 옳은 것은? (단, 가중치는 5월 0.5, 4월 0.3, 3월 0.2를 적용함)

구 분	2월	3월	4월	5월
생산량(개)	90만	70만	90만	110만

① 87만 개
② 90만 개
③ 91만 개
④ 93만 개

해설 6월 생산량을 예측하는 데 최근 3개월 자료를 사용하라고 했으므로 3·4·5월의 자료를 참고하면 되며, 3·4·5월의 생산량에 가중치를 곱해 더하면 된다.
= (100만 × 0.5) + (90만 × 0.3) + (70만 × 0.2)
= 50만 + 27만 + 14만
= 91만

02 스포츠에 대한 수요는 소득효과와 대체효과로 인해 발생한다. 소득효과와 대체효과에 대한 설명으로 옳지 않은 것은?

① 소득효과는 소득이 늘어났으므로 스포츠의 수요가 늘어나는 경우이다.
② 대체효과는 스포츠에 대한 수요가 일반제품에 대한 수요로 대체되는 경우이다.
③ 소득효과와 대체효과의 발생은 소비자의 내면적 심리상태에 의해 좌우되는 무차별곡선 형태에 따라 달라진다.
④ 소득수준이 향상된 후 스포츠에 대한 수요가 늘어나려면 대체효과가 소득효과보다 커야 한다.

해설 소득수준이 향상되어 스포츠에 대한 수요가 늘어나기 위해서 대체효과가 소득효과보다 커야 한다는 것은 의미상 맞지 않으며, 반대로 해석되어야 한다.
• 소득효과는 특정 제품 가격의 변화(인하 또는 인상)로 인해 실질 소득 증감에 의해 제품 구매량이 변화는 효과를 의미하며, 대체효과는 특정 제품 가격의 변화(인하 또는 인상)로 인해 비싼 제품의 구매량이 감소하고, 저렴해진 제품은 구매량이 증가하는 효과를 의미한다.
• 쉽게 말해 소득효과는 실질 소득의 증가 혹은 감소에 따라 수요가 늘어나거나(우등재) 수요가 줄어드는 것(열등재)을 의미하며, 대체효과는 제품의 가격 변화로 인해 생기는 구매량의 변화를 말한다. 예를 들어, 사고자 하는 제품의 가격이 오를 경우 다른 제품(대체재)을 대신 소비함으로써 수요가 줄어드는 것을 의미한다.
• 소득효과와 대체효과는 무차별곡선으로 해석할 수 있으며, 소득효과는 더 높은 무차별곡선으로 이동함에 따라 발생하는 소비변화이고, 대체효과는 무차별곡선상에서 한계대체율이 다른 점으로 움직임에 따라 발생하는 소비변화라 볼 수 있다.

정답 01 ③ 02 ④

03 직무평가 시 각 직무의 중요도, 책임도 등을 종합적으로 판단하여 직무가치를 평가하는 방법은?

① 점수법
② 서열법
③ 요인비교법
④ 분류법

> **해설** 점수법은 직무의 가치를 점수로 나타내 평가하는 것을 의미하고, 요인비교법은 가장 핵심이 되는 몇 개의 기준 직무를 선정하고 각 직무의 평가요소를 직무의 평가요소와 결부하여 비교하는 방법이며, 분류법은 직무의 가치를 구분하는 등급표를 만들고 평가 직무를 맞는 등급으로 분류하는 방법을 의미한다.

04 한 피트니스센터의 샤워부스에 시간당 평균 고객 수는 4명이고, 이 샤워부스의 시간당 서비스 처리능력은 8명이다. 도착율과 서비스율은 푸아송분포를 이루고, 도착간격과 서비스 시간은 지수분포를 이루고 있을 때 고객이 샤워부스에 도착하여 샤워를 하기 위해 대기하는 평균시간은 몇 분인가?

① 6
② 6.5분
③ 7분
④ 7.5분

> **해설** 고객이 어느 시스템에 도착하여 서비스를 받기 위해 대기하는 평균시간의 공식은 다음과 같다.
>
> $$T_w = \frac{\lambda}{\mu(\mu - \lambda)}$$
>
> (μ : 단위시간당 평균서비스 처리능력, λ : 단위시간당 도착하는 평균 고객 수)
>
> 이에 $T_w = \frac{4}{8(8-4)}$ 가 되므로 $\frac{1}{8}$ 시간, 즉 7.5분이 된다.
>
> **참고하기**
>
> ※ 본 문제는 다양한 형태로 출제될 수 있으므로 다음의 지표를 반드시 숙지하여 문제풀이에 응용하시기 바랍니다.
>
> | | |
> |---|---|
> | 시스템에 도착하여 서비스를 받기 위해 대기하는 평균시간 | $T_w = \frac{\lambda}{\mu(\mu - \lambda)}$ |
> | 시스템에 도착하여 떠날 때까지의 평균 소요시간 | $T_s = \frac{1}{\mu - \lambda}$ |
> | 시설이용률 | $\rho = \frac{\lambda}{\mu}$ |
> | 시스템 내에 있는 평균 고객 수 | $N_s = \frac{\lambda}{\mu - \lambda}$ |
> | 시스템 내에서 기다리고 있는 평균대기 고객 수 | $N_w = \frac{\lambda^2}{\mu(\mu - \lambda)}$ |

05 다음 스포츠시설 관련 투자안(A, B, C)에 대하여 수익성지수(PI)를 통한 투자순위를 바르게 나열한 것은?

> - 투자안 A – 투자비용 200만 원, 순현가치 610만 원
> - 투자안 B – 투자비용 150만 원, 순현가치 200만 원
> - 투자안 C – 투자비용 100만 원, 순현가치 310만 원

① A > B > C
② A > C > B
③ B > A > C
④ C > A > B

해설 수익성 지수(PI)는 투자금액 대비 회수할 수 있는 금액에 대한 비율로 지수가 1보다 크면 경제성이 있어 투자할 가치가 있다고 본다.

> 수익성 지수(PI) = 미래에 회수할 수 있는 금액의 현재가치 / 초기 투자금액의 현재가치

- 투자안 A의 수익성 지수(PI) = 610 / 200 = 3.05
- 투자안 B의 수익성 지수(PI) = 200 / 150 = 1.3
- 투자안 C의 수익성 지수(PI) = 310 / 100 = 3.1

따라서 투자안 C(PI = 3.1) > 투자안 A(PI = 3.05) > 투자안 B(PI = 1.3)의 순서로 투자순위가 결정된다.

06 기업의 전략적 단위 활동을 나타내는 가치 사슬모델에서 주요 활동(Primary Activities)에 해당하지 않는 것은?

① 운영 · 제조
② 입고 · 출고
③ 영업 · 마케팅
④ 인적자원관리

해설 가치사슬모델은 본원적 활동(Primary Activity)과 지원활동(Support Activity)로 구분된다.
- 본원적 활동 : 입고(입력), 운영(생산 · 처리), 출고(저장 · 분배), 마케팅, 판매, 서비스
- 지원활동 : 기업의 인프라스트럭처(회계 · 재무 · 경영), 인적자원관리, 기술 개발, 조달 프로세스 등

07 매년 말 200만 원을 영원히 지급받는 영구연금의 현재가치는? (단, 연간이자율은 10%)

① 1,400만 원
② 1,600만 원
③ 1,800만 원
④ 2,000만 원

> **해설** 영구연금은 매년 말 일정 금액의 연금을 영원히 지급받는 것을 의미한다.
> 영구연금의 현재가치 = 매기말에 수령하는 일정액의 연금 / 이자율
>   = 200만 원 / 0.1
>   = 2,000만 원

08 투자안의 경제성 평가방법에 관한 설명으로 옳지 않은 것은?

① 회계적이익률법은 화폐의 시간적 가치를 고려하지 않는다.
② 회수기간법은 회수기간 이후의 현금흐름을 고려한다.
③ 순현재가치법에서는 가치의 가산원리가 적용된다.
④ 내부수익률법은 내부수익률이 자본비용보다 클 경우 투자안을 채택한다.

> **해설** ② 회수기간법은 투자안의 회수기간을 계산하여 이를 기초로 목표회수기간과 비교하여 투자안을 평가하는 방법이며, 회수기간이 짧은 투자안을 선택한다.

> **참고하기**
> - 화폐의 시간적 가치를 고려 : 순현재가치법, 내부수익률법, 수익성지수법
> - 화폐의 시간적 가치를 비고려 : 회수기간법, 회계적이익률법

09 스포츠조직의 일반적인 경영관리 과정이 바르게 나열된 것은?

① 계획 → 조직 → 지휘 → 조정 → 통제
② 조직 → 계획 → 조정 → 통제 → 지휘
③ 지휘 → 계획 → 조직 → 통제 → 조정
④ 조정 → 통제 → 조직 → 계획 → 지휘

> **해설** 스포츠조직의 일반적인 경영과정은 학자의 관점에 따라 다소 상이한데 '계획 – 실행 – 평가' 또는 '계획 – 조직 – 지휘 – 평가' 또는 '계획 – 조직 – 지휘 – 조정 – 평가'가 일반적이다.

10 경기장 입장 지연 분석을 위한 인과관계나 경기관람 과정 중 잘못된 결과가 발생할 경우, 그 문제의 원인을 찾아서 해결방안을 모색하는 인과관계 도표를 무엇이라 하는가?

① 피쉬본 다이어그램
② MOT 관리
③ 청사진 기법
④ 대기관리 시스템

해설
- 피쉬본 다이어그램 : 잘못된 결과가 발생할 경우 그 문제의 원인을 찾아서 해결방안을 모색하는 것으로, 인과관계도 표라고 불린다.
- MOT 관리 : Moments of Truth로 진실의 순간을 뜻하며, 스포츠 소비자가 용품판매원 또는 경기를 관람하는 동안 제공되는 서비스의 품질을 평가하는 데 영향을 미치는 상황이다.
- 청사진 기법 : 핵심상품이나 서비스 프로세스의 특성이 객관적으로 나타나도록 설명해 놓은 것을 말한다.
- 대기관리 : 스포츠소비자가 스포츠상품 가령 경기를 관람할 때 관람석에 앉기 전까지는 대기상태에 있게 되는데, 이 대기시간이 길게 느껴지지 않도록 스포츠소비자들의 집중을 분산시킬 수 있는 방안을 마련해야 한다는 것을 말한다.

11 동일한 제품이나 지역, 고객, 업무과정을 중심으로 조직을 분화하여 만든 부문별조직(사업부제 조직)의 장점이 아닌 것은?

① 기능부서 간의 조정이 보다 쉽다.
② 환경변화에 대해 유연하게 대처할 수 있다.
③ 특정한 제품, 지역, 고객에게 특화된 영업을 할 수 있다.
④ 자원의 효율적인 활용으로 규모의 경제를 기할 수 있다.

해설 규모의 경제를 기할 수 있는 조직은 기능적 조직구조이다. 사업부제 조직은 전통적인 기능적 조직구조와는 다르게 분권적 조직이며, 각 부서가 하나의 독립회사와 같이 자주적이고 독립채산적인 경영을 하는 시스템이다. 이 구조는 각각의 사업부를 관리하는 하나의 본부를 갖춘 사장중심의 구조로 그 각각의 사업부는 각기 독자적으로 운영되고 있고, 사업부 간에는 집합적 상호의존성의 관계에 있기 때문에 긴밀한 조정이 요구되지 않는다. 또한 이 구조는 자원의 효율적 배분을 가능하게 하고 사업부를 통한 위험의 분산과 환경변화에 대한 전략적 대응을 가능하게 한다.

12 SWOT에 의한 전략 중 외부의 환경에서 불리한 요인을 회피하기 위해 경쟁자와 비교하여 소비자들로부터 강점으로 인식되는 요인을 사용하여 창출하는 마케팅 전략은?

① 공격전략
② 방어전략
③ 안정전략
④ 다각화전략

해설 SWOT분석은 기업의 강점(S), 약점(W), 기회(O), 위협(T)을 파악하는 환경분석으로 기업의 강점(S)과 기회(O)는 살리고, 약점(W)과 위협(T)은 최소화하고자 하는 경영기법이다. 이를 하나씩 대응해보면 SO전략, ST전략, WO전략, WT전략이 도출된다.
- SO전략 : 공격적 전략(사업구조, 사업영역, 사업 포트폴리오, 시장확대)
- ST전략 : 다각화 전략(신사업진출, 신제품 및 신기술 개발, 신고객 창출)
- WO전략 : 전략적 제휴전략(혁신, 구조조정)
- WT전략 : 방어전략(원가절감, 축소·철수전략)

13 현재의 사업과 직접적으로 관련이 없는 다른 분야에서 새로운 성장기회를 발견하는 전략은?

① 제품개발전략
② 시장개발전략
③ 다각화전략
④ 시장침투전략

> 해설 제품개발전략은 소비자가 잠재적으로 관심 있는 신제품을 개발하는 전략이고, 시장개발전략은 기존의 제품을 가지고 새로운 시장을 발견 및 개발하는 전략이며, 시장침투전략은 기존 시장에서 기존 제품으로 점유율을 확대하고자 하는 전략이다.

14 동기부여이론에 관한 설명으로 옳은 것은?

① 욕구계층이론에 의하면, 하위욕구가 충족되지 않아도 상위욕구를 충족할 수 있다.
② ERG 이론에 의하면, 성장은 가장 하위의 욕구에 해당된다.
③ 동기–위생이론에 의하면, 위생요인이 충족되어도 만족의 증가를 가져오지 않는다.
④ 형평성 이론에 의하면, 투입과 산출 측면에서 타인과의 비교가 아닌 자기 자신의 주관적 만족감에 의하여 형평성을 인식한다.

> 해설
> • 매슬로우(Maslow)의 욕구계층이론 : '생리적욕구 – 안전욕구 – 소속에 대한 욕구 – 존경에 대한 욕구 – 자아실현욕구'를 의미하며, 사람들은 우선 낮은 단계의 욕구를 충족하기 위해 동기유발되고, 가장 높은 단계의 욕구인 자아실현의 욕구가 충족될 때까지 계속되게 된다.
> • 알더퍼(Alderfer)의 ERG 이론 : 매슬로우의 욕구계층이론과는 다르게 세 가지 욕구의 형태인 '존재욕구 – 관계욕구 – 성장욕구'의 순으로 분류하고 있다. 세부적으로 존재욕구는 기본적인 욕구로 음식, 공기, 물, 임금 등에 대한 욕구를 의미하고, 관계욕구는 사회적·개인적 인간관계 형성에 의해서 충족될 수 있는 욕구를 의미하며, 성장욕구는 개인의 생산적이고 창의적인 공헌에 의해 충족될 수 있는 욕구를 의미한다.
> • 애덤스(Adams)의 형평성 이론 : 형평성 이론(공정성 이론)이란 사람은 자신의 성과에 대해 받는 보상에 있어서 사회적 공정성이 존재할 때 동기유발이 된다는 것을 의미하며, 사람은 자신의 투입에 대한 결과의 비율을 타인의 투입에 대한 결과의 비율과 비교하여 두 비율이 일치할 때 형평성(공정성)을 느끼게 된다.

15 Porter의 본원적 경쟁전략 중 비용우위전략(Cost Leadership Strategy)에서 비용의 차이를 발생시키는 요인과 가장 거리가 먼 것은?

① 디자인의 차별화
② 적정규모의 설비
③ 학습 및 경험곡선 효과
④ 경비에 대한 엄격한 통제

> 해설 Porter의 비용우위전략은 전반적인 비용우위를 목표로 여러 가지 기능의 방법들을 통하여 특정 산업의 비용우위를 확보하는 것을 말한다. 이를 위해 규모의 경제를 누릴 수 있는 설비를 갖추고, 경험효과를 통한 비용절감을 모색하고, 철저한 통제 등에 대한 노력이 필요하다.

16 다음 수요예측기법 중 시계열분석기법과 가장 거리가 먼 것은?

① 이동평균법
② 지수평활법
③ 추세분석법
④ 선도지표법

해설 시계열분석은 시간적 단위로 축적된 자료(시계열자료)를 이용하는 분석방법으로 정량분석에 해당되며 이동평균법, 지수평활법, 추세분석법, 최소자승법, 계절지수법 등이 있다.

17 국내 프로야구단이 다음 시즌의 경영환경 분석을 위해 구단 경영에 영향을 미치는 요인을 분석한 결과로 적합하지 않은 판단은?

① 팀 간 전력 차이가 심해 흥행에 차질이 생길 수 있다.
② 신규 구단의 증설로 리그소속 선수의 평균연봉이 낮아질 가능성이 있다.
③ 경기회복으로 스폰서십 수입이 증가할 수 있다.
④ 연맹이 FA제도 도입을 결정해 선수연봉 인상이 우려된다.

해설 신규 구단이 증설되면 기존의 구단은 선수를 선택할 수 있는 범위가 줄어들게 되므로, 리그소속 선수의 평균연봉은 높아질 가능성이 있다.

18 마이클 포터가 제시한 본원적 경쟁전략에 관한 설명으로 옳은 것은?

① 집중화전략은 산업의 특정부분이 아닌 산업전체를 대상으로 한다.
② 차별화전략을 구사하기 위해서는 철저한 원가관리와 규모의 경제 달성이 필요하다.
③ 상표충성도가 낮고 가격에 비탄력적인 경우 차별화전략이 유리하다.
④ 산업의 특정부분을 별개의 산업으로 인정하면 비용우위, 차별화의 2가지 전략만 존재한다.

해설
• 집중화전략은 특정시장 또는 특정지역을 집중적으로 공략하는 전략이다.
• 차별화전략은 산업전체에서 다른 제품이나 서비스와 구별되는 그 기업 고유의 제품특성을 고객에게 인식시키는 전략이다. 기업은 차별화에 따라 발생되는 추가비용을 능가하는 높은 가격을 받을 수 있고, 차별화를 통해서 평균 이상의 성과를 얻을 수 있으므로 차별화전략을 추구하는 기업은 차별화하는 데 필요한 비용보다 그 폭이 큰 높은 가격을 유도하는 차별화 방법을 탐색해야 하며, 차별화를 추구하는 기업일지라도 비용을 무시해서는 안된다.
• 한편 산업특정부분을 경쟁범위로 제한하였을 경우에는 비용우위집중화전략과 차별적집중화전략만이 존재하게 된다.

정답 16 ④ 17 ② 18 ③

19 다음 중 리더십 이론에 관한 설명으로 옳은 것은?

① 특성이론(Trait Theory)에 의하면, 리더는 리더십 행사에서 상황의 영향을 받을 수 있음을 제시한다.
② 관리격자(Managerial Grid) 이론에 의하면, 중간관리자에게 가장 적절한 리더십 유형은 중간형(5, 5)이다.
③ Fiedler의 상황이론에서는 리더십의 상황요인으로 리더-구성원 관계, 과업구조 리더의 직위권한을 제시하고 있다.
④ 경로-목표 이론(Path-goal Theory)에서는 의사결정 상황에 따라 리더의 의사결정 유형을 달리하는 의사결정나무(Decision Tree)를 제시하고 있다.

> 해설 피들러(Fiedler)의 상황이론에서는 리더십의 상황요인으로 리더와 구성원의 관계, 과업의 구조화 정도, 리더 주위에 부여된 권력을 제시하고 있다.

20 다음 중 전문적 관료조직에 관한 설명으로 옳은 것은?

① 전형적으로 단순하고 반복되는 환경에 적합한 조직구조 형태이다.
② 분권화를 가능하게 하는 조정 메커니즘으로 조직구성원의 행동을 표준화한다.
③ 권위자임을 자부하는 전문가들 사이의 조정이 쉽다.
④ 고도로 숙련된 전문가에게 자율권이 부여되지 않으며, 구성원들에게도 재량권이 제공되지 않는다.

> 해설 전문적 관료조직은 과업의 복잡성으로 인해 고도로 개발된 기술이나 지식을 소유한 전문가들이 작업 일선에서 자신의 업무에 대하여 상당한 통제력과 재량권을 행사하는 조직구조이다. 전문적 관료제조직에서의 활동은 표준화되고 안정적이므로 예측이 가능하지만 다소 복잡하므로 그것을 수행하는 전문가들로 구성된 핵심운영부서가 주요부문으로 등장하며, 조직구성원의 행동을 표준화하여 과업을 조정한다.

21 자사의 기존고객을 대상으로 자사의 기존제품 사용량을 늘리고자 하는 전략은?

① 시장침투전략
② 다각화전략
③ 집중화전략
④ 시장개발전략

> 해설 시장침투전략은 기존 시장에서 기존 제품으로 점유율을 증대하고자 하는 전략이다.

22 포트폴리오 분석방법 중에서 BCG(Boston Consulting Group) 매트릭스에서 별(Star)에 해당되는 사업부는?

① 높은 성장률 - 높은 시장점유율
② 높은 성장률 - 낮은 시장점유율
③ 낮은 성장률 - 높은 시장점유율
④ 낮은 성장률 - 낮은 시장점유율

> **해설** Star사업부는 높은 시장점유율과 시장성장률을 갖는 사업부로 기업의 향후 주력 사업부문으로 성장하므로 기업이 집중 투자해야 한다.

23 A 스포츠기업이 유동비율 140%, 유동부채 100억 원, 재고자산 50억 원이면 당좌비율은?

① 70% ② 80%
③ 90% ④ 100%

> **해설**
> • 당좌비율(%) = [(유동자산 − 재고자산) / 유동부채] × 100이다. 그러나 문제에서 유동자산이 제시되지 않았으므로 유동자산을 구해야 한다.
> • 유동비율(%) = (유동자산 / 유동부채) × 100이므로, 140 = (유동자산 / 100억) × 100이 된다. 이를 계산하면 유동자산은 140억이 된다. 따라서 당좌비율의 식에 대입하면,
> • 당좌비율(%) = [(140억 − 50억) / 100억] × 100
>   = (90억 / 100억) × 100 = 90

24 다음 설명에 해당하는 직무설계는?

> • 직무전문화의 단점을 개선하기 위해 수행하는 직무설계 방법이다.
> • 단일 과업만 수행토록 하는 것이 아니라, 다른 직무를 순화하여 수행한다.
> • 다양성 경험의 기회를 제공한다.

① 직무순환 ② 직무전문화
③ 직무특성화 ④ 직무충실화

> **해설** ① 직무순환 : 직원들에게 직무전문화의 결과인 단일 과업만을 수행토록 하는 것이 아니라 다양성 경험을 위해 다른 직무를 순화하여 수행하는 직무설계방법이다.
> ② 직무전문화 : 조직 전반의 합리적인 인사관리와 임금의 공정성을 위해 직무를 평가하고 평가를 통해 도출된 정보를 바탕으로 직무기술서와 직무명세서를 기준으로 실시되는 전통적인 직무설계방법이다.
> ③ 직무특성화 : 작업을 수행하는 구성원이 직무 자체로부터 만족감을 얻도록 하는 직무설계방법이다.
> ④ 직무충실화 : 직무 성과는 경제적 보상보다 개인의 심리적 만족에 달려 있다는 전제하에 직무수행 내용 및 환경을 재설계하는 것으로, 종업원에게 많은 자율성과 책임을 부여하여 직무경험의 기회를 제공한다.

25 다음 중 직접금융을 통한 자본조달방법이 아닌 것은?

① 회원권판매
② 주식발행
③ 전자어음발행
④ 스폰서십

> 해설
> • 직접금융 : 주식발행, 채권발행, 기타 조달방법(민자유치, 기금, 회원권, 스폰서십)
> • 간접금융 : 은행차입, 매입채무, 기업어음

26 다음 자료를 이용하여 계산한 손익분기점의 판매량(ㄱ)과 매출액(ㄴ)은?

총고정비용	20,000,000원
단위당 가격	60,000원
단위당 변동비용	10,000원

	(ㄱ)	(ㄴ)
①	300개	20,000,000원
②	400개	24,000,000원
③	600개	28,000,000원
④	700개	32,000,000원

> 해설
> 손익분기량 = 고정비용 / (가격 − 변동비용)
> = 20,000,000 / (60,000 − 10,000)
> = 400개
> 따라서 단가가 60,000원인 제품을 400개 팔아야 손익분기량에 도달하므로, 손익분기점에 해당하는 매출액 수준은 60,000 × 400 = 24,000,000원이 된다.

27 유·무형 자산은 어디에 속하는가?

① 유동자산
② 유동부채
③ 비유동부채
④ 비유동자산

> 해설 비유동자산은 단기간에 현금화하기 어려운 자산으로 투자자산, 유·무형 자산 등이 있다.

28 A사의 총자본은 1,000,000이고, 당기순이익은 200,000이라면 총자본순이익률은?

① 20%
② 22%
③ 24%
④ 26%

> **해설** 총자본순이익률 = (당기순이익 / 총자본) × 100
>   = (200,000 / 1,000,000) × 100
>   = 0.2 × 100
>   = 20%

29 자금조달 방법으로 의미가 다른 하나는?

① 주식발행
② 은행차입
③ 매입채무
④ 기업어음

> **해설** • 직접금융 : 주식발행, 채권발행, 기타 조달방법(민자유치, 기금, 회원권, 스폰서십)
>   • 간접금융 : 은행차입, 매입채무, 기업어음

30 프로축구 J구단의 재무상태가 유동자산 20억 원, 유동부채 80억 원 그리고 당기순이익이 40억 원이라고 한다면 이 구단의 유동비율은?

① 25%
② 40%
③ 70%
④ 72.5%

> **해설** 유동비율(%) = (유동자산 / 유동부채) × 100
>   = (20억 / 80억) × 100
>   = 0.25 × 100
>   = 25

31 다음 중 스포츠 재무관리에 관한 설명으로 옳지 않은 것은?

① 스포츠 재무관리란 재무관리의 이론과 기법을 스포츠에 적용한 분야이다.
② 스포츠 재무관리의 궁극적인 목표는 생산성 추구에 있다.
③ 스포츠 재무관리의 기능은 크게 투자결정 기능과 자본조달결정 기능으로 구분된다.
④ 스포츠관련조직의 재무상태는 대차대조표의 구조를 이용하면 쉽게 이해할 수 있다.

해설 스포츠재무관리의 궁극적인 목표는 가치극대화이다.

32 축구공을 생산하는 A회사의 고정비용이 10,000,000원이고, 공 한 개당 변동비용이 10,000원일 때 4,000개 생산 수준에서 판매량 역시 4,000개라면 A회사의 입장에서 손익분기점을 달성하기 위한 축구공 한 개의 최소가격은?

① 10,000원
② 12,500원
③ 15,000원
④ 20,000원

해설 단위가격 = 변동비용 + (고정비용 / 단위판매량)
= 10,000 + (10,000,000 / 4,000)
= 10,000 + 2,500
= 12,500

33 다음 성장벡터 매트릭스의 ( ) 안에 알맞은 전략은?

제품＼시장	기존시장	신시장
기존제품	(㉠)	(㉡)
신제품	제품개발	(㉢)

	㉠	㉡	㉢
①	시장침투	시장개발	다각화
②	시장개발	시장침투	다각화
③	다각화	시장개발	시장침투
④	시장침투	다각화	시장개발

해설
• 시장침투전략 : 기존 시장에서 기존 제품으로 시장점유율을 확대하는 전략
• 시장개발전략 : 기존 제품을 가지고 새로운 시장을 발견·개발하는 전략
• 제품개발전략 : 기존 시장의 소비자가 잠재적으로 관심 있는 신제품을 개발하는 전략
• 다각화전략 : 현재의 사업과 직접적으로 관련이 없는 다른 분야에서 새로운 성장기회를 발견하는 전략

34 야구구단의 총 자본이 400억 원, 당기 순이익이 200억 원이라면 이 구단의 총자본순이익률(ROI)은?

① 4%
② 5%
③ 40%
④ 50%

해설 총자본순이익률 = (당기순이익 / 총자본) × 100
= (200억 / 400억) × 100
= 0.5 × 100
= 50

35 구체적인 성과목표를 부하와 상사가 함께 결정하고, 그 목표의 달성 정도에 따라 보상이 이루어지는 인사평가 방법은 무엇인가?

① 목표에 의한 관리법
② 인적평정센터법
③ 행위기준고과법
④ 다면평가법

해설
- 목표에 의한 관리(MBO) : 구체적인 성과목표를 부하와 상사가 함께 결정하고, 목표를 향한 진척이 정기적으로 점검되며 보상이 이러한 진척을 기준으로 배분되는 경영시스템이다.
- 인정평정센터법 : 피고과자들을 2~3일간 합숙시키면서 상황에 따른 각종 의사결정, 토의, 심리검사를 실시하여 피고과자들의 잠재능력, 자질을 관찰하여 평가하는 방법이다.
- 행위기준고과법 : 인사고과를 담당자가 부하들의 행위를 정기적으로 관찰하고 이를 근거로 평가하는 방법이다.
- 다면평가법 : 상사, 동료, 부하, 소비자 등 다양한 평가 주체들이 평가자로 참여하여, 한 개인이나 팀에 대해 평가하는 인사평가 제도를 말한다.

36 연봉상한제로서 소속선수의 연봉합계가 일정액을 초과할 수 없도록 하는 제도는?

① 팜 시스템
② 레리버드 룰
③ 샐러리 캡
④ 자유계약제도

해설
- 팜 시스템 : 하위리그를 통해 다양한 자체선수를 선발하는 시스템을 말한다.
- 레리버드 룰 : 기존 소속 선수와 재계약할 경우 샐러리 캡의 초과를 허용하는 것을 말한다.
- 자유계약제도 : 구단이 선수의 보유권을 상실하거나 포기하여 다른 어떤 구단과도 자유롭게 계약을 맺을 수 있는 제도를 말한다.

37 본원적 경쟁전략에 포함되지 않는 것은?

① 차별화 전략
② 원가우위전략
③ 다각화전략
④ 집중화 전략

해설 본원적 경쟁전략은 포터가 제시한 것으로, 기업이 경쟁지위를 향상함으로써 경쟁사와 비교하여 우수한 사업성과를 지속적으로 유지하기 위한 추진전략이며, 비용우위전략·차별화전략·집중화전략이 있다.

38 어느 스포츠제품의 단가가 9,000원, 변동비가 6,000원, 고정비가 1,350,000원일 경우 목표이익을 450,000원으로 설정한다면 손익분기점(BEP) 매출량은?

① 450개
② 500개
③ 550개
④ 600개

해설
- 목표영업이익의 매출량 = (고정비 + 목표영업이익) / 단기간 판매가격 − 단위당 판매가격
  = (1,350,000 + 450,000) / 9,000 − 6,000
  = 1,800,000 / 3,000

따라서 목표영업이익의 매출량 = 1,800,000 / 3,000이므로, 손익분기점 매출량은 600개가 된다.

39 신제품 개발과정 중 아이디어 창출단계에서 사용하는 기법과 가장 거리가 먼 것은?

① 속성열거법(Attribute Listing)
② 강제적 결합법(Forced Relationships)
③ 브레인스토밍(Brainstorming)
④ 결합분석법(Conjoint Analysis)

해설 제품개발의 아이디어 창출 기법으로는 다음과 같은 유형이 있다.
- 속성열거법 : 기존제품의 속성들을 일부 변형하고 재결합하여 신제품 개발
- 강제적 결합법 : 두 개 이상의 제품들을 강제적으로 결합
- 형태적 분석법 : 한 제품의 여러 속성들을 파악하여 각 속성별로 가능한 수준을 찾아냄
- 브레인스토밍 : 가능한 많은 창의적 아이디어를 창출하는 방법으로 여러 명이 특정 주제에 대한 토론을 통해 아이디어 창출

40 스포츠리더십 이론의 전개 과정을 순서대로 바르게 나열한 것은?

① 행동이론 → 상황이론 → 특성이론
② 상황이론 → 행동이론 → 특성이론
③ 상황이론 → 특성이론 → 행동이론
④ 특성이론 → 행동이론 → 상황이론

해설 리더십과 관련된 이론은 '특성이론 – 행동이론 – 상황이론'의 순으로 전개되어 왔으며, 특성이론은 리더가 가진 특성을 파악하는 것, 행동이론은 리더의 역할수행 시 조직구성원들에 어떤 행동을 보여줄 것인가 파악하는 것, 상황이론은 상황에 따라 리더십의 유형이 달라질 수 있다는 것을 의미한다.

41 단기채무(1년 이내)를 처리할 수 있는 능력을 측정하기 위한 비율은?

① 활동성 비율
② 부채 비율
③ 유동성 비율
④ 레버리지 비율

해설 유동성 비율은 조직의 단기적 채무지급능력을 측정하기 위한 비율이며, 유동자산을 유동부채로 나눈 비율로 1년 이내 현금화할 수 있는 자산과 1년 이내에 상환해야 할 부채를 비교한 것이다.

42 다음 중 스포츠조직의 조직역량강화를 위한 커뮤니케이션의 주요 구성 요소와 가장 거리가 먼 것은?

① 동기화
② 메시지 해석
③ 커뮤니케이션 경로선택
④ 의미창출

해설 커뮤니케이션은 두 사람 또는 두 집단 이상의 정보교환으로 정의되며, 메시지화 · 커뮤니케이션 경로선택 · 메시지 해석과 의미창출 · 피드백으로 구성된다.

정답 40 ④ 41 ③ 42 ①

43 스포츠조직의 인사평가에 관련된 설명으로 옳지 않은 것은?

① 현혹효과 또는 후광효과(Halo Effect)는 평가자가 평가대상자의 다양한 면을 참고하여 평가하는 경향을 말한다.
② 중요사건서술법은 피고과자가 평소에 보여준 사건을 유심히 관찰하고 기록하는 인사고과방법이다.
③ 행동기준평가법(BARS)에서는 평가대상자의 능력이나 성과를 구체적으로 나타내는 중요사건의 결정과정에 평가대상자를 참여시킨다.
④ 목표에 의한 관리(MBO)는 참여의 과정을 통해 조직의 목표를 설정함으로써 관리의 효율화를 기하려는 관리방식이다.

해설 현혹효과 또는 후광효과는 평가자가 평가대상자의 어느 한 면을 기준으로 다른 것까지도 함께 평가해버리는 경향을 말한다.

44 변혁적 리더가 갖추어야 할 자질과 가장 거리가 먼 것은?

① 비전제시 능력
② 신뢰 확보
③ 설득력과 지도력
④ 조건적 보상

해설 변혁적 리더십은 구성원들에게 분명한 비전을 제시함으로써 동기를 부여하여 목표를 달성하는 리더십이다. 과업의 중요성과 가치증대를 통해 조직을 위해 개인의 이익을 초월케 하여 이를 통해 자아실현이라는 고차원의 욕구충족으로 상승시킴으로써 기대 이상의 성과를 낼 수 있도록 동기를 부여한다. 이에 현재의 성과를 유지하는 안정 지향적인 특성을 지니는 것이 아니라 기대 이상의 성과를 창출하고자 하는 혁신 지향적인 특성이 있는 리더십이다. 한편, 조건적 보상 즉, 성과에 따라 보상과 칭찬을 하는 것은 거래적 리더십의 대표적 특성이다.

45 프로젝트 추진을 위해 일시적으로 구성되었다가 프로젝트 종료 후 해체되는 조직유형은?

① 기계적 조직구조
② 유기적 조직구조
③ 관료제 조직구조
④ 애드호크라시 구조

해설 애드호크라시는 다양한 전문적인 기술을 가진 사람들이 프로젝트를 위해 일시적으로 조직되었다가 신속히 주어진 과업을 해결한 후 해체되는 조직을 말한다.

46 스포츠산업의 생산과정에 포함되지 않는 과정은?

① 스포츠경기업
② 스포츠서비스업
③ 스포츠시설업
④ 스포츠용품제조업

해설 생산과정은 '투입 – 변환 – 산출' 과정을 통해 가치를 창출하는 것을 말하며, 스포츠경기업은 이에 해당되지 않는다.

47 스포츠센터를 중력모델법을 이용하여 평가했을 때, 매력도가 가장 높은 것은?

① A 스포츠센터 – 100평의 규모, 15분 거리
② B 스포츠센터 – 200평의 규모, 15분 거리
③ C 스포츠센터 – 300평의 규모, 30분 거리
④ D 스포츠센터 – 250평의 규모, 20분 거리

해설 중력모델법은 거리와 운반물량을 기준으로 하여 비용을 최소화할 수 있는 특정 지역을 찾아내는 방법이다.

$$A\alpha\beta = \frac{S_\beta}{T_{\alpha\beta}^\lambda}$$

$A_{\alpha\beta}$: 고객 α의 시설물 β에 대한 매력도
S_β : 시설물 β의 규모
$T_{\alpha\beta}$: 고객 α가 시설물 β로 이동하는 시간
λ : 이동 시간이 고객의 관람이나 참여에 미치는 영향 정도

• A 스포츠센터 : 100평 / 15분² = 0.4
• B 스포츠센터 : 200평 / 15분² = 0.9
• C 스포츠센터 : 300평 / 30분² = 0.3
• D 스포츠센터 : 250평 / 20분² = 0.6 이므로
B 스포츠센터의 매력도(0.9)가 가장 높다.

48 다음 재무구조를 가진 스포츠센터의 자기자본순이익률(ROE)은 대략 얼마인가?

> - 자기자본 : 50억 2천만 원
> - 수익 : 76억 3천만 원
> - 사업(영업)이익 : 13억 8천만 원
> - 경상이익 : 9억 7천만 원
> - 당기순이익 : 8억 6천 5백만 원

① 9%
② 14%
③ 17%
④ 21%

해설 자기자본순이익률(%) = (당기순이익 / 자기자본) × 100
= (865,000,000 / 5,020,000,000) × 100
= 0.1723 × 100
= 17.23
따라서 자기자본순이익률은 약 17%가 된다.

49 A스포츠 시설업의 대차대조표에서 총 자산은 20억 원이고, 이 중 유동자산 합계는 13억 원, 고정자산 합계는 7억 원, 유동부채 합계는 6억 원, 비유동부채 합계가 6억 원일 때 자본 총계로 옳은 것은?

① 6억 원
② 8억 원
③ 14억 원
④ 20억 원

해설 자본총계(자기자본, 순자산) = 자산총계 − 부채총계
= 20억 원 − (6억 원 + 6억 원) = 8억 원

실기 출제예상문제

01 스포츠경영을 과정 측면에서 바라본다면 어떻게 구성되는지 간략히 설명하시오.

모범답안
- 계획 : 기업의 경영목표를 세우고 이를 달성하기 위한 최선의 방안을 찾는 활동
- 조직 : 수립된 계획을 효율적으로 달성하기 위해 어떠한 형태로 조직을 구성할 것인가를 결정하고 인적·물적·지적자원 등을 배분하고 조정하는 활동
- 지휘 : 기업의 목표를 달성하기 위해 요구되는 업무를 잘 수행하도록 하는 활동
- 통제(평가) : 계획한 대로 잘 추진되고 있는가를 확인하고 문제 발생 시 수정하는 활동

02 브룸(Vroom)의 기대이론에서 제시하는 기대감, 수단성, 유인가에 대해 설명하시오.

모범답안
- 기대감(Expectancy)
  - 자신이 노력하면 성과를 얻어낼 수 있을 것이라고 믿는 주관적 확률이다.
  - 과업을 수행하기 위한 노력은 실제로 성과가 나타날 것이라는 기대에 의해 좌우된다는 가능성에 대한 개인의 인식을 말한다.
- 수단성(Instrumentality)
  - 어떤 일의 성취가 가져올 보상에 대한 확률이다.
  - 과업을 수행한다는 것은 보상을 획득하기 위한 수단임을 말한다.
- 유인가(Valence)
  - 결과 및 보상에 대한 개인이 평가하는 중요성 정도를 말한다.
  - 개인의 과업에 대한 욕구에 따라 그 중요성과 가치는 다르게 나타나게 된다.

03 스포츠조직구조의 유형 중 기계적 관료제 구조의 특징을 제시하시오.

모범답안
- 표준화 : 기계적 조직
- 전문화 · 공식화가 잘 되어 있음
- 대량생산에 적합함
- 기술합리성을 추구하기 용이함
- 비인간적이며 유연성이 낮음

04 변혁적 리더십과 거래적 리더십에 대해 설명하시오.

모범답안

- 변혁적 리더십(Transformational Leadership)
  - 구성원들에게 분명한 비전을 제시함으로써 동기를 부여하여 목표를 달성하는 리더십
  - 과업의 중요성과 가치증대를 통해 조직을 위해 개인의 이익을 초월케 하여 이를 통해 자아실현이라는 고차원의 욕구충족으로 상승시킴으로써 기대이상의 성과를 낼 수 있도록 동기를 부여하는 리더십
  - 높은 열망, 상당한 노력, 기대 이상의 수행
- 거래적 리더십(Transcational Leadership)
  - 지도자와 구성원 간의 비용-효과의 거래로 수행되는 전통적인 리더십
  - 리더와 구성원 간의 교환거래관계에 바탕을 둔 리더십
  - 리더는 할당된 업무를 효과적으로 수행하도록 구성원들의 욕구를 파악하여 구성원들이 적절한 수준의 노력과 성과를 보이면 그에 대해 보상하게 됨
  - 리더는 구성원에게 지시한 목표와 목표달성 시 부여하는 보상내용을 명확히 알리게 되며, 구성원은 보상내용을 명확히 인식하여 성과를 달성하도록 노력하게 됨
  - 낮은 이직·결근, 기대수준의 수행

05 스포츠조직의 3가지 레버리지 분석에 대해 설명하시오.

모범답안

- 영업레버리지(Operating Leverage)
  - 영업이익의 실현과정에서 조직의 매출액 수준과 관계없이 발생하는 영업비용, 즉 고정적인 영업비용을 부담하고 있는 정도를 말한다.
  - 영업레버리지 분석은 고정적인 영업비용을 부담하고 있는 경우 매출액이 변화함에 따라 영업이익이 어떻게 변화하는가를 분석하는 것이라 할 수 있다.
- 재무레버리지(Financial Leverage)
  - 조직이 조달한 자금 가운데 외부에서 빌려온 돈, 즉 타인자본의 사용으로 인하여 발생하는 고정적 재무비용의 부담 정도를 말한다.
  - 재무레버리지 분석은 고정적인 재무비용을 부담하고 있는 경우 영업이익이 변화함에 따라 세후 순이익이 어떻게 변화하는가를 분석하는 것이라 할 수 있다.
- 결합레버리지(Combined Leverage)
  - 매출액과 주당 이익 간의 관계, 즉 매출액의 변화가 주당 이익의 변화에 어떠한 영향을 미치는가를 나타내는 것으로 영업레버리지와 재무레버리지를 동시에 고려하는 것을 말한다.
  - 결합레버리지 분석은 고정적인 영업비용과 고정적인 재무비용을 동시에 부담하고 있는 경우, 매출액이 변화함에 따라 세후 순이익이 어떻게 변화하는가를 분석하는 것이라 할 수 있다.

06 BCG매트릭스의 4가지 영역에 대해 설명하시오.

모범답안

- Star 사업부
  - 높은 시장점유율과 높은 시장성장률을 갖는다.
  - 현금을 많이 소비할 뿐 아니라 많이 창출하기도 한다.
  - 기업의 향후 주력 사업부문으로 성장한다.
  - 기업이 집중 투자하는 사업부에 해당한다.
  - 경쟁이 점차 심해지므로 경쟁력 있는 전략을 만들어 궁극적으로 Cash Cow의 상황으로 이끌어 가는 전략이 필요하다.
  - 유지전략, 증대전략
- Cash Cow 사업부
  - 낮은 시장성장률과 높은 시장점유율을 갖는다.
  - 견고한 시장 기반을 바탕으로 많은 현금을 창출하여 다른 사업부에 여유자금을 제공한다.
  - 저성장 시장에서는 판매나 시장점유율을 더 이상 증진하기 어렵기 때문에 이 사업에는 더 이상 투자를 하지 말아야 한다.
  - 기업의 전략상 가장 유리한 위치이다.
  - 유지전략
- Question Mark 사업부
  - 낮은 시장점유율과 높은 시장성장률을 갖는다.
  - 시장잠재력은 높은 편이나 시장점유율을 높이기 위해서는 많은 자원이 필요하다.
  - 기존의 포트폴리오로부터 철수하거나 아니면 여기서의 판매나 시장점유율을 증진하기 위한 노력을 강화해야 한다.
  - 증대전략, 수확전략, 철수전략
- Dog 사업부
  - 낮은 시장점유율과 낮은 시장성장률을 갖는다.
  - 약한 시장위치로 인해 현금창출과 시장점유율을 증진하기 어렵다.
  - 마이너스의 현금흐름을 가져오므로 기업의 포트폴리오에서 제거하는 것이 바람직하다.
  - 철수전략, 수확전략

07 직무분석 방법과 직무평가 방법을 설명하시오.

모범답안

- 직무분석의 방법
  - 면접법 : 면접을 통해 직무정보 획득
  - 관찰법 : 관찰을 통해 직무정보 획득
  - 중요사건화법 : 직무 수행 중에 발생하는 중요한 일을 사건화하여 정보 수집
  - 워크샘플링법 : 전체적인 작업과정 동안 무작위적인 간격으로 많은 관찰을 실시하여 업무에 관한 정보 수집
  - 질문지법 : 설문지를 통해 직무에 관한 정보 수집
- 직무평가 방법
  - 서열법 : 각 직무의 중요도, 책임도 등을 종합적으로 판단하여 직무의 가치 평가
  - 분류법 : 직무의 가치를 구분하는 등급표를 만들고 평가 직무를 그에 맞는 등급으로 분류
  - 요인비교법 : 가장 핵심이 되는 몇 개의 기준 직무를 선정하고 각 직무의 평가요소를 기준직무의 평가요소와 결부하여 비교함으로써 모든 직무의 상대적 가치 결정
  - 점수법 : 직무의 가치를 점수로 나타내어 평가하는 것으로 직무를 평가요소에 따라 분해하고 각 요소로 그 중요도에 따라 점수를 부여한 후 그 점수 합계에 따라 직무 가치 결정

08 유동자산이 600억 원인 프로야구 구단의 유동부채가 60억 원이라면, 이 구단의 유동비율은?

모범답안

- 유동비율(%) = (유동자산 / 유동부채) × 100
  = (600억 / 60억) × 100
  = 10 × 100
  = 1,000

09 농구공을 생산하는 C회사의 고정비용이 14,000,000원이고, 공 한 개당 변동비용이 15,000원일 때 7,000개 생산 수준에서 판매량 역시 7,000개라면 C회사의 입장에서 손익분기점을 달성하기 위한 농구공 한 개의 최소가격은?

모범답안
- 단위가격 = 변동비용 + (고정비용 / 단위판매량)
  = 15,000 + (14,000,000 / 7,000)
  = 15,000 + 2,000
  = 17,000

10 직무평가방법 유형 4가지를 제시하시오.

모범답안
- 서열법 : 각 직무의 중요도, 책임도 등을 종합적으로 판단하여 직무의 가치 평가
- 분류법 : 직무의 가치를 구분하는 등급표를 만들고 평가 직무를 그에 맞는 등급으로 분류
- 요인비교법 : 가장 핵심이 되는 몇 개의 기준 직무를 선정하고 각 직무의 평가요소를 기준직무의 평가요소와 결부하여 비교함으로써 모든 직무의 상대적 가치 결정
- 점수법 : 직무의 가치를 점수로 나타내어 평가하는 것으로 직무를 평가요소에 따라 분해하고 각 요소로 그 중요도에 따라 점수를 부여한 후 그 점수 합계에 따라 직무 가치 결정

11 스포츠 조직의 직·간접금융을 통한 외부자본조달 방법을 각각 3가지 쓰시오.

> **모범답안**
> - 직접금융 : 주식발행, 채권발행, 민자유치, 기금, 회원권, 스폰서십
> - 간접금융 : 은행차입, 매입채무, 기업어음

12 스포츠조직의 커뮤니케이션을 방해하는 요소에 대해 설명하시오.

> **모범답안**
> - 왜곡 : 전달자의 원래 뜻이 제대로 전해지지 않고 왜곡되는 경우
> - 생략 : 수신자가 판단에 필요로 하는 정보를 전달자가 제대로 전달하지 않는 경우
> - 커뮤니케이션 과중 : 전달하고자 하는 정보가 너무 많은 경우
> - 타이밍 : 중요한 정보가 필요한 때에 전달되지 못하는 경우
> - 수용성 : 수신자가 정보를 수용하지 않는 경우

13 SWOT 분석의 의의를 간략히 설명하고, 분석을 통해 도출할 수 있는 4가지 전략을 제시하시오.

모범답안
- SWOT분석은 기업의 강점(S), 약점(W), 기회(O), 위협(T)을 파악하는 환경분석으로 기업의 강점(S)과 기회(O)는 살리고, 약점(W)과 위협(T)은 최소화하고자 하는 경영기법이다.
- 이를 하나씩 매치해 보면 SO전략, ST전략, WO전략, WT전략이 도출된다.

14 마이클 포터의 산업구조분석에서 5가지 경쟁요인을 설명하시오.

모범답안
마이클 포터의 5가지 경쟁요인(5 Force Model)
포터의 다섯 가지 경쟁요인 분석은 다섯 가지의 경쟁세력들이 그 산업의 경쟁 정도를 결정하며, 이러한 세력들의 총체적인 힘이 그 산업에서 기대할 수 있는 궁극적인 이윤잠재력을 결정한다는 모형이다. 다섯 가지 경쟁요인은 신규 진입의 위협, 기존 기업 간 경쟁관계의 강도, 대체재의 위협, 구매자의 교섭력, 공급자의 교섭력이다.
- 신규 진입의 위협 : 신규 진입이 있을 가능성이 어느 정도냐에 따라서 경쟁상태가 결정
- 기존 기업 간 경쟁관계의 강도 : 동일한 산업 안에서 기존 기업들과의 경쟁이 얼마나 치열한가
- 대체재의 위협 : 해당 상품이나 서비스를 대체할 수 있는 대체재의 위협
- 구매자의 교섭력 : 공급에 비해 수요가 적거나 까다로운 정도
- 공급자의 교섭력 : 원자재나 부품을 공급하는 공급자의 협상력 정도

15 리더십이론의 전개된 순서와 의미를 간략히 설명하시오.

> **모범답안**
> 리더십과 관련된 이론은 특성이론 – 행동이론 – 상황이론의 순으로 전개되어 왔으며, 특성이론은 리더의 특성을 파악하는 것, 행동이론은 리더가 역할수행 시 조직구성원들에게 어떤 행동을 보여줄 것인가 파악하는 것, 상황이론은 상황에 따라 리더십의 유형이 달라질 수 있다는 것을 의미한다.

16 손익분기점 계산 시 무엇을 가정해야 하는지 설명하시오.

> **모범답안**
> - 제품의 판매량이 일정하다.
> - 생산활동에 소요되는 모든 비용을 명확하게 고정비와 변동비로 구분하는 것이 가능하다.
> - 판매 1단위당 변동비가 일정하다.
> - 고정비는 생산량 수준에 관계없이 100% 생산능력까지 일정하다.
> - 생산량과 판매량이 항상 같다.
> - 생산의 효율성은 항상 일정하다.

17 인적자원채용의 방법인 내부채용(모집)과 외부채용(모집)의 장점과 단점을 제시하시오.

모범답안
- 내부채용의 장점
  - 능력이 검증된 사람을 채용할 수 있다.
  - 직무에 대한 훈련 시간이 단축된다.
  - 충원이 신속히 이루어지고 충원비용이 감소될 수 있다.
  - 장기근속을 유인할 수 있다.
- 내부채용의 단점
  - 내부 충원 형태이므로 조직 내부 이동의 연쇄효과로 인해 혼란이 야기될 수 있다.
  - 조직 내부정치와 관료제로 인해 비효율적일 수 있다.
  - 고용평등법을 충족하지 못할 위험성이 있다.
- 외부채용의 장점
  - 새로운 인재채용이므로 직무에 대한 새로운 아이디어가 유입된다.
  - 외부 충원 형태이므로 연쇄효과로 인한 혼란이 야기되지 않는다.
  - 경력채용 시에는 직무훈련비용이 절감되는 효과가 있다.
- 외부채용의 단점
  - 채용에 대한 적지 않은 시간이 소비되며, 충원 후 신인의 경우 교육훈련에 대한 비용이 발생한다.
  - 채용 시 판단한 능력과 입사 후 성과 간의 불일치가 발생할 확률이 높다.
  - 재직자의 직무 및 직장생활에 대한 사기저하의 위험성이 발생될 수 있다.

18 앤소프(H. I. Ansoff)가 제시한 성장벡터모델에 대해 설명하시오.

모범답안

제품/시장		시 장	
		기존시장	신시장
제 품	기존제품	시장침투전략	시장개발전략
	신제품	제품개발전략	경영다각화전략

- 시장침투전략 : 기존 시장에서 기존 제품으로 시장점유율을 증대하는 전략
- 제품개발전략 : 기존 시장의 소비자가 잠재적으로 관심 있는 신제품을 개발하는 전략
- 시장개발전략 : 기존 제품을 가지고 새로운 시장을 발견 및 개발하는 전략
- 다각화전략 : 현재의 사업과 직접적인 관련이 없는 다른 분야에서 새로운 성장기회를 발견하는 전략

19 GE 매트릭스에 대해 설명하시오.

모범답안

- BCG 매트릭스의 단점을 보완하기 위해 고안된 것이라 할 수 있다.
- 시장매력도와 개별산업단위의 강점(경쟁적 지위)의 두 차원에서 전략사업단위를 평가한다.
- 시장매력도는 시장규모, 성장률, 수익률, 경기변동에 대한 민감성, 해외시장의 중요성 및 인플레이션 가능성, 자본소요, 정부정책 등에 의해서 결정된다.
- 개별산업단위의 강점은 품질, 기술, 비용측면에서의 경쟁우위, 상대적인 수익률, 기술 및 경영능력 등에 의해서 결정된다.

20 민츠버그(Mintzberg)의 조직을 이루는 5가지 기본부문에는 어떤 것이 있는지 제시하고 간략히 설명하시오.

> **모범답안**
> 민츠버그는 조직이 적어도 5가지 기본 부문으로 이루어져 있고, 서로 다른 방향으로 힘을 행사하고 있다고 주장하였다. 5가지 기본 부문과 그 의미는 다음과 같다.
> - 업무핵심층 : 최종 생산물을 만들기 위한 기본적인 업무에 필요한 근로자들로 구성
> - 전략상층부 : 조직의 주요 경영층으로 구성
> - 중간라인 : 업무핵심층과 전략상층부를 연결하는 중간경영층(관리자)들로 구성
> - 테크노 스트럭처 : 생산공정과 제품의 표준화에 대한 시스템 디자인 책임을 맡고 있는 분석가 및 연구자들로 구성
> - 지원스태프 : 성공적 조직 운영을 위한 나머지 부분을 지원하는 부서의 구성원들로 구성

21 스포츠조직의 투자결정 기법에는 무엇이 있는지 제시하시오.

> **모범답안**
> - 스포츠조직의 투자결정 기법은 크게 확실성하의 투자결정기법과 불확실성하의 투자결정기법으로 나눌 수 있다.
> - 확실성하의 투자결정기법에는 화폐의 시간적 가치를 고려하지 않는 방법과 화폐의 시간적 가치를 고려한 방법이 있다.
>   - 화폐의 시간적 가치를 고려하지 않는 방법 : 회수기간법, 회계적 이익률법
>   - 화폐의 시간적 가치를 고려한 방법 : 순현가법, 내부수익률법
> - 불확실성하의 투자결정기법에는 위험조정할인율법과 확실성 등가법이 있다.

22 마이클 포터가 제시한 본원적 경쟁전략의 3가지가 무엇인지 설명하시오.

모범답안

본원적 경쟁전략의 3가지
- 비용우위전략 : 원가우위전략이라고도 하며, 경쟁사 제품과 품질이나 인지도가 비슷하다면 판매가격을 최대한 낮추는 방법으로 전략을 수행하는 것이다.
- 차별화전략 : 제품가격은 다소 비싸도 경쟁사의 제품이나 서비스보다 우위에 있을 수 있도록 차별화하는 전략을 수행하는 것이다.
- 집중화전략 : 가격이나 품질을 높이는 전략을 세우되 전 고객을 상대로 하는 것이 아니라 한정된 특수 고객에게 집중하여 원가우위 혹은 차별화전략을 수행하는 것이다.

23 커뮤니케이션의 정의 및 구성요소에 대해 설명하고, 조직의 커뮤니케이션 전략이 필요한 경우 2가지 및 커뮤니케이션 전략 수립과정을 기술하시오.

모범답안
- 커뮤니케이션의 정의 : 두 사람 또는 두 집단 이상 간에 이루어지는 정보의 교환을 의미하는 것으로 발신자와 수신자 간의 상호작용 즉, 쌍방향으로 이루어지는 의사소통을 말한다.
- 커뮤니케이션의 구성요소
  - 메시지화 : 아이디어나 사고를 수신자가 이해할 수 있는 단어, 그림, 기호 등으로 전환하는 것
  - 커뮤니케이션 경로 선택 : 발신자가 수신자에게 메시지를 효율적으로 전달하기 위해 사용되는 매개체를 선택하는 과정
  - 메시지 해석과 창출 : 커뮤니케이션 경로를 통해 전달된 메시지를 수신자의 경험, 지적 수준 등에 따라 해석하고 메시지의 의미를 결정하는 것
- 조직 커뮤니케이션 전략이 필요한 경우
  - 조직 내 커뮤니케이션 장애 현상이 현저하게 발생한 경우
  - 조직의 목표달성을 위해 조직구성원들을 설득할 커뮤니케이션 활동을 시행해야 할 경우
- 커뮤니케이션 전략 수립과정
  인식수준 분석 → 커뮤니케이션 장애 요인 파악 → 대응방안의 개발 → 대응방안의 실행 → 결과평가 → 피드백

24 스포츠조직의 인적자원관리에서 사용할 수 있는 내부마케팅이 무엇인지 설명하고, 방법에는 무엇이 있는지 3가지만 제시하시오.

모범답안

일반적인 마케팅은 외부의 고객에 초점을 맞추는 것이나 내부마케팅은 스포츠조직의 구성원(직원)을 하나의 고객으로 생각하고 내부의 고객을 만족시키기 위한 활동을 의미한다. 또한 내부고객(직원)의 직무에 대한 동기부여에 초점을 둔다(직원만족 → 고품질서비스 → 고객만족 → 고객유지). 내부마케팅의 방법은 여러 가지가 있으며 대표적인 3가지를 제시하면 다음과 같다.

- 동기부여 : 직무만족도, 안정성, 급여, 승진기회, 노동의 질 향상 등을 통해 근로의욕 및 개인의 건강 상태와 심리적인 안정을 추구한다.
- 권한위임 : 직원들에게 가능한 한 최대의 의사결정권을 부여하여 직원의 태도와 행동변화를 유도함으로써 직무만족 증대 및 역할부담과 모호성을 감소시킨다.
- 내부커뮤니케이션 : 커뮤니케이션은 조직의 활력소이므로, 조직 내 커뮤니케이션 강화 및 정보교환을 통해 조직분위기 개선, 조직몰입 증대, 불확실성의 감소에 효과를 볼 수 있다.

25 스포츠조직설계의 기본원칙과 스포츠조직구조의 구성요소에 대해 설명하시오.

모범답안

- 스포츠조직의 조직설계 기본원칙
  - 분화 : 전체과업을 더 작은 과업단위로 세분화하는 과정이다.
  - 부문화 : 과업의 분화 후 능률을 도모하기 위해 관련된 과업을 모아 그룹을 형성하는 과정이다.
- 스포츠조직구조의 구성요소
  - 복잡성 : 스포츠조직이 어느 정도까지 분화되는지에 관련된 것으로 분화가 진행되면 될수록 복잡성은 증가하며, 수평적 분화(업무의 전문화와 부문화), 수직적 분화(스포츠조직 계층의 수), 지역적 분화(스포츠조직의 지역적 분화 정도)가 있다.
  - 공식화 : 스포츠조직 내의 직무가 표준화되어 있는 정도를 의미하는 것으로 스포츠조직의 복잡성을 관리하기 위해 필요하다.
  - 집권화 : 스포츠조직 내의 의사결정이 어느 위치에서 이루어지는가에 초점을 맞춘 것으로, 집권화(의사결정이 최고경영층에 집중되는 것)와 분권화(의사결정권이 최고경영층이 아니라 하위경영층으로 분산되는 것)가 있다.

대부분의 사람은 마음먹은 만큼 행복하다.

– 에이브러햄 링컨 –

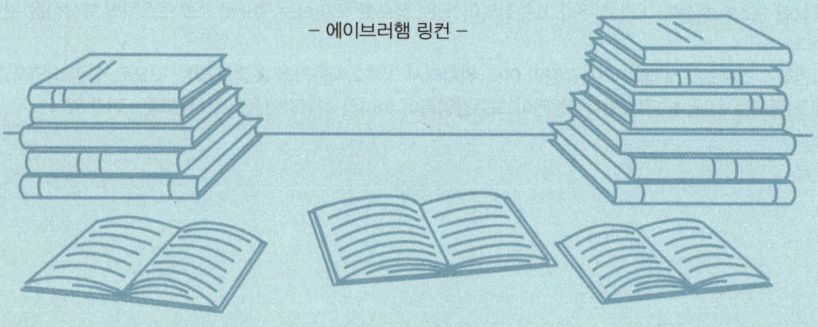

제3과목
스포츠마케팅론

CHAPTER 01 스포츠마케팅의 이해
CHAPTER 02 스포츠마케팅의 실제
CHAPTER 03 스포츠에이전시
출제예상문제 필기/실기

끝까지 책임진다! 시대에듀!

QR코드를 통해 도서 출간 이후 발견된 오류나 개정법령, 변경된 시험 정보, 최신기출문제, 도서 업데이트 자료 등이 있는지 확인해 보세요! **시대에듀 합격 스마트 앱**을 통해서도 알려 드리고 있으니 구글 플레이나 앱 스토어에서 다운받아 사용하세요. 또한, 파본 도서인 경우에는 구입하신 곳에서 교환해 드립니다.

CHAPTER 01 스포츠마케팅의 이해

01 스포츠마케팅의 개념

■ 학습목표
스포츠마케팅에 대한 기본적인 개념과 구성에 대해 이해한다. 특히, 필기에서 스포츠마케팅에 대한 기본적인 이해도를 점검하는 문항이 출제되는 경향이 높고, 실기에서는 스포츠소비자행동과 관련되어 문제가 출제될 가능성이 높다.

■ Check
☐ 스포츠마케팅의 개념에 대해 숙지한다.
☐ 스포츠소비자행동에 대해 숙지한다.

1. 스포츠마케팅의 속성

(1) 정 의

스포츠와 관련된 조직이나 기업이 소비자들의 욕구와 기대를 충족하기 위한 도구로 스포츠를 활용하며, 이를 통해 소비자와 공급자 간의 원활한 커뮤니케이션을 이끌어 내 고객만족을 창출하는 과정이다.

(2) 필요성

① 스포츠산업의 급성장과 더불어 기업에서도 스포츠를 마케팅 도구로 활용할 가치가 매우 높아졌다.
② 스포츠는 다른 마케팅 도구와는 다르게 소비자들로 하여금 거부감을 최대한 줄여 준다.
③ 대중매체를 이용해서 광고하기에는 부적합한 술 또는 담배 등과 같은 제품은 스포츠를 통하여 소비자들에게 거부감 없이 노출할 수 있다.
④ 재정자립의 중요성이 강조되고 있다.
⑤ 스포츠산업의 규모가 급속도로 성장하면서 각 분야에 전문가가 필요하게 되었다.
⑥ 경제적인 풍요와 개인의 여가 증대 그리고 개성이 뚜렷해진 현대사회에서 고객 개개인의 요구와 욕구가 커져 그에 적절하게 대응할 수 있는 효과적인 커뮤니케이션 도구가 필요하게 되었다.
⑦ 국제적인 스포츠이벤트를 개최함으로써 자국의 국력이나 경제력 또는 우수한 과학력과 기술력을 세계 각국에 자연스럽게 홍보하기 위한 수단으로서 스포츠마케팅의 필요성이 대두되고 있다.

(3) 마케팅 개념의 이해

① **생산중심마케팅** : 생산성을 높이고, 유통을 효율화시키는 등 주로 원가절감에 관심을 갖는 판매자 중심의 마케팅 활동이다.
② **제품중심마케팅** : 품질 개선, 품질 향상, 품질 관리를 중요시하는 판매자 중심의 마케팅이다.
③ **판매중심마케팅** : '어떻게 판매할 것인가'를 중요시하는 구매자 시점의 판매 지향적 마케팅이다.
④ **관계마케팅**
   ㉠ 거래 당사자인 고객과 지속적으로 유대관계를 형성·유지함으로써 관계를 강화하고 상호 간의 이익을 극대화할 수 있는 다양한 마케팅 활동
   ㉡ 등장배경 : 정보통신기술의 급격한 발전, 판매자 중심에서 구매자 중심으로 전환, 고객욕구 다양화로 고객만족이 더욱 어려워짐, 시장규제 완화로 신규 시장 진입기회 증가에 따른 경쟁자 증가 등
⑤ **통합마케팅** : 한 가지 채널을 활용하지 않고, 통합적인 채널을 마케팅 수단으로 활용한 고객과의 소통을 통하여 고객과의 관계를 강화하고 가치를 교환하는 마케팅 활동이다.
⑥ **내부마케팅** : 조직 내의 인적자원을 대상으로 한 마케팅 활동이다.
⑦ **사회중심마케팅** : 윤리적, 환경적, 사회적, 법적 상황을 고려하는 마케팅 활동이다.

(4) 마케팅정보시스템의 개념과 유형

마케팅정보시스템은 마케팅 의사결정에 필요한 정보를 수집·분석하여 필요한 시기에 이를 제공하는 경영체계를 말한다.

① **내부정보시스템** : 내부정보는 마케팅관리자들이 마케팅의사결정을 하는 데 있어 가장 기본적인 정보이다. 상품별·지역별·기간별 매출, 재고수준, 외상거래. 지역별 점포 수 및 점포 실적에 관한 정보, 판매가격 등이 있으며, 매출 성과, 시장점유율 성과, 가격 반응, 광고 등의 촉진활동이 마케팅 성과에 미친 영향을 파악하여 최적의 마케팅 의사결정을 할 수 있도록 지원한다.
② **마케팅조사시스템** : 당면한 마케팅 문제의 해결에 직접적으로 관련된 1차 자료의 수집을 위해 기업 내부 또는 외부 전문가를 통해 수행하게 되며, 이때 마케팅 조사는 체계적이고 객관적이며 문제 해결에 도움을 주어야 한다.
③ **고객정보시스템** : 고객에 대한 인구통계적 특성, 라이프스타일, 추구하는 혜택, 구매행동 등의 정보를 이용하여 기존 고객의 제품 충성도 제고 및 이탈방지, 신규고객 유인을 위한 마케팅 전략 수립에 활용하는 것을 말한다. 기업들은 고객정보를 이용하여 고객행동의 이해, 고객이 원하는 혜택 제공을 통해 장기적인 관계를 구축하려고 노력한다.
④ **마케팅인텔리전스시스템** : 기업이 다양한 외부정보원들(공공 및 기관의 보고서, 신문·잡지 등 매체, 위장고객, 재판매업자, 관리자, 판매원 등)로부터 마케팅 의사결정에 영향을 미칠 수 있는 정보를 체계적으로 수집·분석하는 것을 말한다.
⑤ **마케팅의사결정지원시스템** : 마케팅 환경에서 수집한 정보를 해석하고 마케팅 의사결정의 결과를 예측하기 위해 사용되는 관련 자료, 분석도구 등을 통합한 것을 말한다.

2. 스포츠마케팅의 구조

(1) 스포츠마케팅의 구성

스포츠마케팅은 크게 스포츠의 마케팅과 스포츠를 이용한 마케팅 두 가지로 구성되어 있다.

① 스포츠의 마케팅(Marketing of Sports)
- ㉠ 스포츠 그 자체를 사업화하는 것으로 스포츠상품이나 서비스에 대한 마케팅을 말한다.
- ㉡ 스포츠센터의 회원 모집, 스포츠팀의 팬 확보, 스포츠시설 이용객 모집, 참여 스포츠 활동 시 필요한 용품, 의류, 프로그램의 판매 등이 포함된다.
- ㉢ 스포츠의 마케팅의 목적은 상품화된 스포츠를 어떻게 소비자에게 판매할 것인가에 대한 고민이다.

② 스포츠를 이용한 마케팅(Marketing through Sports)
- ㉠ 스포츠를 이용한 마케팅은 스포츠를 상품판매의 촉진수단으로 활용하는 마케팅이다.
    - 예 방송 중계권, 기업의 스폰서십, 라이선싱, 머천다이징을 비롯한 다양한 수익사업, 유명 선수의 광고모델 기용 등
- ㉡ 스포츠를 이용한 마케팅의 소비자는 스포츠를 자사의 상품판매에 활용하려는 기업이다.
- ㉢ 스포츠를 이용한 마케팅은 스포츠상품뿐만 아니라 다른 일반 상품들을 스포츠와 연계하여 판매하는 마케팅으로, 스포츠를 하나의 판촉수단으로 이용하는 것을 말한다.

> **개념 PLUS** 머천다이징
>
> 스포츠 대회, 팀, 선수에게 일정 금액을 지불하고 마스코트, 로고, 선수 캐릭터 등을 활용해 기념품 등을 새롭게 제작하여 판매할 수 있는 권리

(2) 스포츠제품의 구성 요소

팬이 팀을 따르는 가장 큰 이유는 충성도이며, 이를 높이기 위하여 여러 가지 노력을 해야 한다.

① 경기 그 자체(제품)
- ㉠ 대중들에게 어느 정도의 인지도가 있는가?
    - 예 인기 여부, 경제력 장소, 라이벌 의식, 전통, 장소, 운동량 등
- ㉡ 대부분의 스포츠는 승자와 패자로 규정짓는 경기형식을 가짐
- ㉢ 각각의 스포츠는 대중을 끌어당기는 특유의 성질을 띰
- ㉣ 이에 따라 제품은 소비자들에게 효과적으로 의사소통(예 다가갈 수 있는, 어필하는 등)을 할 수 있어야 함
- ㉤ 프로스포츠 생산의 기본요소 중 가장 중심이 되는 요인임

② 입장권
- ㉠ 입장권의 법적 책임 : 경기 관람의 권리와 좌석 및 시설 이용의 권리를 가짐(예 스키장의 리프트권 사용 시 보험)
- ㉡ 수익의 원천이며 촉진의 도구로도 사용(예 광고의 매개)
- ㉢ 만족감과 우월감 등의 심리적 혜택(예 슈퍼볼의 입장권)

③ 스포츠시설
- ㉠ 일정한 수익의 원천(예 광고, 임대 등)
- ㉡ 심리적 혜택 제공(예 우월감과 편리함, 쾌적함 등)
- ㉢ 시설의 이미지는 중요한 마케팅 요소로 연결(시설의 이미지 = 팀의 이미지 = 충성도)

④ 이미지
- ㉠ 위치화(일관된 제품 이미지)
- ㉡ 소비자에 대한 팀, 시설, 선수, 나아가 조직 전체의 이미지

⑤ 장비, 의류와 신제품
- ㉠ 스포츠 클럽의 주요 수익의 원천이 될 수 있음
- ㉡ 스포츠용품 제조업체는 용품에 대한 과학적 정보의 체계 그리고 지식의 체계적인 의사전달 시스템이 중요

⑥ 이벤트와 스타
- ㉠ 스타는 그 자체로도 제품이며, 훌륭한 촉진 매개체
- ㉡ 이벤트는 핵심제품을 제외한 주변제품의 확장에 중요한 수단

3. 스포츠소비자행동

(1) 정 의
개인이나 조직이 스포츠상품 또는 서비스를 구매하는 데 영향을 미치는 일련의 행동 및 심리적 의사결정과정이라고 할 수 있다. 의사결정이란 둘 또는 그 이상의 대안들 중에서 어느 하나를 선택하는 행위로서, 외부환경적 요인(소비자가 속해 있는 문화, 사회계층, 사회집단, 가족 등)이나 내부결정요인(개인의 지각, 학습, 개성, 라이프스타일, 태도 등) 등에 의해 영향을 받게 된다.

(2) 스포츠소비를 위한 의사결정
① 문제의 인식(Problem Recognition) : 의사결정과정의 1단계로서, 어떤 사안에 대하여 자신이 현재 처해 있는 상황과 이상적인 상황 간의 차이가 발생할 때 나타나게 된다.
② 정보탐색(Information Search) : 문제해결을 위한 행동과정으로 도출된 대안에 대한 평가를 위해 유용한 정보들을 수집하는 단계이다.
③ 대안의 평가(Alternative Evaluation) : 소비자는 동시에 여러 대안을 평가하게 되는데, 각 대안별로 특별한 속성을 조사하고 난 다음, 그 속성을 기준으로 대안별로 서로 비교한다.
④ 의사결정(Decision Making) : 정보탐색과 대안의 평가과정을 거치고 나면 구매단계로 이어지게 된다.
⑤ 구매 후 행동(Post Purchase) : 구매 후 평가는 소비자의 결정과 사전평가 간의 일치 또는 불일치 정도에 따라 만족과 불만족으로 나타나게 된다.

02 스포츠마케팅 조사방법

■ **학습목표**
스포츠마케팅 조사방법은 자주 출제된다. 짧은 시간에 이 부분에 대한 이해도를 높이기 어려우므로, 기본적인 이론을 습득한 후에 기출문제를 중심으로 학습하는 것이 바람직하다. 실기에서는 출제 범위에 포함되지 않는다.

■ **Check**
☐ 스포츠마케팅 환경분석에 대해 숙지한다.
☐ 스포츠마케팅 조사기법에 대해 숙지한다.

1. 스포츠마케팅 환경분석

(1) 환경분석

① 조직의 목표가 설정되면 환경분석, 내부 능력 분석 등을 실행하게 된다.
② 환경이란 기업이 목표를 달성하기 위한 활동의 제약조건을 의미한다. 이와 같은 환경은 기업의 노력을 통해 변화시킬 수도 있지만 기업이 어찌할 수 없는 환경도 존재한다.
③ 환경이 기업에 중요하게 작용하는 것은 환경의 변화가 어떤 기업에는 기회가 될 수 있지만 다른 기업에는 위협으로 작용할 수도 있기 때문이다.
④ 환경은 거의 모든 기업에게 동시에 영향을 미치는 거시환경과 해당 기업이 속해 있는 산업에 주로 영향을 미치는 산업환경으로 나누어 구분할 수 있다.
  ㉠ 거시환경
    - 인구통계적 요인 : 저출산·고령화·1인 가구 증가 등
    - 사회문화적 요인 : 혼밥문화, 복고 유행 등
    - 정치·법적 요인 : 법적 조치에 따른 요인으로, 전염병으로 인한 집합 제한 등
    - 자연환경 요인 : 환경오염으로 인한 미세먼지 증가, 홍수, 계절변화 등
    - 기술적 요인 : 기술 발전에 따른 전기차 생산 등
    - 경제적 요인 : 국가의 경제적 요인으로, 물가·원화가치 상승, 소득수준, 경기변동, 경상수지 등
  ㉡ 산업환경 : 해당 산업 내 기업들에게 직접적으로 영향을 미치며 경쟁의 강도를 결정한다는 점에서 경쟁환경이라고도 하며, 기존 경쟁기업, 잠재적 진입기업, 공급자, 구매자, 대체품의 위협 등 다섯 가지 결정 요인으로 구성되어 있음

(2) 기업능력 분석

① **보유자원 분석** : 기업이 목표달성을 위해 동원할 수 있는 자원(자금, 설비, 자연자원, 노하우 등)을 살펴보는 과정이다.
② **조직구조 분석** : 기업문화에 관한 분석과 기업 내 부서 간의 관계에 관한 분석 등을 말한다.
  ㉠ 조직구조에 따라 전략을 수행하는 데 도움이 되기도 하지만 방해가 될 수도 있다.
  ㉡ 같은 자원을 보유하고 있어도 조직구조에 의해 기업능력의 차이가 나타난다.

2. 스포츠마케팅 조사기법

(1) 조사절차
① 스포츠마케팅 조사
- ㉠ 문제해결에 필요한 정보를 상세하게 수집
- ㉡ 정보수집방법을 설계
- ㉢ 자료수집과정을 과학적으로 관리하고 실행
- ㉣ 결과에 대해 보고하고 시사점을 제시

② 조사의 목적
- ㉠ 조사의 목적을 명확하게 규명
- ㉡ 현재 상황, 문제의 본질과 특성, 조사 수행의 구체적인 목적 등을 정확하게 이해해야 함

③ 조사범위
- ㉠ 대상제품 혹은 서비스
- ㉡ 소비자
- ㉢ 표본 수
- ㉣ 대상지역
- ㉤ 조사 시기 및 기간 등

④ 조사계획
- ㉠ 조사범위 및 내용의 구체화
- ㉡ 과제의 순서와 그에 대한 책임 등을 구체화
- ㉢ 연구조사의 주체, 대상, 시점, 기간, 장소, 방법 등을 결정
- ㉣ 조사계획 평가

(2) 조사방법
① 기술조사
- ㉠ 시장상황을 분석하기 위해 수집한 자료를 분석하고 도출된 결과를 기술하는 것
- ㉡ 횡단조사, 종단조사, 패널조사 등

② 탐색조사
- ㉠ 연구문제의 발견, 변수의 규명, 가설의 도출을 위해 실시하는 예비조사
- ㉡ 문헌조사, 델파이조사(전문가 의견조사), 사례조사, 개인별 심층면접, 표적집단면접 등

(3) 스포츠마케팅 조사 종류
① 관찰 : 행동을 체계적으로 기술함

장 점	• 진행 중인 다양한 행동의 기록이 가능하다. • 자연스러운 행동에 대한 관찰이 가능하다.
단 점	• 관찰자의 주의 깊은 훈련이 필요하다. • 관찰자가 행동을 방해할 수도 있으며, 사건을 조작할 가능성이 있다.

② **사례연구** : 개인, 단일 가족, 또는 조직에 대한 심층적 기술

장 점	개개인의 복잡성과 독특성에 초점을 둔다.
단 점	• 객관성이 다소 결여될 수 있다. • 자료가 조사자 개인의 관심사와 견해를 반영할 수 있다.

③ **질문지 조사** : 다수의 사람들을 대상으로 의견, 태도, 행위 등을 질문하는 방법

장 점	많은 대상으로부터의 자료 수집이 가능하다.
단 점	• 질문 방법에 따라 응답이 달라질 수 있다. • 질문지에 대한 응답이 행동과 직접적으로 관련이 없을 수도 있다.

④ **실험법** : 환경 또는 조건의 조작을 통한 인과관계 규명

장 점	• 원인에 대한 기술이 가능하다. • 특정 변수의 통제 및 기술이 가능하다.
단 점	실험 결과를 다른 상황에는 적용하지 못할 경우가 있다.

3. 자료수집 및 측정방법

(1) 1차 자료(Primary Data)

연구자가 현재 수행 중인 조사의 목적을 달성하기 위해 직접 자료를 수집 또는 생산하는 것을 말한다.
① 장점 : 조사목적을 달성할 수 있는 정확도·타당도·신뢰도 등의 평가가 가능하며, 수집된 자료는 의사결정이 필요한 시기에 적절하게 이용할 수 있다.
② 단점 : 수집비용, 인력, 시간이 많이 든다.

> **개념 PLUS**
>
> 1차 자료를 얻기 전 조사목적에 적합한 2차 자료의 존재 및 사용가능성을 먼저 확인하고, 조사목적에 부합하는 2차 자료가 없는 경우에 한해 1차 자료를 수집하는 것이 경제적이다.

(2) 2차 자료(Secondary Data)

수행 중인 조사목적에 도움을 줄 수 있는 기존에 생산되어 있는 모든 자료를 말한다. 조사자가 현재의 조사목적을 위하여 직접 자료를 수집 또는 작성한 1차 자료를 제외한 모든 자료들을 말한다.
① 특징
  ㉠ 기성자료(Ready-made Data) : 연구자가 기존 자료를 구입하게 되면 1차 자료의 수집 시 소요되는 비용, 즉 질문지작성 및 적용·면접·관찰에 투입되는 비용·시간·노력 등을 절약할 수 있다.
  ㉡ 연구자가 자료의 수집 및 분류과정을 통제할 수 없다.
  ㉢ 자료수집 과정에서 시간적·공간적 제약을 받지 않는다.
② 유형 : 조사자가 종사하는 조직에서 기존에 다른 목적에 의해 생산한 자료와 타 기관에서 생성된 자료로 구분된다. 또한 자료의 출처에 따라 개인적 문서, 업무 관련 파일 등의 사적자료와 공공기관의 공적자료로 구분할 수 있다.

㉠ 장점 : 비교적 수집이 쉽고 비용이 저렴하며, 지속적인 수집 또한 가능(공공기관에서 정기적으로 발간하는 시계열자료의 수집)하다.

㉡ 단점 : 자료수집 목적, 측정단위, 조작적 정의 등이 현재 행하고 있는 조사와 일치하지 않는 경우가 많다.

(3) 1차 자료 수집방법

① 면접법(Interview)

연구자와 응답자 간의 언어적 상호작용을 통하여 필요한 자료를 수집하는 방법이다.

㉠ 장 점
- 면접 절차에 높은 신축성과 적응성
- 다른 조사에 비해 높은 응답률
- 질문의 내용을 응답자가 이해하지 못할 경우 다시 설명해 줄 수 있고, 응답의 내용이 분명치 않을 경우에도 응답자의 의도를 다시 물을 수 있어 보다 정확하고 신뢰성 있는 대답을 얻을 수 있음
- 응답자가 문맹자인 경우에도 가능

㉡ 단 점
- 불편함
- 인력, 시간, 비용이 많이 듦
- 면접자 편의에 대한 문제가 있음
- 면접자의 훈련, 기술에 따라 자료의 가치가 좌우될 가능성이 있음
- 표준화된 자료수집이 사실상 불가능
- 익명성을 보장함으로써 얻게 되는 이점을 면접법에서는 기대하기 힘듦
- 대답하기 어렵거나 민감한 질문에 대한 응답을 얻어내기 어려움
- 즉각적인 응답을 해야 하므로 답변자가 압력을 받을 수 있음

② 우편조사법(Mailed Questionnaire)

질문지를 표출된 피조사자에게 발송하여 기록하게 한 후, 우편으로 다시 회수하는 방법이다.

㉠ 장 점
- 조사비용과 노력이 절약됨, 특히 조사대상이 지리적으로 광범위하게 분포된 경우 유리함
- 광범위한 지역의 조사가 가능
- 현지조사원을 고용할 필요가 없음
- 면접에서 발생할 수 있는 면접자의 편견이 개입될 우려가 없음
- 피조사자가 충분한 시간을 가지고 솔직하게 답변할 수 있음(사생활과 익명성 보호)
- 조사가 어려운 사람에 대해 접근이 용이함

㉡ 단 점
- 회수율이 낮고, 시간이 오래 걸림(면접조사는 95%까지 가능하지만, 우편조사의 경우 대개 10~25% 정도 회수 가능)
- 응답자의 주위 사람 의견이 반영될 염려가 높음(주위환경의 통제가 불가)

- 아내, 부하, 친구, 비서, 자녀 등 주위 사람이 대리 응답할 가능성이 있음
- 응답자의 응답능력에 따라 자료의 타당성이 좌우
- 비응답의 효과(Non-response Effect)를 추정하는 문제가 심각
- 보충설명, 캐묻기(Probing) 등이 불가능하여 질문을 오해할 우려가 있음
- 응답자가 응답하기 전 질문서에 담긴 모든 질문을 살펴볼 가능성이 있으므로, 앞뒤 질문의 독립성을 보장하기 어려움
- 간단한 질문만으로는 복잡한 내용과 형식의 질문이 불가능
- 언어적인 응답에 국한됨
- 자연스럽게 금방 나오는 응답(Spontaneous Answer)을 받기 어려움
- 응답시기를 통제할 수 없어 조사시기가 지난 후 회수되는 자료는 처리가 곤란함

③ 전화면접법(Telephone Interview)

긴급하게 조사를 실시해야 하거나 질문내용이 짧을 때, 전화를 이용하여 질문하고 면접원이 기록하는 방식으로, 표준화된 질문지를 사용하여 질문하는 것이 보통이다.

㉠ 장 점
- 조사가 간단하고 신속하며, 조사비용 절감 효과가 있음
- 조사하기 어려운 사람에게도 접근하기 쉬움
- 전화번호부를 이용하므로 비교적 쉽고 정확한 무작위표출이 가능
- 면접자의 외모나 차림새 등 응답자의 선입견에 의한 응답의 오류를 배제할 수 있음
- 넓은 범위의 지리적 영역을 대상으로, 비교적 복잡한 정보를 얻을 수 있음

㉡ 단 점
- 전화소유자만이 피조사자가 되는 한계가 있음
- 시간적 제약을 받으므로 간단한 질문만 해야 함
- 상세한 정보의 획득이 어렵고, 응답자가 응답을 거부하는 경우가 있을 수 있음
- 응답자가 마지못해 응답하는 경우에는 조사결과의 타당성에 문제가 발생할 수 있음
- 복잡하거나 사적으로 지나치게 민감한 질문은 할 수 없음
- 피조사자를 확인할 수 없어 응답자가 선정된 표본에 해당되는지 확인할 수 없음
- 낮 시간에는 주부, 노인, 자영업자에 한정될 가능성이 크고, 장애인에게는 조사가 어려움
- 그림이나 도표를 사용할 수 없음

④ 배포조사법

직장 또는 가정에 질문서를 전달하고 응답자가 직접 기입하게 한 후 나중에 질문서를 회수하는 방법으로, 공무원 등 조사대상이 한정된 집단인 경우에 가장 많이 활용된다. 다른 사람의 개입이나 방해가 없는 상황에서 응답하도록 하는 것이 중요하다.

㉠ 장 점
- 조사표의 회수율이 높아짐
- 재방문 횟수가 적어짐
- 비용이 적게 듦

- 응답자가 생각할 시간적 여유를 줌
  ⓒ 단점
  - 글자를 아는 사람에게만 적용이 가능
  - 답변을 잘못 기입했어도 시정하기가 어려움
  - 피조사자 본인의 의견인지 다른 사람의 의견이 반영되었는지 알 수 없음
⑤ 인터넷을 활용한 조사
  ⓐ 장점
  - 자료수집에 드는 비용이 적음
  - 대규모로 빠르게 데이터 수집이 가능
  - 설문자가 직접 응답을 입력하므로 면접오류나 면접자 오류가 개입되지 않음
  - 특정 응답에 따라 다른 질문을 하는 조건부 질문도 쉽게 구현할 수 있음
  ⓒ 단점 : 표본이 인터넷사용자를 중심으로 편향됨

(4) 마케팅 조사에 활용되는 척도
① 명목척도
  ⓐ 관찰대상을 상호 배타적인 범주로 구분하기 위하여 사용하는 척도로, 명목척도에서 숫자는 범주로만 나타내며 숫자로서의 의미는 없다.
  ⓑ 축구선수의 등번호는 선수들을 구분하기 위한 것이지 우열을 표시한 것이 아니다.
② 서열척도 : 응답자가 질문의 대답들 간의 상대적 정도를 표시할 수 있게 해주는 척도로, 측정된 변인의 대소가 구분된다.
③ 비율척도
  ⓐ 간격척도에 절대영점(기준점)을 고정해 응답자 간의 절대적 격차를 규명·비교 가능하다(100점 만점 중 평균 82점).
  ⓑ 서열성, 동간성, 절대영점 특성을 모두 가지며, 덧셈법칙과 곱셈법칙이 성립한다.
④ 등간척도 : 측정 변인 간 간격이 동일한 등간성을 가지므로 대상 간 격차를 비교할 수 있으며, 덧셈법칙은 성립하나 곱셈법칙은 성립하지 않는다.

4. 조사의 실행

(1) 자료수집을 위한 준비작업과 실제 자료수집을 실시한다.

(2) 시간, 예산, 응답자와 비밀을 지킨다는 계약조건하에 유용한 정보를 최대한 확보한다.

(3) 질문항목은 사전 테스트를 거쳐야 하며 질문의 타당성과 신뢰도를 꼼꼼히 검토하여야 한다.

(4) 실행에 옮긴다.

5. 설문지 설계 및 작성

(1) 질문지의 구성요소

① 응답자에 대한 협조사항 : 조사의 응답률을 높이고, 응답을 보다 쉽게 얻어내기 위한 부분이다.
② 식별자료 : 각각의 설문지를 구분하기 위해 일련번호와 면접일시, 추후의 확인조사를 위한 응답자의 이름 등을 기록한다.
③ 지시사항 : 각 항목마다 응답방법이나 응답의 순서 등 응답자가 설문지의 모든 항목을 어려움 없이 완성할 수 있어야 하고, 이를 조사기관이 회수하기까지의 모든 과정에 대한 상세한 사항이 수록되어야 한다.
④ 필요한 자료의 획득을 위한 문항 : 연구목적에 필요한 대부분의 자료가 수집되는 부분이다.
⑤ 응답자의 분류를 위한 자료 : 응답자의 특성을 파악하기 위해 인구통계학적 자료를 문항에 삽입하여야 한다.

(2) 설문지 설계

필요한 정보의 결정 → 설문지 유형의 결정 → 세부조사 내용의 결정 → 질문유형의 결정 → 질문용어의 결정 → 질문순서의 결정 → 설문지 인쇄형태 및 구도의 결정 → 사전 테스트(Pre-test) → 수정 및 최종 설문지의 준비

(3) 설문지 작성 시 유의사항

① 가능한 한 이해하기 쉽고 간단명료한 단어를 사용해야 한다.
② 다지 선다형 응답에서는 가능한 한 나올 수 있는 모든 응답(대안)을 제시하여야 한다.
③ 응답항목들 간의 내용이 중복되어서는 안 된다.
④ 하나의 항목으로 두 가지 내용을 질문해서는 안 된다.
⑤ 용어의 뜻을 명확히 규정하여 질문하여야 한다.
⑥ 응답자들의 응답을 유도해서는 안 된다.
⑦ 응답자들이 기피하는 사항에 대하여 지나치게 자세한 응답을 요구해서는 안 된다.
⑧ 논리적이고 자연스러운 흐름에 따라 질문을 배치한다.
⑨ 고정반응(Response Set)을 막도록 질문들을 변화 있게 배치한다.

(4) 질문형태의 결정

① **개방형 질문(Open-ended Response Question)** : 자유응답형 질문으로 응답자가 할 수 있는 응답의 형태에 제약을 가하지 않고 자유롭게 표현할 수 있도록 하는 방법이다.

　㉠ 장 점
　　• 연구자가 응답의 범위를 아는 데 도움이 되어 탐색적 연구나 의사결정의 초기단계에서 유용
　　• 강제성이 없으므로 다양한 응답 가능
　　• 응답자가 상세한 부분까지 언급을 할 수 있어 새로운 정보 획득 가능
　　• 응답자에게 자기표현의 기회를 줌으로써 응답자의 의견을 존중하는 느낌을 줌

　㉡ 단 점
　　• 응답의 부호화가 어렵고, 정보의 세세한 부분이 유실될 수 있음
　　• 응답과정에서 표현상의 차이로 상이한 해석이 가능하고 편견이 개입될 수도 있음
　　• 표현능력이 부족한 응답자에게는 응답이 어려울 수도 있음
　　• 무응답률이 높음
　　• 자료처리에 많은 시간과 노력 소요

② **폐쇄형 질문(Close-ended Response Question)** : 응답할 항목을 연구자가 사전에 제시해 놓고 그 중에서 택하게 하는 방법이다.

　㉠ 특 징
　　• 응답항목의 총망라성(포괄성) : 다지 선다형 응답에서 가능한 한 응답을 모두 제시해 주어야 하며, 항목에 포함되지 않은 다른 응답이 나올 수 있다고 생각되는 경우 기타 항목에 기입하게 한다.

> 예 내가 좋아하는 스포츠 종목은?
> ㉮ 농 구　　　㉯ 배 구　　　㉰ 야 구　　　㉱ 기 타(　　　)

　　• 응답항목의 상호배타성(중복금지) : 응답항목들 간에는 내용이나 범위가 중복되어서는 안 되며, 한 응답자당 반드시 하나의 항목만을 선택하도록 해야 한다.

> 예 여가 시간에 주로 하는 스포츠 활동은?
> ㉮ 축 구　　　㉯ 풋 살　　　㉰ 야 구
> → ㉮와 ㉯가 비배타적 항목

　㉡ 종 류
　　• 찬부식 질문 : 보통 찬성/반대, 있다/없다, 좋다/나쁘다 식의 양자택일의 응답을 구하는 질문방법이다. 어떤 사항에 관한 의견의 유무, 또는 시작의 유무를 식별하는 여과식 질문으로 사용되는 경우가 많고, 제3의 대답이 나올 가능성을 고려하여 사용해야 한다.

> 예 귀하는 프로축구 경기를 직접 관람한 적이 있습니까?
> ㉮ 있 다　　　㉯ 없 다

- 체크리스트 : 여러 개의 응답내용 중 응답자가 원하는 사항에 체크하도록 하는 질문형태로서, 응답자의 의견이나 태도에 관한 질문 외에도 객관적인 사실의 여부 등에 대한 관찰사실을 기록하는 조사에 적합하다.

> 예 다음 직업 중 선수들의 연봉이 가장 높다고 생각하는 스포츠 종목에 체크하시오.
> ㉮ 프로농구 ㉯ 프로배구 ㉰ 프로축구 ㉱ 프로야구
> ㉲ 프로당구 ㉳ 스 키   ㉴ 프로볼러 ㉵ 프로낚시

- 다항선택식 질문 : 여러 응답 중 하나를 고른다는 점에서 체크리스트와 비슷하나, 체크리스트는 어떤 단어에 대한 선택이고, 다항선택식 질문은 보통 문장 또는 문장구절의 선택인 경우가 많으며, 응답의 수도 체크리스트보다 적다.

> 예 스포츠경기 관련 정보를 어디에서 많이 들으십니까?
> ㉮ TV   ㉯ 라디오   ㉰ 신 문
> ㉱ 인터넷   ㉲ 일정하지 않다 ㉳ 관심없다

- 서열식 질문(Ranking Question) : 응답자들에게 일련의 항목들을 제시해 상대적으로 비교하여 그 순위를 매기게 하는 질문으로서, 선택항목은 단어나 문장, 그림, 사진 등을 이용할 수 있다. 그러나 응답의 선택항목이 너무 많으면 응답자의 판단이 어려워져 응답자체가 유효하지 못할 수도 있다.

> 예 제시된 항목 중 프로야구 선수의 연봉에 가장 많은 영향을 준다고 생각하는 것을 순서대로 순위를 매겨주십시오.
> ㉮ 홈 런   ㉯ 타 점   ㉰ 타 율
> ㉱ 도 루   ㉲ 수비능력

- 척도형 질문 : 두 가지 형태로 사용되는데 첫째는 '동의/비동의'의 정도를 나타내는 리커트형의 질문이고, 둘째는 '좋다/싫다'의 정도를 나타내는 양극형 질문이다.

> 예 대한민국 국민들은 야구보다 축구를 더 좋아한다.
> ㉮ 매우 동의한다   ㉯ 동의한다   ㉰ 잘 모르겠다
> ㉱ 동의하지 않는다 ㉲ 전혀 동의하지 않는다

ⓒ 장 점
- 채점과 코딩이 간편
- 응답항목이 명확하고 신속한 응답이 가능
- 높은 반송 가능성
- 조사자의 편견개입 방지

ⓓ 단 점
- 모든 성실한 응답자를 연구자가 제시하기는 어려움
- 태도측정에 이용될 경우 응답투에 빠져들 수 있음(편견·편향의 발생)

- 몇 개의 한정된 응답지 가운데 선택해야 하므로, 응답자의 충분한 의견 반영이 곤란
- 응답항목의 배열에 따라 응답이 달라지며, 주요항목이 빠지는 경우에 치명적임

6. 질문순서의 결정

(1) 시작질문
① 유쾌하고 흥미로우며 응답하기 쉬운 질문부터 시작하는 것이 좋다.
② 위협적인 질문이나 응답자 개인의 배경을 묻는 질문은 가급적 피한다.

(2) 본질문
① 조사의 목적과 관련된 핵심적인 문항으로 구성한다.
② 서로 다른 주제는 섹션을 구분하여 혼동을 최소화한다.
③ 각 주제마다 짧은 소개 혹은 지시를 위한 진술, 응답요령을 제시한다.
④ 응답자가 과거의 경험을 기억나게 하기 위해서는 사건의 시간 순서에 따라 질문을 배치하는 것이 좋다.

(3) 종결질문
① 위협적인 질문은 종결질문보다는 본질문의 마지막에 위치하는 것이 좋다.
② 인구통계학적 질문은 설문의 마지막에 배치한다.
③ 질문지 끝에 '감사의 말'을 기술한다.

7. 조사대상자 선정

소비자들은 연령, 소득, 교육수준, 거주지, 생활형태 등이 서로 다르기 때문에, 각각의 소비자 집단을 구분하여 그들의 욕구에 맞는 제품과 서비스를 개발해야 한다.

(1) 표본추출방법의 분류
① 의의 : 연구대상 전체로부터 선택된 일부를 표본(Sample)이라 칭하며, 표본을 선택하는 과정을 표본추출(Sampling)이라고 한다.
② 장 점
  ㉠ 신속성과 경제성 : 적은 비용으로 다량의 정보를 확보하는 데 용이하다.
  ㉡ 세밀한 조사가 가능하다.
  ㉢ 전수조사가 불가능할 경우에 이루어진다.
  ㉣ 정확도의 증가 → 전수조사보다 더 정확한 자료를 수집할 수도 있다.
  ㉤ 대표성을 가진 모집단을 측정하여 표본오차를 줄이고 전체적인 측정오차를 줄일 수 있다.
  ㉥ 오염되지 않은 피조사자의 확보가 가능하다.
③ 단 점
  ㉠ 대표성 있는 표본선정이 어렵다.

ⓒ 모집단 자체가 작은 경우에는 표본조사가 무의미할 수도 있다.
　　ⓒ 복잡한 표본설계를 요하는 경우에는 시간이 많이 들고, 오차가 발생할 가능성이 높다.

(2) 표본추출의 과정(표본설계과정)

> 모집단 확정 → 표본프레임의 결정 → 표본추출방법의 결정 → 표본크기의 결정 → 표본추출

① **모집단 확정** : 모집단은 연구의 대상이 되고, 연구자가 직접적인 방법이나 통계적 추정에 의하여 정보를 얻으려 하는 대상으로서 정밀한 모집단을 규정하기 위해서는 '연구대상, 표본단위, 조사범위, 조사기간'의 4가지 요소를 확정해야 한다.
② **연구대상** : 연구자가 정보를 얻을 수 있는 단위로서 분석의 기초가 된다. 표본조사에서 가장 일반적인 연구대상은 개인·제품·상점·기업 등이며, 이 대상들은 연구목적에 의해 결정된다.
③ **표본단위** : 표본추출단계에서 표본으로 추출될 수 있는 요소로서 표본단위의 합체가 모집단을 구성하게 되며, 모집단은 궁극적으로 의사결정과 관련되도록 규정하여야 한다.
④ **조사범위와 기간** : 모집단의 범위는 연구결과의 타당성과 신뢰성 평가에 가장 중요한 기준이 되므로 적정 수준을 결정해야 한다. 또한 의사결정에 도움을 주기 위해 연구대상에 대한 명확한 규정과 더불어 시간적·공간적인 경계선도 모집단의 규정에 포함되어야 한다.

(3) 표본추출프레임(Sampling Frame) 결정

표본프레임이란 연구대상이나 표본단위가 수록된 목록으로서 이로부터 최종적인 표본이 추출된다. 이상적인 표출프레임은 표출단위를 모두 포함하지만, 이중으로 포함되는 단위가 없어야 한다. 즉, 모집단을 잘 대표해야 한다.

> **개념 PLUS**　적정 표본크기 산정
> • 표본크기는 표본의 추출방법, 필요한 통계량의 수준, 모집단의 동질성 정도 등에 따라 다르게 결정되며, 시간·비용·실제 표본추출가능성 등을 고려해야 한다.
> • 표본추출오차는 표본의 크기가 커질수록 작아지고, 조사에서 요구되는 신뢰수준이 높을수록 표본의 크기는 커야 한다.
> • 표본의 크기를 무한정 크게 한다고 해서 좋은 조사 결과를 얻을 수 있는 것은 아니다. 시간과 비용에 비해 얻는 유용성이 떨어질 수도 있으므로 적절한 표본크기를 선정해야 한다.

(4) 표본추출방법(표본추출의 설계)

① **확률표본추출**
　　㉠ **단순무작위표본추출(SRS ; Simple Random Sampling)** : 모집단을 구성하는 각 요소에 표본으로 선택될 확률을 동등하게 부여하여 표본을 선정하는 방법이다.
　　㉡ **계통적 표본추출(Systematic Sampling)** : 모집단을 구성하는 구성요소들을 자연적 순서 또는 일정한 질서에 따라 배열한 목록에서 매 k번째 요소를 추출하여 표본을 형성하는 표출방법이다.
　　㉢ **층화표본추출(Stratified Sampling)** : 모집단을 일정한 기준에 따라 2개 이상의 동질적인 층(Strata)으로 구분하고, 각 층별로 단순무작위표본추출방법을 적용하는 방법이다.

② 군집(집락)표본추출(Cluster Sampling) : 모집단을 이질적인 구성요소를 포함하는 여러 개의 군집으로 구분한 후, 구분된 군집을 표출단위로 하여 무작위로 몇 개의 군집을 표본으로 추출하고, 그 다음 이를 전수조사 또는 무작위추출하는 방법이다.

② 비확률표본추출

㉠ 편의(임의)표본추출(Convenience or Accidental Sampling) : 표본선정의 편리성에 기준을 두고 조사자가 마음대로 표본을 선정하는 방법으로서, 연구자가 쉽게 이용 가능한 대상을 표본으로 선택하는 방법이다.

㉡ 판단표본추출(Judgment or Purposive Sampling) : 모집단을 전형적으로 대표할 수 있다고 판단되는 사례를 표본으로 선정하는 방법이다.

㉢ 할당표본추출(Quota Sampling) : 비확률표본추출방법 중에서 가장 정교한 기법으로서, 연령·성별·학력·직업·지역 등 일정한 기준을 가지고, 사전에 이미 결정되어 있는 백분율 혹은 표본수와 일치하도록 표본을 추출하는 방법이다.

㉣ 누적표본추출(Snowball Sampling) : 첫 단계에서 연구자가 임의로 선정한 제한된 표본에 해당하는 사람들로부터 또 다시 추천을 받아 다른 표본을 선정하는 과정을 되풀이하여, 마치 눈덩이를 굴리듯이 표본을 누적해가는 방법이다.

(5) 표본조사 시 발생하는 오류 유형

① **표본추출 오류** : 통계량의 값들과 전수조사에 의해서 결정될 수밖에 없는 모수값의 차이에서 발생하는 오류이다.

② **비표본추출 오류** : 표본추출 오류 이외의 모든 오류이다.

㉠ 조사현장의 오류 : 면접이나 관찰과정에서 응답자나 조사자 자체의 특성에서 생기는 오류와 양자 간의 상호관계에서 발생하는 오류

㉡ 자료기록 및 처리의 오류 : 정확한 응답이나 행동을 한 결과를 조사자가 잘못 기록하거나 자료를 분석하기 위해서 코딩하는 과정에서 발생하는 오류

㉢ 불포함 오류 : 표본체계의 불완전으로 모집단에는 속해 있으나 표본집단에 선정될 수 없는 경우에 발생하는 오류

㉣ 무응답 오류 : 선정된 표본 중 응답을 얻어내지 못해 발생하는 오류

8. 통계분석방법

(1) 빈도분석

소비자의 인구통계학적 특성과 간단한 시장 점유율 또는 판매실적 등을 조사하는 데 이용할 수 있으며, 도수분포표, 백분율(%), 각종 도표(막대, 히스토그램, 원) 등을 통해 알 수 있다.

(2) 기술분석

브랜드의 인지도나 선호도, 매출액의 평균 등을 조사하는 데 이용할 수 있으며, 평균, 표준편차, 분산, 최대·최솟값, 첨도, 왜도 등을 통해 알 수 있다.

(3) 교차분석

성별에 따라 선호하는 프로스포츠 종목의 구성비율 차이 등을 조사하는 데 이용할 수 있으며, 집단별 구성비율의 차이 검증 등을 통해 알 수 있다.

(4) 상관분석

스포츠마케팅 믹스와 제품 만족도 간의 상관성 분석 등을 조사하는 데 이용할 수 있으며, 변수들 간의 상관분석을 통해 알 수 있다.

(5) t 검증

성별에 따른 브랜드 인지도 차이 등을 조사하는 데 이용할 수 있으며, 두 집단 간의 평균의 차이를 통해 알 수 있다.

(6) 분산분석

연령에 따른 브랜드 이미지의 차이를 조사하는 데 이용할 수 있으며, 세 집단 간의 평균의 차이를 통해 알 수 있다.

(7) 회귀분석

프로축구 마케팅 믹스가 재관람에 어떠한 변수가 영향을 미치는지를 확인할 때 이용할 수 있으며, 종속변수에 대한 독립변수 간의 선형함수 관계식 도출을 통해 알 수 있다.

9. 신뢰도 측정 방법

신뢰도는 동일한 방법으로 반복적인 측정을 했을 때 일관된 결과를 도출하는 것을 말한다. 신뢰도가 높다는 것은 측정 도구가 일관된 결과를 제공한다는 의미로, 연구결과의 신뢰성을 높여준다. 반대로, 신뢰도가 낮다면 측정도구 또는 방법에 문제가 있을 수 있다.

(1) 재검사법(Test-retest Reliability)

동일한 측정 도구로 동일한 대상에게 일정 시간 간격을 두고 두 번 실시해 그 결과 간의 상관관계를 평가하는 방법이다.

(2) 동형검사 신뢰도(Parallel Reliability)

동일한 대상에게 유사한 측정 도구를 사용하여 서로 다른 시기에 조사를 실시하고 상관관계를 평가하는 방법이다.

(3) 복수양식법

동일한 개념을 측정하기 위해 여러 개의 상이한 측정 도구를 개발해 동일한 시기에 동일 대상에게 순차적으로 조사를 실시하고, 상관관계를 검증하는 방법이다.

(4) 반분법(Split-half Reliability)

테스트는 한 번 실시하나 측정 도구의 항목을 체계적으로 반으로 나눠 각각을 독립된 척도로 간주해 상관결과를 비교하는 방법이다.

(5) 내적 일관성 분석(Internal Consistency Reliability)

측정 도구의 개별 항목들이 전체 척도와 얼마나 연관이 있는지를 평가하는 것(크론바흐 알파 계수≥0.6이어야 만족)으로, 여러 측정항목 중에서 신뢰도를 저해하는 항목을 찾아내어 측정항목을 제외하여 측정도구의 신뢰성을 높이고자 하는 경우에 사용되는 방법이다.

(6) 조사자 간 신뢰도

동일한 측정 도구를 여러 조사자가 사용해 동일 대상을 평가하고, 평가자 간의 일치성을 평가하는 방법이다.

03 스포츠마케팅 전략

■ 학습목표
마케팅 프로세스와 마케팅 믹스(4P)는 필기 출제 범위 중 가장 많은 문제가 출제되고 있다. 또한 실기에서도 지속적으로 관련 문제가 출제되고 있으므로, 보다 깊이 있는 학습이 필요하다.

■ Check
☐ 스포츠마케팅 프로세스(시장세분화, 표적시장, 포지셔닝)에 대해 숙지한다.
☐ 스포츠마케팅 믹스(제품, 가격, 유통, 촉진)에 대해 숙지한다.
☐ 스포츠마케팅 전략에 대해 숙지한다.

1. 마케팅 프로세스

스포츠마케팅 프로세스는 시장세분화(Market Segmentation), 표적시장의 선정(Targeting), 포지셔닝(Positioning)의 단계로 구성되어 있다.

(1) 시장세분화

① 시장세분화의 의의 : 마케팅 전략수립을 위해 시장을 선택하고 각 시장을 크기, 시장잠재력, 고객의 이해 등에 따라 분석해 나가는 과정을 말한다.

> **개념 PLUS** 세분시장
> 시장을 특정기준으로 나누어 동질적인 소비자들로 나누어진 시장을 말하며, 마케팅 믹스에 유사하게 반응한다.

② 시장세분화의 요건
  ㉠ 내부적으로 동질적이고 외부적으로 이질적이어야 함

ⓛ 측정 가능해야 함
　　　ⓒ 규모가 커야 함
　　　㉢ 접근 가능해야 함
　　　㉣ 실행이 가능해야 함
　③ 시장세분화의 기준
　　　㉠ 인구통계학적 세분화 : 성별, 연령, 소득, 직업, 소득수준, 교육수준 등
　　　ⓒ 지리적 세분화 : 지역, 인구밀도, 기후 등
　　　㉢ 심리묘사적 세분화 : 라이프스타일, 성격 등
　　　㉣ 행위적 세분화
　　　㉤ 편익세분화
　　　㉥ 시간대에 따른 세분화
　④ 세분시장의 평가
　　세분시장의 평가는 시장규모, 시장성장률 등 시장요인과 자사의 목표화 자원, 마케팅 믹스 등과의 적합성 등을 통해 이루어져야 한다.

(2) 표적시장의 선정

세분시장의 매력도 평가를 마친 후에는 어느 세분시장에 그리고 얼마나 많은 세분시장에 어떤 제품을 가지고 진출할 것인가를 결정해야 한다.

(3) 포지셔닝

　① 개 념
　　　㉠ 제품포지션 : 특정 제품이 경쟁제품에 비해 소비자의 마음속에 차지하고 있는 상대적 위치
　　　ⓒ 포지셔닝 : 목표시장 안에 있는 고객의 욕구를 파악하여 경쟁제품에 비해 차별적 특징을 갖도록 제품 개념을 정한 후 소비자들의 지각 속에 적절히 위치시키고자 하는 노력
　② 유 형
　　　㉠ 속성에 의한 포지셔닝
　　　ⓒ 이미지 포지셔닝
　　　㉢ 사용상황이나 목적에 의한 포지셔닝
　　　㉣ 제품 사용자에 의한 포지셔닝
　　　㉤ 경쟁제품에 의한 포지셔닝

2. 마케팅 믹스

(1) 제 품

　① 다차원적 제품의 개념
　　　㉠ 제품은 눈에 보이는 물리적인 부분만을 생각하기 쉬우나, 눈에 보이지 않는 부분까지 생각해야 한다.
　　　ⓒ 코틀러(Kotler)가 분류한 제품의 3가지 차원

- 핵심제품(Core Product) : 소비자가 특정 제품에 바라는 기본적인 편익이다. 자동차의 구매는 사람이나 상황에 따라 안전한 출퇴근, 사회적 인정, 속도감 등의 여러 가지 편익을 얻기 위한 것이며, 프로경기 관람 시 경기 그 자체가 해당된다.
- 유형제품(Tangible Product) : 물리적 제품속성들의 집합이다. 선수, 경기력, 우수한 경기장 시설, 스타선수 등으로 구성된 프로 축구팀을 예로 들 수 있다.
- 확장제품(Extended Product) : 유형제품에 부가되어 제품의 가치를 발휘하게 하는 부가적인 요소이다. 프로 경기 중 치어리더 공연을 기획하는 것과 보증, A/S, 배달, 설치 등을 예로 들 수 있다.

② 스포츠제품의 특징
㉠ 스포츠제품은 실체가 없으며, 순식간에 이루어지고, 경험적인 동시에 주관적이다.
㉡ 기본적인 스포츠제품은 생산과 소비가 동시에 이루어진다.
㉢ 일반적으로 스포츠는 대중적으로 소비되며, 소비자의 만족은 사회적 촉진으로부터 영향을 받는다.
㉣ 스포츠제품은 일반적이지 않고 정확한 예측이 어렵다.
㉤ 스포츠마케터는 핵심제품의 구성에 대해 통제력이 전혀 없거나 거의 없고, 때로는 제품확장에 대한 통제력도 제한되어 있다.
㉥ 스포츠마케팅은 핵심제품보다는 제품확장을 더 많이 강조하여야 한다.
㉦ 스포츠는 소비재이자 산업재이며, 관람 스포츠와 참여 스포츠는 모두 소비자에게 최종제품으로 소비된다.
㉧ 스포츠는 보편적인 소구력을 가지며, 삶의 모든 부분에 파고들고 있다.

③ 제품수명주기(PLC ; Product Life Cycle)
제품이 출시되는 도입기, 매출이 급히 성장하는 성장기, 성장률이 둔화되는 성숙기, 매출이 감소하는 쇠퇴기를 거쳐 시장에서 사라지게 되기까지의 모든 과정을 말한다.

도입기	• 기본적 형태의 제품이 생산되며, 판매가 완만히 일어나지만 초기 비용이 많이 들어 적자 발생 • 낮은 수요, 적은 생산량, 높은 제품 원가, 낮은 경쟁률 • 제품을 널리 인지시키고 판매를 늘리는 것이 마케팅의 전략적 목표 • 광고의 주된 대상은 혁신 소비자이며, 이들을 통한 구전효과를 기대 • 제품에 관한 정보를 주어 상표 인지도를 높이는 광고와 수량할인, 소매상 광고지원 등 중간상 대상 판매촉진을 실시 • 경쟁이 적은 경우는 초기 투자비용을 회수할 수 있는 초기 고가격전략을 사용하고, 경쟁사의 진입이나 경험곡선 효과를 볼 가능성이 클 때에는 침투가격전략을 사용하여 시장점유율을 높이는 데 주력해야 함
성장기	• 수요가 급속히 늘어나 이익이 발생하기 시작하고, 성장기 말에 최대 이익이 실현되는 경우가 많음 • 경쟁제품이 나타나고 모방제품, 신기능이 추가된 개량제품이 나타남 • 유통경로 확대 및 시장규모 확장 • 마케팅 목표는 상표를 강화하고 차별화를 통해 시장점유율을 확대하는 것 • 제품성능에 대한 구체적 정보를 소비자에게 제공하여 다른 제품과의 차이점을 알리고, 이를 통해 일반 소비자의 인지도와 관심을 높이는 광고가 필요 • 취급 점포를 대폭 확대하여 소비자가 제품을 쉽게 구할 수 있게 하는 집중적 유통전략 사용 • 제품의 품질을 향상하고 새로운 특성과 서비스를 추가한 변형제품, 개량제품을 출시하여 경쟁제품과 차별화

성숙기	• 수요의 신장이 멈추게 됨 • 생산능력은 포화상태가 되고 이익은 절정을 지나 감소하게 됨 • 마케팅 목표는 경쟁우위를 유지하고 상표 재활성화를 통하여 수요를 늘리는 것 • 이미지 광고를 통해 제품 차별화 시도 및 제품의 존재를 확인시키는 광고 필요 • 신규 소비자 창출보다 경쟁사의 고객을 빼앗아 오기 위한 가격할인, 쿠폰 등의 판매촉진전략 사용 • 가격이 하락하는 경향을 보이며, 기존의 유통망을 유지 · 보호하는 데 주력
쇠퇴기	• 매출과 경쟁자 수 감소 • 마케팅 목표는 단기 수익을 극대화하는 방안을 찾는 것 • 비용을 줄이고 매출을 유지하여 수익 극대화 • 제품을 상기시키는 수준으로 광고를 최소화함 • 기여도가 높은 품목만 남기고 과잉설비를 제거하며 하청을 늘림 • 우량중간상만 유지하는 저가격정책을 사용함. 반면, 충성도가 높은 고객만을 대상으로 고가격정책을 사용하는 경우도 있음

④ 스포츠제품의 수명주기와 관련된 특징

㉠ 사회적 현상에 민감하게 반응한다.

㉡ 다른 산업제품에 비해서는 비교적 수명주기가 길다.

㉢ 스포츠제품의 매출은 각 단계마다 상이한 크기로 나타난다.

㉣ 스포츠제품의 이익은 제품수명주기에 따라 단계별로 증가하다가 감소한다.

㉤ 리그인 경우 두 종류의 수명주기를 가진다. 하나는 시즌 안에 존재하는 수명주기이고, 다른 하나는 지속적 수명주기이다.

⑤ 신제품의 개발과정

> 신제품 마케팅전략 수립 → 아이디어 창출 → 아이디어 선별 → 제품의 개발 및 테스트 → 사업성 분석 → 시험마케팅 → 상업화

⑥ 신제품 수용과정

㉠ 인지 : 신제품의 정보를 처음으로 접함

㉡ 관심 : 반복 노출됨에 따라 관심을 보이게 되고, 추가적인 정보를 탐색

㉢ 사용구매 : 첫 구매

㉣ 평가 : 신제품이 자신의 욕구를 충족하는 정도를 판단하여 태도 형성

㉤ 수용 : 사용 경험을 토대로 재평가하여 수용 여부를 결정

⑦ 제품계열

㉠ 제품계열 길이의 결정

• 계열의 길이를 늘이는 전략을 계열길이 확대전략이라 하고, 줄이는 경우를 계열길이 축소전략이라 한다.

• 계열길이 확대전략의 장단점 : 품목을 추가하여 길이를 늘리면 소비자의 다양한 욕구를 만족시킬 수 있고 이윤이 늘어날 수 있으나, 품목이 너무 많아지면 관리비용이 많이 들고 하나하나의 품목이 이윤에 기여하는 정도가 작아지게 된다.

- 제품의 길이가 늘어나는 이유
  - 욕구의 이질성을 채워 주어야 한다는 필요성이 있다.
  - 소비자들의 다양성 추구 성향을 자사제품 내에서 충족하게 할 필요가 있다.
  - 제품계열을 빈틈없이 채움으로써 경쟁자의 진입을 막는 효과가 있다.
- 제품의 변형이 비교적 쉽고 소비자의 욕구가 매우 다양한 생활용품이나 식품류의 제품은 계열의 길이가 길어지는 경우가 많이 발생한다.
- 제품의 길이가 길어지면 발생하는 문제점
  - 소매상이 취급할 공간을 확보하기 어려워진다.
  - 선택의 폭이 너무 넓어져 소비자의 혼란이 야기된다.
  - 생산의 효율성이 떨어진다.
  - 품목의 공헌이익이 줄어든다.
  - 새로 추가된 품목이 자사의 다른 품목들의 고객을 빼앗아 오는 자기잠식 현상이 일어나기도 한다.

ⓒ 제품계열 넓이의 결정 : 계열의 넓이를 현재의 품목보다 저가격, 저품질의 제품을 추가하여 연장하는 전략을 하향 연장이라고 한다. 고가격, 고품질의 제품을 추가하여 연장하는 전략은 상향 연장이라고 한다.
- 상향 연장을 할 경우 : 고가의 제품을 생산 및 판매하는 기업의 이미지로 포지셔닝하여 고가격 시장으로의 진출이 용이하다.
- 하향 연장을 할 경우 : 고가의 제품을 저렴하게 구매하였다는 인식을 심어줌으로써 저가격 시장으로의 진출이 용이하다.

(2) 가 격

가격은 가장 쉽게, 빠르게, 유연하게 대처 · 변경할 수 있다. 특히 스포츠와 같이 수요의 탄력성이 매우 큰 특수한 시장 상황에서 가격은 가장 효과적인 마케팅 도구이며, 가장 눈에 띄는 변수이다.

① 의미 : 스포츠 관련 제품이나 서비스를 소유하거나 사용하는 대가로 지불해야 하는 화폐나 교환매체를 말한다.

② 가격결정 시 고려 사항
  ㉠ 마케팅전략의 검토
  - 제품의 포지셔닝 : 소비자에게 자사의 제품이 경쟁사와 비교하여 어떻게 지각되고 있는가에 따라 가격의 책정이 달라진다.
  - 제품라인 : 동일제품 라인상의 다른 제품과 조화를 이루어야 한다. 즉 신제품이 경쟁사로 갈 소비자를 끌어오지 못하고 기존제품의 고객이 기존제품 대신 신제품을 구매하는 자기잠식 현상이 일어나지 않게 유의해야 한다.
  - 제품수명주기 : 제품수명주기상 어느 단계에 위치하는지를 검토해야 한다. 경쟁이 적은 도입기에는 높은 가격을 책정하고, 성장기에는 경쟁에 대비하여 가격을 내리는 경우가 일반적이나 반대의 경우도 간혹 있다.

ⓛ 기업전략 목표의 검토
- 시장점유율을 목표로 하는 기업은 저가격에 의한 시장침투전략을 사용하는데, 경쟁자의 진입이 예상되는 경우에 시장을 선점하려는 목적으로 사용된다.
- 초기에 저가정책을 사용하면 수익은 적으나 매출이 빠른 속도로 증가함에 따라 규모의 경제, 경험곡선효과가 나타나게 되어 원가가 하락하고 수익이 올라가게 된다.
- 시장을 빠른 속도로 잠식함에 따라 경쟁자의 시장진입이 어려워진다.

ⓒ 소비자의 반응 : 가격과 구매량과의 관계를 나타내는 수요곡선의 가격탄력성을 검토하고, 가격에 대해서는 매우 복잡한 심리적 반응이 있기 때문에 가격결정 시 소비자의 심리적 요인을 철저히 검토하여야 한다.

ⓔ 제품의 원가구조 : 제품의 정확한 원가구조를 아는 것은 가격결정에 필수적이며, 제품의 원가는 가격의 하한선이 되고 상한선은 소비자의 지각된 가치이다.

ⓜ 경쟁제품의 가격 : 경쟁제품과의 비교를 통해 고가격 또는 저가격을 결정하는 것은 현실적으로 매우 중요한데, 유인가격을 잘 활용해야 한다.

ⓗ 기타 고려 사항 : 정부의 규제, 여론, 소비자 단체 등의 반응을 고려하는데, 특히 오늘날에는 정보통신과 매스미디어의 발달, 인터넷을 통한 네티즌 간 비평의 확대 · 재생산으로 여론의 힘이 점차 커지고 있음을 고려하여 가격을 책정해야 한다.

③ 가격의 결정 : 재정 · 회계 · 생산 등을 포함하는 기능적인 영역이 가격 결정에 영향을 미친다. 따라서 가격은 조직의 목적과 목표를 달성하기 위한 수단이어야 한다.

㉠ 원가중심 가격결정 : 제품의 원가에 일정 마진을 넘거나 목표판매량과 목표이익을 정해놓고 가격을 결정하는 방법을 말한다.
- 원가가산법 : 가격 산정이 간편하게 이루어지고 같은 산업 내에 마진율이 관행적으로 받아들여지는 경우, 불필요한 경쟁을 피할 수 있는 방편이 된다.

> 판매가 = 단위당 원가 / 1 − 마진율

- 목표이익 가산법 : 목표로 하는 투자 이익률을 정해놓고 거꾸로 가격을 산정하는 방식이다.

> 판매가 = (고정비 + 목표이익) / 목표판매량 + 단위 당 변동비

㉡ 경쟁제품 중심 가격결정
- 빠른 기간 내에 시장 점유율을 확보해야 하는 경우나 후발 주자로서 시장 리더의 시장을 잠식하려는 경우에 저가격정책을 사용한다.
- 인지도가 높거나 차별적인 우위가 있는 경우는 고가격정책을 사용한다.
- 과점적 상황 등 각 제품의 가격에 소비자들이 민감하게 반응하는 상황에서는 경쟁사와 비슷한 가격으로 책정한다.

㉢ 조직과 마케팅 목적 : 스포츠산업 · 조직 또는 서비스 분야의 의사결정권자들의 마케팅 목적에 따라 가격이 좌우되기도 한다.

- ㉣ 다른 마케팅 믹스 변인 : 높은 상호관련성을 띠며, 가격 결정은 제품 · 분배 · 촉진 · 홍보 · 사람들(고객 서비스 · 관리)과 관련된 결정과 활동에 영향을 미친다.
- ㉤ 수요시장 상태 : 가격을 정할 때 생산자는 분배 · 유통 구성원들이 기대하는 것을 고려해야 한다.
- ㉥ 구매자들의 지각 : 스포츠마케팅 담당자들이 가격을 결정할 때 평가해야 하는 중요한 요소 중 하나는 '표적시장에서 사람들에게 가격이 얼마나 중요한가?'이다.
- ㉦ 경쟁 : 스포츠마케팅 담당자들은 가격 경쟁자들을 지각해야 한다.
- ㉧ 합법 규정 문제 : 정부의 법 또는 정책적 변화는 스포츠마케팅 관리자들의 가격 결정에 강하게 영향을 미친다.

④ 심리 요인 기반 가격전략
- 단수가격 : 제품가격의 끝자리를 990원, 1,990원처럼 홀수(단수)로 하여 소비자에게 가격이 저렴하다는 인식을 심어주는 전략
- 관습가격 : 특정 제품군에 대해 오랫동안 같은 가격을 지속적으로 유지함으로써 소비자가 당연한 것으로 받아들이는 가격
- 준거가격 : 과거 경험이나 기억, 외부 정보 등에 의해 소비자가 제품을 구매할 때 기준이 되는 가격
- 명성가격 : 소비자가 제품가격을 품질이나 지위의 상징으로 여기는 경우에 소비자가 지불가능한 가장 높은 가격을 유지하는 전략
- 촉진가격 : 소비자가 심리적으로 제품을 싸다고 느끼는 가격을 책정하여 판매량을 올리는 방법
- 유보가격 : 소비자가 특정상품에 관하여 지불할 용의가 있는 최고가격
- 최저수용가격 : 소비자가 품질을 의심하지 않고 구매할 수 있는 가장 낮은 가격

(3) 유통(장소)
① 유통경로의 개념
- ㉠ 유통경로의 정의
  - 유통경로는 제조업체가 생산한 제품을 최종 소비자에게 전달하는 통로 역할을 한다.
  - 도매상, 소매상과 같은 조직이나 경로구성원, 즉 중간상인이 관여하여 상품이 소비자에게 효율적으로 전달될 수 있도록 한다.
- ㉡ 중간상인의 역할
  - 거래가 효율적으로 일어나 거래의 수가 급격히 줄어들게 되어 거래비용이 감소하게 되고 상품의 가격이 내려간다.
  - 생산자와 소비자 사이의 불일치가 해소된다.
  - 시장에 대한 정보를 생산자에 제공하고, 상품에 대한 정보를 소비자에게 제공한다.
  - 재고보유를 통해 생산자의 재고 부담을 덜어주고 위험을 분산하는 역할을 한다.
  - 영세한 제조업자에게 자금을 제공한다.

② 유통경로의 유형
- ㉠ 직접 마케팅 경로 : 제조업자가 중간상을 거치지 않고 직접 소비자에게 판매하는 형태를 말한다(제조업자 → 소비자).

- ⓒ 도매상이 없는 형태 : 소매상이 제조업자로부터 제품을 공급받아 소비자에게 판매하는 형태를 말한다(제조업자 → 소매상 → 소비자).
- ⓒ 전형적인 유통경로 : 제조업자 → 도매상 → 소매상 → 소비자
- ⓔ 제조업자와 도매상 사이에 여러 유형의 도매상이 관여하는 형태 : 생산자가 영세하고 지리적으로 널리 흩어져 있는 경우에 사용되는데, 곡물·야채·과일 등의 1차 상품 유통과정이라 볼 수 있다.

③ 유통경로의 설계
- ⊙ 고객의 욕구분석 : 입지의 편의성, 최소 구매단위의 크기, 대기시간, 제품의 다양성 차원에서 소비자의 요구를 분석한다.
- ⓒ 소비자의 요구에 따라 제공해야 하는 서비스의 수준이 달라진다.
- ⓒ 최소 구매단위가 작을수록, 한곳에서 다양한 제품을 구매하기를 원할수록 높은 수준의 서비스를 제공해야 한다.

④ 유통경로 목표의 설정
- ⊙ 소비자들이 원하는 서비스 수준과 기업의 장·단기목표를 고려하여 유통경로의 목표를 설정한다.
- ⓒ 경로목표는 가능한 한 계량화하는 것이 좋다.

⑤ 경로커버리지와 구조의 결정
- ⊙ 경로커버리지 : 경로커버리지는 유통집중도, 즉 특정지역에서 자사제품을 취급하는 점포수를 말한다.
    - 집중적 유통(Intensive Distribution) : 가능한 한 많은 점포들이 자사 제품을 취급하도록 하는 경로전략으로, 껌·담배·비누 등의 편의품인 경우가 해당된다.
    - 전속적 유통(Exclusive Distribution) : 일정한 지역에서 한 점포가 자사제품을 독점적으로 취급하도록 하는 전략으로, 자동차·주요 내구재·가구 등의 제품에 이용된다.
    - 선택적 유통(Selective Distribution) : 일정 자격을 갖춘 소수의 중간상에게 자사제품을 취급하도록 하는 전략이다.
- ⓒ 경로구조의 길이 결정
    어떤 유형의 중간상들을 경로구성원으로 포함해야 하는지를 결정하고, 길이를 결정할 때에는 시장요인, 제품요인, 기업요인, 경로구성원요인과 같은 요인들을 고려해야 한다.

(4) 촉 진

① 스포츠마케팅에서 촉진의 개념
- ⊙ 구매자와 판매자 간의 커뮤니케이션의 수단으로, 크게 광고, 개인판매, 판매촉진, 홍보(Publicity) 등으로 구분되며, 이를 촉진믹스라 한다.
- ⓒ 스포츠마케터가 다른 마케팅믹스 요인에 대한 정보를 제공하여 소비자가 제품을 구매하도록 하는 마케팅 전략이다.
- ⓒ 제품의 인지, 태도변화, 구매를 유도하는 마케팅 전략이다.

② 촉진과 제품 채택 과정

지각단계	제품의 존재만 알고 있으며, 정보를 가지고 있지도 않고 관심도 없는 단계
흥미단계	• 제품의 특징에 대하여 궁금증을 가지는 단계 • 이용 · 장점 · 단점 · 가격 혹은 위치에 대한 정보를 획득하고자 노력함
평가단계	제품이 자신의 필요와 욕구를 충족할 수 있는지 여부에 대하여 평가하는 단계
시도단계	구매 · 무료 견본 등의 방법으로 제품을 보거나 사용을 통해 경험을 하는 단계
채택단계	제품을 선택 · 구매하는 단계

③ 광 고

조직이나 기업이 대중매체 등을 통해서 표적 청중에게 특정 조직, 제품, 서비스 또는 아이디어에 대해서 알리기 위해서 유료로 행하는 비대인적 커뮤니케이션을 말한다.

㉠ 주요 광고 매체 : TV, 라디오, 신문, 잡지, 우편, 전단, 야외진열, 소책자, 대량수송 매개물 등

㉡ 장 점
- 저렴한 비용으로 수많은 사람에게 의사소통 가능
- 효율적인 비용
- 의사소통의 반복 전달 가능
- 제품의 가치 상승 효과
- 서비스 분야가 광고로부터 획득하는 가시성을 통해 대중에게 제품의 이미지를 좋게 만듦

㉢ 단 점
- 도달되는 사람당 광고의 비용은 저렴하나, 전체 광고의 비용은 대단히 높음
- 비용의 제한과 그에 따른 촉진믹스에서 방해의 요인
- 느린 피드백 속도
- 측정이 어려운 광고 효과
- 개인 판매보다 설득력이 약함

④ 개인판매

교환 상황에서 개인의 의사소통을 통해서 제품을 구매하도록 소비자들에게 알리고 설득하는 방법이다.

㉠ 장점
- 소비자들에게 큰 영향을 미침
- 직접적인 피드백 제공

㉡ 제한점
- 대상 한 사람 또는 몇 사람을 겨냥
- 개인 한 사람에서 도달하는 상당한 비용

⑤ 판매촉진

판매촉진은 촉진과는 다른 개념으로, 개인판매 · 광고 · 홍보 이외의 단기적인 동기부여 노력을 포함하는 포괄적인 개념이다.

㉠ 방 법
- 가격 촉진방법 : 가격 할인 등의 직접적 방법

- 비가격 촉진방법 : 가격과 상관없는 이벤트(스포츠 분야에서 많이 사용)나 판촉 활동
- 계단식 접근법 : 스포츠소비자를 소·중·다량 소비자로 분류하여 한 단계씩 표적하여 상위 단계로 발전시키는 방법
- 에스컬레이터 접근방법 : 스포츠소비자를 좀 더 세분하여 각 단계의 상단에 차지하는 소비자들을 보다 상위 단계로 이동시키기 위한 방법

ⓒ 장 점
- 매출액에 직접 연결
- 지역에 알맞은 활동이 가능
- 예산과 그 효과가 비교적 알기 쉬움
- 소비자의 반응이 대체로 강하게 나타남

⑥ 홍 보

스포츠 관련 조직(기업)을 둘러싸고 있는 공중(언론, 지역주민, 팬, 직원, 기업 등)들과의 호의적인 관계를 유지하기 위한 노력으로서, 크게 내부공중(Internal Public)과 외부공중(External Public)으로 구분할 수 있다.

㉠ 홍보의 유형

구분	내용
CPR (Corporate PR)	전통적인 홍보 방식으로, 언론인들과의 교류, 최고 경영자의 연설문 작성, 사보나 사내방송 담당, 지역 홍보, 투자자 관리, 공공주제에 대한 회사의 주창 광고, 사회적 쟁점 관리, 로비, CIP(Corporate Identity Profile) 등의 활동
MPR (Marketing PR)	• 회사의 마케팅을 돕는 데 주력하는 현대적인 개념의 홍보로서, 홍보의 목표를 주로 회사의 제품이나 서비스를 팔기 위한 마케팅을 지원하는 것에 둠 • 방법 면에서 유료 광고나 판촉과 같은 수단을 피하고 퍼블리시티나 소비자의 관심을 직접 끌 수 있는 대규모 이벤트나 스폰서십 등 대중 커뮤니케이션 채널을 이용함
대외 홍보	소비자, 지역인, 투자자, 여론 선도자, 정부인사, 정치권 등을 대상으로 하면서 퍼블리시티를 중심으로 PR광고, 주창광고, 캠페인, 이벤트 등의 전략 사용
대내 홍보	• 경영진, 직원, 은퇴자, 납품업자, 대리점 등 조직체와 직·간접적으로 관련된 사람들을 대상으로 함 • 사보, 사내방송, 게시판, 비공식 모임, 인트라넷 등 사내 채널을 이용
기업의 홍보	• 기업홍보는 역동적이고 다양한 전략이 이용되며, 기술적으로 가장 많은 발전이 이루어진 분야 • 기업홍보의 대상으로는 소비자, 종업원, 언론, 거래인들, 정부인사, 지역사회 인사 등이 있음
정부와 행정의 홍보	정부 및 행정기관과 행정기구의 구성원, 국회의원, 일반국민, 정당 및 이해단체, 언론기관, 다른 관계 행정기구 등과 상호 간의 이해를 돕고 협력관계를 확고하게 하기 위한 행정 활동
사회 공공단체의 홍보	병원, 학교, 교회, 언론기관, 사회 복지단체(적십자 등), 협회(소비자보호협회) 등에서 행하는 홍보

ⓒ 홍보 수단
- 광고(Advertising) : 비용이 지불되고 비개인적이고, 명백하게 후원된 매체를 통해 전달되는 모든 유형의 메시지
- 대인관계(Personal Selling) : 모든 형태의 직접 대면 표현
- 판매촉진(Sales Promotion) : 전시, 전시회, 무료샘플, 쿠폰, 그리고 박람회 등을 포함한 광범위하고 다양한 활동

- 공보(언론 홍보) : 비용이 지불되지 않는 매체에 의한 모든 형태의 노출을 통한 마케팅 활동으로 뉴스 형식으로서 내용과 특성이 소비자들에게 광고보다 신뢰감을 주며 판매지향적인 느낌보다 뉴스로 소비자들에게 전달함으로써 경계심을 최소화함

ⓒ 광고에 이용되는 매체의 장·단점 비교

매 체	장 점	단 점
인터넷	• 쌍방향 커뮤니케이션 가능 • 틈새시장까지 접근 가능 • 많은 양의 정보 전달 가능	광고효과 측정이 어려움
신 문	• 많은 양의 정보 전달 가능 • 신뢰성 상대적으로 높음	광고 수명이 짧음
TV	• 노출에 비해 비용이 적음 • 시각, 청각, 감정 등에 호소하는 복합적인 수단	• 절대적 광고비용 과다 • 표적시장 선택 불가능 • 각종 광고 홍수에 파묻힐 가능성 존재 • 노출 시간이 짧음
우 편	• 표적시장에 대한 접근용이 • 광고 홍수에 파묻힐 가능성 없음	• 비교적 비용이 많이 듦 • 우편이 쓰레기화(Junk Mail)할 가능성 높음
라디오	• 비용이 적음 • 표적시장이 지역별로 나누어질 경우 접근 용이	• 오로지 청각에만 호소 • 광고시간이 짧음
잡 지	• 광고 수명이 긺 • 시각에도 호소 가능(컬러광고가 가능하기 때문) • 표적시장 내 고객이 많이 보는 잡지 선택 가능	• 계약 과정을 거쳐 실행되기까지 많은 시간이 소요됨 • 비용이 과다함
옥외광고	• 비용이 적음 • 반복되는 노출 효과	• 전달가능 정보 제한 • 독창성 제한
경기장 광고	표적시장에 직접 도달 가능	비용이 점차 높아지는 추세

> **개념 PLUS** POP 광고(구매시점 광고)
>
> • 구매시점에서 소비자에게 전달하는 마지막 광고로서, 소비자를 최종적으로 유인하는 촉진믹스이다.
> • 신속하게 고객을 설득하여 상품을 구매하도록 하는 목적을 가지므로, 눈에 잘 띄도록 해야 하고, 쉽게 볼 수 있게 하며, 이해하기 쉬워야 한다.

3. 마케팅전략

경영층이 기업 전체의 주된 업종과 효율적인 의사결정을 내리면, 마케팅 목적을 수립하고 시장 상황과 경쟁 등에 관한 분석을 행하며, 자사 내외 마케팅자원을 효율적으로 활용하는 방안에 대해 결정하게 되는데, 이를 마케팅전략이라고 한다.

(1) 비차별적 마케팅전략

소비자들의 욕구가 동질적이어서 세분화가 어렵거나 특정 세분시장이 다른 세분시장에 비해 규모가 월등히 큰 경우 또는 기업이 다양한 마케팅전략을 구사할 역량이 없는 경우, 기업은 세분화된 시장을 포기하고 전체시장을 표적으로 선정하여 마케팅전략을 구사하게 되는데, 이를 비차별화 마케팅전략이라 한다. 규모의 경제를 실현함으로써 마케팅 비용절감의 효과를 얻을 수 있다는 장점이 있다.

(2) 차별적 마케팅전략

모든 세분시장을 대상으로 적합한 제품과 마케팅 믹스를 투입하는 전략을 의미한다. 각 세분된 시장 간의 차이가 명확하고 각 시장의 규모와 구조가 차이가 있을 때, 기업은 자사가 가지고 있는 역량을 최대한 발휘하여 각 세분시장의 욕구와 요구조건에 맞는 적절한 마케팅전략을 구사하게 된다. 그러나 자원이 풍부한 기업이 선택할 수 있는 전략으로 판매량을 증대할 수 있으나 다수의 마케팅프로그램의 사용으로 비용이 많이 드는 단점이 있다.

(3) 집중적 마케팅전략

전략단일제품으로 단일세분시장을 공략하는 전략으로 기업의 자원이나 능력이 한정되어 있을 때 하나의 세분시장만을 공략하여 강력한 지위를 확보할 수 있는 전략이다. 즉, 다양한 세분시장 중에서 자사의 역량을 가장 잘 발휘할 수 있는 하나의 시장에 집중하여 마케팅프로그램을 진행하는 것을 집중적 마케팅전략이라 한다. 그러나 표적 세분시장의 소비자 욕구가 변화하거나 강력한 경쟁자가 생기는 경우 다른 대안이 없어서 위험이 분산되지 않는 단점이 있다.

04 스포츠브랜드

■ 학습목표
스포츠브랜드는 필기와 실기 모두 출제 범위에 포함되나 출제 빈도가 비교적 낮은 부분이다. 따라서 기본적인 개념을 중심으로 학습하고 내용을 숙지해야 한다.

■ Check
- □ 스포츠브랜드의 가치 창출에 대해 숙지한다.
- □ 스포츠브랜드의 확장 및 강화에 대해 숙지한다.
- □ 스포츠브랜드 커뮤니케이션에 대해 숙지한다.

1. 브랜드를 이용한 관리

(1) 브랜드의 개념
① 기업브랜드(Corporate Brand) : 기업의 이름을 그대로 브랜드로 사용하는 경우
② 공동브랜드(Family Brand) : 여러 가지 제품에 공동으로 사용되는 브랜드
③ 브랜드 구성요소 : 브랜드 네임, 로고, 심벌, 징글, 슬로건, 캐릭터, 패키지 등

(2) 고객의 입장에서 본 브랜드의 중요성
① 브랜드는 고객에게 다른 제품과 차이가 난다는 것을 식별시키기 위해 붙여진 것으로, 특정 브랜드에 충성도를 가진 고객은 브랜드로 인하여 쉽게 그 브랜드를 구매하므로 구매의 효율성이 높아진다.
② 법적 보호를 받을 수 있고, 제조업자가 생산하는 제품의 질을 보증하는 역할을 한다.
③ 유통 채널이 판매리스크를 줄이기 위해 적극적으로 취급하려고 한다.

(3) 브랜드명의 결정
① 브랜드명은 기억하기 쉽고 경쟁사의 브랜드명과 뚜렷이 구별되어야 한다.
② 제품의 편익을 암시하면 더 좋고, 법의 보호를 받을 수 있는 것이어야 한다.

(4) 브랜드에 관한 의사결정
① 제조업자 브랜드와 중간상 브랜드
  ㉠ 무브랜드품(Generic Brand) : 브랜드를 붙이지 않고 제품의 내용만을 표시한 제품이다.
  ㉡ 제품광고를 하지 않고 평범한 포장이면 충분하기에 가격이 저렴하다.
  ㉢ 제품의 질이 비슷하다는 인식이 높아지고 제품 가격에 민감해짐에 따라 무브랜드품이 많아지는 경향이 있다.
  ㉣ 한국의 경우 일반시장에서 판매하는 의류, 식료품류, 잡화류에 많다.
② 제조업자 브랜드(Manufacturers Brand) : 제조업자가 브랜드명을 소유하고 마케팅 활동을 하는 경우
③ 소매상의 파워가 커질수록 중간상 브랜드(Private Brand ; Distributors Brand)가 널리 사용된다.
  ㉠ 개별브랜드(Individual Brand)전략 : 생산된 제품에 모두 상이한 브랜드를 사용하는 경우
  ㉡ 복수브랜드전략 : 같은 제품군 내에서도 개별브랜드를 사용하는 경우

ⓒ 공동브랜드(Family Brand)전략 : 생산·판매되는 모든 제품에 하나의 브랜드를 붙이는 경우

(5) 브랜드자산

브랜드의 자산적 가치를 말하는 것으로, 제품의 질보다는 브랜드로 차별화가 이루어지는 경우가 많아졌다.

① 브랜드자산의 원천

브랜드가 알려진 정도를 의미하며, 브랜드 친숙도에 영향을 미친다. 즉, 친숙한 브랜드에는 호감이 가며 좋은 태도를 형성하게 되어 구매와 직결된다.

② 브랜드인지도

㉠ 특정브랜드를 알아보는 정도의 약한 인지도(보조인지수준)와 기억할 수 있을 정도의 인지도, 구매욕구가 발생하였을 때 가장 먼저 떠올리는 정도의 강렬한 인지도(최초 상기)로 나누어 생각해 볼 수 있다.

㉡ 최초 상기(Top of The Mind) : 가장 강한 수준의 인지도를 말한다. 마음의 최상단에 해당 브랜드를 인지하고 있기 때문에 시장선도브랜드일 가능성이 높다.

㉢ 브랜드 재인(Brand Recognition) : 브랜드가 과거에 본인에게 노출된 적이 있음을 알아차리는 것을 말한다.

㉣ 브랜드 회상(Brand Recall) : 브랜드 정보를 기억으로부터 인출하는 것이다.

㉤ 지속적이고 강력한 커뮤니케이션 활동을 통해 브랜드의 인지도를 향상해야만 브랜드자산의 가치도 높아진다.

③ 브랜드이미지

㉠ 연상 : 어떤 브랜드를 접할 때 떠오르는 여러 가지 이미지들과 브랜드가 연결되는 것을 말한다.

㉡ 브랜드자산의 형성에 도움이 되려면 유리한 연상이 많이 떠오르고, 브랜드와 강력하게 연결되어 있어 브랜드와 관련된 이미지가 빨리 연상되어야 하고 독특해야 한다.

④ 브랜드자산의 활용

㉠ 브랜드확장 : 기존 브랜드와 상이한 제품군에 속하는 신제품에 기존의 브랜드 혹은 유사한 브랜드를 사용하는 경우, 기존 브랜드의 브랜드자산을 다른 제품에서 활용하기 위한 전략이다.

㉡ 브랜드확장의 장점 : 즉시 높은 인지도를 획득할 수 있고, 저렴한 마케팅 비용으로 성공적인 제품을 만들 수 있으며, 브랜드확장이 성공할 경우 소비자의 신뢰도를 한 단계 더 높일 수 있다.

㉢ 브랜드확장의 실패 : 두 제품 간의 유사성이 낮은 경우 실패하여 기존의 제품에까지 나쁜 영향을 줄 수 있다.

CHAPTER 02 스포츠마케팅의 실제

01 스포츠스폰서십

■ 학습목표
스포츠스폰서십은 필기와 실기 모두 출제 빈도가 높다. 필기에서는 스포츠스폰서십의 종류 및 특성에 중점을 두어 학습하고, 실기에서는 스포츠스폰서십 유치 및 기획에 중점을 두고 학습해야 한다.

■ Check
☐ 스포츠스폰서십의 종류 및 특성에 대해 숙지한다.
☐ 스포츠스폰서십 교환속성에 대해 숙지한다.
☐ 스포츠스폰서십 유치기법에 대해 숙지한다.

1. 스폰서십

(1) 정의

스포츠스폰서십은 경기단체나 대회에 후원을 하고, 독점적인 권리를 행사할 수 있는 권한을 갖는 일련의 계약이라고 할 수 있다.

(2) 필요성

① 스포츠 주관자 측면에서 스포츠스폰서십의 필요성
  ㉠ 스포츠스폰서십은 재정 확보를 위한 중요한 수단
  ㉡ 스포츠스폰서십을 통해서 스포츠 인구의 저변을 확대할 방안
  ㉢ 재정적 지원을 통해 제품으로서의 가치 증진
② 기업측면에서 스포츠스폰서십의 필요성
  ㉠ 세계시장 진출 용이
  ㉡ 타 매체에 비해 기업 커뮤니케이션 효과를 높일 수 있음
  ㉢ 기업의 이미지 개선과 판매 증진 기대

(3) 스포츠스폰서십의 목적

① 브랜드 인지도 향상 : 예 현대자동차 2006년 독일월드컵 스폰서십
② 브랜드 이미지 개선 : 예 삼성 & 첼시 스폰서십
③ 브랜드 충성도 : 예 코카콜라 메가 스포츠이벤트 스폰서십

(4) 스포츠스폰서십의 가치

① 스포츠 관객과 시청자의 규모가 매우 크다.
② 스폰서십을 통한 기업과 제품의 노출은 광고에 비해 저렴하다.
③ 광고의 경우 시청자들은 기업과 제품에 잠시 노출되지만, 스폰서십의 경우 관객과 시청자들에게 스폰서의 기업과 제품에 반복적으로 오래 노출할 수 있다.
④ 이벤트 관객의 인구통계적 특성을 정확하게 예측할 수 있으므로, 기업은 스폰서십을 통하여 자사의 표적 고객에게 쉽게 도달할 수 있다.
⑤ 관객과 시청자에게 편안하고 긍정적인 마음자세를 가지게 하며, 본능적 거부감 없이 제품을 우호적으로 노출할 수 있다.

(5) 스포츠스폰서십의 이익

① 기업 또는 제품에 대한 대중 인지도가 상승한다.
② 기업 또는 제품이미지 형성, 강화 또는 변화가 가능하다.
③ 호감을 줄 수 있다.
④ 연합촉진 기회가 될 수 있다.
⑤ 매출 증가가 가능하다.
⑥ 경쟁자를 향한 방어효과를 볼 수 있다.
⑦ 마케팅연구 기회가 될 수 있다.
⑧ 표적 고객 명단 확보에 의한 홍보물 배송 등의 2차적인 마케팅 기회를 확보할 수 있다.
⑨ 기업구성원의 사기와 동기를 유발할 수 있다.
⑩ 기업 관련자 접대에 활용할 수 있다.

(6) 스포츠스폰서십 성장의 외부요인

① 매체 수가 급증하고, 광고가 범람하고 있다.
② TV 광고료가 지속적으로 인상되고 있다.
③ 컬러 TV의 등장으로 스포츠 중계가 더욱 극적으로 진행된다.
④ 술, 담배의 TV 광고가 금지되었지만, 스포츠스폰서십을 통해 자연스럽게 TV 광고를 할 수 있다.
⑤ 스포츠의 상업화가 지속적으로 진행되고 있다.
⑥ LA 올림픽 스폰서십의 성공으로 인해 스포츠스폰서십의 효과가 검증되었다.
⑦ 시장세분화 개념의 등장으로 표적 고객 도달에 스포츠가 용이하다.

2. 스포츠스폰서십의 종류

(1) 스포츠스폰서십의 유형

① 재화의 제공 형태에 따른 분류

㉠ 공식스폰서(Official Sponsor) : 현금을 지불하는 대가로 등록된 마크를 광고와 판매촉진활동에 이용할 수 있는 권리를 갖는 것을 말한다.

㉡ 공식공급업체(Official Supplier) : 물자나 용역 등을 지원하고 등록된 마크를 광고와 판매촉진활동에 이용할 수 있는 권리를 갖는 것을 말한다.

㉢ 공식상품화권자(Official Licensee) : 스포츠단체에 일정액의 금액을 지불하고 특정 품목 또는 제품에 로고와 마스코트를 사용하여 제조, 생산 그리고 판매를 할 수 있는 영업 권리를 갖는 기업을 말한다.

국내상품화권자	일정한 금액을 지불하고 개최국 내에서 대회 마스코트를 제품으로 생산하여 판매할 수 있는 권리를 갖는 기업
공식기념품상품화권자	일정한 금액을 지불하고 개최국 내에서 대회를 기념하는 각종 기념품에 로고를 부착하여 제작·제조·판매할 수 있는 권리를 갖는 기업
해외상품화권자	금액을 지불하고 상품화권과 관련하여 개최국 이외의 지역이나 국가에서 생산·제조·판매·수입 또는 수출할 수 있는 권리를 갖는 기업

② 대회명칭 사용에 따른 분류

㉠ 타이틀스폰서 : 대회 명칭에 기업명이나 브랜드명을 넣는 권리를 획득하는 대가로 비용을 지불하는 스폰서 유형이다.

㉡ 일반스폰서 : 일반스폰서는 대회 명칭을 사용하지 못하지만, 계약 조건에 따라 다양한 권리를 보장받을 수 있다.

③ 참여의 정도 및 능력에 따른 스포츠스폰서십 형태

㉠ 독점스폰서십 : 스폰서십의 형태 중에서 가장 강력한 효과를 볼 수 있으나, 비용이 많이 들어 보통 대기업에서 가능하다.

㉡ 주스폰서십 : 일반적으로 하나 또는 몇 개의 주 스폰서와 여러 공동 스폰서가 참여하게 되며, 독점적 지위를 부여(타이틀 스폰서십, VIP에 관한 권리, 보드광고 등) 받으나 비용이 많이 든다.

㉢ 공동스폰서십 : 입장권, 스포츠 장비 등 광고의 현시가 주스폰서보다 적은 부분에서 노출된다.

㉣ 풀(Pool) 스폰서십 : 특별한 경우의 스폰서십 형태로서, 스폰서들의 권리에 대한 균등 부여가 특징이다.

④ 타이틀 관련 스포츠스폰서십 형태

㉠ 타이틀 스폰서십 : 대회 명칭을 사용할 수 있는 권리를 갖는다.

㉡ 구단이름 스폰서십 : 스폰서와 피스폰서 간의 장기적인 계약관계가 특징이다.

㉢ 공식 공급자 : 장비나 설치물 또는 제품 및 서비스 등의 부문에서 독점적인 지위가 부여된다.

⑤ 스포츠스폰서십의 대상에 따른 분류

㉠ 이벤트 : 월드컵과 올림픽 등의 명성을 이용하여 기업의 프리미엄 이미지를 획득하고자 하는 데 목적이 있다.

例 현대자동차의 월드컵 Fan of The Match 프로모션

ⓒ 리그 : 미국 프로축구 MLS의 경우 아디다스가 전체 리그 팀의 유니폼 스폰서를 하고 있는데, 이는 리그가 통합마케팅을 하고 있기 때문에 가능하다.
ⓒ 클럽 : 성적에 따라 스폰서의 노출 정도가 다르게 나타난다.
ⓔ 선수 : 선수를 스폰서할 경우 효과는 매우 높으나, 부상 또는 불미스러운 스캔들이 발생할 수 있어 위험부담이 가장 크다.
ⓜ 경기장 : 네이밍 라이트가 대표적인 스폰서십의 형태이며, 우리나라의 경우 여러 가지 문제로 인해 기업이 꺼려하고 있다. 그러나 해외의 경우 친숙한 기업의 이미지를 심어주기 때문에 많이 이뤄지고 있다.
ⓗ 방송 : 가상광고가 대표적인 스폰서십 형태이며, 가장 활성화되어 있는 우리나라의 프로야구의 경우 KBO에서 관리한다.

(2) 스폰서십 교환속성

① 스포츠스폰서십의 구조 – 스포츠단체와 스폰서의 관계

스포츠단체와 스폰서는 상호 이익을 극대화하기 위한 파트너 관계를 형성한다. 즉, 스포츠단체는 스폰서에게 받은 다양한 지원으로 조직을 운영하거나, 대회를 진행하는 데 적절하게 사용하고, 스폰서는 스포츠단체가 소유하고 있는 무형의 자산(긍정적 이미지, 경기력, 관심 등)을 이용하여 소기의 목적(인지도, 이미지, 매출 등)을 달성하게 된다.

② 스포츠스폰서십의 구성요소
㉠ 스포츠단체 및 이벤트
㉡ 스폰서
㉢ 대중매체
㉣ 대중(스포츠팬)
㉤ 스포츠마케팅 대행사

③ 스포츠스폰서십의 구조 유형
㉠ 스포츠스폰서십의 삼각구조(스포츠단체, 스폰서, 대중매체의 관계)

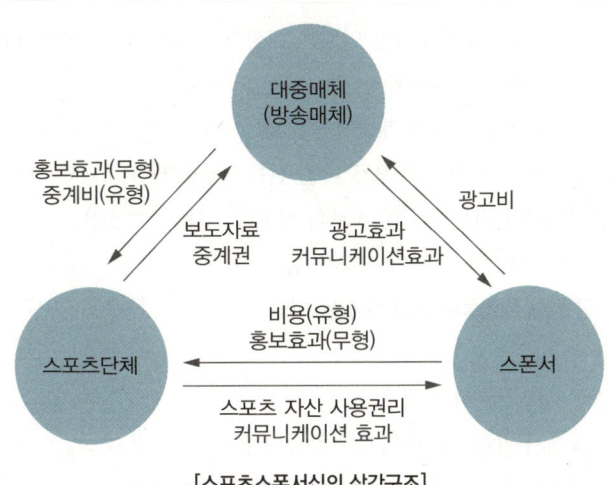

[스포츠스폰서십의 삼각구조]

- 스포츠단체와 스폰서의 관계 : 스포츠단체는 스폰서에게 스포츠 자산의 사용권리를 부여함으로써, 비용이라는 유형의 효과뿐만 아니라 무형의 홍보효과를 얻게 된다.
- 스포츠단체와 대중매체의 관계 : 스포츠단체는 대중(방송)매체에 중계권을 부여함으로써, 중계비와 같은 유형의 효과뿐만 아니라 무형의 홍보효과까지도 얻는다.
- 스폰서와 대중매체의 관계 : 스폰서는 TV를 비롯한 방송매체 광고나 신문과 잡지와 같은 인쇄매체 광고 그리고 인터넷과 같은 뉴미디어에 광고비를 투자함으로써 촉진효과를 높인다.

ⓒ 스포츠스폰서십의 사각구조(스포츠단체, 스폰서, 대중매체, 스포츠마케팅대행사의 관계)

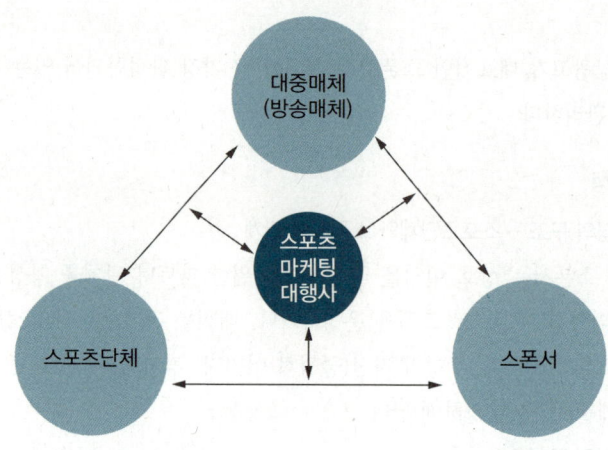

[스포츠스폰서십의 사각구조]

④ 스포츠단체나 스폰서가 마케팅대행사와 관계하는 이유
  ㉠ 스폰서십 효과를 극대화할 수 있는 기술력을 축적하고 있지 못하다.
  ㉡ 인적자원 확보에 드는 비용이 크고, 기술을 축적하는 데 소요되는 기간이 비교적 길다.
  ㉢ 비용 부담이 있기는 하지만 효과를 높일 수 있다.
  ㉣ 실패의 위험이 적고, 만약에 실패한다고 할지라도 대행사에게 책임을 물을 수 있다.

(3) 스포츠스폰서십의 교환

① 스포츠단체가 스폰서십에서 추구하는 이익은 재정지원, 언론노출, 물품지원 등이다. 이외에도 스폰서로부터 간접적으로 제공받기를 기대할 수 있는 후원도 있다.
  ㉠ 장비나 설비, 식품과 음료 등의 제품지원 포함
  ㉡ 인원 지원으로, 스포츠단체가 필요로 하는 전문지식을 가진 스텝의 지원 등과 같은 경우가 해당
  ㉢ 인지도 향상기법이나 전문지식 및 정보의 제공을 기대할 수 있음
  ㉣ 눈에 보이지 않는 이익인 '조직의 영향력' 등

② 스포츠스폰서십을 통해 기업들이 얻을 수 있는 이익
  ㉠ 인지도 향상
    - 신제품의 인지도 창출이 용이
    - 새로운 시장에서 기존제품의 인지도 향상에 용이
    - 담배와 주류제품에 적용되는 TV 광고 금지법을 우회하여 광고할 수 있음

ⓛ 이미지강화
- 신제품 이미지 창출에 용이
- 기존제품 이미지 강화에 용이
- 기존제품에 대한 고정이미지 변경이 가능
- 부정적인 여론에 대한 대응 용이
- 종업원들과 유통업자들이 제품에 대해 갖는 자부심 구축에 효과적
- 종업원 모집에 도움이 됨

ⓒ 제품사용 혹은 판매기회
- 예비고객들에게 제품 사용기회를 제공할 수 있음
- 소비자경품, 제휴쿠폰, 현상경품, 그리고 POP 진열 등을 통한 추가 매출유도 가능
- 기존제품의 새로운 판촉기회로 활용할 수 있음
- 기존제품의 이미지 강화에 도움이 됨

ⓔ 접대기회
- 주요고객, 유통업자, 그리고 종업원들과의 유대 강화에 효과적
- 사내 인센티브 기회로 활용할 수 있음

(4) 스포츠스폰서십이 소비자 구매결정에 미치는 영향

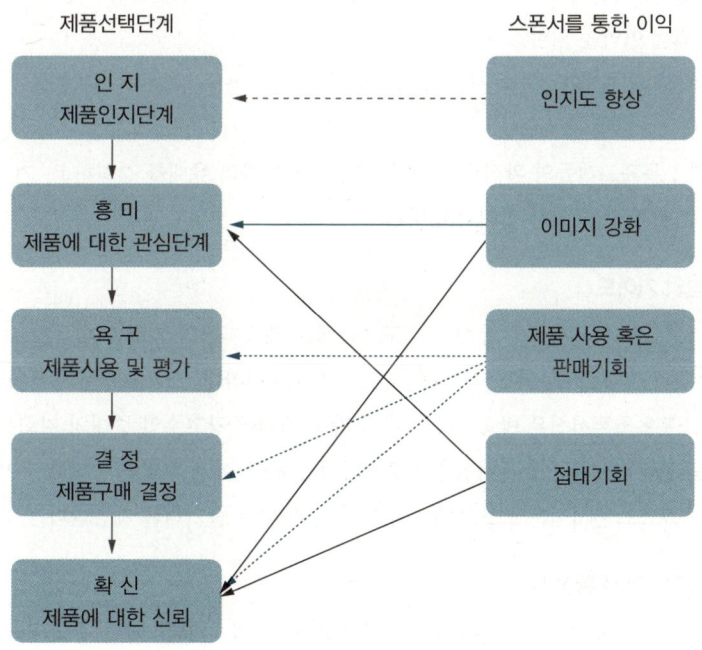

[스폰서십이 제품선택에 미치는 영향력]

① 촉진전략 AIDA 방식
　㉠ 1단계 : 인지(Awareness)
　　개인이 어떤 제품이 있다는 것을 알게 되고, 그 제품의 속성에 대해 약간의 지식을 얻게 됨
　㉡ 2단계 : 흥미(Interest)
　　제품의 이점에 대한 보다 상세한 지식을 알게 되고, 그것에 대한 관심과 호감이 발전하여 호의적 태도로 나타나면서 그 제품만의 특성을 찾음
　㉢ 3단계 : 욕구(Desire) – 제품 시용 및 평가
　　심리적 혹은 실제적 시용을 통해 제품이 좋다고 평가하거나 기대보다 낫다고 판단되면 사고 싶은 마음이 생김
　㉣ 4단계 : 행동(Action) – 의사결정
　　앞의 과정을 거친 후 제품을 사거나 사지 않거나 둘 중의 한 행위를 함
　㉤ 5단계 : 확신
　　구입자들에게 현명한 결정이었음을 확신시키고, 제품에 대한 신뢰를 심어 줌
② 스포츠스폰서십의 영향
　㉠ 인지도 향상 : 인지도 향상을 추구하는 스폰서들은 잠재 고객들을 선택 과정의 첫 단계에 들어서게 하려고 노력
　㉡ 이미지 강화 : 기업이 스폰서십을 통해 스포츠가 지닌 이미지를 빌려 제품이나 회사의 이미지가 개선될 때 생기는 이익을 의미
　㉢ 제품시용 및 판매기회 : 제품시용 및 판매기회는 구매욕구 유발이나 제품선택과정의 확신단계에 영향을 미침
　㉣ 접대기회 : 목표고객들의 관심을 끌거나, 기존고객들과의 유대를 강화하고, 기업과 기업의 제품에 그들을 더 가깝게 하기 위한 접대기회 마련

(5) 스포츠스폰서십의 기여도
① 스포츠단체 : 스포츠스폰서십을 통해서 스포츠단체는 재정자립의 기회를 획득할 수 있다. 선수들의 경기력 향상, 운영비, 안전문제, 약물 검사, 스포츠인구의 저변확대, 스포츠단체의 운영비 등에 도움을 준다.
② 대중매체 : 스포츠스폰서십은 방송사를 비롯한 각종 매체에 광고수입 증대의 기회를 제공한다.
③ 스포츠마케팅대행사 : 스포츠스폰서십은 스포츠마케팅대행사에게 수익을 증대할 수 있는 기회를 제공한다.
④ 스포츠팬 : 스포츠스폰서십은 스포츠팬에게 보다 흥미 있는 볼거리를 제공한다.

(6) 스포츠스폰서십의 6가지 특성 P's
① 플랫폼(Platform) : 스포츠스폰서십은 마케팅커뮤니케이션의 다양한 기법 중의 하나로서 그 가치와 활용성이 매우 높은 기법으로, 스포츠마케팅 커뮤니케이션의 기반이라 할 수 있다.
② 공동협력(Partnership) : 스포츠단체와 스폰서(기업)가 상호의 이익을 최대로 이끌어 내기 위한 파트너 관계를 형성하는 것을 말한다.
③ 존재감(Presence) : 소비자가 제품을 선택하는 데 불편함이 없어야 한다는 대전제에서 출발한다.

④ 선호(Preference) : 스포츠스폰서십 활동을 통해 기업은 자사의 브랜드 인지도와 선호도를 강화하기 위해 노력한다.
⑤ 구매(Purchase) : 스포츠스폰서십에 참여하고 있는 기업에게는 그에 향응하는 권리가 주어지게 되는데, 이때 주어지는 권리를 최대한 활용하여 제품의 구매를 촉진한다.
⑥ 보호(Protection) : 스포츠스폰서십에 있어 가장 중요한 내용으로 독점적인 권리를 부여하여 기업이 스폰서로 참여하기 위해 지출된 비용을 보전할 수 있도록 보호해 주어야 한다.

3. 스폰서십 유치기법

(1) 스포츠스폰서 선정
① 스포츠스폰서십 선정 과정

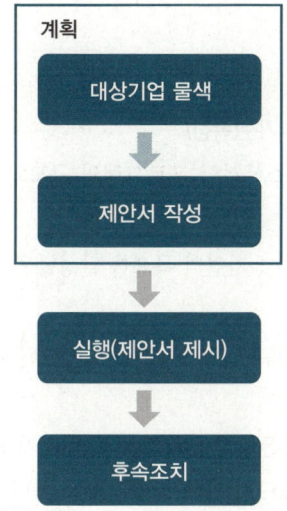

② 스포츠단체의 스폰서 선정

스포츠단체가 스폰서십 프로그램을 기업에게 판매하고자 잠재적 스폰서기업에 접근하려면 스폰서십 자산을 강조하여야 한다.
㉠ 스폰서십 자산의 강조방법
- 대회의 로고와 마스코트 등 기업이 활용할 수 있는 다양한 기회들이 법적으로 보호된다는 것을 강조한다.
- 등록된 자산을 충분히 통제할 수 있는 프로그램을 가지고 있다는 것을 강조한다.
- 로고나 마크 혹은 캐릭터 등을 스폰서의 제품에 사용할 수 있는 권리를 보장해 준다는 것을 강조한다.
- 스포츠이벤트에 대해 관심을 가지고 있는 매체의 목록을 제시한다.
- 스폰서를 리드할 수 있는 스포츠스폰서십의 대한 전문성을 갖추고 있다는 점을 강조한다.
- 각 제품의 영역이나 프로그램의 시장가치를 조사하여 자료에 근거한 기대효과를 제시한다.
- 제품 영역별로 한 기업에게만 권리를 부여하여 독점성을 높여 준다는 것을 강조한다.
- 제품 영역별 프로그램의 목록을 일목요연하게 작성하여 제시한다.

- 잠재적 스폰서의 인지된 욕구를 충족하여 주기 위한 제품이나 프로그램을 묶는다.
- 법적요건을 준수하고, 독립성을 보장하며, 정당한 이익을 제공하는 등 계약이행을 약속한다.
- 대회의 긍정적이고 역동적인 이미지를 기업의 목표와 연관하여 강조한다.

③ 스포츠단체가 스폰서의 선택 시 고려해야 할 내용
  ㉠ 스포츠이벤트와 스폰서의 이미지 일치여부(스포츠단체에 미치는 영향력) : 부정적 이미지를 가지고 있는 기업이나 주류회사 및 담배회사 등의 부분적 혹은 전면적으로 참여를 금지하는 경우 배제해야 한다.
  ㉡ 효과제공 정도(스포츠단체가 기업에게 제공할 혜택) : 스포츠단체는 스폰서의 목표달성에 어느 정도 기여할 수 있는가를 고려해야 한다.
  ㉢ 대중매체 노출 정도 : 스폰서가 대중매체에 노출되는 정도를 고려해서 스폰서를 선정해야 한다.
  ㉣ 호의적인 태도의 유발 : 스포츠팬들의 스폰서에 대한 호의적인 태도를 유발할 수 있는가를 고려해야 한다.

(2) 기업의 스포츠스폰서십 참여
① 기업의 스포츠스폰서십 참여 결정 기준(속성)
  ㉠ 참여능력(업무의 용이성) : 스폰서십 프로그램의 규모와 관련하여 그 프로그램을 소화해낼 수 있는 능력을 고려해야 한다.
  ㉡ 스포츠이벤트의 가치(독점성) : 기업의 목표를 달성할 수 있을 만큼의 가치를 스포츠이벤트가 제공할 수 있는지를 고려해야 한다.
  ㉢ 스포츠스폰서십 참여비용 : 촉진을 위한 기업의 할당된 비용에는 한계가 있으므로 감당할 만한 비용인가를 확인해야 한다.
  ㉣ 비용효과(효율성) : 스포츠스폰서십 투자비용 이상의 기대 효과를 얻을 수 있는지를 고려해야 한다.
  ㉤ 담당자의 전문성(전문성) : 스포츠단체 담당자뿐만 아니라 스폰서십 프로그램에 참여하려는 기업 담당자의 전문성 여부를 확인해야 한다.
  ㉥ 시간적 여유 : 시간적 여유는 개최시기에 따른 준비기간을 의미하는데, 스포츠스폰서십 참여계획 수립을 위한 시간적 여유가 있는지를 확인해야 한다.
  ㉦ 매체노출효과 : 스포츠이벤트에 대해 각 매체들이 어느 정도의 관심을 가질 것인지에 대해서 분석해야 한다.
  ㉧ 대중의 선호도 : 스포츠이벤트에 대한 대중들의 관심도와 선호도를 확인해야 한다.
  ㉨ 장소 : 이벤트 장소는 개최 지역을 포함한 지리적 특성을 의미하므로, 기본적으로 흥행이 가능한지 등을 확인해야 한다.
  ㉩ 표적시장과 측정 가능성 : 기업이 정하고 있는 지역성과 목표시장에 따라 참여해야 할 스포츠이벤트가 다르다. 그리고 스폰서십 효과를 객관적으로 평가할 수 있는 측정 가능성이 있어야 한다.
  ㉪ 계절성 : 제품 촉진 시기와 판매 계절은 스포츠가 행해지는 계절과 조화를 이루어야 한다.
  ㉫ 기업 이미지 제고 : 스포츠이벤트에 참여한 후 기업 이미지를 제고할 수 있는지를 고려해야 한다.
  ㉬ 지속성과 연속성/확장성 : 스포츠이벤트가 일회적인 것인가 혹은 연속적인 것인가를 확인해야 한다.

그리고 스포츠이벤트의 개최기간 전후로 어느 정도 효과가 확대되는가를 평가해야 한다.
- ⓗ 판매기회 : 스폰서십 활동기간에 구체적인 제품정보를 제공하거나 제품을 판매할 수 있는지를 평가해야 한다.

② 기업 스포츠스폰서십의 실행 원칙
- ㉠ 독점성의 원칙 : 스포츠단체가 공식 스폰서를 제외하고는 다른 어떤 기업도 스포츠단체가 보유하고 있는 자산을 활용할 수 없도록 제한하는 것이다.
- ㉡ 통일성의 원칙 : 기업 이미지 통합 차원에서 브랜드와 로고, 슬로건 또는 상징적인 색상까지도 통합하여 대중들에게 강한 인상을 주도록 하는 것이다.
- ㉢ 지속성의 원칙 : 정기적인 스포츠이벤트의 경우 최소 3년 혹은 3회 이상 지속적인 참여를 해야 효과를 얻을 수 있다는 것이다.
- ㉣ 전문성의 원칙 : 스폰서십 프로그램을 정확하게 수행하기 위해서 전문가가 업무를 담당해야 한다는 원칙이다.
- ㉤ 보완성의 원칙 : 다른 커뮤니케이션 도구와 방법들을 적극 활용함으로써 스폰서십 효과를 증대하는 것이다.
- ㉥ 세계성의 원칙 : 대중매체를 최대한 이용하여 매체노출의 목표를 세계로 정하고 인지도를 높이고 이미지를 제고하는 것이다. 세계성의 원칙은 일반적으로는 국제 스포츠이벤트로 제한된다. (예) 월드컵, 올림픽 또는 인기종목의 스포츠이벤트, 메이저리그, NBA 등)

③ 기업이 스포츠이벤트 스폰서십에 참여를 희망하는 이유(스포츠의 특성과 관련)
- ㉠ 인간의 내면을 표현할 수 있는 모든 이성과 감성이 존재한다.
- ㉡ 스포츠는 경쟁을 통하여 우열을 가릴 수 있는데, 스폰서는 이러한 승자의 좋은 이미지와 관련되기를 원한다.
- ㉢ 거의 모든 국가에서 연령, 성, 빈부 등을 초월하여 스포츠에 폭넓은 관심을 보인다.
- ㉣ 스포츠는 관심 있는 대중들을 한 곳으로 집중시키는 속성이 있다.
- ㉤ 스포츠는 지역·국가 간의 장벽을 초월하는 만국 공통의 언어적 의미를 가지고 있는 공통적 관심사이다.
- ㉥ 아직까지 스포츠를 대체할 만한 효과적인 기업커뮤니케이션 도구가 개발되지 않고 있다.
- ㉦ 스포츠산업의 규모가 지속적으로 확대되고 있으며, 스포츠시장이 세분되고 있다.

④ 스포츠스폰서십의 커뮤니케이션 가치
- ㉠ 스포츠이벤트를 통해 기업이 보다 손쉽게 시청자나 독자에게 접근할 수 있다.
- ㉡ 기업이 스포츠이벤트에 스폰서로 참여할 경우 타 기업과의 경쟁에서 우위에 설 수 있다.
- ㉢ 규정된 방송시간, 정규 프로그램과의 구분, 광고 표시 규정 그리고 간접광고 금지 등과 관련된 방송법을 피할 수 있다.
- ㉣ 대중에게 기업 및 제품을 긍정적인 이미지로 전환할 수 있다.

4. 스포츠스폰서십의 효과 평가

(1) 스포츠스폰서십의 효과 평가의 어려움
① 스폰서십을 다른 마케팅 커뮤니케이션 믹스 변수들과 동시에 사용하고 있다.
② 스폰서 참여 이전의 마케팅 커뮤니케이션 노력의 이월효과가 있다.
③ 스폰서십 이외의 다른 마케팅 커뮤니케이션 변수들의 시너지효과가 존재한다.
④ 통제 불가능한 환경요인이 존재한다.
⑤ 마케팅 커뮤니케이션에 대한 질적투입효과가 존재한다.
⑥ 기업이 여러 가지 목표를 추구한다.
⑦ 매체노출에 임의적 특성이 존재한다.

(2) 스폰서십 효과 평가영역
① 환대기회
② 스폰서십에 다른 매출액
③ 매체노출
④ 이미지 제고와 공중의 인지
⑤ 광고에 대한 태도
⑥ 유통업자
⑦ 시장세분화
⑧ 스폰서 인지
⑨ 소비자 태도

(3) 스포츠스폰서십 참여효과(기대효과)
① 매체노출을 통한 인지도 제고
② 이미지 확대(대회권위와 기업권위의 동일시, 긍정적 스포츠 자산의 브랜드 이미지 전이)
③ 법적 규제로부터의 자유로움(일부 국가에서는 담배와 주류업의 TV 광고를 규제)
④ 기술력 과시(대회의 성공적인 개최를 위해서 전산, 통신, 영상 관련 분야의 총동원)
⑤ 독점성을 이용한 판매촉진효과
⑥ 판매증진
⑦ 조직 구성원의 자긍심 고취

5. 매복마케팅(Ambush Marketing)

(1) 개념
매복마케팅은 공식 스폰서가 아니면서 소비자 또는 대중들에게 다양한 마케팅 활동을 통해 마치 공식 스폰서로 착각하도록 유도하는 마케팅을 의미한다. 이와 같은 행동은 공식 스폰서로 활동하면서 얻어지는 효과(이미지, 선호도, 인지도 등)를 저지하거나 혹은 반감시키기 위해 철저하게 계획적으로 시행된다.

(2) 특 징

① 사전에 철저하게 계획된 의도적인 활동으로, 체계적이고 전략적으로 마케팅 활동을 펼침으로써 공식 스폰서로 오인하도록 유도한다.
② 공식 스폰서는 다양한 마케팅전략을 펼쳐 마케팅효과를 극대화하고자 노력한다. 이때 경쟁관계에 있는 기업은 공식 스폰서가 지출하는 마케팅 비용에 버금가는 규모로 투자하지 않으면 매복마케팅을 성공적으로 수행할 수 없다.
③ 매복마케팅은 공식적인 경로를 이용할 수 없기 때문에 기업 또는 브랜드의 전반적인 이미지, 선호도 인지도 향상을 위한 마케팅전략을 수립하기보다는, 제한된 내용을 노출하여 제품판매로 이어질 수 있도록 노력한다. 즉, 포괄적 개념의 홍보가 목적이 아니라 판매촉진을 주목적으로 한다.
④ 공식 스폰서가 가질 수 있는 가장 큰 매력은 독점적인 권리를 가지고 이를 이용해 다양한 마케팅전략을 펼칠 수 있다는 데 있다.

6. 올림픽 스폰서십

(1) TOP(The Olympic Programmer/Partners) 스폰서에게 주어지는 혜택

① 제품 영역별 독점성 : 같은 업종의 제품 범주에 있어 하나의 스폰서만 참여
② 마크와 명칭 사용
③ 공중관계와 촉진기회 제공 : 특별행사의 기회를 제공
④ 올림픽 기록보관소 자료 활용
⑤ 티켓과 의전
⑥ 광고 선택권 : 여러 가지 프로그램의 광고와 TV 광고 선택권이 우선적으로 주어짐
⑦ 홍보관 활용 : 자사 제품 소개를 위한 공간 제공
⑧ 스폰서십 평가보고서 활용
⑨ 차기대회 협상 우선권

(2) 국가올림픽위원회(NOC)가 TOP 스폰서에 부여하는 권리

① 국내에서 IOC 및 조직위원회의 국제적 마크 및 명칭을 사용할 수 있는 권리
② NOC 마크를 스폰서의 제품 및 서비스 판매, 촉진, 광고 및 포장에 부착할 수 있는 권리
③ 참가 NOC의 명칭을 사용할 수 있는 권리(대표팀 공식 스폰서, 공식 공급권자, 공식 제품 등)

(3) TOP 스폰서의 의무(마크 사용 지침)

① 올림픽 관계자의 사전 허락 없이는 어떤 형태의 올림픽 마크도 사용할 수 없다.
② 스폰서십 계약서에 공식적으로 명시된 제품이나 서비스 이외의 어떤 형태의 제품에도 올림픽 마크를 사용할 수 없다.
③ 스폰서는 인쇄매체와 방송광고 및 촉진활동에 합성로고(스폰서 + 올림픽)를 사용할 수 있지만, 올림픽 마크의 디자인이나 구성을 어떤 형태로든 변형하여 사용해서는 안 된다.
④ 로고를 사용함에 있어 올림픽과 관련된 어떤 일이나 사람에게 부정적인 영향을 미쳐서는 안 된다.

7. FIFA 스폰서십

(1) FIFA의 마케팅 프로그램

94 미국, 98 프랑스 월드컵 마케팅 프로그램은 Official Sponsor, Official Supplier, Equipment Supplier, Official Products & Service, Regional Supplier 등 꽤나 복잡한 마케팅 프로그램으로 구성되어 있어 기존의 FIFA 월드컵 마케팅 프로그램의 공식 파트너들에게 독점권리를 부여하기가 힘들었다. 또한 이러한 권리를 부여하였음에도 불구하고 기업 간의 업종이 서로 교차되어 공식 후원사들의 불평을 감수해야 했기 때문에 이러한 문제점을 보완하기 위해서 과감하게 3단계의 마케팅 프로그램으로 수정하여 2002 FIFA 월드컵에서는 총 세 가지(Official Partner, Official Supplier, Official Licensee)로 구분하였다.

(2) Official Partner · Supplier · Licensee의 권리 비교

구 분	Official Partner	Official Supplier	Official Licensee
마케팅 지역	Worldwide	국 내	국 내
후원금액	1천5백만~4천만$	6백만~1천2백만$	3백만$
경기장 보드 광고	2개 면(사이드/엔드라인)	1개 면(엔드라인)	없 음
권리 우선권	모든 권리 우선 배분	파트너와 상대적 차선	Mark 사용권
Mark	Emblem, Trophy, Mascot 변형 및 모두 상용	1개만 사용 가능	승인에 따라서 사용
인쇄물 및 웹사이트	FIFA 공식 잡지 및 Official Program 광고 1면 Logo Strip 삽입	Logo Strip 삽입	권리 없음
FIFA 공식음악, 비디오	사용 가능	사용 가능	권리 없음
입장권	VIP 2~4장 무료 입장권 20매 우선구매권리 1등석 : 280 2등석 : 300~500	무료 입장권 6장 우선구매권리	권리 없음
Commercial Display	10m × 10m 제공	7.0m × 7.0m 제공	내부/외부 3.0m × 3.0m
기 타	Sole & Exclusive 권리	S&E	S&E

(3) FIFA 월드컵 공식 후원사의 권리와 활용시설

① 출입카드권리(Accreditation Card)
② 보드 광고(Advertising Board)
③ On Site Promotion 권리
④ 매점의 운영권리(Concession)
⑤ 기념품 매점(Merchandise Concession)
⑥ 합성로고의 사용권(Composite Logo)
⑦ 명칭 사용권(Designation)

⑧ 엠블럼(Emblem)
⑨ 영상물(Film, Video and Music)
⑩ FIFA FAN TV(전광판을 통한 영상 제공)
⑪ 마크 사용권(Mark)

02 스포츠 관리

■ 학습목표
스포츠 매체관리는 필기의 출제 범위인데, 출제 빈도는 비교적 낮은 편에 속한다. 따라서 기본적인 개념을 숙지하는 데 중점을 두고 학습해야 한다.

■ Check
☐ 스포츠 미디어의 속성에 대해 숙지한다.
☐ 스포츠와 미디어의 관계에 대해 숙지한다.
☐ 스포츠 PR기법에 대해 숙지한다.

1. 미디어의 역할

미디어는 대부분 사기업에 의해 운영된다는 점이 특징이다. 사기업은 이윤의 획득과 경영의 안정을 우선시한다. 따라서 내용의 저속화와 안일함 및 타성이 나타나기 쉽다. 반면 독재 또는 전체주의 사회에서는 정부와 지배정당에 의해서 편집과 제작방침이 좌우되기도 한다.

(1) 미디어의 종류
① 인쇄미디어 : 신문, 잡지, 책, 팸플릿 광고 등(심층적 보도)
② 방송미디어 : 라디오, TV, 영화(속보성, 영향력과 침투력이 큼)

(2) 미디어의 기능 및 영향
① 미디어의 기능
  ㉠ 감시의 기능 : 사회에서 발생하는 사건이나 문제점, 특정 사건 등에 대한 정보를 수집하여 전달하는 기능을 한다.
  ㉡ 사회 제 부분에 대한 연결 기능 : 사회성원들의 상호이해를 촉진하는 기능을 한다.
  ㉢ 사회적 유산의 전승 기능 : 사회성원을 사회화하는 기능을 한다.
  ㉣ 오락적 기능 : 각 미디어의 형태는 오락의 성격을 띤다.
  ㉤ 교육적 기능 : 인간다운 삶을 추구하기 위한 인간의 교육적 기능을 한다.
  ㉥ 문화적 기능 : 그 시대의 트렌드를 습득하게 하는 기능을 한다.
  ㉦ 정보 기능 : 지식이나 정보를 전달하는 기능을 한다.
  ㉧ 사회 통합과 사회 변동 기능 : 공동의 합의를 구하고, 생활 여러 분야의 변화를 조장한다.

② 미디어의 영향

직접적 영향	• 스포츠의 상품화 • 시청률 증가와 이에 따른 광고 수입 • 스포츠 규칙의 변경, 경기 규칙의 개정, 경기 일정의 변화 • 새로운 스포츠 기술의 개발 영향 • 새로운 경기 창안 • 스포츠 스타 제조
간접적 영향 (문화적 영향)	• 스포츠의 보급과 확산을 통한 대중화 • 경기 생중계 및 시청을 통한 스포츠의 대중화로 인해서 공공 및 사설 스포츠클럽, 직장 스포츠시설의 증가, 스포츠 인구 급증 등의 현상이 나타남 • 스포츠의 상업화 및 오락화 • 스포츠 본질 퇴색

2. 스포츠와 미디어의 관계

(1) 스포츠에서 TV의 중요성

① **스포츠단체의 재정 자립도를 높인다.**

중계권료는 스포츠이벤트와 종목에 따라 차이가 있기는 하나 전체 수입의 상당한 부분을 차지한다.

② **스포츠와 기업을 연결한다.**

스포츠는 기업의 커뮤니케이션 효과를 높일 수 있는 수단으로 인정받고 있기 때문에, 기업은 스포츠를 필요로 한다. TV의 중간 역할이 없으면 기업이 스포츠로 대중에게 접근하기가 쉽지 않다.

③ **스포츠와 대중을 연결한다.**

스포츠와 대중의 만남은 스포츠의 보급과 기업 커뮤니케이션 효과의 두 가지 측면에서 의미를 부여할 수 있다.

④ **안정된 수입원을 제공한다.**

입장수입에 의존할 경우 팬의 취향이나 감정 등의 변화에 맞춰 관중유인 마케팅을 실시해야 하지만, TV 중계권료 수입을 통해 안정된 수익을 보장받을 수 있다.

⑤ 경기 규정과 규칙을 개정하여 시청자들에게 볼거리를 제공한다.

컬러 TV의 보급이 일반화되면서, 시각적인 효과를 더욱 높이기 위한 규정의 개정이 이루어지고 있다.

(2) 미디어가 스포츠에 미치는 영향

① 미디어가 스포츠에 미치는 긍정적인 영향

㉠ 스포츠의 발전에 이바지한다.

㉡ 스포츠의 경기수준 향상에 이바지한다.

㉢ 스포츠를 재정적으로 지원한다.

㉣ 스포츠를 더욱 재미있게 만든다.

㉤ 페어플레이나 스포츠맨십의 감동적인 이야기를 다룸으로써, 스포츠선수와 팬들의 도덕적 자질 향상에 이바지한다.

ⓑ 스포츠의 여러 가지 문제점을 비판하고 올바른 방향을 모색하는 데 도움을 준다.
② 미디어가 스포츠에 미치는 부정적인 영향
㉠ 스포츠에 대해 부당한 간섭이 발생하기도 한다.
㉡ 스포츠를 쇠퇴시키기도 한다(미디어에 맞게 스포츠를 변형).
㉢ 관람 스포츠의 나쁜 영향을 확산시킬 수 있다(경기장에서의 폭력적 장면 조장).
㉣ 지나친 상업주의로 스포츠의 건전한 이미지를 손상한다.

(3) 스포츠가 미디어에 미치는 영향
① 방송 기술 발달
㉠ 스포츠가 미디어에 미친 여러 영향 중에서 가장 대표적이라고 할 수 있다. 방송 산업의 재정적 이득을 가져다 주는 스포츠의 영향력이 커짐으로써, 수용자의 욕구를 충족하여 주기 위해 각종 보도기법이 향상되었다.
㉡ 클로즈업, 이중화면, 정지동작, 반복 방영 등을 자유자재로 활용하는 보도기법을 활용하여 수용자의 취향에 맞춰 경기를 편집하고 있으며, 멀티카메라에 의한 다양한 각도에서의 근접촬영기술, 대형스크린의 개발, 소형 전자제품의 개발, 동영상 기법 등은 스포츠의 동시성과 스펙터클한 상황을 생생하게 전달하기 위하여 이루어졌다.
② 스포츠의 미디어 조정
㉠ 미디어는 강력한 힘이 있지만, 프로스포츠에도 미디어를 어느 정도 조정할 수 있는 힘이 있다.
㉡ 스포츠 기자나 방송가의 역할은 뉴스거리의 객관적인 보도뿐만 아니라 대중관계, 광고, 오락까지도 포함해야 한다.
㉢ 스포츠는 미디어의 주요 콘텐츠를 구성한다.
③ 스포츠 기자 통제
㉠ 스포츠 보도에 가장 적절한 방법은 스포츠 조직체와 미디어 조직체 내의 클럽과 같은 환경에 접근한다는 것이다.
㉡ 신문기자는 취재활동 시 팀과 같이 생활해야 하기 때문에 가끔 더 큰 압력을 받게 된다.

3. 스포츠 PR기법

(1) PR의 개념
상호이해와 호의를 개발하는 기술 또는 과학으로 조직과 공중 간의 상호이해를 넓히고 유지하기 위한 노력이다.

(2) PR의 기능
① 매체관계 : 대중매체와의 우호적 관계를 지속적으로 유지하고, 조직의 긍정적인 내용은 노출이 될 수 있도록 노력하며, 부정적인 내용은 대중매체의 접근을 통제하여야 한다.
② 지역사회관계 : 지역사회에 기여한 내용을 알리고, 지역사회 주민들의 호의적인 태도를 유도하며, 지역민들의 조언, 관심, 참여를 이끌어 낸다.

③ 직원과의 관계 : 조직원들의 결속을 위한 공중관계 프로그램으로, 스포츠와 관련된 비전, 정책 전달, 공통관심사 개발, 불안감 해소, 안정적 업무 수행을 위한 지원 및 배려 등이 해당된다.
④ 정보제공 : 조직과 관련하여 다양한 정보를 제공하고, 조직에서 생산하고 있는 제품이나 서비스에 대한 정보를 제공한다.
⑤ 이미지 제고 : PR의 목적은 조직의 긍정적인 이미지 제고에 있다. 이를 위해 관계마케팅과 데이터베이스 마케팅을 실시하여 호의적인 태도를 유도하고 이를 유지하여야 한다.

(3) 스포츠 PR 기법
① 지역사회 관계
  ㉠ 지역주민의 호감을 창출하여야 한다.
  ㉡ 일반대중의 지원과 연계를 유지하기 위해 노력하여야 한다.
  ㉢ 우수한 지역사회관계는 궁극적으로 금전적 혹은 기타의 이익으로 연결된다.
  ㉣ 지역주민과 스포츠 팀의 공통요소를 제공하여야 한다.
  ㉤ 지역주민의 경기관람을 유도하여야 한다.
  ㉥ 미래의 소비자층으로부터 인지를 유도하는 마케팅이 필요하다.
② 고용인 관계
  ㉠ 경영인과 고용인과의 공개적인 정보 소통은 필수적이다.
  ㉡ 스포츠조직의 경영자들은 고용인들에게 수시로 발생하는 다양한 사안들을 이해시키기 위해 노력하여야 한다.
  ㉢ 고용인 참가, 안내책자, 조직정책을 설명하는 문서, 신입사원 오리엔테이션 프로그램, 세미나 및 서비스 훈련 프로그램, 정기적인 담당자 회의 및 특별주제 오찬회의 등을 활용할 수 있다.
③ 조직의 PR
  ㉠ 마케팅과 밀접하게 연관되어 있다.
  ㉡ 새로운 프로그램 및 제품에 대한 광고, 특정 프로그램 혹은 조직과의 제휴, 조직의 다양한 정보 전달 등은 PR의 핵심기능이다.
④ 모집 및 사업개발
  ㉠ 조직의 긍정적인 이미지 구축은 인재를 모집하는 데 유리하다.
  ㉡ 질문에 대한 적절한 대답, 시설의 장점 부각, 조직원들이 적절하고 유효한 정보를 제공할 수 있도록 훈련, 외부의 규칙과 규정에 입각하여 조직을 운영한다는 이미지 부각 등을 통해 교육적 · 사회적 환경에 충실하게 대처하여야 한다.
  ㉢ 잠재적인 동업자에게 제품의 전통과 역사에 대한 정보를 제공하고, 그들이 누릴 수 있는 혜택을 알려준다.
  ㉣ 스폰서십을 얻을 수 있는 기회를 마련하여야 한다.
⑤ 교 육
  ㉠ 정보를 이해하고 적절한 상황에서 적용하도록 한다.
  ㉡ 대중에게 각종 규칙과 정책을 이해시킨다.

⑥ 피드백(Feedback)
　㉠ 대중의 관심과 조직의 제품, 개념, 시행에 관한 거부 또는 수용의 결정과 관련한 반응을 파악하고 감독한다.
　㉡ 태도, 경제적 지표, 소비자의 선호와 행동, 정치·사회적 사건자료를 수집하고, 조직이 당면한 내부적·외부적 과제를 분석하여야 한다.

⑦ 이미지 향상과 보호
　㉠ 제품과 서비스의 우수성 보호는 산업에 필수 불가결한 요소이다.
　㉡ 공통사회의 공헌자로서의 역할을 다한다는 것을 대중에게 과시하여야 한다.
　㉢ 기업 외부 및 고객에 대한 모든 정보를 파악하여야 한다.
　㉣ 다른 고객에 비하여 중요한 위치에 있는 고객에 관한 촉진전략을 수립하여야 한다.
　㉤ 조직의 포지셔닝과 이미지 형성에 영향을 줄 수 있는 현재의 추세와 정보에 뒤지지 않는 전략을 수립하여야 한다.
　㉥ 핵심적인 대중매체 자원과 긍정적인 관계를 구축하고 유지하여야 한다.
　㉦ 부정적인 출판물과 보도에 대하여 적절하게 대응하여야 한다.

4. 방송중계권의 개념 및 구조

(1) 방송중계권의 개념

① 방송중계권은 스포츠이벤트나 리그를 주관하는 단체에 일정 금액을 지불하여 그 권리를 양도받은 후, 그 권리를 원하는 소비자(기업 또는 방송사)들에게 되파는 것을 말한다.
② 중계권의 판매는 특정 방송사 혹은 지역별로 구성된 방송 연맹에 중계권을 부여하고, 그 대가로 일정한 금액을 받는 일을 계획하고 추진하는 사업을 말한다.
③ 스포츠이벤트에 대한 중계 소유권은 각기 다르며, 중계권의 계약 내용에 따라 금액과 방송 범위도 달라진다.
④ 올림픽대회의 TV 중계권은 IOC가 소유하고 있고, 세계 선수권대회는 해당 국제 연맹이 소유하나 대회조직위원회에 양도하며, 국내 선수권대회도 국내 연맹이 소유하고 있으나 조직위원회에 양도한다. 예를 들어, 스키대회의 경우 방송사 A가 국제스키연맹(FIS)으로부터 경기대회에 대한 독점권을 받았고, 방송사 B가 대회조직위원회로부터 산악 지대에 대한 독점권을 받고, 뿐만 아니라 방송사 C가 참가 NOC 선수의 촬영 권리를 받았을 경우 방송사 A는 산악지대에 카메라를 설치하지 못한 상태에서 경기를 중계해야 하며, 방송사 B는 산악 지대만을 촬영해야 하며, 방송사 C는 대회에 참가한 NOC 선수만을 촬영해야 한다.
⑤ 최근의 중계방송권의 환경을 살펴보면, 방송과 통신의 융합으로 스포츠 콘텐츠를 제공할 수 있는 채널(매체)이 증가하고 있다. 이에 따라 지상파 방송의 영향력이 상대적으로 약화하고 있으며, 이러한 현상은 스포츠 분야에서 두드러지게 나타나고 있다. 따라서 지상파 위주의 중계 패러다임에서 탈피하는 변화가 필요하다.

(2) 방송중계의 삼각구조

TV 방송국은 스포츠단체 및 광고주와 비용 측면에서 직접적인 관계를 구축하고 있지만, 스포츠단체와 광고주는 직접적인 관계를 맺고 있지 않다. TV 방송사는 스포츠단체에게 중계료를 지불하고 중계권을 획득하게 된다. 이때 방송사는 광고주에게 획득한 스포츠 중계권을 이용하여 광고비를 받고 스포츠 중계 시 다양한 방법으로 광고를 노출한다. 그러나 스포츠단체와 광고주는 이 과정에서 직접적으로 그 어떤 관계를 맺고 있지 않다. 단 스포츠단체의 권위 또는 명성으로 인해 광고주가 간접적으로 광고효과를 받을 수는 있다. 반대로 기업의 명성으로 인해 스포츠단체가 간접적으로 대중 또는 다른 기업들에게 신뢰를 획득할 수도 있다.

① 중계권 확보
  ㉠ 중계권료 폭등은 TV 보급의 보편화, 컬러 TV의 등장, 방송기술의 발전에 따라 보는 스포츠에 대한 수요증가가 큰 요인으로 작용한다. 그리고 무엇보다 콘텐츠를 확보하기 위한 방송사 간 경쟁의 결과이기도 하다.
  ㉡ 1984년 LA올림픽조직위 피터 위버로스위원장은 "올림픽에서 가장 중요한 것은 커다란 경기장이 아니라 경기장에 몇 대의 TV카메라를 넣을 수 있느냐이다."라고 말하면서 TV의 중요성을 강조하였다.
  ㉢ 경기단체(국제올림픽위원회/IOC)는 스포츠 중계권을 팔아 수익을 챙기고, 방송사는 광고수입을 올리는 구조가 일반화된 수익구조로 자리 잡았다.
  ㉣ 미국 미디어들과 스포츠단체는 "스포츠마케팅에서 미디어는 엔진이다."라는 명제하에 스포츠 비즈니스를 굴러가게 하고 증폭하는 장치가 미디어임을 알고 있다. 이를 위해 TV의 입맛에 맞게 경기 규칙의 개정을 요구하고 있으며, 대부분의 경기들은 이를 수용하고 있다.

② 올림픽과 TV 방송
  ㉠ 1936년 베를린 올림픽에서 처음으로 TV 야외중계방송을 시도하였다.
  ㉡ 1960년 로마 올림픽에서 IOC는 처음으로 TV 방송중계권을 판매하였다.
  ㉢ 1984년 LA 올림픽에서 방송중계권 프로그램은 올림픽을 흑자로 이끄는 데 기여하였고, TOP프로그램의 핵심적인 부분을 차지하였다.

(3) 스포츠 중계 선정기준(방송국에서의 스포츠이벤트 선정 시 고려사항)

① 대회의 권위
② 대중의 관심
③ 경기 일정
④ 수익 발생
⑤ 스타선수
⑥ 화젯거리

(4) 중계권료

① 프로스포츠는 스포츠 비즈니스에 의해 생사가 좌우된다. 즉, 프로스포츠는 사업 흥행이 성패를 좌우한다고 볼 수 있다.
② 프로스포츠는 미디어가 프로스포츠와 관중을 연결하는 매체 역할은 물론이고, 막대한 자금을 조달하는 파이프라인의 역할을 하기 때문에, 미디어를 동반자로 생각한다.

③ 미디어 중에서도 TV나 라디오 같은 전자매체가 행사를 방송하는 대가로 지급하는 중계권료야 말로 스포츠이벤트를 흥행시키는 데 크게 기여하고 있다.
④ 중계권료란 경기장에서 벌어지고 있는 경기를 중계차(Outdoor Van)를 통해 현장에서 방송국 스튜디오로 중계하고, 이 중계된 프로그램을 시청자에게 전송해서 시청자의 안방까지 방송하는 데 따른 권리금(Rights Fee)을 말한다.
⑤ 방송권료를 어떤 기준으로 산정할 수 있을까 하는 문제는 그리 간단치 않다. 방송권료란 눈에 보이는 제품이나 상품에 가격을 정하는 것이 아니고, 눈에 보이지 않는 무형의 방송(Contents)을 사용하는 일종의 권리금과 같은 성격이어서 협상 당사자 간에 상품가치를 계산하는 방법으로 액수를 결정한다.
⑥ 스포츠경기의 경우 그 경기나 행사가 시청자들에게 미치는 관심의 정도, 해당 팀의 경기력뿐 아니라 해당 지역의 경제력 내지 방송권 구매력, 동일 지역 내 방송사 간의 경쟁 정도 등이 종합적으로 참작되어 결정된다.

(5) 방송 중계권료 결정에 영향을 미치는 요인
① 경기 스케줄
② 방영시간
③ 국제방송센터의 시설과 서비스
④ 이전 대회의 TV 중계권료
⑤ 지원 및 협력조건
⑥ 카메라 위치

(6) 방송 중계권료 협상 시 합의 사항
① 국제방송센터 내의 무료사용공간
② 주차 공간
③ 무료 및 구입 가능한 입장권
④ 광고판매의 감사 : 올림픽 광고와 일반 광고의 구분
⑤ 환불조건
⑥ 감액조건
⑦ 감액범위
⑧ 환불과 가액 시기
⑨ 세 금
⑩ 중재 및 법원 소송 절차

(7) 스포츠 중계권 판매전략
① 프리미어리그, 슈퍼볼, 메이저리그 등 국외의 프로스포츠 리그와 올림픽, 월드컵 등과 같은 메가 스포츠 이벤트에 대한 관심이 증가하면서, 국제스포츠경기의 시간은 중요한 요인으로 작용하므로 경기시간을 고려하여야 한다.
② 신규시장 확대를 위해 스포츠 콘텐츠를 가장 필요로 하는 방송사를 선별하여 Key-station으로 선정한다.

③ 방송과 통신이 융합하고 있는 현재의 산업구조를 파악하고 있어야 하며, 향후 스포츠 중계에 어떤 영향을 미칠 것인지를 감안하여 중계권을 계약하여야 한다.
④ 중계권을 확보하지 못한 방송사나 기업 등으로부터 야기될 수 있는 다양한 음해성 공격에 대응할 수 있는 전략을 갖추고 있어야 한다.
⑤ 방송매체와 스포츠단체 또는 조직이 상호 WIN-WIN 할 수 있는 프로모션 전략을 긴밀한 협조를 통해 구축하여야 한다.
⑥ 스포츠콘텐츠 자체의 경쟁력을 확보할 수 있도록 다양한 마케팅 노력을 지속적으로 펼쳐야 하며, 이를 통해 시장에서의 구매가치를 증진하여야 한다.

03 스포츠라이선싱

■ 학습목표
스포츠라이선싱은 필기와 실기 출제 범위에 포함되지만, 출제 빈도는 다른 분야에 비해 낮은 편이다. 필기와 실기 모두 라이선싱의 기본 개념을 파악하고 있으면 충분히 풀 수 있는 수준이므로, 기본적인 개념과 구조를 습득해야 한다.

■ Check
☐ 스포츠조직과 라이선싱의 관계에 대해 숙지한다.
☐ 스포츠라이선싱 구조에 대해 숙지한다.
☐ 스포츠라이선싱 계약기법에 대해 숙지한다.

1. 라이선싱의 개념

(1) 라이선싱(Licensing)

일반적으로 상표로 등록된 재산권이 있는 개인 또는 단체가 다른 사람 또는 단체에게 대가를 받고 그 재산권을 사용할 수 있도록 상업적 권리를 부여하는 계약을 말한다.

(2) 스포츠시장에서의 라이선싱

어떤 기업이 스포츠단체, 팀 또는 개인 선수에게 돈을 지불하고 이들의 브랜드 마크를 사용하는 것이다.

(3) 스폰서십과 라이선싱의 차이

스폰서십은 스포츠경기, 팀 유니폼에 스폰서 기업명 또는 마크를 부착하는 것이고, 라이선싱은 스포츠 단체, 팀 또는 선수를 상징하는 이름이나 상표를 기업의 제품에 부착하는 것이다.

2. 스포츠조직과 라이선싱 관계

(1) 스포츠단체와 기업의 기대효과

① 상호 간에 이익 발생

스포츠단체는 라이선싱 수수료로 인해 조직의 수익을 증가시킬 수 있고, 기업은 라이선싱을 통해 제품의 판매를 증진하여 수익을 발생시킬 수 있으므로 상호 간에 이익이 발생한다.

② 파트너 관계 형성

스포츠단체는 명성이 높은 기업과의 라이선싱을 통해 또 다른 기업과의 라이선싱 계약을 맺을 수 있는 신뢰감을 형성할 수 있고, 기업 역시 스포츠단체가 가지고 있는 긍정적인 이미지의 전이효과를 통해 경제적 혜택을 얻을 수 있다.

③ 마케팅채널 구축

스포츠단체와 기업은 판매 및 촉진 라이선싱활동을 통해 다양한 마케팅채널을 구축할 수 있다.

④ 관심 유도

스포츠단체는 기업과의 우호적 관계 형성을 통해 스포츠이벤트에 대한 관심을 유도할 수 있다.

(2) 스포츠단체의 라이선시 선정 시 고려해야 하는 기준

① 설립 및 사업기간
② 기업의 의사결정권자
③ 주요생산품목
④ 제품의 질 혹은 기업의 이미지
⑤ 연간 매출액
⑥ 은행 및 신용에 관한 정보
⑦ 유통구조
⑧ 과거 스포츠이벤트 · 단체의 라이선싱 참여 유무

(3) 라이선싱의 단점

① 불법 복제와 저작권 침해 위협 문제가 상존한다.
② 암거래 문제와 현지에서의 마케팅 및 포장비용 문제가 있다.
③ 가장 큰 단점은 라이선서가 라이선시를 통제하기가 어렵다는 것이다.

(4) 국내에서 라이선싱 사업이 발전하지 못하는 이유

① 제품의 품질과 디자인이 떨어진다.
② 유통라인이 협소하다.
③ 스포츠단체와 라이선싱 업체 간의 노력이 부족하다.
④ 스포츠 문화가 자리 잡지 못했다.

(5) 라이선싱 사업의 발전에 기여하는 환경적 변화
　① 스포츠 전문 채널의 증가
　② 인쇄기술의 발전
　③ 경제, 사회, 문화의 발전
　④ 특정 팀과 자신을 동일시하여 표현하고자 하는 팬들의 증가

3. 스포츠라이선싱 구조

(1) 라이선싱(Licensing)의 개념
라이선싱은 여러 가지 경제적 가치가 있는 재산권을 소유한 라이선서에게 일정액의 비용을 지불하고 그 권리를 양도받아 경제활동을 할 수 있는 권리를 획득하는 행위를 의미한다. 이때 라이선서가 소유하고 있는 경제적 가치가 있는 자산으로는 특허권, 노하우, 브랜드권, 지적재산권, 초상권, 기술력 등이 있다.

(2) 라이선싱(Licensing) 계약의 분류
① 독점 라이선싱 : 한 가지 계열의 제품을 한 지역에서만 판매하는 것이다.
② 공통 라이선싱 : 한 제품에 두 개 이상 라이선시의 이미지를 부착하는 것이다.
③ 촉진 라이선싱
　㉠ 기업이 제품이나 서비스의 판매를 촉진하기 위해 판매제품에 라이선스 이미지를 부착하는 것이다.
　㉡ 선물증정품에 라이선시가 이미지를 부착하는 것은 촉진 라이선싱에 해당되나, 판매제품에 라이선시가 이미지를 부착하는 것은 일반적인 라이선싱에 해당된다.

(3) 라이선서(Licensor)와 라이선시(Licensee)
① 라이선서(Licensor)는 경제적 가치가 있는 각종 자산의 사용권을 보유하고 있으며, 이의 내용을 허가하는 개인이나 단체를 말한다.
② 라이선시(Licensee)는 라이선서가 소유하고 있는 각종 자산을 이용하여 경제적 활동에 활용하기 위해 허락을 받는 개인이나 단체를 말한다.
③ 권리를 확보하기 위해 지불하는 돈을 Advance Fee(계약금)라고 하고, 권리를 사용하는 데 대한 대가를 Royalty(로열티)라고 한다. 따라서 Advance Fee는 계약기간 동안 한 번만 지불하면 되지만, Royalty는 매출액에 따라 달라질 수 있다.

4. 스포츠라이선싱 성립 이유

스포츠단체나 기업이 라이선싱을 하는 이유는 양쪽이 모두 이익이 발생하기 때문이다.

(1) 라이선서의 입장

① 수입확대 : 스포츠 상품 소유자가 라이선싱을 하는 가장 큰 요인은 보다 많은 수입을 확보하기 위함이다. 팬들은 선수들과 같은 유니폼 구매에 적극적인데, 이때 유니폼을 직접 제작 및 판매하지 않고 의류제조업체와 라이선싱 계약을 하는 이유는 유니폼 판매확대와 관련된 역량이 구단보다 우수하기 때문이다.

② 시장확대 : 구단이 직접 제품을 만드는 것보다 기존 업체들이 생산하는 경우가 경쟁력이 높다. 따라서 직접 생산하는 것보다 라이선싱이 유리하다. 라이선싱에 참여하는 기업은 다양한 유통망을 보유하고 있기 때문에 상품 판매에 유리하다. 또한 이를 통해 스포츠단체의 인지도를 높일 수 있어 일종의 마케팅(유통경로) 전략으로도 효과적이다.

(2) 라이선시의 입장

① 수입확대 : 기업이 라이선싱을 하는 가장 큰 요인 역시 수입확대(판매 증진)에 있다. 팬들의 스포츠단체 혹은 리그에 대한 충성심은 라이선싱 제품 구매로 이어지기 때문이다. 스포츠단체의 브랜드를 이용한 제품은 상대적으로 가격이 높게 형성된다. 또한 제품의 도소매상 등 유통회사들은 유명 스포츠단체 브랜드가 부착된 제품을 다른 제품보다 고객들의 눈에 잘 띄는 곳에 진열하기 때문에, 기업의 판매 수입 확대로 이어질 가능성이 높다.

② 신용제고 : 라이선싱에 참여하는 기업은 대부분 중소기업으로 이미지 또는 지명도가 약한 경우가 많다. 따라서 스포츠단체 브랜드를 활용하면 판매수입의 증대뿐만 아니라 신용제고에도 도움이 된다. 예를 들면 은행에 자금 융자를 받을 때 유명 스포츠단체 브랜드 제품을 판매하고 있을 경우 신용에도 긍정적으로 작용하여 금융 대출을 상대적으로 쉽게 받을 수도 있다.

③ 브랜드 구축 과정 생략 : 기업이 라이선싱에 참여하는 가장 큰 이유는 기업 자체의 브랜드를 구축하는 과정을 생략할 수 있기 때문이다. 많은 기업들이 자기 브랜드를 가지고, 이를 이용한 마케팅 활동을 통해 타사와의 차별성을 구축한다. 그러나 브랜드 이미지를 구축하기 위해서는 적지 않은 시간과 비용이 소요되기 때문에, 스포츠 시장에서 라이선싱에 참여함으로써 브랜드 애호도를 가진 소비자를 고객으로 확보하는 것이 유리하다.

(3) 라이선싱 전략

① 고객의 입장 – 브랜드(스포츠구단) 관리 전략

　㉠ 브랜드 인지 단계 : 제품이든 서비스 상품이든 소비자 또는 팬의 구매과정에서 볼 수 있는 첫 번째 과정은 브랜드 인지 단계이다. 스포츠경기 관람을 결정하는 데 팬들은 브랜드(리그 또는 팀)를 확인한다.

　㉡ 브랜드 이미지 구축 단계 : 팬들이 브랜드를 인지하게 되면, 스포츠단체 혹은 팀은 팬들로 하여금 브랜드를 보다 쉽게 그리고 오래 기억하도록 해야 한다. 브랜드 이미지 구축 단계는 다음과 같아야 한다.

　　• 간결하고 단순해야 한다 : 복잡하면 팬들이 기억하지 못하거나 쉽게 이해하지 못한다.
　　• 독특해야 한다 : 브랜드 구축의 주요 목적은 다른 팀과 쉽게 구별되도록 하는 데 있다.

- 연관성이 있어야 한다 : 팀이나 리그의 성격 등으로 연상될 수 있도록 브랜드 이미지를 구축함으로써, 특정 팀을 떠올리면 연상되는 이미지 등이 생각나도록 하여야 한다.
ⓒ 브랜드 자산 가치화 단계 : 많은 비용을 들여 팀이나 리그를 나타내는 브랜드를 간결하고 쉽게 만들었다 하더라도, 이 자체만으로는 높은 가치를 가질 수 없다. 구단이 브랜드가치를 최대화하는 방법은 승리를 자주 거두는 것이다. 그러나 항상 승리를 할 수 없으므로 각종 마케팅 활동을 적극적으로 하여야 한다. 이를 통해 입장료 수입, 광고 수입, 중계료 수입 등을 이끌어 낼 수 있다.
② 팬 충성도 확대 단계 : 팬들의 소속감을 고취하는 데에는 관계마케팅이 절대적 영향을 미친다. 관계마케팅을 통해 충성도 높은 팬을 확보하면 팀의 브랜드가치도 상대적으로 높아지기 마련이다. 그리고 이러한 브랜드가치는 라이선싱을 통해 더욱 높아진다.

② 유통경로 입장 – 라이선시 선정 및 관리 전략
㉠ 라이선시 후보자 선정 : 스포츠단체는 라이선시 후보 기업의 규모, 생산 품목, 제품의 질, 연간 매출액, 재무 구조, 은행 신용, 유통구조 등에 대한 조사를 실시하여 라이선시 선정작업을 신중히 진행해야 한다. 만약 라이선시 기업이 불량품을 생산 및 판매할 경우 팬들은 스포츠단체와 라이선시 기업을 별개의 조직이 아닌 같은 조직으로 생각하기 때문에, 라이선시를 조사할 때 공공기관이나 관련 전문 분야의 기업에 의뢰하는 것이 바람직하다. 궁극적으로 라이선싱에서는 팬들을 상대로 한 제품 거래가 발행하게 되는데, 이는 라이선싱 제품의 구매자는 충성도 높은 팬일 가능성이 높기 때문이다.
㉡ 계약 및 실행 : 라이선시 기업과 계약 시 체크포인트로는 라이선스와 라이선시의 권리 및 의무, 라이선싱 기간, 보상(로열티, 보증금, 계약금 등), 견본 제출 의무화, 사전 통보 의무화, 특허/상표/저작권 조항, 위조품에 대한 예방책, 계약 위배 조항, 보험 관련 조항, 소송과 분쟁 발생시 절차, 면책 조항, 기타 등이 있다.
㉢ 실행 이후 관리 : 라이선시 기업과 계약을 체결한 이후에도 라이선서(스포츠단체)는 라이선시가 행하는 로열티 보고의 적정성, 타당성 및 일관성에 대해 꾸준히 모니터링(이른바 정기적인 조사 및 감사)을 해야 한다. 라이선서가 정기적으로 라이선시를 감시하는 이유는 다음과 같다.
- 각종 이유로 인해 로열티의 과소지급이 일어나고 있다는 점 : 고의로 적게 지불하거나 계약서상의 모호한 용어 등으로 인해 발생할 수 있다.
- 복수의 라이선시가 존재하는 경우 특정 라이선시 기업에 대한 정기적인 감사는 다른 라이선시 기업에게는 간접적으로 감사 효과가 전달되어 여러 측면에서 긍정적으로 작용한다.
- 심리적 만족감 : 라이선서의 라이선시에 대한 감사는 상호 신뢰감을 구축할 수 있는 수단이 될 수 있다.

CHAPTER 03 스포츠에이전시

■ **학습목표**
본 장에서는 스포츠에이전시를 이해하기 위한 스포츠에이전시에 대한 개념과 구성요소, 스포츠에이전트의 개념과 종류, 그리고 스포츠에이전트 계약법에 대해 살펴볼 것이다. 스포츠에이전트 부분은 스포츠경영관리사의 스포츠경영파트에서 매회 약 3문제 정도 출제되고 있으므로 다음의 내용을 반드시 숙지해야 한다.

■ **Check**
☐ 스포츠에이전시 및 스포츠에이전트에 대한 개념을 숙지한다.
☐ 스포츠에이전트의 역할에 대한 내용을 숙지한다.
☐ 스포츠에이전트 계약법의 키워드를 숙지한다.

01 스포츠에이전시

1. 스포츠에이전시의 의의 및 구성

(1) 의의

① 스포츠에이전시(Sports Agency) : 각종 스포츠 마케팅 활동을 대행하는 회사를 말한다.

② 활성화 배경
  ㉠ 미국 메이저리그에서 시작된 선수협의회의 활동과 단체협상이 확산됨에 따라 선수들의 권리와 연봉 협상에 대한 관심이 높아졌다.
  ㉡ 스포츠 방송 중계가 증가함에 따라 스포츠 리그나 팀의 수익이 증가하였다.
  ㉢ 스포츠 리그의 경쟁이 심화되면서 우수한 선수를 확보하기 위한 경쟁이 가속화하였다.
  ㉣ 선수들의 연봉 증가에 따른 세금 및 재무관리에 대한 요구가 발생하였다.
  ㉤ 선수들이 방송이나 기타 엔터테인먼트 산업에 출연할 기회가 증가하였다.

③ 스포츠에이전시의 의의
  ㉠ 스포츠에이전시를 통한 협상을 할 경우, 당사자 간에 직접 협상하는 것보다 전문성을 발휘할 수 있다.
  ㉡ 협상당사자 간의 대립관계를 피할 수 있으며, 새로운 수익원을 찾을 수 있다.

(2) 스포츠에이전시의 구성

① 스포츠 마케팅 매니저
　㉠ 에이전시에서 운영하는 이벤트들이나 자신들이 대행하는 선수들과 관계하여 일어나는 모든 마케팅과 스폰서십 활동을 수행하는 사람들이다.
　㉡ 이들의 업무는 시장조사, 스폰서십의 판매, 이벤트의 프로모션, 그리고 이벤트에 선수들을 참가시키는 것을 포함한다.

② 스포츠에이전트
　㉠ 기업의 형태에서 개인에 이르기까지 매우 다양하며, 이들은 주로 선수들을 대행하는 업무를 맡고 있다.
　㉡ 현재 에이전트 사업은 특정 선수와의 계약을 담당하는 계약 에이전트, 스포츠조직의 로고나 상표권을 보호하는 일을 전담하는 라이선싱에이전트, 선수를 스포츠 이외의 사업 분야에 모델로 활용하는 업무를 담당하는 마케팅에이전트 등으로 구분된다.

③ 스포츠이벤트 매니저
　㉠ 기업의 스포츠에이전시들은 스포츠이벤트 자체를 주최하기도 한다.
　㉡ 이 경우 스포츠이벤트 매니저가 필요하며, 이들은 주로 이벤트들을 계획하고 실행 및 관리하는 업무를 맡게 된다.

(3) 스포츠에이전시의 유형

① **국제 스포츠 마케팅 에이전시** : 대형 스포츠이벤트의 마케팅을 대행하는 대규모 조직이다(세계적인 스포츠 마케팅 대행사).
② **선수 관리 에이전시** : 다양한 스포츠 종목의 선수들을 전문적으로 관리하는 조직으로, 선수의 이익을 위해 선수를 대신하여 활동하는 법정 대리인들이다.
③ **광고 스폰서 에이전시** : 경기장 등 스포츠 현장의 휀스 광고와 옥외광고 등의 권한을 매입하여 전문적으로 판매하거나 중간에서 판매 알선 수수료를 받는 조직이다.
④ **라이선싱 & 머천다이징 전문 에이전시** : 스포츠 단체 또는 대회의 로고, 마스코트 등을 사용하고 상품화할 수 있는 권리를 전문적으로 다루는 에이전시이다.
⑤ **풀 서비스 에이전시** : 열거된 모든 활동을 수행할 수 있는 스포츠 관련 대형 전문 조직이다.

2. 스포츠에이전트

(1) 정의와 유형

① 정의
　㉠ 스포츠에이전트란 프로선수가 구단이나 대기업과 입단, 연봉계약 또는 스폰서 계약을 할 때 선수가 최대의 이익을 확보하게 하기 위해 계약 테이블에 나서는 선수의 대리인을 말한다.
　㉡ 스포츠에이전트는 단순히 선수들을 돌보는 매니저 수준이 아니라 선수의 이미지 관리, 광고계약 체결, 연봉협상, 운동량 관리, 언론 PR, 초상권 보호, 팬클럽 관리 등을 담당하며, 데이터베이스를 구축하여 스포츠 정보를 판매해 수익을 올리기도 한다.

ⓒ 훌륭한 에이전트가 되기 위해서는 선수들과 인간적인 유대관계를 맺으면서 서로 신뢰할 수 있도록 해야 한다.
② FIFA가 공인하는 에이전트의 경우 가장 기본적으로 요구되는 사항에는 전과가 없어야 한다는 것이 있는데, 이를 통해 에이전트에게 도덕성과 신뢰가 얼마나 중요한지 알 수 있다.

② 유형

선수에이전트 (Player's Agent)	기본적으로 선수를 육성·발굴하거나, 자신과 연계된 제3국의 에이전트를 통하여 소개받은 선수를 대리하여 클럽에 선수를 소개하거나 선수를 위해 구단이 선수와 계약을 맺도록 도와주는 일을 기본 업무로 한다.
매치에이전트 (Match Agent)	국가와 국가, 클럽과 클럽, 대륙과 대륙 사이의 클럽이나 대표팀이 경기를 치르고자 할 때 그 중간에서 가교 역할을 한다.

(2) 스포츠에이전트의 역할

① 계약협상
  ㉠ 에이전트의 가장 중요한 역할은 선수의 연봉협상을 대행하는 것이다.
  ㉡ 선수와 구단 사이의 신뢰관계를 유지하면서 적정한 연봉계약을 체결하기 위해서는 에이전트의 역할이 매우 중요하다.

② 마케팅 활동
  ㉠ 에이전트는 선수의 인지도를 높이고, 이미지 개선을 위한 여러 가지 마케팅 활동을 기획하고 진행한다.
  ㉡ 선수의 부가적인 수입을 창출할 수 있도록 노력한다.

③ 인도스먼트(Endorsement) 계약협상
  ㉠ 인도스먼트는 기업·상품·상표의 이미지를 증진하기 위해 유명선수가 특정 상품과 브랜드를 사용함으로써 그 상품을 보증하고, 기업은 유명선수의 명성을 활용해서 커뮤니케이션 효과를 극대화하는 것을 말한다.
  ㉡ 인도스먼트 사업은 스포츠 산업에서 선수가 사업의 주체가 된다.
  ㉢ 에이전트 업무의 90% 이상은 선수가 계약한 기업으로부터 보다 유리한 혜택을 받을 수 있도록 하는 인도스먼트(후원) 계약이다.
  ㉣ 에이전트는 소속 선수에게 투자하기를 원하는 기업에 보다 많은 정보를 제공하기 위해 체계적으로 노력한다.

④ 재무관리 : 에이전트는 선수의 자산관리를 대행하기도 한다.
⑤ 경력관리, 은퇴 이후 관리 : 선수의 구단 이적이나 은퇴 후 활동에 대해 체계적으로 계획하고, 그에 따른 경력관리를 수행한다.
⑥ 문제해결 : 선수와 관련된 각종 개인문제나 구단과의 갈등, 대 언론관계 등을 합리적으로 해결할 수 있도록 돕는다.
⑦ 법적 자문 : 선수가 구단이나 기업들과 체결하는 각종 계약과 관련한 법적 문제를 검토하고 자문해 준다.

(3) 스포츠에이전트 관련 용어

① **구단전속계약** : 선수와 구단 사이에서 체결되는 계약으로, 선수와 구단의 권리와 의무를 규정하는 계약이다.

② **자유계약제도(Free Agent)** : 구단이 그 선수의 보유권을 상실하거나 포기하여 다른 어떤 구단과도 자유롭게 계약을 맺을 수 있는 제도를 말한다.

③ **임의탈퇴 선수** : 참가활동 중 또는 보류기간 중 계약 해제를 신청하여 구단에서 이를 승인할 경우, 혹은 선수가 계약의 존속 또는 갱신을 희망하지 않는다고 인정할 경우에 구단이 복귀조건부로 계약을 해제할 수 있는 규정을 말한다.

④ **드래프트 제도(Draft System)** : 일정 자격요건을 갖춘 선수를 프로연맹 등 스포츠 단체의 주관 아래 성적역순 등의 다양한 방법으로 구단에 지명권을 부여, 선수를 지명·선발하는 제도를 말한다.

⑤ **트레이드** : 선수의 보유권이 있는 구단이 선수의 보유권 및 기타 권리를 타 구단에 이전하는 것을 말한다.

⑥ **다년계약** : 자질이 있는 선수를 확보하기 위해 장기간의 보유권 획득에 상응하는 거액의 계약금을 1년이 아닌 그 이상의 기간 동안 선수에게 지급하는 계약을 말한다.

⑦ **구단별 연봉 총상한제(Salary Cap)** : 미국의 NBA와 우리나라의 KBL에서 적용하는 연봉상한제로서, 소속 선수 연봉합계가 일정액을 초과할 수 없도록 하는 제도이다.

⑧ **보스만 판결** : 스포츠법에서 스포츠 선수의 직업선택의 자유를 인정한 대표적인 사례라고 할 수 있다.

⑨ **팜시스템(Farm System)** : 선진 스포츠문화를 가지고 있는 미국이나 유럽에서 시행되는 프로그램으로, 유소년팀·세미프로 등 하위리그를 통해 이루어지는 다양한 자체선수선발 시스템을 말한다.

⑩ **펠레법** : 브라질 상원이 1998년 2월에 통과시킨 자유계약제 도입과 이익단체결성을 내용으로 하는 축구 개혁법률을 말한다. 펠레법에 따르면, 주니어선수들은 18세 이후 2년까지 클럽과 계약할 수 있고, 누구든지 한 클럽에서 3년간 뛰면 자유계약선수 신분이 된다.

⑪ **셔먼법(Sherman Act)** : 단체교섭권을 주 내용으로 하는 미국 국가 노동관계법으로서 '불법 제한 및 독점으로부터 거래를 보호하기 위한 법률(An Act To Protect Trade And Commerce Against Unlawful Restraints And Monopolies)'의 통칭이다.

⑫ **래리버드 예외조항(Larry Bird Exception)** : 기존 소속팀과 재계약하는 자유계약선수는 샐러리 캡을 적용받지 않는다는 내용이 그 핵심을 이룬다.

⑬ **스포츠 계약법** : 주로 에이전트와 선수 간의 계약과 선수와 구단의 계약을 중심으로 발전해 왔으며, 선수와 구단 간의 계약은 기본적으로 「민법」 제655조의 고용계약에 속한다고 볼 수 있다. 따라서 계약에는 특별한 사정이 없는 한 고용관계를 규율하는 「민법」 제655조 이하의 고용에 관한 규정, 종속적 노동관계를 규율하는 「근로기준법」 등 「노동관계법」 등이 적용될 수 있다고 볼 수 있다. 그리고 계약은 「약관규제법」의 대상이 되며, 구간들이 연맹을 통하여 선수들의 이적이나 보수를 제한하는 경우, 「공정거래법」의 규제대상이 될 수 있다. 현재 우리나라에서 시행되고 있는 스포츠 관련 기본법으로는 1982년 제정된 「국민체육진흥법」을 들 수 있다.

02 스포츠에이전트 계약법

1. 선수-에이전트 계약의 기본

선수-에이전트 계약이 법적으로 유효하려면 일반계약과 마찬가지로 계약당사자(Parties), 계약안건(Subject Matter), 계약이행 시기(Time for Performance), 계약금액(Price) 등이 정해져야 한다. 여기서 계약당사자는 선수 '갑'과 에이전트 '을'을 말하고, 계약안건은 에이전트가 선수에게 제공할 서비스의 종류를 말한다. 또한 계약이행 시기는 대행계약의 전 기간을 말하고, 계약금액은 선수가 에이전트에게 지급할 수수료를 말한다.

계약이 체결되려면 위의 4가지 기본조건에 대해 선수와 에이전트가 상호 동의를 해야 한다. 어느 한쪽의 '제안(Offer)'을 상대방이 '수락(Acceptance)'하게 되면 상호 동의를 했다고 볼 수 있다. 선수가 에이전트의 제안을 수락하는 방법에는 서명이나 구두약속 등 여러 가지 형태가 있을 수 있다.

일반적으로 제안은 조건부 약속을 내포하고 있다. 예를 들어, 에이전트 '을'이 선수 '갑'에게 모든 계약협상을 대행해 주겠다는 제안을 할 때, 그 제안에서 성사된 모든 계약으로 선수 '갑'에게 발생하는 수입의 4%를 에이전트 '을'에게 수수료로 지불한다는 조건이 달려 있다. 또 에이전트 '을'은 제안자(Offeror)가 되고 선수 '갑'은 피제안자(Offeree) 입장이 된다. 이때 피제안자는 제안자에게 '제안을 수락'할 수 있는 권리를 갖게 된다. '제안을 수용하여 계약을 허락'한다는 뜻의 '제안수락'은 제안자로부터 제안을 받은 사람이 수락할 때만 성립된다.

2. 수정제안(Counteroffer)

대개의 선수들은 에이전트의 제안사항을 여과 없이 전부 수용하는 편이다. 그런데 선수가 보기에 마음에 들지 않는 사항이 있을 경우 에이전트에게 '수정제안'을 요청할 수가 있다. 이러한 경우에는 선수가 제안자가 되고 에이전트는 피제안자의 입장으로 바뀐다. 에이전트와 대행계약을 맺기보다는 스스로 자신의 계약을 체결하려는 선수가 많아질수록 이러한 역할 전도현상이 자주 일어날 것으로 보인다.

3. 대가조항

계약과정에서 어느 한쪽이 다른 쪽의 요구대로 일을 해 주는 대신 받는 교환가치를 대가라고 할 수 있다. 대가는 한쪽이 요구한 수준을 이행하겠다는 약속으로 볼 수도 있고, 그에 대한 반대급부라고 볼 수도 있다. 이행결과는 약속과 다른 결과로 나타날 수도 있고, 법적인 관계를 만들거나 소멸시키는 형태로 나타날 수도 있다. 계약이 구속력을 갖기 위해서는 계약당사자 양자가 상호 대가를 치르는 관계가 성립해야 한다. 각자가 공히 상대방에게 대가를 치르는 계약이 되지 않으면 강제성을 띠지 못하게 된다. 선수에이전트 계약관계의 상호 대가는 에이전트는 선수 대신 특정 서비스를 이행할 것을 약속하고, 선수는 그 서비스에 대한 일정 수수료를 지불하겠다는 식이 대부분이다. 그런데 과거에 치른 대가나 이타적인(Altruistic) 행위는 계약관계의 성립을 위한 대가로 간주하지 않는다.

4. 선수-에이전트 간의 계약조건

선수와의 구두계약만으로도 약속을 성실히 이행하는 에이전트들도 많지만, 나중의 골치 아픈 문제를 미연에 방지하기 위해서는 계약서를 문서화하는 것이 바람직하다. 계약당사자들의 유대관계가 좋을 때는 계약서 작성 여부가 전혀 문제가 되지 않는다. 그렇지만 인생과 마찬가지로 계약에서도 계약기간 내내 양자의 우호적인 관계가 지속되지는 않는다. 계약당사자들이 계약 문구에 새로운 기준이 필요하다고 느끼기 시작할 때쯤이면, 양자의 우호관계에 이미 금이 가기 시작했다고 보아야 한다. 그래서 양자가 즐거운 마음으로 계약을 성사하는 단계에서 계약파기 조건까지 활자화하는 것이 잘못된 것으로 보일지는 몰라도 관계가 뒤틀려 법정까지 가서 시비를 가려야 할 경우도 있기 때문에, 계약해지에 관한 문구와 조건까지 명기된 계약서를 작성하는 것이 좋다.

미국프로리그의 선수노조(NFLPA : 프로풋볼, NBPA : 프로농구, MLBPA : 프로야구)는 노조소속 선수와 대리인계약을 체결하는 에이전트들에게 계약서를 작성할 것을 요구하고 있다. NFLPA와 NBPA는 선수-에이전트 간의 계약에서 의무적으로 표준계약서를 사용하게 하고 있고, MLBPA는 선수가 자신의 대리인을 지명하고 그 에이전트와 구단이 협상할 수 있게 하는 공인된 양식을 이용하고 있다. 선수-에이전트 간의 표준계약서에는 대개 다음과 같은 내용이 포함된다.

(1) 계약당사자

계약서 첫머리에 계약당사자의 이름과 주소가 명기된다. 만일 선수가 미성년자라면 법정보호자나 후견인이 병기되어야 한다. NFLPA와 NBPA는 에이전트들에게 노조의 허가를 미리 받게 하고 있다. 또 이 2개 선수노조는 에이전트 허가를 회사명의가 아닌 개인에게만 내어 주고 있다. 에이전트와 계약을 체결할 학생선수들은 학생선수 신분이 소멸되지 않는 상태에서 대리인계약을 체결하면 NCAA규정이나 소속협회규정에 위배된다는 사실을 알아야 한다. 이 규정의 저촉을 피하기 위해 에이전트와 선수는 계약날짜와 계약효력 발생 날짜를 다르게 하는 방법을 쓰기도 한다. 그런데 NCAA의 관련 규정은 다음과 같이 나와 있다.

"선수로서의 기량이나 명성을 마케팅할 목적으로 에이전트와 구두 혹은 문서상의 계약을 체결하거나 체결했던 적이 있는 선수는 누구라도 그 종목의 선수자격을 상실한다. 특정 종목이나 복수 종목을 한정하지 않은 대리인계약은 전 종목에 적용되는 것으로 간주한다. 프로 스포츠와의 계약문제와 관련해 변호사의 조언을 받은 행위는, 그 변호사가 학생선수의 대리인자격으로 계약에 개입하지만 않는다면 이 규정에 저촉되지 않는 것으로 본다."

위의 규정을 보면, 설사 선수에이전트 계약이 학생신분이 소멸하는 시기까지 효력을 발생시키지 않는다고 하더라도 특정 종목의 학생선수 신분을 유지하면서 대리인 계약을 맺는 것을 금지하고 있다.

(2) 제공서비스

에이전트가 선수에게 제공할 수 있는 서비스의 종류는 입단 및 연봉계약의 대행, 인도스먼트 계약대행, 재산증식·절세·노후설계 방안제시, 홍보대행, 사회활동 방안제시 등 매우 다양하다. 이와 같은 다양한 서비스 중 특정서비스 한 가지만 제공하는 에이전트도 있고, 모든 서비스를 전부 제공할 수 있는 에이전트도 있다. 이 항목에서는 단일 서비스이건 복수 서비스이건 간에 에이전트가 선수에게 제공하는 서비스의 종류를 분명히 해야 한다.

대개의 경우 위의 서비스 중 한 분야나 몇 개 분야에서 전문가적 자질을 갖춘 에이전트는 있을 수 있지만, 혼자서 전 분야를 커버할 수 있는 에이전트는 드물다. 그래서 에이전트에게 인도스먼트 계약이나 재산관리에 관한 독점권을 줄 때는 에이전트의 선정에 신중을 기해야 한다. 구단과의 연봉계약에는 능수능란하지만, 타 분야는 잘 모르는 에이전트들도 있을 수 있기 때문이다.

(3) 계약기간

계약기간을 별로 중요하지 않은 항목으로 생각하는 선수들이 많지만, 계약 후 에이전트의 능력이 시원찮다고 판단되었을 때는 이 계약기간이 골칫거리가 된다. 에이전트의 능력을 사전에 충분히 알아보지 않고, 겉모습만 보고 덜컥 계약을 체결한 선수들이 나중에 후회하는 경우가 많다. 이런 문제가 자주 발생하자 계약기간을 아예 선수노조에서 규정하는 경우도 있다.

MLBPA는 노조소속선수와 에이전트 간의 계약협상에 관한 대리인 계약기간을 1년으로 정해두고, 계약기간이 만료되면 매년 정해진 양식대로 갱신하게 한다. NFLPA와 NBPA는 선수에이전트의 표준계약서에 계약파기 규정을 명기하고 있다. NBPA의 규정에는 계약서 작성완료 날짜부터 계약기간이 시작된다고 보지만, 문제가 있을 경우 계약의 효력발생을 연기하는 단서조항을 부기하고 있다.

"계약 혹은 계약연장, 계약수정 등에 관한 계약서의 경우 계약만료 날짜가 아직 남아 있다고 하더라도, 계약당사자가 양자가 계약취소가 가능한 15일 이내 상대방에게 계약취소를 서면으로 통보하면 그 계약은 파기된다. 또한 NBPA에 의해 에이전트 면허가 정지되거나 취소될 경우나 기타사유로 특정 에이전트가 선수에게 제공키로 약속했던 서비스의 수행을 NBPA로부터 금지당할 경우, 면허정지나 취소가 결정된 날짜부터 그 계약은 자동적으로 효력을 상실하게 된다."

선수가 에이전트와 장기계약을 맺을 필요는 없다고 보는 것이 일반론이다. 선수로서는 에이전트의 능력이 검증된 후에 재계약이나 계약연장을 하는 것이 좋다. 또한 선수가 좋은 성과를 올렸을 때는 에이전트와의 계약과정에서도 유리한 조건으로 계약할 수가 있기 때문에 장기계약을 서두를 필요가 없다. 그런데 합리적인 이유가 있을 경우 선수와 에이전트 양자가 서로 서면통보를 통해 계약을 파기할 수 있는 권리를 갖는 것이 중요하다. 이 권리는 각자가 서로의 의무를 충실히 지키게 만드는 효과가 있다.

(4) 수수료 조항

에이전트가 선수로부터 받는 수수료의 책정방식은 정액제, 정률제, 기간급으로 정하는 방식과 시간급 및 정률제를 혼합하여 상한선을 정해 두는 방식의 4가지가 있다. 선수와 에이전트의 관계에서 수수료로 인한 문제가 가장 많이 발생하기 때문에 선수에이전트 계약서에는 수수료의 산정방식을 확실히 해둘 필요가 있다.

① 정액 수수료

정액제는 에이전트가 선수 대신 수행하기로 약속한 각 서비스가 일어날 때마다 일정 금액을 선수가 지급하는 방식이다. 선수 입장에서 이 방식을 도입하면 몇 가지 장점이 있다. 가장 큰 장점은 자신이 지급해야 할 수수료 액수를 선수가 예상할 수가 있다는 점이다. 또한 수수료가 협상결과에 따라 변하는 것이 아니라 협상일정만 정해지면 수수료도 정해지기 때문에, 선수는 전액선불이나 정액할부로 지급할 수도 있다.

그런데 정액제의 가장 큰 단점은 협상결과에 따라 주어지는 인센티브가 없기 때문에 에이전트가 열심히 노력해야 할 동기를 심어주지 못한다는 것이다. 또한 선수의 드래프트 순위가 몇 번째가 될 것인지와 어떤 회사나 어떤 제품의 인도스먼트를 받을 수 있을 것인지에 대한 정보가 없으면 적절한 수수료 금액을 정하기 어렵게 된다.

② 정률 수수료

선수에이전트 계약에서 가장 많이 쓰는 수수료 산정방식이 바로 정률제이다. 정률제로 할 경우의 수수료는 선수가 버는 수입에서 일정 비율을 에이전트가 받게 된다. 에이전트가 부과하는 수수료의 비율은 제공서비스의 종류에 따라 다양하게 변한다. 구단과의 계약협상 서비스 한 가지만 제공하면 3~5%의 비율이 일반적이다. 거기에 선수의 재산관리 서비스까지 패키지로 추가하면 수수료 비율은 7~10%로 올라가고, 또한 인도스먼트 계약은 선수가 받는 수입의 10~25%까지 수수료로 공제할 수가 있다. 선수 수입의 몇 %라는 식으로 수수료를 정해 두면 선수가 이해하기에는 편하다. 그런데 '선수수입'의 몇 %라고 할 때, 어떤 종류의 수입을 수수료로 떼는 '선수수입'으로 볼 것인지를 정해 두지 않으면 문제의 소지가 있다. 막연하게 '선수수입'이라고만 하면 연봉, 입단계약금, 출전수당, 등록수당을 포함하여 타이틀수상보너스, 대부금, 구단제공 자동차, 대납 보험료 등 팀이나 각종 단체로부터 받는 모든 수입이 포함된다. 그래서 NBPA와 NFLPA는 선수가 벌 수 있는 각종 수입 중에서 에이전트가 수수료를 부과할 수 있는 수입을 따로 규정하고 있다.

③ 시간급 수수료

시간급 수수료 지급방식은 입단계약이 이루어지는 신인드래프트 과정에서 상위순번에 지명되는 선수가 이용하면 수수료비용을 크게 절감할 수 있다. 예를 들어, 계약금 포함 100만 달러에 계약을 체결할 예정인 선수가 있다고 할 때, 이 선수가 4%의 정률 수수료로 에이전트를 고용할 경우 에이전트 수수료는 4만 달러가 된다. 그런데 시간당 150달러의 시간급 수수료로 에이전트를 고용하면, 1주일당 40시간씩 3주간(총 120시간) 협상업무를 대행한다고 할 때 1만 8,000달러만 지급하면 된다.

④ 시간급과 정률제의 혼용

시간급 수수료를 채택했을 때 만일 에이전트가 대행업무에 소요된 시간을 크게 부풀려 버리면 정률제로 할 때보다 오히려 많은 금액이 산정되는 수도 있다. 그래서 개발된 방법이 바로 시간제와 정률제를 혼합한 방식이다. 이 방식은 일단 시간급으로 정하되, 시간급으로 정한 총 수수료가 일정한 상한선을 넘지 못하게 하는 방식이다.

⑤ 수수료의 상한선과 지급시기

선수노조는 에이전트가 노조소속선수에게 부과하는 수수료의 상한선을 정하기도 한다. NBPA는 노사협정상 최저연봉의 경우 최고 2,000달러까지, 혹은 최저연봉을 초과하는 선수수입에 대해서는 최고 4%까지 부과할 수 있다는 에이전트 수수료 상한선을 규정하고 있다. 또한 NFLPA는 에이전트 수수료의 상한선 연동제를 채택하고 있다. 선수계약 첫해의 에이전트 수수료는 노사단체협상에서 결정된 최저연봉 초과분에 대해서 최고 10%까지 부과한 수수료와 1,000달러 중 많은 쪽을 택하게 하고 있다. 또한 다년계약의 2년째 수수료는 노사협약의 2년생 최저연봉 초과분의 5%가 상한선이며, 3년째는 초과분의 2%가 수수료 상한선으로 규정하고 있다.

계약기간이 보장된 경우에는 그보다 높은 수수료 비율도 허용하지만, 단체협상에서 정해진 최저연봉 이상의 계약을 확보하지 못했을 경우는 시간당 125달러로 정산한 금액과 1,000달러 중 적은 금액을 수령해야 한다. 또한 선수가 만일 정규시즌에서 적어도 한 시즌 이상 NFL구단의 등록선수가 되지 못한다면

에이전트는 이 수수료를 받지 못할 수도 있다. 계약서상에 선수의 의무사항으로 기재되는 수수료의 지급 시기도 매우 중요한 항목이다.

(5) 입장표명과 보증
계약관계에 들어가기 전 단계에서 에이전트와 선수는 자기자신을 상대방에게 소개하는 기회를 무수히 갖게 된다. 나중에 서로 피해를 보지 않기 위해서라도 각자가 표명한 입장을 계약서에 남길 필요가 있다. 선수와 에이전트 각자가 상대방에게 보증해 주어야 할 사항에는 다음과 같은 내용이 있다.

① 선수가 보증할 사항
  ㉠ 본 계약서에 에이전트로부터 제공받기로 한 특정서비스에 관해 본인은 다른 어떤 에이전트와도 중복계약을 하지 않은 상태임. 또한 본 계약서상의 서비스에 대해 독점권을 부여할 경우 본인은 계약기간 중 다른 어떤 에이전트와도 이 서비스에 대한 중복계약을 맺지 않을 것임
  ㉡ 본 계약에 명기된 종목에서 본인은 학생선수 신분을 유지하지 않은 상태임. 또한 본인은 NCAA규정상 학생선수 신분으로 대리인계약을 맺을 수 없다는 사실을 인지하고 있고, 계약의 효력 발생날짜가 학생선수 신분이 만료되는 날부터 시작된다고 되어 있더라도 규정에 위배된다는 점도 인지하고 있음. 본 계약을 체결하는 데 연맹의 규정에 위배됨이 없는지를 대학체육부 이사와 상의를 하였음

② 에이전트가 보증할 사항
  ㉠ 본인은 선수노조와 프로기구의 에이전트 자격심의 규정에 결격사유가 없음
  ㉡ 본인은 본 계약서에 약속한 서비스를 제공할 수 있는 자격증을 구비하고 있음
  ㉢ 본인은 에이전트 관련 윤리강령을 준수할 것이며, 윤리강령의 사본 1부를 본 계약서에 별첨하고 이를 지킬 것을 약속함
  ㉣ 본인은 에이전트 업무상 기소를 당한 적이 없을 뿐만 아니라 본인과 관련하여 현재 계류중이거나 기소 예정인 사건도 없음
  ㉤ 본인은 선수를 대리하는 에이전트로서 본 계약서에서 밝힌 바대로 어떠한 이해 상충도 일으키지 않을 것임

(6) 계약위반 배상금 조항
선수에이전트 계약에서 가장 자주 문제가 되는 부분이 바로 중복계약이다. 특정선수와 먼저 대리인계약을 체결했던 에이전트는 나중에 끼어든 에이전트를 불법행위로 소송을 제기할 수 있다. 또한 앞에서 설명한 선수의 보증사항이 계약서에 명기되었다면 선수를 계약위반 행위로 소송할 수 있다.

여기에 보호장치를 한 가지 더 추가하는 것이 바로 배상금 조항이다. 이 조항은 선수가 지금 현재뿐만 아니라 앞으로도 중복계약을 맺지 않겠다고 한 약속을 위반했을 때 에이전트에게 청산 배상금을 물게 만드는 내용이다.

(7) 이해상충 조항
에이전트는 고객선수의 이익을 극대화하는 방향으로 행동해야 할 의무가 있다. 여기에는 이해상충을 피해야 하는 의무도 포함된다. 선수와 에이전트의 이해상충은 에이전트가 선수의 이익과 충돌할 만한 단체와 이권관계에 있거나, 선수연봉책정에 영향력을 행사할 만한 위치에 있는 사람을 대리하거나, 대리인업무를 효

과적으로 수행하는 데 장애가 될 만한 사업에 개입할 때 발생한다. 선수에이전트 계약서에는 서로 이해상충이 발생할 수 있는 모든 사례에 대해 구체적인 어휘로 짚고 넘어가야 한다.

선수는 에이전트가 확보하고 있는 기존 선수들의 명단을 보여 달라고 해야 한다. 그래야만 에이전트가 이해충돌 없이 자신을 대리할 수 있을지를 판단할 수 있다. 단체종목의 경우, 어떤 에이전트가 비슷한 수준의 기량에 포지션이 같은 신인선수를 2명 확보하고 있다면 선수들로부터 의심을 받을 수도 있다. 또한 개인종목의 경우에는 인도스먼트 계약기회는 한정되어 있는데, 동일 종목의 비슷한 기량의 두 선수가 한 에이전트에 소속되어 있을 때 마찬가지로 고민이 발생한다. 선수는 에이전트로부터 소속선수들의 명단을 넘겨받음으로써 선수 스스로 이해충돌의 가능성을 짐작할 수 있다. 또한 에이전트는 이 명단을 선수들에게 넘겨줌으로써 의무 불이행이라는 소송을 당할 때 이를 면책사유로 제시할 수 있다.

(8) 업무상 비용 처리조항

선수와 에이전트는 교통비, 전화비, 우편발송료 등 업무상 비용을 어느 범주까지 포함할 것인지를 정해야 한다. 선수마케팅을 보다 잘하기 위해 소개책자나 영상을 만들 경우 이 비용은 누가 부담할 것인지도 미리 정하는 것이 좋다.

미국의 선수노조에서는 이러한 경비에 대한 규정도 정해 두고 있다. 참고로 NFPA는 교통비, 숙박비, 통신비를 제외한 업무상 경비가 1,000달러를 초과하는 부분은 선수의 동의가 없는 한 전부 에이전트가 부담하게 하고 있다. 선수에이전트 계약서에 삽입될 수 있는 조항의 예문을 들자면 다음과 같다.

> 선수는 에이전트가 선수 대신 계약업무를 수행하는 데 지출된 경비 및 통신비의 실경비를 변상해 주기로 한다. 단 300달러 이상의 경비가 소요되는 여행은 사전에 선수로부터 서면상의 동의를 구해야 한다. 선수는 에이전트로부터 비용명세서를 받은 날부터 15일 이내 이를 변상하기로 하며, 에이전트는 비용이 발생한 계약이 성사되기 전까지는 비용명세서를 제출하지 않는다는 데 동의한다.

(9) 양자합의 인정조항

대부분의 계약서에는 "본 계약서는 양자가 최종적으로 합의한 내용이며, 이전에 본 건에 대해 구두 혹은 문서상으로 합의되었던 합의사항이나 협약서는 본 계약서로 대체된다."라는 문구가 있다. 계약업무에 익숙하지 못한 선수들은 그동안 에이전트와 주고받았던 많은 구두 약속도 계약으로 믿고 있다가 문서로 작성된 계약서 조항에 누락된 부분이 자신의 발목을 잡을 때야 비로소 '아차' 하게 된다.

예를 들어, 계약협상에 소요된 비용 중에서 선수가 변상해 주어야 할 비용 부분에 대해 에이전트와 선수가 어떤 식이든 합의는 할 것이다. 그런데 앞에 소개한 내용처럼 세세한 부분까지 구체적으로 계약서에 기재해 두지 않으면, 선수 통장에 돈이 입금되기도 전에 에이전트의 비용청구서부터 먼저 날아올 수도 있다. 만일 이런 문제로 중재인이나 판사가 계약서 문구상의 애매한 부분을 찾지 못한다면 선수에게 그리 유리하지 않다.

또한 구두 증거주의(Parol Evidence Rule)에서는 양자가 최종적으로 완전히 합의한 것으로 되어 있는 문서가 다른 어떤 증거보다도 중시된다는 점을 명심해야 한다. 그래서 선수와 에이전트가 최종적으로 완성한 계약서에는 어떤 오해도 불러일으키지 않기 위해 양자가 완전히 합의했다는 문구를 넣어야 한다. 그리고 이 외에도 중재신청 조항, 관할법원 조항 등도 선수에이전트 계약서에 삽입되어야 할 조항이다.

필기 출제예상문제

01 스포츠마케팅 전략(STP 전략)의 기본단계를 순서대로 나열한 것으로 옳은 것은?

① 포지셔닝 → 목표시장 선정 → 시장세분화
② 목표시장 선정 → 시장세분화 → 포지셔닝
③ 시장세분화 → 목표시장 선정 → 포지셔닝
④ 시장세분화 → 포지셔닝 → 목표시장 선정

> **해설** 스포츠마케팅 전략의 영어 약자 STP는 시장세분화(Segmentation), 목표시장 선정(Targeting), 포지셔닝(Positioning)의 약자이고 단계 순으로 나열한 것이다.

02 다음 보기에서 설명하는 스포츠에이전트 수수료 산정방식으로 옳은 것은?

> 입단계약이 이루어지는 신인드래프트 과정에서 상위 순번에 지명되는 선수가 이용하면 유리한 방법이다.

① 정액제
② 정률제
③ 시간급제
④ 시간급제와 정률제의 혼용

> **해설**
> - 정액제는 에이전트가 선수 대신 수행하기로 약속한 각 서비스가 일어날 때마다 일정 금액을 선수가 지급하는 방식이다.
> - 정률제는 선수가 버는 수입의 일정 비율을 에이전트가 받게 되는 방식이다.
> - 시간급제와 정률제의 혼용은 에이전트가 대행업무에 소요된 시간을 크게 부풀리면 정률제보다 비용이 더 많이 발생하기도 한다. 이를 방지하기 위해 수수료를 시간급으로 산정하되, 시간급으로 정한 총 수수료가 일정한 상한선을 넘지 못하게 하는 방식이다.

정답 01 ③ 02 ③

03 마케팅정보시스템의 하위시스템으로 옳은 것을 모두 고른 것은?

ㄱ. 내부정보시스템	ㄴ. 마케팅조사시스템
ㄷ. 경영정보시스템	ㄹ. 고객정보시스템

① ㄱ, ㄴ, ㄷ
② ㄱ, ㄴ, ㄹ
③ ㄱ, ㄷ, ㄹ
④ ㄴ, ㄷ, ㄹ

해설 마케팅정보시스템은 마케팅 의사 결정자에게 필요한 정보를 사전에 수집하고 분석하여 필요한 시기에 이를 제공하는 경영 체계이므로 경영정보시스템과는 관계없다. 경영정보시스템은 기업 경영자의 입장에서 그 기업의 성공 지표 변화를 수시로 점검하고 그 변화에 대응할 문제를 제시하며 기업의 혁신이나 새로운 전략 등을 구성하는 것을 보조하는 전자 정보 관리 체계이다.

04 스포츠이벤트와 관련된 전체 고정비용이 1,000,000,000원, 입장객 1인당 소요되는 변동비용이 9,600원, 스포츠이벤트의 전체 입장객이 45,000명이라고 가정할 때, 손익분기점을 달성할 수 있는 입장권 가격으로 옳은 것은?

① 10,471원
② 14,322원
③ 22,222원
④ 31,822원

해설 손익분기점은 총비용과 총수익이 일치하는 지점을 의미한다. 총비용은 고정비용 10억 원에 변동비(45,000명 × 9,600원) 4억 3천 2백만 원을 합하게 되면 14억 3천 2백만 원이다. 따라서 손익분기점에 달성하기 위한 입장권의 가격은 고정비용에 변동비를 합한 액수에 전체 입장객을 나누면 된다. 즉, 1,432,000,000원 ÷ 45,000명 = 약 31,822원이 된다.

05 매복마케팅에 관한 설명으로 옳은 것은?

① 우연히 발생된 일회적인 광고이다.
② 경쟁관계에 있는 공식후원사만큼의 많은 촉진비용을 들인다.
③ 경쟁사의 스폰서십 활동 효과를 강화한다.
④ 비영리법인이 스포츠를 이용하여 펼치는 마케팅을 의미한다.

해설 매복마케팅은 공식적인 스폰서가 아닌 일반 기업이 마치 특정 이벤트에 공식 스폰서인 것처럼 대중들을 현혹하여 공식 스폰서가 기대하는 효과의 일부를 획득할 목적으로 스포츠이벤트에 교묘하게 편승하는 기업 활동이다. 따라서 사전에 치밀하게 계획하여 경쟁사의 스폰서십 활동 효과를 약화한다. 또한 영리를 목적으로 하는 기업 활동의 형태라고 볼 수 있다.

06 스포츠 스폰서십 유치 과정 중 대상기업 물색 단계에서 후보 기업에 대한 기본적인 조사내용으로 가장 옳지 않은 것은?

① 마케팅 과정에서의 참여자
② 후보기업의 마케팅 구조 및 동종 기업과의 경쟁관계
③ 과거 스포츠 스폰서로 참여한 경험 유무
④ 후보 기업이 생산하는 제품 또는 서비스

> **해설** 스포츠 단체가 스폰서의 선택 시 고려해야 할 내용으로는 스포츠이벤트와 스폰서의 이미지 일치 여부(스포츠단체에 미치는 영향력)와 효과 제공 정도(스포츠단체가 기업에게 제공할 혜택) 등이 있다.

07 스포츠 스폰서십의 6P's 중 스포츠단체와 스폰서가 상호 이익의 교환이라는 기본적 입장을 초월해 서로의 욕구를 최대한 만족시키기 위해 동반자적인 관계를 형성하는 것으로 옳은 것은?

① 플랫폼
② 연 합
③ 보 호
④ 선 호

> **해설** 스포츠 스폰서십의 6가지 P's [스포츠 스폰서십의 요인(속성) 6가지]
> - 플랫폼(Platform) : 스포츠 스폰서십은 마케팅 커뮤니케이션을 위한 일종의 기법일 수도 있고, 발판이나 기틀일 수도 있다.
> - 연합 또는 공동협력(Partnership) : 스포츠단체와 스폰서가 상호 이익의 교환이라는 기본적 입장을 초월해 서로의 욕구를 최대로 만족시키기 위해 동반자적인 관계를 형성하는 것을 의미한다.
> - 편재(Presence) : 소비자가 제품 선택 시 어느 곳에서나 쉽게 접할 수 있는 접근의 용이성, 획득의 용이성, 그리고 사용의 편리성을 내포하고 있다.
> - 선호(Preference) : 스포츠 스폰서십은 상표인지도 향상과 상표선호도 강화를 위한 수단으로서의 역할을 한다.
> - 구매(Purchase) : 스폰서가 활용할 수 있는 권리 중 하나는 소매 단계에서 스포츠이벤트의 자산을 활용하여 판매 증진을 꾀하는 것이다
> - 보호(Protection) : 공식 스폰서들이 막대한 비용을 들이며 스폰서십 프로그램에 참여하는 것은 그들이 기대하는 효과가 있기 때문이다. 따라서 공식 스폰서에 대한 보호는 스폰서십 프로그램에 반드시 포함되어야 한다.

08 스포츠마케팅 조사에서 1차 및 2차 자료에 관한 설명으로 옳은 것은?

① 2차 자료의 수집방법에는 관찰법, 설문법, 실험법이 있다.
② 2차 자료는 관찰대상에 대한 연구자의 영향이 크다.
③ 1차 자료는 당면한 조사목적을 위하여 조사자가 직접 조사한 자료를 말한다.
④ 1차 자료는 2차 자료에 비해 정확성, 적합성, 시의적절성 등에서 우수하지 못하다.

> **해설** 1차 자료는 당면한 조사목적을 위해 조사자가 직접 조사한 자료를 말하며, 2차 자료에 비해 정확성, 적합성, 시의적절성 등에서 우수하다. 1차 자료의 주요 수집방법에는 관찰법, 설문법, 실험법 등이 있다. 2차 자료는 기존에 이미 다른 목적에 의해 만들어진 자료를 재가공 또는 활용되는 자료로, 관찰대상에 대한 연구자의 영향이 작다.

정답 06 ① 07 ② 08 ③

09 마케팅의 4P로 옳지 않은 것은?

① 가격
② 제품
③ 유통
④ 소비자

해설 마케팅의 4P는 가격, 제품, 유통, 촉진이다.

10 제품수명주기의 단계로 옳은 것은?

① 준비기 → 성숙기 → 성장기 → 쇠퇴기
② 성장기 → 도입기 → 성숙기 → 쇠퇴기
③ 도입기 → 성장기 → 성숙기 → 쇠퇴기
④ 도입기 → 성장기 → 쇠퇴기 → 성숙기

해설 제품수명주기는 '도입기 – 성장기 – 성숙기 – 쇠퇴기'의 순으로 구성되어 있다.

11 스포츠마케팅 환경요인 중 외적 환경요인으로 옳지 않은 것은?

① 공급업자
② 경쟁자
③ 소비자
④ 기업문화

해설 스포츠마케팅 환경요인 중 외적 환경요인은 일반적으로 기업이 통제할 수 없다. 외적 환경요인에는 소비자, 경쟁자, 공급업자, 기술, 경제, 사회, 문화, 법, 매체 등이 있다.

12 표본추출방법에 관한 설명으로 옳은 것은?

① 할당표본추출법 – 표본선정의 편리성에 기준을 두고 조사자가 마음대로 표본을 선정하는 방법이다.
② 체계적표본추출법 – 목록 자체가 일정한 주기성을 가질 경우에 바람직하다.
③ 층화표본추출법 – 모집단을 일정한 기준에 따라 2개 이상의 동질적인 층(Strata)으로 구분하고, 각 층별로 단순무작위추출방법을 적용하는 방법이다.
④ 군집표본추출법 – 다단계 표본추출이 불가능하다.

해설 ① 편의표본추출방법에 관한 설명이다. 할당표본추출법은 연령, 성별, 학력, 직업, 지역 등 일정한 기준을 가지고 사전에 이미 결정되어 있는 백분율 또는 표본수와 일치하도록 표본을 추출하는 방식을 말한다.
② 체계적표본추출법은 전체 모집단이 임의로 배열되어 있을 때 난수표를 사용하는 추출방식으로, 주기성을 가지면 바람직하지 않다.
④ 군집표본추출법은 모집단을 이질적인 구성요소를 포함하는 여러 개의 집단으로 구분한 후, 구분된 군집을 표출단위로 하여 무작위로 몇 개의 군집을 표본으로 추출하는 다단계 표본추출방법이다.

13 K구단의 입장권 가격은 특별석 10,000원, 일반석 5,000원, 할인석 3,000원으로 3종류이다. 경기에서 K구단은 오늘 특별석 1,000장, 일반석 10,000장, 할인석 1,000장을 판매하였을 때 K구단의 오늘 평균 입장료로 옳은 것은?

① 8,000원
② 6,000원
③ 5,250원
④ 4,250원

해설 평균 입장료를 구하기 위해서는 총 수익에 총 판매된 입장권 장수를 나누면 된다. 따라서 평균 입장료 구하는 방법은 다음과 같다.
특별석 총수입은 10,000원 × 1,000장 = 10,000,000원
일반석 총수입은 5,000원 × 10,000장 = 50,000,000원
할인석 총수입은 3,000원 × 1,000장 = 3,000,000원이므로
총 입장권 수입은 63,000,000원이다.
총 판매된 장수는 1,000장 + 10,000장 + 1,000장 = 12,000장이다.
따라서 63,000,000원 ÷ 12,000장 = 5,250원이다.

정답 12 ③ 13 ③

14 기업의 스포츠 스폰서십 참여기준을 스포츠이벤트 자체의 가치 관련 기준과 기업 내부 기준으로 구분할 때, 기업 내부 기준으로 옳은 것은?

① 계절성
② 매체노출 효과
③ 대중의 선호도
④ 스폰서십 참여 비용

> 해설 ① · ② · ③ 스포츠이벤트 자체의 가치 관련 기준에 해당된다.

15 미디어에 의한 스포츠 경기환경 변화로 가장 옳지 않은 것은?

① 경기 용품의 변경
② 경기 스폰서의 변경
③ 경기 일정의 변경
④ 경기복의 변경

> 해설 경기 스폰서의 변경은 경기환경의 변화가 아니라 경기 외적인 마케팅 측면의 변화이다. 미디어가 스포츠 경기환경 변화에 미치는 영향으로는 스포츠에 대해 부당하게 간섭하거나(일정 변경, 경기용품, 경기복의 변경 등) 스포츠를 쇠퇴시키기도 한다(미디어에 맞게 스포츠 룰을 변형함).

16 시장침투가격결정에 관한 설명으로 옳지 않은 것은?

① 경쟁자의 진입을 방지하고자 할 때 효과적인 방식이다.
② 가격에 민감하지 않은 혁신소비자층을 대상으로 하는 것이 적절하다.
③ 시장에 도입되는 초기에 제품가격을 낮게 설정한다.
④ 단위당 이익이 낮더라도 대량판매를 통해 높은 총이익을 얻을 수 있을 때 활용하는 방식이다.

> 해설 시장침투가격전략(Penetration Pricing)을 사용하는 상황은 매출중심적인 가격 목표를 설정할 때, 경쟁중심 가격전략에서 상대적 저가전략을 취할 때, 신제품 도입 시 초기저가전략을 취할 때, 제품수명주기 전략의 관점에서 성장기 단계에 있을 때, 이렇게 크게 4가지 상황으로 볼 수 있고 구체적으로 여러 환경들도 고려해야 한다. 따라서 혁신소비자층은 제품수명주기 중 도입기에 공략하는 대상이므로 시장침투가격결정에 관한 설명으로 옳지 않다.

17 국내 프로스포츠라이선싱 프로그램의 특징으로 가장 옳지 않은 것은?

① 라이선싱 제품은 연고지역에서만 판매할 수 있다.
② 구단은 구단제품의 판매량에 비례하는 수입을 갖는다.
③ 구단이 라이선싱 프로그램을 직접 관리할 수 있다.
④ 제품판매를 목적으로 하지 않는 라이선싱 제품이 있다.

해설 라이선싱 제품은 지역에 상관없이 판매할 수 있다.

18 스포츠마케팅조사를 위한 설문지 작성 시 폐쇄형 질문과 개방형 질문에 대한 설명으로 옳지 않은 것은?

① 개방형 질문은 자료처리에 많은 시간과 노력이 든다.
② 개방형 질문은 사생활과 관련되거나 민감한 질문일수록 적합하다.
③ 개방형 질문은 조사자가 알지 못했던 정보나 문제점을 발견하는 데 유용하다.
④ 폐쇄형 질문은 조사자의 편견이 개입될 여지가 적다.

해설 설문지의 유형을 떠나, 사생활 또는 민감한 질문은 최대한 하지 않는 것이 바람직하다.

19 경쟁제품과의 차별성을 목표고객에게 인식시키기 위한 마케팅 전략으로 옳은 것은?

① 시장침투전략
② 포지셔닝전략
③ 성장전략
④ 다각화전략

해설 포지셔닝전략은 목표시장을 구성하고 있는 소비자들에게 브랜드나 기업의 위치를 명확하게 하는 작업 및 전략이다.

정답 17 ① 18 ② 19 ②

20 판매촉진 방법으로 옳은 것은?

① 신문발표
② 기자회견
③ 가격할인
④ 리셉션

해설 가격할인은 판매촉진(Sales Promotion) 방법의 하나이다. 신문발표 · 기자회견 · 리셉션과 같은 PR 방법은 기업의 입장에서는 비용이 발생하지 않으면서 높은 촉진 효과를 기대할 수 있고, 광고 · 판매 촉진과는 다른 효과가 기대되며, 기업의 사회적 이미지를 획득할 수 있다. 한편 소비자의 입장에서는 선전의 느낌이 없어 신용할 수 있고, 자연스럽게 이목이 집중되어 기억에 강하게 남으며, 공적으로 좋은 이미지로 남을 수 있다.

21 제품 개발 시 더 넓은 시장을 유인하기 위해 계열 내에 기존제품보다 더 높은 가격의 제품을 추가하는 전략으로 옳은 것은?

① 상향확장(Upward Stretch)
② 복수상표(Multi-brand)
③ 채널확장(Channel Extension)
④ 라인확장(Line Extension)

해설 ② 복수상표 : 기존의 사업분야와는 다른 별도의 신규사업에 진출할 때, 기업명이 복수상표로 적합하지 않거나 차별화가 필요한 경우 복수상표를 개발한다.
③ 채널확장 : 제품의 유통 경로로써 특정 상품이 생산자로부터 최종 소비자에게 넘어갈 때까지 거쳐 가는 과정을 확장하는 것을 말한다.
④ 라인확장 : 기존의 브랜드자산이 크다고 판단되는 경우, 기존 제품범주에 속하는 신제품에 그 브랜드명을 그대로 사용하는 전략이다.

22 시장세분화를 위한 기준변수 중 심리묘사적 변수로 가장 옳은 것은?

① 생활양식
② 상표충성도
③ 편 익
④ 사용경험

해설 시장세분화의 심리묘사적 변수
소비자의 심리적 행태 또는 생활양식상의 특성에 따라 시장을 분류하는 것으로 생활양식, 개성, 가치 등이 있다. ② · ③ · ④는 시장세분화 변수 중 구매행동 기준에 해당한다.

23 브랜드에 대한 설명으로 옳지 않은 것은?

① 소비자의 충성도를 높이는 중요한 요소이다.
② 자산으로서의 가치를 가질 수 있다.
③ 특정브랜드를 알아보는 약한 인지도를 최초 상기라고 한다.
④ 기업이 실행하는 유통, 촉진 등 마케팅 활동의 대상이 된다.

해설 최초 상기(Top of The Mind)는 마음의 최상단에 해당 브랜드를 인지하고 있다는 것으로 가장 강한 수준의 인지도를 말한다.

24 마케팅믹스 전략에 관한 설명으로 옳지 않은 것은?

① 스포츠소비자는 제품의 가격을 생각할 때 제품에 대한 촉진이나 장소 요인에 영향을 받는다.
② 스포츠마케팅은 핵심제품보다는 제품확장을 더 많이 강조해야 한다.
③ 제품의 특성에 따라 적합한 촉진매체가 결정되나 촉진 믹스는 제품 위치를 결정하지 못한다.
④ 매체보도로부터 얻은 제품의 신뢰성은 다른 촉진 믹스 전략을 통해 쉽게 획득할 수 없다.

해설 ③ 제품의 특성에 따라 적합한 촉진매체가 결정되어야 하고, 촉진 믹스에 따라 제품 위치가 결정되기도 한다. 즉, 스킨 스쿠버 장비가 판매하여야 할 제품인 경우 이에 맞는 촉진매체를 선정하여야 한다. 그리고 이와 관련하여 어떠한 촉진 믹스 전략을 수립하는지에 따라 제품에 대한 소비자의 태도가 변화될 수 있다.

25 프로스포츠 생산의 기본요소 중 가장 중심이 되는 요인으로 옳은 것은?

① 경기
② 협회 행정
③ 기업 후원
④ 팀 재정

해설 스포츠제품의 기본요소는 핵심제품에 해당하는 경기 그 자체이다.

26 제품수명주기에서 성장기의 특성에 관한 설명으로 옳지 않은 것은?

① 수요가 급증하기 시작한다.
② 새로운 경쟁자들이 증가한다.
③ 제품에 대한 인식이 낮다.
④ 유통경로가 확대되고 시장규모가 커진다.

해설 ③은 도입기에 대한 설명이다. 도입기는 제품이 생산되어 시장에 도입되어 소비자는 제품에 대한 인식이 낮고 판매가 완만하게 상승하지만, 소비자에게 상품을 알리기 위한 광고, 판매촉진 등의 비용이 많이 들어 적자인 단계이다.

27 한 스포츠 회사가 최근 개발한 신제품 매출의 극대화를 위해 고객지향적 판매가격을 책정하려고 할 때의 마케팅조사방법으로 가장 옳은 것은?

① 대체상품의 시장가격 조사
② 제품의 원재료 가격 조사
③ 경쟁제품의 시장가격 조사
④ 판매가격대별 시장수요 예측 조사

해설 ① · ③ 경쟁자, ② 원가중심, ④ 구매자들의 지각을 고려한 가격 책정 전략이다.

28 다음에서 설명하는 것으로 옳은 것은?

> 상표로 등록된 재산권이 있는 개인 또는 단체가 다른 사람 또는 단체에 대가를 받고 그 재산권을 사용할 수 있도록 상업적 권리를 부여하는 계약을 말한다.

① 라이선싱
② 프로모션
③ 인도스먼트
④ 머천다이징

해설 ② 프로모션 : 구매자와 판매자 간의 커뮤니케이션의 수단으로, 광고 · 개인판매 · 판매촉진 · 공보(Publicity)로 구성되어 있다.
③ 인도스먼트 : 기업 · 상품 · 상표의 이미지를 증진하기 위해 유명선수가 특정 상품과 브랜드를 사용함으로써 그 상품을 보증하고, 기업은 유명선수의 명성을 활용해서 커뮤니케이션 효과를 극대화하려고 하는 것이다.
④ 머천다이징 : 스포츠 대회 · 팀 · 선수에게 일정 금액을 지불하고, 마스코트 · 로고 · 선수 캐릭터 등을 활용해 기념품 등을 새롭게 제작하여 판매할 수 있는 권리이다.

29 입장권의 가격을 6,000원에서 5,000원으로 인하할 경우 관람자 수가 3,000명에서 4,000명으로 증가한다면 수요의 가격탄력성으로 옳은 것은?

① 0
② 1
③ 0.66
④ 2

해설 수요의 가격탄력성은 가격이 변함에 따라 수요량이 변동하는 상태를 나타내는 비율이다. 수요의 가격탄력성 공식은 '수요량의 변화율/가격의 변화율'이다.
[(4,000명 − 3,000명) ÷ 3,000명] / [(6,000원 − 5,000원) ÷ 6,000원)] = 1

30 관람 스포츠 제품(서비스)의 특징과 가장 거리가 먼 것은?

① 스포츠제품 중 핵심제품은 통제가 불가능하다.
② 스포츠제품은 생산과 동시에 소멸된다.
③ 스포츠제품 중 핵심제품은 정확한 예측이 가능하며 일반적이다.
④ 스포츠제품은 순식간에 이루어지고, 주관적으로 경험하게 된다.

해설 스포츠제품 중 핵심제품은 경기 그 자체이므로 정확한 예측이 어렵고 일반적이지 않다.

31 2차 자료수집 방법에 해당하는 것은?

① 우편조사법
② 면접법
③ 배포조사법
④ 발표된 논문

해설 1차 자료는 직접 자료를 생산하는 것이며, 2차 자료는 이미 만들어진 자료를 활용하는 것이다. 1차 자료수집이 2차 자료수집에 비해 비용이 많이 발생한다.

정답 29 ④ 30 ③ 31 ④

32 스포츠마케팅의 환경분석 중 미시적 환경분석 요인에 해당하는 것은?

① 정치사회적 환경
② 경제적 환경
③ 경쟁적 환경
④ 기술적 환경

해설
- 거시적 환경분석 요인 : 정치적 · 경제적 상황, 사회 · 문화적 배경, 기술 수준, 법 및 규제 등
- 미시적 환경분석 요인 : 고객, 소비자, 경쟁자, 채널, 유통기관, 공급자, 대체상품 등

33 마케팅 활동과 관련된 푸시(Push) 및 풀(Pull) 전략에 관한 설명으로 옳지 않은 것은?

① 푸시 마케팅은 생산자가 고객에게 직접 진행하는 적극적 판촉 행위를 통해 고객이 자발적으로 제품을 선택하도록 하는 마케팅전략이다.
② 풀 전략은 생산자가 소비자를 대상으로 마케팅 활동을 펼쳐 이들이 제품을 구매하도록 유도하는 방식이다.
③ 풀 전략이 효과적으로 작용하게 되면, 소비자들은 중간상에 가서 자발적으로 제품을 구매하게 된다.
④ A기업이 소비자들을 대상으로 광고를 하여 소비자들이 점포에서 A기업 제품을 주문하도록 유인한다면 이는 풀 전략의 사례에 해당된다.

해설 ① 풀 마케팅에 대한 설명이다. 풀 마케팅은 생산자가 고객과 유대관계를 구축하여 판촉을 통해 고객들이 마케팅과정에 관여하도록 한다. 브랜드 인지도가 낮은 스타트업이 많이 사용하는 마케팅 전략으로, 무료 체험 등의 마케팅 사례가 대표적이다.

34 다음 중 탐색적 연구방법에 해당하지 않는 것은?

① 특례조사
② 전문가의견연구
③ 문헌연구
④ 횡단연구

해설 탐색적 연구는 조사설계를 확정하기 전 또는 연구문제에 대한 사전지식이 부족할 경우에 예비적으로 실시하는 연구이다. 탐색적 연구는 예비연구이기 때문에 연구문제를 파악하고 연구의 우선순위를 수립할 수 있다. 또한 융통성을 가지고 운영할 수 있고, 수정이 가능하다. 탐색적 연구의 종류에는 문헌조사, 경험자 조사(전문가 의견조사), 특례(분석)조사 등이 있다.

35. 다음 A구단이 25만 개의 입장권을 모두 판매했을 때, 손익분기점을 달성하기 위한 입장권의 최소가격과 그에 따른 입장권당 이익으로 옳은 것은?

> 연간 10억 원의 고정비용을 지출하는 A구단은 제품(입장권)생산 능력이 25만 개이고, (입장권)단위당 변동비가 3,000원이다.

① 제품가격 5,500원, 개당이익 2,500원
② 제품가격 6,000원, 개당이익 3,000원
③ 제품가격 7,000원, 개당이익 4,000원
④ 제품가격 10,500원, 개당이익 7,500원

해설 손익분기점은 총비용과 총수익이 일치하는 지점이다. 이때 총비용은 고정비용 10억 원에 변동비 7억 5천만 원(25만 개 × 3,000원)을 합하게 되면 17억 5천만 원이다. 따라서 총수익이 17억 5천만 원이 되기 위해서는 입장권 즉 제품가격이 1장당 7,000원(25만 장 × 7,000원)이어야 한다. 그리고 입장권 1장당 이익은 7,000원 − 3,000원 = 4,000원이 된다.

36. 비확률표본추출방법에 해당하는 것은?

① 층화표본추출
② 할당표본추출
③ 군집표본추출
④ 단순무작위표본추출

해설
- 비확률표본추출방법에는 할당표집, 눈덩이표집, 유의표집, 판단표집, 임의표집, 편의표집, 누적표집 등이 있다.
- 확률표본추출방법에는 층화표본추출, 군집표본추출, 단순무작위표본추출, 체계적표본추출 등이 있다.

37. 스포츠를 이용한 마케팅의 개념에 관한 설명으로 옳지 않은 것은?

① 주체는 스포츠 권리를 가지고 있는 스포츠주관자와 스폰서이다.
② 관람 스포츠와 참여 스포츠 분야 모두 가능하다.
③ 스포츠클럽의 회원 모집, 스포츠 팀의 팬 확보 등이 해당된다.
④ 기업 측면에서 스폰서십이라고도 할 수 있다.

해설 ③은 스포츠 자체를 제품으로 하는 스포츠의 마케팅에 대한 설명이다.
스포츠를 이용한 마케팅(Markting Through Sports)은 스포츠를 상품판매의 촉진수단으로 활용하는 마케팅으로, 스포츠 상품뿐 아니라 다른 일반상품을 스포츠와 연계하여 판매하는 마케팅으로 스포츠를 하나의 판촉수단으로 이용하는 것을 말한다. 방송 중계권, 기업의 스폰서십, 다양한 수익사업, 유명선수의 광고모델 기용 등이 여기에 속한다. 스포츠를 이용한 마케팅의 소비자는 스포츠를 상품판매에 활용하려는 기업이다.

정답 35 ③ 36 ② 37 ③

38 스포츠마케팅의 주체와 추구하는 내용의 연결이 옳지 않은 것은?

① 미디어 – 광고 수익
② 경기장 – 입장권 판매
③ 기업 – 스폰서십 참여를 통한 기업 인지도 제고
④ 관객 또는 팬 – 스포츠 제품 및 콘텐츠 구매를 통한 만족

해설 경기장은 제품이나 서비스의 생산과 소비가 동시에 이루어지는 장소이다.

39 기업의 스폰서십 참여를 스포츠단체와의 관련성에 따라 직접참여와 간접참여 형태로 구분할 때, 직접참여 형태와 가장 거리가 먼 것은?

① 스포츠이벤트 스폰서십
② 라이선싱/머천다이징
③ 스포츠단체 스폰서십
④ 스포츠방송 스폰서십

해설 스포츠방송 스폰서십은 스포츠단체와의 관련성이 아니라 방송사와의 관련성이 있는 내용이다.

40 브랜드 자산을 구성하는 핵심 요소와 거리가 먼 것은?

① 브랜드 연상
② 브랜드 충성도
③ 지각된 품질
④ 브랜드 가격

해설 브랜드 가격은 브랜드의 가치를 의미한다. 브랜드 자산을 구성하는 요소에는 브랜드 충성도, 브랜드 인지도, 지각된 품질, 브랜드 연상 이미지, 기타 독점적인 브랜드 자산이 있다.

41 라이선서와 라이선시 간에 체결하는 계약방식 중 러닝로열티(Running Royalty) 지불방식에 대한 설명으로 옳은 것은?

① 트레이드마크의 독점 사용에 관한 계약
② 최소한의 개런티 금액을 보장하는 방식
③ 매출액에 따라 일정 비율을 지불하는 방식
④ 앞으로 출시될 제품의 판권을 미리 확보하는 계약

> **해설** 법률상 일정한 유형의 권리를 소유한 자에게 그 권리를 사용한 대가로 지불하는 비용으로 계약방식은 어떻게 체결하느냐에 따라 다양할 수 있다. 대표적으로는 순매출액 기준 경상로열티(순매출액의 일정 비율), 판매단가별 경상로열티(판매단가당 일정 로열티 금액), 계약체결에 따른 쌍방 간에 동의된 일시불 지급 방법, 일시불 지불, 실적에 따른 경상로열티, 최소한의 금액을 보장하는 미니멈 개런티 등이 있다.

42 일반적인 시장선도기업(Market Leader)들이 활용하는 전략과 가장 거리가 먼 것은?

① 시장총수요 증대전략
② 제품·비용 차별화전략
③ 시장점유율 확대전략
④ 시장점유율 유지전략

> **해설** 시장선도기업은 최대의 시장점유율을 확보하고 있는 기업을 말한다. 이와 같은 시장선도기업의 마케팅전략은 시장점유율 유지 및 확대전략과 시장규모 확대 즉, 전체시장 수요 확대 전략을 실시한다. 제품·비용 차별화전략은 시장도전기업에서 실시하는 전략이다. 이외에도 시장도전기업은 시장점유율 확대, 시장추종기업은 적정 이윤추구와 안정적 시장 확보 전략을 실시한다.

43 관계마케팅의 등장배경과 가장 거리가 먼 것은?

① SNS의 급격한 발전
② 구매자 중심시장에서 판매자 중심시장으로 전환
③ 고객욕구 다양화로 고객만족이 더욱 어려워짐
④ 광고의 효율성을 높이기 위한 마케팅 방식의 변화

> **해설** 관계마케팅은 거래 당사자인 고객과 지속적으로 유대관계를 형성·유지함으로써 관계를 강화하고 상호 간의 이익을 극대화할 수 있는 다양한 마케팅 활동이다. 따라서 구매자 중심시장에서 판매자 중심시장으로의 전환이 아니라 판매자 중심에서 구매자 중심으로 전환하기 때문에 관계마케팅이 등장하게 되었다.

정답 41 ③ 42 ② 43 ②

44 스포츠의 마케팅에 관한 설명으로 옳지 않은 것은?

① 스포츠제품이나 서비스에 대한 마케팅을 말한다.
② 스포츠 참여에 필요한 용품·의류·프로그램의 판매 등이 해당한다.
③ 스포츠소비자와 간접적인 관계를 갖는다.
④ 소비자는 대중이다.

> 해설 스포츠의 마케팅(Marketing of Sports)은 소비자와 직접적인 관계를 가진다. 상품화된 스포츠를 어떻게 소비자에게 판매할 것인가가 스포츠의 마케팅 활동 목적이다.

45 스포츠단체가 스폰서십프로그램을 잠재적 스폰서에게 판매하기 위한 흥미유발방법과 가장 거리가 먼 것은?

① 스포츠이벤트에 대해 관심을 가지고 있는 매체의 목록을 제시한다.
② 제품 영역별로 한 기업에만 부여한 권리를 해제한다.
③ 대회의 로고와 마스코트 등의 사용에 대한 제약을 강화한다.
④ 관련 법적요건을 준수하고 독립성을 보장하며 정당한 이익을 제공하는 등 철저한 계약이행을 약속한다.

> 해설 제품 영역별로 한 기업에만 권리를 부여해 스폰서십 참여 기업의 독점적 마케팅 기회를 부여하여야 한다. 이를 통해 스폰서십에 참여하지 않은 경쟁기업보다 상대적으로 다양한 마케팅 기회를 확보할 수 있으므로, 잠재적 스폰서에게 흥미를 유발할 수 있는 가능성이 높아진다.

46 스포츠스타 또는 스포츠이벤트를 이용한 광고의 가치에 관한 설명으로 옳지 않은 것은?

① 스포츠에 대한 대중들의 관심으로 가치 있는 스포츠이벤트나 선수들을 광고에 이용할 경우 많은 매체노출을 기대하기 어렵다.
② 불특정 다수에 대한 일방적이고 무차별적인 커뮤니케이션 도구인 일반 광고에 비해 비용효과성이 높다.
③ 스포츠가 가진 긍정적인 이미지를 기업이나 제품 이미지에 투영시켜 전달할 수 있다.
④ 커뮤니케이션 수단으로 자사 제품을 효과적으로 알릴 수 있다.

> 해설 스포츠를 이용한 광고의 장점은 스포츠에 대한 대중들의 관심으로 가치 있는 스포츠이벤트나 선수들을 광고에 이용할 경우 많은 매체노출을 기대할 수 있다는 점이다.

47 프로스포츠 구단에서 실시하는 마케팅조사 및 활용 분야와 가장 거리가 먼 것은?

① 촉진전략
② 스포츠이벤트 스폰서십 참여효과 분석
③ 라이선싱/머천다이징 전략수립
④ 선수활용 효과

해설 스포츠이벤트 스폰서십 참여효과 분석은 기업의 관점에서 실시하는 분석이다.

48 참여 스포츠산업과 관람 스포츠산업에 대한 설명으로 가장 적합한 것은?

① 관람 스포츠산업의 시장은 경쟁시장이다.
② 참여 스포츠산업의 시장은 비경쟁시장이다.
③ 고객의 구조에 있어서 참여 스포츠산업의 시장은 복잡하지만 관람 스포츠산업의 시장은 단순하다.
④ 참여 스포츠산업은 최대보다 최적 서비스 제공 수준에서 고객들의 만족도가 높다.

해설 ①·② 경쟁시장은 동일한 상품을 취급하는 수많은 공급자와 수요자로 구성되며, 어느 개별적인 공급자나 수요자도 가격에 영향을 미칠 수 없는 것을 의미한다. 이러한 경쟁시장의 주요 특징으로는 수많은 공급자와 수요자가 존재 한다는 점, 공급하는 재화가 거의 동일하다는 점, 시장에 자유롭게 진입하고 퇴출할 수 있는 점 등이 있다. 이에 참여스포츠는 경쟁시장에 해당되며, 관람스포츠는 비경쟁시장에 해당된다고 볼 수 있다.
③ 참여 스포츠산업 시장과 관람 스포츠산업 시장은 상황이나 대상에 따라 복잡할 수도 있고 단순할 수도 있다.

49 다음은 무엇에 관한 설명인가?

> IOC가 대행사를 통해서 주요 사업 영역별로 세계적 대표기업과 계약을 체결하고 올림픽에 대한 재정적·기술적 지원을 받는 대신, 그 대가로 해당 기업에게 올림픽을 세계적인 홍보, 광고, 마케팅 수단으로 활용할 수 있는 권한을 부여하는 제도

① TMP(The Marketing Program)
② TSP(The Sponsorship Partner)
③ TOP(The Olympic Partner)
④ TTP(The Title Program)

해설 IOC가 운영하는 올림픽 스폰서십 즉, TOP(The Olympic Partner)에 대한 설명이다.

50 다음은 척도의 유형 중 무엇에 관한 설명인가?

- 관찰대상을 규명하고 단순히 분류표지로서 숫자들이 의미를 갖는 척도이다.
- 축구선수의 등번호는 선수들을 구분하기 위한 것이지 우열을 표시한 것이 아니다.

① 명목척도
② 서열척도
③ 비율척도
④ 등간척도

해설 척도의 유형
- 명목척도 : 상호배타적, 대칭적, 이행적임
- 서열척도 : 사칙연산이 불가능하지만 순위를 매길 수 있음
- 비율척도 : 사칙연산이 가능하고 유의미한 영점이 있음
- 등간척도 : 사칙연산이 가능함

실기 출제예상문제

01 스포츠의 마케팅의 개념과 사례를 기술하시오.

모범답안
스포츠의 마케팅은 스포츠 자체를 사업화하는 것으로 스포츠상품이나 서비스에 대한 마케팅을 말한다. 스포츠센터의 회원 모집, 스포츠팀의 팬 확보, 스포츠 시설 이용객 모집, 참여 스포츠 활동 시 필요한 용품, 의류, 프로그램의 판매 등을 예로 들 수 있다.

02 매복마케팅의 개념과 특징 4가지를 기술하시오.

> **모범답안**
> - 매복마케팅의 개념 : 공식 스폰서가 아니면서 소비자 또는 대중들에게 다양한 마케팅 활동을 통해 마치 공식 스폰서로 착각하도록 유도하는 마케팅을 의미한다. 즉, 공식 스폰서로 활동하면서 얻어지는 효과(이미지, 선호도, 인시도 등)를 저지하거나 혹은 반감시키기 위해 철저하게 계획적으로 시행한다.
> - 매복마케팅의 특징
>   - 사전에 철저하게 계획된 의도적인 활동으로, 체계적이며 전략적으로 마케팅 활동을 펼침으로써 공식 스폰서로 오인하도록 유도한다.
>   - 공식 스폰서는 다양한 마케팅전략을 펼쳐 마케팅 효과를 극대화하고자 노력한다. 이때 경쟁 관계에 있는 기업은 공식 스폰서가 지출하는 마케팅 비용에 버금가는 규모로 투자하지 않으면 매복마케팅을 성공적으로 수행할 수 없다.
>   - 매복마케팅은 공식적인 경로를 이용할 수 없기 때문에 기업 또는 브랜드의 전반적인 이미지, 선호도 인지도 향상을 위한 마케팅 전략을 수립하기보다는 제한된 내용을 노출시켜 제품판매로 이어질 수 있도록 노력한다. 즉, 포괄적 개념의 홍보가 목적이 아니라 판매 촉진을 주목적으로 한다.
>   - 공식 스폰서가 가질 수 있는 가장 큰 매력은 독점적인 권리를 갖고 이를 이용해 다양한 마케팅 전략을 펼칠 수 있다는 데 있다. 이러한 관점에서 매복마케팅은 경쟁사의 독점적인 권리를 교묘하게 방해하여 그 효과를 반감시켜 반사 효과를 얻는 데 목적을 둔다.

03 스포츠스폰서십 효과 평가 고려사항에 대해 기술하시오.

> **모범답안**
> 스포츠스폰서십 효과 평가 고려사항에는 스폰서십 결과에 대한 고객 환대 여부, 상품 판매도 측정, 매체 노출량 측정, 상품에 대한 공중의 인지도와 이미지 제고 정도, 광고에 대한 태도, 대회 주최자의 계약 내용 이행 정도, 소요된 경비 등이 있다.

04 시장침투가격전략의 개념과 특징에 대해 설명하시오.

> **모범답안**
> - 시장침투가격전략의 개념 : 시장침투가격전략(Market Penetration Pricing Strategy)은 제품이나 서비스를 저렴한 가격으로 도입하여 시장에서 빠르게 점유율을 확보하려는 전략이다. 즉, 기업은 초기에 경쟁사보다 낮은 가격을 책정하여 소비자로 하여금 새로운 제품이나 서비스를 빠르게 받아들이도록 유도하는 전략을 말한다.
> - 시장침투가격전략의 특징
>   - 저렴한 가격 책정 : 시장침투가격전략은 저렴한 가격으로 제품이나 서비스를 도입함으로써 소비자에게 경쟁 우위를 확보하려는 특징이 있다.
>   - 높은 시장침투율 추구 : 목표는 높은 시장침투율을 확보하는 것이다. 낮은 가격으로 소비자들을 유치하여 많은 고객을 확보하고 시장에서 기업의 존재감을 강화한다.
>   - 빠른 제품이나 브랜드 인지도 구축 : 가격 경쟁력을 활용하여 제품이나 브랜드의 빠른 인지도를 구축하려는 목적이 있다. 낮은 가격은 소비자에게 기업과 제품에 대한 긍정적인 이미지를 형성할 수 있다.
>   - 경쟁자에 대한 압박 : 경쟁사에게 가격 경쟁을 강요하고, 경쟁자의 시장침투를 어렵게 만들어 경쟁자들이 가격 전쟁에 참여하기를 어렵게 한다.
>   - 고객 충성도 확보 : 저렴한 가격으로 소비자들을 확보하면서 기업은 고객들의 충성도를 확보하려는 목표가 있다. 경쟁력 있는 가격으로 고객을 유지하고 장기적인 관계를 구축한다.
>   - 시장 성장에 기여 : 시장침투가격전략은 새로운 제품이나 서비스가 시장에 새로운 가치를 제공하고 성장을 촉진할 수 있도록 한다.

05 시장세분화 요건 중 측정가능성, 유지가능성, 이질성에 대해서 설명하시오.

모범답안
- 측정가능성(Measurability) : 세분화된 시장의 크기나 규모, 구매력의 정도가 측정 가능해야 한다.
- 유지가능성(Sustainability) : 세분화된 시장의 규모가 적정하여 수익이 발생할 만큼 충분한 규모를 가져야 한다.
- 이질성(Differentiability) : 세분시장 내의 구성원은 동질성을 보여야 하고, 다른 세분시장 구성원과는 이질성을 보여야 한다.

06 집중적 마케팅 전략에 대해 기술하시오.

모범답안
집중적 마케팅 전략은 다양한 세분시장 중에서 자사의 역량을 가장 잘 발휘할 수 있는 하나의 시장에 집중하여 마케팅프로그램을 진행하는 것을 말한다. 기업의 지원이나 능력이 한정되어 있을 때 하나의 세분시장만을 공략하여 강력한 지위를 확보할 수 있는 장점이 있으나, 표적 세분시장의 소비자 욕구가 변화하거나 강력한 경쟁자가 생기는 경우 다른 대안이 없어서 위험이 분산되지 않는 단점이 있다.

07 선수보증계약 시 주의사항에 대해 기술하시오.

모범답안

선수보증계약은 스포츠 선수와 클럽 또는 팀 간에 선수가 계약을 이행하지 못했을 때 발생하는 손해에 대한 당사자 간의 합의된 조건을 명시한 계약이다.

- 명확한 조건 정의 : 선수보증계약에서는 어떤 상황이나 조건에서 보증금이 반환되거나 어떤 조건에서는 보증금이 지불되어야 하는지 명확하게 정의되어야 한다. 이는 선수의 계약 이행이 어떤 경우에 부적절하다고 판단되는지에 대한 합의를 포함해야 한다.
- 금액 및 지불 조건 명시 : 선수보증금의 금액과 이에 대한 지불 조건이 명확하게 기술되어야 한다. 보증금은 선수의 계약 이행을 장려하고, 부적절한 행동을 방지하기 위해 중요한 역할을 한다.
- 계약 종료 및 반환 조건 : 선수보증금이 어떤 경우에 반환되고 어떤 경우에 지불되어야 하는지를 정의해야 한다. 계약이 종료될 때 보증금이 반환되는 조건이 명확해야 한다.
- 법적 규정 확인 : 선수보증계약은 법적으로 유효하고 시행 가능해야 한다. 지역 법률 및 규정을 준수하고, 각 당사자의 권리와 의무에 대한 명확한 규정이 포함되어야 한다.
- 계약 간의 협상과 합의 : 선수보증금과 관련된 조건은 선수와 클럽 간의 협상을 거쳐 합의되어야 한다. 양 당사자 간에 이해관계를 높이고 계약의 합의된 조건을 명확하게 정의해야 한다.
- 전문가 상담 : 선수보증계약 작성 시 법률 전문가나 스포츠 계약 분야의 전문가와 상담하는 것이 좋다. 전문가의 도움을 받아 계약이 각 당사자에게 공정하고 법적으로 견고하게 구성되었는지 확인할 수 있다.

08 라이선싱 의미와 라이선싱 계약 시 고려사항에 대해 기술하시오.

모범답안

- 라이선싱은 여러 가지 경제적 가치가 있는 재산권을 소유한 라이선서에게 일정액의 비용을 지불하고 그 권리를 양도받아 경제활동을 할 수 있는 권리를 획득하는 행위를 의미한다.
- 라이선서가 소유하고 있는 경제적 가치가 있는 자산으로는 특허권, 노하우, 브랜드권, 지적재산권, 초상권, 기술력 등이 있다. 그리고 라이선서는 경제적 가치가 있는 각종 자산의 사용을 보유하고 있으며 이를 허가하는 개인이나 단체를 의미하고, 라이선시는 라이선서가 소유하고 있는 각종 자산을 이용하여 경제적 활동에 활용하기 위해 허락을 받는 개인이나 단체를 의미한다.
- 라이선싱 계약시 고려사항은 다음과 같다.
  - 라이선스 범위 및 제한(Scope and Restrictions) : 라이선스 계약에서 어떤 권리가 부여되는지, 어떤 용도로 사용 가능한지, 그리고 어떤 제한이 있는지를 명확히 정의해야 한다.
  - 라이선스료 및 지불 조건(License Fee and Payment Terms) : 라이선스 사용에 대한 비용과 지불 조건이 중요하다. 라이선스료의 양과 지불 주기, 로열티의 계산 방법 등이 명확하게 정해져야 한다.
  - 라이선스 기간(License Duration) : 라이선스의 유효 기간을 명확히 해야 한다. 기간 동안 라이선스의 갱신 가능 여부와 조건도 명시되어야 한다.
  - 기술 지원 및 유지보수(Technical Support and Maintenance) : 라이선스를 효과적으로 사용하려면 라이선서가 기술 지원 및 유지보수를 제공하는지 여부와 그에 대한 조건을 확인해야 한다.
  - 책임과 보증(Liability and Warranty) : 어떠한 문제나 손해가 발생했을 때 각 당사자의 책임과 보증 사항이 명확하게 정의되어야 한다.
  - 지적재산권 소유(Ownership of Intellectual Property) : 라이선스를 통해 전달되는 지적재산권이 어떻게 소유되는지, 계약 종료 시에 어떻게 처리되는지에 대한 조항이 필요하다.
  - 비밀 유지 및 기밀성(Confidentiality) : 라이선스 계약에서는 양 당사자 간의 비밀 유지 의무와 기밀성에 관한 조항이 명시되어야 한다.
  - 해지 조건(Termination Conditions) : 계약이 어떤 조건에 따라 해지될 수 있는지에 대한 조항이 명확해야 한다.
  - 관할법 및 분쟁 해결(Jurisdiction and Dispute Resolution) : 발생할 수 있는 분쟁이나 소송의 경우, 어떤 법에서 해결될 것인지와 어떤 방식으로 분쟁이 해결될 것인지에 대한 규정이 필요하다.

09 수직적 마케팅 시스템에 대해 설명하고 3가지 유형을 기술하시오.

모범답안
- 한 회사가 여러 단계의 유통 채널을 직접 운영하거나, 다수의 채널 회사를 통제하는 마케팅 시스템이다.
- 수직적 마케팅 시스템의 유형
  - 기업형 : 한 기업이 다른 채널들을 법적으로 소유하고 통합적으로 관리하는 유형이다.
  - 관리형 : 채널의 지도자가 다른 채널에 영향을 미쳐서 마케팅 활동을 통제하는 유형이다.
  - 계약형 : 공식적인 계약을 근거로 채널들을 결합하는 형태로 각 채널은 저마다의 독립적인 기관으로서 계약을 맺는 유형이다.

※ 참고
- 독립적 유통경로 : 제조업자와 중간상인들이 별개의 독립된 상인인 경우이다.
- 통합적 유통경로 : 유통경로를 제조업자 혹은 중간상인이 소유하고 있는 경우이다. 유통경로의 통제가 가능하지만 많은 투자비가 이미 발생하였기 때문에 대체 경로가 효율적이어도 이용할 수 없는 유연성의 결여 문제가 있다.

10 스포츠시장에 따른 커버리지 전략 3가지에 대해 기술하시오.

모범답안
- 비차별화 마케팅 전략 : 소비자들의 욕구가 동질적이어서 세분화가 어렵거나 특정 세분시장이 다른 세분시장에 비해 규모가 월등히 큰 경우 또는 기업이 다양한 마케팅 전략을 구사할 역량이 없는 경우 기업은 세분화된 시장을 포기하고, 전체시장을 표적으로 선정하여 마케팅 전략을 구사하게 되는데 이를 비차별화 마케팅 전략이라 한다.
- 차별화 마케팅 전략 : 모든 세분시장을 대상으로 적합한 제품과 마케팅 믹스를 투입하는 전략을 의미한다. 이때에는 각 세분화된 시장 간의 차이가 명확하고, 각 시장의 규모와 구조가 차이가 있을 때 기업은 자사가 가지고 있는 역량을 최대한 발휘하여 각 세분시장의 욕구와 요구조건에 맞는 적절한 마케팅 전략을 구사하게 된다. 그러나 자원이 풍부한 기업이 선택할 수 있는 전략으로 판매량을 증대할 수 있으나 다수의 마케팅프로그램의 사용으로 비용이 많이 드는 단점이 있다.
- 집중적 마케팅 전략 : 단일제품으로 단일세분시장을 공략하는 전략으로 기업의 자원이나 능력이 한정되어 있을 때 하나의 세분시장만을 공략하여 강력한 지위를 확보할 수 있는 전략이다. 즉, 다양한 세분시장 중에서 자사의 역량을 가장 잘 발휘할 수 있는 하나의 시장에 집중하여 마케팅프로그램을 진행하는 것을 집중적 마케팅전략이라 한다. 그러나 표적세분시장의 소비자 욕구가 변화하거나 강력한 경쟁자가 생기는 경우 다른 대안이 없어서 위험이 분산되지 않는 단점이 있다.

11 시장세분화의 개념과 고려사항에 대해 기술하시오.

모범답안

- 시장세분화의 개념 : 마케팅 전략수립을 위해 시장을 선택하고 각 시장을 크기, 시장잠재력, 고객의 이해 등에 따라 분석해 나가는 과정을 말한다.
- 시장세분화 시 고려할 사항
  - 내부적으로 동질적이고, 외부적으로 이질적이어야 한다. 마케팅 변수에 대해 각 세분시장은 상이한 반응을 보일 만큼 이질적이어야 하고, 세분시장 내의 소비자들은 동일한 반응을 보여야 한다.
  - 측정 가능해야 한다. 세분시장의 특성, 구매력, 크기 등이 측정 가능해야 적절한 전략을 수립할 수 있다. 예를 들어, 가격민감도를 기준으로 소비자집단을 구분할 경우 가격민감도 자체의 측정이 어렵다면 시장세분화는 수행이 불가능하다.
  - 규모가 커야 한다. 세분시장은 충분히 커서 세분시장별로 상이한 마케팅 전략을 구사하는 데 들어가는 제 비용을 보전할 수 있어야 한다.
  - 접근 가능해야 한다. 세분시장 내의 소비자들에게 효과적으로 접근할 수 있어야 한다. 그들이 현재의 유통수단이나 광고가 접근하지 못하는 세분시장은 마케팅 입장에서 의미가 없다.
  - 실행이 가능해야 한다. 고객의 욕구에 부응할 수 있는 효율적인 마케팅 프로그램을 계획하고 실행할 수 있어야 한다. 모든 시장세분화 요건을 갖추었다고 하여도 이를 구체적으로 실행으로 옮길 적절한 프로그램이 없다면 의미가 없어진다.

12 신제품 수용과정을 쓰시오.

> **모범답안**
> 제품의 인지 → 관심 → 사용구매 → 평가 → 수용

13 라이선시 선정 시 고려사항을 쓰시오.

> **모범답안**
> - 설립 및 사업기간
> - 기업의 의사결정권자
> - 주요 생산 품목
> - 제품의 질 혹은 기업의 이미지
> - 연간 매출액
> - 은행 및 신용에 관한 정보
> - 유통구조
> - 과거 스포츠이벤트·단체의 라이선싱 참여 유무

14 공식스폰서, 공식공급업체, 공식상품화권자의 의미를 기술하시오.

모범답안
- 공식스폰서(Official Sponsor) : 공식스폰서는 현금을 지불하는 대가로 등록된 마크를 광고와 판매촉진 활동에 이용할 수 있는 권리를 받는 것이다.
- 공식공급업체(Official Supplier) : 공식공급업체는 물자나 용역 등을 지원하고 등록된 마크를 광고와 판매촉진 활동에 이용할 수 있는 권리이다.
- 공식상품화권자(Official Licensee) : 공식상품화권자는 스포츠단체에 일정액의 금액을 지불하고 특정 품목 또는 제품에 로고와 마스코트를 사용하여 제조, 생산 그리고 판매를 할 수 있는 영업 권리를 받는 기업을 말한다.

15 추세조사, 코호트조사, 패널조사에 대해 설명하시오.

모범답안
- 추세조사는 동일한 집단을 대상으로 여러 차례에 걸쳐 같은 검사를 반복적으로 측정하는 방법이다.
- 코호트조사는 동일한 경험을 한 연구대상자들을 대상으로 일정기간 동안 관찰하여 그 변화를 파악하는 종단조사이다.
- 패널조사는 특정 응답자 집단이 고정되어 있으며 이들을 대상으로 반복적으로 그 변화를 조사하는 방법이다.

16 스포츠상품의 PLC와 도입기의 특징과 전략을 기술하시오.

> **모범답안**
> - 제품수명주기(PLC ; Product Life Cycle) : 제품수명주기는 제품이 출시되는 도입기, 매출이 급히 성장하는 성장기, 성장률이 둔화되는 성숙기, 매출이 감소하는 쇠퇴기를 거쳐서 시장에서 사라지게 되는 과정을 말한다.
> - 도입기 특징과 전략
>   - 판매가 완만하나 초기 비용이 많이 들어 적자 발생
>   - 낮은 수요, 적은 생산량, 높은 제품 원가, 낮은 경쟁률
>   - 제품 인지도를 높이고 판매를 늘리는 것이 마케팅의 목표
>   - 광고의 주된 대상은 혁신 소비자이며, 혁신소비자를 통한 구전효과 기대
>   - 경쟁이 적을 때는 고가격전략을 사용하고, 경쟁사 진입 가능성이 클 때는 침투가격전략을 사용하여 시장점유율을 높이는 데 주력해야 함

17 브랜드 자산의 구성요소 3가지와 의미를 기술하시오.

> **모범답안**
> - 브랜드 인지도 : 소비자가 특정 제품·서비스의 이름을 알아보는 정도를 의미하며, 주요 속성을 소비자들이 경쟁 제품들에 대하여 인지하는 상대적인 위치를 도표화한 것이다. 브랜드 인지도가 높을수록 브랜드 자산이 증가한다고 볼 수 있다.
> - 브랜드 이미지 : 소비자가 어떤 브랜드를 접할 때 떠오르는 여러 가지 이미지들과 브랜드가 연결되는 것을 의미한다.
> - 브랜드 충성도(브랜드 로열티) : 소비자가 어떤 특정 상표를 일관성 있게 선호하는 정도를 의미한다.

18 심리적 기능을 고려한 가격책정방법 중 단수가격, 명성가격에 대해 기술하시오.

모범답안
- 단수가격 : 제품 가격을 100원, 1,000원으로 책정하지 않고 95원, 990원과 같이 책정하여 소비자들에게 심리적으로 싸다는 느낌을 주어 판매량을 늘리려는 가격 결정방법이다.
- 명성가격 : 소비자가 가격을 품질이나 지위의 상징으로 여기는 경우 소비자가 지불 가능한 가장 높은 가격을 유지하는 전략이다.

19 스포츠 에이전시의 유형 5가지를 쓰시오.

모범답안
- 국제 스포츠마케팅 에이전시
- 광고 스포츠 에이전시
- 풀 서비스 에이전시
- 선수관리 에이전시
- 라이선싱 & 머천다이징 전문 에이전시

20 기업이 스폰서십에 참여할 때 적용해야 하는 원칙에 대해 기술하시오.

> **모범답안**
> - 세계 시장 진출을 용이하게 한다.
> - 타 매체에 비해 기업 커뮤니케이션 효과를 높일 수 있다.
> - 기업의 이미지 개선과 판매 증진을 기대할 수 있다.

21 스포츠제품 가격의 특성에 대해 기술하시오.

> **모범답안**
> - 스포츠제품 가격은 수요가 탄력적인 시장에서 매우 쉽게 변경될 수 있는 요인이다.
> - 가격은 마케팅믹스 중에서 가장 강력한 경쟁도구이다.
> - 스포츠제품의 가격은 정형화된 일정한 체계를 구축하기 어렵다.
> - 스포츠제품의 가격은 비교적 변동 폭이 크다.
> - 예기치 않은 상황에 의해 가격이 영향을 받는다.
> - 제품 가격이 상대적 관계에 의해 결정된다.

22 ALT, BLT 마케팅의 개념과 예시를 기술하시오.

모범답안
- ALT(Above the Line) : 전통적인 대중 매체를 활용한 마케팅으로, 불특정 다수의 사람들에게 광고를 보여주기 때문에 브랜드 이미지 구축과 인지도 향상에 효과적이다. TV 광고, 라디오 등이 있다.
- BLT(Below the Line) : 소비자와 직접적인 접점에서 이루어지는 타겟 중심 마케팅을 말한다. SNS 이벤트, 오프라인 프로모션 등이 있다.

23 관여도에 대해 설명하시오.

모범답안
구매하고자 하는 상품에 대한 소비자의 행동과 관심이 일치되어 있는 정도로서, 구매행동 등에 자신을 몰입하는 정도가 높을수록 관여도가 높다. 관여도가 낮은 제품의 구매는 습관적으로 이루어지고 구매 후 갈등도 비교적 낮다. 하지만 관여도가 높은 제품에 대한 구매행동은 신중해지기 때문에 구매의사 결정과정이 길어지는 경향이 있다.

24 관람 스포츠에서 핵심제품과 확장제품에 대해 기술하고, 관중동원을 위해 확장제품에 관심을 기울여야 하는 이유를 기술하시오.

모범답안
핵심제품은 소비자가 궁극적으로 얻고자 하는 핵심적인 이익이나 혜택이고, 확장제품은 핵심제품으로 인해 부가되어 소비자에게 제공되는 혜택이다. 예를 들면, 프로야구경기의 핵심제품은 경기 그 자체이고, 확장제품은 치어리더, 다양한 이벤트 등을 예로 들 수 있다. 그리고 관중동원을 위해 확장제품에 관심을 기울여야 하는 이유는 핵심제품은 통제할 수 없으므로 제품 확장에 주력하여야 한다.

25 마케팅믹스의 광고의 장점 3가지를 기술하시오.

모범답안
- 저렴한 비용으로 수많은 사람에게 의사소통이 가능하다.
- 비용이 효율적이다.
- 의사소통의 반복 전달이 가능하다.
- 제품의 가치 상승 효과가 있다.
- 서비스 분야가 광고로부터 획득하는 가시성을 통해 대중에게 제품의 이미지를 좋게 만들 수 있다.

제4과목
스포츠시설론

CHAPTER 01 스포츠시설의 이해
CHAPTER 02 스포츠시설 공간효율화
CHAPTER 03 스포츠시설 경영
출제예상문제 필기/실기

끝까지 책임진다! 시대에듀!

QR코드를 통해 도서 출간 이후 발견된 오류나 개정법령, 변경된 시험 정보, 최신기출문제, 도서 업데이트 자료 등이 있는지 확인해 보세요! **시대에듀 합격 스마트 앱**을 통해서도 알려 드리고 있으니 구글 플레이나 앱 스토어에서 다운받아 사용하세요. 또한, 파본 도서인 경우에는 구입하신 곳에서 교환해 드립니다.

CHAPTER 01 스포츠시설의 이해

■ **학습목표**
본 장에서는 스포츠시설의 의미와 중요성, 스포츠시설의 특성, 스포츠시설의 종류에 대해 살펴볼 것이다. 스포츠시설의 이해 부분은 스포츠경영관리사의 스포츠시설파트에서 약 5문제 정도가 출제되고 있으므로, 다음의 내용을 반드시 숙지해야 한다.

■ **Check**
☐ 스포츠시설의 개념에 대해 숙지한다.
☐ 형태에 따른 스포츠시설의 구분에 대해 숙지한다.
☐ 스포츠시설 기능에 대해 숙지한다.

01 스포츠시설의 개요

1. 스포츠시설의 구분

(1) 스포츠시설의 의의

① 스포츠활동에서 필요한 지리적·물리적 조건을 갖추는 것은 스포츠활동에서 제공하는 장소이며, 부속시설과 부대시설을 포함하고 있다.
② 스포츠시설은 경제적 부가가치를 생산하여 인간의 사회적·경제적 활동에 크게 기여하는 등 중요한 사회간접자본이자 경제적 생산요소로서의 가치가 있다.
③ 일반적으로 스포츠시설은 각종 경기장, 체육관 등 대규모의 구조물로 생각되나, 단순한 구조물뿐만 아니라 각종 스포츠활동에 필요한 기구까지도 포함하는 개념이다.
④ **광의의 스포츠시설** : 스포츠활동을 하기 위해 필요한 인공시설과 용구 및 용품을 포함하고 있는 조형물이다.
⑤ **협의의 스포츠시설** : 스포츠활동을 하기 위해 제공되는 장소이다.
⑥ **스포츠 부속시설** : 어떤 목적으로 설치된 시설이며 그 자체는 운동의 성립·유지와는 관계가 없는 시설로서, 샤워시설·구내식당 등을 그 예로 들 수 있다.
⑦ **스포츠 부대시설** : 시설 그 자체만으로는 의미가 없지만 스포츠시설의 기초가 되어 기능을 유지·향상하는 역할을 하는 시설로서, 수영장 등의 정화장치를 그 예로 들 수 있다.

(2) 스포츠시설의 중요성
① 신체활동은 스포츠의 절대적인 요건이 되며 이를 위한 시설과 용구가 필요하다.
② 우리나라의 경우 「국민체육진흥법」과 「체육시설의 설치·이용에 관한 법률」을 중심으로 스포츠시설에 대한 규정을 두어 그 중요성을 강조하고 있다.
③ 운동효과를 높이기 위해서는 시설·용구가 충분해야 하고, 우수한 지도자와 관리·운영의 합리화 등이 필요하다.

(3) 스포츠시설의 기능
① 건강증진을 위한 기능 : 최근 여가활동으로서 생활체육에 대한 관심 증대 및 건강과 체력에 대한 사회적 경각심에 기인한 체육활동 참가자의 참가 욕구를 충족하여 줌으로써 건강한 체력을 유지·증진시킬 수 있는 장으로서의 기능을 한다.
② 일상탈출을 위한 기능 : 일상생활로부터 얻게 되는 스트레스 해소 공간으로서의 기능을 한다. 각종 스트레스는 삶의 질을 저하하는 첫째 요인으로 꼽히고 있다. 체육시설은 스트레스를 건전하게 해소할 수 있는 체육활동의 장으로서의 기능을 한다.
③ 사회적 활동을 위한 기능 : 체육활동 참가자 간의 상호 인간관계 형성 및 유대강화의 장으로서의 기능을 한다. 지역사회에 위치한 체육시설은 지역주민들에게 자연스러운 만남의 장을 제공함으로써 상호유대와 인간관계를 촉진하는 기능을 한다.
④ 여가·문화활동을 위한 기능 : 체육시설은 지역사회 주민의 건전한 여가·문화생활을 영위하기 위한 활동의 장으로서의 기능을 한다. 체육시설의 이용을 통해 건전하고 생산적인 활동을 확산시키는 기능을 한다.
⑤ 수익창출을 위한 기능 : 체육시설은 주변 문화 및 환경 개선을 통하여 부수적으로 수익을 창출하고, 나아가 지역사회 주거가치를 상승시키는 기능을 한다.

(4) 스포츠시설업의 특성
① 초기 비용의 투자가 많이 요구되며, 고정자산의 의존도가 높다.
② 서비스산업에 속해 있으며, 사회교육의 기능의 역할을 한다.
③ 반복적인 구매와 고정적인 고객이 많다.
④ 종업원의 의존도가 높다.

> **개념 PLUS** 스포츠시설 관리의 기본 원리
> • 능력 있는 관리자를 확보해야 한다.
> • 시설의 적절한 활용이 수반되어야 한다.
> • 사용하지 않는 기간에도 철저한 관리가 필요하다.

> **개념 PLUS** 체육시설법에 따른 용어 정의(법 제2조)
>
> - 체육시설 : 체육활동에 지속적으로 이용되는 시설(정보처리 기술이나 기계장치를 이용한 가상의 운동경기 환경에서 실제 운동경기를 하는 것처럼 체험하는 시설을 포함한다. 다만, 「게임산업진흥에 관한 법률」에 따른 게임물은 제외한다)과 그 부대시설을 말한다.
> - 체육시설업 : 영리를 목적으로 체육시설을 설치·경영하거나 체육시설을 이용한 교습 행위를 제공하는 업(業)을 말한다.
> - 체육시설업자 : 체육시설업을 등록하거나 신고한 자를 말한다.
> - 회원 : 1년 이상의 기간을 정하여 체육시설업의 시설 또는 그 시설을 활용한 교습 행위를 일반이용자보다 유리한 조건으로 우선적으로 이용하기로 체육시설업자(제12조에 따른 사업계획 승인을 받은 자를 포함한다)와 약정한 자를 말한다.
> - 일반이용자 : 1년 미만의 일정 기간을 정하여 체육시설의 이용 또는 그 시설을 활용한 교습 행위의 대가(이용료)를 내고 체육시설을 이용하거나 그 시설을 활용한 교습을 받기로 체육시설업자와 약정한 사람을 말한다.

2. 스포츠시설의 종류

(1) 스포츠 목적에 따른 분류

① 학교체육시설
  ㉠ 정규 체육교과에 맞게 행하여지는 모든 과외 및 교내 체육활동을 위해 설치된 시설
  ㉡ 학생들의 건강을 위해서 학교에서 구비해야 할 가장 중요한 요건
  ㉢ 학교 급별 체육시설의 종류로는 유치원, 초등학교, 중·고등학교, 대학교가 있음

② 사회체육시설
  ㉠ 일반대중을 위해 국가 또는 지방자치단체의 지원으로 운영·유지되는 스포츠시설
  ㉡ 국민의 건전한 체육활동과 체력 향상을 도모하고자 설립
  ㉢ 국민들의 건강은 물론 정신적·사회적으로의 건강 추구
  ㉣ 시설의 장소, 규모, 내부구조, 부속기구와 용구, 사용료나 개장시간 등의 전체적인 요소를 고려하여 설립

(2) 운동장소에 의한 분류

① 옥내 스포츠시설 : 체육관, 옥내 풀장, 옥내 스케이트장 등 운동이 행해지는 장소가 옥내인 경우
② 옥외 스포츠시설 : 육상경기장, 야구장, 축구장 등 운동이 행해지는 장소가 옥외인 경우

(3) 관리 주체별 분류

① 공공 스포츠시설 : 전문체육시설, 생활체육시설, 직장체육시설로 구분된다. 전문체육시설은 국내외의 경기대회를 개최하고 선수의 훈련에 필요한 시설이며, 운동장, 체육관 등을 의미한다. 생활체육시설은 국민들이 쉽고 편하게 이용할 수 있는 체육시설을 말한다.
② 민간 스포츠시설 : 개인, 기업, 사회단체, 스포츠단체 등이 일반인을 대상으로 설치하는 스포츠시설로서, 영리체육시설과 비영리체육시설로 구분할 수 있다. 비영리체육시설은 체육활동을 통하여 일반인 혹은 조직의 목적을 수행할 수 있는 시설이며, 영리체육시설은 체육활동을 하는 시설의 운영을 통하여 수익의 증대를 목적으로 이루어진 시설이다. 영리체육시설은 법률상 체육시설업으로 규정하고 있다.

③ 직장스포츠시설
  ㉠ 의의 : 직장스포츠시설은 국가 및 지방자치단체의 기관, 국영 또는 투자관리기업체, 공공단체, 민간 기업체 등 상시근무자가 500명 이상인 각 직장에서 한 가지 이상의 운동 종목을 운영해야 한다.
  ㉡ 기능
    • 직장인의 스포츠활동에 대한 욕구 충족
    • 직장인의 건강 및 체력증진을 위한 기회 확대
    • 직장인의 건전한 여가활동 기회 제공
    • 노사 간의 원활한 인간관계 형성 기회 제공

> **개념 PLUS** 전문체육시설(「체육시설법」 제5조)
> • 국가와 지방자치단체는 국내·외 경기대회의 개최와 선수 훈련 등에 필요한 운동장이나 체육관 등 체육시설을 대통령령으로 정하는 바에 따라 설치·운영하여야 한다.
> • 체육관은 체육, 문화 및 청소년 활동 등 필요한 용도로 활용될 수 있도록 설치되어야 한다.
> • 체육시설의 사용을 촉진하기 위하여 지방자치단체는 「공유재산 및 물품 관리법」, 그 밖의 다른 법률의 규정에도 불구하고 그 사용료의 전부나 일부를 대통령령으로 정하는 바에 따라 감면할 수 있다.

(4) 형태에 따른 분류
① 종합스포츠시설 : 신고 체육시설업의 시설 중 실내수영장을 포함한 2종 이상의 체육시설을 동일인이 한 장소에 설치하여 하나의 단위체육시설로 경영하는 업
② 단독스포츠시설 : 야구장, 테니스코트, 육상경기장 등 그 시설이 단독으로만 존재하는 업

(5) 생활체육시설과 전문체육시설
① 생활체육시설 : 국민이 거주지와 가까운 곳에서 쉽게 이용할 수 있는 체육시설로 규정하며, 시·군·구에는 지역주민이 고루 이용할 수 있는 실내·외 체육시설을, 읍·면·동에는 지역주민이 골고루 이용할 수 있는 실외체육시설을 국가와 지방자치단체로 하여금 설치·운영하도록 하고 있다. 생활체육시설에는 국민체육센터, 농어민문화체육센터, 생활체육공원, 마을단위 체육시설, 천연 잔디구장 및 우레탄 시설, 동네 미니운동장 등의 시설 등이 있다.
② 전문체육시설
  ㉠ 전문체육시설이란 국내·외 경기대회의 개최와 선수훈련 등에 필요한 운동장·체육관 등의 체육시설을 말하며, 「체육시설의 설치·이용에 관한 법률」 제5조는 국가와 지방자치단체의 설치의무를 규정하고 있다.
  ㉡ 전문체육시설의 지역별 균형공급을 위하여 미확보지역 우선 공급, 인구 규모에 따른 국고지원규모 차등화, 지역여건 및 수요에 따른 부대시설 다양화를 기본 방향으로 하여 추진되고 있다. 지방자치단체에 부지확보 의무가 있으며, 사업비는 국고와 지방비로 충당한다.
  ㉢ 전문체육시설에 대해서는 국가와 지방자치단체의 설치의무를 규정하고 있다.
  ㉣ 국가와 지방자치단체가 설치·운영하여야 하는 전문체육시설은 다음과 같으며, 그 설치기준은 문화체육관광부령으로 정한다.

- 시·도 : 국제경기대회 및 전국 규모의 종합경기대회를 개최할 수 있는 체육시설
- 시·군 : 시·군 규모의 종합경기대회를 개최할 수 있는 체육시설

(6) 참여 스포츠시설과 관람 스포츠시설

① 참여 스포츠시설 : 소비자가 스포츠에 직접 참여하는 수영 레슨이나 헬스클럽 참여 등을 위한 시설로, 고객의 서비스에 대한 관여도가 높고 다양한 프로그램을 제공함으로써 고객의 참여를 유도하는 특성이 있다.

② 관람 스포츠시설 : 소비자가 경기를 관람하는 관람 스포츠에 적합한 시설로, 월드컵이나 올림픽, 프로 및 아마추어의 각종 경기를 관람하기 위한 스포츠시설이다. 고객의 서비스 관여도가 상대적으로 낮고 관람 중심형이며, 부대서비스의 제공 등 다양한 특성이 있다.

(7) 체육시설법에 따른 체육시설의 종류(시행령 별표1)

운동 종목	골프장, 골프연습장, 궁도장, 게이트볼장, 농구장, 당구장, 라켓볼장, 럭비 풋볼장, 롤러스케이트장, 배구장, 배드민턴장, 벨로드롬, 볼링장, 봅슬레이장, 빙상장, 사격장, 세팍타크로장, 수상 스키장, 수영장, 무도학원, 무도장, 스쿼시장, 스키장, 승마장, 썰매장, 씨름장, 아이스하키장, 야구장, 양궁장, 역도장, 에어로빅장, 요트장, 육상장, 자동차 경주장, 조정장, 체력 단련장, 체육도장, 체조장, 축구장, 카누장, 탁구장, 테니스장, 펜싱장, 하키장, 핸드볼장, 인공암벽장, 파크골프장, 풋살장, 그밖에 국내 또는 국제적으로 치러지는 운동 종목의 시설로서 문화체육관광부 장관이 정하는 것
시설 형태	운동장, 체육관, 종합 체육시설, 가상 체험 체육시설

3. 스포츠시설의 조건

(1) 규모

체육관의 규모는 관리자에 따라 큰 차이가 있으며 130~500m²의 체육시설이 가장 많다. 실내체육인 농구, 배구, 핸드볼, 배드민턴, 탁구 등의 종목을 실시할 경우 다음과 같은 넓이가 좋다.

① 초등학교, 중학교 : 400~500m²
② 고등학교 : 550~650m²
③ 대학 및 일반 : 650~750m²
* 단, 관람석 면적 미포함

(2) 방위

① 체육관의 창은 될 수 있는 한 남·북으로 내야 한다.
② 창문의 방향이 동·서일 경우 햇빛이 직접 옥내로 들어와 운동에 지장을 줄 수 있다.

(3) 구조

① 장방향이 좋고, 단변과의 비율은 5 : 4 정도가 이상적이다.
② 여러 가지 기계장치 및 이동식 기계를 반입할 수 있는 여유 공간을 확보한다.
③ 천장의 높이 : 테니스 12m 이상, 농구·배드민턴 등의 구기 종목 8m 이상, 체조는 7m가 이상적이며, 방애·방습·흡음을 위하여 판자를 붙인다.

④ 구조상 유의할 조건은 환기, 조명, 출입구, 기구창고, 바닥, 방음, 체육기구시설의 사전 전용 시공이 있다.

(4) 환기 : 사용목적에 따라 다르나, 사람이 동시에 입장할 경우를 대비해야 한다.
① 건물옥상에 크고 넓게 천장 환기선을 설치한다.
② 창은 남·북으로 낸다.
③ 햇볕으로 인한 여름철 실내온도 상승을 막는 구조와 재료에 유의한다.

(5) 조 명
① 경기 또는 심판의 활동이 쉽도록 한다.
② 용도와 필요에 따라 막는 조도가 필요하다.
③ 조도분포의 최고, 최저 비율이 3 : 1을 넘지 않도록 하며, 조명의 그늘 때문에 경기자나 관객이 보기 힘들지 않도록 한다.
④ 눈이 부시지 않도록 해야 한다.
⑤ 유지관리의 조건이 좋아야 한다.

CHAPTER 02 스포츠시설 공간효율화

■ **학습목표**
본 장에서는 스포츠시설의 기본구조 이해, 스포츠시설과 관련된 정책과 법령, 스포츠시설 관리운영 등에 대해 살펴볼 것이다. 스포츠시설과 관련된 정책과 법령 부분은 스포츠경영관리사의 스포츠시설파트에서 약 7문제 정도가 출제되고 있으므로 다음의 내용을 반드시 숙지해야 한다.

■ **Check**
☐ 법령에 따른 스포츠시설의 구분과 여러 가지 기준·원칙에 대해 숙지한다.
☐ 참여 스포츠시설의 설립과 운영에 관한 경영전략과 고객관리방안을 숙지한다.
☐ 스포츠시설의 홍보 및 프로모션 방법에 대해 숙지한다.

01 스포츠시설의 개요

1. 스포츠시설의 기본구조 이해

(1) 스포츠시설업의 특성

① 초기 비용의 투자가 많이 소요되며, 고정자산의 의존도가 높다.
② 서비스산업에 속해 있으며, 사회교육의 기능의 역할을 수행한다.
③ 반복적인 구매와 고정적인 고객이 많다.
④ 종업원의 의존도가 높다.

(2) 스포츠시설의 기본설비

① 능률개수 : 운동학습을 효율적으로 하는 데 필요한 시설·용구의 개수를 말한다.
② 경제개수 : 시설·용구를 가장 경제적으로 사용하기 위한 필요 개수를 말한다.
③ 소모개수 : 용구의 사용량이 많고, 손상이나 마모가 심한 경우, 소모되는 것을 고려하여 필요한 개수를 말한다.

2. 스포츠시설별 기본구성

(1) 공공체육시설
① 의의 : 특정 집단이 아닌 대중을 위하여 국가 또는 지방자치단체의 예산으로 건설되고 운영·유지되는 체육·스포츠시설을 말한다.
② 기능
　㉠ 국민의 체육·스포츠활동을 위한 공간으로서의 기능
　㉡ 국민의 건강 및 체력유지·증대의 장으로서의 기능
　㉢ 스포츠 지도의 기능과 자생 스포츠단체의 육성을 위한 장으로서의 기능
　㉣ 지역주민 상호교류의 장으로서의 기능

(2) 공공체육시설의 분류 기준

시설 항목		시설 분류 기준
육상경기장		일주거리 400m 또는 300m, 200m의 육상트랙, 필드(축구경기장) 및 보조경기장 등을 갖춘 경기 시설로서 종합운동장, 종합운동장 주경기장, 종합경기장 주경기장, 공설운동장, 시민운동장, ○○ 경기장 등으로 일컬어짐
축구장		길이 100~110m, 폭 64~75m(국제경기 규격) 또는 이와 유사한 규격 (축구경기 가능 시설로서, 육상경기장 내의 축구경기장은 제외)
하키장		길이 91.4m, 폭 55m 또는 이와 유사한 규격(하키 전용 경기장에 한함)
야구장		본루로부터 1·3루 측 야외거리가 98m 이상, 백스크린까지 110m 이상 또는 이와 유사한 규격
사이클경기장		일주거리 실내 250~400m(통상 333.33m가 주종), 실외 250~500m, 주로 폭 7m 이상, 경사도 직선주로 8°~10°, 곡선주로 38°~45°
테니스장		가로 10.97m, 세로 23.77m(마을체육시설 수준의 테니스장은 간이 운동장으로 분류)
씨름장		경기장 높이 30cm 이상 70cm 이하, 경기장 직경 8m 이상인 원형의 모래시설과 경기장 밖 1.5m 이상의 보조경기장 또는 이와 유사한 규격
간이운동장		축구, 배구, 농구, 테니스, 배드민턴, 게이트볼, 체력단련기구 등 간이운동시설이 설치된 거주지 인근의 마을체육시설
체육관	구기체육관	핸드볼, 농구, 배구, 배드민턴 등 구기 종목의 경기 개최가 가능한 체육관
	투기체육관	유도, 레슬링, 복싱, 태권도, 펜싱, 검도, 씨름, 체조, 역도 등 투기종목의 경기 개최가 가능한 체육관
	생활체육관	농구, 배구 등 구기 종목과 수영, 볼링, 에어로빅, 헬스 등 생활체육 종목의 각종 체육시설이 복합 설치된 체육관(올림픽 기념국민생활관, 국민체육센터, 시민체육관, 구민체육센터, 농어민 문화·체육센터, 농어촌 복합체육시설 등)
전천후 게이트볼장		정식 규격의 게이트볼장으로 지붕, 기둥 또는 벽면으로 구성된 경기장(단, 지붕 구조가 막구조로 된 게이트볼장도 포함)
수영장	경영풀	폭 25m, 길이 50m 8레인으로 레인폭은 2.5m 이상(1레인과 8레인 수영조 벽과 폭 0.5m 이상) 또는 이와 유사한 규격
	다이빙풀	폭과 길이가 25m×33m, 수심 5m
	비정규	경기장 규격이 정규수준에 미달되는 시설

롤러 스케이트장	정규(트랙)	트랙경기장 : 일주거리 200m의 트랙, 주폭 6m 이상
	정규(로드)	로드경기장 : 250~1,000m, 주폭 8m 이상
	간 이	경기장 규격이 정규수준에 미달되는 시설
사격장		공기총사격(10m), 화약총사격(10m, 25m, 50m, 300m), 클레이사격(트랩, 스키트)시설, 러닝 타겟 시설 중 전부 또는 일부를 보유한 사격장
국궁장		사정거리는 관저 중심에서 사대 중심까지 145m, 과녁 사이 5m 이상 또는 이와 유사한 규격
양궁장		30m, 50m, 60m, 70m, 90m 거리의 경기 가능
승마장		마장마술(길이 60m, 폭 20m), 장애물 비월(폭의 길이 최소한 60m 총 넓이 4,800㎡ 이상) 시설의 전부 또는 일부를 보유한 승마장
골프연습장		골프 연습 타석을 갖춘 시설
조정 카누장	조 정	조정경기 가능 시설
	카 누	카누경기 가능 시설
요트장		요트경기에 필요한 시설과 요트의 수납과 정비용 부대시설을 갖춘 경기장 또는 이와 유사한 경기장
빙상장	쇼트트랙	길이 60m, 폭 30m(일주거리 111.12m의 트랙) 또는 이와 유사한 규격(아이스하키 경기 가능)
	400m 트랙	일주거리 400m 이상 333.3m 미만의 길이의 두 개의 주로
설상 경기장	스키점프장	길이 90m, 120m 또는 이와 유사한 규격(스키점프 경기 가능)
	바이애슬론 경기장	3.25km와 2km 지점에 컷오프를 갖춘 하나의 4km 주로로 구성
	크로스컨트리 경기장	5km × 3코스 = 15km 또는 이와 유사한 규격(크로스컨트리 경기 가능)
	봅슬레이, 루지, 스켈레톤경기장	길이 1,200~1,650m 트랙을 갖춘 규격(1,200m 경사로)
기타 체육시설		상기 분류 기준에 포함되지 않은 공공체육시설

(3) 민간체육시설

① 의의 : 개인, 기업, 사회단체, 스포츠단체 등이 일반인을 대상으로 설치하는 스포츠시설을 말한다.

② 종류 : 영리 스포츠시설, 비영리 스포츠시설

③ 기 능
  ㉠ 일반인의 다양한 스포츠활동 욕구충족
  ㉡ 일반인의 스포츠활동 참여기회의 확대
  ㉢ 스포츠활동을 통한 여가선용의 기회증대

④ 등록 체육시설업과 신고 체육시설업(「체육시설의 설치·이용에 관한 법률」 제10조 제11항)

등록 체육시설업	스키장업, 골프장업, 자동차경주장업
신고 체육시설업	요트장업, 조정장업, 카누장업, 빙상장업, 승마장업, 종합 체육시설업, 수영장업, 체육도장업, 골프 연습장업, 체력단련장업, 당구장업, 썰매장업, 무도학원업, 무도장업, 야구장업, 가상체험 체육시설업, 체육교습업, 인공암벽장업

3. 전문체육시설의 설치기준(「체육시설의 설치·이용에 관한 법률 시행규칙」 별표1)

(1) 특별시·광역시·도 및 특별자치도

시설종류	설치기준
종합운동장	대한육상경기연맹의 시설관계공인규정에 따른 1종 공인경기장
체육관	바닥면적이 1,056제곱미터(길이 44미터, 폭 24미터) 이상이고, 바닥에서 천장까지의 높이가 12.5미터 이상인 관람석을 갖춘 체육관
수영장	대한수영연맹의 시설관계공인규정에 따른 1급 공인수영장
그밖에 전국 규모의 종합 경기대회 개최종목시설	해당 종목별 경기단체의 시설규정에 따른 시설

(2) 시·군

시설종류		구 분	① 혼합형	② 소도시형	③ 중도시형
		적용기준	군지역 또는 인구 10만 명 미만인 시	인구 10~15만 명인 시	인구 15만 명 이상인 시
운동장		경기장 규격	공인 제2종	공인 제2종	공인 제2종
		관람석 수	5,000석	10,000석	15,000석
		경기장 면적	20,640m²	20,640m²	20,640m²
	스탠드 면적	계	1,822m²	3,526m²	6,178m²
		일 반	273m²	455m²	455m²
		본부석	4개소	8개소	14개소
체육관		경기장 규격	폭×길이×높이 24m×46m×12.4m	폭×길이×높이 24m×46m×12.8m	폭×길이×높이 24m×46m×13.5m
		부지 면적	6,109m²	7,124m²	8,236m²
		건축 면적	1,864m²	2,196m²	2,472m²
	연면적	계	2,541m²	3,011m²	3,743m²
		지하층	367m²	393m²	467m²
		1층	1,811m²	1,926m²	2,213m²
		2층	363m²	692m²	1,063m²
		관람석 수	500석	1,000석	1,420석
수영장		경기장 규격	3급 공인	3급 공인	2급 공인
	수영조 규격	길이	50m 또는 25m	50m 또는 25m	50m
		폭	21~25m	21~25m	21~25m
		레인 수	8~10레인	8~10레인	8~10레인
		관중석 수	–	–	300석
기타시설			해당 종목별 경기단체의 시설규정에 따른 시설		

※ 비고 : 위 설치기준은 해당 시·군의 인구·지형·교통 등 지역 여건을 고려하여 조정할 수 있음

4. 생활체육시설의 설치기준(「체육시설의 설치·이용에 관한 법률 시행규칙」 별표2)

(1) 특별자치시·특별자치도·시·군·구
체육관, 수영장, 볼링장, 체력단련장, 테니스장, 에어로빅장, 탁구장, 골프연습장, 게이트볼장, 파크골프장, 풋살장 등의 실내·외 체육시설 중 지역주민의 선호도와 입지 여건 등을 고려하여 설치한다.

(2) 읍·면·동
테니스장, 배드민턴장, 운동장, 골프연습장, 게이트볼장, 롤러스케이트장, 체력단련장, 파크골프장, 풋살장 등의 실외체육시설 중 지역주민의 선호도와 입지 여건 등을 고려하여 설치한다.

5. 학교체육시설

(1) 학교체육시설의 개념
학교에서 진행되는 체육 및 과외 및 학교 내의 체육활동을 효과적으로 운영하여 지역주민들의 스포츠활동에 기여하는 시설을 말한다.

(2) 학교체육시설의 조건
학교의 교육 방침과 동일, 학생 또는 이용자의 안전과 건강을 고려하고, 즐거운 학교를 만드는 데 기여하여 사회체육에 필요한 시설을 말한다.

6. 전문체육시설 및 생활체육시설의 사용료 감면(시행령 제4조의2)

(1) 국가나 다른 지방자치단체가 주최하거나 주관하는 행사

(2) 다음의 단체가 주관하는 행사
① 「국민체육진흥법」에 따른 대한체육회
② 「국민체육진흥법」에 따른 대한장애인체육회
③ 「국가유공자 등 예우 및 지원에 관한 법률」에 따라 등록된 국가유공자 및 그 유족 또는 가족을 위한 행사
④ 65세 이상의 사람, 장애인 및 「국민기초생활 보장법」에 따른 수급자를 위한 행사
⑤ 「초·중등교육법」에 따른 학교의 체육활동과 관련된 정규 수업 또는 방과 후 활동
⑥ 「학교 밖 청소년 지원에 관한 법률」에 따른 학교 밖 청소년지원센터의 체육활동과 관련된 자립 지원활동
⑦ 그밖에 사용료 감경이 필요하여 지방자치단체의 조례로 정하는 행사 또는 활동

7. (등록)체육시설업

(1) 사업계획 및 시설 설치기간과 신고

① 사업계획의 승인

㉠ 등록 체육시설업을 하려는 자는 시설을 설치하기 전에 대통령령으로 정하는 바에 따라 체육시설업의 종류별로 사업계획서를 작성하여 시·도지사의 승인을 받아야 한다. 그 사업계획을 변경(대통령령으로 정하는 경미한 사항에 관한 사업계획의 변경은 제외)하려는 경우에도 또한 같음(법 제12조)

㉡ 대통령령으로 정하는 경미한 사항에 관한 사업계획의 변경(시행령 제11조)
  - 사업계획의 승인을 받은 자가 법인인 경우 그 대표자의 성명·주소의 변경에 관한 사항(사업계획 승인의 승계의 경우는 제외)
  - 상호의 변경에 관한 사항
  - 문화체육관광부령으로 정하는 범위에서 시설물 설치를 변경하는 것에 관한 사항
  - 회원 모집 예정 인원 및 입회금의 변경에 관한 사항
  - 시설 설치 착공 예정일 또는 준공 예정일의 변경에 관한 사항

㉢ 사업계획의 승인 신청(시행령 제10조 참고)
  - 등록 체육시설업 사업계획의 승인을 받으려는 자는 사업계획 승인신청서에 문화체육관광부령으로 정하는 서류를 첨부하여 관할 시·도지사에게 제출하여야 한다.
  - 시·도지사는 사업계획을 승인하였을 때는 그 승인 사항을 관할 시장·군수 또는 구청장에게 통보하여야 한다.

② 사업계획 승인의 제한(법 제13조)

㉠ 시·도지사는 국토의 효율적 이용, 지역 간 균형 개발, 재해 방지, 자연환경 보전 및 체육시설업의 건전한 육성 등 공공 복리를 위하여 필요하면 대통령령으로 정하는 바에 따라 사업계획의 승인 또는 변경 승인을 제한할 수 있다.

㉡ 시·도지사는 사업계획의 승인이 취소된 후 6개월이 지나지 아니한 때에는 같은 장소에서 그 사업계획의 승인이 취소된 자에게 그 취소된 체육시설업과 같은 종류의 체육시설업에 대한 사업계획의 승인을 할 수 없다.

③ 시설 설치기간 : 등록 체육시설업에 대한 사업계획의 승인을 받은 자는 그 사업계획의 승인을 받은 날부터 4년 이내에 그 사업시설 설치 공사를 착수하여야 하며, 그 사업계획의 승인을 받은 날부터 6년 이내에 그 사업시설 설치 공사를 준공하여야 한다. 다만, 천재지변이나 소송의 진행 등 대통령령으로 정하는 사유로 설치 공사를 착수하거나 준공할 수 없는 경우에는 그러하지 아니하다.(법 제16조)

④ 신고(법 제20조)

㉠ 체육시설업을 하려는 자는 법에 따른 시설을 갖추어 문화체육관광부령으로 정하는 바에 따라 특별자치시장·특별자치도지사·시장·군수 또는 구청장에게 신고하여야 한다.

㉡ 체육시설업의 신고를 한 자가 신고 사항을 변경한 때에는 문화체육관광부령으로 정하는 바에 따라 특별자치시장·특별자치도지사·시장·군수 또는 구청장에게 신고하여야 한다.

ⓒ 특별자치시장·특별자치도지사·시장·군수 또는 구청장은 ㉠에 따른 신고를 받으면 신고를 받은 날부터 7일 이내에, ㉡에 따른 변경 신고를 받은 경우에는 변경 신고를 받은 날부터 5일 이내에 신고수리 여부를 신고인에게 통지하여야 한다.

ⓔ 특별자치시장·특별자치도지사·시장·군수 또는 구청장이 ㉢에서 정한 기간 내에 신고수리 여부나 민원 처리 관련 법령에 따른 처리 기간의 연장 여부를 신고인에게 통지하지 아니하면 그 기간이 끝난 날의 다음 날에 신고를 수리한 것으로 본다.

(2) 등록 및 회원 모집

① 등록 : 영업을 시작하기 전에 대통령령으로 정하는 바에 따라 시·도지사에게 그 체육시설업의 등록을 하여야 함(법 제19조)

② 회원 모집(법 제17조)

㉠ 체육시설업자 또는 사업계획의 승인을 받은 자는 회원을 모집할 수 있으며, 회원을 모집하려면 회원 모집을 시작하는 날 15일 전까지 시·도지사, 시장·군수 또는 구청장에게 회원모집계획서를 작성·제출하여야 한다.

㉡ 회원을 모집하려는 자가 대통령령으로 정하는 관광사업 시설과 통합하여 회원을 모집하기 위하여 회원모집계획서를 제출한 경우에는 「관광진흥법」에도 불구하고 이 법에 따른 회원 모집으로 본다.

㉢ 회원의 종류, 회원의 수, 모집 시기, 모집 방법, 모집 절차 및 회원모집계획서의 작성·제출 등에 관하여 필요한 사항은 대통령령으로 정한다.

③ 회원모집계획서의 제출(시행령 제18조 제2항, 제3항)

㉠ 시·도지사, 시장·군수 또는 구청장은 받은 회원모집계획서와 그 첨부서류를 검토하여 제출일부터 10일 이내에 그 결과를 상대방에게 통보하여야 한다.

㉡ 회원모집계획서를 제출한 자는 통보받은 회원모집계획에 따라 회원을 모집할 수 있으며, 회원 모집이 끝난 경우 그 완료일부터 10일 이내에 회원 모집 결과를 시·도지사, 시장·군수 또는 구청장에게 보고하여야 한다.

④ 회원 모집 시기 및 방법(시행령 제17조)

㉠ 시기
- 등록 체육시설업 : 해당 체육시설업의 사업시설 설치 공사의 공정이 30% 이상 진행된 이후
- 신고 체육시설업 : 신고를 한 이후

㉡ 방법 : 회원은 문화체육관광부령이 정하는 바에 따라 공개로 모집하여야 하되, 회원 탈퇴 등으로 결원된 회원을 보충하는 경우 또는 공개모집 후 정원에 미달된 회원을 재모집하는 경우에는 비공개로 모집할 수 있다.

(3) 회원의 보호(시행령 제19조)

① 회원자격의 양도·양수 : 회원이 그 자격을 다른 사람에게 양도하려는 경우에는 양수하려는 자가 법령에 따른 회원의 자격제한 기준에 해당하는 경우 외에는 제한하여서는 아니 되며, 회원자격을 양수하는 자로부터 회원자격의 양도·양수에 따른 일체의 비용을 징수하는 경우 실비를 기준으로 한 금액이어야 한다.

② 회원의 탈퇴 또는 탈퇴자에 대한 입회금액의 반환시기 등에 관하여는 회원을 모집한 자와 회원 간의 약정에 따르되, 회원으로 가입한 이후 회원 권익에 관한 약정이 변경되는 경우에는 기존 회원은 탈퇴할 수 있으며, 탈퇴자가 입회금의 반환을 요구하는 경우에는 지체 없이 이를 반환하여야 한다.
③ 회원자격의 존속기한을 정한 회원에 대한 입회금액의 반환 : 연회원이 회원자격의 존속기한이 끝나 입회금의 반환을 요구하는 경우에는 요구한 날부터 10일 이내에 반환하여야 한다. 다만, 입회금 반환 여부 등에 관한 약정이 있는 경우에는 그 약정에 따른다.
④ 회원증의 확인·발급 : 회원이 입회한 날부터 30일 이내에 회원증을 작성하여 문화체육관광부령으로 정하는 바에 따라 회원에게 확인·발급하여야 한다. 회원자격을 양수한 회원의 경우에도 또한 같다.

(4) 보험 가입(법 제26조, 시행규칙 제25조)

① 체육시설업자는 체육시설의 설치·운영과 관련되거나 그 체육시설 안에서 발생한 피해를 보상하기 위하여 문화체육관광부령으로 정하는 바에 따라 보험에 가입하여야 한다. 다만, 문화체육관광부령으로 정하는 소규모 체육시설업자(체육도장업, 골프 연습장업, 체력단련장업, 당구장업, 가상 체험 체육시설업 및 체육교습업을 설치·경영하는 자)인 경우에는 그러하지 아니하다.
② 체육시설업자는 체육시설업을 등록하거나 신고한 날부터 10일 이내에 「자동차손해배상 보장법 시행령」에 따른 금액 이상을 보장하는 손해보험에 가입하여야 한다. 이 경우 보험 가입은 단체로 할 수 있다.
③ 손해보험에 가입한 체육시설업자는 그 사실을 증명하는 서류를 다음의 구분에 따라 지체 없이 제출하여야 한다.
  ㉠ 등록 체육시설업자 : 시·도지사
  ㉡ 신고 체육시설업자 : 특별자치시장·특별자치도지사·시장·군수 또는 구청장

(5) 준수 사항(법 제22조, 시행령 제22조)

① 체육시설업자는 다음의 사항을 지켜야 한다.
  ㉠ 「소음·진동관리법」 등 개별법의 규정을 초과하는 소음·진동으로 지역 주민의 주거 환경을 해치지 아니하도록 할 것
  ㉡ 체육시설 업소 안에서 하는 도박이나 그 밖의 사행행위(射倖行爲)를 조장하거나 묵인하지 아니할 것
  ㉢ 이용약관 등 회원 및 일반이용자와 약정한 사항을 지킬 것
② 무도학원업자·무도장업자 및 체육교습업자는 ①의 규정 외에 시설 및 운영 기준 등 대통령령으로 정하는 사항을 지켜야 한다.
  ㉠ 무도학원업자·무도장업자가 준수하여야 할 사항
   • 공연이나 무대 연주를 위한 시설을 설치하지 아니할 것(무도장업자만 해당한다)
   • 업소에서 주류 또는 음식물을 판매하거나 제공하지 아니할 것. 다만, 「식품위생법 시행령」의 식품 제조·가공업의 등록을 한 자가 제조·가공한 음료수와 자동판매기기에 의한 음료수의 판매는 제외한다.
  ㉡ 체육교습업자가 준수해야 할 사항
   • 오전 0시부터 오전 5시까지는 교습을 하지 않을 것
   • 업소에서 주류를 판매하거나 제공하지 않을 것

(6) 벌칙(법 제38조)

① 3년 이하의 징역 또는 3천만 원 이하의 벌금에 처하는 경우
  ㉠ 사업계획의 승인을 받지 아니하고 등록 체육시설업의 시설을 설치한 자
  ㉡ 등록(변경 등록은 제외)을 하지 아니하고 체육시설업의 영업을 한 자
② 1년 이하의 징역 또는 1천만 원 이하의 벌금에 처하는 경우
  ㉠ 신고하지 아니하고 체육시설업(문화체육관광부령으로 정하는 소규모 업종은 제외)의 영업을 한 자
  ㉡ 예약한 체육시설 이용권 등을 부정 판매한 자
  ㉢ 안전·위생 기준을 위반한 자
  ㉣ 영업 폐쇄 명령 또는 정지명령을 받고 그 체육시설업(문화체육관광부령으로 정하는 소규모 업종은 제외)의 영업을 한 자
③ 제1항 및 제2항에 따른 징역과 벌금은 병과(倂科)할 수 있다.

(7) 과태료(법 제40조)

① 100만 원 이하의 과태료를 부과하는 경우
  ㉠ 시설물의 보수·보강 등 필요한 조치에 대한 이행 및 시정 명령을 준수하지 아니한 체육시설의 소유자와 체육시설업자
  ㉡ 변경 등록을 하지 아니하고 영업을 한 자
  ㉢ 체육지도자를 배치하지 아니하거나 체육지도자 자격이 없는 자를 배치한 자
  ㉣ 보험에 가입하지 아니한 자
  ㉤ 휴업 또는 폐업 사실을 휴업 또는 폐업 예정일 14일 전까지 이용자에게 통지하지 아니한 자
  ㉥ 신고하지 아니하고 문화체육관광부령으로 정하는 소규모 업종의 체육시설업의 영업을 한 자
  ㉦ 영업 폐쇄 명령 또는 정지명령을 받고 문화체육관광부령으로 정하는 소규모 업종의 체육시설업의 영업을 한 자
② 과태료는 대통령령으로 정하는 바에 따라 시·도지사, 시장·군수 또는 구청장이 부과·징수한다.

(8) 행정처분(시행규칙 별표7)

① 일반기준
  ㉠ 위반행위가 둘 이상인 경우에는 그중 무거운 처분기준(무거운 처분기준이 같은 경우에는 그중 하나의 처분기준을 말한다. 이하 같다)에 따르며, 둘 이상의 처분기준이 같은 영업정지인 경우에는 무거운 처분기준의 2분의 1까지 가중 처분할 수 있으나, 각 처분기준을 합산한 기간을 초과할 수 없다.
  ㉡ 위반행위의 횟수에 따른 행정처분의 기준은 최근 1년간 같은 위반행위로 행정처분을 받은 경우에 적용하며, 개별 기준에 따른 경고 또는 영업정지를 할 때에 처분권자가 일정 기한 내에 개선을 요구하였으나 그 위반 상태가 개선되지 아니하였을 때는 반복하여 위반한 것으로 본다. 이 경우 기간의 계산은 위반행위에 대하여 행정처분을 받은 날과 그 처분 후 다시 같은 위반행위를 하여 적발된 날을 기준으로 한다.

② 개별 기준
  ㉠ 체육시설업의 등록 위반
   • 경미한 사항을 거짓이나 그 밖의 부정한 방법으로 등록한 경우

1차 위반	2차 위반	3차 위반	4차 위반
경고	영업정지 10일	영업정지 1개월	영업정지 2개월

   • 중대한 사항을 거짓이나 그 밖의 부정한 방법으로 등록한 경우 : 1차 위반 시 등록취소
  ㉡ 시정 명령 위반
   • 회원의 탈퇴자에게 입회금을 반환하지 아니한 경우

1차 위반	2차 위반	3차 위반	4차 위반
영업정지 3일	영업정지 1개월	영업정지 2개월	영업정지 3개월

   • 회원증을 발급하지 아니하거나 회원증의 확인 · 발급 방법을 준수하지 아니한 경우

1차 위반	2차 위반	3차 위반	4차 위반
영업정지 3일	영업정지 10일	영업정지 20일	영업정지 1개월

02 스포츠시설 관련 법령

1. 체육시설업의 종류

구 분	영업의 범위
스키장업	눈, 잔디, 그 밖에 천연 또는 인공 재료로 된 슬로프를 갖춘 스키장을 경영하는 업
썰매장업	눈, 잔디, 그 밖에 천연 또는 인공 재료로 된 슬로프를 갖춘 썰매장(산림문화 · 휴양에 관한 법률에 따라 조성된 자연휴양림 안의 썰매장을 제외한다)을 경영하는 업
요트장업	바람의 힘으로 추진되는 선박(보조추진장치로서 엔진을 부착한 선박을 포함한다)으로서 체육활동을 위한 선박을 갖춘 요트장을 경영하는 업
빙상장업	제빙시설을 갖춘 빙상장을 경영하는 업
종합 체육시설업	신고 체육시설업의 시설 중 실내수영장을 포함한 두 종류 이상의 체육시설을 같은 사람이 한 장소에 설치하여 하나의 단위 체육시설로 경영하는 업
체육도장업	문화체육관광부령으로 정하는 종목(권투, 레슬링, 태권도, 유도, 검도, 우슈, 합기도)의 운동을 하는 체육도장을 경영하는 업
무도학원업	수강료 등을 받고 국제표준무도(볼룸댄스) 과정을 교습하는 업(「평생교육법」, 「노인복지법」, 그 밖에 다른 법률에 따라 허가 · 등록 · 신고 등을 마치고 교양강좌로 설치 · 운영하는 경우와 「학원의 설립 · 운영 및 과외교습에 관한 법률」에 따른 학원은 제외한다)
무도장업	입장료 등을 받고 국제표준무도(볼룸댄스)를 할 수 있는 장소를 제공하는 업
가상체험 체육시설업	정보처리 기술이나 기계장치를 이용한 가상의 운동경기 환경에서 실제 운동경기를 하는 것처럼 체험하는 시설 중 골프 또는 야구 종목의 운동이 가능한 시설을 경영하는 업

구분		내용
체육교습업		체육시설을 이용하는 자로부터 직접 이용료를 받고 농구, 롤러스케이트, 배드민턴, 빙상, 수영, 야구, 줄넘기, 축구 중 어느 하나에 해당하는 운동에 대하여 13세 미만의 어린이를 대상으로 30일 이상 교습행위를 제공하는 업
인공암벽장업		인공적으로 구조물을 설치하여 등반을 할 수 있는 인공암벽장을 경영하는 업

2. 체육시설업의 시설기준

구 분		시설기준
필수 시설	편의시설	• 수용인원에 적합한 주차장(등록 체육시설업만 해당한다) 및 화장실을 갖추어야 한다. 다만, 해당 체육시설이 다른 시설물과 같은 부지에 위치하거나 복합건물 내에 위치한 경우로서 그 다른 시설물과 공동으로 사용하는 주차장 및 화장실이 있을 때에는 별도로 갖추지 아니할 수 있다. • 수용인원에 적합한 탈의실(수영장업을 제외한 신고 체육시설업과 자동차경주장업의 경우에는 세면실로 대신할 수 있다)을 갖추어야 한다. 다만, 탈의실 또는 세면실을 건축물 내 다른 시설과 공동으로 사용하는 경우에는 이를 별도로 갖추지 않을 수 있다. • 수용인원에 적합한 급수시설을 갖추어야 한다.
	안전시설	• 체육시설(무도학원업과 무도장업은 제외한다) 내의 조도(照度)는 「산업표준화법」에 따른 조도기준에 맞아야 한다. • 부상자 및 환자의 구호를 위한 응급실 및 구급약품을 갖추어야 한다. 다만, 신고 체육시설업(수영장업은 제외 한다)과 골프장업에는 응급실을 갖추지 아니할 수 있다. • 적정한 환기시설을 갖추어야 한다. • 어린이 이용자를 운송하기 위한 차량을 운행하는 때에는 「도로교통법」 제52조에 따라 신고된 어린이 통학버스를 갖추어야 한다. 이 경우 「자동차 및 자동차부품의 성능과 기준에 관한 규칙」 제53조의4에 따라 설치하는 어린이 하차 확인장치가 정상적으로 작동되어야 한다. • 높이 3미터 이상으로서 추락의 위험이 있는 장소(계단은 제외한다)에는 견고한 재질로 된 높이 1.2미터 이상의 안전난간을 설치해야 한다.
	관리시설	등록 체육시설업에는 매표소 · 사무실 · 휴게실 등 그 체육시설의 유지 · 관리에 필요한 시설을 설치하여야 한다. 다만, 관리시설을 복합 용도의 시설물 내 다른 시설물과 공동으로 사용하는 경우에는 이를 별도로 갖추지 아니할 수 있다.
임의 시설	편의시설	• 관람석을 설치할 수 있다. • 체육용품의 판매 · 수선 또는 대여점을 설치할 수 있다. • 관계 법령에 따라 식당 · 목욕시설 · 매점 등 편의시설을 설치할 수 있다(무도학원업과 무도장업은 제외한다).
	운동시설	• 등록 체육시설업에는 그 체육시설을 이용하는 데에 지장이 없는 범위에서 그 체육시설 외에 다른 종류의 체육시설을 설치할 수 있다. • 하나의 체육시설을 계절 또는 시간에 따라 체육종목을 달리하여 운영하는 경우에는 각각 해당 체육시설업의 시설기준에 맞아야 한다.

(1) 체육시설업의 종류별 기준

① 골프장업 필수시설

구 분	시설기준
운동시설	• 회원제 골프장업은 3홀 이상, 비회원제 골프장은 3홀 이상 9홀 미만의 골프코스를 갖추어야 한다. • 각 골프코스 사이에 이용자가 안전사고를 당할 위험이 있는 곳은 20m 이상의 간격을 두어야 한다. 다만, 지형상 일부분이 20m 이상의 간격을 두기가 극히 곤란한 경우에는 안전망을 설치할 수 있다. • 각 골프코스에는 티그라운드·페어웨이·그린·러프·장애물·홀컵 등 경기에 필요한 시설을 갖추어야 한다.
안전시설	위치 및 지형상 타구에 의해 골프장 주변에 안전사고의 위험이 있는 경우, 타구에 의한 안전사고 발생을 최소화할 수 있도록 안전시설(비구방지망 등)을 설치하는 등 필요한 조치를 해야 한다.
관리시설	골프코스 주변, 러프지역, 땅깎기 지역(절토지) 및 흙쌓기 지역(성토지)의 경사면 등에는 조경을 하여야 한다.

② 스키장업 필수시설

구 분	시설기준
운동시설	• 슬로프는 길이 300m 이상, 폭 30m 이상이어야 한다(지형적 여건으로 부득이한 경우는 제외한다). • 평균 경사도가 7도 이하인 초보자용 슬로프를 1면 이상 설치하여야 한다. • 슬로프 이용에 필요한 리프트를 설치하여야 한다.
안전시설	• 슬로프 내 이용자가 안전사고를 당할 위험이 있는 곳에는 안전망과 안전 매트를 함께 설치하거나 안전망과 안전 매트 중 어느 하나를 설치하여야 한다. 이 경우 안전망은 그 높이가 지면에서 1.8미터 이상, 설면으로부터 1.5미터 이상이어야 하고, 스키장 이용자에게 상해를 일으키지 않도록 설계하여야 하며, 안전 매트는 충돌 시 충격을 완화할 수 있는 제품을 사용하되, 그 두께가 50밀리미터 이상이어야 한다. 안전망과 안전 매트의 최하부는 모두 설면과 접촉하여야 한다. • 구급차와 긴급구조에 사용할 수 있는 설상차(雪上車)를 각 1대 이상 갖추어야 한다. • 정전 시 이용자의 안전관리에 필요한 전력공급장치를 갖추어야 한다.
관리시설	절토지 및 성토지의 경사면에는 조경을 하여야 한다.

③ 요트장업 필수시설

구 분	시설기준
운동시설	• 3척 이상의 요트를 갖추어야 한다. • 요트를 안전하게 보관할 수 있는 계류장(繫留場) 또는 요트보관소를 갖추어야 한다.
안전시설	• 긴급해난구조용 선박 1척 이상 및 요트장을 조망할 수 있는 감시탑을 갖추어야 한다. • 요트 내에는 승선인원 수에 적정한 구명대를 갖추어야 한다.

④ 조정장업 및 카누장업 필수시설

구 분	시설기준
운동시설	• 5척 이상의 조정(카누)을 갖추어야 한다. • 수면은 폭 50m 이상 길이 200m 이상이어야 하고, 수심은 1m 이상이어야 하며, 유속은 시간당 5km 이하여야 한다.
안전시설	조정장(카누장)의 수용능력에 적정한 구명대 및 1척 이상의 구조용 선박(모터보트)과 조정장(카누장) 전체를 조망할 수 있는 감시탑을 갖추어야 한다.

⑤ 빙상장업 필수시설

구 분	시설기준
안전시설	• 빙판 외곽에 높이 1m 이상의 울타리를 견고하게 설치하여야 한다. • 유해냉각매체를 사용하지 않는 제빙시설을 설치하여야 한다. • 정빙기실 내에는 가스누설경보기를 설치하여야 한다.

⑥ 자동차경주장업

㉠ 2륜 자동차경주장업 필수시설

구 분	시설기준
운동시설	• 트랙은 길이 400m 이상, 폭 5m 이상이어야 한다. • 트랙의 바닥면은 포장한 곳과 포장하지 아니한 곳이 있어야 한다.
안전시설	• 트랙의 양편에는 폭 3m 이상의 안전지대를 설치하여야 한다. • 경주장 전체를 조망할 수 있는 통제소를 설치하여야 한다.
관리시설	2륜 자동차를 수리할 수 있는 시설을 갖추어야 한다.

㉡ 4륜 자동차경주장업 필수시설

구 분	시설기준
운동시설	• 트랙은 길이 2km 이상으로서 출발지점과 도착지점이 연결되는 순환형태여야 하고, 트랙의 폭은 11m 이상 15m 이하여야 하며, 출발지점에서 첫 번째 곡선 부분 시작지점까지는 250m 이상의 직선구간이어야 한다. • 트랙에는 전 구간에 걸쳐 차량의 제동거리를 고려하여 적절한 시계가 확보되어야 한다. • 트랙의 바닥면은 포장 또는 비포장이어야 한다. • 트랙의 종단 기울기는 오르막 20% 이하, 내리막 10% 이하여야 한다. • 트랙의 횡단 기울기는 직선구간은 1.5% 이상 3% 이하, 곡선구간은 10% 이하여야 한다. • 트랙의 양편 가장자리는 폭 15cm의 흰색 선으로 표시하여야 한다.
안전시설	• 출발지점을 제외한 트랙의 직선 부분은 트랙의 좌우 흰색선 바깥쪽으로 3m 이상 5m 이하의 안전지대를 두어야 하며, 트랙의 곡선 부분은 다음의 공식에 따른 폭의 안전지대를 두어야 한다. 다만, 안전지대의 바닥에 깊이 25cm 이상으로 자갈을 까는 경우 안전지대의 폭은 트랙의 직선 부분은 2m 이상, 곡선 부분은 위의 공식에 따라 산출된 폭의 2분의 1 이상으로 할 수 있다. • 안전지대의 폭(m) = (속도)^2/300 ※ 속도의 단위는 시간당 km임 • 트랙 양편의 안전지대 바깥쪽 경계선에는 경주 중인 차량이 트랙을 이탈하는 경우 안전지대 바깥쪽으로 벗어나지 아니하고 정지할 수 있는 정도의 수직 보호벽(높이 69cm 이상이어야 한다)을 가드레일(2단 이상)이나 콘크리트벽으로 설치하여야 한다. • 관람객과 다른 시설물 등을 경주 중인 차량의 사고로부터 보호하고 경주장 외부로부터 무단접근을 방지하기 위하여 수직 보호벽 바깥쪽에 3m 내외의 간격을 두고 높이 1.8m 이상의 견고한 철망 · 울타리 등을 설치하여야 한다. • 경주의 안전한 진행에 필요한 종합통제소 · 검차장 · 표지판 및 신호기 등을 갖추어야 한다. • 감시탑은 트랙의 전체를 조망할 수 있고 경주 중인 차량이 잘 보이는 곳으로서 트랙의 여러 곳에 설치하되, 감시탑 간의 간격은 직선거리 500m 이하여야 하고, 감시탑 간에는 육안으로 연락할 수 있어야 한다. • 견인차, 구급차, 소화기 탑재차 및 트랙의 이상 유무를 확인할 수 있는 통제차를 각 1대 이상 배치하여야 한다. • 긴급사고 발생 시 견인차, 구급차, 소화기 탑재차 등이 트랙에 쉽게 접근할 수 있도록 비상도로를 설치하여야 한다.

⑦ 승마장업 필수시설

구 분	시설기준
운동시설	• 실내 또는 실외 마장면적은 500m² 이상이어야 하고, 실외 마장은 0.8m 이상의 울타리를 설치하여야 한다. • 3마리 이상의 승마용 말을 배치하고, 말의 관리에 필요한 마사(馬舍)를 설치하여야 한다.

⑧ 종합체육시설업

구 분	시설기준
필수시설	해당 체육시설업의 필수시설 기준에 따른다.
임의시설	• 해당 체육시설업의 임의시설 기준에 따른다. • 수영조 바닥면적과 체력단련장 및 에어로빅장의 운동전용 면적을 합한 면적의 15% 이하의 규모로 체온관리실(온수조·냉수조·발한실)을 설치할 수 있다. 다만, 체온관리실은 종합 체육시설업의 시설 이용자만 이용하게 하여야 한다.

⑨ 수영장업

구 분		시설기준
필수시설	운동시설	• 물의 깊이는 0.9m 이상 2.7m 이하로 하고, 수영조의 벽면에 일정한 거리 및 수심 표시를 하여야 한다. 다만, 어린이용·경기용 등의 수영조에 대하여는 이 기준에 따르지 아니할 수 있다. • 수영조와 수영조 주변 통로 등의 바닥면은 미끄러지지 아니하는 자재를 사용하여야 한다. • 도약대를 설치한 경우에는 도약대 돌출부의 하단 부분으로부터 3m 이내의 수영조의 수심은 2.5m 이상으로 하여야 한다. • 도약대는 사용 시 미끄러지지 아니하도록 하여야 한다. • 도약대로부터 천장까지의 간격이 스프링보드 도약대와 높이 7.5m 이상의 플랫폼 도약대인 경우에는 5m 이상, 높이 7.5m 이하의 플랫폼 도약대인 경우에는 3.4m 이상이어야 한다. • 물의 정화설비는 순환여과방식으로 하여야 한다. • 물이 들어오는 관과 나가는 관의 배관설비는 물이 계속하여 순환되도록 하여야 한다. • 수영조 주변 통로의 폭은 1.2m 이상(핸드레일을 설치하는 경우에는 1.2m 미만으로 할 수 있다)으로 하고, 수영조로부터 외부로 경사지도록 하거나 그 밖의 방법을 마련하여 오수 등이 수영조로 새어 들 수 없도록 하여야 한다.
	안전시설	• 이용자의 안전을 위하여 수영조 전체를 조망할 수 있는 감시탑을 설치하여야 한다. • 수영조 내 사다리는 벽과 사다리 사이에 신체 일부가 끼이는 사고가 발생하지 않도록 설치되어야 한다.
임의시설	편의시설	물 미끄럼대, 유아 및 어린이용 수영조를 설치할 수 있다.

⑩ 체육도장업 필수시설

구 분	시설기준
운동시설	• 운동전용면적 3.3m²당 수용인원은 1명 이하가 되도록 하여야 한다. • 바닥면은 운동 중 발생하는 충격의 흡수가 가능하게 하여야 한다. • 해당 종목의 운동에 필요한 기구와 설비를 갖추어야 한다.

⑪ 골프연습장업

구 분		시설기준
필수 시설	운동시설	• 실내 또는 실외 연습에 필요한 타석을 갖추거나, 실외 연습에 필요한 2홀 이하의 골프 코스(각 홀의 부지면적은 1만3천m^2 이하이어야 한다) 또는 18홀 이하의 피칭연습용 코스(각 피칭연습용 코스의 폭과 길이는 100m 이하이어야 한다)를 갖추어야 한다. 다만, 타구의 원리를 응용한 연습 또는 교습이 아닌 별도의 오락·게임 등을 할 수 있는 타석을 설치하여서는 아니 된다. • 타석 간의 간격이 2.5m 이상이어야 하며, 타석과 타석 뒤 보행통로와의 거리는 1.5m 이상이어야 하며, 타석의 주변에는 이용자가 연습을 위하여 휘두르는 골프채에 벽면·천장과 그 밖에 다른 설비 등이 부딪치지 아니하도록 충분한 공간이 있어야 한다.
	안전시설	연습 중 타구에 의하여 안전사고가 발생하지 않도록 그물·보호망 등을 설치하여야 한다. 다만, 실외 골프연습장으로서 위치 및 지형상 안전사고의 위험이 없는 경우에는 그러하지 아니하다.
임의 시설	운동시설	• 연습이나 교습에 필요한 기기를 설치할 수 있다. • 2홀 이하의 퍼팅연습용 그린을 설치할 수 있다. 다만, 퍼팅의 원리를 응용하여 골프연습이 아닌 별도의 오락·게임 등을 할 수 있는 그린을 설치하여서는 아니 된다.

⑫ 체력단련장업 필수시설

구 분	시설기준
운동시설	• 바닥면은 운동 중 발생하는 충격을 흡수할 수 있어야 한다. • 체중기 등 필요한 기구를 갖추어야 한다.

⑬ 당구장업 필수시설

구 분	시설기준
운동시설	당구대 1대당 16m^2 이상의 면적을 확보하여야 한다.

⑭ 썰매장업 필수시설

구 분	시설기준
운동시설	슬로프 규모에 적절한 썰매와 제설기 또는 눈 살포기(자연설을 이용할 수 있는 지역만 해당한다) 등을 갖추어야 한다.
안전시설	슬로프의 가장자리에는 안전망과 안전매트를 설치하여야 한다.

⑮ 무도학원업 및 무도장업 필수시설

구 분	시설기준
운동시설	• 무도학원업은 바닥면적이 66m^2 이상이어야 하며, 무도장업은 특별시와 광역시의 경우에는 330m^2 이상, 그 외의 지역의 경우에는 231m^2 이상이어야 한다. • 소음 방지에 적합한 방음시설을 하여 소리가 밖으로 새어 나가지 아니하도록 하여야 한다. • 바닥은 목재 또는 목재와 유사한 기능을 가진 바닥재로 된 마루로 하고, 마루 밑에 받침을 두어 탄력성이 있게 하여야 한다. • 무도학원업과 무도장업으로 사용되고 있는 건축물의 용도가 「건축법 시행령」 별표 1의 용도별 건축물의 종류에 적합하여야 하고, 그 밖에 「건축법」 및 「국토의 계획 및 이용에 관한 법률」에 적합한 위치이어야 한다. • 운동시설은 사무실 등 다른 용도의 시설과 완전히 구획되어야 한다. • 업소 내의 조도는 무도학원업은 100lx 이상, 무도장업은 30lx 이상 되어야 하며, 조명의 밝기를 조절하는 장치를 설치하여서는 아니 된다.

⑯ 야구장업 필수시설

구 분	시설기준
운동시설	• 야구장에는 투수석(투수 마운드), 타자석(타자 박스), 코치석(코치 박스), 충돌 경고 트랙, 포수 뒤 그물망, 선수대기석(더그아웃), 타자 시선 보호벽, 파울 기둥(파울 폴), 대기타자 공간(서클) 및 베이스를 설치해야 한다. • 관람석이 있는 경우, 의자와 계단은 결함 없이 안전하게 설치하고 관리해야 한다. • 경기장은 평탄하게 유지해야 한다.
안전시설	타구로 인한 사고를 예방하기 위하여 1루, 3루 및 홈플레이트 뒤에는 안전장치(그물망 등)를 설치해야 한다(안전을 위해 필요한 경우에는 외야 뒤쪽에도 설치해야 한다).

⑰ 가상체험 체육시설업 필수시설

구 분		시설기준
골프	운동시설	• 타석과 스크린(화면)과의 거리는 3m 이상, 타석으로부터 천장까지의 높이는 2.8m 이상, 타석과 대기석과의 거리는 1.5m 이상이어야 한다. • 이용자가 타석에서 휘두르는 골프채에 벽면, 천장 및 그 밖에 다른 시설 등이 부딪히지 않도록 충분한 공간이 있어야 한다.
	안전시설	• 타석과 스크린 사이의 벽면, 천장 및 바닥은 충격을 흡수할 수 있는 재질이어야 한다. • 스크린은 타구에 의한 안전사고 예방을 위해 벽면과의 사이에 틈을 두고 평편하게 설치되어야 한다. • 바닥은 미끄럽지 않은 재질로 설치해야 한다.
야구	운동시설	• 타석과 스크린과의 거리는 6m 이상, 타석으로부터 천장까지의 높이는 2.4m 이상, 타석 중앙에 설치된 홈플레이트와 후면 벽체와의 거리는 1.5m 이상이어야 한다. • 타석과 대기석을 구분하는 칸막이를 설치해야 하며, 칸막이는 철망, 강화유리 등 내구성이 강한 재질이어야 한다.
	안전시설	• 모든 안전시설은 내구성이 강한 재료를 사용해야 한다. • 타석실 내 스크린을 제외한 모든 벽은 충격을 흡수할 수 있는 재질이어야 한다. • 스크린은 타구에 의한 안전사고 예방을 위해 벽면과의 사이에 틈을 두고 평편하게 설치되어야 한다. • 바닥은 미끄럽지 않은 재질로 설치해야 한다.

⑱ 체육교습업 필수시설

구 분	시설기준
운동시설	해당 종목의 운동에 필요한 기구와 보조장비를 갖추어야 한다.
안전시설	• 이용자 안전을 위하여 필요한 경우 운동 공간에 적절한 안전 장치를 갖추어야 한다. • 빙상·수영 종목을 교습할 때에는 제1호 및 이 호 마목·자목의 시설 기준과 별표 6 제1호 및 제2호 사목·차목의 안전·위생 기준이 준수되는 시설에서만 해야 한다.

⑲ 인공암벽장업 필수시설

구 분	시설기준
운동시설	등반벽 마감재 및 홀더 등은 구조부재(構造部材)와 튼튼하게 연결해야 한다.
안전시설	• 볼더링 인공암벽의 경우에는 충격을 충분히 흡수할 수 있는 매트리스를 인공암벽의 추락면에 설치해야 한다. • 실외 인공암벽장은 운영시간 외에는 외부인이 접근하지 못하도록 울타리나 경고 센서를 설치하는 등 안전조치를 취해야 한다. 또한, 인공암벽장을 무단이용하는 경우 안전사고가 발생할 수 있음을 알리는 안내문을 눈에 잘 띄는 곳에 게시해야 한다.
관리시설	• 실외 인공암벽장을 설치할 경우에는 누수나 지반침하가 발생하지 않도록 해야 한다. • 실외 인공암벽장을 설치할 경우에는 주변 옹벽 및 석축 등이 쓰러지지 않도록 해야 한다.

3. 체육시설업 시설물의 설치 제한 사항(「체육시설법 시행령」 별표3)

골프장 안에는 「공중위생관리법」 제2조 제1항 제2호에 따른 숙박업의 시설물(이하 "숙박시설"이라 한다)을 설치할 수 없다. 다만, 다음의 요건을 모두 충족하는 경우에는 설치할 수 있다.

(1) 골프장 사업계획부지가 다음 각 목에 해당하지 않을 것

① 「환경정책기본법」 제38조 제1항에 따라 지정·고시된 특별대책지역. 다만, 「한강수계 상수원수질개선 및 주민지원 등에 관한 법률」 및 「금강수계 물관리 및 주민지원 등에 관한 법률」에 따른 오염총량관리기본계획의 수립·시행 지역은 제외한다.
② 「수도권정비계획법」 제6조 제1항 제3호에 따른 자연보전권역. 다만, 「한강수계 상수원수질개선 및 주민지원 등에 관한 법률」에 따른 오염총량관리기본계획의 수립·시행 지역은 제외한다.
③ 「자연공원법」 제2조 제5호에 따른 공원구역
④ 「수도법」 제3조 제3호에 따른 광역상수원의 상수원보호구역(같은 법 제7조 제1항에 따른 상수원보호구역을 말한다. 이하 같다)으로부터 상류방향으로 유하거리(流下距離) 20킬로미터 이내[「한강수계 상수원수질개선 및 주민지원 등에 관한 법률」, 「낙동강수계 물관리 및 주민지원 등에 관한 법률」, 「금강수계 물관리 및 주민지원 등에 관한 법률」, 「영산강·섬진강수계 물관리 및 주민지원 등에 관한 법률」 및 「물환경보전법」에 따른 오염총량관리기본계획의 수립·시행 지역(이하 "기본계획수립시행지역"이라 한다)의 경우 취수지점으로부터 상류방향으로 유하거리 7킬로미터 이내]인 지역
⑤ 상수원보호구역으로부터 상류방향으로 유하거리 10킬로미터 이내(기본계획수립시행지역의 경우 취수지점으로부터 상류방향으로 유하거리 7킬로미터 이내)인 지역
⑥ 취수지점(공중이 이용하는 것만 해당한다. 이하 이 표에서 같다)으로부터 상류방향으로 유하거리 15킬로미터 이내(기본계획수립시행지역의 경우 취수지점으로부터 상류방향으로 유하거리 7킬로미터 이내)인 지역
⑦ 취수지점으로부터 하류방향으로 유하거리 1킬로미터 이내인 지역

(2) 숙박시설 설치 예정부지가 환경영향평가 협의 시 녹지를 보전하도록 협의된 지역이 아닐 것(사업계획승인 당시 숙박시설이 설치되지 않은 골프장만 해당한다)

4. 체육지도자 배치기준(「체육시설법 시행규칙」 별표5)

(1) 스키장업 : 슬로프 10면 이하는 1명 이상, 10면 초과는 2명 이상

(2) 요트장업 : 요트 20척 이하는 1명 이상, 20척 초과는 2명 이상

(3) 조정(카누)장업 : 조정(카누) 20척 이하는 1명 이상, 20척 초과는 2명 이상

(4) 빙상장업 : 빙판면적 $1,500m^2$ 이상 $3,000m^2$ 이하는 1명 이상, $3,000m^2$ 초과는 2명 이상

(5) 승마장업 : 말 20마리 이하는 1명 이상, 20마리 초과는 2명 이상

(6) **수영장업** : 수영조 바닥 면적이 400㎡ 이하인 실내 수영장은 1명 이상, 400㎡ 초과는 2명 이상

(7) **체육도장업** : 운동전용면적 300㎡ 이하는 1명 이상, 300㎡ 초과는 2명 이상

(8) **골프연습장업** : 20타석 이상 50타석 이하는 1명 이상, 50타석 초과는 2명 이상

(9) **체력단련장업** : 운동전용면적 300㎡ 이하는 1명 이상, 300㎡ 초과는 2명 이상

(10) **체육교습업** : 동시 최대 교습 인원 30명 이하는 1명 이상, 동시 최대 교습 인원 30명 초과는 2명 이상

(11) **인공암벽장업** : 실내 인공암벽장과 실외 인공암벽장 운동 전용면적 600㎡ 이하는 1명 이상, 실외 인공암벽장 운동 전용면적 600㎡ 초과는 2명 이상

5. 스포츠시설 안전관리

(1) 체육시설 안전관리에 관한 기본계획 등 수립(법 제4조의2, 시행령 제2조의2)
① 문화체육관광부 장관은 체육시설(공공 체육시설 및 등록·신고 체육시설에 한정)의 안전한 이용 및 체계적인 관리를 위하여 5년마다 체육시설 안전관리에 관한 기본계획을 수립·시행하여야 한다.
② 기본계획에는 다음의 사항이 포함되어야 한다.
　㉠ 체육시설에 대한 중기·장기 안전관리 정책에 관한 사항
　㉡ 체육시설 안전관리 제도 및 업무의 개선에 관한 사항
　㉢ 체육시설과 관련된 사고를 예방하기 위한 교육·홍보 및 안전 점검에 관한 사항
　㉣ 체육시설 이용 관련 어린이 안전사고 예방 및 안전관리에 관한 사항
　㉤ 체육시설 안전관리와 관련된 전산시스템의 구축 및 관리
　㉥ 체육시설의 감염병 등에 대한 위생·방역 관리에 관한 사항
　㉦ 체육시설 안전관리 전문 기관의 육성·지원에 관한 사항
　㉧ 체육시설의 안전관리에 필요한 기술의 연구·개발에 관한 사항
　㉨ 체육시설 안전관리 표준 매뉴얼의 개발에 관한 사항
③ 문화체육관광부 장관은 기본계획에 따라 매년 안전관리계획을 수립·시행하여야 한다.

(2) 공통기준
① 체육시설 내에서는 이용자가 항상 이용질서를 유지
② 이용자의 안전을 위한 시설·설비·장비·기구 등은 정상 이용이 가능한 상태를 유지하며, 재난 피해가 발생하지 않도록 노력
③ 재난으로 인하여 이용자의 안전을 해칠 우려가 있다고 판단될 때에는 그 체육시설의 이용을 제한
④ 체육시설업의 해당 종목의 특성을 고려하여 음주 등으로 정상적인 이용이 곤란하다고 판단될 때에는 이용을 제한
⑤ 정원을 초과하여서는 안 됨

⑥ 화재발생에 대비하여 소화기를 설치하고, 이용자가 쉽게 알아볼 수 있는 곳에 피난안내도를 부착하거나 피난 방법에 대하여 고지하여야 함
⑦ 체육시설업자는 체육시설 내에서 사망사고가 발생한 경우에는 해당 체육시설업을 등록 또는 신고한 지방자치단체의 장에게 즉시 보고하여야 함
⑧ 등록 체육시설업자는 자동심장충격기 등 심폐소생술을 할 수 있는 응급장비를 갖추어야 한다.
⑨ 체육시설업자는 체육시설의 안전·위생에 관한 매뉴얼을 작성하고, 전 직원을 대상으로 매뉴얼에 관한 교육을 반기별로 1회 이상 실시해야 한다.
⑩ 체육시설업자는 체육시설의 이용에 관한 안전수칙(어린이 안전사고 예방수칙 포함)을 작성하여 이용자가 쉽게 알아볼 수 있는 장소에 게시해야 한다.
⑪ 체육시설에 설치된 조명타워 또는 광고판 등의 부착물은 해당 부착물의 고정하중(구조물 자체의 무게 또는 구조물에 고정되어 항상 작용하는 외부의 무게)과 풍하중(바람으로 인하여 구조물의 외면에 작용하는 하중)의 영향에 대하여 안전하도록 설치되어야 하며, 조명 등의 변경시 변경된 무게에 대한 안전성을 확인해야 한다.

(3) 체육시설업 종류별 안전관리 기준

시설업	기 준
골프장업	코스관리요원(골프장에서 잔디 및 수목의 식재, 재배, 병해충 방제와 체육활동을 위한 풀베기작업과 농약의 안전한 사용·보관 및 오염 방지 등에 관한 업무에 종사하는 자를 말한다)을 18홀 이하인 골프장에는 1명 이상, 18홀을 초과하는 골프장에는 2명 이상을 배치하여야 함
스키장업	• 스키지도요원(스키장에서 이용자에게 스키에 관한 지식과 스키를 타는 방법, 기술 및 안전 등에 관하여 교습하는 업무에 종사하는 사람) 및 스키구조요원(스키장에서 슬로프를 순찰하여 안전사고 예방과 사고 발생 시 인명구조 및 후송 등의 업무에 종사하는 사람으로서 스키장협회에서 실시하는 정기 안전교육을 받은 사람)을 배치하되, 스키지도요원은 슬로프 면적 5만m^2당 1명 이상, 스키구조요원은 운영 중인 슬로프별로 2명 이상(슬로프 길이가 1.5km 이상인 슬로프는 3명 이상)을 각각 배치 • 각 리프트의 승차장에는 2명 이상의 승차보조인원을, 하차장에는 1명 이상의 하차보조요원을 배치 • 「의료법」에 따라 간호사 또는 응급구조사 1인 이상 배치 • 스키장 시설이용에 관한 안전수칙을 이용자가 쉽게 알아볼 수 있도록 셋 이상의 장소에 게시 • 이용자의 안전모 착용을 지도해야 하며, 이용자가 이의 대여 요청 시 대여할 수 있는 충분한 수량 구비
요트장업· 조정장업· 카누장업	• 이용자가 항상 구명대 착용 후 이용하게 해야 함 • 구조용 선박에는 수상안전요원을, 감시탑에는 감시요원을 각 1명 이상 배치하여야 함. 이 경우 수상안전요원은 대한적십자사에서 실시하는 수상인명 구조활동에 관한 정하여진 과정을 마친 자, 해군이나 해경에 복무한 자로서 수상인명구조에 경험이 있는 자 또는 그에 상당하는 자격이 있는 자이어야 함 • 요트장업은 특별자치시장·특별자치도지사·시장·군수 또는 구청장이 요트장의 지형 여건 등을 고려하여 안전수칙을 정한 경우 이를 준수
자동차경주장업	• 경주참가차량이나 일반주행차량 등 트랙을 이용하는 차량에 대하여는 사전에 점검을 한 후 경주나 일반주행에 참가 • 사전 주행능력을 평가하여 부적격자는 트랙 이용 제한 • 경주진행 및 안전 등에 관한 규칙을 자체적으로 제정하여 경주참가자나 일반주행자 등 트랙 이용자에게 사전에 교육 • 안전진행에 필요한 통제소요원·감시탑요원·진행요원은 해당분야의 지식과 기술을 보유한 자로 규모에 따라 적정하게 배치 • 경주기간에는 의사 및 간호사, 응급구조사 각 1인 이상, 그 외 운영기간에는 간호사 또는 응급구조 1인 이상

구분	내용
자동차경주장업	• 관람자에게 사전 안전에 관한 안내방송 실시 • 경주기간 중에는 「의료법」에 따른 의사 및 간호사 또는 응급구조사 각 1명 이상을, 그 외의 운영기간 중에는 간호사 또는 응급구조사 1명 이상을 배치 • 이용자가 안전모, 목보호대, 불연 의복·장갑 등 안전장구를 착용하도록 지도하여야 하며, 이용자가 이들의 대여를 요청할 때 대여할 수 있는 충분한 수량 구비
승마장업	• 이용자는 항상 승마용 신발 착용 후 승마 • 말이 놀라서 낙마사고가 발생하지 않도록 주변에 고성방가, 자동차 경적사용을 금지하게 하여야 함 • 장애물 통과에 관한 승마를 하는 자는 안전모를 착용
종합체육시설업	구성하고 있는 해당 체육시설업의 안전·위생 기준 준수

수영장업	• 수영조·주변공간 및 부대시설 등의 규모를 고려하여 안전과 위생에 지장이 없다고 인정하는 범위에서 특별자치시장·특별자치도지사·시장·군수 또는 구청장이 정하는 입장자의 정원을 초과하여 입장 불가
	• 수영조에서 동시에 수영할 수 있는 인원은 도약대의 높이·수심·수영조의 면적 및 수상안전시설의 구비 정도 등을 고려하여 특별자치시장·특별자치도지사·시장·군수 또는 구청장이 정하는 인원을 초과하지 않아야 하고, 도약대의 전면 돌출부의 최단 부분에서 반지름 3m 이내의 수면에서는 5명 이상이 동시에 수영하도록 해서는 안 됨
	• 개장 중인 실외수영장에는 간호사, 간호조무사 또는 응급구조사 1명 이상 배치
	• 수영조의 욕수는 1일 3회 이상 여과기 통과
	• 수상 안전요원을 감시탑에 2명 이상 배치해야 하나, 모든 수영조가 교습 행위만으로 이용되고 있고 교습자 중에 수상 안전요원의 자격을 가진 사람이 있으면 감시탑에 수상 안전요원을 1명만 배치할 수 있음
	• 수상 안전요원에게 다음의 임무를 수행하게 해야 하며, 수상 안전요원으로서 임무를 수행하는 동안에는 다른 업무를 맡겨서는 안 됨
	  – 수상 안전요원은 안전사고를 예방하기 위하여 감시탑에 위치해야 하지만, 임무 수행을 위해 필요한 경우에는 수영조 전체를 볼 수 있으면서 즉시 입수가 가능한 감시탑 주변의 장소에 있을 수 있음
	  – 수상 안전요원은 응급상황 발생 시 신속한 대처를 해야 함
	  – 수상 안전요원은 욕수 깊이의 적절성, 침전물이나 사고의 발생 유무 등을 확인하기 위하여 1시간마다 수영조를 점검해야 하며 수상 안전요원이 수영조를 점검하는 동안에는 수영조 안의 이용자를 밖으로 나오도록 해야 하고, 수영조의 점검이 끝난 후에 이용자를 입장하게 해야 함
	• 욕수의 경우 수질기준을 유지해야 하며, 수질검사방법은 먹는 물의 수질검사기준에 따른 수질 검사방법을 적용
	  – 유리잔류염소는 0.4~1.0mg/L 범위 유지
	  – 수소이온농도는 5.8~8.6 유지
	  – 탁도는 1.5NTU 이하
	  – 과망간산칼륨의 소비량은 12mg/L 이하
	  – 총대장균군은 10ml들이 시험대상 욕수 5개 중 양성이 2개 이하
	  – 비소는 0.05mg/L 이하이고, 수은은 0.007mg/L 이하이며, 알루미늄은 0.5mg/L 이하이어야 함
	  – 결합잔류염소는 최대 0.5mg/L 이하여야 함
	• 수영조 주위의 적당한 곳에 수영장의 정원, 욕수의 순환 횟수, 잔류염소량, 수소이온농도 및 수영자의 준수사항을 게시
	• 수영조 안에 미끄럼틀을 설치하는 경우 관리 요원을 배치하여 그 이용 상태를 항상 점검해야 함
	• 수영조 욕수에 대한 수질검사를 반기별로 1회 이상 실시하고, 그 결과를 게시해야 하며, 수질검사 결과에 따라 적정한 시기에 욕수를 교체해야 함

썰매장업	• 출발지점과 도착지점에 1인 이상의 안전요원 배치 • 슬로프 내에 장애물이 없어야 하고, 슬로프내의 바닥면을 평탄하게 유지·관리 • 눈썰매장의 경우 슬로프 가장자리(안전매트 안쪽)를 모두 폭 1m 이상 높이 50cm 이상의 눈을 쌓거나 공기 매트 등 보호시설을 설치해야 함 • 슬로프의 바닥면이 잔디, 기타 인공재료인 경우 바닥면의 물리적, 화학적 특성에 따라 이용자의 안전에 필요한 조치

무도학원업 및 무도장업	• 무도학원업은 3.3m² 당 동시에 1인, 무도장업은 동시에 2인을 초과 수용 금지 • 냉난방시설은 보건위생상 적정한 것
빙상장업	• 이용자는 안전모, 보호장갑 등 안전장구 착용 지도 • 이용자가 안전모 등의 대여를 요청 시 대여할 수 있는 충분한 수량 구비
체력단련장업	이용자의 운동에 방해가 되지 않도록 운동기구 간에 공간을 충분히 확보해야 함
야구장업	이용자가 안전모 및 안전보호대 등의 안전장비를 착용하도록 지도
가상체험 체육 시설업 — 골프	이용자에게 대여하는 골프채, 골프화 등의 장비는 안전하고 위생적으로 관리해야 함
가상체험 체육 시설업 — 야구	• 이용자가 안전모 등의 안전장비를 착용하도록 지도해야 하며, 이용자에게 대여하는 안전모, 야구장갑 등의 장비는 안전하고 위생적으로 관리해야 함 • 타석에는 1명만 입장하도록 지도해야 함
체육교습업	• 이용자가 해당 운동 종목에 필요한 안전장비를 착용하도록 지도해야 하며, 이용자에게 대여하는 운동 장비는 안전하고 위생적으로 관리해야 함 • 운동시설 및 부대시설은 이용자의 사용에 불편함이 없도록 안전하고 위생적으로 관리해야 함
인공암벽장업	• 인공암벽장에는 안전관리 요원(안전사고 예방과 안전 점검 등의 업무에 종사하는 사람으로서 체육단체에서 정기적으로 실시하는 안전관리 교육을 받은 사람)을 1명 이상 배치해야 함. 다만, 운영자 또는 체육지도자가 안전관리 교육을 이수한 경우에는 안전관리 요원을 겸임할 수 있음 • 등반의 진행 및 안전 등에 관한 규칙을 자체적으로 제정하여 이용자에게 사전교육을 해야 함 • 안전관리요원 또는 체육지도자는 이용자가 등반하기 전에 안전벨트, 고리(카라비너), 확보기구, 암벽화 등 안전장비를 착용하도록 지도해야 함 • 운동시설 및 부대시설은 이용자의 사용에 불편함이 없도록 안전하고 위생적으로 관리해야 함 • 이용자에게 대여하는 장비(안전벨트, 고리, 밧줄, 퀵드로우, 확보기구 등)는 안전하고 위생적으로 관리해야 함 • 이용자에게 대여하는 장비는 반기마다 점검을 하고, 점검 결과를 기록한 점검 대장을 인공암벽장 내에 비치해야 하며, 점검 결과 안전에 이상이 있다고 판단되는 장비는 즉시 수리 또는 교체해야 함 • 홀드를 구조부재에 연결할 경우에는 움직이지 않도록 고정하고, 수시로 홀드의 고정상태를 확인해야 함 • 홀드 내 먼지와 이물질이 쌓이지 않도록 정기적으로 청소를 해야 함

03 스포츠시설 관리운영

1. 스포츠시설 관리운영 일반

(1) 스포츠시설 관리운영의 목표

스포츠시설의 활용 극대화를 위한 연구와 소비자 만족도를 높이기 위해 물리적 시설기능을 유지하고, 환경적 측면을 고려하여 스포츠시설의 기능을 최대로 발휘할 수 있도록 유지·관리하는 활동을 말한다.

(2) 스포츠시설 관리운영의 원칙

행정가와 시설관리자와의 긴밀한 인간관계 유지, 능력 있는 관리인의 확보, 시설의 적절한 활용, 비사용 기간 중 관리 철저, 관리기술 향상에 대한 계속적인 노력이 필요하다.

(3) 뉴스포츠

개 념	• 유연한 규칙과 간편한 경기 방식 적용과 참가자 특성에 맞게 운영되는 참가자 지향적 스포츠 • 다양한 형태의 새로운 스포츠 문화를 창출하고 있으며, 최근 스포츠 마케팅의 범위가 확산되면서 변화하는 현상들이 이를 뒷받침하고 있음
효 과	• 신체적 효과 : 신체 건강의 증진 · 유지, 비만 · 성인병 예방, 관절 · 근육의 활동으로 유연성과 평형감 향상, 심폐 기능 향상 • 정신적 효과 : 자신감 회복, 집중력 향상, 스트레스 해소 • 사회적 효과 : 사회성 향상, 정보교환 장소 제공, 재충전의 기회 제공, 협동심 함양
종 류	• 수입형 : 외국에서 수입된 뉴스포츠 • 개량형 : 기존 스포츠를 부분적으로 개량 • 개발형 : 개인 또는 단체가 자체적으로 개발

(4) 프로그램 개발

① 스포츠 프로그램의 개념 : 스포츠활동을 행하는 데 필요한 내용과 규칙, 방법 등을 체계적으로 구성한 것

② 스포츠 프로그램 전개

욕구조사 및 계획 → 프로그램 개발 → 프로그램 실행 → 프로그램 평가

2. 스포츠시설업 경영전략

(1) 스포츠시설의 경영방법

스포츠시설의 경영방법은 직접경영과 간접경영이며, 간접경영은 위탁경영과 임대경영으로 다시 구분된다.

① 직접경영 : 소유자와 관리자가 동일할 경우

② 간접경영 : 소유자와 관리자가 다른 경우

(2) 공공스포츠시설의 경영

공공스포츠시설은 대부분 위탁경영이 이루어지고 있으며, 위탁경영 시 시설활용의 효과적인 성과 제고를 기대할 수 있고, 전문적인 기술 활용과 행정업무의 간소화, 개장시간의 탄력적 운영이 가능하다. 그러나 위탁의 명분으로 이권이 개입하여 부정행위가 발생할 위험성이나 특정한 주민들에게 편중하여 이용의 혜택이 돌아갈 수 있다.

(3) 민간스포츠시설의 경영

민간스포츠시설은 수익을 증대하는 것을 목적으로 이윤을 추구하는 경영원리를 가지고 있다.

(4) 스포츠시설 경영전략의 개요

스포츠시설이 선정한 목표를 성취하기 위한 일련의 활동 및 그에 따른 보유하고 있는 자원을 배분하는 활동이다.

(5) 스포츠시설 경영전략의 유형

① 원가우위전략 : 경쟁자에 비해 원가 또는 비용절감을 통해 저가격을 제시하여 경쟁적 우위를 선정하는 전략이다.

② **차별화전략** : 경쟁자와 비교할 수 있는 특징이 있는 전략으로, 전략의 중요한 요소는 프로그램, 서비스, 위치, 가격, 마케팅 활동 등이 있다.
③ **집중전략** : 원가 또는 차별화 우위를 집중하는 전략으로, 특정한 시장에서의 소비자의 욕구를 파악하여 집중 공략하는 전략이다.

(6) 스포츠시설의 입지

① **입지의 중요성** : 입지를 선정하면 초기투자가 많이 일어나기 때문에 소비자의 욕구와 시장환경, 경쟁자와 부대시설 등을 모두 고려하여 결정해야 한다. 한편, 스포츠시설의 입지는 경기장을 건설하는 장소, 스포츠센터의 위치를 선정하는 것으로, 다른 업무에 비해 우선적으로 결정되어야 할 부분이다.
② **입지선정절차** : 입지환경에 대해 이해하고, 입지선정 시 고려해야 하는 요인들을 파악한 후 여러 입지에 대한 대안 평가를 하고 입지를 결정한다.
③ **입지선정 시 고려사항** : 입지선정 시 경쟁자의 위치와 수를 파악하고, 이용자의 접근용이성, 인력수급을 할 수 있는 방법, 인구통계학적 특성 등을 고려해야 한다.
④ **입지선정방법** : 입지선정방법에는 크게 가중치이용법과 중력모델법이 있다.
　㉠ 가중치 이용법 : 입지를 선정할 때 필요한 요인들을 선정한 후, 요인별 상대적 중요성에 따라서 가중치를 이용하여 입지를 선정하는 방법
　㉡ 중력 모델법
　　• 거리가 늘어나면서 이동 비용 또한 증가한다는 가정을 하면서 스포츠 시설의 규모와 이동 거리 및 이동 소요 시간과의 상관관계를 분석하여 입지를 선정하는 방법
　　• 매력도 $= \dfrac{\text{스포츠시설의 규모}}{\text{이동시간}^2}$
　㉢ 시간 거리 환산법 : 스포츠 시설까지의 소요 시간과 거리를 중심으로 수요치를 예측하는 방법으로 직선거리, 이동 거리 및 이동 소요 시간 등을 적용하여 이용권역을 분석하는 방법

04 참여 스포츠시설 사업

1. 지역특성별 스포츠시설 관리

구 분	도심지역	농촌지역
특 징	• 이용 대상자 확보 용이 • 다양한 스포츠시설 존재	• 인습과 전통을 중시하여 타인에게 간섭받기 쉬움 • 이용자들의 직업 다양성 부족 • 고령화로 인해 활기를 잃고 있음
문제점	• 이용자가 일정한 시간대에 밀집 • 공간 부족, 설비 확충이 힘듦	• 육체노동으로 인한 여가시간 부족 • 저소득으로 인한 경제적 안정성이 낮음

설비관리	• 일상생활권과 광역생활권을 모두 수용해야 함 • 체육시설 관리는 도시계획과 연계하여 진행 • 인구규모별 설치기준에 따라 시설을 확충 • 설비내용은 주민의 선호도를 반영 • 기존시설을 보완하고 활용성을 높여야 함	• 일상생활권 내에 설비를 확충 • 마을단위의 생활체육시설 확충 • 생활체육센터 건립 • 생활체육 프로그램 개발 및 지도자 육성 • 기존시설이 부족한 만큼 다목적 광장, 마을회관, 학교 운동장 등을 적극 활용

> **개념 PLUS** 스포츠시설 사업이 지역발전에 미치는 효과
>
> • 지역민의 자긍심과 연결되는 상징적 효과
> • 개최도시에 생기는 새로운 역량인 사회 · 정치적인 효과
> • 지역개발이 효과적으로 이루어지는 경제적인 효과
> • 지역의식의 향상효과

2. 기존 고객관리 및 신고객 유치

(1) 고객관리

① **고객의 개념** : 스포츠와 관련되어 있는 제품 및 서비스를 구매하거나 이용하는 개인 또는 단체를 뜻하며, 관람 고객과 참여 고객, 스포츠용품 구매고객으로 구분한다.

② **고객관리** : 체육시설업체에 등록할 예정이거나 등록한 사람을 상대로 등록상태를 유지하거나 등록 및 재가입을 유도하는 활동을 말한다.

③ **고객관리의 중요성** : 고객의 정보 데이터베이스 구축뿐 아니라 고객 요구를 적절히 충족하기 위한 마케팅 전략을 수립하고 이에 입각한 마케팅 활동을 전개함으로써 고객의 유지와 충성화를 도모할 수 있다.

④ **고객 유지관리의 단계** : 고객유치단계 → 관계유지단계 → 관계발전단계 → 상호작용단계

(2) 기존고객관리

① **영업장관리** : 고객이 쾌적하게 이용할 수 있는 환경 조성, 현장의 상태 파악과 정보수집, 체크리스트를 짜서 영업장의 모든 것을 파악하고, 고객과의 올바른 대화법을 구사한다.

② **서비스관리** : 고객의 욕구와 기대에 부응함으로써 고객의 신뢰도를 높여 상품과 서비스의 재구입이 이루어지도록 하기 위한 방법이다.

③ **고객불만관리** : 고객의 불만은 고객이 자신의 시간과 돈을 투자해서 기업을 위해 제공하는 중요한 정보를 말하는 것으로, 고객의 불만을 파악하고 개선하도록 한다.

④ **안전관리** : 이용고객이 안전하고 쾌적하게 시설을 이용할 수 있도록 안전관리요원을 배치하고, 문화체육관광부령이 정하는 안전 · 위생 기준을 준수한다.

(3) 신고객 유치

① 신고객 유치는 고객 중심적 사고와 전략, 운영의 효율성, 고객 지향적 조직 등의 요소들을 조화롭게 결합하여 진정한 의미의 고객 지향적 마케팅을 철저하게 실천하는 것이다.

② 시장 점유율보다 고객 점유율에 비중을 둔다. 즉, 제품의 판매에 초점을 두지 말고, 고객과의 장기적 관계 구축에 초점을 둔다.

③ 제품 차별화보다 고객 차별화에 초점을 둔다. 즉, 고객의 욕구부터 파악하고 고객 유형별로 차별적으로 대응하는 방식으로 한다.
④ 고객 지향적 마케팅을 성공적으로 실천하고 있는 기업들의 특징 가운데 하나는 매우 효과적인 방법으로 목표시장을 선정한다는 것이다.
⑤ 정보기술을 활용하여 고객 편의성을 향상해야 한다. 즉, 고객 지향적 마케팅 활동이 성공을 거두기 위해서는 고객과의 접점에서 고객의 편의를 증대하고 서비스의 품질을 높이는 데 초점을 두어야 한다.
⑥ 신고객을 유치하려면 마케팅관리, 이미지관리, 시장조사관리가 이루어져야 한다.

(4) 고객관계관리(CRM ; Customer Relationship Management)

개 념	데이터베이스를 활용하여 고객과의 긍정적인 관계형성에 중점을 두고 관계를 강화하는 마케팅 활동을 말한다.
특 성	• 신규고객 창출보다는 기존고객·핵심고객 관리가 중요하다. • 일반적 교환 기능보다는 상대적 관계의 관점에서의 마케팅 활동을 말한다. • 개별 마케팅과는 다른 유기적 협조체제의 관점으로 시너지 효과를 기대할 수 있다. • 단기적인 이익보다 정기적이고 지속적인 관점에서 실행되어야 한다.
중요성	• 매출의 상당부분은 단골고객으로부터 발생한다(파레토 법칙). • 이탈고객 5% 감소로 25~85%까지의 이익이 향상된다. • 신규고객을 만족시키는 것은 기존고객에 비해 5배 이상의 비용이 소모된다. • 기존고객의 반복구매 및 호의적인 구전효과가 중요하다.

(5) 스포츠시설 이용자의 시설유형별 소비자 만족도 분석
① 스포츠시설 이용자의 시설유형별 분석에서는 종합스포츠시설이 단일종목의 스포츠시설보다 높은 만족도를 나타내고 있다.
② 성별에 따른 종합스포츠시설과 단일종목스포츠시설 간의 소비자 만족의 차이는 작은 것으로 나타나고 있다.
③ 종합스포츠시설 이용자들은 유형성과 반응성 면에서 소비자 만족에 더 많은 변인이 되는 반면, 단일스포츠시설 이용자들은 신뢰성이라는 면이 소비자 만족에 더 많은 변인이 되는 것으로 분석되고 있다.
④ 스포츠시설 소비자는 기본시설, 지도자 서비스, 직원 서비스, 접근의 편의성 등의 변인에 따라 선택과 구매 후 평가에 많은 영향을 받고 있다.

3. 잠재 스포츠시설 고객예측

(1) 스포츠시설의 수요예측
① 인구통계학적 세분화 : 일반적 조사방법으로, 스포츠시설 목표장소의 시장을 연령, 성별, 소득, 가족 수, 직업, 교육수준 등 인구 통계적 변수에 기초를 두어 분석하는 것이다.
② 입지조건에 대한 수요예측 : 주거지를 중심으로 경제력, 주거지 위치, 연령에 따라 이용률의 차이가 있고, 상업 지구 및 사무실 밀집 지역은 출근 전 오전 시간대와 오후 시간대의 이용률이 현저하게 높은 것이 특징이다.
③ 기존 스포츠시설의 이용자 수 조사 : 동일 업종의 스포츠시설에 참여하는 이용자 수를 조사하여 예상 수요를 파악한다.

④ 이용률에 따른 수요예측 : 지역적 특성과 이용고객의 특성에 따라 스포츠시설의 일일 이용률이 차이가 난다.
⑤ 스포츠시설의 이용료에 따른 수요 예측 : 경쟁 스포츠시설이 산정한 가격을 기준으로 상대적 평가를 하여 고객확보를 예측한다.

(2) 스포츠시설 이용고객 유치
① 기업 매출에 절대적인 영향을 미치는 것은 체육시설 계획이나 체육시설 지역주민의 인구와 사회경제적 특성이다.
② 체육시설업이 지속적인 성장을 하기 위해서는 다른 경쟁 시설과 차별화된 서비스를 제공하여야 한다.
③ 체육시설업이 기존고객을 유지하고 신규고객을 유치하기 위해서는 다각적인 판매전략을 세워야 한다.
④ 체육시설업은 지명도와 차별화 이미지 향상, 신상품 개발 안내를 위해 캠페인을 전개하여야 한다.
⑤ 체육시설업은 체육시설 공사, 조직 등으로 이미지를 강화하여 기존고객은 물론 신규고객을 가입시켜야 한다.
⑥ 체육시설업은 시장 확장과 시장 점유율 확보에 중점을 두어, 시장 세분화를 통해 표적시장을 모색하여야 한다.
⑦ 고객 관리를 위해 이벤트 실시, 안전관리, 회원제 등 질 좋은 서비스를 제공하여 운영하여야 한다.

(3) 스포츠시설의 선택 요인
① 스포츠 제품의 전형적인 시설의 물적 서비스
② 지도자와 직원의 인적 서비스
③ 제도적 및 접근 편의성의 시스템적 서비스

4. 스포츠시설 홍보 및 광고

(1) 스포츠시설 홍보
① 홍보 또는 퍼블리시티(Publicity)는 장소, 사람, 주의 또는 기관의 이익을 촉진하기 위한 뉴스, 가치 있는 정보를 보통 공적인 대중매체에 게재하는 것을 말한다. 더불어 커뮤니케이션과 설득 및 여론, 기타 매체활용을 기획하고 실행하는 기술을 PR에서 고도의 노하우라고 일컬을 수 있다.
② 홍보의 목적 : 매체에 어떠한 자료나 정보를 제공해서 개인 또는 조직에게 대중이 갖는 호의적인 인상을 목표로 시행된다.
③ 홍보의 원칙
  ㉠ 민주사회에서 최종적인 판단을 행하는 것은 수요자인 공중이라는 점을 인식하여, 정확하고 사실된 정보를 제공하여야 한다.
  ㉡ 일방적인 정보의 제공에만 그치는 것이 아니라, 공중과 공급주체 사이의 상호작용에 근거하여야 한다.
  ㉢ 홍보는 공중을 의식하고, 그들의 이익 또는 공공의 이익을 실현할 수 있도록 노력하는 자세에서 이루어져야 한다.
④ 홍보의 개념적 특성: 의도성, 계획성, 실행성, 공중이익, 쌍방 커뮤니케이션, 경영기능 등

(2) 스포츠시설의 광고

① 광고의 정의 : 기업·단체 또는 관공서 등의 조직체가 커뮤니케이션 활동을 통하여 스스로의 생각이나 계획·활동·업적 등을 널리 알리는 것을 말한다.

② 광고의 목적 : 각 조직체에 관한 소비자, 지역주민 또는 일반의 인식이나 이해 또는 신뢰도를 높이고, 합리적·민주적인 기초 위에 양자의 관계를 원활히 하려는 데 있다. 그것은 사실에 관한 정보의 정확한 전달과 불만 등을 수집하는 것에서부터 시작된다.

③ 선전(프로파간다)과 유사하지만, 선전은 주로 위에서 아래로의 정보 전달 활동이며, 그 정보가 때때로 과장·왜곡되어 일방적으로 어느 특정 이미지를 형성한다는 점에서 홍보와 다르다.

(3) 스포츠홍보의 목표와 방법

① 스포츠 활성화를 위한 목표

㉠ 스포츠 관련 신설 프로그램, 시설 확충, 비용, 계절별 프로그램 일정 등의 정보를 제공한다.

㉡ 스포츠활동을 통해 사회적 공헌을 고무함으로써, 특정계층이 스포츠프로그램에 적극적으로 참여하도록 한다.

㉢ 스포츠의 가치 및 역할을 공중에게 인식시키고, 세금의 일부가 생활체육에 사용된다는 것을 알려 시민의식 함양과 스포츠활동 장려에 힘을 기울인다.

㉣ 스포츠 관련 기관이 공중에게 생활체육 프로그램에 관해 고정관념이나 편견이 없도록 상세한 정보를 제공한다.

㉤ 주민들에게 스포츠에 대한 문제점이나 불만 사항, 흥미나 요구 사항, 지역사회 간의 협력 등에 관한 통로를 개척한다.

② 스포츠홍보 방법

㉠ 정보 제공이 홍보가 가진 역할 중 가장 중요하다.

㉡ 이미지 개선을 통한 홍보는 능동적인 촉진 전략의 중요한 요인이 된다.

㉢ 인기스포츠와 선수를 통한 스포츠홍보는 관련 조직에 대한 인지도를 높여 이익 창출을 할 수 있어 현재 가장 활발하게 이용되고 있는 마케팅이다.

(4) FCB(Foote Cone & Belding) 모델

① FCB(Foote Cone & Belding) 모델의 개념 : 미국의 광고회사인 FCB에서 개발한 모델이다. 소비자의 소비행동에 대한 인식과 상품의 특성으로 범주화하고 이를 조합하여 체계화한 것이다.

② FCB모델에 의한 구매의사결정 유형

이성적-고관여	• 정보를 중심으로 이성적 판단을 기초하여 구매하는 소비자(인지 → 느낌 → 구매) • 광고를 할 때는 구체적인 정보를 제시하는 것이 효과적
이성적-저관여	• 한번 구매한 상품을 습관적으로 구매하는 소비자(구매 → 인지 → 느낌) • 상품의 브랜드를 계속해서 상기시켜 주는 것이 효과적
감성적-고관여	• 감성적 느낌을 중심으로 구매하는 소비자(느낌 → 인지 → 구매) • 상품에 대한 주관적인 느낌과 상품의 효과에 의해 구매하는 유형 • 광고 제작 시 긍정적인 이미지 형성과 효과를 강조하는 방법을 사용
감성적-저관여	• 자기만족을 중심으로 구매하는 소비자(구매 → 느낌 → 인지) • 상품에 대한 주의를 집중하도록 하는 광고가 효과적

05 관람 스포츠시설 사업

1. 경기장 광고 판매 사업

(1) 경기장의 주요 광고매체

구분	매체	내용
축구	A보드	본부석에서 바라봤을 때 정면에 위치
	90도 광고	골대 양쪽에 위치하며, 눕혀진 형태이지만 TV 방송 시 세워져 노출
	LED보드	–
야구	A보드	포수 뒤 롤링형태로 위치해 TV 노출이 가장 많음
	외야펜스	A보드에 이어 TV 노출이 많은 부분
	내야펜스	–
	본부석	–
	LED	–
농구	A보드	롤링보드와 LED보드로 구분
	바닥광고	구단주 위주로 판매
	골대광고	타 광고와 패키지 판매
배구	A보드	롤링보드 형태로 심판 뒤쪽에 위치
	바닥광고	어택라인에 위치, 경기 내내 고정적으로 노출
	네트광고	타이틀스폰서와 패키지 판매

> **개념 PLUS** NTIV(Net TV Impact Value)
> - 광고의 총 노출 시간을 합산하여 30초짜리 광고단가를 곱해 산출한 값으로, TV 노출을 광고료로 환산한 가치
> - 광고효과 측정 및 경기장 광고 가격 산정에 활용

(2) 경기장 시설 광고 외

① 인적 매체 : 유니폼 광고, 무대배경(백드롭) 광고, 인도스먼트 광고
② 미디어 활용 : 자막 광고, 가상 광고(가상의 이미지 및 동영상을 CG를 통해 전달)
③ 입장권 판매
  ㉠ 금전을 대가로 경기를 관람할 수 있는 권리를 제공하는 표
  ㉡ 법적 책임성이 있으며, 광고매체로 이용할 수 있음
  ㉢ 입장권 판매액은 실사용료를 제외한 나머지를 홈팀 수입으로 분배
  ㉣ 프로야구의 경우 입장 수입의 5%는 체육진흥기금으로 제한 후 나머지를 홈팀 72%, 원정팀 28%로 분배

2. 경기장 임대 사업

(1) 임대사업
스포츠시설의 주체자가 운영 시 수입 향상 등을 목적으로 경기장시설을 제3자에게 대여하는 사업을 말한다.

(2) 임대방법
① 단기임대 : 스포츠시설의 주체자가 일반적으로 1회나 단기간 임대하는 방법으로, 경기가 없는 시즌이나 주간을 활용하는 경우가 많다. 임대하고자 하는 사람은 많은 반면, 임대할 경기장은 부족하기 때문에 임대료를 높게 책정할 수 있다. 따라서 임대인 입장에서 고소득을 올릴 수 있지만, 예치금(보증금 성격)이 약하기 때문에 임차인에 대한 신용에 문제가 생기면 어려움이 발생할 수 있다.

② 장기임대 : 스포츠시설의 주체자가 일반적으로 1년 이상을 임대하는 방법으로, 국내 프로구단의 대부분이 장기임대에 해당하여 구장 사용료를 지불하고 있다. 임차인 입장에서 저렴한 월차임과 안정을 보장하지만 목돈이 묶일 소지가 있으며, 임대인 입장에선 임대수익률 문제가 가장 큰 단점이고 보증금을 증액하고 싶어도 단기간에는 증액이 불가능하다는 단점이 있다.

(3) 부대사업
① 의의 : 경기 입장권 등의 주목적 외에 수익을 목적으로 설치한 시설물 등에서 얻는 사업이다.

② 종류 : 내부적으로는 식음료 판매점, 편의점, 스포츠용품 판매점(기념품숍), 주차장, 인근 상권 등이 있고, 외부적으로 네이밍 라이트(Naming Right) 등이 경기를 통해 파생될 수 있는 부대사업이다.

③ 위탁계약 : 수탁자와 위탁자 사이의 계약으로 부대사업을 수탁자가 위탁자의 이름으로 수탁한 법률 행위를 수행할 의무를 지며, 위탁자는 이에 대하여 보수를 지급할 의무가 있다.

④ 관리대행 : 부대사업 관리 업체가 시설을 보유한 주체자의 명의로 운영하며, 이행해야 할 시설보존 의무, 통지의무를 이행하고 시설 관리 대행을 수행하는 데 따른 수익 분배(수수료)를 하는 형태이다.

⑤ 관리대행방식의 특성 : 스포츠조직의 재정적 부담 경감, 스포츠조직의 수익 감소 예상, 부대사업 운영의 업무를 간소화한다.

CHAPTER 03 스포츠시설 경영

■ **학습목표**
본 장에서는 스포츠시설의 경영과 관련한 스포츠소비 및 소비자 행동의 이해와 스포츠 콘텐츠 및 스포츠용품 유통에 대해 살펴볼 것이다. 특히 스포츠 소비자의 구매의사결정 과정과 참여 스포츠 상품과 스포츠용품 유통의 차이점에 대한 이해도를 검점하는 문항이 출제될 가능성이 높다.

■ **Check**
☐ 스포츠소비 및 스포츠소비자의 개념에 대해 숙지한다.
☐ 스포츠소비자의 구매의사결정과정에 대해 숙지한다.
☐ 제품특성에 따른 유통의 특징을 숙지한다.

01 스포츠 수요

1. 스포츠 소비와 소비자행동

(1) 스포츠소비의 개념

① 스포츠에 참여하거나 관람하는 소비자가 스포츠와 관련된 욕구를 충족하기 위하여 제품이나 서비스를 구입하는 경제적 활동이다.
② 스포츠시설 등록비, 스포츠용품 구입비, 스포츠 경기관람료, 스포츠 정보 이용료 등이 포함된다.

(2) 스포츠 소비자행동의 개념

① 스포츠와 관련된 제품이나 서비스를 구매하고 획득하는 개인이나 단체이다.
② 스포츠 소비자가 제품이나 서비스를 구매하는 것에 국한하는 것이 아니라 사용 후 평가까지 포함하는 것이다.
③ 스포츠 소비자의 구분
  ㉠ 참여 스포츠 소비자 : 신체적·사회적·심리적 목적을 위해 스포츠활동에 직접 참여하는 소비자
  ㉡ 관람 스포츠 소비자 : 스포츠 경기 관람을 통해 스포츠에 참여하는 소비자
  ㉢ 스포츠매체 소비자 : 미디어 매체를 통해 경기를 관람하거나 정보를 획득하는 소비자
  ㉣ 스포츠제품 소비자 : 스포츠용품, 장비, 시설 등을 구매하거나 이용하는 소비자

(3) 스포츠 소비자행동의 의의

① 소비자 중심시장으로 전환과 함께 고객 지향적 마케팅 사고 필요
② 제품수명주기 단축에 따른 소비자 중심의 기술개발과 신제품 출시의 필요
③ 소비자들의 여가생활에 대한 관심 증가와 소득수준 및 교육수준 향상
④ 소비자 권리에 대한 보호 운동의 확산

(4) 스포츠 소비자행동의 특성

① 자주적이며 감성적인 사고를 한다.
② 복잡하고 다양한 소비자의 동기와 행동은 조사를 통해 이해할 수 있다.
③ 목표 지향적이다.
④ 마케팅 활동에 영향을 받는다.

2. 스포츠 소비자의 구매의사결정과정

(1) 구매의사결정과정

① 의의 : 소비자들은 어떤 제품이나 서비스에 대한 필요성, 즉 욕구를 느끼는 시점에서부터 그 욕구를 충족하기 위해 정보를 탐색하고, 구매하여 소비하는 시점까지 여러 단계를 거치게 된다.
② 소비자들은 매일 여러 가지 의사를 결정하게 된다.
③ 소비자가 여러 가지 대안 중 하나의 상품을 선택해야 하는 상황이라면 의사결정 상태에 있는 것이다.
④ 각각의 의사결정과정에 적용하는 마케팅 전략은 시장에서 생존과 성장을 결정하는 중요한 요인이다.

(2) 문제인식

① 소비자가 자신의 실제 상태(Actual State)와 기대하는 상태(Desired State) 간의 차이를 크게 인식할 때 발생한다.
② 내적 문제인식 : 소비자 스스로 문제를 인식하고 해결이 요구되는 경우
③ 외적 문제인식 : 광고, 주변지인 등의 정보를 통해 문제를 인식하고 해결이 요구되는 경우

(3) 정보탐색

① 문제해결을 위한 행동과정으로 평가를 위한 유용한 정보를 수집하는 과정이다.
② 내부탐색(Internal Search) : 과거의 경험과 기억 속에 저장된 정보를 회상하고 검토하는 것
③ 외부탐색(External Search) : 내부탐색 이외에 추가적으로 다른 정보원천(광고, 친구, 판매원 등)으로부터 정보를 획득하는 것

(4) 대안의 평가

① 구매대상에 대한 정보를 탐색한 후 구매자의 기준에 따라 평가가 이루어지는 과정이다.
② 소비자는 상표(브랜드)나 제품의 속성을 기준으로 평가한다.
③ 다속성태도모델 : 여러 가지 제품의 속성 중 소비자의 신념에 근거하여 중요도를 설정하고, 평가를 종합하여 제품에 대한 태도가 형성된다. 이때 가장 호의적인 태도가 형성된 제품을 구매할 가능성이 높다.

평가기준	중요도	상품별		
		A	B	C
디자인	0.4	8	3	5
가 격	0.3	3	5	5
성 능	0.3	5	5	5

[예제] 골프 용품을 구매하기 위해 검색한 결과 위와 같은 정보를 획득하였다. 다속성태도모델을 적용하여 계산하고, 어느 제품을 구매할 것인지 결정하시오.
[답안] A = 0.4 × 8 + 0.3 × 3 + 0.3 × 5 = 5.6
B = 0.4 × 3 + 0.3 × 5 + 0.3 × 5 = 4.2
C = 0.4 × 5 + 0.3 × 5 + 0.3 × 5 = 5.0

(5) 구 매

① 정보탐색과 대체안의 평가과정을 마치면 구매단계에 이른다.
② 소비자는 개인적·사회적 동기에 의해 구매한다.
③ 구매자의 유형은 가치성향 및 정보탐색 수준에 따라 구분할 수 있다.

(6) 구매 후 행동

① 소비자의 구매의사결정은 구매행동에서 끝나는 것이 아니라, 구매 후에 제품을 사용하고 자신의 결정을 평가하는 행동까지 연장된다.
② 만족의 결과는 더욱 호의적인 태도를 형성하게 하고, 이후 재구매의도와 충성도 형성의 원천이 된다.
③ 불만족의 결과는 낮은 구매의도와 상표전환 및 불평행동을 야기한다.
④ **구매 후 부조화** : 제품에 대한 신념과 인지가 상호 간의 차이가 있을 때 발생하는 것으로, 소비자의 결정과 소비자의 사전평가 간의 불일치의 결과이다.
⑤ **구매 후 부조화 감소**
㉠ 구매하지 않은 제품 속성의 중요성을 낮게 평가
㉡ 현명한 선택임을 뒷받침하는 추가정보를 탐색
㉢ 제품의 재평가와 함께 긍정적인 태도를 가짐

(7) 구매빈도에 따른 구분

① 습관적 의사결정
  ㉠ 상표선호도가 뚜렷하다.
  ㉡ 구매에 대한 관여도가 낮고, 반복적 구매행동 시 발생한다.
② 제한적 의사결정
  ㉠ 습관적 의사결정과 광범위한 의사결정의 중간유형이다.
  ㉡ 제한된 정보탐색이나 대안의 평가 과정을 거친다.
  ㉢ 상당부분의 정보를 구매 직전에 쉽게 이용 가능한 매체를 통해 얻는다.
③ 광범위한 의사결정
  ㉠ 고관여 수준에서 발생한다.
  ㉡ 구매경험이 없는 제품 구매 시 발행하고, 5단계의 구매의사결정 과정을 거친다.
  ㉢ 정보탐색의 과정에서 상당한 수준의 시간과 노력을 투입한다.

3. 스포츠 소비자행동 환경 요소

(1) 소비자행동에 영향을 미치는 요소

① 내적 요소 중 인구통계학적 특성, 라이프스타일, 개성, 자아관 등을 개인적 요소라고 하고, 지각, 태도, 학습, 동기 등을 심리적 요소라고 한다.
② 문화, 사회계층, 준거집단 등을 외적 요소라고 한다.

(2) 지 각

① 소비자가 외부환경의 정보에 주의를 기울여 기억에 저장하고 행동하게 되는 무의식적 과정이다.
② 감각기관을 통해 들어온 자극물을 개인의 가치, 경험, 욕구 등을 토대로 의미 있는 것으로 조직화한다.
③ 인간의 지각 능력에는 한계가 있으므로, 소비자는 선택적으로 지각, 조직화, 해석한다.
④ 이미지는 특정 대상에 대한 총체적 지각을 의미하는데, 이는 구매 행동에 강력한 영향력을 행사하기 때문에 마케팅 관리자는 긍정적인 이미지 형성을 위해 노력해야 한다.
⑤ 소비자가 지각하는 재무적 · 사회적 · 심리적 · 기능적 위험을 감소시키기 위한 전략이 필요하다.

(3) 학 습

① 소비와 관련된 행동에 적용할 수 있는 지식 등을 획득하는 과정이다.
② **고전적 조건화이론** : 반복적인 과정에 의한 학습을 의미하며, 특정 상황에서의 반복된 자극은 반복된 반응을 나타낸다는 이론이다.
③ **수단적 조건화이론** : 결과에 의한 행위학습을 의미하며, 동일한 행동을 반복하도록 보상되어질 때 발생한다는 이론이다.

(4) 태도

① 특정 대상에 대해 일관성 있게 호의적 또는 비호의적으로 반응하는 경향이다.
② 개인적 경험, 소속집단, 영향력 있는 타인, 대중매체 등에 의해 형성된다.
③ 태도의 형성은 소비자의 가치를 표현하고 바람직한 대상을 가까이 하여 구매의 실패를 줄이는 기능을 한다.

(5) 동기

① 구매 목표를 확인하고 제품을 선택하기 위한 기준을 개발하는 데 지침이 된다.
② 동기의 유발은 소비자의 탐색활동을 증가시키는 인지적 활동에 영향을 미친다.
③ 소비자들의 욕구와 동기를 활성화하기 위한 다양한 제품 개발과 판촉활동이 요구된다.

(6) 문화

① 사회구성원들의 공통된 가치와 관습, 생활양식을 의미하며, 사회 내에서 수용 가능한 행동의 이해와 일체감을 제공한다.
② 새로운 사물이나 지식의 발견과 발명은 기존문화를 변동하게 한다.
③ 많은 사람들이 스포츠에 참여하도록 권장되는 문화를 조성해야 한다.

4. 스포츠 소비 집단의 이해

(1) 소비자 관여도

① 특징
  ㉠ 특정 상황하에서 자극에 의해 발생된 개인의 중요성이나 관심도의 수준이다.
  ㉡ 의사결정과 관련하여 정보탐색에 투입하는 시간과 노력에 의해 관여도의 수준이 결정된다.
  ㉢ 많은 정보를 오랜 시간 동안 탐색하여 의사결정을 내리면 관여도가 높은 것이고, 빠른 시간에 깊이 생각하지 않고 의사결정을 내리면 관여도가 낮은 것이다.
  ㉣ 관여도는 절대적인 것이 아닌 상대적인 개념으로 개인, 제품, 상황에 따라 다르게 나타난다.

② 유형
  ㉠ 상황적 관여도 : 개인이 처한 상황에 따라 관심도가 달라짐을 의미하는 것이므로 일시적인 특정 상황에 따라 관여도가 발생하는 소비자 관여도 유형(월드컵 관여 정도가 낮았으나 입장권 판매시점에 월드컵 축구 열기가 고조됨에 따라 입장권을 구매하려는 생각이 드는 경우)
  ㉡ 지속적 관여도 : 제품이나 활동에 대한 개인적 관련성이 높은 경우에 발생하며, 구매와 상관없이 평상시에도 발생하는 소비자 관여도 유형
  ㉢ 인지적 관여도(Cognitive Involvement) : 개념: 정보 처리 및 지식 형성에 중점을 둔 관여도 유형
  ㉣ 정서적 관여도(Affective Involvement) : 소비자가 제품이나 상황에 대해 얼마나 감정적으로 관여하고 있는지를 나타내는 유형으로 소비자의 감정적인 반응과 태도에 중점을 둠
  ㉤ 행동적 관여도(Behavioral Involvement) : 소비자의 행동과 관련된 관여도로, 실제로 제품이나 서비스에 참여하고 사용하는 정도를 나타냄

(2) 소비자 충성도

① 소비자가 기업이나 브랜드에 호의적인 태도나 충성심을 가져 지속적인 구매활동이 이루어지는 것이다.
② 소비자 충성도는 행동적인 부분과 심리적인 부분을 기준으로 낮은 충성도, 잠재적 충성도, 가식적 충성도, 높은 충성도로 구분한다.
　㉠ 낮은 충성도 : 심리적 애착과 구매행동 모두 낮은 상태
　㉡ 가식적 충성도 : 구매행동은 많이 일어나지만, 심리적 애착이 낮은 상태
　㉢ 잠재적 충성도 : 심리적 애착은 강하지만, 제약요인으로 인한 구매행동이 나타나지 않는 상태
　㉣ 높은 충성도 : 심리적 애착과 구매행동 모두 높은 상태

(3) 소비자행동 관련 이론 모델

자극과 반응 모델	• 인간의 행동을 자극과 반응의 관계로 설명한다. • 무의식적인 행동은 어느 정도 설명이 가능하지만, 복잡한 행동 전체를 설명하기는 부족하다는 한계가 있다.
블랙박스 모델	인간의 행동은 여러 변수들을 종합하여 반응하는데, 인간의 머리는 블랙박스와 같아서 어떤 변수에 의하여 행동이 나타나는지 알 수 없다는 이론이다.
경제학적 모델	소비자들은 합리적인 사고를 하기 때문에, 항상 소비에 대한 혜택이 가장 높은 제품을 구매한다는 것을 설명하는 이론이다.

02　스포츠 유통

1. 스포츠 콘텐츠의 유통

(1) 스포츠 콘텐츠의 개념

① 스포츠와 관련되어 만들어지는 제작물로서 경기중계방송 및 정보를 의미하며, TV, 라디오, 신문, 잡지 등의 대중매체를 통해 제공된다.
② 스포츠에 대한 관심이 증가하면서 소비자들의 욕구 충족을 위한 다양한 형태(경기 결과, 하이라이트, 공식 기록, 비하인드 스토리 등)의 정보가 제공된다.

(2) 스포츠 콘텐츠의 발달

① TV 보급률의 신장은 스포츠에 대한 대중의 거대수요를 충족하는 계기가 되었다.
② 위성 TV의 등장은 실시간으로 전 세계의 경기를 시청할 수 있는 환경을 제공하여 스포츠의 세계화에 기여하였다.
③ 전통적으로 대중매체(신문, TV, 라디오)를 통해 스포츠 경기의 중계 및 보도가 이루어지면서 스포츠 콘텐츠 유통이 활성화되었다.
④ 인터넷이 발달과 함께 포털 사이트에서의 스포츠 콘텐츠 제공이 확산되었으며, 스포츠 콘텐츠 제공자로서의 영향력이 증대되었다.

⑤ 스마트폰 사용의 확산에 따라 이에 적용 가능한 다양한 스포츠 콘텐츠가 제작 및 유통되었다.

(3) 스포츠 콘텐츠의 발전 전망
① 기술이 발전함에 따라 더욱 다양한 미디어 플랫폼이 생성될 것이고, 이에 따라 스포츠에 대한 관심을 충족하여 줄 수 있는 다양한 스포츠 콘텐츠가 제작·유통될 것이다.
② 다양한 스포츠 종목에 대한 정보를 제공하는 전문 채널이 출현하여 세분된 스포츠 소비자의 욕구를 충족하여 줄 수 있을 것이다.

2. 스포츠용품 및 서비스 제품의 유통

(1) 유통의 개념
① 스포츠 소비자에게 제품 및 서비스를 전달하는 과정에 대한 모든 활동을 말한다.
② 스포츠 소비자들이 편리한 장소에서 상품 및 서비스를 구입할 수 있도록 하는 노력이다.
③ 스포츠 유통경로는 생산자로부터 중간상을 거쳐 최종소비자에 이르는 것으로, 가장 효율적이고 효과적인 제품전달방법을 결정한다.

(2) 스포츠용품 유통
① 스포츠용품의 기본 흐름은 '생산자 – 도매업자 – 소매업자 – 최종소비자'의 형태를 띤다.
② 정보통신의 발달, 특히 인터넷 사용의 확산에 따라 유통의 경로가 다양해져 소비자들의 편리성을 높여주었다.
③ 경쟁우위 확보를 위한 혁신적인 유통경로 개발이 필요하다.

(3) 참여 스포츠의 유통
① 참여형 스포츠 상품의 경우 제품의 생산과 소비가 동시에 일어나는 비분리성의 특성이 있기 때문에, 생산자와 소비자로만 유통경로가 구성되면 중간상이 존재하지 않는다.
② 참여형 스포츠 상품의 유통은 시장개발 시도의 개념이 포함된다. 한 지역에서 성공한 참여 스포츠 상품을 가지고 다른 장소로 영역을 확장하는 경우가 이에 해당한다.
③ 시장개발전략을 실행할 때는 소비자의 접근성 등을 고려한 입지선정 과정에 신중한 노력을 기울여야 한다.

필기 출제예상문제

01 「체육시설의 설치·이용에 관한 법률」상 체육지도자 배치기준으로 옳은 것은?

① 골프연습장업은 20타석 이상 50타석 이하는 1인 이상, 50타석 초과는 3인 이상 배치해야 한다.
② 수영장업은 수영조 바닥면적이 400㎡ 이하인 실내수영장은 2인 이상, 수영조 바닥면적이 400㎡를 초과하는 실내수영장은 3인 이상 배치해야 한다.
③ 조정장업은 조정 20척 이하는 1명 이상, 조정 20척 초과는 2명 이상 배치해야 한다.
④ 스키장업은 스키 슬로프 10면 이하는 2인 이상, 슬로프 10면 초과는 3인 이상 배치해야 한다.

> **해설** 「체육시설의 설치·이용에 관한 법률」상 체육지도자 배치기준
> - 골프연습장업
>   - 20타석 이상 50타석 이하 : 1인 이상 배치
>   - 50타석 초과 : 2인 이상 배치
> - 수영장업
>   - 수영조 바닥면적이 400㎡ 이하인 실내수영장 : 1인 이상 배치
>   - 수영조 바닥면적이 400㎡를 초과하는 실내수영장 : 2인 이상 배치
> - 스키장업
>   - 스키 슬로프 10면 이하 : 1인 이상 배치
>   - 슬로프 10면 초과 : 2인 이상 배치

02 「체육시설의 설치·이용에 관한 법률」상 벌칙에 대한 설명으로 옳은 것은?

① 사업승인 없이 신고 체육시설업의 시설을 설치한 자는 3년 이하의 징역 또는 1천만 원 이하의 벌금에 처한다.
② 등록을 하지 아니하고 등록 체육시설업 영업을 한 자는 2년 이하의 징역 또는 500만 원 이하의 벌금에 처한다.
③ 안전·위생 기준을 위반한 자는 1년 이하의 징역 또는 1,000만 원 이하의 벌금에 처한다.
④ 영업 폐쇄명령 또는 정지명령을 받고 그 체육시설업의 영업을 한 자는 3년 이하의 징역 또는 1천만 원 이하의 벌금에 처한다.

> **해설** 사업승인 없이 등록 체육시설업의 시설을 설치한 자는 3년 이하의 징역 또는 3천만 원 이하의 벌금에 처한다. 또한 등록을 하지 아니하고 등록 체육시설업 영업을 한 자는 3년 이하의 징역 또는 3천만 원 이하의 벌금에 처한다. 영업 폐쇄명령 또는 정지명령을 받고 그 체육시설업의 영업을 한 자는 1년 이하의 징역 또는 1천만 원 이하의 벌금에 처한다.

정답 01 ③ 02 ③

03 관람 스포츠시설을 활용한 관람형 스포츠이벤트에 대한 설명과 가장 거리가 먼 것은?

① 간접적인 관전 방식이 우선된다.
② 기업 이익의 사회 환원, 이미지 향상, 판매촉진 등을 목적으로 매스미디어를 이용하여 대중에게 관전의 즐거움을 제공한다.
③ 관람형 스포츠이벤트는 '직접관전'과 '간접관전'으로 구분될 수 있다.
④ '간접관전'보다는 '직접관전'의 경우가 그 규모나 효과 면에서 훨씬 크다.

> 해설 '간접관전'이 '직접관전'보다 많은 사람들이 스포츠이벤트를 관람하는 것이기 때문에 그 효과가 더 크다고 할 수 있다.

04 「체육시설의 설치·이용에 관한 법률」상 보험가입에 대한 설명으로 옳지 않은 것은?

① 체육시설업자는 체육시설업을 등록하거나 신고한 날부터 10일 이내에 손해보험에 가입하여야 한다.
② 손해보험에 가입한 등록 체육시설업자는 그 사실을 증명하는 서류를 시·도지사에게 제출하여야 한다.
③ 손해보험에 가입한 신고 체육시설업자는 그 사실을 증명하는 서류를 특별자치시장·특별자치도지사·시장·군수 또는 구청장에게 제출하여야 한다.
④ 문화체육관광부령으로 정하는 소규모 체육시설업자인 경우에도 보험에 가입하여야 한다.

> 해설 소규모 체육시설업자는 보험 가입 의무대상에서 제외된다.

05 「체육시설의 설치·이용에 관한 법률」상 사용하는 용어의 설명으로 옳지 않은 것은?

① "체육시설"이란 체육 활동에 지속적으로 이용되는 시설과 그 부대시설을 말한다.
② "체육시설업"이란 영리를 목적으로 체육시설을 설치·경영하는 업(業)을 말한다.
③ "회원"이란 체육시설업의 시설을 일반이용자보다 우선적으로 유리한 조건으로 이용하기로 체육시설업자와 약정한 자를 말한다.
④ "일반이용자"란 체육시설업자와 약정하지 않고 이용하는 자를 말한다.

> 해설 일반이용자는 1년 미만의 일정 기간을 정하여 체육시설의 이용료를 지불하고 그 시설을 이용하기로 약정한 자이다.

06 새로운 스포츠프로그램을 기획하기 위해 이용자 요구에 대해 고려하여야 하는 사항과 가장 거리가 먼 것은?

① 프로그램의 이용 비용
② 이용자의 인구통계학적 요소
③ 예상수익
④ 프로그램 주요 이용시간

> **해설** 새로운 스포츠프로그램을 기획하기 위해서는 이용자의 소요 비용, 인구통계학적 요소, 이용 시간대 등을 우선적으로 고려하여야 한다.

07 스포츠시설의 스포츠프로그램 개발과정으로 가장 적합한 것은?

① 계획 → 개발 → 수행 → 평가
② 개발 → 계획 → 수행 → 평가
③ 개발 → 수행 → 계획 → 평가
④ 수행 → 평가 → 계획 → 개발

> **해설** 스포츠프로그램 개발 절차는 '욕구조사 및 계획 – 프로그램 개발 – 프로그램 실행 – 프로그램 평가' 순으로 이루어진다.

08 스포츠시설에서 기존고객 유지를 통한 기대효과가 아닌 것은?

① 시설에 대한 전반적인 관리보수 비용이 적게 든다.
② 신규고객 유치를 위한 광고 및 홍보비를 절감할 수 있다.
③ 새로운 이벤트 개발 등 스포츠시설 이용 매력도 향상에 꾸준한 역량을 투입할 수 있다.
④ 매출액의 지속적인 유지 및 증가를 기대할 수 있다.

> **해설** 기존고객 유지를 통해 기대할 수 있는 효과는 시설에 대한 비용이 아닌, 고객관계 관리 비용이 적게 든다는 것이다.

09 참여 스포츠시설업의 특징에 대한 설명으로 옳지 않은 것은?

① 사업의 특성상 초기 투자비가 많음에도 불구하고 그 회수는 장기간 소요된다.
② 대규모 장치사업으로 타 사업에 비해 해당 시설 및 설비 등과 관련된 하드웨어에 대한 지출 비중이 높다.
③ 개장 후 초기 시설계획이나 운영 콘셉트의 오류 발생 시 쉽게 이를 수정할 수 있으며, 다른 프로그램 운영을 위한 시설로의 변환이 용이하다.
④ 스포츠시설업은 초기 시설 운영에 있어서 오류가 발생하는 경우 이를 수정하기 위해 막대 한 위험과 비용 지출이 수반된다.

해설 참여 스포츠시설의 운영 계획의 오류 발생 시 이를 수정하기 위해서는 막대한 손해가 발생하므로, 매우 신중히 운영 계획을 세워야 한다.

10 관람 스포츠시설과 참여 스포츠시설에 대한 설명으로 가장 거리가 먼 것은?

① 참여 스포츠시설은 고객유인의 측면에서 시설이 미치는 영향이 상대적으로 크다.
② 관람 스포츠시설은 고객의 서비스 관여정도가 상대적으로 크다.
③ 참여 스포츠시설은 고객과의 대면이 많아 고객응대 방식이 중요하다.
④ 관람 스포츠시설은 다양한 부대서비스 제공을 통해 고객만족을 추구한다.

해설 관람 스포츠시설의 특성은 고객의 서비스 관여정도가 상대적으로 낮고, 고객과의 접촉이 많지 않으며, 선수의 기량, 팀의 능력이 고객만족에 큰 영향을 발휘한다. 또한 다양하게 제공되는 부대서비스를 통해 고객만족을 추구한다. 참여 스포츠시설의 특성은 고객의 서비스 관여정도가 높고, 고객과의 접촉이 많으며, 직원의 친절도, 고객대응 방식 등이 중요하다. 또한 시설이 고객 유인에 큰 영향을 미치고, 고객들을 위한 다양한 프로그램이 필요하다.

11 개인이나 자치단체가 소유하고 있는 경기장에 기업이 자신의 이름을 사용할 수 있는 권리는?

① 구장명칭사용권
② 구단명칭사용권
③ 네이밍 라이선스권
④ 경기장 스폰서십권

해설 특정 경기장의 명칭을 기업에 장기적으로 임대해 주는 것으로, 구장명칭사용 권한을 임대하는 것이다.

12 프로구단의 매점사업 계약 유형을 전통적인 위탁계약과 관리대행 수수료계약으로 구분할 때 관리대행 수수료 계약의 장점으로 적절하지 않은 것은?

① 구장 측이 사업운영에 관한 통제력이 약해진다.
② 매점운영에 대한 감사업무가 단순해진다.
③ 구장 측의 수입이 늘어날 가능성이 있다.
④ 구장 측이 일일운영 계획을 할 필요가 없다.

해설 관리대행은 시설 주체자 명의로 운영하되 판매에 따른 일정액의 수수료를 받는 형태이고, 스포츠조직의 수익감소, 부대사업 운영의 업무 간소화 등의 특성이 있다.

13 시설 이용 및 해당 시설의 유지·관리라는 측면에서 스포츠시설이 충족해야 할 기본조건과 가장 거리가 먼 것은?

① 사용자들의 발육단계에 따라 다양한 시설 및 용구를 구비해야 한다.
② 견고하고 안전해야 한다.
③ 사용자나 지역사회의 요구도가 높아야 한다.
④ 단일 목적의 시설 및 용구를 우선적으로 구비해야 한다.

해설 많은 사람들이 다양한 프로그램에 참여하도록 유도하기 위해서는 다목적의 시설 및 용구가 우선적으로 구비되어야 한다.

14 스포츠이벤트 개발 및 유치에 대한 설명으로 가장 적합한 것은?

① 스포츠이벤트 개발에 있어 지역의 특색을 고려할 필요가 없다.
② 스포츠이벤트 개발 및 유치는 지역경제를 회복할 수 있는 기회가 될 것이다.
③ 스포츠이벤트 개발 및 유치 실패 시에는 손해를 안겨 줄 수 있으므로 가급적 스포츠이벤트를 하지 않는 것이 좋다.
④ 스포츠이벤트 개발 및 유치 시에는 고객에 대한 조사는 할 필요가 없다.

해설 스포츠이벤트는 지역의 특색에 맞게 개발되어야 이벤트와 지역 간의 적합성이 높게 인지되어 효과가 나타나고, 고객에 대한 철저한 조사를 통하여 경제적 손해가 발생하지 않도록 스포츠이벤트를 개발·진행하여야 한다.

15 「체육시설의 설치·이용에 관한 법률」상 손해보험에 가입해야 하는 사업자는?

① 체육도장업
② 골프연습장업
③ 체력단련장업
④ 수영장업

해설 소규모 체육시설업자의 경우 보험가입 의무가 면제된다.

16 「체육시설의 설치·이용에 관한 법률」상 벌칙에 관한 내용으로 옳지 않은 것은?

① 사업계획의 승인을 받지 아니하고 등록 체육시설의 시설을 설치한 자는 3년 이하의 징역 또는 1천만 원 이하의 벌금에 처한다.
② 등록 체육시설을 등록하지 아니하고 체육시설의 영업을 한 자는 1년 이하의 징역 또는 3천만 원 이하의 벌금에 처한다.
③ 신고 체육시설을 신고하지 아니하고 체육시설업(문화체육관광부령으로 정하는 소규모 업종은 제외된다)의 영업을 한 자는 1년 이하의 징역 또는 1,000만 원 이하의 벌금에 처한다.
④ 안전·위생 기준을 위반한 자는 1년 이하의 징역 또는 1,000만 원 이하의 벌금에 처한다.

해설 등록을 하지 않고 체육시설업을 운영한 경우 3년 이하의 징역 또는 3천만 원 이하의 벌금에 처한다.

17 스포츠시설의 입지 결정을 평가하는 방법 중 시설물의 규모와 시설물까지의 이동거리의 관계로 최적 지역을 찾아내는 방법은?

① 가중치이용법
② 중력모델법
③ 요인평가법
④ 의사결정나무 기법

해설 중력모델법은 거리가 늘어남에 따라 이동 비용도 증가한다는 가정하에 규모, 이동거리 및 소요시간과의 상관관계를 분석하는 방법이다. 가중치이용법은 입지 선정에 필요한 요인들을 정한 후 특정 기준에 따라 선별하고, 요인별 상대적 중요성에 따라 가중치를 두어 계산하는 방법이다. 요인평가법은 입지 선정에 필요한 요인의 중요도를 평가하는 방법이다.

18 「체육시설의 설치·이용에 관한 법률」상 생활체육시설의 시설 기준에 대한 설명으로 옳지 않은 것은?

① 요트장은 3척 이상의 요트를 갖추어야 한다.
② 스키장은 평균 경사도가 7도 이하인 초보자용 슬로프를 1면 이상 설치해야 한다.
③ 조정장은 5척 이상의 조정을 갖추어야 한다.
④ 승마장의 실외 마장은 0.5m 이상의 울타리를 설치하여야 한다.

> 해설 승마장의 실외 마장은 0.8m 이상의 울타리를 설치하여야 한다.

19 「체육시설의 설치·이용에 관한 법률」상 주요 내용으로 옳은 것은?

① 체육시설업자는 대통령령이 정하는 시설기준에 적합한 시설을 설치하고 이를 유지·관리할 책임이 있다.
② 체육시설의 운영 및 관리는 개인이 아닌 단체에게만 위탁이 가능하다.
③ 등록 체육시설업에 대한 사업계획의 승인을 받은 자는 그 사업계획의 승인을 받은 날부터 6년 이내에 그 사업시설 설치 공사를 착수·준공하여야 한다.
④ 일반이용자라 함은 6개월 이상의 일정 기간을 정하여 체육시설의 이용료를 지불, 이를 이용하기로 약정한 자이다.

> 해설 체육시설업자는 문화체육관광부령이 정하는 시설기준에 적합한 시설을 설치하고 이를 유지·관리할 책임이 있다. 또한 체육시설의 운영 및 관리는 개인 및 단체에게 위탁이 가능하고, 일반이용자는 1년 미만의 일정 기간을 정하여 체육시설의 이용료를 지불하고 그 시설을 이용하기로 약정한 자이다.

20 「체육시설의 설치·이용에 관한 법률」상 체육시설업별 영업의 범위가 옳지 않은 것은?

① 빙상장업 - 제빙시설을 갖춘 빙상장을 경영하는 업
② 무도장업 - 입장료 등을 받고 국제표준무도(볼룸댄스)를 할 수 있는 장소를 제공하는 업
③ 스키장업 - 눈, 잔디, 그 밖에 천연 또는 인공 재료로 된 슬로프를 갖춘 스키장을 경영하는 업
④ 요트장업 - 보조 추진장치로 엔진을 부착하지 않고 바람의 힘으로만 추진하는 선박으로서, 체육활동을 위한 선박을 갖춘 요트장을 경영하는 업

> 해설 바람의 힘으로 추진하는 선박(보조 추진장치로서 엔진을 부착한 선박을 포함)으로서 체육활동을 위한 선박을 갖춘 요트장을 경영하는 업

21 광고효과 측정 및 경기장광고 가격 산정에 활용되는 NTIV(Net TV Impact Value)란 무엇인가?

① TV중계의 도달범위를 감안한 광고가치
② 시청률을 감안한 광고가치
③ 구독료를 감안한 광고가치
④ TV노출을 광고료로 환산한 가치

해설 NTIV는 광고의 총 노출 시간을 합산하여 30초짜리 광고단가를 곱해 산출한 값이다. 따라서 TV노출을 광고료로 환산한 가치로 볼 수 있다.

22 「체육시설의 설치·이용에 관한 법규」상 체육시설업의 시설기준(공통기준) 중 필수시설이 아닌 것은?

① 수용인원에 적정한 주차장 및 화장실
② 적정한 환기시설
③ 수용인원에 적합한 관람석
④ 탈의실, 샤워실 및 급수시설

해설 관람석은 임의시설로서 필수적으로 설치되어야 하는 시설이 아니다.

23 스포츠 또는 체육시설에 관한 설명으로 가장 거리가 먼 것은?

① 스포츠시설공간은 각종 스포츠프로그램을 효율적으로 운영하기 위한 필수요건이다.
② 스포츠시설공간은 스포츠를 생활화하도록 하는 동기유발의 기능을 담당한다.
③ 스포츠시설은 중요한 사회간접자본이자 경제적 생산요소로서의 가치를 지니고 있다.
④ 스포츠시설의 광의의 개념으로는 운동학습을 위한 각종 장소로 규정한다.

해설 광의의 스포츠시설은 스포츠 활동을 위한 장소와 스포츠 활동에 필요한 용품까지 포함하는 넓은 의미의 스포츠시설 개념이다.

24 스포츠 센터의 판매촉진(SP) 수단이 아닌 것은?

① 패키지 할인
② 이벤트 개최
③ 무료이용기회 제공
④ 인적판매

해설 　인적판매는 촉진믹스 요인 중 인적 자원을 활용한 쌍방향 커뮤니케이션이 장점인 방법으로 전달해야 하는 정보의 양이 많거나 자세한 정보를 전달해야 할 때 적합하다. 따라서 이벤트의 개념이 강한 SP(Sales Promotion)과는 거리가 멀다.

25 다음 중 위탁 경영의 장점이 아닌 것은?

① 사고 발생 시 책임소재가 명확하다.
② 전문가의 노하우로 운영될 수 있다.
③ 인건비, 유지관리비 등 비용 절감이 가능하다.
④ 공휴일 등 개장시간의 탄력적인 운영이 가능하다.

해설 　공공스포츠시설 위탁경영의 장점은 효율적인 경영과 시설의 활용, 인건비 등 유지관리 비용의 절감이 가능, 전문가의 기술 활용이 가능, 공휴일 등 개장시간의 탄력적 운영 가능, 지역사회와의 연대 촉진, 행정 간소화가 있다.

26 스포츠프로그램 개발 원칙과 가장 거리가 먼 것은?

① 적절한 통제 수준
② 관찰과 기록 보존
③ 이용자의 개인차 인정
④ 통일성

해설 　스포츠프로그램 개발 시 각각의 이용자의 욕구를 충족할 수 있는 차별성이 확보되어야 한다.

정답　24 ④　25 ①　26 ④

27 불평고객의 관리에서 제품, 점포, 상표, 제조업자에 대해서 재구매를 포기하는 것과 같은 고객불평행동 유형은?

① 개인적 보이콧
② 불 평
③ 보상추구
④ 사법적 행동

> **해설** 고객의 불평, 보상추구 등의 불평행동에 대한 적절한 처리가 이루어졌을 때 고객의 만족도가 향상하여 재구매의 가능성이 생긴다. 반면, 개인적 보이콧은 이후 불만을 야기한 제품, 점포, 상표 등을 구매하지 않겠다는 의미의 불평행동이라 할 수 있다.

28 스포츠센터 설계의 단계 중 평면계획에 해당하지 않는 것은?

① 건물의 외부환경과 위치, 크기 등의 계획
② 건물의 층수별 계획
③ 시설의 동선 계획
④ 시설의 화장실 위치, 설비 등의 계획

> **해설** 평면계획은 평면도로 나타내는 건물에 관한 사항이다. 건물의 외부환경과 위치, 크기 등의 계획은 해당되지 않는다.

29 스포츠시설 프로그램 개발단계를 바르게 나열한 것은?

| ㄱ. 욕구조사 및 계획 | ㄴ. 프로그램 실시 |
| ㄷ. 프로그램 평가 | ㄹ. 프로그램 개발 |

① ㄱ → ㄴ → ㄷ → ㄹ
② ㄱ → ㄹ → ㄴ → ㄷ
③ ㄹ → ㄱ → ㄴ → ㄷ
④ ㄹ → ㄱ → ㄷ → ㄴ

> **해설** 스포츠프로그램 개발 절차는 '욕구조사 및 계획 – 프로그램 개발 – 프로그램 실행 – 프로그램 평가' 순으로 이루어진다.

30 「체육시설의 설치·이용에 관한 법률」상 등록 체육시설업에 해당하는 것은?

① 요트장업
② 빙상장업
③ 골프장업
④ 승마장업

해설 등록 체육시설업은 골프장업, 스키장업, 자동차경주장업이다.

31 「체육시설의 설치·이용에 관한 법규」상 스키장업의 안전·위생 기준에 대한 설명으로 옳은 것은?

① 스키지도요원 및 스키구조요원을 배치하되, 스키지도요원은 슬로프면적 5만㎡당 1명 이상, 스키구조요원은 운영 중인 슬로프별로 1명 이상을 각각 배치하여야 한다.
② 각 리프트의 승·하차장에서는 2명 이상의 승·하차 보조요원을 배치하여야 한다.
③ 「의료법」에 따른 간호사 및 「응급의료에 관한 법률」에 따른 응급구조사를 각각 1명 이상 배치하여야 한다.
④ 스키장 시설이용에 관한 안전수칙을 이용자가 쉽게 알아볼 수 있도록 셋 이상의 장소에 게시하여야 한다.

해설
- 스키지도요원(스키장에서 이용자에게 스키에 관한 지식과 스키를 타는 방법, 기술 및 안전 등에 관하여 교습하는 업무에 종사하는 사람을 말한다) 및 스키구조요원(스키장에서 슬로프를 순찰하여 안전사고 예방과 사고 발생 시 인명구조 및 후송 등의 업무에 종사하는 사람으로서 법 제34조에 따른 스키장협회에서 실시하는 정기안전교육을 받은 사람을 말한다)을 배치하되, 스키지도요원은 슬로프면적 5만㎡당 1명 이상, 스키구조요원은 운영 중인 슬로프별로 2명 이상(슬로프 길이가 1.5km 이상인 슬로프는 3명 이상)을 각각 배치하여야 한다.
- 각 리프트의 승차장에는 2명 이상의 승차보조요원을, 하차장에는 1명 이상의 하차보조요원을 배치하여야 한다.
- 의료법에 따라 간호사 또는 응급구조사 1인 이상 배치하여야 한다.

32 다음 중 체육시설업 운영 시 고려할 사항과 가장 거리가 먼 것은?

① 대중이용의 효율성을 제공한다.
② 기본 이용시설에 대한 무료시설과 사용자 부담 유료시설을 운영한다.
③ 회원시설과 비회원시설을 통합하여 운영하는 것이 바람직하다.
④ 이용자를 세분화하여 형평성을 유지하고 차별화를 시도한다.

해설 체육시설업 운영 시 회원시설과 비회원시설을 통합하여 운영한다면 회원가입으로 인한 수익을 창출하기 어렵고, 회원가입 비용을 지불한 회원의 불평이 증가할 것이다.

정답 30 ③ 31 ④ 32 ③

33 「체육시설의 설치·이용에 관한 법률」상 체육시설업 협회에 관한 설명으로 옳지 않은 것은?

① 체육시설업자는 체육시설업의 건전한 발전을 위하여 체육시설업의 종류별로 협회를 설립할 수 있다.
② 협회는 법인으로 한다.
③ 협회는 정관으로 정하는 바에 따라 지회(支會) 또는 분회(分會)를 둘 수 없다.
④ 협회의 관하여는 이 법에서 규정한 것 외에는 「민법」 중 사단법인에 관한 규정을 준용한다.

해설 협회는 정관에 따라 지회 또는 분회를 둘 수 있다.

34 체육지도자를 배치하여야 할 체육시설업의 규모와 그 배치인원으로 옳지 않은 것은?

① 20타석 이상 50타석 이하 골프연습장업 – 1명 이상
② 슬로프 10면 초과 스키장업 – 2명 이상
③ 말 20마리 초과 승마장업 – 1명 이상
④ 요트 20척 이하 요트장업 – 1명 이상

해설 승마장업에서는 말 20마리 이하일 때 지도자를 1명 이상, 20마리 초과일 때 2명 이상의 지도자를 배치하여야 한다.

35 경기장 광고에 대한 설명으로 옳지 않은 것은?

① 경기장의 관중과 중계 시 노출될 TV 시청자들이 주요대상이다.
② 경기장 광고는 관중들보다 시청자들에게 노출효과가 크다.
③ 경기장 광고는 방송광고에 비해 상대적으로 가격이 저렴하고 표현방식이 다양하다.
④ 광고주는 경기장 광고와 방송 광고를 적절히 활용할 수 있어야 한다.

해설 경기장 광고는 표현방식이 제한적이라는 단점이 있다.

36 입지별 스포츠시설이 짝지어진 것으로 가장 적합하지 않은 것은?

① 광역권형 시설 – 전국대회가 가능한 종합체육시설 및 복합적 대규모의 복합시설
② 지역권형 시설 – 약 1~10만의 인구규모를 대상으로 설치된 공공, 민간시설
③ 지구권형 시설 – 한 개의 중·고등학교를 대상으로 하는 옥외·옥내 소규모 시설로 회관, 학교체육시설, 소규모 민간시설
④ 근린권형 시설 – 한 개의 초등학교 지역 내 주민들이 이용하는 학교 및 인근 체육시설

해설 지구권형 시설은 자가용을 이용해 5분 이내에 도달할 수 있는 거리로 주민센터, 커뮤니티센터 등이 모인 곳이다.

37 경기장 임대조건을 설정할 때 반영해야 하는 사항과 가장 거리가 먼 것은?

① 사업가치의 원천이 이벤트 개최에 있기 때문에 이벤트 생산업체의 생산원가가 임대 조건에 반영되어야 한다.
② 경기장 소유주인 자치단체는 지역주민이 얻는 심리적 소득 중 무형의 이익이 발생한다는 것을 감안할 필요가 있다.
③ 경기장 사업에서 발생하는 수입을 어떻게 분배할 것인지를 경기장 소유주, 프로구단 등 가치사슬에 입각해 설정할 필요가 있다.
④ 경기장 사업의 가치가 형성되는 기반은 경기장을 찾는 관중이므로 관중 비율이 임대 조건에 반영되어야 한다.

해설 경기장을 찾는 관중이 경기장 사업의 가치를 형성하는 기반이 되는 것은 사실이나 경기장 임대조건에 관중비율이 반영될 수는 없다.

38 다음 ( )에 들어갈 말로 알맞은 것은?

「체육시설의 설치·이용에 관한 법률」에 따라 직장체육시설을 설치·운영하는 직장은 상시 근무하는 직장인이 ( ) 이상인 직장으로 한다.

① 100명
② 200명
③ 300명
④ 500명

해설 직장체육시설을 설치·운영하여야 하는 직장은 상시 근무하는 직장인이 500명 이상인 직장으로 한다(시행령 제5조).

정답 36 ② 37 ④ 38 ④

39 스포츠시설에서 많은 회원 수를 유지하기 위한 전략과 가장 거리가 먼 것은?

① 회원권을 공매한다.
② 클럽을 깨끗하게 정리정돈한다.
③ 회원들과 직원들의 관계를 돈독히 한다.
④ 기존회원과 신규 회원을 서로 소개해 준다.

> 해설 공매는 회원권이 압류되었다는 것이기 때문에 회원 수를 유지하기 위한 전략으로 적절하지 않다.

40 다음에서 설명하는 기구는?

- 90년대 중반 이후 빠르게 성장
- Precor 사의 EFX, life fitness 사의 Elevation 시리즈 등의 모델이 있음
- 신체가 걷거나 달릴 때 받는 힘과 비슷한 에너지가 소모되지만 무릎에 전달되는 부하를 줄여 관절에 무리가 있는 사람에게 유리
- 상·하체 동시단련 가능(상체운동 부분이 있는 것과 없는 것 2가지 형태)
- 심장 박동 측정 기술, 물병을 위한 홀더 및 LCD모니터 구비

① 트레드밀(Treadmill)
② 스테어 클라이머(Stair Climbers)
③ 리컴벤트 바이크(Recumbent Bike)
④ 일립티컬 머신(Elliptical machine)

> 해설
> - 트레드밀(Treadmill) : 실내에서 달리기와 걷기를 위한 운동 기구이다.
> - 스테어 클라이머(Stair Climbers) : 계단 오르기식의 운동 기구이다.
> - 리컴벤트 바이크(Recumbent Bike) : 기존의 자전거와는 달리 누워서 타는 자전거이다. 프레임의 형태가 일반 자전거보다 낮아 큰 하중을 비교적 쉽게 견딜 수 있다.

41 체육시설업자는 체육시설 등록 또는 신고한 날부터 며칠 이내에 손해보험에 가입하여야 하는가? (단, 관련 법령에 따라 의무가입해야 하는 체육시설업자에 한함)

① 7일
② 10일
③ 15일
④ 30일

> 해설 「체육시설의 설치·이용에 관한 법률 시행규칙」에 의하면, 체육시설업자는 체육시설업을 등록 또는 신고한 날부터 10일 이내에 손해보험에 가입해야 한다.

42. 「체육시설의 설치·이용에 관한 법률」상 수영장업에 대한 시설기준으로 옳지 않은 것은?

① 도약대를 설치한 경우에는 도약대 돌출부의 하단 부분으로부터 3m 이내의 수영조의 수심은 2.5m 이상으로 하여야 한다.
② 도약대로부터 천장까지의 간격이 스프링보드 도약대와 높이 7.5m 이상의 플랫폼 도약 대인 경우에는 5m 이상, 높이 7.5m 이하의 플랫폼 도약대인 경우에는 3.4m 이상이어야 한다.
③ 물의 깊이는 0.9m 이상 2.7m 이하로 하고, 수영조의 벽면에 일정한 거리 및 수심 표시를 해야 한다.
④ 수영조 주변 통로의 폭은 1.8m 이상(핸드레일을 설치하는 경우에는 1.8m 미만으로 할 수 있다)으로 하고, 수영조로부터 외부로 경사지도록 하거나 그 밖의 방법을 마련하여 오수 등이 수영조로 새어들 수 없도록 하여야 한다.

> 해설 수영조 주변 통로의 폭은 1.2m 이상(핸드레일을 설치하는 경우에는 1.2m 미만으로 할 수 있다)으로 하여야 한다.

43. 다음은 무엇에 관한 설명인가?

> 스포츠시설 담당자는 신규회원권 판매 시 퍼스널트레이닝 혹은 단체운동(GX)의 효과성을 강조하여 추가로 해당 상품을 판매하였다.

① 릴레이션십 마케팅(Relationship Marketing)
② 바이럴 마케팅(Viral Marketing)
③ 크로스 셀링(Cross Selling)
④ 인터널 마케팅(Internal Marketing)

> 해설 관련 상품을 함께 판매함으로써 단가를 높여 수익성을 향상하는 전략을 교차판매(크로스 셀링)이라고 한다.

44. 새로운 스포츠(New Sports)의 특징 및 기능과 가장 거리가 먼 것은?

① 비용절감을 위한 운영자 중심의 규칙
② 자연과의 조화를 통한 삶의 질 향상
③ 개인적인 성향 유지와 도전적 모험
④ 형식에 얽매이지 않고 사람이 중심이 되는 형태

> 해설 뉴스포츠(New Sports)는 유연한 규칙과 간편한 경기 방식을 적용하여 참가자 특성에 맞게 운영되는 참가자 지향의 스포츠를 말한다.

45 공설운동장 공간이용의 시설·지역·이용 특성의 효율화 기본방향과 가장 거리가 먼 것은?

① 수요와 질적 요구에 부합한 시설전환
② 시설의 이용가능 시간과 이용영역 확대
③ 유휴 또는 저이용 공간의 활용성 확대·증진
④ 지역별 양적 동일성 및 서비스의 질적 형평성 제고

해설 효율적인 공간의 이용을 위해서는 지역 특성을 고려한 양적 분배가 필요하다.

46 「체육시설의 설치·이용에 관한 법령」상 안전시설로 응급실을 갖추지 아니할 수 있는 체육시설업은?

① 스키장업
② 수영장업
③ 골프장업
④ 자동차 경주장업

해설 수영장업을 제외한 신고체육시설업과 골프장업에는 응급시설을 갖추지 아니할 수 있다.

47 다음 중 스포츠시설에서 이용자에게 제공하는 서비스와 가장 거리가 먼 것은?

① 경영컨설팅 서비스
② 개인보관함 제공 서비스
③ 지도서비스
④ 프로그램 서비스

해설 스포츠시설 이용자에게 제공되는 서비스로는 상담, 지도, 교육, 프로그램 등이 있다. 경영컨설팅 서비스는 이용자가 아닌, 운영자에게 제공할 수 있는 서비스이다.

48 다음 ( )에 들어갈 말로 옳은 것은?

> 직장체육시설은 직장인의 건강 및 체력을 증진시키기 위해 체육 활동에 필요한 체육시설로,「체육시설의 설치·이용에 관한 법령」상 근로자 (ㄱ)명 이상이 상시 근무하는 직장에서는 원칙적으로 (ㄴ)종류 이상의 체육시설을 설치·운영하여야 한다.

① ㄱ – 300, ㄴ – 1
② ㄱ – 300, ㄴ – 2
③ ㄱ – 500, ㄴ – 1
④ ㄱ – 500, ㄴ – 2

해설 직장체육시설은 상시근무자가 500명 이상인 직장에서 1개 이상의 스포츠 종목을 운영해야 한다.

49 「체육시설의 설치·이용에 관한 법령」상 자동차 경주장업의 안전·위생 기준으로 옳지 않은 것은?

① 경주참가차량이나 일반주행차량 등 트랙을 이용하는 차량은 경주나 일반주행에 참가한 이후 점검을 하여야 한다.
② 경주참가자나 일반주행자 등 트랙이용자에 대하여는 사전에 주행능력을 평가하여 부적격 자는 트랙의 이용을 제한하여야 한다.
③ 관람자에게 사전에 안전에 관한 안내 방송을 하여야 한다.
④ 경주의 안전한 진행에 필요한 통제소요원, 감시탑요원 및 진행요원 등 각종 요원은 각각 해당 분야의 지식과 기술을 보유한 자로서 시설의 규모에 따라 적절하게 배치하여야 한다.

해설 경주참가차량이나 일반주행차량 등 트랙을 이용하는 차량에 대하여는 사전에 점검을 한 후 경주나 일반주행에 참가하여야 한다.

실기 출제예상문제

01 참여 스포츠소비자의 정의와 특징에 관해 기술하시오.

> **모범답안**
> - 정의 : 신체적·사회적·심리적 목적을 위해 스포츠활동에 직접 참여하는 소비자
> - 특징
>   - 고객 유인에 있어 시설이 미치는 영향이 크다.
>   - 고객의 서비스 관여 정도가 관람 스포츠소비자에 비해 상대적으로 크다.
>   - 고객과의 대면이 많아 고객 응대 방식이 중요하다.

02 스포츠시설의 입지선정 시 고려해야 할 요소를 5가지 쓰시오.

> **모범답안**
> - 소비자의 접근용이성
> - 주변의 경쟁요소
> - 인구통계학적 특성
> - 주차 공간 확보
> - 인력수급 방법

03 스포츠시설에서 활용 가능한 홍보 및 광고 방법을 5가지 쓰시오.

모범답안
언론매체에 보도자료 제공, 특색 있는 다양한 이벤트 개최, 전단지 제작 및 배포, 셔틀버스 광고 및 운영, 직원의 친절한 응대

04 위탁경영의 장점 및 단점을 3가지씩 기술하시오.

모범답안
- 위탁경영의 장점
  - 경영과 시설 활용의 효율성을 제고할 수 있다.
  - 전문가의 기술 활용이 가능하고, 공휴일 등 개장시간의 탄력적 운영이 가능하다.
  - 행정을 간소화할 수 있다.
  - 지역사회와의 연대를 촉진할 수 있다.
  - 유지관리 비용을 절감할 수 있다.
- 위탁경영의 단점
  - 특정 주민들에게 편중되어 이용될 가능성이 있다.
  - 사고 발생 시 책임소재가 불명확할 위험성이 있고, 위탁받은 기관이 운영을 잘못하면 공신력이 저하될 가능성이 있다.
  - 위탁을 명분으로 이권개입 등의 부정 발생 소지가 있다.
  - 관리감독의 어려움이 있다.
  - 서비스의 질이 저하될 수 있다.

05 고객관계관리(CRM ; Customer Relationship Management)의 중요성에 관해 설명하시오.

모범답안
- 파레토 법칙에 따르면 매출의 상당 부분은 단골로부터 발생한다.
- 이탈고객을 5% 줄이면 25~85%까지의 이익이 향상된다.
- 신규고객을 만족시키기 위해서는 기존고객보다 5배 이상의 비용이 소모된다.

06 NTIV(Net TV Impact Value)에 관해 설명하시오.

모범답안
광고의 총 노출 시간을 합산하여 30초짜리 광고단가를 곱해 산출한 값으로, TV 노출을 광고료로 환산한 가치이며 광고효과 측정 및 경기장 광고 가격 산정에 활용된다.

07 「체육시설의 설치·이용에 관한 법률」에 따른 등록 체육시설업과 신고 체육시설업을 3가지씩 쓰시오.

모범답안
- 등록 체육시설업 : 골프장업, 스키장업, 자동차경주장업
- 신고 체육시설업 : 요트장업, 조정장업, 카누장업

08 수요예측기법 중 가중치이용법, 시간거리환산법에 대해 기술하시오.

모범답안
- 가중치이용법은 일반적으로 널리 사용하는 입지결정 방법으로, 고려해야 할 요인들을 선별한 후 상대적 중요성에 따라 가중치를 두어 계산한다. 가중치와 그에 해당하는 요인의 평가점수를 곱하고 각 요인의 점수를 더하여 가장 높은 점수를 받은 입지를 선택한다.
- 시간거리환산법은 스포츠시설까지의 소요시간과 거리를 중심으로 수요치를 예측하는 방법으로 직선거리, 이동거리 및 이동소요시간 등을 적용하여 이용권역을 분석한다.

09 체육시설업 중 부상자 및 환자의 구호를 위한 응급실을 갖추어야 하는 시설에 대해 설명하시오.

> **모범답안**
> 체육시설업은 부상자 및 환자의 구호를 위한 응급실을 갖추어야 하나, 「체육시설법 시행규칙」 별표4에 따라 신고 체육시설업(수영장업은 제외)과 골프장업에는 응급실을 갖추지 아니할 수 있으므로 등록 체육시설업인 스키장업과 자동차경주장업 및 신고 체육시설업인 수영장업에는 응급실을 갖추어야 한다.

10 스포츠 시설의 FCB 모델에 의한 구매의사결정 유형에서 '이성적-저관여'에 대해 설명하시오.

> **모범답안**
> 한번 구매한 상품을 습관적으로 구매하는 소비자로 구매 → 인지 → 감성(느낌) 순으로 반응하며 상품의 브랜드를 계속해서 상기시켜 주는 것이 효과적이다.

11 새로운 스포츠시설을 운영하기에 앞서 A, B, C, D의 각 입지별 가중치를 계산하여 입지점수를 구했을 때, 가장 타당한 입지요인은 어느 곳인지 쓰시오. (단, 각 입지별 계산과정과 결과를 모두 기술하시오)

입지요인	가중치	A입지	B입지	C입지	D입지
접근성	0.1	80	90	60	70
유동인구	0.2	70	80	70	60
상권형성	0.3	60	80	70	50
교통환경	0.4	50	90	90	80
주변거주인구	0.5	60	50	80	90

모범답안
- A입지 = (0.1 × 80) + (0.2 × 70) + (0.3 × 60) + (0.4 × 50) + (0.5 × 60) = 90
- B입지 = (0.1 × 90) + (0.2 × 80) + (0.3 × 80) + (0.4 × 90) + (0.5 × 50) = 110
- C입지 = (0.1 × 60) + (0.2 × 70) + (0.3 × 70) + (0.4 × 90) + (0.5 × 80) = 117
- D입지 = (0.1 × 70) + (0.2 × 60) + (0.3 × 50) + (0.4 × 80) + (0.5 × 90) = 111

위의 결과값을 보면, C입지가 가장 타당하다.

12 매력도가 높은 입지를 선정하기 위해 가중치 이용법을 활용하여 계산하시오.

입지요인	가중치	A입지	B입지	C입지	D입지
시설물 지대	0.3	80	80	70	90
유동 · 거주인구	0.2	90	90	80	70
교통환경	0.1	80	90	90	90
지역사회태도	0.2	90	80	100	70

모범답안
- A입지 = (0.3 × 80) + (0.2 × 90) + (0.1 × 80) + (0.2 × 90) = 68
- B입지 = (0.3 × 80) + (0.2 × 90) + (0.1 × 90) + (0.2 × 80) = 67
- C입지 = (0.3 × 70) + (0.2 × 80) + (0.1 × 90) + (0.2 × 100) = 66
- D입지 = (0.3 × 90) + (0.2 × 70) + (0.1 × 90) + (0.2 × 70) = 64

13 「체육시설의 설치·이용에 관한 법률」에 따라 스포츠시설이 공통으로 준수해야 할 안전·위생 기준 5가지를 쓰시오.

> **모범답안**
> - 체육시설 내에서는 이용자가 항상 이용질서를 유지하게 해야 한다.
> - 이용자의 체육활동에 제공되거나 이용자의 안전을 위한 각종 시설·설비·장비·기구 등은 안전하게 정상적으로 이용될 수 있는 상태를 유지하도록 해야 하며, 재난으로 인한 피해가 발생하지 않도록 노력해야 한다.
> - 재난으로 인해 이용자의 안전을 해칠 우려가 있다고 판단될 때에는 그 체육시설의 이용을 제한해야 한다.
> - 해당 종목의 특성을 고려하여 음주 등으로 정상적인 이용이 곤란하다고 판단될 때에는 음주자 등의 이용을 제한해야 한다.
> - 체육시설의 정원을 초과하여 이용하게 해서는 안 된다.
> - 화재발생에 대비하여 소화기를 설치하고, 이용자가 쉽게 알아볼 수 있는 곳에 피난안내도를 부착하거나 피난방법에 대하여 고지해야 한다.
> - 체육시설업자는 체육시설 내에서 사망사고가 발생한 경우에는 해당 체육시설업을 등록 또는 신고한 지방자치단체의 장에게 즉시 보고해야 한다.
> - 등록 체육시설업자는 자동심장충격기 등 심폐소생술을 할 수 있는 응급장비를 갖추어야 한다.
> - 체육시설업자는 체육시설의 이용에 관한 안전수칙(어린이 안전사고 예방수칙 포함)을 작성하여 이용자가 쉽게 알아볼 수 있는 장소에 게시해야 한다.

14 스포츠시설 입지의 중요성에 대해 설명하시오.

모범답안
스포츠시설은 많은 초기투자 비용이 투입되기 때문에, 입지의 결정 시 신중해야 한다. 또한 스포츠시설의 특성상 입지의 영향을 많이 받으므로 소비자의 욕구, 접근의 용이성, 경쟁자, 지역사회 발달수준 등 다양한 요인들을 고려하여 결정해야 한다.

많이 보고 많이 겪고 많이 공부하는 것은 배움의 세 기둥이다.

– 벤자민 디즈라엘리 –

5개년 필기 기출문제

CHAPTER 01 2021년 1, 2, 3회 필기 기출문제
CHAPTER 02 2022년 1, 2회 필기 기출문제
CHAPTER 03 2023년 4회 필기 기출문제
CHAPTER 04 2024년 1, 2, 3회 필기 기출복원문제
CHAPTER 05 2025년 1, 3회 필기 기출복원문제

끝까지 책임진다! 시대에듀!

QR코드를 통해 도서 출간 이후 발견된 오류나 개정법령, 변경된 시험 정보, 최신기출문제, 도서 업데이트 자료 등이 있는지 확인해 보세요! **시대에듀 합격 스마트 앱**을 통해서도 알려 드리고 있으니 구글 플레이나 앱 스토어에서 다운받아 사용하세요. 또한, 파본 도서인 경우에는 구입하신 곳에서 교환해 드립니다.

CHAPTER 01 2021년 1회 필기 기출문제

제1과목 | **스포츠산업론**

01 스포츠산업 진흥법령상 기본계획 수립 등에 관한 설명으로 옳지 않은 것은?

① 문화체육관광부장관은 기본계획을 5년마다 수립하여 시행하여야 한다.
② 기본계획에는 스포츠산업 진흥의 기본방향에 관한 사항이 포함되어야 한다.
③ 지방자치단체의 장은 세부시행계획을 매년 수립하여야 한다.
④ 세부시행계획에는 해당 연도의 사업 추진 방향이 포함되어야 한다.

해설 기본계획 수립 등(「스포츠산업 진흥법 시행령」 제2조 제2항)
문화체육관광부장관은 법 제5조 제1항에 따른 분야별·기간별 세부시행계획을 매년 수립하여야 한다.

02 스포츠제품 가치사슬에 대한 설명으로 가장 거리가 먼 것은?

① 개별 사업에 대해서가 아니라 기업전체에 대해서 정의된 것이다.
② 부가가치 활동의 관점으로부터 우위성의 원천을 찾는 것이 필요하다.
③ 제품이나 서비스가 고객에게 제공될 때까지의 내부과정을 우위성 구축의 차원에서 생각한다.
④ 제품이나 재료의 구매에서부터 제조, 물류, 판매, 마케팅, 서비스에 부가가치가 더해진 것을 말한다.

해설 가치사슬의 사고방식은 제품이나 서비스가 고객에게 제공될 때까지 내부과정을 우위성 구축 차원에서 생각하며, 이 가치사슬은 기업전체에 대해서가 아니라 개별 사업에서 정의된 것이다.

03 스포츠산업의 특성에 대한 설명으로 옳지 않은 것은?

① 스포츠산업은 복합적인 산업분류 구조를 가진 산업이다.
② 스포츠산업은 시간소비형 산업이다.
③ 스포츠산업은 오락성이 중심개념인 산업이다.
④ 스포츠산업은 입지조건이나 시설에 대한 의존도가 낮은 산업이다.

해설 스포츠산업은 입지 및 공간 중심형 특성을 띠므로 입지조건이나 시설에 대한 의존도가 높은 산업이다.

정답 01 ③ 02 ① 03 ④

04 스포츠산업 진흥법령상 문화체육관광부장관이 기본계획 등을 시행하기 위한 실태조사의 범위로 명시되지 않은 것은?

① 스포츠산업 관련 사업체 수 및 종사자 수
② 스포츠산업의 매출액
③ 스포츠산업 기술개발 실적
④ 스포츠산업의 인력 수급

> **해설** 실태조사의 범위와 방법(「스포츠산업 진흥법 시행령」 제3조 제1항)
> 1. 스포츠산업 관련 사업체 수 및 종사자 수
> 2. 스포츠산업의 매출액
> 3. 스포츠산업의 사업 실적 및 경영 전망
> 4. 스포츠산업의 인력 수급
> 5. 그 밖에 스포츠산업 진흥을 위한 정책을 수립·시행하는 데 필요한 사항

05 TV방송국이 스포츠제품을 필요로 하는 이유로 적당하지 않은 것은?

① 스포츠는 차별화된 프로그램 공급원이기 때문이다.
② 스포츠는 드라마와 같이 시청률을 예측하기 어렵기 때문이다.
③ 스포츠는 드라마에 비해 경제적이기 때문이다.
④ 스포츠는 승부의 불확실성과 독특성으로 인해 광고료 수입을 기대할 수 있기 때문이다.

> **해설** 스포츠 방송국에 차별화된 콘텐츠를 제공하고, 드라마의 제작비용과 비교하여 보다 경제적이므로 투입 비용 대비 효과적인 성과창출이 가능하다. 또한 스포츠가 갖는 불확실성으로 승부예측이 어려워 인기있는 스포츠리그의 중계는 대중들의 관심과 몰입도가 높다는 점에서 방송국은 다수 기업 광고유치가 가능하다.

06 다음 전략은 스포츠제품의 어떤 서비스적 특성을 반영한 것인가?

- 편익을 강조한다.
- 강력한 기업 이미지를 창출한다.
- 유형적 단서(Tangible Cues)를 강조한다.
- 상표명을 사용한다.

① 무형성
② 비분리성
③ 이질성
④ 소멸성

> **해설** 스포츠의 서비스적 특성은 보거나 만질 수 없는 무형성, 생산과 소비가 동시에 이루어지는 비분리성, 품질이 고르지 않은 이질성, 판매되지 않는 서비스는 사라지는 소멸성이 있다.

07 스포츠산업 진흥법령상 문화체육관광부장관이 스포츠산업과 관련된 기술개발을 위한 자금을 지원할 수 있는 기관으로 명시되지 않은 것은?

① 「특정연구기관 육성법」에 따른 특정연구기관
② 「정부출연연구기관 등의 설립·운영 및 육성에 관한 법률」에 따른 정부출연연구기관
③ 「고등교육법」에 따른 대학, 산업대학, 전문대학 또는 기술대학
④ 「국민체육진흥법」에 따른 서울올림픽기념국민체육진흥공단

> **해설** 기술개발의 지원·출연 대상과 사업(「스포츠산업 진흥법 시행령」 제4조 제1항)
> 문화체육관광부장관이 법 제8조 제1항에 따라 지원하거나 출연할 수 있는 대상은 다음 각 호의 어느 하나에 해당하는 기관, 법인, 단체 또는 사업자로 한다.
> 1. 「특정연구기관 육성법」에 따른 특정연구기관
> 2. 「정부출연연구기관 등의 설립·운영 및 육성에 관한 법률」에 따른 정부출연연구기관
> 3. 「고등교육법」에 따른 대학, 산업대학, 전문대학 또는 기술대학
> 4. 그 밖에 문화체육관광부장관이 스포츠산업 관련 기술개발을 추진하기 위하여 필요하다고 인정하는 기관, 법인, 단체 또는 사업자

08 스포츠산업의 활성화 방안으로 옳지 않은 것은?

① 스포츠산업의 내수기반 강화
② 스포츠산업의 관광화 유도
③ 스포츠산업과 전략사업의 연계 육성
④ 스포츠산업 관련 법적·제도적 규제제도 마련

> **해설** 스포츠산업을 활성화하기 위한 방안이므로 스포츠산업 관련 법적·제도적 규제책을 마련하는 것이 아닌 법적·제도적 규제책을 완화하는 것이 바람직하다.

09 관람 스포츠의 수요변화에 대한 설명과 가장 거리가 먼 것은?

① 스포츠관람 대체재의 증가는 관람 스포츠 수요를 감소시킬 수 있다.
② 관람소비자 소득 수준의 향상은 수요를 증가시킬 수 있다.
③ 여가의 증가는 관람 스포츠 수요변화와 무관하다.
④ 온라인 게임 산업의 성장은 관람수요의 감소를 불러올 수 있다.

> **해설** 여가의 증가는 스포츠산업분야에 대한 관심과 참여를 증대할 수 있는 주요 요소가 되므로 관람 스포츠 수요변화에 매우 큰 영향력을 발휘할 수 있다.

정답 07 ④ 08 ④ 09 ③

10 스포츠제품에 관한 설명으로 옳지 않은 것은?

① 스포츠제품은 고객이 얻는 혜택의 묶음으로 정의할 수 있다.
② 유형적·무형적 요소를 함께 가지고 있다.
③ 스포츠제품에 대한 평가는 고객의 마음속에서 주관적으로 이루어진다.
④ 스포츠 관람객들의 욕구를 만족시키기 위해 제공되는 물리적 제품과 시설에만 국한된다.

> **해설** 스포츠제품의 특성으로는 혜택의 묶음, 유형적·무형적 요소의 공존, 주관적인 평가, 사회적 일체감의 표현으로 정리할 수 있다. 관람 스포츠제품은 재화와 서비스가 공존하는 형태이므로 물리적 제품과 시설에만 국한되어 제공되는 것이라 볼 수 없다.

11 스포츠산업 특수 분류 v.3.0상 스포츠시설업에 해당하는 것은?

① 경기용품 유통 및 임대업
② 스포츠시설 건설업
③ 운동 및 경기용품 제조업
④ 스포츠 경기 서비스업

> **해설** 스포츠산업 특수분류는 스포츠산업을 스포츠시설업, 스포츠용품업, 스포츠서비스업으로 분류한다. 경기용품 유통 및 임대업, 운동 및 경기용품 제조업은 스포츠용품업, 스포츠시설 건설업은 스포츠시설업, 스포츠 경기 서비스업은 스포츠서비스업에 해당된다.

12 스포츠가 대중문화로 편입되어 상품화된 요건에 대한 설명과 가장 거리가 먼 것은?

① 교통과 커뮤니케이션 발달로 도시공간의 형성과 발전이 이루어져, 대중들은 스포츠를 쉽게 접하고 이용할 수 있는 여건을 갖게 되었다.
② 미디어가 스포츠를 상품화하여 보도함으로써, 스포츠를 경기자중심에서 관람자중심으로 변화시켰다.
③ 미디어의 영향으로 스포츠는 대중친화력과 대량소비에 적합하도록 디자인되고 구조화되어 새로운 소비윤리를 창출하는 가치 있는 상품으로 전환되었다.
④ 스포츠의 순수성 및 아마추어리즘 같은 전통적 가치와 의미의 불변성이 대중의 지지를 얻어 대중문화 속으로 편입되었다.

> **해설** 스포츠가 대중의 지지를 얻어 대중문화의 한 요소로 인식되는 계기가 된 것은 프로스포츠의 발달로 인해 스포츠가 대중들에게 하나의 문화(관람문화)로 자리 잡게 된 것과 더불어 스포츠의 본질을 유지하는 범위 내에서 엔터테인먼트적 요소가 가미된 스포테인먼트 형태의 스포츠상품화이다.

13 스포츠산업 진흥법령상 다음 빈칸에 들어갈 내용으로 옳은 것은?

> 공유재산의 연간 사용료는 시가(時價)를 반영한 해당 재산 평가액의 연 1만분의 (　　) 이상의 범위에서 지방자치단체의 조례로 정하되, 월 단위, 일 단위, 시간별 또는 횟수별 등으로 계산할 수 있다.

① 5
② 10
③ 20
④ 30

해설 공유재산의 사용료와 납부 방법 등(「스포츠산업 진흥법 시행령」 제14조 제2항)
제1항 본문에 따른 연간 사용료는 시가(時價)를 반영한 해당 재산 평가액의 연 1만분의 10 이상의 범위에서 지방자치단체의 조례로 정하되, 월 단위, 일 단위, 시간별 또는 횟수별 등으로 계산할 수 있다.

14 국내에서 개최되는 국제경기대회에 대한 지원 근거를 마련하여 대회의 성공적 개최를 지원함으로써 국민체육을 진흥하고 국가발전에 이바지함을 목적으로 2012년에 제정된 법률은?

① 국민체육진흥법
② 스포츠산업 진흥법
③ 국제경기대회지원법
④ 체육시설의 설치·이용에 관한 법률

해설 국제경기대회지원법은 국내에서 개최되는 국제경기대회가 국민체육 진흥, 관련 산업 발전 및 국가 이미지 제고 등을 통해 국가발전에 기여하는 주요 행사인 바, 이러한 국제경기대회의 성공적인 개최를 지원하기 위해 제정되었다.

15 유통경로전략을 수립할 때 일반적으로 직접유통경로 또는 유통단계의 축소를 선택하는 경우가 아닌 것은?

① 제품의 기술적 복잡성이 클수록
② 경쟁의 차별화를 시도할수록
③ 제품이 표준화되어 있을수록
④ 소비자의 지리적 분산정도가 낮을수록

해설 표준화는 생산과 소비의 과정에서 제품, 원재료, 부품 등의 품질, 형상, 치수 등을 통일하여 정하는 것을 의미하므로 제품이 표준화되어 있다는 의미는 제품의 속성이 모두 동일한 것이므로 이때는 유통경로 및 단계를 축소할 이유가 없다.

정답 13 ② 14 ③ 15 ③

16 프로리그에서 도입하는 통합마케팅의 장점과 가장 거리가 먼 것은?

① 마케팅 전략의 일관성 유지
② 고객의 신뢰를 바탕으로 한 설득력 있는 마케팅 추진
③ 리그의 팀들 간 경쟁적 마케팅활동으로 인한 수익 확대
④ 경제적 거래비용 감소

해설 통합마케팅은 마케팅 전략의 일관성 유지 및 지속적이고 일관된 메시지 제공, 비용의 효율성 추구, 고객과 구단 간의 신뢰를 바탕으로 호의적인 관계를 유지하는 등의 특성을 가지고 있다. 리그 팀들 간 경쟁적 마케팅활동으로 인한 수익확대와 통합마케팅의 장점은 큰 연관성이 없다.

17 다음에서 설명하는 것은?

> 주어진 조건에서 특정 상품에 대한 개인의 관심이나 관련성 정도를 나타내는 것

① 관여도
② 충성도
③ 라이프스타일
④ 관심도

해설 관여도는 특정한 상황에서의 자극에 의해 유발되어 지각되는 개인적인 중요성이나 관심의 수준을 의미하는 개념이다.

18 스포츠산업 시장을 경쟁시장과 비경쟁시장으로 구분할 때 성격이 다른 것은?

① 스포츠센터 이용권
② 경기 관람권
③ TV중계료
④ 스폰서 금액

해설 경쟁시장은 동일한 상품을 취급하는 수많은 공급자와 수요자로 구성되며, 어느 개별적인 공급자나 수요자도 가격에 영향을 미칠 수 없는 것을 의미한다. 이러한 경쟁시장의 주요 특징으로는 수많은 공급자와 수요자가 존재한다는 점, 공급하는 재화가 거의 동일하다는 점, 시장에 자유롭게 진입하고 퇴출할 수 있는 점 등이 있다. 스포츠센터는 경쟁시장에 해당되며, 경기 관람권, TV중계료, 스폰서 금액은 프로스포츠시장과 연관된 것으로 모두 비경쟁시장에 해당된다고 볼 수 있다.

19 다음에서 설명하는 것은?

> '메르세데스-벤츠'가 촉진전략의 일환으로 2015 마스터스 대회의 공식스폰서로 참여하여 대대적인 촉진활동을 할지라도 이러한 노력의 결과로 소비자들이 메르세데스-벤츠 자동차를 구매했다고 단정지을 수는 없다. 왜냐하면 고가의 자동차를 구매하는 소비자가 구매의사 결정을 하기까지 고려하는 많은 요인들은 상호 복합적으로 작용하기 때문이다.

① 블랙박스 이론
② 적소마케팅
③ 매복마케팅
④ TOP프로그램

해설 블랙박스 이론은 소비시장에서 작용하는 여러 가지 요인들을 분석하고 다양한 기법을 활용하여도 결과로 나타나는 것은 소비자의 구매행위뿐이지 의사결정과정은 블랙박스와 같아서 투명하게 들여다볼 수 없다는 이론이다. 즉, 원인과 결과만을 보자는 주장이며, 원인과 결과 사이에서 발생하는 과정은 알 수 없거나 무시하자는 의미이다.

20 어느 골프장 이용가격이 4% 인상되었고 골프장 수요의 가격탄력성이 2.0이라면, 골프장 수요량의 변화는? (단, 골프장은 정상재이고, 가격탄력성은 절대값으로 나타내며, 다른 조건은 동일함)

① 4% 감소
② 6% 증가
③ 8% 감소
④ 10% 증가

해설 수요의 가격탄력성 = 수요량 변화율 ÷ 가격 변화율
2.0 = 수요량 변화율 ÷ 4%
∴ 수요량 변화율 = 8%
골프장은 정상재라서 가격이 인상되면 수요는 감소하게 되므로 골프장 수요량은 8% 감소하게 된다.

21 스포츠산업의 SWOT 분석에서 강점(Strength)과 가장 거리가 먼 것은?

① 스포츠 행사 협찬비용에 대한 세제 혜택을 받을 수 있다.
② 스포츠를 통해 종업원의 사기진작 및 생산성 향상을 가져올 수 있다.
③ 근무유연제 확대에 따라 스포츠 참여인구가 증가하고 있다.
④ 스포츠 후원은 기업의 제품 이미지를 제고할 수 있다.

해설 근무유연제 확대에 따라 스포츠 참여 인구가 증가하고 있다는 것은 외부의 기회요인에 해당된다.

정답 19 ① 20 ③ 21 ③

22 지방자치단체가 스포츠이벤트 유치경쟁에 나서는 이유로 가장 거리가 먼 것은?

① 지역 팀 및 선수의 경기력 강화
② 지역경제 활성화 효과
③ 지역 인지도 제고
④ 지역주민의 자긍심 고취

> **해설** 정부나 지자체의 스포츠이벤트 유치는 사회·문화·경제적 측면에서의 효과를 창출하기 위함이며 지역 팀 및 선수의 경기력 강화는 스포츠팀(구단)의 목표일 뿐 스포츠이벤트 유치의 경쟁과는 거리가 멀다.

23 스포츠 콘텐츠의 부가가치를 증대하는 유통경로와 가장 거리가 먼 것은?

① 스포츠방송
② 경기장
③ 스포츠에이전트
④ 스포츠전문지

> **해설**
> - 스포츠 콘텐츠는 스포츠와 관련된 다양한 형태의 정보, 미디어, 이벤트 등을 포함하고 통상 스포츠의 본질적 요소를 기반으로 소비자에게 제공되는 모든 형태의 콘텐츠를 의미한다.
> - 스포츠에이전트는 선수들의 마케팅, 협상, 계약 등 선수의 가치를 증대하기 위해 활동하고 선수(선수에이전트)나 경기(매치에이전트) 등을 매개로 스포츠 콘텐츠의 가치를 높이는 데 중요한 역할을 한다.

24 다음 중 스포츠제품을 가공된 형태로 구매하는 비용지불의 형태는?

① 입장료
② 타이틀스폰서 비용
③ 중계료
④ 시청료

> **해설** 입장료(소비자 → 스포츠조직), 타이틀스폰서 비용(기업 → 스포츠조직), 중계료(방송사 → 스포츠조직)는 스포츠제품을 1차(직접적)로 구매한 비용지불 형태이다. 시청료는 방송중계권을 구입한 방송사가 스포츠를 중계할 때 소비자가 방송사에게 비용을 지불하는 것이므로 2차로 구매한 비용지불 형태에 해당한다.

25 스포츠산업 진흥법령상 문화체육관광부장관이 스포츠산업 전문인력 양성기관에 보조할 수 있는 경비로 명시되지 않은 것은?

① 전문인력 양성교육에 대한 조사·연구 비용
② 교육자료의 개발 및 보급에 필요한 비용
③ 교육장소 임대비 및 장비 구입비
④ 공동이용시설의 설비치·운영비

> **해설** 경비의 보조(「스포츠산업 진흥법 시행령」 제6조)
> 문화체육관광부장관과 지방자치단체의 장은 법 제9조 제3항에 따라 전문인력 양성기관에 다음 각 호의 경비의 전부 또는 일부를 보조할 수 있다.
> 1. 전문인력 양성교육 프로그램 운영에 필요한 비용
> 2. 전문인력 양성교육에 대한 조사·연구 비용
> 3. 교육자료의 개발 및 보급에 필요한 비용
> 4. 교육장소 임대비 및 장비 구입비
> 5. 그 밖에 지방자치단체가 지원하는 경우로서 스포츠산업 전문인력 양성에 관하여 해당 지방자치단체의 조례로 정하는 비용(2026. 3. 26. 시행)

제2과목 스포츠경영론

26 BCG(Boston Consulting Group) 매트릭스에 관한 설명으로 옳지 않은 것은?

① 원의 크기는 매출액 규모를 나타낸다.
② 수직축은 시장성장률, 수평축은 상대적 시장점유율을 나타낸다.
③ 시장성장률은 낮지만 시장점유율이 높은 사업은 현상유지전략을 적용한다.
④ 시장성장률은 높지만 시장점유율이 낮은 사업의 경우, 안정적 현금 확보가 가능하다.

> **해설** BCG 매트릭스에서 낮은 시장점유율과 높은 시장성장률을 보이는 영역은 물음표(Question Mark) 사업부다. 시장잠재력은 높지만 시장점유율을 높이기 위해 많은 자원을 필요로 하므로 안정적인 현금확보는 어렵다고 볼 수 있다.

27 다음은 어떤 투자결정기법에 관한 설명인가?

> 투자로 인해 발생하는 현금유입의 현재가치, 현금유출의 현재가치를 일치시켜 투자안의 순현가를 0으로 하는 할인율을 구한 후 이를 요구수익률과 비교하여 투자 여부를 결정하는 방법

① 순현가법
② 내부수익률법
③ 회수기간법
④ 회계적 이익률법

해설 내부수익률법은 현금유입의 현재가치와 현금유출의 현재가치를 일치시켜서 투자안의 순현가를 0으로 하는 할인율을 구한 후 이를 자본비용과 비교하여 투자를 결정하는 방법을 말한다. 내부수익률이 자본비용을 넘으면 채택하고 반대일 경우 채택하지 않게 된다.

28 A회사는 야구공을 생산하고 있는데, 그 판매단가는 200원이고 단위당 변동비는 120원이다. A회사가 야구공을 생산하는 데 소요되는 연간 고정비가 500,000원이라 할 때 이 회사의 손익 분기점에 해당하는 매출수량은?

① 4,000개
② 6,250개
③ 7,250개
④ 8,250개

해설 손익분기량 = 고정비용 ÷ (단위가격 − 변동비용)
= 500,000 ÷ (200 − 120)
= 500,000 ÷ 80
= 6,250개

29 일정 자격요건을 갖춘 선수를 스포츠단체의 주관 아래 다양한 방법으로 구단에게 지명권을 부여하여 선수를 지명·선발하는 제도는?

① 구단전속계약
② 자유계약제도
③ 드래프트제도
④ 트레이드제도

해설 드래프트제도는 일정 자격 요건의 갖춘 선수를 프로연맹 등 스포츠 단체의 주관 아래 성적 역순 등의 다양한 방법으로 구단에게 지명권을 부여, 선수를 지명·선발하는 제도를 뜻한다.

30 스포츠를 이용한 간접상품의 형태가 아닌 것은?

① 대한축구협회 스폰서십 프로그램
② FC서울-Manchester United의 경기 입장권
③ MLB 라이선싱 제품
④ 나이키의 Air Jordan 시리즈

해설 FC서울과 Manchester Utd의 경기는 부가상품이 아닌 스포츠를 이용한 직접상품의 형태이다.

31 프로야구 A구단의 자기자본이 1,000억 원, 당기순이익이 100억 원일 때 자기자본순이익율(ROE)은?

① 0.1%
② 1%
③ 10%
④ 1,000%

해설 자기자본순이익률(%) = (당기순이익 ÷ 자기자본) × 100
= (100억 ÷ 1000억) × 100
= 0.1 × 100
= 10

32 다음은 조직의 라이프사이클 중 무엇에 해당하는가?

- 기업번창
- 통제시스템
- 지원부서 신설
- 유연성 감소
- 규모확장
- 업무전문화
- 권한위양
- 혁신성 감퇴

① 형성기　　　　　　　　② 성장기
③ 중년기　　　　　　　　④ 장년기

해설 라이프사이클과 조직구조의 관계는 다음과 같이 정리된다.
- 형성기 : 지원부서 없음, 규칙(규정) 적음, 소유주에 의한 의사결정, 과업특화 미약
- 성장기 : 종업원 증가, 노동분화 시작, 규칙(규정) 신설, 중앙집권적 의사결정
- 중년기 : 기업번창, 규모확장, 통제시스템, 업무 전문화, 지원부서 신설, 권한위양, 유연성 감소, 혁신성 감퇴
- 장년기 : 대규모, 기계적 조직, 통제시스템 일반화, 작업의 세분화 가속, 조직구조의 병폐 발생, 변신을 위한 혁신 노력 발생

정답 30 ② 31 ③ 32 ③

33 유기적 조직과 비교한 기계적 조직에 관한 설명으로 옳지 않은 것은?

① 높은 수준의 복잡성
② 경직된 계층적 관계
③ 안정적이고 단순한 환경에서 적합
④ 유연성, 만족 및 능력개발 추구

> 해설   기계적 조직구조는 환경이 안정적일 때 적합하므로 효율성을 추구하게 되며, 유기적 조직구조는 환경이 역동적일 때 적합하므로 유연성을 추구하게 된다.

34 스포츠조직의 인사평가에 관한 설명으로 옳지 않은 것은?

① 평가대상자를 며칠간 합숙시키면서 각종 게임 및 토의, 심리검사 등을 통해 평가하는 방법은 중요사건 서술법이다.
② 후광효과는 평가자가 평가대상자의 어느 한 면을 기준으로 다른 것도 함께 평가하는 경향을 말한다.
③ 행동기준평가법(BARS)에서는 평가대상자의 능력이나 성과를 구체적으로 나타내는 중요사건의 결정과정에 평가대상자를 참여시킨다.
④ 목표에 의한 관리(MBO)는 참여의 과정을 통해 조직의 목표를 설정함으로써 관리의 효율화를 기하려는 관리방식이다.

> 해설   중요사건 서술법은 피고과자가 평소에 보여준 사건을 유심히 관찰하고 기록하는 인사고과방법이다.

35 조직이 외부환경과 끊임없는 관계를 맺고 상호작용한다는 것을 설명하는 개념은?

① 개방시스템
② 마케팅
③ 커뮤니케이션
④ 피드백

> 해설   개방형 시스템은 모든 조직에 공통되는 기본요소와 요소들 간에 관계 및 환경과의 상호작용 등을 나타내는 개념이다.

36 피들러(Fiedler)의 리더십 상황 모형과 관련하여 상황변수에 해당되지 않는 것은?

① 리더-부하 관계
② 통제위치
③ 과업구조
④ 리더의 직위권력

> 해설 피들러의 리더십 상황모형에서 상황변수는 리더와 부하와의 관계, 과업구조, 직위권력이다.

37 스포츠이벤트 기획 시 고려해야 할 사항과 가장 거리가 먼 것은?

① 감동성
② 오락성
③ 내구성
④ 화제성

> 해설 내구성은 외부로부터 가해지는 힘이나 환경에 대해 견디는 성질을 뜻하는 것으로 스포츠이벤트와는 관련성이 없다. 스포츠는 각본 없는 드라마로서 팬들에게 흥분과 감동을 주고, 엔터테인먼트적 요소가 가미되어 스포츠팬들의 기분전환에 도움을 준다. 아울러 스포츠팬들의 스포츠이벤트에 대한 관심정도는 스포츠이벤트 개최의 성공여부에 영향을 주는 주요 요인이 될 수 있으므로 스포츠이벤트의 화제성은 매우 중요하다고 볼 수 있다.

38 차별화 전략의 원천에 해당되는 것은?

① 경험효과
② 규모의 경제
③ 생산시설 활용도
④ 제품의 특성과 포지셔닝

> 해설 차별화 전략의 원천(차별화 우위의 원천)으로는 제품의 독특한 특성 및 가치, 특별한 포지셔닝, 사회적·심리적 특성, 인터넷을 통한 독특한 소비자 경험제공 등이 있다. 경험효과, 규모의 경제, 생산시설 활용도는 비용우위(원가우위) 전략의 원천에 해당된다.

정답 36 ② 37 ③ 38 ④

39 스포츠조직의 장기목표 및 자원배분과 관련되어 주로 최고 경영자 단계에서 이뤄지는 의사결정방법은?

① 기능적 의사결정
② 전술적 의사결정
③ 합리적 의사결정
④ 전략적 의사결정

해설 경영자는 최고경영자, 중간경영자, 일선경영자로 나뉘며 최고경영자는 전략적 의사결정, 중간경영자는 관리적 의사결정, 일선경영자는 기능적 의사결정을 하게 된다.

40 프로야구 A구단의 재무상태가 유동자산 20억 원, 유동부채 50억 원, 당기순이익이 20억 원이라고 한다면, A구단의 유동비율은?

① 40%
② 62.5%
③ 70%
④ 72.5%

해설 유동비율(%) = (유동자산 ÷ 유동부채) × 100
= (20억 ÷ 50억) × 100
= 40

41 스포츠단체, 특정 대회의 조직위원회 또는 주최측, 스폰서를 포함한 각종 기관 등에 대해 주 고객인 운동선수의 이익을 위해 선수를 대신해서 활동하는 에이전시는?

① 선수관리 에이전시
② 국제 스포츠마케팅 에이전시
③ 광고 스포츠 에이전시
④ 풀 서비스 에이전시

해설 스포츠 에이전시의 유형에는 국제 스포츠마케팅 에이전시, 선수관리 에이전시, 광고 스포츠 에이전시, 라이선싱 & 머천다이징 전문 에이전시, 풀 서비스 에이전시가 있으며, 주고객인 운동선수의 이익을 위해 선수를 대신하는 에이전시는 선수관리 에이전시에 해당된다.

42 스포츠경영의 환경변화로 보기 어려운 것은?

① 프로스포츠의 발전
② 생활체육의 확산
③ 스포츠경영 관련 규제 강화
④ 스포츠경영의 글로벌화

해설 프로스포츠의 발전, 생활체육의 확산, 스포츠경영의 글로벌화는 스포츠경영을 발전시키는 계기가 될 수 있으나 스포츠경영 관련 규제를 강화하는 것은 스포츠경영의 발전에 제약을 가해 발전 속도를 저하시키는 요인이 되므로 긍정적 변화로 볼 수 없다.

43 경기장 시설에 따른 경영자원과 가장 거리가 먼 것은?

① 경기장 광고권
② 기념품 판매권
③ 주차 사업권
④ 스폰서십 판매권

해설 스폰서십 판매권은 스포츠시설을 사용하는 스포츠구단과 관련이 있다.

44 스포츠기업이나 구단의 재무상태표의 구조상 자본조달결정 기능에 해당하는 항목이 아닌 것은?

① 당좌자산
② 유동부채
③ 자기자본
④ 고정부채

해설 자본조달결정 기능은 필요한 자금을 어떻게 조달할 것인가를 결정하는 것으로 자본, 유동부채, 고정부채로 구성된다.

정답 42 ③ 43 ④ 44 ①

45 포터(Porter)의 본원적 활동(주활동)에 해당하지 않는 것은?

① 물류투입활동
② 운영활동
③ 고객서비스활동
④ 인적자원관리활동

> **해설** 본원적 활동(주활동)에는 물류투입, 운영/생산, 물류산출, 마케팅 및 영업, 서비스활동이 있으며, 지원활동에는 회사 인프라, 인적자원관리, 기술개발, 구매조달이 있다.

46 BCG 매트릭스에서 낮은 시장성장률과 높은 상대적 시장점유율의 전략사업 단위는?

① Question Mark
② Star
③ Cash Cow
④ Dog

> **해설** BCG 매트릭스의 4가지 영역
> • Cash Cow : 높은 시장점유율, 낮은 시장성장률
> • Star : 높은 시장점유율, 높은 시장성장률
> • Question Mark : 낮은 시장점유율, 높은 시장성장률
> • Dog : 낮은 시장점유율, 낮은 시장성장률

47 제품-시장 매트릭스에서 기존시장에 그대로 머무르면서 기존제품의 매출을 늘리고 시장점유율을 한층 높여가는 성장전략은?

① 시장개발
② 고객세분화
③ 시장침투
④ 다각화

> **해설** 시장침투전략은 기존 시장에서 기존 제품으로 시장점유율을 증대하려는 전략이므로 자사의 기존고객을 대상으로 자사의 기존제품 사용량을 늘리고자 하는 것은 시장침투전략이다.

48 대형 스포츠이벤트의 설계 시 고려해야 할 사항 중 상대적으로 그 중요성이 떨어지는 것은?

① 운동선수와 경기장
② 소비자들의 선호도
③ 후원업체의 존재여부
④ 스포츠용품 제조업체

해설 운동선수와 경기장, 소비자선호도, 후원업체는 스포츠이벤트의 성공을 좌우할 수 있는 중요 요소이지만 스포츠용품 제조업체는 공인구, 경기시설 등을 제조하는 업체이므로 상대적으로 중요성이 떨어진다.

49 재무제표 중 일정 시점에서의 조직의 재무상태를 나타내는 것은?

① 재무상태표
② 포괄손익계산서
③ 자본변동표
④ 현금흐름표

해설 재무상태표는 어느 일정 시점에서의 재무상태를 나타내기 위해 작성하는 기본 재무제표이다.

50 서로 독립성을 유지하는 조직들이 상대방이 보유하고 있는 자원을 활용하기 위하여 수직적, 수평적, 공간적 신뢰관계로 연결된 조직의 형태는?

① 사업부제 조직
② 네트워크 조직
③ 매트릭스 조직
④ 프로젝트 조직

해설 네트워크 조직은 서로 독립성을 유지하는 조직들이 전문 분야를 각각 추구하면서 다른 부서의 자원을 마치 자신의 자원인 것처럼 활용하기 위하여 수직적·수평적·공간적 신뢰 관계로 연결된 조직 형태이다.

정답 48 ④ 49 ① 50 ②

제3과목 | 스포츠마케팅론

51 스포츠와 미디어의 기능에 관한 설명으로 옳지 않은 것은?

① 방송사는 메가 스포츠이벤트 중계를 통해서 수익을 발생시킬 수 있다.
② 미디어는 특성상 저작권과 무관하게 스포츠 관련 저작물을 마음대로 활용할 수 있다.
③ 인쇄매체는 스포츠 보도를 통해서 독자들에게 관련 정보를 제공한다.
④ 인터넷을 통해서 스포츠중계를 접하는 기회가 점차적으로 확대되고 있다.

해설 스포츠 관련 저작물 또한 저작권이 설정되어 있으므로 무단으로 배포 및 활용할 시 법적인 책임을 지게 된다.

52 구매시점에서 소비자에게 전달하는 마지막 광고로서, 소비자를 최종적으로 유인하는 촉진믹스에 해당하는 것은?

① D.M광고
② 텔레마케팅
③ POP광고
④ 옥외광고

해설 ③ POP광고는 신속하게 고객을 설득해서 상품을 구매하게 하는 목적으로 제작되기 때문에 눈에 잘 띄도록 해야 하고, 쉽게 볼 수 있게 하며, 이해하기 쉬워야 한다는 조건을 충족해야 한다.
① D.M광고는 우편 등의 방법을 통해 직접 예상구매고객에게 전달되는 직접광고의 일종이다.
② 텔레마케팅은 전화 등의 수단을 통해 소비자에게 접근하는 방법이다.
④ 옥외광고는 옥외에 게시 및 설치하는 각종 광고물을 통칭하는데, 최종적 유인의 수단과는 거리가 멀다.

53 다음 중 비확률적 표본추출방법에 해당하는 것은?

① 단순무작위 표본추출
② 층화표본추출
③ 군집표본추출
④ 판단표본추출

해설 할당표집, 눈덩이표집, 유의표집, 판단표집, 임의표집, 편의표집, 누적표집 등이 비확률표본추출방법에 해당된다.

54 스포츠단체가 스폰서십프로그램을 잠재적 스폰서에게 판매하기 위한 흥미유발 방법과 가장 거리가 먼 것은?

① 스포츠이벤트에 대해 관심을 가지고 있는 매체의 목록을 제시한다.
② 제품 영역별로 한 기업에만 권리를 부여하여 독점성을 높여준다.
③ 대회의 로고와 마스코트 등의 사용에 대한 제약을 해제한다.
④ 관련 법적요건을 준수하고 독립성을 보장하며 정당한 이익을 제공하는 등 철저한 계약이행을 약속한다.

> **해설** 대회의 로고와 마스코트 등의 사용에 대한 제약을 통해 스폰서십 참여 기업의 독점적 마케팅 기회를 부여하여야 한다. 이를 통해 스폰서십에 참여하지 않은 경쟁기업보다 상대적으로 다양한 마케팅 기회를 확보할 수 있으므로 잠재적 스폰서에게 흥미를 유발할 수 있는 가능성이 높아진다.

55 마케팅믹스(4P)에 포함되지 않는 요소는?

① 제품
② 유통
③ 촉진
④ 프로그램

> **해설** 마케팅믹스(4P)는 제품, 유통, 촉진, 가격이다.

56 월드컵의 마케팅은 FIFA, 대행사인 ISL, 그리고 개최국의 대회조직위에 의해서 결정된다. 이들에 의해서 결정되는 주요 마케팅 수익과 가장 거리가 먼 것은?

① 퍼블리시티
② 방송중계권
③ 스폰서십
④ 입장권

> **해설** 홍보 또는 퍼블리시티(Publicity)는 장소, 사람, 기관의 이익을 촉진하기 위한 뉴스를 대중매체에 게재하는 것으로 언론을 통해 간접적으로 행하는 촉진활동이라 할 수 있다. 따라서 방송중계권, 스폰서십, 입장권과는 달리 직접적인 수익과 관계가 없다.

정답 54 ③ 55 ④ 56 ①

57 기업이 스포츠라이선싱에 참여할 때의 기대효과와 가장 거리가 먼 것은?

① 고객 커뮤니케이션 향상
② 신뢰 획득
③ 종업원 동기부여
④ 매출 증대

> **해설** 라이선싱의 기대효과로는 제품판매 증진(매출 증대), 파트너관계 형성, 신뢰 획득, 마케팅 채널 이용, 고객 커뮤니케이션 향상 등이 있다.

58 스포츠마케팅 조사에서 선정된 표본 중 응답을 얻어내지 못해 발생되는 오류는?

① 무응답 오류
② 불포함 오류
③ 조사현장의 오류
④ 표본 오류

> **해설**
> ② 불포함 오류는 표본프레임이 모집단을 제대로 포함하지 못하는 오류이다.
> ③ 조사현장의 오류는 면접이나 관찰과정에서 응답자나 조사자 자체의 특성에서 생기는 오류와 양자 간의 상호관계에서 발생하는 오류이다.
> ④ 표본 오류는 통계량의 값들과 전수조사에 의해서 결정될 수밖에 없는 모수의 값들과의 차이에서 발생하는 오류이다.

59 표적시장에 관한 설명으로 옳지 않은 것은?

① 단일표적시장에는 집중적 마케팅전략을 구사한다.
② 다수표적시장에는 순환적 마케팅전략을 구사한다.
③ 인적, 물적, 기술적 자원이 부족한 기업은 보통 집중적 마케팅전략을 구사한다.
④ 세분시장 평가 시에는 세분시장의 매력도, 기업의 목표와 자원 등을 고려해야 한다.

> **해설** 다수의 표적시장에는 차별적 마케팅전략을 구사하여야 한다. 차별적 마케팅전략은 다수표적시장을 대상으로 적합한 제품과 마케팅믹스를 투입하는 전략을 의미한다.

60 브랜드의 구성요소가 아닌 것은?

① 라벨(Label)
② 캐릭터(Character)
③ 슬로건(Slogan)
④ 심벌(Symbol)

해설 브랜드 구성요소는 브랜드 네임, 로고와 심벌, 징글, 슬로건, 캐릭터, 패키지 등이 있다. 라벨(Label)은 제품에 대한 정보를 종이나 천에 상표나 품명 따위를 인쇄하여 상품에 붙여 놓은 조각을 의미한다.

61 스포츠마케팅 조사를 위한 설문지 구성 시 질문의 배열에 관한 설명으로 옳지 않은 것은?

① 질문은 자연스러우면서도 논리적인 순서에 따라 배열한다.
② 특수한 것을 먼저 묻고 그 다음에 일반적인 것을 질문하도록 한다.
③ 사생활에 대한 것이라든가 민감한 질문은 가급적 설문지의 뒤로 배열한다.
④ 시작하는 질문은 응답자의 흥미를 유발하는 것으로 쉽게 대답할 수 있는 것으로 구성한다.

해설 설문지 구성 시 질문의 배열상 유의사항

시작질문	• 유쾌하고 흥미롭고 응답하기 쉬운 질문부터 시작하는 것이 좋다. • 위협적인 질문이나 응답자 개인의 배경을 묻는 질문은 피한다.
본 질문	• 조사의 목적과 관련된 핵심적인 문항으로 구성한다. • 서로 다른 주제는 섹션을 구분하여 혼동을 줄인다. • 각 주제마다 짧은 소개 혹은 지시를 위한 진술, 응답요령을 제시한다. • 응답자가 과거의 경험을 기억하게 하기 위해서는 사건의 시간순서에 따라 질문을 배치하는 것이 좋다.
종결질문	• 위협적인 질문은 종결질문보다는 본 질문의 마지막에 위치하는 것이 좋다. • 인구통계학적 질문은 설문의 마지막에 배치한다. • 질문지 끝에 '감사의 말'을 기술한다.

이러한 관점에서 볼 때, 특수한 것은 먼저 묻고 그 다음에 일반적인 것을 질문하도록 배치하는 것이 아니라 마지막 부분에 특수한 질문을 위치시키는 것이 바람직하다.

62 브랜드가치를 높이기 위한 방안과 가장 거리가 먼 것은?

① 소비자 욕구 파악
② 새로운 상품 개발
③ 다양한 하위 브랜드 보유
④ 최신유행에 따른 빈번한 변화

> 해설 ① · ② 브랜드가치를 높이기 위한 수단이라 할 수 있다.
> ③ 상황에 따라 다르긴 하지만 일반적으로 다양한 하위 브랜드를 보유하고 있다는 것은 브랜드 인지도를 높일 수 있다는 것을 의미하므로 브랜드가치를 높이기 위한 수단이라 할 수 있다. 최신유행에 따른 빈번한 브랜드 변화는 브랜드의 가치를 떨어뜨리는 요인이라 할 수 있다.

63 마케팅 환경요인 중 경제적 요인에 해당하지 않는 것은?

① 연령별 인구구조
② 소득수준
③ 경기변동
④ 경상수지

> 해설 연령별 인구구조는 인구통계학적 요인에 해당된다. 경제적 요인은 국가의 경제적 요인으로, 물가 상승 · 원화가치 상승 · 소득수준 · 경기변동 · 경상수지 등이 있다.

64 스포츠를 통한 마케팅에 관한 설명으로 옳지 않은 것은?

① 스포츠는 기업 커뮤니케이션의 수단이다.
② 기업의 촉진전략의 일환으로 수행된다.
③ 스포츠소비자와 직접적인 관계를 갖는다.
④ 수익증대를 위해 기업을 활용하는 방법이다.

> 해설
> • 스포츠의 마케팅(Marketing of Sports)은 스포츠 자체를 사업화하는 것으로 스포츠제품이나 서비스에 대한 마케팅을 의미하고, 스포츠 클럽의 회원 모집, 스포츠 팀의 팬 확보, 스포츠시설 이용객 모집, 직접적인 스포츠 참여에 필요한 용품 · 의류 · 프로그램의 판매 등이 여기에 해당한다. 소비자는 일반 대중이 되며 상품화한 스포츠를 어떻게 소비자에게 판매할 것인가가 스포츠의 마케팅활동 목적이 된다. ③이 스포츠의 마케팅에 해당되는 설명이다.
> • 스포츠를 통한 마케팅(Marketing through Sports)은 스포츠를 상품판매의 촉진수단으로 활용하는 마케팅을 말한다. 방송 중계권, 기업의 스폰서십, 다양한 수익사업, 유명선수의 광고모델 기용 등이 여기에 속한다. 스포츠를 통한 마케팅의 소비자는 스포츠를 상품판매에 활용하려는 기업이다.

65 스포츠 마케팅 조사 중 기술조사의 유형에 해당하지 않는 것은?

① 문헌조사
② 횡단조사
③ 종단조사
④ 패널조사

해설 기술조사는 수집한 자료를 분석하고 도출된 결과를 기술하는 것으로 횡단조사, 종단조사, 패널조사 등이 있다. 문헌조사는 탐색적 조사방법에 해당된다. 탐색적 조사는 연구문제의 발견, 변수의 규명, 가설의 도출을 위해 실시하는 예비조사이다. 탐색적 조사로는 문헌조사, 델파이조사(전문가의견조사), 사례조사, 개인별 심층면접, 표적집단면접 등이 있다.

66 관계마케팅의 등장배경과 가장 거리가 먼 것은?

① 정보통신기술의 급격한 발전
② 구매자 중심시장에서 판매자 중심시장으로 전환
③ 고객욕구 다양화로 고객만족이 더욱 어려워짐
④ 시장규제 완화로 신규 시장 진입기회 증가에 따른 경쟁자의 증가

해설 관계마케팅은 거래 당사자인 고객과 지속적으로 유대관계를 형성, 유지함으로써 관계를 강화하고 상호 간의 이익을 극대화할 수 있는 다양한 마케팅활동이다. 따라서 구매자 중심시장에서 판매자 중심시장으로의 전환이 아니라 판매자 중심에서 구매자 중심으로 전환 때문에 관계마케팅이 등장하게 되었다.
① 정보통신기술의 급격한 발전으로 구매자와 판매자 간의 긴밀한 관계를 유지할 수 있게 되었다.
③ 고객욕구 다양화로 고객만족이 더욱 어려워져 고객과의 지속적인 관계 형성이 필요하게 되었다.
④ 시장규제 완화로 신규 시장 진입기회 증가에 따른 경쟁자의 증가로 소비자와의 지속적인 관계 유지 및 강화가 강조되고 있다.

67 스포츠 에이전트의 역할과 가장 거리가 먼 것은?

① 선수의 연봉계약 협상
② 선수의 경력관리
③ 선수의 인지도 향상 및 이미지 개선 활동
④ 선발 및 후보 선수의 명단 작성

해설 선발 선수 및 후보 선수의 명단 작성은 감독의 영역이다.

68 다음에서 설명하는 시장 커버리지 전략은?

> 2개 또는 그 이상의 세분시장을 표적시장으로 선정하고 각각의 세분시장에 적합한 제품과 마케팅프로그램을 개발하여 공급하는 전략

① 비차별화전략　　　　② 차별화전략
③ 집중화전략　　　　　④ 확장전략

해설　② 차별화전략은 모든 세분시장을 대상으로 적합한 제품과 마케팅믹스를 투입하는 전략을 의미한다. 각 세분된 시장 간의 차이가 명확하고, 각 시장의 규모와 구조가 차이가 있을 때 기업은 자사가 가지고 있는 역량을 최대한 발휘하여 각 세분시장의 욕구와 요구조건에 맞는 적절한 마케팅전략을 구사하게 된다. 자원이 풍부한 기업이 선택할 수 있는 전략으로 판매량을 증대할 수 있으나 다수의 마케팅프로그램의 사용으로 비용이 많이 드는 단점이 있다.
① 소비자들의 욕구가 동질적이어서 세분화가 어렵거나 특정 세분시장이 다른 세분시장에 비해 규모가 월등히 큰 경우 또는 기업이 다양한 마케팅전략을 구사할 역량이 없는 경우 기업은 세분된 시장을 포기하고, 전체시장을 표적으로 선정하여 마케팅전략을 구사하게 되는데 이를 비차별화전략이라 한다.
③ 집중화전략은 단일제품으로 단일세분시장을 공략하는 전략으로 기업의 자원이나 능력이 한정되어 있을 때 하나의 세분시장만을 공략하여 강력한 지위를 확보할 수 있는 전략이다. 즉, 다양한 세분시장 중에서 자사의 역량을 가장 잘 발휘할 수 있는 하나의 시장에 집중하여 마케팅프로그램을 진행하는 것이다. 그러나 표적세분시장의 소비자 욕구가 변화하거나 강력한 경쟁자가 생기는 경우 다른 대안이 없어서 위험이 분산되지 않는 단점이 있다.
④ 일반적으로 스포츠마케팅에서 시장 커버리지 전략은 비차별화전략, 차별화전략, 집중화전략으로 구성되어 있다. 확장전략은 사업확장 및 브랜드·제품계열의 길이 등을 확장할 때 사용한다.

69 시장 세분화 시 스포츠 시장에서 일반적으로 사용되고 있는 방법으로 옳지 않은 것은?

① 인구통계학적 세분화　　　② 지리적 세분화
③ 시대적 세분화　　　　　　④ 심리적 세분화

해설　스포츠마케팅 전략에서 시장세분화의 기준은 인구통계학적 세분화, 지리적 세분화, 심리묘사적 세분화, 행위적 세분화, 편익 세분화, 시간대에 따른 세분화가 있다.

70 스포츠가 미디어에 제공하는 구체적인 기능과 거리가 먼 것은?

① 인지도 상승　　　　　② 광고수익
③ 컨텐츠 제공　　　　　④ 스포츠 활동 촉진

해설　스포츠가 미디어에 제공하는 구체적 기능은 다음과 같다. 첫째, 인지도 상승 등을 통해 광고수익을 증대시킨다. 둘째, 방송 프로그램 편성(콘텐츠 제공 등)을 용이하게 한다. 셋째, 스포츠 저널리즘이라는 새로운 영역을 확대한다. 넷째, 광고주가 목표 소비자에게 접근하는 것을 용이하게 한다. 다섯째, 광고주 유치가 용이하다. 스포츠 활동 촉진은 미디어가 스포츠에 제공하는 기능이다.

71 미디어가 스포츠에 미치는 영향과 가장 거리가 먼 것은?

① 스포츠 규칙(룰)을 변화시킨다.
② 경기나 대회의 일정을 변경한다.
③ 스포츠의 과학화로 경기력을 향상시킨다.
④ 스포츠 관련 협회 간의 커뮤니케이션을 활성화한다.

해설 미디어가 스포츠에 미치는 긍정적 영향으로는 스포츠의 발전에 이바지, 스포츠의 경기수준 향상, 스포츠를 재정적으로 지원, 스포츠를 더욱 재미있게 만듦, 페어플레이나 스포츠맨십의 감동적인 이야기를 다룸으로써 스포츠선수와 팬들의 도덕적 자질 향상, 스포츠의 여러 가지 문제점을 비판하고 올바른 방향 모색에 도움을 주는 것 등이 있다. 부정적인 영향으로는 스포츠에 대해 부당하게 간섭(규칙 또는 일정 변경 등), 스포츠를 쇠퇴시키기도 함(미디어에 맞게 스포츠를 변형), 경기 중 발생하는 폭력적 행위 조장, 지나친 상업주의로 스포츠의 건전한 이미지를 손상시킴 등이 있다. 스포츠 관련 협회나 연맹 간의 커뮤니케이션을 활성화한다는 내용은 미디어가 스포츠에 미치는 영향과는 관계가 없다.

72 관광과 스포츠를 중심으로 한 지역관광 개발 편익 관점에서 미시적 효과와 가장 거리가 먼 것은?

① 관광과 스포츠의 대중화
② 지역고용기회 확대
③ 지역민 소득증대
④ 세수입 증대

해설 관광과 스포츠의 대중화는 거시적 효과에 해당된다. 미시적 효과는 직접적으로 나타나는 효과를 의미하고 거시적 효과는 미시적 효과로 인해 파생되는 효과라 할 수 있다.

73 제품 개발 시 기존의 브랜드자산이 크다고 판단되는 경우, 기존 제품범주에 속하는 신제품에 그 브랜드명을 그대로 사용하는 전략은?

① 라인확장(Line Extension)
② 복수상표(Multi-brand)
③ 상향확장(Upward Stretch)
④ 채널확장(Channel Extension)

해설 ① 라인확장전략이란 기존 제품범주 내에서 새로운 형태, 색상, 크기, 원료를 도입한 신제품을 출시하고 여기에 기존 브랜드명을 사용하는 것을 의미한다.
② 복수상표전략은 기존의 사업분야와는 다른 별도의 신규사업에 진출할 때 기업명이 복수상표로 적합하기 않거나 차별화가 필요한 경우 복수상표를 개발하는 것을 의미한다.
③ 상향확장전략은 더 넓은 시장을 유인하기 위해 계열 내에 기존제품보다 더 높은 가격의 제품을 추가하는 전략이다.
④ 채널확장전략은 제품의 유통 경로로써 특정 상품이 생산자로부터 최종 소비자에게 넘어갈 때까지 거쳐 가는 과정을 확장하는 것을 의미한다.

정답 71 ④ 72 ① 73 ①

74 일반적인 시장선도기업(Market Leader)들이 활용하는 전략과 가장 거리가 먼 것은?

① 시장총수요 증대전략
② 틈새시장 집중화전략
③ 시장점유율 확대전략
④ 시장점유율 유지전략

해설 시장선도기업은 최대의 시장점유율을 확보하고 있는 기업을 말한다. 이와 같은 시장선도기업은 시장점유율 유지 및 확대전략과 시장규모 확대 즉, 전체시장 수요 확대 전략을 실시한다. 틈새시장 집중화전략은 시장틈새기업에서 실시하는 전략이다. 이외에도 시장도전기업은 시장점유율 확대, 시장추종기업은 적정 이윤추구와 안정적 시장확보 전략을 실시한다.

75 스폰서 유형 중 일정한 금액을 지불하고, 개최국 내에서 대회를 기념하는 각종 기념품에 로고를 부착하여 제조, 생산, 판매를 할 수 있는 영업 권리를 받는 기업은?

① 공식스폰서
② 이벤트스폰서십
③ 공식공급업체
④ 공식상품화권자

해설 ① 공식스폰서는 현금을 지불하는 대가로 등록된 마크를 광고와 판매 촉진 활동에 이용할 수 있는 권리를 받는 것을 말한다.
② 이벤트스폰서십은 이벤트의 대상에 따라 선수스폰서십, 단체스폰서십, 이벤트스폰서십으로 구분할 수 있다.
③ 공식공급업체는 물자나 용역 등을 지원하고 등록된 마크를 광고와 판매 촉진 활동에 이용할 수 있는 권리를 말한다.

제4과목 스포츠시설론

76 체육시설의 설치·이용에 관한 법령상 보험가입에 관한 설명으로 옳지 않은 것은?

① 체육시설업자는 그 체육시설 안에서 발생한 피해를 보상하기 위하여 보험에 가입하여야 한다.
② 체육시설업자는 체육시설업을 등록한 날부터 10일 이내에 손해보험에 가입하여야 한다.
③ 손해보험에 가입한 등록 체육시설업자는 그 사실을 증명하는 서류를 시장·군수에게 지체 없이 제출하여야 한다.
④ 소규모로 체육도장업을 설치·경영하는 자는 보험에 가입하지 않아도 된다.

> 해설 손해보험에 가입한 등록 체육시설업자는 시·도지사에게, 신고 체육시설업자는 특별자치시장·특별자치도지사·시장·군수 또는 구청장에게 그 사실을 증명하는 서류를 지체 없이 제출하여야 한다.

77 체육시설의 설치·이용에 관한 법령상 직장체육시설에 관한 설명으로 옳지 않은 것은?

① 직장의 장은 직장인의 체육 활동에 필요한 체육시설을 설치·운영하여야 한다.
② 직장체육시설을 설치·운영하여야 하는 직장은 상시 근무하는 직장인이 300명 이상인 직장으로 한다.
③ 「고등교육법」에 따른 학교는 직장체육시설의 전부 또는 일부를 설치·운영하지 아니할 수 있다.
④ 군부대 직장체육시설의 설치·운영에 관하여는 국방부장관이 지도·감독한다.

> 해설 직장체육시설을 설치·운영하여야 하는 직장은 상시 근무하는 직장인이 500명 이상인 직장으로 한다.

78 스포츠시설의 선택 요인과 가장 거리가 먼 것은?

① 물적 서비스
② 재원 서비스
③ 인적 서비스
④ 시스템적 서비스

> 해설 소비자는 스포츠시설을 선택할 때, 시설에서 지원하는 물적·인적·시스템적 서비스 요인을 고려한다.

정답 76 ③ 77 ② 78 ②

79 체육시설의 설치·이용에 관한 법령상 지방자치단체가 생활체육시설의 사용료를 전부 면제할 수 있는 행사에 해당하는 것은?

① 「국민체육진흥법」에 따른 통합체육회가 주관하는 행사
② 장애인을 위한 행사
③ 국가가 주최하는 행사
④ 「초·중등교육법」에 따른 학교의 체육활동과 관련된 정규 수업

> **해설** 지방자치단체는 전문체육시설 및 생활체육시설이 다음의 어느 하나에 해당하는 행사 또는 활동에 사용되는 경우에는 해당 지방자치단체의 조례로 정하는 바에 따라 사용료를 감면할 수 있다.
> 1. 국가나 다른 지방자치단체가 주최하거나 주관하는 행사
> 2. 다음 각 목의 단체(해당 단체의 지역단체, 가맹 경기단체 또는 회원단체를 포함한다)가 주관하는 행사
>   가. 「국민체육진흥법」 제33조에 따른 대한체육회
>   나. 「국민체육진흥법」 제34조에 따른 대한장애인체육회
> 3. 「국가유공자 등 예우 및 지원에 관한 법률」 제6조에 따라 등록된 국가유공자 및 그 유족 또는 가족을 위한 행사
> 4. 65세 이상의 사람, 장애인 및 「국민기초생활 보장법」에 따른 수급자를 위한 행사
> 5. 「초·중등교육법」 제2조에 따른 학교의 체육활동과 관련된 정규 수업 또는 방과 후 활동
> 6. 「학교 밖 청소년 지원에 관한 법률」 제12조에 따른 학교 밖 청소년지원센터의 체육활동과 관련된 자립지원 활동
> 7. 그 밖에 사용료 감경이 필요하여 지방자치단체의 조례로 정하는 행사 또는 활동
> ※ 2023년 11월 16일부로 개정법령이 시행되어 정답이 없다.

80 스포츠이벤트 개발 및 유치에 관한 설명으로 가장 적합한 것은?

① 스포츠이벤트 개발에 있어 지역의 특색을 고려할 필요가 없다.
② 스포츠이벤트 개발 및 유치는 지역경제를 회복시킬 수 있는 기회가 될 수 있다.
③ 스포츠이벤트 개발 및 유치 실패 시에는 손해를 안겨 줄 수 있으므로 가급적 스포츠이벤트를 하지 않는 것이 좋다.
④ 스포츠이벤트 개발 및 유치 시에는 고객에 대한 조사는 할 필요가 없다.

> **해설** 이벤트 개발 및 유치는 참여자, 관람객, 자원봉사자 등 많은 사람들을 지역사회로 유입시켜 지역경제회복의 기회가 될 수 있다.

81 국내 프로구단의 경기장 내 수입원으로 가장 거리가 먼 것은?

① PSL(Personal Seat Licensing) 판매수입
② 주차장, 인근상권개발과 네이밍 라이트(Naming Right) 등 수익사업
③ 입장권 판매
④ 라이선스 및 머천다이징 판매수입

> **해설** 라이선스 및 머천다이징 판매 수입은 직접적인 경기장의 수입원으로 보기 어렵다.

82 스포츠시설의 입지 선정 시 고려대상과 가장 거리가 먼 것은?

① 소비자의 접근 용이성
② 경쟁시설의 위치
③ 한국표준산업분류상의 분류특성
④ 시설 종사자 수급의 용이성

해설 스포츠시설 입지 선정 시 접근 용이성, 경쟁시설의 위치, 직원 수급의 용이성 등은 고려해야 하는 사항에 해당된다.

83 스포츠 센터의 판매촉진(SP) 수단과 가장 거리가 먼 것은?

① 오픈기념 입회비 할인
② 이벤트 개최
③ 무료이용기회 제공
④ 인적판매

해설 판매촉진은 일반적으로 단기적인 이벤트로 진행되기 때문에 인적판매는 스포츠 센터의 판매촉진 수단으로 적절하지 않다.

84 시설 이용 및 해당 시설의 유지·관리라는 측면에서 스포츠시설이 충족시켜야 할 기본 조건과 가장 거리가 먼 것은?

① 사용자들의 발육단계에 따라 다양한 시설 및 용구를 구비해야 한다.
② 견고하고 안전해야 한다.
③ 사용자나 지역사회의 요구도가 높아야 한다.
④ 단일 목적의 시설 및 용구를 우선적으로 구비해야 한다.

해설 시설 및 용구의 구비는 스포츠시설 관리의 부가적인 조건에 가깝기 때문에 기본 조건과 가장 거리가 멀다.

85 체육시설의 설치·이용에 관한 법령상 체육시설업의 체육지도자 배치기준으로 옳지 않은 것은?

① 요트장업 – 요트 25척 – 2명 이상
② 체육도장업 – 운동전용면적 250제곱미터 – 1명 이상
③ 빙상장업 – 빙판면적 1,800제곱미터 – 2명 이상
④ 골프연습장업 – 20타석 – 1명 이상

해설 빙상장업의 경우 빙판면적 1,500제곱미터 이상 3,000제곱미터 이하에서는 1명 이상의 지도자를 배치하고, 빙판면적 3,000제곱미터 초과에서는 2명 이상의 지도자를 배치해야 한다.

정답 82 ③ 83 ④ 84 ④ 85 ③

86 체육시설의 설치·이용에 관한 법령상 신고체육시설업에 해당하는 것을 모두 고른 것은?

> ㄱ. 요트장업　　　　ㄴ. 조정장업
> ㄷ. 골프장업　　　　ㄹ. 썰매장업
> ㅁ. 스키장업

① ㄱ, ㄴ, ㄹ
② ㄷ, ㄹ, ㅁ
③ ㄱ, ㄴ, ㄷ, ㅁ
④ ㄱ, ㄴ, ㄷ, ㄹ, ㅁ

해설
- 등록 체육시설업 : 골프장업, 스키장업, 자동차 경주장업
- 신고 체육시설업 : 요트장업, 조정장업, 카누장업, 빙상장업, 승마장업, 종합 체육시설업, 수영장업, 체육도장업, 골프연습장업, 체력단련장업, 당구장업, 썰매장업, 무도학원업, 무도장업, 야구장업, 가상체험 체육시설업, 체육교습업, 인공암벽장업

87 스포츠시설 프로그램에 대한 평가의 목적과 가장 거리가 먼 것은?
① 프로그램의 개선과 변화
② 프로그램의 기획과 개발
③ 프로그램의 판매
④ 프로그램 존속과 폐지 결정

해설 프로그램의 평가는 기존 계획의 실행 이후 개선이나 변화가 필요한 부분을 찾아내어 다음 프로그램을 기획하고 개발할 때 이를 반영하기 위한 과정이다. 또한 평가 결과에 따라 프로그램의 존속과 폐지를 결정하기도 한다.

88 스포츠시설관리에 있어 사무전산화를 통해 얻는 효과와 가장 거리가 먼 것은?
① 독창성
② 정확성
③ 신속성
④ 경제성

해설 사무전산화를 통해 정확성, 신속성, 경제성을 기대할 수 있는 반면, 체계성과 일관성으로 인해 독창성은 기대하기 어렵다.

89 참여 스포츠시설의 회원관리 프로그램 활용방안과 가장 거리가 먼 것은?

① 신규 창출 고객 수 예측
② 판매촉진 및 마케팅 방향 설정
③ 참가자의 시간대별 이용시간에 대한 분석
④ 매출에 대한 추이분석을 통해 경영 전략 수립

해설 회원관리 프로그램은 기존 회원들을 대상으로 한 것이기 때문에 창출 가능한 신규 회원 수를 예측하기는 어렵다.

90 스포츠시설의 임대 시 고려해야 할 사항과 가장 거리가 먼 것은?

① 임대주의 무형의 이익
② 수익의 분배방법
③ 임대자의 생산원가
④ 스포츠시설 내 설치되는 기구 브랜드

해설 스포츠시설 임대 시 임대주가 기대할 수 있는 무형의 이익, 수익의 분배 방법, 임대자의 생산원가는 필히 고려해야 할 사항들이다. 스포츠시설 내 설치되는 기구 브랜드는 임대 시 고려해야 하는 사항과 거리가 멀다.

91 스포츠시설의 경영전략에 해당하지 않는 것은?

① 원가우위전략
② 차별화전략
③ 비차별화전략
④ 집중화전략

해설 포터의 본원적 경쟁전략은 기업이 경쟁지위를 향상시킴으로써 경쟁사와 비교하여 우수한 사업성과를 지속적으로 유지하기 위한 추진 전략이다.
- 비용우위전략 : 원가우위 전략이라고도 하며, 경쟁사 제품과 품질이나 인지도가 비슷하다면 판매가격을 최대한 낮추는 방법으로 전략을 수행하는 것이다.
- 차별화전략 : 제품가격은 다소 비싸도 경쟁사의 제품이나 서비스보다 우위에 있을 수 있도록 차별화하는 전략을 수행하는 것이다.
- 집중화전략 : 가격이나 품질을 높이는 전략을 세우되, 전체 고객을 상대로 하는 것이 아니라 한정된 특수 고객에게 집중하여 원가우위 혹은 차별화 전략을 수행하는 것이다.

92 체육시설의 설치·이용에 관한 법령상 등록체육시설업에 대한 사업계획의 승인을 받은 자는 그 사업계획의 승인을 받은 날부터 몇 년 이내에 그 사업시설 설치 공사를 착수하여야 하는가? (단, 기타 사항을 고려하지 않음)

① 3년
② 4년
③ 5년
④ 6년

해설 등록 체육시설업에 대한 사업계획의 승인을 받은 자는 그 사업계획의 승인을 받은 날부터 4년 이내에 그 사업시설 설치 공사를 착수하여야 하며, 그 사업계획의 승인을 받은 날부터 6년 이내에 그 사업시설 설치 공사를 준공하여야 한다.

93 스포츠시설에서 높은 고객만족도 유지로 기대할 수 있는 효과와 가장 거리가 먼 것은?

① 가격의 탄력성을 가진다.
② 경쟁적 노력으로부터 기존 고객을 보호한다.
③ 미래 거래비용을 낮춘다.
④ 기존 고객의 충성도를 높인다.

해설 스포츠시설의 고객만족도가 향상되면 가격민감도가 낮아져 가격탄력성이 줄어든다.

94 체육시설의 설치·이용에 관한 법령상 체육시설업의 시설기준(공통기준) 중 필수시설에 관한 설명으로 옳지 않은 것은?

① 등록 체육시설업은 수용인원에 적합한 주차장을 갖추어야 한다.
② 자동차경주장업에는 탈의실을 대신하여 세면실을 설치할 수 있다.
③ 수영장업은 응급실을 갖추지 아니할 수 있다.
④ 빙상장 내의 조도(照度)는 「산업표준화법」에 따른 조도기준에 맞아야 한다.

해설 체육시설은 부상자 및 환자의 구호를 위한 응급실 및 구급약품을 갖추어야 한다. 다만, 신고 체육시설업(수영장업은 제외한다)과 골프장업에는 응급실을 갖추지 아니할 수 있다.

95 체육시설의 설치 · 이용에 관한 법령상 가상체험 체육시설업 중 골프 종목의 시설 기준이다. 빈칸에 들어갈 숫자가 순서대로 연결된 것은?

> 타석과 스크린(화면)과의 거리는 (   )미터 이상, 타석으로부터 천장까지의 높이는 (   )미터 이상, 타석과 대기석과의 거리는 (   )미터 이상이어야 한다.

① 2, 2.5, 2
② 3, 2.8, 1.5
③ 3, 2.8, 2
④ 3, 3, 2

해설　가상체험 체육시설업 중 골프 종목은 타석과 스크린(화면)과의 거리는 3미터 이상, 타석으로부터 천장까지의 높이는 2.8미터 이상, 타석과 대기석과의 거리는 1.5미터 이상이어야 한다.

96 체육시설의 설치 · 이용에 관한 법령상 무도학원업자의 준수사항에 해당하지 않는 것은?

① 「소음 · 진동관리법」등 개별법의 규정을 초과하는 소음 · 진동으로 지역 주민의 주거환경을 해치지 아니하도록 할 것
② 체육시설 업소 안에서 하는 도박이나 그 밖에 사행행위(射倖行爲)를 조장하거나 묵인하지 아니할 것
③ 이용약관 등 회원 및 일반이용자와 약정한 사항을 지킬 것
④ 공연이나 무대연주를 위한 시설을 설치하지 아니할 것

해설　① · ② · ③ 모든 체육시설업자가 준수하여야 하는 사항, ④ 무도장업자에게만 해당하는 사항이다.

97 관람 스포츠시설과 참여 스포츠시설에 대한 설명으로 가장 거리가 먼 것은?

① 참여 스포츠시설은 고객유인에 있어 시설이 미치는 영향이 상대적으로 크다.
② 관람 스포츠시설은 고객의 서비스 관여정도가 상대적으로 크다.
③ 참여 스포츠시설은 고객과의 대면이 많아 고객응대 방식이 중요하다.
④ 관람 스포츠시설은 다양한 부대서비스 제공을 통해 고객만족을 추구한다.

해설　관람 스포츠시설의 고객은 경기를 관람하는 것이 주목적이기 때문에 상대적으로 서비스 관여정도가 크지 않다.

정답　95 ② 96 ④ 97 ②

98 체육시설의 설치·이용에 관한 법령상 조정장 시설기준에 관한 설명으로 옳지 않은 것은?

① 10척 이상의 조정을 갖추어야 한다.
② 수면은 폭 50미터 이상, 길이 200미터 이상이어야 한다.
③ 수심은 1미터 이상이어야 한다.
④ 유속은 시간당 5킬로미터 이하여야 한다.

> 해설 조정장 및 카누장은 5척 이상의 조정(카누)을 갖추어야 한다. 또한 수면은 폭 50미터 이상 길이 200미터 이상이어야 하고, 수심은 1미터 이상이어야 하며, 유속은 시간당 5킬로미터 이하여야 한다.

99 프로구단의 매점사업 계약 유형을 전통적인 위탁계약과 관리대행 수수료계약으로 구분할 때 관리대행 수수료계약의 장점으로 가장 적합한 것은?

① 구장 측의 사업운영에 관한 통제력이 약해진다.
② 매점운영에 대한 감사업무가 단순해진다.
③ 매점사업자의 수입이 늘어날 가능성이 있다.
④ 구장 측이 일일운영 계획을 할 필요가 없다.

> 해설 매점사업 계약유형 중 관리대행 수수료 계약은 판매 성과에 따라 수수료율이 높아져 매점사업자의 수입이 늘어날 가능성이 있다.

100 스포츠시설에서 FCB Grid 모델을 활용하여 고객유치전략을 수립하고자 한다. 소비자의 행동이 "구매 → 인지 → 느낌" 순으로 습관성으로 이루어진다고 판단할 때 해당하는 공간은?

① 고관여/감성 공간
② 고관여/이성 공간
③ 저관여/감성 공간
④ 저관여/이성 공간

> 해설 한번 구매한 상품을 습관적으로 구매하는 소비자는 저관여/이성 공간에 해당한다. 이렇게 습관적으로 구매하는 소비자에게 브랜드나 제품을 계속 노출하여 머릿속에 상기시키는 것이 효과적이다.

CHAPTER 01 2021년 2회 필기 기출문제

제1과목 스포츠산업론

01 스포츠 자산(Properties) 및 제품의 가치에 대한 설명으로 옳지 않은 것은?

① 구단가치를 결정하는 요인으로는 팀 관련요인, 조직 관련요인, 시장 관련요인 등이 있다.
② 리그에 참가하는 구단 숫자가 늘어나면 선수 평균 연봉이 감소한다.
③ 수요과점 시장에서 방송중계권의 가치는 종목의 인기도에 따라 가격결정 주도권이 달라진다.
④ 마케팅기회나 권리를 통합할 경우 가치가 올라갈 수 있다.

> 해설 리그 구단의 숫자와 선수 평균 연봉과는 관련이 없다.

02 국민적 관심이 높은 스포츠에 대한 TV시청 권리를 보장하는 제도는?

① Broadcasting Right
② Universal Access Right
③ Naming Right
④ Media Right

> 해설 보편적 시청권(Universal Access Right)은 유럽의 보편적 접근권 개념을 원용한 것으로 국민적 관심이 되는 스포츠경기 및 행사 등을 방송사가 중계권을 확보함으로써 시청자에게 보편적인 서비스, 즉 볼 권리를 제공해야 한다는 것을 의미한다.

정답 01 ② 02 ②

03 스포츠상품에 대한 설명으로 옳지 않은 것은?

① 스포츠상품은 여러 가격변수들이 구성되는 경우가 많아 스포츠 수요를 제대로 분석하기 어려운 경우가 발생한다.
② 테니스라켓과 테니스공은 보완재이다.
③ 한 상품의 가격변화가 다른 상품의 수요에 영향을 미치지 않을 때 두 상품은 대체재의 관계에 있다.
④ 소비자의 소득수준이 변하더라도 수요량이 변하지 않는 재화를 중립재라고 한다.

해설 한 상품의 가격이 상승(하락)하면 다른 상품의 수요가 증가(감소)할 때 서로 다른 두 상품을 대체재 관계라고 한다. 한 상품의 가격변화가 다른 상품의 수요에 영향을 미치지 않는다면 두 상품은 서로에게 영향을 미치지 않는 독립재 관계에 있다고 볼 수 있다.

04 다음 전략은 스포츠제품의 어떤 서비스적 특성을 반영한 것인가?

- 서비스표준이 감시됨을 확산시킴
- 사전패키지 서비스
- 품질관리를 위한 기계화 및 산업화
- 주문적인 특징의 강조
- 서비스의 고객적응

① 무형성 ② 비분리성
③ 이질성 ④ 소멸성

해설 스포츠의 서비스적 특성은 보거나 만질 수 없는 무형성, 생산과 소비가 동시에 이루어지는 비분리성, 품질이 고르지 않은 이질성, 판매되지 않는 서비스는 사라지는 소멸성이 있다.

05 스포츠산업 진흥법령상 공유재산의 사용료와 납부방법에 관한 설명으로 옳지 않은 것은?

① 지방자치단체의 장은 프로스포츠단과 협의한 경우에는 사용허가 기간 동안의 사용료 전부를 한꺼번에 징수할 수 있다.
② 연간 사용료는 시가를 반영한 해당 재산 평가액의 연 1만분의 20 이상의 범위에서 지방자치단체의 조례로 정한다.
③ 지방자치단체의 장은 연간 사용료가 100만 원을 초과하는 경우에는 분할납부하게 할 수 있다.
④ 지방자치단체의 장은 프로스포츠단이 해당 체육시설을 직접 수리하는 경우에는 사용료를 감경할 수 있다.

해설 공유재산의 사용료와 납부 방법 등(「스포츠산업 진흥법 시행령」 제14조 제2항)
제1항 본문에 따른 연간 사용료는 시가(時價)를 반영한 해당 재산 평가액의 연 1만분의 10 이상의 범위에서 지방자치단체의 조례로 정하되, 월 단위, 일 단위, 시간별 또는 횟수별 등으로 계산할 수 있다.

06 다음 중 스포츠산업의 특성으로 옳지 않은 것은?

① 스포츠산업은 복합적인 산업분류 구조를 가진 산업이다.
② 스포츠산업은 공간·입지 중시형 산업이다.
③ 스포츠산업은 시간 소비형 산업이다.
④ 스포츠산업은 소비자와 간접적으로 접촉하는 산업이다.

해설 스포츠산업은 소비자와 직접적으로 접촉하는 산업이다.

07 관람 스포츠 시장에서 교환되는 마케팅 기회 및 권리에 관한 설명으로 옳지 않은 것은?

① 상품화 사업권은 팀 로고를 새긴 기념품을 제조 및 유통할 수 있는 권리이다.
② 좌석 라이선스는 시즌티켓을 구매할 수 있는 권리이며 기업 및 개인이 구매한다.
③ 경기장명칭 사용권의 주요 구매집단은 기업이다.
④ 가상(Virtual) 광고권은 관중 및 중계프로그램 시청자를 대상으로 노출되는 광고권리이다.

해설 가상광고는 스포츠경기의 TV중계 시 시청자를 대상으로 노출하는 것에 목적이 있으며, 경기장을 찾아 직접 경기를 관람하는 관중에게 노출되지 않는다.

08 관람 스포츠 수요변화에 영향을 미치는 요인에 관한 설명과 가장 거리가 먼 것은?

① 스포츠소비자의 소득과 여가시간은 수요변화를 야기하는 중요한 요인이다.
② 스포츠이벤트의 수준은 관람수요의 변화에 영향을 미친다.
③ 프로리그의 팀 간 전력 차는 관람수요 변화에 영향을 미치지 않는다.
④ 스타 플레이어의 유무는 관람수요 변화에 큰 영향을 미친다.

해설 프로리그 팀 간 전력차가 심해지면 경기 결과의 예측이 쉬워져 스포츠팬의 관심도가 떨어질 수 있고, 또한 팀의 승률은 경기관람에 큰 영향력을 미치기 때문에 프로리그 팀 간의 전력 차는 스포츠팬의 관람동기에 영향을 미칠 수 있는 주요 변수가 된다.

정답 06 ④ 07 ④ 08 ③

09 스포츠산업 진흥법령상 문화체육관광부장관이 기본계획을 수립하기 위하여 실태조사를 실시해야 하는 범위에 해당하는 것을 모두 고른 것은?

> ㄱ. 스포츠산업 관련 사업체 수 및 종사자 수
> ㄴ. 스포츠산업의 매출액
> ㄷ. 스포츠산업의 사업 실적 및 경영 전망
> ㄹ. 스포츠산업의 인력 수급

① ㄷ, ㄹ
② ㄱ, ㄴ, ㄷ
③ ㄱ, ㄴ, ㄹ
④ ㄱ, ㄴ, ㄷ, ㄹ

해설 실태조사의 범위와 방법(「스포츠산업 진흥법 시행령」 제3조 제1항)
문화체육관광부장관은 법 제7조 제1항에 따라 매년 다음 각 호의 사항에 관하여 실태조사를 실시하여야 한다.
1. 스포츠산업 관련 사업체 수 및 종사자 수
2. 스포츠산업의 매출액
3. 스포츠산업의 사업 실적 및 경영 전망
4. 스포츠산업의 인력 수급
5. 그 밖에 스포츠산업 진흥을 위한 정책을 수립·시행하는 데 필요한 사항

10 소비자의 구매 후 행동을 가장 일반적으로 설명할 수 있는 이론으로 소비자의 만족과 불만족은 소비자의 주관적 판단에 의해 결정된다고 하는 것은?

① 매슬로우의 욕구이론
② 프로이트의 이론
③ 기대불일치모델 이론
④ 허즈버그 이론

해설 소비자의 구매 후 행동 즉, 구매 후 부조화 현상은 기대불일치에서 발생한다. 기대불일치 이론은 소비자들이 상품구입 전 상품에 대해 갖게 되는 기대와 상품구입 후 사용경험에 따른 성과의 불일치를 비교하여 상품에 대해 만족했는지 혹은 불만족했는지를 평가하는 과정이라 할 있다.

11 스포츠산업 진흥법령상 다음 빈칸에 들어갈 말로 옳은 것은?

> 지방자치단체는 공공체육시설의 효율적 활용과 프로스포츠의 활성화를 위하여 필요하다고 인정하는 경우에는 「공유재산 및 물품 관리법」에도 불구하고 공유재산을 ( )년 이내의 기간을 정하여 그 목적 또는 용도에 장애가 되지 아니하는 범위에서 사용·수익을 허가하거나 관리를 위탁할 수 있다.

① 15
② 20
③ 25
④ 30

해설 프로스포츠의 육성(「스포츠산업 진흥법」 제17조 제3항)
지방자치단체는 공공체육시설의 효율적 활용과 프로스포츠의 활성화를 위하여 필요하다고 인정하는 경우에는 「공유재산 및 물품관리법」 제21조 제1항, 제27조 제1항 및 제31조에도 불구하고 공유재산을 25년 이내의 기간을 정하여 그 목적 또는 용도에 장애가 되지 아니하는 범위에서 사용·수익을 허가하거나 관리위탁 또는 대부할 수 있다.

12 제품개발과정에서 설계, 기술, 제조, 구매, 마케팅, 서비스 등의 담당자 등이 하나의 팀을 구성하여 각 부분이 서로 제품개발에 대한 정보를 교환하면서 제품개발과정을 단축시키는 방식은?

① 적시생산(JIT ; Just-In Time)
② 동시공학(Concurrent Engineering)
③ 리엔지니어링(Re-engineering)
④ 6시그마(Six Sigma)

해설 동시공학은 제품 개발의 모든 프로세스에 부서 모두가 통합된 정보 통신망 및 전산 시스템을 활용하여 제품개발에 대한 정보를 교환하며 제품 개발의 성공가능성을 높임과 동시에 개발 기간과 비용을 줄이는 방법이다.

13 소비자의 지각과정 순서로 옳은 것은?

① 주의 → 노출 → 해석 → 수용
② 주의 → 노출 → 수용 → 해석
③ 노출 → 주의 → 해석 → 수용
④ 노출 → 해석 → 주의 → 수용

해설 소비자의 지각과정은 노출 → 주의 → 해석 → 수용의 단계로 진행된다.

14 수직적 마케팅 시스템(VMS)에 관한 설명으로 옳지 않은 것은?

① 중앙에서 계획된 프로그램에 의해 경로구성원들을 전문적으로 관리·통제하는 경로조직 형태이다.
② 경로구성원들의 구속력 정도에 따라 기업형, 계약형, 관리형 VMS로 나누어진다.
③ 계약형 VMS는 경로구성원들이 수행해야 할 기능들을 계약에 의하여 합의함으로 공식적인 경로관계를 형성하는 시스템이다.
④ 프랜차이즈, 소매상 협동조합은 관리형 VMS에 해당한다.

해설 프랜차이즈, 소매상 협동조합은 계약형 VMS에 해당된다.

15 문화체육관광부 소관 스포츠산업 관련 법령 중 가장 최근에 제정된 것은?

① 국민체육진흥법
② 국제경기대회지원법
③ 바둑진흥법
④ 생활체육진흥법

해설 국민체육진흥법은 1962년, 국제경기대회지원법은 2012년, 바둑진흥법은 2018년, 생활체육진흥법은 2015년에 제정되었다.

16 스포츠제품에 대한 소비자의 관여도가 높은 수준으로 발생하는 경우와 가장 거리가 먼 것은?

① 지각된 위험이 낮을 때
② 감성적으로 끌리는 제품일 때
③ 지속적으로 관심을 갖는 제품일 때
④ 제품이 자신의 자아개념과 관련이 있을 때

해설 지각된 위험은 잘못된 구매결과에 대한 선행적 불안감을 의미하므로 제품에 대해 지각된 위험이 높을수록 그 제품에 대한 관여도 수준이 높아진다.

14 ④ 15 ③ 16 ①

17 소비자들의 일반적인 구매의사결정과정의 순서로 옳은 것은?

① 정보탐색 → 대안평가 → 문제인식 → 구매 → 구매 후 행동
② 문제인식 → 정보탐색 → 대안평가 → 구매 → 구매 후 행동
③ 구매 → 정보탐색 → 대안평가 → 문제인식 → 구매 후 행동
④ 문제인식 → 구매 → 대안평가 → 구매 후 행동 → 정보탐색

> **해설** 스포츠소비자의 구매의사결정과정은 문제인식 → 정보탐색 → 대안평가 → 구매 → 구매 후 행동의 단계를 거친다.

18 스포츠산업 진흥법령상 스포츠산업 진흥시설(이하 "진흥시설"이라고 한다)에 관한 설명으로 옳지 않은 것은?

① 문화체육관광부장관은 5 이상의 스포츠산업사업자가 입주한 경우 진흥시설로 지정할 수 있다.
② 문화체육관광부장관은 진흥시설을 지정한 경우 문화체육관광부 인터넷 홈페이지에 그 사실을 공고하여야 한다.
③ 문화체육관광부장관은 진흥시설의 지정을 해제하려면 미리 국민체육진흥공단의 의견을 들어야 한다.
④ 문화체육관광부장관은 진흥시설의 운영에 필요한 자금의 지원을 할 수 있다.

> **해설** 진흥시설의 지정해제(「스포츠산업 진흥법 시행령」 제10조 제1항)
> 문화체육관광부장관은 법 제12조에 따라 진흥시설의 지정을 해제하려면 미리 해당 지방자치단체의 장의 의견을 들어야 한다.

19 참여형 스포츠제품의 유통에 관한 설명으로 옳은 것은?

① 대부분 직접유통경로를 갖고 있다.
② 스포츠 상품의 중간상을 거치지 않고 직접 고객에게 서비스를 제공하는 경우가 대부분이다.
③ 직접적인 인간의 접촉을 통해서가 아니라, 전자매체를 통해서 전달될 수도 있다.
④ 골프장 등의 회원권은 참여 스포츠의 유통이나 판매대행사가 수행할 경우에는 관람 스포츠제품 유통으로 분류한다.

> **해설** 참여형 스포츠상품의 유통경로는 생산과 소비가 동시에 일어나는 서비스적인 특성으로 인해 스포츠상품의 생산자와 소비자로만 구성되며 이때 중간상은 존재하지 않는 경우가 많다. 즉 생산자가 중간상을 통하지 않고 소비자에게 직접 서비스를 제공하는 형태가 된다.

정답 17 ② 18 ③ 19 ②

20 스포츠산업 특수 분류 v3.0상 골프연습장 운영업은 어떤 세분류에 해당하는가?

① 참여 스포츠시설 운영업
② 골프장 및 스키장 운영업
③ 경기장운영업
④ 기타 스포츠시설업

해설 스포츠산업 특수 분류 v3.0에 골프연습장 운영업은 참여 스포츠시설 운영업에 포함되고 있다.

21 스포츠이벤트에서 파생되는 각종 권리와 소유주체에 관한 설명으로 옳지 않은 것은?

① 매점사업 등 경기장사업의 권리는 시설소유자와 이벤트 주최측이 공동으로 행사하는 것이 일반적이다.
② 프로리그의 선수 유니폼 광고 권리는 선수가 행사한다.
③ 경기장 명칭사용권은 지방자치단체와 입주구단이 공동으로 행사할 수 있다.
④ 스포츠이벤트의 방송중계권은 구단이나 연맹이 행사한다.

해설 프로리그 선수 유니폼의 광고는 프로구단과 기업 사이에서 이루어지며, 유니폼 광고권은 프로구단이 소유한다.

22 관람 스포츠산업서 판매되는 다양한 상품 중 표적으로 하는 주요 고객의 성격이 다른 것은?

① 경기장 명칭사용권
② 영구좌석분양권
③ 유니폼 광고권
④ 리그타이틀 스폰서십

해설 경기장 명칭사용권, 유니폼 광고권, 리그타이틀 스폰서십의 주요 고객은 모두 기업에 해당한다. 영구 좌석분양권은 팬들을 표적으로 하는 상품이다.

23 프로리그에 진입하려는 신생팀에 가입비를 부담시켜 진입장벽을 높게 하는 이유와 가장 거리가 먼 것은?

① 리그소속 기존구단들의 독점적인 기득권과 희소가치를 높게 유지하기 위함이다.
② 고정 팬 확보에 유리한 일정 지역을 연고로 하기 때문에 자기 구단에 유리한 지역을 독점하기 위함이다.
③ 경쟁이 적을수록 기량이 뛰어난 선수들의 확보가 용이하기 때문이다.
④ 리그소속 구단들이 많아지면 전력 차가 확대되어 관중의 흥미도가 떨어지기 때문이다.

> **해설** 프로리그에 신생팀이 진입하면 기존의 프로구단은 리그에서 지급하는 수입을 배분하는 몫이 줄어들게 되고, 신생팀으로 인해 발생가능한 입장수입 감소의 보전을 요구하게 된다. 또한 신생팀이 창단되면 리그 활성화 및 전력차이의 최소화 차원에서 보호선수를 제외하고 신생팀이 지명하는 선수를 넘겨주게 되는 것이 통상적인데 이때 발생되는 비용도 보상받게 되며, 리그에 참여하는 팀이 많아질수록 지방자치단체 협상에서 입지가 낮아지므로 이에 대한 보상도 받아야 한다. 이러한 이유 등으로 신생팀은 프로리그 참여 시 리그 참여비를 요구받게 된다.

24 제품의 공급사슬관리(SCM)가 중요한 이유에 해당하는 것은?

① 경영환경의 불확실성 증가
② 물류비용의 감소
③ 채찍효과로 인한 예측의 불확실성 감소
④ 기업의 경쟁강도 약화

> **해설** 공급사슬관리(SCM)는 글로벌화, 전자상거래 도입의 증가, 공급사슬의 복잡화, 아웃소싱의 증가, 경영환경의 불확실성의 증가 등으로 인해 필요하다.

25 스포츠조직의 자산(Properties) 가치형성요인 중 시장관련요인에 해당하지 않는 것은?

① 감독, 선수, 팀 성적
② 팀의 연고도시
③ 팬 지지도
④ 언론보도범위

> **해설** 연고도시, 팬, 언론보도는 스포츠조직의 자산가치에 영향력을 발휘할 수 있는 시장관련요인이 되며, 감독, 선수, 팀 성적은 구단(팀)관련요인에 해당된다.

정답 23 ④ 24 ① 25 ①

제2과목 스포츠경영론

26 A스포츠기업이 유동비율 120%, 유동부채 100억 원, 재고자산 40억 원일 때 당좌비율로 옳은 것은?

① 70%
② 80%
③ 90%
④ 100%

해설 당좌비율(%) = [(유동자산 − 재고자산) ÷ 유동부채] × 100
그러나 문제에서 유동자산이 제시되지 않았음으로 유동자산을 구해야 한다.
유동비율(%) = (유동자산 ÷ 유동부채) × 100 이므로 120 = (유동자산 ÷ 100) × 100이 된다.
이를 계산하면 유동자산은 120억이 된다.
따라서 당좌비율(%) = [(120억 − 40억) ÷ 100억] × 100 = 80

27 포터(Porter)가 제시한 경쟁우위전략에 대한 설명으로 가장 옳지 않은 것은?

① 차별화 우위전략은 경쟁사들이 모방하기 힘든 차별화된 제품을 만들어 경쟁사들보다 비싼 가격으로 판매하는 방법이다.
② 비용우위전략은 동일한 품질의 제품을 경쟁사들보다 낮은 비용에 생산하여 저렴하게 판매하는 것을 말한다.
③ 집중화전략은 비용우위 혹은 차별화 우위에 토대를 둘 수 있다.
④ Porter는 기업이 성공하기 위해서는 한 제품을 통하여 차별비용 우위전략과 차별화전략 등 두 가지 이상의 전략을 동시에 추구해야 한다고 제시했다.

해설 경쟁우위전략은 사업부 수준에서 사용할 수 있는 전략적 대안으로 두 가지 이상의 전략을 동시에 추구하고자 하는 것이 아니라 기업이 활동하는 특정시장이나 산업에서 경쟁적 우위를 선점하기 위해 적절한 전략을 선택하여 추구하는 것을 의미한다.

28 BCG 매트릭스에 관한 설명으로 옳은 것은?

① 개(Dog) 영역의 경우 시장이 커지고 있으므로 성장전략이 요구되는 영역이다.
② 별(Star) 영역은 상대적 시장점유율은 낮지만 시장성장률이 높은 영역이다.
③ 물음표(Question Mark) 영역은 철수전략이 요구되는 영역이다.
④ 횡축은 상대적 시장점유율, 종축은 시장성장률이다.

> 해설 BCG 매트릭스는 상대적 시장점유율(횡축)과 시장성장률(종축)을 고려하여 사업단위를 별, 현금젖소, 물음표, 개의 4영역으로 구분하고 있다. 별(Star) 사업부는 높은 시장점유율과 높은 시장성장률을 점유하게 되므로 기업이 집중 투자해야 하는 사업부에 해당하며, 현금젖소(Cash Cow)는 낮은 시장성장률과 높은 시장점유율을 점유하여 현금을 많이 창출하므로 기업의 투자는 이루어지지 않는다. 물음표(Question Mark)는 낮은 시장점유율과 높은 시장성장률을 점유하여 기존의 포트폴리오에서 철수하거나 여기서 판매나 시장점유율을 증진하기 위한 노력을 강화해야 한다. 개(Dog)는 낮은 시장점유율과 낮은 시장성장률을 점유하여 마이너스 현금흐름을 가져오므로 기업은 일반적으로 투자를 하지 않고 기업의 포트폴리오에서 제거하게 된다.

29 스포츠조직의 재무비율 분석의 예시로 옳지 않은 것은?

① 유동성 비율 – 당좌비율
② 레버리지 비율 – 이자보상비율
③ 생산성 비율 – 재고자산회전율
④ 수익성 비율 – 자기자본순이익률

> 해설 재고자산회전율은 활동성 비율에 속한다.

30 ERP(Enterprise Resource Planning) 시스템에 관한 설명으로 옳지 않은 것은?

① ERP 시스템은 기능영역 정보시스템들 사이의 커뮤니케이션 결여를 바로 잡고자 하는 것이다.
② ERP 시스템은 기능영역에 걸친 기업성과에 대한 기업정보를 제공하여 관리자의 의사결정능력을 향상시킬 수 있다.
③ ERP 시스템은 비즈니스 프로세스를 통합하여 고객서비스를 개선할 수 있다.
④ ERP 시스템을 구축·실행하는 데 초기비용이 적게 소요된다.

> 해설 전사적 자원관리(ERP)는 기업의 모든 부분을 하나로 통합 관리하는 시스템이다. 세부적으로 기업 내 재무, 회계, 생산, 물류, 구매, 재고 등 경영활동 프로세스를 통합적으로 연계해 관리하며, 기업의 정보들을 공유하여 빠른 의사결정을 도와주는 시스템이라 볼 수 있다.

정답 28 ④ 29 ③ 30 ④

31 변혁적 리더가 갖추어야 할 자질과 가장 거리가 먼 것은?

① 조건적 보상
② 비전 제시 능력
③ 신뢰 확보
④ 비전 전달 능력

> **해설** 변혁적 리더십은 구성원들에게 분명한 비전을 제시함으로써 동기를 부여하여 목표를 달성하는 리더십이다. 과업의 중요성과 가치증대를 통해 조직을 위해 개인의 이익을 초월케 하여 이를 통해 자아실현이라는 고차원의 욕구충족으로 상승시킴으로써 기대 이상의 성과를 낼 수 있도록 동기를 부여하는 리더십이다. 이에 현재의 성과를 유지시키는 안정 지향적인 것이 아니라 기대 이상의 성과를 창출하고자 하는 혁신 지향적인 특성이 있는 리더십이다. 조건적 보상 즉, 성과에 따라 보상과 칭찬을 하는 것은 거래적 리더십의 대표적 특성이다.

32 동기부여이론에 관한 설명으로 옳지 않은 것은?

① 동기부여이론은 내용이론과 과정이론으로 구분될 수 있다.
② Herzberg의 2요인이론은 내용이론에 속한다.
③ Adams의 공정성이론은 Maslow의 욕구단계이론의 한계성에 대한 대안으로 제시된 것이다.
④ Vroom의 기대이론은 과정이론에 속한다.

> **해설** 매슬로우의 욕구단계이론은 동기부여의 내용이론에 초점을 둔 과정이고, 애덤스의 공정성이론은 동기부여의 과정이론에 초점을 둔 것으로 매슬로우의 욕구단계이론의 대안이라 할 수 없다.

33 경로목표이론(Path-goal Theory)의 리더십 형태에 대한 설명으로 옳지 않은 것은?

① 민주적 리더십은 도전적인 작업목표를 설정하고 성과개선을 강조하며 하급자들의 능력발휘에 대해 높은 기대를 설정하는 형태이다.
② 참여적 리더십은 하급자들에게 자문을 구하고 그들의 제안을 끌어내어 이를 진지하게 고려하며 하급자들과 정보를 공유하는 형태이다.
③ 지원적 리더십은 하급자들의 복지와 안락에 관심을 가지며 구성원들 간에 상호 만족스러운 인간관계 발전을 강조하는 형태이다.
④ 지시적 리더십은 구체적 지침과 표준을 제공하고 규정을 마련하여 하급자들로 하여금 그들에게 요구되는 것을 알게 해주는 형태이다.

> **해설** 경로목표이론에서 부하들에게 도전적인 목표를 설정하는 것, 성과개선을 추구하는 것, 훌륭한 성과를 강조하고, 부하들이 높은 수준을 달성할 것이라는 신념을 보이는 것은 성취 지향적 리더십에 해당한다.

34 다음 자료를 이용하여 계산한 손익분기점의 판매량과 매출액은?

- 총고정비용 : 20,000,000원
- 단위당 가격 : 50,000원
- 단위당 변동비용 : 10,000원

	판매량	매출액
①	400개	20,000,000원
②	500개	25,000,000원
③	600개	30,000,000원
④	700개	35,000,000원

해설 손익분기량 = 고정비용 ÷ (가격 − 변동비용)
= 20,000,000 ÷ (50,000 − 10,000) = 500개
따라서 단가가 50,000원인 제품을 500개를 팔아야 손익분기량에 도달하므로 손익분기점에 해당하는 매출액 수준은 50,000 × 500 = 25,000,000원이 된다.

35 명령통일의 원칙이 무시되며 개인이 두 상급자의 지시를 받고 보고를 하는 조직으로 동태적이고 복잡한 환경에 적합한 조직구조는?

① 사업부제 조직
② 팀 조직
③ 네트워크 조직
④ 매트릭스 조직

해설 매트릭스 조직구조는 서로 다른 부서에 속해 있는 전문 인력들이 함께 일하게 되면서 신속한 의사소통, 창조성 개발, 효율적 자원 사용 등이 이루어져 기존의 전통적 기능조직이 지녔던 의사결정 지연이나 수비적 경영 등의 단점을 보완하는 조직구조이다.
- 장점 : 지식공유가 빠름, 자원의 효율적 배분을 통한 인적자원 관리의 융통성 확보, 시장과 고객의 요구에 유연하고 적극적으로 대응
- 단점 : 명령일원화의 원칙이 적용되지 않아 조직 내 혼란과 모호성 야기, 기능부문과 프로젝트 영역 간의 갈등을 통한 권력투쟁 가능성 존재, 관리비용의 증가

36 페이욜(H. Fayol)이 제시한 관리원칙으로 옳지 않은 것은?

① 분권화의 원칙
② 지휘일원화의 원칙
③ 분업화의 원칙
④ 계층화의 원칙

> **해설** 페이욜(H. Fayol)은 관리원칙으로 다음과 같은 14가지 원칙을 제시하였다.
> 분업의 원칙, 권한과 책임의 원칙, 규율의 원칙, 명령일원화의 원칙, 지휘일원화의 원칙, 개인의 이익은 전체의 이익에 종속, 종업원 보상의 원칙, 집권화의 원칙, 계층적 연쇄의 원칙, 질서의 원칙, 공정성의 원칙, 고용안정의 원칙, 창의력 개발의 원칙, 단결의 원칙

37 다음 빈칸에 들어갈 말로 옳은 것은?

> 스포츠 경영환경은 조직에 대한 영향력이 직접적인가 간접적인가에 따라 (㉠)과 (㉡)으로 분류된다. (㉠)은 특정조직에 직접적으로 영향을 미치는 환경으로 조직에 따라 상이하게 나타날 수 있다. 이에 반해 (㉡)은 개별조직단위에 직접적인 영향을 미치기보다는 사회의 모든 조직에 영향을 미치는 것으로 그 범위가 넓고 경영에 미치는 영향이 간접적이다.

	㉠	㉡
①	일반환경	과업환경
②	과업환경	일반환경
③	조직환경	경제적 환경
④	경제적 환경	조직환경

> **해설** 과업환경은 조직 활동에 직접적으로 영향을 미치는 환경요소로 내부 환경요소와 외부 환경요소 모두가 과업환경에 해당된다. 그리고 일반환경은 조직 활동에 간접적으로 영향을 미치는 환경요소로 인구통계학적 환경, 경제 상황, 정치적 환경, 기술 발전, 사회·문화적 환경 등이 해당된다.

38 스포츠제품 모듈화(Modularization) 생산의 목적으로 옳지 않은 것은?

① 다양한 고객의 요구 충족
② 조립시간 단축을 통한 원가절감
③ 생산성 향상
④ 제품개발 기간의 단축

> **해설** 제조기업에게는 운영 요건을 만족하면서도 합리적인 가격의 맞춤형 장비가 필요한데 모듈형 제품 설계방식은 복잡성과 고비용 문제를 해결하며 대중 소비시장의 표준 제품을 보다 빠르고 효율적으로 맞춤 제작하는 데 유용하므로 다양한 고객의 욕구를 충족하는 것과는 거리가 멀다.

39 공급사슬 내에서 소비자로부터 생산자로 갈수록 수요변동 폭이 확대되는 것은?

① 채찍효과(Bullwhip Effect)
② 크로스도킹(Cross Docking)
③ 동기화(Synchronization)
④ 순환변동(Cyclical Movement)

해설 채찍효과(Bullwhip Effect)는 하류의 고객주문 정보가 상류로 전달되면서 정보가 왜곡되고 확대되는 현상을 의미하며 고객의 수요가 상부단계 방향으로 전달될수록 각 단계별 수요의 변동성이 증가되는 현상을 말한다.

40 스포츠제품이 계획기간 내에 변화하는 수요를 가장 경제적으로 충족할 수 있도록 기업이 보유한 생산능력의 범위 내에서 생산수준, 고용수준, 재고수준, 하청수준 등을 결정하는 것은?

① 기준생산계획
② 총괄생산계획
③ 능력소요계획
④ 생산일정계획

해설 총괄생산계획은 중기계획으로 생산량, 재고수준, 고용수준, 잔업수준 등에 대한 총괄적인 계획을 의미한다.

41 연봉상한제로써 소속선수 연봉합계가 일정액을 초과할 수 없도록 되어 있는 제도는?

① 팜 시스템(Farm System)
② 샐러리 캡(Salary Cap)
③ 드래프트제도(Draft System)
④ 자유계약제도(Free Agent)

해설
- 팜 시스템 : 하위리그를 통해 다양한 자체선수를 선발하는 시스템
- 드래프트제도 : 일정 자격 요건의 갖춘 선수를 프로연맹 등 스포츠 단체의 주관하에 성적 역순 등의 다양한 방법으로 구단에게 지명권을 부여, 선수를 지명·선발하는 제도
- 자유계약제도 : 구단이 선수의 보유권을 상실하거나 포기해 다른 어떤 구단과도 자유롭게 계약을 맺을 수 있는 제도

정답 39 ① 40 ② 41 ②

42 국내 스포츠 경영환경에 변화를 준 요소와 가장 거리가 먼 것은?

① 주5일 근무제의 확산
② 월드컵, 올림픽 등 국제대회의 개최
③ 스포츠경영의 글로벌화
④ 스포츠 소비자들의 만족 증진

해설 국내 스포츠경영환경의 변화는 주5일 근무제의 도입, 도시화 및 삶의 질 추구, 국제스포츠이벤트 개최, 프로스포츠의 발전, 생활체육의 확산, 스포츠경영의 글로벌화 등이 이유가 될 수 있다.

43 빅 리그 내의 프로구단에서 스타 플레이어에게 고액의 연봉을 지불하는 이유와 가장 거리가 먼 것은?

① 스타 플레이어의 대체재가 없기 때문에
② 스타 플레이어로 인해 규모의 경제가 실현되기 때문에
③ 스타 플레이어가 팀 수입에 기여하는 한계수입생산이 높기 때문에
④ 스타 플레이어가 제공하는 사회적 가치가 다른 직업보다 높게 평가되기 때문에

해설 스타 플레이어의 사회적 가치와 고액의 연봉 지불과는 아무런 관련성이 없다.

44 스포츠경영 주체의 자질측면에서 의사결정에 따른 필요자질을 바르게 짝지은 것은?

① 중간관리층 – 업무적 의사결정 & 인간적 자질
② 하위경영층 – 관리적 의사결정 & 기술적 자질
③ 중간관리층 – 전략적 의사결정 & 개념적 자질
④ 최고경영층 – 전략적 의사결정 & 개념적 자질

해설
• 최고경영자(층) : 전략적 의사결정 & 개념적 자질
• 중간경영자(층) : 관리적 의사결정 & 인간관계적 자질
• 하위경영자(층) : 기능적 의사결정 & 기술적 자질

45 투자안의 경제성 평가방법에 관한 설명으로 옳은 것은?

① 수익성지수법은 수익성지수가 0보다 커야 경제성이 있다.
② 회수기간법은 회수기간 이후의 현금흐름을 고려한다.
③ 순현재가치법에서는 가치의 가산원리가 적용된다.
④ 내부수익률법은 내부수익률이 자본비용보다 낮을 경우 투자안을 채택한다.

> **해설** ① 수익성지수는 투자금액 대비 회수할 수 있는 금액에 대한 비율로 지수가 1보다 크면 경제성이 있어 투자할 가치가 있다고 본다.
> ② 회수기간법은 투자안의 회수기간을 계산하여 이를 기초로 목표회수기간과 비교하여 투자안을 평가하는 방법이며, 회수기간이 짧은 투자안을 선택한다.
> ④ 내부수익률법의 경우 내부수익률이 자본비용보다 클 경우 투자안을 채택한다.

46 다음에서 설명하는 것은?

> - 올림픽이나 월드컵 축구대회 같이 전세계적인 관심을 끄는 스포츠이벤트의 마케팅을 대행하는 등 스포츠 마케팅 분야에서 국제적으로 활동하는 에이전시
> - 스위스의 ISL, 미국의 IMC 등이 이에 해당함

① 선수관리 에이전시
② 광고 스포츠 에이전시
③ 국제 스포츠마케팅 에이전시
④ 라이선싱과 머천다이징 전문 에이전시

> **해설** 스포츠에이전시의 유형에는 국제 스포츠마케팅 에이전시, 선수관리 에이전시, 광고 스포츠 에이전시, 라이선싱 & 머천다이징 전문 에이전시, 풀 서비스 에이전시가 있다. ISL이나 IMC는 국제적인 스포츠마케팅 에이전시로 유명하며 스포츠이벤트, 스포츠스타 등 다방면의 스포츠마케팅 분야에서 그 위치를 확고히 하고 있다.

47 제품/시장 매트릭스(Product/Market Matrix)에서 신제품을 가지고 신시장에 진출하는 성장전략으로 옳은 것은?

① 다각화 전략
② 제품개발 전략
③ 집중화 전략
④ 시장개발 전략

> **해설** 다각화 전략은 현재의 사업과 직접적으로 연관이 없는 다른 분야에서 새로운 성장기회를 발견하는 전략이다.

48 경영관리 직능의 순환과정이 바르게 나열된 것은?

① 조직화 → 계획화 → 통제화 → 지휘화
② 계획화 → 조직화 → 지휘화 → 통제화
③ 지휘화 → 계획화 → 조직화 → 통제화
④ 통제화 → 조직화 → 계획화 → 지휘화

해설 경영관리 과정은 계획 → 조직 → 지휘 → 통제(평가)의 연속적인 과정이다.

49 스포츠 재무관리의 궁극적인 목표로 가장 적합한 것은?

① 스포츠 조직 가치의 극대화
② 스포츠 조직 가치의 유지
③ 스포츠 조직 자본의 안정적 투자
④ 스포츠 조직 자본의 유지

해설 스포츠 재무관리는 스포츠조직에 재무관리의 이론과 방법을 적용하여 자본을 합리적으로 조달하고 조달된 자본을 효율적으로 운영하는 활동으로 스포츠조직의 가치를 극대화하는 것에 그 목표가 있다.

50 테일러(F. Taylor)의 과학적 관리의 특징과 가장 거리가 먼 것은?

① 과업관리
② 작업지도표 제도
③ 컨베이어 시스템
④ 차별적 성과급제

해설 ① 과업관리 : 표준적인 1일 작업량 즉, 과업을 결정하고 이에 임금을 결합한 차별적 성과급제를 실시하여 생산능률을 향상시키도록 관리하는 것
② 작업지도표 제도 : 작업을 분담하여 감독하는 직능별 직장인들에게 작업지도표에 따라 작업을 지도하게 하는 제도
④ 차별적 성과급제 : 동작 연구와 시간 연구를 통해 설정된 표준 과업 또는 표준시간을 달성한 자에게는 높은 임금을, 실패한 자에게는 낮은 임금을 지급하는 형태

제3과목 스포츠마케팅론

51 라이선서와 라이선시 간에 체결하는 계약방식 중 러닝로열티(Running Royalty) 지불방식에 대한 설명으로 옳은 것은?

① 트레이드마크의 독점적인 사용에 관한 계약을 의미한다.
② 예상되는 매출액의 일부를 미리 지불하는 방식을 의미한다.
③ 매출액에 따라 일정비율을 지불하는 방식을 의미한다.
④ 앞으로 출시될 제품의 판권을 미리 확보하는 계약을 의미한다.

해설 로열티는 법률상 일정한 유형의 권리를 소유한 자에게 그 권리를 사용한 대가로 지불하는 비용으로 계약방식은 어떻게 체결하느냐에 따라 다양할 수 있다. 대표적으로는 순매출액 기준 경상로열티(순매출액의 일정 비율), 판매 단가 별 경상로열티(판매 단가당 일정 로열티 금액), 계약체결에 따른 쌍방 간에 동의된 일시불 지급 방법, 일시불 지불, 실적에 따른 경상로열티 등이 있다.

52 스포츠라이선싱에 관한 설명으로 옳지 않은 것은?

① 라이선싱은 상표등록된 재산권을 가지고 있는 개인 혹은 단체가 타인에게 대가를 받고 재산권을 사용할 수 있도록 권리를 부여하는 계약이다.
② 라이선시는 대가를 받기 위하여 경제적 가치가 있는 특허권, 노하우 및 상표권 등 자산의 사용을 라이선서에게 허락하는 법률적 계약이다.
③ 라이선싱은 소비자가 구매할 것으로 판단되는 모든 제품에 선수, 팀, 이벤트명 및 로고를 부착하여 판매를 증진하는 것이다.
④ 라이선싱은 한정된 기간 동안 제품과 관련하여 다른 사람에게 소유권을 사용할 권리를 부여하는 프로그램이다.

해설 라이선시(Licensee)는 대가를 받기 위하여 경제적 가치가 있는 특허권, 노하우 및 상표권 등 자산의 사용을 라이선서(Licensor)에게 허락하는 법률적 계약이 아니라, 라이선서가 소유하고 있는 각종 자산을 이용하여 경제적 활동에 활용하기 위해 허락을 받는 개인이나 단체를 의미한다.

53 스포츠행사 주최 측의 PR활동으로 바람직하지 않은 것은?

① TV 중계권을 패키지로 판매한다.
② 스태프와 자원봉사자에게 미디어 교육을 실시한다.
③ 보도자료를 제공한다.
④ 미디어 전담자를 선정하여 운영한다.

해설 ① 스포츠이벤트의 TV 중계권 판매와 관련된 내용이다.

54 브랜드 자산을 구성하는 핵심 요소와 거리가 먼 것은?

① 브랜드 인지도
② 브랜드 충성도
③ 브랜드 가격
④ 브랜드 연상

해설 ① 브랜드 인지도는 특정상표를 알아보는 정도를 의미하며, 주요 속성을 소비자들이 경쟁제품들에 대하여 인지하는 상대적인 위치를 도표화한 것이다.
② 브랜드 충성도는 소비자가 어떤 특정 상표를 일관성 있게 선호하는 정도를 의미한다.
④ 브랜드 연상은 어떤 브랜드를 접할 때 떠오르는 여러 가지 이미지들과 브랜드의 연결을 말한다.
아커(Aaker)가 주장한 브랜드 자산을 구성하는 요소
- 브랜드 충성도(Loyalty)
- 브랜드 인지도(Awareness)
- 지각된 품질(Perceived Quality)
- 브랜드 연상 이미지(Association)
- 기타 독점적인 브랜드 자산(Brand Asset)

55 광고매체 유형별 특징에 관한 설명으로 옳지 않은 것은?

① TV - 노출시간이 짧다.
② 라디오 - 청각에 의존한다.
③ 옥외광고 - 광고대상 집단 선별성이 높다.
④ 회전식 A보드 광고 - 위치에 따른 노출편차를 줄일 수 있다.

해설 옥외광고는 그곳을 지나가는 유동인구, 즉 불특정다수를 대상으로 하기에 집단 선별성이 낮다.

56 기업의 스폰서십 참여를 스포츠단체와의 관련성에 따라 직접참여와 간접참여 형태로 구분할 때 직접참여 형태와 가장 거리가 먼 것은?

① 스포츠이벤트 스폰서십
② 라이선싱/머천다이징
③ 스포츠단체 스폰서십
④ 스포츠방송 스폰서십

해설 스포츠방송 스폰서십은 스포츠단체와의 관련성이 아니라 방송사와의 관련성이 있는 내용이다.

57 인터넷을 활용한 마케팅조사에 관한 설명으로 옳지 않은 것은?

① 표본이 인터넷사용자를 중심으로 편향되어 있다.
② 조건부 질문(Contingency Question)을 하기 어렵다.
③ 자료수집에 따른 비용이 적게 든다.
④ 면접오류나 면접자 오류가 개입되지 않는다.

해설 조건부 질문(Contingency Question)은 어떤 경험을 가진 사람들의 응답을 취합하기 위한 방법이다. 인터넷을 활용한 마케팅조사에서도 조건부 질문은 가능하다.

58 스포츠조직이 지역사회와의 관계개선을 위해 지역사회를 대상으로 하는 홍보(PR) 활동의 목적과 가장 거리가 먼 것은?

① 제품정보를 포함한 경영활동에 대한 정보를 제공한다.
② 스포츠 조직은 단기간의 촉진효과만을 목표로 한다.
③ 스포츠 조직에 대한 지역주민들의 호의적인 태도를 유도한다.
④ 스포츠 조직에 대한 지역주민들의 조언, 관심, 참여를 유도한다.

해설 홍보(PR ; Public Relations)는 기업을 둘러싸고 있는 공중들과 호의적인 관계를 유지하기 위한 활동이다. 홍보활동은 장기간 꾸준히 활동하여야 효과를 기대할 수 있으므로 단기간의 촉진효과와 PR은 관계가 없다.

59 스포츠마케팅의 주체와 추구하는 내용의 연결이 옳지 않은 것은?

① 기업 – 스폰서십 참여를 통한 기업 이미지 향상
② 미디어 – 광고 수익
③ 관객 또는 팬 – 스포츠제품 및 콘텐츠 구매를 통한 만족
④ 경기장 – 입장권 수익

해설 경기장은 제품이나 서비스의 생산과 소비가 동시에 이루어지는 장소이다.

60 스포츠 브랜드의 충성도에 관한 설명으로 옳은 것은?

① 특정 스포츠팀을 일관되게 선호하고 반복해서 구매하는 팬은 충성도가 낮은 것이다.
② 여러 구단을 비교 분석하며 복잡한 의사결정을 하는 팬은 충성도가 낮은 팬이다.
③ 습관처럼 특정 구단만을 선호하는 팬은 스포츠에 대해서 관심이 부족하기 때문에 충성도가 낮은 팬이다.
④ 구단 마케터는 다양한 정보를 획득하여 복잡하고 신중한 의사결정을 하는 팬들을 선호한다.

> 해설 ① 특정 스포츠팀을 일관되게 선호하고 반복해서 구매하는 팬은 충성도가 높은 것이다.
> ③ 습관처럼 특정 구단만을 선호하는 팬은 충성도가 높은 팬이다.
> ④ 구단 마케터는 다양한 정보를 획득하여 복잡하고 신중한 의사결정을 하는 팬들을 선호하지 않는다.

61 스포츠를 이용한 마케팅의 개념에 관한 설명으로 옳지 않은 것은?

① 주체는 스포츠 권리를 가지고 있는 스포츠주관자와 스폰서이다.
② 관람 스포츠와 참여 스포츠 분야 모두 가능하다.
③ 스포츠 가치를 극대화하기 위한 기업의 마케팅 노력이다.
④ 기업 측면에서 스폰서십이라고도 할 수 있다.

> 해설
> • 스포츠의 마케팅(Marketing of Sports)은 스포츠 자체를 사업화하는 것으로 스포츠제품이나 서비스에 대한 마케팅을 의미하고, 스포츠 클럽의 회원 모집, 스포츠 팀의 팬 확보, 스포츠시설 이용객 모집, 직접적인 스포츠 참여에 필요한 용품, 의류, 프로그램의 판매 등이 여기에 해당한다. 그리고 소비자는 일반 대중이 되며 상품화한 스포츠를 어떻게 소비자에게 판매할 것인가가 스포츠의 마케팅 활동 목적이 된다. ③을 스포츠 자체를 제품으로 하는 스포츠의 마케팅으로 정의할 수 있다.
> • 스포츠를 이용한 마케팅(Marketing through Sports)은 스포츠를 상품판매의 촉진수단으로 활용하는 마케팅을 말한다. 즉, 방송 중계권, 기업의 스폰서십, 다양한 수익사업, 유명선수의 광고모델 기용 등이 여기에 속한다. 그리고 스포츠를 이용한 마케팅의 소비자는 스포츠를 상품판매에 활용하려는 기업이다. 또한 스포츠를 이용한 마케팅은 스포츠 상품뿐 아니라 다른 일반상품을 스포츠와 연계하여 판매하는 마케팅으로 스포츠를 하나의 판촉수단으로 이용하는 것을 말한다.

62 비확률표본추출방법에 해당하는 것은?

① 층화표본추출
② 판단표본추출
③ 군집표본추출
④ 단순무작위표본추출

> 해설 할당표집, 눈덩이표집, 유의표집, 판단표집, 임의표집, 편의표집, 누적표집 등이 비확률표본추출방법에 해당된다. 층화표본추출, 군집표본추출, 단순무작위표본추출, 체계적표본추출 등은 확률표본추출에 해당한다.

정답 60 ② 61 ③ 62 ②

63 스포츠 미디어의 역할로 옳지 않은 것은?

① 정보제공
② 관중유인
③ 홍 보
④ 사회적 순응 조장

> 해설 스포츠 미디어는 사회적 순응을 조장하는 것이 아닌 사회 통합과 사회 변동 기능을 통해 공동의 합의를 구하고, 생활 여러 분야의 변화를 조장한다.

64 브랜드 자산이 기업의 가치에 주는 효과에 대한 설명으로 옳지 않은 것은?

① 새로운 고객을 창출하거나 기존 고객 확보에 도움이 된다.
② 상품 가격을 낮춰줌으로써, 매출이 늘어나는 데 도움을 준다.
③ 브랜드에 대한 충성도를 강화한다.
④ 경쟁자들에게 장벽이 되어 경쟁 우위를 제공한다.

> 해설 상품 가격을 낮추는 것은 매출이 늘어나는 데 도움을 줄 수는 있으나 기업 또는 브랜드의 가치에는 부정적일 수 있다.

65 다음 A구단이 25만 개의 입장권을 모두 판매했을 때, 손익분기점을 달성하기 위한 입장권의 최소가격과 그에 따른 입장권당 이익으로 옳은 것은?

> 연간 10억 원의 고정비용을 지출하는 A구단은 제품(입장권)생산 능력이 25만 개이고, (입장권)단위당 변동비가 3,000원이다.

① 제품가격 5,500원, 개당이익 2,500원
② 제품가격 6,000원, 개당이익 3,000원
③ 제품가격 7,000원, 개당이익 4,000원
④ 제품가격 10,500원, 개당이익 7,500원

> 해설 손익분기점은 총비용과 총수익이 일치하는 지점을 의미한다.
> 총비용 = 고정비용 + 변동비 = 10억 원 + (25만 개 × 3,000원) = 17억 5천만 원
> 총수익이 17억 5천만 원이 되기 위해서는 입장권 즉, 제품가격이 1장당 7,000원(25만장 × 7,000원)이어야 한다.
> 입장권 가격이 1장당 7,000원일 때 이익은 7,000원 − 3,000원 = 4,000원이 된다.

정답 63 ④ 64 ② 65 ③

66 제품수명주기에 관한 설명으로 옳지 않은 것은?

① 도입기에는 적자이거나 이익이 나더라도 매우 낮다.
② 성장기에는 판매가 급속히 확대되고 경쟁기업들이 진입한다.
③ 성숙기에는 조기수용자(Early Adoptors)의 구매가 시장 확대에 중요하다.
④ 쇠퇴기에는 경쟁력이 약한 제품들을 제거한다.

> **해설** 조기수용자는 전체 소비자의 13.5%를 차지하며 소속한 집단의 존경을 받는 자로서 사회에서 의견 선도자의 역할을 하는 경향이 높다. 따라서 도입기에 조기수용자의 구매는 시장 확대에 중요하다.
> 제품이 출시되는 도입기, 매출이 급히 성장하는 성장기, 성장률이 둔화되는 성숙기, 매출이 감소하는 쇠퇴기를 거쳐서 시장에서 사라지게 되는 과정을 제품수명주기(PLC ; Product Life Cycle) 라고 한다.
> - 도입기는 기본적 형태의 제품이 생산되며 판매가 완만히 일어나나 초기 비용이 많이 들어가 적자이다. 그리고 시장이 형성되는 초기이므로 경쟁자가 진입하지 않는다.
> - 성장기는 수요가 급속히 늘어나 이익이 발생하기 시작한다. 그러나 시장 규모를 증대하기 위해서 본원적 수요 광고 전략을 활용하게 되는데 이 전략은 성숙기에도 해당된다.
> - 성숙기는 수요의 신장이 멈추게 되며, 가격이 하락하는 경향을 보이며 기존의 유통망을 유지·보호하는 데 힘써야 한다. 그리고 이 시기에 경쟁자의 수가 가장 많다.
> - 쇠퇴기는 매출과 경쟁자의 수가 감소하기 때문에 비용을 줄이고 매출을 유지하여 수익을 극대화한다.

67 기업이 스폰서십 참여로 얻을 수 있는 효과와 가장 거리가 먼 것은?

① 경기력 향상
② 고객관계 개선
③ 광고를 통한 브랜드가치
④ 브랜드 인지도 향상

> **해설** 스폰서십 참여 효과로는 매체노출을 통한 인지도 제고, 이미지 확대(대회 권위와 기업 권위의 동일시, 긍정적 스포츠 자산의 브랜드 이미지 전이), 법적 규제로부터의 자유로움(일부 국가에서는 담배와 주류업의 TV광고를 규제), 기술력 과시(대회의 성공적인 개최를 위해서 전산, 통신, 영상 관련 분야의 총동원), 독점성을 이용한 판매촉진 효과, 판매증진, 조직 구성원의 자긍심 고취 등이 있다. 경기력 향상은 기업 입장에서 스폰서십 참여로 얻을 수 있는 효과가 아니다.

68 다음 중 기술적 연구방법에 해당하는 것은?

① 사례연구
② 전문가의견연구
③ 문헌연구
④ 횡단연구

해설 조사연구방법 유형은 기술적 연구, 설명적 연구, 탐색적 연구 등으로 구분된다.
- 기술적 연구는 연구대상이 되는 대상의 특징이나 관계를 조사·분석하여 그 결과를 비교 해석하고 사실대로 기술하는 연구이다. 기술적 조사의 종류에는 횡단적 조사와 종단적 조사가 있다.
- 설명적 연구는 사실의 인과관계를 규명(진단적 조사)하거나 미래를 예측(예측적 조사)하는 연구이다. 즉, '왜(why)?'에 대한 대답을 제공하고 설명하는 연구이다. 앞서 기술적 연구가 변수 간 상관관계를 기술하는 연구인 점과는 달리 설명적 연구는 인과관계를 규명한다는 점에서 차이가 있다.
- 탐색적 연구는 조사설계를 확정하기 전 또는 연구문제에 대한 사전지식이 부족할 경우에 예비적으로 실시하는 연구이다. 탐색적 연구는 예비연구이기 때문에 연구문제를 파악하고 연구의 우선순위를 수립할 수 있다. 또한 융통성을 가지고 운영할 수 있고, 수정이 가능하다. 탐색적 연구의 종류에는 문헌조사, 경험자 조사(전문가 의견조사), 특례(분석)조사 등이 있다.

69 마케팅 활동과 관련된 푸시(Push) 및 풀(Pull) 전략에 관한 설명으로 옳지 않은 것은?

① 푸시 전략은 생산자가 유통경로를 통하여 소비자에게 제품을 밀어넣는 방식이다.
② 풀 전략은 생산자가 소비자를 대상으로 마케팅활동을 펼쳐 이들이 제품을 구매하도록 유도하는 방식이다.
③ 풀 전략이 효과적으로 작용하게 되면, 소비자들은 중간상에 가서 자발적으로 제품을 구매하게 된다.
④ A기업이 소비자들을 대상으로 광고를 하여 소비자들이 점포에서 A기업 제품을 주문하도록 유인한다면 이는 푸시 전략의 사례에 해당된다.

해설 A기업이 소비자들을 대상으로 광고를 하여 소비자들이 점포에서 A기업 제품을 주문하도록 유인한다면 이는 푸시 전략이 아니라 풀 전략 사례에 해당된다.
- 풀(Pull) 마케팅은 생산자가 고객에게 직접 진행하는 적극적 판촉 행위를 통해 고객이 자발적으로 제품을 선택하도록 하는 마케팅전략이다. 풀 마케팅은 생산자가 고객과 유대관계를 구축하여 판촉을 통해 고객들이 마케팅과정에 관여하도록 한다. 브랜드 인지도가 낮은 스타트업이 많이 사용하는 마케팅 전략으로 무료 체험 등의 마케팅 사례가 대표적이다.
- 푸시(Push) 마케팅은 생산자가 주도하는 마케팅이라면 풀 마케팅은 고객이 주도하는 마케팅이다. 대기업의 경우 푸시 마케팅을 통해 강력한 생산자 주도의 마케팅을 진행하려고 한다.

70 스포츠마케팅의 환경분석 중 거시적 환경분석 요인에 해당하지 않는 것은?

① 정치사회적 환경
② 경제적 환경
③ 경쟁적 환경
④ 기술적 환경

해설 　스포츠마케팅의 환경분석 요인
• 거시적 환경분석 요인 : 정치 상황, 사회·문화적 배경, 경제적 상황, 기술 수준, 법 및 규제 등
• 미시적 환경분석 요인 : 고객, 소비자, 경쟁자, 채널, 유통기관, 공급자, 대체상품 등

71 스포츠단체가 스폰서 선택 시 고려해야 하는 요인과 가장 거리가 먼 것은?

① 스포츠이벤트와 기업(브랜드) 이미지와의 일치 여부를 고려한다.
② 기업(스폰서)이 대중매체에 노출되는 정도를 고려한다.
③ 스폰서십 비용이 많다면 다른 요인은 기업(스폰서)의 판단이므로 크게 고려하지 않는다.
④ 대중들의 기업(스폰서)에 대한 태도 변화를 고려한다.

해설 　스폰서십 비용이 많을 경우 스포츠단체가 재정적으로 자립할 수 있기 때문에 스폰서십 비용은 매우 중요하지만, 그 밖에 고려해야 할 요인도 많다.

72 단일 세분시장전략(Single-segment Strategy)이라고도 하며, 전체시장에서 낮은 점유율을 추구하기 보다는 특정한 단일 세분시장에 주력하는 마케팅 전략은?

① 집중적 마케팅 전략
② 차별적 마케팅 전략
③ 무차별 마케팅 전략
④ 편익 세분화 전략

해설 　② 차별적 마케팅 전략은 모든 세분시장을 대상으로 적합한 제품과 마케팅믹스를 투입하는 전략을 의미한다.
③ 무차별 마케팅 전략은 소비자들의 욕구가 동질적이어서 세분화가 어렵거나 특정 세분시장이 다른 세분시장에 비해 규모가 월등히 큰 경우 또는 기업이 다양한 마케팅 전략을 구사할 역량이 없는 경우 기업은 세분된 시장을 포기하고, 전체시장을 표적으로 선정하는 전략을 의미한다.
④ 편익 세분화 전략은 시장세분화와 관련된 내용이다.

73 2차 자료수집 방법에 해당하는 것은?

① 관찰법
② 표적집단면접법
③ 실험법
④ 정부 통계

해설 1차 자료는 직접 자료를 생산하는 것이며, 이미 만들어진 자료를 활용하는 것은 2차 자료이다. 1차 자료수집이 2차 자료수집에 비해 비용이 많이 발생한다.

74 Mullin, Hardy 등이 제시한 관람 스포츠제품(서비스)의 특징과 가장 거리가 먼 것은?

① 스포츠제품은 무형적이며 주관적으로 경험하게 된다.
② 스포츠제품은 생산과 동시에 소멸된다.
③ 스포츠제품은 예측이 불가능하며 항상 일치하지 않는다.
④ 스포츠제품 중 핵심제품은 언제나 통제가 가능하다.

해설 관람 스포츠제품 중 핵심제품은 경기 그 자체이므로 통제가 불가능하다.

75 선수-에이전트 계약에 관한 설명으로 옳지 않은 것은?

① 선수들은 에이전트의 제안내용에 대하여 수정제안을 요청할 수 있다.
② 선수-에이전트 간의 계약서에는 계약당사자와 계약기간이 명시되어 있다.
③ 에이전트가 선수로부터 받는 수수료의 책정방식은 정률제로 정해져 있다.
④ 에이전트가 선수에게 제공하는 서비스의 종류를 분명히 해야 한다.

해설 스포츠에이전트 수수료 산정방식에는 대표적으로 정액제, 정률제, 시간급제, 시간급제와 정률제의 혼용 등이 있다.

제4과목 스포츠시설론

76 체육시설의 설치·이용에 관한 법령상 수영장업의 안전·위생기준으로 옳지 않은 것은?

① 수영조의 욕수는 1일 3회 이상 여과기를 통과하도록 하여야 한다.
② 수영조의 욕수의 과망간산칼륨의 소비량은 10mg/L 이하로 하여야 한다.
③ 개장 중인 실외 수영장에는 간호사, 간호조무사 또는 응급구조사 1명 이상을 배치해야 한다.
④ 감시탑에는 수상안전요원을 2명 이상 배치하여야 한다.

> 해설 수영조 욕수의 과망간산칼륨의 소비량은 12mg/L 이하로 하여야 한다.

77 체육시설의 설치·이용에 관한 법령상 18홀인 회원제 골프장의 대중골프장 병설 기준으로 옳은 것은?

① 3홀 이상의 대중골프장
② 6홀 이상의 대중골프장
③ 9홀 이상의 대중골프장
④ 12홀 이상의 대중골프장

> 해설 ※ 2023년 12월 29일부로 해당 법률이 삭제되어 현재는 정답이 없다.

78 다음 중 뉴스포츠의 특성과 가장 거리가 먼 것은?

① 형식의 자유로움
② 참가자 지향의 스포츠
③ 간편한 경기운영 방식
④ 통일된 경기규칙 적용

> 해설 뉴스포츠는 참가하는 사람들이 중심이 되는 형태로 형식에 얽매이지 않고 참가 대상, 지역 특성에 맞도록 규칙 변경이 가능하고 간단하고 쉽게 누구나 즐길 수 있어야 한다.

79 체육시설의 설치·이용에 관한 법령상 체육시설업 시설물의 설치 및 부지면적의 제한사항에 관한 설명으로 옳지 않은 것은?

① 원칙적으로는 골프장 안에는 「공중위생관리법」에 따른 숙박업의 시설물을 설치할 수 없다.
② 실외골프연습장에 골프코스를 설치하는 경우에는 골프코스 1홀마다 1만 5천 제곱미터를 추가할 수 있다.
③ 자동차경주장의 부지면적은 트랙면적과 안전지대면적을 합한 면적의 6배를 초과할 수 없다.
④ 썰매장의 부지면적은 슬로프면적의 3배를 초과할 수 없다.

> 해설 ※ 2023년 12월 29일부로 시행령 별표3의 해당 조항이 삭제되어 현재는 정답이 없다.

80 체육시설의 설치·이용에 관한 법령상 체육시설 안에서 발생한 피해를 보상하기 위하여 반드시 보험에 가입하여야 하는 체육시설업은?

① 체육도장업
② 골프연습장업
③ 당구장업
④ 체육교습업

> 해설 「체육시설의 설치·이용에 관한 법률」 제26조(보험가입)에 따라 체육시설업자는 체육시설의 설치·운영과 관련되거나 그 체육시설 안에서 발생한 피해를 보상하기 위하여 문화체육관광부령으로 정하는 바에 따라 보험에 가입하여야 한다. 다만 체육도장업, 골프 연습장업, 체력단련장업, 당구장업, 가상체험 체육시설업 및 체육교습업과 같은 소규모 체육시설업인 경우에는 그러하지 아니하다.
> ※ 정답은 ④으로 발표되었지만 보기 모두 보험 가입의 의무가 없는 소규모 체육시설업에 해당한다. 따라서 이 문제는 정답이 존재하지 않는다.

81 다음 중 스포츠시설 소비자의 욕구와 해당 시설 이용 고객의 만족을 위해 고려해야 할 요소가 아닌 것은?

① 공급자 위주의 가격 책정과 적용
② 이용 공간의 충분한 확보
③ 이용고객의 목적에 따른 프로그램 및 지도자 배치
④ 다양한 운동 시설의 구비

> 해설 공급자 위주의 가격 책정과 적용은 시설 이용 고객의 만족을 위해 고려해야 하는 사항이 아니다.

82 최적의 스포츠시설 입지 선정을 위한 고려사항과 가장 거리가 먼 것은?

① 시설물의 유연성
② 소비자의 접근 용이성
③ 주변지역에서 경쟁자의 위치
④ 주변지역 주민들의 인구통계학적 특성

해설 시설물의 유연성은 입지 선정을 위한 고려사항과는 거리가 멀고 시설 배치 시 고려해야 하는 사항이다.

83 공공스포츠시설을 관리운영할 때 경영 관리 측면에서 주안점을 두어야 할 사항과 가장 거리가 먼 것은?

① 민간 위탁관리의 적합성 검토
② 다양한 욕구를 충족하는 공간 구축
③ 정기적 경영진단과 평가
④ 지속적 홍보 방안 강구

해설 이용자의 다양한 욕구를 충족하기 위한 공간화에 중점을 두는 것은 민간스포츠시설 경영 관리 시 고려해야 할 사항이다.

84 스포츠센터의 시설 설계디자인 시 고려하여야 하는 요인과 가장 거리가 먼 것은?

① 센터의 오픈 및 마감 시간
② 이용자들이 편리하게 움직일 수 있는 동선
③ 신체장애인, 어린이, 노약자를 고려한 동선 및 이용시설
④ 방음 설계 및 음향 시스템

해설 센터의 오픈 및 마감 시간은 시설의 운영과 관련된 것으로 설계디자인 시 고려해야 하는 요인이라고 할 수 없다.

85 관람 스포츠 소비자의 재관람 결정요인과 가장 거리가 먼 것은?

① 관람의 편의성
② 선수에 대한 지지도
③ 관람비용
④ 타이틀 스폰서

해설 프로스포츠 경기의 타이틀 스폰서는 경기 관람 만족과 관련성이 적기 때문에 재관람 결정요인과 거리가 멀다.

86 체육시설의 설치·이용에 관한 법령상 4륜자동차경주장업의 운동시설 기준으로 옳지 않은 것은?

① 트랙은 길이 2킬로미터 이상으로서 출발지점과 도착지점이 연결되는 순환형태여야 한다.
② 트랙의 바닥면은 포장 또는 비포장이어야 한다.
③ 트랙의 폭은 11미터 이상 15미터 이하여야 한다.
④ 트랙의 양편 가장자리는 폭 10센티미터의 노랑색선으로 표시하여야 한다.

해설 트랙의 양편 가장자리는 폭 15센티미터의 흰색선으로 표시하여야 한다.

87 스포츠시설 광고에서 이용자의 편의를 위해 제공하는 정보와 가장 거리가 먼 것은?

① 스포츠 프로그램 소개
② 스포츠시설 내부 사진
③ 고객소개
④ 이용가격

해설 스포츠시설을 이용하는 고객소개는 이용자 편의를 위한 정보라고 할 수 없다

88 체육시설의 설치·이용에 관한 법령상 직장체육시설에 관한 설명으로 옳지 않은 것은?

① 군부대의 직장체육시설의 설치·운영에 관하여는 국방부장관이 지도·감독한다.
② 인구과밀지역인 도심지에 위치하여 직장체육시설의 부지를 확보하기 어려운 직장은 직장체육시설의 전부 또는 일부를 설치·운영하지 않을 수 있다.
③ 직장체육시설을 설치·운영하여야 하는 직장은 상시 근무하는 인원이 500명 이상인 직장으로 한다.
④ 「초·중등교육법」에 따른 학교는 반드시 직장체육시설을 설치·운영해야 한다.

해설 「초·중등교육법」 및 「고등교육법」에 따른 학교는 직장체육시설의 전부 또는 일부를 설치·운영하지 아니할 수 있다.

정답 86 ④ 87 ③ 88 ④

89 관람 스포츠시설 사업에서 이벤트 개발 시 고려해야 할 사항과 가장 거리가 먼 것은?

① 이벤트의 주제 등이 관련자에게 감동이 일어나도록 기획되어야 한다.
② 이벤트 참가자들로부터 충분한 공감을 끌어낼 수 있어야 한다.
③ 참가자들의 관심유발을 위한 오락적 요소가 포함되어야 한다.
④ 참가자들의 주의집중과 상관없이 빠르게 진행되어야 한다.

> 해설 이벤트는 참가자 위주로 개발되어 진행해야 한다. 이에 참가자들의 집중을 유도하고 적당한 속도로 진행하기 위한 노력이 필요하다.

90 광고효과 측정 및 경기장광고 가격 산정에 활용되는 NTIV(Net TV Impact Value)란 무엇인가?

① TV중계프로그램의 도달범위를 감안한 광고가치
② 시청률을 감안한 광고가치
③ 시청인구를 감안한 광고가치
④ TV노출을 광고료로 환산한 가치

> 해설 NTIV는 광고의 총 노출 시간을 합산하여 30초짜리 광고단가를 곱해 산출한 값이다. 따라서 TV노출을 광고료로 환산한 가치로 볼 수 있다.

91 참여 스포츠시설의 개념 및 특성에 대한 설명으로 옳지 않은 것은?

① 스포츠선수가 직접 참여하고 소비자는 직접관람 또는 매체물을 통하여 참여하는 데 편리하도록 이루어진 스포츠시설이다.
② 프로그램에 고객이 참여하여 스포츠를 체험하도록 만들어진 스포츠시설이다.
③ 시설이 고객 유인에 미치는 영향이 크고 다양한 프로그램이 필요하다.
④ 고객과의 접촉이 많다.

> 해설 참여 스포츠시설은 대중이 스포츠 프로그램을 체험하는 데 필요한 시설이기 때문에 스포츠 선수가 이용하거나 관람을 위한 시설이라고 하기에는 적절하지 않다.

92 체육시설의 설치·이용에 관한 법령상 신고 체육시설에 해당하는 것을 모두 고른 것은?

> ㉠ 스키장업　　　　　㉡ 요트장업
> ㉢ 골프 연습장업　　　㉣ 조정장업
> ㉤ 자동차경주장업

① ㉠, ㉤
② ㉢, ㉤
③ ㉠, ㉡, ㉣
④ ㉡, ㉢, ㉣

해설　골프장업, 스키장업, 자동차경주장업은 등록 체육시설업에 해당한다. 단 골프 연습장업은 신고 체육시설업에 해당한다.

93 스포츠시설업 가격정책 중 단기적 이익을 목적으로 고가격으로 고소득층을 대상으로 가격을 결정하고 차후에 가격을 내리는 것은?

① 흡수가격정책
② 침투가격정책
③ 차별화가격정책
④ 시장가격정책

해설　시설의 질과 이미지가 높고 가격인상으로 인한 수요가 비탄력적인 경우 비교적 고가로 가격을 결정한 후 추후 가격을 인하하는 상층흡수가격정책을 실행할 수 있다.

94 다음 중 스포츠시설 경영전략에 대한 설명으로 옳지 않은 것은?

① 경쟁자의 가격을 조사 후 이에 대응하여 가격을 책정하는 경영전략은 원가계산 전략이다.
② 다양한 경쟁환경의 변화로 인해 경쟁력 상실이 우려되는 경영전략은 원가우위 전략이다.
③ 한정된 시장 내에서 목표시장의 축소 및 소멸될 위험이 있는 경영전략은 집중 전략이다.
④ 고객 로열티 형성이 용이하고 전략 요구 시 비교적 다양한 경영전략은 차별화 전략이다.

해설　원가계산 전략은 시설을 운영하는 데 필요한 기본비용을 계산한 후 경영자가 원하는 만큼의 수익을 더해 가격을 책정하는 전략이다.

95 체육시설의 설치·이용에 관한 법령상 체육도장업의 영업범위에 해당하지 않는 운동종목은? (단, 통합체육회 가맹경기 단체에서 행하는 운동임)

① 검 도
② 레슬링
③ 카라테
④ 우 슈

해설 　체육도장업의 운동종목은 권투, 레슬링, 태권도, 유도, 검도, 우슈, 합기도를 말한다.

96 체육시설의 설치·이용에 관한 법령상 체육시설의 종류 중 운동종목에 따른 구분으로 해당되지 않는 것은?

① 가상체험 체육시설
② 야구장
③ 축구장
④ 무도학원

해설 　가상체험 체육시설은 골프와 야구 두 가지 종목을 포함하고 있다.

97 스포츠시설 홍보 전략을 수립하기 위한 FCB(Foote, Cone & Belding) Grid 모델에 대한 설명과 가장 거리가 먼 것은?

① FCB Grid 모델은 4개의 공간으로 구성된다.
② 제1공간은 고관여-이성 공간으로 이곳에 속하는 제품은 소비자들이 구매 시 많은 정보를 탐색하는 특징을 보여 준다.
③ 제2공간은 고관여-감성 공간으로 담배, 술, 청량음료, 영화 등이 해당된다.
④ 제3공간은 저관여-이성 공간으로 브랜드 충성도가 습관을 형성하게 된다.

해설 　FCB Grid 모델의 제1공간은 고관여-이성 공간으로 이곳에 속하는 제품은 소비자가 구매 시 많은 정보를 탐색하는 특징을 보여준다. 특히, 골프장 회원권, 다기능 피트니스 센터 등 고가의 제품(고관여제품)이 속한다. 제2공간은 고관여-감성 공간으로 보석, 화장품, 패션의류 등이 속한다. 제3공간은 저관여-이성 공간으로 브랜드 충성도가 습관을 형성하게 된다. 제4공간은 저관여-감성 공간으로 자기만족을 중심으로 구매하는 소비자들이 속해 있으며 담배, 술과 같은 제품이 해당된다.

98 체육시설의 설치·이용에 관한 법령상 체육시설업의 신고에 관한 설명으로 옳지 않은 것은?

① A군에 수영장업을 하려는 甲은 A군수에게 신고하여야 한다.
② 甲이 신고사항을 변경한 때에는 A군수에게 신고하여야 한다.
③ A군수는 甲의 수영장업 신고를 받은 경우에는 신고를 받은 날부터 5일 이내에 통지하여야 한다.
④ A군수가 정한 기간 내에 신고수리 여부를 甲에게 통지하지 아니하면 그 기간이 끝난 날의 다음 날에 신고를 수리한 것으로 본다.

> 해설 특별자치시장·특별자치도지사·시장·군수 또는 구청장은 신고를 받은 경우에는 신고를 받은 날부터 7일 이내에, 변경신고를 받은 경우에는 변경신고를 받은 날부터 5일 이내에 신고수리 여부를 신고인에게 통지하여야 한다.

99 경기장 매점에서 창출할 수 있는 수입의 규모 요인과 가장 거리가 먼 것은?

① 관중 수
② 구장의 크기
③ 초기투자 규모
④ 이벤트의 유형

> 해설 경기가 이루어지는 구장의 크기는 매점의 수익 규모에 미치는 영향이 가장 적다

100 체육시설의 설치·이용에 관한 법령상 지방자치단체가 전문체육시설의 사용료 전부를 면제할 수 있는 경우에 해당하는 것은?

① 다른 지방자치단체가 주관하는 행사
② 「국민체육진흥법」에 따른 대한장애인체육회가 주관하는 행사
③ 「국민기초생활 보장법」에 따른 수급자를 위한 행사
④ 「초·중등교육법」에 따른 학교의 체육활동과 관련된 정규 수업

> 해설 지방자치단체는 전문체육시설 및 생활체육시설이 다음의 어느 하나에 해당하는 행사 또는 활동에 사용되는 경우에는 해당 지방자치단체의 조례로 정하는 바에 따라 사용료를 감면할 수 있다.
> 1. 국가나 다른 지방자치단체가 주최하거나 주관하는 행사
> 2. 다음 각 목의 단체(해당 단체의 지역단체, 가맹 경기단체 또는 회원단체를 포함한다)가 주관하는 행사
>   가. 「국민체육진흥법」 제33조에 따른 대한체육회
>   나. 「국민체육진흥법」 제34조에 따른 대한장애인체육회
> 3. 「국가유공자 등 예우 및 지원에 관한 법률」 제6조에 따라 등록된 국가유공자 및 그 유족 또는 가족을 위한 행사
> 4. 65세 이상의 사람, 장애인 및 「국민기초생활 보장법」에 따른 수급자를 위한 행사
> 5. 「초·중등교육법」 제2조에 따른 학교의 체육활동과 관련된 정규 수업 또는 방과 후 활동
> 6. 「학교 밖 청소년 지원에 관한 법률」 제12조에 따른 학교 밖 청소년지원센터의 체육활동과 관련된 자립지원 활동
> 7. 그 밖에 사용료 감경이 필요하여 지방자치단체의 조례로 정하는 행사 또는 활동
> ※ 2023년 11월 16일부로 개정 법령이 시행되어 정답이 없다.

정답 98 ③ 99 ② 100 해설참고

CHAPTER 01 2021년 3회 필기 기출문제

제1과목 스포츠산업론

01 스포츠산업 진흥법에 대한 설명으로 옳지 않은 것은?

① 국가 및 지방자치단체는 스포츠산업의 진흥을 위하여 필요한 시책을 수립·시행하여야 한다.
② 지방자치단체는 문화체육관광부장관의 인가를 받아 업종별로 사업자단체를 설립할 수 있다.
③ 문화체육관광부장관은 스포츠산업의 육성과 기술개발을 위하여 스포츠산업 관련 상품의 품질 향상에 필요한 지원을 할 수 있다.
④ 문화체육관광부장관은 선수의 권익을 보호하고, 스포츠산업의 건전한 발전을 위하여 공정한 영업질서의 조성 등 필요한 시책을 강구하여야 한다.

> **해설** 사업자단체의 설립(「스포츠산업 진흥법」 제20조)
> 스포츠산업 사업자는 스포츠사업의 진흥과 상호 협력증진을 위하여 대통령령으로 정하는 바에 따라 문화체육관광부장관의 인가를 받아 업종별로 사업자 단체를 설립할 수 있다.

02 스포츠 브랜드가치를 형성하는 요인에 대한 설명으로 옳지 않은 것은?

① 팀 성적 및 선수 등의 팀 관련요인은 프로구단의 브랜드가치 형성에 영향을 미친다.
② 프로구단의 연고도시 및 팬 지지도는 프로구단의 브랜드가치 형성에 영향을 미친다.
③ 리그의 수준은 구단 및 이벤트의 브랜드가치에 영향을 미치지 않는다.
④ 스포츠이벤트가 열리는 시설은 브랜드가치에 영향을 미친다.

> **해설** 수준 높은 리그일수록 우수한 선수가 많이 활약하게 되고, 동시에 스포츠 팬들의 높은 관심을 받게 되므로 리그의 수준은 구단 및 이벤트의 브랜드가치를 높이는 데 결정적인 역할을 한다.

03 스포츠가 서비스로서 갖는 특성으로 옳지 않은 것은?

① 무형성 ② 소멸성
③ 분리성 ④ 동시성

해설 스포츠의 서비스적 특성 중 하나는 비분리성이며, 비분리성은 서비스의 생산과 소비는 동시에 일어남을 의미한다.

04 국민소득수준 3만 달러 이상일 때, 참여현상이 급격히 늘어나는 스포츠종목은?

① 승마 및 요트
② 복싱 및 볼링
③ 골프 및 스키
④ 등산 및 마라톤

해설 국민소득수준이 증가할수록 국민들의 생활 역시 여유롭게 변화할 수 있으며 선진국의 경우 3만 달러 소득 수준에서 레저스포츠 활동의 패턴도 바뀌고 있다. 국민 소득수준 1만 달러 시대에는 테니스, 2만 달러 시대에는 골프에 대한 참여인구가 증가하고 3만 달러 시대에는 수상레저에 대한 참여인구가 급증하고 있다. 이러한 측면에서 볼 때 수상레저를 중심으로 고급스포츠에 대한 참여인구가 급격히 늘어날 수 있음을 예측해 볼 수 있다.

05 스포츠이벤트 생산자가 티켓 유통대행사를 선정할 때 유의할 사항을 모두 고른 것은?

ㄱ. 대행사 선정 시 주도권을 확보하기 위해 복수 후보자와 협상한다.
ㄴ. 티켓 대행사의 직원들이 상품생산자들의 내외부 상황요인을 잘 이해하고 있는지 판단한다.
ㄷ. 티켓 대행사에 대한 감사권을 가질 수 있는지 여부를 판단한다.
ㄹ. 티켓 대행사가 소비자들에게 전가하는 비용을 통제할 수 있는지 검토한다.

① ㄱ, ㄷ
② ㄱ, ㄴ, ㄹ
③ ㄴ, ㄷ, ㄹ
④ ㄱ, ㄴ, ㄷ, ㄹ

해설 스포츠이벤트 생산자가 티켓 유통대행사를 선정할 때는 다양한 요인을 고려하여야 하며 4개의 예시 모두 고려해야 하는 사항으로 볼 수 있다. 특히 티켓 대행사의 소비자 전가 비용은 티켓 예매 가격변동과 예매와 관련된 불만사항이 제기될 수 있으므로 이를 통제할 수 있는지 검토하는 것은 중요하다고 볼 수 있다.

정답 03 ③ 04 ① 05 ④

06 구매 후 부조화를 발생시키는 상황으로 가장 옳지 않은 것은?

① 구매결정을 취소할 수 없을 때
② 선택하지 않은 대안이 단종되었을 때
③ 선택하고 싶은 대안들이 여러 개 있을 때
④ 구매자가 심리적 중요성을 갖고 그 결정에 개입했을 때

해설 구매 후 부조화는 실제 구매 후 기대-만족 불일치에 의해 발생되는 것이므로 대안의 단종과는 거리가 멀다.

07 스포츠산업의 핵심제품인 스포츠이벤트의 브랜드가치에 관한 설명으로 옳지 않은 것은?

① 스포츠이벤트의 방송중계권 가격 차이는 이벤트의 브랜드가치 차이에서 온다고 볼수 있다.
② 스포츠이벤트의 브랜드가치를 형성하는 요인으로는 조직관련요인, 팀관련요인, 시장관련요인을 들 수 있다.
③ 스포츠이벤트에서 파생되는 동일한 유형의 사업권이라도 이름이 잘 알려진 이벤트와 덜 알려진 이벤트의 권리 구매가격에 차이가 있는 것도 브랜드가치 때문이다.
④ 스포츠이벤트에 참가하는 선수나 감독, 리그의 전통 등은 브랜드가치 형성에 영향을 미치지 않는다.

해설 스포츠이벤트에 참가하는 선수나 감독, 리그의 전통은 브랜드가치를 높일 수 있는 기폭제가 된다는 점에서 매우 중요한 자원이다.

08 Kotler가 제시한 5가지 제품 차원과 스포츠제품의 예가 바르게 짝지어진 것은?

① 기대제품(Expected Product) - 쾌적한 관람시설
② 확장제품(Augmented Product) - 스포츠용품 판매
③ 잠재제품(Potential Product) - 편리한 주차시설
④ 기본제품(Basic Product) - 경기 관람을 통한 대리경험

해설 코틀러가 제시한 5가지 제품차원
- 핵심적 효익 : 소비자가 제품 혹은 서비스를 소비함으로써 만족하는 가장 기초적 필요와 욕구
- 일반적 제품 : 경쟁자의 제품과 구별되는 차별성을 갖고 있지 않지만 기능을 위해 가지고 있어야 할 기본적인 제품의 속성이나 특징
- 기대적 제품 : 소비자가 제품을 구매할 때 기대하는 속성이나 특징
- 확장적 제품 : 경쟁하는 것과 구분시켜 주는 부가적인 제품의 속성과 효익
- 잠재적 제품 : 미래에도 사용할 수 있도록 설계된 제품

09 다음 중 스포츠산업의 발전을 위협하는 외부요인으로 옳은 것은?

① 프로축구의 선수 부족
② 온라인 게임 시장의 폭발적 인기
③ 헬스클럽의 우수한 프로그램 부족
④ 라이벌 프로야구팀의 FA선수 전원 흡수

해설
- 스포츠산업의 발전을 위협하는 요인은 스포츠산업 분야와 연관된 내부요인과 타 산업 분야와 연관된 외부요인에서 찾아볼 수 있다.
- 프로축구의 선수 부족은 선수 공급 측면에서 리그의 정상적인 운영에 큰 어려움을 줄 수 있으므로 스포츠산업의 발전을 위협하는 내부요인에 해당되고, 헬스클럽의 우수한 프로그램 부족은 이로 인한 참여 제약을 발생시킬 수 있어 스포츠산업의 발전을 위협하는 내부요인에 해당되며, 라이벌 프로야구팀의 FA선수 전원 흡수는 구단 간 전력평준화를 저해하여 리그 흥행에 큰 영향을 미칠 수 있어 스포츠산업의 발전을 위협하는 내부요인에 해당된다.
- 온라인 게임 시장의 폭발적 인기의 경우에는 참여 및 관람스포츠에 대한 관심과 참여에 영향을 미칠 수 있다는 측면에서 스포츠산업의 발전을 위협하는 외부요인에 해당된다.

10 스포츠산업의 특성으로 가장 옳지 않은 것은?

① 단일 생산단위에 따라 특정산업 분류에 포함되는 산업이다.
② 공간과 입지조건이 선행되어야 하는 산업이다.
③ 시간 소비형 산업이다.
④ 건강산업의 속성과 동시에 오락산업의 속성을 가진 산업이다.

해설 스포츠산업은 복합적인 산업분류의 구조를 가지며, 공간과 입지중심형 산업, 시간소비형 산업, 다른 분야와의 연계성 산업, 감동과 건강을 제공하는 산업, 오락성이 중심 개념인 사업의 특성이 있다.

11 스포츠산업 진흥법령상 빈칸 안에 들어갈 숫자로 옳은 것은?

> 문화체육관광부장관은 스포츠산업 진흥에 관한 기본적이고 종합적인 중장기 진흥기본계획을 (　　)마다 수립·시행한다.

① 1년
② 3년
③ 5년
④ 10년

해설 기본계획의 수립(「스포츠산업 진흥법 시행령」 제2조 제1항)
문화체육관광부장관은 「스포츠산업 진흥법」 제5조 제1항에 따른 중장기 진흥기본계획을 5년마다 수립하여 시행하여야 한다.

12 세계 각국의 정부 및 자치단체가 스포츠이벤트 유치를 위해 시설 등에 투자하여 얻고자 하는 혜택으로 가장 옳지 않은 것은?

① 해당 지역경제 활성화
② 해당 지역주민의 심리적 소득
③ 도시 이미지 강화
④ 기업 인지도 제고

> 해설 정부 및 자치단체가 스포츠이벤트를 유치하려는 이유는 스포츠이벤트가 파생하는 사회·문화·경제적 파급효과가 크기 때문이다. 지역경제 활성화, 소득, 도시이미지 강화는 스포츠이벤트가 지역사회에 파생하는 효과에 해당되지만 기업 인지도 제고는 스포츠이벤트에 스폰서 등으로 참여하는 기업관점에서의 파생효과가 되므로 거리가 멀다.

13 스포츠소비자의 구매경험과 관여도에 따른 구매의사결정에 대한 다음 표의 내용 중 ㄱ~ㄹ에 관한 내용으로 옳지 않은 것은?

구 분	저관여	고관여
최초구매	ㄱ	ㄴ
반복구매	ㄷ	ㄹ

① ㄱ – 다양성 추구
② ㄴ – 복잡한 의사결정
③ ㄷ – 충동적 구매
④ ㄹ – 비교적 단순한 의사결정

> 해설 저관여-반복구매의 상황에서는 관성적 구매를 하게 된다. 관성적 구매는 특정 제품이나 프로그램에 대한 호의적 혹은 심리적 애착에 의한 반복구매가 아니라 복잡한 의사결정을 피하기 위해 친숙한 제품을 반복 구매하는 소비자행동을 의미한다.

14 소비자 충성도에서 심리적 애착이 강하지만 여러 제약요인들로 참가가 낮은 상태를 의미하는 말로 옳은 것은?

① 무 충성도(No Loyalty)
② 잠재적 충성도(Latent Loyalty)
③ 진정한 충성도(True Loyalty)
④ 거짓 충성도(Spurious Loyalty)

> 해설 잠재적 충성도는 심리적 애착은 강하지만 반복구매의 정도는 약한 경우를 의미한다.

15 한국표준산업분류에서 '스포츠서비스업(911)'으로 옳지 않은 것은?

① 경기장 운영업
② 수영장 운영업
③ 골프장 운영업
④ 유원지 및 테마파크 운영업

해설 경기장 운영업(9111), 수영장 운영업(91133), 골프장 운영업(91121)은 스포츠서비스업(911)에 포함되고, 유원지 및 테마파크 운영업(3121)은 유원지 및 기타 오락 관련 서비스업(912)에 속한다.

16 스포츠라이선스 상품 생산업체가 월드컵 공식공급업체 자격을 취득한 후 추진할 일련의 과정으로 옳은 것은?

> ㄱ. 수요예측
> ㄴ. 소비자 및 시장 환경 분석
> ㄷ. 스포츠 상품 배치
> ㄹ. 스포츠 상품 설계
> ㅁ. 스포츠 상품 운영
> ㅂ. 품질관리

① ㄱ → ㄴ → ㄷ → ㄹ → ㅁ → ㅂ
② ㄱ → ㄴ → ㄹ → ㄷ → ㅁ → ㅂ
③ ㄴ → ㄱ → ㄹ → ㄷ → ㅁ → ㅂ
④ ㄴ → ㄱ → ㄷ → ㄹ → ㅁ → ㅂ

해설 생산관리는 일반적으로 소비자 및 시장분석의 내·외부환경에 대한 평가에서부터 시작되며, 이를 토대로 공급 및 수요 예측, 품질관리 등의 일련의 과정을 거치게 된다. 이를 토대로 볼 때 소비자 및 시장환경분석 → 수요예측 → 스포츠상품 설계·배치·운영 → 품질관리의 순서를 거치게 된다.

17 우리나라 스포츠산업 정책의 변천에 관한 설명으로 옳지 않은 것은?

① 1990년 전까지는 스포츠산업체가 대부분 소규모 영세업체로 운영되었기에 정부로부터 정책적 지원 대상에서 제외되었다.
② 「체육시설의 설치·이용에 관한 법률」 제정으로 민간 체육시설업의 효율적인 관리와 체계적인 육성을 할 수 있는 기반이 마련되었다.
③ 제1차 국민체육진흥5개년계획은 '스포츠산업'이라는 용어가 처음 사용됨으로써 스포츠를 산업적 시각에서 다루었다.
④ 2000년대 스포츠산업 정책은 스포츠산업 육성대책(2001), 스포츠산업 비전2010(2005), 2009~2013 스포츠산업 중장기계획(2008)이 있다.

> 해설 스포츠산업이라는 용어를 처음 사용하여 스포츠를 산업적 시각에서 다루게 된 것은 제2차 국민체육진흥5개년계획 부터이다.

18 스포츠산업 진흥법령상 공유재산에 관한 설명으로 옳지 않은 것은?

① 지방자치단체의 장은 프로스포츠단과 협의한 경우에는 사용·수익 허가 기간 동안의 사용료 전부를 한꺼번에 징수할 수 있다.
② 연간 사용료는 시가(時價)를 반영한 해당 재산 평가액의 연 1만분의 20 이상의 범위에서 문화체육관광부장관이 정한다.
③ 연간 사용료가 100만 원을 초과하는 경우에는 연 4회의 범위에서 분할납부하게 할 수 있다.
④ 프로스포츠단이 해당 체육시설을 직접 수리하는 경우 사용료를 감경·면제할 수 있다.

> 해설 공유재산의 사용료와 납부 방법 등(「스포츠산업 진흥법 시행령」 제14조 제2항)
> 연간 사용료는 시가(時價)를 반영한 해당 재산 평가액의 연 1만분의 10 이상의 범위에서 지방자치단체의 조례로 정하되, 월 단위, 일 단위, 시간별 또는 횟수별 등으로 계산할 수 있다.

19 스포츠용품 유통 경로 중 프랜차이징 시스템을 이용하는 프랜차이즈 가맹점에 대한 설명으로 옳지 않은 것은?

① 가맹점은 다른 가맹점을 통제할 수 있다.
② 가맹점 운영과 관련하여 본부의 통제를 받아야 한다.
③ 가맹점은 프랜차이즈 본부의 유명세로 광고·마케팅 비용을 절감할 수 있다.
④ 가맹점은 특정 지역 내에서는 독점영업권이 부여되는 이점이 있다.

> 해설 프랜차이즈 계약은 가맹점사업자가 가맹점본부의 영업표지를 사용하여 일정한 품질기준에 따른 상품 및 서비스를 판매하도록 약정하고 이에 따른 대가로 가맹금을 지급하는 형태를 의미한다. 가맹점사업자는 가맹점본부의 통제를 받으며, 가맹점과 가맹점 사이는 서로 다른 독립적인 점포로 볼 수 있으므로 상호 간의 통제권은 존재하지 않는다.

20 스포츠상품 중 참여 스포츠제품으로 옳지 않은 것은?

① 발리 휘트니스센터 이용권
② 동아마라톤 출전권
③ KPGA티칭프로 레슨프로그램
④ FC서울 프로축구단 경기 입장권

해설   FC서울 프로축구단 경기 입장권은 관람 스포츠제품에 포함된다.

21 「스포츠산업 진흥법」상 문화체육관광부장관이 스포츠산업지원센터로 지정할 수 있는 기관을 모두 고른 것은?

> ㄱ. 「공공기관 운영에 관한 법률」에 따른 공공기관
> ㄴ. 「특정연구기관 육성법」에 따른 특정연구기관
> ㄷ. 「민법」에 따라 설립된 스포츠 분야의 법인
> ㄹ. 「고등교육법」에 따른 전문대학

① ㄱ, ㄴ
② ㄱ, ㄷ, ㄹ
③ ㄴ, ㄷ, ㄹ
④ ㄱ, ㄴ, ㄷ, ㄹ

해설   스포츠산업지원센터의 지정 등(「스포츠산업 진흥법」 제14조 제1항)
문화체육관광부장관은 스포츠산업의 발전을 위하여 다음 각 호의 어느 하나에 해당하는 기관을 스포츠산업지원센터로 지정할 수 있다.
1. 국공립 연구기관
2. 「고등교육법」에 따른 대학 또는 전문대학
3. 「특정연구기관 육성법」에 따른 특정연구기관
4. 서울올림픽기념국민체육진흥공단 또는 「민법」 또는 다른 법률에 따라 설립된 스포츠 분야의 법인

22 스포츠조직의 프로퍼티를 활용하여 만든 확장제품으로 가장 옳지 않은 것은?

① 스폰서십
② 중계권
③ 라이선싱
④ 경기관람권

해설   기업들은 스포츠 프로퍼티를 통한 마케팅활동을 펼치며, 스포츠와 관련된 상품(프로스포츠구단, 스포츠이벤트 등)의 프로퍼티의 가치가 높을수록 보다 적극적인 투자 및 활동을 펼치게 된다. 이에 스폰서십, 중계권, 라이선싱은 스포츠조직이 프로퍼티를 활용하여 만든 확장제품이라 볼 수 있으며, 기업은 이를 중심으로 마케팅활동을 펼치게 된다고 볼 수 있다.

23 소비자로서 스포츠시장에 참여할 수 있는 방법으로 가장 옳지 않은 것은?

① 직접 스포츠에 참여하는 방법
② 경기장에 가서 스포츠를 관람하는 방법
③ 스포츠이벤트를 텔레비전이나 라디오 등의 매체를 통해 접하는 방법
④ 스포츠용품회사를 직접 설립하는 방법

해설 스포츠참여, 스포츠관람, 스포츠시청은 소비자로서 스포츠시장에 참여하는 방법이 되지만 스포츠용품회사를 직접 만드는 것은 생산자 혹은 제조업자로서 스포츠시장에 참여하는 방법이 된다.

24 스포츠소비자의 요구를 기술적 특성과 연결시켜 스포츠제품에 반영하는 기법으로 옳은 것은?

① 품질기능전개(QFD)
② 동시공학(CE)
③ 가치분석(VA)
④ 가치공학(VE)

해설 품질기능전개는 제품 구상에서부터 제품 설계 및 개발을 통해 판매에 이르기까지 모든 단계에서 소비자의 요구를 회사 내 요구로 변환하는 시스템을 의미한다.

25 스포츠소비자와 구입하는 상품이 연결된 것 중 옳은 것은?

① 팬 – 로고 및 캐릭터 사용권
② 기업 – 경기장 명칭 사용권
③ 경기연맹 – 경기(입장권)
④ TV방송국 – 스폰서십

해설 경기장 명칭 사용권은 기업이 구장 등과 같은 스포츠시설에 자사의 기업명을 붙이는 것으로 일정의 사용권료를 주고 경기장 명칭을 비롯한 경기장에서의 스폰서십 권리를 획득하는 것을 말한다. 국내에서는 도입단계로 광주기아챔피언스 필드, DGB대구은행파크를 들 수 있고, 해외에서는 이미 성숙단계로 혼다센터(Honda Center), 필립스아레나(Phillips Arena) 등을 들 수 있다.

제2과목 스포츠경영론

26 다음 보기에서 설명하는 비즈니스 전략으로 옳은 것은?

> - 경쟁관계에 있는 기업들 간에 특정사업 및 업무분야에 걸쳐 협력관계를 맺는 것
> - 기업 간의 상호 보완적인 제품, 시설, 기능, 기술을 공유하고자 하는 것

① 전략적 제휴
② 아웃소싱
③ 기업계열화
④ 기업전문화

해설 전략적 제휴는 기업들 간 상호협력관계를 유지하며 다른 기업에 대하여 경쟁 우위를 확보하려는 새로운 경영전략으로 이를 중심으로 기술, 생산, 자본 등의 기업 기능에 2개 또는 다수의 기업이 제휴하는 것을 의미한다.

27 A스포츠 구단의 유동자산은 300억 원, 유동부채는 200억 원, 자본은 500억 원일 때, 이 구단의 유동비율로 옳은 것은?

① 100%
② 150%
③ 200%
④ 250%

해설 유동비율(%) = (유동자산 ÷ 유동부채) × 100 = (300억 ÷ 200억) × 100 = 150(%)

28 투자안 분석기법 중 순현가(NPV)법에 관한 설명으로 옳은 것은?

① 순현가는 투자의 결과 발생하는 현금유입의 현재가치에서 현금유입의 미래가치를 차감한 것이다.
② 순현가법에서는 수익과 비용에 의하여 계산한 회계적 이익을 사용한다.
③ 순현가법에서는 투자안의 내용연수 동안 발생할 미래의 모든 현금흐름을 반영한다.
④ 순현가법에서는 현금흐름을 최대한 큰 할인율로 할인한다.

해설 순현가법은 투자로 인하여 들어오는 발생할 미래의 모든 현금흐름을 적절한 할인율로 할인하여 산출한 현금유입액의 현재가치에서 현금유출액의 현재가치(투자비용)를 차감한 것이다.

정답 26 ① 27 ② 28 ③

29 복수의 평가자가 적성검사, 심층면접, 시뮬레이션, 사례연구, 역할연기 등의 평가방법을 활용하여 지원자의 행동을 관찰 후 평가·선발하는 방법으로 옳은 것은?

① 다면평가법
② 행동평가법
③ 종합평가제도
④ 패널면접법

해설 ① 다면평가법은 기존 상사 위주의 일방적 평가와 달리 피고과자를 상사, 동료, 부하, 내·외부 고객 등 여러 각도에서 전방위적으로 평가 및 피드백하고 지원, 개발하는 제도이다.
② 행동평가법은 직접적인 평가과정으로 개인과 환경과의 상호작용을 양적으로 평가하는 것이다.
④ 패널면접법은 다수의 지원자와 다수의 면접관이 대화를 나누는 면접방법이다.

30 스포츠 조직의 외부 자본 조달 방법 중 성격이 다른 것은?

① 주식발행
② 채권발행
③ 스폰서십
④ 은행차입

해설 직접금융을 통한 외부자본조달 방법에는 주식발행·채권발행·민자유치·기금·회원권·스폰서십이 있으며, 은행차입·매입채무·기업어음은 간접금융을 통한 외부자본조달 방법에 해당한다.

31 스포츠조직이 외부의 위협요인과 내부의 약점을 최소화하기 위해 SWOT분석을 통해 도출하는 전략으로 옳은 것은?

① SO 전략
② WO 전략
③ ST 전략
④ WT 전략

해설 SWOT분석은 스포츠조직의 환경을 분석하는 것으로 강점(S)과 기회(O)는 높이고, 약점(W)과 위협(T)은 최소화하기 위해 수행된다. 이때 4가지 전략이 나타날 수 있는데 스포츠조직의 약점(W)과 위협(T)을 최소화하기 위해 수행되는 전략은 WT전략에 해당된다.

32 미국 프로농구에서 각 팀들이 자기 팀의 베테랑 선수들과 재계약할 경우, 샐러리 캡을 초과할 수 있도록 한 조치로 옳은 것은?

① Larry Bird Exception
② Farm System
③ Free Agent
④ Draft System

해설 래리버드룰(Larry Bird Exception)은 기존 소속팀과 재계약하는 자유계약선수는 샐러리 캡을 적용받지 않는다는 규정을 말한다.

33 카츠(R. L. Katz)가 제시한 경영자에게 필수적인 자질로 옳지 않은 것은?

① 기술적 자질(Technical Skill)
② 인간관계적 자질(Human Skill)
③ 업무적 자질(Operational Skill)
④ 개념적 자질(Conceptual Skill)

해설 카츠가 제시한 경영자에게 필수적인 자질은 개념적 자질, 인간관계적 자질, 기술적 자질이다. 3가지가 모두 중요하나 최고경영자에게는 개념적 자질, 중간경영자에게는 인간관계적 자질, 일선 경영자에게는 기술적 자질이 더욱 요구된다.

34 재무정보의 질적 특성으로 옳지 않은 것은?

① 비교가능성
② 발생주의
③ 적시성
④ 이해가능성

해설 재무정보의 질적 특성으로는 비교가능성, 검증가능성, 적시성, 이해가능성이 있다.

35 앤소프(Ansoff)의 성장전략 중 신제품을 가지고 신시장에 진출하는 전략으로 옳은 것은?

① 시장개발전략
② 시장침투전략
③ 제품개발전략
④ 다각화전략

해설 ① 시장개발전략 : 기존제품을 가지고 새로운 시장을 발견하는 전략
② 시장침투전략 : 기존 시장에서 기존 제품으로 시장점유율을 증대하는 전략
③ 제품개발전략 : 기존 시장의 소비자가 잠재적으로 관심있는 신제품을 개발하는 전략

36 BCG 매트릭스에서 시간 흐름에 따른 사업단위의 수명주기로 옳은 것은?

① 별 → 현금젖소 → 개 → 물음표
② 물음표 → 별 → 현금젖소 → 개
③ 현금젖소 → 개 → 별 → 물음표
④ 개 → 물음표 → 현금젖소 → 별

해설 BCG 매트릭스를 제품수명주기와 연결할 경우 사업이 처음 도입되었을 때(물음표) 많은 자본과 투자가 수반되다가 점차 수익성이 높아져 성장기(별)에 이르러 현금회수가 최대로 증가하는 성숙기(현금젖소)이후 결국에는 쇠퇴사업(개)으로 접어들게 된다.

37 스포츠 경영관리 과정에 해당되지 않는 것은?

① 계 획
② 조직화
③ 자 본
④ 지 휘

해설 경영관리 과정은 계획 → 조직 → 지휘 → 통제(평가)의 연속적인 과정이다.

38 다음 보기에서 설명하는 스포츠 에이전시의 유형으로 옳은 것은?

> 스포츠 단체, 특정 대회의 조직위원회 또는 주최측, 스폰서, 세무 담당 관청을 포함한 각종 기관 등에 대해 주 고객인 운동선수의 이익을 위해 선수를 대신해서 활동하는 에이전시

① 선수관리 에이전시
② 광고 스포츠 에이전시
③ 국제 스포츠 마케팅 에이전시
④ 라이선싱과 머천다이징 전문 에이전시

해설 스포츠에이전시의 유형에는 국제 스포츠마케팅 에이전시, 선수관리 에이전시, 광고 스포츠 에이전시, 라이선싱 & 머천다이징 전문 에이전시, 풀 서비스 에이전시가 있으며, 주 고객인 운동선수의 이익을 위해 선수를 대신하는 에이전시는 선수관리 에이전시에 해당된다.

39 동기부여의 내용이론으로 옳지 않은 것은?

① 2요인 이론
② ERG 이론
③ 욕구단계 이론
④ 공정성 이론

해설 동기부여는 내용이론과 과정이론으로 구분된다.
- 내용이론 : 매슬로우(Maslow)의 욕구계층이론, 알더퍼(Alderfer)의 ERG이론, 허츠버그(Herzberg)의 2요인(동기-위생)이론, 맥클리랜드(McClelland)의 성취동기이론
- 과정이론 : 브룸(Vroom)의 기대이론, 포터(Poter) & 로울러(Lawler)의 기대이론, 아담스(Adams)의 공정성이론

40 포터(M. Porter)의 가치사슬모델에서 본원적 활동으로 옳지 않은 것은?

① 운영활동
② 물류투입활동
③ 고객서비스 활동
④ 인적자원관리 활동

해설 본원적 활동(주활동)에는 물류투입, 운영/생산, 물류산출, 마케팅 및 영업, 서비스 활동이 있으며, 지원 활동에는 회사 인프라, 인적자원관리, 기술개발, 구매조달이 있다.

41 스포츠센터를 중력모델법을 이용하여 평가했을 때, 매력도가 가장 높은 것은?

① A스포츠센터 – 200평의 규모, 20분 거리
② B스포츠센터 – 180평의 규모, 15분 거리
③ C스포츠센터 – 300평의 규모, 30분 거리
④ D스포츠센터 – 250평의 규모, 25분 거리

해설 중력모델법은 거리와 운반물량을 기준으로 하여 비용을 최소화할 수 있는 특정지역을 찾아내는 방법이다.
A스포츠센터 : 200평 ÷ 20^2 = 0.5
B스포츠센터 : 180평 ÷ 15^2 = 0.8
C스포츠센터 : 300평 ÷ 30^2 = 0.3
D스포츠센터 : 250평 ÷ 25^2 = 0.4
∴ B스포츠센터의 매력도가 가장 높다.

42 총자산회전율의 산식으로 옳은 것은?

① 총자산 ÷ 매출액
② 매출액 ÷ 총자산
③ 순이익 ÷ 자기자본
④ 자기자본 ÷ 순이익

해설 총자산회전율은 조직이 총자산을 얼마나 효율적으로 이용하고 있는지를 의미하며 매출액 ÷ 총자산으로 계산된다.

43 우리나라의 스포츠경영환경 변화로 옳은 것은?

① 프로스포츠의 퇴보
② 고령화 속도의 완화
③ 전문체육 위주의 체육정책
④ 생활체육 참가율의 증대

해설 ① 우리나라의 프로스포츠는 1981년 야구의 프로화를 시작으로 2005년 배구까지 프로화되어 하나의 관람문화로서 발전되고 있고 그 위치를 확고히 하고 있다.
④ 프로스포츠의 발전과 함께 생활체육에 참여하는 인구도 급속하게 증가되고 있는데, 이는 대한민국의 체육정책이 엘리트(전문)체육 중심에서 생활체육으로 변화하고 있다는 것에서 그 의미를 찾을 수 있다. 많은 인구가 생활체육에 참여하는 이유로는 개인의 건강, 취미, 여가, 사교 등을 들 수 있으며, 이 중 우리나라는 점차 고령화 시대로 진입하고 있다는 점에서 개인의 건강증진을 위한 생활체육 참여가 급증하고 있는 추세이다.

44 동기부여 관점에서 매슬로우의 욕구 단계 이론에 대한 설명으로 옳지 않은 것은?

① 동기부여 이론 중 내용이론에 해당된다.
② 각 욕구는 피라미드 형태로 구성된다.
③ 피라미드 형태의 하위 욕구와 상관없이 상위 계층의 욕구를 충족할 수 있다.
④ 최상위의 욕구는 자아실현의 욕구이다.

> **해설** 매슬로우(Maslow)의 욕구계층이론
> 매슬로우(Maslow)가 발표한 것으로 인간은 모두 5가지의 욕구계층을 가지고 있으며, 최하위 욕구에서부터 최상위 욕구까지 상향적으로 욕구가 발생한다는 이론이다.

45 스포츠이벤트 기획 후 실행단계에서 이벤트 연출 시 고려사항을 모두 고른 것은?

```
ㄱ. 이벤트의 목적            ㄴ. 프로그램 및 진행스케줄
ㄷ. 참가자의 특징            ㄹ. 시설물 사용규칙
ㅁ. 시간의 제약 및 예산의 한계
```

① ㄱ, ㄴ, ㅁ
② ㄴ, ㄷ, ㄹ
③ ㄱ, ㄷ, ㄹ, ㅁ
④ ㄱ, ㄴ, ㄷ, ㄹ, ㅁ

> **해설** 스포츠이벤트 실행단계에서는 스포츠이벤트를 성공적으로 실행하기 위해 다양한 사항들을 검토하게 되는데 스포츠이벤트의 목적, 프로그램 및 진행일정, 참가자 특징, 시설물 사용규칙, 시간의 제약 및 예산의 한계 등을 모두 고려하여야 한다. 이와 더불어 스포츠이벤트 실행을 위한 예산 및 지출계획, 소요시간 파악, 이벤트 지연 시 대책, 이벤트 규정 등 매우 광범위한 요소들을 실행단계에 고려하게 된다.

46 생산, 판매, 회계, 인사, 총무 등의 부서를 만들고 관련 과업을 할당하는 조직구조로 옳은 것은?

① 사업부 조직
② 매트릭스 조직
③ 기능별 조직
④ 네트워크 조직

> **해설** 기능별 조직은 기업이 조직을 나눌 때 가장 흔하게 사용하는 방법으로 업무 기능에 따라 조직을 구분하는 것을 의미한다.

정답 44 ③ 45 ④ 46 ③

47 사업단위들을 독립기업으로 운영하는 것보다는 다각화된 사업들을 통합·운영하여 시너지효과를 얻을 수 있는 것을 전제로 하는 전략으로 옳은 것은?

① 기업전략
② 사업부전략
③ 기능별 전략
④ 영업전략

> 해설   다각화된 사업을 통합하여 기업 전체 수준으로 효율성을 높이고자 하는 전략이므로 기업전략에 해당된다.

48 조직에서 시간이 지남에 따라 업무량과 무관하게 구성원 수가 증가하는 경향을 나타내는 법칙으로 옳은 것은?

① 파킨슨 법칙(Parkinson's Law)
② 파레토 법칙(Pareto Law)
③ 세이 법칙(Say's Law)
④ 하인리히 법칙(Heinrich's Law)

> 해설   파킨슨 법칙은 업무량의 경중에 상관없이 구성원 수가 지속적으로 증가하는 현상을 의미하여 업무량과 무관하게 조직이 점차 비대해지는 현상을 지칭한다.

49 스포츠이벤트를 기획함에 있어 고정비 6억 원, 1단위당 변동비 20,000원, 1인당 입장료를 50,000원으로 책정했을 때 손익분기점에 이르기 위해 입장해야 하는 관객 수로 옳은 것은?

① 10,000명
② 20,000명
③ 30,000명
④ 40,000명

> 해설   손익분기량 = 고정비용 ÷ (가격 − 변동비용)
> = 600,000,000 ÷ (50,000 − 20,000) = 20,000

50 스포츠시설의 매력성 관리에 대한 설명으로 가장 옳지 않은 것은?

① 스포츠시설은 이용하는 데 불편함이 없도록 관리되어야 한다.
② 스포츠시설은 적정 수준 이상의 많은 사람이 이용하도록 관리해야 한다.
③ 스포츠시설은 보기 좋고 아름답게 관리되어야 한다.
④ 스포츠시설은 접근하기 용이하도록 관리되어야 한다.

> 해설   스포츠시설은 적정수준 이상의 많은 사람이 이용하도록 관리되어야 하는 것이 아니라 스포츠소비자가 스포츠시설을 안전하게 이용할 수 있도록 스포츠시설의 규모에 근거한 수용인원을 준수하여 관리되어야 한다.

제3과목 스포츠마케팅론

51 입장권의 가격을 3,000원에서 2,000원으로 인하할 경우 관람자 수가 3,000명에서 4,000명으로 증가한다면 수요의 가격탄력성으로 옳은 것은?

① 0
② 1
③ 0.66
④ 0.50

> **해설** 수요의 가격탄력성은 가격이 변함에 따라 수요량이 변동하는 상태를 나타내는 비율이다. 비율이 1보다 작으면 비탄력적, 1과 같으면 단위 탄력적, 1보다 크면 탄력적이라고 한다.
> 수요의 가격탄력성 = 수요량의 변화율 ÷ 가격의 변화율
> 수요량의 변화율 = 수요량의 변동분 ÷ 원래 수요량, 가격의 변화율 = 가격의 변동분 ÷ 원래의 가격
> [(4,000명 − 3,000명) ÷ 3,000명] ÷ [(3,000원 − 2,000원) ÷ 3,000원)] = 1

52 스폰서가 커뮤니케이션 효과를 높이기 위해 적용하는 원칙에 대한 설명으로 옳지 않은 것은?

① 독점성의 원칙 – 스포츠단체가 공식스폰서를 제외하고 다른 어떤 기업도 스포츠단체의 보유자산을 활용할 수 없도록 제한하는 것이다.
② 통일성의 원칙 – 기업 이미지 통합 차원에서 브랜드와 로고, 슬로건 등을 통합하여 대중들에게 강한 인상을 주도록 하는 것이다.
③ 전문성의 원칙 – 스폰서십 업무를 정확하게 수행하기 위해 전문가가 업무를 담당해야 한다는 원칙이다.
④ 보완성의 원칙 – 정기적인 스포츠이벤트인 경우 최소 3년 이상 지속적인 참여를 해야 효과를 얻을 수 있다는 것이다.

> **해설** 보완성의 원칙이 아니라 지속성의 원칙에 해당하는 내용이다. 보완성의 원칙은 다른 커뮤니케이션 도구와 방법들을 적극 활용함으로써 스폰서십 효과를 증대하는 것이다.

53 마케팅 조사유형 중 탐색조사로 옳지 않은 것은?

① 관찰법　　　　　　　　② 문헌조사
③ 패널조사　　　　　　　　④ 사례조사

해설
- 기술조사는 수집한 자료를 분석하고 도출된 결과를 기술하는 것으로 횡단조사, 종단조사, 패널조사 등이 있다.
- 탐색적 조사는 조사설계를 확정하기 전 또는 연구문제에 대한 사전지식이 부족할 경우에 예비적으로 실시하는 연구이다. 탐색적 조사는 예비연구이기 때문에 연구문제를 파악하고 연구의 우선순위를 수립할 수 있다. 또한 융통성 있게 운영할 수 있고, 수정이 가능하다. 탐색적 조사의 종류에는 관찰법, 문헌조사, 경험자 조사(전문가 의견조사), 특례(분석)조사, 사례조사 등이 있다.

54 다음에서 설명하는 것으로 옳은 것은?

> 기업·상품·상표의 이미지를 증진하기 위해 유명선수가 특정 상품과 브랜드를 사용함으로써 그 상품을 보증하고, 기업은 유명선수의 명성을 활용해서 커뮤니케이션 효과를 극대화하려고 하는 것을 말한다.

① 라이선싱　　　　　　　　② 프로모션
③ 인도스먼트　　　　　　　④ 머천다이징

해설
① 라이선싱은 대회, 팀, 선수의 마스코트, 로고, 캐릭터 등을 기존의 제품에 부착하여 판매할 수 있는 권리이다.
② 프로모션은 구매자와 판매자 간의 커뮤니케이션의 수단으로, 광고, 개인판매, 판매촉진, 공보(Publicity)로 구성되어 있다.
④ 머천다이징은 스포츠 대회, 팀, 선수에게 일정 금액을 지불하고 마스코트, 로고, 선수 캐릭터 등을 활용해 기념품 등을 새롭게 제작하여 판매할 수 있는 권리를 말한다.

55 Gray(1996)의 스폰서십의 6P's로 옳지 않은 것은?

① 공동협력　　　　　　　　② 대 중
③ 플랫폼　　　　　　　　　④ 선 호

해설　그레이(Gray)의 스포츠스폰서십의 6가지 속성(6P's)
- 플랫폼(Platform) : 스포츠스폰서십은 마케팅커뮤니케이션의 다양한 기법 중의 하나로서 그 가치와 활용성이 매우 높은 기법으로, 스포츠마케팅 커뮤니케이션의 기반이라 할 수 있다.
- 공동협력(Partnership) : 스포츠단체와 스폰서(기업)가 상호의 이익을 최대로 이끌어 내기 위한 파트너 관계를 형성하는 것을 의미한다.
- 존재감(Presence) : 소비자가 제품을 선택하는 데 불편함이 없어야 한다는 대전제에서 출발한다.
- 선호(Preference) : 스포츠스폰서십 활동을 통해 기업은 자사의 브랜드 인지도와 선호도를 강화하기 위해 노력한다.
- 구매(Purchase) : 스포츠스폰서십에 참여하고 있는 기업에게는 그에 항응하는 권리가 주어지게 되는데, 이때 주어지는 권리를 최대한 활용하여 제품의 구매를 촉진한다.
- 보호(Protection) : 스포츠스폰서십에서 가장 중요한 내용으로 독점적인 권리를 부여하여 기업이 스폰서로 참여하기 위해 지출된 비용을 보전할 수 있도록 보호해 주어야 한다.

56 스포츠마케팅 조사연구단계에 관한 설명으로 가장 옳은 것은?

① 예비조사단계 – 문제인식, 상황분석, 조사계획 평가
② 조사계획단계 – 조사범위 및 내용의 구체화, 조사대상 결정, 조사방법 및 시기결정, 조사계획 평가
③ 본 조사 및 분석 단계 – 조사실시, 자료분석, 대안제시, 보고서 작성, 조사계획 평가, 선택된 대안 실행
④ 피드백 단계 – 피드백, 선택된 대안 실행, 재계획 수립

> 해설 ① 예비조사단계 – 목표(목적), 대상 업무의 범위 및 내용과 기한. 시스템화에 소요되는 예상비용 및 투자 가능한 한도액 조사, 투자 비용 대 효과
> ③ 본 조사 및 분석 단계 – 조사실시, 자료분석, 보고서 작성
> ④ 피드백 단계 – 피드백, 재계획 수립

57 A스포츠 회사의 마케팅담당자가 최근 개발한 신제품 매출의 극대화를 위해 고객지향적 판매가격을 책정하려고 할 때의 마케팅조사방법으로 가장 옳은 것은?

① 대체상품의 시장가격에 대한 조사
② 제품의 원재료 가격에 대한 조사
③ 경쟁제품의 시장가격에 대한 조사
④ 판매가격대별 시장수요 예측에 관한 조사

> 해설 ④ 구매자들의 지각을 고려한 가격 책정 전략
> ①·③ 경쟁자 중심 가격 책정 전략
> ② 원가 중심 가격 책정 전략

58 설문지 질문문항을 배치할 때 고려해야 할 사항으로 가장 옳지 않은 것은?

① 단순하고 흥미로운 질문부터 시작하는 것이 좋다.
② 논리적이고 자연스런 흐름에 따라 질문을 위치시킨다.
③ 고정반응(Response Set)을 막도록 질문들을 변화 있게 배치한다.
④ 설문지가 매우 긴 경우 중요한 부분은 뒷부분에 위치시킨다.

> 해설 설문지가 매우 긴 경우 중요한 부분은 뒷부분이 아니라 앞부분에 위치시킨다.

59 스포츠단체, 미디어, 광고주의 관계에 대한 설명으로 옳지 않은 것은?

① 미디어는 스포츠단체에게 중계권료를 지불한다.
② 스포츠단체는 미디어에게 광고비를 지불한다.
③ 광고주는 미디어로부터 광고효과를 기대한다.
④ 스폰서로서의 광고주는 스포츠단체로부터 촉진효과를 기대한다.

해설 ② 광고주는 미디어를 통해 광고를 노출하고, 그에 따른 광고비를 미디어에게 지불한다.

60 스포츠단체가 라이선싱 프로그램을 통해서 기대할 수 있는 효과로 가장 옳지 않은 것은?

① 방송 중계시간의 확대
② 라이선싱 수수료 수입의 증대
③ 새로운 제품영역 확장 및 관련 상품 판매 증진을 통한 부가가치 창출
④ 기업과의 우호적 관계 형성을 통한 스포츠이벤트에 대한 관심 유도

해설 ① 방송중계권과 관련된 내용이다. 라이선싱을 통해 스포츠단체는 이익발생, 파트너 관계 형성, 마케팅 채널 구축이라는 효과를 기대한다.

61 제품수명주기에서 성장기의 특성에 관한 설명으로 옳지 않은 것은?

① 수요가 급증하기 시작한다.
② 새로운 경쟁자들이 증가한다.
③ 유통경로가 확대되고 시장규모가 커진다.
④ 제품인지도를 높여 새로운 구매수요를 발굴한다.

해설 제품인지도를 높여 새로운 구매수요를 발굴하는 시기는 도입기이다.

62 마케팅믹스의 4P's로 옳지 않은 것은?

① Price
② Procedure
③ Place
④ Promotion

> 해설 마케팅믹스 요인은 제품(Product), 유통경로(Place), 판매가격(Price), 판매촉진(Promotion)으로 구성되어 있다.

63 프로스포츠 생산의 기본요소 중 가장 중심이 되는 요인으로 옳은 것은?

① 경기
② 연맹 행정
③ 기업 후원
④ 자원봉사자

> 해설 스포츠제품의 기본요소는 핵심제품에 해당하는 경기 그 자체이다.

64 올림픽과 TV방송에 관한 설명으로 옳지 않은 것은?

① 1936년 베를린 올림픽에서 처음으로 TV 야외중계방송을 시도하였다.
② IOC는 1960년 로마 올림픽에서 처음으로 TV 방송중계권을 판매하였다.
③ 1972년 뮌헨 올림픽에서 처음으로 컬러로 TV 방송되었다.
④ 1984년 LA 올림픽에서 방송중계권 프로그램은 LA 올림픽을 흑자 올림픽으로 이끄는 데 기여했으며, TOP프로그램의 핵심적인 부분을 차지하고 있다.

> 해설 1964년 도쿄올림픽에서 세계최초로 컬러TV 중계방송을 시작하였다.

65 상표 등록된 재산권을 가지고 있는 개인 또는 단체가 타인에게 대가를 받고 재산권을 사용할 수 있도록 상업적 권리를 부여하는 계약을 뜻하는 용어로 옳은 것은?

① 스폰서십
② 공식후원
③ 상표특허
④ 라이선싱

> 해설 ① 스폰서십이란 후원을 하는 자와 받는 자 양자 간의 상호 이익을 위해서 설정된 목표에 접근하는 사업적인 협약이다.
> ② 공식후원은 현금 등을 지불하는 대가로 등록된 재산권 등을 광고와 판매 촉진 활동에 이용할 수 있는 권리를 받는 것을 말한다.
> ③ 상표특허는 특정인의 이익을 위하여 상표에 일정한 법률적 권리나 능력, 포괄적 법률관계를 설정하는 행위를 말한다.

정답 62 ② 63 ① 64 ③ 65 ④

66 마케팅믹스 전략에 관한 설명으로 가장 옳은 것은?

① 스포츠소비자는 제품의 가격을 생각할 때 제품에 대한 촉진이나 장소 요인을 고려하지 않는다.
② 모든 마케팅믹스 요인들은 스포츠소비자의 구매행동에 영향을 미친다.
③ 제품의 특성에 따라 적합한 촉진매체가 결정되나 촉진 믹스는 제품 위치를 결정하지 못한다.
④ 매체보도로부터 얻은 제품의 신뢰성은 다른 촉진 믹스 전략을 통해 쉽게 획득할 수 있다.

> **해설** ① 스포츠소비자는 제품의 가격을 판단할 때 제품에 대한 촉진이나 장소 요인에 많은 영향을 받는다. 즉, 촉진 전략 중 할인전략을 주로 이용한다거나 제품을 구매하는 장소가 백화점인지 상설매장인지에 따라 제품가격에 대한 소비자들의 인식에는 많은 차이가 있다.
> ③ 제품의 특성에 따라 적합한 촉진매체가 결정되어야 하고, 촉진 믹스에 따라 제품 위치가 결정되기도 한다. 즉, 스킨스쿠버 장비가 판매하여야 할 제품인 경우 이에 맞는 촉진매체를 선정하여야 한다. 그리고 이와 관련하여 어떠한 촉진 믹스 전략을 수립하는지에 따라 제품에 대한 소비자의 태도가 변화될 수 있다.
> ④ 매체보도로부터 얻은 제품의 신뢰성은 다른 촉진 믹스 전략을 통해 쉽게 획득할 수 없다. 매체보도의 경우 비용이 지불되지 않는 매체에 의한 모든 형태의 노출을 통한 마케팅 활동으로 뉴스 형식으로서 내용과 특성이 소비자들에게 광고보다 신뢰감을 준다. 그리고 판매 지향적인 느낌보다 뉴스로서 소비자들에게 전달함으로서 경계심을 최소화하기 때문이다.

67 브랜드에 대한 설명으로 옳지 않은 것은?

① 자산으로서의 가치를 가질 수 있다.
② 소비자의 충성도를 높이는 중요한 요소이다.
③ 기업이 실행하는 유통, 촉진 등 마케팅활동의 대상이 된다.
④ 소비자가 구매의 대상이 되는 상품들을 평가하는 사고비용(Thinking Cost)을 증가시킨다.

> **해설** 사고비용(Thinking Cost)은 브랜드 간 비교를 위하여 정보처리에 들어가는 정신적 비용을 의미하는데, 브랜드 자체에 정보(이미지, 선호도, 인지도, 품질, 기능, 가격 등)가 집약되어 있으므로 정보처리에 들어가는 정신적 비용을 감소시키는 역할을 한다.

68 실험설계방법 중 유사실험설계의 대표적인 방법으로 옳은 것은?

① 단일집단 사후실험설계
② 2집단 사전사후실험설계
③ 집단비교설계
④ 통제집단 사전사후실험설계

> **해설** 실험설계는 실험을 통하여 수집된 독립변수와 종속변수 간의 인과관계를 밝혀내는 조사설계를 말한다. 따라서 2집단을 대상으로 사전 또는 사후검사를 하는 것이 일반적이다. 실험설계의 종류에는 2집단 사전사후실험설계, 통제집단 사후실험설계, 솔로몬 4집단설계, 요인설계(Factorial Design)가 있다.

69 기업의 입장에서 스포츠 브랜드를 확장할 때 얻을 수 있는 이익으로 가장 옳지 않은 것은?

① 모 브랜드 시장의 잠식
② 신제품 수용의 촉진
③ 모 브랜드와 기업에 긍정적인 피드백 제공
④ 모 브랜드의 이미지 제고

해설 확장 브랜드의 성공으로 인해 모 브랜드의 고객들이 확장 브랜드로 전환하게 됨으로써 자사 시장 잠식 현상을 초래하는데 이는 브랜드 확장의 단점이다. 그 밖의 단점으로는 유통업체들의 저항, 소비자들에게 혼동 야기, 확장의 실패로 모 브랜드 이미지 손상, 모 브랜드의 이미지의 대표성 희석 등이 있다. 장점으로는 브랜드 의미의 명료화, 모 브랜드 이미지 강화, 브랜드 활성화, 연속적 브랜드확장 기초 마련, 소비자들의 지각된 위험 감소, 유통경로 개척 가능성 증대, 촉진 비용의 효율성 증대, 신브랜드 개발 비용 절감, 포장/라벨 효율성 증대, 소비자들의 다양한 욕구 충족 등이 있다.

70 스포츠 스폰서십의 효과측정 유형으로 가장 옳지 않은 것은?

① 스포츠 경기 성적 측정
② 매체노출량 측정
③ 소비자 태도변화 측정
④ 스폰서십에 따른 매출액 변화 측정

해설 스포츠 경기 성적을 측정하는 것은 스폰서십의 영역이 아니다. ②·③·④ 외에도 환대 기회, 이미지 제고와 대중의 인지, 광고에 대한 태도 등이 스포츠 스폰서십 효과 측정 유형에 해당된다.

71 시장세분화를 위한 기준변수 중 구매행동기준으로 옳지 않은 것은?

① 교육수준
② 상표충성도
③ 고객생애가치
④ 고객반응단계

해설 세분화의 기준변수들로는 인구통계적 변수, 심리분석적 변수, 구매행동적 변수, 사용상황 변수, 추구효익 변수들이 있다. 시장세분화란 비슷한 성향을 가진 사람들을 다른 성향을 가진 사람들의 집단과 분류하여 하나의 집단으로 묶는다는 것이다. 이를 위해 사용될 수 있는 기준에는 인구통계학적 변수, 심리분석적 변수, 사용상황 변수 등이 있다. 인구통계학적 변수들은 연령, 성별, 지역, 소득, 교육수준, 종교 등이 있고, 심리분석적 변수에는 사회계층, 라이프스타일, 개성 등이 있으며, 구매행동 변수에는 사용기회, 사용경험, 사용량, 상표충성도, 고객생애가치, 고객반응단계 등이 포함된다.

72 시장세분화의 성공 조건으로 옳지 않은 것은?

① 접근성(Accessibility)
② 시장규모의 실재성(Substantiality)
③ 무형성(Intangibility)
④ 차별성(Differentiability)

해설 무형성은 스포츠상품의 서비스적 특성 중 하나이다. 시장세분화 조건은 다음과 같다. 첫째, 내부적으로 동질적이고 외부적으로 이질적이어야 한다. 마케팅 변수에 대해 각 세분시장은 상이한 반응을 보일 만큼 이질적이어야 하고 세분시장 내의 소비자들은 동일한 반응을 보여야 한다. 둘째, 측정 가능해야 한다. 세분시장의 특성, 구매력, 크기 등이 측정 가능해야 적절한 전략을 수립할 수 있다. 예를 들어 가격민감도를 기준으로 소비자집단을 구분할 경우 가격민감도 자체의 측정이 어렵다면 시장세분화는 수행 불가능하다. 셋째, 규모가 커야 한다. 세분시장은 충분히 커서 세분시장별로 상이한 마케팅 전략을 구사하는 데 들어가는 비용을 보전할 수 있어야 한다. 넷째, 접근 가능해야 한다. 세분시장 내의 소비자들에게 효과적으로 접근할 수 있어야 한다. 그들이 현재의 유통수단이나 광고가 접근하지 못하는 세분시장은 마케팅 입장에서 의미가 없다. 다섯째, 실행이 가능해야 한다. 고객의 욕구에 부응할 수 있는 효율적인 마케팅 프로그램을 계획하고 실행할 수 있어야 한다. 모든 시장세분화 요건을 갖추었다고 하여도 이를 구체적으로 실행으로 옮길 적절한 프로그램이 없다면 의미가 없어진다. 그리고 마지막으로 현재 형성된 시장의 유지가능성이 높아야 한다. 시장이 지속적으로 성장 또는 유지가 되어야 시장으로서의 가치가 있다.

73 제품 개발 시 기존의 브랜드자산이 크다고 판단되는 경우 기존 제품범주에 속하는 신제품에 그 브랜드명을 그대로 사용하는 전략으로 옳은 것은?

① 라인확장(Line Extension)
② 복수상표(Multi-brand)
③ 상향확장(Upward Stretch)
④ 채널확장(Channel Extension)

해설 ② 복수상표(Multi-brand)전략은 기존의 사업 분야와는 다른 별도의 신규 사업에 진출할 때 기업명이 복수상표로 적합하기 않거나 차별화가 필요한 경우 복수상표를 개발하는 것이다.
③ 상향확장(Upward Stretch)전략은 더 넓은 시장을 유인하기 위해 계열 내에 기존제품보다 더 높은 가격의 제품을 추가하는 전략이다.
④ 채널확장(Channel Extension)전략은 제품의 유통 경로로써 특정 상품이 생산자로부터 최종 소비자에게 넘어갈 때까지 거쳐 가는 과정을 확장하는 것을 의미한다.

74 PR의 기본적 방법으로 가장 옳지 않은 것은?

① 신문발표
② 기자회견
③ 무료여행상품
④ 리셉션

해설 PR은 기업의 입장에서는 비용이 발생하지 않고, 높은 촉진 효과, 광고·판매 촉진과는 다른 효과가 기대되고, 기업의 사회적 이미지를 획득하기 쉽다. 소비자의 입장에서는 신용할 수 있고, 광고의 느낌이 없고, 자연스럽게 눈과 귀를 자극하는 효과가 있으며, 기억에 강하게 남고, 사회적·공공적 이미지가 좋게 자리 잡게 된다. 이러한 관점에서 볼 때 무료여행상품이 PR과는 가장 거리가 멀다고 할 수 있다.

75 경쟁제품과의 차별성을 목표고객에게 인식시키기 위한 마케팅 전략으로 옳은 것은?

① 유지전략
② 포지셔닝전략
③ 성장전략
④ 철수전략

해설 포지셔닝은 목표시장을 구성하고 있는 소비자들에게 브랜드나 기업의 위치를 명확하게 하는 작업 및 전략을 말한다.

제4과목 스포츠시설론

76 스포츠시설 가격정책 중 초기에 매우 낮은 가격을 책정하고 시간이 흐름에 따라 점차 가격을 높여 단기적 이익을 희생하여도 장기적으로 이를 상쇄하고도 남을 정도의 이익을 얻기 위한 정책으로 옳은 것은?

① 침투가격정책
② 고소득 흡수가격정책
③ 원가기준가격정책
④ 지각된 가치기준 가격정책

해설 시장침투가격정책은 초기에 저렴한 가격으로 시설 이용의 수용도를 높이고 경쟁 시설의 시장참여를 효과적으로 저지함으로써 장기적으로 이익을 기대할 수 있는 가격정책이다.

정답 74 ③ 75 ② 76 ①

77 체육시설의 설치·이용 관한 법령상 보험가입을 해야 하는 체육시설업자로 옳은 것은? (단, 소규모임을 전제로 함)

① 체육도장업
② 무도장업
③ 골프 연습장업
④ 가상체험 체육시설업

해설 체육도장업, 골프 연습장업, 체력단련장업, 당구장업, 가상체험 체육시설업 및 체육교습업을 설치·경영하는 소규모 체육시설업자는 보험가입의 예외가 될 수 있다.

78 체육시설의 설치·이용에 관한 법령상 체육시설의 체육지도자 배치기준으로 옳지 않은 것은?

체육시설업 종류	규 모	배치인원
조정장업	조정 20척 이하	1명 이상
	조정 20척 초과	2명 이상
스키장업	슬로프 10면 이하	1명 이상
	슬로프 10면 초과	2명 이상
요트장업	요트 10척 이하	1명 이상
	요트 10척 초과	2명 이상
승마장업	말 20마리 이하	1명 이상
	말 20마리 초과	2명 이상

① 조정장업
② 스키장업
③ 요트장업
④ 승마장업

해설 요트장업에서는 요트 20척 이하에서 1명 이상, 20척 초과 시 2명 이상의 지도자를 배치하여야 한다.

79 스포츠시설 위탁 경영의 장점으로 가장 옳지 않은 것은?

① 사고발생 시 책임소재가 명확하다.
② 전문가의 노하우를 활용하여 운영될 수 있다.
③ 인건비, 유지관리비 등 비용절감이 가능하다.
④ 공휴일에 운영하는 등 개장시간의 탄력적인 운영이 가능하다.

해설 사고 발생 시 책임소재가 명확하지 않다는 것이 스포츠시설 위탁경영의 단점이다.

80 스포츠시설의 고객유지를 위한 CRM의 특징에 관한 설명으로 옳지 않은 것은?

① 소비자의 특화된 욕구에 대한 마케팅이다.
② 다품종 소량생산 개념의 생산방식을 지향한다.
③ 불특정 고객집단을 목표로 한 마케팅 활동이다.
④ 소비자에 대한 상세한 데이터베이스가 구축되어야 한다.

해설 CRM(Customer Relationship Management)은 특정 고객과의 개인적인 커뮤니케이션을 활용한 마케팅 활동이다.

81 새로운 종합체육 스포츠시설을 설립하기 위해 부지 선정 시 고려하여야 하는 요소로 가장 옳지 않은 것은?

① 사용용도
② 해당 부지의 개발 관련 법률 사항
③ 해당 부지 주변의 미래 개발 관련 계획
④ 개발 허가 기관과의 인적 관계성

해설 개발 허가 기관과의 인적 관계성은 스포츠시설 설립을 위한 부지 선정 시 고려해야 하는 사항으로 적절하지 않다.

82 체육시설의 설치·이용에 관한 법령상 4륜자동차경주장업의 시설기준으로 옳지 않은 것은?

① 트랙은 길이 2킬로미터 이상으로서 출발지점과 도착지점이 연결되는 순환형태여야 한다.
② 트랙의 폭은 11미터 이상 15미터 이하이어야 한다.
③ 출발지점에서 첫 번째 곡선 부분 시작지점까지는 250미터 이상의 직선구간이어야 한다.
④ 트랙의 바닥면은 반드시 포장이어야 한다.

해설 트랙의 바닥면은 포장 또는 비포장이어야 한다.

정답 80 ③ 81 ④ 82 ④

83 체육시설의 설치·이용에 관한 법령상 회원모집에 관한 설명 중 빈칸 안에 들어갈 숫자로 옳은 것은?

> 사업계획의 승인을 받은 자는 회원을 모집할 수 있으며, 회원을 모집하려면 회원모집을 시작하는 날 (　)일 전까지 시·도지사 등에게 회원모집계획서를 작성·제출하여야 한다.

① 7
② 10
③ 15
④ 30

해설 체육시설업자 또는 사업계획의 승인을 받은 자는 회원을 모집할 수 있으며, 회원을 모집하려면 회원모집을 시작하는 날 15일 전까지 시·도지사, 시장·군수 또는 구청장에게 회원모집계획서를 작성·제출하여야 한다.

84 경기장 내 A보드 광고에 대한 설명으로 옳지 않은 것은?

① 경기장 입장관객뿐만 아니라 TV중계 시청자에게 광고효과를 기대할 수 있다.
② 경기장 외측 면을 따라 설치되는 것이 일반적이다.
③ 광고효과 제고를 위해 LED 등을 활용하기도 한다.
④ 설치위치에 따른 광고비용의 차이가 없는 장점을 가진다.

해설 A보드 광고는 더 많은 노출이 가능한 위치에 설치할수록 광고비용이 올라간다.

85 다음 보기에서 설명하는 사업 운영 모델로 옳은 것은?

> 본부가 가맹점에 대해 제품, 서비스, 상점관리의 노하우 등을 제공하는 대가로 계약금, 로열티 등의 수입을 얻는 계약에 의해 운영되는 시스템

① 체인클럽
② 프랜차이저
③ 멀티플클럽
④ 독립클럽

해설 프랜차이저 사업 운영 모델은 본사가 가맹점에 운영과 관련된 모든 것을 제공하고 가맹점은 본사에게 계약금 및 로열티를 지불하는 형태로 이루어진다.

86 다음 중 농촌지역 스포츠시설 설치를 위한 고려사항으로 가장 옳지 않은 것은?

① 노동시간과 여가시간이 구분되어 있지 않다.
② 소득이 낮아 경제적 안정성이 낮다.
③ 청년층의 도시진출로 활기를 잃고 있다.
④ 육체적 노동이 많아서 스포츠 활동에 호응도가 높은 편이다.

해설 육체적 노동이 상대적으로 많은 농촌 지역에서는 스포츠 활동에 호응도가 낮은 편이다.

87 다음 빈칸에 들어갈 말로 옳은 것은?

> 체육시설의 설치·이용에 관한 법률상 위반 행위의 횟수에 따른 과태료의 기준은 최근 (   )간 같은 행위로 과태료를 받은 경우에 적용한다.

① 6개월
② 1년
③ 1년 6개월
④ 3년

해설 과태료의 부과기준(시행령 별표4)에 따르면 위반행위의 횟수에 따른 과태료의 기준은 최근 1년간 같은 행위로 과태료를 받은 경우에 적용한다. 이 경우 위반행위에 대하여 과태료 처분을 한 날과 다시 같은 위반행위를 적발한 날을 각각 기준으로 하여 기간을 계산한다.

88 관람 스포츠시설을 활용한 관람형 스포츠이벤트에 대한 설명으로 가장 옳지 않은 것은?

① 간접적인 관전 방식이 우선된다.
② 기업 이익의 사회 환원, 이미지 향상, 판매촉진 등을 목적으로 매스미디어를 이용하여 대중에게 관전의 즐거움을 제공한다.
③ 관람형 스포츠이벤트는 '직접관전'과 '간접관전'으로 구분할 수 있다.
④ '간접관전'보다는 '직접관전'의 경우가 그 규모나 효과면에서 훨씬 크다.

해설 간접관전의 경우 직접관전보다 규모가 크기 때문에 노출효과 및 수익창출 등 더 많은 효과를 기대할 수 있다.

정답 86 ④ 87 ② 88 ④

89 지역특성별 스포츠시설 설치 시 고려해야 할 사항으로 옳지 않은 것은?

① 지역특성에 적합한 운동종목 선택
② 이용고객 예측에 따른 규모의 설정
③ 고정적인 가격정책으로 이용자의 신뢰 확보
④ 소비자의 이용시간대 및 선호 프로그램 조사

해설 지역의 상황과 고객 욕구에 맞춰 가격정책의 변화가 필요하다.

90 체육시설의 설치·이용에 관한 법령상 등록 체육시설업으로 옳은 것은?

① 스키장업
② 수영장업
③ 당구장업
④ 골프연습장업

해설 등록 체육시설업은 골프장업, 스키장업, 자동차 경주장업이다.

91 체육시설의 설치·이용에 관한 법령상 체육시설업의 신고에 관한 설명으로 옳지 않은 것은?

① 가상체험 체육시설업을 하려는 자는 시설을 갖추어 특별자치시장·특별자치도지사·시장·군수 또는 구청장에게 신고하여야 한다.
② 특별자치시장·특별자치도지사·시장·군수 또는 구청장은 신고를 받은 경우에는 신고를 받은 날부터 7일 이내에 신고수리여부를 신고인에게 통지하여야 한다.
③ 체육시설업의 변경신고를 할 때에는 변경내용을 증빙할 수 있는 서류만을 첨부한다.
④ 특별자치시장·특별자치도지사·시장·군수 또는 구청장이 정한 기간 내에 신고수리여부를 신고인에게 통지하지 아니하면 그 기간이 끝난 날에 신고를 수리한 것으로 본다.

해설 특별자치시장·특별자치도지사·시장·군수 또는 구청장이 정한 기간 내에 신고수리여부를 신고인에게 통지하지 아니하면 그 기간이 끝난 날의 다음날에 신고를 수리한 것으로 본다.

정답 89 ③ 90 ① 91 ④

92 스포츠시설에서 기존고객 유지를 통한 기대효과로 옳지 않은 것은?

① 시설에 대한 전반적인 관리보수 비용이 적게 든다.
② 신규고객 유치를 위한 광고 및 홍보비를 절감할 수 있다.
③ 새로운 이벤트 개발 등 스포츠시설 이용 매력도 향상에 꾸준한 역량을 투입할 수 있다.
④ 매출액의 지속적인 유지 및 증가를 기대할 수 있다.

> 해설 기존고객 유지를 통해 기대할 수 있는 효과는 시설의 관리에 대한 비용이 아닌 고객관리 비용이 적게 든다는 것이다.

93 다음 중 가중치 이용법으로 평가했을 때 가장 적합한 스포츠센터 시설의 입지로 옳은 것은?

입지요인	가중치	A입지	B입지	C입지	D입지
시설물 지대	0.3	90	80	70	90
유동, 거주 인구	0.4	70	80	80	70
교통환경	0.3	80	90	60	90

① A입지
② B입지
③ C입지
④ D입지

> 해설 가중치 이용법은 점수와 가중치의 곱을 모두 더해서 계산할 수 있다.
> A입지 = (90 × 0.3) + (70 × 0.4) + (80 × 0.3) = 79
> B입지 = (80 × 0.3) + (80 × 0.4) + (90 × 0.3) = 83
> C입지 = (70 × 0.3) + (80 × 0.4) + (60 × 0.3) = 71
> D입지 = (90 × 0.3) + (70 × 0.4) + (90 × 0.3) = 82
> 따라서 B입지가 가장 적절한 입지이다.

94 체육시설의 설치·이용에 관한 법령상 직장체육시설에 관한 설명으로 옳지 않은 것은?

① 원칙적으로 직장체육시설을 설치·운영하여야 하는 직장은 상시 근무하는 직장인이 500명 이상인 직장으로 한다.
② 「고등교육법」에 따른 학교는 직장체육시설의 전부 또는 일부를 설치·운영하지 아니할 수 있다.
③ 직장체육시설의 설치·운영에 관하여는 시장·군수·구청장이 지도·감독한다.
④ 군부대 직장체육시설의 설치·운영에 관하여는 국방부장관이 지도·감독한다.

> 해설 직장체육시설의 설치·운영에 관하여는 시·도지사가 지도·감독한다. 다만, 군부대 직장체육시설의 설치·운영에 관하여는 국방부장관이 지도·감독한다.

95 체육시설의 설치·이용에 관한 법령상 체육시설업자가 경미한 사항을 거짓으로 등록한 경우 행정처분기준으로 옳은 것은? (단, 1차 위반인 경우이며 감경사유는 고려하지 않음)

① 경고
② 등록취소
③ 영업정지 10일
④ 영업정지 1개월

> 해설 1차 위반 시 경고, 2차 위반 시 영업정지 10일, 3차 위반 시 영업정지 1개월, 4차 위반 시 영업정지 2개월에 처해진다.

96 스포츠시설의 고객관리에 대한 설명으로 옳지 않은 것은?

① 다양한 고객의 욕구를 파악하고 경영에 반영해야 한다.
② 기존고객의 유지보다 신규고객 유치를 통한 확장을 시도해야 한다.
③ 고객관계강화를 위해서 데이터베이스를 활용한다.
④ '기존고객의 유지 → 잠재고객의 신규고객 유치 → 고객만족 단계'로 관계발전을 유도한다.

> 해설 고객관리란 기존고객의 유지를 위해 고객과의 긍정적인 관계를 형성하기 위한 노력을 의미하며, 기존고객 유지를 우선으로 하고 신규고객 유치를 시도하는 것이 바람직하다.

97 다음 보기에서 설명하는 것으로 옳은 것은?

> 스포츠시설 담당자는 신규회원권 판매 시 퍼스널트레이닝 혹은 단체운동(GX)의 효과성을 강조하여 추가로 해당 상품을 판매하였다.

① 릴레이션십 셀링(Relationship Selling)
② 바이럴 마케팅(Viral Marketing)
③ 크로스 셀링(Cross Selling)
④ 인터널 마케팅(Internal Marketing)

> 해설 ③ 신규 회원권을 판매하는 것에만 의존하지 않고 시설에서 개발한 프로그램 등의 다른 상품까지 적극적으로 판매하는 방식으로 수익창출의 극대화를 위한 방법이다.

98 체육시설의 설치·이용에 관한 법령상 전문체육시설에 대한 설명으로 옳지 않은 것은?

① 국가와 지방자치단체는 국내·외 경기대회의 개최와 선수 훈련 등에 필요한 전문체육시설을 설치·운영하여야 한다.
② 전문체육시설 중 체육관은 체육, 문화 및 청소년 활동 등 필요한 용도로 활용될 수 있도록 설치되어야 한다.
③ 지방자치단체는 전문체육시설의 사용 촉진을 위해 사용료의 전부나 일부를 감면할 수 있다.
④ 경기대회 개최나 시설의 유지관리에 우선하여 지역주민이 이용할 수 있도록 개방하여야 한다.

> **해설** 경기대회 개최나 시설의 유지·관리 등에 지장이 없는 범위에서 지역주민이 이용할 수 있도록 개방하여야 한다.
> ※ 2023년 11월 16일부로 개정 법령이 시행되어 ③도 맞는 설명이 되었다(시행령 제4조의2).

99 체육시설의 설치·이용에 관한 법령상 체육시설업의 시설 기준에서 공통기준에 포함되는 필수시설에 대한 설명으로 옳지 않은 것은?

① 자동차경주장업에는 탈의실을 대신하여 세면실을 설치할 수 있다.
② 적정한 환기시설을 갖추어야 한다.
③ 무도학원업 체육시설의 조도(照度)는 「산업표준화법」에 따른 조도기준에 맞아야 한다.
④ 골프장업에는 응급실을 갖추지 아니할 수 있다.

> **해설** 무도학원업과 무도장업을 제외한 체육시설 내의 조도(照度)는 「산업표준화법」 제12조에 따른 조도기준에 맞아야 한다.

100 체육시설의 설치·이용에 관한 법령상 스키장업의 안전·위생기준으로 옳은 것은?

① 스키구조요원은 운영 중인 슬로프별로 1명 이상을 각각 배치하여야 한다.
② 각 리프트의 승·하차장에는 2명 이상의 승·하차보조요원을 배치하여야 한다.
③ 「의료법」에 따른 간호사 및 「응급의료에 관한 법률」에 따른 응급구조사를 각각 2명 이상 배치하여야 한다.
④ 스키장 시설이용에 관한 안전수칙을 이용자가 쉽게 알아볼 수 있도록 셋 이상의 장소에 게시하여야 한다.

> **해설** ① 스키구조요원은 운영 중인 슬로프별로 2명 이상(슬로프 길이가 1.5킬로미터 이상인 슬로프는 3명 이상)을 각각 배치하여야 한다.
> ② 각 리프트의 승차장에는 2명 이상의 승차보조요원을, 하차장에는 1명 이상의 하차보조요원을 배치하여야 한다.
> ③ 「의료법」에 따른 간호사 또는 「응급의료에 관한 법률」에 따른 응급구조사를 1명 이상 배치하여야 한다.

정답 98 ③, ④ 99 ③ 100 ④

CHAPTER 02 2022년 1회 필기 기출문제

제1과목 스포츠산업론

01 스포츠제품의 생산비용에 포함되는 것으로 옳지 않은 것은?

① 팀 유지 비용
② 프로모션 비용
③ 경기용품 비용
④ 시설관련 비용

해설 팀 유지 비용, 경기용품 비용, 시설 비용은 스포츠제품의 생산관리 비용과 밀접한 관련을 맺지만, 프로모션 비용은 생산된 스포츠제품의 수익창출을 위해 수행되므로 생산비용과는 거리가 멀다.

02 다음 스포츠산업 관련 법령 중 제정일이 오래된 것부터 최근의 순서로 나열한 것으로 옳은 것은?

| ㄱ. 국민체육진흥법 | ㄴ. 스포츠산업 진흥법 |
| ㄷ. 생활체육진흥법 | ㄹ. 바둑진흥법 |

① ㄱ → ㄴ → ㄷ → ㄹ
② ㄴ → ㄱ → ㄹ → ㄷ
③ ㄷ → ㄴ → ㄱ → ㄹ
④ ㄹ → ㄷ → ㄱ → ㄴ

해설 국민체육진흥법(1962년) → 스포츠산업 진흥법(2007년) → 생활체육진흥법(2015년) → 바둑진흥법(2018년)

정답 01 ② 02 ①

03 스포츠산업의 특성 등에 관한 설명으로 옳지 않은 것은?

① 스포츠산업 진흥법에 스포츠산업의 의미를 명시하고 있다.
② 운동 및 경기용품 제조업은 3차 산업으로 분류할 수 있다.
③ 스포츠 참여활동은 시설에 대한 의존도가 높다.
④ 스포츠산업은 소비자와 직접 접촉하는 산업이다.

해설 운동 및 경기용품 제조업은 2차 산업으로 분류된다.

04 스포츠는 본연의 특성상 개인적 · 사회적 · 경제적 가치를 가지고 있는데, 스포츠 및 스포츠이벤트의 경제적 가치에 대한 설명으로 그 성격이 다른 것은?

① 건강을 유지 및 증진하여 의료비 절감효과를 가져온다.
② 지역이벤트의 외지인 방문 관람은 지역경제 활성화를 유발한다.
③ 올림픽 유치는 글로벌 기업의 투자유발로 도시 및 국가 경제 활성화에 기여한다.
④ 유비쿼터스 경기장은 IT산업의 발전을 촉진하는 계기가 된다.

해설 스포츠의 경제적 가치는 지역 및 국가경제 활성화, 스포츠이벤트를 통한 고용창출, 부가가치 창출, 스포츠산업 및 연관 산업 발전 등을 들 수 있으며, 건강유지 및 증진을 통한 의료비 절감효과는 개인적 가치에 해당된다.

05 스포츠산업 진흥법령상 문화체육관광부장관이 선수 권익 보호와 스포츠산업의 건전한 발전을 위해 강구하여야 하는 시책으로 옳지 않은 것은?

① 승부 조작, 폭력 및 도핑 등의 예방
② 선수의 부상 예방과 은퇴 후 진로 지원
③ 선수의 경력관리를 위한 관리시스템의 구축
④ 선수의 권익 향상을 위한 대리인제도의 점진적 철폐

해설 선수 및 감독 · 코치 등의 권익 보호 등(「스포츠산업 진흥법 시행령」 제18조 제2항)
문화체육관광부장관은 법 제18조에 따라 선수 및 감독 · 코치 등의 권익 보호와 스포츠산업의 건전한 발전을 위하여 다음의 시책을 강구하여야 한다.
- 스포츠산업의 공정한 영업질서 조성
- 건전한 프로스포츠 정착을 위한 교육 · 홍보
- 승부 조작, 폭력 및 도핑 등의 예방
- 선수의 부상 예방과 은퇴 후 진로 지원
- 선수의 권익 향상을 위한 대리인제도의 정착
- 선수의 경력관리를 위한 관리시스템의 구축
- 그 밖에 문화체육관광부장관이 선수 및 감독 · 코치 등의 권익 보호 및 스포츠산업의 건전한 발전을 위하여 필요하다고 인정하는 사항

06 전통적인 미디어에 비해 뉴미디어가 가지는 가장 차별적인 요소로 옳은 것은?

① 양방향성
② 다양성
③ 신속성
④ 전문성

해설 전통적인 미디어와 뉴미디어의 가장 큰 특징은 커뮤니케이션 혹은 메시지의 전달방법에서 찾아볼 수 있으며, 과거 전통적인 미디어의 메시지 전달은 발신자가 주가 되는 일방향(One-way)이었으나, 뉴미디어는 발신자와 수신자 간 쌍방향(Two-way)으로 상호 협력하는 형태로 변화하였다.

07 관람 및 참여 스포츠는 다양한 곳에서 소비되고 있는데, 다음 유통경로 중 성격이 다른 것으로 옳은 것은?

① 월드컵 경기장
② 세계육상대회 경기장
③ 회원제 스포츠센터
④ 프로야구 홈구장

해설 월드컵 경기장, 세계육상대회 경기장, 프로야구 홈구장은 관람 스포츠를 제공하기 위한 스포츠시설이며, 회원제 스포츠센터는 참여 스포츠를 제공하기 위한 스포츠시설이므로 회원제 스포츠센터는 참여 스포츠의 유통형태가 된다.

08 소비자행동(Consumer Behavior) 모델에 관한 설명으로 옳지 않은 것은?

① 저몰입 의사결정단계는 고몰입일 때보다 단순하다.
② 제한적 문제해결(Limited Problem Solving)이란 구매경험이 많을수록 의사결정이 용이해질 때의 구매행동을 의미한다.
③ 구매결정 과정에서 대안의 평가란 최적의 대안을 결정하기 위해 선택의 폭을 좁히는 단계를 의미한다.
④ 확대적 문제해결(Extended Problem Solving)이란 소비자가 충분한 학습을 한 단계에서 편의품 등을 구매할 때 나타나는 행동을 의미한다.

해설 확대적 문제해결은 광범위한 의사결정이라고도 하며, 매우 높은 구매 관여에서 일어나게 되는 것으로 광범위하게 내·외부 정보탐색을 한 후에 다수의 대안에 대한 여러 가지 면에서 복잡한 평가과정을 거치게 되는 것이다. 일반적으로 자동차, TV 등과 같은 고가품들을 구입하고자 할 때 발생한다.

09 소비자 심리에 근거한 가격결정 방법으로 옳지 않은 것은?

① 종속가격
② 단수가격
③ 긍지가격
④ 관습가격

> **해설** 심리적 가격 조정 방법에는 단수가격, 관습가격, 명성(긍지)가격, 준거가격이 있다.

10 관람 스포츠 소비집단에 관한 설명으로 옳지 않은 것은?

① 프로구단의 시즌티켓 소지자는 대량 소비자로 분류된다.
② 중계프로그램 시청자는 주요 관람 스포츠 소비집단이다.
③ 좌석 라이선스(Seat License) 구매자는 충성도 높은 구매자에 속한다.
④ 기업은 관람 스포츠 소비자로 볼 수 없다.

> **해설** 기업은 스폰서십의 형태로 관람 스포츠에 참여하고, 관람 스포츠의 주체인 스포츠조직(팀)에 금전적 재원을 제공하므로 관람 스포츠에서 매우 중요한 소비자가 된다.

11 스포츠산업에서 스포츠서비스 제품의 특성으로 가장 옳지 않은 것은?

① 무형성이다.
② 생산과 소비가 동시에 이루어진다.
③ 소멸성이다.
④ 생산자의 통제가 가능하다.

> **해설** 스포츠서비스는 보거나 만질 수 없는 무형성, 생산과 소비가 동시에 이루어지는 비분리성, 품질이 고르지 않은 이질성, 판매되지 않는 서비스는 사라지는 소멸성의 특성을 갖는다.

정답 09 ① 10 ④ 11 ④

12 스포츠산업에서 벌어지는 사업 중 선수가 사업의 주체가 되는 것으로 옳은 것은?

① 좌석 라이선스 사업
② 인도스먼트(Endorsement) 사업
③ 경기장 광고 사업
④ 프로리그 방송중계권 사업

해설 선수가 사업의 주체가 되는 것은 인도스먼트(Endorsement) 사업이며, 인도스먼트는 선수보증광고로 선수의 이미지나 명성을 토대로 진행되게 된다.

13 스포츠이벤트의 경제적 효과를 평가하기 위한 승수분석에 대한 설명으로 옳지 않은 것은?

① 매출승수, 소득승수, 고용승수가 분야별로 다르게 나타난다.
② 고용승수는 외부지역에서 온 관람객들의 지출이 스포츠이벤트 개최지역의 고용에 얼마나 영향을 미치는지를 측정한다.
③ 분석과정에서 한계편익 대신 총편익을 사용한다.
④ 효과 분석에 있어 지리적 경계가 분명해야 한다.

해설 승수분석은 어떤 요인으로 인한 다른 요인의 변화를 유발함으로써 파급효과를 분석하는 것이다. 스포츠이벤트의 경제적 효과 분석과정에서 한계편익을 사용하면 추가적인 단위 투자나 소비로 인한 파급효과만 고려하므로 좀 더 정확한 결과를 얻을 수 있지만, 총편익을 사용하면 이벤트로 인한 경제적 효과를 과대평가할 수 있다.

14 참여 스포츠산업의 소비시장 규모를 거시적으로 예측할 때 가장 관계가 적은 변인으로 옳은 것은?

① 1인당 소득
② 대학진학률
③ 노동시간
④ 고령화지수

해설 거시적인 관점은 일반적으로 넓은 범위의 사회 전반의 현상을 바라보는 것이므로, 1인당 소득·노동시간·고령화지수를 거시적 관점에서의 예측 변인으로 볼 수 있다.

15 스포츠산업 진흥법령에 명시된 지방자치단체가 프로스포츠단 사업추진에 지원할 수 있는 경비로 옳지 않은 것은?

① 프로스포츠단의 부대시설 구축을 위한 비용
② 각종 국내 · 국제 운동경기대회의 개최비와 참가비
③ 선수 양성교육에 대한 조사 · 연구 비용
④ 유소년 클럽 및 스포츠교실의 운영비

> 해설 프로스포츠단 창단에의 출자 · 출연 등(「스포츠산업 진흥법 시행령」 제13조 제2항)
> 지방자치단체 또는 공공기관이 법 제17조 제2항에 따라 프로스포츠단 사업 추진에 지원할 수 있는 경비의 범위는 다음과 같다.
> - 프로스포츠단의 운영비(인건비를 포함한다)
> - 프로스포츠단의 부대시설 구축을 위한 비용
> - 각종 국내 · 국제 운동경기대회의 개최비와 참가비
> - 유소년 클럽 및 스포츠교실의 운영비
> - 그 밖에 프로스포츠단의 활성화를 위하여 필요한 경비

16 프로스포츠 리그에 영향을 미치는 위협요인에 관한 설명으로 옳지 않은 것은?

① 영화산업의 발전은 관람 스포츠산업의 강력한 위협요인이 된다.
② 스포츠콘텐츠 유통업체가 소수기업에 의해 지배될 경우 위협요인이 될 수 있다.
③ 리그 내 경쟁구단의 존재는 흥행사업의 강력한 위협요인으로 작용한다.
④ 스포츠마케팅 대상인 구매자의 힘이 위협요인으로 작용할 수 있다.

> 해설 리그 내의 경쟁구단이 존재한다는 것은 그만큼 스포츠팬의 관심을 불러일으킬 수 있으므로 흥행사업의 기회요인이 된다고 볼 수 있다.

17 골프연습장의 수요와 공급곡선이 다음과 같을 때의 설명으로 옳지 않은 것은? (단, 가격의 단위는 천원이다)

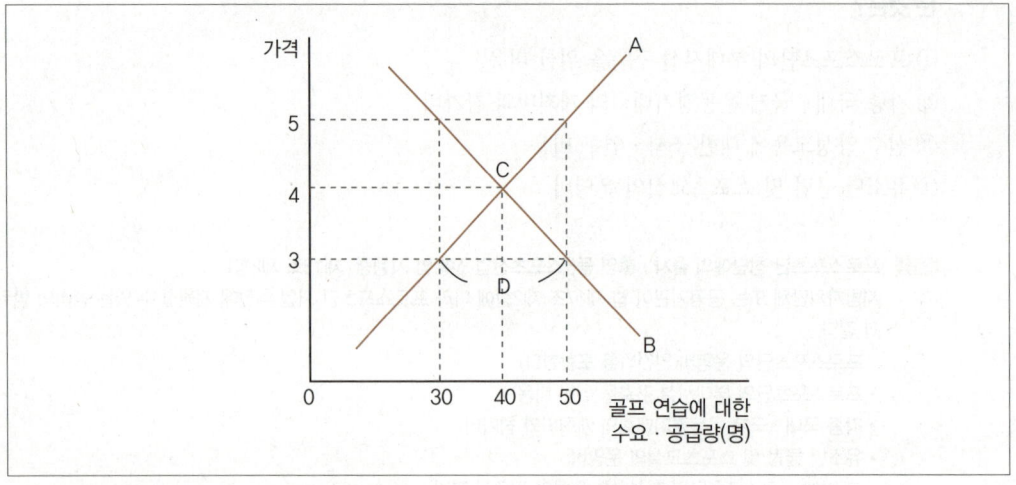

① A는 골프연습장의 공급곡선이다.
② B는 골프연습장 소비자의 수요곡선이다.
③ C는 수요곡선과 공급곡선이 만나는 균형점이며 균형가격은 4,000원이다.
④ D는 초과공급을 나타내며 시간이 지남에 따라 가격은 균형가격 아래로 하락할 것을 알 수 있다.

해설 D는 초과수요를 나타내며 시장가격이 균형가격보다 낮을 경우에 발생하는 현상을 의미한다.

18 스포츠산업 진흥법령상 문화체육관광부장관이 스포츠산업과 관련된 연구개발을 추진하기 위한 지원·출연할 수 있는 대상으로 명시되지 않은 것은?

① 고등교육법에 따른 대학
② 특정연구기관육성법에 따른 특정연구기관
③ 정부출연연구기관 등의 설립·운영 및 육성에 관한 법률에 따른 정부출연연구기관
④ 지방자치단체출연 연구원의 설립 및 운영에 관한 법률에 따른 지방자치단체 출연 연구원

해설 연구개발의 지원·출연 대상과 사업(「스포츠산업 진흥법 시행령」 제4조 제1항)
문화체육관광부장관이 법 제8조 제1항에 따라 지원하거나 출연할 수 있는 대상은 다음의 어느 하나에 해당하는 기관, 법인, 단체 또는 사업자로 한다.
- 「특정연구기관 육성법」에 따른 특정연구기관
- 「정부출연연구기관 등의 설립·운영 및 육성에 관한 법률」에 따른 정부출연연구기관(이하 "정부출연연구기관"이라 한다)
- 「고등교육법」에 따른 대학, 산업대학, 전문대학 또는 기술대학
- 그 밖에 문화체육관광부장관이 스포츠산업 관련 연구개발을 추진하기 위하여 필요하다고 인정하는 기관, 법인, 단체 또는 사업자

19 스포츠산업 진흥법령상 스포츠산업 진흥에 관한 기본적이고 종합적인 중장기 진흥기본계획에 포함되어야 하는 사항 중 옳은 것을 모두 고른 것은?

> ㄱ. 스포츠산업 활성화를 위한 기반 조성에 관한 사항
> ㄴ. 스포츠산업 전문인력 양성에 관한 사항
> ㄷ. 스포츠산업 진흥을 위한 재원 확보에 관한 사항
> ㄹ. 프로스포츠의 육성·지원에 관한 사항

① ㄱ, ㄴ
② ㄴ, ㄷ, ㄹ
③ ㄱ, ㄷ, ㄹ
④ ㄱ, ㄴ, ㄷ, ㄹ

해설 기본계획 수립 등(「스포츠산업 진흥법」제5조)
문화체육관광부장관은 스포츠산업 진흥에 관한 기본적이고 종합적인 중장기 진흥기본계획(이하 "기본계획"이라 한다)을 5년마다 수립·시행하고, 기본계획에 따라 스포츠산업의 각 분야별·기간별 세부시행계획(이하 "세부시행계획"이라 한다)을 수립·시행하여야 한다.
- 스포츠산업 진흥의 기본방향에 관한 사항
- 스포츠산업 활성화를 위한 기반 조성에 관한 사항
- 스포츠산업 전문인력 양성에 관한 사항
- 스포츠산업의 경쟁력 강화에 관한 사항
- 스포츠산업 진흥을 위한 재원 확보에 관한 사항
- 국가 간 스포츠산업 협력에 관한 사항
- 프로스포츠의 육성·지원에 관한 사항
- 스포츠산업 관련 시설의 감염병 등에 대한 안전·위생·방역 관리에 관한 사항
- 「장애인차별금지 및 권리구제 등에 관한 법률」 제4조제2항에 따른 정당한 편의 제공에 관한 사항
- 그 밖에 스포츠산업 진흥을 위하여 필요한 사항으로서 대통령령으로 정하는 사항

20 스포츠산업 특수분류 v3.0에서 대분류 스포츠서비스업의 중분류 항목으로 옳은 것을 모두 고른 것은?

> ㄱ. 스포츠시설 운영업   ㄴ. 스포츠 정보 서비스업
> ㄷ. 운동 및 경기용품업   ㄹ. 스포츠 교육기관

① ㄱ, ㄷ
② ㄴ, ㄹ
③ ㄴ, ㄷ, ㄹ
④ ㄱ, ㄴ, ㄷ, ㄹ

해설 ㄱ - 스포츠시설 운영업은 스포츠시설업의 중분류, ㄷ - 운동 및 경기용품업은 스포츠용품업의 중분류 항목이다.

정답 19 ④ 20 ②

21 경기장사업의 가치사슬에 대한 설명으로 가장 옳지 않은 것은?

① 관람객 및 초대 손님의 수가 경기장광고 가격을 결정한다.
② 경기장 소유주와 총괄관리사업주는 분리될 수도 있고 동일할 수도 있다.
③ 매점사업자가 사업권의 구매가격을 결정할 때 가장 중요시하는 요인은 광고주 및 기업고객이다.
④ 경기장의 장기 입주자인 프로구단의 명성은 경기장사업의 가치를 결정하는 요인이 될 수 있다.

해설 매점사업자는 관람 스포츠가 열리는 경기장의 위탁운영자로 볼 수 있으므로, 구매가격을 결정할 때 중요시되는 요인은 경기장을 찾는 스포츠팬의 규모라 볼 수 있다.

22 제품의 디자인에서 생산에 이르기까지 각 과정의 설계 작업을 동시에 수행함으로써 생산리드타임을 획기적으로 단축시키는 기법으로 옳은 것은?

① 리엔지니어링(Reengineering)
② 다운사이징(Downsizing)
③ 리스트럭처링(Restructuring)
④ 컨커런트 엔지니어링(Concurrent Engineering)

해설 ① 리엔지니어링 : 기업의 체질 및 구조와 경영방식을 근본적으로 재설계하여 경쟁력을 확보하는 경영혁신 기법이다.
② 다운사이징 : 조직의 슬림화를 통해 능률의 증진을 추구하는 경영 기법이다.
③ 리스트럭처링 : 구조조정 혹은 사업 재구축이란 명칭으로도 사용되며, 경영 상태를 개선하기 위해 사업의 종류와 내용을 의도적이고 계획적으로 선택하는 경영 기법이다.

23 스포츠산업의 생산물에 대한 설명으로 옳지 않은 것은?

① 생산과 소비가 동시에 일어날 수 있다.
② 스포츠정보가 포함된다.
③ 소멸성을 가진다.
④ 확장제품은 경기이다.

해설 스포츠경기는 실제제품에 해당된다. 확장제품에는 경기 전후 이벤트, 기념품, 부가 서비스(편의시설, 경기 정보), 마케팅 및 홍보 등이 있다.

24 다음 중 스포츠제품 수요의 가격탄력성이 가장 높은 경우로 옳은 것은?

① 대체재나 경쟁자가 거의 없을 때
② 구매자들이 구매습관을 바꾸기 어려울 때
③ 구매자들이 대체품의 가격을 쉽게 비교할 수 있을 때
④ 구매자들이 높은 가격이 그만한 이유가 있다고 생각할 때

해설 가격탄력성은 소비자가 가격변화에 얼마나 민감하게 반응하는지 둔감하게 반응하는지를 확인하는 지표이다. 이에 경쟁자가 없거나 구매습관을 바꾸기 어려운 경우, 높은 가격이 그만한 이유가 있다고 인식하는 경우는 가격변화에 둔감하므로 가격탄력성이 낮으나 소비자가 대체품의 가격을 쉽게 비교할 수 있는 경우는 가격변화에 민감하므로 가격탄력성이 높다고 볼 수 있다.

25 스포츠산업 진흥법령상 사업자 단체에 관한 설명으로 옳지 않은 것은?

① 사업자단체의 설립 인가를 받으려는 자는 문화체육관광부장관에게 설립 인가를 신청하여야 한다.
② 문화체육관광부장관은 업종별 사업자가 100분의 25 이상 참여한 경우에는 설립을 인가한다.
③ 문화체육관광부장관은 신청을 접수한 날부터 30일 이내에 인가 여부를 결정하여 신청인에게 통보하여야 한다.
④ 문화체육관광부장관은 사업자단체의 설립을 인가한 경우에는 문화체육관광부 인터넷 홈페이지에 그 사실을 공고하여야 한다.

해설 **사업자단체의 설립 인가(「스포츠산업 진흥법 시행령」 제20조)**
- 사업자단체의 설립 인가를 받으려는 자는 문화체육관광부령으로 정하는 바에 따라 문화체육관광부장관에게 설립 인가를 신청하여야 한다.
- 신청을 받은 문화체육관광부장관은 신청 내용이 다음의 요건을 모두 갖춘 경우에 그 설립을 인가한다.
  - 사업계획서가 스포츠산업 진흥의 목적에 부합할 것
  - 사업 수행을 위한 자금 조달 방안이 있을 것
  - 업종별 사업자가 100분의 50 이상 참여할 것
- 신청을 받은 문화체육관광부장관은 신청을 접수한 날부터 30일 이내에 인가 여부를 결정하여 신청인에게 통보하여야 한다.
- 문화체육관광부장관은 제2항에 따라 사업자단체의 설립을 인가한 경우에는 문화체육관광부 인터넷 홈페이지에 그 사실을 공고하여야 한다.

제2과목 스포츠경영론

26 A스포츠센터의 총 자산은 15억 원이며, 이 중 유동자산 합계가 5억 원, 고정자산 합계가 10억 원, 유동부채 합계가 5억 원, 비유동부채 합계가 5억 원일 때 자본총계로 옳은 것은?

① 5억 원
② 10억 원
③ 15억 원
④ 20억 원

> 해설
> - 자본총계는 자기자본 혹은 순자산이라고도 한다.
> - 자본총계 = 자산총계 − 부채총계
>   = 15억 원 − (5억 원 + 5억 원)
>   = 5억 원

27 피들러(Fiedler)의 리더십 상황이론에 관한 설명으로 가장 옳지 않은 것은?

① 집단의 작업수행성과는 리더십스타일과 상황변수의 상호작용에 의해 결정된다고 가정한다.
② 리더십스타일을 지시적, 후원적, 참여적, 성취지향적으로 구분한다.
③ 상황변수는 '리더와 부하와의 관계', '과업구조', '직위권력'이다.
④ 상황변수가 복잡하고 그 크기를 측정하기 힘들다는 한계점이 있다.

> 해설 피들러(Fiedler)의 리더십 상황이론은 리더십 스타일을 과업지향적인 리더십과 관계지향적인 리더십으로 분류하고 있다.

28 인사고과의 방법 중 상대평가 기법으로 가장 옳지 않은 것은?

① 평정척도법(Rating Scale Method)
② 단순서열법(Simple Ranking Method)
③ 강제할당법(Forced Distribution Method)
④ 쌍대비교법(Paired Comparison Method)

> 해설 평정척도법은 인사고과의 방법 중 절대평가 기법에 해당된다.

29 마일즈(R. Miles)와 스노우(C. Snow)가 제시한 환경적합적 대응전략으로 옳은 것을 모두 고른 것은?

> ㄱ. 공격형 전략
> ㄴ. 방어형 전략
> ㄷ. 반응형 전략

① ㄱ, ㄴ
② ㄱ, ㄷ
③ ㄴ, ㄷ
④ ㄱ, ㄴ, ㄷ

해설 마일즈와 스노우가 제시한 환경적합적 대응전략에는 공격형 전략, 방어형 전략, 분석형 전략이 있다.
- 공격형 전략 : 새로운 고객의 욕구를 파악함으로써 고객이 원하는 바를 신속하게 충족하는 전략이다.
- 방어형 전략 : 기존에 존재하는 제품을 저가 혹은 고품질로 고객을 충족하는 전략이다.
- 분석형 전략 : 관찰을 통해 성공의 가능성이 보일 경우 신속하게 진입하고 마케팅상 이점을 살려서 경쟁하는 전략이다.

30 경영전략에 관한 설명으로 옳지 않은 것은?

① 경영전략은 기업이 활동하는 경영환경의 위협, 위험, 기회에 대하여 기업이 보유한 경영자원으로 대응하고자 하는 노력이다.
② 운영전략은 기업 내 사업단위가 그 사업에 관련된 시장에서의 경쟁에 대한 것이다.
③ 전략은 달성하고자 하는 목표와 기업 활동의 기본방침을 연결시켜 준다.
④ 전략은 그 대상이 되는 기업 활동이나 관련된 조직의 범위와 수준에 따라 흔히 전사적 전략, 사업전략, 운영전략으로 나누어진다.

해설 기업 내 사업단위가 그 사업에 관련된 시장에서의 경쟁에 대한 것은 사업전략에 대한 설명이다.

31 집단의사결정의 특징으로 옳지 않은 것은?

① 개인의사결정에 비해 보다 정확한 경향이 있다.
② 개인의사결정에 비해 책임소재가 더 명확하다.
③ 개인의사결정에 비해 더 많은 대안을 생성할 수 있다.
④ 의사결정 시 다양한 경험과 관점을 반영할 수 있다.

해설 집단의사결정은 조직의 의사결정이 개인이 아닌 집단을 통해 이루어지므로, 의사결정 결과에 대한 책임이 모호하다는 단점이 있다.

32 다음 보기에서 설명하는 생산시스템으로 옳은 것은?

> - 원재료 · 부품 · 반제품 등과 같은 종속적 수요의 재고에 대한 주문 및 생산계획을 처리하도록 만들어진 정보시스템
> - 재고관리 및 일정계획과 통제의 두 가지 기능을 동시에 수행하는 기법

① 공급사슬관리(SCM)
② 자재소요계획(MRP)
③ 적시생산시스템(JIT)
④ 컴퓨터통합생산(CIM)

해설
- 공급사슬관리(SCM) : 공급자로부터 기업 내 변환과정, 유통망을 거쳐 최종 고객에 이르기까지 자재, 서비스 및 정보의 흐름을 전체 시스템의 관점에서 관리하는 것을 말한다.
- 적시생산시스템(JIT) : 제품생산에 요구되는 부품 등 자재를 필요한 시기에 필요한 수량만큼 조달하여 낭비적 요소를 근본적으로 제거하려는 생산시스템을 말한다.
- 컴퓨터통합생산(CIM) : 고객지향에 기반을 두고 제조업의 비즈니스 속도와 유연성 향상을 목표로 생산, 판매, 기술 등 각 업무기능의 낭비와 정체를 제거하고 업무 자체의 단순화 · 표준화를 위해 컴퓨터 네트워크로 통합하는 것을 말한다.

33 포터(M. Porter)의 본원적 경쟁전략 중 한정된 특정시장을 목표로 하는 전략으로 옳은 것은?

① 제품수명주기 전략
② 포트폴리오 전략
③ 집중화 전략
④ 차별화 전략

해설 포터(M. Porter)가 제시한 본원적 경쟁전략에는 비용우위 전략, 차별화 전략, 집중화 전략이 있다.
- 비용우위 전략 : '원가우위전략'이라고도 하며, 경쟁사 제품과 품질이나 인지도가 비슷하다면 판매가격을 최대한 낮추는 방법으로 전략을 수행하는 것이다.
- 차별화 전략 : 제품가격은 다소 비싸도 경쟁사의 제품이나 서비스보다 우위에 있을 수 있도록 차별화하는 전략을 수행하는 것이다.
- 집중화 전략 : 가격이나 품질을 높이는 전략을 세우되 전체 고객을 상대로 하는 것이 아니라 한정된 특수고객에게 집중하여 원가우위 혹은 차별화 전략을 수행하는 것이다.

34 다음 보기에서 설명하는 것으로 옳은 것은?

> 스포츠 단체 또는 대회의 로고, 마스코트 등을 사용하고 상품화할 수 있는 권리를 전문적으로 다루는 에이전시

① 국제 스포츠 마케팅 에이전시
② 선수관리 에이전시
③ 라이선싱과 머천다이징 전문 에이전시
④ 광고 스포츠 에이전시

해설   스포츠 에이전시의 유형에는 국제 스포츠마케팅 에이전시, 선수관리 에이전시, 광고 스포츠 에이전시, 라이선싱 & 머천다이징 전문 에이전시, 풀 서비스 에이전시가 있으며, 스포츠단체 혹은 스포츠이벤트의 상품화 권리를 전문적으로 다루는 에이전시는 라이선싱 & 머천다이징 전문 에이전시에 해당된다.

35 적시생산시스템(JIT)에 대한 설명으로 옳지 않은 것은?

① 공간절약을 통해 비용을 절감하고자 함
② 재고를 최소화하고자 함
③ 유럽의 자동차회사에서부터 시작되었음
④ 대량의 반복생산체제에 적합함

해설   적시생산시스템(JIT)은 제품생산에 요구되는 부품 등 자재를 필요한 시기에 필요한 수량만큼 조달하여 낭비적 요소를 근본적으로 제거하려는 생산시스템을 의미하며, 일본 도요타 자동차의 초대 사장인 도요타 기이치로가 창안한 생산방식이다.

36 스포츠경영을 과정 측면에서 보는 관점에 관한 설명으로 가장 옳지 않은 것은?

① 계획이란 경영목표를 세우고 이를 달성하기 위한 최선의 방안을 찾는 활동이다.
② 조직화란 인적, 물적 자원을 배분하는 활동이다.
③ 지휘란 사람들이 높은 성과를 달성할 수 있도록 이끄는 활동이다.
④ 통제란 원활한 의사소통을 행하는 활동이다.

해설   스포츠경영을 과정 측면으로 보는 관점은 '계획-조직-지휘-평가(통제)'이며, 통제는 수행된 활동이 계획 혹은 설정한 목표달성에 부합하고 있는지를 감독 및 조사하는 활동이다.

정답   34 ③   35 ③   36 ④

37 변혁적 리더십의 특징으로 옳지 않은 것은?

① 부하들에게 장기적인 목표를 위해 노력하도록 동기를 부여한다.
② 부하들에게 즉각적·가시적인 보상으로 동기를 부여한다.
③ 질문을 하여 부하들에게 스스로 해결책을 찾도록 격려하거나 함께 일을 한다.
④ 부하들에게 자아실현과 같은 높은 수준의 개인적인 목표를 동경하도록 동기를 부여한다.

> **해설** 부하들에게 조건적이고 가시적인 보상으로 동기부여를 하는 것은 '거래적 리더십'의 특징에 해당된다.

38 일정시점에서 기업이 보유하고 있는 자산, 부채, 자본의 구성 및 금액을 보고하고자 작성되는 재무보고서로 옳은 것은?

① 재무상태표
② 포괄손익계산서
③ 현금흐름표
④ 자본변동표

> **해설** 재무상태표는 어느 일정시점에서의 재무상태를 나타내기 위해 작성하는 기본 재무제표로, 재무상태표에서의 자산은 크게 유동자산과 비유동자산으로 나뉜다.

39 다음 보기에서 설명하는 마케팅 전략으로 옳은 것은?

> SWOT에 의한 전략 중 외부 환경에서 불리한 요인을 회피하기 위해 경쟁자와 비교하여 소비자들로부터 강점으로 인식되는 요인을 사용해 창출한다.

① 다각화전략
② 공격전략
③ 방어전략
④ 안정전략

> **해설**
> - SO전략(공격전략) : 기회를 활용하기 위해 강점을 사용하는 전략(사업구조, 사업영역, 사업 포트폴리오, 시장확대)
> - ST전략(다각화전략) : 위험을 회피하기 위해 강점을 사용하는 전략(신사업 진출, 신제품 및 신기술 개발, 신고객 창출)
> - WO전략(안정전략) : 약점을 극복함으로써 기회를 활용하는 전략(혁신, 구조조정)
> - WT전략(방어전략) : 위협을 회피하고 약점을 최소화하는 전략(원가절감, 축소/철수전략)

40 스포츠이벤트의 설계 시 고려해야 할 사항으로 상대적인 중요성이 가장 낮은 것은?

① 운동선수와 경기장
② 소비자들의 선호도
③ 스포츠용품 제조업체
④ 후원업체의 존재 여부

해설 운동선수와 경기장, 소비자선호도, 후원업체는 스포츠이벤트의 성공을 좌우할 수 있는 중요요소가 되며, 이와 비교하여 스포츠용품 제조업체는 공인구, 경기시설 등을 제조하는 업체이므로 상대적 중요성이 떨어진다.

41 다음 스포츠시설 관련 투자안(A, B, C)에 대하여 수익성지수(PI)를 활용해 평가한 투자순위를 나열한 것으로 옳은 것은?

- 투자안A – 투자비용(현금유출액의 현재가치) 200만 원, 현금유입액의 현재가치 410만 원
- 투자안B – 투자비용(현금유출액의 현재가치) 150만 원, 현금유입액의 현재가치 300만 원
- 투자안C – 투자비용(현금유출액의 현재가치) 100만 원, 현금유입액의 현재가치 210만 원

① A > B > C
② A > C > B
③ B > A > C
④ C > A > B

해설
- 수익성 지수(PI)는 투자금액 대비 회수할 수 있는 금액에 대한 비율로, 지수가 1보다 크면 경제성이 있어 투자할 가치가 있다고 본다.
- 수익성 지수(PI) = 미래에 회수할 수 있는 금액의 현재가치/초기 투자금액의 현재가치
- 투자안 A의 수익성 지수(PI) = 410/200이 되므로 2.05가 되고, 투자안 B의 수익성 지수(PI) = 300/150이 되므로 2가 되며, 투자안 C의 수익성 지수(PI) = 210/100이 되므로 2.1이 된다.
- 따라서 투자안 C(PI = 2.1) > 투자안 A(PI = 2.05) > 투자안 B(PI = 2)의 순서로 투자순위가 결정된다.

42 재무비율 계산 공식으로 옳지 않은 것은?

① 유동비율 = (유동자산 ÷ 유동부채) × 100
② 노동생산성(원) = 부가가치 ÷ 종업원 수
③ 재고자산 회전율 = 재고자산 ÷ 매출액
④ 매출액순이익률 = (당기순이익 ÷ 매출액) × 100

해설 재고자산 회전율 = 매출액 ÷ 재고자산

43 투자안의 평가방법에 대한 설명으로 옳지 않은 것은?

① 순현재가치(NPV)법에서 투자안의 NPV가 0보다 크면 투자안을 채택한다.
② 내부수익률(IRR)법에서 투자안의 IRR이 자본비용보다 작으면 투자안을 채택한다.
③ 회계이익률법에서 투자안의 회계이익률이 목표회계이익률보다 크면 투자안을 채택한다.
④ 회수기간법에서 투자안의 회수기간이 목표회수기간보다 짧으면 투자안을 채택한다.

해설
- 내부수익률법은 현금유입의 현재가치와 현금유출의 현재가치를 일치시켜서 투자안의 순현가를 0으로 하는 할인율을 구한 후, 이를 자본비용과 비교하여 투자를 결정하는 방법을 말한다.
- 내부수익률이 자본비용을 넘으면 채택하고, 반대일 경우 채택하지 않게 된다.

44 다음 빈칸 안에 들어갈 말로 옳은 것은?

( )은 영업이익이 0원이 될 때의 판매량 또는 생산량을 말한다.

① 손익분기점
② 자본조달분기점
③ 목표판매량
④ 경제적 주문량

해설 손익분기점은 일정 기간 수익과 비용이 똑같아 이익도 손실도 생기지 않은 경우의 매출액을 말한다.

45 테일러(F. Taylor)의 과학적 관리법에 대한 설명으로 옳지 않은 것은?

① 작업방식의 과학적 연구
② 과학적인 근로자 선발 및 훈련
③ 합리적 경제인을 가정
④ 관리활동의 통합

해설 테일러(F. Taylor)가 제시한 과학적 관리법의 4가지 기본원리는 작업방식의 과학적 대체, 근로자의 과학적 선발 및 훈련, 경영자와 근로자 간의 균등한 업무분담, 경영자와 근로자 간의 친밀한 협동체제 확립이 있다.

정답 43 ② 44 ① 45 ④

46 구단이 소속선수의 보유권을 상실하거나 포기하여 다른 구단과 자유롭게 계약을 맺을 수 있는 제도로 옳은 것은?

① 구단전속계약제도
② 자유계약제도
③ 임의탈퇴선수제도
④ 트레이드제도

> **해설** 자유계약제도는 구단이 선수의 보유권을 상실하거나 포기해 다른 어떤 구단과도 자유롭게 계약을 맺을 수 있는 제도를 의미한다.

47 야구공을 생산하는 회사의 월별 생산량 자료 중 최근 3개월 자료를 활용, 가중이동평균법을 적용하여 구한 5월의 예측생산량으로 옳은 것은? (단, 가중치는 4월 0.5, 3월 0.3, 2월 0.2를 적용한다.)

구 분	1월	2월	3월	4월
생산량(개)	90만	70만	90만	110만

① 87만 개
② 90만 개
③ 93만 개
④ 96만 개

> **해설**
> - 5월 생산량을 예측하는 데 최근 3개월 자료를 사용하라고 했으므로 2·3·4월의 자료를 참고로 하면 되며, 2·3·4월의 생산량에 가중치를 곱해 더하면 된다.
> - (110만 × 0.5) + (90만 × 0.3) + (70만 × 0.2) = 55만 + 27만 + 14만
>   = 96만

48 스포츠조직에서 공식적으로 주어진 임무 외의 업무를 자발적으로 수행하는 것은?

① 조직시민행동
② 집단사고
③ 직무만족
④ 직무몰입

> **해설** 조직시민행동은 조직구성원이 조직이 제공하는 공식적인 보상과는 상관없이 조직의 효율성을 증진하고자 행하는 자발적 행동을 의미한다.

정답 46 ② 47 ④ 48 ①

49 BCG 매트릭스의 4가지 영역과 주요 전략의 연결로 옳지 않은 것은?

① Star – 유지전략, 육성전략
② Cash Cow – 유지전략
③ Question Mark – 육성전략, 회수전략, 철수전략
④ Dog – 회수전략, 육성전략

해설
- Star : 유지전략, 증대(육성)전략
- Cash Cow : 유지전략
- Question Mark : 증대(육성)전략, 수확(회수)전략, 철수전략
- Dog : 수확(회수)전략, 철수전략

50 스포츠기업이 선도기업을 모범삼아 경쟁력을 강화하고자 하는 경영혁신 기법으로 옳은 것은?

① 리스트럭처링(Restructuring)
② 6시그마(6-Sigma)
③ 벤치마킹(Benchmarking)
④ 리엔지니어링(Reengineering)

해설 선도기업을 모범삼아 경쟁력을 강화하는 방법은 벤치마킹인데, 복제나 모방과는 다르며 기업에서 경쟁력을 제고하기 위해 다른 기업에서 배워 오고자 하는 경영혁신 기법이다.

제3과목　스포츠마케팅론

51 스포츠마케팅 조사를 위한 설문지 작성 시 폐쇄형 질문과 비교한 개방형 질문에 대한 설명으로 옳지 않은 것은?

① 자료처리에 많은 시간과 노력이 든다.
② 사생활과 관련되거나 민감한 질문은 하지 않는다.
③ 조사자가 알지 못했던 정보나 문제점을 발견하는 데 유용하다.
④ 응답자에게 자기표현의 기회를 줌으로써 조사자의 의견을 존중하는 느낌을 준다.

해설 ④ 설문지 조사법은 응답자에게 자기표현의 기회를 줘 응답자의 의견을 존중하는 느낌을 줄 수 있다.

정답　49 ④　50 ③　51 ④

52 브랜드의 구성요소로 옳은 것을 모두 고른 것은?

> ㄱ. 캐릭터　　　　　ㄴ. 슬로건
> ㄷ. 심벌　　　　　　ㄹ. 로고
> ㅁ. 라벨

① ㄱ, ㄴ, ㅁ
② ㄱ, ㄴ, ㄷ, ㄹ
③ ㄱ, ㄷ, ㄹ, ㅁ
④ ㄴ, ㄷ, ㄹ, ㅁ

해설 브랜드의 구성요소는 브랜드 네임, 로고와 심벌, 징글, 슬로건, 캐릭터, 패키지 등이 있다. 라벨(Label)은 제품에 대한 정보를 종이나 천에 상표나 품명 따위를 인쇄하여 상품에 붙여 놓은 조각을 말한다.

53 국내 프로스포츠라이선싱 프로그램에 관한 설명으로 가장 옳지 않은 것은?

① 제품 판매를 목적으로 하지 않는 라이선싱 제품이 있다.
② 구단은 구단제품의 판매량에 비례하는 수입을 갖는다.
③ 구단이 라이선싱 프로그램을 직접 관리할 수 있다.
④ 라이선싱 제품을 연고지역에서만 판매할 수 있다.

해설 라이선싱 제품은 연고지역을 포함 지역에 상관없이 판매할 수 있다.

54 다음 보기에서 설명하는 스포츠 스폰서십의 6P's로 옳은 것은?

> 스포츠단체와 스폰서가 상호 이익의 교환이라는 기본적 입장을 초월해 서로의 욕구를 최대한 만족시키기 위해 동반자적인 관계를 형성하는 것

① 플랫폼
② 연 합
③ 편 재
④ 선 호

해설 스포츠 스폰서십의 6가지 P's(스포츠 스폰서십의 요인 6가지)
- 플랫폼(Platform) : 스포츠 스폰서십은 마케팅 커뮤니케이션을 위한 일종의 기법일 수도 있고 발판이나 기틀일수도 있다.
- 연합 또는 공동협력(Partnership) : 스포츠단체와 스폰서가 상호 이익의 교환이라는 기본적 입장을 초월해 서로의 욕구를 최대로 만족시키기 위해 동반자적인 관계를 형성하는 것을 의미한다.
- 편재(Presence) : 편재는 소비자가 제품 선택 시 어느 곳에서나 쉽게 접할 수 있는 접근의 용이성, 획득의 용이성, 그리고 사용의 편리성을 의미한다.
- 선호(Preference) : 스포츠 스폰서십은 상표인지 향상과 상표선호도 강화를 위한 수단으로써의 역할을 한다.
- 구매(Purchase) : 스폰서가 활용할 수 있는 권리 중 하나는 소매 단계에서 스포츠이벤트의 자산을 활용하여 판매 증진을 꾀하는 것이다.
- 보호(Protection) : 공식스폰서들이 막대한 비용을 들이며 스폰서십 프로그램에 참여하는 것은 그들이 기대하는 효과가 있기 때문이다. 따라서 공식스폰서에 대한 보호는 스폰서십 프로그램에 반드시 포함되어야 한다.

55 시장침투가격결정을 사용하는 상황이 아닌 것은?

① 매출중심적인 가격 목표를 설정할 때
② 경쟁중심 가격전략에서 상대적 저가전략을 취할 때
③ 신제품 도입 시 초기저가전략을 취할 때
④ 제품수명주기 전략의 관점에서 도입기 단계에 있을 때

해설 시장침투가격전략(Penetration Pricing)을 사용하는 상황은 매출중심적인 가격 목표를 설정할 때, 경쟁중심 가격전략에서 상대적 저가전략을 취할 때, 신제품 도입 시 초기저가전략을 취할 때, 제품수명주기 전략의 관점에서 성장기 단계에 있을 때, 이렇게 크게 4가지 상황으로 볼 수 있고 구체적으로 여러 환경들도 고려해야 한다.

56 미디어에 의한 스포츠 경기환경 변화로 가장 옳지 않은 것은?

① 경기 스폰서의 변경
② 경기 규칙의 변경
③ 경기 일정의 변경
④ 경기용품 및 경기복의 변경

해설 미디어가 스포츠 경기환경 변화에 미치는 영향으로는 스포츠에 대해 부당하게 간섭하거나(일정 변경, 경기용품, 경기복의 변경 등) 스포츠를 쇠퇴시키기도 한다(미디어에 맞게 스포츠 룰 변형).
① '경기스폰서의 변경'은 경기환경의 변화가 아니라 경기 외적인 마케팅 측면의 변화에 해당된다.

57 설문지 구성 시 신뢰도에 영향을 미치는 요인으로 옳지 않은 것은?

① 문항 수
② 문항의 난이도
③ 문항형태
④ 측정내용의 범위

해설 신뢰도에 영향을 미치는 요인으로 측정내용의 범위, 개인차, 문항 수, 신뢰도 검사유형, 문항 반응 수, 문항 난이도 등이 있다.

58 스포츠제품 시장을 세분화하는 데 사용하는 기준으로서 인구통계적 변수로 옳지 않은 것은?

① 소득
② 교육수준
③ 가족규모 및 형태
④ 라이프스타일

해설 인구통계학적 변수들은 연령, 성별, 지역, 소득, 교육수준, 종교, 가족규모 및 형태 등이 있다. 라이프스타일은 심리분석적 변수에 해당된다.

59 기업의 스포츠 스폰서십 참여기준을 스포츠이벤트 자체의 가치 관련 기준과 기업 내부 기준으로 구분할 때, 기업 내부 기준으로 옳은 것은?

① 매체노출 효과
② 계절성
③ 대중의 선호도
④ 스폰서십 참여 비용

해설 ①·②·③ 스포츠이벤트 자체의 가치 관련 기준에 해당된다.

정답 56 ① 57 ③ 58 ④ 59 ④

60 스포츠 스폰서십의 효과측정방법으로 옳은 것을 모두 고른 것은?

ㄱ. 매체노출량 측정	ㄴ. 소비자태도 변화 측정
ㄷ. 스포츠경기 성적 측정	ㄹ. 매출액 변화 측정

① ㄱ, ㄴ, ㄷ
② ㄱ, ㄴ, ㄹ
③ ㄱ, ㄷ, ㄹ
④ ㄴ, ㄷ, ㄹ

해설 스포츠경기 성적 측정은 스포츠 스폰서십 효과측정방법과 관련이 없다.

61 스포츠마케팅의 속성에 대한 설명으로 가장 옳지 않은 것은?

① 스포츠상품을 매개로 한다.
② 스포츠소비자의 욕구를 충족시킨다.
③ 스포츠 관련 조직의 목표를 달성한다.
④ 스포츠시장에서는 소수의 혜택을 제공한다.

해설 스포츠시장에서는 소수가 아니라 다수의 혜택에 중점을 두어야 한다.

62 스포츠마케팅을 '스포츠의 마케팅(Marketing of Sport)'과 '스포츠를 이용한 마케팅(Marketing through Sport)'으로 구분할 때, '스포츠의 마케팅' 주체로 가장 옳지 않은 것은?

① 선 수
② 기 업
③ 팀·구단
④ 스포츠조직

해설 스포츠의 마케팅(Marking of Sports)은 스포츠 자체를 사업화하는 것으로 스포츠제품이나 서비스에 대한 마케팅을 의미한다. 스포츠 클럽의 회원 모집, 스포츠 팀의 팬 확보, 스포츠 시설 이용객 모집, 직접적인 스포츠 참여에 필요한 용품, 의류, 프로그램의 판매 등이 여기에 해당한다. 그리고 소비자는 일반 대중이 되며, 상품화된 스포츠를 어떻게 소비자에게 판매할 것인가가 스포츠의 마케팅 활동 목적이 된다.
② 기업은 스포츠를 이용한 마케팅에 해당된다.

63 A구단의 입장권 가격은 특별석 20,000원, 일반석 6,000원, 할인석 3,000원으로 3종류이다. 경기에서 A구단은 오늘 특별석 2,000장, 일반석 15,000장, 할인석 3,000장을 판매하였을 때 A구단의 오늘 평균 입장료로 옳은 것은?

① 6,000원
② 5,000원
③ 6,950원
④ 4,500원

해설 평균 입장료를 구하기 위해서는 총수익에 총 판매된 입장권 장수를 나누면 된다. 따라서 평균 입장료 구하는 방법은 다음과 같다.
특별석 총수입 : 20,000원 × 2,000장 = 40,000,000원
일반석 총수입 : 6,000원 × 15,000장 = 90,000,000원
할인석 총수입 : 3,000원 × 3,000장 = 9,000,000원
총 입장권 수입 : 139,000,000원
총 판매된 장수 : 2,000장 + 15,000장 + 3,000장 = 20,000장
∴ 139,000,000원 ÷ 20,000장 = 6,950원

64 다음 보기에 적용할 수 있는 표본추출법으로 옳은 것은?

> 대학생들의 프로스포츠 종목별 선호도를 조사하기 위해 전국에서 몇 개의 대학을 무작위로 선정하고 이들로부터 다시 몇 개의 학과와 학년을 무작위로 선정하여 그에 해당하는 학생들을 대상으로 자료를 수집하려고 한다.

① 할당표본추출법
② 군집표본추출법
③ 층화표본추출법
④ 판단표본추출법

해설 ② 군집표본추출법은 모집단을 이질적인 구성요소를 포함하는 여러 개의 군집으로 구분한 다음, 구분된 군집을 표출단위로 하여 무작위로 몇 개의 군집을 표본으로 추출하고, 이를 전수조사 혹은 무작위추출하는 방법이다.
① 할당표본추출법은 비확률표본추출방법 중에서 가장 정교한 기법으로, 연령·성별·학력·직업·지역 등 일정한 기준을 가지고 사전에 결정되어 있는 백분율 혹은 표본수와 일치하도록 표본을 추출하는 방법이다.
③ 층화표본추출법은 모집단을 일정한 기준에 따라 2개 이상의 동질적인 층(Strata)으로 구분하고 각 층별로 단순무작위추출방법을 적용하는 방법으로, 모집단에 대한 기존 지식을 이용하여 모집단을 몇 개의 소집단으로 구분하되 각 집단내의 구성요소들이 전체 모집단의 구성요소보다 더 동질적으로 구성한 후에 단순무작위추출법을 적용하므로, 표본의 표준오차를 줄일 수 있고 표본의 대표성은 높아진다.
④ 판단표본추출(Judgment or Purposive Sampling)은 모집단을 전형적으로 대표하는 것으로 판단되는 사례를 표본으로 선정하는 방법이다.

65 올림픽이나 월드컵 등 빅 이벤트에서 성행하는 앰부시(Ambush) 마케팅에 대한 설명으로 가장 옳은 것은?

① 표적집단을 대상으로 하는 맞춤형 스폰서십을 의미한다.
② 낮은 등급의 스폰서로 참여하는 마케팅을 의미한다.
③ 공식 스폰서가 아니면서 그렇게 보이게끔 하는 활동을 의미한다.
④ 스폰서 지위를 보호하는 활동을 의미한다.

> **해설** 공식적인 스폰서가 아닌, 일반 기업이 마치 특정행사에 공식 스폰서인 것처럼 대중들을 현혹하여 공식 스폰서가 기대하는 효과의 일부를 획득할 목적으로 스포츠이벤트에 교묘하게 편승하는 기업 활동을 앰부시(Ambush) 마케팅이라 한다.

66 명품 브랜드를 보유한 기업이 혈통 좋은 승용마가 출전하는 전통 깊은 승마대회의 스폰서십을 선택했다. 스포츠 스폰서십을 마케팅수단으로 활용하는 기준으로 볼 때 기업이 추구하는 목표로 가장 옳은 것은?

① 승마연맹과 우호적인 관계 구축
② 경쟁기업과의 차별화
③ 고급스포츠와 이미지 부합
④ 승마활성화를 통한 매출증대

> **해설** 기업의 스포츠 스폰서십 참여 결정 기준(속성)으로 참여능력(업무의 용이성), 스포츠이벤트의 가치(독점성), 스포츠 스폰서십 참여비용, 비용효과(효율성), 담당자의 전문성(전문성), 시간적 여유, 매체노출효과, 대중의 선호도, 장소, 표적시장과 측정 가능성, 계절성, 기업 이미지 제고, 지속성과 연속성/확장성, 판매기회 등이 있다.

67 스포츠마케팅 환경요인 중 외적 환경요인으로 옳지 않은 것은?

① 경 제
② 경쟁자
③ 공급업자
④ 기업문화

> **해설** 스포츠마케팅 환경요인 중 외적 환경요인은 일반적으로 기업이 통제할 수 없으며 소비자, 경쟁자, 공급업자, 기술, 경제, 사회, 문화, 법, 매체 등이 있다.

68 라이선싱은 스포츠 조직과 기업 간의 사업으로 많은 문제를 가져올 수 있는 사업이다. 다음 중 라이선싱 사업의 잠재적 단점으로 옳지 않은 것은?

① 책임보험 문제
② 불법복제
③ 저작권 침해
④ 포장비용 문제

해설 책임보험 문제는 잠재적 단점이 아니라 위험에 대한 보장 조치이므로 발생할 수 있는 문제를 해결할 수 있는 중요한 수단이라고 할 수 있다.

69 A스포츠용품기업에서 축구용품으로 성공한 XX상표를 야구용품과 골프용품에도 사용하려고 하는 전략으로 옳은 것은?

① 메가상표(Mega Brand)
② 개별상표(Individual Brand)
③ 복수상표(Multi Brand)
④ 상표확장(Brand Extension)

해설 ④ 상표확장(Brand Extension)은 신제품에 기존 상표를 연결하여 소비자가 쉽게 접근할 수 있도록 하는 방법이다.
① 메가상표(Mega Brand)는 단일시장 내에서 독점적 인지도를 구가하면서 라인을 확장한 제품들에 사용되거나 혹은 차별적이고 명확한 아이덴티티를 가지는 다수의 개별 브랜드들을 보증하는 형태로 사용되는 패밀리 브랜드나 기업 브랜드라고 정의할 수 있다.
② 개별상표(Individual Brand)는 개별제품 품목마다 또는 제품계열마다 별개의 상표를 붙여 신제품의 이미지를 부각하려는 방법이다.
③ 복수상표(Multi Brand)는 본질적으로 동일한 제품에 대하여 두 개 이상의 상이한 상표를 설정하여 별도의 품목으로 구분하는 방법이다.

70 스포츠 마케터가 브랜드명(Brand Name)을 선정할 때의 고려사항으로 가장 옳지 않은 것은?

① 독특하고 긍정적 관련성을 가지고 기억하기 쉬워야 한다.
② 로고와는 독립적인 이미지를 구축하여 브랜드 명의 빠른 확장을 도모할 수 있어야 한다.
③ 스포츠 상품이 전달해주는 편익을 암시할 수 있어야 한다.
④ 법적으로나 윤리적으로 용인 가능한 것이어야 한다.

해설 브랜드명을 결정할 때 기억하기 쉽고 경쟁사의 브랜드명과 뚜렷이 구별되어야 한다. 또한 제품의 편익을 암시하면 더 좋고, 법의 보호를 받을 수 있는 것이어야 한다. 이러한 관점에서 로고와는 독립적인 이미지를 구축하는 것'이 아니라 상호 연계성을 가질 수 있도록 함으로써 브랜드명의 빠른 확장을 도모할 수 있다.

정답 68 ① 69 ④ 70 ②

71 방송사의 스포츠이벤트 TV중계권 구매 및 중계에 따른 기대효과로 가장 옳지 않은 것은?

① 해당 스포츠이벤트 방송에 따른 광고수입의 증대
② 이벤트의 성공적 운영을 위한 자금 확보
③ 유료 시청 수입의 증대
④ 방송사의 중계방송 기술력에 대한 입증

> **해설** ② '이벤트의 성공적 운영을 위한 자금 확보'는 스포츠중계권을 통해 경기단체 또는 스포츠이벤트의 주최자가 얻고자 하는 목적에 해당된다.
> ①·③·④ 방송사가 스포츠이벤트의 중계권을 획득하고자 하는 목적에 해당된다.

72 제품수명주기의 단계를 순서대로 나열한 것으로 옳은 것은?

① 도입기 → 성숙기 → 성장기 → 쇠퇴기
② 성장기 → 도입기 → 성숙기 → 쇠퇴기
③ 도입기 → 성장기 → 성숙기 → 쇠퇴기
④ 도입기 → 성장기 → 쇠퇴기 → 성숙기

> **해설** 제품수명주기는 '도입기-성장기-성숙기-쇠퇴기'의 순으로 구성되어 있다.

73 정보시스템 활동 중 일부분을 아웃소싱하는 이유로 옳지 않은 것은?

① IT와 경영지식을 겸비한 자체인력 양성
② 적은 노력으로 전문지식과 경험 확보
③ 외부인력 활용을 통한 비용 절감
④ 일정 수준의 품질 보장을 통한 리스크 감소

> **해설** 아웃소싱은 기업 업무의 일부 부문이나 과정을 경영 효과 및 효율의 극대화를 위한 방안으로 제삼자에게 위탁해 처리하는 것이므로 자체인력 양성과는 관계없다.

71 ② 72 ③ 73 ①

74 마케팅의 4P로 옳지 않은 것은?

① 촉 진
② 제 품
③ 가 격
④ 소비자

해설 마케팅의 4P는 가격, 제품, 유통, 촉진이다.

75 다음 중 라이선싱의 기대효과에 대한 설명으로 옳지 않은 것은?

① 기업이 라이선싱 프로그램에 참여하는 가장 큰 이유는 라이선싱 수수료 수입을 증대하는 것이다.
② 스포츠단체는 라이선싱 프로그램을 통해 더 많은 기업과 파트너 관계를 형성할 수 있다.
③ 기업이 라이선싱 프로그램에 참여하면, 자사의 브랜드가치가 낮더라도 라이선서가 가진 높은 명성이나 신용에 편승하여 상업적 신용혜택을 얻을 수 있다.
④ 기업은 IOC나 FIFA와 같은 스포츠단체가 구축한 마케팅 채널을 이용할 수 있다.

해설 기업이 라이선싱 프로그램에 참여하는 가장 큰 이유가 라이선싱 수수료(Licensing Commission) 수입을 증대하는 것이라고 보기는 어렵다. 라이선싱의 기대효과로는 제품판매 증진, 파트너 관계형성, 신뢰획득, 마케팅 채널 이용 등이 있다.

제4과목 스포츠시설론

76 체육시설의 설치·이용에 관한 법령상 운동종목에 따른 체육시설의 종류로 옳지 않은 것은?

① 골프장
② 세팍타크로장
③ 가상체험 체육시설
④ 인공암벽장

해설 가상체험 체육시설은 시설 형태에 따른 체육시설의 종류에 해당한다.

77 스포츠시설의 입지 결정을 평가하는 방법 중 시설물의 규모와 시설물까지의 이동거리의 관계로 최적 지역을 찾아내는 방법으로 옳은 것은?

① 가중치이용법
② 중력모델법
③ 요인평가법
④ 의사결정나무기법

해설 ② 중력모델법은 시설물의 규모와 시설물까지의 이동거리의 관계로 최적입지를 찾아내는 방법이다.
① 가중치이용법은 입지 선정에 필요한 요인들을 정한 후 특정 기준에 따라 선별하는 것이다.
③ 요인평가법은 요인별 상대적 중요성에 따라 가중치를 두어 계산하는 방법이다.
④ 의사결정나무기법은 의사결정을 위한 정보자료의 제공을 목적으로 의사결정과정을 그림으로 표현하는 방법이다.

78 경기장 입장권 판매 및 프로모션에 대한 설명으로 가장 옳지 않은 것은?

① PSL이란 일정기간 동안 지정좌석을 제공하는 형태의 특별 입장권을 말한다.
② 유통대행사를 활용하면 판매 소요비용이 경감되며, 입장료 원가 상승을 막을 수 있다.
③ 유통대행사를 통한 입장권 판매 시 관련 구단의 통제력이 약화할 가능성이 있다.
④ 입장권 프로모션의 유형에는 가격할인, 경품제공, 콘테스트, 쿠폰제공 등이 있다.

해설 유통대행사를 활용하면 판매 소요비용이 증가되며 입장료 원가가 상승한다.

79 농어촌형 스포츠시설 관련 특성으로 가장 옳지 않은 것은?

① 시장이 좁기 때문에 상대적으로 경쟁이 약하다.
② 인구유출로 인한 고객 확보의 어려움이 있다.
③ 여가가 많기 때문에 스포츠활동의 호응도가 높다.
④ 소득이 낮고 노동시간이 길어 고객유치가 어렵다.

해설 육체노동으로 인한 피로도가 높기 때문에 육체적 피로를 해소할 수 있는 활동에 대한 선호도를 고려할 필요가 있다.

80 체육시설의 설치·이용에 관한 법령상 가상체험 체육시설업(골프종목)의 시설기준으로 옳지 않은 것은?

① 타석과 스크린(화면)과의 거리는 3미터 이상이어야 한다.
② 타석으로부터 천장까지의 높이는 2.4미터 이상이어야 한다.
③ 타석과 대기석과의 거리는 1.5미터 이상이어야 한다.
④ 바닥은 미끄럽지 않은 재질로 설치해야 한다.

> 해설 타석과 스크린(화면)과의 거리는 3미터 이상, 타석으로부터 천장까지의 높이는 2.8미터 이상, 타석과 대기석과의 거리는 1.5미터 이상이어야 한다.

81 체육시설의 설치·이용에 관한 법령상 다음 빈칸 안에 들어갈 말로 옳은 것은?

> 자동차경주장의 부지면적은 트랙면적과 안전지대면적을 합한 면적의 (   )를 초과할 수 없다.

① 2배
② 4배
③ 5배
④ 6배

> 해설 ※ 2023년 12월 29일부로 시행령 별표3의 해당 조항이 삭제되어 현재는 정답이 없다.

82 새로운 스포츠의 개발 및 보급을 위해 고려해야 할 사항으로 가장 옳지 않은 것은?

① 프로모션 수단의 다각화 가능성
② 쉽고 간단한 장비로 즐길 수 있는 프로그램
③ 비용절감을 위한 운영자 중심의 규칙
④ 참가대상이나 지역특성에 맞는 규칙

> 해설 새로운 스포츠의 개발 및 보급을 위해 이용자 중심의 규칙이 고려되어야 한다. 뉴스포츠는 참가하는 사람들이 중심이 되는 형태로 형식에 얽매이지 않고 참가 대상, 지역 특성에 맞도록 규칙 변경이 가능하며, 간단하고 쉽게 누구나 즐길 수 있어야 한다.

정답 80 ② 81 해설참고 82 ③

83 체육시설의 설치·이용에 관한 법령상 신고 체육시설업으로 옳지 않은 것은?

① 골프장업
② 수영장업
③ 빙상장업
④ 종합 체육시설업

해설 골프장업, 스키장업, 자동차경주장업은 등록 체육시설업에 해당한다.

84 관람 스포츠시설의 특징으로 가장 옳지 않은 것은?

① 제공되는 부대시설이 다양하다.
② 시설 자체가 고객유인에 미치는 영향이 크다.
③ 고객이 전체 서비스의 일정 역할을 담당한다.
④ 스타 선수가 중요한 고객 유인의 동기가 된다.

해설 참여 스포츠시설의 경우 시설 자체가 고객유인에 미치는 영향이 크다.

85 다음 표에서 가중치이용법을 이용했을 때 스포츠시설의 입지로 가장 옳은 것은?

입지요인	가중치	A	B	C	D
시설물지대	0.5	80	70	85	90
상권형성	0.3	70	80	85	85
유동 및 거주인구	0.1	90	70	60	55
교통환경	0.15	80	70	60	60
노동환경	0.1	60	75	75	70
지역사회 태도	0.1	50	70	50	80

① A
② B
③ C
④ D

해설
- A입지 = (0.5 × 80) + (0.3 × 70) + (0.1 × 90) + (0.15 × 80) + (0.1 × 60) + (0.1 × 50) = 93
- B입지 = (0.5 × 70) + (0.3 × 80) + (0.1 × 70) + (0.15 × 70) + (0.1 × 75) + (0.1 × 70) = 91
- C입지 = (0.5 × 85) + (0.3 × 85) + (0.1 × 60) + (0.15 × 60) + (0.1 × 75) + (0.1 × 50) = 95.5
- D입지 = (0.5 × 90) + (0.3 × 85) + (0.1 × 55) + (0.15 × 60) + (0.1 × 70) + (0.1 × 80) = 100

86 스포츠시설에서 높은 고객만족도 유지로 기대할 수 있는 효과로 옳지 않은 것은?

① 가격민감도를 높인다.
② 미래 거래비용을 낮춘다.
③ 기존 고객의 충성도를 높인다.
④ 경쟁적 노력으로부터 기존 고객을 보호한다.

해설 높은 고객만족도를 유지했을 때 고객들의 가격에 대한 민감도가 낮아지는 효과를 기대할 수 있다.

87 체육시설의 설치·이용에 관한 법령상 사업계획의 승인을 받지 아니하고 등록 체육시설업의 시설을 설치한 자의 벌칙기준으로 옳은 것은?

① 1년 이하의 징역 또는 500만 원 이하의 벌금
② 1년 이하의 징역 또는 1천만 원 이하의 벌금
③ 2년 이하의 징역 또는 2천만 원 이하의 벌금
④ 3년 이하의 징역 또는 3천만 원 이하의 벌금

해설 사업계획의 승인을 받지 아니하고 등록 체육시설업의 시설을 설치한 자는 3년 이하의 징역 또는 3천만 원 이하의 벌금에 처한다.

88 프로구단의 매점사업 계약 유형을 전통적인 위탁계약과 관리대행 수수료계약으로 구분할 때, 관리대행 수수료계약에 대한 설명으로 옳지 않은 것은?

① 매점운영에 대한 감사업무가 단순해진다.
② 구장과 사업자 간에 상호이익을 추구하는 동업관계가 형성된다.
③ 매점사업자가 총수입의 일정비율과 이윤성과급이라는 수수료를 받는 계약을 말한다.
④ 구장 측이 사업운영에 관한 강력한 통제력과 유연성을 확보할 수 있다.

해설 관리대행 수수료 계약 시 구장 측의 사업 운영에 관한 통제력이 약해진다.

정답 86 ① 87 ④ 88 ④

89 체육시설의 설치·이용에 관한 법령상 무도학원업자가 준수해야 할 사항으로 옳지 않은 것은?

① 소음·진동관리법 등 개별법의 규정을 초과하는 소음·진동으로 지역 주민의 주거환경을 해치지 않도록 할 것
② 식품위생법령상 식품제조·가공업의 등록을 한 자가 제조·가공한 음료수를 판매하지 않을 것
③ 이용약관 등 회원 및 일반이용자와 약정한 사항을 지킬 것
④ 체육시설 업소 안에서 하는 도박이나 그 밖의 사행행위를 조장하지 않을 것

> 해설 식품위생법령상 식품제조·가공업의 등록을 한 자가 제조·가공한 음료수와 자동판매기기에 의한 음료수의 판매는 가능하다.

90 스포츠시설의 고객관리에 대한 설명으로 가장 옳지 않은 것은?

① 스포츠시설업의 주 수입원은 고객이 납부한 시설 이용료이기 때문에 확보된 고객의 수는 경영에 직접적인 영향을 미친다.
② 스포츠시설업의 고객이 되었다고 할지라도 시설관리 및 제반 서비스 등의 만족도에 따라 향후 등록에 대한 변동이 일어날 수 있으므로, 고객이탈을 사전에 방지할 수 있는 관리가 필요하다.
③ 고객의 수에 따라 수입의 증감이 좌우되므로 경영의 안정을 위해서는 다수의 고객을 확보해야만 한다.
④ 스포츠시설 이용자 특성상 한번 확보된 고객은 이탈 가능성이 많으나, 비용적인 측면에서 신규 고객의 창출에만 노력해야 한다.

> 해설 스포츠시설 이용자 특성상 한번 확보된 고객은 이탈 가능성이 적고, 신규 고객을 창출하는 것이 기존 고객을 유지하는 것에 비해 많은 노력과 비용이 투입된다.

91 스포츠시설을 홍보하기 위한 이벤트 개최목적으로 가장 옳지 않은 것은?

① 기금마련
② 제품개발
③ 고객환대
④ 미디어의 시선집중

> 해설 기금마련, 고객환대, 미디어의 시선집중은 이벤트를 개최함으로써 기대할 수 있는 효과이다. 스포츠시설에서 제품을 개발하기 위해서는 고객들의 성향분석과 욕구조사가 필요하다.

92 경기장 광고효과 및 경기장 광고 가격 산정에 활용되는 NTIV(National Television Impression Value)의 뜻으로 옳은 것은?

① TV 시청률을 감안한 광고가치
② TV 노출을 광고효과로 환산한 가치
③ TV 시청인구 수를 감안한 광고가치
④ TV 중계프로그램의 도발범위를 감안한 광고가치

> **해설** NTIV는 광고의 총 노출 시간을 합산하여 30초짜리 광고단가를 곱해 산출한 값이다. 따라서 TV 노출을 광고료로 환산한 가치로 볼 수 있다.

93 스포츠시설 프로그램 개발단계로 옳은 것은?

| ㄱ. 욕구조사 | ㄴ. 프로그램 실시 |
| ㄷ. 프로그램 평가 | ㄹ. 프로그램 계획 |

① ㄱ → ㄴ → ㄷ → ㄹ
② ㄱ → ㄹ → ㄴ → ㄷ
③ ㄹ → ㄱ → ㄴ → ㄷ
④ ㄹ → ㄱ → ㄷ → ㄴ

> **해설** 스포츠시설의 스포츠 프로그램 개발과정은 '조사 → 계획 → 수행 → 평가'의 순으로 이루어진다.

94 스포츠시설 관리 운영 시 지켜야 할 원칙으로 가장 옳지 않은 것은?

① 우수한 시설관리자의 확보
② 시설의 투자 확대
③ 각 담당자 간의 긴밀한 협조체계 구축
④ 시설관리기술에 대한 지속적인 능력 배양 및 투자

> **해설** 시설의 투자 확대는 스포츠시설의 관리 운영에 있어서 지켜야 할 원칙과 거리가 멀다. 스포츠시설관리의 기본 원리에는 시설관리자와 행정담당자의 긴밀한 관계유지, 능력 있는 관리자의 확보, 시설의 적절한 활용, 관리에 대한 지속적 투자와 연구의 필요 등이 있다.

정답 92 ② 93 ② 94 ②

95 체육시설의 설치·이용에 관한 법령상 행정처분기준 중 1차 위반 시 등록취소를 해야 하는 경우로 옳은 것은? (단, 등록 체육시설업자에 한함)

① 병설 대중골프장 준공기한의 연기를 받고 그 연기된 기한 내에 준공하지 않은 경우
② 시설물의 보수·보강 등 필요한 조치에 대한 이행 및 시정 명령을 준수하지 않은 경우
③ 변경등록을 하지 않고 등록 사항을 변경하여 영업을 한 경우
④ 중대한 사항을 거짓으로 등록한 경우

해설 중대한 사항을 거짓으로 등록한 경우는 1차 위반 시 등록취소가 적절하다.

96 스포츠시설의 설명 중 옳지 않은 것은?

① 광의의 스포츠시설은 스포츠활동을 하기 위해 필요한 인공시설물과 용구를 포함하고 있는 조형물이다.
② 협의의 스포츠시설은 스포츠활동을 하기 위해 제공되는 장소이다.
③ 스포츠 부속시설은 어떤 목적으로 설치된 시설로 운동의 성립·유지에 영향을 미친다.
④ 스포츠 부대시설은 시설 자체만으로는 의미가 없지만 스포츠시설의 기초가 되어 기능을 유지·향상 하는 역할을 한다.

해설 ③ 스포츠 부속시설 그 자체는 운동의 성립·유지와 관계가 없다. 샤워시설, 구내식당 등이 해당한다.

97 다음 보기의 설명에 해당하는 대상권역별 분류로 옳은 것은?

> 지역의 연합체를 대상으로 하는 시설로 전국대회가 가능한 종합체육시설 및 대규모의 복합시설 등이 포함된다.

① 광역권형 시설
② 근린권형 시설
③ 지구권형 시설
④ 지역권형 시설

해설 광역권형 시설은 전국대회가 가능한 종합체육시설 및 복합적 대규모의 복합시설, 근린권형 시설은 한 개의 초등학교 지역 내 주민들이 이용하는 학교 및 인근 체육시설, 지구권형 시설은 자가용을 이용해 5분 이내에 도달할 수 있는 거리로 주민센터, 커뮤니티센터 등이 모인 곳, 지역권형 시설은 약 1~10만의 인구 규모를 대상으로 설치된 공공, 민간시설이다.

98 체육시설의 설치·이용에 관한 법령상 체육시설업자와 회원모집에 대한 설명으로 옳지 않은 것은?

① 등록 체육시설업의 회원모집 시기는 시설설치공사의 공정이 30퍼센트 이상 진행된 이후이다.
② 회원탈퇴 등으로 결원을 보충하는 회원모집의 경우에는 비공개로 모집할 수 없다.
③ 회원을 신청한 자가 모집하려는 인원을 초과하는 경우에는 공정한 추첨을 통하여 회원을 선정해야 한다.
④ 회원의 자격을 제한하려는 경우에는 구체적인 자격제한 기준을 미리 약관에 명시해야 한다.

> 해설 회원탈퇴 등의 결원 보충 혹은 정원 미달로 재모집하는 경우 비공개 모집이 가능하다.

99 체육시설의 설치·이용에 관한 법령상 손해보험에 반드시 가입해야 하는 체육시설업자로 옳은 것은?

① 무도장업
② 체육도장업
③ 체육교습업
④ 체력단련장업

> 해설 체육시설업자는 체육시설의 설치 운영과 관련되거나 그 체육시설 안에서 발생한 피해를 보상하기 위하여 문화체육관광부령으로 정하는 바에 따라 보험에 가입하여야 한다. 다만, 체육도장업, 골프연습장업, 체력단련장업과 당구장업, 가상체험 체육시설업 및 체육교습업과 같이 문화체육관광부령으로 정하는 소규모 체육시설업자인 경우에는 해당되지 않는다.

100 지역 특성별 스포츠시설의 설치 시 유의해야 할 사항으로 가장 옳지 않은 것은?

① 이용자들의 이용시간대를 고려해야 한다.
② 부대시설과 편의시설의 종류를 적정하게 선정해야 한다.
③ 이용고객의 예측에 따른 적정한 규모의 설정이 필요하다.
④ 지역의 특성을 고려했으므로 고객유치 프로그램은 중요하지 않다.

> 해설 지역 특성에 따라 고객의 특성에 적합한 고객유치 프로그램은 중요하다.

CHAPTER 02 2022년 2회 필기 기출문제

제1과목 스포츠산업론

01 다음 중 스포츠소비자의 일반적인 구매의사 결정과정을 순서대로 나열한 것으로 옳은 것은?

> ㄱ. 문제인식
> ㄴ. 정보탐색
> ㄷ. 구매 후 행동
> ㄹ. 선택대안에 대한 평가와 선택
> ㅁ. 구 매

① ㄱ → ㄴ → ㄹ → ㅁ → ㄷ
② ㄱ → ㄴ → ㅁ → ㄷ → ㄹ
③ ㄴ → ㄱ → ㅁ → ㄷ → ㄹ
④ ㅁ → ㄷ → ㄱ → ㄴ → ㄹ

해설 스포츠소비자의 구매의사 결정과정은 '문제인식 → 정보탐색 → 대안평가 → 구매 → 구매 후 행동'의 단계를 거친다.

02 국민체육센터에서 저렴한 월회비를 받고 스포츠 프로그램을 개설하여 소비자들이 부담없이 반복적으로 프로그램을 구매 및 이용하는 경우의 구매행동 유형으로 옳은 것은?

① 복잡한 구매행동
② 부조화 감소 구매행동
③ 다양성 추구 구매행동
④ 습관적 구매행동

해설
- 복잡한 구매행동 : 소비자들이 구매에 관여도가 높고, 브랜드 간에 상당한 차이가 있을 때
- 부조화 감소 구매행동 : 소비자들이 구매에 관여도가 높고, 브랜드 간에 상당한 차이가 없을 때
- 다양성 추구 구매행동 : 소비자들의 관여도가 낮고, 브랜드 간에 상당한 차이가 있을 때
- 습관적 구매행동 : 소비자들의 관여도가 낮고, 브랜드 간에 상당한 차이가 없을 때

03 참여 스포츠의 수요에 영향을 미치는 용인에 대한 설명으로 옳지 않은 것은?

① 참여 스포츠는 비경쟁시장, 관람 스포츠는 경쟁시장에 가깝다.
② 강습비 등의 가격은 참여 스포츠 수요에 영향을 미친다.
③ 국민소득은 참여 스포츠의 수요에 영향을 미친다.
④ 연관상품의 가격은 참여 스포츠의 수요에 영향을 미친다.

> **해설** 참여 스포츠는 선수들 간의 경쟁을 통해 성과가 결정되는 시장이며, 관람 스포츠는 소비자의 경험과 선호도에 따라 소비되는 비경쟁시장이다.

04 스포츠산업 특수분류 v3.0에서 세분류 스포츠 의류 및 관련 섬유 제조업의 세세분류로 옳지 않은 것은?

① 스포츠 의류 제조업
② 캠핑용 직물제품 제조업
③ 스포츠 관련 의료부분품 제조업
④ 스포츠 가방 제조업

> **해설** 스포츠 가방 제조업은 스포츠 가방 및 신발 제조업의 세세분류에 해당한다.

05 스포츠산업 진흥법령상 지방자치단체 또는 공공기관이 프로스포츠단 사업 추진에 지원할 수 있는 경비로 옳은 것을 모두 고른 것은?

```
ㄱ. 인건비를 포함한 프로스포츠단의 운영비
ㄴ. 프로스포츠단의 부대시설 구축을 위한 비용
ㄷ. 각종 국내·국제 운동경기대회의 개최비와 참가비
ㄹ. 유소년 클럽 및 스포츠교실의 운영비
```

① ㄴ, ㄹ
② ㄱ, ㄴ, ㄷ
③ ㄱ, ㄷ, ㄹ
④ ㄱ, ㄴ, ㄷ, ㄹ

> **해설** 프로스포츠단 창단에의 출자·출연 등(「스포츠산업 진흥법 시행령」 제13조 제2항)
> 지방자치단체 또는 공공기관이 법 제17조 제2항에 따라 프로스포츠단 사업 추진에 지원할 수 있는 경비의 범위는 다음과 같다.
> - 프로스포츠단의 운영비(인건비를 포함한다)
> - 프로스포츠단의 부대시설 구축을 위한 비용
> - 각종 국내·국제 운동경기대회의 개최비와 참가비
> - 유소년 클럽 및 스포츠교실의 운영비
> - 그 밖에 프로스포츠단의 활성화를 위하여 필요한 경비

정답 03 ① 04 ④ 05 ④

06 스포츠 콘텐츠 유통경로의 다양화와 가장 밀접한 관계가 있는 것으로 옳은 것은?

① 경기장건설 기술의 발전
② 광고기법의 발전
③ 선수 경기력의 향상
④ 정보통신기술의 발전

해설 콘텐츠란 각종 유무선 통신망을 통해 제공되는 디지털 정보를 통칭하여 이르는 말이므로, 스포츠 콘텐츠의 유통경로 다양화는 정보통신기술의 발전과 연관이 있다.

07 스포츠시장에 제공되는 스포츠제품 중 비즈니스 주체의 성격이 다른 것으로 옳은 것은?

① TV중계권
② 선수초상권
③ 골프장회원권
④ 경기관람권

해설 TV중계권, 선수초상권, 경기관람권은 프로스포츠시장을 중심으로 이루어지는 비즈니스이나, 골프장회원권은 참여 스포츠시장을 중심으로 이루어지는 비즈니스이다.

08 스포츠제품의 특성으로 가장 옳지 않은 것은?

① 외적인 환경과 개개인의 내적인 상황에 따라 주관적으로 경험한다.
② 사회적 이질성의 표현 수단으로 스포츠가 이용된다.
③ 국위선양과 국가 우월성 소구의 기회를 제공한다.
④ 관람 스포츠제품은 승부 결과에 대한 예측이 어렵다.

해설 사회적 이질성의 표현 수단으로 스포츠가 이용되는 것이 아니라, 사회의 통합 및 화합을 위해 스포츠가 이용된다.

09 정부나 지방자치단체가 스포츠이벤트 유치를 위한 정책적인 지원을 하는 이유로 가장 옳지 않은 것은?

① 지역경제 활성화
② 개최도시 홍보를 통한 도시 인지도 제고
③ 자국선수의 입상
④ 국민 및 지역주민에게 자긍심 고취

해설 정부나 지방자치단체의 스포츠이벤트 유치는 사회·문화·경제적 측면에서의 효과를 창출하기 위함이며, 자국선수의 입상은 대한체육회와 같은 스포츠조직의 목표일 뿐 스포츠이벤트 유치를 위한 정부나 지방자치단체의 정책적 목표와는 거리가 멀다.

10 파레토의 법칙(Pareto Principle)에 관한 설명으로 가장 옳은 것은?

① 30%의 소비자가 70%의 매출을 구성한다.
② 40%의 열성 팬이 전체 티켓 판매량의 70%를 구성한다.
③ 30%의 열성 팬이 전체 티켓 판매량의 60%를 구성한다.
④ 20%의 열성 소비자가 전체 매출의 80%를 구성한다.

해설 파레토의 법칙(Pareto Principle)은 20%의 소비자가 전체매출의 80%를 차지함을 의미하므로, 스포츠 소비집단은 20%의 소비자가 전체 매출의 80%를 차지함을 의미한다.

11 스포츠산업의 환경 변화로 가장 옳지 않은 것은?

① 4차 산업혁명으로 인한 스포츠산업 관련 고용일자리 감소
② 스포츠용품 관련 과학기술개발 경쟁 심화
③ 소셜 네트워크 서비스(SNS) 등의 확산으로 스포츠이벤트에 대한 관심 증가
④ 참여·레저스포츠와 건강 분야에 대한 지속적 관심 증대

해설 4차 산업혁명으로 인해 스포츠 분야에서도 인공지능(AI), ICT 등의 급속한 발전이 이루어지고 있으며 스포츠산업 융·복합화는 스포츠산업분야의 고용창출을 확대하고 있다.

12 경기장사업의 가치사슬에 관한 설명으로 옳지 않은 것은?

① 경기장에서 열리는 스포츠이벤트의 관중 수는 경기장사업의 가치를 결정하는 중요한 요소이다.
② 경기장에 입주한 구단의 인기도는 경기장사업의 가치를 결정하는 핵심요소이다.
③ 단기 이벤트는 경기장사업의 가치사슬 선상에 있지 않다.
④ 미디어는 경기장사업의 가치를 결정하는 중요한 요소이다.

해설 단기 이벤트 역시 경기장사업의 가치사슬 선상에 놓이게 된다.

정답 09 ③ 10 ④ 11 ① 12 ③

13 한 국가의 경제규모를 설명하는 국내총생산(GDP) 개념을 스포츠산업에 적용하여 국내스포츠총생산(SGDP)을 산출하려고 할 때 포함되는 경제활동으로 옳지 않은 것은?

① 기업의 국내 프로리그 타이틀 스폰서 지위 획득을 위한 투자
② 방송사의 국내 프로야구 중계권 구입을 위한 지출
③ 프로구단의 선수계약금 지불
④ 지방자치단체의 유니폼 스폰서 지위 획득을 위한 투자

> 해설 국내총생산(GDP)은 일정 기간 동안 한 나라 안에서 생산된 모든 최종 생산물의 시장 가치 합을 의미한다. GDP는 최종 생산물의 시장 가치 합이나 총생산물의 시장 가치 합-중간 생산물의 시장 가치 합 또는 각 생산 단계에서 창출된 부가가치의 합으로 계산할 수 있다. 프로구단의 선수계약금은 최종 생산물을 만들어내기 위한 중간 투입 요소 또는 비용이므로 국내스포츠총생산(SGDP) 산출에 포함되지 않는다.

14 스포츠산업 진흥법령상 공유재산에 관한 설명으로 옳지 않은 것은?

① 지방자치단체의 장은 프로스포츠단과 협의한 경우에는 사용기간 동안의 사용료 전부를 한꺼번에 징수할 수 있다.
② 연간 사용료는 시가를 반영한 해당 재산 평가액의 연 1만분의 10 이상의 범위에서 문화체육관광부장관이 정한다.
③ 연간 사용료는 매년 납부기한까지 한꺼번에 내야 하는 것이 원칙이다.
④ 프로스포츠단이 해당 체육시설을 직접 수리하는 경우에는 사용료를 감경할 수 있다.

> 해설 공유재산의 사용료와 납부방법(「스포츠산업 진흥법 시행령」 제14조)
> - 지방자치단체의 장은 공유재산의 연간 사용료를 매년 징수한다. 다만, 프로스포츠단과 협의한 경우에는 사용·수익허가기간 동안의 사용료 전부를 한꺼번에 징수할 수 있다.
> - 연간 사용료는 시가(時價)를 반영한 해당 재산 평가액의 연 1만분의 10 이상의 범위에서 지방자치단체의 조례로 정하되, 월 단위, 일 단위, 시간별 또는 횟수별 등으로 계산할 수 있다.
> - 연간 사용료는 매년 납부기한까지 한꺼번에 내야 한다. 다만, 지방자치단체의 장은 연간 사용료가 100만 원을 초과하는 경우에는 지방자치단체의 조례로 정하는 바에 따라 이자를 붙여 연 4회의 범위에서 분할납부하게 할 수 있다.
> - 지방자치단체의 장은 다음의 어느 하나에 해당하는 경우 사용료를 감경하거나 면제할 수 있다.
>   - 공유재산 중 체육시설(민간자본을 유치하여 건설 또는 수리·보수된 시설 포함)을 프로스포츠단의 연고 경기장으로 사용·수익하는 것을 허가하는 경우
>   - 공유재산 중 체육시설을 국제 운동경기대회 개최를 위하여 사용·수익하는 것을 허가하는 경우
>   - 프로스포츠단이 해당 체육시설을 직접 수리 또는 보수하는 경우
>   - 그 밖에 지방자치단체의 장이 프로스포츠의 활성화를 위하여 필요하다고 인정하는 경우

15 프로경기의 생산에 영향을 미치는 요인에 대한 설명으로 옳지 않은 것은?

① 국내선수의 외국리그 진출 규제 완화는 국내 프로구단의 비용증가를 유발한다.
② 프로리그에서는 선수시장을 통제하는 리그차원의 제도를 운영한다.
③ 리그 소속 팀 수의 제한은 연봉 인상을 유발하는 요인이 될 수 있다.
④ 경쟁리그의 등장은 수요공급 측면에서 전체적으로 선수연봉 인상의 요인으로 작용한다.

해설 리그 소속 팀 수의 제한은 리그의 가치를 높이고 경쟁력 강화를 위한 수단이지, 연봉 인상을 유발하는 직접적인 요인은 아니다.

16 체육진흥투표권의 발행 등을 규정하고 있는 관련 법령으로 옳은 것은?

① 스포츠산업 진흥법
② 국민체육진흥법
③ 게임산업진흥에 관한 법률
④ 사행산업통합감독위원회법

해설 「국민체육진흥법」 제24조는 국민의 여가 체육 육성, 체육진흥 등의 재원 조성을 위해 체육진흥 투표권을 발행하도록 하고 있다.

17 스포츠제품의 일반적인 유통경로 유형이 다른 것은?

① 스포츠센터 수영 프로그램 등록
② 지역사회에서 주최하는 마라톤대회 등록
③ N브랜드의 스포츠용품 구매
④ 스키장 시즌권 구매

해설 스포츠센터 수영프로그램, 지역사회에서 주최하는 마라톤대회 등록, 스키장 시즌권 구매는 스포츠제품 생산자와 소비자가 직접적으로 연결되는 유통구조(Direct Channel)이고, N브랜드의 스포츠용품 구매는 제조업자와 도매업자 등 간접적 중개에 의한 유통구조(Indirect Channel)를 갖는다.

18 프로스포츠 단체들이 전력평준화를 위해 채택한 제도로 가장 옳지 않은 것은?

① 래리버드 룰
② 신인드래프트
③ 선수트레이드
④ 웨이버 공시

해설 래리버드 룰은 미국프로농구 NBA에서 각 팀들이 자기팀의 베테랑 선수들과 재계약할 경우 샐러리 캡을 초과할 수 있도록 한 조치 즉, 소속팀 선수가 FA(자유계약선수)로 풀린 후 이전 소속팀과 재계약할 경우 샐러리 캡의 제한을 받지 않는 것을 의미하므로 전력평준화와는 연관성이 없다.

19 경기단체가 스포츠이벤트를 만드는 과정에서 투입하는 생산요소로 옳지 않은 것은?

① 선 수
② 심 판
③ 경기장
④ 방송사

해설 스포츠이벤트 과정에서 투입하는 생산요소
- 인적자원 : 선수, 코칭스태프, 심판, 운영 인력 등
- 물적자원 : 경기장, 훈련 시설, 장비 등
- 재정자원 : 이벤트 개최 및 운영에 필요한 비용

20 스포츠산업 진흥법령상 문화체육관광부장관이 스포츠산업지원센터로 지정할 수 있는 기관으로 옳지 않은 것은? (단, 기타 사항은 고려하지 않음)

① 국공립 연구기관
② 고등교육법에 따른 대학 또는 전문대학
③ 국민체육진흥법에 따른 서울올림픽기념국민체육진흥공단
④ 공공기관의 운영에 관한 법률에 따른 공공기관

해설 스포츠산업지원센터의 지정 등(「스포츠산업 진흥법」 제14조 제1항)
- 국공립 연구기관
- 「고등교육법」에 따른 대학 또는 전문대학
- 「특정연구기관 육성법」에 따른 특정연구기관
- 그 밖에 문화체육관광부령으로 정하는 기관
  – 「국민체육진흥법」 제36조에 따른 서울올림픽기념국민체육진흥공단
  – 「민법」 또는 다른 법률에 따라 설립된 스포츠 분야의 법인

정답 18 ① 19 ④ 20 ④

21 스포츠 프로퍼티 개발에 따른 상품 중 후원 형태의 프로퍼티 확장으로 옳지 않은 것은?

① 공식 스폰서
② 공식 공급업체
③ 공식 상품화권자
④ 공식 좌석분양권

> **해설** 기업들은 스포츠 프로퍼티를 통한 마케팅활동을 펼치며, 스포츠와 관련된 상품(프로스포츠구단, 스포츠이벤트 등)의 프로퍼티의 가치가 높을수록 보다 적극적인 투자 및 활동을 펼치게 된다. 이에 스포츠스폰서십의 대표적 유형인 공식 스폰서, 공식 공급업체, 공식 상품화권자는 기업이 스포츠 프로퍼티를 이용하는 즉, 스폰서로 참여하는 대표적 스포츠마케팅활동이 되며, 이를 통해 기업의 프로퍼티를 증대하려는 목표로 수행된다고 할 수 있다.

22 스포츠산업 진흥법령상 스포츠산업 진흥시설의 지정요건에 관한 설명 중 빈칸 안에 들어갈 숫자와 연결이 옳은 것은?

- (㉠) 이상의 스포츠산업 사업자가 입주할 것
- 입주하는 스포츠산업 사업자의 100분의 (㉡) 이상이 중소기업기본법 제2조에 따른 중소기업일 것

	㉠	㉡
①	2	30
②	2	50
③	5	30
④	5	50

> **해설** 스포츠산업진흥시설의 지정 등(「스포츠산업 진흥법」 제11조 제1항)
> 문화체육관광부장관은 스포츠산업의 진흥을 위하여 지방자치단체의 장과 협의하여 다음의 지정요건을 갖춘 해당 지방자치단체 소유의 공공체육시설을 스포츠산업진흥시설로 지정할 수 있다. 이 경우 시설 설치 및 보수 등에 필요한 자금의 전부 또는 일부를 지원할 수 있다.
> - 문화체육관광부령으로 정하는 수 이상의 스포츠산업 사업자가 입주할 것
>   → 법 제11조 제1항 제1호에서 "문화체육관광부령으로 정하는 수"란 5를 말함(동 시행규칙 제3조)
> - 입주하는 스포츠산업 사업자의 100분의 30 이상이 「중소기업기본법」 제2조에 따른 중소기업자일 것
> - 입주하는 스포츠산업 사업자가 공동으로 이용할 수 있는 공용 회의실 및 공용 장비실 등의 공용이용시설을 설치할 것

정답 21 ④ 22 ③

23 스포츠 소비자의 관여도에 관한 설명으로 옳지 않은 것은?

① 제품에 대한 관심이 많을수록 관여도가 높아진다.
② 제품의 구매가 중요하고 지각된 위험이 높을수록 관여도가 높아진다.
③ 관여도가 높을수록 소비자는 신중하게 의사결정을 하려고 한다.
④ 다양성 추구 구매행동은 관여도가 높을 때 나타날 수 있다.

> **해설** 다양성 추구 구매행동은 소비자들의 관여도가 낮을 때 나타난다.

24 스포츠 제품의 생산비용으로 가장 옳지 않은 것은?

① 프로스포츠팀 유지 비용
② 경기용품 비용
③ 시설사용 관련 비용
④ 프로모션 비용

> **해설** 프로스포츠팀 유지 비용, 경기용품 비용, 시설 비용 등은 스포츠제품의 생산관리와 밀접한 관련을 맺지만, 프로모션 비용은 생산된 스포츠제품의 수익창출을 위해 수행되므로 생산비용과는 거리가 멀다.

25 스포츠제품을 핵심제품과 확장제품으로 구분할 때 핵심제품으로 옳은 것은?

① 스폰서십
② 스포츠시설
③ 응원
④ 경품권

> **해설** 스포츠제품에서의 핵심제품은 소비자의 스포츠 활동 혹은 스포츠경기와 직접적으로 연관된 제품을 의미하므로 스포츠시설이 핵심제품에 해당된다.

제2과목　스포츠경영론

26　투자안 외 순현가를 0으로 만드는 수익률(할인율)로 옳은 것은?

① 초과수익률　　② 실질수익률
③ 경상수익률　　④ 내부수익률

> 해설　내부수익률법은 현금유입의 현재가치와 현금유출의 현재가치를 일치시켜서 투자안의 순현가를 0으로 하는 할인율을 구한 후, 이를 자본비용과 비교하여 투자를 결정하는 방법을 말한다. 내부수익률이 자본비용을 넘으면 채택하고 반대일 경우 채택하지 않게 된다.

27　투자안의 경제성 평가방법에 관한 설명으로 옳은 것은?

① 회계적이익률법은 화폐의 시간적 가치를 고려한다.
② 수익성지수법에 의하면, 수익성지수는 투자비/현금유입액의 현재가치이다.
③ 순현재가치법에 의하면, 순현재가치는 현금유입액의 현재가치에 투자비를 더한 것이다.
④ 내부수익률법에 의하면, 개별 투자안의 경우 내부수익률이 자본비용보다 커야 경제성이 있다.

> 해설　① 회계적이익률법은 화폐의 시간적 가치를 고려하지 않은 방법 중 하나이다.
> ② 수익성지수는 투자금액 대비 회수할 수 있는 금액에 대한 비율이다.
> ③ 순현재가치는 현금유입의 현재가치에서 현금유출의 현재가치를 차감한 것이다.

28　매출액순이익률이 2%이고, 총자본회전율이 5인 기업의 총자본순이익률로 옳은 것은?

① 2.5%　　② 5%
③ 10%　　④ 20%

> 해설　총자본순이익률 = 매출액순이익률 × 총자본회전율
> = 2% × 5 = 10%

29　스포츠이벤트의 특성으로 가장 옳지 않은 것은?

① 현장성　　② 체험성
③ 분리성　　④ 통합성

> 해설　스포츠이벤트의 특성으로 분리성은 해당되지 않는다. 스포츠는 서비스로서의 특성이 있는데, 이때 스포츠가 서비스로서 가지고 있는 기본적 특성 중의 하나로 '비분리성'을 들 수 있다.

정답　26 ④　27 ④　28 ③　29 ③

30 조직이론에 관한 설명으로 옳은 것은?

① 폐쇄합리적 조직이론은 환경과의 관련성 속에서 제기되는 위협과 기회를 최대한 고려한다.
② 폐쇄사회적 조직이론은 조직구조의 복잡성, 조직구성원의 참여 등을 강조하여 공식적 구조에 관심을 보인다.
③ 개방합리적 조직이론을 따르는 챈들러(Chandler)는 시장경쟁 환경에서 '전략은 구조를 따른다'는 명제를 제시하였다.
④ 시스템적 조직이론 접근법에 따르면, 조직은 환경에 개방적인 존재이므로 생존을 위해서 환경과 적절한 관계를 유지해야 한다.

해설
- 폐쇄합리적 조직이론은 조직구조의 복잡성, 조직구성원의 참여 등을 강조하여 공식적 구조에 관심을 가지며, 폐쇄사회적 조직이론은 비공식 구조에 관심을 갖는다.
- 개방합리적 조직이론에서 챈들러(Chandler)는 '구조는 전략을 따른다'는 명제를 제시하였다.

31 스포츠경영의 개념에 관한 설명으로 옳지 않은 것은?

① 스포츠경영은 순환적이며 연속적인 과정의 활동이다.
② 스포츠경영은 효율성과 효과성을 추구하는 활동이다.
③ 스포츠경영은 경영자가 수행하는 활동이다.
④ 스포츠경영은 조직구성원 개개인의 목적달성을 위한 활동이다.

해설 스포츠경영은 스포츠기업이나 스포츠조직이 설정한 조직목표를 달성하기 위한 활동이다. 스포츠경영의 개념에는 조직목표, 경영자, 연속성, 효율성&효과성이 포함된다.

32 동기부여 이론 중 허츠버그(Herzberg) 2요인에 대한 설명으로 옳지 않은 것은?

① 동기부여는 동기요인과 위생요인 2가지로 구분한다.
② 위생요인은 동기유발 정도가 동기요인에 비해 상대적으로 낮은 요인으로 인간관계 등이 포함된다.
③ 위생요인은 불만족에 영향을 미치는 반면, 동기요인은 직무만족에 영향을 미치는 요인이다.
④ 동기요인은 동기를 적극적으로 부여하는 작업환경, 급여 등을 의미한다.

해설 허츠버그(Herzberg)의 2요인 이론은 동기요인(Motivators)과 위생요인(Hygiene)으로 분류된다. 동기요인은 내재적(Intrinsic) 요인으로 일 자체와 관련된 것이며, 불만족보다는 만족에 관련이 있는 것으로 도전감·성취감·인정감·성장가능성·책임감·승진기대 등이 해당되고, 위생요인은 외재적(Extrinsic) 요인으로 일과 관련된 여러 가지 환경에서 발견할 수 있으며, 만족보다는 불만족에 관련이 있는 것으로 연봉·직무환경·회사제도(정책)·고용안정·작업감독 등이 해당된다.

33 전사적 자원관리(ERP) 도입의 효과로 옳지 않은 것은?

① 업무 프로세스 복잡화
② 신기술 수용 및 활용
③ 사업장 및 업무 통합
④ 정보 적시 제공

> 해설 전사적 자원관리(ERP)는 기업 내 재무, 회계, 생산, 물류, 구매, 재고 등 경영활동 프로세스를 통합적으로 연계하여 관리하며, 기업의 정보들을 공유하여 빠른 의사결정을 도와주는 시스템이다.

34 A프로구단의 유동자산은 200억 원이고, 유동부채는 100억 원일 때 유동비율로 옳은 것은?

① 50%
② 100%
③ 150%
④ 200%

> 해설 유동비율(%) = (유동자산/유동부채) × 100
> = (200억/100억) × 100
> = 2 × 100
> = 200

35 다음 스포츠경영환경에 대한 설명 중 빈칸 안에 들어갈 말로 옳은 것은?

> 스포츠경영환경을 조직에 대한 영향력이 직접적인가 간접적인가에 따라 분류할 때, (㉠)은 특정 조직에게 직접적으로 영향을 미치는 환경으로 조직에 따라 상이하게 발생될 수 있고 구체적 환경이라고도 한다. 이에 비하여 (㉡)은 개별조직 단위에 직접적인 영향을 미친다기보다는 사회의 모든 조직에 유사하게 영향을 미치는 것으로, (㉠)에 비하여 그 범위가 넓고 경영에 미치는 영향이 간접적이다.

	㉠	㉡
①	일반환경	내부환경
②	일반환경	과업환경
③	과업환경	일반환경
④	과업환경	내부환경

> 해설 과업환경은 조직 활동에 직접적으로 영향을 미치는 환경요소로 내부 환경요소와 외부 환경요소 모두가 과업환경에 해당된다. 그리고 일반환경은 조직 활동에 간접적으로 영향을 미치는 환경요소로 인구통계학적 환경, 경제 상황, 정치적 환경, 기술 발전, 사회·문화적 환경 등이 해당된다.

정답 33 ① 34 ④ 35 ③

36 스포츠 조직의 직접금융을 통한 자본조달 방법으로 옳은 것을 모두 고른 것은?

ㄱ. 주식발행	ㄴ. 민자유치
ㄷ. 스폰서십	ㄹ. 은행차입
ㅁ. 기업어음	

① ㄹ, ㅁ
② ㄱ, ㄴ, ㄷ
③ ㄱ, ㄴ, ㄷ, ㄹ
④ ㄱ, ㄴ, ㄷ, ㄹ, ㅁ

해설 직접금융을 통한 외부자본조달 방법에는 주식발행 · 채권발행 · 민자유치 · 기금 · 회원권 · 스폰서십이 있으며, 은행차입 · 매입채무 · 기업어음은 간접금융을 통한 외부자본조달 방법에 해당한다.

37 기업의 성과에 영향을 주는 기업 외부환경(External Environment)으로 옳지 않은 것은?

① 정 치
② 법 률
③ 경제정책
④ 최고경영자

해설 최고경영자는 기업 외부환경에 해당되는 요소가 아니라 외부환경 변화 등과 같은 상황을 판단하는 능력이 중요시된다.

38 야구공을 생산하는 회사의 다음 자료를 이용하여 최근 3개월 자료로 가중이동평균법을 적용할 때, 5월의 예측생산량으로 옳은 것은? (단, 가중치는 0.5, 0.3, 0.2를 적용한다.)

구 분	1월	2월	3월	4월
생산량(개)	90만	70만	90만	110만

① 87만 개
② 90만 개
③ 93만 개
④ 96만 개

해설
- 5월 생산량을 예측하는 데 최근 3개월 자료를 사용하라고 했으므로 2 · 3 · 4월의 자료를 참고하면 되며, 2 · 3 · 4월의 생산량에 가중치를 곱해 더하면 된다.
- (110만 × 0.5) + (90만 × 0.3) + (70만 × 0.2) = 55만 + 27만 + 14만
   = 96만

39 앤소프(H. I. Ansoff)가 제시한 기업의 성장전략 중 기존 시장에서 기존 제품으로 시장점유율을 증대하여 자사 소비자에게 제품을 더 많이 사용하도록 유도하는 전략으로 옳은 것은?

① 시장다각화전략
② 시장침투전략
③ 시장개발전략
④ 시장제품개발전략

해설
- 시장다각화전략은 현재의 사업과 직접적으로 관련이 없는 다른 분야에서 새로운 성장기회를 발견하는 전략이다.
- 시장침투전략은 기존 시장에서 기존 제품으로 시장점유율을 증대하는 전략이다.
- 시장개발전략은 기존 제품을 가지고 새로운 시장을 발견·개발하는 전략이다.
- 제품개발전략은 기존 시장의 소비자가 잠재적으로 관심있는 신제품을 개발하는 전략이다.

40 여러 개의 데이터베이스를 통합한 보다 큰 데이터베이스로서 의사결정에 필요한 정보를 제공하는 것으로 옳은 것은?

① 아웃소싱관계관리
② 데이터 웨어하우스
③ 중역정보시스템
④ 경영지원시스템

해설 데이터 웨어하우스(Data Warehouse)는 정보(Data)와 창고(Warehouse)의 합성어로 조직 내 서로 다른 다양한 정보를 집계하고 통합하는 저장 시스템을 의미하며, 방대한 조직 내에서 분산·운영되는 수많은 데이터베이스 관리 시스템을 효율적으로 통합함으로써 효율적 의사결정 시스템을 위한 기초를 제공하는 역할을 한다.

41 스포츠이벤트 기획서 작성 시 상황을 분석하여 해결해야 할 임무 또는 과제를 발견하여 과제와 목적, 콘셉트를 설정하는 단계로 옳은 것은?

① 도입단계
② 실행계획 수립단계
③ 실시단계
④ 평가단계

해설 스포츠이벤트 기획을 위한 목적 및 콘셉트 즉, 스포츠이벤트 기획의 방향성이나 목표를 설정하는 것은 도입단계에서 이루어진다고 볼 수 있다.

정답 39 ② 40 ② 41 ①

42 직무기술서에 포함되는 것으로 옳지 않은 것은?

① 직무의 구체적인 내용
② 직무 수행에 필요한 지식과 기술
③ 직무 수행 절차와 방법
④ 직무 수행 환경

> **해설**
> • 직무기술서는 직무분석의 결과로 직무의 능률적 수행을 위해 필요한 직무의 성격이나 요구되는 자질 등 중요한 사항을 기록한 문서이다.
> • 직무기술서에는 일반적으로 직무명칭, 소속 직군 및 직종, 직무내용, 직무수행에 필요한 재료 및 도구, 직무수행 방법 및 절차, 작업조건, 직무가 이루어지는 환경 등이 기록되어 있다.
> • 직무를 수행하는 사람에게 요구되는 지식, 기술, 능력 등은 직무명세서에 기록되어 있다.

43 재무비율에 관한 설명으로 옳지 않은 것은?

① 유동성 비율은 단기에 지급해야 할 기업의 채무를 갚을 수 있는 기업의 능력을 측정하는 것이다.
② 수익성 비율이란 기업이 경영활동을 하면서 어느 정도의 수익을 발생시키는지를 나타내는 지표이다.
③ 부채비율은 기업이 조달한 자본 중에서 자기자본에 의존하고 있는 정도를 나타내는 지표로 자본생산성 등이 해당한다.
④ 활동성 비율은 기업의 자산이 효율적으로 관리되고 있는 정도를 나타내는 지표로서, 주로 기업의 자산회전율에 의해 측정된다.

> **해설** 부채비율은 기업이 보유하고 있는 자산 중에서 부채가 얼마 정도 차지하고 있는지를 나타내는 비율이며, 기업이 조달한 자본 중에서 타인자본 의존도를 나타내는 경영지표이다.

44 스포츠 기업의 전략 수준에 관한 설명으로 옳지 않은 것은?

① 기업 전략이란 기업의 사명을 정의하고 사업수준과 기능수준에 제시되는 제안들을 검토하여, 관련 사업과의 연계성을 발견하는 과정이다.
② 사업부 전략은 개별사업단위의 목표를 달성하기 위해 사업의 장기적 경쟁우위를 구축하는 과정이다.
③ 기능별 전략은 사업부 전략을 실행하기 쉽도록 각 기능조직단위로 실행할 전략을 규정하고 구체화하는 것을 의미한다.
④ 사업부 전략의 종류는 인사, R&D, 재무관리, 생산, 마케팅 부문이며 이들은 조직에서 제품기획, 영업활동, 자금조달 등 세부적인 수행방법을 결정한다.

> **해설** ④ 기능별 전략에 해당하는 설명이다.

45 인사적체가 심하여 구성원 사기 저하가 발생할 때 명칭만의 형식적 승진이 이루어지는 제도로 옳은 것은?

① 직계승진
② 자격승진
③ 역직승진
④ 대용승진

해설 대용승진은 구성원의 사기 저하를 방지하기 위해 직무 내용에 실질적인 변화 없이 직급이나 직책을 격상해 주는 승진제도를 의미한다.

46 BCG의 사업 포트폴리오 매트릭스에 관한 설명으로 옳은 것은?

① 물음표(Question Mark)에 속해 있는 사업단위는 투자가 필요하나 성장가능성은 낮다.
② 개(Dog)에 속해 있는 사업단위는 확대전략이 필수적이다.
③ 별(Star)에 속해 있는 사업단위는 철수나 매각이 필수적이다.
④ 현금젖소(Cash Cow)에 속해 있는 사업단위는 수익이 높고 안정적이다.

해설
- Cash Cow : 높은 시장점유율, 낮은 시장성장률, 유지전략
- Star : 높은 시장점유율과 높은 시장성장률, 유지전략, 증대전략
- Question mark : 낮은 시장점유율, 높은 시장성장률, 증대전략, 수확전략, 철수전략
- Dog : 낮은 시장점유율, 낮은 시장성장률, 수확전략, 철수전략

47 다음 보기에서 설명하는 에이전시 유형으로 옳은 것은?

> 경기장 내입간판 광고 및 펜스광고, 옥외광고의 판매 또는 매매알선을 전문으로 하는 에이전시

① 국제 스포츠 마케팅 에이전시
② 선수관리 에이전시
③ 광고 스포츠 에이전시
④ 라이선싱과 머천다이징 전문 에이전시

해설 스포츠 에이전시의 유형에는 국제 스포츠마케팅 에이전시, 선수관리 에이전시, 광고 스포츠 에이전시, 라이선싱 & 머천다이징 전문 에이전시, 풀 서비스 에이전시가 있으며, 보기 안의 내용은 광고와 관계되는 내용이므로, 광고 스포츠 에이전시에 해당된다.

48 민츠버그(H. Mintzberg)의 경영자 역할 중 의사결정적 역할의 범주로 옳지 않은 것은?

① 연락자
② 기업가
③ 분쟁해결자
④ 자원배분자

해설 민츠버그(H. Mintzberg)는 경영자가 수행하는 역할을 살펴봄으로써 경영을 가장 잘 설명할 수 있다고 하였으며, 그 역할로는 대인관계 역할, 정보관리 역할, 의사결정 역할이 있다.
- 대인관계 역할 : 대표자, 리더, 연락자
- 정보관리 역할 : 청취자, 전파자, 대변자
- 의사결정 역할 : 기업가, 분쟁조정자, 자원분배자, 교섭자

49 수요예측기법을 질적 방법과 양적 방법으로 구분할 때 질적 방법으로 옳은 것은?

① 델파이법
② 지수평활법
③ 이동평균법
④ 회귀분석

해설 델파이 기법은 전문가들의 의견을 수집하여 결론에 도달하는 방법으로, 미래를 예측하는 질적 방법에 해당한다.

50 스포츠기업의 형태 중 단일사업 기업의 특징으로 가장 옳지 않은 것은?

① 낮은 기회비용
② 경쟁우위의 축적
③ 자원과 에너지의 집중
④ 산업성장 둔화 시 높은 위험

해설
- 단일사업 기업은 기업의 매출액 구성이 하나의 제품으로 구성되어 있는 기업으로서, 기업이 하나의 사업에 집중함으로써 하나의 영역에서 성공적으로 경쟁할 수 있는 장점이 있는 경영형태이다.
- 기회비용은 어떤 선택으로 인해 포기하게 된 기회들 가운데 금전적으로 발생할 수 있었던 기회 혹은 그러한 기회가 가지고 있던 가치를 의미하므로, 스포츠기업이 단일사업 기업의 형태를 띠는 경우에는 하나의 사업을 선택하여 집중하는 경우이므로, 선택으로 인해 포기해야 하는 가치가 크다고 볼 수 있다.

48 ① 49 ① 50 ①

제3과목 스포츠마케팅론

51 다음 중 프로경기를 관람할 때 핵심제품으로 옳은 것은?

① 경기관람
② 경 품
③ 치어리더
④ 서포터즈 공연

해설 핵심제품은 마케터가 컨트롤하지 못하는 제품의 범주로 경기 그 자체 등이 해당된다.
②·③·④ 주변제품 또는 확산제품에 해당된다.

52 스포츠마케팅 조사에서 1차 및 2차 자료에 관한 설명으로 옳지 않은 것은?

① 2차 자료는 1차 자료보다 시간과 비용이 적게 든다.
② 2차 자료에서 상업용으로 제작된 자료는 제외한다.
③ 1차 자료는 당면한 조사목적을 위하여 조사자가 직접 조사한 자료를 의미한다.
④ 1차 자료는 2차 자료에 비해 정확성, 적합성, 시의적절성 등에서 우수하다.

해설 2차 자료는 기존에 이미 다른 목적에 의해 만들어진 자료를 재가공 또는 활용되는 자료를 의미한다. 2차 자료는 1차 자료에 비해 시간과 비용이 적게 들고, 상업적으로 제작된 자료도 포함된다. 1차 자료는 직접 자료를 생산해야 하기 때문에 이미 만들어진 자료를 활용하는 것이 비용이 많이 발생한다. 따라서 1차 자료는 2차 자료에 비해 정확성, 적합성, 시의적절성 등에서 우수하다.

53 생산성을 높이고, 유통을 효율화하는 등 주로 원가절감에 관심을 갖는 마케팅 개념으로 옳은 것은?

① 생산 개념
② 관계마케팅 개념
③ 통합마케팅 개념
④ 내부마케팅 개념

해설 ② 관계마케팅은 거래 당사자인 고객과 지속적으로 유대관계를 형성·유지함으로써 관계를 강화하고 상호 간의 이익을 극대화할 수 있는 다양한 마케팅 활동이다.
③ 통합마케팅은 한 가지 채널을 활용하지 않고 통합적인 채널을 마케팅 수단으로 활용하여, 고객과의 소통을 통해서 고객과의 관계를 강화하고 가치를 교환하는 마케팅 수단이다.
④ 내부마케팅의 개념은 조직 내의 인적자원을 대상으로 한 마케팅 활동을 의미한다.

54 뉴스 가치가 있는 사항을 무료로 TV나 신문 등 매체 측의 계획하에 소개하면서 자연스럽게 기업 이미지나 상품을 알리는 효과를 얻는 홍보수단으로 옳은 것은?

① 퍼블리시티(Publicity)
② 스폰서십(Sponsorship)
③ PPL(Product Placement)
④ PSL(Personal Seat License)

> 해설 ① 퍼블리시티(Publicity)는 언론을 통해 간접적으로 행하는 광고활동이라 할 수 있다.
> ② 스폰서십(Sponsorship)은 기업이 스포츠이벤트에 소요되는 전체 비용 또는 상당 비용을 현금으로 지불하거나 그에 상응하는 물품 등으로 후원하는 대가로 스포츠이벤트와 관련된 마케팅권리를 독점적으로 받아 이를 활용한 마케팅 전략을 구사할 수 있는 권리를 말한다.
> ③ PPL(Product Placement)은 영화나 드라마 속에 소품으로 등장하는 상품을 일컫는 것으로, 브랜드명이 보이는 상품뿐만 아니라 이미지, 명칭 등을 노출하여 관객들에게 홍보하는 일종의 광고마케팅 전략이다.
> ④ PSL(Personal Seat License)은 시즌 티켓 구매자에게 특정 좌석을 지정해 정규시즌 동안 같은 자리에서 홈경기를 관람할 수 있게 해주는 티켓판매 방법이다.

55 스포츠 스폰서십의 6P's 중 스포츠단체와 스폰서가 상호 이익의 교환이라는 기본적 입장을 초월해 서로의 욕구를 최대한 만족시키기 위해 동반자적인 관계를 형성하는 것으로 옳은 것은?

① 플랫폼
② 공동협력
③ 보 호
④ 편 재

> 해설 **스포츠 스폰서십의 6가지 P's (스포츠 스폰서십의 요인 6가지)**
> • 플랫폼(Platform) : 스포츠 스폰서십은 마케팅 커뮤니케이션을 위한 일종의 기법일 수도 있고 발판이나 기틀일 수도 있다.
> • 연합 또는 공동협력(Partnership) : 스포츠단체와 스폰서가 상호 이익의 교환이라는 기본적 입장을 초월해 서로의 욕구를 최대로 만족시키기 위해 동반자적인 관계를 형성하는 것을 의미한다.
> • 편재(Presence) : 편재는 소비자가 제품 선택 시 어느 곳에서나 쉽게 접할 수 있는 접근의 용이성, 획득의 용이성, 그리고 사용의 편리성을 의미한다.
> • 선호(Preference) : 스포츠 스폰서십은 상표인지도 향상과 상표선호도 강화를 위한 수단으로서의 역할을 한다.
> • 구매(Purchase) : 스폰서가 활용할 수 있는 권리 중 하나는 소매 단계에서 스포츠이벤트의 자산을 활용하여 판매 증진을 꾀하는 것이다.
> • 보호(Protection) : 공식스폰서들이 막대한 비용을 들이며 스폰서십 프로그램에 참여하는 것은 그들이 기대하는 효과가 있기 때문이다. 따라서 공식스폰서에 대한 보호는 스폰서십 프로그램에 반드시 포함되어야 한다.

56 스포츠가 지니고 있는 미디어적 가치로 옳지 않은 것은?

① 비역동성의 가치
② 대중성의 가치
③ 선호성의 가치
④ 뉴스정보의 가치

해설 비역동성이 아니라 역동성의 가치를 지니고 있다.

57 스포츠 스폰서십 유치 과정 중 대상기업 물색 단계에서 후보 기업에 대한 기본적인 조사내용으로 가장 옳지 않은 것은?

① 마케팅 과정에서의 참여자
② 후보기업이 생산하는 제품 또는 서비스
③ 과거 스포츠 스폰서로 참여한 경험 유무
④ 후보기업의 마케팅 구조 및 동종 기업과의 경쟁관계

해설 스포츠 단체가 스폰서의 선택 시 고려해야 할 내용으로는 스포츠이벤트와 스폰서의 이미지 일치 여부(스포츠단체에 미치는 영향력)와 효과 제공 정도(스포츠단체가 기업에게 제공할 혜택) 등이 있다.
① 마케팅 과정에서 참여자는 기업의 입장에서 스포츠 스폰서십 참여를 고려할 때 해당되는 내용으로 볼 수 있다.

58 국내외 기업들이 올림픽, 월드컵 등의 스포츠이벤트에 적극적으로 투자하는 이유로 가장 옳지 않은 것은?

① 스포츠가 지닌 긍정적인 이미지를 활용하기 위해서이다.
② 올림픽 및 월드컵 중계방송의 시청자에게 접근하기 위해서이다.
③ 기업이익을 사회에 환원하는 자선사업의 수단이기 때문이다.
④ 기업인지도 제고를 위한 유력한 수단이기 때문이다.

해설 기업이 스포츠이벤트에 적극적으로 투자하는 이유는 기업의 경영목표를 달성하고자 하는 상업적 성격에 기반을 두고 있다.

59 다음 보기의 사례에서 측정의 수준으로 옳은 것은?

> ㄱ. 축구선수에게 현재 가지고 있는 축구화 수에 대해 '적음, 적당함, 많음'이라는 세 가지 응답범주로 답하도록 하였다.
> ㄴ. A대학 축구동아리 회원에게 그들의 실제 축구화 수를 적도록 하였다. 축구화가 없는 경우 축구화 수를 0으로 처리한다.

① ㄱ - 명목측정, ㄴ - 서열측정
② ㄱ - 서열측정, ㄴ - 비율측정
③ ㄱ - 등간측정, ㄴ - 비율측정
④ ㄱ - 서열측정, ㄴ - 등간측정

해설 명목척도는 상호배제적·대칭적·이행적이고, 서열척도는 사칙연산이 불가능하지만, 순위를 매길 수 있다. 등간척도는 사칙연산이 가능하며, 비율척도는 사칙연산도 가능하고 유의미한 영점을 가지고 있다. 따라서 ㄱ의 내용은 서열측정, ㄴ의 내용은 비율측정에 해당한다.

60 동종제품을 생산하는 여러 기업들이 개발하여 사용하는 협동상표(Cooperative Brand)에 대한 설명으로 옳지 않은 것은?

① 협동상표는 제품이 표준화될 수 있는 경우에 유용하다.
② 대기업의 진출에 대항하기 위해 중소기업들이 선택하는 유효한 전략에 해당한다.
③ 생산자들의 공동작업장이나 공동생산설비가 필수요건에 해당한다.
④ 협동상표제품의 질이 제조회사마다 다르다면 상표의 신뢰도는 낮아진다.

해설 협동상표는 브랜드 자산을 독자적으로 구축하기 힘든 경우에 취하는 방식이다. 즉, 여러 기업이 경쟁력을 구축하기 위해 활용하는 마케팅전략이므로 ③의 내용은 해당되지 않는다.

61 표본추출방법에 관한 설명으로 옳지 않은 것은?

① 층화표본추출은 단순무작위표본추출에 비해 표본오차가 줄고 대표성이 높아진다.
② 체계적표본추출은 목록 자체가 일정한 주기성을 가질 경우에 바람직하다.
③ 군집표본추출에서는 군집이 표본추출단위가 된다.
④ 층화표본추출과 군집표본추출은 모두 모집단을 소집단으로 세분하여 표본을 추출한다.

해설 체계적표본추출은 전체 모집단이 임의로 배열되어 있을 때 난수표를 사용하는 추출방식으로 주기성을 가지면 바람직하지 않다.

62 관계마케팅의 등장 이유로 옳지 않은 것은?

① SNS 등 정보통신기술의 발전과 다양화
② 고객욕구의 다양화
③ 시장규제 강화에 따른 경쟁자의 감소
④ 판매자에서 소비자 중심으로 전환

해설   관계마케팅은 거래 당사자인 고객과 지속적으로 유대관계를 형성·유지함으로써 관계를 강화하고, 상호 간의 이익을 극대화할 수 있는 다양한 마케팅활동이다. ③ 시장규제 강화에 따른 경쟁자의 감소는 적절하지 않은 내용이고 일반적으로 시장 규제 완화로 신시장 진입기회 증가에 따른 경쟁자의 증가로 소비자와의 지속적인 관계 유지 및 강화가 강조되어 관계마케팅이 등장하게 되었다.

63 앰부시마케팅에 관한 설명으로 옳은 것은?

① 우연히 발생된 일회적인 광고이다.
② 경쟁관계에 있는 공식 후원사만큼의 많은 촉진비용을 들인다.
③ 경쟁사의 스폰서십 활동 효과를 강화시킨다.
④ 비영리법인이 스포츠를 이용하여 펼치는 마케팅을 의미한다.

해설   앰부시마케팅은 공식적인 스폰서가 아닌, 일반 기업이 마치 특정 이벤트에 공식스폰서인 것처럼 대중들을 현혹하여 공식 스폰서가 기대하는 효과의 일부를 획득할 목적으로 스포츠이벤트에 교묘하게 편승하는 기업 활동이다. 따라서 사전에 치밀하게 계획하여 경쟁사의 스폰서십 활동 효과를 약화한다. 또한 영리를 목적으로 하는 기업 활동의 형태라고 볼 수 있다.

64 목표시장 선정에 관한 설명으로 옳지 않은 것은?

① 동질적 제품에 대해서는 무차별적 마케팅이 유리하다.
② 기업자원이 제한되어 있는 경우에는 집중적 마케팅이 유리하다.
③ 경쟁자 수가 많을수록 차별적 마케팅이 유리하다.
④ 제품수명주기에서 도입기에는 차별적 마케팅이 유리하다.

해설   서로 다른 소비자의 욕구에 맞추어 여러 가지 서비스를 다양한 가격, 다양한 형태로 제공하고 복수의 유통경로를 사용하며 다양한 판매촉진을 실시하는 차별적 마케팅은 비용이 많이 발생하기 때문에 제품수명주기 도입기에는 적절하지 못하다.

정답   62 ③   63 ②   64 ④

65 스포츠제품의 특성 중 소멸성을 해소하기 위한 방안으로 가장 옳지 않은 것은?

① 예약제도의 도입
② 시간대별 수요를 토대로 가격책정
③ 시즌티켓의 판매
④ 셀프서비스의 도입

> **해설** ①·②·③ 구매와 동시에 소비가 되는 소멸성의 특성을 반영한 내용이지만, ④ '셀프서비스의 도입'은 소멸성과는 관계없는 내용이다.

66 甲은 축구를 하기 위해 A대형마트 인터넷쇼핑몰에서 품질 좋은 축구화를 싸게 판다는 얘기를 친구들로부터 들은 후 그 쇼핑몰에서 축구화를 구입하였는데, 이러한 마케팅을 나타내는 말로 옳은 것은?

① 퍼미션 마케팅(Permission Marketing)
② 옵트인 마케팅(Opt-in Marketing)
③ 바이럴 마케팅(Viral Marketing)
④ 옵트아웃 마케팅(Opt-out Marketing)

> **해설** ③ 바이럴 마케팅(Viral Marketing)은 개인이 인터넷 블로그나 SNS 등을 통해 소비자들에게 자연스럽게 정보를 제공해 기업의 신뢰도 및 인지도를 상승시키고, 구매욕구를 자극시키는 마케팅 방식이다.
> ① 퍼미션 마케팅(Permission Marketing)은 기업의 마케팅 활동이 실질적인 효과로 연결되기 위해서는 소비자의 자발적인 허락(Permission)이 필요하며, 기업이 보유한 고객의 허락은 장기적인 이윤 창출을 위한 귀중한 자산이 된다는 전략이다.
> ② 옵트인 마케팅(Opt-in Marketing)은 당사자가 동의한 개인정보를 활용하여 실시하는 마케팅이다.
> ④ 옵트아웃 마케팅(Opt-out Marketing)은 옵트인 마케팅의 반대 개념으로, 개인의 프라이버시가 침해되지 않는 범위에서 동의되지 않은 개인정보를 활용한 마케팅이다.

67 스포츠이벤트와 관련된 전체 고정비용이 100,000,000원, 입장객 1인당 소요되는 변동비용이 9,000원이며, 스포츠이벤트의 전체 입장객이 45,000명이라고 가정할 때 손익분기점을 달성할 수 있는 입장권 가격으로 옳은 것은?

① 10,471원
② 14,322원
③ 11,222원
④ 31,822원

> **해설** 손익분기점은 총비용과 총수익이 일치하는 지점을 의미한다.
> 총비용 : 고정비용(100,000,000원) + 변동비(45,000명×9,000원 = 405,000,000원) = 505,000,000원
> 손익분기점을 달성하기 위한 입장권의 가격 : 505,000,000원 ÷ 45,000명 = 약 11,222원

65 ④ 66 ③ 67 ③ **정답**

68 다음 보기에서 설명하는 가격전략으로 옳은 것은?

> 원래 가격이 1,050,000원인 제품을 990,000원으로 할인하여 판매하면 소비자들은 이를 90만 원대의 제품으로 지각하여 구매할 수 있다.

① 관습가격
② 촉진가격
③ 준거가격
④ 단수가격

해설 ④ 단수가격 전략이란 어림수로 표시된 개수가격이 아니라 끝수로 나타나는 단수가격을 더 선호한다는 소비자의 심리를 이용하여 가격을 결정하는 전략이다. 이를 통해 소비자는 제품을 할인된 가격에 구매했다는 느낌을 받게 된다. 즉, 10,000원이 제품의 정상가격일 경우 9,900으로 가격을 표시하게 되면 100원의 차이에 불과하지만 소비자는 가격대가 변함으로써 그 차이를 크게 인지하게 된다.
① 관습가격은 오랫동안 같은 가격으로 시장에서 판매되어 소비자는 그 가격이 상품의 가격이라는 고정된 관념이 생기게 된다.
② 촉진가격은 심리적으로 소비자가 제품을 싸다고 느끼는 가격을 책정하여 판매량을 올리는 방법이다.
③ 준거가격은 소비자가 제품을 구매할 때 기준이 되는 가격을 의미한다.

69 설문지의 개별항목 작성에 관한 설명으로 옳지 않은 것은?

① 하나의 항목으로 두 가지 내용을 질문해서는 안 된다.
② 응답항목들 간의 내용이 중복되어서는 안 된다.
③ 응답자의 지식수준에 관계없이 전문용어를 사용해야 한다.
④ 다지선다형 응답에 있어서는 가능한 한 모든 응답을 제시해주어야 한다.

해설 대부분의 스포츠마케팅 조사는 일반 소비자들을 대상으로 진행하기 때문에, 가능한 한 쉬운 용어로 짧은 시간에 문항을 파악하여 쉽게 답을 할 수 있도록 설문지를 구성하여야 한다. 설문지 제작 시 유의사항은 다음과 같다.
- 가능한 한 쉽고 간단명료한 단어를 사용해야 한다.
- 다지선다형 응답에는 가능한 한 모든 응답(대안)을 제시하여야 한다.
- 응답 항목들 간의 내용이 중복되어서는 안 된다.
- 하나의 항목으로 두 가지 내용을 질문해서는 안 된다.
- 용어의 뜻을 명확히 규정하여 질문하여야 한다.
- 응답자들의 응답을 유도해서는 안 된다.
- 응답자들이 기피하는 사항에 대하여 지나치게 자세한 응답을 요구해서는 안 된다.

정답 68 ④ 69 ③

70 마케팅정보시스템의 하위시스템으로 옳은 것을 모두 고른 것은?

> ㄱ. 내부정보시스템　　ㄴ. 마케팅조사시스템
> ㄷ. 경영정보시스템　　ㄹ. 고객정보시스템

① ㄱ, ㄴ, ㄷ　　　　② ㄱ, ㄴ, ㄹ
③ ㄱ, ㄷ, ㄹ　　　　④ ㄴ, ㄷ, ㄹ

해설 마케팅정보시스템은 마케팅 의사결정자에게 필요한 정보를 사전에 수집하고 분석하여 필요한 시기에 이를 제공하는 경영체계이므로 경영정보시스템과는 관계없다. 경영정보시스템은 기업 경영자의 입장에서 그 기업의 성공지표 변화를 수시로 점검하고 그 변화에 대응할 문제를 제시하며, 기업의 혁신이나 새로운 전략 등을 구성하는 것을 보조하는 전자정보 관리체계이다.

71 브랜드에 관한 설명으로 옳지 않은 것은?

① 자산으로서 가치를 가질 수 있다.
② 소비자의 충성도를 높이는 중요한 요소이다.
③ 기업이 실행하는 상품, 가격, 유통, 촉진 등의 마케팅 활동의 대상이 된다.
④ 소비자가 구매의 대상이 되는 상품들을 평가하는 사고비용(Thinking Cost)을 증가시킨다.

해설 소비자가 구매의 대상이 되는 상품들을 평가하는 사고비용(Thinking Cost)을 감소시킨다.

72 스포츠 분야의 시장을 세분화하기 위해 고려해야 할 사항으로 옳지 않은 것은?

① 무형성　　　　　② 시장 규모
③ 측정 가능성　　　④ 접근 가능성

해설 시장세분화 조건
- 내부적으로 동질적이고, 외부적으로 이질적이어야 한다. 마케팅 변수에 대해 각 세분시장은 상이한 반응을 보일 만큼 이질적이어야 하고, 세분시장 내의 소비자들은 동일한 반응을 보여야 한다.
- 측정 가능해야 한다. 세분시장의 특성, 구매력, 크기 등이 측정 가능해야 적절한 전략을 수립할 수 있다. 예를 들어, 가격민감도를 기준으로 소비자집단을 구분할 경우 가격민감도 자체의 측정이 어렵다면 시장세분화는 수행이 불가능하다.
- 규모가 커야 한다. 세분시장은 충분히 커서 세분시장별로 상이한 마케팅 전략을 구사하는 데 들어 가는 비용을 보전할 수 있어야 한다.
- 접근 가능해야 한다. 세분시장 내의 소비자들에게 효과적으로 접근할 수 있어야 한다. 그들이 현재의 유통수단이나 광고가 접근하지 못하는 세분시장은 마케팅 입장에서 의미가 없다.
- 실행이 가능해야 한다. 고객의 욕구에 부응할 수 있는 효율적인 마케팅 프로그램을 계획하고 실행할 수 있어야 한다. 모든 시장세분화 요건을 갖추었다고 하여도 이를 구체적으로 실행으로 옮길 적절한 프로그램이 없다면 의미가 없어진다.
- 현재 형성된 시장의 유지가능성이 높아야 한다. 시장이 지속적으로 성장 또는 유지가 되어야 시장으로서의 가치가 있다.

73 선수와 구단과의 신뢰관계를 유지하면서 적정한 연봉계약을 달성하는 스포츠 에이전트의 역할로 옳은 것은?

① 계약협상 역할
② 경력관리와 은퇴 이후 관리 역할
③ 재무관리 역할
④ 법적 자문 역할

> **해설** 스포츠 에이전트는 입단 및 연봉계약, 부대수입원 개발 및 계약, 투자자문, 수입관리, 법률 및 세무자문 등의 역할을 한다. 선수와 구단과의 신뢰관계를 유지하면서 적정한 연봉계약을 달성하는 것은 스포츠 에이전트의 계약협상 역할에 해당한다.

74 다음 보기에서 설명하는 스포츠 에이전트 수수료 산정방식으로 옳은 것은?

> 신인드래프트 과정에서 상위 순번에 지명되는 선수처럼 단기간의 협상업무를 대행시킬 필요가 있을 때 유리한 방법이다.

① 정액제
② 정률제
③ 시간급제
④ 시간급제와 정률제의 혼용

> **해설** ① 정액제는 에이전트가 선수 대신 수행하기로 약속한 각 서비스가 일어날 때마다 일정금액을 선수가 지급하는 방식이다.
> ② 정률제는 선수가 버는 수입의 일정 비율을 에이전트가 받게 되는 방식이다.
> ④ 시간급제와 정률제의 혼용은 에이전트가 대행 업무에 소요된 시간을 크게 부풀리면 정률제보다 비용이 더 많이 발생하기도 한다. 이를 방지하기 위해 수수료를 시간급으로 산정하되, 시간급으로 정한 총 수수료가 일정한 상한선을 넘지 못하게 하는 방식이다.

75 스포츠마케팅 전략(STP 전략)의 기본단계를 나열한 것으로 옳은 것은?

① 목표시장 선정 → 포지셔닝 → 시장세분화
② 목표시장 선정 → 시장세분화 → 포지셔닝
③ 시장세분화 → 목표시장 선정 → 포지셔닝
④ 시장세분화 → 포지셔닝 → 목표시장 선정

> **해설** 스포츠마케팅 전략의 영어 약자 STP는 시장세분화(Segmentation), 목표시장 선정(Targeting), 포지셔닝(Positioning)의 약자이다.

제4과목 스포츠시설론

76 S대학교 인근에는 A트레이닝센터, B헬스, C피트니스 등 다양한 스포츠센터가 있으며, 모두 유사한 시설과 개인 트레이너들을 보유하고 있다. 이러한 상황에서 각 스포츠센터가 고려해야 할 가격결정방법으로 가장 옳은 것은?

① 수요를 토대로 한 가격결정
② 수익을 토대로 한 가격결정
③ 경쟁을 토대로 한 가격결정
④ 비용을 토대로 한 가격결정

해설 경쟁이 치열한 상황인 경우 경쟁상대의 가격을 고려한 가격결정방법이 적절하다.

77 체육시설의 종류 중 시설 형태별 구분으로 옳지 않은 것은?

① 운동장
② 체육관
③ 체력단련장
④ 종합 체육시설

해설 시설 형태별 구분으로 운동장, 체육관, 종합 체육시설, 가상체험 체육시설이 있다.

78 스포츠시설업의 입지에 관한 설명으로 가장 옳지 않은 것은?

① 입지결정은 스포츠 시설업 사업에서 가장 우선적으로 고려해야 할 요소이다.
② 소비자의 수요예측을 고려하여 선정한다.
③ 스포츠시설의 입지 및 규모 결정 이후 시설물 내 설비 배치를 고려해야 한다.
④ 공공스포츠시설과 가까운 장소를 우선시하여 선정한다.

해설 입지결정은 스포츠시설업에서 매우 중요한 부분이고 신중한 수요예측이 필요하다. 특히 대중교통 시설이나 주차공간의 여부는 접근의 용이성과 밀접한 관련이 있다. 하지만 공공스포츠시설과 가까운 장소의 선정은 스포츠시설의 입지 선정과 관련이 없다.

79 체육시설의 설치·이용에 관한 법률에서 사용하는 용어의 뜻으로 옳지 않은 것은?

① '체육시설'이란 체육활동에 지속적으로 이용되는 시설과 그 부대시설을 말한다.
② '체육시설업'이란 영리를 목적으로 체육시설을 설치·경영하는 업(業)을 말한다.
③ '회원'이란 체육시설업의 시설을 일반이용자보다 우선적으로 이용하거나 유리한 조건으로 이용하기로 체육시설업자와 약정한 자를 말한다.
④ '일반이용자'란 체육시설업자와 약정하지 않고 체육시설을 이용하는 자를 말한다.

해설 '일반이용자'란 1년 미만의 일정 기간을 정하여 체육시설의 이용 또는 그 시설을 활용한 교습행위의 대가를 내고 체육시설을 이용하거나, 그 시설을 활용한 교습을 받기로 체육시설업자와 약정한 사람을 말한다.

80 경기장 임대 시 고려해야 할 사항으로 가장 옳지 않은 것은?

① 임대자의 무형의 이익
② 발생수익의 분배방법
③ 임대자의 지역적 연고
④ 임대자의 생산원가

해설 임대자의 지역적 연고는 경기장을 임대하여 사업을 하는 데 고려해야 할 사항이 아니다.

81 다음 보기에서 설명하는 광의의 판매촉진활동 요소로 옳은 것은?

> 다양한 미디어(신문, TV, 인터넷 등)에 스포츠 제품이나 시설의 인지수준을 높이고 수요를 환기시키도록 하는 자극을 말하며, 전달되는 메시지에 대해 잠재적 소비자들이 호기심을 갖고 받아들이는 경향 즉, '경계의식의 해제(Off-guard)'를 활용하는 판매촉진 활동이다.

① 인적 판매(Personal Selling)
② 거래 촉진(Trade Promotion)
③ 홍보 활동(Publicity)
④ 판매원 촉진(Sales Force Promotion)

해설 홍보 활동(Publicity)은 미디어를 통해 대중에게 정보를 전달하여 인지도를 향상하고 긍정적인 이미지를 만들기 위한 판매촉진 활동이다.

정답 79 ④ 80 ③ 81 ③

82 도심 주거지형 스포츠시설의 관리상 고려할 사항으로 옳지 않은 것은?

① 시설 위치에 따른 주고객층을 설정하여 맞춤형 서비스 제공이 필요하다.
② 고객 몰림현상으로 인해 충분한 서비스 제공이 어렵다.
③ 단체수강이 많으므로 이를 위한 다양한 프로그램의 개발이 필요하다.
④ 대화나 휴식을 위한 부대시설의 공간확보 및 확충이 필요하다.

> 해설 도심 주거지형 스포츠시설은 주로 주변 거주자를 대상으로 관리·운영하기 때문에 몰림 현상이 심하게 나타나지 않는다. 따라서 이용 시간대별 고객들의 특성을 파악하여 적절한 서비스 및 프로그램을 제공하는 것이 필요하다.

83 체육시설의 설치·이용에 관한 법령상 체육시설 안전관리에 관한 기본계획에 포함되어야 할 사항으로 옳은 것을 모두 고른 것은?

> ㄱ. 체육시설 안전관리와 관련된 전산시스템의 구축 및 관리
> ㄴ. 체육시설의 감염병 등에 대한 위생·방역관리에 관한 사항
> ㄷ. 체육시설 안전관리 표준매뉴얼의 개발에 관한 사항
> ㄹ. 체육시설 안전관리 전문기관의 육성·지원에 관한 사항

① ㄱ, ㄹ
② ㄱ, ㄴ, ㄷ
③ ㄴ, ㄷ, ㄹ
④ ㄱ, ㄴ, ㄷ, ㄹ

> 해설 안전관리에 대한 기본계획은 체육시설에 대한 중기·장기 안전관리 정책에 관한 사항, 체육시설 안전관리 제도 및 업무의 개선에 관한 사항, 체육시설과 관련된 사고를 예방하기 위한 교육·홍보 및 안전점검에 관한 사항, 체육시설 이용 관련 어린이(13세 미만) 안전사고 예방 및 안전관리에 관한 사항, 체육시설 안전관리와 관련된 전산시스템의 구축 및 관리, 체육시설의 감염병 등에 대한 위생·방역 관리에 관한 사항, 체육시설 안전관리 전문기관의 육성·지원에 관한 사항, 체육시설의 안전관리에 필요한 기술의 연구·개발에 관한 사항, 체육시설 안전관리 표준매뉴얼의 개발에 관한 사항 등이 포함된다.

84 체육시설의 설치·이용에 관한 법령상 회원모집 등에 관한 설명으로 옳지 않은 것은?

① 체육시설업자가 회원을 모집하려면 회원모집을 시작하는 날 15일 전까지 시·도지사, 시장·군수 또는 구청장에게 회원모집계획서를 작성·제출하여야 한다.
② 신고 체육시설업의 회원모집 시기는 해당 체육시설업의 시설설치공사의 공정이 30% 이상 진행된 이후이다.
③ 시·도지사는 회원모집계획서와 그 첨부서류를 검토하여 제출일 10일 이내에 그 결과를 상대방에게 통보하여야 한다.
④ 회원모집계획서를 제출한 자는 회원모집이 끝난 경우에는 그 완료일부터 10일 이내에 회원모집결과를 시·도지사, 시장, 군수 또는 구청장에게 보고하여야 한다.

해설 등록 체육시설업의 회원모집 시기는 해당 체육시설업의 시설설치공사의 공정이 30% 이상 진행된 이후이다. 신고 체육시설업의 경우 문화체육관광부령으로 정하는 바에 따라 특별자치시장, 특별자치도지사, 시장, 군수 또는 구청장에게 신고한 이후부터이다.

85 체육시설의 설치·이용에 관한 법령상 생활체육시설의 사용료를 일부 감경할 수 있는 경우로 옳지 않은 것은?

① 국민체육진흥법에 따른 대한장애인체육회가 주관한 행사
② 국민기초생활보장법에 따른 수급자를 위한 행사
③ 한부모가족지원법에 따른 지원대상자를 위한 행사
④ 65세 이상의 사람을 위한 행사

해설 대한체육회, 대한장애인체육회가 주관하는 행사, 등록된 국가유공자 및 그 유족 또는 가족을 위한 행사, 65세 이상의 사람, 장애인 및 「국민기초생활보장법」에 따른 수급자를 위한 행사, 학교의 체육활동과 관련된 정규 수업 또는 방과 후 활동, 학교 밖 청소년지원센터의 체육활동과 관련된 자립지원활동의 경우 생활체육시설의 사용료를 일부 감면할 수 있다.

86 체력단련장의 운동기구 배치 시 가장 우선적으로 고려해야 할 사항으로 옳은 것은?

① 운동기구의 수량과 유형
② 이용자의 접근용이성
③ 안전을 위한 완충 공간 확보
④ 시설 이용자수의 규모

해설 운동기구 배치와 관련하여 가장 우선적으로 고려해야 할 사항은 이용자의 안전이다.

정답 84 ② 85 ③ 86 ③

87 스포츠 조직의 재원을 확보하기 위한 좌석라이선스(PSL)에 관한 설명으로 옳은 것은?

① 시즌티켓구매 시 특정좌석의 권리를 취득하는 대가로 부담하는 비용
② 개인이나 사업체가 좌석의 이름을 각인하는 대가로 지불하는 비용
③ 경기장 건설 사업체가 좌석 사업권을 취득하기 위해 부담하는 비용
④ 좌석을 업그레이드하여 안락한 관람 분위기 제공 시 지불하는 비용

> 해설 PSL(Persnal Seat Licensing)은 개인이 특정 좌석을 구매하는 비용을 의미한다. 경기장 내에서 발생하는 판매수입으로 스포츠 조직의 재원을 확보할 수 있다.

88 체육시설의 설치·이용에 관한 법령상 빈칸 안에 들어갈 숫자의 합으로 옳은 것은?

> 제16조(등록 체육시설업의 시설 설치기간)
> ① 제12조에 따라 등록 체육시설업에 대한 사업계획의 승인을 받은 자(이하 "사업계획의 승인을 받은 자"라 한다)는 그 사업계획의 승인을 받은 날부터 (   )년 이내에 그 사업시설 설치 공사를 착수하여야 하며, 그 사업계획의 승인을 받은 날부터 (   )년 이내에 그 사업시설 설치 공사를 준공하여야 한다.

① 5
② 7
③ 8
④ 10

> 해설 등록 체육시설업에 대한 사업계획의 승인을 받은 자는 그 사업계획의 승인을 받은 날부터 4년 이내에 그 사업시설 설치 공사를 착수하여야 하며, 그 사업계획의 승인을 받은 날부터 6년 이내에 그 사업시설 설치 공사를 준공하여야 한다.

89 체육시설의 설치·이용에 관한 법령상 사업계획의 승인에 관한 설명으로 옳지 않은 것은?

① 시·도지사는 사업계획을 승인하였을 때에는 그 승인 사항을 관할 시장·군수 또는 구청장에게 통보하여야 한다.
② 등록 체육시설업을 하려는 자는 시·도지사의 승인을 받아야 한다.
③ 회원모집 예정 인원 및 입회금을 변경할 경우 시·도지사의 승인을 받아야 한다.
④ 시·도지사는 비회원제 골프장업으로 승인을 받은 사업계획의 전부를 회원제 골프장업의 사업계획으로 전환하려는 경우 변경승인을 할 수 없다.

> 해설 등록 체육시설업을 하려는 자는 시설을 설치하기 전에 대통령령으로 정하는 바에 따라 체육시설업의 종류별로 사업계획서를 작성하여 시·도지사의 승인을 받아야 하나 회원 모집 예정 인원 및 입회금 변경의 경우 대통령령으로 정하는 경미한 사항에 관한 사업계획의 변경으로 제외 사항이다(법 제12조, 시행령 제11조 제4호 참고).

90 다음 빈칸 안에 들어갈 말로 옳은 것은?

> 체육시설의 설치·이용에 관한 법령상 원칙적으로 직장체육시설을 설치·운영하여야 하는 직장은 상시 근무하는 직장인이 (   )명 이상인 직장으로 한다.

① 100
② 200
③ 300
④ 500

해설 직장체육시설을 설치·운영하여야 하는 직장은 상시 근무하는 직장인이 500명 이상인 직장으로 한다.

91 공공스포츠시설의 위탁경영 시 예상되는 문제점으로 가장 옳지 않은 것은?

① 특정 주민들에게 편중되어 이용될 가능성이 있다.
② 전반적인 서비스 수준의 저하를 초래할 수 있다.
③ 사고가 발생할 경우 책임소재가 불명확할 수 있다.
④ 공휴일 등 개장시간의 탄력적 운영이 불가능하다.

해설 위탁경영은 시설 활용의 효율성을 제고하고, 전문가의 기술 활용이 가능하며, 공휴일 등 개장시간의 탄력적 운영이 가능하다는 장점이 있다.

92 체육시설의 설치·이용에 관한 법령상 반드시 손해보험에 가입해야 할 체육시설로 옳은 것을 모두 고른 것은? (단, 규모 등 기타 사항은 고려하지 않음)

> ㄱ. 골프연습장업   ㄴ. 무도학원업
> ㄷ. 인공암벽장업   ㄹ. 체력단련장업

① ㄱ, ㄴ
② ㄴ, ㄷ
③ ㄱ, ㄴ, ㄹ
④ ㄱ, ㄷ, ㄹ

해설 체육시설업자는 체육시설의 설치 운영과 관련되거나 그 체육시설 안에서 발생한 피해를 보상하기 위하여 문화체육관광부령으로 정하는 바에 따라 보험에 가입하여야 한다. 다만, 체육도장업, 골프연습장업, 체력단련장업과 당구장업, 가상체험 체육시설업 및 체육교습업과 같이 문화체육관광부령으로 정하는 소규모 체육시설업자인 경우에는 해당되지 않는다.

93 경기장 매점에서 창출할 수 있는 수입의 규모 요인으로 가장 옳지 않은 것은?

① 구단의 안정도
② 매점관리 부서의 투자
③ 경기장의 규모
④ 초기투자규모

해설 매장의 수입 규모는 구단의 안정도(인기), 경기장의 규모, 초기투자규모 등과 관련이 있다.

94 관람 스포츠시설과 참여 스포츠시설의 특성에 관한 설명으로 옳지 않은 것은?

① 참여 스포츠시설은 고객 유인에 있어 시설이 미치는 영향이 크다.
② 관람 스포츠시설은 고객의 서비스 관여정도가 상대적으로 크다.
③ 참여 스포츠시설은 고객과의 대면이 많아 고객응대 방식이 중요하다.
④ 관람 스포츠시설은 다양한 부대서비스 제공을 통해 고객만족을 추구한다.

해설 관람 스포츠시설보다 참여 스포츠시설이 고객서비스 관여도가 상대적으로 크다

95 체육시설의 설치·이용에 관한 법령상 등록 체육시설업자가 회원의 탈퇴자에게 입회금을 반환하지 아니한 경우 행정처분 기준으로 옳은 것은? (단, 1차 위반이며 기타 감격사유는 고려하지 않음)

① 영업정지 3일
② 영업정지 10일
③ 영업정지 20일
④ 영업정지 1개월

해설 법령상 등록 체육시설업자가 회원의 탈퇴자에게 입회금을 반환하지 아니한 경우 영업정지 3일에 처한다.

96 소유자와 경영자가 다른 간접경영 형태를 말하며, 일반적으로 정부 또는 지방자치단체가 투자하여 소유하고 경영은 다른 사람에게 위탁하므로, 투자는 직접 경영에 참여하지 않는 형태의 경영방법으로 옳은 것은?

① 직접경영
② 위탁경영
③ 프랜차이즈 경영
④ 감량경영

해설 위탁경영은 일반적으로 정부 또는 지방자치단체가 투자하여 소유하고 경영은 다른 사람에게 위탁하므로, 투자자는 직접 경영에 참여하지 않는 형태의 경영방법이다.

97 다음 중 스포츠시설 고객 유지관리의 발전방향을 나열한 것으로 옳은 것은?

| ㄱ. 고객유치단계 | ㄴ. 상호작용단계 |
| ㄷ. 관계유지단계 | ㄹ. 관계발전단계 |

① ㄱ → ㄴ → ㄷ → ㄹ
② ㄴ → ㄱ → ㄹ → ㄷ
③ ㄴ → ㄷ → ㄱ → ㄹ
④ ㄱ → ㄷ → ㄹ → ㄴ

해설 고객 유지관리의 단계는 '고객유치 → 관계유지 → 관계발전 → 상호작용'의 순으로 나타난다.

98 경기장 광고에 관한 설명으로 옳지 않은 것은?

① 경기장 광고의 주요 노출대상은 경기장의 관중과 중계 시 노출될 TV 시청자들이다.
② 경기장 광고는 관중들보다 시청자들에게 노출효과가 큰 것으로 보고되고 있다.
③ 경기장 광고는 방송 광고에 비해 상대적으로 가격이 저렴하고 표현방식이 다양하다.
④ 광고주 입장에서는 실정에 맞게 경기장 광고와 방송 광고를 적절히 활용할 수 있어야 한다.

해설 경기장 광고는 상대적으로 광고비용이 저렴하지만, 표현방식이 제한적이라는 단점이 있다.

99 체육시설의 설치 · 이용에 관한 법령상 체육시설업의 종류별 안전 · 위생기준으로 옳지 않은 것은?

① 스키장에는 운영 중인 슬로프별로 스키구조요원을 1명 이상 배치하여야 한다.
② 경주 기간 중인 자동차경주장에는 의사 및 간호사 또는 응급구조사를 각 1명 이상 배치하여야 한다.
③ 18홀 이하의 골프장에는 코스관리요원을 1명 이상 배치하여야 한다.
④ 썰매장에는 출발지점과 도착지점에 각 1명 이상의 안전요원을 배치하여야 한다.

해설 스키장에는 운영 중인 슬로프별로 스키구조요원을 2명 이상(슬로프 길이가 1.5km 이상인 경우 3명 이상) 배치하여야 한다.

100 체육시설의 설치 · 이용에 관한 법령상 수영장업의 시설기준으로 옳지 않은 것은?

① 도약대를 설치한 경우에는 도약대 돌출부의 하단 부분으로부터 3미터 이내의 수영조의 수심은 2.5미터 이상으로 하여야 한다.
② 물의 정화설비는 삼투여과방식으로 하여야 한다.
③ 원칙적으로 물의 깊이는 0.9미터 이상 2.7미터 이하로 하여야 한다.
④ 호텔 등 일정 범위의 이용자에게만 제공되는 수영장은 감시탑을 설치하지 아니할 수 있다.

해설 ② 물의 정화설비는 순환여과방식으로 하여야 한다.
④ 이용자의 안전을 위하여 수영조 전체를 조망할 수 있는 감시탑을 설치해야 한다.
※ 2023년 1월 1일부로 시행규칙 별표4가 개정되어 정답은 ② · ④가 되었다.

CHAPTER 03 2023년 4회 필기 기출문제

제1과목 스포츠산업론

01 스포츠산업 진흥법령상 공유재산에 관한 설명으로 옳지 않은 것은?

① 지방자치단체의 장은 프로스포츠단과 협의한 경우에는 사용·수익 허가기간 동안의 사용료 전부를 한꺼번에 징수할 수 있다.
② 연간 사용료는 시가(時價)를 반영한 해당 재산 평가액의 연 1만 분의 20 이상의 범위에서 문화체육관광부장관이 정한다.
③ 연간 사용료가 100만 원을 초과하는 경우에는 연 4회의 범위에서 분할납부하게 할 수 있다.
④ 프로스포츠단이 해당 체육시설을 직접 수리하는 경우 사용료를 감경·면제할 수 있다.

해설 기본계획 수립 등(「스포츠산업 진흥법 시행령」 제14조 제2항)
연간 사용료는 시가(時價)를 반영한 해당 재산 평가액의 연 1만분의 10 이상의 범위에서 지방자치단체의 조례로 정하되, 월 단위, 일 단위, 시간별 또는 횟수별 등으로 계산할 수 있다.

02 스포츠산업의 특성 등에 관한 설명으로 옳지 않은 것은?

① 스포츠산업 진흥법에 스포츠산업의 의미를 명시하고 있다.
② 운동 및 경기용품 제조업은 3차 산업으로 분류할 수 있다.
③ 스포츠 참여활동은 시설에 대한 의존도가 높다.
④ 스포츠산업은 소비자와 직접 접촉하는 산업이다.

해설 제조업은 2차 산업에 해당하므로 운동 및 경기용품 제조업은 2차 산업으로 분류된다.

정답 01 ② 02 ②

03 소비자행동(Consumer Behavior) 모델에 관한 설명으로 옳지 않은 것은?

① 저몰입 의사결정단계는 고몰입일 때보다 단순하다.
② 제한적 문제해결(Limited Problem Solving)이란 구매경험이 많을수록 의사결정이 용이해질 때의 구매행동을 의미한다.
③ 구매결정 과정에서 대안의 평가란 최적의 대안을 결정하기 위해 선택의 폭을 좁히는 단계를 의미한다.
④ 확대적 문제해결(Extended Problem Solving)이란 소비자가 충분한 학습을 한 단계에서 편의품 등을 구매할 때 나타나는 행동을 의미한다.

해설 확대적 문제해결은 매우 높은 구매 관여에서 일어나게 되는 것으로 광범위하게 내·외부 정보탐색을 한 후에 다수의 대안에 대한 여러 가지 면에서 복잡한 평가과정을 거치게 되는 것으로 광범위한 의사결정이라고도 한다. 일반적으로 자동차, TV 등과 같은 고가품들을 구입하고자 할 때 발생한다.

04 스포츠이벤트의 경제적 효과를 평가하기 위한 승수분석에 대한 설명으로 옳지 않은 것은?

① 매출승수, 소득승수, 고용승수가 분야별로 다르게 나타난다.
② 고용승수는 외부지역에서 온 관람객들의 지출이 스포츠이벤트 개최지역의 고용에 얼마나 영향을 미치는지를 측정한다.
③ 분석과정에서 한계편익 대신 총편익을 사용한다.
④ 효과 분석에 있어 지리적 경계가 분명해야 한다.

해설 승수분석은 어떤 요인으로 인한 다른 요인의 변화를 유발함으로써 파급효과를 분석하는 것이다. 스포츠이벤트의 경제적 효과 분석 과정에서 한계편익을 사용하면 추가적인 단위 투자나 소비로 인한 파급효과만 고려하므로 좀 더 정확한 결과를 얻을 수 있는 반면, 총편익을 사용하면 이벤트로 인한 경제적 효과를 과대평가할 수 있다.

05 스포츠산업 특수 분류 v.3.0상 스포츠서비스업에 해당하는 것은?

① 경기용품 유통 및 임대업
② 스포츠시설 건설업
③ 운동 및 경기용품 제조업
④ 스포츠 경기 서비스업

해설
- 스포츠산업 특수분류는 스포츠시설업, 스포츠용품업, 스포츠서비스업으로 분류된다.
- 경기용품 유통 및 임대업, 운동 및 경기용품 제조업은 스포츠용품업, 스포츠시설 건설업은 스포츠시설업, 스포츠경기 서비스업은 스포츠서비스업에 해당된다.

06 수직적 마케팅시스템(Vertical Marketing System ; VMS)에 관한 설명으로 옳지 않은 것은?

① 수직적 마케팅시스템은 유통조직의 생산시점과 소비시점을 하나의 고리형태로 유통계열화하는 것이다.
② 유통경로 구성원의 행동은 시스템 전체보다는 각자의 이익을 극대화하는 방향으로 조정된다.
③ 수직적 마케팅시스템의 유형에는 기업적 VMS, 관리적 VMS, 계약적 VMS 등이 있다.
④ 프랜차이즈 시스템은 계약에 의해 통합된 수직적 마케팅시스템이다.

해설 • 수직적 마케팅시스템은 유통경로 구성원(제조업자, 도매상, 소매상, 소비자)을 개별적으로 파악함으로써 운영되는 전통적인 유통관리 시스템이 아니라 유통경로 구성원 전체를 만족시키고자 하는 유기적 전체 시스템으로 운영하는 유통경로를 의미한다.
• 따라서 수직적 마케팅시스템에서는 유통경로 구성원들의 행동이 시스템 전체의 이익을 극대화하는 방향으로 조정된다.

07 스포츠 제품의 서비스적 특성에 해당하지 않는 것은?

① 무형성
② 분리성
③ 이질성
④ 소멸성

해설 스포츠상품의 서비스적 특성은 무형성(서비스의 기본특성으로 형태가 없음), 비분리성(서비스는 생산과 소비가 동시에 일어남), 이질성(서비스는 동질적이 아니고 변동적이므로 규격 및 표준화가 어려움), 소멸성(서비스는 재고로 보관할 수 없음)이 있다.

08 스포츠 소비 집단에 적용할 파레토의 법칙(Pareto Principle)에 관한 설명으로 가장 적합한 것은?

① 30%의 소비자가 70%의 매출을 구성한다.
② 40%의 열성 팬이 전체 티켓 판매량의 70%를 구성한다.
③ 80%의 열성 팬이 전체 티켓 판매량의 20%를 구성한다.
④ 20%의 열성 소비자가 전체 매출의 80%를 구성한다.

해설 파레토의 법칙은 20%의 소비자가 전체매출의 80%를 차지함을 의미하므로 스포츠 소비 집단은 20%의 소비자가 전체 매출의 80%를 차지함을 의미한다.

정답 06 ② 07 ② 08 ④

09 스포츠소비자의 저관여 구매행동 특징과 가장 거리가 먼 것은?

① 복잡한 의사결정
② 다양성 추구
③ 충동구매
④ 관성적 구매

해설 저관여-반복구매의 상황에서는 관성적 구매를 하게 되며, 관성적 구매는 특정 제품이나 프로그램에 대한 호의적 혹은 심리적 애착에 의한 반복구매가 아니라 복잡한 의사결정을 피하기 위해 친숙한 제품을 반복 구매하는 소비자행동을 의미한다.

10 다음 중 스포츠의 핵심제품을 다룬 산업정보가 아닌 것은?

① 영국 EPL 출신 P 선수가 제약회사의 제품광고에 출연하였다.
② H자동차에서 유럽형 스포츠카를 출시했다.
③ S전자가 해외 축구구단 유니폼 스폰서 계약을 연장했다.
④ B휘트니스 센터의 회원권 가격이 폭락하였다.

해설 스포츠에서의 핵심제품은 스포츠 활동 혹은 스포츠경기와 직접적으로 연관된 제품을 의미하므로 자동차 회사 및 자동차의 유형은 스포츠와 연관성이 없으므로 스포츠의 핵심제품에 해당되지 않는다.

11 관람 스포츠 소비집단에 관한 설명으로 옳지 않은 것은?

① 프로구단의 시즌티켓 소지자는 대량 소비자로 분류된다.
② 중계프로그램 시청자는 주요 관람 스포츠 소비집단이다.
③ 좌석 라이선스(Seat License) 구매자는 충성도 높은 구매자에 속한다.
④ 기업은 관람 스포츠 소비자로 볼 수 없다.

해설 기업은 스폰서십의 형태로 관람 스포츠에 참여하고 관람 스포츠의 주체인 스포츠조직(팀)에 금전적 재원을 제공하므로 관람 스포츠에서 매우 중요한 소비자가 된다.

12 일반적인 소비자의 반응 순서로 가장 적합한 것은?

① 주목(A) → 흥미유발(I) → 욕구(D) → 행동(A)
② 흥미유발(I) → 주목(A) → 욕구(D) → 행동(A)
③ 욕구(D) → 흥미유발(I) → 주목(A) → 행동(A)
④ 주목(A) → 욕구(D) → 흥미유발(I) → 행동(A)

> **해설** 소비자가 구매를 결정하기까지의 과정인 AIDA이론은 주목(Attention) - 흥미유발(Interest) - 욕구(Desire) - 행동(Action)을 말한다.

13 기업이 공급사슬관리(SCM)를 수행해야 할 필요성과 가장 거리가 먼 것은?

① 글로벌화의 진전
② 운송비의 지속적 감소
③ 아웃소싱의 증가
④ 전자상거래 도입의 증가

> **해설** 공급사슬관리(SCM)는 글로벌화, 전자상거래 도입의 증가, 공급사슬의 복잡화, 아웃소싱의 증가, 경영환경의 불확실성의 증가 등으로 인해 필요하다.

14 스포츠산업 진흥법령상 기본계획 수립 등에 관한 설명으로 옳지 않은 것은?

① 문화체육관광부장관은 기본계획을 5년마다 수립하여 시행하여야 한다.
② 기본계획에는 스포츠산업 진흥의 기본방향에 관한 사항이 포함되어야 한다.
③ 지방자치단체의 장은 세부시행계획을 매년 수립하여야 한다.
④ 세부시행계획에는 해당 연도의 사업 추진 방향이 포함되어야 한다.

> **해설** 기본계획 수립 등(「스포츠산업 진흥법 시행령」 제2조 제2항)
> 문화체육관광부장관은 법 제5조 제1항에 따른 분야별·기간별 세부시행계획을 매년 수립하여야 한다.

정답 12 ① 13 ② 14 ③

15 스포츠산업 시장을 경쟁시장과 비경쟁시장으로 구분할 때 경쟁시장에 해당하는 것은?

① 스포츠센터 이용권
② TV중계료
③ 경기 관람권
④ 스폰서 금액

> **해설** 경쟁시장은 동일한 상품을 취급하는 수많은 공급자와 수요자로 구성되며, 어느 개별적인 공급자나 수요자도 가격에 영향을 미칠 수 없는 것을 의미한다. 이러한 경쟁시장의 주요 특징으로는 수많은 공급자와 수요자가 존재한다는 점, 공급하는 재화가 거의 동일하다는 점, 시장에 자유롭게 진입하고 퇴출할 수 있는 점 등이 있다. 이에 스포츠센터는 경쟁시장에 해당되며, 경기 관람권, TV중계료, 스폰서 금액은 프로스포츠시장과 연관된 것으로 모두 비경쟁시장에 해당된다고 볼 수 있다.

16 어느 골프장 이용가격이 3% 인상되었고 골프장 수요의 가격탄력성이 2.0이라면, 골프장 수요량의 변화는?
(단, 골프장은 정상재이고, 가격탄력성은 절댓값으로 나타내며, 다른 조건은 동일함)

① 4% 감소
② 6% 감소
③ 8% 감소
④ 10% 증가

> **해설** 수요의 가격탄력성 = 수요량 변화율 / 가격 변화율
> 2.0 = 수요량 변화율 / 3%
> 수요량 변화율 = 6%
> 골프장은 정상재이므로 가격이 인상되면 수요는 감소하게 되므로 골프장 수요량은 6% 감소하게 된다.

17 다음 중 일반적으로 스포츠제품 유통경로의 단계수가 증가하는 경우는?

① 고객의 최소판매단위에 대한 유통서비스 요구가 높을 때
② 고객이 대형유통업체를 선호할 때
③ 고객의 공간적 편의성에 대한 유통서비스 요구가 낮을 때
④ 고객의 배달기간에 대한 유통서비스 요구가 낮을 때

> **해설** 유통경로를 설계할 시 고려해야 하는 요인 중 하나는 고객의 최소구매단위의 크기이다. 일반적으로 고객들은 소량으로 제품을 구매하기 원하기 때문에 제조업자와 고객 사이에 다수의 소·도매상이 개입되어 고객이 원하는 수준의 구매 단계로 제품을 분류 및 조달하여야 한다. 이에 스포츠제품에 대한 고객의 최소판매단위에 대한 유통서비스 요구가 높다는 것은 스포츠제품의 대량구매 보다는 소량구매를 원하는 것이며, 이때 스포츠제품의 분류 및 조달을 위해 다수의 소·도매상의 개입이 필요하므로 유통경로의 단계수는 증가하게 된다.

정답 15 ① 16 ② 17 ①

18 스포츠산업 진흥법에 대한 설명으로 옳지 않은 것은?

① 국가 및 지방자치단체는 스포츠산업의 진흥을 위하여 필요한 시책을 수립·시행하여야 한다.
② 지방자치단체는 문화체육관광부장관의 인가를 받아 업종별로 사업자단체를 설립할 수 있다.
③ 문화체육관광부장관은 스포츠산업의 육성과 기술개발을 위하여 스포츠산업 관련 상품의 품질 향상에 필요한 지원을 할 수 있다.
④ 문화체육관광부장관은 선수의 권익을 보호하고, 스포츠산업의 건전한 발전을 위하여 공정한 영업질서의 조성 등 필요한 시책을 강구하여야 한다.

> 해설 사업자단체의 설립(「스포츠산업 진흥법」 제20조)
> 스포츠산업 사업자는 스포츠산업의 진흥과 상호 협력증진 등을 위하여 대통령령으로 정하는 바에 따라 문화체육관광부장관의 인가를 받아 업종별로 사업자단체를 설립할 수 있다.

19 스포츠상품에 대한 설명으로 옳지 않은 것은?

① 스포츠상품은 여러 가격변수들이 구성되는 경우가 많아 스포츠 수요를 제대로 분석하기 어려운 경우가 발생한다.
② 테니스라켓과 테니스공은 보완재이다.
③ 한 상품의 가격변화가 다른 상품의 수요에 영향을 미치지 않을 때 두 상품은 대체재의 관계에 있다.
④ 소비자의 소득수준이 변하더라도 수요량이 변하지 않는 재화를 중립재라고 한다.

> 해설 한 상품의 가격이 상승(하락)하면 다른 상품의 수요가 증가(감소)할 때 서로 다른 두 상품을 대체재 관계라고 한다. 한 상품의 가격변화가 다른 상품의 수요에 영향을 미치지 않는다면 두 상품은 서로에게 영향을 미치지 않는 독립재 관계에 있다고 볼 수 있다.

20 제품개발과정에서 설계, 기술, 제조, 구매, 마케팅, 서비스 등의 담당자 등이 하나의 팀을 구성하여 각 부분이 서로 제품개발에 대한 정보를 교환하면서 제품개발과정을 단축시키는 방식은?

① 적시생산(JIT ; Just-In Time)
② 동시공학(Concurrent Engineering)
③ 리엔지니어링(Re-engineering)
④ 6시그마(6-Sigma)

> 해설 동시공학은 제품 개발의 모든 프로세스에 있어 부서 모두가 통합된 정보 통신망 및 전산 시스템을 활용하여 제품개발에 대한 정보를 교환하며 제품 개발의 성공가능성을 높임과 동시에 개발 기간과 비용을 줄이는 방법이다.

21 체육진흥투표권의 발행 등을 규정하고 있는 관련 법령으로 옳은 것은?

① 스포츠산업 진흥법
② 국민체육진흥법
③ 게임산업진흥에 관한 법률
④ 사행산업통합감독위원회법

> **해설** 국민체육진흥법은 국민체육진흥에 필요한 기금의 마련과 운영을 위해 국민체육기금을 두며, 체육진흥투표권을 발행하도록 하고 있다.

22 구단이 소속선수의 보유권을 상실하거나 포기하여 다른 구단과 자유롭게 계약을 맺을 수 있는 제도로 옳은 것은?

① 구단전속계약제도
② 자유계약제도
③ 임의탈퇴선수제도
④ 트레이드제도

> **해설**
> ① 구단전속계약제도 : 선수가 특정 구단과 일정 기간 독점적으로 계약을 맺고 활동하게 하는 제도
> ③ 임의탈퇴선수제도 : 프로스포츠에서 선수가 소속 구단의 동의 없이 선수 계약을 해지하거나 선수 활동을 중단하는 제도
> ④ 트레이드제도 : 스포츠팀 간에 선수 계약을 교환하는 제도

23 제품의 디자인에서 생산에 이르기까지 각 과정의 설계 작업을 동시에 수행함으로써 생산리드타임을 획기적으로 단축하는 기법은?

① 리엔지니어링(Reengineering)
② 다운사이징(Downsizing)
③ 리스트럭처링(Restructuring)
④ 컨커런트 엔지니어링(Concurrent Engineering)

> **해설**
> ① 리엔지니어링 : 기업의 체질 및 구조와 경영방식을 근본적으로 재설계하여 경쟁력을 확보하는 경영혁신 기법
> ② 다운사이징 : 조직의 슬림화를 통해 능률의 증진을 추구하는 경영 기법
> ③ 리스트럭처링 : 구조조정 혹은 사업 재구축이란 명칭으로도 사용되며, 경영 상태를 개선하기 위해 사업의 종류와 내용을 의도적이고 계획적으로 선택하는 경영 기법

24 다음 ( )에 알맞은 것은?

> 「스포츠산업 진흥법」상 지방자치단체는 공공체육시설의 효율적 활용과 프로스포츠의 활성화를 위하여 필요하다고 인정하는 경우에는 「공유 재산 및 물품 관리법」에도 불구하고 공유재산을 ( ) 이내의 기간을 정하여 그 목적 또는 용도에 장애가 되지 아니하는 범위에서 사용·수익을 허가하거나 관리를 위탁할 수 있다.

① 10년
② 15년
③ 25년
④ 30년

해설 프로스포츠의 육성(「스포츠산업 진흥법」 제17조 제3항)
지방자치단체는 공공체육시설의 효율적 활용과 프로스포츠의 활성화를 위하여 필요하다고 인정하는 경우에는 「공유재산 및 물품 관리법」 제21조 제1항, 제27조 제1항 및 제31조에도 불구하고 공유재산을 25년 이내의 기간을 정하여 그 목적 또는 용도에 장애가 되지 아니하는 범위에서 사용·수익을 허가하거나 관리위탁 또는 대부할 수 있다.

25 참여 스포츠의 수요에 영향을 미치는 요인에 대한 설명으로 옳지 않은 것은?

① 참여 스포츠는 비경쟁시장, 관람 스포츠는 경쟁시장에 가깝다.
② 강습비 등의 가격은 참여 스포츠 수요에 영향을 미친다.
③ 국민소득은 참여 스포츠의 수요에 영향을 미친다.
④ 연관상품의 가격은 참여 스포츠의 수요에 영향을 미친다.

해설 경쟁시장은 동일한 상품을 취급하는 수많은 공급자와 수요자로 구성되며, 어느 개별적인 공급자나 수요자도 가격에 영향을 미칠 수 없는 것을 의미한다. 이러한 경쟁시장의 주요 특징으로는 수많은 공급자와 수요자가 존재한다는 점, 공급하는 재화가 거의 동일하다는 점, 시장에 자유롭게 진입하고 퇴출할 수 있는 점 등이 있다. 이에 참여 스포츠는 경쟁시장에 해당되며, 관람 스포츠는 비경쟁시장에 해당된다고 볼 수 있다.

제2과목 스포츠경영론

26 스포츠 조직의 외부자본조달 방법 중 성격이 다른 것은?

① 주식발행
② 채권발행
③ 스폰서십
④ 은행차입

> 해설 직접금융을 통한 외부자본조달 방법에는 주식발행, 채권발행, 민자유치, 기금, 회원권, 스폰서십이 있으며, 은행차입, 매입채무, 기업어음은 간접금융을 통한 외부자본조달 방법에 해당한다.

27 기업의 성과에 영향을 주는 기업 외부환경(External Environment)으로 옳지 않은 것은?

① 정 치
② 법 률
③ 경제정책
④ 최고경영자

> 해설 최고경영자는 기업 외부환경에 해당하는 요소가 아니라 외부환경 변화 등과 같은 상황을 판단하는 능력이 중요시된다.

28 경영자의 역할을 대인적 · 정보적 · 의사결정적 역할로 설명한 학자는?

① 쿤츠(H. Koontz)
② 민츠버그(H. Mintzberg)
③ 드러커(P. F. Drucker)
④ 페이욜(H. Fayol)

> 해설 민츠버그는 경영자가 수행하는 역할을 살펴봄으로써 경영을 가장 잘 설명할 수 있다고 하였으며, 그 역할로는 대인관계 역할, 정보관리 역할, 의사결정 역할이 있다.
> • 대인관계 역할 : 대표자, 리더, 연락자
> • 정보관리 역할 : 청취자, 전파자, 대변자
> • 의사결정 역할 : 기업가, 분쟁조정자, 자원분배자, 교섭자

29 스포츠단체, 특정 대회의 조직위원회 또는 주최측, 스폰서를 포함한 각종 기관 등에 대해 주 고객인 운동선수의 이익을 위해 선수를 대신해서 활동하는 에이전시는?

① 선수관리 에이전시
② 광고 스포츠 에이전시
③ 국제 스포츠마케팅 에이전시
④ 풀 서비스 에이전시

해설 스포츠에이전시의 유형에는 국제 스포츠마케팅 에이전시, 선수관리 에이전시, 광고 스포츠에이전시, 라이선싱 & 머천다이징 전문 에이전시, 풀 서비스 에이전시가 있으며, 주 고객인 운동선수의 이익을 위해 선수를 대신하는 에이전시는 선수관리 에이전시에 해당된다.

30 최고경영자층의 의사결정을 지원하기 위한 목적으로 개발된 경영정보시스템은?

① EDI
② POS
③ EIS
④ TPS

해설 EIS(Executive Information System)는 조직의 최고경영층에게 주요 성공요인과 관련된 내·외부 정보를 손쉽게 접할 수 있도록 해주는 시스템이다.

31 다음 보기에서 설명하는 생산시스템으로 옳은 것은?

- 원재료, 부품, 반제품 등과 같은 종속적 수요의 재고에 대한 주문 및 생산계획을 처리하도록 만들어진 정보시스템
- 재고관리 및 일정계획과 통제의 두 가지 기능을 동시에 수행하는 기법

① 공급사슬관리(SCM)
② 자재소요계획(MRP)
③ 적시생산시스템(JIT)
④ 컴퓨터통합생산(CIM)

해설
- 공급사슬관리(SCM) : 공급자로부터 기업 내 변환과정, 유통망을 거쳐 최종 고객에 이르기까지 자재, 서비스 및 정보의 흐름을 전체 시스템의 관점에서 관리하는 것을 의미한다.
- 적시생산시스템(JIT) : 제품생산에 요구되는 부품 등 자재를 필요한 시기에 필요한 수량만큼 조달하여 낭비적 요소를 근본적으로 제거하려는 생산시스템을 의미한다.
- 컴퓨터통합생산(CIM) : 고객지향에 기반을 두고 제조업의 비즈니스 속도와 유연성 향상을 목표로 생산, 판매, 기술 등 각 업무기능의 낭비와 정체를 제거하고 업무 자체의 단순화·표준화를 위해 컴퓨터 네트워크로 통합하는 것을 의미한다.

정답 29 ① 30 ③ 31 ②

32 프로야구 구단의 유동자산이 500억 원, 유동부채가 50억 원이라면 이 구단의 유동비율은?

① 1,000%
② 90%
③ 10%
④ 0.1%

해설 유동비율(%) = (유동자산 / 유동부채) × 100
= (500억 / 50억) × 100
= 10 × 100
= 1,000

33 A스포츠기업이 유동비율 120%, 유동부채 100억 원, 재고자산 40억 원이면 당좌비율은?

① 70%
② 80%
③ 90%
④ 100%

해설 당좌비율(%) = {(유동자산 − 재고자산) / 유동부채} × 100
그러나 문제에서 유동자산이 제시되지 않았으므로 유동자산을 구해야 한다.
유동비율(%) = (유동자산 / 유동부채) × 100이므로 120 = (x / 100억) × 100이 된다.
이를 계산하면 유동자산은 120억이 된다. 따라서 당좌비율의 식에 대입하게 되면,
당좌비율(%) = {(120억 − 40억) / 100억} × 100
= (80억 / 100억) × 100
= 80

34 선수와 에이전트 간의 계약이 법적인 효력을 갖기 위해 기본적으로 포함해야 할 조건과 가장 거리가 먼 것은?

① 이해상충 조항
② 계약당사자
③ 계약이행시기
④ 계약금액

해설 선수와 에이전트 간의 계약이 법적으로 유효하려면 계약당사자, 계약안건, 계약이행 시기, 계약금액 등이 정해져야 한다.

35 재무제표 중 일정 시점에서의 조직의 재무상태를 나타내는 것은?

① 재무상태표
② 포괄손익계산서
③ 자본변동표
④ 현금흐름표

> 해설 재무상태표는 어느 일정 시점에서의 재무상태를 나타내기 위해 작성하는 기본 재무제표로 재무상태표에서의 자산은 크게 유동자산과 비유동자산으로 나뉜다.

36 스포츠조직에서 공식적으로 주어진 임무 외의 업무를 자발적으로 수행하는 것은?

① 조직시민행동
② 집단사고
③ 직무만족
④ 직무몰입

> 해설 조직시민행동은 조직구성원이 조직이 제공하는 공식적인 보상과는 상관없이 조직의 효율성을 증진하고자 행하는 자발적 행동이다.

37 전사적 자원관리(ERP) 도입의 효과와 가장 거리가 먼 것은?

① 업무프로세스 복잡화
② 신기술 수용 및 활용
③ 사업장 및 업무 통합
④ 정보 적시 제공

> 해설 전사적 자원관리(ERP)는 기업 내 재무, 회계, 생산, 물류, 구매, 재고 등 경영활동 프로세스를 통합적으로 연계해 관리하며, 기업의 정보들을 공유하여 빠른 의사결정을 도와주는 시스템이다.

정답 35 ① 36 ① 37 ①

38 인적자원관리활동 중 효과적인 업무수행을 위해 필요한 구체적인 기술이나 지식을 습득하도록 하는 것은?

① 직무분석
② 교육훈련
③ 선 발
④ 보 상

해설 교육훈련은 인적자원 선발 후 이루어지는 것으로 인적자원이 담당직무에서 최대의 능력을 발휘할 수 있도록 일정 기간 내에 많은 기술과 기능 및 업무지식 등을 향상하는 것을 의미한다.

39 다음 중 직무평가 방법이 아닌 것은?

① 서열법
② 분류법
③ 질문지법
④ 점수법

해설 직무평가의 방법에는 서열법, 분류법, 요인비교법, 점수법이 있으며 질문지법은 설문지를 통해 직무에 관한 정보 수집하는 것이다.

40 대규모 경기장, 스포츠 센터 등과 같은 프로젝트들은 상호 관련된 수많은 작업들로 구성되어 있어 규모가 클수록, 설립하고자 하는 시설이 복잡할수록 적절한 관리가 필요하다. 이러한 복잡하고 규모가 큰 프로젝트의 일정계획 및 통제를 위해 개발된 대표적인 일정관리 기법은?

① 간트도표
② PERT / CPM
③ TQM
④ ERM

해설 PERT는 전체 프로젝트를 구성하고 있는 활동과 그 선후관계를 네트워크로 표현하는 것이고, CPM은 전체 프로젝트상 여러 공정 중에서 가장 시간이 많이 걸릴 것으로 판단되는 애로공정을 뜻하므로 설립하고자 하는 시설이 복잡할 때 사용하는 일정계획방법이다.

38 ② 39 ③ 40 ②

41 제품-시장 매트릭스에서 기존시장에 그대로 머물면서 기존제품의 매출을 늘리고 시장점유율을 한층 높여가는 성장전략은?

① 시장개발
② 제품개발
③ 시장침투
④ 다각화

> 해설 시장침투전략은 기존 시장에서 기존 제품으로 시장점유율을 증대시키려는 전략이다.

42 스포츠기업이 선도기업을 모범삼아 경쟁력을 강화하고자 하는 경영혁신 기법으로 옳은 것은?

① 리스트럭처링(Restructuring)
② 6시그마(6-Sigma)
③ 벤치마킹(Benchmarking)
④ 리엔지니어링(Reengineering)

> 해설 선도기업을 모범삼아 경쟁력을 강화하는 방법은 벤치마킹으로 복제나 모방과는 다르며, 기업에서 경쟁력을 제고하기 위해 다른 기업에서 배워오고자 하는 경영혁신 기법이다.

43 다음에서 설명하는 전략방법은?

> 스포츠 기업이 실행할 수 있는 기업수준의 전략에 관한 설명으로 '축소전략'이라고도 하며, 스포츠 기업의 상품이나 서비스에 대한 요구가 감소할 때 나타나는 전략으로 상황을 전환하거나 특정 문제를 극복하려고 하는 특성을 보이는 전략방법

① 성장전략
② 안정전략
③ 방어전략
④ 통합전략

> 해설 방어전략은 축소전략으로 경제여건이 불리하게 진행되거나 환경의 불확실성이 지속되는 경우 비용감축을 통해 능률을 확보하고, 성과를 높이기 위하여 경영의 규모나 다양성을 축소하는 것이다.

정답 41 ③ 42 ③ 43 ③

44 직무특성모형에서 핵심직무차원에 포함되지 않는 것은?

① 기능의 다양성(Skill Variety)
② 과업의 정체성(Task Identity)
③ 과업의 중요성(Task Significance)
④ 동기부여(Motivation)

> **해설** 직무특성이론은 직무특성이 직무 수행자의 성장욕구에 부합될 때 긍정적인 동기유발효과를 초래하게 된다는 동기부여 이론을 뜻하며, 잠재적 동기지수에는 기술다양성, 직무정체성, 직무중요성, 자율성, 환류의 5가지 직무특성이 모두 영향을 미치게 된다.

45 스포츠이벤트 기획 시 고려해야 할 사항과 가장 거리가 먼 것은?

① 감동성
② 오락성
③ 내구성
④ 화제성

> **해설** 내구성은 외부로부터 가해지는 힘이나 환경에 대해 견디는 성질을 뜻하는 것으로 스포츠이벤트와는 관련성이 없다. 스포츠는 각본 없는 드라마로써 스포츠 팬들에게 흥분과 감동을 주고, 엔터테인먼트적 요소가 가미되어 스포츠팬들의 기분전환에 도움을 주며, 아울러 스포츠팬들의 스포츠이벤트에 대한 관심정도는 스포츠이벤트 개최의 성공여부에 영향을 주는 주요 요인이 될 수 있으므로 스포츠이벤트의 화제성은 매우 중요하다고 볼 수 있다.

46 유소년 팀, 세미프로 등 하위리그를 통해 다양한 자체선수를 선발하는 시스템은?

① 샐러리 캡
② 팜 시스템
③ 레버리드 룰
④ 용병제도

> **해설** 팜 시스템은 선진 스포츠문화를 가지고 있는 미국이나 유럽에서 시행되는 프로그램으로서 유소년 팀, 세미프로 등 하위리그를 통해 다양한 자체선수선발 시스템이다.

47 다음 중 스포츠 경영의 구성요소에 해당하지 않는 것은?

① 사 람
② 자 본
③ 정 보
④ 기 술

해설 스포츠경영의 구성요소는 전략, 인적자원, 자본, 정보이다.

48 유니폼 회사 A에서는 B제품을 생산·판매하고 있다. B제품의 판매단가는 2,000원이고, 단위당 변동영업비는 500원이다. 고정적인 영업비용이 90만 원이라면 손익분기점에 해당되는 매출액 수준은? (단 주어진 조건 외에는 고려하지 않는다.)

① 80만 원
② 120만 원
③ 200만 원
④ 250만 원

해설 손익분기량 = 고정비용 / (가격 − 변동비용)
= 900,000 / (2,000 − 500)
= 600개
따라서 단가가 2,000원인 B제품은 600개를 팔아야 손익분기량에 도달하므로 손익분기점에 해당하는 매출액 수준은 2,000 × 600 = 1,200,000원이 된다.

49 BCG의 사업 포트폴리오 매트릭스에 관한 설명으로 옳은 것은?

① 물음표(Question Mark)에 속해 있는 사업단위는 투자가 필요하나 성장가능성은 낮다.
② 개(Dog)에 속해 있는 사업단위는 확대전략이 필수적이다.
③ 별(Star)에 속해 있는 사업단위는 철수나 매각이 필수적이다.
④ 현금젖소(Cash Cow)에 속해 있는 사업단위는 수익이 높고 안정적이다.

해설
- Cash Cow : 높은 시장점유율, 낮은 시장성장률, 유지전략
- Star : 높은 시장점유율과 높은 시장성장률, 유지전략, 증대전략
- Question Mark : 낮은 시장점유율, 높은 시장성장률, 증대전략, 수확전략, 철수전략
- Dog : 낮은 시장점유율, 낮은 시장성장률, 수확전략, 철수전략

50 다음은 어떤 투자결정기법에 관한 설명인가?

> 투자로 인해 발생하는 현금유입의 현재가치, 현금유출의 현재가치를 일치시켜 투자안의 순현가를 0으로 하는 할인율을 구한 후 이를 요구수익률과 비교하여 투자 여부를 결정하는 방법

① 순현가법
② 내부수익률법
③ 회수기간법
④ 회계적 이익률법

해설
- 내부수익률법은 현금유입의 현자가치와 현금유출의 현재가치를 일치시켜서 투자안의 순현가를 0으로 하는 할인율을 구한 후 이를 자본비용과 비교하여 투자를 결정하는 방법을 말한다.
- 내부수익률이 자본비용을 넘으면 채택하고 반대일 경우 채택하지 않게 된다.

제3과목 스포츠마케팅론

51 스포츠마케팅을 '스포츠의 마케팅'과 '스포츠를 이용한 마케팅'으로 분류할 때, '스포츠의 마케팅'에 관한 설명으로 옳지 않은 것은?

① 스포츠 자체를 제품화하여 스포츠소비자와 제품을 직접 교환하는 활동이다.
② 선수, 팀, 구단 그리고 스포츠이벤트에 대한 권한을 가지고 있는 스포츠조직과 같은 스포츠주관자가 주체이다.
③ 스포츠는 재정확보를 위한 핵심제품이다.
④ 스포츠마케팅 분야 안에서 '스포츠를 이용한 마케팅'과 독립적인 마케팅 과정이다.

해설 스포츠마케팅 분야 안에서 '스포츠의 마케팅'과 '스포츠를 이용한 마케팅'은 상호보완적인 마케팅 과정이다.

52 스포츠단체, 방송사, 광고주의 관계에 대한 설명으로 옳지 않은 것은?

① 방송사는 스포츠단체에 중계권료를 지불한다.
② 스포츠단체는 방송사에 광고비를 지불한다.
③ 광고주는 방송사로부터 광고효과를 기대한다.
④ 스폰서로서의 광고주는 스포츠단체로부터 촉진효과를 기대한다.

해설 광고주는 방송사에 광고비를 지불한다.

53 다음은 스포츠 제품의 수명주기(PLC) 중 어느 단계에 관한 설명인가?

> • 제품을 인지시키고 판매를 늘리는 것이 목표
> • 광고의 주된 대상인 혁신 소비자의 구전효과를 기대
> • 판매가 원만히 일어나지만 수익이 나지 않음

① 도입기 ② 성장기
③ 성숙기 ④ 쇠퇴기

해설 도입기는 기본적 형태의 제품이 생산되며 판매가 원만히 일어나나 초기 비용이 많이 들어가 적자이다. 그리고 시장이 형성되는 초기이므로 경쟁자가 진입하지 않는다.

54 다음 중 스포츠마케팅의 개념에 관한 설명으로 옳지 않은 것은?

① 스포츠마케팅은 스포츠소비자들의 욕구를 충족시킬 수 있는 제품을 생산하여 스포츠 조직의 효율성을 극대화시키는 경영활동이다.
② 프로스포츠팀과 상업스포츠센터에서 관중이나 회원 확보를 위해 행하는 마케팅 활동은 스포츠를 통한 마케팅(Marketing Through Sports)으로 분류할 수 있다.
③ 스포츠조직 측면에서 스포츠는 재정확보를 위한 핵심제품이지만 기업이 행하는 스포츠마케팅 활동에서는 스포츠는 기업의 커뮤니케이션 목표를 달성하는 수단이다.
④ 스포츠조직 및 기업이 행하는 마케팅 활동은 스포츠 시장에서 일어나는 연속적이며 상호동반자적 마케팅 과정이다.

해설 ② 스포츠 자체를 제품으로 하는 스포츠의 마케팅에 해당된다.

55 스폰서 유형 중 일정한 금액을 지불하고, 개최국 내에서 대회를 기념하는 각종 기념품에 로고를 부착하여 제조, 생산, 판매를 할 수 있는 영업 권리를 부여받는 기업은?

① 공식스폰서
② 이벤트스폰서십
③ 공식공급업체
④ 공식상품화권자

해설 ① 공식스폰서는 현금을 지불하는 대가로 등록된 마크를 광고와 판매 촉진 활동에 이용할 수 있는 권리를 부여받는 것을 말한다.
② 이벤트스폰서십은 이벤트의 대상에 따라 선수스폰서십, 단체스폰서십, 이벤트스폰서십으로 구분할 수 있다.
③ 공식공급업체는 물자나 용역 등을 지원하고 등록된 마크를 광고와 판매 촉진 활동에 이용할 수 있는 권리를 말한다.

56 통계적 가설검증을 통해 두 변수 간의 관계가 유의한 것으로 밝혀졌을 때의 설명으로 옳은 것은?

① 귀무가설이 채택되었다.
② 통계적 회귀 현상이 발생하였다.
③ 검증된 가설은 경험적 자료와 무관하다.
④ 두 변수 간의 관계는 확률적으로 증명되었다.

해설 두 변수 간의 관계가 유의한 것으로 밝혀졌다는 것은 두 변수 간의 관계가 확률적으로 증명되었다는 것을 의미한다.

57 다음 중 스포츠마케팅조사에서 전화조사방법이 가장 적합한 경우는?

① 자세하고 심층적인 정보를 얻기 위한 조사
② 어떤 시점에 순간적으로 무엇을 하며, 무슨 생각을 하는가를 알아내기 위한 조사
③ 비교적 저렴한 가격으로 면접자 편의를 줄일 수 있으며 대답하는 요령도 동시에 자세히 알려줄 수 있는 조사
④ 넓은 범위의 지리적인 영역을 조사대상지역으로 하여 비교적 복잡한 정보를 얻으면서, 경비를 절약할 수 있는 조사

해설 ① 인터뷰 형식의 조사방법, ② 관찰 형식의 조사방법, ③ 포커스 그룹 인터뷰 형식의 조사방법이다.

58 기업의 스폰서십 참여를 스포츠단체와의 관련성에 따라 직접참여와 간접참여 형태로 구분할 때 직접참여 형태와 가장 거리가 먼 것은?

① 스포츠이벤트 스폰서십
② 스포츠방송 스폰서십
③ 스포츠단체 스폰서십
④ 라이선싱 머천다이징

해설 ② 스포츠단체가 아닌 방송사와 관련성이 있다고 볼 수 있다.

59 스포츠센터 고객성향을 분석하기 위한 표본추출 방법 중 비확률표본추출방법이 아닌 것은?

① 편의표본추출
② 판단표본추출
③ 군집표본추출
④ 할당표본추출

해설 할당표집, 눈덩이표집, 유의표집, 판단표집, 임의표집, 편의표집, 누적표집 등이 비확률표본추출방법에 해당된다. 층화표본추출, 군집표본추출, 단순무작위표본추출, 체계적표본추출 등은 확률표본추출에 해당한다.

60 스포츠단체가 스폰서 선택 시 고려해야 하는 사항과 거리가 먼 것은?

① 항상 장기계약을 체결하여 수익 증대 전략을 피하여야 한다.
② 스폰서가 대중매체에 노출되는 정도를 고려해서 스폰서를 선정해야 한다.
③ 스폰서십 비용보다는 스포츠이벤트와 스폰서 이미지와의 일치 여부를 고려하여 스폰서를 선정해야 한다.
④ 스포츠팬들의 스폰서에 대한 호의적인 태도를 유발할 수 있는가를 고려해서 스폰서를 선정해야 한다.

해설 되도록 장기계약을 체결하여 안정적인 재무구조를 갖출 수 있는 것이 바람직하며, 가능하면 수익 증대를 목표로 하여야 한다.

61 촉진전략 모델(AIDA)의 단계적 순서를 바르게 나열한 것은?

① 흥미 → 욕구 → 행동 → 주의
② 욕구 → 행동 → 주의 → 흥미
③ 행동 → 흥미 → 욕구 → 주의
④ 주의 → 흥미 → 욕구 → 행동

해설 촉진전략 모델(AIDA)의 단계적 순서
• 1단계 인지(주의 ; Attention) : 개인이 어떤 제품이 있다는 것을 알게 되고, 그 제품의 속성에 대해 약간의 지식을 얻게 된다.
• 2단계 흥미(Interest) : 제품의 이점에 대한 보다 상세한 지식을 알게 되고, 관심과 호감이 발전하여 호의적 태도로 나타나고 그 제품만의 특성을 찾는다.
• 3단계 욕구(Desire) : 심리적 혹은 실제적 시용을 통해 제품이 좋다고 평가한다. 만일 생각했던 것보다 낫다고 판단되면 사고 싶은 마음이 생긴다.
• 4단계 행동(Action) : 앞의 과정을 거친 후 제품을 사거나 사지 않거나 둘 중의 한 행위를 한다.

정답 59 ③ 60 ① 61 ④

62 스포츠마케팅의 4P 중 촉진믹스에 해당하지 않는 것은?

① 광 고
② 홍 보
③ 가 격
④ 판매촉진

해설 마케팅믹스의 4P는 제품, 가격, 장소, 촉진으로 이루어지며 촉진믹스는 광고, 홍보, 판매촉진, 개인판매 등으로 구성되어 있다.

63 스포츠 에이전트의 필요성으로 옳지 않은 것은?

① 선수의 이미지를 효과적으로 관리해 준다.
② 운동에만 전념할 수 있게 하여 궁극적으로 경기력 향상에 도움을 준다.
③ 법률 지식과 재테크 기법 등을 선수들에게 가르쳐 준다.
④ 선수보증광고 가치를 증진시켜 준다.

해설 에이전트의 역할은 선수들의 부족한 법률 지식과 재테크 기법을 가르쳐 주는 것이 아니라 법과 관련된 업무나 재테크를 대신 처리해 주는 것이다.

64 제품의 구분에 대한 설명으로 옳지 않은 것은?

① 핵심제품은 소비자가 제품에게 바라는 기본적인 혜택이다.
② 유형제품은 포장, 상표, 품질 등 소비자가 제품을 구매하는 가장 직접적인 이유이다.
③ 확장제품은 제품의 가치를 발휘하게 하는 부가적인 요소이다.
④ 보증, A/S, 배달, 설치 등은 확장제품의 예시로 볼 수 있다.

해설 유형제품은 물리적 제품속성들의 집합을 말한다. 예컨대, 선수, 경기력, 우수한 경기장 시설, 스타선수 등으로 구성된 프로축구 팀을 예로 들 수 있다.

65 기업의 내부환경(강점·약점)과 외부환경(기회·위협)을 분석하여 전략을 세우는 스포츠 경영전략은?

① SWOT 분석
② STP 전략
③ FCB 그리드 전략
④ 포트폴리오 전략

> **해설** SWOT분석은 경영자가 경영환경 분석을 분석 및 조사하기 위해서 사용할 수 있는 분석방법으로 기업의 강점(Strength), 약점(Weakness), 기회(Opportunity), 위협(Threat) 요인을 파악하고 이를 기초로 전략을 세우는 분석방법이다. 내부환경인 강점(S)과 약점(W) 그리고 외부환경인 기회(O)와 위협(T)으로 구성되어 있다.

66 브랜드 인지도를 수준별로 나눌 때 해당되지 않는 것은?

① 브랜드 재인
② 브랜드 회상
③ 최초 상기 인지도
④ 선호 수준

> **해설** 선호 수준은 브랜드 인지도와는 관계없는 내용이다.

67 스포츠 스폰서십에 참여하는 기업에게 제공하는 혜택 중 경쟁사의 접근을 차단해 주는 스폰서십 혜택은?

① 로고 사용권
② TV광고 우선권
③ 신뢰도 등급 우선권
④ 제품영역별 독점권

> **해설** 제품영역별로 1업종 1사 원칙이 주어지기 때문에 경쟁사의 접근을 차단해 주는 주요한 스폰서십 혜택이다.

정답 65 ① 66 ④ 67 ④

68 스포츠제품의 상표전략 중 계열확장(Line Extension)에 관한 설명으로 옳은 것은?

① 기존의 상표명을 기존의 제품범주의 새로운 형태, 크기 등에 확대한다.
② 기존의 상표명을 새로운 제품범주로 확대한다.
③ 새로운 상표명을 새로운 제품범주로 확대한다.
④ 신제품 범주에 새로운 상표명을 부여한다.

> 해설 계열확장을 통해 기존의 상표명에 품목을 추가하여 길이를 늘임으로써 소비자의 다양한 욕구를 만족시킬 수 있고 이윤도 늘어날 수 있으나 품목이 너무 많아지면 관리비용만 많이 들고 하나하나의 품목이 이윤에 기여하는 정도가 작아지게 된다.

69 스포츠 미디어의 긍정적 역할로 옳지 않은 것은?

① 정보제공
② 관중유인
③ 홍 보
④ 사회적 순응 조장

> 해설 ① · ② · ③ 스포츠 미디어의 긍정적인 역할
> ④ 스포츠 미디어의 부정적 역할

70 2차 자료수집 방법에 해당하는 것은?

① 관찰법
② 표적집단면접법
③ 실험법
④ 정부 통계

> 해설 1차 자료는 직접 자료를 생산하는 것이며, 이미 만들어진 자료를 활용하는 것은 2차 자료이다. 1차 자료수집이 2차 자료수집에 비해 비용이 많이 발생한다.

71 광고매체 유형별 특징에 관한 설명으로 옳지 않은 것은?

① TV – 노출시간이 짧다.
② 라디오 – 청각에 의존한다.
③ 옥외광고 – 광고대상 집단 선별성이 높다.
④ 회전식 A보드 광고 – 위치에 따른 노출편차를 줄일 수 있다.

> 해설 옥외에 광고를 게재하는 방법이기 때문에 그곳을 지나가는 유동인구, 즉 불특정다수가 대상이 된다. 따라서 집단 선별성이 낮다.

72 스포츠제품 시장을 세분화하는 데 사용하는 기준으로서 인구통계적 변수로 옳지 않은 것은?

① 소득
② 라이프스타일
③ 교육수준
④ 가족규모 및 형태

> 해설 인구통계학적 변수들은 연령, 성별, 지역, 소득, 교육수준, 종교, 가족규모 및 형태 등이 있다. 라이프스타일은 심리분석적 변수에 해당된다.

73 마케팅정보시스템의 하위시스템으로 옳은 것을 모두 고른 것은?

ㄱ. 경영정보시스템	ㄴ. 고객정보시스템
ㄷ. 내부정보시스템	ㄹ. 마케팅조사시스템

① ㄱ, ㄴ, ㄷ
② ㄱ, ㄴ, ㄹ
③ ㄱ, ㄷ, ㄹ
④ ㄴ, ㄷ, ㄹ

> 해설 마케팅정보시스템은 마케팅 의사 결정자에게 필요한 정보를 사전에 수집하고 분석하여 필요한 시기에 이를 제공하는 경영 체계이므로 경영정보시스템과는 관계없다. 경영정보시스템은 기업 경영자의 입장에서 그 기업의 성공 지표 변화를 수시로 점검하고 그 변화에 대응할 문제를 제시하며 기업의 혁신이나 새로운 전략 등을 구성하는 것을 보조하는 전자 정보 관리 체계이다.

74 선수나 팀의 이미지나 로고 등을 기존의 생산되는 제품에 부착하여 판매할 수 있는 권리를 뜻하는 용어는?

① 스폰서십 ② 공식후원
③ 상표특허 ④ 라이선싱

해설 ① 스폰서십(Sponsorship) : 기업이 스포츠이벤트에 소요되는 전체 비용 또는 상당비용을 현금으로 지불하거나 그에 상응하는 물품 등으로 후원하는 대가로 스포츠이벤트와 관련된 마케팅권리를 독점적으로 부여받아 이를 활용한 마케팅전략을 구사할 수 있는 권리를 말한다.
② 공식후원은 현금 등을 지불하는 대가로 등록된 재산권 등을 광고와 판매 촉진 활동에 이용할 수 있는 권리를 부여받는 것을 말한다.
③ 상표특허는 특정인의 이익을 위하여 상표에 일정한 법률적 권리나 능력, 포괄적 법률관계를 설정하는 행위를 말한다.

75 스포츠마케팅 전략(STP 전략)의 기본단계를 바르게 나열한 것은?

① 목표시장 선정 → 포지셔닝 → 시장세분화
② 목표시장 선정 → 시장세분화 → 포지셔닝
③ 시장세분화 → 목표시장 선정 → 포지셔닝
④ 시장세분화 → 포지셔닝 → 목표시장 선정

해설 스포츠마케팅 전략의 영어 약자 STP는 시장세분화(Segmentation), 목표시장 선정(Targeting), 포지셔닝(Positioning)의 약자이고 단계 순으로 나열한 것이다.

제4과목 스포츠시설론

76 「체육시설의 설치·이용에 관한 법령」상 사업계획의 승인을 받지 아니하고 등록 체육시설업의 시설을 설치한 자의 벌칙기준으로 옳은 것은?

① 1년 이하의 징역 또는 500만 원 이하의 벌금
② 1년 이하의 징역 또는 1천만 원 이하의 벌금
③ 2년 이하의 징역 또는 2천만 원 이하의 벌금
④ 3년 이하의 징역 또는 3천만 원 이하의 벌금

해설 「체육시설의 설치·이용에 관한 법률」상 사업계획의 승인을 받지 않고 등록 체육시설업의 시설을 설치한 경우, 이에 대한 벌칙 기준은 3년 이하의 징역 또는 3천만 원 이하의 벌금으로 규정되어 있다.

77 정부나 지방자치단체가 스포츠이벤트 유치를 위한 정책적인 지원을 하는 이유로 가장 옳지 않은 것은?

① 지역경제 활성화
② 개최도시 홍보를 통한 도시 인지도 제고
③ 자국선수의 입상
④ 국민 및 지역주민에게 자긍심 고취

해설 정부나 지방자치단체의 스포츠이벤트 유치는 사회·문화·경제적 측면에서의 효과를 창출하기 위함이며, 자국선수의 입상은 대한체육회와 같은 스포츠조직의 목표일 뿐 스포츠이벤트 유치를 위한 정부나 지방자치단체의 정책적 목표와는 거리가 멀다.

78 스포츠시설 사업이 지역발전에 미치는 간접효과와 가장 거리가 먼 것은?

① 입장료 수입, 광고 수입, 부대 수입의 효과
② 지역민의 자긍심과 연결되는 상징적 효과
③ 개최도시에 생기는 새로운 역량인 사회·정치적인 효과
④ 지역개발이 효과적으로 이루어지는 경제적인 효과

해설 ①·③·④는 지역발전에 간접적으로 나타나는 효과이지만 ②에 해당하는 내용은 심리적인 측면에 해당된다.

79 스포츠시설의 임대 시 고려해야 할 사항과 가장 거리가 먼 것은?

① 임대주의 무형의 이익
② 수익의 분배방법
③ 임대자의 생산원가
④ 스포츠시설 내 설치되는 기구 브랜드

해설 임대 시에는 일반적으로 임대료, 수익의 분배방법, 임대주의 무형의 이익 등이 주요 고려사항이다. 그러나 스포츠시설 내 설치되는 기구의 브랜드는 주로 설비의 품질과 기능성과 관련이 있지만, 임대와 직접적으로 관련된 사항은 아니다.

80 「체육시설의 설치·이용에 관한 법령」상 반드시 2명 이상의 체육지도자를 배치해야 하는 체육시설업 규모에 해당하는 것은?

① 45타석의 골프연습장
② 수영조 바닥면적이 350제곱미터인 실내 수영장
③ 말 25마리 규모의 승마장
④ 카누 15척 규모의 카누장

해설 승마장의 말이 20마리를 초과하는 경우 체육지도자를 2명 이상 배치해야 한다.

81 스포츠시설 위탁 경영의 장점과 가장 거리가 먼 것은?

① 전문가의 노하우를 활용하여 운영될 수 있다.
② 사고발생 시 책임소재가 명확하다.
③ 인건비, 유지관리비 등 비용절감이 가능하다.
④ 공휴일 등 개장시간의 탄력적인 운영이 가능하다.

해설 스포츠시설 위탁 경영에서는 일반적으로 시설을 운영하는 기관과 위탁받은 업체 간에 명확한 책임 소재를 정하는 것이 중요하다. 따라서 사고 발생 시 책임소재의 명확성은 위탁 경영의 장점과 연결되는 것이 아니라, 오히려 관련이 적은 부분이다. 이는 올바른 운영과 안전성을 위해 필요한 사항이지만, 경영의 효율성이나 비용 절감과 직접적으로 관련된 장점은 아니다.

82 「체육시설의 설치·이용에 관한 법령」상 18홀인 회원제 골프장의 대중골프장 병설기준으로 옳은 것은?

① 3홀 이상의 대중골프장
② 6홀 이상의 대중골프장
③ 9홀 이상의 대중골프장
④ 12홀 이상의 대중골프장

해설 18홀인 회원제 골프장의 대중골프장 병설기준은 6홀 이상의 대중골프장이다.
※ 2023년 12월 29일부로 해당 법령이 삭제되면서 현재 정답이 없다.

83 다음 중 등록 체육시설업이 아닌 것은?

① 스키장업
② 골프장업
③ 골프 연습장업
④ 자동차 경주장업

해설 등록 체육시설업이 아닌 것은 골프 연습장업이다. 나머지 스키장업, 골프장업, 자동차 경주장업은 등록 체육시설업에 해당한다.

84 경기장 광고에 대한 설명으로 옳지 않은 것은?

① 경기장 광고의 주요노출대상은 경기장의 관중과 중계 시 노출될 TV 시청자들이다.
② 경기장 광고는 관중들보다 시청자들에게 노출효과가 큰 것으로 보고되고 있다.
③ 경기장 광고는 방송 광고에 비해 상대적으로 가격이 저렴하고 표현방식이 다양하다.
④ 광고주 입장에서는 실정에 맞게 경기장 광고와 방송 광고를 적절히 활용할 수 있어야 한다.

해설 실제로 경기장 광고는 상황에 따라 비용이 다를 수 있으며, 표현 방식이 방송 광고에 비해 항상 다양하다고 단언할 수는 없다.

85 다음 (   )에 알맞은 것은?

「체육시설의 설치·이용에 관한 법령」상 자동차경주장의 부지면적은 트랙면적과 안전지대면적을 합한 면지의 (   )를 초과할 수 없다.

① 2배
② 4배
③ 5배
④ 6배

해설 ※2023년 12월 29일부로 시행령 별표3의 해당 조항이 삭제되면서 현재 정답이 없다.

정답 83 ③ 84 ③ 85 해설참고

86 「체육시설의 설치·이용에 관한 법률」상 문화체육관광부장관은 공공체육시설 및 등록·신고체육시설의 시설 안전관리에 관한 기본계획을 몇 년마다 수립·시행하여야 하는가?

① 1
② 3
③ 5
④ 10

해설 문화체육관광부장관은 공공체육시설 및 등록·신고체육시설의 시설 안전관리에 관한 기본계획을 5년마다 수립·시행하여야 한다. 이러한 기본계획은 안전한 체육시설 운영을 위해 필요한 정책과 지침을 수립하는 데 사용된다.

87 대상권역별 분류에 대한 설명으로 옳은 것은?

① 광역권형 시설 – 자가용을 이용해 5분 내로 도달할 수 있는 거리로, 주민센터·커뮤니티센터 등의 체육시설
② 근린권형 시설 – 한 개의 초등학교 지역 내 주민들이 이용할 수 있는 학교 및 인근 체육시설
③ 지구권형 시설 – 약 1~10만 인구규모를 대상으로 설치된 공공·민간시설
④ 지역권형 시설 – 지역의 연합체를 대상으로하는 시설로, 전국대회가 가능한 종합체육시설 및 대규모 복합시설을 포함

해설 해당 설명은 "대상권역별 분류"에 관한 것으로, 각 대상권역별로 어떤 종류의 시설이 해당되는지를 나타내고 있다.

88 스포츠센터의 부속시설 중 고객을 위한 시설이 아닌 것은?

① 라커룸
② 공조실
③ 프로샵
④ 샤워룸

해설 일반적으로 스포츠센터의 부속시설로는 라커룸, 프로샵, 샤워룸 등이 있을 수 있다. 하지만 "공조실"은 주로 시설 내의 온도나 공기 상태를 유지하고 관리하기 위한 시설로, 직접적으로 고객을 위한 시설은 아니다.

89 「체육시설의 설치·이용에 관한 법률」상 2륜 자동차경주장업의 시설기준으로 옳지 않은 것은?

① 트랙의 양편에는 폭 3미터 이상의 안전지대를 설치하여야 한다.
② 트랙은 길이 400미터 이상, 폭 5미터 이상이어야 한다.
③ 경주장 전체를 조망할 수 있는 통제소를 설치하여야 한다.
④ 트랙의 바닥면은 반드시 포장이어야 한다.

해설 2륜 자동차경주장의 시설기준 중에서 트랙의 바닥면은 포장한 곳과 하지 않은 곳이 있어야 한다.

90 스포츠시설의 스포츠 프로그램 개발과정으로 가장 적합한 것은?

① 계획 → 조직 → 수행 → 평가
② 조직 → 계획 → 수행 → 평가
③ 조직 → 수행 → 계획 → 평가
④ 수행 → 평가 → 계획 → 조직

해설 스포츠시설의 스포츠 프로그램 개발은 보통 다음과 같은 과정을 따른다
- 계획(Planning) : 목표를 설정하고 어떻게 프로그램을 구성할 것인지 계획을 수립한다.
- 조직(Organizing) : 프로그램을 실행하기 위해 필요한 인력, 자원, 장비 등을 조직하고 할당한다.
- 수행(Implementing) : 계획과 조직을 기반으로 프로그램을 실행하고 참가자들을 참여시킨다.
- 평가(Evaluation) : 프로그램이 끝난 후에는 그 효과를 평가하고, 얻은 경험과 데이터를 토대로 다음 계획에 반영한다.
이렇게 과정을 따라가면서 효율적이고 효과적인 스포츠 프로그램을 개발할 수 있다.

91 「체육시설의 설치·이용에 관한 법령」상 직장체육시설에 관한 설명으로 옳지 않은 것은?

① 직장의 장은 직장인의 체육 활동에 필요한 체육시설을 설치·운영하여야 한다.
② 직장체육시설을 설치·운영하여야 하는 직장은 상시 근무하는 직장인이 300명 이상인 직장으로 한다.
③ 「고등교육법」에 따른 학교는 직장체육시설의 전부 또는 일부를 설치·운영하지 아니할 수 있다.
④ 군부대 직장체육시설의 설치·운영에 관하여는 국방부장관이 지도·감독한다.

해설 직장의 장은 500명 이상의 직장인이 근무할 경우 직장인들이 건강을 유지하고 체육 활동을 할 수 있도록 필요한 체육시설을 설치하고 운영해야 한다.

정답 89 ④ 90 ① 91 ②

92 스포츠시설의 경영전략에 해당하지 않는 것은?

① 원가우위 전략
② 차별화 전략
③ 비차별화 전략
④ 집중화 전략

> **해설** 스포츠시설의 경영전략
> - 원가우위 전략(Cost Leadership Strategy) : 경쟁사보다 제품 또는 서비스를 더 낮은 원가로 제공하여 시장에서 경쟁 우위를 차지하는 전략
> - 차별화 전략(Differentiation Strategy) : 제품이나 서비스를 특별하게 만들어 고객에게 독특한 가치를 제공하여 경쟁사와 차별화되도록 하는 전략
> - 집중화 전략(Focus Strategy) : 특정 시장 세그먼트나 지역에 초점을 맞추어 해당 시장에서 경쟁 우위를 확보하는 전략

93 스포츠 시설에서 FCB Grid 모델을 활용하여 고객유치전략을 수립하고자 한다. 소비자의 행동이 "구매 → 인지 → 느낌" 순으로 습관성으로 이루어진다고 판단할 때 해당하는 공간은?

① 고관여/감성 공간
② 고관여/이성 공간
③ 저관여/감성 공간
④ 저관여/이성 공간

> **해설** FCB Grid 모델은 소비자의 행동을 "인지(Thinking) vs. 느낌(Feeling)"과 "고관여(High Involvement) vs. 저관여(Low Involvement)"의 두 차원으로 나누어 분석하는 모델이다. 주어진 문제에서는 소비자의 행동이 "구매 → 인지 → 느낌" 순으로 습관성으로 이루어진다고 판단하고 있다. 따라서, 해당하는 공간은 "저관여/이성 공간"이다.

94 참여 스포츠시설 운영에서 고객유치에 관한 설명과 가장 거리가 먼 것은?

① 고객층 다양화와 뉴스포츠 수요 증대는 새로운 프로그램의 개발을 요구한다.
② 고객유치를 위해 지불 능력을 감안하여 입장료나 월별이용료를 결정할 필요가 있다.
③ 초기단계의 홍보나 고객상담은 구전을 통한 고객유치에 기여한다.
④ 고객유치를 위해 시설 환경보다 고객의 인구통계학적 요소를 가장 먼저 고려해야 한다.

> **해설** 일반적으로 고객유치를 위해서는 다양한 측면을 고려해야 한다. 고객의 입장에서 생각하여 프로그램 다양화, 가격 책정, 홍보, 상담 등이 중요한 요소이다. 그러나 "고객유치를 위해 시설 환경보다 고객의 인구통계학적 요소를 가장 먼저 고려해야 한다."라는 설명은 다소 이론적이거나 현실적으로는 이례적인 접근으로 보인다. 대부분의 경우, 운영 시설 환경, 프로그램 다양성, 가격 책정 등이 먼저 고려되고 이후에 특정 고객층을 타겟팅하는 단계가 이루어지기 때문이다.

95 「체육시설의 설치·이용에 관한 법령」상 체육도장업의 영업범위에 해당하지 않는 운동종목은?

① 검 도
② 레슬링
③ 카라테
④ 우 슈

해설 검도, 레슬링, 우슈는 체육도장업의 영업범위에 속하는 종목이다. 하지만 "카라테"는 주어진 선택지 중에서 체육도장업의 영업범위에 해당하지 않는 운동 종목이다.

96 스포츠 시설의 고객유지를 위한 CRM의 특징에 관한 설명으로 옳지 않은 것은?

① 소비자의 특화된 욕구에 대한 마케팅이다.
② 다품종 소량생산 개념의 생산방식을 지향한다.
③ 불특정 고객집단을 목표로 한 마케팅 활동이다.
④ 소비자에 대한 상세한 데이터베이스가 구축되어야 한다.

해설 CRM은 특정 고객집단을 선정하고 그룹화하여 각 고객에게 맞춤형 서비스를 제공하는 것이 목표이다.

97 스포츠시설의 선택 요인과 가장 거리가 먼 것은?

① 물적 서비스
② 재원 서비스
③ 인적 서비스
④ 시스템적 서비스

해설 스포츠시설의 선택 요인
- 물적 서비스 : 시설의 물리적인 측면으로, 편의시설, 장비, 규모, 위치 등이 해당한다.
- 인적 서비스 : 시설에서 제공되는 서비스에 참여하는 인적인 측면을 의미하며, 강사, 코치, 직원 등이 이에 해당한다.
- 시스템적 서비스 : 체계적이고 효과적인 운영체계나 프로그램 등을 통한 서비스를 의미한다.

98
「체육시설의 설치·이용에 관한 법령」상 체육시설업자가 경미한 사항을 거짓으로 등록한 경우 행정처분 기준으로 옳은 것은? (단, 1차 위반인 경우이며 감경사유는 고려하지 않음)

① 경고
② 영업정지 10일
③ 영업정지 1개월
④ 등록취소

> **해설** 경고(주의)는 첫 번째 위반 사항이자, 경미한 사항에 해당할 때 주로 선택되는 처분으로 업자에게 경고를 주어 교정을 유도한다.

99
스포츠 조직의 재원을 확보하기 위한 좌석라이선스(PSL)에 관한 설명으로 옳은 것은?

① 시즌티켓구매 시 특정좌석의 권리를 취득하는 대가로 부담하는 비용
② 개인이나 사업체가 좌석의 이름을 각인하는 대가로 지불하는 비용
③ 경기장 건설 사업체가 좌석 사업권을 취득하기 위해 부담하는 비용
④ 좌석을 업그레이드하여 안락한 관람 분위기 제공 시 지불하는 비용

> **해설** ② 개인이나 사업체가 좌석의 이름을 각인하는 대가로 지불하는 비용 : 좌석의 네이밍 권리와 관련이 있다.
> ③ 경기장 건설 사업체가 좌석 사업권을 취득하기 위해 부담하는 비용 : PSL은 주로 개별 팬이나 기업이 구매하는 형태이다.
> ④ 좌석을 업그레이드하여 안락한 관람 분위기 제공 시 지불하는 비용 : 좌석 업그레이드와 관련된 비용으로 PSL과는 직접적인 관련이 없다.

100
「체육시설의 설치·이용에 관한 법령」에 따라 손해보험에 가입한 신고 체육시설업자는 보험 가입사실을 증명하는 서류를 누구에게 제출해야 하는가?

① 시·도지사
② 특별자치시장·특별자치도지사·시장·군수 또는 구청장
③ 시설관리공단이사장
④ 문화체육관광부장관

> **해설** 신고 체육시설업자가 손해보험에 가입한 경우, 보험 가입사실을 증명하는 서류를 「체육시설의 설치·이용에 관한 법률 시행규칙」제25조 제2항에 따라 해당 특별자치시장·특별자치도지사·시장·군수 또는 구청장에게 지체 없이 제출하여야 한다.

CHAPTER 04 2024년 1회 필기 기출복원문제

제1과목 스포츠산업론

01 어느 골프장 이용가격이 2% 인상되었고 골프장 수요의 가격탄력성이 2.0이라면, 골프장 수요량의 변화는? (단 골프장은 정상재이고, 가격탄력성은 절대값으로 나타내며, 다른 조건은 동일함)

① 4% 감소
② 6% 증가
③ 8% 감소
④ 10% 증가

> **해설** 수요의 가격탄력성 = 수요량 변화율 ÷ 가격 변화율
> 2.0 = 수요량 변화율 ÷ 2%
> ∴ 수요량 변화율 = 4%
> 골프장은 정상재라서 가격이 인상되면 수요는 감소하게 되므로 골프장 수요량은 4% 감소하게 된다.

02 프로리그에서 신생팀이 리그에 새로 가입할 경우 창단가입금을 받는 이유와 가장 거리가 먼 것은?

① 기존 팀의 입장수입 감소를 초래할 수 있기 때문이다.
② 방송중계권수입의 분배금액이 줄어들기 때문이다.
③ 구단 수가 늘어나면 경기장수요가 늘어 자치단체와의 임재조건협상에서 불리해지기 때문이다.
④ 리그의 가치 훼손 위험에 대한 대가이다.

> **해설** 창단가입금은 이미 만들어진 프로시장에 진출하기 위한 일종의 회비라고 볼 수 있으며, 신생팀의 리그 가입은 리그를 운영하는 주체의 승인에 의해 이루어지므로 리그의 가치를 훼손한다는 것과는 관련성이 없다.

정답 01 ① 02 ④

03 스포츠산업 특수분류 v3.0에서 대분류 스포츠서비스업의 중분류 항목으로 옳은 것을 모두 고른 것은?

> ㄱ. 스포츠시설 운영업
> ㄴ. 스포츠 정보 서비스업
> ㄷ. 운동 및 경기용품업
> ㄹ. 스포츠 교육기관

① ㄱ, ㄷ
② ㄴ, ㄹ
③ ㄴ, ㄷ, ㄹ
④ ㄱ, ㄴ, ㄷ, ㄹ

해설
- ㄱ. 스포츠시설 운영업은 스포츠시설업의 중분류
- ㄷ. 운동 및 경기용품업은 스포츠용품업의 중분류

04 다음 중 스포츠제품 수요의 가격탄력성이 낮은 경우는?

① 대체자나 경쟁자가 많을 때
② 구매자들이 구매습관을 바꾸기 어려울 때
③ 구매자들이 대체품의 가격을 쉽게 비교할 수 있을 때
④ 구매자들이 높은 가격에 납득하지 않을 때

해설 가격탄력성은 소비자가 가격변화에 얼마나 민감하게 반응하는지 둔감하게 반응하는지를 확인하는 지표이다. 경쟁자가 많거나 대체품의 가격을 쉽게 비교할 수 있는 경우, 높은 가격이 합당하지 않거나 납득하기 어려울 때는 가격변화에 민감하므로 가격탄력성이 높다. 구매습관을 바꾸기 어려운 경우는 가격변화에 둔감하므로 가격탄력성이 낮다고 볼 수 있다.

05 지방자치단체가 스포츠이벤트 유치경쟁에 나서는 이유로 가장 거리가 먼 것은?

① 지역 팀 및 선수의 경기력 강화
② 지역 인지도 제고
③ 지역경제 활성화 효과
④ 지역주민의 자긍심 고취

해설 정부나 지자체의 스포츠이벤트 유치는 사회·문화·경제적 측면에서의 효과를 창출하기 위함이며 지역 팀 및 선수의 경기력 강화는 스포츠팀(구단)의 목표일 뿐 스포츠이벤트 유치의 경쟁과는 거리가 멀다.

06 스포츠조직의 자산(Properties) 가치형성요인 중 시장관련요인에 해당하지 않는 것은?

① 감독, 선수, 팀, 성적
② 팀의 연고도시
③ 팬 지지도
④ 언론보도범위

해설 연고도시, 팬, 언론보도는 스포츠조직의 자산가치에 영향력을 발휘할 수 있는 시장관련요인이 되며, 감독, 선수, 팀 성적은 구단(팀)관련요인에 해당된다.

07 스포츠산업 진흥법령상 문화체육관광부장관이 매년 조사하여야 하는 사항은?

① 스포츠산업의 매출액
② 스포츠산업의 사업 실적 및 경영 전망
③ 스포츠산업의 인력 수급
④ 스포츠산업 관련 정부기관 수

해설 실태조사의 범위와 방법(「스포츠산업 진흥법 시행령」 제3조)
문화체육관광부장관은 매년 다음 사항에 관하여 실태조사를 실시하여야 한다.
- 스포츠산업 관련 사업체 수 및 종사자 수
- 스포츠산업의 매출액
- 스포츠산업의 사업 실적 및 경영 전망
- 스포츠산업의 인력 수급
- 그 밖에 스포츠산업 진흥을 위한 정책을 수립·시행하는 데 필요한 사항

08 스포츠산업에서 벌어지는 사업 중 선수가 사업의 주체가 되는 것으로 옳은 것은?

① 좌석 라이선스 사업
② 인도스먼트(Endorsement) 사업
③ 경기장 광고 사업
④ 프로리그 방송중계권 사업

해설 선수가 사업의 주체가 되는 것은 인도스먼트(Endorsement) 사업이며, 인도스먼트는 선수보증광고로 선수의 이미지나 명성을 토대로 진행되게 된다.

정답 06 ① 07 ④ 08 ②

09 스포츠산업 진흥법령상 문화체육관광부장관이 국내 스포츠산업의 경쟁력 강화와 스포츠산업 관련 상품의 해외시장 진출을 활성화하기 위한 지원사업을 대행하게 할 수 있는 기관 또는 단체가 아닌 것은?

① 「국민체육진흥법」에 따른 서울올림픽 기념 국민체육진흥공단(국민체육진흥공단)
② 「한국산업인력공단법」에 따른 한국산업인력공단
③ 「대한무역투자진흥공사법」에 따른 대한무역투자진흥공사
④ 「스포츠산업 진흥법」에 따른 사업자단체

> 해설 국제교류 및 해외시장 진출지원(「스포츠산업 진흥법 시행령」 제19조 제1항)
> • 국민체육진흥공단
> • 「대한무역투자진흥공사법」에 따른 대한무역투자진흥공사
> • 지원센터
> • 「스포츠산업 진흥법」 제20조에 따른 사업자단체

10 스포츠산업 진흥법령상 명시된 스포츠산업 실태조사의 범위에 해당하지 않는 것은?

① 스포츠산업의 매출액
② 스포츠산업 관련 개설 학과 및 재학생 수
③ 스포츠산업 관련 사업체 수 및 종사자 수
④ 스포츠산업의 사업 실적 및 경영 전망

> 해설 실태조사의 범위(「스포츠산업 진흥법 시행령」 제3조 제1항)
> • 스포츠산업 관련 사업체 수 및 종사자 수
> • 스포츠산업의 매출액
> • 스포츠산업의 사업 실적 및 경영 전망
> • 스포츠산업의 인력 수급
> • 그 밖에 스포츠산업 진흥을 위한 정책을 수립 · 시행하는 데 필요한 사항

11 제10차 한국표준산업분류에서 소분류 스포츠서비스업 중 세분류 경기장 운영업에 해당하지 않는 세세분류는?

① 실내 경기장 운영업
② 실외 경기장 운영업
③ 경주장 및 동물 경기장 운영업
④ 체력 단련시설 운영업

> 해설 체력 단련시설 운영업(91132)은 기타 스포츠시설 운영업(9113)에 해당한다.

12 스포츠산업 진흥법령상 공유재산에 관한 설명으로 틀린 것은?

① 지방자치단체의 장은 프로스포츠단과 협의한 경우에는 사용·수익 허가기간 동안의 사용료 전부를 한꺼번에 징수할 수 있다.
② 연간 사용료는 시가(時價)를 반영한 해당 재산 평가액의 연 1만 분의 20 이상의 범위에서 문화체육관광부장관이 정한다.
③ 연간 사용료가 100만원을 초과하는 경우에는 연 4회의 범위에서 분할납부하게 할 수 있다.
④ 프로스포츠단이 해당 체육시설을 직접 수리하는 경우 사용료를 감경·면제할 수 있다.

해설 공유재산의 사용료와 납부 방법 등(「스포츠산업 진흥법 시행령」 제14조 제2항)
연간 사용료는 시가(時價)를 반영한 해당 재산 평가액의 연 1만분의 10 이상의 범위에서 지방자치단체의 조례로 정하되, 월 단위, 일 단위, 시간별 또는 횟수별 등으로 계산할 수 있다.

13 스포츠산업 진흥법에 대한 설명으로 옳지 않은 것은?

① 국가 및 지방자치단체는 스포츠산업의 진흥을 위하여 필요한 시책을 수립·시행하여야 한다.
② 지방자치단체는 문화체육관광부장관의 인가를 받아 업종별로 사업자단체를 설립할 수 있다.
③ 문화체육관광부장관은 스포츠산업의 육성과 기술개발을 위하여 스포츠산업 관련 상품의 품질 향상에 필요한 지원을 할 수 있다.
④ 문화체육관광부장관은 선수의 권익을 보호하고, 스포츠산업의 건전한 발전을 위하여 공정한 영업질서의 조성 등 필요한 시책을 강구하여야 한다.

해설 사업자단체의 설립(「스포츠산업 진흥법」 제20조)
스포츠산업 사업자는 스포츠산업의 진흥과 상호 협력증진 등을 위하여 대통령령으로 정하는 바에 따라 문화체육관광부장관의 인가를 받아 업종별로 사업자단체를 설립할 수 있다.

14 스포츠산업의 활성화 방안으로 옳지 않은 것은?

① 스포츠산업의 내수기반 강화
② 스포츠산업의 관광화 방안 마련
③ 스포츠산업과 전략사업의 연계 육성
④ 스포츠산업 관련 법적·제도적 규제제도 강화

해설 스포츠산업을 활성화하기 위한 방안이므로 스포츠산업 관련 법적·제도적 규제책을 마련하는 것이 아닌 법적·제도적 규제책을 완화하는 것이 바람직하다.

15 다음 중 스포츠산업의 환경 변화와 가장 거리가 먼 것은?

① 4차 산업혁명으로 인한 스포츠산업 관련 고용일자리 위축
② 스포츠용품 관련 과학기술개발 경쟁 심화
③ 소셜 네트워크 서비스(SNS) 등의 확산으로 스포츠이벤트에 대한 관심 증가
④ 참여·레저스포츠와 건강분야에 대한 지속적 관심 증대

해설 4차 산업혁명으로 인해 스포츠 분야에서도 인공지능(AI), ICT 등의 급속한 발전이 이루어지고 있으며 스포츠산업 융·복합화는 스포츠산업분야의 고용창출을 확대하고 있다.

16 다음 전략은 스포츠제품의 어떤 서비스적 특성을 반영한 것인가?

- 서비스표준이 감지됨을 확산시킴
- 사전패키지 서비스
- 품질관리를 위한 기계화 및 산업화
- 주문적인 특징의 강조
- 서비스의 고객적응

① 무형성
② 비분리성
③ 이질성
④ 소멸성

해설 스포츠의 서비스적 특성은 보거나 만질 수 없는 무형성, 생산과 소비가 동시에 이루어지는 비분리성, 품질이 고르지 않은 이질성, 판매되지 않는 서비스는 사라지는 소멸성이 있다.

17 Gratton의 경제적인 측면에서의 스포츠 수요 결정요인이 아닌 것은?

① 스포츠 활동에 소요되는 비용
② 스포츠 활동장소의 경제성
③ 소비자의 소득수준
④ 소비자의 취미와 선호

해설 스포츠 수요에 영향을 미치는 요인은 강습비 등의 활동 소요 비용, 소득수준, 연관 상품의 가격, 소비자의 취미·선호·관심 등이 있다.

15 ① 16 ③ 17 ②

18 스포츠용품 유통 경로 중 프랜차이징 시스템을 이용하는 프랜차이즈 가맹점에 대한 설명으로 틀린 것은?

① 가맹점은 다른 가맹점을 통제할 수 있다.
② 가맹점 운영과 관련하여 본부의 통제를 받아야 한다.
③ 가맹점은 프랜차이즈 본부의 유명세로 광고·마케팅 비용을 절감할 수 있다.
④ 가맹점은 프랜차이즈 본부에 로열티 및 각종 비용을 지불하고 본부가 가지고 있는 특권을 이용한다.

> 해설 프랜차이즈 계약은 가맹점사업자가 프랜차이즈 본부의 영업표지를 사용하여 일정한 품질기준에 따른 상품 및 서비스를 판매하도록 약정하고, 이에 따른 대가로 가맹금을 지급하는 형태로, 가맹점 사업자는 프랜차이즈 본부의 통제를 받는다. 하지만 가맹점과 가맹점은 서로 다른 독립적인 점포이므로 상호 간의 통제권이 존재하지 않는다.

19 관람 스포츠 소비집단에 관한 설명으로 틀린 것은?

① 프로구단의 시즌티켓 소지자는 대량 소비자로 분류된다.
② 중계프로그램 시청자는 주요 관람 스포츠 소비집단이다.
③ 좌석 라이선스(Seat License) 구매자는 충성도 높은 구매자에 속한다.
④ 기업은 관람 스포츠 소비자로 볼 수 없다.

> 해설 기업은 스폰서십의 형태로 관람 스포츠에 참여하고 관람 스포츠의 주체인 스포츠조직(팀)에 금전적 재원을 제공하므로, 관람 스포츠에서 매우 중요한 소비자로 볼 수 있다.

20 소비자로서 스포츠시장에 참여할 수 있는 방법으로 가장 옳지 않은 것은?

① 직접 스포츠에 참여하는 방법
② 경기장에 가서 스포츠를 관람하는 방법
③ 스포츠이벤트를 텔레비전이나 라디오 등의 매체를 통해 접하는 방법
④ 스포츠용품회사를 직접 설립하는 방법

> 해설 스포츠참여, 스포츠관람, 스포츠시청은 소비자로서 스포츠시장에 참여하는 방법이 되지만 스포츠용품 회사를 직접 만드는 것은 생산자 혹은 제조업자로서 스포츠시장에 참여하는 방법이 된다.

정답 18 ① 19 ④ 20 ④

21 우수 품질의 스포츠용품에 인증을 부여하여 품질 및 홍보효과 제고를 위한 스포츠용품 품질인증제로 옳은 것은?

① ISO 인증
② KS마크
③ JIS 규격
④ KISS마크

해설 스포츠용품의 품질과 운동기능을 과학적으로 평가하여 우수제품을 공인하는 제도는 KISS마크이다.

22 스포츠소비자 행동의 환경적 영향요인이 아닌 것은?

① 사회계층과 문화
② 가 족
③ 라이프스타일
④ 준거집단

해설 사회계층과 문화, 가족, 준거집단은 환경적 영향요인에 속하며, 라이프스타일은 개인적 영향요인으로 개인의 심리적인 요인으로 인해 발생된다.

23 기업이 공급사슬관리(SCM)를 수행해야 할 필요성과 가장 거리가 먼 것은?

① 글로벌화의 진전
② 운송비의 지속적 감소
③ 아웃소싱의 증가
④ 전자상거래 도입의 증가

해설 아웃소싱과 운송비용은 점점 증가하고 있으며, 구체적으로 아웃소싱의 증가에 따라 포장, 운송, 선적, 하역 및 분류 등의 비용이 증가하고 있다.

24 스포츠산업 진흥법령에 명시된 지방자치단체가 프로스포츠단 사업추진에 지원할 수 있는 경비로 옳지 않은 것은?

① 프로스포츠단의 부대시설 구축을 위한 비용
② 각종 국내·국제 운동경기대회의 개최비와 참가비
③ 선수 양성교육에 대한 조사·연구 비용
④ 유소년 클럽 및 스포츠교실의 운영비

> **해설** 프로스포츠단 창단에의 출자·출연 등(「스포츠산업 진흥법 시행령」 제13조 제2항)
> 지방자치단체 또는 공공기관이 법 제17조 제2항에 따라 프로스포츠단 사업 추진에 지원할 수 있는 경비의 범위는 다음과 같다.
> - 프로스포츠단의 운영비(인건비를 포함한다)
> - 프로스포츠단의 부대시설 구축을 위한 비용
> - 각종 국내·국제 운동경기대회의 개최비와 참가비
> - 유소년 클럽 및 스포츠교실의 운영비
> - 그 밖에 프로스포츠단의 활성화를 위하여 필요한 경비

25 스포츠산업 진흥법상 문화체육관광부장관이 스포츠산업지원센터로 지정할 수 있는 기관을 모두 고른 것은?

> ㄱ. 「공공기관 운영에 관한 법률」에 따른 공공기관
> ㄴ. 「특정연구기관 육성법」에 따른 특정연구기관
> ㄷ. 「민법」에 따라 설립된 스포츠 분야의 법인
> ㄹ. 「고등교육법」에 따른 전문대학

① ㄱ, ㄴ
② ㄱ, ㄷ, ㄹ
③ ㄴ, ㄷ, ㄹ
④ ㄱ, ㄴ, ㄷ, ㄹ

> **해설** 스포츠산업지원센터의 지정 등(「스포츠산업 진흥법」 제14조 제1항)
> 문화체육관광부장관은 스포츠산업의 발전을 위하여 다음의 어느 하나에 해당하는 기관을 스포츠산업지원센터로 지정할 수 있다.
> - 국공립 연구기관
> - 「고등교육법」에 따른 대학 또는 전문대학
> - 「특정연구기관 육성법」에 따른 특정연구기관
> - 서울올림픽기념국민체육진흥공단 또는 「민법」 또는 다른 법률에 따라 설립된 스포츠 분야의 법인

제2과목 스포츠경영론

26 호손실험(Hawthorne experiment)의 주요결과에 관한 설명으로 틀린 것은?

① 개인은 경제적 요인뿐만 아니라 사회·심리적 요인에 의해서 동기화될 수 있다.
② 권위적인 리더십보다는 민주적인 리더십이 효과적이다.
③ 생산성 증가에 있어 공식적 조직의 중요성이 다시 한번 확인되었다.
④ 조직의 유효성을 높이기 위해서는 종업원을 만족시켜야 한다.

> **해설** 호손실험에서는 생산성 증가에 있어 종업원의 태도나 감정에 의한 인간관계 즉 비공식 조직의 중요성이 확인되었다.

27 BCG의 사업 포트폴리오 매트릭스에 관한 설명으로 옳은 것은?

① 물음표(Question Mark)에 속해 있는 사업단위는 투자가 필요하나 성장가능성은 낮다.
② 개(Dog)에 속해 있는 사업단위는 확대전략이 필수적이다.
③ 별(Star)에 속해 있는 사업단위는 철수나 매각이 필수적이다.
④ 자금젖소(Cash Cow)에 속해 있는 사업단위는 수익이 높고 안정적이다.

> **해설**
> • Cash Cow : 높은 시장점유율, 낮은 시장성장률, 유지전략
> • Star : 높은 시장점유율과 높은 시장성장률, 유지전략, 증대전략
> • Question Mark : 낮은 시장점유율, 높은 시장성장률, 증대전략, 수확전략, 철수전략
> • Dog : 낮은 시장점유율, 낮은 시장성장률, 수확전략, 철수전략

28 스포츠이벤트 기획 시 고려해야 할 사항과 가장 거리가 먼 것은?

① 감동성
② 수익성
③ 내구성
④ 화제성

> **해설** 내구성은 외부로부터 가해지는 힘이나 환경에 대해 견디는 성질을 뜻하는 것으로 스포츠이벤트와는 관련성이 없다. 스포츠는 스포츠 팬들에게 흥분과 감동을 주고, 엔터테인먼트적 요소가 가미되어 스포츠팬들의 기분전환에 도움을 주며, 아울러 스포츠팬들의 스포츠이벤트에 대한 관심 정도는 스포츠이벤트 개최의 성공여부에 영향을 주는 주요 요인이 될 수 있으므로 스포츠이벤트의 화제성은 매우 중요하다.

29 허츠버그(Hertzberg)가 제시한 2요인(Two-factor)이론을 따르는 경영자가 실행하는 종업원들의 동기를 유발시키기 위한 방안과 가장 거리가 먼 것은?

① 좋은 성과를 낸 종업원을 표창한다.
② 종업원이 하고 있는 업무가 매우 중요함을 강조한다.
③ 좋은 성과를 낸 종업원에게 더 많은 급여를 지급한다.
④ 좋은 성과를 낸 종업원에게 자기 계발의 기회를 제공한다.

> **해설**
> - 허츠버그(Herzberg)의 2요인이론은 동기요인(Motivators)과 위생요인(Hygiene)으로 분류되는데, 동기요인은 내재적(Intrinsic) 요인으로 일 자체와 관련된 것이며 불만족보다는 만족에 관련이 있는 것으로 도전감, 성취감, 인정감, 성장 가능성, 책임감, 승진기대 등이 해당되고, 위생요인은 외재적(Extrinsic) 요인으로 일과 관련된 여러 가지 환경에서 발견할 수 있으며 만족보다는 불만족에 관련이 있는 것으로 연봉, 직무환경, 회사제도(정책), 고용안정, 작업감독 등이 해당된다.
> - 이에 허츠버그가 제시한 2요인이론을 따르는 경영자는 종업원들의 동기부여를 위해 업무 자체, 승진, 개인의 성장기회 및 자기개발 기회, 인정, 책임, 성취 등과 같은 업무 자체에서 직접 나올 수 있는 결과와 관련된 동기요인을 강화하게 된다.

30 프로야구 구단의 유동자산이 500억 원, 유동부채가 50억 원이라면 이 구단의 유동비율은?

① 1,000%
② 90%
③ 10%
④ 0.1%

> **해설** 유동비율(%) = (유동자산 / 유동부채) × 100
> = (500억 / 50억) × 100 = 10 × 100
> = 1,000%

31 체육시설의 설치·이용에 관한 법령상 스키장업의 안전·위생기준으로 옳은 것은?

① 스키구조요원은 운영 중인 슬로프별로 1명 이상을 각각 배치하여야 한다.
② 각 리프트의 승·하차장에는 2명 이상의 승·하차보조요원을 배치하여야 한다.
③ 「의료법」에 따른 간호사 및 「응급의료에 관한 법률」에 따른 응급구조사를 각각 2명 이상 배치하여야 한다.
④ 스키장 시설이용에 관한 안전수칙을 이용자가 쉽게 알아볼 수 있도록 셋 이상의 장소에 게시하여야 한다.

> **해설**
> ① 스키구조요원은 운영 중인 슬로프별로 2명 이상(슬로프 길이가 1.5킬로미터 이상인 슬로프는 3명 이상)을 각각 배치하여야 한다.
> ② 각 리프트의 승차장에는 2명 이상의 승차보조요원을, 하차장에는 1명 이상의 하차보조요원을 배치하여야 한다.
> ③ 「의료법」에 따른 간호사 또는 「응급의료에 관한 법률」에 따른 응급구조사를 1명 이상 배치하여야 한다.

정답 29 ③ 30 ① 31 ④

32 재무제표 중 일정 시점에서의 조직의 재무상태를 나타내는 것은?

① 재무상태표
② 포괄손익계산서
③ 자본변동표
④ 현금흐름표

> **해설** 재무상태표는 어느 일정 시점에서의 재무상태를 나타내기 위해 작성하는 기본 재무제표로 재무상태표에서의 자산은 크게 유동자산과 비유동자산으로 나뉜다.

33 다음 중 스포츠조직이 조달한 전체 자본 중 어느 정도가 타인자본에 의존하고 있는가를 나타내는 비율은?

① 활동성비율
② 레버리지비율
③ 유동성비율
④ 생산성비율

> **해설** ① 활동성비율 : 조직이 자산을 얼마나 효과적으로 활용하고 있는가를 나타내는 비율을 말한다.
> ③ 유동성비율 : 조직이 단기 부채를 상환할 수 있는 능력을 나타내 주는 것으로 유동자산을 조달할 수 있는 능력을 말한다.
> ④ 생산성비율 : 경영활동에 투입되는 노동, 자본 등 여러 가지 생산요소가 달성하는 경영능률과 성과배분의 합리성을 평가하는 비율을 말한다.

34 조직구성원들의 경영참여와 가장 거리가 먼 것은?

① 제안제도
② 성과배분제도
③ 종업원지주제도
④ 전문경영인제도

> **해설** 전문경영인제도는 기업경영에 관한 전문적인 지식, 기술, 경험 등을 갖고 주어진 전문분야에 관해 고도의 경영능률을 발휘할 수 있는 경영자가 기업의 경영을 수행하는 것으로 기업의 소유와 경영이 분리되는 것을 뜻한다.

35 스포츠센터를 중력모델법을 이용하여 평가했을 때, 매력도가 가장 높은 것은?

① A스포츠센터 - 200평의 규모, 20분 거리
② B스포츠센터 - 180평의 규모, 10분 거리
③ C스포츠센터 - 300평의 규모, 30분 거리
④ D스포츠센터 - 250평의 규모, 25분 거리

> **해설** 중력모델법은 거리와 운반물량을 기준으로 하여 비용을 최소화할 수 있는 특정 지역을 찾아내는 방법이다.
> ① A스포츠센터 : 200평 ÷ 20^2 = 0.5
> ② B스포츠센터 : 180평 ÷ 10^2 = 1.8
> ③ C스포츠센터 : 300평 ÷ 30^2 = 0.3
> ④ D스포츠센터 : 250평 ÷ 25^2 = 0.4
> 모델의 산식에 따라 매력도를 산출하면 B스포츠센터의 매력도가 가장 높다는 것을 알 수 있다.

36 직무기술서에 포함되는 것으로 옳지 않은 것은?

① 직무의 구체적인 내용
② 직무 수행에 필요한 지식과 기술
③ 직무 수행 절차와 방법
④ 직무 수행 환경

> **해설**
> • 직무기술서는 직무분석의 결과로 직무의 능률적 수행을 위해 필요한 직무의 성격이나 요구되는 자질 등 중요한 사항을 기록한 문서이다.
> • 직무기술서에는 일반적으로 직무명칭, 소속 직군 및 직종, 직무내용, 직무수행에 필요한 재료 및 도구, 직무수행 방법 및 절차, 작업조건, 직무가 이루어지는 환경 등이 기록되어 있다.
> • 직무를 수행하는 사람에게 요구되는 지식, 기술, 능력 등은 직무명세서에 기록되어 있다.

37 직무분석에 관한 설명으로 틀린 것은?

① 직무분석은 직무와 관련된 정보를 수집·정리하는 활동이다.
② 직무분석을 통해 얻어진 정보는 전반적인 인적자원관리 활동의 기초자료로 활용된다.
③ 직무분석을 통해 직무기술서와 직무명세서가 작성된다.
④ 직무기술서는 직무를 수행하는 데 필요한 인적요건을 중심으로 작성된다.

> **해설** 직무분석은 특정 직무(직책이나 직업상 맡은 임무)의 성격에 관한 데이터 수집 및 정보를 얻는 과정으로, 직무내용(수행과업 및 임무), 직무기술(교육 및 훈련, 업무), 직무명세서를 동반한다. 이에 인적자원의 확보, 개발, 평가 및 보상, 유지 등에 관여하게 된다.

38 스포츠경영의 의사결정 중 특정업무의 효율적이고 효과적인 수행을 위한 의사결정으로 일선 경영층에서 이루어지는 활동은?

① 전략적 의사결정
② 관리적 의사결정
③ 기능적 의사결정
④ 경영적 의사결정

> 해설 일선 경영층은 업무를 수행하는 경영층이므로 특정 업무의 효율적이고 효과적인 수행과 활동에 관한 기능적 의사결정 권을 가지며, 전략적 의사결정은 최고경영층, 관리적 의사결정은 중간경영층에서 이루어진다.

39 조직설계 요소 중 통제범위에 대한 설명으로 틀린 것은?

① 과업이 복잡할수록 통제범위는 좁아진다.
② 관리자가 작업자에게 권한과 책임을 위임할수록 통제범위는 좁아진다.
③ 작업자와 관리자의 상호작용 및 피드백이 많이 필요할수록 통제범위는 좁아진다.
④ 작업자의 기술수준과 작업동기가 높을수록 통제범위는 넓어진다.

> 해설 통제범위는 경영관리자가 직접 감독하는 직원 수를 뜻하며, 통제의 범위가 넓을수록 더욱 능률적이라 볼 수 있다. 일반적으로 과업이 복잡하고, 관리자 및 작업자의 상호작용이 많을수록 통제범위는 좁아지고, 관리자가 권한을 위임하거나, 작업자의 기술수준과 작업 동기가 높을수록 통제범위는 넓어진다.

40 스포츠경영의 개념에 관한 설명으로 옳지 않은 것은?

① 스포츠경영은 순환적이며 연속적인 과정의 활동이다.
② 스포츠경영은 효율성과 효과성을 추구하는 활동이다.
③ 스포츠경영은 경영자가 수행하는 활동이다.
④ 스포츠경영은 조직구성원 개개인의 목적달성을 위한 활동이다.

> 해설 스포츠경영은 스포츠기업이나 스포츠조직이 설정한 조직목표를 달성하기 위한 활동이다. 스포츠경영의 개념에는 조직목표, 경영자, 연속성, 효율성&효과성이 포함된다.

41 스포츠단체, 특정 대회의 조직위원회 또는 주최측, 스폰서를 포함한 각종 기관 등에 대해 주 고객인 운동선수의 이익을 위해 선수를 대신해서 활동하는 에이전시는?

① 선수관리 에이전시
② 풀 서비스 에이전시
③ 광고 스포츠 에이전시
④ 국제 스포츠마케팅 에이전시

해설   스포츠에이전시의 유형에는 국제 스포츠마케팅 에이전시, 선수관리 에이전시, 광고 스포츠에이전시, 라이선싱 & 머천다이징 전문 에이전시, 풀서비스 에이전시가 있으며, 주 고객인 운동선수의 이익을 위해 선수를 대신하는 에이전시는 선수관리 에이전시에 해당된다.

42 경기장사업의 가치사슬에 대한 설명으로 가장 옳지 않은 것은?

① 관람객 및 초대 손님의 수가 경기장광고 가격을 결정한다.
② 경기장 소유주와 총괄관리사업주는 분리될 수도 있고 동일할 수도 있다.
③ 매점사업자가 사업권의 구매가격을 결정할 때 가장 중요시하는 요인은 광고주 및 기업고객이다.
④ 경기장의 장기 입주자인 프로구단의 명성은 경기장사업의 가치를 결정하는 요인이 될 수 있다.

해설   매점사업자는 관람스포츠가 열리는 경기장의 위탁운영자로 볼 수 있으므로, 구매가격을 결정할 때 중요시되는 요인은 경기장을 찾는 스포츠팬의 규모라 볼 수 있다.

43 여러 개의 데이터베이스를 통합한 보다 큰 데이터베이스로서 의사결정에 필요한 정보를 제공하는 것으로 옳은 것은?

① 아웃소싱관계관리
② 데이터 웨어하우스
③ 중역정보시스템
④ 경영지원시스템

해설   데이터 웨어하우스(Data Warehouse)는 정보(Data)와 창고(Warehouse)의 합성어로 조직 내 서로 다른 다양한 정보를 집계하고 통합하는 저장 시스템을 의미하며, 방대한 조직 내에서 분산·운영되는 수많은 데이터베이스 관리 시스템을 효율적으로 통합함으로써 효율적 의사결정 시스템을 위한 기초를 제공하는 역할을 한다.

44 다음은 어떤 투자결정기법에 관한 설명인가?

> 투자로 인해 발생하는 현금유입의 현재가치, 현금유출의 현재가치를 일치시켜 투자안의 순현가를 0으로 하는 할인율을 구한 후 이를 요구수익률과 비교하여 투자 여부를 결정하는 방법

① 순현가법
② 내부수익률법
③ 회수기간법
④ 회계적 이익률법

해설
- 내부수익률법은 현금유입의 현자가치와 현금유출의 현재가치를 일치시켜서 투자안의 순현가를 0으로 하는 할인율을 구한 후 이를 자본비용(혹은 요구수익률)과 비교하여 투자를 결정하는 방법을 말한다.
- 내부수익률이 자본비용(혹은 요구수익률)을 넘으면 채택하고 반대일 경우 채택하지 않게 된다.

45 A 스포츠용품 회사에서는 X제품을 생산·판매하고 있다. X제품의 판매단가는 500원이고, 단위당 변동영업비는 250원이다. 고정적인 영업비용이 100만원이라면 손익분기점에 해당되는 매출액 수준은? (단 주어진 조건 외에는 고려하지 않는다)

① 200만원
② 300만원
③ 400만원
④ 500만원

해설 손익분기량 = 고정비용 / (가격 − 변동비용)
= 1,000,000 / (500 − 250) = 4,000개
따라서 단가가 500원인 X제품은 4,000개를 팔아야 손익분기량에 도달하므로 손익분기점에 해당하는 매출액 수준은 500 × 4,000 = 2,000,000원이 된다.

46 경영전략의 수준에 관한 설명으로 틀린 것은?

① 경영전략은 조직규모에 따라 차이가 있으나 일반적으로 기업차원의 전략, 사업부 단위전략, 기능별 전략으로 구분된다.
② 성장, 유지, 축소, 철수, 매각, 새로운 사업 진출 등에 관한 전략적 의사결정은 기업차원의 전략 영역에 포함된다.
③ 사업부 단위전략은 각 사업영역과 제품분야에서 어떻게 경쟁우위를 획득하고 유지해 나갈 것인지를 결정하는 전략을 말한다.
④ 기능별 전략은 사업단위들 간의 시너지효과를 높이는 데 초점을 둔다.

해설 기능별 전략은 기능 수준에서 이루어지는 전략으로 일반적으로 일선경영자 계층에서 수립하게 되며, 경쟁우위를 유지하는 데 필요한 기능을 개발하는 핵심적인 작업을 다루게 된다.

정답 44 ② 45 ① 46 ④

47 생산, 판매, 회계, 인사, 총무 등의 부서를 만들고 관련 과업을 할당하는 조직구조로 옳은 것은?

① 사업부 조직
② 매트릭스 조직
③ 기능별 조직
④ 네트워크 조직

해설 기능별 조직은 기업이 조직을 나눌 때 가장 흔하게 사용하는 방법으로 업무 기능에 따라 조직을 구분하는 것을 의미한다.

48 온열질환 발생 시 응급 처치로 옳지 않은 것은?

① 시원한 곳에서 휴식하게 한다.
② 무조건 물을 섭취하여 수분을 보충해 준다.
③ 땀을 많이 흘렸을 때, 이온음료나 소금물을 마시게 한다.
④ 얼음주머니가 있을 시 목, 겨드랑이 밑, 서혜부(사타구니)에 대어 체온을 낮춘다.

해설 온열질환 중 열실신이 발생할 경우에는 환자의 의식이 없을 수 있다. 의식이 없을 때 억지로 물을 마시게 하면 기도로 물이 들어갈 수 있다. 따라서 환자가 의식이 있고, 의사소통이 가능할 경우 물을 천천히 마시게 해야 한다.

49 투자안 분석기법 중 순현가(NPV)법에 관한 설명으로 옳은 것은?

① 순현가는 투자의 결과 발생하는 현금유입의 현재가치에서 현금유입의 미래가치를 차감한 것이다.
② 순현가법에서는 수익과 비용에 의하여 계산한 회계적 이익을 사용한다.
③ 순현가법에서는 투자안의 내용연수 동안 발생할 미래의 모든 현금흐름을 반영한다.
④ 순현가법에서는 현금흐름을 최대한 큰 할인율로 할인한다.

해설 순현가법은 투자로 인하여 들어오는 발생할 미래의 모든 현금흐름을 적절한 할인율로 할인하여 산출한 현금유입액의 현재가치에서 현금유출액의 현재가치(투자비용)를 차감한 것이다.

50 페이욜(H. Fayol)이 제시한 관리원칙으로 옳지 않은 것은?

① 분권화의 원칙
② 지휘일원화의 원칙
③ 분업화의 원칙
④ 계층화의 원칙

해설 페이욜(H. Fayol)은 관리원칙으로 다음과 같은 14가지 원칙을 제시하였다.
- 분업의 원칙
- 규율의 원칙
- 지휘일원화의 원칙
- 종업원 보상의 원칙
- 계층적 연쇄의 원칙
- 공정성의 원칙
- 창의력 개발의 원칙
- 권한과 책임의 원칙
- 명령일원화의 원칙
- 개인의 이익은 전체의 이익에 종속
- 집권화의 원칙
- 질서의 원칙
- 고용안정의 원칙
- 단결의 원칙

제3과목 스포츠마케팅론

51 생산성을 높이고, 유통을 효율화시키는 등 주로 원가절감에 관심을 갖는 마케팅 개념으로 옳은 것은?

① 생산 개념
② 관계마케팅 개념
③ 통합마케팅 개념
④ 내부마케팅 개념

해설 ② 관계마케팅은 거래 당사자인 고객과 지속적으로 유대관계를 형성·유지함으로써 관계를 강화하고 상호 간의 이익을 극대화할 수 있는 다양한 마케팅 활동이다.
③ 통합마케팅은 한 가지 채널을 활용하지 않고 통합적인 채널을 마케팅 수단으로 활용하여, 고객과의 소통을 통해서 고객과의 관계를 강화하고 가치를 교환하는 마케팅 수단이다.
④ 내부마케팅의 개념은 조직 내 인적자원을 대상으로 한 마케팅 활동을 의미한다.

52 2차 자료 분석에 관한 옳은 설명을 모두 고른 것은?

> ㄱ. 비관여적 방법이다.
> ㄴ. 관찰대상에 대한 연구자의 영향이 크다.
> ㄷ. 통계적 기법으로 자료의 결측값을 대체할 수 없다.
> ㄹ. 신뢰도와 타당도에 관한 문제는 발생하지 않는다.

① ㄱ
② ㄱ, ㄴ
③ ㄴ, ㄷ, ㄹ
④ ㄷ, ㄹ

해설 2차 자료는 기존에 이미 다른 목적에 의해 만들어진 자료를 재가공 또는 재활용하는 것을 의미한다.
- ㄴ. 관찰대상에 대한 연구자의 영향이 작다.
- ㄷ. 결측값을 추적하기 어려우며, 비통계적 기법에 해당한다.
- ㄹ. 2차 자료 분석 역시 신뢰도와 타당도에 관한 문제가 발생할 수 있다.

53 스포츠단체, 방송사, 광고주의 관계에 대한 설명으로 틀린 것은?

① 방송사는 스포츠단체에 중계권료를 지불한다.
② 스포츠단체는 방송사에 광고비를 지불한다.
③ 광고주는 방송사로부터 광고효과를 기대한다.
④ 스폰서로서의 광고주는 스포츠단체로부터 촉진효과를 기대한다.

해설 광고주는 방송사에 광고비를 지불한다.

54 다음은 척도의 유형 중 무엇에 관한 설명인가?

> • 관찰대상을 상호 배타적인 범주로 구분하기 위하여 사용하는 척도
> • 축구선수의 등번호는 선수들을 구분하기 위한 것이지 우열을 표시한 것이 아니다.

① 명목척도
② 서열척도
③ 비율척도
④ 등간척도

해설
① 명목척도(Normal Scale)는 대상물을 구분하기 위해 명칭을 부여하는 척도로 명목척도에서 숫자는 범주로만 나타내며 숫자로서의 의미는 없다.
② 서열척도(Order Scale)는 측정된 변인의 대소가 구분된다.
③ 비율척도(Ratio Scale)는 서열성, 동간성, 절대영점 특성을 모두 가지며 덧셈법칙과 곱셈법칙이 성립한다.
④ 등간척도(Interval Scale)는 측정 변인 간 간격이 동일한 등간성을 가지며 덧셈법칙은 성립하나 곱셈법칙은 성립하지 않는다.

정답 52 ① 53 ② 54 ①

55 설문지 구성 시 신뢰도에 영향을 미치는 요인으로 옳지 않은 것은?

① 문항 수
② 문항의 난이도
③ 문항형태
④ 측정내용의 범위

해설 신뢰도에 영향을 미치는 요인으로 측정내용의 범위, 개인차, 문항 수, 신뢰도 검사유형, 문항 반응 수, 문항 난이도 등이 있다.

56 관광과 스포츠를 중심으로 한 지역관광 개발 편익 관점에서 미시적 효과와 가장 거리가 먼 것은?

① 관광과 스포츠의 대중화
② 지역고용기회 확대
③ 지역민 소득증대
④ 세수입 증대

해설 관광과 스포츠의 대중화는 거시적 효과에 해당된다. 미시적 효과는 개별적으로 나타나는 효과를 의미하고 거시적 효과는 미시적 효과로 인해 종합적으로 파생되는 효과라 할 수 있다.

57 다음 A구단이 25만 개의 입장권을 모두 판매했을 때, 손익분기점을 달성하기 위한 입장권의 최소가격과 그에 따른 입장권당 이익으로 옳은 것은?

> 연간 10억 원의 고정비용을 지출하는 A구단은 제품(입장권)생산 능력이 25만 개이고, (입장권)단위당 변동비가 3,000원이다.

① 제품가격 5,500원, 개당이익 2,500원
② 제품가격 6,000원, 개당이익 3,000원
③ 제품가격 7,000원, 개당이익 4,000원
④ 제품가격 10,500원, 개당이익 7,500원

해설 손익분기점은 총비용과 총수익이 일치하는 지점을 의미한다.
총비용 = 고정비용 + 변동비 = 10억 원 + (25만 개 × 3,000원) = 17억 5천만 원
총수익이 17억 5천만 원이 되기 위해서는 입장권 즉, 제품가격이 1장당 7,000원(25만 장 × 7,000원)이어야 한다.
입장권 가격이 1장당 7,000원일 때 이익은 7,000원 − 3,000원 = 4,000원이 된다.

55 ③ 56 ① 57 ③ 정답

58 스포츠센터 고객성향을 분석하기 위한 표본추출 방법 중 확률표본추출방법이 아닌 것은?

① 단순무작위표집
② 할당표집
③ 층화표집
④ 군집표집

> 해설 할당표집은 비확률표본추출방법이다. 이외에 눈덩이표집, 유의표집, 판단표집, 임의표집, 편의표집, 누적표집 등이 비확률표본추출방법에 해당된다.

59 조사결과의 일반화와 가장 관련 깊은 것은?

① 내적 타당성
② 외적 타당성
③ 신뢰도
④ 자료수집 방법

> 해설 ①·③·④ 조사결과를 타당성 있게 도출해 내기 위한 단계이다.
> ②는 ①·③·④의 과정을 거쳐 도출된 조사결과에 대한 타당성을 의미하므로 이는 곧 조사결과의 일반화와 관계가 있다.

60 구매시점에서 소비자에게 전달하는 마지막 광고로서, 소비자를 최종적으로 유인하는 촉진믹스에 해당하는 것은?

① D.M광고
② 텔레마케팅
③ POP광고
④ 옥외광고

> 해설 ③ POP광고는 신속하게 고객을 설득해서 상품을 구매하게 하는 목적으로 제작되기 때문에 눈에 잘 띄도록 해야 하고, 쉽게 볼 수 있게 하며, 이해하기 쉬워야 한다는 조건을 충족해야 한다.
> ① D.M광고는 우편 등의 방법을 통해 직접 예상구매고객에게 전달되는 직접광고의 일종이다.
> ② 텔레마케팅은 전화 등의 수단을 통해 소비자에게 접근하는 방법이다.
> ④ 옥외광고는 옥외에 게시 및 설치하는 각종 광고물을 통칭하는데, 최종적 유인의 수단과는 거리가 멀다.

정답 58 ② 59 ② 60 ③

61 기업의 스폰서십 참여를 스포츠단체와의 관련성에 따라 직접참여와 간접참여 형태로 구분할 때 직접참여 형태와 가장 거리가 먼 것은?

① 스포츠이벤트 스폰서십
② 라이선싱/머천다이징
③ 스포츠단체 스폰서십
④ 스포츠방송 스폰서십

해설 스포츠방송 스폰서십은 스포츠단체가 아닌 방송사와 관련이 있다.

62 시장 세분화 시 스포츠 시장에서 일반적으로 사용되고 있는 방법으로 옳지 않은 것은?

① 인구통계학적 세분화
② 지리적 세분화
③ 시대적 세분화
④ 심리적 세분화

해설 스포츠마케팅 전략에서 시장세분화의 기준은 인구통계학적 세분화, 지리적 세분화, 심리묘사적 세분화, 행위적 세분화, 편익 세분화, 시간대에 따른 세분화가 있다.

63 라이프스타일, 성격 등은 시장세분화 기준 중 무엇에 해당하는가?

① 구매행동적 기준
② 인구동태적 기준
③ 지리적 기준
④ 심리형태별 기준

해설 시장세분화를 할 때, 고객의 특성변수와 고객의 행동변수를 이용할 수 있다. 고객 특성변수는 고객의 특성을 나타내는 변수로서 인구통계학적 변수(성별, 연령, 소득, 직업, 소득수준, 교육수준 등), 지리적 변수(지역, 인구밀도, 기후 등), 심리묘사적·심리분석적 변수·심리형태별 기준(성격, 라이프스타일 등) 등이 해당된다. 고객행동변수(행동변수적)는 제공받았거나 필요로 하는 제품이나 서비스에 대한 고객의 반응을 나타내는 변수로서 사용상황, 선호, 욕구, 상표충성도, 추구편익, 구매행동 등이 해당된다.

61 ④ 62 ③ 63 ④

64. 다음 설명에 해당하는 것은?

> 국가와 국가, 클럽과 클럽, 대륙과 대륙 사이의 축구클럽이나 축구대표팀이 경기를 치루고자 할 때 서로 간의 가교역할을 하는 에이전트

① 선수 에이전트(Player's Agent)
② 매치 에이전트(Match Agent)
③ 인도스먼트 에이전트(Endorsement Agent)
④ 드래프트 에이전트(Draft Agent)

해설 ① 선수를 육성, 발굴하거나 혹은 클럽에 선수를 소개하여 구단과 계약을 맺도록 도와주는 업무를 한다.
③ 인도스먼트(Endorsement)란 기업에서 거액의 돈을 선수에게 투자하는 스폰서십을 말하는데, 이를 돕는 역할을 한다.
④ 드래프트 에이전트(Draft Agent)는 에이전트가 일정 자격을 갖춘 선수가 구단에게 지명 받을 수 있도록 하는 역할이다.

65. 스포츠마케팅 전략(STP 전략)의 기본단계를 나열한 것으로 옳은 것은?

① 목표시장 선정 → 포지셔닝 → 시장세분화
② 목표시장 선정 → 시장세분화 → 포지셔닝
③ 시장세분화 → 목표시장 선정 → 포지셔닝
④ 시장세분화 → 포지셔닝 → 목표시장 선정

해설 스포츠마케팅 전략의 영어 약자 STP는 시장세분화(Segmentation), 목표시장 선정(Targeting), 포지셔닝(Positioning)의 약자이고 단계 순으로 나열한 것이다.

66. 다음 보기에서 설명하는 가격전략으로 옳은 것은?

> 원래 가격이 1,050,000원인 제품을 990,000원으로 할인하여 판매하면 소비자들은 이를 90만 원대의 제품으로 지각하여 구매할 수 있다.

① 관습가격
② 촉진가격
③ 준거가격
④ 단수가격

해설 ④ 단수가격은 소비자의 심리를 이용하는 가격전략으로 제품가격의 끝자리를 홀수(단수)로 하여 소비자에게 가격이 저렴하다는 인식을 심어주는 전략이다.
① 관습가격은 오랫동안 같은 가격으로 시장에서 판매되어 소비자는 그 가격이 상품의 가격이라는 고정된 관념이 생기게 된다.
② 촉진가격은 심리적으로 소비자가 제품을 싸다고 느끼는 가격을 책정하여 판매량을 올리는 방법이다.
③ 준거가격은 소비자가 제품을 구매할 때 기준이 되는 가격을 의미한다.

정답 64 ② 65 ③ 66 ④

67 목표시장 선정에서 비차별화 전략의 장점에 해당하는 것은?

① 규모의 경제를 실현함으로써 마케팅 비용절감의 효과를 얻을 수 있다.
② 스포츠 소비자의 필요와 요구에 따라 상품과 서비스를 다양한 가격과 형태로 제공하여 많은 소비자를 확보할 수 있다.
③ 특정시장의 욕구와 필요를 경쟁자보다 잘 알 수 있다.
④ 소비자 충성도를 높일 수 있다.

해설 ②·③·④ 차별화 전략의 장점에 해당한다.

68 제품수명주기의 단계를 순서대로 나열한 것으로 옳은 것은?

① 도입기 → 성숙기 → 성장기 → 쇠퇴기
② 성장기 → 도입기 → 성숙기 → 쇠퇴기
③ 도입기 → 성장기 → 성숙기 → 쇠퇴기
④ 도입기 → 성장기 → 쇠퇴기 → 성숙기

해설 제품수명주기는 '도입기-성장기-성숙기-쇠퇴기'의 순으로 구성되어 있다

69 다음 사례에 해당하는 가격결정 방법은?

> 스포츠용품 제조회사A는 특별한 규격의 양궁 활을 제작하여 저렴한 가격을 책정하고, 그 양궁 규격에 맞는 활을 비싼 가격으로 결정하여 판매한다.

① 종속제품 가격결정(eaptive product pricing)
② 묶음 가격결정(bundled pricing)
③ 침투 가격결정(Penetration pricing)
④ 스키밍 가격결정(Skimming Pricing)

해설 ① 종속제품 가격결정은 본체와 부속품 모두가 갖추어져야 제품의 기능을 사용할 수 있을 때, 본체의 가격은 낮게 책정하여 소비자의 구매를 유도한 후, 부속품의 가격은 높게 책정해 이윤을 창출하는 가격전략이다.
② 묶음 가격결정은 기본적인 제품과 선택사용 그리고 서비스 등 보완관계에 있는 제품들을 묶어서 하나의 가격으로 제시하는 것을 의미한다.
③ 침투 가격결정은 초기에 매출 및 시장 점유율 극대화를 위해 신제품이 가격을 낮게 책정하여 신속하게 시장에 침투하고자 하는 저가전략이다.
④ 스키밍 가격결정은 시장에 신제품을 선보일 때 고가로 출시한 후 점차적으로 가격을 낮추는 전략이다.

70 적시생산시스템(JIT)에 대한 설명으로 옳지 않은 것은?

① 공간절약을 통해 비용을 절감하고자 함
② 재고를 최소화하고자 함
③ 유럽의 자동차회사에서부터 시작되었음
④ 대량의 반복생산체제에 적합함

> 해설 적시생산시스템(JIT)은 제품생산에 요구되는 부품 등 자재를 필요한 시기에 필요한 수량만큼 조달하여 낭비적 요소를 근본적으로 제거하려는 생산시스템을 의미하며, 일본 도요타 자동차의 초대 사장인 도요타 기이치로가 창안한 생산방식이다.

71 기업의 입장에서 스포츠 브랜드를 확장할 때 얻을 수 있는 이익으로 가장 옳지 않은 것은?

① 모 브랜드 시장의 잠식
② 신제품 수용의 촉진
③ 모 브랜드와 기업에 긍정적인 피드백 제공
④ 모 브랜드의 이미지 제고

> 해설 확장 브랜드의 성공으로 인해 모 브랜드의 고객들이 확장 브랜드로 전환하게 됨으로써 자사 시장 잠식 현상을 초래하는데 이는 브랜드 확장의 단점이다. 그 밖의 단점으로는 유통업체들의 저항, 소비자들에게 혼동 야기, 확장의 실패로 모 브랜드 이미지 손상, 모 브랜드의 이미지의 대표성 희석 등이 있다. 장점으로는 브랜드 의미의 명료화, 모 브랜드 이미지 강화, 브랜드 활성화, 연속적 브랜드확장 기초 마련, 소비자들의 지각된 위험 감소, 유통경로 개척 가능성 증대, 촉진비용의 효율성 증대, 신브랜드 개발 비용 절감, 포장/라벨 효율성 증대, 소비자들의 다양한 욕구 충족 등이 있다.

72 스포츠마케팅 관점에서 프로야구경기 중 치어리더 공연을 기획하는 이유와 가장 거리가 먼 것은?

① 팬들에게 비용(입장료) 이상의 체험 제공
② 경기의 프로모션 수단으로 활용
③ 핵심제품의 질 향상
④ 마케팅 믹스의 일환으로 실행

> 해설 스포츠마케팅 관점에서 프로야구경기 중 치어리더 공연을 기획하는 것은 확장제품에 해당하는데, 핵심제품의 질 향상은 경기 자체의 질을 향상시키는 것이므로 거리가 멀다.

정답 70 ③ 71 ① 72 ③

73 마케팅 조사 방법 중 기술조사에 해당하며 프로농구 연도별 관람객의 추이를 조사하는 것처럼 일정 기간을 정해놓고 반복적으로 조사하는 방법은?

① 종단 조사
② 사례 조사
③ 횡단 조사
④ 전문가 조사

해설 ① 동일한 조사를 일정 시간을 두고 반복적으로 측정하여 시간의 흐름에 따라 조사 대상자의 변화를 측정하기 위한 조사방법이다.
② 당면한 유사한 사례를 찾아 분석하는 방법이다.
③ 특정한 시점을 기준으로 한 번의 조사를 통해 집단 간의 차이를 규명하는 연구이다.
④ 체계적인 자료나 통계 모형을 통한 분석이 어려울 때 전문가의 의견을 조사하여 종합적인 방향을 예측하는 분석 방법이다.

74 선수연봉 급등을 억제하기 위한 제도가 아닌 것은?

① 연봉상한제
② 웨이버 규정
③ 자유계약(FA)제도
④ 신인선수드래프트

해설 웨이버 규정은 일정한 조건이 충족되면 선수와 구단 간의 계약을 자동으로 해지할 수 있는 조항으로 선수를 보호하기 위한 최소한의 장치라고 할 수 있다.

75 시장침투가격결정에 관한 설명으로 옳지 않은 것은?

① 경쟁자의 진입을 방지할 때 효과적이다.
② 혁신소비자층을 대상으로 하는 것이 적절하다.
③ 대체적으로 소비자들이 가격에 민감할 때 적합한 방식이다.
④ 단위당 이익이 낮더라도 대량판매를 통해 높은 총이익을 얻을 수 있을 때 활용하는 방식이다.

해설 시장침투가격전략(Penetration Pricing)을 사용하는 상황은 매출중심적인 가격 목표를 설정할 때, 경쟁중심 가격전략에서 상대적 저가전략을 취할 때, 신제품 도입 시 초기저가전략을 취할 때, 제품수명주기 전략의 관점에서 성장기 단계에 있을 때, 이렇게 크게 4가지 상황으로 볼 수 있고 구체적으로 여러 환경들도 고려해야 한다. 따라서 혁신소비자층은 제품수명주기 중 도입기에 공략하는 대상이므로 시장침투가격결정에 관한 설명으로 옳지 않다.

제4과목　스포츠시설론

76 체육시설의 설치·이용에 관한 법령상 100만 원 이하의 과태료 부과대상에 해당하지 않는 것은?

① 변경등록을 하지 아니하고 영업을 한 자
② 체육지도자를 배치하지 아니하거나 체육지도자 자격이 없는 자를 배치한 자
③ 시설물의 보수 등 필요한 조치에 대한 이행 명령을 준수하지 아니한 체육시설의 소유자
④ 안전·위생 기준을 위반한 자

해설　안전·위생 기준을 위반한 자는 1년 이하의 징역 또는 1천만 원 이하의 벌금에 처한다.

77 광고효과 측정 및 경기장광고 가격 산정에 활용되는 NTIV(Net TV Impact Value)란 무엇인가?

① TV중계프로그램의 도달범위를 감안한 광고가치
② 시청률을 감안한 광고가치
③ 시청인구를 감안한 광고가치
④ TV노출을 광고료로 환산한 가치

해설　NTIV는 광고의 총 노출 시간을 합산하여 30초짜리 광고단가를 곱해 산출한 값이다. 따라서 TV노출을 광고료로 환산한 가치로 볼 수 있다.

78 스포츠시설의 입지 선정 시 고려대상과 가장 거리가 먼 것은?

① 소비자의 접근 용이성
② 경쟁시설의 위치
③ 한국표준산업분류상의 분류특성
④ 시설 종사자 수급의 용이성

해설　스포츠시설의 입지 선정 시 이용객들의 편의를 고려한 접근 용이성과 상권분석을 위한 경쟁시설의 위치, 내부인력 확보의 용이성 등을 고려할 필요가 있다.

정답　76 ④　77 ④　78 ③

79 관람 스포츠 소비자의 재관람 결정요인과 가장 거리가 먼 것은?

① 관람의 편의성
② 선수에 대한 지지도
③ 관람비용
④ 타이틀 스폰서

해설 관람 스포츠 소비자는 경기를 재관람할 때 경기장 시설의 수준, 선수나 팀 지지도, 팀 충성도, 관람비용 등에 의해 영향을 받는다.

80 도착률과 서비스율은 포아송 분포, 도착간격과 서비스 시간은 지수분포를 이룬다는 가정하에 A 수영장의 어느 샤워부스에 시간당 평균 고객 수는 12명이고, 이 샤워부스의 시간당 평균 서비스 처리능력은 16명이다. 고객이 샤워부스에 도착하여 샤워를 하고 떠날 때까지의 평균 소요시간은?

① 15분
② 20분
③ 25분
④ 30분

해설 고객이 수영장의 샤워부스에 도착하여 샤워를 하고 떠날 때까지의 평균소요시간은 다음과 같은 공식에 의해 적용하여 산출할 수 있다.
$T_s = \dfrac{1}{\mu - \lambda}$ (μ : 단위시간당 평균서비스 처리능력, λ : 단위시간당 도착하는 평균 고객 수)
따라서 시간당 평균 고객 수는 12명, 평균 서비스 처리능력은 16명이므로 이를 식에 대입해 보면,
$T_s = \dfrac{1}{16-12} = \dfrac{1}{4}$ 시간
여기서 1시간은 60분이므로 고객이 샤워부스에 도착하여 샤워를 하고 떠날 때까지의 평균 소요시간은 15분이 된다.

81 스포츠시설업의 입지에 대한 설명과 가장 거리가 먼 것은?

① 입지결정은 스포츠시설업 사업에서 가장 우선적으로 고려해야 할 요소이다.
② 소비자의 수요예측을 고려하여 선정한다.
③ 스포츠시설의 입지 및 규모 결정 이후 시설물 내 설비배치를 고려해야 한다.
④ 공공스포츠시설과 가까운 장소를 우선시하여 선정한다.

해설 시설의 입지 선정 시 수요예측을 고려하고, 효율적인 시설물 내 설비배치를 고려해야 한다. 경쟁시설과 가까운 장소를 우선시하여 선정하는 것은 적절하지 않다.

82 참여스포츠시설의 회원관리 프로그램 활용방안과 가장 거리가 먼 것은?

① 신규 창출 고객 수 예측
② 판매촉진 및 마케팅 방향 설정
③ 참가자의 시간대별 이용시간에 대한 분석
④ 매출에 대한 추이분석을 통해 경영 전략 수립

> **해설** 회원관리 프로그램은 기존 회원들을 대상으로 한 것이기 때문에 창출 가능한 신규 회원 수를 예측하기는 어렵다.

83 스포츠시설 프로그램 개발단계로 옳은 것은?

> ㄱ. 요구조사
> ㄴ. 프로그램 실시
> ㄷ. 프로그램 평가
> ㄹ. 프로그램 계획

① ㄱ → ㄴ → ㄷ → ㄹ
② ㄱ → ㄹ → ㄴ → ㄷ
③ ㄹ → ㄱ → ㄴ → ㄷ
④ ㄹ → ㄱ → ㄷ → ㄴ

> **해설** 스포츠시설의 스포츠 프로그램 개발과정은 '조사 → 계획 → 수행 → 평가'의 순으로 이루어진다.

84 체육시설의 설치·이용에 관한 법령상 체육시설업의 공통기준으로서 제시된 등록 체육시설업의 필수시설로 설치되어야 하는 것이 아닌 것은?

① 적정한 환기시설
② 매표소·사무실·휴게실
③ 수용인원에 적합한 주차장
④ 수용인원에 적합한 관람석 및 응급실

> **해설** 관람석은 임의시설 중 편의시설에 해당되며, 등록 체육시설업인 골프장업의 경우 응급실 구비 사항에서 예외로 구분된다.

정답 82 ① 83 ② 84 ④

85 체육시설의 설치·이용에 관한 법령상 신고체육시설업에 해당하는 것을 모두 고른 것은?

> ㄱ. 요트장업
> ㄴ. 조정장업
> ㄷ. 골프장업
> ㄹ. 썰매장업
> ㅁ. 스키장업

① ㄱ, ㄴ, ㄹ
② ㄷ, ㄹ, ㅁ
③ ㄱ, ㄴ, ㄷ, ㅁ
④ ㄱ, ㄴ, ㄷ, ㄹ, ㅁ

해설
- 등록 체육시설업 : 골프장업, 스키장업, 자동차 경주장업
- 신고 체육시설업 : 요트장업, 조정장업, 카누장업, 빙상장업, 승마장업, 종합 체육시설업, 수영장업, 체육도장업, 골프 연습장업, 체력단련장업, 당구장업, 썰매장업, 무도학원업, 무도장업, 야구장업, 가상체험 체육시설업, 체육교습업, 인공암벽장업

86 다음 중 등록 체육시설업이 아닌 것은?

① 스키장업
② 골프장업
③ 골프 연습장업
④ 자동차 경주장업

해설 등록 체육시설업이 아닌 것은 골프 연습장업이다. 나머지 스키장업, 골프장업, 자동차 경주장업은 등록 체육시설업에 해당한다.

87 체육시설의 설치·이용에 관한 법령에 따라 손해보험에 가입한 신고 체육시설업자는 보험 가입사실을 증명하는 서류를 누구에게 제출해야 하는가?

① 시·도지사
② 특별자치시장·특별자치도지사·시장·군수 또는 구청장
③ 시설관리공단이사장
④ 문화체육관광부장관

해설 신고 체육시설업자가 손해보험에 가입한 경우, 보험 가입사실을 증명하는 서류를 「체육시설의 설치·이용에 관한 법률 시행규칙」 제25조 제2항에 따라 해당 특별자치시장·특별자치도지사·시장·군수 또는 구청장에게 지체 없이 제출하여야 한다.

85 ① 86 ③ 87 ②

88 체육시설의 설치·이용에 관한 법령상 전문체육시설에 대한 설명으로 옳지 않은 것은?

① 국가와 지방자치단체는 국내·외 경기대회의 개최와 선수 훈련 등에 필요한 전문체육시설을 설치·운영하여야 한다.
② 전문체육시설 중 체육관은 체육, 문화 및 청소년 활동 등 필요한 용도로 활용될 수 있도록 설치되어야 한다.
③ 지방자치단체는 전문체육시설의 사용 촉진을 위해 사용료의 전부나 일부를 감면할 수 있다.
④ 경기대회 개최나 시설의 유지관리에 우선하여 지역주민이 이용할 수 있도록 개방하여야 한다.

해설 경기대회 개최나 시설의 유지·관리 등에 지장이 없는 범위에서 지역주민이 이용할 수 있도록 개방하여야 한다.

89 체육시설의 설치·이용에 관한 법령상 직장체육시설에 관한 설명으로 옳지 않은 것은?

① 직장의 장은 직장인의 체육 활동에 필요한 체육시설을 설치·운영하여야 한다.
② 직장체육시설을 설치·운영하여야 하는 직장은 상시 근무하는 직장인이 300명 이상인 직장으로 한다.
③ 「고등교육법」에 따른 학교는 직장체육시설의 전부 또는 일부를 설치·운영하지 아니할 수 있다.
④ 군부대 직장체육시설의 설치·운영에 관하여는 국방부장관이 지도·감독한다.

해설 직장의 장은 500명 이상의 직장인이 근무할 경우 직장인들이 건강을 유지하고 체육 활동을 할 수 있도록 필요한 체육시설을 설치하고 운영해야 한다.

90 스포츠시설의 경영전략에 해당하지 않는 것은?

① 원가우위 전략
② 차별화 전략
③ 비차별화 전략
④ 집중화 전략

해설 "비차별화 전략"이 스포츠시설의 경영전략에 해당하지 않는다.
① 원가우위 전략(Cost Leadership Strategy) : 경쟁사보다 제품 또는 서비스를 더 낮은 원가로 제공하여 시장에서 경쟁 우위를 차지하는 전략
② 차별화 전략(Differentiation Strategy) : 제품이나 서비스를 특별하게 만들어 고객에게 독특한 가치를 제공하여 경쟁사와 차별화되도록 하는 전략
④ 집중화 전략(Focus Strategy) : 특정 시장 세그먼트나 지역에 초점을 맞추어 해당 시장에서 경쟁 우위를 확보하는 전략

91 체육시설의 설치·이용에 관한 법령상 반드시 2명 이상의 체육지도자를 배치해야 하는 체육시설업 규모에 해당하는 것은?

① 45타석의 골프연습장
② 수영조 바닥면적이 350제곱미터인 실내 수영장
③ 말 25마리 규모의 승마장
④ 카누 15척 규모의 카누장

해설 승마장의 말이 20마리를 초과하는 경우 체육지도자를 2명 이상 배치해야 한다.

92 도심 주거지형 스포츠시설의 관리상 고려할 사항으로 옳지 않은 것은?

① 시설 위치에 따른 주고객층을 설정하여 맞춤형 서비스 제공이 필요하다.
② 고객 몰림현상으로 인해 충분한 서비스 제공이 어렵다.
③ 단체수강이 많으므로 이를 위한 다양한 프로그램의 개발이 필요하다.
④ 대화나 휴식을 위한 부대시설의 공간확보 및 확충이 필요하다.

해설 도심 주거지형 스포츠시설은 주로 주변 거주자를 대상으로 관리·운영하기 때문에 몰림 현상이 심하게 나타나지 않는다. 따라서 이용 시간대별 고객들의 특성을 파악하여 적절한 서비스 및 프로그램을 제공하는 것이 필요하다.

93 스포츠시설의 입지 결정을 평가하는 방법 중 시설물의 규모와 시설물까지의 이동거리의 관계로 최적 지역을 찾아내는 방법은?

① 시간거리환산법
② 중력모델법
③ 요인평가법
④ 의사결정나무 기법

해설 중력모델법은 다수의 고객이 스포츠시설을 보다 편리하게 이용할 수 있도록 이동거리, 소요시간 등을 감안한 시설의 위치와 공급되는 서비스 양을 고려하여 수학적 공식을 적용하여 계산하는 방법이다.

94 체육시설의 설치·이용에 관한 법령상 등록 체육시설업자가 회원의 탈퇴자에게 입회금을 반환하지 아니한 경우 행정처분 기준으로 옳은 것은? (단, 1차 위반이며 기타 감경사유는 고려하지 않음)

① 영업정지 3일
② 영업정지 10일
③ 영업정지 20일
④ 영업정지 1개월

해설 법령상 등록 체육시설업자가 회원의 탈퇴자에게 입회금을 반환하지 아니한 경우 1차 위반 시 영업정지 3일에 처한다.

95 체육시설의 설치·이용에 관한 법령상 체육시설업자가 경미한 사항을 거짓으로 등록한 경우 행정처분기준으로 옳은 것은? (단, 1차 위반인 경우이며 감경사유는 고려하지 않음)

① 경 고
② 등록취소
③ 영업정지 10일
④ 영업정지 1개월

해설 1차 위반 시 경고, 2차 위반 시 영업정지 10일, 3차 위반 시 영업정지 1개월, 4차 위반 시 영업정지 2개월에 처해진다.

96 소유자와 경영자가 다른 간접경영 형태를 말하며, 일반적으로 정부 또는 지방자치단체가 투자하여 소유하고 경영은 다른 사람에게 위탁하므로, 투자자는 직접 경영에 참여하지 않는 형태의 경영방법으로 옳은 것은?

① 직접경영
② 위탁경영
③ 프랜차이즈경영
④ 감량경영

해설 위탁경영은 일반적으로 정부 또는 지방자치단체가 투자하여 소유하고 경영은 다른 사람에게 위탁하므로, 투자자는 직접 경영에 참여하지 않는 형태의 경영방법이다.

정답 94 ① 95 ① 96 ②

97 체육시설의 설치·이용에 관한 법령상 사업계획의 승인에 관한 설명으로 옳지 않은 것은?

① 시·도지사는 사업계획을 승인하였을 때에는 그 승인 사항을 관할 시장·군수 또는 구청장에게 통보하여야 한다.
② 등록 체육시설업을 하려는 자는 시·도지사의 승인을 받아야 한다.
③ 회원모집 예정 인원 및 입회금을 변경할 경우 시·도지사의 승인을 받아야 한다.
④ 시·도지사는 대중골프장업으로 승인을 받은 사업계획의 전부를 회원제 골프장업의 사업계획으로 전환하려는 경우 변경승인을 할 수 없다.

해설 등록 체육시설업을 하려는 자는 시설을 설치하기 전에 대통령령으로 정하는 바에 따라 체육시설업의 종류별로 사업계획서를 작성하여 시·도지사의 승인을 받아야 하나 회원 모집 예정 인원 및 입회금 변경의 경우 대통령령으로 정하는 경미한 사항에 관한 사업계획의 변경으로 제외 사항이다.

98 다음 중 농촌지역 스포츠시설 설치를 위한 고려사항으로 가장 옳지 않은 것은?

① 노동시간과 여가시간이 구분되어 있지 않다.
② 소득이 낮아 경제적 안정성이 낮다.
③ 청년층의 도시진출로 활기를 잃고 있다.
④ 육체적 노동이 많아서 스포츠 활동에 호응도가 높은 편이다.

해설 육체적 노동이 상대적으로 많은 농촌 지역에서는 스포츠 활동에 호응도가 낮은 편이다.

99 스포츠시설 내 환자 발생 시 조치사항으로 적합하지 않은 것은?

① 골절, 탈구, 외상 등을 판단한다.
② 인근주변 병원으로 이동 조치한다.
③ 안전관리계획에 따른 보고를 한다.
④ 개인의 부주의인지 아닌지를 판단한다.

해설 스포츠시설 내에서 환자 발생 시 환자의 안전을 가장 우선적으로 고려해야 한다.

100 S대학교 인근에는 A트레이닝센터, B헬스, C피트니스 등 다양한 스포츠센터가 있으며, 모두 유사한 시설과 개인 트레이너들을 보유하고 있다. 이러한 상황에서 각 스포츠센터가 고려해야 할 가격결정방법으로 가장 옳은 것은?

① 수요를 토대로 한 가격결정
② 수익을 토대로 한 가격결정
③ 경쟁을 토대로 한 가격결정
④ 비용을 토대로 한 가격결정

해설 경쟁이 치열한 상황인 경우 경쟁상대의 가격을 고려한 가격결정방법이 적절하다.

정답 100 ③

CHAPTER 04 2024년 2회 필기 기출복원문제

제1과목 스포츠산업론

01 스포츠산업의 핵심제품인 스포츠이벤트의 브랜드가치에 관한 설명으로 옳지 않은 것은?

① 스포츠이벤트의 방송중계권 가격 차이는 이벤트의 브랜드가치 차이에서 온다고 볼 수 있다.
② 스포츠이벤트의 브랜드가치를 형성하는 요인으로는 조직관련요인, 팀관련요인, 시장관련 요인을 들 수 있다.
③ 스포츠이벤트에서 파생되는 동일한 유형의 사업권이라도 이름이 잘 알려진 이벤트와 덜 알려진 이벤트의 권리 구매가격에 차이가 있는 것도 브랜드가치 때문이다.
④ 스포츠이벤트에 참가하는 선수나 감독, 리그의 전통 등은 브랜드가치 형성에 영향을 미치지 않는다.

해설 스포츠이벤트에 참가하는 선수나 감독, 리그의 전통은 브랜드가치를 높일 수 있는 기폭제가 된다는 점에서 매우 중요한 자원이다.

02 관람 스포츠 소비집단에 관한 설명으로 옳지 않은 것은?

① 프로구단의 시즌티켓 소지자는 대량 소비자로 분류된다.
② 중계프로그램 시청자는 주요 관람 스포츠 소비집단이다.
③ 좌석 라이선스(Seat License) 구매자는 충성도 높은 구매자에 속한다.
④ 기업은 관람 스포츠 소비자로 볼 수 없다.

해설 기업은 스폰서십의 형태로 관람 스포츠에 참여하고 관람 스포츠의 주체인 스포츠조직(팀)에 금전적 재원을 제공하므로, 관람 스포츠에서 매우 중요한 소비자로 볼 수 있다.

03 다음 내용과 관련되는 스포츠산업의 특징은?

> 스키장, 골프장 등 참여형 스포츠시설이 얼마나 접근이 용이한 위치에 있으며, 어느 정도의 규모나 시설을 갖추고 있는지가 스포츠소비자의 주요 관심 대상이 된다.

① 공간과 입지중시형 산업
② 복합적인 산업
③ 오락성이 중심 개념인 산업
④ 감동과 건강을 제공하는 산업

해설 　스포츠산업은 공간과 입지중시형 산업으로서, 스포츠에 참여하고 스포츠활동을 수행하기 위해서는 스포츠 참여 목적에 알맞은 장소와 입지 조건이 수반되어야 한다.

04 스포츠산업 진흥법령상 문화체육관광부장관이 선수 권익보호와 스포츠산업의 건전한 발전을 위해 강구하여야 하는 시책에 해당하지 않는 것은?

① 승부 조작, 폭력 및 도핑 등의 예방
② 선수의 부상 예방과 은퇴 후 진로 지원
③ 선수의 경력관리를 위한 관리시스템의 구축
④ 선수의 권익 향상을 위한 대리인제도의 점진적 철폐

해설 　**선수 및 감독·코치 등의 권익 보호 등(「스포츠산업 진흥법 시행령」 제18조 제2항)**
문화체육관광부장관은 법 제18조에 따라 선수 및 감독·코치 등의 권익 보호와 스포츠 산업의 건전한 발전을 위하여 다음의 시책을 강구하여야 한다.
- 스포츠산업의 공정한 영업질서 조성
- 건전한 프로스포츠 정착을 위한 교육·홍보
- 승부 조작, 폭력 및 도핑 등의 예방
- 선수의 부상 예방과 은퇴 후 진로 지원
- 선수의 권익 향상을 위한 대리인제도의 정착
- 선수의 경력관리를 위한 관리시스템의 구축
- 그 밖에 문화체육부장관이 선수 및 감독·코치 등의 권익 보호 및 스포츠산업의 건전한 발전을 위하여 필요하다고 인정하는 사항

05 다음 중 스포츠산업의 발전을 위협하는 외부요인으로 옳은 것은?

① 프로축구의 선수 부족
② 온라인 게임 시장의 폭발적 인기
③ 헬스클럽의 우수한 프로그램 부족
④ 라이벌 프로야구팀의 FA선수 전원 흡수

> **해설**
> - 스포츠산업의 발전을 위협하는 요인은 스포츠산업 분야와 연관된 내부요인과 타 산업 분야와 연관된 외부요인에서 찾아볼 수 있다.
> - 프로축구의 선수 부족은 선수 공급 측면에서 리그의 정상적인 운영에 큰 어려움을 줄 수 있으므로 스포츠산업의 발전을 위협하는 내부요인에 해당되고, 헬스클럽의 우수한 프로그램 부족은 이로 인한 참여 제약을 발생시킬 수 있어 스포츠산업의 발전을 위협하는 내부요인에 해당되며, 라이벌 프로야구팀의 FA선수 전원 흡수는 구단 간 전력평준화를 저해하여 리그 흥행에 큰 영향을 미칠 수 있어 스포츠산업의 발전을 위협하는 내부요인에 해당된다.
> - 온라인 게임 시장의 폭발적 인기의 경우에는 참여 및 관람스포츠에 대한 관심과 참여에 영향을 미칠 수 있다는 측면에서 스포츠산업의 발전을 위협하는 외부요인에 해당된다.

06 다음 스포츠산업 관련 법령 중 제정일이 오래된 것부터 최근의 순서로 나열한 것으로 옳은 것은?

> ㄱ. 국민체육진흥법
> ㄴ. 스포츠산업 진흥법
> ㄷ. 생활체육진흥법
> ㄹ. 바둑진흥법

① ㄱ → ㄴ → ㄷ → ㄹ
② ㄴ → ㄱ → ㄹ → ㄷ
③ ㄷ → ㄴ → ㄱ → ㄹ
④ ㄹ → ㄷ → ㄱ → ㄴ

> **해설** 국민체육진흥법(1962년) → 스포츠산업 진흥법(2007년) → 생활체육진흥법(2015년) → 바둑진흥법(2018년)

07 스포츠산업 특수분류 v3.0에서 대분류 스포츠서비스업의 중분류 항목으로 옳은 것을 모두 고른 것은?

> ㄱ. 스포츠시설 운영업
> ㄴ. 스포츠 정보 서비스업
> ㄷ. 운동 및 경기용품업
> ㄹ. 스포츠 교육기관

① ㄱ, ㄷ
② ㄴ, ㄹ
③ ㄴ, ㄷ, ㄹ
④ ㄱ, ㄴ, ㄷ, ㄹ

해설
- ㄱ. 스포츠시설 운영업은 스포츠시설업의 중분류 항목
- ㄷ. 운동 및 경기용품업은 스포츠용품업의 중분류 항목

08 다음 중 참여스포츠 시설 운영업에 해당하는 것으로 옳지 않은 것은?

① 종합 스포츠시설 운영업
② 골프연습장 운영업
③ 스키장 운영업
④ 기원 운영업

해설 스포츠산업 특수분류에서 참여 스포츠 시설 운영업에 해당하는 업종에는 종합 스포츠시설 운영업, 체력단련시설 운영업, 수영장 운영업, 볼링장 운영업, 당구장 운영업, 골프연습장 운영업, 스포츠 무도장 운영업, 체육공원 운영업, 기원 운영업이 있다. 스키장 운영업은 골프장 및 스키장 운영업에 해당한다.

09 한국표준산업분류(제10차 개정)에서 '스포츠서비스업(911)'에 해당하지 않는 것은?

① 경기장 운영업
② 체력단련시설 운영업
③ 골프연습장 운영업
④ 유원지 및 테마파크 운영업

해설 경기장 운영업(9111), 체력단련시설 운영업(91132), 골프연습장 운영업(91136)으로 스포츠서비스업(911)에 해당하나, 유원지 및 테마파크 운영업(9121)은 유원지 및 기타 오락 관련 서비스업(912)에 속한다.

10 스포츠산업 진흥법상 문화체육관광부장관이 수립하여야 하는 스포츠산업 진흥에 관한 기본적이고 종합적인 중장기 진흥기본계획(기본계획)에 대한 설명으로 옳지 않은 것은?

① 문화체육관광부장관은 기본계획을 3년마다 수립하여 시행하여야 한다.
② 문화체육관광부장관은 기본계획을 수립·시행하려는 때에는 관계 행정기관의 장과 협의하여야 한다.
③ 기본계획에는 스포츠산업 전문인력 양성에 관한 사항, 프로스포츠의 육성·지원에 관한 사항 등이 포함되어야 한다.
④ 문화체육관광부장관은 기본계획의 수립·시행을 위하여 필요한 때에는 관계 행정기관, 공공기관, 민간기업 및 개인 등에게 필요한 협조를 요청할 수 있다.

> **해설** 기본계획의 수립 등(「스포츠산업 진흥법 시행령」 제2조 제1항)
> 문화체육관광부장관은 「스포츠산업 진흥법」 제5조 제1항에 따른 중장기 진흥기본계획을 5년마다 수립하여 시행하여야 한다.

11 관람 스포츠 수요변화에 영향을 미치는 요인에 관한 설명과 가장 거리가 먼 것은?

① 스포츠소비자의 소득과 여가시간은 수요변화를 야기하는 중요한 요인이다.
② 스포츠이벤트의 수준은 관람수요의 변화에 영향을 미친다.
③ 프로리그의 팀 간 전력 차는 관람수요 변화에 영향을 미치지 않는다.
④ 스타 플레이어의 유무는 관람수요 변화에 큰 영향을 미친다.

> **해설** 프로리그 팀 간 전력차가 심해지면 경기 결과의 예측이 쉬워져 스포츠팬의 관심도가 떨어질 수 있고, 또한 팀의 승률은 경기관람에 큰 영향력을 미치기 때문에 프로리그 팀 간의 전력 차는 스포츠팬의 관람동기에 영향을 미칠 수 있는 주요 변수가 된다.

12 스포츠산업 진흥법에서 국제교류 및 해외시장 진출을 위탁·대행하는 기관에 해당되지 않는 것은?

① 국민체육진흥공단
② 대한무역투자진흥공사
③ 스포츠산업지원센터
④ 문화체육관광부

> **해설** 국제교류 및 해외시장 진출지원(「스포츠산업 진흥법 시행령」 제19조 제1항)
> 문화체육관광부장관은 법 제19조 제2항에 따라 다음의 기관이나 단체에 사업을 위탁하거나 대행하게 할 수 있다.
> • 국민체육진흥공단
> • 대한무역투자진흥공사
> • 지원센터
> • 업종별 사업자단체

정답 10 ① 11 ③ 12 ④

13 스포츠산업 진흥법에 대한 설명으로 옳지 않은 것은?

① 국가 및 지방자치단체는 스포츠산업의 진흥을 위하여 필요한 시책을 수립·시행하여야 한다.
② 지방자치단체는 문화체육관광부장관의 인가를 받아 업종별로 사업자단체를 설립할 수 있다.
③ 문화체육관광부장관은 스포츠산업의 육성과 기술개발을 위하여 스포츠산업 관련 상품의 품질 향상에 필요한 지원을 할 수 있다.
④ 문화체육관광부장관은 선수의 권익을 보호하고, 스포츠산업의 건전한 발전을 위하여 공정한 영업질서의 조성 등 필요한 시책을 강구하여야 한다.

> **해설** 사업자단체의 설립(「스포츠산업 진흥법」 제20조)
> 스포츠산업 사업자는 스포츠사업의 진흥과 상호 협력증진을 위하여 대통령령으로 정하는 바에 따라 문화체육관광부장관의 인가를 받아 업종별로 사업자단체를 설립할 수 있다.

14 스포츠산업 진흥법령상 공유재산에 관한 설명으로 옳지 않은 것은?

① 지방자치단체의 장은 프로스포츠단과 협의한 경우에는 사용기간 동안의 사용료 전부를 한꺼번에 징수할 수 있다.
② 연간 사용료는 시가를 반영한 해당 재산 평가액의 연 1만분의 10 이상의 범위에서 문화체육관광부장관이 정한다.
③ 연간 사용료는 매년 납부기한까지 한꺼번에 내야 하는 것이 원칙이다.
④ 프로스포츠단이 해당 체육시설을 직접 수리하는 경우에는 사용료를 감경할 수 있다.

> **해설** 공유재산의 사용료와 납부방법(「스포츠산업 진흥법 시행령」 제14조)
> - 지방자치단체의 장은 법 제17조 제4항에 따른 공유재산의 연간 사용료를 매년 징수한다. 다만, 프로스포츠단과 협의한 경우에는 사용·수익 허가기간 동안의 사용료 전부를 한꺼번에 징수할 수 있다.
> - 연간 사용료는 시가(時價)를 반영한 해당 재산 평가액의 연 1만분의 10 이상의 범위에서 지방자치단체의 조례로 정하되, 월 단위, 일 단위, 시간별 또는 횟수별 등으로 계산할 수 있다.
> - 연간 사용료는 매년 납부기한까지 한꺼번에 내야 한다. 다만, 지방자치단체의 장은 연간 사용료가 100만원을 초과하는 경우에는 지방자치단체의 조례로 정하는 바에 따라 「공유재산 및 물품관리법」 제22조 제2항 단서에 따른 이자를 붙여 연 4회의 범위에서 분할납부하게 할 수 있다.
> - 지방자치단체의 장은 다음의 어느 하나에 해당하는 경우에는 지방자치단체의 조례로 정하는 바에 따라 사용료를 감경하거나 면제할 수 있다.
>   - 공유재산 중 체육시설(민간자본을 유치하여 건설 또는 수리·보수된 시설을 포함한다. 이하 제2호 및 제3호에서 같다)을 프로스포츠단의 연고 경기장으로 사용·수익하는 것을 허가하는 경우
>   - 공유재산 중 체육시설을 국제 운동경기대회 개최를 위하여 사용·수익하는 것을 허가하는 경우
>   - 프로스포츠단이 해당 체육시설을 직접 수리 또는 보수하는 경우
>   - 그 밖에 지방자치단체의 장이 프로스포츠의 활성화를 위하여 필요하다고 인정하는 경우

정답 13 ② 14 ②

15 스포츠소비자의 요구를 기술적 특성과 연결시켜 스포츠제품에 반영하는 기법으로 옳은 것은?

① 품질기능전개(QFD)
② 동시공학(CE)
③ 가치분석(VA)
④ 가치공학(VE)

> 해설 품질기능전개는 제품 구상에서부터 제품 설계 및 개발을 통해 판매에 이르기까지 모든 단계에서 고객요구를 회사 내 요구로 변환하는 시스템을 의미한다.

16 스포츠산업의 일반적인 특성과 가장 거리가 먼 것은?

① 한국표준산업분류의 관점에서 보면 스포츠산업은 각기 다른 산업분류를 복합적으로 통합한 형태를 갖는다.
② 스포츠산업 분야의 여러 가지 서비스는 입지조건이나 시설에 대한 의존도가 높다.
③ 관람 스포츠와 참여 스포츠가 활성화되는 것은 체육 및 스포츠활동에 참여하는 연령대가 높아진 것이 가장 큰 원인이다.
④ 스포츠산업이 다른 산업과 비교해서 가장 다른 특성은 감동과 건강을 준다는 점이다.

> 해설 관람 스포츠와 참여 스포츠가 활성화되는 것은 여가를 중시하는 생활 패턴의 변화를 중심으로 관람 스포츠가 하나의 문화 형태로 자리 잡았고, 건강증진 등을 목적으로 하는 스포츠활동에 대한 관심 및 생활체육 참여율을 높이고자 하는 국가의 정책이 융합되어 나타난 결과라 볼 수 있다

17 스포츠산업에서 벌어지는 사업 중 선수가 사업의 주체가 되는 것은?

① 경기장 임대 사업
② 인도스먼트(Endorsement) 사업
③ 경기장 광고 사업
④ 프로리그 방송중계권 사업

> 해설 선수가 사업의 주체가 되는 것은 인도스먼트 사업이며, 인도스먼트는 선수보증 광고로, 선수의 이미지나 명성을 토대로 진행되게 된다.

18 소비자의 지각과정 순서로 옳은 것은?

① 주의 → 노출 → 해석 → 수용
② 주의 → 노출 → 수용 → 해석
③ 노출 → 주의 → 해석 → 수용
④ 노출 → 해석 → 주의 → 수용

> 해설 소비자의 지각과정은 노출 → 주의 → 해석 → 수용의 단계로 진행된다.

19 스포츠제품에 대한 소비자의 관여도가 높은 수준으로 발생하는 경우와 가장 거리가 먼 것은?

① 지각된 위험이 낮을 때
② 감성적으로 끌리는 제품일 때
③ 지속적으로 관심을 갖는 제품일 때
④ 제품이 자신의 자아개념과 관련이 있을 때

> 해설 관여도는 특정한 상황에서 자극에 의해 유발되어 지각되는 개인적인 중요성이나 관심의 수준을 의미하는 것이며, 지각된 위험은 제품의 구매사용에 의하여 발생할 수 있는 예상치 않은 결과에 대한 불안감을 의미한다. 따라서 지각된 위험이 높을 경우 높은 관여도가 발생하게 된다.

20 스포츠 자산(Properties) 및 제품의 가치에 대한 설명으로 옳지 않은 것은?

① 구단가치를 결정하는 요인으로는 팀 관련요인, 조직 관련요인, 시장 관련요인 등이 있다.
② 리그에 참가하는 구단 숫자가 늘어나면 선수 평균 연봉이 감소한다.
③ 수요과점 시장에서 방송중계권의 가치는 종목의 인기도에 따라 가격결정 주도권이 달라진다.
④ 마케팅기회나 권리를 통합할 경우 가치가 올라갈 수 있다.

> 해설 리그 구단의 숫자와 선수 평균 연봉과는 관련이 없다.

정답 18 ③ 19 ① 20 ②

21 스포츠서비스품질의 구성요인과 그 내용이 짝지어진 것으로 옳지 않은 것은?

① 신뢰성 : 종업원의 공손함과 지식, 그리고 소비자에게 신뢰와 확신을 심어 줄 수 있는 능력
② 유형성 : 물리적인 시설과 장비 및 종업원의 외모에 관한 것
③ 공감성 : 기업이 자상하고 개별적인 관심을 소비자에게 보여 주는 것
④ 반응성 : 고객을 도와주려는 의지를 가지고 즉각적인 서비스를 제공하는 것

해설 종업원이 공손한 태도로 지식을 갖추어 소비자에게 신뢰와 확신을 심어 줄 수 있는 능력은 확실성이다. 한편, 신뢰성은 약속한 서비스를 정확하고 믿음직스럽게 전달할 수 있는 능력이다.

22 스포츠산업 진흥법령상 지방자치단체 또는 공공기관이 프로스포츠단 사업 추진에 지원할 수 있는 경비의 범위로 옳지 않은 것은?

① 프로스포츠단의 인건비
② 프로스포츠단의 부대시설 구축을 위한 비용
③ 각종 국내·국제 운동경기대회의 개최비와 참가비
④ 공동이용시설의 설치비

해설 프로스포츠단 창단에의 출자·출연 등(「스포츠산업 진흥법 시행령」 제13조)
지방자치단체 또는 공공기관이 프로스포츠단 사업 추진에 지원할 수 있는 경비의 범위는 다음과 같다.
• 프로스포츠단의 운영비(인건비를 포함한다)
• 프로스포츠단의 부대시설 구축을 위한 비용
• 각종 국내·국제 운동경기대회의 개최비와 참가비
• 유소년 클럽 및 스포츠교실의 운영비
• 그 밖에 프로스포츠단의 활성화를 위하여 필요한 경비

23 스포츠산업의 환경 변화로 가장 옳지 않은 것은?

① 4차 산업혁명으로 인한 스포츠산업 관련 고용일자리 감소
② 스포츠용품 관련 과학기술개발 경쟁 심화
③ 소셜 네트워크 서비스(SNS) 등의 확산으로 스포츠이벤트에 대한 관심 증가
④ 참여·레저스포츠와 건강 분야에 대한 지속적 관심 증대

해설 4차 산업혁명으로 인해 스포츠 분야에서도 인공지능(AI), ICT 등의 급속한 발전이 이루어지고 있으며 스포츠산업 융·복합화는 스포츠산업분야의 고용창출을 확대하고 있다.

24 다음 중 국제 스포츠이벤트 개최의 효과에 대한 설명으로 옳지 않은 것은?

① 국가의 대외경쟁력과 국가 브랜드를 강화할 수 있다.
② 경제적 파급효과는 국가 수준에서만 발생한다.
③ 국가경제의 활성화를 꾀할 수 있다.
④ 국가의 인지도를 높일 수 있다.

> 해설 경제적 파급효과는 국가 수준뿐만 아니라 지역 수준에서도 발생한다.

25 다음 중 국민체력100 인증기준에서 청소년기의 건강 체력항목이 아닌 것은?

① 상대악력
② 윗몸말아올리기
③ 눈-손 협응력 검사
④ 20m 왕복 오래달리기

> 해설 눈-손 협응력 검사는 운동 체력항목에 속한다.

제2과목 스포츠경영론

26 투자안의 평가방법에 관한 설명으로 옳지 않은 것은?

① 순현재가치(NPV)법에서 투자안의 NPV가 0보다 크면 투자안을 채택한다.
② 내부수익률(IRR)법에서 투자안의 IRR이 자본비용보다 작으면 투자안을 채택한다.
③ 회계이익률법에서 투자안의 회계이익률이 목표회계이익률보다 크면 투자안을 채택한다.
④ 회수기간법에서 투자안의 회수기간이 목표회수기간보다 짧으면 투자안을 채택한다.

> 해설 내부수익률법은 현금유입의 현재가치와 현금유출의 현재가치를 일치시켜서 투자안의 순현가를 0으로 하는 할인율을 구한 후 이를 자본비용과 비교하여 투자를 결정하는 방법을 말하며, 내부수익률이 자본비용을 넘으면 채택하고 반대일 경우 채택하지 않게 된다.

정답 24 ② 25 ③ 26 ②

27 스포츠조직의 유형 중 전문적 관료제 구조와 비교한 기계적 관료제 구조의 특징과 가장 거리가 먼 것은?

① 비고정적 공유가능한 업무
② 중앙집권적 의사결정구조
③ 공식적 상하 간 의사소통
④ 많은 규칙과 규정

> **해설** 기계적 조직은 수직적이고 관료적인 조직이므로 엄격한 위계질서, 중앙집권적 의사결정, 고정적이고 전문화된 업무, 공식적 상하 간 의사소통의 특징이 있다. 비공식적인 상호 의사소통은 전문적 관료제 구조가 갖는 특성이다.

28 동기부여이론에 관한 설명으로 옳은 것은?

① 매슬로우(Maslow)의 욕구계층이론에 의하면 하위욕구가 충족되지 않아도 상위욕구를 충족할 수 있다.
② 알더퍼(Alderfer)의 ERG이론에 의하면 존재는 가장 상위의 욕구에 해당된다.
③ 허츠버그(Herzberg)의 동기-위생이론에 의하면 위생요인이 충족되더라도 만족의 증가를 가져오지 않는다.
④ 애덤스(Adams)의 형평성이론에 의하면 투입과 산출 측면에서 타인과의 비교가 아닌 자기 자신의 주관적 판단에 의하여 형평성을 인식한다.

> **해설**
> - 매슬로우(Maslow)의 욕구계층이론 : "생리적욕구 → 안전욕구 → 소속에 대한 욕구 → 존경에 대한 욕구 → 자아실현 욕구"를 의미한다. 사람들은 우선 낮은 단계의 욕구를 충족하기 위해 동기유발되고, 가장 높은 단계의 욕구인 자아실현의 욕구가 충족될 때까지 계속되게 된다.
> - 알더퍼(Aldrfer)의 ERG이론 : 매슬로우의 욕구계층이론과는 다르게 세 가지 욕구의 형태인 존재욕구 → 관계욕구 → 성장욕구의 순으로 분류하고 있다. 세부적으로 존재욕구는 기본적인 욕구로 음식, 공기, 물, 임금 등에 대한 욕구를 의미한다. 관계욕구는 사회적, 개인적 인간관계 형성에 의해서 충족되는 욕구를 의미한다. 성장욕구는 개인의 생산적이고 창의적인 공헌에 의해 충족되는 욕구를 의미한다.
> - 허츠버그(Herzberg)의 동기-위생이론 : 허츠버그는 동기부여 요인을 동기요인(Motivators)과 위생요인(Hygiene)으로 분류하였으며, 동기요인이 만족과 관련 있다고 보았다. 또한 동기부여를 위해서는 동기요인을 집중적으로 충족해 주어야 함을 강조하였다.
> - 애덤스(Adams)의 형평성이론 : 형평성이론(공정성이론)이란 사람은 자신의 성과에 대해 받는 보상에 사회적 공정성이 존재할 때 동기유발이 된다는 것을 의미한다. 사람은 자신의 투입에 대한 결과의 비율을 타인의 투입에 대한 결과의 비율과 비교하여 두 비율이 일치할 때 형평성(공정성)을 느끼게 된다.

29 다음 ( )에 알맞은 스포츠 경영환경은?

> 스포츠경영환경을 조직에 대한 영향력이 직접적인가 간접적인가에 따라 분류할 때, (ㄱ)은 특정 조직에게 직접적으로 영향을 미치는 환경으로 조직에 따라 상이하게 발생될 수 있고, 구체적 환경이라고도 한다. 이에 비하여 (ㄴ)은 개별조직 단위에 직접적인 영향을 미친다기보다는 사회의 모든 조직에 유사하게 영향을 미치는 것으로 (ㄱ)에 비하여 그 범위가 넓고 경영에 미치는 영향이 간접적이다.

	(ㄱ)	(ㄴ)
①	일반환경	내부환경
②	일반환경	과업환경
③	과업환경	일반환경
④	과업환경	내부환경

해설 과업환경은 조직 활동에 직접적으로 영향을 미치는 환경요소로, 내부 환경요소와 외부 환경요소 모두가 과업환경에 해당된다. 그리고 일반환경은 조직 활동에 간접적으로 영향을 미치는 환경요소로, 인구통계학적 환경, 경제 상황, 정치적 환경, 기술 발전, 사회·문화적 환경 등이 해당된다.

30 A구단의 자기자본이 800억 원, 당기순이익이 80억 원일 때 자기자본순이익율(ROE)은?

① 0.1%
② 1%
③ 10%
④ 1,000%

해설 자기자본순이익률(%) = (당기순이익 ÷ 자기자본) × 100
= (80억 ÷ 800억) × 100
= 0.1 × 100 = 10%

31 재무비율 계산 공식으로 틀린 것은?

① 유동비율 = (유동자산 / 유동부채) × 100
② 노동생산성(원) = 부가가치 / 종업원 수
③ 재고자산 회전율 = 재고자산 / 매출액
④ 매출액순이익률 = (당기순이익 / 매출액) × 100

해설 재고자산 회전율 = 매출액 / 재고자산

정답 29 ③ 30 ③ 31 ③

32 다음 중 스포츠조직의 조직역량강화를 위해 제공자가 전달하고자 한 정보를 수신자가 어떻게 받아들였는지를 알려주는 반응으로 정확한 메시지가 전달되었는지 확인할 수 있는 커뮤니케이션의 구성요소는?

① 메시지화
② 커뮤니케이션 경로선택
③ 메시지 해석
④ 피드백

해설 커뮤니케이션이란 두 사람 또는 두 집단 이상 간에 이루어지는 정보의 교환을 의미하는 것으로 발신자와 수신자 간의 상호작용 즉, 쌍방향으로 이루어지는 의사소통을 의미하며, 커뮤니케이션의 구성요소는 다음과 같다.
- 메시지화 : 아이디어나 사고를 수신자가 이해할 수 있는 단어, 그림, 기호 등으로 전환시키는 것
- 커뮤니케이션 경로 선택 : 발신자가 수신자에게 메시지를 효율적으로 전달하기 위해 사용되는 매개체를 선택하는 과정
- 메시지 해석과 창출 : 커뮤니케이션 경로를 통해 전달된 메시지를 수신자의 경험, 지적 수준 등에 따라 해석하고 메시지의 의미를 결정하는 것
- 피드백 : 제공자가 전달하고자 한 정보를 수신자가 어떻게 받아들였는지를 알려주는 반응

33 다음 중 스포츠경영의 구성요소에 해당하지 않는 것은?

① 사 람
② 자 본
③ 정 보
④ 기 술

해설 스포츠경영의 구성요소는 전략, 인적자원, 자본, 정보이다.

34 A 스포츠용품 회사에서는 X제품을 생산·판매하고 있다. X제품의 판매단가는 500원이고, 단위당 변동영업비는 250원이다. 고정적인 영업비용이 100만 원이라면 손익분기점에 해당되는 매출액 수준은? (단 주어진 조건 외에는 고려하지 않는다)

① 200만 원
② 300만 원
③ 400만 원
④ 500만 원

해설 손익분기량 = 고정비용 / (가격 − 변동비용)
= 1,000,000 / (500 − 250) = 4,000개
따라서 단가가 500원인 X제품은 4,000개를 팔아야 손익분기량에 도달하므로 손익분기점에 해당하는 매출액 수준은 500 × 4,000 = 2,000,000원이 된다.

35 다음 중 알더퍼(Alderfer)의 ERG 욕구이론에 관한 설명으로 옳지 않은 것은?

① 매슬로우의 욕구 5단계이론을 3단계로 발전시켜 주장한 이론이다.
② 동기이론의 세분류 중 과정이론에 해당한다.
③ 존재욕구 – 관계욕구 – 성장욕구로 구성 및 발전된다.
④ 매슬로우의 5단계 이론 중 생리적 욕구와 안전의 욕구는 ERG이론 중 존재욕구에 대응된다.

해설 ERG이론은 동기이론의 세분류 중 내용이론에 해당한다.

36 손익분기점에 대한 내용으로 옳지 않은 것은?

① 투입된 비용을 회수할 수 있는 판매량이 얼마인지를 나타내 준다.
② 매출액과 그 매출을 위해 소요된 모든 비용이 일치되는 점이다.
③ 매출액이 손익분기점 이상이면 영업손실이 발생하고, 손익분기점 이하이면 영업이익이 발생한다.
④ 손익분기점 분석은 비용, 이익 등의 상호관계를 분석하기 때문에 CVP(Cost-Volume-Profit)분석이라고도 한다.

해설 매출액이 손익분기점 이상인 경우 영업이익이 발생하며, 손익분기점 이하인 경우 영업손실이 발생한다.

37 목표관리(MBO ; Management By Objectives)에 대한 설명으로 옳지 않은 것은?

① 단기목표를 강조하는 경향이 있다.
② 결과에 의한 평가가 이루어진다.
③ 사기와 같은 직무의 무형적인 측면을 중시한다.
④ 종업원들이 역량에 비해 더 쉬운 목표를 설정하려는 경향이 있다.

해설 MBO는 효율적인 경영관리체제를 실현하기 위해서 수행되는 경영관리의 기본적인 방법으로 조직의 목표와 개인의 목표를 명확하게 설정하고 조직의 목표달성을 위한 실행전략을 수립하고 추진하는 과정을 의미한다. 쉽게 말해 구체적인 성과목표를 부하와 상사가 함께 결정하고, 목표를 향한 진척이 정기적으로 점검되고, 보상이 이러한 진척으로 배분되는 경영관리시스템을 의미한다.

38 다음 중 자동재세동기(AED)의 사용순서로 옳은 것은?

① 전원 켜기 → 패드 부착 → 접촉금지 및 전기 충격 → 흉부압박
② 패드 부착 → 전원 켜기 → 접촉금지 및 전기 충격 → 흉부압박
③ 흉부압박 → 전원 켜기 → 패드 부착 → 접촉금지 및 전기 충격
④ 흉부압박 → 패드 부착 → 전원 켜기 → 접촉금지 및 전기 충격

> 해설 자동재세동기(AED) 사용 시 전원을 먼저 켜고 가슴에 패드 부착해야 한다. 재세동기 작동 시 전류가 흐르기 때문에 부상자에게서 멀어져야 하며, 전기 충격 후에는 구급차가 올 때까지 흉부를 압박하여야 한다.

39 다음 설명에 해당하는 직무설계는?

- 직무성과가 경제적 보상보다는 개인의 심리적 만족에 있다고 전제한다.
- 종업원에게 직무의 정체성과 중요성을 높여주고 일의 보람과 성취감을 느끼게 한다.
- 종업원에게 많은 자율성과 책임을 부여하여 직무경험의 기회를 제공한다.

① 직무 순환
② 직무 전문화
③ 직무 특성화
④ 직무 충실화

> 해설
> - 직무 순환 : 직원들에게 직무전문화의 결과인 단일 과업만을 수행토록 하는 것이 아니라 다양성 경험을 위해 다른 직무를 순화하여 수행하는 직무설계방법이다.
> - 직무 전문화 : 조직 전반의 합리적인 인사관리와 임금의 공정성을 위해 직무를 평가하고 평가를 통해 도출된 정보를 바탕으로 직무기술서와 직무명세서를 기준으로 실시되는 전통적인 직무설계방법이다.
> - 직무 특성화 : 작업을 수행하는 구성원이 직무 자체로부터 만족감을 얻도록 하는 직무설계방법이다.

40 BCG 매트릭스에서 높은 시장점유율과 높은 시장성장률을 보이는 영역은?

① Star
② Question Mark
③ Dog
④ Cash Cow

> 해설
> ② Question Mark : 낮은 시장점유율, 높은 시장성장률
> ③ Dog : 낮은 시장점유율, 낮은 시장성장률
> ④ Cash Cow : 높은 시장점유율, 낮은 시장성장률

41 적시생산시스템(JIT)에 대한 설명으로 옳지 않은 것은?

① 공간절약을 통해 비용을 절감하고자 함
② 재고를 최소화하고자 함
③ 유럽의 자동차회사에서부터 시작되었음
④ 대량의 반복생산체제에 적합함

> 해설 적시생산시스템(JIT)은 제품생산에 요구되는 부품 등 자재를 필요한 시기에 필요한 수량만큼 조달하여 낭비적 요소를 근본적으로 제거하려는 생산시스템을 의미하며, 일본 도요타 자동차의 초대 사장인 도요타 기이치로가 창안한 생산방식이다.

42 스포츠이벤트의 설계 시 고려해야 할 사항으로 상대적인 중요성이 가장 낮은 것은?

① 소비자들의 선호도
② 운동선수와 경기장
③ 스포츠용품 제조업체
④ 후원업체의 존재 여부

> 해설 운동선수와 경기장, 소비자선호도, 후원업체는 스포츠이벤트의 성공을 좌우할 수 있는 중요요소가 되며, 이와 비교하여 스포츠용품 제조업체는 공인구, 경기시설 등을 제조하는 업체이므로 상대적 중요성이 떨어진다.

43 스포츠 조직의 직접금융을 통한 자본조달 방법으로 옳은 것을 모두 고른 것은?

ㄱ. 주식발행
ㄴ. 민자유치
ㄷ. 스폰서십
ㄹ. 은행차입
ㅁ. 기업어음

① ㄹ, ㅁ
② ㄱ, ㄴ, ㄷ
③ ㄱ, ㄴ, ㄷ, ㄹ
④ ㄱ, ㄴ, ㄷ, ㄹ, ㅁ

> 해설 직접금융을 통한 외부자본조달 방법에는 주식발행·채권발행·민자유치·기금·회원권·스폰서십이 있으며, 은행차입·매입채무·기업어음은 간접금융을 통한 외부자본조달 방법에 해당한다.

정답 41 ③ 42 ③ 43 ②

44 체육시설의 설치·이용에 관한 법령상 체육시설업의 종류별 안전·위생기준으로 옳지 않은 것은?

① 스키장에는 운영 중인 슬로프별로 스키구조요원을 1명 이상 배치하여야 한다.
② 경주 기간 중인 자동차경주장에는 의사 및 간호사 또는 응급구조사를 각 1명 이상 배치하여야 한다.
③ 18홀 이하의 골프장에는 코스관리요원을 1명 이상 배치하여야 한다.
④ 썰매장에는 출발지점과 도착지점에 각 1명 이상의 안전요원을 배치하여야 한다.

> 해설 스키장에는 운영 중인 슬로프별로 스키구조요원을 2명 이상(슬로프 길이가 1.5km 이상인 경우 3명 이상) 배치하여야 한다.

45 조합이 각 조합원으로부터 징수할 조합비를 사용자가 대신 징수하고 조합에 일괄하여 인도하는 것을 뜻하는 용어로 옳은 것은?

① ILO
② Check-off
③ CKO
④ ECRS

> 해설 ① ILO : 국제노동기구(International Labour Organization)를 뜻한다.
> ③ CKO : Chief Knowledge Officer의 두문자어로 지식경영의 도입·실천을 전반적으로 책임지는 최고경영자를 뜻한다.
> ④ ECRS : Eliminate, Combine, Rearrange, Simplify의 두문자어로 업무문제를 해결하기 위하여 배제(Eliminate), 결합(Combine), 교환(Re-arrange), 간략화(Simplify)의 네 가지 관점에서 생각하는 기법을 뜻한다.

46 경로목표이론(Path-goal Theory)의 리더십 형태에 대한 설명으로 옳지 않은 것은?

① 민주적 리더십은 도전적인 작업목표를 설정하고 성과개선을 강조하며 하급자들의 능력발휘에 대해 높은 기대를 설정하는 형태이다.
② 참여적 리더십은 하급자들에게 자문을 구하고 그들의 제안을 끌어내어 이를 진지하게 고려하며 하급자들과 정보를 공유하는 형태이다.
③ 지원적 리더십은 하급자들의 복지와 안락에 관심을 가지며 구성원들 간에 상호 만족스러운 인간관계 발전을 강조하는 형태이다.
④ 지시적 리더십은 구체적 지침과 표준을 제공하고 규정을 마련하여 하급자들로 하여금 그들에게 요구되는 것을 알게 해주는 형태이다.

> 해설 경로목표이론에서 부하들에게 도전적인 목표를 설정하는 것, 성과개선을 추구하는 것, 훌륭한 성과를 강조하고, 부하들이 높은 수준을 달성할 것이라는 신념을 보이는 것은 성취 지향적 리더십에 해당한다.

47 스포츠제품 모듈화(Modularization) 생산의 목적으로 옳지 않은 것은?

① 다양한 고객의 요구 충족
② 조립시간 단축을 통한 원가절감
③ 생산성 향상
④ 제품개발 기간의 단축

> 해설 제조기업에게는 운영 요건을 만족하면서도 합리적인 가격의 맞춤형 장비가 필요한데 모듈형 제품 설계방식은 복잡성과 고비용 문제를 해결하며 대중 소비시장의 표준 제품을 보다 빠르고 효율적으로 맞춤 제작하는 데 유용하므로 다양한 고객의 욕구를 충족하는 것과는 거리가 멀다.

48 스포츠 기업의 전략 수준에 대한 설명으로 틀린 것은?

① 기업전략이란 기업의 사명을 정의하고, 사업수준과 기능수준에 제시되는 제안들을 검토하여, 관련 사업과의 연계성을 발견하는 과정이다.
② 사업부 전략은 개별사업단위의 목표를 달성하기 위해 사업의 장기적 경쟁우위를 구축하는 과정이다.
③ 기능별 전략은 사업부전략을 실행하기 쉽도록 각 기능 조직단위로 실행할 전략을 규정하고 구체화하는 것을 의미한다.
④ 사업부 전략의 종류는 인사, R&D, 재무관리, 생산, 마케팅 부문이며, 이들은 조직에서 제품기획, 영업활동, 자금조달 등 세부적인 수행방법을 결정한다.

> 해설 인사, R&D, 재무관리, 생산, 마케팅 등의 기능별 조직에서 제품기획, 영업활동, 자금조달 등 세부적인 수행방법을 결정하는 것은 기능별 전략에 해당되는 내용이다.

49 인사고과의 방법 중 상대평가 기법으로 가장 옳지 않은 것은?

① 평정척도법(Rating Scale Method)
② 단순서열법(Simple Ranking Method)
③ 강제할당법(Forced Distribution Method)
④ 쌍대비교법(Paired Comparison Method)

> 해설 평정척도법은 인사고과의 방법 중 절대평가 기법에 해당된다.

50 스포츠이벤트의 특성으로 가장 옳지 않은 것은?

① 현장성
② 체험성
③ 분리성
④ 통합성

> **해설** 스포츠이벤트의 특성으로 분리성은 해당되지 않는다. 스포츠는 서비스로서의 특성이 있는데, 이때 스포츠가 서비스로서 가지고 있는 기본적 특성 중의 하나로 '비분리성'을 들 수 있다.

제3과목 　**스포츠마케팅론**

---

51 기업의 입장에서 스포츠 브랜드를 확장할 때 얻을 수 있는 이익으로 가장 옳지 않은 것은?

① 모 브랜드 시장의 잠식
② 신제품 수용의 촉진
③ 모 브랜드와 기업에 긍정적인 피드백 제공
④ 모 브랜드의 이미지 제고

> **해설** 확장 브랜드의 성공으로 인해 모 브랜드의 고객들이 확장 브랜드로 전환하게 됨으로써 자사 시장 잠식 현상을 초래하는데 이는 브랜드 확장의 단점이다. 그 밖의 단점으로는 유통업체들의 저항, 소비자들에게 혼동 야기, 확장의 실패로 모 브랜드 이미지 손상, 모 브랜드의 이미지의 대표성 희석 등이 있다. 장점으로는 브랜드 의미의 명료화, 모 브랜드 이미지 강화, 브랜드 활성화, 연속적 브랜드확장 기초 마련, 소비자들의 지각된 위험 감소, 유통경로 개척 가능성 증대, 촉진비용의 효율성 증대, 신브랜드 개발 비용 절감, 포장/라벨 효율성 증대, 소비자들의 다양한 욕구 충족 등이 있다.

---

52 조사결과의 일반화와 가장 관련 깊은 것은?

① 내적 타당성
② 외적 타당성
③ 신뢰도
④ 자료수집 방법

> **해설** ①·③·④는 조사결과를 타당성 있게 도출해 내기 위한 단계이다.
> ②는 ①·③·④의 과정을 거쳐 도출된 조사결과에 대한 타당성을 의미하므로 이는 곧 조사결과의 일반화와 관계가 있다.

53 스포츠라이선싱 계약의 분류에 대한 설명과 가장 거리가 먼 것은?

① 한 가지 계열의 제품을 한 지역에서만 판매하는 것이 독점 라이선싱이다.
② 한 제품에 두 개 이상 라이선시의 이미지를 부착하는 것이 공동 라이선싱이다.
③ 선물증정품에 라이선시가 이미지를 부착하는 것이 촉진 라이선싱이다.
④ 판매제품에 라이선시가 이미지를 부착하는 것이 촉진 라이선싱이다.

> **해설** 촉진 라이선싱은 기업이 제품이나 서비스의 판매를 촉진하기 위해 라이선스 이미지를 부착하는 것을 말합니다. 판매제품에 라이선시가 이미지를 부착하는 것은 촉진 라이선싱이 아니라 일반적인 라이선싱에 해당한다.

54 한 구단의 입장권 가격은 특별석 15,000원, 일반석 6,000원, 할인석 3,000원으로 3종류이다. 오늘 특별석 800장, 일반석 12,000장, 할인석 1,000장을 판매하였을 때 A구단의 오늘 평균 입장료로 옳은 것은?

① 6,000원
② 5,000원
③ 4,350원
④ 4,500원

> **해설** 평균 입장료를 구하기 위해서는 총수익에 총 판매된 입장권 장수를 나누면 된다. 따라서 평균 입장료 구하는 방법은 다음과 같다.
> 특별석 총수입 : 15,000원 × 800장 = 12,000,000원
> 일반석 총수입 : 6,000원 × 12,000장 = 72,000,000원
> 할인석 총수입 : 3,000원 × 1,000장 = 3,000,000원
> 총 입장권 수입 : 87,000,000원
> 총 판매된 장수 : 800장 + 12,000장 + 1,000장 = 20,000장
> ∴ 87,000,000원 ÷ 20,000장 = 4,350원

정답 53 ④ 54 ③

55 마케팅정보시스템의 하위시스템으로 옳은 것을 모두 고른 것은?

ㄱ. 내부정보시스템
ㄴ. 경영정보시스템
ㄷ. 마케팅조사시스템
ㄹ. 고객정보시스템

① ㄱ, ㄴ, ㄷ
② ㄱ, ㄴ, ㄹ
③ ㄱ, ㄷ, ㄹ
④ ㄴ, ㄷ, ㄹ

> 해설 마케팅정보시스템은 마케팅 의사결정자에게 필요한 정보를 사전에 수집하고 분석하여 필요한 시기에 이를 제공하는 경영체계이므로 경영정보시스템과는 관계없다. 경영정보시스템은 기업 경영자의 입장에서 그 기업의 성공지표 변화를 수시로 점검하고 그 변화에 대응할 문제를 제시하며, 기업의 혁신이나 새로운 전략 등을 구성하는 것을 보조하는 전자정보 관리체계이다.

56 올림픽이나 월드컵 등 빅 이벤트에서 성행하는 앰부시(Ambush) 마케팅에 대한 설명으로 가장 적합한 것은?

① 표적 집단을 대상으로 하는 맞춤형 스폰서십을 의미한다.
② 낮은 등급의 스폰서로 참여하는 마케팅을 의미한다.
③ 공식스폰서가 아니면서 그렇게 보이게끔 하는 활동을 의미한다.
④ 스폰서 지위를 보호하는 활동을 의미한다.

> 해설 공식적인 스폰서가 아닌 일반 기업이 마치 특정 행사에 공식스폰서인 것처럼 대중들을 현혹하여 공식스폰서가 기대하는 효과의 일부를 획득할 목적으로 스포츠이벤트에 교묘하게 편승하는 기업 활동을 앰부시(Ambush) 마케팅이라 한다.

57 스포츠 입장권 수익의 일정비율을 비영리적 단체에게 기부하여 스포츠 구단의 이미지 제고를 통한 가치창출을 도모하는 활동으로 가장 적합한 것은?

① 사회지향적 마케팅
② 사회적 마케팅
③ 자선기부활동
④ 공익연계 마케팅

> 해설 ① 사회지향적 마케팅은 제품홍보보다는 소비자, 환경, 사회 등을 강조하여 기업의 이미지를 높이는 마케팅 기법이다.
> ② 사회적 마케팅은 기업이 자사의 이익을 목적으로 하기보다는 사회 전체의 이익에 손상이 가지 않도록 하는 마케팅 기법이다.
> ③ 자선기부활동은 자선사업이나 공공사업을 위해 돈이나 물건 등을 아무런 대가 없이 내놓는 행위를 의미한다.

58 스포츠소비자 구매의사결정 과정을 옳게 나열한 것은?

① 문제인식 → 정보탐색 → 대안에 대한 평가와 선택 → 구매 → 구매 후 행동
② 문제인식 → 대안에 대한 평가와 선택 → 정보탐색 → 구매 → 구매 후 행동
③ 정보탐색 → 대안에 대한 평가와 선택 → 문제인식 → 구매 → 구매 후 행동
④ 정보탐색 → 문제인식 → 대안에 대한 평가와 선택 → 구매 → 구매 후 행동

해설 스포츠소비자의 일반적인 구매의사결정
- 문제인식 → 정보탐색 → 대안에 대한 평가와 선택 → 구매 → 구매 후 행동
- 문제인식 → 정보탐색 → 대안의 평가 → 의사결정 → 구매 후 행동

59 다음 보기에서 설명하는 가격전략으로 옳은 것은?

> 원래 가격이 105만 원인 제품을 99만 원으로 할인하여 판매하면 소비자들은 이를 90만 원대의 제품으로 지각하여 구매할 수 있다.

① 관습가격   ② 촉진가격
③ 준거가격   ④ 단수가격

해설 ④ 단수가격 전략이란 어림수로 표시된 개수가격이 아니라 끝수로 나타나는 단수가격을 더 선호하다는 소비자의 심리를 이용하여 가격을 결정하는 전략이다. 이를 통해 소비자는 제품을 할인된 가격에 구매했다는 느낌을 받게 된다. 즉, 10,000원이 제품의 정상가격일 경우 9,900으로 가격을 표시하게 되면 100원의 차이에 불과하지만 소비자는 가격대가 변함으로써 그 차이를 크게 인지하게 된다.
① 관습가격은 오랫동안 같은 가격으로 시장에서 판매되어 소비자는 그 가격이 상품의 가격이라는 고정된 관념이 생기게 된다.
② 촉진가격은 심리적으로 소비자가 제품을 싸다고 느끼는 가격을 책정하여 판매량을 올리는 방법이다.
③ 준거가격은 소비자가 제품을 구매할 때 기준이 되는 가격을 의미한다.

60 촉진전략 모델(AIDA)의 단계적 순서를 바르게 나열한 것은?

① 흥미 → 욕구 → 행동 → 주의   ② 욕구 → 행동 → 주의 → 흥미
③ 행동 → 흥미 → 욕구 → 주의   ④ 주의 → 흥미 → 욕구 → 행동

해설 촉진전략 모델(AIDA)의 단계적 순서
- 1단계 인지(주의 ; Awareness) : 개인이 어떤 제품이 있다는 것을 알게 되고, 그 제품의 속성에 대해 약간의 지식을 얻게 된다.
- 2단계 흥미(Interest) : 제품의 이점에 대한 보다 상세한 지식을 알게 되고, 관심과 호감이 발전하여 호의적 태도로 나타나고 그 제품만의 특성을 찾는다.
- 3단계 욕구(Desire) : 심리적 혹은 실제적 사용을 통해 제품이 좋다고 평가한다. 만일 생각했던 것보다 낫다고 판단되면 사고 싶은 마음이 생긴다.
- 4단계 행동(Action) : 앞의 과정을 거친 후 제품을 사거나 사지 않거나 둘 중의 한 행위를 한다.

정답 58 ① 59 ④ 60 ④

61 기업의 스폰서십 참여를 스포츠단체와의 관련성에 따라 직접참여와 간접참여 형태로 구분할 때 직접참여 형태와 가장 거리가 먼 것은?

① 스포츠이벤트 스폰서십
② 스포츠방송 스폰서십
③ 스포츠단체 스폰서십
④ 라이선싱 머천다이징

해설　②는 스포츠단체가 아닌 방송사와 관련성이 있다고 볼 수 있다.

62 2차 자료수집 방법에 해당하는 것은?

① 관찰법
② 표적집단면접법
③ 실험법
④ 정부 통계

해설　1차 자료는 직접 자료를 생산하는 것이며, 이미 만들어진 자료를 활용하는 것은 2차 자료이다. 1차 자료수집이 2차 자료수집에 비해 비용이 많이 발생한다.

63 스포츠마케팅 전략(STP 전략)의 기본단계를 나열한 것으로 옳은 것은?

① 목표시장 선정 → 포지셔닝 → 시장세분화
② 목표시장 선정 → 시장세분화 → 포지셔닝
③ 시장세분화 → 목표시장 선정 → 포지셔닝
④ 시장세분화 → 포지셔닝 → 목표시장 선정

해설　스포츠마케팅 전략의 영어 약자 STP는 시장세분화(Segmentation), 목표시장 선정(Targeting), 포지셔닝(Positioning)의 약자이고 단계 순으로 나열한 것이다.

64 상품수명주기에서 잠재고객에게 신상품을 알리고 이용을 유도하는 데 높은 수준의 촉진활동이 요구되기 때문에 매출액 대비 촉진비용이 가장 높은 단계는?

① 성장기
② 성숙기
③ 쇠퇴기
④ 도입기

해설 제품이 출시되는 도입기, 매출이 급히 성장하는 성장기, 성장률이 둔화되는 성숙기, 매출이 감소하는 쇠퇴기를 거쳐서 시장에서 사라지게 되는 과정을 제품수명주기(PLC ; Product Life Cycle)라고 한다. 도입기는 기본적 형태의 제품이 생산되며 판매가 완만히 일어나나 초기 비용이 많이 들어가 적자이다. 성장기는 수요가 급속히 늘어나 이익이 발생하기 시작하고 성장기 말에 최대 이익이 실현되는 경우가 많다. 성숙기는 수요의 신장이 멈추게 되며, 가격이 하락하는 경향이 보여 기존의 유통망을 유지·보호하는 데 힘써야 한다. 쇠퇴기는 매출과 경쟁자의 수가 감소하기 때문에 비용을 줄이고 매출을 유지하여 수익을 극대화한다.

65 기업이 스포츠라이선싱에 참여할 때의 기대효과와 가장 거리가 먼 것은?

① 고객 커뮤니케이션 향상
② 신뢰 획득
③ 종업원 동기부여
④ 매출 증대

해설 라이선싱의 기대효과로는 제품판매 증진(매출 증대), 파트너관계 형성, 신뢰 획득, 마케팅 채널 이용, 고객 커뮤니케이션 향상 등이 있다.

66 스포츠와 미디어의 관계에 대한 설명과 가장 거리가 먼 것은?

① 미디어는 스포츠에 대한 정보를 대중들에게 제공한다.
② 미디어는 스포츠와 기업을 연결하는 교량역할을 한다.
③ 스포츠와 미디어는 공생관계이다.
④ 미디어는 스포츠에 더 의존적이며, 재정적인 도움을 제공한다.

해설 미디어와 스포츠는 상호의존적이다.

정답 64 ④ 65 ③ 66 ④

67 고객과의 지속적이고 개별적인 유대를 통하여 마케팅 네트워크라는 기업자산을 구축하고자 하는 마케팅 전략은?

① 니치 마케팅
② 관계 마케팅
③ 차별화 마케팅
④ 테스트 마케팅

해설 관계 마케팅은 거래 당사자인 고객과 지속적으로 유대관계를 형성·유지함으로써, 관계를 강화하고 상호 간의 이익을 극대화할 수 있는 다양한 마케팅활동이다.

68 브랜드의 구성요소가 아닌 것은?

① 라벨(Label)
② 캐릭터(Character)
③ 슬로건(Slogan)
④ 심벌(Symbol)

해설 브랜드 구성요소는 브랜드 네임, 로고와 심벌, 징글, 슬로건, 캐릭터, 패키지 등이 있다. 라벨(Label)은 제품에 대한 정보를 종이나 천에 상표나 품명 따위를 인쇄하여 상품에 붙여 놓은 조각을 의미한다.

69 조사방법 중 탐색적(Exploratory) 방법이 아닌 것은?

① 인과관계조사
② 심층면접법
③ 문헌조사
④ 전문가의견조사

해설 탐색적 조사는 연구문제의 발견, 변수의 규명, 가설의 도출을 위해 실시하는 예비조사이다. 탐색적 조사로는 문헌조사, 델파이조사(전문가의견조사), 사례조사, 개인별 심층면접, 표적집단면접 등이 있다.

70 스포츠제품의 상표전략 중 계열확장(Line Extension)에 관한 설명으로 옳은 것은?

① 기존의 상표명에 품목을 추가한다.
② 기존의 상표명을 새로운 제품범주로 확대한다.
③ 새로운 상표명을 동일한 제품범주에 도입한다.
④ 신제품 범주에 새로운 상표명을 부여한다.

> **해설** 스포츠제품의 상표전략 중 하나로, 기존 브랜드나 상표를 이용해 새로운 제품을 출시하는 마케팅 전략이다. 계열확장은 이미 성공한 브랜드의 신뢰성과 인지도를 바탕으로 추가적인 제품군을 만들어 시장점유율을 높이고 소비자에게 더 다양한 선택지를 제공하려는 목적을 가지고 있다.
> 예를 들어 아디다스(Adidas)는 기존의 스포츠 의류와 신발을 기반으로 계열확장을 통해 스포츠 액세서리(가방, 모자 등), 운동 기구 및 장비 등을 출시하여 계열확장을 성공적으로 수행했다.

71 자기기입식 설문조사와 비교할 때 면접 설문조사의 장점으로 옳은 것은?

① 자료입력이 편리하다.
② 응답의 결측치를 최소화한다.
③ 조사대상 1인당 비용이 저렴하다.
④ 폐쇄형 질문에 유리하다.

> **해설** ① · ③ · ④ 설문조사에 해당된다.
> **면접법의 장점**
> • 면접 절차에 높은 신축성과 적응성을 갖는다.
> • 다른 조사에 비해 응답률이 높다.
> • 응답자가 문맹자인 경우에도 가능하다.
> • 질문의 내용을 응답자가 이해하지 못할 경우 다시 설명해 줄 수 있고, 응답의 내용이 분명치 않을 경우 응답자의 의도를 다시 물을 수 있어, 보다 신뢰성 있는 대답을 얻을 수 있다.

72 스포츠시장 기회분석을 위한 1차 자료 수집방법에 해당하지 않는 것은?

① 관찰법
② 설문법
③ 실험법
④ 문헌조사법

> **해설** 문헌조사법은 2차 자료 수집방법에 해당된다. 1차 자료는 연구자가 현재 수행 중인 조사연구의 목적을 달성하기 위해 직접 수집하는 자료를 말한다. 2차 자료는 수행 중인 조사목적에 도움을 줄 수 있는 기존의 모든 자료로, 조사자가 현재의 조사목적을 위하여 직접 자료를 수집하거나 작성한 1차 자료를 제외한 모든 자료를 말한다.

정답 70 ① 71 ② 72 ④

73 마케팅 거시환경 분석 중 소득수준, 경기변동, 경상수지 등은 어떤 요인에 해당하는가?

① 인구통계적 요인
② 기술적 요인
③ 정치사회적 요인
④ 경제적 요인

해설 마케팅 거시환경 분석 요인
- 인구통계학적 요인 : 사람에 관련된 요인으로는 저출산·고령화·1인 가구 증가 등
- 사회·문화적 환경 요인 : 혼밥(혼자 밥먹기)문화, 복고 유행 문화 등
- 정치·법적 환경 요인 : 정부가 시행하는 법적 조치에 따른 요인으로, 최근에는 코로나19로 인한 사회적 거리두기로 인한 집합 제한 등이 해당
- 자연환경 요인 : 환경오염으로 인한 미세먼지 증가, 홍수, 계절변화 등
- 기술적 환경 요인 : 기술이 발전하면서 생겨나는 변화로 전기차 생산 등
- 경제환경 요인 : 국가의 경제적 요인으로, 물가·원화가치 상승, 소득수준, 경기변동, 경상수지 등

74 스포츠제품의 특성 중 소멸성을 해소하기 위한 방안과 가장 거리가 먼 것은?

① 예약제도의 도입
② 시간대별 수요를 토대로 가격책정
③ 시즌티켓의 판매
④ 셀프서비스의 도입

해설 스포츠제품의 특성 중 소멸성은 구매와 동시에 소비가 된다는 특성이 있다. 셀프서비스의 도입은 스포츠제품의 소멸성을 해소하기 위한 방법과는 거리가 멀다.

75 스포츠 에이전트의 필요성으로 옳지 않은 것은?

① 선수의 이미지를 효과적으로 관리해 준다.
② 운동에만 전념할 수 있게 하여 궁극적으로 경기력 향상에 도움을 준다.
③ 법률 지식과 재테크 기법 등을 선수들에게 가르쳐 준다.
④ 선수보증광고 가치를 증진시켜 준다.

해설 에이전트의 역할은 선수들의 부족한 법률 지식과 재테크 기법을 가르쳐 주는 것이 아니라 법과 관련된 업무나 재테크를 대신 처리해 주는 것이다.

제4과목 스포츠시설론

76 체육시설의 설치·이용에 관한 법령상 문화체육관광부장관이 체육시설 안전관리를 위하여 위임·위탁할 수 있는 시설로 옳지 않은 것은?

① 전문체육시설과 생활체육시설
② 등록 체육시설업의 시설
③ 군부대 직장체육시설
④ 전문체육시설과 생활체육시설

해설 군부대 직장체육시설은 제외한다(체육시설법 시행령 제2조의5).

77 스포츠센터 설계의 단계 중 평면계획에 해당하는 것은?

① 건물의 외부환경
② 건물의 위치
③ 건물의 크기
④ 시설의 화장실 위치, 설비 등의 계획

해설 건물의 외부환경과 위치, 크기 등은 입지 선정 시 이루어져야 하는 계획사항이다.

78 다음 (   ) 안에 들어갈 알맞은 것은?

> 스포츠시설 운영 및 사업성 분석을 위한 재무제표 중 (   )은/는 일정 시점에 시설의 재무 상태를 나타내는 보고서로서 정보이용자들이 재무적 탄력성, 수익성과 위험성 등을 평가하는 데 유용한 정보를 제공한다.

① 대차대조표
② 금융확인서
③ 현금흐름표
④ 포괄손익계산서

해설 재무제표는 기업의 재무 상태에 대한 정보를 제공하는 회계 장표로서 대차대조표, 손익계산서, 현금흐름표 등으로 구성된다. 대차대조표는 기업의 재정 상태를 나타낸 문서이고, 손익계산서는 일정기간 내에 발생한 모든 수익과 비용을 비교하여 순이익을 계산하고 확정하는 보고서를 의미하며, 현금흐름표는 한 회계연도의 보유 현금이 어떻게 변화했는지를 보여주는 문서이다.

79 연고지 변경을 원하는 프로구단과 프로구단 유치를 원하는 자치단체 간의 프랜차이즈 게임이 발생하는 원인에 관한 설명으로 틀린 것은?

① 프로구단은 지역경제 활성화에 기여하기 때문이다.
② 프로연맹이 리그 소속구단 숫자를 제한했기 때문에 발생한다.
③ 자치단체 간의 경쟁은 주로 시설임대조건을 걸고 전개된다.
④ 프로경기를 할 수 있는 경기장 수와 리그소속 구단 수는 프랜차이즈 게임과 상관이 없다.

> 해설 프랜차이즈 게임이란 프로스포츠구단과 지방자치단체의 관계에서 파생한 말로, 연고지 변경 등을 이유로 프로스포츠구단이 지방자치단체의 더 많은 지원을 이끌어내기 위한 협상방법이다. 따라서 프로경기를 할 수 있는 경기장 수가 적다면 지방자치단체가 협상에서 유리하며, 리그소속 구단 수가 적으면 구단이 협상에서 유리하므로 경기장 수와 리그소속 구단 수는 프랜차이즈 게임에서 매우 중요한 요인이다.

80 체육시설의 설치·이용에 관한 법령상 회원의 보호에 관한 규정이다. 다음 빈칸에 들어갈 숫자를 순서대로 나열한 것은?

> 3. 연회원에 대한 입회금액의 반환
>   연회원이 회원자격의 존속기한이 끝나 입회금의 반환을 요구하는 경우에는 요구한 날부터 (   )일 이내에 반환하여야 한다.
> 4. 회원증의 확인·발급
>   회원이 입회한 날부터 (   )일 이내에 회원증을 작성하여 회원에게 확인·발급하여야 한다.

① 10, 30
② 10, 20
③ 15, 20
④ 15, 30

> 해설 연회원이 회원자격 존속기한이 끝나 입회금 반환 요구 시 요구한 날부터 10일 이내에 반환하여야 하고, 회원이 입회한 날부터 30일 이내에 회원증을 작성하여 문화체육관광부령으로 정하는 바에 따라 회원에게 확인·발급하여야 한다.

81 경기장 임대 시 고려해야 할 사항과 가장 거리가 먼 것은?

① 임대자의 무형의 이익
② 발생수익의 분배방법
③ 임대자의 지역적 연고
④ 임대자의 생산원가

> 해설 스포츠시설 임대 시 임대주의 이익, 수익의 배분방법, 임대자의 생산원가 등은 직접적으로 고려해야 하는 요인이다. 하지만 임대자의 연고는 임대 시 고려할 사항이라고 볼 수 없다.

82 사회체육시설과 같은 도시공공시설의 일반적인 공급 및 수요 분석방법 중 이용자와 시설 간 거리에 따른 이용률 분석을 통한 이용권역 분석방법과 가장 거리가 먼 것은?

① 곡선거리에 의한 방법
② 직선거리에 의한 방법
③ 중력모형에 의한 방법
④ 시간개념에 의한 설명

해설   이용권역 분석방법으로는 직선거리, 중력모형, 시간개념에 의한 방법이 사용된다.

83 체육시설의 설치·이용에 관한 법령상 등록체육시설업의 회원모집 시기로 옳은 것은?

① 해당 체육시설업의 시설설치공사의 공정이 10퍼센트 이상 진행된 이후
② 해당 체육시설업의 시설설치공사의 공정이 30퍼센트 이상 진행된 이후
③ 해당 체육시설업의 시설설치공사의 공정이 완료된 이후
④ 등록 이후 즉시

해설   등록체육시설업은 시설설치공사의 공정이 30% 이상 진행 후에 회원모집이 가능하다.

84 스포츠시설관리에 있어 사무전산화를 통해 얻는 효과와 가장 거리가 먼 것은?

① 독창성
② 정확성
③ 신속성
④ 경제성

해설   사무전산화를 통해 정확성, 신속성, 경제성을 기대할 수 있는 반면, 체계성과 일관성으로 인해 독창성은 기대하기 어렵다.

정답 82 ① 83 ② 84 ①

85 스포츠시설 프로그램 개발단계를 바르게 나열한 것은?

> ㄱ. 욕구조사
> ㄴ. 프로그램 실시
> ㄷ. 프로그램 평가
> ㄹ. 프로그램 계획

① ㄱ → ㄴ → ㄷ → ㄹ
② ㄱ → ㄹ → ㄴ → ㄷ
③ ㄹ → ㄱ → ㄴ → ㄷ
④ ㄹ → ㄱ → ㄷ → ㄴ

해설 스포츠 프로그램 개발 절차는 '욕구조사 및 계획 – 프로그램 개발 – 프로그램 실행 – 프로그램 평가' 순으로 이루어진다.

86 스포츠시설의 프로그램에 대한 평가의 목적과 가장 거리가 먼 것은?

① 프로그램 존속과 폐지 결정
② 프로그램의 기획과 개발
③ 프로그램의 개선과 변화
④ 프로그램의 판매

해설 프로그램 평가의 목적은 개선과 변화, 기획과 개발, 존속과 폐지를 결정하기 위함이다.

87 스포츠시설 설계 디자인 시 고려해야 하는 사항으로 가장 거리가 먼 것은?

① 이동자들이 편리하게 움직일 수 있는 동선
② 방음 설계 및 음향시스템
③ 시설의 화장실 위치, 설비 등의 계획
④ 건물의 외부 환경과 위치 및 크기 등의 계획

해설 건물의 외부 환경과 위치 및 크기 등은 스포츠시설의 입지를 선택하는 단계에서 고려해야 하는 사항이다.

88 스포츠시설 가격정책 중 초기에 매우 낮은 가격을 책정하고 시간이 흐름에 따라 점차 가격을 높여 단기적 이익을 희생하여도 장기적으로 이를 상쇄하고도 남을 정도의 이익을 얻기 위한 정책으로 옳은 것은?

① 침투가격정책
② 고소득 흡수가격정책
③ 원가기준가격정책
④ 지각된 가치기준 가격정책

> 해설 시장침투가격정책은 초기에 저렴한 가격으로 시설 이용의 수용도를 높이고 경쟁 시설의 시장참여를 효과적으로 저지함으로써 장기적으로 이익을 기대할 수 있는 가격정책이다.

89 스포츠시설에서 기존고객 유지를 통한 기대효과와 가장 거리가 먼 것은?

① 시설에 대한 전반적인 관리보수 비용이 적게 든다.
② 신규고객 유치를 위한 광고 및 홍보비를 절감할 수 있다.
③ 새로운 이벤트 개발 등 스포츠시설 이용매력도 향상에 꾸준한 역량을 투입할 수 있다.
④ 매출액의 지속적인 유지 및 증가를 기대할 수 있다.

> 해설 해설 기존고객 유지를 통해 기대할 수 있는 효과는 시설의 관리에 대한 비용이 아닌 고객관계 관리 비용이 적게 든다는 것이다. 또한 시설에 대한 전반적인 관리보수는 꾸준히 이루어져야 한다.

90 체육시설의 설치·이용에 관한 법령상 체육도장업의 영업범위에 해당하지 않는 운동종목은?

① 검 도
② 레슬링
③ 카라테
④ 우 슈

> 해설 검도, 레슬링, 우슈는 체육도장업의 영업범위에 속하는 종목이다. 하지만 "카라테"는 주어진 선택지 중에서 체육도장업의 영업범위에 해당하지 않는 운동 종목이다.

정답 88 ① 89 ① 90 ③

91 다음 중 스포츠시설의 활용방안과 가장 거리가 먼 것은?

① 필요시에만 활용이 가능한 스포츠시설
② 스포츠시설에 대한 설치지역의 광역화
③ 종합스포츠센터의 활성화
④ 복합 문화공간으로 전환

해설 스포츠시설을 효율적으로 활용하기 위해서는 상시 이용이 가능하도록 운영하여야 한다.

92 스포츠조직의 장기목표 및 자원배분과 관련되어 주로 중간경영자 단계에서 이뤄지는 의사결정방법은?

① 기능적 의사결정
② 전술적 의사결정
③ 합리적 의사결정
④ 관리적 의사결정

해설 경영자는 최고경영자, 중간경영자, 일선경영자로 나뉘며 최고경영자는 전략적 의사결정, 중간경영자는 관리적 의사결정, 일선경영자는 기능적 의사결정을 하게 된다.

93 다음 중 스포츠시설 고객 유지관리의 발전방향을 나열한 것으로 옳은 것은?

ㄱ. 고객유치단계
ㄴ. 상호작용단계
ㄷ. 관계유지단계
ㄹ. 관계발전단계

① ㄱ → ㄴ → ㄷ → ㄹ
② ㄴ → ㄱ → ㄹ → ㄷ
③ ㄴ → ㄷ → ㄱ → ㄹ
④ ㄱ → ㄷ → ㄹ → ㄴ

해설 고객 유지관리의 단계는 '고객유치 → 관계유지 → 관계발전 → 상호작용'의 순으로 나타난다.

94 스포츠시설에서 기존고객 유지를 통한 기대효과와 가장 거리가 먼 것은?

① 시설에 대한 전반적인 관리보수 비용이 적게 든다.
② 신규고객 유치를 위한 광고 및 홍보비를 절감할 수 있다.
③ 새로운 이벤트 개발 등 스포츠시설 이용매력도 향상에 꾸준한 역량을 투입할 수 있다.
④ 매출액의 지속적인 유지 및 증가를 기대할 수 있다.

해설 기존고객 유지를 통해 기대할 수 있는 효과는 시설의 관리에 대한 비용이 아닌 고객관계관리 비용이 적게 든다는 것이다. 또한 시설에 대한 전반적인 관리보수는 꾸준히 이루어져야 한다.

95 스포츠시설의 입지 결정을 평가하는 방법 중 시설물의 규모와 시설물까지의 이동거리의 관계로 최적 지역을 찾아내는 방법은?

① 가중치이용법
② 중력모델법
③ 요인평가법
④ 의사결정나무 기법

해설 중력모델법은 다수의 고객이 스포츠시설을 보다 편리하게 이용할 수 있도록 이동거리, 소요시간 등을 감안한 시설의 위치와 공급되는 서비스의 양을 고려하여 수학적 공식을 적용하여 계산하는 방법이다.

96 경기장 매점에서 창출할 수 있는 수입의 규모 요인과 가장 거리가 먼 것은?

① 관중 수
② 구장의 크기
③ 초기투자 규모
④ 유니폼의 종류

해설 경기가 이루어지는 구장의 크기는 매점의 수익 규모에 미치는 영향이 가장 적다.

정답 94 ① 95 ② 96 ②

97 체육시설의 설치·이용에 관한 법령상 조정장 시설기준에 관한 설명으로 옳지 않은 것은?

① 10척 이상의 조정을 갖추어야 한다.
② 수면은 폭 50미터 이상, 길이 200미터 이상이어야 한다.
③ 수심은 1미터 이상이어야 한다.
④ 유속은 시간당 5킬로미터 이하여야 한다.

> **해설** 조정장 및 카누장은 5척 이상의 조정(카누)을 갖추어야 한다. 또한 수면은 폭 50미터 이상, 길이 200미터 이상이어야 하고, 수심은 1미터 이상이어야 하며, 유속은 시간당 5킬로미터 이하여야 한다.

98 다음 표에서 가중치 이용법을 이용했을 때 스포츠시설의 입지로 가장 적합한 곳은?

입지요인	가중치	A입지	B입지	C입지	D입지
시설물지대	0.5	80	70	85	90
상권형성	0.3	70	80	85	85
유동 및 거주인구	0.1	90	70	60	55
교통환경	0.15	90	80	60	60
노동환경	0.1	60	75	75	70
지역사회 태도	0.1	50	70	50	80

① A입지
② B입지
③ C입지
④ D입지

> **해설** 가중치 이용법으로 평가했을 때 D입지의 점수가 가장 높으므로 적합하다.
> • A입지 : (0.5 × 80) + (0.3 × 70) + (0.1 × 90) + (0.15 × 90) + (0.1 × 60) + (0.1 × 50) = 94.5
> • B입지 : (0.5 × 70) + (0.3 × 80) + (0.1 × 70) + (0.15 × 80) + (0.1 × 75) + (0.1 × 70) = 92.5
> • C입지 : (0.5 × 85) + (0.3 × 85) + (0.1 × 60) + (0.15 × 60) + (0.1 × 75) + (0.1 × 50) = 95.5
> • D입지 : (0.5 × 90) + (0.3 × 85) + (0.1 × 55) + (0.15 × 60) + (0.1 × 70) + (0.1 × 80) = 100

99 체육시설의 설치·이용에 관한 법률상 등록 체육시설업을 모두 고른 것은?

ㄱ. 골프장업
ㄴ. 스키장업
ㄷ. 요트장업
ㄹ. 자동차 경주장업

① ㄱ, ㄴ, ㄷ
② ㄱ, ㄴ, ㄹ
③ ㄱ, ㄷ, ㄹ
④ ㄴ, ㄷ, ㄹ

해설 체육시설업의 구분·종류(「체육시설의 설치·이용에 관한 법률」 제10조)
- 등록 체육시설업 : 골프장업, 스키장업, 자동차 경주장업
- 신고 체육시설업 : 요트장업, 조정장업, 카누장업, 빙상장업, 승마장업, 종합 체육시설업, 수영장업, 체육도장업, 골프연습장업, 체력단련장업, 당구장업, 썰매장업, 무도학원업, 무도장업, 야구장업, 가상체험 체육시설업, 체육교습업, 인공암벽장업

100 관람 스포츠시설과 참여 스포츠시설의 특성에 관한 설명으로 옳지 않은 것은?

① 참여 스포츠시설은 고객 유인에 있어 시설이 미치는 영향이 크다.
② 관람 스포츠시설은 고객의 서비스 관여정도가 상대적으로 크다.
③ 참여 스포츠시설은 고객과의 대면이 많아 고객응대 방식이 중요하다.
④ 관람 스포츠시설은 다양한 부대서비스 제공을 통해 고객만족을 추구한다.

해설 관람 스포츠시설보다 참여 스포츠시설이 고객서비스 관여도가 상대적으로 크다.

CHAPTER 04 2024년 3회 필기 기출복원문제

제1과목 　 스포츠산업론

01 스포츠서비스의 특징에 관한 설명으로 틀린 것은?

① 스포츠서비스는 생산과 동시에 소멸된다.
② 스포츠서비스는 소비의 과정 예측이 용이하다.
③ 스포츠서비스는 무형적이며 주관적으로 경험하게 된다.
④ 스포츠서비스는 대부분 집단적으로 소비되며 소비자만족은 사회적 촉진에 영향을 받는다.

해설　스포츠서비스의 소비 과정은 예측을 할 수 없거나 어렵다.

02 스포츠산업의 특성과 가장 거리가 먼 것은?

① 스포츠산업은 공간에 제한을 받지 않으며, 쉽게 접근할 수 있는 특성을 지닌다.
② 스포츠산업은 건강산업의 속성과 동시에 오락산업의 속성을 갖는 산업이다.
③ 스포츠산업은 시간소비형 산업이다.
④ 스포츠산업은 문화성, 공익성 산업이다.

해설　스포츠산업은 복합적인 산업분류의 구조를 가지며, 공간과 입지중심형 산업, 시간소비형 산업, 다른 분야와의 연계성 산업, 감동과 건강을 제공하는 산업, 오락성이 중심 개념인 사업의 특성을 갖는다.

03 스포츠산업 특수 분류 v.3.0상 스포츠시설업에 해당하는 것은?

① 경기용품 유통 및 임대업
② 스포츠시설 건설업
③ 운동 및 경기용품 제조업
④ 스포츠 경기 서비스업

해설　스포츠산업 특수분류는 스포츠산업을 스포츠시설업, 스포츠용품업, 스포츠서비스업으로 분류한다. 경기용품 유통 및 임대업, 운동 및 경기용품 제조업은 스포츠용품업, 스포츠시설 건설업은 스포츠시설업, 스포츠 경기 서비스업은 스포츠서비스업에 해당된다.

정답　01 ② 02 ① 03 ②

04 스포츠산업 진흥법령상 빈칸 안에 들어갈 숫자로 옳은 것은?

> 문화체육관광부장관은 스포츠산업 진흥에 관한 기본적이고 종합적인 중장기 진흥기본계획을 (　　)마다 수립·시행한다.

① 1년
② 3년
③ 5년
④ 10년

해설 기본계획의 수립(「스포츠산업 진흥법 시행령」 제2조 제1항)
문화체육관광부장관은 「스포츠산업 진흥법」 제5조 제1항에 따른 중장기 진흥기본계획을 5년마다 수립하여 시행하여야 한다.

05 스포츠이벤트의 경제적 효과를 평가하기 위한 승수분석에 대한 설명으로 옳지 않은 것은?

① 매출승수, 소득승수, 고용승수가 분야별로 다르게 나타난다.
② 고용승수는 외부지역에서 온 관람객들의 지출이 스포츠이벤트 개최지역의 고용에 얼마나 영향을 미치는지를 측정한다.
③ 분석과정에서 한계편익 대신 총편익을 사용한다.
④ 효과 분석에 있어 지리적 경계가 분명해야 한다.

해설 승수분석은 어떤 요인으로 인한 다른 요인의 변화를 유발함으로써 파급효과를 분석하는 것이다. 스포츠이벤트의 경제적 효과 분석 과정에서 한계편익을 사용하면 추가적인 단위 투자나 소비로 인한 파급효과만 고려하므로 좀 더 정확한 결과를 얻을 수 있는 반면, 총편익을 사용하면 이벤트로 인한 경제적 효과를 과대평가할 수 있다.

06 스포츠 비즈니스에서 선수가 주체인 거래형태와 가장 거리가 먼 것은?

① 초상권
② 라이선싱
③ 인도스먼트
④ 타이틀 스폰서

해설 타이틀 스폰서는 일반기업이 스포츠 조직에 스폰서료를 주고 대회의 타이틀(명칭)에 기업명 혹은 기업의 브랜드를 노출시키는 스폰서십 형태이므로 기업이 주체가 된다.

07 관람 스포츠산업에서 경기장사업의 가치사슬에 대한 설명과 가장 거리가 먼 것은?

① 팬 및 관중 규모는 경기장사업 가치사슬의 핵심이다.
② 미디어의 관심은 경기장사업의 가치를 높일 수 있다.
③ 다용도 시설은 경기장사업의 가치와는 무관하다.
④ 인기구단의 장기 입주는 경기장사업의 가치를 높이는 역할을 한다.

> **해설** 경기장의 다용도 시설 설치는 경기 외적으로도 외부자금의 유입이 가능하기 때문에 경기장 사업의 가치와 매우 밀접한 관련성을 갖는다고 볼 수 있다.

08 참여 스포츠산업과 관람 스포츠산업에 대한 설명으로 가장 적합한 것은?

① 관람 스포츠산업의 시장은 경쟁시장이다.
② 참여 스포츠산업의 시장은 비경쟁시장이다.
③ 고객의 구조에 있어서 참여 스포츠산업의 시장은 복잡하지만 관람 스포츠산업의 시장은 단순하다.
④ 참여 스포츠산업은 최대보다 최적 서비스 제공 수준에서 고객들의 만족도가 높다.

> **해설** ①·② 경쟁시장은 동일한 상품을 취급하는 수많은 공급자와 수요자로 구성되며, 어느 개별적인 공급자나 수요자도 가격에 영향을 미칠 수 없는 것을 의미한다. 이러한 경쟁시장의 주요 특징으로는 수많은 공급자와 수요자가 존재한다는 점, 공급하는 재화가 거의 동일하다는 점, 시장에 자유롭게 진입하고 퇴출할 수 있는 점 등이 있다. 이에 참여스포츠는 경쟁시장에 해당되며, 관람스포츠는 비경쟁시장에 해당된다고 볼 수 있다.
> ③ 참여 스포츠산업 시장과 관람 스포츠산업 시장은 상황이나 대상에 따라 복잡할 수도 있고 단순할 수도 있다.

09 스포츠소비자의 구매의사결정과정을 바르게 나열한 것은?

> ㉠ 문제인식
> ㉡ 정보탐색
> ㉢ 구매 후 행동
> ㉣ 선택대안에 대한 평가와 선택
> ㉤ 구 매

① ㉡ → ㉠ → ㉤ → ㉢ → ㉣
② ㉠ → ㉡ → ㉣ → ㉤ → ㉢
③ ㉤ → ㉢ → ㉠ → ㉡ → ㉣
④ ㉠ → ㉡ → ㉤ → ㉢ → ㉣

> **해설** 스포츠소비자의 구매의사결정과정은 문제인식 → 정보탐색 → 대안평가 → 구매 → 구매 후 행동의 단계를 거친다.

10 정부나 자치단체가 스포츠이벤트 유치를 위한 정책적인 지원을 하는 이유와 가장 거리가 먼 것은?

① 지역경제 활성화
② 개최도시 홍보를 위한 도시 인지도 제고
③ 자국선수의 입상
④ 국민 및 지역주민에게 자긍심 고취

> **해설** 정부나 지자체의 스포츠이벤트 유치는 사회·문화·경제적 측면에서의 효과를 창출하기 위함이며 자국선수의 입상은 체육회를 비롯한 연맹 및 협회의 목표일 뿐 스포츠이벤트 유치와 거리가 멀다.

11 다음 중 전통적인 미디어와 차별되는 뉴미디어의 가장 큰 특징은?

① 양방향성
② 창조성
③ 희소성
④ 전문성

> **해설** 전통적인 미디어와 뉴미디어의 가장 큰 특징은 커뮤니케이션 혹은 메시지의 전달방법에서 찾아볼 수 있으며, 과거 전통적인 미디어의 메시지 전달은 발신자가 주가 되는 일방향(One-way)이었으나 뉴미디어는 발신자와 수신자 간 쌍방향(Two-way)으로 상호 협력하는 형태로 변화하였다.

12 한국표준산업분류(제10차 개정)에서 '스포츠서비스업(911)'에 해당하지 않는 것은?

① 경기장 운영업
② 체력단련시설 운영업
③ 골프연습장 운영업
④ 유원지 및 테마파크 운영업

> **해설** 경기장 운영업(9111), 체력단련시설 운영업(91132), 골프연습장 운영업(91136)으로 스포츠서비스업(911)에 해당하나, 유원지 및 테마파크 운영업(9121)은 유원지 및 기타 오락 관련 서비스업(912)에 속한다.

13 스포츠 소비 집단에 적용한 파레토의 법칙(Parato Principle)에 관한 설명으로 가장 적절한 것은?

① 10%의 소비자가 80%의 매출을 구성한다.
② 40%의 열성 팬이 전체 티켓 판매량의 70%를 구성한다.
③ 20%의 열성 팬이 전체 티켓 판매량의 60%를 구성한다.
④ 20%의 열성 소비자가 전체 매출의 80%를 구성한다.

> **해설** 파레토의 법칙은 20%의 소비자가 전체 매출의 80%를 차지함을 의미하므로, 스포츠 소비 집단은 20%의 소비자가 전체 매출의 80%를 차지함을 의미한다.

정답 10 ③ 11 ① 12 ④ 13 ④

14 스포츠용품 유통 경로 중 프랜차이징 시스템을 이용하는 프랜차이즈 가맹점에 대한 설명으로 옳지 않은 것은?

① 가맹점은 다른 가맹점을 통제할 수 있다.
② 가맹점 운영과 관련하여 본부의 통제를 받아야 한다.
③ 가맹점은 프랜차이즈 본부의 유명세로 광고·마케팅 비용을 절감할 수 있다.
④ 가맹점은 프랜차이즈 본부에 로열티 및 각종 비용을 지불하고 본부가 가지고 있는 특권을 이용한다.

해설 프랜차이즈 계약은 가맹점사업자가 프랜차이즈 본부의 영업표지를 사용하여 일정한 품질기준에 따른 상품 및 서비스를 판매하도록 약정하고, 이에 따른 대가로 가맹금을 지급하는 형태로, 가맹점 사업자는 프랜차이즈 본부의 통제를 받는다. 하지만 가맹점과 가맹점은 서로 다른 독립적인 점포이므로 상호 간의 통제권이 존재하지 않는다.

15 스포츠산업의 핵심제품인 스포츠이벤트의 브랜드가치에 관한 설명으로 옳지 않은 것은?

① 스포츠이벤트의 방송중계권 가격 차이는 이벤트의 브랜드가치 차이에서 온다고 볼 수 있다.
② 스포츠이벤트의 브랜드가치를 형성하는 요인으로는 조직 관련 요인, 팀 관련 요인, 시장 관련 요인을 들 수 있다.
③ 스포츠이벤트에서 파생되는 동일한 유형의 사업권이라도 이름이 잘 알려진 이벤트와 덜 알려진 이벤트의 권리 구매가격에 차이가 있는 것도 브랜드가치 때문이다.
④ 스포츠이벤트에 참가하는 선수나 감독, 리그의 전통 등은 브랜드가치 형성에 영향을 미치지 않는다.

해설 스포츠이벤트에 참가하는 선수나 감독, 리그의 전통은 브랜드가치를 높일 수 있는 기폭제가 된다는 점에서 매우 중요한 자원이다.

16 소비자의 구매 후 행동을 가장 일반적으로 설명할 수 있는 이론으로 소비자의 만족과 불만족은 소비자의 주관적 판단에 의해 결정된다고 하는 것은?

① 매슬로우의 욕구이론
② 프로이트의 이론
③ 기대불일치모델 이론
④ 허즈버그 이론

해설 소비자의 구매 후 행동 즉, 구매 후 부조화 현상은 기대불일치에서 발생한다. 기대불일치 이론은 소비자들이 상품구입 전 상품에 대해 갖게 되는 기대와 상품구입 후 사용경험에 따른 성과의 불일치를 비교하여 상품에 대해 만족했는지 혹은 불만족했는지를 평가하는 과정이라 할 있다.

17 스포츠이벤트에서 발생하는 수입을 직접수입과 간접수입으로 구분할 때 간접수입에 해당하는 것은?

① 입장수입
② 방송중계권 수입
③ 구단가치의 상승분
④ 경기장 광고수입

해설 　입장수입과 방송중계권수입, 경기장 광고수입은 구단이 관람티켓, 방송중계권, 광고를 통해 직접적으로 벌어들이는 수익이 되며, 구단자산가치의 상승분은 무형적인 것으로 간접수입에 해당한다.

18 촉진전략 모델(AIDA)의 단계적 순서를 바르게 나열한 것은?

① 흥미 → 욕구 → 행동 → 주의
② 욕구 → 행동 → 주의 → 흥미
③ 행동 → 흥미 → 욕구 → 주의
④ 주의 → 흥미 → 욕구 → 행동

해설 　촉진전략 모델(AIDA)의 단계적 순서
- 1단계 인지(주의 ; Awareness) : 개인이 어떤 제품이 있다는 것을 알게 되고, 그 제품의 속성에 대해 약간의 지식을 얻게 된다.
- 2단계 흥미(Interest) : 제품의 이점에 대한 보다 상세한 지식을 알게 되고, 관심과 호감이 발전하여 호의적 태도로 나타나고 그 제품만의 특성을 찾는다.
- 3단계 욕구(Desire) : 심리적 혹은 실제적 시용을 통해 제품이 좋다고 평가한다. 만일 생각했던 것보다 낫다고 판단되면 사고 싶은 마음이 생긴다.
- 4단계 행동(Action) : 앞의 과정을 거친 후 제품을 사거나 사지 않거나 둘 중의 한 행위를 한다.

19 Kotler와 Armstrong(2001)은 소비자 행동에 영향을 미치는 일반적인 요인 네 가지를 말하였다. 바르게 짝지어진 것은?

① 문화적 요인 - 준거집단, 가족 그리고 역할과 지위
② 심리적 요인 - 문화, 하위문화 그리고 사회계층
③ 개인적 요인 - 연령, 생활방식, 직업, 개성, 경제적 수준
④ 사회적 요인 - 동기부여, 지각, 학습 그리고 신념과 태도

해설 　소비자행동에 영향을 미치는 요인은 다음과 같다.
- 심리적 요인 : 욕구, 인식, 학습, 태도와 신념 등
- 사회적 요인 : 공동체의식, 가족, 역할 및 상태 등
- 문화적 요인 : 문화, 하위문화, 사회계층 등
- 개인적 요인 : 연령 및 수명주기단계, 직업, 라이프스타일 등

정답　17 ③　18 ④　19 ③

20 소비자 충성도에서 심리적 애착이 강하지만 여러 제약요인들로 참가가 낮은 상태를 의미하는 것은?

① 무 충성도(No Loyalty)
② 잠재적 충성도(Latent Loyalty)
③ 진정한 충성도(True Loyalty)
④ 거짓 충성도(Spurious Loyalty)

> **해설** 잠재적 충성도는 심리적 애착은 강하지만 반복구매의 정도는 약한 경우를 의미한다.

21 스포츠조직의 프로퍼티를 활용하여 만든 확장제품과 가장 거리가 먼 것은?

① 스폰서십
② 중계권
③ 라이선싱
④ 경기관람권

> **해설** 기업들은 스포츠 프로퍼티를 통한 마케팅활동을 펼치며, 스포츠와 관련된 상품(프로스포츠구단, 스포츠이벤트 등) 프로퍼티의 가치가 높을수록 보다 적극적인 투자 및 활동을 펼치게 된다. 스폰서십, 중계권, 라이선싱은 스포츠조직이 프로퍼티를 활용하여 만든 확장제품이라 볼 수 있으며, 경기관람권은 거리가 멀다.

22 다음에서 설명하는 것은?

> '메르세데스-벤츠'가 촉진전략의 일환으로 2015 마스터스 대회의 공식스폰서로 참여하여 대대적인 촉진활동을 할지라도 이러한 노력의 결과로 소비자들이 메르세데스-벤츠 자동차를 구매했다고 단정지을 수는 없다. 왜냐하면 고가의 자동차를 구매하는 소비자가 구매의사 결정을 하기까지 고려하는 많은 요인들은 상호 복합적으로 작용하기 때문이다.

① 블랙박스 이론
② 매복마케팅
③ 적소마케팅
④ TOP프로그램

> **해설** 블랙박스 이론은 소비시장에서 작용하는 여러 가지 요인들을 분석하고 다양한 기법을 활용하여도 결과로 나타나는 것은 소비자의 구매행위뿐이지 의사결정과정은 블랙박스와 같아서 투명하게 들여다볼 수 없다는 이론이다. 즉, 원인과 결과만을 보자는 주장이며, 원인과 결과 사이에서 발생하는 과정은 알 수 없거나 무시하자는 의미이다.

23 기업이 스포츠이벤트의 스폰서십에 투자하는 이유 및 이벤트 선정과정에 관한 설명으로 옳지 않은 것은?

① 기업이 스포츠 스폰서십에 투자하는 가장 중요한 이유는 매출증대에 있다.
② 투자기업 중에는 이미지개선을 목적으로 하는 기업도 있다.
③ 스포츠이벤트의 미디어노출빈도는 중시하지만 제품과 종목의 이미지 부합여부는 무관하다.
④ 스포츠이벤트가 보유한 팬 집단과 기업이 표적으로 삼는 집단의 일치여부가 중요하다.

해설 기업이 스포츠분야 스폰서십에 참여하는 것에는 스포츠이미지를 자사의 이미지로 전이시키고자 하는 목적이 포함되므로, 제품과 종목의 이미지 부합여부 역시 중요할 수 있다.

24 다음에서 설명하는 것으로 옳은 것은?

> 기업·상품·상표의 이미지를 증진하기 위해 유명선수가 특정 상품과 브랜드를 사용함으로써 그 상품을 보증하고, 기업은 유명선수의 명성을 활용해서 커뮤니케이션 효과를 극대화하려고 하는 것을 말한다.

① 라이선싱
② 프로모션
③ 인도스먼트
④ 머천다이징

해설 ① 라이선싱 : 대회, 팀, 선수의 마스코트, 로고, 캐릭터 등을 기존의 제품에 부착하여 판매할 수 있는 권리
② 프로모션 : 상품이나 서비스의 판매를 촉진하고 인지도를 높이기 위한 활동
④ 머천다이징 : 스포츠 대회, 팀, 선수에게 일정 금액을 지불하고 마스코트, 로고, 선수 캐릭터 등을 활용해 기념품 등을 새롭게 제작하여 판매할 수 있는 권리

25 스포츠산업 진흥법령상 명시된 스포츠산업 실태조사의 범위에 해당하지 않는 것은?

① 스포츠산업의 매출액
② 스포츠산업 관련 개설 학과 및 재학생 수
③ 스포츠산업 관련 사업체 수 및 종사자 수
④ 스포츠산업의 사업 실적 및 경영 전망

해설 실태조사의 범위(「스포츠산업 진흥법 시행령」 제3조 제1항)
• 스포츠산업 관련 사업체 수 및 종사자 수
• 스포츠산업의 매출액
• 스포츠산업의 사업 실적 및 경영 전망
• 스포츠산업의 인력 수급
• 그 밖에 스포츠산업 진흥을 위한 정책을 수립·시행하는 데 필요한 사항

제2과목 스포츠경영론

26 직무특성모형에서 핵심직무차원에 포함되지 않는 것은?

① 기능의 다양성(Skill Variety)
② 과업의 정체성(Task Identity)
③ 과업의 중요성(Task Significance)
④ 동기부여(Motivation)

> 해설 직무특성이론은 직무특성이 직무 수행자의 성장욕구에 부합될 때 긍정적인 동기유발효과를 초래하게 된다는 동기부여 이론을 뜻하며, 잠재적 동기지수에는 기술다양성, 직무정체성, 직무중요성, 자율성, 환류의 5가지 직무특성이 모두 영향을 미치게 된다.

27 다음 사례에 해당하는 직무분석 방법은?

> 빙상용품을 제조하는 A 스포츠기업은 러시아에 파견된 주재원들에게 자신들이 현지에서 업무처리를 하던 중 생긴 인상 깊은 일들을 적게 하였다. 그 다음 이 기록들을 토대로 러시아 주재원의 직무특성을 정리하였다.

① 관찰법
② 작업자 중심법
③ 작업일지법
④ 결정적 사건법

> 해설 결정적 사건법(중요사건기법)은 직원들이 직무에서 결정적으로 잘한 사건이나 실수를 범한 사건들을 수집한 후, 그러한 사건들에 있었던 구체적인 행동을 알아내고 이러한 행동들로부터 직무에서 요구되는 지식, 기술, 능력 등의 인적 요건들을 추론하는 직무분석 방법이다.

28 프로축구 A구단의 재무 상태가 유동자산 100억 원, 유동부채 200억 원 그리고 당기순이익이 40억 원이라고 한다면 A구단의 유동비율은?

① 50%
② 62.5%
③ 70%
④ 75%

> 해설 유동비율(%) = (유동자산 / 유동부채) × 100
> = (100억 / 200억) × 100
> = 0.5 × 100 = 50%

정답 26 ④ 27 ④ 28 ①

29 일정 자격 요건을 갖춘 선수를 프로연맹 등 스포츠 단체의 주관 아래 성적 역순 등의 다양한 방법으로 구단에게 지명권을 부여, 선수를 지명·선발하는 제도는?

① 자유계약 제도(Free Agent)
② 샐러리 캡(Salary Cap)
③ 래리버드 룰(Larry Bird Rule)
④ 드래프트 제도(Draft System)

> 해설
> - 자유계약제도 : 구단이 선수의 보유권을 상실하거나 포기해 다른 어떤 구단과도 자유롭게 계약을 맺을 수 있는 제도
> - 샐러리 캡 : 구단 연봉상한제로 소속선수의 연봉합계가 일정액을 초과할 수 없도록 규정한 제도
> - 래리버드 룰 : 래리버드 예외 조항으로 기존 소속팀과 재계약하는 자유계약선수는 샐러리 캡을 적용받지 않는다는 규정

30 스포츠센터를 중력모델법을 이용하여 평가했을 때, 매력도가 가장 높은 것은?

① A스포츠센터 – 300평의 규모, 20분 거리
② B스포츠센터 – 180평의 규모, 15분 거리
③ C스포츠센터 – 300평의 규모, 30분 거리
④ D스포츠센터 – 350평의 규모, 25분 거리

> 해설 중력모델법은 거리와 운반물량을 기준으로 하여 비용을 최소화할 수 있는 특정 지역을 찾아내는 방법이다.
> ① A스포츠센터 : 300평 ÷ 20^2 = 0.75
> ② B스포츠센터 : 180평 ÷ 15^2 = 0.8
> ③ C스포츠센터 : 300평 ÷ 30^2 = 0.3
> ④ D스포츠센터 : 350평 ÷ 25^2 = 0.56
> 모델의 산식에 따라 매력도를 산출하면 B스포츠센터의 매력도가 가장 높다는 것을 알 수 있다.

31 민츠버그(H. Mintzberg)의 경영자 역할 중 의사결정적 역할의 범주로 옳지 않은 것은?

① 연락자
② 기업가
③ 분쟁해결자
④ 자원배분자

> 해설 민츠버그(H. Mintzberg)는 경영자가 수행하는 역할을 살펴봄으로써 경영을 가장 잘 설명할 수 있다고 하였으며, 그 역할로는 대인관계 역할, 정보관리 역할, 의사결정 역할이 있다.
> - 대인관계 역할 : 대표자, 리더, 연락자
> - 정보관리 역할 : 청취자, 전파자, 대변자
> - 의사결정 역할 : 기업가, 분쟁조정자, 자원분배자, 교섭자

32 프렌치와 레이븐(French & Raven)이 제시한 조직 내 권력(Power) 유형에 포함되지 않는 것은?

① 보상적 권력(Reward Power)
② 사회적 권력(Social Power)
③ 강압적 권력(Coercive Power)
④ 합법적 권력(Legitimate Power)

> 해설 프렌치와 레이븐은 권력의 원천에 따라 합법적 권력(Legitimate Power), 보상적 권력(Reward Power), 강압적 권력(Coercive Power), 전문적 권력(Expert Power), 준거적 권력(Reference Power)의 다섯 가지 유형을 제시하였다.

33 자동차경주장업 시설기준에 관한 설명 중 빈칸 안에 들어갈 숫자들의 합은?

> 경주 기간 중에는 「의료법」에 따른 의사 및 간호사 또는 응급구조사 각 (　)명 이상을, 그 외의 운영 기간 중에는 간호사 또는 응급구조사 (　)명 이상을 배치하여야 한다.

① 4
② 2
③ 3
④ 6

> 해설 「체육시설의 설치·이용에 관한 법률 시행규칙」 별표6
> 경주 기간 중에는 「의료법」에 따른 의사 및 간호사 또는 응급구조사 각 1명 이상을, 그 외의 운영 기간 중에는 간호사 또는 응급구조사 1명 이상을 배치하여야 한다.

34 스포츠조직의 인적자원에 대한 설명으로 틀린 것은?

① 인적자원은 자금이나 물자와 같은 물적 자원과 함께 경영활동의 중요한 요소이며, 인적자원은 물적 자원을 이용하여 경영활동을 이끌어가는 경영주체로서의 성격을 가지고 있다.
② 인적자원관리는 필요한 인력을 확보하고 이들의 능력을 최대한 개발하여 조직의 목표를 달성하고, 아울러 개인의 성장과 발전을 위한 관리 활동을 말한다.
③ 인적자원관리의 궁극적인 목표는 개인과 조직의 목표가 동시에 달성되는 방향으로 나아가는 이른바 목표의 통합에 있다고 할 수 있다.
④ 인적자원관리에서는 조직에 있어서 사람을 가치 있는 투자자산으로 보지 않고 반드시 관리하여야 할 비용요소로 인식한다.

> 해설 스포츠조직의 인적자원관리에서는 조직에 있어서 사람을 반드시 관리하여야 하는 비용요소로 판단하지 않고 가치 있는 투자자산으로 인식한다.

35 Bcg 매트릭스 중 개(Dog)형의 시장성장률과 시장점유율이 올바르게 짝지어진 것은?

① 높은 시장성장률 – 높은 시장점유율
② 높은 시장성장률 – 낮은 시장점유율
③ 낮은 시장성장률 – 높은 시장점유율
④ 낮은 시장성장률 – 낮은 시장점유율

해설 ④ Dog : 낮은 시장점유율, 낮은 시장성장률

36 다음 재무구조를 가진 스포츠센터의 자기자본순이익률(Roe)은 약 얼마인가?

- 자기자본 : 45억 6천만 원
- 수익 : 76억 3천만 원
- 사업(영업)이익 : 13억 8천만 원
- 경상이익 : 9억 7천만 원
- 당기순이익 : 7억 8천 6백만 원

① 9%   ② 14%
③ 17%   ④ 21%

해설 자기자본순이익률(%) = (당기순이익/자기자본) × 100
= (786,000,000/4,560,000,000) × 100
= 0.1723 × 100 = 17.23%
따라서 자기자본순이익률은 약 17%가 된다.

37 파라슈라만 등(Parasuraman, Zeithamal, Berry ; PZB)이 주장한 서비스 품질의 요소에 해당하는 것은?

가. 신뢰성
나. 유형성
다. 확실성
라. 공감성

① 가   ② 가, 다
③ 나, 다, 라   ④ 가, 나, 다, 라

해설 서비스 품질의 요인에는 신뢰성, 확실성, 공감성, 반응성(응답성), 유형성의 5가지가 해당된다.

정답 35 ④ 36 ③ 37 ④

38 집단의사결정의 특징으로 옳지 않은 것은?

① 개인의사결정에 비해 보다 정확한 경향이 있다.
② 개인의사결정에 비해 책임소재가 더 명확하다.
③ 개인의사결정에 비해 더 많은 대안을 생성할 수 있다.
④ 의사결정 시 다양한 경험과 관점을 반영할 수 있다.

해설 집단의사결정은 조직의 의사결정이 개인이 아닌 집단을 통해 이루어지므로, 의사결정 결과에 대한 책임이 모호하다는 단점이 있다.

39 선수와 에이전트 간의 계약이 법적인 효력을 갖기 위해 기본적으로 포함해야 할 조건과 가장 거리가 먼 것은?

① 이해상충 조항
② 계약당사자
③ 계약이행시기
④ 계약금액

해설 선수와 에이전트 간의 계약이 법적으로 유효하려면 계약당사자, 계약안건, 계약이행 시기, 계약금액 등이 정해져야 한다.

40 다음 중 직무평가 방법이 아닌 것은?

① 서열법
② 분류법
③ 질문지법
④ 점수법

해설 직무평가의 방법에는 서열법, 분류법, 요인비교법, 점수법이 있으며 질문지법은 설문지를 통해 직무에 관한 정보 수집하는 것이다.

41 다음 중 스포츠 경영의 구성요소에 해당하지 않는 것은?

① 사 람
② 자 본
③ 정 보
④ 기 술

해설 스포츠경영의 구성요소는 전략, 인적자원, 자본, 정보이다.

38 ② 39 ① 40 ③ 41 ④

42 포터(M. E. Porter)의 가치사슬모델에서 기업의 본원적 활동이 아닌 것은?

① 원부자재 구매활동
② 서비스 활동
③ 인적자원관리 활동
④ 물류활동

해설 포터의 가치사슬은 크게 본원적 활동과 지원적 활동으로 구분되며, 본원적 활동은 기업 제품과 서비스의 생산 및 분배에 직접적으로 관련이 되어 있으며(구매, 생산, 판매, 마케팅, 서비스), 지원적 활동은 본원적 활동이 가능하도록 하는 간접 부문활동(일반관리 및 경영활동, 인적자원관리, 기술, 조달 등)을 의미한다.

43 스포츠 조직의 외부자본조달 방법 중 성격이 다른 것은?

① 주식발행
② 채권발행
③ 스폰서십
④ 은행차입

해설 직접금융을 통한 외부자본조달 방법에는 주식발행·채권발행·민자유치·기금·회원권·스폰서십이 있으며, 은행차입·매입채무·기업어음은 간접금융을 통한 외부자본조달 방법에 해당한다.

44 조직설계 요소 중 통제범위에 대한 설명으로 틀린 것은?

① 과업이 복잡할수록 통제범위는 좁아진다.
② 관리자가 작업자에게 권한과 책임을 위임할수록 통제범위는 좁아진다.
③ 작업자와 관리자의 상호작용 및 피드백이 많이 필요할수록 통제범위는 좁아진다.
④ 작업자의 기술수준과 작업동기가 높을수록 통제범위는 넓어진다.

해설 통제범위는 경영관리자가 직접 감독하는 직원 수를 뜻하며, 통제의 범위가 넓을수록 더욱 능률적이라 볼 수 있다. 일반적으로 과업이 복잡하고, 관리자 및 작업자의 상호작용이 많을수록 통제범위는 좁아지고, 관리자가 권한을 위임하거나, 작업자의 기술수준과 작업 동기가 높을수록 통제범위는 넓어진다.

45 앤소프(Ansoff) 매트릭스 경영전략 중 기존시장에 그대로 머물면서 기존제품의 매출을 늘리고 시장점유율을 한층 높여가는 성장전략은?

① 시장개발
② 고객세분화
③ 시장침투
④ 다각화

해설 시장침투전략은 기존시장에서 기존제품으로 시장점유율을 증대시키려는 전략이다.

정답 42 ③ 43 ④ 44 ② 45 ③

46 선수-에이전트 계약에 관한 설명으로 옳지 않은 것은?

① 선수들은 에이전트의 제안내용에 대하여 수정제안을 요청할 수 있다.
② 에이전트가 선수에게 제공하는 서비스의 종류를 분명히 해야 한다.
③ 에이전트가 선수로부터 받는 수수료의 책정방식은 정률제로 정해져 있다.
④ 선수-에이전트 간의 계약서에는 계약당사자와 계약기간이 명시되어 있다.

> 해설 에이전트가 선수로부터 받는 수수료의 책정방식은 정액제, 정률제, 기간급으로 정하는 방식과 시간급 및 정률제를 혼합하여 상한선을 정해 두는 방식으로 구분되어 있다.

47 조직에서 시간이 지남에 따라 업무량과 무관하게 구성원 수가 증가하는 경향을 나타내는 법칙으로 옳은 것은?

① 파킨슨 법칙(Parkinson's Law)
② 파레토 법칙(Pareto Law)
③ 세이 법칙(Say's Law)
④ 하인리히 법칙(Heinrich's Law)

> 해설 파킨슨 법칙은 업무량의 경중에 상관없이 구성원 수가 지속적으로 증가하는 현상을 의미하여 업무량과 무관하게 조직이 점차 비대해지는 현상을 지칭한다.

48 스포츠이벤트 기획 시 고려해야 할 사항을 모두 고른 것은?

> 가. 화제성
> 나. 감동성
> 다. 내구성
> 라. 오락성

① 가
② 다, 라
③ 가, 나, 라
④ 가, 나, 다, 라

> 해설 내구성은 외부로부터 가해지는 힘이나 환경에 대해 견디는 성질을 뜻하는 것으로 스포츠이벤트와는 관련성이 없다. 스포츠는 각본 없는 드라마로써 스포츠 팬들에게 흥분과 감동을 주고, 엔터테인먼트적 요소가 가미되어 스포츠팬들의 기분전환에 도움을 주며, 아울러 스포츠팬들의 스포츠이벤트에 대한 관심정도는 스포츠이벤트 개최의 성공여부에 영향을 주는 주요 요인이 될 수 있으므로 스포츠이벤트의 화제성은 매우 중요하다고 볼 수 있다.

정답 46 ③ 47 ① 48 ③

49 스포츠이벤트의 실행단계에서 고려해야 할 사항이 아닌 것은?

① 시설물 이용규칙
② 이벤트 지연 시 대책
③ 참가자 특징
④ 스포츠이벤트의 목적 및 콘셉트

해설 ④ 스포츠이벤트의 목적 및 콘셉트는 도입단계에서 고려해야 한다.

50 스포츠조직의 장기목표 및 자원배분과 관련되어 주로 일선경영자 단계에서 이뤄지는 의사결정방법은?

① 기능적 의사결정
② 전술적 의사결정
③ 합리적 의사결정
④ 전략적 의사결정

해설 경영자는 최고경영자, 중간경영자, 일선경영자로 나뉘며 최고경영자는 전략적 의사결정, 중간경영자는 관리적 의사결정, 일선경영자는 기능적 의사결정을 하게 된다.

제3과목 스포츠마케팅론

51 마케팅믹스(4P)에 포함되지 않는 요소는?

① 제 품
② 유 통
③ 촉 진
④ 프로그램

해설 마케팅믹스(4P)는 제품(Product), 유통(Place), 가격(Price), 촉진(Promotion)이다.

정답 49 ④ 50 ① 51 ④

52 스포츠마케팅의 촉진(Promotion)에 관한 설명으로 틀린 것은?

① 촉진은 스포츠마케터가 다른 마케팅믹스 요인에 대한 정보를 제공하여 소비자가 제품을 구매하도록 하는 마케팅 전략이다.
② 촉진은 스포츠제품과 제품의 이미지를 소비자들에게 위치화 시키는 중요한 요인이다.
③ 촉진은 제품의 인지, 태도변화, 구매를 유도하는 마케팅 전략이다.
④ 특정 제품의 촉진에 있어 광고, 홍보, 대인판매 그리고 판매촉진 중 가장 효과적인 촉진 방법만을 활용해야 한다.

> 해설 촉진 중 가장 효과적인 촉진방법만을 활용하는 것이 아니라 상황에 따라 촉진효과를 극대화할 수 있다면 여러 개의 촉진방법을 동시다발적으로 진행하기도 한다.

53 스포츠마케팅 조사 중 기술조사의 유형에 해당하지 않는 것은?

① 문헌조사
② 횡단조사
③ 종단조사
④ 패널조사

> 해설 기술조사는 수집한 자료를 분석하고 도출된 결과를 기술하는 것으로 횡단조사, 종단조사, 패널조사 등이 있다. 문헌조사는 탐색적 조사방법에 해당된다. 탐색적 조사는 연구문제의 발견, 변수의 규명, 가설의 도출을 위해 실시하는 예비조사이다. 탐색적 조사로는 문헌조사, 델파이조사(전문가의견조사), 사례조사, 개인별 심층면접, 표적집단면접 등이 있다.

54 스포츠마케팅 전략(STP 전략)의 기본단계를 나열한 것으로 옳은 것은?

① 목표시장 선정 → 포지셔닝 → 시장세분화
② 목표시장 선정 → 시장세분화 → 포지셔닝
③ 시장세분화 → 목표시장 선정 → 포지셔닝
④ 시장세분화 → 포지셔닝 → 목표시장 선정

> 해설 스포츠마케팅 전략의 영어 약자 STP는 시장세분화(Segmentation), 목표시장 선정(Targeting), 포지셔닝(Positioning)의 약자이고 단계 순으로 나열한 것이다.

55 다음 중 스포츠마케팅의 개념에 관한 설명으로 옳지 않은 것은?

① 스포츠마케팅은 스포츠소비자들의 욕구를 충족시킬 수 있는 제품을 생산하여 스포츠조직의 효율성을 극대화시키는 경영활동이다.
② 프로스포츠팀과 상업스포츠센터에서 관중이나 회원 확보를 위해 행하는 마케팅 활동은 스포츠를 통한 마케팅(Marketing Through Sports)으로 분류할 수 있다.
③ 스포츠조직 측면에서 스포츠는 재정확보를 위한 핵심제품이지만 기업이 행하는 스포츠마케팅 활동에서는 스포츠는 기업의 커뮤니케이션 목표를 달성하는 수단이다.
④ 스포츠조직 및 기업이 행하는 마케팅 활동은 스포츠 시장에서 일어나는 연속적이며 상호동반자적 마케팅 과정이다.

해설 ② 스포츠 자체를 제품으로 하는 스포츠의 마케팅에 해당된다.

56 올림픽이나 월드컵 등 빅 이벤트에서 성행하는 앰부시(Ambush) 마케팅에 대한 설명으로 가장 적합한 것은?

① 표적 집단을 대상으로 하는 맞춤형 스폰서십을 의미한다.
② 낮은 등급의 스폰서로 참여하는 마케팅을 의미한다.
③ 공식스폰서가 아니면서 그렇게 보이게끔 하는 활동을 의미한다.
④ 스폰서 지위를 보호하는 활동을 의미한다.

해설 공식적인 스폰서가 아닌 일반 기업이 마치 특정 행사에 공식스폰서인 것처럼 대중들을 현혹하여 공식스폰서가 기대하는 효과의 일부를 획득할 목적으로 스포츠이벤트에 교묘하게 편승하는 기업 활동을 앰부시(Ambush) 마케팅이라 한다.

57 다음 보기에 적용할 수 있는 표본추출법으로 옳은 것은?

> 대학생들의 프로스포츠 종목별 선호도를 조사하기 위해 전국에서 몇 개의 대학을 무작위로 선정하고 이들로부터 다시 몇 개의 학과와 학년을 무작위로 선정하여 그에 해당하는 학생들을 대상으로 자료를 수집하려고 한다.

① 할당표본추출법
② 군집표본추출법
③ 층화표본추출법
④ 판단표본추출법

해설 ② 군집표본추출법은 모집단을 이질적인 구성요소를 포함하는 여러 개의 군집으로 구분한 다음, 구분된 군집을 표출단위로 하여 무작위로 몇 개의 군집을 표본으로 추출하고, 이를 전수조사 혹은 무작위추출하는 방법이다.
① 할당표본추출법은 비확률표본추출방법 중에서 가장 정교한 기법으로, 연령·성별·학력·직업·지역 등 일정한 기준을 가지고 사전에 결정되어 있는 백분율 혹은 표본수와 일치하도록 표본을 추출하는 방법이다.
③ 층화표본추출법은 모집단을 일정한 기준에 따라 2개 이상의 동질적인 층(Strata)으로 구분하고 각 층별로 단순무작위추출방법을 적용하는 방법으로, 모집단에 대한 기존 지식을 이용하여 모집단을 몇 개의 소집단으로 구분하되 각 집단내의 구성요소들이 전체 모집단의 구성요소보다 더 동질적으로 구성한 후에 단순무작위추출법을 적용하므로, 표본의 표준오차를 줄일 수 있고 표본의 대표성은 높아진다.
④ 판단표본추출(Judgment or Purposive Sampling)은 모집단을 전형적으로 대표하는 것으로 판단되는 사례를 표본으로 선정하는 방법이다.

58 인터넷을 활용한 마케팅조사에 관한 설명으로 옳지 않은 것은?

① 표본이 인터넷사용자를 중심으로 편향되어 있다.
② 조건부 질문(Contingency Question)을 하기 어렵다.
③ 자료수집에 따른 비용이 적게 든다.
④ 면접오류나 면접자 오류가 개입되지 않는다.

해설 ① 인터넷을 활용한 마케팅 조사는 인터넷 접근 가능성이 있는 사람들만이 조사에 참여할 수 있기 때문에 표본이 인터넷 사용자에 국한되어 편향될 가능성이 있다.
② 조건부 질문(특정 응답에 따라 다른 질문을 던지는 형태)은 인터넷 조사에서 쉽게 구현할 수 있다. 예를 들어, 설문 응답에 따라 다음 질문이 다르게 제공될 수 있다. 따라서 이 설명은 옳지 않다.
③ 인터넷 조사는 종이 설문이나 면대면 조사에 비해 비용이 적게 들며, 빠르고 대규모로 데이터를 수집할 수 있는 장점이 있다.
④ 인터넷 조사는 면대면 인터뷰와 달리 설문자가 직접 응답을 입력하므로, 면접자의 개입에 따른 오류가 발생하지 않는다.

59 스포츠에이전트의 역할 중 소속선수의 초상권을 활용하여 원하는 기업에 보다 많은 정보를 제공하여 보다 유리한 혜택을 받을 수 있게 체계적으로 노력하는 역할은?

① 계약협상 역할
② 마케팅 역할
③ 엔도스먼트 역할
④ 재무관리 역할

> **해설** ① 계약협상 역할 : 선수나 코치의 계약 협상 대리
> ② 마케팅 역할 : 선수나 코치의 계약관련 수익금 외의 수익 창출 활동 대리
> ④ 재무관리 역할 : 현금흐름 경영, 세금 기획, 투자자문 등을 통한 수익 창출

60 스포츠이벤트의 통합마케팅 요소가 아닌 것은?

① 스폰서십(Sponsorship)
② 자원봉사자(Volunteer)
③ 머천다이징(Merchandising)
④ 접대(Hospitality)

> **해설** 자원봉사자는 마케팅 요소라기보다는 운영요소에 해당된다. 마케팅 요소로는 스폰서십, 머천다이징, 접대 이외에 티켓, 기념품, 중계권 등이 있다.

61 스포츠마케팅 정보를 관리할 때 대상정보의 명확성을 확보하기 위한 방법으로 틀린 것은?

① 대상정보의 계층화
② 대상정보의 보안성 강화
③ 대상정보의 우선순위 선정
④ 정보의 종류에 따른 입력항목 구분

> **해설** 대상정보의 명확성을 확보하기 위해 정보의 계층화, 정보의 우선순위, 정보의 종류에 따른 항목의 다양성 등이 필요하나. 보안성 강화는 상관없는 분야이다.

정답 59 ③ 60 ② 61 ②

62 방송사의 스포츠이벤트 TV중계권 구매 및 중계에 따른 기대효과로 가장 옳지 않은 것은?

① 해당 스포츠이벤트 방송에 따른 광고수입의 증대
② 이벤트의 성공적 운영을 위한 자금 확보
③ 유료 시청 수입의 증대
④ 방송사의 중계방송 기술력에 대한 입증

> 해설 ② 이벤트의 성공적 운영을 위한 자금 확보는 스포츠중계권을 통해 경기단체 또는 스포츠이벤트의 주최자가 얻고자 하는 목적에 해당된다.
> ①·③·④ 방송사가 스포츠이벤트의 중계권을 획득하고자 하는 목적에 해당된다.

63 스포츠라이선싱 사업의 목적과 가장 거리가 먼 것은?

① 재정의 안정적 확보
② 구단 및 기업 브랜드 이미지 제고
③ 팀 구조 개선을 위한 승리구축 기회 제공
④ 경쟁기업과 차별화 된 마케팅활용 기회 제공

> 해설
> • 스포츠단체와 기업은 라이선싱을 통해 상호간의 이익 발생, 파트너 관계 형성을 통한 신뢰감 형성 및 경제적 혜택, 다양한 마케팅 채널 구축 등의 효과를 기대하고 있다.
> • 팀 구조 개선을 위한 승리구축 기회 제공은 스포츠라이선싱과는 관계없는 내용이다.

64 브랜드에 대한 설명으로 틀린 것은?

① 자산으로서의 가치를 가질 수 있다.
② 소비자의 충성도를 높이는 중요한 요소이다.
③ 기업이 실행하는 유통, 촉진 등 마케팅활동의 대상이 된다.
④ 소비자가 구매의 대상이 되는 상품들을 평가하는 사고비용(Thinking Cost)을 증가시킨다.

> 해설 사고비용(Thinking Cost)은 브랜드 간 비교를 위하여 정보처리에 들어가는 정신적 비용을 의미하는데 브랜드 자체에 정보(이미지, 선호도, 인지도, 품질, 기능, 가격 등)가 집약되어 있으므로 정보처리에 들어가는 정신적 비용을 감소시키는 역할을 한다.

65 실험설계방법 중 유사실험설계의 대표적인 방법으로 옳은 것은?

① 단일집단 사후실험설계
② 2집단 사전사후실험설계
③ 집단비교설계
④ 통제집단 사전사후실험설계

> 해설 실험설계는 실험을 통하여 수집된 독립변수와 종속변수 간의 인과관계를 밝혀내는 조사설계를 말한다. 따라서 2집단을 대상으로 사전 또는 사후검사를 하는 것이 일반적이다. 실험설계의 종류에는 2집단 사전사후실험설계, 통제집단 사후실험설계, 솔로몬 4집단설계, 요인설계(Factorial Design)가 있다.

66 상품화 사업이나 라이선싱 사업에서 소비자와 기업에 미치는 브랜드효과에 관한 설명으로 틀린 것은?

① 법적보호를 받을 수 있고 경쟁기업과 차별화할 수 있는 상표권을 설정할 수 있다.
② 유통채널이 판매리스크를 줄이기 위해 적극적으로 취급하려고 한다.
③ 프로모션 의존도가 커질 수 있기 때문에 높은 마진의 실현이 어려울 수 있다.
④ 브랜드 정보에 의해 구매결정이 신속해질 수 있다.

> 해설 ③ 프로모션 의존도가 커질 수 있기 때문에 높은 마진의 실현이 어려울 수도 있지만, 이것 때문에 높은 마진을 볼 수 없다고 단정할 수 없다.

67 여러 개의 측정항목 중에서 신뢰도를 저해하는 항목을 찾아내어 측정항목을 제외시킴으로써 측정도구의 신뢰성을 높이고자 하는 경우에 사용되는 것은?

① 반분법(Split-half Reliability)
② 재검사법(Test-retest Reliability)
③ 동형검사 신뢰도(Parallel Reliability)
④ 내적 일관성(Internal Consistency Reliability)

> 해설 ① 테스트는 한번 실시하지만 각 문항을 반으로 나누어 테스트 결과 간의 상관관계를 살펴보는 방법이다.
> ② 같은 설문지를 일정한 간격을 두고 재실시하여 두 검사의 결과를 비교하여 신뢰도를 측정하는 방법이다.
> ③ 사전 설문지와 사후 설문지의 문항 간의 상관관계로 신뢰도를 측정하는 방법이다.

정답 65 ② 66 ③ 67 ④

68 뉴스가치가 있는 사항을 무료로 TV나 신문 등의 매체 측의 계획하에 소개하면서 자연스럽게 기업 이미지나 상품을 알리는 효과를 얻는 홍보의 수단은?

① 퍼블리시티(Publicity)
② 스폰서십(Sponsorship)
③ PPL(Product Placement)
④ PSL(Presonal Seat License)

> 해설 ① 퍼블리시티는 언론을 통해 간접적으로 행하는 광고활동이라 할 수 있다.
> ② 기업이 스포츠이벤트에 소요되는 전체 비용 또는 상당비용을 현금으로 지불하거나 그에 상응하는 물품 등으로 후원하는 대가로, 스포츠이벤트와 관련된 마케팅권리를 독점적으로 받아 이를 활용한 마케팅전략을 구사할 수 있는 권리를 말한다.
> ③ 영화나 드라마 속에 소품으로 등장하는 상품을 일컫는 것으로, 브랜드명이 보이는 상품뿐만 아니라 이미지, 명칭 등을 노출하여 관객들에게 홍보하는 일종의 광고마케팅 전략이다.
> ④ 시즌티켓 구매자에게 특정 좌석을 지정해 정규시즌 동안 같은 자리에서 홈경기를 관람할 수 있게 해주는 티켓 판매방법이다.

69 스포츠조직이 지역사회와의 관계개선을 위해 지역사회를 대상으로 하는 홍보(PR) 활동의 목적과 가장 거리가 먼 것은?

① 제품정보를 포함한 경영활동에 대한 정보를 제공한다.
② 스포츠 조직은 단기간의 촉진효과만을 목표로 한다.
③ 스포츠 조직에 대한 지역주민들의 호의적인 태도를 유도한다.
④ 스포츠 조직에 대한 지역주민들의 조언, 관심, 참여를 유도한다.

> 해설 홍보(PR ; Public Relations)는 기업을 둘러싸고 있는 공중들과 호의적인 관계를 유지하기 위한 활동이다. 홍보활동은 장기간 꾸준히 활동하여야 효과를 기대할 수 있으므로 단기간의 촉진효과와 PR은 관계가 없다.

70 스포츠 에이전트의 역할과 가장 거리가 먼 것은?

① 선수의 연봉계약 협상
② 선수의 경력관리
③ 선수의 인지도 향상 및 이미지 개선 활동
④ 선발 및 후보 선수의 명단 작성

> 해설 선발 선수 및 후보 선수의 명단 작성은 감독의 영역이다.

71 스포츠행사 주최 측의 PR 활동으로 바람직하지 않은 것은?

① TV 중계권을 패키지로 판매한다.
② 스태프와 자원봉사자에게 미디어 교육을 실시한다.
③ 보도자료를 제공한다.
④ 미디어 전담자를 선정하여 운영한다.

해설 ①은 촉진(광고) 또는 스폰서십의 유형에 해당된다.

72 다음은 척도의 유형 중 무엇에 관한 설명인가?

- 관찰대상을 상호 배타적인 범주로 구분하기 위하여 사용하는 척도이다.
- 축구선수의 등번호는 선수들을 구분하기 위한 것이지 우열을 표시한 것이 아니다.

① 명목척도
② 서열척도
③ 비율척도
④ 등간척도

해설 ① 명목척도(Normal Scale)는 대상물을 구분하기 위해 명칭을 부여하는 척도로 명목척도에서 숫자는 범주로만 나타내며 숫자로서의 의미는 없다.
② 서열척도(Order Scale)는 측정된 변인의 대소가 구분된다.
③ 비율척도(Ratio Scale)는 서열성, 동간성, 절대영점 특성을 모두 가지며 덧셈법칙과 곱셈법칙이 성립한다.
④ 등간척도(Interval Scale)는 측정 변인 간 간격이 동일한 등간성을 가지며 덧셈법칙은 성립하나 곱셈법칙은 성립하지 않는다.

73 스포츠 제품 판매 기업의 상표와 관련된 마케팅 노력은 소비자를 단계적으로 유도하는 과정으로 설명될 수 있다. 상표자산 구축과정 순서로 가장 적합한 것은?

① 상표이미지 → 상표인지 → 상표충성도 → 상표자산
② 상표인지 → 상표이미지 → 상표자산 → 상표충성도
③ 상표인지 → 상표이미지 → 상표충성도 → 상표자산
④ 상표이미지 → 상표인지 → 상표자산 → 상표충성도

해설 상표자산의 구축과정은 '상표인지 → 상표이미지 → 상표충성도 → 상표자산'의 순이다.

74 스포츠단체와 TV미디어, 광고주와의 관계에 대한 설명으로 옳지 않은 것은?

① 스포츠단체와 TV미디어는 중계권 등의 비용관계를 가진다.
② 스포츠단체와 광고주는 광고비와 같은 비용관계를 가진다.
③ TV미디어와 광고주는 광고효과라는 비용관계를 가진다.
④ 스포츠단체와 광고주는 광고효과라는 비용관계를 가진다.

해설 스포츠단체와 광고주의 관계가 아니라 미디어와 광고주의 관계를 설명한 내용이다.

75 기업의 관점에서 스포츠단체와 라이선싱(Licensing)을 계약할 때 포함되어야 하는 핵심조항과 가장 거리가 먼 것은?

① 선금과 진행 로열티 대금
② 도안과 디자인에 대한 소유권
③ 스포츠라이선싱 참여경험
④ 라이선시(Licensee)의 유통에 대한 제한

해설 스포츠라이선싱 참여경험은 스포츠단체의 관점에서 기업과 라이선싱을 계약할 때 고려하여야 하는 내용에 해당된다.

제4과목 스포츠시설론

76 관람 스포츠시설과 참여 스포츠시설의 특성에 관한 설명으로 옳지 않은 것은?

① 참여 스포츠시설은 고객 유인에 있어 시설이 미치는 영향이 크다.
② 관람 스포츠시설은 고객의 서비스 관여정도가 상대적으로 크다.
③ 참여 스포츠시설은 고객과의 대면이 많아 고객응대 방식이 중요하다.
④ 관람 스포츠시설은 다양한 부대서비스 제공을 통해 고객만족을 추구한다.

해설 관람 스포츠시설의 고객은 경기를 관람하는 것이 주목적이기 때문에 상대적으로 서비스 관여정도가 크지 않다.

77 스포츠센터를 중력모델법을 이용하여 평가했을 때, 매력도가 가장 높은 것은?

① A스포츠센터 - 200평의 규모, 20분 거리
② B스포츠센터 - 180평의 규모, 15분 거리
③ C스포츠센터 - 300평의 규모, 30분 거리
④ D스포츠센터 - 250평의 규모, 25분 거리

해설 중력모델법은 거리와 운반물량을 기준으로 하여 비용을 최소화할 수 있는 특정 지역을 찾아내는 방법이다.
① A스포츠센터 : 200평 ÷ 20^2 = 0.5
② B스포츠센터 : 180평 ÷ 15^2 = 0.8
③ C스포츠센터 : 300평 ÷ 30^2 = 0.3
④ D스포츠센터 : 250평 ÷ 25^2 = 0.4
모델의 산식에 따라 매력도를 산출하면 B스포츠센터의 매력도가 가장 높다는 것을 알 수 있다.

78 체육시설업의 종류에 대한 설명으로 옳지 않은 것은?

① 빙상장업 - 제빙시설을 갖춘 빙상장을 경영하는 업
② 무도학원업 - 입장료 등을 받고 국제표준무도(볼룸댄스)를 할 수 있는 장소를 제공하는 업
③ 스키장업 - 눈, 잔디, 그 밖에 천연 또는 인공 재료로 된 슬로프를 갖춘 스키장을 경영하는 업
④ 종합 체육시설업 - 신고 체육시설업의 시설 중 실내수영장을 포함한 두 종류 이상의 체육시설을 같은 사람이 한 장소에 설치하여 하나의 단위 체육시설로 경영하는 업

해설 무도학원업은 수강료 등을 받고 국제표준무도(볼룸댄스)를 교습하는 업이다. 입장료 등을 받고 국제표준무도(볼룸댄스)를 할 수 있는 장소를 제공하는 업은 무도장업이다.

79 다음 중 스포츠시설의 직접적인 역할과 가장 거리가 먼 것은?

① 건강증진의 공간
② 여가활동의 공간
③ 생산성의 공간
④ 문화활동의 공간

해설 스포츠시설은 건강증진과 여가활동, 문화활동을 위한 공간이다. 생선성의 공간은 스포츠시설의 직접적인 역할과는 거리가 멀다.

80 소유자와 경영자가 다른 간접경영 형태를 말하며, 일반적으로 정부 또는 자치단체가 투자하여 소유하고, 경영은 다른 사람이 하므로 투자자는 직접 경영에 참여하지 않는 형태의 경영방법은?

① 직접경영
② 위탁경영
③ 임대경영
④ 제3경영

해설 직접경영은 소유자와 관리자가 같은 경우를 의미하고, 임대경영은 단기간을 계약하여 경영권을 임대하는 방식을 의미한다.

81 S대학교 인근에는 A트레이닝센터, B헬스, C피트니스 등 다양한 스포츠센터가 있으며 모두 유사한 시설과 개인 트레이너들을 보유하고 있다. 이러한 상황에서 각 스포츠센터가 고려해야 할 가격결정방법으로 가장 적합한 것은?

① 수요를 토대로 한 가격결정
② 수익을 토대로 한 가격결정
③ 경쟁을 토대로 한 가격결정
④ 비용을 토대로 한 가격결정

해설 가격결정 시 고려해야 하는 요인으로는 생산비용, 수익, 경쟁자 등 다양한 요인이 있지만, 문제의 상황에서는 인근에 유사한 형태의 경쟁 스포츠센터가 운영 중이기 때문에 그들의 가격을 고려해야 할 필요가 있다.

82 농촌 스포츠시설 소비자의 특성과 가장 거리가 먼 것은?

① 도시에 비해 상대적으로 경제 소득이 낮아 경제적인 어려움이 존재한다.
② 육체노동이 많아 스포츠활동의 필요성을 못 느끼는 편이다.
③ 직장과 주거지의 개념 차이가 나지 않는다.
④ 생활이 단조로우며 지역적 연대성이 약한 편이다.

해설 농촌지역의 스포츠시설 소비자들은 지역적 연대성이 상대적으로 높게 나타난다.

83 다음 보기에서 설명하는 사업 운영 모델로 옳은 것은?

> 본부가 가맹점에 대해 제품, 서비스, 상점관리의 노하우 등을 제공하는 대가로 계약금, 로열티 등의 수입을 얻는 계약에 의해 운영되는 시스템

① 프랜차이저
② 체인클럽
③ 멀티플클럽
④ 독립클럽

해설 프랜차이저 사업 운영 모델은 본사가 가맹점에 운영과 관련된 모든 것을 제공하고 가맹점은 본사에 계약금 및 로열티를 지불하는 형태로 이루어진다.

84 스포츠시설의 고객유지를 위한 CRM의 특징에 관한 설명으로 틀린 것은?

① 소비자의 특화된 욕구에 대한 마케팅이다.
② 다품종 소량생산 개념의 생산방식을 지향한다.
③ 불특정 고객집단을 목표로 한 마케팅 활동이다.
④ 소비자에 대한 사세한 데이터베이스가 구축되어야 한다.

해설 CRM은 관계마케팅으로써 소비자 개개인의 특화된 욕구를 충족시키기 위한 것이고, 소비자의 데이터베이스를 기반으로 개인적 커뮤니케이션을 통해 이루어진다. 불특정 고객집단을 대상으로 한 마케팅은 대중마케팅이라 할 수 있다.

85 체육시설의 설치·이용에 관한 법령상 체육시설업자가 가입하는 보험에 관한 설명으로 옳지 않은 것은?

① 등록 체육시설업자는 보험가입 사실을 증명하는 서류를 시·도지사에게 지체 없이 제출하여야 한다.
② 체육시설업자는 체육시설업을 등록하거나 신고한 날부터 10일 이내에 자동차손해배상 보장법 시행령에 따른 금액 이상을 보장하는 손해보험에 가입하여야 한다.
③ 신고 체육시설업자는 보험가입 사실을 증명하는 서류를 특별자치시장·특별자치도지사·시장·군수 또는 구청장에게 지체 없이 제출하여야 한다.
④ 소규모 체육도장업·당구장업을 설치·경영하는 체육시설업자는 보험가입 사실을 증명하는 서류를 구청장에게 지체 없이 제출하여야 한다.

해설 체육도장업 및 당구장업을 설치·경영하는 소규모 체육시설업자는 손해보험 가입의무가 없다.

정답 83 ① 84 ③ 85 ④

86 경기장 내 A보드 광고에 대한 설명으로 옳지 않은 것은?

① 경기장 입장관객뿐만 아니라 TV중계 시청자에게 광고효과를 기대할 수 있다.
② 경기장 외측 면을 따라 설치되는 것이 일반적이다.
③ 광고효과 제고를 위해 LED 등을 활용하기도 한다.
④ 설치위치에 따른 광고비용의 차이가 없는 장점을 가진다.

해설 A보드 광고는 더 많은 노출이 가능한 위치에 설치할수록 광고비용이 올라간다.

87 스포츠 시설에서 FCB Grid 모델을 활용하여 고객유치전략을 수립하고자 한다. 소비자의 행동이 '구매 → 인지 → 느낌' 순으로 습관성으로 이루어진다고 판단할 때 해당하는 공간은?

① 고관여/감성 공간
② 고관여/이성 공간
③ 저관여/감성 공간
④ 저관여/이성 공간

해설 FCB Grid 모델은 소비자의 행동을 '인지(Thinking) vs. 느낌(Feeling)'과 '고관여(High Involvement) vs. 저관여(Low Involvement)'의 두 차원으로 나누어 분석하는 모델이다. 주어진 문제에서는 소비자의 행동이 '구매 → 인지 → 느낌' 순으로 습관성으로 이루어진다고 판단하고 있다. 따라서, 해당하는 공간은 '저관여/이성 공간'이다. 이는 저관여(Low Involvement)와 이성(Thinking) 차원에 해당하기 때문이다.

88 스포츠시설의 배치 시 가장 중요한 원칙은?

① 경제성
② 안전성
③ 효율성
④ 심미성

해설 스포츠시설의 배치 원칙으로는 안전성, 경제성, 편리성, 효율성, 유연성, 조화성이 있다. 이 중 가장 중요한 원칙은 스포츠시설의 이용자에 대한 안전성이다.

89 스포츠시설의 고객관리에 대한 설명으로 틀린 것은?

① 다양한 고객의 욕구를 파악하고 경영에 반영해야 한다.
② 기존고객의 유지보다 신규고객 유치를 통한 확장을 시도해야 한다.
③ 고객관계강화를 위해서 데이터베이스를 활용한다.
④ 기존고객의 유지 → 잠재고객의 신규고객 유치 → 고객만족으로 관계발전 단계로 유도한다.

해설 기존고객을 유지하는 데 투입되는 비용이 신규고객을 유치하는 데 필요로 하는 비용이나 노력보다 적게 들고, 기존고객을 유지함으로써 잠재고객 발굴 및 충성도 높은 고객으로 전환이 가능하기 때문에 기존고객의 유지를 우선해야 한다.

90 기업의 스폰서십 참여를 스포츠단체와의 관련성에 따라 직접참여와 간접참여 형태로 구분할 때 직접참여 형태와 가장 거리가 먼 것은?

① 스포츠이벤트 스폰서십
② 라이선싱/머천다이징
③ 스포츠방송 스폰서십
④ 스포츠단체 스폰서십

해설 스포츠방송 스폰서십은 스포츠단체가 아닌 방송사와 관련이 있다.

91 스포츠센터에서 제품이나 프로그램을 수정하지 않고 기존의 표적시장에서 소비자들의 참여 횟수 또는 타 제품의 이용을 유도하는 마케팅 전략은?

① 시장침투전략
② 프로그램개발전략
③ 시장개발전략
④ 프로그램다각화전략

해설 ② 프로그램개발전략 : 새로운 제품으로 기존의 표적시장 소비자들을 공략하기 위한 전략
③ 시장개발전략 : 기존의 제품으로 새로운 표적시장을 개발하기 위한 전략
④ 프로그램다각화전략 : 새로운 제품으로 새로운 표적시장을 개발하기 위한 전략

정답 89 ② 90 ③ 91 ①

92 스포츠시설의 스포츠프로그램 개발과정으로 가장 적합한 것은?

① 계획 → 조직 → 수행 → 평가
② 조직 → 계획 → 수행 → 평가
③ 조직 → 수행 → 계획 → 평가
④ 수행 → 평가 → 계획 → 조직

해설 스포츠프로그램 개발 절차는 '욕구조사 및 계획 → 프로그램 개발 및 조직 → 프로그램 실행 → 프로그램 평가' 순으로 이루어진다.

93 참여 스포츠시설 운영에서 고객유치에 관한 설명과 가장 거리가 먼 것은?

① 고객층 다양화와 뉴스포츠 수요 증대는 새로운 프로그램의 개발을 요구한다.
② 고객유치를 위해 지불 능력을 감안하여 입장료나 월별이용료를 결정할 필요가 있다.
③ 초기단계의 홍보나 고객상담은 구전을 통한 고객유치에 기여한다.
④ 고객유치를 위해 시설 환경보다 고객의 인구통계학적 요소를 가장 먼저 고려해야 한다.

해설 고객유치를 위해서는 스포츠시설의 환경적 요인을 우선적으로 점검할 필요가 있다.

94 회원제 스포츠센터의 입지 선정 시 고려해야 할 사항과 가장 거리가 먼 것은?

① 소비자의 수요
② 경쟁자의 위치
③ 소비자의 접근성
④ 스포츠용품 제조사의 위치

해설 스포츠시설 입지 선정 시 고려해야 할 사항은 접근성, 경쟁자의 위치, 소비 수요 수준 등이다. 용품 제조사의 위치는 입지 선정 시 고려해야 할 사항으로 적합하지 않다.

95 체육시설의 설치·이용에 관한 법령상 체육시설업의 체육지도자 배치기준으로 옳지 않은 것은?

① 요트장업 – 요트 25척 – 2명 이상
② 체육도장업 – 운동전용면적 250제곱미터 – 1명 이상
③ 빙상장업 – 빙판면적 1,800제곱미터 – 2명 이상
④ 골프연습장업 – 20타석 – 1명 이상

해설 빙상장업의 경우 빙판면적 1,500제곱미터 이상 3,000제곱미터 이하에서는 1명 이상의 지도자를 배치하고, 빙판면적 3,000제곱미터 초과에서는 2명 이상의 지도자를 배치해야 한다.

96 다음 중 가중치 이용법으로 평가했을 때 가장 적합한 스포츠센터 시설의 입지로 옳은 것은?

입지요인	가중치	A입지	B입지	C입지	D입지
시설물 지대	0.3	90	80	70	90
유동·거주 인구	0.4	70	80	80	70
교통환경	0.3	80	90	60	90

① A입지
② B입지
③ C입지
④ D입지

해설 가중치 이용법은 점수와 가중치의 곱을 모두 더해서 계산할 수 있다.
① A입지 = (90 × 0.3) + (70 × 0.4) + (80 × 0.3) = 79
② B입지 = (80 × 0.3) + (80 × 0.4) + (90 × 0.3) = 83
③ C입지 = (70 × 0.3) + (80 × 0.4) + (60 × 0.3) = 71
④ D입지 = (90 × 0.3) + (70 × 0.4) + (90 × 0.3) = 82
따라서 B입지가 가장 적절한 입지이다.

97 스키장에서 동상, 저체온증, 동창, 침족·침수병 등 한랭질환 발생 시의 응급조치로 옳지 않은 것은?

① 젖은 옷을 벗기고 몸을 담요로 감싼다.
② 질식의 위험이 있으므로 의식이 없는 환자에게는 음식을 주지 말아야 한다.
③ 신속히 환자를 따뜻한 장소로 옮긴다.
④ 환부가 손상되기 전에 빨리 녹여야 하므로 40℃ 이상의 물에 환부를 담근다.

해설 저온 화상을 입을 수 있으므로 37℃ 정도의 따뜻한 물에 환부를 담가 혈액이 순환되도록 살살 마사지해야 한다.

98 공설운동장 공간이용의 시설 · 지역 · 이용 특성의 효율화 기본방향과 가장 거리가 먼 것은?

① 다양한 공간적 기능성 모색
② 시설의 이용가능 시간과 이용영역 확대
③ 유휴 또는 저이용 공간의 활용성 확대 · 증진
④ 지역별 양적 동일성 및 서비스의 질적 형평성 제고

해설 효율적인 공간의 이용을 위해서는 지역 특성을 고려한 양적 분배가 필요하다.

99 다음은 무엇에 관한 설명인가?

> 스포츠시설 담당자는 신규회원권 판매 시 퍼스널트레이닝 혹은 단체운동(GX)의 효과성을 강조하여 추가로 해당 상품을 판매하였다.

① 릴레이션십 셀링(Relationship Selling)
② 바이럴 마케팅(Viral Marketing)
③ 크로스 셀링(Cross Selling)
④ 인터널 마케팅(Internal Marketing)

해설 관련 상품을 함께 판매함으로써 단가를 높여 수익성을 향상하는 전략을 교차판매(크로스 셀링)이라고 한다.

100 체육시설의 설치 · 이용에 관한 법령상 수영장업의 안전 · 위생기준으로 옳지 않은 것은?

① 수영조의 욕수는 1일 3회 이상 여과기를 통과하도록 하여야 한다.
② 수영조의 욕수의 과망간산칼륨의 소비량은 10mg/L 이하로 하여야 한다.
③ 개장 중인 실외 수영장에는 간호사, 간호조무사 또는 응급구조사 1명 이상을 배치해야 한다.
④ 감시탑에는 수상안전요원을 2명 이상 배치하여야 한다.

해설 수영조 욕수의 과망간산칼륨의 소비량은 12mg/L 이하로 하여야 한다.

CHAPTER 05 2025년 1회 필기 기출복원문제

제1과목 스포츠산업론

01 스포츠산업진흥법령상 스포츠산업지원센터로 지정받을 수 있는 기관으로 명시되지 않은 것은?

① 공공기관의 운영에 관한 법률에 따른 공공기관
②「특정연구기관 육성법」에 따른 특정연구기관
③「고등교육법」에 따른 대학
④「국민체육진흥법」에 따른 서울올림픽기념국민체육진흥공단

해설 **스포츠산업진흥법 제14조(스포츠산업지원센터의 지정 등)**
- 국공립 연구기관
- 「고등교육법」에 따른 대학 또는 전문대학
- 「특정연구기관 육성법」에 따른 특정연구기관
- 그 밖에 문화체육관광부령으로 정하는 기관

시행령 제4조(스포츠산업지원센터의 지정 신청)
- 「국민체육진흥법」 제36조에 따른 서울올림픽기념국민체육진흥공단
- 「민법」 또는 다른 법률에 따라 설립된 스포츠 분야의 법인

02 스포츠산업 진흥법령상 문화체육관광부장관이 국내 스포츠산업의 경쟁력 강화와 스포츠산업 관련 상품의 해외시장 진출을 활성화하기 위한 지원사업을 대행하게 할 수 있는 기관 또는 단체가 아닌 것은?

①「국민체육진흥법」에 따른 올림픽 기념국민체육진흥공단(국민체육진흥공단)
②「한국산업인력공단법」에 따른 한국산업인력공단
③「대한무역투자진흥공사법」에 따른 대한무역투자진흥공사
④「스포츠산업 진흥법」에 따른 사업자단체

해설 **국제교류 및 해외시장 진출지원(「스포츠산업 진흥법 시행령」 제19조)**
- 국민체육진흥공단
- 「대한무역투자진흥공사법」에 따른 대한무역투자진흥공사
- 지원센터
- 「스포츠산업 진흥법」 제20조에 따른 사업자단체

정답 01 ① 02 ②

03 소비자로서 스포츠시장에 참여할 수 있는 방법과 가장 거리가 먼 것은?

① 직접 스포츠에 참여하는 방법
② 경기장에 가서 스포츠를 관람하는 방법
③ 스포츠이벤트를 텔레비전이나 라디오 등의 매체를 통해 접하는 방법
④ 스포츠용품회사를 직접 설립하는 방법

> **해설** 스포츠참여, 스포츠관람, 스포츠시청은 소비자로서 스포츠시장에 참여하는 방법이 되지만 스포츠용품 회사를 직접 설립하는 것은 생산자 혹은 제조업자로서 스포츠시장에 참여하는 방법이다.

04 스포츠소비자의 구매 의사결정과정으로 가장 적합한 것은?

① 정보탐색 → 선택대안의 평가 → 문제인식 → 구매행위
② 평가 → 정보탐색 → 문제인식 → 선택대안의 평가 → 구매 후의 평가
③ 문제인식 → 정보탐색 → 선택대안의 평가 → 구매행위 → 구매 후의 평가
④ 정보탐색 → 문제인식 → 선택대안의 평가 → 구매행위 → 구매 후의 평가

> **해설** 스포츠소비자의 구매 의사결정과정
> 문제인식 → 정보탐색 → 대안평가 → 구매 → 구매 후 행동(평가)

05 골프장 회원권 판매대행사는 스포츠비즈니스 구조상 다음의 유형 중 어떤 역할을 수행하는 회사인가?

① 관람 스포츠 상품 유통회사
② 참여 스포츠 관련 상품 유통회사
③ 관람 스포츠 마케팅대행사
④ 참여 스포츠 생산회사

> **해설** 회원권의 정식명칭은 특정시설이용권을 의미하며, 이에 골프장 회원권은 소비자가 회원권 구매를 통해 골프장 시설을 이용할 수 있는 권리를 갖게 되는 것을 의미한다. 따라서 골프장 회원권의 판매대행사는 회원권을 소비자와 거래(중개)하는 것이므로 스포츠비즈니스 구조상 골프장 회원권 판매대행사는 참여 스포츠 관련 상품(골프 회원권)을 유통하는 업에 해당된다.

06 제10차 한국표준산업분류에서 소분류 스포츠서비스업 중 세분류 경기장 운영업에 해당하지 않는 세세분류는?

① 실내 경기장 운영업
② 실외 경기장 운영업
③ 경주장 및 동물 경기장 운영업
④ 체력 단련시설 운영업

해설 체력 단련시설 운영업은 스포츠 및 오락 관련 서비스업에 해당된다.

07 제품으로서 스포츠서비스 이용의 수요탄력성에 관한 설명으로 옳지 않은 것은?

① 필수재 성격을 갖는 스포츠제품의 수요는 사치재 성격을 갖는 스포츠제품의 수요보다 탄력적이다.
② 밀접한 대체재가 존재하는 스포츠제품의 수요는 가격에 대해 탄력적이다.
③ A와 B라는 제품의 입장료가 동시에 내렸을 때, A 제품보다 B 제품의 수요가 더 늘어난 경우 B는 A에 비해 탄력적이라는 의미이다.
④ 기간에 따른 수요의 가격탄력성은 가격인상에 대하여 시간이 장기적으로 흐를수록 이탈하는 경우가 많아지므로 이는 단기에 비해 장기가 더 탄력적임을 의미한다.

해설 일반적으로 일상생활에서 필요한 필수재는 비탄력적이고, 그렇지 않은 사치재는 탄력적이다.

08 어느 수영장 이용가격이 2% 인상되었고 수영장 수요의 가격탄력성이 2.0이라면, 수영장 수요량의 변화는? (단, 수영장은 정상재이고, 가격탄력성은 절대값으로 나타내며, 다른 조건은 동일함)

① 4% 감소
② 6% 증가
③ 8% 감소
④ 10% 증가

해설 수요의 가격탄력성 = 수요량 변화율 ÷ 가격 변화율
         2.0 = 수요량 변화율 ÷ 2%
∴ 수요량 변화율 = 4%
수영장은 정상재라서 가격이 인상되면 수요는 감소하게 되므로 수요량은 4% 감소하게 된다.

정답 06 ④ 07 ① 08 ①

09 관람 스포츠 수요변화에 영향을 미치는 요인에 관한 설명과 가장 거리가 먼 것은?

① 스포츠소비자의 소득과 여가시간은 수요변화를 야기하는 중요한 요인이다.
② 스포츠이벤트의 수준은 관람수요의 변화에 영향을 미친다.
③ 프로리그의 팀 간 전력 차는 관람수요 변화에 영향을 미치지 않는다.
④ 스타 플레이어의 유무는 관람수요 변화에 큰 영향을 미친다.

> **해설** 프로리그 팀 간 전력 차가 심해지면 경기 결과의 예측이 쉬워져 스포츠팬의 관심도가 떨어질 수 있고, 또한 팀의 승률은 경기관람에 큰 영향력을 미치기 때문에 프로리그 팀 간의 전력 차는 스포츠팬의 관람동기에 영향을 미칠 수 있는 주요 변수가 된다.

10 스포츠산업에서 벌어지는 사업 중 선수가 사업의 주체가 되는 것으로 옳은 것은?

① 좌석 라이선스 사업
② 인도스먼트(Endorsement) 사업
③ 프로리그 방송중계권 사업
④ 경기장 광고 사업

> **해설** 선수가 사업의 주체가 되는 것은 인도스먼트 사업이며, 인도스먼트는 선수보증 광고로 선수의 이미지나 명성을 토대로 진행되게 된다.

11 스포츠산업 진흥법령상 공유재산에 관한 설명으로 옳지 않은 것은?

① 지방자치단체의 장은 프로스포츠단과 협의한 경우에는 사용기간 동안의 사용료 전부를 한꺼번에 징수할 수 있다.
② 연간 사용료는 시가를 반영한 해당 재산 평가액의 연 1만분의 10 이상의 범위에서 문화체육관광부 장관이 정한다.
③ 연간 사용료는 매년 납부기한까지 한꺼번에 내야 하는 것이 원칙이다.
④ 프로스포츠단이 해당 체육시설을 직접 수리하는 경우에는 사용료를 감경할 수 있다.

> **해설** 공유재산의 사용료와 납부 방법(「스포츠산업진흥법 시행령」 제14조)
> - 지방자치단체의 장은 법 제17조 제4항에 따른 공유재산의 연간 사용료를 매년 징수한다. 다만, 프로스포츠단과 협의한 경우에는 사용·수익 허가 기간 동안의 사용료 전부를 한꺼번에 징수할 수 있다.
> - 제1항 본문에 따른 연간 사용료는 시가(時價)를 반영한 해당 재산 평정가격(評定價格)의 연 1만 분의 10 이상의 범위에서 지방자치단체의 조례로 정하되, 월할(月割), 일할(日割), 시간별 또는 횟수별 등으로 계산할 수 있다.
> - 제1항 본문에 따른 연간 사용료는 매년 납부기한까지 한꺼번에 내야 한다. 다만, 지방자치단체의 장은 연간 사용료가 100만 원을 초과하는 경우에는 지방자치단체의 조례로 정하는 바에 따라 「공유재산 및 물품관리법」 제22조 제2항 단서에 따른 이자를 붙여 연 4회의 범위에서 분할납부하게 할 수 있다.
> - 지방자치단체의 장은 지방자치단체의 조례로 정하는 바에 따라 제1항 본문 및 단서에 따른 사용료를 감경하거나 면제할 수 있다.

12 기업이 공급사슬관리(SCM)를 수행해야 할 필요성과 가장 거리가 먼 것은?

① 글로벌화의 진전
② 운송비의 지속적 감소
③ 아웃소싱의 증가
④ 전자상거래 도입의 증가

> 해설 아웃소싱과 운송비용은 점점 증가하고 있으며, 구체적으로 아웃소싱의 증가에 따라 포장, 운송, 선적, 하역 및 분류 등의 비용이 증가하고 있다.

13 스포츠산업 시장을 경쟁시장과 비경쟁시장으로 구분할 때 성격이 다른 것은?

① 스포츠센터 이용권
② 경기 관람권
③ TV중계료
④ 스폰서 금액

> 해설 경쟁시장은 동일한 상품을 취급하는 수많은 공급자와 수요자로 구성되며, 어느 개별적인 공급자나 수요자도 가격에 영향을 미칠 수 없는 것을 의미한다. 이러한 경쟁시장의 주요 특징으로는 수많은 공급자와 수요자가 존재한다는 점, 공급하는 재화가 거의 동일하다는 점, 시장에 자유롭게 진입하고 퇴출할 수 있는 점 등이 있다. 이에 스포츠센터는 경쟁시장에 해당되며, 경기관람권, TV중계료, 스폰서 금액은 프로스포츠시장과 연관된 것으로 모두 비경쟁시장에 해당된다고 볼 수 있다.

14 프로리그에서 신생팀이 리그에 새로 가입할 경우 창단가입금을 받는 이유와 가장 거리가 먼 것은?

① 기존 팀의 입장수입 감소를 초래할 수 있기 때문이다.
② 방송중계권수입의 분배금액이 줄어들기 때문이다.
③ 구단 수가 늘어나면 경기장수요가 늘어 자치단체와의 임재조건협상에서 불리해지기 때문이다.
④ 리그의 가치 훼손 위험에 대한 대가이다.

> 해설 창단가입금은 이미 만들어진 프로시장에 진출하기 위한 일종의 회비라고 볼 수 있으며, 신생팀의 리그 가입은 리그를 운영하는 주체의 승인에 의해 이루어지므로 리그의 가치를 훼손한다는 것과 관련성이 없다.

정답 12 ② 13 ① 14 ④

15 스포츠산업 진흥법령상 스포츠산업지원센터(이하 "지원센터"라 한다)에 대한 설명으로 옳지 않은 것은?

① 문화체육관광부장관은 「고등교육법」에 따른 대학 또는 전문대학을 지원센터로 지정할 수 있다.
② 지원센터는 스포츠산업 발전을 위한 지방자치단체와의 협조에 관한 사항 등의 기능을 행한다.
③ 문화체육관광부장관은 지원센터를 지정하려면 미리 해당 지방자치단체의 장의 의견을 들어야 한다.
④ 문화체육관광부장관은 「민법」에 따라 설립된 스포츠 분야의 법인을 지원센터로 지정하려면 지방자치단체의 장의 의견을 들어야 한다.

> 해설 **스포츠산업지원센터의 지정(「스포츠산업 진흥법」제14조)**
> • 문화체육관광부장관은 스포츠산업의 발전을 위하여 다음 어느 하나에 해당하는 기관을 스포츠산업지원센터(이하 "지원센터"라 한다)로 지정할 수 있다.
>   1. 국공립 연구기관
>   2. 「고등교육법」에 따른 대학 또는 전문대학
>   3. 「특정연구기관 육성법」에 따른 특정연구기관
>   4. 그 밖에 문화체육관광부령으로 정하는 기관
> • 지원센터는 다음의 기능을 행한다.
>   1. 스포츠산업 발전을 위한 지방자치단체와의 협조에 관한 사항
>   2. 스포츠산업체 발전을 위한 상담 등 지원에 관한 사항
>
> **스포츠산업지원센터의 지정(「스포츠산업 진흥법 시행령」제11조)**
> • 문화체육관광부장관은 지원센터를 지정하거나 지원센터의 지정을 해제하려면 미리 해당 지방자치단체의 장의 의견을 들어야 한다.
> • 다만, 다음의 기관을 지원센터로 지정하거나 그 지정을 해제하는 경우에는 해당 지방자치단체의 장의 의견을 듣지 아니할 수 있다.
>   1. 「국민체육진흥법」에 따른 서울올림픽기념국민체육진흥공단
>   2. 「민법」 또는 다른 법률에 따라 설립된 스포츠 분야의 법인

16 조직에서 시간이 지남에 따라 업무량과 무관하게 구성원 수가 증가하는 경향을 나타내는 법칙으로 옳은 것은?

① 파킨슨 법칙(Parkinson's Law)
② 파레토 법칙(Pareto Law)
③ 세이 법칙(Say's Law)
④ 하인리히 법칙(Heinrich's Law)

> 해설 • 파킨슨 법칙 : "업무는 주어진 시간을 다 채울 때까지 팽창한다"라는 명제로 잘 알려져 있으며, 시간이 지남에 따라 실제 업무량과 상관없이 조직의 구성원 수가 점점 증가하는 경향
> • 파레토 법칙 : 결과의 80%는 원인의 20%에서 나온다는 원리(매출의 80%가 상위 20% 고객에게서 발생)
> • 세이 법칙 : "공급이 수요를 창출한다"라는 고전 경제학의 법칙
> • 하인리히 법칙 : 1:29:300의 비율로 한 번의 대형 사고가 발생하기 전에는 같은 원인으로 29번의 작은 사고와 300번의 사소한 징후가 있었다는 통계적 경향을 보여주는 산업재해 이론

17 스포츠용품 유통 경로 중 프랜차이징 시스템을 이용하는 프랜차이즈 가맹점에 대한 설명으로 틀린 것은?

① 가맹점은 다른 가맹점을 통제할 수 있다.
② 가맹점 운영과 관련하여 본부의 통제를 받아야 한다.
③ 가맹점은 프랜차이즈 본부의 유명세로 광고·마케팅 비용을 절감할 수 있다.
④ 가맹점은 프랜차이즈 본부에 로열티 및 각종 비용을 지불하고 본부가 가지고 있는 특권을 이용한다.

> **해설** 프랜차이즈 계약은 가맹점 사업자가 프랜차이즈 본부의 영업표지를 사용하여 일정한 품질기준에 따른 상품 및 서비스를 판매하도록 약정하고, 이에 따른 대가로 가맹금을 지급하는 형태로, 가맹점 사업자는 프랜차이즈 본부의 통제를 받는다. 하지만 가맹점과 가맹점은 서로 다른 독립적인 점포이므로 상호 간의 통제권이 존재하지 않는다.

18 「스포츠산업 진흥법」에 따른 사업자단체의 설립 인가 신청 시 갖추어야 하는 요건으로 틀린 것은?

① 업종별 사업자가 100분의 50 이상 참여할 것
② 사업 수행을 위한 자금 조달 방안이 있을 것
③ 사업계획서가 스포츠산업 진흥의 목적에 부합할 것
④ 전문 교수요원을 확보하고 있을 것

> **해설** 사업자단체의 설립 인가(「스포츠산업 진흥법」 제20조)
> - 사업자단체의 설립 인가를 받으려는 자는 문화체육관광부령으로 정하는 바에 따라 문화체육관광부장관에게 설립 인가를 신청하여야 한다.
> - 문화체육관광부장관은 신청 내용이 다음의 요건을 모두 갖춘 경우에 그 설립을 인가한다.
>   – 사업계획서가 스포츠산업 진흥의 목적에 부합할 것
>   – 사업 수행을 위한 자금 조달 방안이 있을 것
>   – 업종별 사업자가 100분의 50 이상 참여할 것

19 소비자행동요인 중 심리적 요인이 아닌 것은?

① 역할과 지위
② 동기부여
③ 학습
④ 신념과 태도

> **해설** 소비자행동에 영향을 미치는 요인
> - 심리적 요인 : 욕구, 인식, 학습, 태도와 신념, 동기부여 등
> - 사회적 요인 : 공동체의식, 가족, 역할 및 지위 등
> - 문화적 요인 : 문화, 하위문화, 사회계층 등
> - 개인적 요인 : 연령 및 수명주기단계, 직업, 라이프스타일 등

정답 17 ① 18 ④ 19 ①

20 스포츠용품 인증제도 중 KISS 인증마크에 대한 설명 중 옳은 것은?

① 스포츠용품의 품질과 운동가능성을 과학적으로 평가하여 경기력 향상과 건강증진에 적합하다고 인정되는 제품을 인증한다.
② 국내 스포츠용품제조업의 특성에 적합한 인증을 부여할 수 있는 인증기관이다.
③ 스포츠용품의 인증을 위한 시험 및 스포츠용품의 연구개발을 위해 각종 시험장비를 갖춘 시험소를 구축하고 있다.
④ 스포츠용품 표준인증 및 연구개발 자료의 수집·분석으로 스포츠산 업체에 정보를 제공하여 인증을 획득하고, 제품개발을 지원한다.

해설 KISS 인증마크는 스포츠용품의 품질과 운동기능성을 과학적으로 평가하여 경기력 향상과 건강증진에 적합하다고 인정되는 제품에 부여하는 인증마크이다.

21 스포츠산업의 특성에 관한 설명으로 옳지 않은 것은?

① 스포츠산업은 복합적인 산업분류 구조를 갖는다.
② 스포츠산업은 공간에 제한을 받지 않으며, 쉽게 접근할 수 있는 특성을 지닌다.
③ 스포츠산업은 시간소비형 산업이다.
④ 스포츠산업은 오락성이 중심 개념인 산업이다.

해설 스포츠산업은 복합적인 산업분류의 구조를 가지며, 공간과 입지중심형 산업, 시간소비형 산업, 다른 분야와의 연계성 산업, 감동과 건강을 제공하는 산업, 오락성이 중심 개념인 사업의 특성을 갖는다.

22 정부나 자치단체가 스포츠이벤트 유치를 위한 정책적인 지원을 하는 이유와 가장 거리가 먼 것은?

① 지역경제 활성화
② 개최도시 홍보를 위한 도시 인지도 제고
③ 자국선수의 입상
④ 국민 및 지역주민에게 자긍심 고취

해설 정부나 지자체의 스포츠이벤트 유치는 사회·문화·경제적 측면에서의 효과를 창출하기 위함이다. 자국선수의 입상은 체육회를 비롯한 연맹 및 협회의 목표일 뿐 스포츠이벤트 유치의 이유와는 거리가 멀다.

23 스포츠 제품의 서비스적 특성에 해당하지 않는 것은?

① 무형성
② 분리성
③ 이질성
④ 소멸성

해설 스포츠의 서비스적 특성은 보거나 만질 수 없는 무형성, 생산과 소비가 동시에 이루어지는 비분리성, 품질이 고르지 않은 이질성, 판매되지 않는 서비스는 사라지는 소멸성이 있다.

24 스포츠산업 관련 법 중 스포츠산업의 진흥을 촉진하고 국민의 문화적인 삶의 향상과 경제 발전에 이바지하는 것을 목적으로 하는 것은?

① 국민체육진흥법
② 스포츠산업 진흥법
③ 생활체육진흥법
④ 바둑진흥법

해설 ① 국민체육진흥법 : 국민체육을 진흥하여 국민의 체력을 증진시키고 건전한 정신을 함양하여 명랑한 국민생활을 영위하려 한다.
③ 생활체육진흥법 : 생활체육과 전문체육의 연계를 강화하여 체육정책의 통일성 향상에 기여한다.
④ 바둑진흥법 : 바둑을 통해 국민의 여가선용 기회를 확대하고 건강한 정신을 함양함과 아울러 바둑의 세계화에 이바지한다.

25 다음 중 연봉상한제(Salary Caps)에 대한 설명으로 옳은 것은?

① 스포츠 선수가 특정 구단과 계약을 맺고 나면 그 선수가 은퇴할 때까지 선수에 대한 모든 권리를 구단이 독점적으로 행사할 수 있는 제도이다.
② 소속선수 연봉합계가 일정액을 초과할 수 없도록 되어 있는 제도이다.
③ 일정 자격 요건의 갖춘 선수를 프로연맹 등 스포츠 단체의 주관 아래 성적 역순 등의 다양한 방법으로 구단에게 지명권을 부여하고, 선수를 지명·선발하는 제도이다.
④ 구단이 선수의 보유권을 상실하거나 포기해 다른 어떤 구단과도 자유롭게 계약을 맺을 수 있는 제도이다.

해설 ①은 보류조항, ③은 드래프트제도, ④는 자유계약제도에 대한 설명이다.

정답 23 ② 24 ② 25 ②

제2과목　스포츠경영론

26 동기부여의 내용이론에 해당하지 않는 것은?

① 2요인 이론
② ERG 이론
③ 욕구단계 이론
④ 공정성 이론

> **해설** 동기부여는 내용이론과 과정이론으로 구분된다.
> - 내용이론 : 매슬로우(Maslow)의 욕구계층 이론, 알더퍼(Alderfer)의 ERG 이론, 허츠버그(Herzberg)의 2요인(동기-위생) 이론, 맥클리랜드(McClelland)의 성취동기 이론
> - 과정이론 : 브룸(Vroom)의 기대 이론, 포터(Poter) & 로울러(Lawler)의 기대 이론, 아담스(Adams)의 공정성 이론

27 스포츠 조직의 외부 자본 조달 방법 중 성격이 다른 것은?

① 주식발행
② 채권발행
③ 스폰서십
④ 은행차입

> **해설** 직접금융을 통한 외부 자본 조달 방법에는 주식발행, 채권발행, 민자유치, 기금, 회원권, 스폰서십이 있으며, 은행차입, 매입채무, 기업어음은 간접금융을 통한 외부 자본 조달 방법에 해당한다.

28 다음 중 승강제를 도입하고 있는 스포츠이벤트는?

① MLB
② KBL
③ EPL
④ NFL

> **해설** 승강제란 상위리그 하위 팀과 하위리그 상위 팀이 시즌 성적을 근거로 리그를 맞바꾸는 시스템이다. EPL은 하위권 3팀이 2부 리그로 강등되고, 2부 리그 상위 2팀과 플레이오프 우승 1팀이 EPL로 승격되는 승강제를 도입하여 운영하고 있다.

29 A프로농구 구단의 총자본이 1,000억 원이고, 당기순이익이 200억 원이라면 이 구단의 총자본이익율(ROI)은?

① 200%
② 500%
③ 5%
④ 20%

해설 총자본순이익률 = (당기순이익/총자본) × 100
= (200억/1000억) × 100
= 0.2 × 100
= 20

30 다음 중 스포츠에이전트의 역할과 가장 거리가 먼 것은?

① 선수의 연봉계약 협상
② 선수의 경력관리
③ 선수의 인지도 향상 및 이미지 개선 활동
④ 선발 및 후보 선수의 명단 작성

해설 스포츠에이전트는 스포츠 선수 또는 구단을 대신해 각종 계약을 체결하는 대리인의 역할로 선수 및 구단 간 연봉협상을 대리하거나 마케팅활동을 포함한 수익을 창출할 수 있는 전반적인 활동을 한다. 선수들이 운동에만 전념할 수 있도록 연봉협상에서 이적 및 은퇴, 선수의 대변인, 자산관리 등의 매우 폭넓은 범위의 일을 대행한다.

31 동기부여 관점에서 매슬로우의 욕구 단계 이론에 대한 설명으로 틀린 것은?

① 동기부여 이론 중 내용 이론에 해당된다.
② 각 욕구는 피라미드 형태로 구성된다.
③ 피라미드 형태의 하위 욕구와 상관없이 상위 계층의 욕구를 충족할 수 있다.
④ 최상위의 욕구는 자아실현의 욕구이다.

해설 매슬로우(Maslow)의 욕구계층 이론(동기부여의 내용 이론에 초점)
생리적 욕구-안전 욕구-소속에 대한 욕구-존경에 대한 욕구-자아실현 욕구를 의미하며, 우선 낮은 단계의 욕구를 충족하기 위해 동기가 유발되고, 가장 높은 단계의 욕구인 자아실현의 욕구가 충족할 때까지 계속된다.

정답 29 ④ 30 ④ 31 ③

32 사업단위들을 독립기업으로 운영하는 것보다는 다각화된 사업들을 통합·운영하여 시너지 효과를 얻을 수 있는 것을 전제로 하는 전략은?

① 기업 전략
② 사업부 전략
③ 기능별 전략
④ 영업 전략

> **해설** 다각화된 사업을 통합하여 기업 전체 수준으로 효율성을 높이고자 하는 전략이므로 기업 전략에 해당된다.

33 스포츠마케팅 조사연구단계에 관한 설명으로 가장 적합한 것은?

① 예비조사단계 : 문제인식, 상황분석, 조사계획 평가
② 조사계획단계 : 조사범위 및 내용의 구체화, 조사대상 결정, 조사방법 및 시기결정, 조사계획 평가
③ 본조사 및 분석단계 : 조사실시, 자료분석, 대안제시, 보고서 작성, 조사계획 평가, 선택된 대안 실행
④ 피드백단계 : 피드백, 선택된 대안 실행, 재계획 수립

> **해설** 조사계획단계는 조사범위 및 내용의 구체화, 조사대상 결정, 조사방법 및 시기결정, 조사계획 평가이며, 이 단계에서는 조사 목적에 맞는 범위와 대상을 선정하고 적합한 방법과 시기를 결정하여 계획의 타당성을 평가한다.

34 마케팅 조사유형 중 탐색조사에 해당하지 않는 것은?

① 관찰법
② 문헌조사
③ 패널조사
④ 사례조사

> **해설**
> - 패널조사는 수집한 자료를 분석하고 도출된 결과를 기술하는 기술조사에 해당한다. 기술조사에는 횡단조사, 종단조사, 패널조사 등이 있다.
> - 탐색조사는 조사설계를 확정하기 전 또는 연구문제에 대한 사전지식이 부족할 경우 예비로 실시하는 연구이다. 탐색조사는 예비연구이기 때문에 연구문제를 파악하고 연구의 우선순위를 수립할 수 있다. 또한 융통성 있게 운영할 수 있고, 수정이 가능하다. 탐색조사의 종류에는 관찰법, 문헌조사, 경험자 조사(전문가 의견조사), 특례(분석)조사, 사례조사 등이 있다.

35 수요예측기법을 질적 방법과 양적 방법으로 구분할 때 질적 방법으로 옳은 것은?

① 델파이법
② 지수평활법
③ 이동평균법
④ 회귀분석

해설 델파이법은 전문가들의 의견을 수집하여 결론에 도달하는 방법으로 미래를 예측하는 질적 방법에 해당한다.

36 다음은 어떤 경영정보시스템에 관한 설명인가?

> 정보시스템을 이용하여 경쟁사보다 정보우위와 경쟁우위를 달성하는 자원으로서의 정보의 역할이 중요시되는 시스템이다.

① TPS(Transaction Processing System)
② EIS(Executive Information System)
③ SIS(Strategic Information System)
④ DSS(Decision Support System)

해설
- TPS : 일상적이고 반복적인 거래를 손쉽게 기록하고 처리하는 정보시스템으로 기업의 가장 기본적인 역할을 지원하는 시스템
- EIS : 조직의 최고경영층에게 주요 성공요인과 관련된 내·외부 정보를 손쉽게 접할 수 있도록 해주는 시스템
- DSS : 반정형적 또는 비정형적인 의사결정을 컴퓨터를 이용해 지원하는 시스템

37 직무분석에 관한 설명으로 옳지 않은 것은?

① 직무분석은 직무와 관련된 정보를 수집·정리하는 활동이다.
② 직무분석을 통해 직무기술서와 직무명세서가 작성된다.
③ 직무기술서는 직무를 수행하는 데 필요한 인적요건을 중심으로 작성된다.
④ 직무평가는 직무분석을 기초로 이루어진다.

해설 직무기술서에는 직무명칭, 소속 직군 및 직종, 직무내용, 직무수행에 필요한 재료 및 도구, 직무수행 방법 및 절차, 작업조건, 직무가 이루어지는 환경 등이 기록된다. 인적요건을 중심으로 작성되는 것은 직무명세서이다.

정답 35 ① 36 ③ 37 ③

38 기술조사에 해당하지 않는 것은?

① 횡단조사
② 종단조사
③ 패널조사
④ 사례조사

해설
- 기술조사 : 횡단조사, 종단조사, 패널조사 등
- 탐색조사 : 관찰법, 문헌조사, 경험자 조사(전문가 의견조사), 특례(분석)조사, 사례조사 등

39 BCG매트릭스에서 높은 시장성장률과 높은 상대적 시장점유율의 전략사업 단위는?

① Question Mark
② Star
③ Cash Cow
④ Dog

해설
- Cash Cow : 높은 시장점유율, 낮은 시장성장률
- Question Mark : 낮은 시장점유율, 높은 시장성장률
- Star : 높은 시장점유율과 높은 시장성장률
- Dog : 낮은 시장점유율, 낮은 시장성장률

40 대형 스포츠이벤트의 설계 시 고려해야 할 사항 중 상대적으로 그 중요성이 떨어지는 것은?

① 운동선수와 경기장
② 소비자들의 선호도
③ 후원업체의 존재여부
④ 스포츠용품 제조업체

해설 ④ 운동선수와 경기장, 소비자 선호도, 후원업체는 스포츠이벤트의 성공을 좌우할 수 있는 중요요소이다. 스포츠용품 제조업체는 공인구, 경기시설 등을 제조하는 업체이므로 상대적 중요성이 떨어진다.

41 스포츠제품이 계획기간 내에 변화하는 수요를 가장 경제적으로 충족할 수 있도록 기업이 보유한 생산능력의 범위 내에서 생산수준, 고용수준, 재고수준, 하청수준 등을 결정하는 것은?

① 기준생산계획
② 총괄생산계획
③ 능력소요계획
④ 생산일정계획

해설 총괄생산계획은 중기계획으로 생산량, 재고수준, 고용수준, 잔업수준 등에 대한 총괄적인 계획을 의미한다.

42 온열질환 발생 시 응급 처치로 옳지 않은 것은?

① 시원한 곳에서 휴식하게 한다.
② 무조건 물을 섭취하여 수분을 보충해 준다.
③ 땀을 많이 흘렸을 때, 이온음료나 소금물을 마시게 한다.
④ 얼음주머니가 있을 시 목, 겨드랑이 밑, 서혜부(사타구니)에 대어 체온을 낮춘다.

해설 온열질환 중 열실신이 발생한 경우 의식이 없을 수 있다. 의식이 없을 때 억지로 물을 마시게 하면 기도로 물이 들어갈 수 있다. 따라서 환자가 의식이 있고, 의사소통이 가능할 경우 물을 천천히 마시게 해야 한다.

43 복수의 평가자가 적성검사, 심층면접, 시뮬레이션, 사례연구, 역할연기 등의 평가방법을 활용하여 지원자의 행동을 관찰 후 평가·선발하는 방법은?

① 다면평가법
② 행동평가법
③ 종합평가제도
④ 패널면접법

해설
- 다면평가법 : 기존 상사 위주의 일방적 평가와 달리 피고과자를 상사, 동료, 부하, 내외부 고객 등 여러 각도에서 전방위적으로 평가 및 피드백하고 피고과자를 지원, 개발하는 제도이다.
- 행동평가법 : 직접적인 평가과정으로 개인과 환경과의 상호작용을 양적으로 평가하는 것이다.
- 패널면접법 : 다수의 지원자와 다수의 면접관이 대화를 나누는 면접방법이다.

정답 41 ② 42 ② 43 ③

44 스포츠이벤트 기획서 작성 시 상황을 분석하여 해결해야 할 임무 또는 과제를 발견하여 과제와 목적, 콘셉트를 설정하는 단계로 옳은 것은?

① 도입단계
② 실행계획 수립단계
③ 실시단계
④ 평가단계

해설 스포츠이벤트 기획을 위한 목적 및 콘셉트 즉, 스포츠이벤트 기획의 방향성이나 목표를 설정하는 것은 도입단계에서 이루어진다.

45 페이욜(H. Fayol)이 제시한 관리원칙으로 옳지 않은 것은?

① 분권화의 원칙
② 계층화의 원칙
③ 분업화의 원칙
④ 지휘일원화의 원칙

해설 페이욜(H. Fayol)의 관리원칙 14가지
- 분업의 원칙
- 규율의 원칙
- 지휘일원화의 원칙
- 종업원 보상의 원칙
- 계층적 연쇄의 원칙
- 공정성의 원칙
- 창의력 개발의 원칙
- 권한과 책임의 원칙
- 명령일원화의 원칙
- 개인의 이익은 전체의 이익에 종속
- 집권화의 원칙
- 질서의 원칙
- 고용안정의 원칙
- 단결의 원칙

46 조직원들이 수직적 계열로 형성된 원래 조직의 구성원으로 있으면서 동시에 수평적 성격의 프로젝트 조직의 일원으로도 아울러 임무를 수행하게 되어있는 조직구조는?

① 프로젝트 조직(Project Organization)
② 기능별 조직(Functional Organization)
③ 사업부제 조직(Divisional Organization)
④ 매트릭스 조직(Matrix Organization)

해설 매트릭스 조직은 프로젝트 조직과 기능별 조직을 절충한 조직형태로 구성원 개인을 원래의 종적인 계열과 함께 횡적인 팀의 일원으로서 임무를 수행하게 하는 것을 의미한다.

47 프로야구 A구단의 재무상태가 유동자산 20억 원, 유동부채 50억 원 그리고 당기순이익이 20억 원이라고 한다면 이 구단의 유동비율은?

① 40%
② 62.5%
③ 70%
④ 72.5%

> 해설 유동비율(%) = (유동자산/유동부채) × 100
> = (20억/50억) × 100
> = 0.4 × 100
> = 40

48 체육시설의 설치·이용에 관한 법령상 수영장업 시설기준에 대하여 괄호 안에 들어갈 단어로 알맞은 것은?

> 수영조에서 동시에 수영할 수 있는 인원은 도약대의 높이·수심·수영조의 면적 및 수상안전시설의 구비 정도 등을 고려하여 특별자치시장·특별자치도지사·시장·군수 또는 구청장이 정하는 인원을 초과하지 아니하도록 하고, 도약대의 전면 돌출부의 최단 부분에서 반지름 3미터 이내의 수면에서는 (   ) 이상이 동시에 수영하도록 하여서는 아니 된다.

① 8명   ② 7명
③ 6명   ④ 5명

> 해설 도약대 전면 동출부의 최단 부분에서 반지름 3미터 이내의 수면에서는 5명 이상이 동시에 수영해서는 안 된다고 규정되어 있다.

49 민츠버그(H. Mintzberg)의 조직을 이루는 다섯 가지 기본 부문으로 옳지 않은 것은?

① 업무핵심층
② 전략상층부
③ 중간라인
④ 교섭자

> 해설 민츠버그(Mintzberg)의 조직을 이루는 다섯 가지 기본 부문
> • 업무핵심층 : 최종 생산물을 만드는 근로자들(일선경영자)
> • 전략상층부 : 조직의 주요 경영층(최고경영자)
> • 중간라인 : 중간경영층(중간경영자)
> • 테크노스트럭처 : 제품의 표준화 및 연구개발과 관련된 기술자
> • 지원스텝 : 조직운영을 위한 지원부서

정답 47 ① 48 ④ 49 ④

50 다음 중 스포츠제품 수요의 가격탄력성이 가장 높은 경우는?

① 대체자나 경쟁자가 거의 없을 때
② 구매자들이 구매습관을 바꾸기 어려울 때
③ 구매자들이 대체품의 가격을 쉽게 비교할 수 있을 때
④ 구매자들이 높은 가격이 그만한 이유가 있다고 생각할 때

해설 가격탄력성은 소비자가 가격변화에 얼마나 민감하게 반응하는지 둔감하게 반응하는지 확인하는 지표이다. 이에 경쟁자가 없거나 구매습관을 바꾸기 어려운 경우, 높은 가격이 그만한 이유가 있다고 인식하는 경우는 가격변화에 둔감하므로 가격탄력성이 낮으나 소비자가 대체품의 가격을 쉽게 비교할 수 있는 경우는 가격변화에 민감하므로 가격탄력성이 높다고 볼 수 있다.

제3과목 스포츠마케팅론

51 스포츠라이선싱에 관한 설명으로 틀린 것은?

① 스포츠라이선싱에는 촉진 라이선싱과 판매 라이선싱이 있다.
② 라이선싱은 구조적으로 불법복제와 저작권 침해, 암거래 문제와 현지에서의 마케팅 및 포장비용 문제를 안고 있다.
③ 라이선시는 라이선싱을 통하여 상표의 상업적 이용에 대한 권리를 지닌 사람이다.
④ 라이선싱을 통해서 스포츠단체는 재정적 이익을 기대할 수 있다.

해설 라이선시(Licensee)는 라이선서가 소유하고 있는 각종 자산을 이용하여 경제적 활동에 활용하기 위해 허락을 받는 개인이나 단체를 의미한다. 즉 라이선서가 상표의 상업적 이용에 대한 권리를 지니고 있다.

52 다음 사례의 표본추출방법은?

> 스포츠이벤트 입장권 예약 구매자를 대상으로 스포츠마케팅 조사를 하기 위해 학력과 연령, 성별에 따라 분류하고 각 집단의 크기에 비례하는 수만큼 무작위로 추출하였다.

① 판단표본추출법
② 할당표본추출법
③ 층화표본추출법
④ 계통표본추출법

해설
① 판단표본추출(Judgment or Purposive Sampling) : 모집단을 전형적으로 대표하는 것으로 판단되는 사례를 표본으로 선정하는 방법이다.
② 할당표본추출(Quota Sampling) : 비확률표본추출방법 중에서 가장 정교한 기법으로 연령, 성별, 학력, 직업, 지역 등 일정한 기준을 가지고, 사전에 이미 결정되어 있는 백분율 혹은 표본수와 일치하도록 표본을 추출하는 방법이다.
④ 계통적 표본추출법(Systematic Sampling) : 모집단을 구성하는 구성요소들이 자연적 순서 또는 일정한 질서에 따라 배열된 목록에서 매 k번째 요소를 추출하여 표본을 형성하는 표출방법이다.

53 스포츠이벤트의 설계 시에 고려해야 할 사항 중 상대적으로 그 중요성이 떨어지는 것은?

① 운동선수와 경기장
② 소비자들의 선호도
③ 후원업체의 전재여부
④ 스포츠용품 제조업체

해설
④ 스포츠용품 제조업체는 이벤트에 직접적인 영향을 미치기보다는 간접적 이해관계자에 가깝다. 후원사가 될 수는 있으나, 이벤트 설계 단계에서 상대적으로 중요성이 낮다.
① 운동선수와 경기장은 이벤트의 성패에 직접적으로 영향을 주는 핵심 요소이다.
② 소비자들의 선호도는 이벤트 기획의 수요 기반이므로 반드시 고려해야 하는 중요한 요소이다.
③ 후원업체의 전재여부는 재정적 기반과 마케팅 확산에 큰 영향을 주므로 주요 고려사항이다.

54 스포츠마케팅 조사에서 확률표본추출법이 아닌 것은?

① 단순무작위표본추출법
② 층화무작위표본추출법
③ 편의표본추출법
④ 군집표본추출법

해설 스포츠마케팅 조사에서 표본추출 방법은 크게 확률표본추출법(Probability Sampling)과 비확률표본추출법(Non-probability Sampling)으로 구분된다. ①, ②, ④는 확률표본추출법이다.
① 단순무작위표본추출법 : 모집단의 모든 요소가 동일한 확률로 선택됨
② 층화무작위표본추출법 : 모집단을 층으로 나눈 후 각 층에서 무작위 추출
④ 군집표본추출법 : 모집단을 여러 집단(군집)으로 나누고 무작위로 군집을 선택

정답 52 ③ 53 ④ 54 ③

55 매복마케팅의 특징이 아닌 것은?

① 경쟁관계에 있는 공식스폰서에 못지않은 비용을 투입한다
② 사전에 철저하게 계획되거나 의도된 활동이다
③ 공식스폰서가 얻을 수 있는 효과를 상대적으로 강화한다.
④ 특정 제품이나 기업의 촉진을 목적으로 한다

해설 ① · ② · ④는 매복마케팅의 특징에 해당된다. ③은 공식스폰서의 효과를 매복마케팅을 통해 강화하려는 목적이 아니라 상대적으로 약화시키거나 역으로 공식스폰서의 효과를 취하는 데 목적이 있다.

56 스포츠라이선싱 계약의 분류에 대한 설명과 가장 거리가 먼 것은?

① 한 가지 계열의 제품을 한 지역에서만 판매하는 것이 독점 라이선싱이다.
② 한 제품에 두 개 이상 라이선시의 이미지를 부착하는 것이 공통 라이선싱이다.
③ 선물증정품에 라이선시가 이미지를 부착하는 것이 촉진 라이선싱이다.
④ 판매제품에 라이선시가 이미지를 부착하는 것이 촉진 라이선싱이다.

해설 ④ 판매제품에 라이선시가 이미지를 부착하는 것은 판매 라이선싱이다.

57 관계마케팅의 등장배경과 가장 거리가 먼 것은?

① 정보통신기술의 급격한 발전
② 구매자 중심시장에서 판매자 중심시장으로 전환
③ 고객욕구 다양화로 고객만족이 더욱 어려워짐
④ 시장규제 완화로 신규 시장 진입기회 증가에 따른 경쟁자의 증가

해설 관계마케팅은 거래 당사자인 고객과 지속적으로 유대관계를 형성, 유지함으로써 관계를 강화하고 상호 간의 이익을 극대화할 수 있는 다양한 마케팅활동이다.
② 판매자 중심에서 구매자 중심으로 전환됨에 따라 관계마케팅이 등장하게 되었다.
① 정보통신기술의 급격한 발전으로 구매자와 판매자 간의 긴밀한 관계 유지가 가능하게 되었다.
③ 고객욕구 다양화로 고객만족이 더욱 어려워져 고객과의 지속적인 관계 형성이 필요하게 되었다.
④ 시장규제 완화로 신시장 진입기회 증가에 따른 경쟁자의 증가로 소비자와의 지속적인 관계 유지 및 강화가 강조되고 있다.

58 다음에서 설명하는 시장 커버리지 전략은?

> 2개 또는 그 이상의 세분시장을 표적시장으로 선정하고 각각의 세분시장에 적합한 제품과 마케팅프로그램을 개발하여 공급하는 전략

① 비차별화전략
② 차별화전략
③ 집중화전략
④ 확장전략

해설 ① 비차별화전략 : 소비자들의 욕구가 동질적이어서 세분화가 어렵거나 특정 세분시장이 다른 세분시장에 비해 규모가 월등히 큰 경우 또는 기업이 다양한 마케팅을 구사할 역량이 없는 경우 사용하는 전략이다.
③ 집중화전략 : 단일제품으로 단일세분시장을 공략하는 전략이다.
④ 확장전략 : 사업확장, 브랜드 또는 제품계열의 길이 등을 확장할 때 사용하는 전략이다.

59 제품 개발 시 기존의 브랜드자산이 크다고 판단되는 경우, 기존 제품범주에 속하는 신제품에 그 브랜드명을 그대로 사용하는 전략은?

① 라인확장(Line Extension)
② 복수상표(Multi-brand)
③ 상향확장(Upward Stretch)
④ 채널확장(Channel Extension)

해설 ① 라인확장 : 기존 제품범주 내에서 새로운 형태, 색상, 크기, 원료를 도입한 신제품을 출시하고 여기에 기존 브랜드명을 사용하는 것
② 복수상표 : 기존의 사업분야와 다른 별도의 신규사업에 진출할 때 기업명이 복수상표로 적합하지 않거나 차별화가 필요한 경우 개발
③ 상향확장 : 더 넓은 시장을 유인하기 위해 계열 내에 기존제품보다 더 높은 가격의 제품을 추가하는 전략
④ 채널확장 : 제품의 유통경로로 특정 상품이 생산자로부터 최종 소비자에게 넘어갈 때까지 거쳐 가는 과정을 확장하는 것

정답 58 ② 59 ①

60 생산성을 높이고, 유통을 효율화하는 등 주로 원가절감에 관심을 갖는 마케팅 개념으로 옳은 것은?

① 생산 개념
② 관계마케팅 개념
③ 통합마케팅 개념
④ 내부마케팅 개념

해설 ② 관계마케팅 : 거래 당사자인 고객과 지속적으로 유대관계를 형성, 유지함으로써 관계를 강화하고 상호 간의 이익을 극대화할 수 있는 다양한 마케팅활동
③ 통합마케팅 : 한 가지 채널을 활용하지 않고 통합적인 채널을 마케팅 수단으로 활용하여 고객과의 소통을 통해서 고객과의 관계를 강화하고 가치를 교환하는 마케팅 수단
④ 내부마케팅 : 조직 내 인적자원을 대상으로 한 마케팅활동

61 '스포츠의 마케팅'에 관한 설명으로 옳지 않은 것은?

① 스포츠 자체를 제품화하여 스포츠소비자와 제품을 직접 교환하는 활동이다.
② 선수, 팀, 구단 그리고 스포츠이벤트에 대한 권한을 가지고 있는 스포츠조직과 같은 스포츠주관자가 주체이다.
③ 스포츠는 재정확보를 위한 핵심제품이다.
④ 스포츠마케팅 분야 안에서 '스포츠를 이용한 마케팅'과 독립적인 마케팅 과정이다.

해설 스포츠마케팅 분야 중 '스포츠의 마케팅'과 '스포츠를 이용한 마케팅'은 상호 보완적인 마케팅 과정이다.

62 타당도는 낮으나 신뢰도가 높은 검사는 어떤 검사인가?

① 검사방법은 맞으나 일관성이 낮다.
② 검사방법은 맞으나 일관성이 높다.
③ 검사방법은 틀리나 일관성이 낮다.
④ 검사방법은 틀리나 일관성이 높다.

해설 타당도(Validity)와 신뢰도(Reliability)의 관계를 생각하면 쉽게 풀 수 있다.
타당도는 검사방법이 '맞는지', 즉 검사 도구가 실제로 측정하려는 것을 제대로 측정하는가? 신뢰도는 검사결과가 '일관성 있게' 나오는가? 즉 반복 측정해도 안정적인 결과가 나오는가?
"타당도는 낮으나 신뢰도가 높은 검사"는 검사방법은 틀렸지만, 일관성은 높다는 의미이다.

63 상품화 사업이나 라이선싱 사업에서 소비자와 기업에 미치는 브랜드효과에 관한 설명으로 틀린 것은?

① 법적보호를 받을 수 있고 경쟁기업과 차별화할 수 있는 상표권을 설정할 수 있다.
② 유통채널이 판매리스크를 줄이기 위해 적극적으로 취급하려고 한다.
③ 프로모션 의존도가 커질 수 있기 때문에 높은 마진의 실현이 어려울 수 있다.
④ 브랜드 정보에 의해 구매결정이 신속해질 수 있다.

해설 ③ 프로모션 의존도가 커질 수 있기 때문에 높은 마진의 실현이 어려울 수도 있지만 이것 때문에 높은 마진을 볼 수 없다고 단정할 수 없다.

64 마케팅 거시환경 분석 중 소득수준, 경기변동, 경상수지 등은 어떤 요인에 해당하는가?

① 인구통계적 요인
② 기술적 요인
③ 정치사회적 요인
④ 경제적 요인

해설 마케팅 거시환경 분석 요인
- 인구통계학적 요인 : 사람에 관련된 요인으로는 저출산·고령화·1인 가구 증가 등
- 사회·문화적 환경 요인 : 혼밥문화, 복고 유행 문화 등
- 정치·법적 환경 요인 : 정부가 시행하는 법적 조치에 따른 요인으로, 전염병으로 인한 집합 제한 등
- 자연환경 요인 : 환경오염으로 인한 미세먼지 증가, 홍수, 계절변화 등
- 기술적 환경 요인 : 기술이 발전하면서 생겨나는 변화로 전기차 생산 등
- 경제환경 요인 : 국가의 경제적 요인으로, 물가·원화가치 상승, 소득수준, 경기변동, 경상수지 등

65 브랜드 관리 전략의 순서로 알맞은 것은?

㉠ 브랜드 인지
㉡ 브랜드 이미지 구축
㉢ 브랜드 자산 가치화
㉣ 팬 충성도 확대

① ㉠ ㉡ ㉣ ㉢
② ㉡ ㉠ ㉢ ㉣
③ ㉠ ㉡ ㉢ ㉣
④ ㉡ ㉠ ㉣ ㉢

해설 브랜드 관리 전략은 보통 인지 → 이미지 → 자산화 → 충성도 순으로 발전한다.

정답 63 ③ 64 ④ 65 ③

66 다음의 설명에 해당하는 스포츠제품의 수명주기는?

> • 제품이 대부분의 잠재적 소비자에게 수용됨으로써 매출성장률이 둔화되는 시기이다.
> • 이미지 광고를 통해 제품 차별화 시도 및 제품의 존재를 확인시키는 광고가 필요하다.

① 도입기
② 성장기
③ 성숙기
④ 쇠퇴기

해설
- 도입기(Introduction Stage)
  - 신제품이 시장에 처음 출시, 소비자 인지도가 낮음, 마케팅·광고비용 많이 투입
  - 시장에 존재를 알리고, 초기 소비자(Innovators) 확보
  - 집중적인 홍보, 체험 마케팅, 이벤트 제공
- 성장기(Growth Stage)
  - 소비자 수용이 빠르게 증가, 매출 급증, 경쟁자 진입 시작
  - 시장점유율 확대, 브랜드 충성도 강화
  - 제품 차별화, 유통 확대, 가격 경쟁
- 성숙기(Maturity Stage)
  - 대부분의 잠재소비자에게 수용, 매출 성장률 둔화, 경쟁 치열
  - 브랜드 이미지 강화, 충성고객 유지, 차별화된 마케팅
  - 이미지 광고, 브랜드 아이덴티티 확립, 가격·서비스 경쟁
- 쇠퇴기(Decline Stage)
  - 소비자 관심 감소, 대체재 등장, 매출 하락
  - 비용 최소화, 시장 철수 또는 틈새시장 공략
  - 프로모션 강화, 재고정리, 신제품 전환

67 브랜드에 대한 설명으로 옳지 않은 것은?

① 자산으로서의 가치를 가질 수 있다.
② 소비자의 충성도를 높이는 중요한 요소이다.
③ 기업이 실행하는 유통, 촉진 등 마케팅활동의 대상이 된다.
④ 소비자가 구매의 대상이 되는 상품들을 평가하는 사고비용(Thinking Cost)을 증가시킨다.

해설 사고비용 : 브랜드 간 비교를 위하여 정보처리에 들어가는 정신적 비용을 의미한다. 브랜드 자체에 정보(이미지, 선호도, 인지도, 품질, 기능, 가격 등)가 집약되어 있으므로 정보처리에 들어가는 정신적 비용을 감소시키는 역할을 한다.

68 포터(M. Porter)의 본원적 경쟁전략 중 한정된 특정시장을 목표로 하는 전략으로 옳은 것은?

① 제품수명주기 전략
② 비용우위 전략
③ 집중화 전략
④ 차별화 전략

해설 마이클 포터는 기업이 경쟁우위를 확보하기 위해 사용할 수 있는 3가지 기본 전략을 제시했다.
- 비용우위 전략(Cost Leadership)
  - 전체 시장을 대상으로 최저 비용으로 경쟁하는 전략
  - 규모의 경제, 효율적 운영, 저원가 구조 확보
- 차별화 전략(Differentiation)
  - 전체 시장을 대상으로 차별적 가치 제공
  - 독창적인 브랜드 이미지, 품질, 서비스, 디자인 강조
- 집중화 전략(Focus Strategy)
  - 특정 세분시장(Niche Market)에 집중하여 경쟁우위 확보
  - 비용집중(Cost Focus) : 특정 시장에서 저비용으로 경쟁
  - 차별화집중(Differentiation Focus) : 특정 시장에서 차별화된 가치를 제공

69 다음 중 올림픽 최초로 흑자를 기록한 올림픽은?

① 1972년 뮌헨 올림픽
② 1980년 모스크바 올림픽
③ 1984년 LA 올림픽
④ 1988년 서울 올림픽

해설 ① 1972년 뮌헨 올림픽 : 대규모 테러 사건(뮌헨 참사)로 안전 문제가 부각되었고, 대회 운영에서도 적자 발생
② 1980년 모스크바 올림픽 : 소련 개최. 서방 국가들의 대규모 보이콧으로 흥행 실패, 적자 기록
④ 1988년 서울 올림픽 : 대규모 흑자를 기록했으나, 최초는 아님

70 관람 스포츠산업과 참여 스포츠산업에 대한 설명으로 가장 적합한 것은?

① 관람 스포츠산업의 시장은 경쟁시장이다.
② 참여 스포츠산업의 시장은 비경쟁시장이다.
③ 고객의 구조에 있어서 참여 스포츠산업의 시장은 복잡하지만 관람 스포츠산업의 시장은 단순하다.
④ 참여 스포츠산업은 최대보다 최적 서비스 제공 수준에서 고객들의 만족도가 높다.

해설 ① 관람 스포츠산업은 독점적 경쟁시장(Oligopoly)이다.
② 참여 스포츠산업은 다양한 사업자가 경쟁하므로 경쟁시장이다.
③ 참여 스포츠산업 시장과 관람 스포츠산업 시장은 상황이나 대상에 따라 복잡할 수도 있고 단순할 수도 있다.

정답 68 ③ 69 ③ 70 ④

71 다음 중 표본추출 과정으로 옳은 것은?

① 표본프레임의 결정 → 모집단 확정 → 표본크기의 결정 → 표본추출방법의 결정 → 표본추출
② 모집단 확정 → 표본프레임의 결정 → 표본추출방법의 결정 → 표본크기의 결정 → 표본추출
③ 모집단 확정 → 표본추출방법의 결정 → 표본크기의 결정 → 표본프레임의 결정 → 표본추출
④ 표본크기의 결정 → 표본프레임의 결정 → 표본추출방법의 결정 → 모집단 확정 → 표본추출

해설 표본추출 과정의 올바른 순서는 다음과 같다.
- 모집단 확정 : 연구 대상이 되는 전체 집단을 정의(전국 대학생, 특정 지역 성인 등)
- 표본프레임 결정 : 모집단을 실제로 확인할 수 있는 명부나 목록, 즉 표본추출이 가능한 단위 결정(학생 명부, 주민등록부, 회원 리스트 등)
- 표본추출방법 결정 : 확률표본추출(단순무작위, 층화, 군집 등)과 비확률표본추출(편의, 판단, 할당 등) 중 어떤 방법을 사용할지 결정
- 표본크기 결정 : 연구 목적, 통계적 신뢰도, 비용 등을 고려해 표본 수 산정
- 표본추출 : 실제 표본을 뽑아내는 단계

72 다음 A구단이 25만 개의 입장권을 모두 판매했을 때, 손익분기점을 달성하기 위한 입장권의 최소가격과 그에 따른 입장권당 이익으로 옳은 것은?

> 연간 10억 원의 고정비용을 지출하는 A구단의 입장권 생산 능력이 25만 개이고, (입장권)단위당 변동비는 3,000원이다.

① 제품가격 5,500원, 개당이익 2,500원
② 제품가격 6,000원, 개당이익 3,000원
③ 제품가격 7,000원, 개당이익 4,000원
④ 제품가격 10,500원, 개당이익 7,500원

해설 손익분기점은 총비용과 총수익이 일치하는 지점을 의미한다. 이때 총비용은 고정비용 10억 원에 변동비(25만 개 × 3,000원) 7억 5천만 원을 합하면 17억 5천만 원이다. 따라서 총수익이 17억 5천만 원이 되기 위해서는 입장권 즉 제품가격이 1장당 7,000원(25만 장 × 7,000원)이어야 한다. 그리고 입장권 1장당 이익은 7,000원 − 3,000원 = 4,000원이 된다.

73 월드컵 TV방송 프로그램의 구조에 관한 설명으로 틀린 것은?

① FIFA는 방송중계권료를 받는 대신 중계권을 제공한다.
② 방송사는 스폰서로부터 광고비를 받고 광고효과를 제공한다.
③ 공식스폰서는 FIFA에 비용을 지분하고 FIFA는 방송사에 공식스폰서의 광고계약을 한다.
④ 기업은 촉진효과를 기대하고 FIFA에 스폰서십 비용을 지불한다.

> **해설** ③ 방송사와의 광고 계약은 스폰서 기업과 방송사 간에 별도로 계약해야 하는 사항이다.

74 스포츠 전체 시장을 세분화하고, 특정 목표시장을 선정하고, 차별화를 통해 자사의 브랜드 이미지, 제품, 서비스를 포지셔닝하는 마케팅전략은?

① SWOT
② STP
③ FCB 그리드전략
④ 포트폴리오전략

> **해설** ① SWOT 분석 : 기업 내부 · 외부 환경을 강점(Strength), 약점(Weakness), 기회(Opportunity), 위협(Threat)으로 분석하는 도구
> ③ FCB 그리드전략 : 소비자 행동을 고관여/저관여, 이성/감성으로 나눠 광고 · 홍보 전략을 설계하는 모델
> ④ 포트폴리오전략 : 제품군이나 사업단위별로 자원 배분 및 성장 전략을 수립하는 방법

75 A기업과 B프로야구단이 관객용 응원용품에 대한 라이선싱 계약을 하려고 한다. 법률적으로 보호받기 위해 필요한 일반적 계약조항들과 가장 거리가 먼 것은?

① A기업의 사업영역과 독점권에 관한 권리양도 가능성
② A기업이 제조한 응원용품에 대한 품질관리와 품질인증 절차
③ 한국야구위원회(KBO)의 응원용품 라이선싱에 대한 권리
④ 소비자 및 제3자에 대한 책임보험과 손해배상

> **해설** 구단과 기업 간의 라이선싱 계약이므로 리그를 관리하는 한국야구위원회(KBO)와는 계약 시 관계가 없다.

정답 73 ③ 74 ② 75 ③

제4과목 스포츠시설론

76 다음 중 FCB Grid 모델에서 엄격히 회원관리가 이루어지는 고가의 골프장 회원권, 고가의 다기능 휘트니스 기구 등이 해당하는 공간은?

① 고관여/이성 공간
② 고관여/감성 공간
③ 저관여/이성 공간
④ 저관여/감성 공간

> 해설 FCB Grid 모델(Foote, Cone & Belding Grid)은 소비자의 구매 행동을 관여도(고관여/저관여), 의사결정 방식(이성/감성)으로 구분해 4가지 공간으로 나눈 이론이다.

77 스포츠시설의 프로그램 개발과정에 해당하는 내용으로 옳은 것

① 계획-조직-수행-평가
② 조직-계획-수행-평가
③ 조직-수행-계획-평가
④ 수행-평가-계획-조직

> 해설 스포츠시설 프로그램은 단순히 운영되는 것이 아니라 체계적인 개발과정을 거쳐야 한다. 일반적으로 프로그램 개발은 경영관리의 PDCA(Plan-Do-Check-Act) 사이클과 유사하게 진행된다.
> - 계획(Planning) : 프로그램의 목표 설정, 대상 집단, 필요 분석, 예산 수립, 세부 일정 설계
> - 조직(Organizing) : 인력 배치, 시설 및 장비 준비, 운영 조직 체계 확립
> - 수행(Operating/Executing) : 실제 프로그램 진행, 참가자 관리, 안전 관리, 서비스 제공
> - 평가(Evaluating) : 성과 측정(만족도, 참여율, 비용 대비 효과 등), 개선점 도출 및 차기 프로그램 반영

78 체육시설의 설치·이용에 관한 법규상 4륜 자동차 경주장업의 시설기준으로 틀린 것은?

① 출발지점에서 첫 번째 곡선 부분 시작지점까지는 250미터 이상의 직선구간이어야 한다.
② 트랙의 폭은 11미터 이상 15미터 이하이어야 한다.
③ 트랙은 길이 2킬로미터 이상으로서 출발지점과 도착지점이 연결되는 순환형태여야 한다.
④ 트랙의 바닥면은 반드시 포장이어야 한다.

> 해설 「체육시설의 설치·이용에 관한 법률 시행규칙」에 따른 4륜 자동차 경주장업의 시설기준은 다음과 같다.
> - 출발지점에서 첫 번째 곡선 부분 시작지점까지는 250미터 이상의 직선 구간 → 고속 주행에 따른 안전 확보를 위해 필요
> - 트랙의 폭은 11m 이상 15m 이하 : 안전 주행 및 추월 가능성을 고려한 폭 규정
> - 트랙은 길이 2km 이상, 순환 형태(출발·도착 연결) : 국제 경기 규격 및 안전 기준 충족
> - 트랙의 바닥면은 반드시 포장 : 실제 규정은 '포장 또는 비포장도 가능'으로 되어 있어, 포장만 강제하지 않음. 모래, 흙, 비포장 상태도 경기 성격에 따라 허용

79 스포츠시설 입지의 고려요인과 가장 거리가 먼 것은?

① 소비자의 접근용이성
② 조직구성원의 임파워먼트(Empowerment)
③ 경쟁자의 위치
④ 인력과 지역사회 발전 정도

> **해설** 스포츠시설 입지선정 시 고려요인은 주로 외부 환경과 접근성과 관련된다.
> ② 조직구성원의 임파워먼트(Empowerment)는 직원 권한 강화, 의사결정 참여 정도는 시설 입지와 직접적인 관련이 없다.
> ① 고객이 쉽게 방문할 수 있는 위치를 선택하는 것은 필수 요소이다.
> ③ 경쟁 시설과의 거리, 시장 포화 상태를 고려 → 경쟁 전략에 영향
> ④ 인력과 지역사회 발전 정도 : 직원 채용 용이성, 지역사회 참여와 지원 가능성 → 입지 결정 시 고려

80 지역특성별 스포츠시설 설치 시 고려해야 할 사항이 아닌 것은?

① 지역특성에 적합한 운동종목 선택
② 이용고객 예측에 따른 규모의 설정
③ 고정적인 가격정책으로 이용자의 신뢰 확보
④ 소비자의 이용시간대 및 선호 프로그램 조사

> **해설** 지역특성별 스포츠시설 설치 시 고려해야 하는 사항은 지역 환경과 소비자 특성에 맞는 계획이 핵심이다.
> • 지역특성에 적합한 운동종목 선택 : 해당 지역 인구, 문화, 기후 등과 맞는 종목 선택
> • 이용고객 예측에 따른 규모 설정 : 예상 참여인구에 맞춰 시설 규모 결정
> • 소비자의 이용시간대 및 선호 프로그램 조사 : 프로그램 편성, 운영 시간 결정 시 필수
> • 고정적인 가격정책으로 이용자의 신뢰 확보 : 가격은 시장 상황, 경쟁, 수요에 따라 탄력적으로 조정해야 함. 고정 가격만으로 신뢰 확보는 어려움

81 농어촌형 스포츠시설 관련 특성과 가장 거리가 먼 것은?

① 시장이 좁기 때문에 상대적으로 경쟁이 약하다.
② 인구유출로 인한 고객 확보의 어려움이 있다.
③ 여가시간이 많기 때문에 스포츠활동의 호응도가 높다.
④ 소득이 낮고 노동시간이 길어 고객유치가 어렵다.

> **해설** 농어촌형 스포츠시설의 특성은 주로 인구, 경제, 접근성, 여가 패턴과 관련이 있다.
> ① 인구 밀집도가 낮아 시설 경쟁이 상대적으로 적음
> ② 청년층 유출, 고령화 등으로 잠재 고객 확보가 어려움
> ③ 농어촌 지역 주민은 농·어업 중심 노동으로 노동시간이 길고, 여가시간이 적어 호응도가 높지 않음
> ④ 경제적 여건과 시간 부족으로 시설 이용률 낮음

정답 79 ② 80 ③ 81 ③

82 스포츠시설에서 기존고객 유지를 통한 기대효과와 가장 거리가 먼 것은?

① 시설에 대한 전반적인 관리보수 비용이 적게 든다.
② 신규고객 유치를 위한 광고 및 홍보비를 절감할 수 있다.
③ 새로운 이벤트 개발 등 스포츠시설 이용 매력도 향상에 꾸준한 역량을 투입할 수 있다.
④ 매출액의 지속적인 유지 및 증가를 기대할 수 있다.

> **해설** 기존고객 유지를 통해 기대할 수 있는 효과는 시설의 관리에 대한 비용이 아닌 고객관계 관리 비용이 적게 든다는 것이다. 또한 시설에 대한 전반적인 관리보수는 꾸준히 이루어져야 한다.

83 다음 중 가중치 이용법으로 평가했을 때 가장 적합한 스포츠센터 시설의 입지는?

입지요인	가중치	A	B	C	D
시설물 지대	0.3	80	80	70	90
유동·거주인구	0.2	80	90	80	70
교통환경	0.3	80	90	90	90
지역사회태도	0.2	90	70	100	70

① A
② B
③ C
④ D

> **해설** 종합점수=Σ(요인점수×가중치)
>
> | 후보지 | 시설물 지대 (0.3) | 유동·거주인구 (0.2) | 교통환경 (0.3) | 지역사회태도 (0.2) | 종합점수 |
> | --- | --- | --- | --- | --- | --- |
> | A | 80 × 0.3 = 24 | 80 × 0.2 = 16 | 80 × 0.3 = 24 | 90 × 0.2 = 18 | 82 |
> | B | 80 × 0.3 = 24 | 90 × 0.2 = 18 | 90 × 0.3 = 27 | 70 × 0.2 = 14 | 83 |
> | C | 70 × 0.3 = 21 | 80 × 0.2 = 16 | 90 × 0.3 = 27 | 100 × 0.2 = 20 | 84 |
> | D | 90 × 0.3 = 27 | 70 × 0.2 = 14 | 90 × 0.3 = 27 | 70 × 0.2 = 14 | 82 |

84 체육시설의 설치·이용에 관한 법령상 체육시설업의 시설 기준에서 공통기준에 포함되는 필수시설에 대한 설명으로 틀린 것은?

① 자동차경주장업에는 탈의실을 대신하여 세면실을 설치할 수 있다.
② 적정한 환기시설을 갖추어야 한다.
③ 무도학원업 체육시설의 조도(照度)는 「산업표준화법」에 따른 조도기준에 맞아야 한다.
④ 골프장업에는 응급실을 갖추지 아니할 수 있다.

> **해설** 「체육시설의 설치·이용에 관한 법령」상 체육시설업 시설 기준에서 공통적으로 요구되는 필수시설 관련 사항은 다음과 같다.
> - 환기시설 : 모든 체육시설은 적정한 환기시설을 갖추어야 함
> - 탈의실·세면실 : 대부분 체육시설은 탈의실과 세면실을 갖추어야 함. 자동차경주장업의 경우 특성상 탈의실 대신 세면실 설치 가능
> - 응급실 : 골프장업 등 일부 시설은 응급실 설치 의무가 없으며, 응급조치용 장비와 공간만 요구됨
> - 조도 기준 : 무도학원업 등 체육시설은 조도 기준을 「산업표준화법」이 아니라 체육시설업법령 및 관련 시행규칙에 따라 정함

85 스포츠 시설 이용자들의 유사한 특징을 갖는 집단을 구분하여 전개하는 마케팅전략은?

① 차별화전략
② 세분화전략
③ 집중화전략
④ 무차별전략

> **해설** ① 여러 시장 세그먼트를 대상으로 서로 다른 마케팅 전략 전개. 세분화 후 적용
> ③ 특정 세분시장(Niche Market)에 집중하여 전략 적용
> ④ 전체 시장을 하나로 보고 동일한 전략 적용

86 체육시설의 설치·이용에 관한 법령상 체육시설의 종류 중 시설형태에 따른 구분으로 해당되지 않는 것은?

① 운동장
② 종합체육시설
③ 무도장
④ 가상체험 체육시설

> **해설** 「체육시설의 설치·이용에 관한 법령」상 체육시설의 종류는 주로 시설형태에 따라 구분된다.
> - 운동장 : 육상, 구기, 축구, 야구 등 외부 경기 및 훈련용 시설
> - 종합체육시설 : 다목적 체육활동 가능, 실내·외 시설을 함께 갖춘 시설
> - 무도장 : 무도학원업에 해당하는 업종 구분이지, 시설형태 구분에는 포함되지 않음
> - 가상체험 체육시설 : VR·시뮬레이션 등 가상 체육 체험 가능 시설

정답 84 ③ 85 ② 86 ③

87 개인이나 지방자치단체가 소유하고 있는 경기장에 기업이 자신의 이름을 사용할 수 있는 권리는?

① 구장명칭사용권
② 구단명칭사용권
③ 네이밍 라이선스권
④ 경기장 스폰서십권

> **해설**
> ① 구장명칭사용권(Stadium Naming Rights) : 개인이나 지자체가 소유한 경기장에 기업이 자신의 이름을 사용할 수 있는 권리
> ② 구단명칭사용권 : 구단 이름 사용 권리(팀 명칭 스폰서)
> ③ 네이밍 라이선스권 : 일반적으로 상품·서비스 브랜드와 관련된 권리
> ④ 경기장 스폰서십권 : 경기장 내 광고, 배너 등 스폰서 권리, 명칭 사용과는 별도

88 시설 이용 및 해당 시설의 유지·관리라는 측면에서 스포츠시설이 충족시켜야 할 기본 조건과 가장 거리가 먼 것은?

① 사용자들의 발육단계에 따라 다양한 시설 및 용구를 구비해야 한다.
② 견고하고 안전해야 한다.
③ 사용자나 지역사회의 요구도가 높아야 한다.
④ 단일 목적의 시설 및 용구를 우선적으로 구비해야 한다.

> **해설** 스포츠시설이 시설 이용과 유지·관리 측면에서 충족해야 하는 기본 조건은 다음과 같다.
> • 다양성 : 사용자들의 연령, 발달 단계, 신체적 능력에 맞춘 다양한 시설과 용구 필요
> • 안전성 및 견고성 : 시설물과 장비는 내구성이 있어야 하고, 안전사고 예방이 필수
> • 사용자 및 지역사회 요구 반영 : 시설 운영과 프로그램 구성 시 지역 주민과 이용자 요구 반영
> • 단일 목적 시설 우선 : 현대 스포츠시설은 다목적·다기능 시설이 바람직하며, 단일 목적 시설 우선은 기본 조건과 거리가 있음

89 국내 프로구단의 경기장 내 수입원으로 가장 거리가 먼 것은?

① PSL(Personal Seat Licensing) 판매수입
② 주차장, 인근상권개발과 네이밍 라이트(Naming Right) 등 수익사업
③ 입장권 판매
④ 라이선스 및 머천다이징 판매수입

> **해설** 프로구단의 경기장 내 수입원은 경기장 운영과 직접적으로 연관된 수익을 의미한다.
> ① 특정 좌석 권리를 구매하도록 하는 비용으로 경기장 내 좌석 관련 수익이다.
> ② 경기장과 직접 연관된 부가 수익이다.
> ③ 경기장 관람객에서 발생하는 직접적인 수익이다.
> ④ 팀 브랜드를 활용한 상품 판매 수익이다. 경기장 밖에서도 발생 가능하며, 경기장 내 직접 수익원과는 거리가 있다.

90 경기장 매점에서 창출할 수 있는 수입의 규모 요인과 가장 거리가 먼 것은?

① 관중 수
② 구장의 크기
③ 초기투자 규모
④ 이벤트의 유형

해설 경기장 매점 수입은 판매 가능한 제품과 관중 소비 패턴에 의해 좌우된다.
② 구장의 크기 : 구장 면적 자체가 매점 수입에 직접적 영향은 없음. 구장이 크다고 해서 매출이 늘어나지 않으며, 매점 위치나 관중 수가 핵심 요인
① 관중 수 : 많을수록 매점 방문객과 매출 증가
③ 초기투자 규모 : 시설, 장비, 재고 확보 등 매점 운영 규모 결정
④ 이벤트의 유형 : 인기 경기, 콘서트, 이벤트 등 → 방문객 구매력과 참여도에 영향

91 스포츠이벤트 후 선수들이 인터뷰를 할 때 선수 뒤의 광고판을 이용하여 후원 브랜드를 노출하는 광고를 뭐라고 하는가?

① 인도스먼트 광고
② 백드롭 광고
③ 네트광고
④ 바닥광고

해설 ② 백드롭 광고(Backdrop Advertising)는 스포츠이벤트에서 선수, 감독, 코치 등 인터뷰 대상 뒤에 배치된 광고판을 통해 브랜드를 노출하는 광고
① 인도스먼트 광고(Endorsement Advertising) : 유명인, 선수 등이 브랜드를 추천하는 광고
③ 네트광고(Net Advertising) : 경기장 네트, 배트, 골대 주변 등 설치 광고
④ 바닥광고(Floor Advertising) : 경기장 바닥, 코트 표면 등을 이용한 광고

92 스포츠시설 가격정책 중 초기에 매우 낮은 가격을 책정하고 시간이 흐름에 따라 가격을 점차 높여 단기적 이익을 희생하여도 장기적으로 이를 상쇄하고도 남을 정도의 이익을 얻기 위한 정책으로 옳은 것은?

① 침투가격정책
② 고소득 흡수가격정책
③ 원가기준가격정책
④ 지각된 가치기준 가격정책

해설 침투가격정책은 초기에 저렴한 가격으로 시설 이용의 수용도를 높이고 경쟁 시설의 시장참여를 효과적으로 저지함으로써 장기적으로 이익을 기대할 수 있는 가격정책이다

93 경기장 내 A보드 광고에 대한 설명으로 옳지 않은 것은?

① 경기장 입장관객뿐만 아니라 TV중계 시청자에게 광고효과를 기대할 수 있다.
② 경기장 외측 면을 따라 설치되는 것이 일반적이다.
③ 광고효과 제고를 위해 LED 등을 활용하기도 한다.
④ 설치위치에 따른 광고비용의 차이가 없는 장점을 가진다.

> **해설** A보드 광고는 더 많은 노출이 가능한 위치에 설치할수록 광고비용이 올라간다.

94 체육시설의 설치·이용에 관한 법률상 손해보험에 반드시 가입해야 하는 사업자는?

① 무도장업
② 체육도장업
③ 골프연습장업
④ 체력단련장업

> **해설** 「체육시설의 설치·이용에 관한 법률」에 따르면 손해보험 가입 의무 사업자는 이용자의 안전사고 위험이 상대적으로 높은 업종에 적용된다.
> ① 무도장업 : 격투기, 태권도, 유도 등 접촉·충돌 운동을 수행하기 때문에 사고 발생 위험이 높아 손해보험 가입이 의무이다. 하지만 체육도장업, 골프연습장업, 체력단련장업은 상대적으로 사고 위험이 낮거나, 법적으로 손해보험 가입 의무가 없다.

95 체육시설의 설치·이용에 관한 법령상 조정장 시설기준에 관한 설명으로 옳지 않은 것은?

① 10척 이상의 조정을 갖추어야 한다.
② 수면은 폭 50미터 이상, 길이 200미터 이상이어야 한다.
③ 수심은 1미터 이상이어야 한다.
④ 유속은 시간당 5킬로미터 이하여야 한다.

> **해설** 조정장 및 카누장은 5척 이상의 조정(카누)을 갖추어야 한다. 또한 수면은 폭 50미터 이상 길이 200미터 이상이어야 하고, 수심은 1미터 이상이어야 하며, 유속은 시간당 5킬로미터 이하여야 한다.

96 체육시설의 설치·이용에 관한 법령상 회원의 보호에 관한 규정이다. 다음 빈칸에 들어갈 숫자를 순서대로 나열한 것은?

> 3. 연회원에 대한 입회금액의 반환 연회원이 회원자격의 존속기한이 끝나 입회금의 반환을 요구하는 경우에는 요구한 날부터 (　)일 이내에 반환하여야 한다.
> 4. 회원증의 확인·발급 회원이 입회한 날부터 (　)일 이내에 회원증을 작성하여 회원에게 확인·발급하여야 한다.

① 10, 30
② 10, 20
③ 15, 20
④ 15, 30

해설 연회원이 회원자격 존속기한이 끝나 입회금 반환 요구 시 10일 이내에 반환하여야 하고, 회원이 입회한 날부터 30일 이내에 회원증을 작성하여 문화체육관광부령으로 정하는 바에 따라 회원에게 확인·발급하여야 한다.

97 체육시설의 설치·이용에 관한 법령상 체육도장업의 영업범위에 해당하지 않는 운동종목은?

① 검도
② 레슬링
③ 카라테
④ 우슈

해설 검도, 레슬링, 우슈는 체육도장업의 영업범위에 속하는 종목이다. 하지만 "카라테"는 주어진 선택지 중에서 체육도장업의 영업범위에 해당하지 않는 운동 종목이다.

98 다음 중 스포츠시설 고객 유지관리의 발전방향을 나열한 것으로 옳은 것은?

> ㄱ. 고객유치단계　ㄴ. 상호작용단계　ㄷ. 관계유지단계　ㄹ. 관계발전단계

① ㄱ → ㄴ → ㄷ → ㄹ
② ㄴ → ㄱ → ㄹ → ㄷ
③ ㄴ → ㄷ → ㄱ → ㄹ
④ ㄱ → ㄷ → ㄹ → ㄴ

해설 고객 유지관리의 단계는 '고객유치 → 관계유지 → 관계발전 → 상호작용'의 순으로 나타난다.

99 스포츠시설 관리 운영 시 지켜야 할 원칙으로 가장 옳지 않은 것은?

① 우수한 시설관리자의 확보
② 시설의 투자 확대
③ 각 담당자 간의 긴밀한 협조체계 구축
④ 시설관리기술에 대한 지속적인 능력 배양 및 투자

> **해설** 스포츠시설 관리·운영 시 지켜야 할 원칙은 효율적, 안전하고 지속 가능한 관리를 중심으로 한다.
> ② 무조건적 투자 확대는 원칙이 아니다. 관리 원칙은 효율적 투자와 유지·보수를 중심으로 해야 한다.
> ① 전문성과 경험 있는 인력 확보로 안전·운영 효율성이 향상한다.
> ③ 운영·관리·안전 등 부서 간 협력이 중요하다.
> ④ 최신 관리 기술 습득과 교육은 운영 품질 향상에 영향을 미친다.

100 체육시설의 설치·이용에 관한 법령상 100만 원 이하의 과태료 부과대상에 해당하지 않는 것은?

① 변경등록을 하지 아니하고 영업을 한 자
② 체육지도자를 배치하지 아니하거나 체육지도자 자격이 없는 자를 배치한 자
③ 시설물의 보수 등 필요한 조치에 대한 이행 명령을 준수하지 아니한 체육시설의 소유자
④ 안전·위생 기준을 위반한 자

> **해설** 안전·위생 기준을 위반한 자는 3년 이하의 징역 또는 3천만 원 이하의 벌금에 처한다.

CHAPTER 05 2025년 3회 필기 기출복원문제

제1과목 스포츠산업론

01 다음 중 스포츠제품 수요의 가격탄력성이 가장 높은 경우로 옳은 것은?

① 대체재나 경쟁자가 거의 없을 때
② 구매자들이 구매습관을 바꾸기 어려울 때
③ 구매자들이 대체품의 가격을 쉽게 비교할 수 있을 때
④ 구매자들이 높은 가격이 그만한 이유가 있다고 생각할 때

해설 가격탄력성은 소비자가 가격변화에 얼마나 민감 혹은 둔감하게 반응하는지 확인하는 지표이다. 경쟁자가 없거나 구매습관을 바꾸기 어려운 경우, 높은 가격이 그만한 이유가 있다고 인식하는 경우는 가격변화에 둔감하므로 가격탄력성이 낮으나 소비자가 대체품의 가격을 쉽게 비교할 수 있는 경우는 가격변화에 민감하므로 가격탄력성이 높다고 볼 수 있다.

02 스포츠 비즈니스에서 선수가 주체인 거래형태와 가장 거리가 먼 것은?

① 초상권
② 라이선싱
③ 인도스먼트
④ 타이틀 스폰서

해설 타이틀 스폰서는 일반기업이 스포츠 조직에 스폰서료를 주고 대회의 타이틀(명칭)에 기업명 혹은 기업의 브랜드를 노출하는 스폰서십 형태이므로 기업이 주체가 된다.

정답 01 ③ 02 ④

03 스포츠이벤트 생산자가 티켓 유통대행사를 선정할 때 유의할 사항을 모두 고른 것은?

> ㉠ 대행사 선정 시 주도권을 확보하기 위해 복수 후보자와 협상한다.
> ㉡ 티켓 대행사의 직원들이 상품생산자들의 내외부 상황요인을 잘 이해하고 있는지 판단한다.
> ㉢ 티켓 대행사에 대한 감사권을 가질 수 있는지 여부를 판단한다.
> ㉣ 티켓 대행사가 소비자들에게 전가하는 비용을 통제할 수 있는지 검토한다.

① ㉠, ㉢
② ㉠, ㉡, ㉣
③ ㉡, ㉢, ㉣
④ ㉠, ㉡, ㉢, ㉣

해설 스포츠이벤트 생산자가 티켓 유통대행사를 선정할 때는 4개의 예시 모두 고려해야 한다. 특히 티켓 대행사의 소비자 전가 비용은 티켓 예매 가격 변동과 예매와 관련된 불만사항이 제기될 수 있으므로 이를 통제할 수 있는지 검토하는 것은 중요하다고 볼 수 있다.

04 스포츠마케팅 환경요인 중 외적 환경요인으로 옳지 않은 것은?

① 공급업자
② 경쟁자
③ 소비자
④ 기업문화

해설 스포츠마케팅의 환경요인은 크게 내부 환경요인과 외부 환경요인으로 구분되며 기업문화는 기업 내부에서 형성되는 내부 환경요인에 해당된다.

05 지방자치단체가 스포츠이벤트 유치경쟁에 나서는 이유로 가장 거리가 먼 것은?

① 지역 팀 및 선수의 경기력 강화
② 지역경제 활성화 효과
③ 지역 인지도 제고
④ 지역주민의 자긍심 고취

해설 정부나 지자체의 스포츠이벤트 유치는 사회·문화·경제적 측면에서의 효과를 창출하기 위함이며 지역 팀 및 선수의 경기력 강화는 스포츠팀(구단)의 목표일 뿐 스포츠이벤트 유치의 경쟁과는 거리가 멀다.

06 스포츠 프로퍼티 개발에 따른 상품 중 후원 형태의 프로퍼티 확장으로 옳지 않은 것은?

① 공식 스폰서
② 공식 공급업체
③ 공식 상품화권자
④ 공식 좌석분양권

해설 │ 기업들은 스포츠 프로퍼티를 통한 마케팅활동을 하며, 스포츠 관련 상품(프로스포츠구단, 스포츠이벤트 등)의 프로퍼티 가치가 높을수록 보다 적극적인 투자 및 활동을 한다. 스포츠스폰서십의 대표 유형인 공식 스폰서, 공식 공급업체, 공식 상품화권자는 기업이 스포츠 프로퍼티를 이용하는, 스폰서로 참여하는 대표 스포츠마케팅활동이 되며 이를 통해 기업의 프로퍼티를 증대하려는 목표로 수행된다.

07 한국표준산업분류에서 '스포츠서비스업(911)'에 해당하지 않는 것은?

① 경기장 운영업
② 체력단련시설 운영업
③ 골프연습장 운영업
④ 유원지 및 테마파크 운영업

해설 │ 유원지 및 테마파크 운영업은 유원지 및 기타 오락 관련 서비스업(912)에 해당한다.

정답 06 ④ 07 ④

08 스포츠라이선스 상품 생산업체가 월드컵 공식공급업체 자격을 취득한 후 추진할 일련의 과정을 바르게 나열한 것은?

> ㉠ 수요예측
> ㉡ 소비자 및 시장 환경 분석
> ㉢ 스포츠 상품 배치
> ㉣ 스포츠 상품 설계
> ㉤ 스포츠 상품 운영
> ㉥ 품질관리

① ㉠ → ㉡ → ㉢ → ㉣ → ㉤ → ㉥
② ㉠ → ㉡ → ㉣ → ㉢ → ㉤ → ㉥
③ ㉡ → ㉠ → ㉣ → ㉢ → ㉤ → ㉥
④ ㉡ → ㉠ → ㉢ → ㉣ → ㉤ → ㉥

해설 생산관리는 일반적으로 소비자 및 시장분석의 내·외부환경에 대한 평가에서 시작되며, 이를 토대로 공급 및 수요 예측, 품질관리 등의 일련의 과정을 거치게 된다. 소비자 및 시장 환경 분석 → 수요예측 → 스포츠 상품 설계 → 배치 → 운영 → 품질관리의 순서로 진행된다.

09 다음 중 국내 스포츠산업이 성장할 수 있는 배경이 아닌 것은?

① 프로선수의 해외진출이 늘어나고 있다.
② 국제대회 및 유치에 따라 스포츠 저변 확대가 되고 있다.
③ 영화나 음반 산업 등 엔터테인먼트산업의 시설투자가 증가하고 있다.
④ 인터넷으로 스포츠경기 일정 등 정보를 쉽게 얻을 수 있다.

해설 엔터테인먼트산업은 스포츠산업과 다른 시장 영역이므로 엔터테인먼트산업의 시설투자 증가는 스포츠산업의 성장과는 관련성이 없다.

10 스포츠산업 특수분류 v3.0에서 세분류 스포츠 의류 및 관련 섬유 제조업의 세세분류로 옳지 않은 것은?

① 스포츠 의류 제조업
② 캠핑용 직물제품 제조업
③ 스포츠 관련 의류부분품 제조업
④ 스포츠 가방 제조업

해설 스포츠 가방 제조업은 스포츠 가방 및 신발 제조업의 세세분류에 해당한다.

11 스포츠산업 진흥법령상 스포츠산업지원센터(이하 "지원센터"라 한다)에 대한 설명으로 옳지 않은 것은?

① 문화체육관광부장관은 「고등교육법」에 따른 대학 또는 전문대학을 지원센터로 지정할 수 있다.
② 지원센터는 스포츠산업 발전을 위한 지방자치단체와의 협조에 관한 사항 등의 기능을 행한다.
③ 문화체육관광부장관은 지원센터를 지정하려면 미리 해당 지방자치단체의 장의 의견을 들어야 한다.
④ 문화체육관광부장관은 「민법」에 따라 설립된 스포츠 분야의 법인을 지원센터로 지정하려면 지방자치단체의 장의 의견을 들어야 한다.

> **해설** 스포츠산업지원센터의 지정(「스포츠산업 진흥법」 제14조)
> • 문화체육관광부장관은 스포츠산업의 발전을 위하여 다음 어느 하나에 해당하는 기관을 스포츠산업지원센터(이하 "지원센터"라 한다)로 지정할 수 있다.
>   1. 국공립 연구기관
>   2. 「고등교육법」에 따른 대학 또는 전문대학
>   3. 「특정연구기관 육성법」에 따른 특정연구기관
>   4. 그 밖에 문화체육관광부령으로 정하는 기관
> • 지원센터는 다음의 기능을 행한다.
>   1. 스포츠산업 발전을 위한 지방자치단체와의 협조에 관한 사항
>   2. 스포츠산업체 발전을 위한 상담 등 지원에 관한 사항
>
> 스포츠산업지원센터의 지정(「스포츠산업 진흥법 시행령」 제11조)
> • 문화체육관광부장관은 지원센터를 지정하거나 지원센터의 지정을 해제하려면 미리 해당 지방자치단체의 장의 의견을 들어야 한다.
> • 다만, 다음의 기관을 지원센터로 지정하거나 그 지정을 해제하는 경우에는 해당 지방자치단체의 장의 의견을 듣지 아니할 수 있다.
>   1. 「국민체육진흥법」에 따른 서울올림픽기념국민체육진흥공단
>   2. 「민법」 또는 다른 법률에 따라 설립된 스포츠 분야의 법인

12 국내에 거주하는 모든 생산자가 생산한 스포츠 재화의 서비스의 시장가치가 국민경제에서 차지하고 있는 연간 규모를 파악하기 위한 지표를 뭐라고 하는가?

① 국민스포츠총생산
② 국가스포츠총생산
③ 국내스포츠총생산
④ 스포츠산업총생산

> **해설** 국내총생산(GDP)은 한 나라의 영역 내에서 가계, 기업, 정부 등 모든 경제 주체가 일정 기간 생산 활동에 참여하여 부가가치 또는 최종생산물을 시장가격으로 평가한 합계이다.
> 이에 국내스포츠총생산(SGDP)은 스포츠산업 내에서 스포츠 관련 기업이 일정 기간 생산 활동에 참여하여 부가가치를 창출하는 행위로 볼 수 있으므로 스포츠 관련 기업이 투자를 통해 지위 획득이나 새로운 생산물을 통해 부가가치를 창출하는 활동이 포함될 수 있다.

13 스포츠산업 진흥법령상 문화체육관광부장관이 스포츠산업과 관련된 기술개발을 위한 자금을 지원할 수 있는 기관으로 명시되지 않은 것은?

① 「고등교육법」에 따른 대학, 산업대학, 전문대학 또는 기술대학
② 「정부출연연구기관 등의 설립·운영 및 육성에 관한 법률」에 따른 정부출연연구기관
③ 「특정연구기관 육성법」에 따른 특정연구기관
④ 「국민체육진흥법」에 따른 서울올림픽기념국민체육진흥공단

> **해설** 기술개발의 지원·출연 대상과 사업(「스포츠산업 진흥법 시행령」 제4조 제1항)
> 문화체육관광부장관이 지원하거나 출연할 수 있는 대상은 다음 각 호의 어느 하나에 해당하는 기관, 법인, 단체 또는 사업자로 한다.
> 1. 「특정연구기관 육성법」에 따른 특정연구기관
> 2. 「정부출연연구기관 등의 설립·운영 및 육성에 관한 법률」에 따른 정부출연연구기관
> 3. 「고등교육법」에 따른 대학, 산업대학, 전문대학 또는 기술대학
> 4. 그 밖에 문화체육관광부장관이 스포츠산업 관련 기술개발을 추진하기 위하여 필요하다고 인정하는 기관, 법인, 단체 또는 사업자

14 스포츠산업 진흥법령상 문화체육관광부장관이 스포츠산업 전문인력 양성기관에 보조할 수 있는 경비로 명시되지 않은 것은?

① 전문인력 양성교육에 대한 조사·연구 비용
② 교육자료의 개발 및 보급에 필요한 비용
③ 교육장소 임대비 및 장비 구입비
④ 공동이용시설의 설치비·운영비

> **해설** 경비의 보조(「스포츠산업 진흥법 시행령」 제6조)
> 문화체육관광부장관은 전문인력 양성기관에 다음에 따른 경비의 전부 또는 일부를 보조할 수 있다.
> • 전문인력 양성교육 프로그램 운영에 필요한 비용
> • 전문인력 양성교육에 대한 조사·연구 비용
> • 교육자료의 개발 및 보급에 필요한 비용
> • 교육장소 임대비 및 장비 구입비

15 스포츠산업 진흥법에 대한 설명으로 옳지 않은 것은?

① 국가 및 지방자치단체는 스포츠산업의 진흥을 위하여 필요한 시책을 수립·시행하여야 한다.
② 지방자치단체는 문화체육관광부장관의 인가를 받아 업종별로 사업자단체를 설립할 수 있다.
③ 문화체육관광부장관은 스포츠산업의 육성과 기술개발을 위하여 스포츠산업 관련 상품의 품질 향상에 필요한 지원을 할 수 있다.
④ 문화체육관광부장관은 선수의 권익을 보호하고, 스포츠산업의 건전한 발전을 위하여 공정한 영업질서의 조성 등 필요한 시책을 강구하여야 한다.

> **해설** 사업자단체의 설립(「스포츠산업 진흥법」 제20조)
> 스포츠산업 사업자는 스포츠산업의 진흥과 상호 협력증진 등을 위하여 대통령령으로 정하는 바에 따라 문화체육관광부장관의 인가를 받아 업종별로 사업자단체를 설립할 수 있다.

16 스포츠산업 진흥법령상 빈칸 안에 들어갈 숫자로 옳은 것은?

> 문화체육관광부장관은 스포츠산업 진흥에 관한 기본적이고 종합적인 중장기 진흥기본계획을 (　　)마다 수립·시행한다.

① 1년　　　　　　　　　　　② 3년
③ 5년　　　　　　　　　　　④ 10년

> **해설** 기본계획의 수립 등(「스포츠산업진흥법 시행령」 제2조)
> 문화체육관광부장관은 「스포츠산업진흥법」 제5조 제1항에 따른 중장기 진흥기본계획을 5년마다 수립하여 시행하여야 한다.

17 우리나라 스포츠산업 정책의 변천에 관한 설명으로 옳지 않은 것은?

① 1990년 전까지는 스포츠산업체가 대부분 소규모 영세업체로 운영되었기에 정부로부터 정책적 지원 대상에서 제외되었다.
② 「체육시설의 설치·이용에 관한 법률」 제정으로 민간 체육시설업의 효율적인 관리와 체계적인 육성할 수 있는 기반이 마련되었다.
③ 제1차 국민체육진흥 5개년 계획은 '스포츠산업'이라는 용어가 처음 사용됨으로써 스포츠를 산업적 시각에서 다루었다.
④ 2000년대 스포츠산업 정책은 스포츠산업 육성대책(2001), 스포츠산업 비전2010(2005), 2009~2013 스포츠산업 중장기계획(2008)이 있다.

> **해설** 스포츠산업이라는 용어를 처음 사용하여 스포츠를 산업적 시각에서 다루게 된 것은 제2차 국민체육진흥 5개년 계획 때부터이다.

정답　15 ②　16 ③　17 ③

18 스포츠 제품의 생산비용으로 가장 옳지 않은 것은?

① 프로스포츠팀 유지 비용
② 경기용품 비용
③ 시설사용 관련 비용
④ 프로모션 비용

> 해설   팀 유지 비용, 용품 비용, 시설 비용은 스포츠제품의 생산관리와 밀접한 관련을 맺지만, 프로모션 비용은 생산된 스포츠 제품의 수익 창출을 위해 수행되므로 생산비용과는 거리가 멀다.

19 다음 중 국민체육진흥기금의 설치·운용과 스포츠 진흥을 위해 국가와 지방자치단체의 역할을 규정하고 있는 법령은 무엇인가?

① 국민체육진흥법
② 스포츠산업 진흥법
③ 생활체육진흥법
④ 장애인체육진흥법

> 해설   「국민체육진흥법」은 국민체육진흥에 필요한 기금의 마련과 운영을 위해 국민체육기금을 두며, 체육진흥투표권을 발행하도록 하고 있다.

20 스포츠산업에서 스포츠서비스 제품의 특성으로 가장 옳지 않은 것은?

① 무형성이다.
② 생산과 소비가 동시에 이루어진다.
③ 소멸성이다.
④ 생산자의 통제가 가능하다.

> 해설   스포츠서비스는 보거나 만질 수 없는 무형성, 생산과 소비가 동시에 이루어지는 비분리성, 품질이 고르지 않은 이질성, 판매되지 않는 서비스는 사라지는 소멸성의 특성을 갖는다.

18 ④ 19 ① 20 ④   정답

21 스포츠산업 진흥법령에 명시된 지방자치단체가 프로스포츠단 사업추진에 지원할 수 있는 경비로 옳지 않은 것은?

① 프로스포츠단의 부대시설 구축을 위한 비용
② 각종 국내·국제 운동경기대회의 개최비와 참가비
③ 선수 양성교육에 대한 조사·연구 비용
④ 유소년 클럽 및 스포츠교실의 운영비

> **해설** 프로스포츠단 창단에의 출자·출연 등(「스포츠산업 진흥법 시행령」 제13조 제2항)
> 지방자치단체 또는 공공기관이 법 제17조 제2항에 따라 프로스포츠단 사업 추진에 지원할 수 있는 경비의 범위는 다음과 같다.
> - 프로스포츠단의 운영비(인건비 포함)
> - 프로스포츠단의 부대시설 구축을 위한 비용
> - 각종 국내·국제 운동경기대회의 개최비와 참가비
> - 유소년 클럽 및 스포츠교실의 운영비
> - 그 밖에 프로스포츠단의 활성화를 위하여 필요한 경비

22 조직의 슬림화를 통해 능률의 증진을 추구하는 경영기법으로 옳은 것은?

① 리엔지니어링(Reengineering)
② 컨커런트 엔지니어링(Concurrent Engineering)
③ 리스트럭처링(Restructuring)
④ 다운사이징(Downsizing)

> **해설** ① 기업의 체질 및 구조와 경영방식을 근본적으로 재설계하여 경쟁력을 확보하는 기법
> ② 제품의 디자인에서 생산에 이르기까지 각 과정의 설계 작업을 동시에 수행함으로써 생산리드타임을 획기적으로 단축시키는 기법
> ③ 구조조정 혹은 사업 재구축이란 명칭으로도 사용되며, 경영 상태를 개선하기 위해 사업의 종류와 내용을 의도적이고 계획적으로 선택하는 기법

23 스포츠 콘텐츠 유통경로의 다양화와 가장 밀접한 관계가 있는 것으로 옳은 것은?

① 경기장 건설 기술의 발전
② 광고기법의 발전
③ 선수 경기력의 향상
④ 정보통신기술의 발전

> **해설** 콘텐츠란 각종 유무선 통신망을 통해 제공되는 디지털 정보를 통칭하여 이르는 말이므로 스포츠 콘텐츠의 유통경로 다양화는 정보통신기술의 발전과 연관이 있다.

24 스포츠시장에 제공되는 스포츠제품 중 비즈니스 주체의 성격이 다른 것으로 옳은 것은?

① TV중계권
② 선수초상권
③ 골프장회원권
④ 경기관람권

해설 TV중계권, 선수초상권, 경기관람권은 프로스포츠시장을 중심으로 이루어지는 비즈니스이나 골프장회원권은 참여스포츠시장을 중심으로 이루어지는 비즈니스이다.

25 스포츠 상품에 대한 설명으로 옳지 않은 것은?

① 스포츠 상품은 여러 가격변수들이 구성되는 경우가 많아 스포츠 수요를 제대로 분석하기 어려운 경우가 발생한다.
② 테니스라켓과 테니스공은 보완재이다.
③ 한 상품의 가격변화가 다른 상품의 수요에 영향을 미치지 않을 때 두 상품은 대체재의 관계에 있다.
④ 소비자의 소득수준이 변하더라도 수요량이 변하지 않는 재화를 중립재라고 한다.

해설 한 상품의 가격이 상승(하락)하면 다른 상품의 수요가 증가(감소)할 때 서로 다른 두 상품을 대체제라 하므로 한 상품의 가격변화가 다른 상품의 수요에 영향을 미칠 때 두 상품은 대체재의 관계에 있다고 볼 수 있다.

제2과목 스포츠경영론

26 알더퍼의 ERG이론 중 존재 욕구는 매슬로우의 욕구 중 어느 단계에 해당하는가?

① 생리적 욕구-안전 욕구
② 안전 욕구-사회적 욕구
③ 사회적 욕구-존경 욕구
④ 존경 욕구-자아실현 욕구

해설 알더퍼의 ERG이론은 매슬로우의 5단계 욕구를 세 가지 범주로 재구성한 것이다.
• 존재 욕구 : 생리적 욕구, 안전욕구
• 관계 욕구 : 사회적 욕구, 존경 욕구
• 성장 욕구 : 존경욕구, 자아실현 욕구

27 다음 중 동기부여의 이론이 바르게 연결되지 않은 것은?

① 아담스(Adams) - 공정성이론
② 맥클리랜드(McClelland) - 성취동기이론
③ 브룸(Vloom) - 욕구계층이론
④ 알더퍼(Alderfer) - ERG이론

해설 동기부여는 내용이론과 과정이론으로 구분된다.
- 내용이론: 매슬로우(Maslow)의 욕구계층이론, 알더퍼(Alderfer)의 ERG이론, 허츠버그(Herzberg)의 2요인(동기-위생)이론, 맥클리랜드(McClelland)의 성취동기이론
- 과정이론: 브룸(Vroom)의 기대이론, 포터(Poter) & 로울러(Lawler)의 기대이론, 아담스(Adams)의 공정성이론

28 다음 괄호에 들어갈 말로 알맞은 것을 고르시오.

스포츠경영환경을 조직에 대한 영향력이 직접적인가 간접적인가에 따라 분류할 때, (㉠)은 특정 조직에 직접적으로 영향을 미치는 환경으로 조직에 따라 상이하게 발생될 수 있고 구체적 환경이라고도 한다. 이에 비하여 (㉡)은 개별조직 단위에 직접적인 영향을 미친다기보다는 사회의 모든 조직에 유사하게 영향을 미치는 것으로 (㉠)에 비하여 그 범위가 넓고 경영에 미치는 영향이 간접적이다.

① ㉠ : 일반환경 ㉡ : 내부환경
② ㉠ : 과업환경 ㉡ : 일반환경
③ ㉠ : 내부환경 ㉡ : 과업환경
④ ㉠ : 일반환경 ㉡ : 과업환경

해설 과업환경은 조직 활동에 직접적으로 영향을 미치는 환경요소로, 내부 환경요소와 외부 환경요소 모두가 과업환경에 해당된다. 일반환경은 조직 활동에 간접적으로 영향을 미치는 환경요소로, 인구통계학적 환경, 경제 상황, 정치적 환경, 기술 발전, 사회·문화적 환경 등이 해당된다.

29 프로젝트 추진을 위해 일시적으로 구성되었다가 프로젝트 종료 후 해체되는 조직유형은?

① 유기적 조직구조
② 기계적 조직구조
③ 관료제 조직구조
④ 애드호크라시 구조

해설 애드호크라시는 다양한 전문적인 기술을 가진 사람들이 프로젝트를 위해 일시적으로 조직되었다가 신속히 주어진 과업을 해결한 후 해체되는 조직을 의미한다.

정답 27 ③ 28 ② 29 ④

30 변혁적 리더십의 특징으로 옳지 않은 것은?

① 부하들에게 장기적인 목표를 위해 노력하도록 동기를 부여한다.
② 부하들에게 즉각적·가시적인 보상으로 동기를 부여한다.
③ 질문을 하여 부하들에게 스스로 해결책을 찾도록 격려하거나 함께 일을 한다.
④ 부하들에게 자아실현과 같은 높은 수준의 개인적인 목표를 동경하도록 동기를 부여한다.

> **해설** 부하들에게 조건이고 가시적인 보상으로 동기부여를 하는 것은 거래적 리더십의 특징이다.

31 적시생산시스템(JIT)에 대한 설명으로 옳지 않은 것은?

① 공간절약을 통해 비용을 절감하고자 함
② 재고를 최소화하고자 함
③ 유럽의 자동차회사에서부터 시작되었음
④ 대량의 반복생산체제에 적합함

> **해설** 적시생산시스템(JIT)은 제품생산에 요구되는 부품 등 자재를 필요한 시기에 필요한 수량만큼 조달하여 낭비적 요소를 근본적으로 제거하려는 생산시스템을 의미하며, 일본 도요타 자동차의 초대 사장인 도요타 기이치로가 창안한 생산방식이다.

32 다음 보기에서 설명하는 생산시스템으로 옳은 것은?

> • 원재료, 부품, 반제품 등과 같은 종속적 수요의 재고에 대한 주문 및 생산계획을 처리하도록 만들어진 정보시스템
> • 재고관리 및 일정계획과 통제의 두 가지 기능을 동시에 수행하는 기법

① 공급사슬관리(SCM)
② 자재소요계획(MRP)
③ 적시생산시스템(JIT)
④ 컴퓨터통합생산(CIM)

> **해설**
> • 공급사슬관리(SCM) : 공급자로부터 기업 내 변환과정, 유통망을 거쳐 최종 고객에 이르기까지 자재, 서비스 및 정보의 흐름을 전체 시스템의 관점에서 관리하는 것
> • 적시생산시스템(JIT) : 제품생산에 요구되는 부품 등 자재를 필요한 시기에 필요한 수량만큼 조달하여 낭비적 요소를 근본적으로 제거하려는 생산시스템
> • 컴퓨터통합생산(CIM) : 고객지향에 기반을 두고 제조업의 비즈니스 속도와 유연성 향상을 목표로 생산, 판매, 기술 등 각 업무기능의 낭비와 정체를 제거하고 업무 자체의 단순화, 표준화를 위해 컴퓨터 네트워크로 통합하는 것

33 BCG 매트릭스에 관한 설명으로 옳은 것은?

① 횡축은 상대적 시장점유율, 종축은 시장성장률이다.
② 물음표(Question Mark) 영역은 철수전략이 요구되는 영역이다.
③ 별(Star) 영역은 상대적 시장점유율은 낮지만 시장성장률이 높은 영역이다.
④ 개(Dog) 영역의 경우 시장이 커지고 있으므로 성장전략이 요구되는 영역이다.

> **해설**
> • 물음표 : 시장성장률이 높고, 상대적 시장점유율은 낮아 계속적인 투자가 필요하다.
> • 별 : 높은 시장점유율과 높은 시장성장률을 갖게 되므로 기업이 집중 투자해야한다.
> • 개 : 낮은 시장점유율과 낮은 시장성장률을 갖게 되므로 기업은 일반적으로 투자를 하지 않고 기업의 포트폴리오에서 제거하게 된다.

34 투자안 분석기법 중 순현가(NPV)법에 관한 설명으로 옳은 것은?

① 순현가는 투자의 결과 발생하는 현금유입의 현재가치에서 현금유입의 미래가치를 차감한 것이다.
② 순현가법에서는 수익과 비용에 의하여 계산한 회계적 이익을 사용한다.
③ 순현가법에서는 투자안의 내용연수 동안 발생할 미래의 모든 현금흐름을 반영한다.
④ 순현가법에서는 현금흐름을 최대한 큰 할인율로 할인한다.

> **해설** 순현가법은 투자로 인하여 들어오는 발생할 미래의 모든 현금흐름을 적절한 할인율로 할인하여 산출한 현금유입액의 현재가치에서 현금유출액의 현재가치(투자비용)를 차감한 것이다.

35 수직적 마케팅시스템(Vertical Marketing System ; VMS)에 관한 설명으로 옳지 않은 것은?

① 수직적 마케팅시스템은 유통조직의 생산시점과 소비시점을 하나의 고리형태로 유통계열화 하는 것이다.
② 유통경로 구성원의 행동은 시스템 전체보다는 각자의 이익을 극대화하는 방향으로 조정된다.
③ 수직적 마케팅시스템의 유형에는 기업적 VMS, 관리적 VMS, 계약적 VMS 등이 있다.
④ 프랜차이즈 시스템은 계약에 의해 통합된 수직적 마케팅시스템이다.

> **해설** VMS는 유통 경로 전체의 목표 달성을 위해 각 구성원이 협력하고 통제된 방식으로 행동하는 시스템이므로, 각자의 이익 극대화보다는 시스템 전체의 이익을 우선시한다.

정답 33 ① 34 ③ 35 ②

36 다음 중 스포츠조직의 조직역량강화를 위한 커뮤니케이션의 주요 구성 요소와 가장 거리가 먼 것은?

① 동기화
② 메시지화
③ 커뮤니케이션 경로선택
④ 피드백

> 해설 커뮤니케이션은 두 사람 또는 두 집단 이상의 정보교환으로 정의되며, 메시지화, 커뮤니케이션 경로선택, 메시지 해석과 의미창출, 피드백으로 구성된다.

37 조직이 외부환경과 끊임없는 관계를 맺고 상호작용한다는 것을 설명하는 개념은?

① 개방시스템
② 마케팅
③ 커뮤니케이션
④ 피드백

> 해설 개방시스템은 모든 조직에 공통되는 기본요소와 요소들 간에 관계 및 환경과의 상호작용 등을 나타내는 개념이다.

38 A스포츠용품 회사에서는 X제품을 생산, 판매하고 있다. X제품의 판매단가는 500원이고, 단위당 변동영업비는 250원이다. 고정적인 영업비용이 100만 원이라면 손익분기점에 해당되는 매출액 수준은? (단, 주어진 조건 외에는 고려하지 않는다)

① 200만 원
② 300만 원
③ 400만 원
④ 500만 원

> 해설
> - 손익분기량 = 고정비용/(가격 − 변동비용)
>   = 1,000,000/(500 − 250)
>   = 4,000개
> - 따라서 단가가 500원인 X제품은 4,000개를 팔아야 손익분기량에 도달하므로 손익분기점에 해당하는 매출액 수준은 500 × 4,000 = 2,000,000원이 된다.

39 프로스포츠 구단에서 인적자원 평가를 통해서 기대할 수 있는 효과와 가장 거리가 먼 것은?

① 조직구성원의 개인적 환경을 이해하여 상황에 따른 탄력적인 주관적 보상체계를 구축하게 한다.
② 경영자로 하여금 조직구성원의 질을 향상하고 효과적으로 활용할 수 있도록 한다.
③ 모티베이션, 커뮤니케이션과 리더십 등 다른 조직 행위를 바람직하게 개발할 수 있게 한다.
④ 평가에 근거하여 사람과 업무를 적합하게 결합하여 능력을 발휘할 수 있도록 하고 성공적인 경력개발을 촉진한다.

> 해설 인적자원관리의 조직적인 목표는 비용절감, 생산성 향상, 고용유연성 확보, 유능한 인력확보, 조직몰입과 충성심 확보 등이 있을 수 있으며, 조직구성원의 개인적 환경과 주관적 보상체계를 구축하고자 하는 것과는 연관성이 없다.

40 경기장 시설에 따른 경영자원과 가장 거리가 먼 것은?

① 경기장 광고권
② 기념품 판매권
③ 주차 사업권
④ 스폰서십 판매권

> 해설 경기장 시설에 따른 경영자원은 경기장이라는 물리적 시설을 직접 활용하여 발생하는 자원을 의미한다. 이에 스폰서십 판매권은 경기장 시설과 직접적으로 관련성이 있는 것이 아니라 구단이나 팀의 마케팅 자원에 더욱 가깝다고 볼 수 있다.

41 다음 빈칸 안에 들어갈 말로 옳은 것은?

> (   )은 영업이익이 0원이 될 때의 판매량 또는 생산량을 말한다.

① 손익분기점
② 자본조달분기점
③ 목표판매량
④ 경제적 주문량

> 해설 손익분기점은 일정 기간 수익과 비용이 똑같아 이익도 손실도 생기지 않은 경우의 매출액을 의미한다.

42 자기자본이 500억이고 당기순이익이 100억일 때, 자기자본이익률(ROE)은 몇 %인가?

① 20% ② 30%
③ 80% ④ 90%

해설 자기자본순이익률(%) = (당기순이익/자기자본) × 100
= (100억/500억) × 100
= 0.2 × 100
= 20

43 A구단의 자기자본은 120억 원이고, 자기자본 비용은 15%이다. 타인자본은 80억 원이며, 타인자본 비용은 10%이다. 이 구단의 가중평균자본비용(WACC)은 얼마인가?

① 12% ② 13%
③ 14% ④ 15%

해설 WACC는 자기자본비용과 타인자본비용을 자본 구성 비율에 따라 가중평균하여 계산한 자본비용으로, 기업이 자금을 조달하면서 발생하는 평균적인 비용을 의미한다.
WACC = (자기자본비용 × 자기자본비중) + (타인자본비용 × (1 − 법인세율) × 타인자본비중)
- 자기자본 : 120억
- 자기자본비용 : 15%
- 타인자본 : 80억
- 타인자본비용 : 10%
- 법인세율 : 문제에 제시되지 않았으므로 고려하지 않고 계산
- 총자본 = 120억 + 80억 = 200억
- 자기자본비중 : 120/200 = 0.6(60%)
- 타인자본비중 : 80/200 = 0.4(40%)
WACC = (자기자본비용 × 자기자본비중) + (타인자본비용 × 타인자본비중)
= (15% × 0.6) + (10% × 0.4)
= 9% + 4%
= 13%

44 스포츠이벤트 기획서 작성 시 상황을 분석하여 해결해야 할 임무 또는 과제를 발견하여 과제와 목적, 콘셉트를 설정하는 단계로 옳은 것은?

① 도입단계 ② 실행계획 수립단계
③ 실시단계 ④ 평가단계

해설 스포츠이벤트 기획을 위한 목적 및 콘셉트 즉, 스포츠이벤트 기획의 방향성이나 목표를 설정하는 것은 도입단계에서 이루어진다.

45 스포츠기업이나 구단의 재무상태표의 구조상 자본조달결정 기능에 해당하는 항목이 아닌 것은?

① 자 산
② 유동부채
③ 자 본
④ 고정부채

해설 자본조달결정 기능은 필요한 자금을 어떻게 조달할 것인가를 결정하는 것으로 자본, 유동부채, 고정부채로 구성된다.

46 시장에 신제품을 개발하고 출시함으로써 점유율을 증대하고자 하는 성장전략은?

① 시장개발전략
② 시장침투전략
③ 제품개발전략
④ 다각화전략

해설 ① 시장개발전략 : 자사의 기존제품을 가지고 새로운 시장을 개척하고자 하는 전략
② 시장침투전략 : 기존의 시장에 자사의 제품을 가지고 접근하여 점유율을 증대하고자 하는 전략
④ 다각화전략 : 현재의 사업과 직접적인 관련이 없는 다른 분야로 진출하여 새로운 성장기회를 발견하는 전략

47 스포츠제품 모듈화(Modularization) 생산의 목적으로 옳지 않은 것은?

① 다양한 고객의 요구 충족
② 조립시간 단축을 통한 원가절감
③ 생산성 향상
④ 제품개발 기간의 단축

해설 제조기업에는 운영 요건을 만족하면서도 합리적인 가격의 맞춤형 장비가 필요하다. 모듈형 제품 설계방식은 복잡성과 고비용 문제를 해결하며 대중 소비시장의 표준 제품을 보다 빠르고 효율적으로 맞춤 제작하는 데 유용하므로 다양한 고객의 욕구를 충족하는 것과는 거리가 멀다.

48 스포츠 경영관리 과정을 바르게 나열한 것은?

> ㉠ 계획 ㉡ 조직
> ㉢ 평가 ㉣ 지휘

① ㉠ → ㉡ → ㉢ → ㉣
② ㉠ → ㉡ → ㉣ → ㉢
③ ㉡ → ㉠ → ㉣ → ㉢
④ ㉡ → ㉠ → ㉢ → ㉣

해설 경영관리 과정은 계획 → 조직 → 지휘 → 평가의 연속적인 과정이다.

49 일정 시점에서 기업이 보유하고 있는 자산, 부채, 자본의 구성 및 금액을 보고하고자 작성되는 재무보고서로 옳은 것은?

① 재무상태표
② 포괄손익계산서
③ 현금흐름표
④ 자본변동표

해설 재무상태표는 어느 일정 시점에서의 재무상태를 나타내기 위해 작성하는 기본 재무제표이다.

50 마케팅 활동과 관련된 푸시(Push) 및 풀(Pull) 전략에 관한 설명으로 옳지 않은 것은?

① 푸시 전략은 생산자가 유통경로를 통하여 소비자에게 제품을 밀어넣는 방식이다.
② 풀 전략은 생산자가 소비자를 대상으로 마케팅 활동을 펼쳐 이들이 제품을 구매하도록 유도하는 방식이다.
③ 풀 전략이 효과적으로 작용하게 되면, 소비자들은 중간상에 가서 자발적으로 제품을 구매하게 된다.
④ A기업이 소비자들을 대상으로 광고를 하여 소비자들이 점포에서 A기업 제품을 주문하도록 유인한다면 이는 푸시 전략의 사례에 해당된다.

해설 ④ A기업이 소비자들을 대상으로 광고를 하고 소비자들이 점포에서 주문에서 주문하는 것은 풀 전략에 해당된다.
① 푸시 전략은 생산자가 유통업자 및 중간상을 대상으로 판촉활동을 하여 제품을 소비자에게 밀어넣는 방식이다.
② 풀 전략은 생산자가 소비자를 직접 대상으로 광고 · 프로모션을 하여 소비자가 점포에 가서 제품을 찾도록 만드는 방식이다.
③ 풀 전략이 성공하면 소비자 스스로 중간상에게 해당 제품을 요구하게 되어 결국 중간상이 그 제품을 취급하게 된다.

제3과목 스포츠마케팅론

51 다음 마케팅 조사 유형 중 탐색조사로 옳지 않은 것은?

① 관찰법
② 문헌조사
③ 사례조사
④ 패널조사

해설 기술조사는 수집한 자료를 분석하고 도출된 결과를 기술하는 것으로 횡단조사, 종단조사, 패널조사 등이 있다. 탐색적 조사는 조사설계를 확정하기 전 또는 연구문제에 대한 사전지식이 부족할 경우 예비로 실시하는 연구이다. 탐색적 조사는 예비연구이기 때문에 연구문제를 파악하고 연구의 우선순위를 수립할 수 있다. 또한 융통성을 가지고 운영할 수 있고, 수정이 가능하다. 탐색적 조사의 종류에는 관찰법, 문헌조사, 경험자 조사(전문가 의견조사), 특례(분석)조사, 사례조사 등이 있다.

52 스폰서십 삼각구조에 해당하지 않는 것은?

① 대중매체
② 스포츠단체
③ 스폰서
④ 마케팅 대행사

해설 스폰서십 삼각구조(Sponsorship Triangle)의 세 가지 핵심 주체
- 스포츠단체(Team/Property) : 구단, 선수, 이벤트 조직위 등 스폰서십을 제공하는 권리 보유자
- 스폰서(Sponsor/기업) : 기업이 자금·물자 지원을 제공 및 브랜드 홍보 및 이미지 제고 목적
- 대중매체(Media) : 스폰서 메시지를 널리 전달 및 노출·인지도 확대에 중요한 매개체

53 상표 등록된 재산권을 가지고 있는 개인 또는 단체가 타인에게 대가를 받고 재산권을 사용할 수 있도록 상업적 권리를 부여하는 계약을 뜻하는 용어로 옳은 것은?

① 스폰서십
② 공식후원
③ 상표특허
④ 라이선싱

해설 ① 스폰서십 : 후원을 하는 자와 받는 자 양자 간의 상호 이익을 위해서 설정된 목표에 접근하는 사업적인 협약
② 공식후원 : 현금 등을 지불하는 대가로 등록된 재산권 등을 광고와 판매촉진 활동에 이용할 수 있는 권리를 부여받는 것
③ 상표특허 : 특정인의 이익을 위하여 상표에 일정한 법률적 권리나 능력, 포괄적 법률관계를 설정하는 행위

정답 51 ④ 52 ④ 53 ④

54 스포츠제품의 상표전략 중 계열확장(Line Extension)에 관한 설명으로 옳은 것은?

① 기존의 상표명을 기존의 제품범주의 새로운 형태, 크기 등에 확대한다.
② 기존의 상표명을 새로운 제품범주로 확대한다.
③ 새로운 상표명을 새로운 제품범주로 확대한다.
④ 신제품 범주에 새로운 상표명을 부여한다.

> **해설** 계열확장을 통해 기존의 상표명에 품목을 추가하여 길이를 늘임으로써 소비자의 다양한 욕구를 만족시킬 수 있고 이윤도 늘어날 수 있으나 품목이 너무 많아지면 관리비용이 많아지고 각 품목이 이윤에 기여하는 정도가 적어진다.

55 스포츠마케팅의 촉진(Promotion)에 관한 설명으로 틀린 것은?

① 촉진은 스포츠마케터가 다른 마케팅믹스요인에 대한 정보를 제공하여 소비자가 제품을 구매하도록 하는 마케팅전략이다.
② 촉진은 스포츠제품과 제품의 이미지를 소비자들에게 위치화하는 중요한 요인이다.
③ 촉진은 제품의 인지, 태도변화, 구매를 유도하는 마케팅 전략이다.
④ 제품의 촉진에 있어 광고, 홍보, 대인판매 그리고 판매촉진 중 가장 효과적인 촉진방법만을 활용해야 한다.

> **해설** 가장 효과적인 촉진방법만을 활용하는 것이 아니라 촉진효과를 극대화할 수 있다면 상황에 따라 여러 촉진방법을 동시 다발적으로 진행하기도 한다.

56 스포츠경기에 대한 만족도를 조사하기 위한 기술조사(Descriptive Research)의 형태 중 성격이 다른 하나는?

① 패널조사(Panel Study)
② 추세조사(Trend Study)
③ 코호트조사(Cohort Study)
④ 사례조사(Case Study)

> **해설** 기술조사에서 스포츠경기 만족도를 조사할 때 주로 사용하는 방법은 시간의 흐름에 따른 변화를 파악하거나 특정 집단을 추적하는 조사 형태이다.
> - 패널조사 : 동일한 집단을 대상으로 장기간 반복 조사
>   예 같은 관중 그룹을 대상으로 경기 만족도 추적
> - 추세조사 : 모집단 전체의 변화를 시계열적으로 파악
>   예 해마다 달라지는 프로야구 관중 만족도
> - 코호트조사 : 특정 연령대나 특성을 공유하는 집단을 추적
>   예 특정 세대(예: 90년대생 팬)의 만족도 변화
> - 사례조사 : 한 사례(팀, 경기, 이벤트 등)에 대한 심층적인 질적 연구
>   기술조사라기보다는 심층연구(Exploratory/Qualitative Research) 성격에 가까움

57 다음은 스포츠 제품의 수명주기(PLC) 중 어느 단계에 관한 설명인가?

- 매출과 경쟁자 수 감소
- 마케팅 목표는 단기 수익을 극대화하는 방안을 찾는 것
- 비용을 줄이고 매출을 유지하여 수익 극대화

① 도입기
② 성장기
③ 성숙기
④ 쇠퇴기

해설
① 도입기 : 기본적 형태의 제품이 생산되며 판매가 완만히 일어나나 초기 비용이 많이 들어가 적자이다. 그리고 시장이 형성되는 초기이므로 경쟁자가 진입하지 않는다.
② 성장기 : 수요가 급속히 늘어나 이익이 발생하기 시작한다. 그러나 시장 규모를 확대하기 위해서 본원적 수요 광고 전략을 활용하게 되는데 이 전략은 성숙기에도 해당된다.
③ 성숙기는 수요의 신장이 멈추게 되며, 가격이 하락하는 경향을 보이며 기존의 유통망을 유지 보호하는 데 힘써야 한다. 경쟁자 수가 가장 많은 시기이다.
④ 쇠퇴기는 매출과 경쟁자의 수가 감소하기 때문에 비용을 줄이고 매출을 유지하여 수익을 극대화한다.

58 혁신확산이론에서 최초로 신제품을 구매하는 집단 다음에 두 번째로 구매하는 집단을 무엇이라 하는가?

① 혁신 수용자
② 초기 수용자
③ 초기 다수
④ 최후 수용자

해설 에버렛 로저스(E.M. Rogers)의 혁신확산이론(Diffusion of Innovations Theory)에서는 신제품이나 혁신이 사회에 퍼져나가는 과정을 수용자 집단으로 구분한다.
- 혁신 수용자(Innovators ; 혁신자) : 가장 먼저 신제품 구매·사용(약 2.5%), 위험 감수, 모험적 성향
- 초기 수용자(Early Adopters ; 초기 수용자) : 두 번째로 신제품을 구매(약 13.5%), 오피니언 리더 역할, 다른 소비자들에게 영향력 큼
- 초기 다수(Early Majority ; 초기 다수) : 본격적으로 시장 확산 시작(약 34%)
- 후기 다수(Late Majority ; 최후 다수) : 대세를 따른 신중한 집단(약 34%)
- 최후 수용자(Laggards ; 지각 수용자) : 가장 늦게 채택(약 16%), 전통적, 보수적 성향

59 표준편차와 평균을 모를 때, 편차 30을 사용하여 상대적 위치를 나타내는 데 사용하는 방법은 무엇인가?

① 표준점수
② 표준편차점수
③ 원점수
④ 백분위수

해설 표준점수(Standard Score ; Z점수)는 특정 점수가 평균에서 얼마나 떨어져 있는지를 표준편차 단위로 나타낸 점수이다. 평균과 표준편차를 모르는 경우 편차값(예 : 30)을 대신 사용하여 표준점수를 구할 수 있다.

정답 57 ④ 58 ② 59 ①

60 다음 중 방송중계권 프로그램으로 올림픽 최초 흑자가 된 대회는 무엇인가?

① 1992년 바르셀로나 올림픽
② 1980년 모스크바 올림픽
③ 1984년 LA 올림픽
④ 1988년 서울 올림픽

해설 올림픽은 막대한 비용이 들어가기 때문에 적자 운영이 많았다. 그런데 1984년 LA 올림픽은 민간 주도로 개최되었고, 대기업 스폰서십과 방송중계료 판매를 통해 큰 수익을 거두며 올림픽 역사상 최초 흑자 올림픽으로 기록되었다. 특히, TV 중계권 판매 수익이 급격히 증가하면서 올림픽 운영 재정 구조가 근본적으로 바뀌게 되었다.

61 마케팅믹스 전략에 관한 설명으로 가장 적합하지 않은 것은?

① 스포츠소비자는 제품의 가격을 생각할 때 제품에 대한 촉진이나 장소 요인을 고려한다.
② 모든 마케팅믹스 요인들은 스포츠소비자의 구매행동에 영향을 미친다.
③ 제품의 특성에 따라 적합한 촉진매체가 결정되나 촉진믹스는 제품 위치를 결정하지 못한다.
④ 매체보도로부터 얻은 제품의 신뢰성은 다른 촉진믹스전략을 통해 쉽게 획득할 수 없다.

해설 마케팅믹스(4P : Product, Price, Place, Promotion)는 상호 유기적으로 작용하여 소비자의 구매행동 전반에 영향을 미친다.
① 가격은 단독으로 평가되지 않고, 제품의 가치, 유통 장소, 촉진 전략 등과 함께 고려된다.
② 모든 마케팅믹스 요인(제품, 가격, 유통, 촉진)은 서로 영향을 주며 소비자의 구매행동을 결정한다.
③ 촉진믹스는 제품의 포지셔닝(위치 결정)에도 큰 영향을 준다.
④ 매체보도로 얻은 신뢰성은 다른 촉진수단으로 쉽게 대체하기 어려움이 있다.

62 비확률표본추출방법에 해당하는 것은?

① 체계적표본추출
② 판단표본추출
③ 군집표본추출
④ 단순무작위표본추출

해설 할당표집, 눈덩이표집, 유의표집, 판단표집, 임의표집, 편의표집, 누적표집 등이 비확률표본추출방법에 해당된다. 층화표본추출, 군집표본추출, 단순무작위표본추출, 체계적표본추출 등은 확률표본추출에 해당한다.

63 다음 중 라이선싱의 기대효과에 대한 설명으로 옳지 않은 것은?

① 기업이 라이선싱 프로그램에 참여하는 가장 큰 이유는 라이선싱 수수료 수입을 증대하는 것이다.
② 스포츠단체는 라이선싱 프로그램을 통해 더 많은 기업과 파트너 관계를 형성할 수 있다.
③ 기업이 라이선싱 프로그램에 참여하면, 자사의 브랜드가치가 낮더라도 라이선서가 가진 높은 명성이나 신용에 편승하여 상업적 신용혜택을 얻을 수 있다.
④ 기업은 IOC나 FIFA와 같은 스포츠단체가 구축한 마케팅 채널을 이용할 수 있다.

> **해설** 라이선싱(Licensing)의 기대효과는 스포츠단체와 기업(라이선스 기업) 모두에게 이익을 준다.
> ① 기업이 라이선싱에 참여하는 가장 큰 이유는 수수료 수입이 아니라 제품 판매 확대, 브랜드 이미지 상승, 시장 접근성 향상 등이다. 수수료는 스포츠단체(라이선서) 측이 얻는 주요 수익이지, 기업(라이선시)의 주된 목적은 아니다.
> ② 스포츠단체는 다양한 기업과 제휴하여 브랜드 확장 및 파트너십 강화 가능하다.
> ③ 기업은 명성 있는 단체의 브랜드에 편승하여 상업적 신용, 신뢰도, 이미지 상승 효과를 누릴 수 있다.
> ④ IOC, FIFA 같은 글로벌 단체의 마케팅 네트워크를 활용할 수 있다.

64 신제품 개발과정을 바르게 나열한 것은?

㉠ 예비설계	㉡ 시장시험 생산
㉢ 아이디어 창출	㉣ 사업 타당성 분석

① ㉢ → ㉣ → ㉠ → ㉡
② ㉠ → ㉡ → ㉣ → ㉢
③ ㉢ → ㉠ → ㉡ → ㉣
④ ㉣ → ㉠ → ㉡ → ㉢

> **해설** 아이디어 창출 → 사업 타당성 분석 → 예비설계 → 시장시험 생산 순서가 올바른 과정이다.

65 스포츠마케팅 조사에서 1차 및 2차 자료에 관한 설명으로 옳은 것은?

① 2차 자료는 1차 자료보다 시간과 비용이 많이 든다.
② 2차 자료에서 상업용으로 제작된 자료는 제외한다.
③ 1차 자료는 당면한 조사목적을 위하여 조사자가 직접 조사한 자료를 의미한다.
④ 1차 자료는 2차 자료에 비해 정확성, 적합성, 시의적절성 등에서 우수하지 못하다.

> **해설** 2차 자료는 기존에 이미 다른 목적에 의해 만들어진 자료를 재가공 또는 활용되는 자료를 의미한다. 2차 자료는 1차 자료에 비해 시간과 비용이 적게 들고, 상업적으로 제작된 자료도 포함된다. 1차 자료는 직접 자료를 생산해야 하기 때문에 이미 만들어진 자료를 활용하는 것이 비용이 많이 발생한다. 따라서 1차 자료는 2차 자료에 비해 정확성, 적합성, 시의적절성 등에서 우수하다.

정답 63 ① 64 ① 65 ③

66 촉진전략 모델(AIDA)의 단계적 순서를 바르게 나열한 것은?

① 흥미 → 욕구 → 행동 → 주의
② 욕구 → 행동 → 주의 → 흥미
③ 행동 → 흥미 → 욕구 → 주의
④ 주의 → 흥미 → 욕구 → 행동

해설 촉진전략 모델(AIDA)
① 1단계 주의(Attention) : 개인이 어떤 제품이 있다는 것을 알게 되고, 그 제품의 속성에 대해 약간의 지식을 얻게 된다.
② 2단계 흥미(Interest) : 제품의 이점에 대한 보다 상세한 지식을 알게 되고, 관심과 호감이 발전하여 호의적 태도로 나타나고 그 제품만의 특성을 찾는다.
③ 3단계 욕구(Desire) : 심리적 혹은 실제적 사용을 통해 제품이 좋다고 평가한다. 만일 생각했던 보다 낫다고 판단되면 사고 싶은 마음이 생긴다.
④ 4단계 행동(Action) : 앞의 과정을 거친 후 제품을 사거나 사지 않거나 둘 중의 한 행위를 한다.

67 제품의 구분에 대한 설명으로 옳지 않은 것은?

① 핵심제품은 소비자가 제품에게 바라는 기본적인 혜택이다.
② 유형제품은 포장, 상표, 품질 등 소비자가 제품을 구매하는 가장 직접적인 이유이다.
③ 확장제품은 제품의 가치를 발휘하게 하는 부가적인 요소이다.
④ 보증, A/S, 배달, 설치 등은 확장제품의 예시로 볼 수 있다.

해설 유형제품은 물리적 제품속성들의 집합을 말한다. 예컨대, 선수, 우수한 경기장 시설, 스타선수 등으로 구성된 프로축구 팀을 예로 들 수 있다.

68 2차 자료수집 방법에 해당하는 것은?

① 관찰법
② 표적집단면접법
③ 실험법
④ 정부 통계

해설 1차 자료는 직접 자료를 생산하는 것이며, 이미 만들어진 자료를 활용하는 것은 2차 자료이다. 1차 자료수집이 2차 자료수집에 비해 비용이 많이 발생한다.

69 생산성을 높이고, 유통을 효율화시키는 등 주로 원가절감에 관심을 갖는 마케팅 개념으로 옳은 것은?

① 생산 개념
② 관계마케팅 개념
③ 통합마케팅 개념
④ 내부마케팅 개념

해설 ② 관계마케팅은 거래 당사자인 고객과 지속적으로 유대관계를 형성·유지함으로써 관계를 강화하고 상호 간의 이익을 극대화할 수 있는 다양한 마케팅 활동이다.
③ 통합마케팅은 한 가지 채널을 활용하지 않고 통합적인 채널을 마케팅 수단으로 활용하여, 고객과의 소통을 통해서 고객과의 관계를 강화하고 가치를 교환하는 마케팅 수단이다.
④ 내부마케팅의 개념은 조직 내의 인적자원을 대상으로 한 마케팅 활동을 의미한다.

70 미디어가 스포츠에 미치는 영향과 가장 거리가 먼 것은?

① 스포츠 규칙(룰)을 변화시킨다.
② 경기나 대회의 일정을 변경한다.
③ 스포츠의 과학화로 경기력을 향상한다.
④ 스포츠 관련 협회 간의 커뮤니케이션을 활성화한다.

해설 ④ 스포츠 각 협회나 연맹 간의 커뮤니케이션을 활성화한다는 내용은 미디어가 스포츠에 미치는 영향과는 관계가 없다.
미디어가 스포츠에 미치는 영향
• 긍정적 영향
 – 스포츠의 발전에 이바지한다.
 – 스포츠의 경기수준 향상에 이바지한다.
 – 스포츠를 재정적으로 지원해준다.
 – 스포츠를 더욱 재미있게 만든다.
 – 페어플레이나 스포츠맨십의 감동적인 이야기를 다룸으로써 스포츠선수와 팬들의 도덕적 자질 향상에 이바지한다.
 – 스포츠의 여러 가지 문제점을 비판하고 올바른 방향 모색에 도움을 준다.
• 부정적 영향
 – 스포츠에 대해 부당하게 간섭한다(규칙 또는 일정 변경 등).
 – 스포츠를 쇠퇴시키기도 한다(미디어에 맞게 스포츠를 변형).
 – 관람 스포츠의 나쁜 영향을 확산할 수 있다(경기장에서의 폭력적 장면 조장).
 – 지나친 상업주의로 스포츠의 건전한 이미지를 손상시킨다.

71 월드컵의 마케팅은 FIFA, 대행사인 ISL, 그리고 개최국의 대회조직위에 의해서 결정된다. 이들에 의해서 결정되는 주요 마케팅 수익과 가장 거리가 먼 것은?

① 퍼블리시티
② 방송중계권
③ 스폰서십
④ 입장권

해설 퍼블리시티는 언론을 통해 간접적으로 행하는 촉진활동이라 할 수 있다. ② 방송중계권, ③ 스폰서십, ④ 입장권과는 달리 직접적인 수익과는 관계가 없다.

72 다음 중 광고의 유형이 다른 것은?

① 전광판 광고
② 진행자 의복 광고
③ 입장권 광고
④ A보드 광고

해설
① 전광판 광고 → 시설물 매체 광고(옥외 광고)
② 진행자 의복 광고 → 퍼스널 광고(인적 매체 광고)
③ 입장권 광고 → 매체 광고(인쇄물 활용)
④ A보드 광고 → 시설물 매체 광고(경기장 주변 보드)
진행자 의복 광고는 사람(진행자)을 매체로 활용하는 광고이므로 유형이 다르다.

73 다음 중 부당노동행위에 해당하지 않는 것은?

① 지배 및 개입
② 오픈숍
③ 황견계약
④ 단체교섭 거부

해설
부당노동행위는 사용자(회사, 경영주)가 근로자의 노동조합 활동을 부당하게 제한하거나 방해하는 행위를 말한다.
② 오픈숍(Open Shop)은 근로자가 노조 가입 여부와 상관없이 근무 가능하게 하는 제도로, 합법적 제도이며 부당노동행위가 아니다.
① 지배 및 개입 : 노조 활동을 회사가 지배하거나 개입
③ 황견계약(Back-to-Back Contract) : 노조 활동을 방해하기 위한 허위 계약, 우회 계약
④ 단체교섭 거부 : 근로자의 단체교섭 요구를 정당한 이유 없이 거부

74 경쟁제품과의 차별성을 목표고객에게 인식시키기 위한 마케팅 전략은?

① 유지전략
② 포지셔닝전략
③ 성장전략
④ 철수전략

해설 포지셔닝은 목표시장을 구성하고 있는 소비자들에게 브랜드나 기업의 위치를 명확하게 하는 작업 및 전략을 말한다.

75 시장 세분화의 성공 조건이 아닌 것은?

① 접근성(Accessibility)
② 시장규모의 실재성(Substantiality)
③ 무형성(Intangibility)
④ 차별성(Differentiability)

> 해설 시장 세분화(Segmentation)의 성공 조건은 세분화된 시장이 실질적으로 마케팅 전략을 적용할 수 있는지를 판단하는 기준이다.
> ③ 무형성(Intangibility) : 서비스 특성에 관한 개념이지, 시장 세분화 성공 조건과 관련이 없다.
> ① 접근성(Accessibility) : 세분화된 시장을 효과적으로 접근, 커뮤니케이션, 판매할 수 있어야 한다.
> ② 시장규모의 실재성(Substantiality) : 세분시장이 충분히 크고 경제적 가치가 있어야 한다.
> ④ 차별성(Differentiability) : 각 세분시장이 다른 세분시장과 충분히 구분 가능해야 한다.

제4과목 스포츠시설론

76 다음 중 조정장업 및 카누장업 운동시설기준에 대한 설명으로 틀린 것은?

① 5척 이상의 조정(카누)을 갖추어야 한다.
② 수면은 폭 50m 이상 길이 200m 이상이어야 한다.
③ 수심은 1m 이상이어야 한다.
④ 유속은 시간당 3km 이하여야 한다.

> 해설 조정장업·카누장업 시설기준은 「체육시설의 설치·이용에 관한 법률」에서 운동시설 안전 및 이용 조건을 위해 규정되어 있다.
> • 수면 : 폭, 50m 이상, 길이, 200m 이상
> • 수심 : 최소 1m 이상
> • 유속 : 시간당 3km 이하 → 안전한 수상 활동 보장
> • 보유 장비 수량 : 법령에서는 조정/카누 장비 5척 이상이라는 규정이 없음. 장비 수량은 시설 규모, 안전 기준, 운영 계획에 따라 달라질 수 있음

77 체육시설의 설치·이용에 관한 법령상 체육도장업의 영업범위에 해당하지 않는 운동종목은?

① 검도
② 레슬링
③ 카라테
④ 우슈

> 해설 검도, 레슬링, 우슈는 체육도장업의 영업범위에 속하는 종목이다. 하지만 "카라테"는 주어진 선택지 중에서 체육도장업의 영업범위에 해당하지 않는 운동 종목이다.

78 스포츠시설 가격정책 중 초기에 매우 낮은 가격을 책정하고 시간이 흐름에 따라 점차 가격을 높여 단기적 이익을 희생하여도 장기적으로 이를 상쇄하고도 남을 정도의 이익을 얻기 위한 정책으로 옳은 것은?

① 침투가격정책
② 고소득 흡수가격정책
③ 원가기준가격정책
④ 지각된 가치기준 가격정책

해설 침투가격정책은 초기에 저렴한 가격으로 시설 이용의 수용도를 높이고 경쟁 시설의 시장참여를 효과적으로 저지함으로써 장기적으로 이익을 기대할 수 있는 가격정책이다

79 다음 중 스포츠시설 고객 유지관리의 발전방향을 나열한 것으로 옳은 것은?

> ㉠ 고객유치단계
> ㉡ 상호작용단계
> ㉢ 관계유지단계
> ㉣ 관계발전단계

① ㉠ → ㉡ → ㉢ → ㉣
② ㉡ → ㉠ → ㉣ → ㉢
③ ㉡ → ㉢ → ㉠ → ㉣
④ ㉠ → ㉢ → ㉣ → ㉡

해설 고객 유지관리의 단계는 '고객유치 → 관계유지 → 관계발전 → 상호작용'의 순으로 나타난다.

80 경기장 내 A보드 광고에 대한 설명으로 틀린 것은?

① 경기장 입장관객뿐만 아니라 TV중계 시청자에게 광고효과를 기대할 수 있다.
② 경기장 외측 면을 따라 설치되는 것이 일반적이다.
③ 광고효과 제고를 위해 LED 등을 활용하기도 한다.
④ 설치 위치에 따른 광고비용의 차이가 없는 장점을 가진다.

해설 A보드 광고는 더 많은 노출이 가능한 위치에 설치할수록 광고비용이 올라간다.

81 체육시설의 설치·이용에 관한 법령상 체육시설업의 종류별 기준으로 옳지 않은 것은?

① 골프연습장업 – 타석 간의 간격이 2.5미터 이상이어야 한다.
② 당구장업 – 당구대 1대당 16제곱미터 이상의 면적을 확보하여야 한다.
③ 스키장업 – 평균 경사도가 6도 이하인 초보자용 슬로프를 3면 이상 설치하여야 한다.
④ 체육도장업 – 운동전용면적 3.3제곱미터당 수용인원은 1명 이하가 되도록 하여야 한다.

해설 「체육시설의 설치·이용에 관한 법령」에서는 체육시설업 종류별로 안전과 이용 편의를 위한 최소 시설 기준을 규정하고 있다.
- 골프연습장업 : 타석 간 간격: 2.5m 이상 → 타구 안전 확보
- 당구장업 : 당구대 1대당 16m2 이상 확보 → 공간 확보 및 안전
- 스키장업 : 법령에서 초보자용 슬로프 경사도 기준은 존재하지만, 평균 경사도 6도 이하, 3면 이상 설치라는 규정은 잘못된 수치. 실제 기준은 초보자용 경사도 15% 내외 등 다른 규정 적용
- 체육도장업 : 운동전용면적 3.3m2당 1명 이하 수용 → 안전 및 효율적 공간 활용

82 관람 스포츠시설인 경기장의 부대사업으로 볼 수 없는 것은?

① 식·음료 판매
② 입장권 판매
③ 유료주차장 운영
④ 기념품 판매

해설 경기장 부대사업(Supporting or Ancillary Business)은 본업인 경기 관람 외에 추가로 수익을 창출하는 사업을 의미한다.
- 식·음료 판매 → 경기장 관람객 대상 추가 수익
- 입장권 판매 → 경기 관람 자체가 주사업(Main Business)
- 유료주차장 운영 → 부대사업 수익원
- 기념품 판매 → 부대사업 수익원

즉, 입장권 판매는 경기장 운영의 본질적 사업이므로 부대사업에 포함되지 않는다.

83 다음 중 스포츠시설 입지선정을 위한 고려사항으로 옳지 않은 것은?

① 견적 가격
② 경쟁자들의 위치
③ 소비자들의 접근 용이성
④ 시설물의 유연성

해설 스포츠시설 입지 선정 시 주요 고려사항은 시장 접근성, 경쟁, 비용 등 외부 요인 중심이다.
- 견적 가격 → 토지/건물 가격 등 비용적 요소 고려
- 경쟁자들의 위치 → 경쟁 상황 분석, 시장 포화 여부 판단
- 소비자들의 접근 용이성 → 도보·차량·대중교통 등 접근성 중요
- 시설물의 유연성 → 시설물의 유연성은 입지 선택과 직접 관련 없음. 주로 설계나 운영 측면에서 고려되는 요소

정답 81 ③ 82 ② 83 ④

84 체육시설의 설치·이용에 관한 법령상 회원의 보호에 관한 규정이다. 다음 빈칸에 들어갈 숫자를 순서대로 나열한 것은?

> 3. 연회원에 대한 입회금액의 반환
>   연회원이 회원자격의 존속기한이 끝나 입회금의 반환을 요구하는 경우에는 요구한 날부터 (　)일 이내에 반환하여야 한다.
> 4. 회원증의 확인·발급
>   회원이 입회한 날부터 (　)일 이내에 회원증을 작성하여 회원에게 확인·발급하여야 한다.

① 10, 30　　② 10, 20
③ 15, 20　　④ 15, 30

해설 연회원이 회원자격 존속기한이 끝나 입회금 반환 요구 시 10일 이내에 반환하여야 하고, 회원이 입회한 날부터 30일 이내에 회원증을 작성하여 문화체육관광부령으로 정하는 바에 따라 회원에게 확인·발급하여야 한다.

85 다음 중 등록 체육시설업이 아닌 것은?

① 스키장업
② 골프장업
③ 자동차경주장업
④ 체력단련장업

해설
- 등록 체육시설업 : 위험도가 높거나 규모가 큰 시설(골프장, 스키장, 자동차경주장)
- 신고 체육시설업 : 상대적으로 규모가 작고 위험도가 낮은 시설(체력단련장, 무도학원, 당구장 등)

86 스포츠시설의 경영 중 위탁경영 시 예상되는 문제점이 아닌 것은?

① 서비스의 질적 저하를 초래한다.
② 위탁을 명분으로 이권개입 등의 부정 발생 소지가 있다.
③ 특정인에게 편중되어 이용될 가능성이 있다.
④ 책임소재가 명확하여 문제 발생 시 해결이 손쉽다.

해설 위탁 경영(Outsourcing/Management Contracting)은 시설 운영을 외부 전문업체나 단체에 맡기는 방식이다.
- 서비스 질 저하 가능 : 위탁업체가 비용 절감 위주로 운영하면 서비스 수준이 떨어질 수 있음
- 이권 개입 등 부정 가능성 : 위탁을 명분으로 부정행위나 내부 이권 개입 가능
- 특정인 편중 : 외부 위탁 운영 시 이용자 선정이 편중될 수 있음
- 책임소재 명확 : 실제로 위탁 시 책임소재가 불명확 → 문제 발생 시 해결이 어려움

87 체육시설의 설치·이용에 관한 법령상 빈칸에 각각 들어갈 숫자가 옳은 것은?

> 등록 체육시설업에 대한 사업계획의 승인을 받은 자는 그 사업계획의 승인을 받은 날부터 (㉠)년 이내에 그 사업시설 설치 공사를 착수하여야 하며, 그 사업계획의 승인을 받은 날부터 (㉡)년 이내에 그 사업시설 설치 공사를 준공하여야 한다.

① ㉠ - 3, ㉡ - 5
② ㉠ - 4, ㉡ - 6
③ ㉠ - 5, ㉡ - 3
④ ㉠ - 6, ㉡ - 4

해설 「체육시설의 설치·이용에 관한 법률」에서는 등록 체육시설업 사업계획 승인 후 공사 착수 및 준공 기한을 명시하고 있다.
• 사업시설 설치 공사 착수(㉠) : 사업계획 승인 후 4년 이내 착수
• 사업시설 설치 공사 준공(㉡) : 사업계획 승인 후 6년 이내 준공

88 체육시설의 설치·이용에 관한 법령상 2륜자동차경주장업의 시설기준으로 옳지 않은 것은?

① 트랙은 길이 400미터 이상, 폭 5미터 이상이어야 한다.
② 트랙의 바닥면은 포장한 곳과 포장하지 아니한 곳이 있어야 한다.
③ 트랙의 양편에는 폭 5미터 이상의 안전지대를 설치해야 한다.
④ 경주장 전체를 조망할 수 있는 통제소를 설치해야 한다.

해설 「체육시설의 설치·이용에 관한 법령」상 2륜자동차경주장업의 시설 기준은 다음과 같다.
• 트랙 길이와 폭 : 최소 길이 400m 이상, 폭 5m 이상
• 트랙 바닥 : 바닥은 포장된 구간과 포장되지 않은 구간을 허용할 수 있음
• 안전지대 폭 : 2륜자동차 경주장은 양편 안전지대 폭 5m 이상 기준은 적용되지 않음
• 통제소 설치 : 경주장 전체를 조망할 수 있는 통제소 설치 필수

89 스포츠시설 설계 디자인 시 고려해야 하는 사항으로 가장 거리가 먼 것은?

① 이동자들이 편리하게 움직일 수 있는 동선
② 방음 설계 및 음향시스템
③ 시설의 화장실 위치, 설비 등의 계획
④ 건물의 외부 환경과 위치 및 크기 등의 계획

해설 건물의 외부 환경과 위치 및 크기 등은 스포츠시설의 입지를 선택하는 단계에서 고려해야 하는 사항이다.

정답 87 ② 88 ③ 89 ④

90 스포츠시설의 경영전략에 해당하지 않는 것은?

① 원가우위전략
② 차별화전략
③ 비차별화전략
④ 집중화전략

해설 ③ 비차별화 전략(Non-differentiation Strategy) : 경쟁사와 차별화되지 않고 표준적인 제품 또는 서비스를 제공하는 전략으로, 가격 경쟁에 주력
① 원가우위 전략(Cost Leadership Strategy) : 경쟁사보다 제품 또는 서비스를 더 낮은 원가로 제공하여 시장에서 경쟁 우위를 차지하는 전략
② 차별화 전략(Differentiation Strategy) : 제품이나 서비스를 특별하게 만들어 고객에게 독특한 가치를 제공하여 경쟁사와 차별화되도록 하는 전략
④ 집중화 전략(Focus Strategy) : 특정 시장 세그먼트나 지역에 초점을 맞추어 해당 시장에서 경쟁 우위를 확보하는 전략

91 체육시설의 설치·이용에 관한 법령상 운동종목에 따른 체육시설의 종류로 옳지 않은 것은?

① 골프장
② 세팍타크로장
③ 가상체험 체육시설
④ 인공암벽장

해설 가상체험 체육시설은 시설 형태에 따른 체육시설의 종류에 해당한다.

92 체육시설의 설치·이용에 관한 법령상 체육시설업의 신고에 관한 설명으로 옳지 않은 것은?

① 가상체험 체육시설업을 하려는 자는 시설을 갖추어 특별자치시장·특별자치도지사·시장·군수 또는 구청장에게 신고하여야 한다.
② 특별자치시장·특별자치도지사·시장·군수 또는 구청장은 신고를 받은 경우에는 신고를 받은 날부터 7일 이내에 신고수리여부를 신고인에게 통지하여야 한다.
③ 체육시설업의 변경신고를 할 때에는 변경내용을 증빙할 수 있는 서류만을 첨부한다.
④ 특별자치시장·특별자치도지사·시장·군수 또는 구청장이 정한 기간 내에 신고수리여부를 신고인에게 통지하지 아니하면 그 기간이 끝난 날에 신고를 수리한 것으로 본다.

해설 「체육시설의 설치·이용에 관한 법령」상 체육시설업 신고 관련 규정
• 신고 대상 : 가상체험 체육시설업 등은 시설을 갖춘 후 관할 관청에 신고
• 신고 수리 통지 기간 : 관할 관청은 신고 접수 후 7일 이내 신고 수리 여부를 통지
• 변경신고 시 증빙 서류 : 변경신고 시에는 법령에서 요구하는 서류를 첨부
• 신고 수리 간주 : 법령에서는 관할 관청이 정한 기간 내 통지하지 않았다고 해서 자동으로 신고 수리된 것으로 간주하지 않음
따라서 "기간이 끝난 날에 신고를 수리한 것으로 본다"는 설명은 옳지 않다.

93 체육시설의 설치·이용에 관한 법령상 체육시설업의 시설 기준에서 공통기준에 포함되는 필수시설에 대한 설명으로 옳지 않은 것은?

① 자동차경주장업에는 탈의실을 대신하여 세면실을 설치할 수 있다.
② 적정한 환기시설을 갖추어야 한다.
③ 무도학원업 체육시설의 조도(照度)는 「산업표준화법」에 따른 조도기준에 맞아야 한다.
④ 골프장업에는 응급실을 갖추지 아니할 수 있다.

> **해설** 「체육시설의 설치·이용에 관한 법령」상 체육시설업 시설 기준에서 공통적으로 요구되는 필수시설 관련 사항은 다음과 같다.
> - 환기시설 : 모든 체육시설은 적정한 환기시설을 갖추어야 함
> - 탈의실·세면실 : 대부분 체육시설은 탈의실과 세면실을 갖추어야 함. 자동차경주장업의 경우 특성상 탈의실 대신 세면실 설치 가능
> - 응급실 : 골프장업 등 일부 시설은 응급실 설치 의무가 없으며, 응급조치용 장비와 공간만 요구됨
> - 조도 기준 : 무도학원업 등 체육시설은 조도 기준을 「산업표준화법」이 아니라 체육시설업법령 및 관련 시행규칙에 따라 정함

94 다음 (　) 안에 들어갈 알맞은 것은?

> 스포츠시설 운영 및 사업성 분석을 위한 재무제표 중 (　)은/는 일정 시점에 시설의 재무상태를 나타내는 보고서로서 정보이용자들이 재무적 탄력성, 수익성과 위험성 등을 평가하는 데 유용한 정보를 제공한다

① 대차대조표
② 금융확인서
③ 현금흐름표
④ 포괄손익계산서

> **해설** 재무재표는 기업의 재무 상태에 대한 정보를 제공하는 회계 장표로서 대차대조표, 손익계산서, 현금흐름표 등으로 구성된다. 대차대조표는 기업의 재정 상태를 나타낸 문서이고, 손익계산서는 일정 기간 내에 발생한 모든 수익과 비용을 비교하여 순이익을 계산사고 확정하는 보고서를 의미하며, 현금흐름표는 한 회계연도의 보유 현금이 어떻게 변화했는지 보여주는 문서이다.

95 프로구단의 매점사업 계약 유형을 전통적인 위탁계약과 관리대행 수수료계약으로 구분할 때, 관리대행 수수료계약에 대한 설명으로 옳지 않은 것은?

① 매점운영에 대한 감사업무가 단순해진다.
② 구장과 사업자 간에 상호이익을 추구하는 동업관계가 형성된다.
③ 매점사업자가 총수입의 일정비율과 이윤성과급이라는 수수료를 받는 계약을 말한다.
④ 구장 측이 사업운영에 관한 강력한 통제력과 유연성을 확보할 수 있다.

> **해설** 관리대행 수수료계약(Management Fee Contract)은 프로구단 매점사업에서 사용하는 계약 형태 중 하나로, 전통적인 위탁계약과 구분된다.
> • 구장과 사업자 간 동업관계 형성(②) : 구장과 매점사업자가 총수입 일부와 성과급을 공유 → 상호 이익 추구
> • 수수료 지급 구조 : 총수입의 일정 비율 + 이윤 성과급 형태로 매점사업자에게 수수료 지급
> • 구장의 통제력 확보(④) : 구장은 사업운영에 대한 강력한 통제와 유연성을 가짐
> • 감사업무 단순화 여부(①) : 오히려 총수입·성과급 계산 등 관리 및 감사 업무가 복잡
> 감사업무는 단순화되지 않으며, 계약 구조상 정밀한 회계 관리와 검증 필요

96 스포츠시설 프로그램 개발단계로 옳은 것은?

| ㉠ 요구조사 | ㉡ 프로그램 실시 |
| ㉢ 프로그램 평가 | ㉣ 프로그램 계획 |

① ㉠ → ㉡ → ㉢ → ㉣
② ㉠ → ㉣ → ㉡ → ㉢
③ ㉣ → ㉠ → ㉡ → ㉢
④ ㉣ → ㉠ → ㉢ → ㉡

> **해설** 스포츠시설의 스포츠 프로그램 개발과정은 '조사 → 계획 → 수행 → 평가'의 순으로 이루어진다.

97 스포츠시설 관리 운영 시 지켜야 할 원칙으로 가장 옳지 않은 것은?

① 우수한 시설관리자의 확보
② 시설의 투자 확대
③ 각 담당자 간의 긴밀한 협조체계 구축
④ 시설관리기술에 대한 지속적인 능력 배양 및 투자

> **해설** 스포츠시설 관리·운영 시 지켜야 할 원칙은 효율적, 안전하고 지속 가능한 관리를 중심으로 한다.
> • 우수한 시설관리자의 확보 : 전문성과 경험 있는 인력 확보 → 안전·운영 효율성 향상
> • 시설의 투자 확대 : 무조건적 투자 확대는 원칙이 아님. 관리 원칙은 효율적 투자와 유지·보수를 중심으로 해야 함
> • 각 담당자 간 긴밀한 협조체계 구축 : 운영·관리·안전 등 부서 간 협력 중요
> • 시설관리 기술에 대한 지속적 능력 배양 및 투자 : 최신 관리 기술 습득과 교육 → 운영 품질 향상

98 소유자와 경영자가 다른 간접경영 형태를 말하며, 일반적으로 정부 또는 지방자치단체가 투자하여 소유하고 경영은 다른 사람에게 위탁하므로, 투자자는 직접 경영에 참여하지 않는 형태의 경영방법으로 옳은 것은?

① 직접경영
② 위탁경영
③ 프랜차이즈 경영
④ 감량경영

해설 위탁경영(Outsourced Management / Delegated Management)
- 소유자와 경영자가 다른 형태 : 시설 소유자는 정부나 지방자치단체 등 투자자. 실제 경영은 전문 운영기관 또는 사업자에게 위탁
- 투자자는 직접 경영에 참여하지 않음 : 수익 및 운영 관리는 위탁받은 경영자가 담당. 투자자는 경영성과만 확인
- 장점 : 전문성을 가진 운영자에게 경영 위탁 가능. 정부·지자체는 시설 투자 부담을 줄이고, 효율적 운영

99 체육시설의 설치·이용에 관한 법령상 체육시설업의 종류별 안전·위생기준으로 옳지 않은 것은?

① 스키장에는 운영 중인 슬로프별로 스키구조요원을 1명 이상 배치하여야 한다.
② 경주 기간 중인 자동차경주장에는 의사 및 간호사 또는 응급구조사를 각 1명 이상 배치하여야 한다.
③ 18홀 이하의 골프장에는 코스관리요원을 1명 이상 배치하여야 한다.
④ 썰매장에는 출발지점과 도착지점에 각 1명 이상의 안전요원을 배치하여야 한다.

해설 「체육시설의 설치·이용에 관한 법령」상 체육시설업 안전·위생 기준
① 스키장 : 슬로프별로 구조요원을 1명 이상 배치하는 기준은 법령상 규정되지 않음. 일반적으로 운영 규모에 따라 구조요원 배치
② 자동차경주장 : 경주 기간 중 의사·간호사 또는 응급구조사 각 1명 이상 배치 필수
③ 골프장 : 18홀 이하 골프장에는 코스관리요원 1명 이상 배치
④ 썰매장 : 출발지점과 도착지점에 각 1명 이상의 안전요원 배치 필수

100 체육시설의 설치·이용에 관한 법령상 보험가입을 해야 하는 체육시설업자로 옳은 것은? (단, 소규모임을 전제로 함)

① 체육도장업
② 무도장업
③ 골프 연습장업
④ 가상체험 체육시설업

해설 「체육시설의 설치·이용에 관한 법령」에서 손해보험 가입 의무를 규정한 체육시설업자는 다음과 같다.
① 체육도장업 : 체육도장(요가, 필라테스 등 비교적 안전한 시설)은 소규모 기준 시 보험 가입 의무 없음
② 무도장업 : 격투기, 태권도, 합기도 등 신체 접촉이 있는 체육활동 시설. 이용 중 사고 발생 시 안전사고 대비 보험 가입 의무
③ 골프 연습장업 : 소규모 기준에서는 보험 의무 대상 아님
④ 가상체험 체육시설업 : 사고 위험이 상대적으로 낮아 보험 의무 대상 아님

인생의 실패는 성공이 얼마나 가까이 있는지도 모르고 포기했을 때 생긴다.

– 토마스 에디슨 –

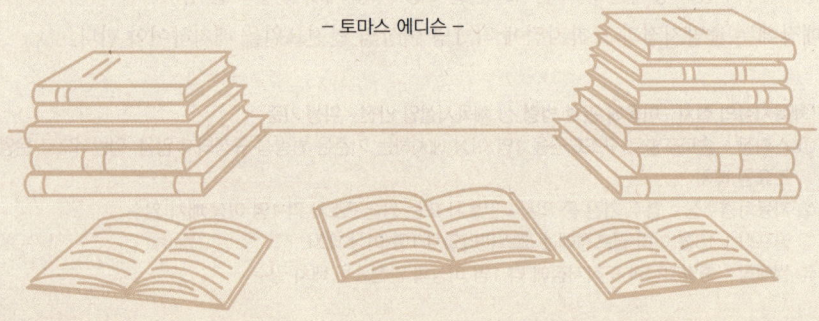

과목별 실기 기출복원문제

※ 실기는 기출문제가 공개되지 않아 과목별 기출복원문제를 수록하였습니다.

끝까지 책임진다! 시대에듀!

QR코드를 통해 도서 출간 이후 발견된 오류나 개정법령, 변경된 시험 정보, 최신기출문제, 도서 업데이트 자료 등이 있는지 확인해 보세요! 시대에듀 합격 스마트 앱을 통해서도 알려 드리고 있으니 구글 플레이나 앱 스토어에서 다운받아 사용하세요. 또한, 파본 도서인 경우에는 구입하신 곳에서 교환해 드립니다.

제1과목 스포츠산업론

01 스포츠소비자들이 상품구매와 관련하여 겪게 되는 것을 지각된 위험이라 하는데 소비자들이 인지하게 되는 지각된 위험의 종류를 5가지 쓰시오.

모범답안

소비자의 지각된 위험이란 제품의 구매사용에 의하여 발생할 수 있는 예상치 않은 결과에 대한 소비자의 불안감을 의미하며 그 유형은 다음과 같다.
- 경제적 위험 : 구매한 제품이 제 구실을 못할 때 그 수선과 대체의 비용이 발생하거나 구매에 소요된 금액의 손실이 발생할 가능성에 따라 소비자가 지각하는 위험을 의미한다.
- 신체적 위험 : 구매한 제품이 안정성이 낮아 신체적 위해를 야기할 가능성에 따라 소비자가 지각하는 위험을 의미한다.
- 심리적 위험 : 구매한 제품이 자아 이미지와 어울리지 않을 가능성에 따라 소비자가 지각하는 위험을 의미한다.
- 사회적 위험 : 어떤 제품이나 특정한 상표를 구매한 자신에 대하여 다른 사람들이 내릴 평가에 관하여 소비자가 지각하는 위험을 의미한다.
- 성능 위험 : 구매한 제품이 기대된 기능을 제대로 수행하지 못할 가능성에 따라 소비자가 지각하는 위험을 의미한다.

02 파라슈라만(Parasuraman) 등이 제시한 서비스 품질의 주요 차원에 대해 각각 설명하시오.

> **모범답안**
> 파라슈라만(A. Parasuraman)은 서비스 품질을 결정하는 5가지의 주요 차원으로 신뢰성, 확실성, 공감성, 반응성, 유형성으로 제시하였다.
> - 신뢰성 : 약속한 서비스를 정확하고 믿음직스럽게 전달할 수 있는 능력
> - 확실성 : 종업원의 공손함과 지식, 그리고 소비자에게 신뢰와 확신을 심어줄 수 있는 능력
> - 공감성 : 기업이 자상하고 개별적인 관심을 소비자에게 보여주는 것
> - 반응성 : 고객을 도와주려는 의지를 가지고 즉각적인 서비스를 제공하는 것
> - 유형성 : 물리적인 시설과 장비 및 종업원의 외모에 관한 것

03 스포츠소비자들의 스포츠소비를 위한 일반적인 의사결정과정을 5단계로 구분하여 설명하시오.

> **모범답안**
> - 문제인식 : 상업적·사회적·물리적 자극을 받아 개인이 생각하는 이상적 자아와 현재의 자아의 비교를 통해 문제를 인식하게 된다.
> - 정보탐색 : 문제인식을 해결하기 위해 선택할 상품 혹은 서비스의 내적탐색과 외적탐색에 근거하여 정보를 탐색한다.
> - 대안평가 : 내적 탐색과 외적 탐색의 정보탐색을 거쳐 선정된 여러 가지 대안들을 기준에 따라 그 속성들을 평가한다.
> - 구매 : 대안평가를 통해 선택된 상품이나 서비스를 실제 구매한다.
> - 구매 후 행동 : 구매한 상품에 대해 했던 기대와 사용 경험의 만족 사이에서 만족과 불만족 혹은 구매 후 부조화 현상이 발생한다.

04 스포츠소비자를 참여형태에 따라 3가지로 구분하고, 각각에 대해 설명하시오.

모범답안
스포츠소비자는 일반적으로 참여 스포츠소비자, 관람 스포츠소비자, 스포츠용품소비자로 분류된다.
- 참여 스포츠소비자 : 스포츠에 직접 참여하고자 하는 소비자로서 스포츠시설을 직접 이용하여 스포츠활동을 수행하는 소비자가 해당된다.
- 관람 스포츠소비자 : 스포츠경기를 관람하는 소비자로서 티켓을 구매하여 직접 경기를 관람하는 관중이 해당된다.
- 스포츠용품소비자 : 스포츠활동에 필요한 용품을 구매하는 소비자를 말한다.

05 프로스포츠 시장에서 팀 간의 전력평준화는 해당 프로스포츠경쟁력을 강화하는 방안으로 인식되고 있다. 프로스포츠의 전력평준화를 위해 채택하고 있는 제도를 쓰시오.

모범답안
- 자유계약제도 : 구단이 선수의 보유권을 상실하거나 포기해 다른 어떤 구단과도 자유롭게 계약을 맺을 수 있는 제도
- 샐러리 캡 : 구단 연봉상한제로 소속선수의 연봉합계가 일정액을 초과할 수 없도록 규정한 제도
- 드래프트제도 : 일정 자격요건을 갖춘 선수를 프로연맹 등 스포츠단체의 주관 아래 다양한 방법으로 구단에게 지명권을 부여하고, 선수를 지명·선발하는 제도
- 팜시스템 : 하위리그를 통해 다양한 자체선수를 선발하는 시스템
- 용병제도 : 리그에서 규정한 제도에 따라 일정 수의 용병을 게임에 참여시키는 제도

06 스포츠의 서비스적 특성 4가지를 쓰고 간략히 설명하시오.

모범답안

- 무형성(Intangibility) : 서비스의 기본 특성은 형태가 없다는 것이다. 객관적으로 누구에게나 보이는 형태로 제시할 수 없으며, 물체처럼 만지거나 볼 수 없다. 따라서 그 가치를 파악하거나 평가하는 것이 어렵다.
- 비분리성(Inseparability) : 서비스는 생산과 소비가 동시에 일어난다는 것이다. 즉, 서비스 제공자에 의해 제공되는 것과 동시에 고객에 의해 소비되는 성격을 띤다. 제품의 경우는 생산과 소비가 분리되어 일단 생산한 후 판매되고 나중에 소비되지만, 서비스의 경우에는 생산과 동시에 소비되기 때문에 소비자가 서비스 공급에 참여해야 하는 경우가 많다. 그리고 다른 소비자도 서비스 생산과정에 참여하므로 고객들이 형성하는 분위기가 하나의 서비스 내용이 될 수 있다. 또한 고객들이 참여하기 때문에 집중화된 대량생산체계를 구축하기 어려우며 품질을 통제하기 어렵다.
- 이질성(Heterogeneity) : 서비스의 생산 및 인도 과정에는 여러 가변적 요소가 많기 때문에 한 고객에 대한 서비스가 다음 고객에 대한 서비스와 다를 가능성이 있다. 즉, 서비스를 제공하는 사람에 따라 서비스의 내용이나 질이 달라지므로 서비스는 동질적이 아니고 변동적이어서 규격화, 표준화하기 어렵다.
- 소멸성(Perishability) : 판매되지 않은 제품은 재고로 보관할 수 있다. 그러나 판매되지 않은 서비스는 사라지고 만다. 즉 서비스는 재고로 보관할 수 없으며, 서비스의 생산에는 재고와 저장이 불가능하므로 재고 조절이 어렵다.

07 AIDA 모델의 빈칸을 작성하시오.

- A [　　]
- D [　　]
- I [　　]
- A [　　]

모범답안
- A[주의, Attention]
- I[흥미, Interest]
- D[욕구, Desire]
- A[행동, Action]

08 관여도가 높은 구매행동에 대해 설명하시오.

모범답안
관여도란 특정한 상황에 있어 자극에 의해 유발되어 지각되는 개인적인 중요성이나 관심의 수준을 의미하며, 고관여 상황과 저관여 상황에 따라 구매행동은 다르게 나타난다. 스포츠소비자의 고관여 구매행동은 스포츠소비자가 스포츠관련 제품과 서비스를 구매하려는 의사결정에 대해 중요하다고 생각하거나 개인적인 관심을 갖고 있는 경우이므로, 복잡한 구매행동(스포츠소비자가 구매에 높은 관여도를 보이고 각 상표 간 뚜렷한 차이점이 있는 제품을 구매할 경우)과 부조화 감소 구매행동(스포츠소비자가 구매하는 제품에 대해 비교적 관여도가 높고 비싸며 제품이 자주 구매하는 제품이 아니면서 각 상표 간 차이가 크지 않은 경우)을 보이게 된다.

09 스포츠조직이나 구단이 자본조달을 위해 수행하는 PSL(Permanent Seat License)에 대해 설명하시오.

모범답안

PSL(Permanent or Personal Seat License)은 시즌티켓 구매자에게 특정 좌석을 지정해 정규시즌 동안 같은 자리에서 홈경기를 관람할 수 있게 해주는 티켓판매 방법이다. 한국어로 해석하면 개인좌석인증이라 할 수 있으며, 일반석과는 차별화하여 소비자에게 콘도미니엄처럼 임대하는 '개인좌석분양' 형태의 관중석이다. 소유자가 이를 타인에게 양도하는 것은 물론 영구적으로 주어지는 시즌티켓 구입 권리를 제공받는 대가로 일시불로 지급하는 수수료라고 정의한다. 영구좌석인증이라고도 부르며 일반좌석과 구별화된 고급화된 사적 좌석이다. 이 방법은 개인이나 기업에게 임대하여 단기적으로 건설 투자비를 회수할 목적으로 시행하는 것이 일반적이다. 개인좌석인증은 경기장 건설 주체와 객체가 상호 만족해야만 효과를 볼 수 있다. 다시 말해서 경기장 건설 주체는 좌석을 임대해 주는 대신 경기장 건설을 위한 단기자금을 확보할 수 있고, 관중은 비용을 지불하는 대신 각종 편익을 제공받을 수 있으므로 상호 교환형태이다.

10 1차 자료와 2차 자료에 대해 각각 설명하시오.

모범답안

- 1차 자료 : 연구자가 자료 수집 단계에서 직접 수집하거나 작성한 자료를 말하며, 원자료라고도 한다. 질문지법이나 실험법에서는 주로 연구자가 스스로 자료를 작성하기 때문에 이때 사용되는 자료는 1차 자료가 대부분이다.
- 2차 자료 : 연구자가 직접 구한 자료가 아니라 다른 사람이 이미 만들어 놓은 자료를 활용한 자료를 말하며, 이 경우 가공 자료라고도 한다. 즉 1차 자료를 활용하여 연구자가 새롭게 구성한 자료가 2차 자료이다.

11 프로스포츠리그의 승강제에 대한 개념에 대해 설명하고, 기대효과 2가지를 쓰시오.

> **모범답안**
> - 승강제란 1부 리그와 2부 리그 등 팀의 등급에 따른 여러 리그가 운용되는 리그에서 하위리그 상위팀과 상위리그 하위팀을 맞바꾸는 제도이다.
> - 기대효과로는 시즌 막바지에 관중의 관심이 이완되는 현상을 방지한다는 것과 하위 팀에게 마지막까지 최선을 다하도록 강구하는 것 등이 있다.

12 스포츠산업의 특징을 쓰시오.

> **모범답안**
> - 스포츠산업은 복합적인 산업분류 구조를 갖는다.
> - 스포츠산업은 공간 및 입지중시형 산업이다.
> - 스포츠산업은 시간소비형 산업이다.
> - 스포츠산업은 오락성이 중심 개념인 산업이다.
> - 스포츠산업은 감동과 건강을 제공하는 산업이다.
> - 스포츠산업은 다른 분야와의 연계성 산업이다.

13 정부는 국내스포츠기업의 경쟁력을 강화하기 위해 스포츠용품인증제도를 시행 중에 있다. 스포츠용품인증제도의 기대효과를 제시하시오.

> **모범답안**
> - 스포츠용품의 품질향상과 기능향상을 도모
> - 스포츠용품의 기술력 향상을 통한 국가경쟁력 강화
> - 인증제도와 기술·무역의 연계를 통한 내수진작 및 수출증대
> - 스포츠산업 특성에 알맞은 표준·인증제도의 전문화

14 국내 스포츠산업의 강점, 약점, 기회, 위협에 대한 SWOT분석을 간략히 기술하시오.

> **모범답안**
> - 강점(S) : 참여 및 레저스포츠에 대한 관심증대, 스포츠마케팅에 대한 인식제고, 메가스포츠이벤트를 통한 스포츠서비스업 투자 촉진, 스포츠산업의 중요성 인식 등
> - 약점(W) : 스포츠용품업의 경쟁 심화로 시장경쟁력 약화, 프로스포츠노사문제의 대두, 스포츠산업 전문인력 부족 등
> - 기회(O) : 스포츠소비의 지속적 증가, IT산업의 발달, 주5일제 확산, 뉴미디어 시대의 도래, 정부의 스포츠산업 육성정책 강화
> - 위협(T) : 스포츠의 글로벌화 및 경쟁심화, 타산업의 발달, 스포츠윤리 문제대두 등

15 프로스포츠리그의 자유계약제도란 무엇인지 설명하시오.

> **모범답안**
> 자유계약제도는 구단이 선수의 보유권을 상실하거나 포기해 선수가 다른 어떤 구단과도 자유롭게 계약을 맺을 수 있는 제도이다.

16 스포츠소비자행동과 블랙박스 이론에 대하여 설명하시오.

> **모범답안**
> 스포츠소비자행동은 스포츠소비자가 스포츠상품이나 서비스를 구매할 때 문제인식 - 정보탐색 - 대안평가 - 구매 - 구매 후 행동의 5가지 행동단계를 거치게 된다. 물론 모든 스포츠소비자가 5단계의 과정을 거친다고는 볼 수 없다. 이는 스포츠소비자가 가지고 있는 관여도 상황에서 생각해 볼 수 있는데, 스포츠상품과 서비스에 대한 저관여도를 가지고 있는 스포츠소비자는 구매의사결정 5단계를 모두 거치지 않고 상품과 서비스를 구매할 수 있고, 고관여도를 가지고 있는 스포츠소비자는 모든 5단계를 거쳐 의사결정할 확률이 높다.
> 한편, 블랙박스 이론은 소비시장에서 작용하는 여러 가지 요인들을 분석하고 다양한 기법을 활용하여도 결과로 나타나는 것은 소비자의 구매행위뿐이지 의사결정과정은 블랙박스와 같아서 투명하게 들여다 볼 수 없다는 이론이다. 즉, 원인과 결과만을 보자는 주장이며, 원인과 결과 사이에서 발생하는 과정은 알 수 없거나 무시하자는 의미이다.

17 프로스포츠조직의 수입원 4가지를 쓰시오.

모범답안
프로스포츠조직의 수입은 일반적으로 크게 입장료와 방송중계권료, 마케팅 수입으로 나뉠 수 있으며, 통상적으로 직접수입원과 간접수입원으로 나누어 생각해 볼 수 있다. 직접수입원은 방송중계권료, 입장료판매수입, 상금 및 배당금, 선수이적, 스폰서 수익 등이 있고, 간접수입원은 라이선싱, 연맹가입 및 지역연고권 등의 자산 가치, 지원금 등이 있다.
(※ 직접수입원과 간접수입원을 생각하여 위 내용 중 4가지를 제시하면 된다.)

18 스포츠산업이 중요한 이유를 기술하시오.

모범답안
스포츠산업은 스포츠와 관련된 재화 및 서비스를 생산·유통하는 산업활동으로, 다음과 같은 중요성을 가진다.
- 스포츠산업은 고부가가치 산업이라는 점에서 그 중요성이 부각된다.
- 스포츠산업은 무한한 성장 잠재력이 있다는 점에서 그 중요성이 부각된다.
- 스포츠산업은 미디어적 가치가 있다는 점에서 그 중요성이 부각된다.
- 스포츠산업은 국민복지에 기여한다는 점에서 그 중요성이 부각된다.

19 신생 프로스포츠구단이 기존구단에 가입비를 내는 이유를 제시하시오.

모범답안
프로리그에 신생구단이 진입하면 기존의 프로구단은 리그에서 지급하는 수입을 배분하는 몫이 줄어들게 되고, 신생팀으로 인해 발생가능한 입장수입 감소의 보전을 요구하게 된다. 또한 신생팀이 창단되면 리그 활성화 및 전력차이의 최소화 차원에서 보호선수를 제외하고 신생팀이 지명하는 선수를 넘겨주게 되는 것이 통상적인데 이때 발생되는 비용도 보상받게 되며, 리그에 참여하는 팀이 많아질수록 지방자치단체 협상에서 입지가 낮아지므로 이에 대한 보상도 받아야 한다. 이러한 이유 등으로 신생 프로스포츠구단은 프로리그 참여 시 리그 가입비를 내게 된다.

20 열성팬이 재관람할 수 있도록 하는 파레토 법칙을 설명하시오.

모범답안
파레토의 법칙은 충성도가 높은 20%의 소비자가 전체매출의 80%를 차지함을 의미하며, 80 대 20 법칙 혹은 2 대 8 법칙이라고도 한다. 이를 관람 스포츠의 스포츠팬에게 적용해 보면 프로스포츠구단의 스포츠팬 20%가 프로스포츠구단 매출액의 80%를 차지한다고 설명할 수 있으며, 이때 스포츠팬 20%는 프로스포츠구단에 충성도가 매우 높은 열성팬이라 추측할 수 있다. 이러한 파레토 법칙에 근거해 볼 때 프로스포츠구단은 구단의 열성팬에 해당할 수 있는 서포터즈와 경기관람 시즌권을 구매하는 스포츠팬을 마케팅적으로 매우 중요하게 고려해야 함을 제시하고 있다고 볼 수 있다.

21 가치사슬 모형의 주된 활동 4가지를 제시하시오.

> **모범답안**

마이클포터는 가치사슬 모형의 가치창출활동으로 주활동(Primary Activities)을 제시하고 있다.
- 입고(입력) : 접수, 보관, 재고관리, 수송계획 등
- 운영(생산 및 처리) : 가공, 포장, 조립, 장비유지, 검사 등
- 출고(저장 및 분배) : 창고관리, 주문실행, 배송, 유통관리 등
- 마케팅 및 판매 : 광고, 프로모션, 판매, 가격설정, 소매관리 등
- 서비스 : 고객지원, 수리업무, 설치, 훈련, 예비부품관리, 업그레이드 등

(※ 이를 중심으로 4가지를 제시하면 된다.)

22 관여도를 결정하는 선행요인은 개인적 요인, 제품적 요인, 상황적 요인으로 분류되는데, 이 중 제품적 요인에 해당하는 것을 제시하시오.

> **모범답안**

관여도는 소비자가 상품이나 서비스를 구매할 때 정보탐색에 시간과 노력을 기울이는 정도 혹은 특정한 상황에 있어 자극에 의해 유발되어 지각되는 개인적인 중요성이나 관심의 수준을 의미한다. 이러한 관여도를 결정하는 선행요인으로는 개인적·제품적·상황적 요인으로 분류되는데, 제품적 요인의 경우 제품에 대한 다양한 위험요소가 구매에 관여한다는 의미이다.
- 신체적 위험 : 제품을 사용하면서 소비자가 신체적 피해를 입을 수 있는 가능성에 대한 불안감
- 성능 위험 : 기능에 대해 느끼는 위험
- 심리적·사회적 위험 : 제품이 자신의 이미지 등과 어울리지 않거나 부정적으로 평가될 가능성에 대한 불안감
- 재무적 위험 : 지출에 대한 부담감
- 시간손실 위험 : 시간을 들여 구입한 제품이 만족스럽지 못하여 제품을 구입하는 데 소요된 시간손실 위험을 지각하는 것

23 소비자의 상황적 관여도와 지속적 관여도의 차이에 대해 설명하시오.

모범답안
- 상황적 관여도 : 개인이 특정 상황에서만 일시적으로 관심이 높아지는 것
- 지속적 관여도 : 소비자가 제품이나 서비스에 대해 전반적으로 꾸준하고 높은 관심과 중요성을 느끼는 것

24 한국표준산업분류에 의한 스포츠산업 분류에 해당하는 세세분류 5가지만 제시하시오.

모범답안

한국표준산업분류(11차)에 의한 스포츠산업 분류

대분류	중분류	세세분류
스포츠서비스업(911)	경기장 운영업(9111)	실내 경기장 운영업(91111) 실외 경기장 운영업(91112) 경주장 및 동물 경기장 운영업(91113)
	골프장 및 스키장 운영업(9112)	골프장 운영업(91121) 스키장 운영업(91122)
	기타 스포츠 시설 운영업(9113)	종합 스포츠 시설 운영업(91131) 체력단련시설 운영업(91132) 수영장 운영업(91133) 볼링장 운영업(91134) 당구장 운영업(91135) 골프연습장 운영업(91136) 그 외 기타 스포츠 시설 운영업(91139)
	기타 스포츠서비스업(9119)	스포츠 클럽 운영업(91191) 그 외 기타 스포츠서비스업(91199)

(※ 이 중 맨 뒤에 제시하고 있는 세세분류 중 5개를 쓰면 된다.)

25 지방자치단체가 스포츠이벤트를 유치했을 때 얻을 수 있는 효과 3가지를 제시하시오.

모범답안
지방자치단체가 스포츠이벤트를 유치했을 때 얻을 수 있는 효과는 매우 다양하다. 스포츠이벤트의 유치 및 개최로 지역이미지 향상, 지역자긍심 향상, 지역관광 활성화, 지역경제 활성화, 공동체의식 확립, 지역홍보 등의 효과가 있다.
(※ 이 중 3가지를 쓰면 된다.)

26 소비재유형에 대한 특징에 대해 설명하시오.

모범답안
소비재는 우리가 일상적으로 소비하고 사용하는 재화(음식, 의류, 가전제품, 화장품 등)를 말하며, 우리의 삶을 향상하기 위한 목적으로 구매하고 사용하는 재화를 의미한다. 즉 소비재는 개인적인 소비를 위해 최종소비자가 구매하는 제품이며, 구매 동기에 따라 편의품, 선매품, 전문품의 유형으로 분류될 수 있다.
- 편의품 : 소비자가 손쉽게 구매하는 제품으로 편의품은 일반적으로 저관여의 특성이 있어 소비자는 제품 구매를 위해 큰 노력을 기울이지 않으며, 가격이 비교적 저렴하다는 특징이 있다.
- 선매품 : 소비자들이 제품을 구매하기 위해 가격, 품질, 디자인 등을 비교하여 구매하는 제품으로 선매품은 편의품에 비해 유통경로가 짧고 소매상이 상당한 광고, 진열 및 판매비를 부담하기 때문에 상표 요소보다 점포 요소가 더 중요하다.
- 전문품 : 소비자가 상품을 쉽게 식별할 수 있는 독특한 특성이 있어 대체품이 거의 없는 제품으로 전문품은 일반적으로 고관여의 특성을 보이므로, 소비자는 구매를 위해 상당한 노력을 기울이고, 구매하기까지 오랜 시간이 소요된다.

27 프로스포츠조직의 수입원을 제시하시오.

> **모범답안**
> 프로스포츠조직의 수입원은 일반적으로 크게 입장료와 방송중계권료, 마케팅 수입으로 나뉠 수 있으며, 통상적으로 직접수입원과 간접수입원으로 나누어 생각해 볼 수 있다. 직접수입원은 방송중계권료, 입장료판매수입, 상금 및 배당금, 선수이적, 스폰서 수익 등이 있고, 간접수입원은 라이선싱, 연맹가입 및 지역연고권 등의 자산 가치, 지원금 등이 있다.

28 부조화감소 구매행동이 나타나는 이유와 대책에 대해 기술하시오.

> **모범답안**
> 스포츠소비자가 구매하는 제품에 대해 비교적 관여도가 높고 비싸며 평소에 자주 구매하는 제품이 아니면서 구매 후 결과에 대하여 위험부담이 있는 제품에서 각 브랜드(상표)간 차이가 크지 않은 경우 부조화감소 구매행동이 나타나게 된다. 이때 마케터는 자사제품의 좋은 면을 강조하거나 소비자의 확신을 강화할 수 있는 강화광고(Reinforcement Advertising)를 실시하고 또한 판매 직후 소비자에게 거래 후 서신(감사편지), 안내책자, 전화(해피콜) 등으로 선택에 대한 확신을 심어줄 수 있도록 해야 한다. 또한 환불제도, A/S 등도 구매 후 부조화를 감소시킬 수 있으므로 이와 같이 마케팅 활동을 지속해야 한다.

제2과목 스포츠경영론

01 교섭적 리더십과 변혁적 리더십을 가진 리더의 행동특성을 쓰시오.

모범답안
- 교섭적 리더십
  - 리더의 행동은 소극적이며, 부하들이 규칙과 관례에 따르기를 선호한다.
  - 부하의 노력과 업적에 따라 보상과 칭찬을 한다.
  - 높은 성과에 보상하겠다고 약속하거나 언질을 준다(외재적 동기부여).
  - 부하의 행동이 규정이나 관례에 어긋남이 없는지 감독 및 관찰하고 시정해 준다.
- 변혁적 리더십
  - 리더의 행동은 적극적이며, 부하들에게 비전과 미션을 제시하고 신뢰하며 자긍심을 유발한다.
  - 부하들의 지혜와 논리성, 문제해결능력 등을 일깨워 준다.
  - 부하를 존중하며 개별적으로 관심을 쏟는다.
  - 목표를 쉽게 설명해주고 높은 기대를 갖도록 동기부여(내재적 동기부여)한다.

02 인적자원관리 MBO에 대해 설명하시오.

모범답안

MBO(Management By Objectives)는 목표에 의한 관리로 인적자원 성과평가의 한 유형이다. MBO는 효율적인 경영관리체제를 실현하기 위해서 수행되는 경영관리의 기본적인 방법으로 조직의 목표와 개인의 목표를 명확하게 설정하고 조직의 목표달성을 위한 실행전략을 수립하고 추진하는 과정을 의미한다. 쉽게 이야기하면 구체적인 성과목표를 부하와 상사가 함께 결정하고, 목표를 향한 진척이 정기적으로 점검되고, 보상이 이러한 진척으로 배분되는 경영관리시스템을 의미한다. 이러한 MBO가 성공하기 위해서는 구성원의 인식변화와 적극적인 참여의지, 그리고 개인이 아닌 모든 임직원이 참여하여야 하므로 조직의 구성원 간 의사소통과 피드백이 이루어질 수 있는 문화가 조성되어야 한다.

03 인적자원관리 과정을 쓰시오.

모범답안

인적자원관리는 일반적으로 인적자원 확보 → 인적자원 개발 → 평가 및 보상 → 인적자원 유지의 4가지 과정을 거친다.
- 인적자원 확보 : 직무분석, 인력계획, 모집 및 선발
- 인적자원 개발 : 교육훈련, 경력개발
- 평가 및 보상 : 보수관리, 승급 및 승진, 복리후생
- 인적자원 유지 : 이직 및 퇴직관리, 노사관계

04 인적자원관리의 요소 중 인적자원의 평가가 가지는 중요성을 쓰시오.

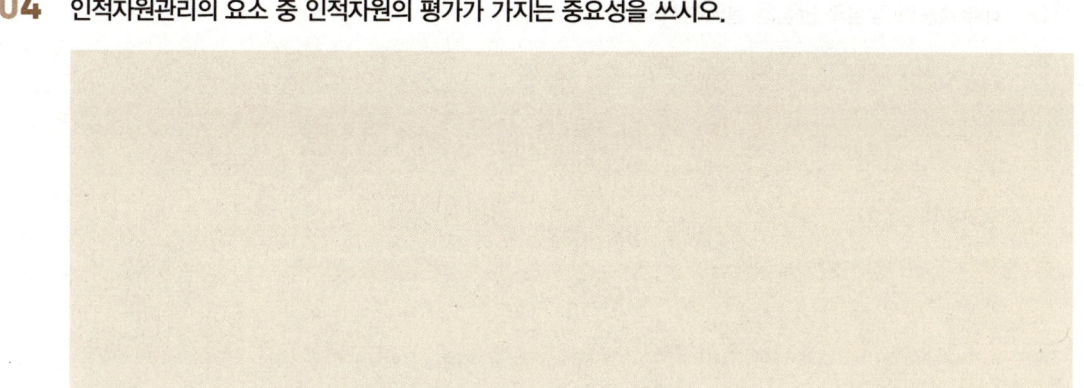

모범답안

인적자원평가의 중요성은 다음과 같다.
- 경영자로 하여금 인적자원의 질을 향상하고 이를 효과적으로 활용할 수 있게 해준다.
- 공정한 평가는 인적자원의 성공적인 경력설계를 위한 기초가 된다.
- 유능한 인적자원이 되도록 하기 위해 어떤 능력이나 자질을 개발해야 하는지에 대한 정확한 기초자료를 제공한다.
- 인적자원의 인간관계 개선에 도움을 준다.
- 다른 조직행위를 바람직하게 개발할 수 있는 기초가 된다.

05 스포츠조직의 경영전략을 수립할 때 고려해야 할 사항을 쓰시오.

모범답안

경영전략은 경쟁상황에서 어떠한 방법으로 우리에게 경쟁우위를 가져다 줄 수 있는가를 체계적으로 분석하게 해주는 구체적인 사고방법이므로, 스포츠경영전략은 스포츠산업과 관련된 기업이나 조직에게 경쟁우위를 제공 및 유지할 수 있는 주요한 의사결정과정이라 볼 수 있다. 이를 중심으로 스포츠기업이나 조직이 경쟁에서 승리하기 위한 구체적 목표의 설정, 경쟁상황에 대한 이해, 자신과 경쟁자의 자원에 대한 객관적 평가, 효과적 전략수행이 경영전략의 주요 요소가 된다. 이에 스포츠경영전략 수립 시 스포츠기업이나 조직의 강점과 약점, 환경의 기회와 위협, 주요 전략실행자의 개인적 가치, 사회의 기대 등을 고려하여야 한다.

06 내부채용의 장점과 단점을 설명하시오.

> 모범답안

- 내부채용의 장점
  - 능력이 검증된 사람을 채용할 수 있다.
  - 직무에 대한 훈련 시간이 단축된다.
  - 충원이 신속히 이루어지고 충원비용이 감소될 수 있다.
  - 장기근속을 유인할 수 있다.
- 내부채용의 단점
  - 내부 충원 형태이므로 조직 내부 이동의 연쇄효과로 인해 혼란이 야기될 수 있다.
  - 조직 내부정치와 관료제로 인해 비효율적일 수 있다.
  - 고용평등법을 충족하지 못할 위험성이 존재한다.

07 BCG 매트릭스에서 Star사업부의 특징 4가지와 주요전략 유형 2가지를 쓰시오.

> 모범답안

- 특 징
  - 높은 시장점유율과 높은 시장성장률을 갖는다.
  - 현금을 많이 소비할 뿐 아니라 많이 창출하기도 한다.
  - 기업의 향후 주력 사업부문으로 성장한다.
  - 기업이 집중 투자하는 사업부에 해당한다.
  - 경쟁이 점차 심해지므로 경쟁력 있는 전략을 만들어 궁극적으로 Cash Cow의 상황으로 이끌어 가는 전략이 필요하다.
- 전략유형
  - 유지전략
  - 증대전략

08 투자결정기법에 대해 설명하시오.

모범답안
스포츠조직의 투자결정기법은 크게 확실성하의 투자결정기법과 불확실성하의 투자결정기법으로 나누어 설명할 수 있다. 먼저 확실성하의 투자결정기법은 화폐의 시간적 가치를 고려하지 않는 방법과 화폐의 시간적 가치를 고려한 방법으로 나누어 설명할 수 있는데, 화폐의 시간적 가치를 고려하지 않는 방법에는 회수기간법, 회계적 이익률법이 있고, 화폐의 시간적 가치를 고려한 방법에는 순현가법, 내부수익률법이 있다. 다음으로 불확실성하의 투자결정기법에는 위험조정할인율법과 확실성 등가법이 있다.

09 피트니스센터에 종사하는 지도자의 인적관리를 위한 직무분석 시 활용할 수 있는 3가지 방법을 제시하시오.

모범답안
스포츠센터의 경영자는 프로그램지도자의 인적관리를 위한 직무분석에 다음과 같은 방법을 사용할 수 있다.
- 면접법 : 프로그램 지도자와 면접을 통해 직무에 대한 정보를 획득한다.
- 관찰법 : 프로그램 지도자의 평소 지도 모습을 관찰해 직무에 대한 정보를 획득한다.
- 질문지법 : 프로그램 지도에 관한 설문지를 만들어 프로그램 지도자에게 응답하게 함으로써 직무에 관한 정보를 수집한다.

10 A, B 스포츠시설은 모두 동일하나 A가 B보다 회비가 10만 원 더 저렴했을 때는 어떠한 전략을 사용한 것인지 간략히 설명하시오.

모범답안
시설은 동일하나 금전적인 부분에서 경쟁사보다 우위에 있으므로 비용우위전략에 해당된다. 비용우위전략은 원가우위전략이라고도 하며, 경쟁사 제품과 품질이나 인지도가 비슷할 경우 판매가격을 최대한 낮추는 방법으로 전략을 수행하는 것이다.

11 스포츠 에이전시의 유형을 쓰시오.

모범답안
- 국제 스포츠마케팅 에이전시
- 선수관리 에이전시
- 광고 스포츠에이전시
- 라이선싱 & 머천다이징 전문 에이전시
- 풀 서비스 에이전시

12 손익분기점에 대해 설명하시오.

> **모범답안**
> 손익분기점은 일정기간 수익과 비용이 똑같아 이익도 손실도 생기지 않은 경우의 매출액을 뜻하며, 손익분기점 분석은 CVP(Cost Volume Profit) 분석이라고도 한다. 모든 비용은 고정비용과 변동비용으로 구분되며, 고정비용과 변동비용은 일정하다는 가정을 전제로 한다. 매출량의 손익분기점은 영업이익이 0이 되는 생산량을 뜻하며, 매출액의 손익분기점은 영업이익이 0이 되는 매출액을 뜻한다. 또한 목표영업이익과 손익분기점은 목표로 설정한 영업이익을 달성하기 위한 매출량과 매출액을 의미한다.

13 스포츠시설의 입지선정 시 필수적으로 고려해야 할 요소를 4가지 쓰시오.

> **모범답안**
> 입지선정 시 경쟁자의 위치와 수를 파악하고, 이용자의 접근용이성, 인력수급 방법, 지역사회의 인구통계학적 특성 등을 고려해야 한다.

14 앤소프(Ansoff)가 제시한 제품의 시장 매트릭스 모델 유형 중 빈칸에 들어갈 말을 쓰고 간략히 설명하시오.

제품 \ 시장		시 장	
		기존시장	신시장
제 품	기존제품	시장침투전략	(㉠)
	신제품	(㉡)	경영다각화전략

모범답안

㉠ 시장개발전략, ㉡ 제품개발전략
- 시장침투전략 : 기존 시장에서 기존 제품으로 시장점유율을 증대하는 전략
- 제품개발전략 : 기존 시장의 소비자가 잠재적으로 관심 있는 신제품을 개발하는 전략
- 시장개발전략 : 기존 제품을 가지고 새로운 시장을 발견 및 개발하는 전략
- 경영다각화전략 : 현재의 사업과 직접적인 관련이 없는 다른 분야에서 새로운 성장기회를 발견하는 전략

15 마이클 포터의 다섯 가지 경쟁요인에 대해 설명하시오.

모범답안

포터의 다섯 가지 경쟁요인(5 Force Model) 분석은 다섯 가지의 경쟁세력들이 그 산업의 경쟁정도를 결정하며, 이러한 세력들의 총체적인 힘이 그 산업에서 기대할 수 있는 궁극적인 이윤잠재력을 결정짓는다는 모형이다. 다섯 가지 경쟁요인 분석은 신규진입자의 위협, 기존 기업 간 경쟁관계의 강도, 대체재의 위협, 구매자의 교섭력, 공급자의 교섭력으로 구성되어 있다.
- 신규진입자의 위협 : 신규진입자가 있을 가능성이 어느 정도냐에 따라서 경쟁상태를 결정
- 기존 기업 간 경쟁관계의 강도 : 동일한 산업 안에서 기존 기업들과의 경쟁이 얼마나 치열한가의 여부
- 대체재의 위협 : 해당 상품이나 서비스를 대체할 수 있는 대체제의 위협
- 구매자의 교섭력 : 공급에 비해 수요가 적거나 까다로운지
- 공급자의 교섭력 : 원자재나 부품을 공급하는 공급자의 협상력 정도

16 허츠버그(Herzberg)가 제시한 동기요인과 위생요인을 예를 들어 설명하시오.

모범답안

허츠버그(Herzberg)의 2요인 이론은 동기요인과 위생요인으로 분류된다.
- 동기요인 : 내재적(Intrinsic) 요인으로 일 자체와 관련된 것이며 불만족보다는 만족에 관련이 있다. 도전감, 성취감, 인정감, 성장가능성, 책임감, 승진기대 등이 해당된다.
- 위생요인 : 외재적(Extrinsic) 요인으로 일과 관련된 여러 가지 환경에서 발견할 수 있으며 만족보다는 불만족에 관련이 있는 것으로 연봉, 직무환경, 회사제도(정책), 고용안정, 작업감독 등이 해당된다.

17 BCG 매트릭스 분석에서 Cash Cow는 왜 중요한 역할을 하는지 쓰시오.

> **모범답안**
> Cash Cow는 자신의 시장에서 낮은 시장성장률과 높은 시장점유율을 가지므로 경쟁자가 거의 없고, 확고한 위치에 있다고 볼 수 있다. 경쟁자가 없고 확고한 위치를 선점하였으므로 더 이상의 투자가 필요 없으며, 막대한 양의 현금을 창출한다. 따라서 Cash Cow에서 벌어들인 수익을 다른 사업부에 투자하거나 신상품을 개발하는 데 사용할 수 있으므로 기업의 현금흐름에 대단히 중요한 역할을 한다.

18 비용우위, 차별화, 집중화 경영전략 중 차별화전략에 대해 설명하고 스포츠와 관련된 예시를 하나 쓰시오.

> **모범답안**
> 차별화전략은 제공하는 제품이나 서비스를 차별화함으로써 산업 전반에 걸쳐 그 기업이 구매자에게 독특하게 인식될 수 있는 그 무엇인가를 창조하는 전략이다. 스포츠와 관련된 사례로는 스포츠용품사의 경우 경쟁이 심화되어 보다 높은 고객확보를 위해 경쟁사보다 차별화된 매장 및 고급화된 매장을 개설하는 것과 체험요소를 증대하기 위한 플래그십스토어의 개설을 들 수 있고 프로스포츠의 경우에는 타구장과 차별적인 스포츠ICT를 활용한 다양한 편의시설(스마트폰 어플리케이션을 이용한 티켓 구입, 좌석뷰, 경기정보 제공, 음식주문의 간소화 등)을 제공하는 것을 들 수 있다.

19 SWOT분석에 대해 설명하고, 우리나라 스포츠산업의 SWOT분석을 기술하시오.

모범답안

SWOT분석은 기업의 강점(S), 약점(W), 기회(O), 위협(T)을 파악하는 환경분석으로 기업의 강점(S)과 기회(O)는 살리고, 약점(W)과 위협(T)은 최소화하고자 하는 경영기법이다. 이를 하나씩 매치해 보면 SO전략, ST전략, WO전략, WT전략이 도출된다.
- SO전략 : 공격적 전략(사업구조, 사업영역, 사업 포트폴리오, 시장확대)
- ST전략 : 다각화 전략(신사업진출, 신제품 및 신기술 개발, 신고객 창출)
- WO전략 : 전략적 제휴전략(혁신, 구조조정)
- WT전략 : 방어전략(원가절감, 축소/철수전략)

우리나라 스포츠산업의 SWOT분석
- 강점(S) : 참여 및 레저스포츠에 대한 관심 증대, 스포츠마케팅에 대한 인식 제고, 메가스포츠이벤트를 통한 스포츠서비스업 투자 촉진, 스포츠산업의 중요성 인식 등
- 약점(W) : 스포츠용품업의 경쟁 심화로 시장경쟁력 약화, 프로스포츠 노사문제의 대두, 스포츠산업 전문인력 부족 등
- 기회(O) : 스포츠소비의 지속적 증가, IT산업의 발달, 주5일제 확산, 뉴미디어 시대의 도래, 정부의 스포츠산업 육성정책 강화
- 위협(T) : 스포츠의 글로벌화 및 경쟁 심화, 타 산업의 발달, 스포츠윤리 문제 대두 등

(※ 기출문제에서는 기분석된 스포츠산업 SWOT 내용을 강점, 약점, 기회, 위협과 연결하는 형식의 문제가 출제되었으므로 SWOT 분석의 개념과 사례를 함께 학습해야 한다.)

20 국내 한 프로야구단이 전략수립을 위해 정리한 아래의 각 요인들을 SWOT분석에 따라 분류하시오.

　㉠ 주 5일 근무제 확산　　㉡ 경기침체로 소비위축
　㉢ 팀 전력 약세　　　　　㉣ 뛰어난 감독 영입

모범답안

SWOT 분석 시 고려되어야 할 사항 중 하나는 강점과 약점은 내부 환경에서 기회와 위협은 외부환경에서 찾아야 한다는 것이다. 이에 프로야구단의 SWOT 분석 시 강점과 약점은 프로야구단 내부에서 기회와 위협은 외부에서 분석되어야 한다.
- S : 뛰어난 감독 영입
- W : 팀 전력 약세
- O : 주 5일 근무제 확산
- T : 경기침체로 소비위축

21 스포츠조직의 자금조달 방법 가운데 직접금융을 통한 자금조달의 개념을 설명하고, 그 예를 2가지만 쓰시오.

모범답안

- 직접금융을 통한 자본조달 : 자본을 조달하고자 하는 스포츠 관련 조직(프로스포츠구단, 스포츠기업 등)이 회원권 판매, 주식 혹은 채권발행, 스폰서십 등을 통해 자금을 투자하고자 하는 투자자로부터 직접적으로 조달하는 방법을 의미한다.
- 사 례
  - 스포츠 관련 조직이 주식 혹은 채권을 발행하여 직접 투자자를 모집
  - 회원권 판매 및 라이선싱, 스폰서십을 통해 직접 자본을 조달하는 것

22 스포츠조직의 조직구성 요소 중 복잡성에 대해 설명하시오.

모범답안

스포츠조직의 구성요소 중 하나인 복잡성(Complexity)은 다음과 같다.
- 조직 내에 존재하는 분화의 정도
- 수평적 분화 : 조직이 수행하는 업무를 구성원들이 수평적으로 나누어 수행하는 양태를 의미하며 부문화와 직무의 전문화로 구분된다.
- 수직적 분화 : 과업의 분화가 상하관계를 가지고 이루어지는 것으로 위계 또는 계층이라고 하며, 과업이 수직적으로 분화할수록 조직의 계층 수가 증가하므로 조직이 더욱 복잡해진다.
- 지역적 분화 : 조직의 인력, 시설 등과 같은 자원이 지역적으로 분산되어 있는 정도를 말한다.

23 애드호크라시에 대해 설명하시오.

모범답안

애드호크라시는 민츠버그(Mintzberg)가 제시한 5가지 조직구조의 유형 중 하나로 다양한 전문적 기술을 가진 사람들이 일정 프로젝트의 수행을 위해 일시적으로 조직되어 업무를 수행한 후 프로젝트 종료 시 바로 해체되는 조직유형을 의미한다.
- 협력화 : 유기적 조직
- 고도의 수평적 직무 전문화
- 변화요구에 지속적으로 대응하는 혁신조직

24 기계적 관료제와 전문적 관료제에 대해 설명하시오.

> 모범답안

기계적 관료제	전문적 관료제
• 대규모 조직에서 흔히 볼 수 있음 • 표준화 : 기계적 조직 • 전문화, 공식화가 잘 되어 있음 • 대량생산에 적합 • 기술합리성 추구 용이함 • 비인간적이며 유연성이 낮음	• 전문화된 조직에서 흔히 볼 수 있음 • 전문화 : 기계적 조직 • 전문가들이 조직의 대부분을 차지함 • 전문가들로 구성된 핵심운영부서가 주요부문이므로 이들의 표준화된 기술로 과업을 조정하고, 과업은 쉽게 공식화할 수 없음 • 전문가집단이므로 기술지원이 작고 관리지원이 상대적으로 큼

25 마이클포터의 본원적 경쟁전략 3가지를 쓰고 설명하시오.

> 모범답안

- 비용우위전략 : 원가우위전략이라고도 하며, 경쟁사 제품과 품질이나 인지도가 비슷하다면 판매가격을 최대한 낮추는 방법으로 전략을 수행하는 것이다.
- 차별화전략 : 제품가격은 다소 비싸도 경쟁사의 제품이나 서비스보다 우위에 있을 수 있도록 차별화하는 전략을 수행하는 것
- 집중화전략 : 가격이나 품질을 높이는 전략을 세우되 모든 고객을 상대로 하는 것이 아니라 한정된 특수 고객에게 집중하여 원가우위 혹은 차별화 전략을 수행하는 것이다.

26. BCG 매트릭스를 구성하는 각 사업부(4가지 영역)를 설명하시오.

모범답안

- Star 사업부
  - 높은 시장점유율과 높은 시장성장률을 갖는다.
  - 현금을 많이 소비할 뿐 아니라 많이 창출하기도 한다.
  - 기업의 향후 주력 사업부문으로 성장한다.
  - 기업이 집중 투자하는 사업부에 해당한다.
  - 경쟁이 점차 심해지므로 경쟁력 있는 전략을 만들어 궁극적으로 Cash Cow의 상황으로 이끌어 가는 전략이 필요하다.
  - 유지전략, 증대전략
- Cash Cow 사업부
  - 낮은 시장성장률과 높은 시장점유율을 갖는다.
  - 견고한 시장 기반을 바탕으로 많은 현금을 창출하여 다른 사업부에게 여유자금을 제공한다.
  - 저성장 시장에서는 판매나 시장점유율을 더 이상 확대하기 어렵기 때문에 이 사업에는 더 이상 투자를 하지 말아야 한다.
  - 기업의 전략상 가장 유리한 위치이다.
  - 유지전략
- Question Mark 사업부
  - 낮은 시장점유율과 높은 시장성장률을 갖는다.
  - 시장잠재력은 높은 편이나 시장점유율을 높이기 위해서는 많은 자원이 필요하다.
  - 기존의 포트폴리오로부터 철수하거나 아니면 여기서의 판매나 시장점유율을 확대하기 위한 노력을 강화해야 한다.
  - 증대전략, 수확전략, 철수전략
- Dog 사업부
  - 낮은 시장점유율과 낮은 시장성장률을 갖는다.
  - 약한 시장위치로 인해 현금창출과 시장점유율 확대가 어렵다.
  - 마이너스의 현금흐름을 가져오므로 기업의 포트폴리오에서 제거하는 것이 바람직하다.
  - 철수전략, 수확전략

27 가격탄력성이 무엇인지 설명하시오.

모범답안
가격탄력성은 가격이 1% 변화하였을 때 수요량은 몇 % 변화하는가를 절대치로 나타낸 크기를 의미하는 것으로 탄력성이 1보다 큰 상품의 수요는 탄력적이라 하고, 1과 같으면 단위 탄력적, 1보다 작은 상품의 수요는 비탄력적이라고 한다.

28 조직의 커뮤니케이션 전략이 필요한 경우를 2가지 쓰고, 커뮤니케이션 전략 수립과정을 기술하시오.

모범답안
- 조직의 커뮤니케이션 전략이 필요한 경우
  - 조직 내 커뮤니케이션 장애 현상이 현저하게 발생한 경우
  - 조직의 목표달성을 위해 조직구성원들을 설득할 커뮤니케이션 활동을 시행해야 할 경우
- 커뮤니케이션 전략 수립 과정
  인식수준 분석 → 커뮤니케이션 장애 요인 파악 → 대응방안의 개발 → 대응방안의 실행 → 결과 평가 → 피드백

29 경영자를 분류하고 각각의 특징에 대해 설명하시오.

모범답안
- 최고경영자 : 기업에서 최고의 권한과 의사결정 및 경영권을 가지고 기업경영의 전반적임 책임을 가지고 있는 경영자(층)를 말하며 CEO, 회장, 사장, 전무, 이사 등이 해당된다. 따라서 외부환경의 변화 등과 같은 상황을 판단하는 능력이 중요시된다.
- 중간경영자 : 최고경영자(층)가 결정한 기업의 목표와 계획을 일선경영자에게 전달하고 지휘하는 경영자(층)를 말하며 팀장, 부장, 과장 등이 해당된다. 따라서 최고경영자(층)와 일선경영자(층)를 조율해 줄 수 있는 대인관계 능력이 중요시된다.
- 일선경영자 : 실무 담당자의 작업을 감독하고 조정하는 경영자(층)를 말하며 감독자, 대리 등이 해당된다. 따라서 작업의 원활한 수행을 위한 전문적인 지식 등과 같은 현장실무 능력이 중요시된다.

30 커뮤니케이션 방해요소 3가지를 설명하시오.

모범답안
커뮤니케이션을 방해하는 요소는 다음과 같다.
- 왜곡 : 전달자의 원래 뜻이 제대로 전해지지 않고 왜곡되는 경우
- 생략 : 수신자가 판단에 필요로 하는 정보를 전달자가 제대로 전달하지 않는 경우
- 커뮤니케이션 과중 : 전달하고자 하는 정보가 너무 많은 경우
- 타이밍 : 중요한 정보가 필요한 때에 전달되지 못하는 경우
- 수용성 : 수신자가 정보를 수용하지 않는 경우

(※ 커뮤니케이션 방해요소를 생각하고 이 중 3가지를 설명하면 된다.)

31 직무분석 방법과 직무평가 방법을 각각 3가지 제시하시오.

> **모범답안**
> - 먼저 직무분석의 방법은 다음과 같다.
>   - 면접법 : 면접을 통해 직무정보 획득
>   - 관찰법 : 관찰을 통해 직무정보 획득
>   - 중요사건화법 : 직무 수행 중에 발생하는 중요한 일을 사건화하여 정보 수집
>   - 워크샘플링법 : 전체적인 작업과정 동안 무작위적인 간격으로 많은 관찰을 행하여 업무에 관한 정보 수집
>   - 질문지법 : 설문지를 통해 직무에 관한 정보 수집
> - 그리고 직무평가 방법은 다음과 같다.
>   - 서열법 : 각 직무의 중요도, 책임도 등을 종합적으로 판단하여 직무의 가치 평가
>   - 분류법 : 직무의 가치를 구분하는 등급표를 만들고 평가직무를 맞는 등급으로 분류
>   - 요인비교법 : 가장 핵심이 되는 몇 개의 기준 직무를 선정하고 각 직무의 평가요소를 기준, 직무의 평가요소와 결부시켜 비교함으로써 모든 직무의 상대적 가치 결정
>   - 점수법 : 직무의 가치를 점수로 나타내어 평가하는 것으로 직무를 평가요소에 따라 분해하고 각 요소별로 그 중요도에 따라 점수를 부여한 후 그 점수 합계에 따라 직무 가치 결정
>
> (※ 직무분석과 직무평가 방법을 생각하고 이 중 각각 3가지를 제시하면 된다.)

32 브룸(Vroom)의 기대이론에서 제시하고 있는 기대감, 수단성, 유인가에 대해 설명하시오.

모범답안

- 기대감(Expectancy)
  - 자신이 노력하면 성과를 얻어낼 수 있을 것이라고 믿는 신념이다.
  - 과업을 수행하기 위한 노력은 실제로 성과가 나타날 것이라는 기대에 의해 좌우된다는 가능성에 대한 개인의 인식을 의미한다.
- 수단성(Instrumentality)
  - 어떤 일의 성취가 가져올 보상에 대한 확률이다.
  - 과업을 수행한다는 것은 보상을 획득하기 위한 수단임을 의미한다.
- 유인가(Valence)
  - 결과 및 보상에 대한 개인이 평가하는 중요성 정도를 뜻한다.
  - 개인의 과업에 대한 욕구에 따라 그 중요성과 가치는 다르게 나타나게 된다.

33 상대적 시장점유율의 개념과 공식을 쓰시오.

모범답안

상대적 시장 점유율(RMS ; Relative Market Share)은 기업 비즈니스의 성공을 측정하는 가장 중요한 지표로 기업이 생산하는 제품이 해당하는 산업분야 내 모든 회사들의 총 매출 대비 해당 회사의 매출비율을 나타낸다. 상대적 시장점유율(RMS)을 계산하는 방식으로는 자사의 시장점유율(MS)을 경쟁사의 사장점유율(MS)로 나누면 된다. 예를 들어 우리 회사의 시장점유율이 60%이고, 경쟁사의 시장점유율이 30%라면 상대적 시장점유율은 2가 된다.

34 투자결정기법에서 화폐의 시간적 가치를 고려하는 방법과 그 전략을 쓰시오.

모범답안

화폐의 시간적 가치를 고려한 방법
- 순현가법 : 투자로 인하여 발생할 미래의 모든 현금흐름을 적절한 할인율로 할인하여 산출한 현금유입액의 현재가치에서 현금유출액의 현재가치를 차감한 값을 의미한다. 독립적인 투자안의 경우 투자안의 순현가가 0보다 클 경우 경제성이 있는 것으로 보아 채택한다. 만약 여러 개의 투자안 가운데 하나의 투자안을 선택하는 경우에는 각 투자안들의 순현가를 계산해서 가장 큰 순현가를 가지는 투자안을 선택한다.
- 내부수익률법 : 투자로 인해 발생하는 현금 유입의 현재가치와 현금유출의 현재가치를 일치시키는 할인율을 의미한다. 일반적으로 내부수익률이 요구수익률을 초과하면 채택하고, 내부수익률이 요구수익률보다 낮으면 채택하지 않는다. 상호 배타적인 여러 투자안을 놓고 내부수익률법으로 의사결정을 할 경우, 내부수익률이 가장 큰 투자안을 선택한다.
- 수익성지수법은 : 미래에 회수할 수 있는 금액(미래 현금흐름)의 현재가치를 초기 투자금액의 현재가치(투자액)으로 나눈 것으로, 순현재가치(NPV)가 같은 둘 이상의 사업 비교 시 유효한 지표이다. 일반적으로 미래 현금흐름의 현재가치 합이 투자액보다 크면 투자안을 채택하고, 작으면 기각한다.

35 스포츠조직구조를 형성하는 요소 3가지에 대해 설명하시오.

모범답안

- 스포츠조직을 구성하기 위한 조직구조의 요소는 다음과 같다.
  ① 집권화 : 조직 내의 의사결정이 어느 위치에서 이루어지고 있는지를 나타낸 것으로 집권화는 상위경영층에 의한 의사결정, 분권화는 의사결정이 하위경영층에 위임되어 의사가 결정되는 형태를 의미
  ② 공식화 : 조직에서 수행되는 업무의 표준화 정도를 의미하며 명시적 공식화와 암묵적 공식화가 있음
  ③ 복잡성 : 스포츠조직이 어느 정도까지 분화되는지에 관련된 것으로 수평적, 수직적, 지역적 분화가 있음

36 민츠버그(Mintzberg)의 조직을 이루는 5가지 기본 부문에는 어떤 것이 있는지 제시하고 설명하시오.

모범답안

민츠버그는 조직이 적어도 5가지 기본 부문으로 이루어져 있고 서로 다른 방향으로 힘을 행사하고 있다고 주장하였다. 5가지 기본 부문과 그 의미는 다음과 같다.
- 업무핵심층 : 최종 생산물을 만들기 위한 기본적인 업무에 필요한 근로자들로 구성
- 전략상층부 : 조직의 주요 경영층으로 구성
- 중간라인 : 업무핵심층과 전략상층부를 연결하는 중간경영층(관리자)들로 구성
- 테크노 스트럭처 : 생산공정과 제품의 표준화에 대한 시스템 디자인 책임을 맡고있는 분석가 및 연구자들로 구성
- 지원스태프 : 성공적 조직 운영을 위한 나머지 부분을 지원하는 부서의 구성원들로 구성

37 순현재가치법의 장점 3가지를 제시하시오.

모범답안

순현재가치법의 장점은 다음과 같다.
- 화폐의 시간적 가치를 고려하고 있음
- 순이익이 아닌 현금흐름으로 투자안평가
- 내부순이익률법보다 계산이 쉬움
- 가치합계의 원칙이 적용
(※ 순현재가치법의 내용을 생각하여 3가지를 제시하면 된다.)

38 인적자원의 채용기법에서 내부 채용기법의 장단점을 각각 2가지씩 쓰시오.

> **모범답안**
> - 내부채용의 장점
>   - 능력이 검증된 사람을 채용할 수 있다.
>   - 직무에 대한 훈련 시간이 단축된다.
>   - 충원이 신속히 이루어지고 충원비용이 감소될 수 있다.
>   - 장기근속을 유인할 수 있다.
> - 내부채용의 단점
>   - 내부 충원 형태이므로 조직 내부 이동의 연쇄효과로 인해 혼란이 야기될 수 있다.
>   - 조직 내부정치와 관료제로 인해 비효율적일 수 있다.
>   - 고용평등법을 충족시키지 못할 위험성이 존재한다.

39 시장성장률과 시장점유율의 차이에 대해 설명하시오.

> **모범답안**
> 시장성장률은 특정 시장에서 상품이나 서비스 등의 판매 증가율을 의미하며, 1년을 기준으로 시장에서 발생한 전년도의 전체 판매액과 기준 연도의 판매액을 비교하여 그 차이를 비율(%)로 나타내는 것이다. 반면 시장점유율은 전체 시장 규모에서 특정 기업 혹은 브랜드가 차지하는 비율을 의미하며, 기업 혹은 브랜드의 판매액을 특정 시장에서의 전체 판매액으로 나눈 값을 나타낸다.

40 스포츠조직의 구성요소에 대해 설명하시오.

모범답안

스포츠조직을 구성하기 위한 조직구조의 요소는 다음과 같다.
- 집권화 : 조직 내의 의사결정이 어느 위치에서 이루어지고 있는지를 나타낸 것으로 집권화는 상위경영층에 의한 의사결정, 분권화는 의사결정이 하위경영층에 위임된 형태를 의미
- 공식화 : 조직에서 수행되는 업무의 표준화 정도를 의미하며 명시적 공식화와 암묵적 공식화가 있음
- 복잡성 : 스포츠조직이 어느 정도까지 분화되는지에 관련된 것으로 수평적, 수직적, 지역적 분화가 있음

41 가치사슬 모델의 지원활동에 대해 설명하시오.

모범답안

마이클 포터는 가치사슬 모델을 통해 가치창출 활동 중 하나로 다음의 지원활동(Support Activities)을 제시하고 있다.
- 인프라(Firm Infrastructure) : 일반관리, 기획관리, 법, 재무, 회계, 공무, 품질관리 등
- 인적자원관리(Human Resource Management) : 직원 및 관리자의 보충, 자기개발(교육), 보유 및 보상 등
- 기술개발(Technology Development) : 연구개발, 프로세스 자동화, 설계, 재설계 등
- 조달 프로세스(Procurement) : 원료, 서비스, 예비부품, 건물, 기계 등

42 앤소프(Ansoff)의 성장전략에 대해 설명하시오.

모범답안

앤소프(Ansoff)의 성장전략은 새로운 시장기회를 포착하기 위해 시장을 기존의 시장과 새로운 시장, 그리고 제품을 기존의 제품과 새로운 제품으로 분류해 놓고 전략을 수립하는 방법으로 제품/시장 매트릭스 전략이라고도 한다.

- 시장침투전략(Market Penetration Strategy) : 기존에 존재하는 시장에 자사의 제품을 가지고 접근하여 점유율을 확보하고자 하는 전략
- 제품개발전략(Product Development Strategy) : 기존에 존재하는 시장에 신제품을 개발하고 출시함으로써 점유율을 확보하고자 하는 전략
- 시장개발전략(Market Development Strategy) : 자사의 기존 제품을 가지고 새로운 시장을 개척하고자 하는 전략
- 다각화 전략(Diversification Strategy) : 현재의 사업과 직접적인 관련이 없는 다른 분야로 진출하여 새로운 성장기회를 발견하는 전략

43 총자본순이익률의 계산식을 쓰시오.

모범답안

총자본순이익률(ROI) = (당기순이익/총자본) × 100

44 의사결정 매트릭스에 대해 설명하시오.

모범답안

의사결정 매트릭스(Decision Matrix)는 가능한 여러 가지 대안이나 해결책 중 하나를 선택하기 위하여 사용하는 격자 구조의 매트릭스를 뜻한다. 매트릭스의 구조는 세로축에 가능한 대안이나 해결책이 제시되고, 가로축은 의사결정을 위한 카테고리가 제시된다. 또한 매트릭스의 각 셀에는 대안이나 해결책에 대한 카테고리별 평가결과가 기록된다.

이러한 의사결정 매트릭스는 조직 내 동의가 이루어지지 못한 대안이나 해결책을 일정한 기준에 따라 분해되도록 하기 위해 사용되며, 대안이나 해결책 중에서 최적의 의사결정을 내림으로써 모든 사람이 최선의 일에 집중하도록 할 수 있다. 또한 의사결정 프로세스의 기준을 명확히 함으로써 명확하지 않은 의사결정을 미연에 방지할 수 있다.

45 회수기간법의 특징에 대해 설명하시오.

모범답안

회수기간법은 투자한 비용을 회수하는 데 걸리는 기간을 의미하며 다음과 같은 특징을 가지고 있다. 회수기간법은 회수기간의 계산이 간편하고, 회수기간이 짧은 투자안을 선택하게 함으로써 기업의 유동성을 향상하며, 미래의 불확실성을 일부 감소시킬 수 있는 장점이 있다. 그러나 단점으로는 회수기간 이후의 현금흐름을 고려하지 못하는 점, 회수기간 내 현금흐름에서 화폐의 시간적 가치를 무시하고 있다는 점, 가치의 가산원칙을 적용할 수 없다는 점 등을 들 수 있다.

46 동기부여의 의의에 대해 서술하시오.

모범답안

동기부여(Motivation)는 움직이게 한다(Movere)에서 유래된 말로 개인이나 조직이 목표로 하는 행동을 이끌어 내기 위한 심리적 과정을 의미한다. 조직구성원이 높은 열망과 흥미 및 자발적인 의욕을 가지고 업무를 진행한다면 보다 높은 성과를 창출할 수 있는데, 이러한 조직구성원의 자발적인 행동을 이끌어 내기 위해 필수적으로 고려되어야 하는 것이 바로 동기부여라 할 수 있다.

47 스포츠상품의 신제품 개발 단계를 제시하시오.

모범답안

제품 아이디어 창출 → 제품컨셉 개발 → 마케팅전략 검토 → 사업경제성 분석 → 제품 개발 → 제품생산의 단계 → 상업화
혹은
신상품 아이디어 도출 → 실행 가능성 분석 → 실제 상품 개발 → 시장 실험 → 상품화
(※ 신제품 개발 단계는 학자 및 교재마다 상이하게 나타나므로 해설에 기술한 내용을 토대로 제시하면 된다.)

48. 스포츠상품의 생애주기에 대해 설명하시오.

모범답안

스포츠상품의 생애주기는 도입기 – 성장기 – 성숙기 – 쇠퇴기로 구분된다.

① 도입기
- 제품이 생산되어 시장에 도입됨으로써 소비자는 제품에 대한 인식이 낮고 판매가 완만하게 상승하지만 소비자에게 상품을 알리기 위한 광고, 판매촉진 등의 비용이 많이 들어 적자인 단계
- 소비자에게 제품을 인식시키고 판매를 늘리는 마케팅전략이 필요
- 광고의 대상은 제품을 조기에 수용할 가능성이 높은 혁신층이며 경쟁자는 소수이거나 거의 존재하지 않음

② 성장기
- 제품의 인지도가 서서히 상승하여 수요가 급속히 늘어나 이익이 발생하는 단계
- 경쟁 제품이 나타나기 시작하므로 시장점유율을 확대하기 위한 마케팅전략이 필요
- 광고의 대상은 대중층이며 경쟁자가 급증하여 차별화가 필요

③ 성숙기
- 이익은 증가하거나 안정된 상태를 유지하고 과잉생산에 의해 경쟁이 심화되는 단계
- 이익이 절정을 지나 감소하기 시작하면 경쟁제품이 시장에서 점차 사라지기 시작
- 고객층은 대중 및 보수층이 되며 제품을 다시 한 번 활성화하려는 마케팅전략 필요

④ 쇠퇴기
- 매출이 감소하여 이익이 매우 적어지는 단계
- 경쟁제품들이 시장에서 철수하여 경쟁자가 적어짐
- 단기수익을 극대화하는 마케팅전략이 필요

49 관리격자에 대해 설명하시오.

모범답안

관리격자이론은 블레이크와 모오톤이 제시한 것으로 조직관리자가 목적을 달성하는 데 필요한 요인을 제시하며 인간에 대한 관심과 과업에 대한 관심의 두 가지 차원을 1에서 9까지 등급을 세분화하여 81개의 리더십 유형으로 구분하였다. 이 중 대표적인 리더십 유형은 (1,1), (1,9), (5,5), (9,1), (9,9)이다.

- (1,1) : 인간과 과업에 대하여 모두 관심이 없는 무관심한 리더
- (1,9) : 인간에 대해서만 관심이 높은 리더
- (5,5) : 인간과 과업에 대해 반반씩의 관심을 갖는 리더
- (9,1) : 과업에 대해서만 관심이 높은 유형
- (9,9) : 인간과 과업에 대해서 모두 높은 관심을 갖는 유형으로 조직의 목표달성 요구와 조직구성원의 욕구를 모두 충족하여 주는 가장 이상적인 리더

50 유동성 비율과 레버리지 비율에 대해 설명하시오.

모범답안

- 유동성 비율 : 조직이 단기 부채를 상환할 수 있는 능력을 나타내는 것으로 유동자산을 조달할 수 있는 능력을 말한다.
- 레버리지 비율 : 조직이 조달한 전체 자본 중 어느 정도가 타인자본에 의존하고 있는가를 나타내는 비율로 부채비율과 이자보상비율이 있다.

51 사업부제 구조의 개념과 장단점에 대해 설명하시오.

모범답안

사업부제 구조는 조직이 제품이나 고객 또는 지역별로 분할되어져 본사로부터 사업활동에 필요한 권한을 부여받아 이익책임단위로서 각기 자율적으로 구매, 생산, 판매활동을 수행하는 분권적 조직이다.
- 장점 : 자원의 효율적 배분을 가능케 하고, 사업부를 통한 위험의 분산과 환경변화에 대한 전략적 대응을 가능하게 한다.
- 단점 : 사업부의 성과통제시스템이 사업부 관리자의 혁신능력에 대한 장애요인으로 작용할 수 있고, 본사의 관리자들이 사업부의 권한을 독식함으로써 사업부 본래의 기능을 상실하는 경우가 발생할 수 있다.

52 커뮤니케이션 장애 현상이 발생할 경우 대처할 수 있는 방안에 대해 기술하시오.

모범답안

- 추적조사 : 메시지의 의미는 수신자에 의해 결정되므로 수신자의 입장에서 전달자가 의도했던 의미를 정확히 이해하기 위해 커뮤니케이션 과정을 추적한다.
- 정보충족의 원칙 : 정보와 자료가 방대한 경우 비능률적이면서 커뮤니케이션에 장애가 생길 가능성이 있으므로 불필요한 정보와 중복되는 정보를 제거하여 정보의 양과 질적수준을 조절한다.
- 감정이입 : 수신자가 메시지를 어떻게 해독할 것인지 전달자 자신이 수신자의 입장에서 생각한다.
- 상호신뢰의 조성 : 상호 간에 공감적인 관계를 형성하도록 노력한다.
- 효과적인 시기 선정 : 적절한 타이밍을 택하여 커뮤니케이션 한다.
- 언어의 단순화 : 상대방이 이해할 수 있도록 언어를 단순화하여 상대방이 청취하도록 한다.
- 피드백의 활용 : 수신자가 메시지를 받아 의도한 반응이 나타났는지의 여부를 파악한다.
- 적극적인 청취 : 상대방이 전달하고자 하는 메시지를 정확히 기억할 수 있도록 적극적으로 청취한다.
- 그레이프바인 활용 : 그레이프바인은 비공식 커뮤니케이션 채널로 조직 내에 존재하는 중요한 커뮤니케이션 채널이며, 공식 커뮤니케이션보다 훨씬 신속하거나 정확할 수 있으므로 이를 잘 이용한다.

53 인적자원의 수요예측 중 질적 방법에 대해 기술하시오.

모범답안

인적자원의 수요예측 중 질적 방법은 수요예측 과정과 방법에 초점을 두어 정성적인 방법을 사용하는 것이다.
- 명목집단법 : 명목집단법은 전문가들이 각자 최적의 아이디어를 생각한 후 한 장소에 모여 익명으로 서면 형식의 아이디어를 내고 토론과 투표를 통하여 의견을 수렴하는 것이다.
- 델파이법 : 전문가들이 서면상 무기명 토론을 하는 방식으로 전문가들이 익명으로 서로의 견해에 대하여 서면상의 피드백을 주고받으며 최적의 방안이 도출될 때까지 반복하여 의견을 수렴하는 것이다.
- 시나리오기법 : 전문가 집단의 브레인스토밍과 예측을 전담하는 프로젝트 조직에 의한 환경변화 등의 분석을 통해 미래의 인력수요변동을 예측하는 방법이다.

54 평가자의 대표적인 평가오류를 제시하시오.

모범답안
- 유형화의 오류 : 고정관념으로 인해 사람이나 사물을 오인하게 되는 지각 오류 혹은 집단화의 오류
- 후광효과 : 평가대상을 실제보다 높게 평가하려는 경향
- 중심화 경향 : 평가 시 극단을 피하고 평균 근처로 평가하려는 경향
- 현혹효과 : 실제보다 낮게 평가하려는 경향
- 성급한 일반화의 오류 : 일부의 사례만을 제시하거나 대표성이 없는 불확실한 자료만을 가지고 바로 어떤 결론을 도출하여 발생하는 논리적 오류
- 평가자 태만 : 평가를 대충 하는 것

55 매슬로우의 욕구계층 이론에 대해 설명하시오.

모범답안
매슬로우(Maslow)가 발표한 것으로 인간은 모두 5가지의 욕구계층을 가지고 있으며, 최하위 욕구에서부터 최상위 욕구까지 상향적으로 욕구가 발생한다는 이론이다. 욕구의 순서는 생리적 욕구 → 안전욕구 → 소속에 대한 욕구 → 존경에 대한 욕구 → 자아실현 욕구이다. 사람들은 우선 낮은 단계의 욕구를 충족하기 위해 동기가 유발되고, 가장 높은 단계의 욕구인 자아실현의 욕구가 충족될 때까지 해당 과정이 되풀이된다.

56 축구공을 생산하는 A회사의 고정비용이 20,000,000원이고, 공 한 개당 변동비용이 20,000원일 때 5,000개 생산 수준에서 판매량 역시 5,000개라면 A회사의 입장에서 손익분기점을 달성하기 위한 축구공 한 개의 최소가격을 계산하시오.

모범답안
단위가격 = 변동비용 + (고정비용 ÷ 단위판매량)
         = 20,000 + (20,000,000 ÷ 5,000)
         = 24,000

57 BCG 매트릭스 중 별 사업부와 황금젖소 사업부의 특징을 3가지씩 쓰시오.

모범답안
- Star 사업부
  - 높은 시장점유율과 높은 시장성장률을 갖는다.
  - 현금을 많이 소비할 뿐 아니라 많이 창출하기도 한다.
  - 기업의 향후 주력 사업부문으로 성장한다.
  - 기업이 집중 투자하는 사업부에 해당한다.
  - 경쟁이 점차 심해지므로 경쟁력 있는 전략을 만들어 궁극적으로 Cash Cow의 상황으로 이끌어 가는 전략이 필요하다.
  - 유지전략, 증대전략
- Cash Cow 사업부
  - 낮은 시장성장률과 높은 시장점유율을 갖는다.
  - 견고한 시장 기반을 바탕으로 많은 현금을 창출하여 다른 사업부에게 여유자금을 제공한다.
  - 저성장 시장에서는 판매나 시장점유율을 더 이상 확대하기 어렵기 때문에, 이 사업에는 더 이상 투자를 하지 말아야 한다.
  - 기업의 전략상 가장 유리한 위치이다.
  - 유지전략

(※ Star 사업부와 Cash Cow 사업부의 특징을 보고 이 중 각각 3가지를 제시하면 된다. 참고로 BCG 매트릭스는 실기시험에 매우 자주 출제되므로, 4가지 영역의 특징을 함께 알아두어야 한다.)

58 회수기간법의 장점과 단점을 제시하시오.

모범답안
회수기간법은 투자한 비용을 회수하는 데 걸리는 기간을 의미하며 장·단점은 다음과 같다.
- 장 점
  - 회수기간의 계산이 간편하다.
  - 회수기간이 짧은 투자안을 선택하게 함으로써 기업의 유동성을 향상한다.
  - 회수기간이 짧은 투자안을 선택하게 함으로써 미래의 불확실성을 일부 감소시킨다.
- 단 점
  - 회수기간 이후의 현금흐름을 고려하지 못한다.
  - 회수기간 내 현금흐름에서 화폐의 시간적 가치를 무시한다.
  - 가치의 가산원칙을 적용할 수 없다.

59 스포츠조직의 자본조달 방법 중 간접금융에 대해 설명하고, 그 예시를 3가지 제시하시오.

모범답안
- 간접금융은 자금공급자와 자금수요자 사이에 은행 등 금융기관이 개재하는 금융방식을 말한다.
- 간접금융 : 은행차입, 매입채무, 기업어음

60 알더퍼(Alderfer)의 ERG 욕구이론의 3가지를 제시하시오.

모범답안

알더퍼(Alderfer)의 ERG 이론은 매슬로우의 욕구 5단계이론을 3단계로 발전시켜 주장한 이론이다. 이에 매슬로우의 욕구계층이론과는 다르게 세 가지 욕구의 형태인 존재욕구 – 관계욕구 – 성장욕구의 순으로 분류하고 있다. 세부적으로 존재욕구는 기본적인 욕구로 음식·공기·물·임금 등에 대한 욕구를 의미하고, 관계욕구는 사회적·개인적 인간관계 형성에 의해서 충족될 수 있는 욕구를 의미하며, 성장욕구는 개인의 생산적이고 창의적인 공헌에 의해 충족될 수 있는 욕구를 의미한다.
(※ ERG이론의 3단계 존재욕구, 관계욕구, 성장욕구를 제시하면 된다.)

61 앤소프(Ansoff)의 성장벡터모델을 설명하시오.

모범답안

앤소프(Ansoff)의 성장벡터는 현재의 제품과 시장 영역에서 어떤 방향으로 나갈 것인가를 의미하는 요소로 성장의 방향(Growth Direction)이라고 볼 수 있다. 성장벡터는 4가지의 경우가 있으며 그 내용은 다음과 같다.

제품/시장		시장	
		기존시장	신시장
제 품	기존제품	시장침투전략	시장개발전략
	신제품	제품개발전략	경영다각화전략

- 시장침투전략(Market Penetration Strategy) : 기존에 존재하는 시장에 자사의 제품을 가지고 접근하여 점유율을 증대하고자 하는 전략
- 제품개발전략(Product Development Strategy) : 기존에 존재하는 시장에 신제품을 개발하고 출시함으로써 점유율을 증대하고자 하는 전략
- 시장개발전략(Market Development Strategy) : 자사의 기존제품을 가지고 새로운 시장을 개척하고자 하는 전략
- 다각화 전략(Diversification Strategy) : 현재의 사업과 직접적인 관련이 없는 다른 분야로 진출하여 새로운 성장기회를 발견하는 전략

62 유동성비율이 무엇인지 설명하고 계산 공식을 제시하시오.

모범답안
유동성비율은 조직의 단기적 채무지급능력을 측정하기 위한 비율이다. 유동성비율은 유동자산을 유동부채로 나눈 비율로 1년 이내 현금화할 수 있는 자산과 1년 이내에 상환해야 할 부채를 비교한 것이다.

유동성비율 공식

$$유동비율(\%) = \frac{유동자산}{유동부채} \times 100$$

63 인적자원의 현장실습 장단점에 대해 설명하시오.

모범답안
- 현장실습의 장점
  - 일을 병행하면서 현장실습을 할 수 있음
  - 종사자의 직무 이해 정도 및 수행 능력에 맞춰 맞춤형 실습을 할 수 있음
  - 조직구성원에 대한 이해도 및 협업 능력을 높일 수 있음
- 현장실습의 단점
  - 일과 현장실습의 병행으로 인한 심적 부담감
  - 다수의 종사자를 대상으로 하기에는 부적합성 존재
  - 직무 관련 실습 내용 및 난이도의 일관성 유지가 어려움
  - 직장 내 옳지 못한 관행이 전달될 수 있음

64. 민츠버그(Mintzberg)의 조직구조 유형 5가지를 설명하시오.

모범답안

① 단순구조
- 단순하고 정교하지 않은 조직구조
- 소규모의 기업(중소기업)이나 신생기업에서 나타나는 조직유형
- 집권화 : 유기적 조직
- 공식화, 표준화, 전문화기 되지 않음
- 역동적 환경에 유연하게 빠르게 대응
- 유지비용이 적음

② 기계적 관료제 구조
- 대규모 조직에서 흔히 볼 수 있음
- 표준화 : 기계적 조직
- 전문화, 공식화가 잘 되어 있음
- 대량생산에 적합
- 기술합리성 추구가 용이함
- 비인간적이며 유연성이 낮음

③ 전문적 관료제 구조
- 전문화된 조직에서 흔히 볼 수 있음
- 전문화 : 기계적 조직
- 전문가들이 조직의 대부분을 차지함
- 전문가들로 구성된 핵심운영부서가 주요부문이므로 이들의 표준화된 기술로 과업을 조정하고, 과업은 쉽게 공식화할 수 없음
- 전문가집단이므로 기술지원이 작고 관리지원이 상대적으로 큼

④ 사업부제 구조
- 조직이 제품이나 고객 또는 지역별로 분할되어 운영
- 분권화 : 기계적 조직
- 중간관리자가 조직의 주요부문으로 등장해 권한이 강함
- 자원의 효율적 배분이 가능하고 사업부를 통한 위험의 분산과 환경변화에 대한 전략적 대응이 가능함

⑤ 애드호크라시
- 다양한 전문적 기술을 가진 사람들이 일정 프로젝트의 수행을 위해 일시적으로 조직되어 업무를 수행한 후 프로젝트 종료 시 바로 해체되는 조직유형
- 협력화 : 유기적 조직
- 고도의 수평적 직무 전문화
- 변화요구에 지속적으로 대응하는 혁신 조직

65. BCG 매트릭스의 성장주기를 제시하시오.

모범답안

BCG 매트릭스의 성장주기는 BCG매트릭스의 4가지 영역과 상품수명주기곡선의 4가지 부분을 함께 제시하는 것이라 생각하면 된다. 즉 BCG매트릭스의 물음표(Question Mark), 별(Star), 현금젖소(Cash Cow), 개(Dog)와 상품수명주기곡선의 도입기, 성장기, 성숙기, 쇠퇴기를 각각 매칭하면 된다.

66 포터(Porter)의 지원활동 4가지를 설명하시오.

모범답안
마이클 포터는 가치사슬 모델을 통해 가치창출 활동 중 하나로 다음의 지원활동(Support Activities)을 제시하고 있다.
- 인프라(Firm Infrastructure) : 일반관리, 기획관리, 법, 재무, 회계, 공무, 품질관리 등
- 인적자원관리(Human Resource Management) : 직원 및 관리자의 보충, 자기개발(교육), 보유 및 보상 등
- 기술개발(Technology Development) : 연구개발, 프로세스 자동화, 설계, 재설계 등
- 조달 프로세스(Procurement) : 원료, 서비스, 예비부품, 건물, 기계 등

67 카리스마 리더십의 의미와 자격을 설명하시오.

모범답안
- 카리스마 리더십은 주어진 상황과 동떨어진 비전을 제시하는 극단적인 비전, 높은 위험부담, 비관습적인 행위, 정확한 상황판단, 자신의 견해나 신념에 대해 확신을 가지고 부하에게 전달하는 리더십을 의미한다.
- 카리스마 리더는 부하에게 어떠한 반대급부 없이 또는 리더의 구체적 간섭없이 부하들로 하여금 자발적으로 리더에게 헌신하도록 이끌려지는 사람이며, 대가 없이 따르게 하려면 리더에게 어떤 이끌림과 매력이 있어야 하는데 다음과 같은 행동(자격)이 강조된다.
  – 자신감, 인상관리, 사상과 신념의 표현, 솔선수범적 행동, 감정에 호소

68 수요의 가격탄력성을 계산하시오.

> 모범답안
> - 수요의 가격탄력성은 어떤 재화의 가격이 변할 때 그 재화의 수요량이 얼마나 변하는지를 나타내는 지표이며 공식은 다음과 같다.
>
> $$\text{수요의 가격 탄력성} = \text{수요량의 변화율(\%)} / \text{가격의 변화율(\%)}$$
>
> (※ 시험 시 실제 문제를 보고 수요의 가격 탄력성 공식에 대입하여 계산하면 된다.)

69 SWOT분석으로 가능한 4가지 전략유형을 설명하시오.

> 모범답안
> - SWOT분석은 기업의 강점(S), 약점(W), 기회(O), 위협(T)을 파악하는 환경분석으로 기업의 강점(S)과 기회(O)는 살리고, 약점(W)과 위협(T)은 최소화하고자 하는 경영기법이다. 이를 하나씩 매치해 보면 SO전략, ST전략, WO전략, WT전략이 도출된다.
>   - SO전략 : 공격적 전략(사업구조, 사업영역, 사업 포트폴리오, 시장확대)
>   - ST전략 : 다각화 전략(신사업진출, 신제품 및 신기술 개발, 신고객 창출)
>   - WO전략 : 전략적 제휴전략(혁신, 구조조정)
>   - WT전략 : 방어전략(원가절감, 축소 · 철수전략)

70 BCG매트릭스에서 별, 물음표 특징에 대해 서술하고 전략을 1가지 이상 서술하시오.

모범답안

- Star 사업부
  - 높은 시장점유율과 높은 시장성장률을 갖는다.
  - 현금을 많이 소비할 뿐 아니라 많이 창출하기도 한다.
  - 기업의 향후 주력 사업부문으로 성장한다.
  - 기업이 집중 투자하는 사업부에 해당한다.
  - 경쟁이 점차 심해지므로 경쟁력 있는 전략을 만들어 궁극적으로 Cash Cow의 상황으로 이끌어 가는 전략이 필요하다.
  - 유지전략, 증대전략
- Question Mark 사업부
  - 낮은 시장점유율과 높은 시장성장률을 갖는다.
  - 시장잠재력은 높은 편이나 시장점유율을 높이기 위해서는 많은 자원이 필요하다.
  - 기존의 포트폴리오로부터 철수하거나 아니면 여기서의 판매나 시장점유율을 증진하기 위한 노력을 강화해야 한다.
  - 증대전략, 수확전략, 철수전략

(※ BCG매트릭스는 실기시험에 매우 자주 출제되는 부분이니 4가지 영역의 특징을 모두 함께 알아두기 바란다.)

71 손익분기점 계산 시 가정해야 하는 4가지는 무엇인지 제시하시오.

모범답안
- 제품의 판매량이 일정하다.
- 생산활동에 소요되는 모든 비용을 명확하게 고정비와 변동비로 구분하는 것이 가능하다.
- 판매 1단위당 변동비가 일정하다.
- 고정비는 생산량 수준에 관계없이 100% 생산능력까지 일정하다.
- 생산량과 판매량이 항상 같다.
- 생산의 효율성은 항상 일정하다.

(※ 이 중 4가지를 제시하면 된다.)

72. 다음 괄호 안에 들어갈 단어를 〈보기〉에서 골라 쓰시오.

> 유동부채, 유동자산, 당좌자산, 자기자본, 타인자본

- 유동비율 = (1) / (2) × 100
- 당좌비율 = (3) / (4) × 100
- 부채비율 = (5) / (6) × 100

모범답안
- 유동비율 = (유동자산) / (유동부채) × 100
- 당좌비율 = (당좌자산) / (유동부채) × 100
- 부채비율 = (타인자본) / (자기자본) × 100

73. 민츠버그가 주장한 조직구조의 형태와 관련되는 조직구조 요인 부분을 바르게 연결하시오.

지원스태프, 핵심운영층, 전략부문, 중간관리층, 기술전문가

	조직구조 유형	-		조직구조 요인
1.	단순구조	-	ㄱ.	
2.	기계적 관료제 구조	-	ㄴ.	
3.	전문적 관료제 구조	-	ㄷ.	
4.	사업부 형태	-	ㄹ.	
5.	애드호크라시	-	ㅁ.	

모범답안

	조직구조 유형	-		조직구조 요인
1.	단순구조	-	ㄱ.	전략층(전략부문)
2.	기계적 관료제 구조	-	ㄴ.	기술구조층(기술전문가)
3.	전문적 관료제 구조	-	ㄷ.	핵심운영층(실무진)
4.	사업부 형태	-	ㄹ.	중간관리층
5.	애드호크라시	-	ㅁ.	지원스태프

제3과목 스포츠마케팅론

01 소비자의 의사결정 과정 5단계에 대해 쓰시오.

모범답안
스포츠 소비자 의사결정 과정은 '문제인식 → 정보탐색 → 대안에 대한 평가와 선택 → 구매 → 구매 후 행동'의 순서로 구성되어 있다.
또는 '문제인식 → 정보탐색 → 대안의 평가 → 의사결정 → 구매 후 행동'의 순서로 기술하기도 한다.

02 신제품 개발과정 5단계에 대해 쓰시오.

모범답안
'아이디어 창출 → 아이디어 선별 → 제품의 개발 및 테스트 → 사업성 분석 → 상업화(사업화)'의 과정으로 신제품이 개발된다.

03 매복마케팅의 의미를 설명하고, 이에 대한 일반적인 유형을 4가지 쓰시오.

> **모범답안**
> 매복마케팅은 공식 스폰서가 아님에도 소비자 또는 대중들에게 다양한 마케팅 활동을 통해 마치 공식 스폰서로 착각하도록 유도하는 마케팅을 의미한다. 즉, 공식 스폰서로 활동하면서 얻어지는 효과(이미지, 선호도, 인지도 등)를 저지하거나 혹은 반감시키기 위해 철저하게 계획적으로 시행한다. 매복마케팅의 유형은 경기 방송 중계 전후 혹은 중간에 들어가는 광고, 또는 소비자에게 상금을 걸거나 다른 이벤트를 여는 것, 대회에 참가하는 팀이나 선수 혹은 단체들과 함께 활동하는 것, 경기장 주변에서 광고하는 것 등이 있다.

04 브랜드 확장과 강화의 개념에 대해 기술하시오.

> **모범답안**
> 기존 브랜드와 상이한 제품군에 속하는 신제품에 기존의 브랜드 혹은 유사한 브랜드를 사용하는 경우를 브랜드 확장이라 하고, 소비자의 마음속에 존재하는 기존의 브랜드에 대한 인식을 더욱 호의적이거나 차별적으로 인식시키려는 활동을 브랜드 강화라고 한다.

05 스포츠주관자와 기업의 입장에서 스포츠스폰서십의 필요성을 각각 3가지씩 쓰시오.

> **모범답안**
> - 스포츠주관자의 입장
>   - 스포츠스폰서십은 재정 확보를 위한 중요한 수단이다.
>   - 스포츠스폰서십을 통해서 스포츠 인구의 저변을 확대시킬 수 있다.
>   - 재정적 지원을 통해 제품으로서의 가치 증진을 꾀할 수 있다.
> - 기업의 입장
>   - 세계시장 진출을 용이하게 한다.
>   - 타 매체에 비해 기업 커뮤니케이션 효과를 높일 수 있다.
>   - 기업의 이미지 개선과 판매 증진을 기대할 수 있다.

06 스포츠마케팅을 스포츠의 마케팅과 스포츠를 활용한 마케팅으로 구분하여 설명하고, 각각의 예를 1가지씩 쓰시오.

> **모범답안**
> - 스포츠의 마케팅(Marketing of Sports)은 스포츠 자체를 사업화하는 것으로 스포츠제품이나 서비스에 대한 마케팅을 의미하고, 스포츠 클럽의 회원 모집, 스포츠 팀의 팬 확보, 스포츠시설 이용객 모집, 직접적인 스포츠 참여에 필요한 용품, 의류, 프로그램의 판매 등이 여기에 해당한다.
> - 스포츠를 활용한 마케팅(Marketing through Sports)은 스포츠를 상품판매의 촉진수단으로 활용하는 마케팅을 말한다. 즉, 방송 중계권, 기업의 스폰서십, 다양한 수익사업, 유명선수의 광고모델 기용 등이 여기에 속한다.

07 스포츠상품의 3가지 차원에 대해 기술하시오.

> **모범답안**
>
> **코틀러(Kotler)가 분류한 제품의 3가지 차원**
> - 핵심제품(Core Product) : 소비자가 특정 제품으로부터 얻기 원하는 기본적인 편익으로, 예를 들어 프로야구라는 제품의 핵심제품은 야구경기 그 자체이다.
> - 유형제품(Tangible Product) : 물리적 제품속성들의 집합을 말한다. 예컨대, 선수, 경기력, 우수한 경기장 시설, 스타선수 등으로 구성된 프로축구 팀을 예로 들 수 있다.
> - 확장제품(Extended Product) : 유형제품에 부가되어 제품의 가치를 발휘하게 하는 부가적인 요소이다. 야구경기에서 치어리더와 함께하는 응원문화 등이 해당된다.

08 표적시장을 선정하기 위한 접근전략을 3가지 쓰고 각각에 대해 설명하시오.

> **모범답안**
> - 세분시장의 규모와 성장가능성 : 세분시장의 현재매출액, 증가율, 기대이윤폭 등에 관한 자료를 수집하고 분석할 수 있어야 한다. 이를 바탕으로 해당 시장의 성장가능성을 파악하게 된다.
> - 세분시장의 구조적 매력성 : 어떤 세분시장은 규모와 성장성 면에서는 바람직하나 수익면에서는 그렇지 못할 수도 있다. 따라서 기업은 장기적인 세분시장의 매력성에 영향을 미치는 중요한 구조적 요소들을 검토해야 한다. 예를 들면 현재 경쟁자들과 잠재적 경쟁자들의 영향 등이 있다.
> - 기업의 목표와 자원 : 기업이나 해당 구단이 어떠한 목표를 가지고 있으며, 목표를 달성하기 위해 보유하고 있는 자원이 어떠한지 정확하게 파악하고 있어야 장기적 목표를 달성할 수 있다.

09 스포츠제품 가격의 일반적인 특성을 6가지만 쓰시오.

> **모범답안**
> - 스포츠제품 가격은 수요가 탄력적인 시장에서 매우 쉽게 변경될 수 있는 요인이다.
> - 가격은 마케팅믹스 중에서 가장 강력한 경쟁도구이다.
> - 스포츠제품의 가격은 정형화된 일정한 체계를 구축하기 어렵다.
> - 스포츠제품의 가격은 비교적 변동 폭이 크다.
> - 예기치 않은 상황에 의해 가격이 영향을 받는다.
> - 제품 가격이 상대적 관계에 의해 결정된다.

10 블랙박스이론에 대해 기술하시오.

> **모범답안**
> 스포츠소비자 시장에서 작용하는 여러 가지 요인들을 분석하고 다양한 기법을 활용하여도 결과로 나타나는 것은 소비자의 구매행위뿐이지 의사결정과정은 블랙박스와 같아서 투명하게 들여다 볼 수 없다는 이론이다.

11 침투가격전략이 필요한 상황 3가지를 서술하시오.

모범답안
- 경쟁사의 진입을 방어하기 위해서임
- 짧은 시간에 시장에 침투하기 위해서임
- 제품의 차별화가 어려운 경우
- 규모의 경제가 존재하여 가격 인하에도 이익을 확보할 수 있는 경우

12 표적시장을 세분화할 때 활용할 수 있는 차별적 마케팅전략의 의미를 기술하고, 구체적인 예시와 장점과 단점을 설명하시오.

모범답안
- 의미 : 모든 세분시장을 대상으로 적합한 제품과 마케팅믹스를 투입하는 전략을 의미한다.
- 구체적인 예시 : 스포츠시설 이용료의 경우 이용자가 많이 이용하는 시간대의 가격과 이용자가 적은 시간대의 가격을 다르게 적용함으로써 시설활용도가 낮은 시간대의 이용률을 높일 수 있다.
- 장점 : 비차별적 마케팅전략을 선택했을 때보다 훨씬 많은 매출액을 올릴 수 있다.
- 단점 : 차별적 마케팅전략은 세분시장별 상이한 마케팅전략을 수립하고 실행하기 때문에 생산비, 연구개발비, 재고비, 관리비, 촉진비 등 여러 가지 비용이 발생하여 운영비의 상승을 가져올 수 있다.

13 소비자행동영향요인 중에서 심리적 요인과 사회적 요인을 각각 3가지씩 기술하시오.

모범답안
- 심리적 요인 : 동기부여, 자각, 학습, 신념과 태도
- 사회적 요인 : 가족, 준거집단, 역할과 지위

14 과거에는 관람 스포츠 티켓을 구매하기 위해 소비자가 경기장을 방문하여 구매하여야만 했다. 하지만 최근에는 인터넷 등 유통경로가 다양화되어 경기장을 방문하지 않아도 티켓 구매가 가능해졌는데, 이러한 유통경로의 다양화로 인한 스포츠조직의 긍정적인 효과와 소비자의 긍정적인 효과를 각각 3가지씩 쓰시오.

모범답안
- 스포츠조직의 긍정적인 효과 : 매출 증대, 판매업무의 효율화, 판매비용의 절감
- 소비자의 긍정적인 효과 : 가격을 비교할 수 있으므로 보다 저렴하게 구매가 가능, 구매에 소요되는 시간 단축, 구매의 편리

15 국내 스포츠 구단의 IMC 마케팅전략과 해외 스포츠구단의 IMC 마케팅전략을 비교하시오.

모범답안

IMC 마케팅전략은 광고, DM, 판매촉진, PR 등 다양한 커뮤니케이션 수단들의 전략적인 역할을 비교·검토하고, 명료성과 정확성 측면에서 최대의 커뮤니케이션 효과를 거둘 수 있도록 이들을 통합하는 총괄적인 계획의 수립과정을 의미한다.

- 국내 스포츠구단의 IMC 마케팅전략 : 국내 스포츠구단은 개별 구단별로 IMC 마케팅전략을 수립하여 실행하고 있다. 예를 들어 웹툰을 이용하거나, 사람을 찾는 캠페인을 진행하는 등의 전략을 수립하고 실행하고 있다. 정리하면 목표시장에 적합한 촉진믹스의 실행이라고 볼 수 있다.
- 해외 스포츠구단의 IMC 마케팅전략 : 미국 프로축구 MLS의 경우 아디다스가 전체 리그 팀의 유니폼 스폰서를 하고 있는데, 이는 리그가 통합마케팅을 하고 있기 때문에 가능한 경우이다.

16 스폰서십 삼각구조의 장점을 1가지씩 기술하시오.

모범답안

- 스포츠단체와 스폰서의 관계 : 스포츠단체는 스폰서에게 보유하고 있는 자산의 사용 권리를 부여하면서 그에 따른 대가로 현금이나 현물을 받기 때문에 스포츠단체 재정에 많은 도움을 준다. 반면 스폰서는 스포츠단체가 가지고 있는 호의적인 이미지를 기업의 제품이나 서비스에 투영하여 이미지나 선호도를 높일 수 있다.
- 스포츠단체와 대중매체의 관계 : 스포츠단체는 대중(방송)매체에 중계권을 부여하면서 중계비와 같은 유형의 효과를 얻는다. 반면 대중매체는 일정 부분의 시청률과 구독률을 확보할 수 있다.
- 스폰서와 대중매체의 관계 : 스폰서는 TV를 비롯한 방송매체 광고나 신문과 잡지와 같은 인쇄매체 광고 그리고 인터넷과 같은 뉴미디어에 광고비를 투자함으로써 촉진효과를 높인다. 반면 대중매체는 스폰서가 투자하는 광고비로 인해 수익을 창출할 수 있다.

17 스포츠를 이용한 광고의 성장요인을 쓰시오.

모범답안
새로운 커뮤니케이션 수단으로서 가치 증대, 스포츠에 대한 관심 증대로 광고의 비용대비 효과 증대, 스포츠에 대한 매스미디어의 관심 증대로 미디어 노출 증가, 스포츠가 지닌 긍정적인 이미지 전달 효과 등이 있다.

18 STP전략에서 Targeting전략에 대해 기술하시오.

모범답안
전체시장을 세분한 정보를 바탕으로 몇 개의 세분시장으로 진출할 것인지 또는 특정한 한 집단만을 집중적으로 공략할 것인지를 결정하는 전략이다. 구체적으로는 차별화 전략, 비차별화 전략, 집중화 전략이 있다.
- 차별화 전략은 다양한 소비자 니즈에 대응하여 각 세분시장별 마케팅을 수립하는 것이다. 하지만 집중적이지 못해 효율성이 떨어질 수 있다.
- 비차별화 전략은 보편성이 높은 제품으로 큰 시장이 형성되어 있는 시장을 선택했을 때 쓰는 전략이다. 하지만 기존 브랜드와의 경쟁으로 시장 기회가 적다.
- 집중화 전략은 특정 세분시장 마케팅에 집중하는 전략이다. 한정적인 자원으로 특정 시장에 우위를 차지할 수 있는 기회가 크다. 하지만 고객 니즈의 변화로 위험 변수가 있다.

19 시장세분화의 정의, 필요성, 요건에 대해 기술하시오.

모범답안

시장세분화란 마케팅전략수립을 위해 시장을 선택하고 각 시장을 크기, 시장잠재력, 고객의 이해 등에 따라 분석해 나가는 과정을 말한다.

시장세분화의 필요성은 다음과 같다.
- 고객의 욕구를 명확히 이해할 수 있다.
- 포지셔닝이 분명해진다.
- 차별화된 시장기회를 포착할 수 있다.

시장, 고객, 기업의 관점에서의 시장세분화의 필요성은 다음과 같다.
- 시장 : 시간에 따른 성숙화, 경쟁사의 진입
- 고객 : 다양화, 구체화, 명확한 시장 다수, 차별화 요구
- 기업 : 소비자 욕구를 정확하게 충족, 미래 핵심역량 확보, 기업의 정체성 확보

시장세분화 요건은 다음과 같다.
- 첫째, 내부적으로 동질적이고 외부적으로 이질적이어야 한다. 마케팅 변수에 대해 각 세분시장은 상이한 반응을 보일 만큼 이질적이어야 하고 세분시장 내의 소비자들은 동일한 반응을 보여야 한다.
- 둘째, 측정 가능해야 한다. 세분시장의 특성, 구매력, 크기 등이 측정 가능해야 적절한 전략을 수립할 수 있다. 예를 들어, 가격민감도를 기준으로 소비자집단을 구분할 경우 가격민감도 자체의 측정이 어렵다면 시장세분화는 수행이 불가능하다.
- 셋째, 규모가 커야 한다. 세분시장은 충분히 커서 세분시장별로 상이한 마케팅전략을 구사하는 데 들어가는 비용을 보전할 수 있어야 한다.
- 넷째, 접근 가능해야 한다. 세분시장 내의 소비자들에게 효과적으로 접근할 수 있어야 한다. 그들이 현재의 유통수단이나 광고가 접근하지 못하는 세분시장은 마케팅 입장에서 의미가 없다.
- 다섯째, 실행이 가능해야 한다. 고객의 욕구에 부응할 수 있는 효율적인 마케팅프로그램을 계획하고 실행할 수 있어야 한다. 모든 시장 세분화 요건을 갖추었다고 하여도 이를 구체적으로 실행으로 옮길 적절한 프로그램이 없다면 의미가 없어진다.

20 브랜드확장 장점을 3가지 기술하시오.

> **모범답안**
> - 기존브랜드의 강점을 활용하여 손쉽게 신규 시장에 진출할 수 있다.
> - 신규브랜드 론칭에 따른 막대한 초기비용을 상대적으로 절감할 수 있다.
> - 새로운 브랜드를 개발하는 데 드는 시간과 비용을 피할 수 있다.
> - 포장면에서 규모의 경제효과 및 전시효과(Billboard Effect)를 노릴 수 있다.
> - 성공적인 브랜드 확장은 그 브랜드의 정체성을 강화할 수도 있다.

21 스폰서 재화·참여형태에 따라 분류 및 설명하시오.(공식 스폰서, 공식 공급업체, 공식 상품화권자의 개념을 기술하시오.)

> **모범답안**
> - 공식 스폰서(Official Sponsor) : 공식스폰서는 현금을 지불하는 대가로 등록된 마크를 광고와 판매 촉진 활동에 이용할 수 있는 권리를 받는 것을 말한다.
> - 공식 공급업체(Official Supplier) : 공식공급업체는 물자나 용역 등을 지원하고 등록된 마크를 광고와 판매 촉진 활동에 이용할 수 있는 권리를 말한다.
> - 공식 상품화권자(Official Licensee) : 공식상품화권자는 스포츠단체에 일정액의 금액을 지불하고 특정 품목 또는 제품에 로고와 마스코트를 사용하여 제조, 생산 그리고 판매를 할 수 있는 영업 권리를 받는 기업을 말한다.

22. 시장세분화의 요건을 3가지 기술하시오.

모범답안

- 내부적으로 동질적이고 외부적으로 이질적이어야 한다. 마케팅 변수에 대해 각 세분시장은 상이한 반응을 보일 만큼 이질적이어야 하고 세분시장 내의 소비자들은 동일한 반응을 보여야 한다.
- 측정 가능해야 한다. 세분시장의 특성, 구매력, 크기 등이 측정 가능해야 적절한 전략을 수립할 수 있다. 예를 들어, 가격민감도를 기준으로 소비자집단을 구분할 경우 가격민감도 자체의 측정이 어렵다면 시장세분화는 수행이 불가능하다.
- 규모가 커야 한다. 세분시장은 충분히 커서 세분시장별로 상이한 마케팅전략을 구사하는 데 들어가는 비용을 보전할 수 있어야 한다.
- 접근 가능해야 한다. 세분시장 내의 소비자들에게 효과적으로 접근할 수 있어야 한다. 그들이 현재의 유통수단이나 광고가 접근하지 못하는 세분시장은 마케팅 입장에서 의미가 없다.
- 실행이 가능해야 한다. 고객의 욕구에 부응할 수 있는 효율적인 마케팅프로그램을 계획하고 실행할 수 있어야 한다. 모든 시장 세분화 요건을 갖추었다고 하여도 이를 구체적으로 실행으로 옮길 적절한 프로그램이 없다면 의미가 없어진다.

23 도입기와 성숙기의 특징 및 전략에 대해 기술하시오.

> **모범답안**
> - 도입기의 특징
>   - 도입기의 특징은 기본적 형태의 제품이 생산되며 판매가 완만히 일어나나 초기 비용이 많이 들어 적자가 발생한다.
>   - 수요가 적기에 생산량도 적고 제품의 원가도 높고 경쟁도 적다.
> - 도입기의 전략
>   - 제품에 관한 정보를 주어 상표 인지도를 높이는 광고와 수량할인, 소매상 광고지원 등 중간상 대상 판매촉진을 실시한다.
>   - 경쟁이 적은 경우는 초기 투자비용을 회수할 수 있는 초기 고가격전략을 사용하고 경쟁사의 진입이나 경험곡선 효과를 볼 가능성이 클 때에는 침투가격 전략을 사용하여 시장점유율을 높이는 데 주력해야 한다.
> - 성숙기의 특징
>   - 성숙기는 수요의 신장이 멈추게 된다.
>   - 가격이 하락하는 경향을 보인다.
> - 성숙기의 전략
>   - 이미지 광고를 통해 제품 차별화 시도 및 제품의 존재를 확인시키는 광고가 필요하다.
>   - 신규 소비자 창출보다 경쟁사의 고객을 빼앗아오기 위한 가격할인, 쿠폰 등의 판매 촉진 전략을 사용한다.

24 기업의 스폰서십 참여이유를 3가지를 기술하시오.

> **모범답안**
> - 세계 시장 진출을 용이하게 한다.
> - 타 매체에 비해 기업 커뮤니케이션 효과를 높일 수 있다.
> - 기업의 이미지 개선과 판매 증진을 기대할 수 있다.

25 마케팅믹스의 판매촉진 장점 3가지를 기술하시오.

모범답안
- 매출액에 직접 연결된다.
- 지역에 알맞은 활동이 가능하다.
- 예산과 그 효과가 비교적 알기 쉽다.
- 소비자의 반응이 대체로 강하게 나타난다.

26 핵심제품, 유형제품, 부가제품 개념과 사례 1개씩 기술하시오.

모범답안
- 핵심제품(Core Product) : 소비자가 특정 제품으로부터 얻기 원하는 기본적인 편익으로, 예를 들어 자동차의 구매는 사람이나 상황에 따라 안전한 출퇴근, 사회적 인정, 속도감 등의 여러 가지 편익을 얻기 위한 것이다.
- 유형제품(Tangible Product) : 물리적 제품속성들의 집합을 말한다. 선수, 경기력, 우수한 경기장 시설, 스타선수 등으로 구성된 프로축구 팀을 예로 들 수 있다.
- 부가제품(Extended Product) : 유형제품에 부가되어 제품의 가치를 발휘하게 하는 부가적인 요소이다. 즉, 치어리더, 다양한 이벤트, 친절한 안내, 이용이 편리한 부대시설 등을 예로 들 수 있다.

27 PLC 상품의 생애주기를 쓰고 성숙기의 전략 3가지를 기술하시오.

> **모범답안**
> - PLC 상품의 생애주기 : 제품수명주기는 제품이 출시되는 도입기, 매출이 급히 성장하는 성장기, 성장률이 둔화되는 성숙기, 매출이 감소하는 쇠퇴기를 거쳐서 시장에서 사라지게 되는 과정을 제품수명주기(PLC ; Product Life Cycle)라고 한다. 도입기는 기본적 형태의 제품이 생산되며 판매가 완만히 일어나나 초기 비용이 많이 들어가 적자이다. 성장기는 수요가 급속도로 늘어나 이익이 발생하기 시작하고 성장기 말에 최대 이익이 실현되는 경우가 많다. 성숙기는 수요의 신장이 멈추게 되며, 가격이 하락하는 경향을 보이며 기존의 유통망을 유지·보호하는 데 힘써야 한다. 쇠퇴기는 매출과 경쟁자의 수가 감소하기 때문에 비용을 줄이고 매출을 유지하여 수익을 극대화한다.
> - 성숙기의 전략 3가지 : 첫째, 이미지 광고를 통해 제품 차별화 시도 및 제품의 존재를 확인시키는 광고가 필요하다. 둘째, 신규 소비자 창출보다 경쟁사의 고객을 빼앗아 오기 위한 가격할인, 쿠폰 등의 판매 촉진 전략을 사용한다. 셋째, 가격이 하락하는 경향을 보이며 기존의 유통망을 유지·보호하는 데 힘써야 한다.

28 기업이 스포츠스폰서십의 참여를 통해 얻을 수 있는 기대효과 3가지를 기술하시오.

> **모범답안**
> - 세계 시장 진출을 용이하게 한다.
> - 타 매체에 비해 기업 커뮤니케이션 효과를 높일 수 있다.
> - 기업의 이미지 개선과 판매 증진을 기대할 수 있다.

29 스포츠스폰서십의 구조유형을 기술하시오.

모범답안

스포츠스폰서십의 삼각구조(스포츠 단체, 스폰서, 대중매체의 관계)
- 스포츠단체와 스폰서의 관계 : 스포츠단체는 스폰서에게 스포츠 자산의 사용권을 부여하면서 비용이라는 유형의 효과뿐만 아니라 무형의 홍보효과를 얻게 된다.
- 스포츠단체와 대중매체의 관계 : 스포츠단체는 대중(방송)매체에 중계권을 부여하면서 중계비와 같은 유형의 효과뿐만 아니라 무형의 홍보효과까지도 얻는다.
- 스폰서와 대중매체의 관계 : 스폰서는 TV를 비롯한 방송매체 광고나 신문과 잡지와 같은 인쇄매체 광고 그리고 인터넷과 같은 뉴미디어에 광고비를 투자함으로써 촉진효과를 높인다.

30 스포츠마케팅 대행업자의 수행임무에 대해 기술하시오.

모범답안
- 스포츠대회의 TV 이벤트 사업
- 스포츠중계권의 자문 및 계약 대행
- 기업의 스폰서십 프로그램 대행
- 선수선발 및 연봉협상
- 선수관리(재정, 법률, 세금, 광고, 출판 등)

31 브랜드이미지 평가방법을 설명하시오.

> **모범답안**
> - Trend : 추세 분석이라고도 하는데, 미래의 사건을 과거의 자료에 의해서 예측하는 분석방법이다.
> - Cohort : 일정 기간 동안 어떤 한정된 부분 모집단의 변화를 연구하는 것으로서 특정 경험을 같이 하는 사람들이 가지는 특성들에 대해 두 번 이상의 다른 시기에 걸쳐 비교, 조사하는 방법이다.
> - Panel : 조사대상을 고정해 두고, 동일한 조사대상에 대하여 동일질문을 반복 실시하여 조사하는 방법이다.

32 라이선서가 라이선시를 선택할 때 고려사항에 대해 기술하시오.

> **모범답안**
> - 설립 및 사업기간
> - 기업의 의사결정권자
> - 주요 생산 품목
> - 제품의 질 혹은 기업의 이미지
> - 연간 매출액
> - 은행 및 신용에 관한 정보
> - 유통구조
> - 과거 스포츠이벤트 · 단체의 라이선싱 참여 유무

33 스포츠마케팅의 필요성에 대해 스포츠조직 관점에서 기술하시오.

> **모범답안**
> - 스포츠마케팅을 통해 소비자에게 스포츠조직의 긍정적 이미지를 인식시킬 수 있다(호감도 상승).
> - 스포츠마케팅을 통해 다양한 매체에 노출될 수 있다.
> - 스포츠마케팅을 통해 광고에 제한이 있는 제품을 다양한 방법으로 노출할 수 있다(광고의 한계 극복).

34 시장세분화의 개념과 필요성 2가지를 기술하시오.

> **모범답안**
> - 시장세분화의 개념 : 시장세분화(Market Segmentation)는 마케팅전략수립을 위해 시장을 선택하고 각 시장을 크기, 시장잠재력, 고객의 이해 등에 따라 분석해 나가는 과정을 말한다. 이때 시장을 특정기준으로 나누어 동질적인 소비자들로 구성된 세분시장을 구성하게 되는데, 이 세분시장은 마케팅믹스에 유사하게 반응한다. 그리고 세분된 시장 중에서 목표시장을 선택하여 마케팅 활동을 실시하게 된다.
> - 시장세분화의 필요성 : 첫째, 고객의 욕구를 명확히 이해할 수 있다. 둘째, 포지셔닝이 분명해진다. 셋째, 차별화된 시장기회를 포착할 수 있다.
> 또는 시장세분화의 필요성을 시장, 고객, 기업의 관점에서 접근하기도 한다.
>   - 시장 : 시간에 따른 성숙화, 경쟁사의 진입
>   - 고객 : 다양화, 구체화, 명확한 시장 다수, 차별화 요구
>   - 기업 : 소비자 욕구를 정확하게 충족, 미래 핵심역량 확보, 기업의 정체성 확보

35 방송중계의 3요소에 대해 기술하시오.

모범답안
방송국, 스포츠단체, 광고주

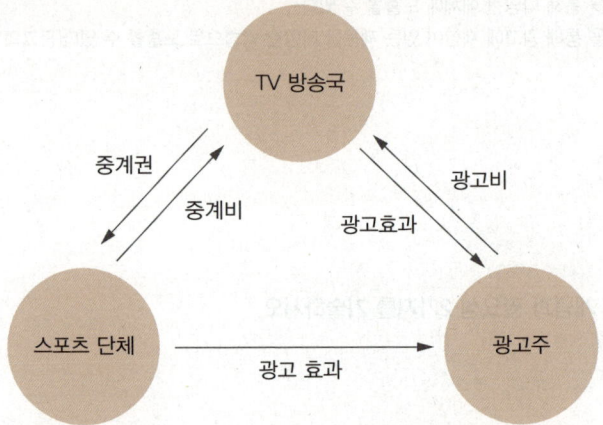

[TV와 스포츠 단체 및 광고주의 삼각관계]

36 공식 스폰서가 가지는 독점적 이익에 대해 기술하시오.

> **모범답안**
> 공식 스폰서는 '공식 스폰서', '공식 공급업자' 혹은 '공식 파트너'와 같은 명칭은 물론, 로고와 마스코트 등 이벤트와 관련된 자산을 활용할 수 있는 권리를 받는다.

37 스포츠에이전트 관련 용어에 대해 기술하시오.

> **모범답안**
> - 구단 전속 계약 : 선수와 구단 사이에서 체결되는 계약으로 선수와 구단의 권리와 의무를 규정하는 계약
> - 자유계약제도(Free Agent) : 구단이 그 선수의 보유권을 상실하거나 포기해 다른 어떤 구단과도 자유롭게 계약을 맺을 수 있는 제도
> - 트레이드 : 선수의 보유권을 가지고 있는 구단이 선수의 보유권 및 기타 권리를 타 구단에게 이전하는 것
> - 임의탈퇴 선수 : 참가활동 중 또는 보류기간 중 선수 계약 해제를 신청하여 구단에서 이를 승인할 경우, 혹은 선수가 계약의 존속 또는 갱신을 희망하지 않는다고 인정할 경우, 구단은 복귀조건부로 계약을 해제할 수 있는 규정
> - 드래프트제도(Draft System) : 일정 자격요건을 갖춘 선수를 프로연맹 등 스포츠단체의 주관 아래 성적역순 등의 다양한 방법으로 구단에게 지명권을 부여하고, 선수를 지명 선발하는 제도
> - 다년계약 : 자질이 있는 선수를 확보하기 위해 장기간의 보유권 획득에 상응하는 거액의 계약금을 1년이 아닌 그 이상의 기간 동안 선수에게 지급하는 계약
> - 구단별 연봉총상한제(Salary Cap) : 소속선수 연봉합계가 일정액을 초과할 수 없게 하는 제도
> - 보스만 판결 : 스포츠법에서 스포츠 선수의 직업선택의 자유를 인정한 대표적 사례
> - 팜시스템(Farm System) : 유소년팀, 세미프로 등 하위리그를 통해 다양한 자체선수를 선발하는 시스템
> - 펠레법 : 주니어선수가 18세 이후 2년까지 클럽과 계약할 수 있고 누구든지 한 클럽에서 3년 뛰면 자유계약선수 신분이 되는 법률
> - 셔먼법(Sherman Act) : 단체교섭권을 주 내용으로 하는 미국 국가 노동관계법으로서 '불법한 제한 및 독점으로부터 거래를 보호하기 위한 법률'의 통칭

38 핵심제품과 확장제품에 대해 기술하시오.

> **모범답안**
> - 핵심제품(Core Product) : 핵심제품은 소비자가 궁극적으로 얻고자 하는 핵심적인 이익이나 혜택이고, 확장제품은 핵심제품으로 인해 부가되어 소비자에게 제공되는 혜택이다. 예를 들면 프로야구경기의 핵심제품은 경기 그 자체이고, 확장제품은 치어리더, 다양한 이벤트 등을 예로 들 수 있다. 그리고 핵심제품은 통제할 수 없으므로 제품 확장에 주력하여 관중을 동원하여야 한다.
> - 확장제품(Extended Product) : 실제 제품에 부가되어 제품의 가치를 발휘하게 하는 부가적인 요소이다. 프로야구 경기장의 치어리더, 각종 이벤트, 다양한 먹을거리와 즐길 거리 등을 예로 들 수 있다.

39 매력적인 스포츠가 되기 위한 구성요소 3가지를 기술하시오.

> **모범답안**
> - 팬, 기업, 미디어(TV방송국)
> - 스포츠 경기라는 상품을 바탕으로 관중(팬), 스폰서(기업), 미디어(TV) 이 세 가지 구성요소로 만들어지며, 이들은 상호작용을 통해 발전해 나간다.

40 원가우위전략에 대해 기술하시오.

> **모범답안**
> - 원가중심 가격결정 : 제품의 원가에 일정 마진을 넘거나 목표판매량과 목표이익을 정해 놓고 가격을 결정하는 방법이다.
> - 원가가산법 : 가격 산정이 간편하게 이루어지고 같은 산업 내에 마진율이 관행적으로 받아들여지는 경우 불필요한 경쟁을 피할 수 있는 방편이 된다. [판매가 = 단위당 원가 / (1 – 마진율)]

41 고관여 구매행동에 대해 기술하시오.

> **모범답안**
> 제품 및 서비스를 구매하려는 의사결정과정에 대해 중요하다고 생각하거나 개인적으로 큰 관심을 가지고 신중한 의사결정을 하려는 구매행동이다. 이러한 고관여 구매행동으로는 복잡한 구매행동과 부조화 감소 구매행동 등이 있다.

42 브랜드 확장에 대한 장점 5가지를 쓰시오.

모범답안

신제품을 출시할 때 기존 시장에서 잘 알려진 제품군의 브랜드명을 확장하여 이를 새로운 제품에 그대로 사용하는 것, 즉 타 제품군으로의 확장을 의미한다. 브랜드 확장 사례로는 과거 나이키가 축구와 농구 등의 종목에서 골프로 확장하기 위해 나이키골프로 브랜드 확장을 한 사례가 있다.

이와 같은 브랜드 확장의 효과는 다음과 같다.

- 기존브랜드의 강점을 활용하여 손쉽게 신규시장에 진출할 수 있다.
- 신규브랜드 런칭에 따른 막대한 초기비용을 상대적으로 절감할 수 있다.
- 새로운 브랜드를 개발하는데 드는 시간과 비용을 피할 수 있다.
- 포장면에서 규모의 경제효과 및 전시효과(Billboard Effect)를 노릴 수 있다.
- 성공적인 브랜드 확장은 그 브랜드의 브랜드 아이덴티티를 강화할 수도 있다.

43 가격 결정 요인 3가지를 쓰시오.

모범답안

- 소비자의 반응 : 가격과 구매량과의 관계를 나타내는 수요곡선의 가격탄력성을 검토하고, 가격에 대해서는 매우 복잡한 심리적 반응이 있기 때문에 가격결정 시 소비자의 심리적 요인을 철저히 검토하여야 한다.
- 제품의 원가구조 : 제품의 정확한 원가구조를 아는 것은 가격결정에 필수적이며, 제품의 원가는 가격의 하한선이 되고 상한선은 소비자의 지각된 가치이다.
- 경쟁제품의 가격 : 경쟁제품과의 비교를 통해 고가격 또는 저가격을 결정하는 것은 현실적으로 매우 중요한데, 유인가격을 잘 활용한다.

44 촉진가격과 오픈가격에 대해 기술하시오.

> **모범답안**
> 촉진가격은 심리적으로 소비자가 제품을 싸다고 느끼는 가격을 책정하여 판매량을 올리는 방법이고, 오픈가격은 제조업자가 판매 가격을 정하지 않아 최종 소매업자가 시장 상황을 고려하여 독자적으로 정하는 가격이다.

45 심리적 기능을 고려한 가격책정방법에 대해 기술하시오.

> **모범답안**
> - 지불방식의 조정 : 소비자들이 제품을 구매하는 시점과 사용하는 시점이 같은 경우도 있고, 다른 경우도 있는데, 이때 가격에 대해 소비자들이 느끼는 가격은 차이가 난다. (예 현금 vs 신용카드, 집전화 vs 공중전화)
> - 홀수 가격 정책 : 가격 문턱이라고 생각되는 숫자보다 조금 작게 가격을 책정함으로써 소비자들의 구매에 대한 저항감을 누그러뜨리는 역할을 하는 방법이다. (예 1,000원 → 990원)
> - 당연하다고 느끼는 관습가격 전략 : 관습가격이란 소비자들이 관습적으로 느끼는 가격으로, 소비자들은 이 가격을 당연하게 생각한다. 라면, 껌 등과 같이 대량으로 소비되는 생필품이 해당된다.
> - 소비자의 권위를 나타내는 권위가격 전략 : 권위가격은 가격이 높을수록 품질이 좋다고 인식되고, 제품의 가격과 소비자 자신의 권위가 비례한다고 느끼게 되는 경우에 적용된다.
> - 소비자에게 미끼를 던지는 가격전략 : 특정 제품의 가격을 원가 이하로 떨어뜨려 소비자를 유인하는 것으로 유인가격(Loss Leader)이라고도 한다.
> - 특별한 날에 특별한 가격 전략 : 일정 기간 동안 제품을 할인해서 판매하는 것이다. 단기적으로 매출을 증가시킬 수 있고 재고를 감소시킬 수 있다.

46 수직적 마케팅시스템에 대해 기술하시오.

모범답안

수직적 마케팅시스템은 독립적 유통경로와 통합적 유통경로 사이의 적절한 선에서 경로의 계열화가 이루어진 단계이다.
- 독립적 유통경로 : 제조업자와 중간상인들이 별개의 독립된 상인인 경우이다.
- 통합적 유통경로 : 유통경로를 제조업자 혹은 중간상인이 소유하고 있는 경우이다. 유통경로의 통제가 가능하지만 많은 투자비가 소모되고 대체 경로가 효율적이어도 이용할 수 없는 유연성 결여 문제가 있다.

47 유통방식에 대해 기술하시오.

모범답안
- 직접유통방식 : 제품을 온라인 또는 오프라인에서 고객에게 판매하는 방식
- 간접유통방식 : 생산된 제품을 중간 유통업자가 개입하여 원하는 시간과 장소에서 제공
- 혼합유통방식 : 기업고객에게는 직접 판매, 기업고객보다 고객 수가 훨씬 더 많고 지리적으로 분산되어 있는 소비자에게는 중간 유통망을 통해 간접 판매

48. 마케팅믹스 7P에 대해 기술하시오.

모범답안
- 제품(Product) : 제품은 상품이나 서비스를 말한다.
- 가격(Price) : 가격은 기업이 특정 제품이나 서비스의 가치를 가장 객관적으로 설정하는 것이다.
- 유통 혹은 장소(Place) : 장소는 고객과 만나는 모든 장소 즉, 모든 접촉이 이루어지는 유통의 전 과정을 말한다.
- 촉진(Promotion) : 촉진은 제품이나 서비스의 판매와 유통을 촉진하기 위해 사용하는 구매 유인 기술이다.
- 사람(People) : 구성원은 제품이나 서비스만큼이나 비즈니스의 가치를 제공하는 주체이기 때문에 서비스 마케팅에서 기업의 구성원의 관리가 제품에 비해 훨씬 중요하다.
- 과정(Process) : 어떻게 서비스와 제품을 제공할 것인지 생각해야 한다.
- 물리적 근거(Physical Evidence) : 서비스가 눈에 보이지 않는 무형성을 가지고 있음에도 모든 서비스에는 물리적 요소가 일부 포함되어 있다.

49. 추세조사, 코호트조사, 패널조사에 대해 설명하시오.

모범답안
- 추세조사는 동일한 집단을 대상으로 여러 차례에 걸쳐 같은 검사를 반복적으로 측정하는 방법이다.
- 코호트조사는 동일한 경험을 한 연구대상자들을 대상으로 일정 기간 동안 관찰하여 그 변화를 파악하는 종단조사이다.
- 패널조사는 특정 응답자 집단이 고정되어 있어 이들을 대상으로 반복적으로 그 변화를 조사하는 방법이다.

50 매복마케팅(Ambush Marketing)의 의미와 방지 사항 4가지를 기술하시오.

모범답안
- 매복마케팅(Ambush Marketing)은 공식 스폰서가 아니면서 소비자 또는 대중들에게 다양한 마케팅 활동을 통해 마치 공식 스폰서로 착각하도록 유도하는 마케팅을 의미한다. 즉, 공식 스폰서로 활동하면서 얻어지는 효과(이미지, 선호도, 인지도 등)를 저지하거나 혹은 반감시키기 위해 철저하게 계획적으로 시행한다.
- 방지 사항으로는 스폰서십 계약서에 매복마케팅 방지책 명시, 공동마케팅프로그램을 수립하여 마케팅 계약 및 보증서 발급, 법적 장치를 마련, 스폰서의 권리를 확실히 보호하기 위한 방지 프로그램 설정 등이 있다.

51 시장침투전략과 초기고가전략의 특징에 대해 설명하시오.

모범답안
- 시장침투가격전략(Penetration Pricing)은 초기에 낮은 가격을 책정하여 가격에 민감한 고객들로부터 더 많은 판매량을 유도하여 신속하게 높은 시장점유율을 확보하여 생산성 증대를 얻으려는 전략이다.
- 초기고가전략(Market-skimming Pricing)은 신제품 도입 초기에 고가격으로 시장에 진입하여 가격에 비교적 둔감한 고소득층의 혁신층(Innovators)과 조기 수용층(Early Adopters)을 흡수하고, 점점 가격을 낮추어 중산층과 저소득층까지 공략하는 가격전략이다. 단기간에 많은 이익을 실현하여 초기 투자비를 회수할 목적이거나, 아직 경쟁기업이 없을 경우 또는 수요의 가격 탄력도가 낮은 경우에 적합한 전략이다.

52 Meenagan이 주장하는 스폰서십 효과 측정방법에 대해 서술하시오.

모범답안
매체의 광고 도달 범위, 인식과 태도조사, 제품 판매 효과성, 기업 고객 피드백, 투자 비용에 따른 혜택 정도

53 스폰서십 효과 측정 방법에 대해 서술하시오.

모범답안

- Hansen과 Scotwin의 분류
  - 노출(TV노출 시간, 신문 게재 크기 등)
  - 주의(회상률과 인지율 측정)
  - 인식(스폰서십 관련 테스트)
  - 행동(판매 형태, 시장 세분화)
- Ludwing Karabetsos의 분류
  - 환대 기회
  - 판매
  - 매체 노출
  - 이미지 제고와 공중의 인지
  - 광고에 대한 태도
  - 유통업자
  - 시장세분화
  - 스폰서 인지
- ISL의 분류
  - 스폰서십에 대한 노출 평가
  - 스폰서십에 대한 인지 평가
  - 이미지와 태도의 변화에 대한 평가
  - 제품판매에 대한 평가

54 스포츠서비스를 구매했을 때 소비자의 지각된 위험이 나타나는 이유는 무엇인가?

모범답안

스포츠서비스를 구매할 때 소비자의 지각된 위험은 다양한 이유에 기인할 수 있다. 몇 가지 주요 이유는 다음과 같다.
- 불확실성 : 스포츠서비스는 결과나 질이 미리 예측하기 어렵기 때문에 소비자들은 불확실성을 경험할 수 있다. 경기 결과, 선수의 퍼포먼스 등에 대한 불확실성은 소비자에게 지각된 위험을 초래할 수 있다.
- 서비스 품질 : 스포츠이벤트나 서비스의 품질이 예상보다 낮거나 기대에 미치지 못할 경우, 소비자는 실망하게 되어 지각된 위험을 느낄 수 있다. 예를 들어, 좌석이나 시설의 품질, 음식 및 음료의 서비스 품질 등이 해당한다.
- 가격과 가치의 불일치 : 서비스의 가격이 소비자가 지불한 대가와 비교하여 적절하지 않다고 느낄 경우 지각된 위험이 발생할 수 있다. 가격 대비 서비스의 가치가 불일치할 때 소비자는 만족하지 못하고 위험을 느낄 수 있다.
- 환경적인 요소 : 날씨, 이벤트의 주위 환경, 교통 등 외부적인 요소들이 서비스 경험에 영향을 미칠 수 있다. 이러한 외부적인 변수들이 예상치 못한 문제를 발생시키면 소비자들은 지각된 위험을 경험하게 된다.

55. 브랜드가치를 구성하는 요인에 대해 서술하시오.

모범답안

- 브랜드 인식(Brand Awareness) : 소비자들이 특정 브랜드를 얼마나 알고 있는지를 나타내는 지표이다. 브랜드가 많은 사람들에게 알려져 있을수록 브랜드가치가 증가할 수 있다.
- 브랜드 이미지(Brand Image) : 브랜드에 대한 소비자들의 인식, 감정, 인상 등이 포함된 것이다. 긍정적이고 일관된 브랜드 이미지는 브랜드가치를 높일 수 있다.
- 제품 및 서비스 품질 : 브랜드의 제품이나 서비스의 품질이 얼마나 우수하고 일관되는지는 브랜드가치에 큰 영향을 미친다. 고객들은 브랜드를 통해 일정 수준의 품질을 기대한다.
- 고객 충성도(Customer Loyalty) : 브랜드에 대한 소비자들의 충성도가 높을수록 브랜드가치가 상승한다. 충성도가 높은 소비자들은 해당 브랜드를 계속해서 선택하고 추천하는 경향이 있다.
- 마케팅 활동 : 브랜드가치는 브랜드의 마케팅 활동에도 크게 영향을 받는다. 효과적인 마케팅 전략과 광고 캠페인은 브랜드가치를 높일 수 있다.
- 가격 정책 : 브랜드의 가격이 소비자들의 지각된 가치와 일치할 때 브랜드가치가 증가할 수 있다. 적절한 가격 정책은 브랜드를 소비자에게 가치 있는 것으로 만든다.
- 사회적 책임(CSR ; Corporate Social Responsibility) : 브랜드가 사회적 책임을 다하고 지속 가능한 활동을 펼치는 경우, 소비자들은 브랜드에 긍정적인 가치를 부여할 수 있다

56 상품수명주기인 성숙기의 특징과 마케팅전략 2가지를 각각 쓰시오.

모범답안
- 성숙기의 특징
  - 수요의 신장이 멈추게 된다.
  - 생산능력은 포화상태가 되고 이익은 절정을 지나 감소하게 된다.
  - 마케팅 목표는 경쟁우위를 유지하고 상표 재활성화를 통하여 수요를 늘리는 것이다.
  - 가격이 하락하는 경향을 보이며 기존의 유통망을 유지 보호하는 데 힘써야 한다.
- 성숙기의 마케팅전략
  - 첫 번째, 이미지 광고를 통해 제품 차별화 시도 및 제품의 존재를 확인시키는 광고가 필요하다.
  - 두 번째, 신규 소비자 창출보다 경쟁사의 고객을 빼앗아 오기 위한 가격할인, 쿠폰 등의 판매 촉진 전략을 사용한다.

57 수직적 마케팅 시스템에 대해 설명하고 3가지 유형을 작성하시오.

모범답안
- 한 회사가 여러 단계의 유통 채널을 직접 운영하거나, 다수의 채널 회사를 통제하는 마케팅 시스템이다.
- 수직적 마케팅 시스템의 유형
  - 기업형 : 한 기업이 다른 채널들을 법적으로 소유하고 통합적으로 관리하는 유형이다.
  - 관리형 : 채널의 지도자가 다른 채널에 영향을 미쳐서 마케팅 활동을 통제하는 유형이다.
  - 계약형 : 공식적인 계약을 근거로 채널들을 결합하는 형태로 각 채널은 저마다의 독립적인 기관으로서 계약을 맺는 유형이다.

58 라이선싱 의미와 라이선싱 계약 시 고려사항에 대해 서술하시오.

모범답안

- 라이선싱은 여러 가지 경제적 가치가 있는 재산권을 소유한 라이선서에게 일정액의 비용을 지불하고 그 권리를 양도받아 경제활동을 할 수 있는 권리를 획득하는 행위를 의미한다.
- 라이선서가 소유하고 있는 경제적 가치가 있는 자산으로는 특허권, 노하우, 브랜드권, 지적재산권, 초상권, 기술력 등이 있다. 그리고 라이선서는 경제적 가치가 있는 각종 자산의 사용을 보유하고 있으며 이를 허가하는 개인이나 단체를 의미하고, 라이선시는 라이선서가 소유하고 있는 각종 자산을 이용하여 경제적 활동에 활용하기 위해 허락을 받는 개인이나 단체를 의미한다.
- 라이선싱 계약시 고려사항은 다음과 같다.
  - 라이선스 범위 및 제한(Scope and Restrictions) : 라이선스 계약에서 어떤 권리가 부여되는지, 어떤 용도로 사용 가능한지, 그리고 어떤 제한이 있는지를 명확히 정의해야 한다.
  - 라이선스료 및 지불 조건(License Fee and Payment Terms) : 라이선스 사용에 대한 비용과 지불 조건이 중요하다. 라이선스료의 양과 지불 주기, 로열티의 계산 방법 등이 명확하게 정해져야 한다.
  - 라이선스 기간(License Duration) : 라이선스의 유효 기간을 명확히 해야 한다. 기간 동안 라이선스의 갱신 가능 여부와 조건도 명시되어야 한다.
  - 기술 지원 및 유지보수(Technical Support and Maintenance) : 라이선스를 효과적으로 사용하려면 라이선서가 기술 지원 및 유지보수를 제공하는지 여부와 그에 대한 조건을 확인해야 한다.
  - 책임과 보증(Liability and Warranty) : 어떠한 문제나 손해가 발생했을 때 각 당사자의 책임과 보증 사항이 명확하게 정의되어야 한다.
  - 지적재산권 소유(Ownership of Intellectual Property) : 라이선스를 통해 전달되는 지적재산권이 어떻게 소유되는지, 계약 종료 시에 어떻게 처리되는지에 대한 조항이 필요하다.
  - 비밀 유지 및 기밀성(Confidentiality) : 라이선스 계약에서는 양 당사자 간의 비밀 유지 의무와 기밀성에 관한 조항이 명시되어야 한다.
  - 해지 조건(Termination Conditions) : 계약이 어떤 조건에 따라 해지될 수 있는지에 대한 조항이 명확해야 한다.
  - 관할법 및 분쟁 해결(Jurisdiction and Dispute Resolution) : 발생할 수 있는 분쟁이나 소송의 경우, 어떤 법에서 해결될 것인지와 어떤 방식으로 분쟁이 해결될 것인지에 대한 규정이 필요하다.

59. 고객 유지관리의 개념을 설명하시오.

모범답안

고객 유지관리는 기업이 고객과의 장기적인 관계를 구축하고 유지하기 위한 전략과 활동을 의미한다. 이는 단순히 제품이나 서비스를 판매하는 것을 넘어서, 고객과의 지속적인 상호작용, 만족도 유지, 문제 해결, 추가 가치 제공 등을 포함하고 있다. 고객 유지관리의 주요 목표는 기존 고객들을 장기적으로 유지하고, 그들의 충성도를 높이며, 마켓에서의 경쟁 우위를 확보하는 데 있다.

60. 라이선스 계약 시 주의사항 6가지에 대해 서술하시오.

모범답안

- 사용 권한의 범위(Scope of License) : 이 항목에서는 어떤 지적재산권이 라이선스를 받는 쪽에게 어떻게 이전되고 어떻게 사용될 것인지 명시해야 한다. 사용 범위, 사용 지역, 사용 목적 등이 여기에 포함될 수 있다.
- 라이선스 기간(License Duration) : 라이선싱의 유효 기간이 얼마나 되는지 명시해야 한다. 라이선스 기간이 만료되면 라이선스는 자동으로 종료되거나 갱신을 위한 조건이 정해진다.
- 라이선스료 및 지불 조건(License Fee and Payment Terms) : 라이선스 사용에 대한 비용과 지불 조건을 명시해야 한다. 일시불로 지불되거나 일정한 기간에 걸쳐 지불될 수 있다.
- 라이선스 제한(License Restrictions) : 라이선스를 받는 쪽에게 부여된 권한에는 어떠한 제한이 있는지 명시해야 한다. 예를 들어, 특정 지역에서만 사용이 허용되거나 특정 용도로만 사용이 허용될 수 있다.
- 기술 지원 및 유지보수(Technical Support and Maintenance) : 라이선스를 받는 쪽이 지적재산권을 올바르게 사용하고 유지할 수 있도록 제공되는 기술 지원 및 유지보수에 관한 조항이 포함되어야 한다.
- 종료 및 해지 조항(Termination and Termination Conditions) : 어떠한 이유로 라이선싱 계약이 종료되거나 해지될 수 있는지에 대해 명시해야 한다. 종료 및 해지에 관한 조건과 절차가 명확히 기술되어야 한다.

61 브랜드 라인 확장의 의미와 장단점에 대해 서술하시오.

모범답안

- 브랜드 라인 확장의 의미

  브랜드 라인 확장은 기존의 브랜드가 보유한 이미지, 명성 및 고객 기반을 활용하여 새로운 제품이나 서비스를 도입하는 전략이다. 이는 기존 브랜드 이름을 이용하여 새로운 시장을 탐험하거나 기존 시장에서 다양한 제품 또는 서비스를 제공함으로써 브랜드의 영향력을 확장하는 것을 의미한다.

- 브랜드 라인 확장의 장점
  - 고객 로열티 확보 : 이미 갖추어진 브랜드에 대한 고객 로열티를 활용하여 새로운 제품 또는 서비스에 대한 수요를 유도할 수 있다.
  - 비용 절감 및 효율성 : 새로운 제품이나 서비스를 출시할 때, 이미 존재하는 브랜드 이름을 사용하면 마케팅 및 홍보에 필요한 비용을 줄일 수 있다.
  - 다양한 시장 공략 : 브랜드 라인 확장은 기존 시장 외에 새로운 시장을 공략하는 데 도움이 된다. 기존의 성공적인 브랜드를 통해 다양한 소비자 그룹을 대상으로 할 수 있다.
  - 브랜드 이미지 유지 : 브랜드 라인 확장은 이미지와 명성을 유지하면서 다양성을 증가시킬 수 있다.

- 브랜드 라인 확장의 단점
  - 브랜드 희석(Brand Dilution) : 너무 많은 제품이나 서비스를 도입하면 브랜드가 희석될 수 있다. 이로 인해 기존 제품의 브랜드가치가 감소할 수 있다.
  - 시장 혼란 : 과도한 브랜드 라인 확장은 소비자에게 혼란을 줄 수 있다. 너무 많은 제품이나 서비스가 있으면 소비자가 선택하기 어려워질 수 있다.
  - 실패의 위험 : 새로운 제품이나 서비스가 기존 브랜드와 맞지 않거나 시장에서 성공하지 못할 경우, 실패의 위험이 있다.
  - 경쟁 강화 : 새로운 시장으로 진출하면 경쟁이 강화될 수 있으며, 기존 시장에서는 브랜드 간 경쟁이 치열해질 수 있다.

62 소비자의 구매 절차에 대해 서술하시오.

모범답안
스포츠 소비자 의사결정과정은 문제인식 → 정보탐색 → 대안에 대한 평가와 선택 → 구매 → 구매 후 행동의 순으로 구성되어 있다. 또는 문제인식 → 정보탐색 → 대안의 평가 → 의사결정 → 구매 후 행동 순으로 기술하기도 한다.

63 선수보증계약 시 주의사항에 대해 서술하시오.

모범답안
- 명확한 조건 정의 : 선수보증계약에서는 어떤 상황이나 조건에서 보증금이 반환되거나 어떤 조건에서는 보증금이 지불되어야 하는지 명확하게 정의되어야 한다. 이는 선수의 계약 이행이 어떤 경우에 부적절하다고 판단되는지에 대한 합의를 포함해야 한다.
- 금액 및 지불 조건 명시 : 선수보증금의 금액과 이에 대한 지불 조건이 명확하게 기술되어야 한다. 보증금은 선수의 계약 이행을 장려하고, 부적절한 행동을 방지하기 위해 중요한 역할을 한다.
- 계약 종료 및 반환 조건 : 선수보증금이 어떤 경우에 반환되고 어떤 경우에는 지불되어야 하는지를 정의해야 한다. 계약이 종료될 때 보증금이 반환되는 조건이 명확해야 한다.
- 법적 규정 확인 : 선수보증계약은 법적으로 유효하고 시행 가능해야 한다. 지역 법률 및 규정을 준수하고, 각 당사자의 권리와 의무에 대한 명확한 규정이 포함되어야 한다.
- 계약 간의 협상과 합의 : 선수보증금과 관련된 조건은 선수와 클럽 간의 협상을 거쳐 합의되어야 한다. 양 당사자 간에 이해관계를 높이고 계약의 합의된 조건을 명확하게 정의해야 한다.
- 전문가 상담 : 선수보증계약 작성 시 법률 전문가나 스포츠 계약 분야의 전문가와 상담하는 것이 좋다. 전문가의 도움을 받아 계약이 각 당사자에게 공정하고 법적으로 견고하게 구성되었는지 확인할 수 있다.

64 시장세분화의 개념과 필요성 2가지를 서술하시오.

모범답안
- 시장세분화의 개념
  시장세분화(Market Segmentation)는 마케팅 전략수립을 위해 시장을 선택하고 각 시장을 크기, 시장잠재력, 고객의 이해 등에 따라 분석해 나가는 과정을 말한다. 이때 시장을 특정기준으로 나누어 동질적인 소비자들로 구성된 세분시장을 구성하게 되는데 이 세분시장은 마케팅 믹스에 유사하게 반응한다. 그리고 세분된 시장 중에서 목표시장을 선택하여 마케팅 활동을 실시하게 된다.
- 시장세분화의 필요성
  - 고객의 욕구를 명확히 이해할 수 있다.
  - 포지셔닝이 분명해진다.
  - 차별화된 시장기회를 포착할 수 있다.
  - 시장세분화의 필요성을 시장, 고객, 기업의 관점에서 접근하기도 한다.
  - 시장 : 시간에 따른 성숙화, 경쟁사의 진입
  - 고객 : 다양화, 구체화, 명확한 시장 다수, 차별화 요구
  - 기업 : 소비자 욕구를 정확하게 충족, 미래 핵심영역 확보, 기업의 정체성 확보

65 스포츠의 서비스적 특징 3가지를 서술하시오.

모범답안

- 불확실성과 가변성(Uncertainty and Variability) : 스포츠는 경기 결과, 선수의 퍼포먼스, 경기 동안 발생하는 상황 등이 불확실하고 가변적이다. 이는 관중이나 시청자에게 예상치 못한 스릴과 감동을 제공하며, 동시에 서비스 제공자에게 예측과 대응 능력을 요구한다.
- 고객 참여와 상호작용(Customer Participation and Interaction) : 스포츠는 소비자(관중 또는 팬)가 강하게 참여하고 상호작용하는 특징이 있다. 이는 스포츠이벤트에 참여하는 것뿐만 아니라, 소셜 미디어, 팬 클럽, 이벤트 참가 등 다양한 방식으로 소비자가 스포츠와 상호작용하는 경향이 있다.
- 감정적 연결과 커뮤니티 형성(Emotional Connection and Community Building) : 스포츠는 강한 감정과 정체성을 형성하는 데 기여한다. 팬들은 특정 팀이나 선수에 대한 애정과 충성도를 가지며, 이는 감정적인 연결을 형성하고 스포츠 커뮤니티를 형성하는 데 이바지한다. 이는 스포츠서비스를 단순한 경기 관람 이상의 경험으로 만든다.

66 점포형 소매상 유형 5가지를 서술하시오.

모범답안

- 전통적인 소매점(Traditional Retailers) : 대표적인 물리적 매장을 운영하는 소매점으로, 옷가게, 신발가게, 잡화점 등이 여기에 해당되는데 상품을 실제로 진열하고 고객이 직접 상품을 보고 만져보며 구매하는 형태이다.
- 할인점 및 아울렛(Discount and Outlet Stores) : 저렴한 가격에 제품을 판매하거나 세일 상품을 적극적으로 제공하는 매장으로 소비자들에게 가격 경쟁력을 제공하며 대량 구매를 장려한다.
- 전문 소매점(Specialty Retailers) : 특정 범주나 세분화된 시장에서 특별한 제품이나 브랜드를 전문적으로 제공하는 매장이다. 특정 관심사나 니즈를 가진 고객을 타겟팅한다.
- 자동판매기 및 자동화 매장(Vending Machines and Automated Retail) : 자동판매기나 자동화된 기술을 통해 제품을 판매하는 형태로 고객은 현금 또는 카드 결제를 통해 원하는 제품을 즉시 구매할 수 있다.
- 이커머스와 온라인 상점(E-commerce and Online Stores) : 인터넷을 통해 제품을 판매하는 온라인 상점으로 고객은 웹사이트나 모바일 앱을 통해 제품을 검색하고 주문할 수 있다.

67 매복마케팅의 개념과 특징 4가지를 적으시오.

> **모범답안**
> - 매복마케팅은 공식 스폰서가 아니면서 소비자 또는 대중들에게 다양한 마케팅 활동을 통해 마치 공식 스폰서로 착각하도록 유도하는 마케팅을 의미한다. 즉, 공식 스폰서로 활동하면서 얻어지는 효과(이미지, 선호도, 인지도 등)를 저지하거나 혹은 반감시키기 위해 철저하게 계획적으로 시행한다.
> - 매복마케팅의 특징
>   - 사전에 철저하게 계획된 의도적인 활동으로 체계적이며 전략적으로 마케팅 활동을 펼침으로써 공식스폰서로 오인하도록 유도한다.
>   - 공식 스폰서는 다양한 마케팅전략을 펼쳐 마케팅 효과를 극대화하고자 노력한다. 이때 경쟁 관계에 있는 기업은 공식 스폰서가 지출하는 마케팅 비용에 버금가는 규모로 투자하지 않으면 매복마케팅을 성공적으로 수행할 수 없다.
>   - 매복마케팅은 공식적인 경로를 이용할 수 없기 때문에 기업 또는 브랜드의 전반적인 이미지, 선호도·인지도 향상을 위한 마케팅 전략을 수립하기보다는 제한된 내용을 노출하여 제품판매로 이어질 수 있도록 노력한다. 즉, 포괄적 개념의 홍보가 목적이 아니라 판매 촉진을 주목적으로 한다.
>   - 공식스폰서가 가질 수 있는 가장 큰 매력은 독점적인 권리를 갖고 이를 이용해 다양한 마케팅 전략을 펼칠 수 있다는 데 있다. 이러한 관점에서 매복마케팅은 경쟁사의 독점적인 권리를 교묘하게 방해하여 그 효과를 반감시켜 반사 효과를 얻는 데 목적을 둔다.

68 스포츠소비자에 영향을 미치는 사회계층의 특징 4가지에 대해 서술하시오.

> **모범답안**
>
> - 소득 수준과 지출 패턴
>   - 고소득층 : 고소득층은 경제적 여유가 있어 고가의 스포츠 관람이나 이벤트 참여, 고급 운동 시설 이용 등에 더 관심을 가질 수 있다.
>   - 저소득층 : 저소득층은 경제적 제약이 있어 저렴한 티켓, 할인된 운동 시설, 지역 사회 참여형 스포츠 등에 더 많은 관심을 가질 수 있다.
> - 교육 수준과 관심사
>   - 고학력층 : 고학력층은 스포츠에 대한 이해도가 높을 뿐만 아니라, 전문적인 운동, 스포츠 이론에 관심을 가질 가능성이 크다. 스포츠 관련 정보에 대한 수용력이 높을 수 있다.
>   - 저학력층 : 저학력층은 덜 전문적이거나 대중적인 스포츠에 더 큰 관심을 가질 수 있다. 간단하게 즐길 수 있는 운동이나 대중적인 스포츠이벤트에 더 많은 참여가 가능할 것으로 보인다.
> - 지역 사회와의 관계
>   - 지역 사회 참여층 : 지역 사회에 적극적으로 참여하는 사람들은 지역 스포츠 행사나 지역 팀에 대한 지역적인 애정과 관심을 가질 가능성이 높다.
>   - 관심 사회활동 적은 층 : 사회적 활동에 참여하지 않거나 지역 사회에 별로 관심이 없는 사람들은 대형 이벤트나 국제적인 스포츠에 더 관심을 가질 수 있다.
> - 문화적인 차이와 선호도
>   - 다문화층 : 다문화층은 고유한 문화적인 배경과 스포츠 선호도를 가지고 있다. 특정 국제적인 스포츠이벤트나 본국에서 선호하는 스포츠에 대한 관심이 높을 수 있다.
>   - 로컬 문화 선호층 : 로컬 문화와 전통에 뿌리를 둔 사람들은 지역적인 스포츠, 전통적인 게임 또는 특별한 지역 행사에 대한 선호도가 높을 수 있다.

69 관람 스포츠 종류 3가지와 소비자 3가지를 설명하시오.

모범답안

- 관람 스포츠 종류 3가지
  - 축구(Football/Soccer) : 축구는 세계적으로 가장 인기 있는 스포츠 중 하나로 꼽힌다. 대규모 경기는 수많은 관중이 경기장에 모이거나, 전 세계적으로 중계되어 수많은 팬이 시청한다. FIFA 월드컵과 같은 국제 대회뿐만 아니라, 국내 리그와 클럽 경기도 많은 인기를 누리고 있다.
  - 농구(Basketball) : 농구는 전 세계적으로 널리 사랑받는 스포츠 중 하나이다. NBA(National Basketball Association)와 같은 프로 농구 리그는 높은 수준의 경기를 제공하며, 농구장에서는 많은 관중들이 열광하는 모습을 볼 수 있다.
  - 야구(Baseball) : 야구는 여러 국가에서 광범위하게 플레이되는 스포츠로, 미국의 MLB(Major League Baseball)가 가장 대표적이다. 야구장에서는 가족이나 팬들이 모여 경기를 관람한다.

- 관람 스포츠 소비자 3가지
  - 열광적인 팬(Passionate Fans) : 열광적인 팬은 특정 팀이나 선수에 대한 충성심이 강하며, 해당 스포츠에 대한 깊은 지식과 열정을 지닌 소비자이다. 이들은 자주 경기를 관람하고 팀의 상품을 구매하며, 소셜 미디어에서 팀에 관한 소식을 주시한다.
  - 가족 및 친구와 함께 즐기는 소비자(Family and Friends Consumers) : 가족이나 친구와 함께 스포츠를 즐기는 소비자는 경기장이나 텔레비전 화면 앞에서 함께 시간을 보내는 것을 즐긴다. 이들은 주로 대중적이고 가족 친화적인 이벤트에 참여하며, 가족 단위로 티켓을 구매하거나 관련 상품을 구입한다.
  - 경기 이벤트 경험 추구자(Event Experience Seekers) : 경기 이벤트 경험 추구자는 경기장이나 이벤트 현장에서 스포츠를 경험하고 싶어하는 소비자이다. 이들은 특별한 경기 이벤트나 대회를 찾아 여행하며, 경기장에서의 분위기와 경기를 직접 목도하고 싶어한다. 이들은 이벤트와 관련된 특별한 서비스나 경험을 중시한다.

70 스포츠 소비자 3가지에 대해 서술하시오.

모범답안
- 열광적인 팬(Passionate Fans) : 열광적인 팬은 특정 팀이나 선수에 대한 충성심이 강하며, 해당 스포츠에 대한 깊은 지식과 열정을 지닌 소비자이다. 이들은 자주 경기를 관람하고 팀의 상품을 구매하며, 소셜 미디어에서 팀에 관한 소식을 주시한다.
- 가족 및 친구와 함께 즐기는 소비자(Family and Friends Consumers) : 가족이나 친구와 함께 스포츠를 즐기는 소비자는 경기장이나 텔레비전 화면 앞에서 함께 시간을 보내는 것을 즐긴다. 이들은 주로 대중적이고 가족 친화적인 이벤트에 참여하며, 가족 단위로 티켓을 구매하거나 관련 상품을 구입한다.
- 경기 이벤트 경험 추구자(Event Experience Seekers) : 경기 이벤트 경험 추구자는 경기장이나 이벤트 현장에서 스포츠를 경험하고 싶어하는 소비자이다. 이들은 특별한 경기 이벤트나 대회를 찾아 여행하며, 경기장에서의 분위기와 경기를 직접 목도하고 싶어한다. 이들은 이벤트와 관련된 특별한 서비스나 경험을 중시한다.

71 시장세분화 요건 중 측정가능성, 접근가능성, 실체성에 대해서 설명하시오.

모범답안
- 측정가능성(Measurability) : 시장세분화는 특정 그룹을 정의하고 특성을 파악할 수 있어야 한다. 이는 그룹의 특징을 측정하고, 데이터를 수집하며, 분석 가능한 형태로 변환할 수 있어야 함을 의미한다.
- 접근가능성(Accessibility) : 시장세분화된 그룹에 대한 접근이 가능해야 한다. 이는 그룹이 효과적으로 도달 가능하며, 해당 그룹과의 상호작용이 가능해야 함을 의미한다.
- 실체성(Substantiality) : 세분된 그룹이 충분히 크고 중요하게 존재해야 한다. 즉, 세분화된 그룹에 대한 시장이 유의미하고 경제적으로 가치가 있어야 한다.

72 스포츠제품 수명주기인 도입기, 성숙기의 특징과 전략을 각각 3가지씩 적으시오.

모범답안
- 도입기
  - 기본적 형태의 제품이 생산되며 판매가 완만히 일어나나 초기 비용이 많이 들어가 적자 발생
  - 낮은 수요, 적은 생산량, 높은 제품 원가, 낮은 경쟁률
  - 제품을 널리 인지시키고 판매를 늘리는 것이 마케팅의 전략적 목표
  - 광고의 주된 대상은 혁신 소비자이며 이들을 통한 구전효과를 기대
  - 제품에 관한 정보를 주어 상표 인지도를 높이는 광고와 수량할인, 소매상 광고지원 등 중간상 대상 판매촉진을 실시해야 함
  - 경쟁이 적은 경우는 초기 투자비용을 회수할 수 있는 초기 고가격전략을 사용하고, 경쟁사의 진입이나 경험곡선 효과를 볼 가능성이 클 때에는 침투가격전략을 사용하여 시장점유율을 높이는 데 주력해야 함
- 성숙기
  - 수요의 신장이 멈추게 됨
  - 생산능력은 포화상태가 되고 이익은 절정을 지나 감소하게 됨
  - 마케팅 목표는 경쟁우위를 유지하고 상표 재활성화를 통하여 수요를 늘려야 함
  - 이미지 광고를 통해 제품 차별화 시도 및 제품의 존재를 확인시키는 광고가 필요함
  - 신규 소비자 창출보다 경쟁사의 고객을 빼앗아 오기 위한 가격할인, 쿠폰 등의 판매촉진전략을 사용함
  - 가격이 하락하는 경향을 보이며, 기존의 유통망을 유지·보호하는 데 힘써야 함

73. 시장침투가격전략의 개념과 특징에 대해 설명하시오.

모범답안

- 시장침투가격전략(Market Penetration Pricing Strategy) : 시장침투가격전략은 제품이나 서비스를 저렴한 가격으로 도입하여 시장에서 빠르게 점유율을 확보하려는 전략이다. 즉, 기업이 초기에 경쟁사보다 낮은 가격을 책정하여 소비자로 하여금 새로운 제품이나 서비스를 빠르게 받아들이도록 유도하는 전략을 말한다.
- 시장침투가격전략의 특징
  - 저렴한 가격 책정 : 시장침투가격전략은 저렴한 가격으로 제품이나 서비스를 도입함으로써 소비자에게 경쟁 우위를 확보하려는 특징이 있다.
  - 높은 시장침투율 추구 : 낮은 가격으로 소비자들을 유치하여 많은 고객을 확보하고 시장에서 기업의 존재감을 강화한다.
  - 빠른 제품이나 브랜드 인지도 구축 : 가격 경쟁력을 활용하여 제품이나 브랜드의 빠른 인지도를 구축하려는 목적이 있다. 낮은 가격은 소비자에게 기업과 제품에 대한 긍정적인 이미지를 형성할 수 있다.
  - 경쟁자에 대한 압박 : 경쟁자에 가격 경쟁을 강요하고, 경쟁자의 시장침투를 어렵게 만들어 경쟁자들이 가격 전쟁에 참여하기를 어렵게 한다.
  - 고객 충성도 확보 : 저렴한 가격으로 소비자들을 확보하면서 기업은 고객들의 충성도를 확보하려는 목표가 있다. 경쟁력 있는 가격으로 고객을 유지하고 장기적인 관계를 구축한다.
  - 시장 성장에 기여 : 시장침투가격전략은 새로운 제품이나 서비스가 시장에 새로운 가치를 제공하고 성장을 촉진할 수 있도록 한다.

74 스폰서십 필요성에 대해서 주관자와 기업 입장에 대해 3가지씩 설명하시오.

모범답안
- 주관자 입장 : 재정확보를 위한 수단, 스포츠 인구의 저변을 확대, 재정지원을 통한 제품으로서의 가치증진
- 기업 입장 : 세계시장 진출용이, 기업 커뮤니케이션 효과 증대, 기업의 이미지 개선과 판매증진 기대

75 관여도 중에 인지적, 정서적, 행동적관여도의 개념에 대해 설명하시오.

모범답안
- 인지적 관여도(Cognitive Involvement) : 정보 처리 및 지식 형성에 중점을 둔 관여도이다. 소비자가 제품이나 서비스에 대한 정보를 주의 깊게 수용하고 처리하는 정도를 나타낸다.
- 정서적 관여도(Affective Involvement) : 소비자가 제품이나 상황에 대해 얼마나 감정적으로 관여하고 있는지를 나타낸다. 이는 소비자의 감정적인 반응과 태도에 중점을 둔다.
- 행동적 관여도(Behavioral Involvement) : 소비자의 행동과 관련된 관여도로, 실제로 제품이나 서비스에 참여하고 사용하는 정도를 나타낸다.

76. 스포츠 제품개발과정에 대해 서술하시오.

모범답안

- 아이디어 발굴 및 기획
  - 시장 조사 : 소비자의 니즈, 경쟁 시장 동향, 기술적 혁신 등을 조사하여 새로운 아이디어를 발굴한다.
  - 아이디어 도출 : 팀 또는 디자이너들이 아이디어를 도출하고, 이를 바탕으로 어떤 스포츠 제품을 개발할지 결정한다.
  - 컨셉 개발 : 선택된 아이디어를 구체적인 제품 컨셉으로 발전시키고, 이를 토대로 개발 목표와 전략을 수립한다.
- 디자인 및 기술 개발
  - 디자인 : 제품의 외형, 형태, 색상 등을 디자인하고 시각적인 측면에서 소비자의 반응을 고려한다.
  - 기술 개발 : 필요한 기술적 요소를 개발하고, 제품의 핵심적인 기능을 구현하는 기술적인 측면을 고려한다.
- 시제품 제작 및 테스트
  - 시제품 제작 : 디자인 및 기술 개발을 바탕으로 실제로 동작하는 시제품을 제작한다.
  - 테스트 및 검증 : 제작된 시제품을 다양한 시험과 테스트를 거쳐 안정성, 효율성, 편의성 등을 평가하고 문제점을 파악한다.
- 제품 생산 및 생산 시스템 구축
  - 공정 및 재료 선택 : 대량 생산을 위한 효율적인 공정과 적절한 재료를 선택한다.
  - 생산 시스템 구축 : 생산량 및 품질을 유지하기 위한 효율적인 생산 시스템을 구축하고 관리한다.
- 마케팅 및 런칭
  - 타깃 시장 선정 : 제품이 런칭될 타깃 시장을 정하고, 해당 시장의 특성에 맞게 마케팅 전략을 수립한다.
  - 브랜드 홍보 : 제품의 브랜드를 강화하고 소비자들에게 알리기 위해 광고, 프로모션 등의 홍보 활동을 진행한다.
- 피드백 수렴 및 개선
  - 시장 반응 분석 : 제품이 시장에 런칭된 후에는 소비자의 피드백과 판매 동향을 주시하고 분석한다.
  - 제품 개선 : 수집된 피드백을 바탕으로 제품을 개선하고, 새로운 모델을 출시하거나 기능을 업그레이드한다.

77 차별화전략에 대해 기술하시오.

> **모범답안**
> 차별화전략은 소비자 욕구의 차이에 초점을 맞춰, 자원이 풍부한 조직에서 이용하는 전략이다. 각 세분시장 안에서 매출액의 증가와 강력한 시장지위 확보가 가능하나 영업비용이 많이 든다.

78 스포츠 광고 효과평가에 대해 서술하시오.

> **모범답안**
> 스포츠 광고 효과평가는 마케팅 활동의 성과를 평가하고 최적화하기 위해 사용되는 프로세스라고 할 수 있다. 스포츠 광고의 성과를 정량적으로 측정하고 분석함으로써 기업은 투자 대비 효과를 평가하고 전략을 조정할 수 있다. 스포츠 광고 효과평가는 계속해서 진화하고 새로운 도구 및 방법이 도입되고 있으며, 종합적인 분석을 통해 광고의 효과를 정확하게 측정하는 것이 중요하다.

79 잠재적 스폰서에게 투자를 권유하기 위해 어떻게 해야 되는지 적으시오.

모범답안
- 타당하고 강력한 비즈니스 케이스 제시 : 투자가 왜 필요하며, 그 투자가 어떻게 기업의 목표와 연결되는지에 대한 명확하고 강력한 비즈니스 케이스를 제시한다. 이는 투자의 가치와 수익성을 설명하고, 스폰서에게 투자가 기업에게 어떤 이점을 제공할 것인지를 보여준다.
- 맞춤형 제안 : 스폰서의 관심사와 목표를 고려한 맞춤형 제안을 작성한다. 어떻게 스폰서십이 투자로 인해 자사의 목표를 달성할 수 있을지를 구체적으로 제시하면 효과적이다.
- 성공적인 성과와 사례 소개 : 이미 수행한 성공적인 프로젝트나 스폰서십을 통해 얻은 성과를 강조한다. 사례 연구나 성공 사례를 통해 투자의 긍정적인 결과를 입증하고 스폰서의 신뢰를 얻을 수 있다.
- 미래의 성과 및 혜택 제시 : 투자로 얻을 수 있는 미래의 성과와 혜택을 명확하게 제시한다. 예를 들어, 시장 점유율 확대, 브랜드 가치 향상, 새로운 시장 개척 등을 강조하여 스폰서의 비전과 목표와 어떻게 연계되는지 설명한다.
- 투명하고 신뢰성 있는 커뮤니케이션 : 모든 정보를 투명하게 제공하고, 가능한 한 신뢰성 있게 커뮤니케이션을 진행한다. 스폰서십이 투자에 대한 확신을 가질 수 있도록 모든 관련 정보를 제공하는 것이 중요하다.
- 협상 능력 강화 : 협상 기술을 활용하여 양측이 만족할 수 있는 합리적인 조건을 찾아낸다. 유연성을 유지하고 양측이 혜택을 얻을 수 있는 협력적인 관계를 구축하는 것이 중요하다.
- 감정적 호소 : 감정적 요소도 고려해야 한다. 스폰서가 투자를 통해 어떻게 기업의 성과에 기여할 수 있을지에 대한 감정적 호소를 추가하여 스폰서의 감정적인 관심을 유도한다.

80 묶음 가격의 종류를 2가지 쓰고, 설명하시오.

> **모범답안**
> - 순수묶음가격은 동일한 상품을 2개 이상 묶어 판매하는 방법으로 개별로 구매할 때보다 저렴할 수 있도록 조정되는데 단체 입장권 가격이 개인별 입장권보다 저렴한 경우가 여기에 해당된다.
> - 혼합묶음가격은 각기 다른 상품을 2개 이상 묶어서 판매하는 방법으로 스포츠센터에서 필라테스와 헬스, GX와 헬스 등을 동시에 구매하도록 유도하는 방법이다.

81 가격 결정에 영향을 주는 외적 영향을 4개 쓰시오.

> **모범답안**
> - 소비자의 반응 : 가격과 구매량과의 관계를 나타내는 수요곡선의 가격탄력성을 검토하고, 가격에 대해서는 매우 복잡한 심리적 반응이 있기 때문에 가격결정 시 소비자의 심리적 요인을 철저히 검토하여야 한다.
> - 제품의 원가구조 : 제품의 정확한 원가구조를 아는 것은 가격결정에 필수적이며, 제품의 원가는 가격의 하한선이 되고 상한선은 소비자의 지각된 가치이다.
> - 경쟁제품의 가격 : 경쟁제품과의 비교를 통해 고가격 또는 저가격을 결정하는 것은 현실적으로 매우 중요한데, 유인가격을 잘 활용한다.
> - 기타 고려사항 : 정부의 규제, 여론, 소비자 단체 등의 반응을 고려하는데, 특히 오늘날에는 정보통신과 매스미디어의 발달, 인터넷을 통한 네티즌 간의 비평의 확대, 재생산으로 여론의 힘이 점차 커지고 있음을 고려하여 가격책정을 해야 한다.

82 스포츠 조직이나 팀이 라이선싱을 하는 목적 3가지를 쓰고 설명하시오.

모범답안

- 라이선싱 수수료 수입 증대 : 라이선싱을 통해 스포츠 조직이나 팀은 브랜드 이름이나 로고를 기업에게 사용하도록 허가하고, 그 대가로 라이선스 수수료를 받는다. 이는 팀이나 조직의 중요한 수익원 중 하나로, 특히 경기가 없는 시즌에도 안정적인 수익을 생성할 수 있다. 이러한 수익은 팀 운영에 필요한 자금을 마련하거나, 시설 개선, 선수 영입, 커뮤니티 프로그램 등에 투자하는 데 사용될 수 있다.
- 기업과의 파트너 관계 형성 : 라이선싱은 스포츠 조직이나 팀이 다양한 기업과의 파트너십을 구축하는 기회를 제공한다. 브랜드가치를 높이고, 공동 마케팅 기회를 창출하며, 서로의 강점을 활용할 수 있다. 기업은 팀의 인기와 브랜드 인지도를 통해 더 많은 소비자에게 다가갈 수 있으며, 스포츠 조직이나 팀은 기업의 자원을 통해 더 큰 프로젝트나 마케팅 캠페인을 실행할 수 있다. 이러한 파트너십은 상호 이익을 도모하며, 각자의 목표를 달성하는 데 기여한다.
- 마케팅 채널 이용 : 라이선싱을 통해 스포츠 조직이나 팀은 다양한 마케팅 채널을 활용할 수 있다. 라이선스 상품은 팀의 로고와 브랜드 이미지를 가진 상품을 통해 소비자에게 직접 접근할 수 있는 기회를 제공한다. 이를 통해 팬들은 팀과의 연결을 느끼고, 상품을 통해 팀에 대한 충성심을 더욱 높일 수 있다. 또한, 라이선스 기업은 스포츠이벤트나 프로모션을 통해 제품을 홍보하고, 소비자와의 접점을 늘릴 수 있는 기회를 얻게 된다.

제4과목 스포츠시설론

01 체육시설 공간 효율화 기본방향 4가지를 기술하시오.

> **모범답안**
> • 복합적 활용
> • 장기적 활용방안 수립
> • 다양한 이벤트 전개
> • 문화공간으로 병행 운영

02 스포츠시설 소비자의 참가 동기를 높이기 위한 방안에 대하여 설명하시오.

> **모범답안**
> • 다양한 고객의 욕구를 파악하고, 이에 맞는 프로그램을 개발
> • 고객의 불만을 조사하여 처리
> • 피해에 대한 구제
> • 필요한 정보의 제공

03 스포츠시설의 입지선정 시 고려해야 할 요소를 4가지 쓰시오.

모범답안
- 소비자의 접근용이성
- 인구통계학적 특성
- 주변의 경쟁요소
- 주차 공간 확보

04 공공스포츠시설의 운영에 있어 외부조직에 의한 위탁경영을 실시할 때의 장점을 3가지만 쓰시오.

모범답안
공공스포츠시설의 위탁경영의 장점
- 경영과 시설 활용의 효율성 제고
- 인건비 등 유지관리 비용의 절감 가능
- 전문가의 기술 활용이 가능
- 공휴일 등 개장시간의 탄력적 운영이 가능
- 주민, 자원봉사자 등의 자주적 활동과 지역과의 연대 촉진
- 행정 간소화

05 스포츠시설 설계 시 중요하게 고려되어야 할 요소를 3가지만 쓰시오.

> **모범답안**
> **스포츠시설 설계 시 중요하게 고려되어야 할 요소**
> - 사용자 요구가 많은 시설
> - 사용자 수준에 맞는 시설
> - 안전하고 견고한 시설
> - 건강관리에 효과적인 시설
> - 다목적 및 다기능 시설
> - 저렴하고 장기간 사용이 가능한 시설
> - 관리가 용이한 시설

06 제3섹터는 공공부분의 공공성 및 계획성을 민간부분의 효율성 및 탄력성과 결합시켜 양자의 장점을 합친 새로운 개발 방식을 의미한다. 스포츠시설이 제3섹터로 운영되기 위한 전제조건 3가지를 쓰시오.

> **모범답안**
> - 관련 법령의 정비와 제도의 확립이 필요하다.
> - 대상 사업에 대한 엄격한 선별이 필요하다.
> - 사업의 타당성, 장래예측 등에 대한 철저한 분석과 검증이 필요하다.

07 새로운 헬스장을 운영하기에 앞서 A, B, C, D의 각 입지별 가중치를 계산하여 입지점수를 구했을 때, 가장 타당한 입지요인은 어느 곳인지 쓰시오.(단, 각 입지별 계산과정과 결과를 모두 기술하라.)

입지요인	가중치	A입지	B입지	C입지	D입지
접근성	0.5	80	90	60	70
유동인구	0.4	70	80	70	60
상권형성	0.3	60	80	70	50
교통환경	0.2	50	90	90	80
주변거주인구	0.1	60	50	80	90

모범답안

A입지 = (0.5 × 80) + (0.4 × 70) + (0.3 × 60) + (0.2 × 50) + (0.1 × 60) = 102
B입지 = (0.5 × 90) + (0.4 × 80) + (0.3 × 80) + (0.2 × 90) + (0.1 × 50) = 124
C입지 = (0.5 × 60) + (0.4 × 70) + (0.3 × 70) + (0.2 × 90) + (0.1 × 80) = 105
D입지 = (0.5 × 70) + (0.4 × 60) + (0.3 × 50) + (0.2 × 80) + (0.1 × 90) = 99
위의 결과값을 보면 B입지가 가장 타당하다.

08 매력도가 높은 입지를 선정하기 위해 가중치이용법을 활용하여 계산하시오.

입지요인	가중치	A입지	B입지	C입지	D입지
시설물 지대	0.3	80	80	70	90
유동·거주인구	0.2	80	90	80	70
교통환경	0.3	80	90	90	90
지역사회태도	0.2	90	70	100	70

모범답안

A입지 = (0.3 × 80) + (0.2 × 80) + (0.3 × 80) + (0.2 × 90) = 82
B입지 = (0.3 × 80) + (0.2 × 90) + (0.3 × 90) + (0.2 × 70) = 83
C입지 = (0.3 × 70) + (0.2 × 80) + (0.3 × 90) + (0.2 × 100) = 84
D입지 = (0.3 × 90) + (0.2 × 70) + (0.3 × 90) + (0.2 × 70) = 82

09 스포츠 시설의 수요예측을 할 때 가중치 이용법과 중력모델법에 대해 설명하시오.

모범답안
- 가중치 이용법(Weighted Average Method) : 가중치 이용법은 다양한 요인에 가중치를 부여하여 수요를 예측하는 방법이다. 예측에 영향을 미치는 여러 요인들(예 인구 통계, 지역 경제력, 접근성, 경쟁 시설의 존재 등)을 고려하고, 각 요인에 중요도에 따라 가중치를 부여하여 수요를 계산한다.
- 중력모델법(Gravity Model) : 중력모델법은 물리학의 중력 이론을 응용한 수요 예측 방법으로, 두 개의 지역 간의 상호작용은 인구 규모(또는 시설의 크기)와 반비례하고, 두 지역 간의 거리와는 반비례한다는 원리에 따른다. 즉, 스포츠 시설의 규모가 클수록 수요가 커지고, 거리가 멀어질수록 수요가 감소하는 경향을 반영한 모델이다.

10 스포츠시설에서 새로운 프로그램을 개발하는 순서를 기술하시오.

모범답안
고객의 욕구조사 및 계획 → 프로그램 개발 → 프로그램 실행 → 프로그램 평가

11 스포츠시설의 소비자를 위한 서비스 관리의 개념과 특징에 대해 쓰시오.

> **모범답안**
> - 개념 : 소비자를 위한 물적 서비스, 인적 서비스, 시스템서비스를 제공하는 것을 의미한다.
> - 특징 : 고객의 욕구충족을 목적으로 제공되며, 물적, 인적, 시스템적 서비스의 결합으로 제공된다. 또한 상품을 제공하면서 부수적으로 제공되는 지원 서비스도 있다.

12 수요예측기법 중 가중치이용법, 중력모델법, 시간거리환산법에 대해 기술하시오.

> **모범답안**
> - 가중치이용법은 일반적으로 널리 사용하는 입지결정방법으로 고려해야 할 요인들을 선별한 후 상대적 중요성에 따라 가중치를 두어 계산한다. 가중치와 그에 해당하는 요인의 평가점수를 곱하고, 각 요인의 점수를 더하여 가장 높은 점수를 받은 입지를 선택한다.
> - 중력모델법은 거리를 기준으로 이동을 최소화할 수 있는 위치를 찾아내는 방법으로 특정시설의 매력도는 시설의 규모와 이동거리 및 이동시간의 관계로 나타낸다. 규모를 이동시간이나 이동거리의 제곱으로 나누어 시설의 매력도를 계산한다.
> - 시간거리환산법은 스포츠시설까지의 소요시간과 거리를 중심으로 수요치를 예측하는 방법으로 직선거리, 이동거리 및 이동소요시간 등을 적용하여 이용권역을 분석한다.

13 고객에게 시설을 계속 이용할 수 있도록 하는 방법을 설명하시오.

모범답안
지속적인 고객의 욕구조사를 통해 고객의 욕구를 충족할 수 있는 프로그램 및 차별화된 서비스를 개발하고 제공한다. 또한 프로그램 이용 가격에 대한 민감도를 낮추기 위한 노력을 지속하고 주시설과 부대시설 및 편의시설을 적정하게 구성하여 지속적인 관리가 이루어진다면 고객의 충성도를 높일 수 있다.

14 다른 스포츠시설로 넘어가는 전환장벽을 높이기 위한 스포츠센터의 전략 3가지를 설명하시오.

모범답안
- 고객에 대한 관심을 갖고 서비스를 제공하는 노력을 통해 친밀한 인간관계를 형성한다.
- 차별화된 서비스를 제공함으로써 대안의 매력도를 감소시킨다.
- 현재 프로그램을 이용하는 가격에 대한 민감도를 낮추어 다른 대안으로의 전환비용을 상대적으로 높이도록 한다.

15 관람 스포츠시설 설계 시 반드시 고려해야 할 사항 2가지를 쓰시오.

모범답안
이용자의 편리성과 안전성을 고려해야 하고, 시설의 효율적 관리를 위해 부대시설 및 편의시설의 적정한 규모를 산정해야 한다.

16 스포츠시설의 입지를 선정할 때 고려해야 할 사항 3가지를 쓰시오.

모범답안
소비자의 접근용이성, 경쟁자의 위치, 주변 지역의 인구통계학적 특성

17 위탁경영의 장점 및 단점을 3가지 쓰시오.

모범답안
위탁경영의 장점은 첫째, 경영과 시설 활용의 효율성을 제고할 수 있다. 둘째, 전문가의 기술 활용이 가능하고, 공휴일 등 개장 시간의 탄력적 운영이 가능하다. 셋째, 행정을 간소화하고, 지역사회와의 연대를 촉진할 수 있다. 위탁경영의 단점은 첫째, 특정 주민들에게 편중되어 이용될 가능성이 있다. 둘째, 사고 발생 시 책임소재가 불명확할 위험성이 있다. 셋째, 위탁을 명분으로 이권개입 등의 부정 발생 소지가 있다.

18 체육시설의 공간 효율화 기본방향을 4가지 쓰시오.

모범답안
- 복합적 활용
- 장기적 활용방안 수립
- 다양한 이벤트 전개
- 문화공간으로 병행 운영

19 「체육시설의 설치·이용에 관한 법률」에 의한 공공스포츠시설 종류 3가지를 쓰시오.

모범답안
- 전문체육시설 : 국가와 지방자치단체는 국내·외 경기대회의 개최와 선수 훈련 등에 필요한 운동장이나 체육관 등 체육시설을 대통령령으로 정하는 바에 따라 설치·운영하여야 한다.
- 생활체육시설 : 국가와 지방자치단체는 국민이 거주지와 가까운 곳에서 쉽게 이용할 수 있는 생활체육시설을 대통령령으로 정하는 바에 따라 설치·운영하여야 한다.
- 직장체육시설 : 직장의 장은 직장인의 체육활동에 필요한 체육시설을 설치·운영하여야 한다.

20 공공스포츠시설 위탁경영의 장단점을 서술하시오.

모범답안

- 장점
  - 효율적인 운영 : 민간 기업이나 단체에 위탁하여 경영하면 비즈니스 모델과 전문성을 기반으로 높은 효율성을 달성할 수 있다. 민간 기업은 효과적인 자원 배분과 경영 전략을 통해 비용을 줄일 수 있다.
  - 전문성 및 혁신 도입 : 민간 기업은 특정 분야에서 전문성을 갖추고 있을 가능성이 높다. 이를 통해 최신 기술과 혁신을 시설에 도입할 수 있다.
  - 재정적 효과 : 공공기관이 직접 운영하는 것보다 민간 위탁 경영은 재정적 이점을 가져올 수 있다. 민간 기업이 투자를 하고 운영을 맡아 수익을 올리면서, 정부나 지방자치단체는 예산 부담을 줄일 수 있다.
  - 경쟁 유도 : 민간 기업 간 경쟁은 품질 향상과 비용 절감을 유도할 수 있다. 다양한 기업 간의 경쟁이 있으면 더 나은 서비스와 프로그램을 제공하려는 경쟁적 동기가 생기게 된다.
  - 사회적 파트너십 강화 : 민간 기업과의 위탁을 통해 지역 사회와의 파트너십이 강화될 수 있다. 지역 사회의 요구와 기대에 부응하면서 지역 발전에 기여할 수 있다.
- 단점
  - 이익 중심과 서비스 감소 우려 : 민간 기업은 이익을 추구하는 목적이 강할 수 있다. 이로 인해 서비스 품질이나 지원이 감소할 우려가 있다.
  - 독점과 경쟁 부족 : 민간 기업에 위탁되면 해당 분야에서 독점화되어 지역 내 경쟁이 감소할 수 있다. 독점적인 위치에서 인센티브가 부족해질 가능성이 있다.
  - 사회적 책임 부재 : 민간 기업은 주로 이익 추구를 목적으로 하기 때문에 사회적 책임에 중점을 두지 않을 수 있다. 이로 인해 지역 사회에 대한 책임 부재가 우려될 수 있다.
  - 계약 문제와 불확실성 : 계약 문제나 변동적인 운영 환경에서 발생하는 불확실성이 증가할 수 있다. 계약 간의 분쟁이나 이행 문제 등이 발생할 수 있다.
  - 지역 사회 갈등 : 특정 민간 기업이나 단체에 위탁할 때 지역 사회 내에서 갈등이 발생할 수 있다. 사회적 투명성이 부족하면 지역 주민들의 반발을 일으킬 수 있다.

21 스포츠시설의 입지 선정 시 고려할 요소 3가지를 설명하시오.

모범답안
- 인구 조사 및 대상 시장
  - 인구 조사 : 지역의 인구 특성을 분석하고, 해당 지역의 인구 규모, 연령대, 성비, 소득 수준 등을 고려한다. 스포츠시설의 성격과 목적에 따라 특정 연령층이나 성별에 맞는 시설이 필요할 수 있다.
  - 대상 시장 : 시설이 타깃으로 하는 대상 시장을 정의하고, 해당 시장이 활동적이며 수요가 높은 곳을 선택한다.
- 교통 및 접근성
  - 교통 편의성 : 시설의 위치가 대중 교통수단에 접근하기 쉬운지, 주요 도로와 연결이 잘 되어 있는지를 고려한다. 편리한 교통은 시설 이용자들에게 편의성을 제공하며 시설에 대한 접근성을 높일 수 있다.
  - 주차 시설 : 차량 이용자들을 위한 충분한 주차 시설이 있는지 확인한다. 특히 대규모 이벤트나 경기가 열리는 경우, 충분한 주차 시설은 이용자들에게 편의를 제공할 수 있다.
- 경쟁 환경 및 현지 문화
  - 경쟁 상황 분석 : 해당 지역에 이미 존재하는 경쟁 시설이나 유사한 종류의 시설이 있는지 조사한다. 경쟁 상황을 파악하여 어떻게 차별화하고 경쟁 우위를 확보할 수 있는지 고려한다.
  - 현지 문화 및 관습 고려 : 지역의 문화, 관습, 특별한 이벤트 등을 고려하여 시설의 운영 일정, 이벤트 기획, 홍보 전략 등을 조정한다. 현지 문화를 존중하고 수용하는 것이 지역 주민들과의 긍정적 관계 형성에 기여할 수 있다.

참고문헌

- 강호정, 이준엽(2013). 현대스포츠경영학. 서울:학현사
- 김영균(2014). 전략적 소비자행동론. 서울:도서출판 두남
- 장경로(2005). 스포츠조직경영. 서울:학현사
- 임창희(2004). 경영학. 서울:학현사
- 이유재(2004). 서비스마케팅. 서울:학현사
- 김용만, 박세혁, 전호문(2009). 스포츠마케팅. 서울:학현사
- 임상일(2014). 스포츠경제학. 서울:도서출판 두남
- 문화체육관광부 2021 체육백서
- 문화체육관광부 2022 스포츠산업백서
- 문화체육관광부 2021기준 스포츠산업조사 결과 보고서

좋은 책을 만드는 길, 독자님과 함께하겠습니다.

2026 시대에듀 스포츠경영관리사 필기+실기 한권으로 끝내기

개정13판1쇄 발행	2026년 01월 15일 (인쇄 2025년 09월 26일)
초 판 발 행	2012년 05월 10일 (인쇄 2012년 03월 31일)
발 행 인	박영일
책 임 편 집	이해욱
저 자	박상윤 · 임기태 · 전찬수
편 집 진 행	윤승일 · 장민영
표지디자인	하연주
편집디자인	김예슬 · 임창규
발 행 처	(주)시대고시기획
출 판 등 록	제10-1521호
주 소	서울시 마포구 큰우물로 75 [도화동 538 성지 B/D] 9F
전 화	1600-3600
팩 스	02-701-8823
홈 페 이 지	www.sdedu.co.kr
I S B N	979-11-434-0141-0 (13690)
정 가	37,000원

※ 이 책은 저작권법의 보호를 받는 저작물이므로 동영상 제작 및 무단전재와 배포를 금합니다.
※ 잘못된 책은 구입하신 서점에서 바꾸어 드립니다.